21世纪法学系列教材配套辅导用书

民法练习题集

（第七版）

上册

主　　编　王　轶
撰稿人（以姓氏笔画为序）
王海蓉　冯　岳　乔涵雪
杜昕蔚　杨　璨　杨之易
杨少婕　杨治朋　张玉双
林屹峰　罗若男　孟思齐
袁怡晨

中国人民大学出版社
·北京·

出版说明

法学练习题集系列自2006年出版以来，已经发行了15年。在这15年中，这套书受到了广大法学师生的喜爱，屡屡登上法学畅销书的排行榜。作为编者，我们备受鼓舞，为能够为中国法学教育事业的发展贡献一点微薄的力量而感到由衷的喜悦，同时也深感自己身上的担子更重了。

这套书的设计初衷是帮助学生通过做练习的方式来检测、巩固所学知识，并通过案例分析、论述等题型的设计，进一步提高解决实务问题的能力和开阔学术研究的视野，通过“应试”的方式提高学习能力。从广大读者的反馈来看，这一设计初衷较好地实现了：学生通过精心设计的同步练习，更好地掌握了本学科的知识，加深了对司法实务问题的理解，并对一些法学学术前沿问题有所涉猎。

具体来讲，这套书有如下一些特点：

第一，帮助学生系统掌握本门学科知识。这套书参照法学课程通用教材设计章节体系，每本练习题集的每章下设“知识逻辑图”栏目，提纲挈领地勾画了一章的内容中不同知识点之间的逻辑关系，能帮助学生更好地理解知识体系、结构、逻辑关系，快速记忆本章的核心知识点。其后设计了名词解释、单项选择题、多项选择题、简答题、案例分析题、论述题等常见题型的自测题，突出了本章的重点、难点知识点，并提供了详细的答案分析，从而不仅可以开阔学生的眼界，帮助学生了解不同类型考题的不同形态，掌握其解题方法，而且可以培养和增强学生的综合实战能力。除每章的自测题外，全书还专门设计了三套综合测试题，学生可以在学完本门课程后自己测验一下对这门课程总的学习效果。

第二，帮助学生通过国家统一法律职业资格考试。法学专业的学生在经过系统学习之后，通过法律职业资格考试应当是顺理成章的事情，然而，法律职业资格考试在大多数法学院校学生中的通过率并不高。这套书从历年法律职业资格考试（司法考试）的试题中精选了部分经典的试题，帮助学生在上学期间了解法律职业资格考试的难度、考查的角度和形式，并进行有针对性的学习和准备。

第三，帮助学生准备考研。一方面，这套书从一些法学名校（如中国人民大学、北京大学、中国政法大学等）的历年考研试题中精选了部分试题；另一方面，这套书专门设计了“论述题与深度思考题”栏目，以拓展学生学术视野，同时，对考研的学生掌握论述题的答题方法和技巧亦有较大帮助。

我们的思路可归纳为：通过似乎回到“应试教育”模式、进行同步练习这样一种“俗”的方式，来达到我们强化“专业教育”的大而不俗的目的。

法学教育进入了新时代，更加强调法学专业学生对国家全面依法治国方略的学习和理解，更加强调法律职业伦理的塑造，更加强调法治人才对法治理论的实际运用能力。原来的“司法考试”升级为“国家统一法律职业资格考试”，无论是客观题还是主观题，都更加强调对案例分析能力的考查。作为一门实践性、应用性很强的学科，法学案例教学的重要性日益凸显。

为了回应新时代法学教育的需求，我们对这套书进行了全新的改版升级。一方面，我们适当增大了各类案例题型（案例型选择题、案例型分析题、案例型论述题）的比例。另一方面，我们力图运用新的出版技术手段，更好地为广大读者服务。在保留原有优势和特色的基础上，我们为每本书增加了相配套的视频讲解，选择书中的重点和难点题目，由作者进行更详细的分析和讲解。每本书附数字学习卡，扫码即可观看全部视频。除此之外，为方便读者学习，在有视频解析的题目下也配有二维码，读者扫码即可观看相关的讲解视频。

此外，为了更好地为广大读者服务，我们计划建立读者答疑群。购买正版图书的读者可以凭所附的数字学习卡，一书一码，扫码进微信答疑群，我们会请相关书的作者不定期地进行集中的答疑。在这里，您既可以跟全国的读者进行交流，又可以得到专家学者的指导，从而能在学习上获得更多的帮助和支持。

最后，推荐大家关注中国人民大学出版社法律分社的微信公众号“人大社法律出版”。这里不仅有大量的出版资讯，还有不少的数字资源，是跟我们联系的另一条渠道。

您的喜爱是我们前行的动力，衷心希望这套练习题集能够做得越来越好，在您的前进道路上略尽绵薄之力。

2021 年 11 月

扫码关注“人大社法律出版”

目　录

第一编　总　则

第一章　民法概述 …… 3
第二章　民法的基本原则 …… 12
第三章　民事法律关系 …… 19
第四章　自然人 …… 28
第五章　法　人 …… 40
第六章　非法人组织 …… 52
第七章　民事权利 …… 59
第八章　物 …… 71
第九章　民事法律行为 …… 77
第十章　代　理 …… 93
第十一章　时效制度和期间 …… 104

第二编　物　权

第十二章　物权编概述 …… 117
第十三章　物权变动 …… 129
第十四章　所有权概述 …… 142
第十五章　业主的建筑物区分所有权 …… 159
第十六章　相邻关系 …… 167
第十七章　共　有 …… 172
第十八章　用益物权总论 …… 184
第十九章　土地承包经营权 …… 187
第二十章　建设用地使用权 …… 191
第二十一章　宅基地使用权 …… 194
第二十二章　居住权 …… 196
第二十三章　地役权 …… 200
第二十四章　担保物权总论 …… 203
第二十五章　抵押权 …… 209

第二十六章　质　权 …… 224
第二十七章　留置权 …… 231
第二十八章　担保物权之间及担保物权与其他权利之间的冲突与协调 …… 235
第二十九章　占　有 …… 242

第三编　合　同

第三十章　债的一般原理 …… 253
第三十一章　合同与合同法导论 …… 266
第三十二章　合同的订立 …… 281
第三十三章　合同的内容和形式 …… 305
第三十四章　合同的履行 …… 317
第三十五章　合同的保全 …… 335
第三十六章　合同的变更和转让 …… 348
第三十七章　合同的权利义务终止 …… 363
第三十八章　违约责任 …… 382

第一编

总　　则

第一章　民法概述

知识逻辑图

- 民法概述
  - 民法的概念
  - 我国民法的调整对象
    - 民法调整平等主体之间的人身关系
    - 民法调整平等主体之间的财产关系
  - 民法的性质
    - 民法在中国特色社会主义法律体系中具有重要地位
    - 民法是固根本、稳预期、利长远的基础性法律
    - 民法是权利法
    - 民法是人法
    - 民法主要是实体法
  - 民法与其他临近部门法的关系
  - 我国《民法典》的体系
    - 总则编
    - 物权编
    - 合同编
    - 人格权编
    - 婚姻家庭编
    - 继承编
    - 侵权责任编
  - 民法的渊源
    - 法律
    - 法律解释
    - 行政法规
    - 司法解释
    - 地方性法规
    - 自治条例
    - 单行条例
    - 国际条约和国际惯例
    - 不违背公序良俗的习惯
  - 民法的适用范围
    - 时间上的适用范围
    - 空间上的适用范围
    - 对人的适用范围
  - 我国民法的历史发展

名词解释

1. 民法
2. 人身关系
3. 财产关系
4. 民法的渊源
5. 商法
6. 民法的体系

选择题

（一）单项选择题

1. “民法”一词来源于（　　）。
A. 查士丁尼《民法大全》
B. 《拿破仑法典》
C. 罗马法的市民法
D. 罗马法的万民法

2. 形式意义的民法是指（　　）。
A. 学者所著民法全书
B. 最高人民法院关于民法的司法解释
C. 出版社出版的民事法律法规汇编
D. 立法机关经立法程序系统编纂的民法典

3. 1900 年《德国民法典》的编纂体例是（　　）。
A. 人法、物法、诉讼法
B. 总则、物权、债权、亲属、继承
C. 总则、债权、物权、亲属、继承
D. 人法、财产法、财产权取得法

4. 下列社会关系中，应由民法调整的是（　　）。
A. 某国有企业和其职工形成的劳动合同关系
B. 甲男和乙女之间的恋爱关系
C. 专利局对李某发明专利予以宣告无效
D. 甲、乙两村对某块土地的所有权归属发生争议

5. 民法调整的财产流转关系的特点是（　　）。
A. 非营利无偿的
B. 营利性有偿的
C. 大部分是营利性的，一般是有偿的
D. 全部为营利性，一般为有偿的

6. 下列可以作为我国民法渊源的是（　　）。
A. 知名专家学说　　B. 判例
C. 法理　　D. 司法解释

7. 下列领域内发生的民事关系不应该适用我国民法调整的是（　　）。
A. 公海上航行的中国籍货轮
B. 飞往伦敦的中国籍客机
C. 中国驻日本大使馆
D. 中国开往荷兰鹿特丹的国际列车

8. 简单商品生产时期民法最典型的代表是（　　）。
A. 法国民法典　　B. 德国民法典
C. 日本民法典　　D. 罗马法

9. 下列行为中，由民法调整的是（　　）。（法律硕士联考）
A. 甲与网友相约一起参加电子竞技
B. 乙大学拒绝授予郑某硕士学位
C. 丙在相亲活动中与王某成功“牵手”
D. 丁公安局发布公告：“提供破案线索者，奖励 3 000 元。”

10. 傍晚，甲驾驶拖拉机在乡村公路上行驶，乙招手搭车，甲让其上车，并告知车上有一口空棺材。不久下起大雨，乙躲进棺材避雨，过了一会儿睡着了。后来又有丙请求搭车，甲也让其上了车。乙醒后手托棺材，露出头来透气，丙吓得大喊“有鬼”，跳下车致左腿骨折。甲让乙搭车的行为属于（　　）。（法律硕士联考）
A. 事实行为　　B. 无因管理
C. 情谊行为　　D. 合同行为

（二）多项选择题

1. 查士丁尼《民法大全》在罗马法典编纂方面最富成效和影响力，其由哪几部分组成？（　　）
A. 《查士丁尼法典》　　B. 《学说汇纂》
C. 《法学阶梯》　　D. 《查士丁尼新律》

2. 关于形式意义上的民法和实质意义上的民法，下列说法正确的是（　　）。
A. 从法律发展史上看，先有实质意义上的民法，后有形式意义上的民法
B. 现代社会，各国既有实质意义上的民法，又有形式意义上的民法
C. 形式意义上的民法能涵盖民事生活全部，有形式意义上的民法就不需要实质意义上的民法
D. 实质意义上的民法不能否认形式意义上的民法，后者可以对前者归纳整理并予以体系化

3. 下列财产关系中属于民法调整的有（　　）。
A. 借用关系　　B. 税收关系

C. 买卖关系　　　　　　　D. 继承关系

4. 下列社会关系属于我国民法调整的人格关系的是（　　）。

A. 名誉权　　　　　　　B. 肖像权
C. 生命权　　　　　　　D. 监护权

5. 民法调整的财产流转关系的特点有（　　）。

A. 皆为交易性财产关系
B. 其重心为交易关系
C. 大部分为有偿的
D. 全部是有偿的

6. 对于民法调整的人身关系和财产关系，下列说法不正确的是（　　）。

A. 人身关系都具有固有性
B. 等价有偿原则不适用于人身关系
C. 侵害人身利益的情形下刑罚保护手段更严厉，所以可以代替民法保护手段
D. 人身关系具有非财产性，所以与财产关系没有联系

7. 下列社会关系属于民法调整的是（　　）。

A. 个体工商户中工作的劳动者和该个体工商户户主形成的雇佣合同关系
B. 两个自然人之间订立的电视机买卖合同关系
C. 甲男和乙女缔结的婚姻关系
D. 甲税务机关与自然人乙之间订立的办公用品买卖合同关系

8. 关于民法的特点，下列说法正确的是（　　）。

A. 民法是权利法，它只保护法律加以确认过的权利
B. 民事立法特别是合同法中要尽量扩大任意性规范的数量
C. 民法既是行为规范又是裁判规范，但以前者为主
D. 民法奉行自愿原则，所以不应该设置强行性规范

9. 关于经济法与民法的关系，下列说法正确的是（　　）。

A. 经济法包括民法，民法是经济法的一部分
B. 经济法与民法用不同方法调整同一种社会关系
C. 经济法调整纵向行政隶属特征的经济管理关系，也即经济行政法
D. 民法采用平等自愿等价有偿的调整方法，经济法采取国家干预经济的调整方法

（三）不定项选择题

1. 下列不属于我国民法调整的社会关系有（　　）。

A. 甲、乙两公司之间发生的租赁合同纠纷
B. 李某与其姐姐之间发生的继承纠纷
C. 刘某与其所工作的公司之间发生的知识产权纠纷
D. 张某与交通队因罚款数额产生的纠纷

2. 甲男和乙女外出旅游时偶然认识，后来常常网络聊天，双方交往一段时间后约定于某日在某餐厅见面。乙女为此专门向公司请假，并坐长途汽车抵达，但是等了一天始终未见甲男前来约会。乙女为此将甲男诉至法院。两人属于何种关系？（　　）

A. 侵权关系
B. 合同关系
C. 道义关系
D. 道义关系但同属民事关系

3. 下列选项中，能成为我国民法渊源的是（　）。（司考改编）

A. 民事习惯　　　　　　B. 民法法理
C. 司法解释　　　　　　D. 行政法规

4. 下列不是民法法源意义上的习惯的是（　　）。

A. 商人甲与乙之间的交易习惯
B. 严以律己，宽以待人
C. M 村外嫁女惯常无继承权
D. 互联网行业维护公平竞争的自律公约

简答题

1. 为什么说民法是市场经济的基本法？（考研）
2. 谈谈我国民事法律在时间上的适用范围。（考研）
3. 简述民法调整人身关系的必要性和特点。（考研）

案例分析题

案例 1：甲乡人民政府为建造办公大楼，向乙工商银行贷款 300 万元，后来因为各种原因，到期未能清偿，于是乙工商银行以甲乡人民政府为被告向人民法院提起诉讼。

案例 2：甲夜间驾驶汽车在公路上行驶，因事先饮酒过量，精神恍惚，汽车失去控制，将相向而行的路

人乙撞死。

请分析上述两则案例中所述社会关系是否属于民事法律规范的调整范围？并说明理由。

论述题与深度思考题

1. 试论民法与商法的关系及我国的立法选择。（考研）

2. 请分析《民法典》的体系。

参考答案

名词解释

1. 民法，是调整平等主体的自然人、法人和非法人组织之间的人身关系和财产关系的法律规范的总和。

2. 人身关系，是指没有财产内容但有人身属性的社会关系。人身关系是基于一定的人格和身份产生的，包括基于自然人、法人和非法人组织的人格产生的人身关系和基于自然人、法人和非法人组织的一定身份产生的人身关系两类。

3. 财产关系，是指人们在产品的生产、分配、交换和消费过程中形成的具有经济内容的关系。民法所调整的财产关系只是发生在平等的民事主体之间的财产关系。

4. 民法的渊源，是指民事法律规范借以表现的形式，它主要表现在各国家机关根据其权限范围所制定的各种规范性文件之中。民法的渊源主要应体现在立法、司法裁判和行为规则方面，它包括裁判规则和行为规则两个方面。若习惯不违背法律、行政法规的强制性规定和公序良俗，在不存在具体的法律规则时，可以将习惯作为民法渊源。

5. 商法，又称商事法，可以分为形式意义上的商法和实质意义上的商法。形式意义上的商法，专指在《民法典》之外的商法典以及公司法、保险法、破产法、票据法、海商法、证券法、信托法等单行法；实质意义上的商法是指一切有关商事的法律规范的总称。

6. 民法的体系，我国《民法典》采取了七编制体例，即由总则编、物权编、合同编、人格权编、婚姻家庭编、继承编、侵权责任编七编构成。

选择题

（一）单项选择题

1. 答案：C。本题考查的是“民法”一词的词源。大陆法系所使用的“民法”一词皆由市民法转译而来。罗马法的市民法是民法的语源，万民法为国际法的语源。

2. 答案：D。本题考查形式意义的民法的意思。形式意义的民法就是民法典，而实质意义的民法是指调整民事法律关系的法律规范的总称。

3. 答案：C。本题考查德国民法典的编纂体例。德国民法典最突出的特点是规定总则编，而且采用了1861年《巴伐利亚民法草案》将债权编先于物权编的模式。

4. 答案：D。本题考查我国民法的调整对象。我国民法调整平等民事主体间的人身关系和财产关系，劳动合同及专利确权皆非平等主体间的关系，分别属于劳动法和行政法的调整对象；自然人之间的恋爱关系属于“法外空间”，民法不对其进行调整，可以由道德习俗等调整。选项D方为民法调整的平等主体间的财产关系。

5. 答案：C。本题考查民法调整对象中财产关系的特点。平等主体间的财产关系以等价有偿为一般，以无偿为例外，比如赠与、无偿保管等。

6. 答案：D。本题考查我国民法的渊源。知名专家学说、判例和法理均非国家机关认可的规范性文件，不能直接成为对纠纷进行裁判的依据，因此不是我国民法的法律渊源。本题只能选择D项，即最高司法机关司法解释性文件。

7. 答案：D。本题考查我国民法空间上的适用范围。一般而言，民法适用于我国的领土、领空、领海，包括驻外使馆以及在我国领域外航行的我国船舶、航空器，但是法律规定只适用于局部地区的地方性法规除外。列车一般不存在国籍问题，其适用所在地法律。

8. 答案：D。本题考查罗马法的本质。恩格斯在论及罗马法的本质时说：罗马法是简单商品生产即资本主义前的商品生产的完善的法，但是它也包含着资本主义时期的大多数法权关系。罗马法是商品生产者社会的第一个世界性法律。

9. 答案：D。本题考查民法调整范围。《民法典》第2条规定：“民法调整平等主体的自然人、法人和非法人组织之间的人身关系和财产关系。”A项中相约游戏行为本质属于好意施惠，在当事人之间不产生民事权利和民事义务，不由民法调整。B项中大学与学生是管理与被管理、教育与被教育的关系，不是平等主体之间的关系。C项中“牵手”可能产生的恋爱关系，不由民法调整。故A、B、C项错误，不当选。D项中警方行为属于悬赏广告。在悬赏广告行为之法律性质上，有“单方法律行为说”和“契约行为说”两种不同主张。前者认为，悬赏广告系因悬赏人一方的意思表示而负担债务，在行为人方面无须承诺，唯以其一定行为的完成作为停止条件。而“契约行为说”则主张，悬赏人之意思表示，根据合同原则，应该被视为系向不特定人发出之要约，与此相应，相对人完成广告指定之行为便构成对悬赏要约之承诺，从而成立合同法律关系。无论哪一种观点都承认D项的行为是民事法律行为，受民法调整，故D项正确，当选。

10. 答案：C。《民法典》第2条规定：“民法调整平等主体的自然人、法人和非法人组织之间的人身关系和财产关系。”本题中，甲顺路让乙搭车是好意施惠行为，其目的并非形成民事法律关系，也无订立合同的意思，属于情谊行为的范围。综上，本题的正确答案是C项。

（二）多项选择题

1. 答案：ABCD。本题考查《民法大全》的组成部分。罗马法通常指自罗马起源至查士丁尼的罗马法律，查士丁尼《民法大全》又称《国法大全》，包括《查士丁尼法典》《学说汇纂》《法学阶梯》《查士丁尼新律》。

2. 答案：AD。本题考查形式意义上的民法和实质意义上的民法的含义。英美法国家没有形式意义上的民法，但是有实质意义上的民法。大陆法系国家也是先有实质意义上的民法，经过一定发展后再通过形式意义上的民法，即民法典的形式予以体系化，如我国的《民法典》。

3. 答案：ACD。本题考查我国民法调整的财产关系的内容。我国民法调整平等主体之间的财产关系，而税收关系属于不平等主体之间的关系，不由民法调整，而由经济法和行政法调整。

4. 答案：ABC。本题考查我国民法调整的人身关系中的人格关系的具体种类。平等主体的人身关系包括人格关系和身份关系两部分。监护权属于身份关系的重要类型，但是不能归于人格关系中。

5. 答案：BC。本题考查财产流转关系的特点。民法调整的财产流转关系大部分应该贯彻等价有偿的原则，但是赠与、借用等非交易的无偿的民事关系也是允许的，只不过这些无偿财产流转关系不属于常态。

6. 答案：ACD。本题考查民法调整对象的特点及相互之间的关系。民法调整的身份关系不一定具有固有性，比如说配偶身份关系就只能因结婚行为方可以产生。特殊的人格权可以有偿转让，如法人的名称权。人身权的实现可以使民事主体获得经济利益，所以人身关系并非与财产关系毫无联系。侵害人身关系一般情形可以由民法处理，只有严重的符合犯罪构成要件的那一部分才可以处以刑罚，但是仍然不排斥附带的民事赔偿诉讼。

7. 答案：ABCD。本题考查民法调整的社会关系的范围。民法只调整一定范围的平等主体之间的人身关系和财产关系，国家机关作为平等主体参与民事活动时也应该由民法进行调整。题目中的所有选项均符合题意。

8. 答案：BC。本题考查我国民法的特点。我国民法属于权利法，它确认并保护民事权利，但是它同时也保护法益，即其保护的重心是民事权利，但是合法利益也在民法保护范围之内。另外，民法奉行意思自治，虽然以任意性规范为主，但是也不排斥部分强制性规范的适用。

9. 答案：CD。本题考查民法与经济法的关系。经济法调整国家在经济管理关系中产生的纵向的具有行政隶属特征的关系，其大多采用强行性规范，由此可见经济法与民法无论在调整对象还是调整方法方面都有较大差别，它们分别属于不同的法律部门，不能互相混同。

（三）不定项选择题

1. 答案：D。本题考查我国民法的调整对象。A、B、C三项皆属于平等主体间的财产关系，所以由民法调整。而D项属于行政主体和行政相对人之间的行政管理关系，只能由行政法调整。

2. 答案：C。本题考查民法调整的对象。题中所述男女约会属于私人情谊交往关系，二人虽然属于平等主体，但是不具有财产关系或人身关系的内容，所以应该交由道德习俗调整，而不属于民法调整。

3. 答案：ACD。本题考查我国民法的渊源。司法解释、行政法规、民事习惯均是民法的渊源，特别是不违背公序良俗的民事习惯在《民法典》第10条中被规定为法源。而民法法理不是我国民法法源，不能直接作为裁判依据。

4. 答案：ABC。本题考查法源意义上的习惯。法源意义上的习惯，通常表现为民间习俗、惯常做法等，其核心要义在于能够在一定范围内为特定群体长期确信并自觉遵守。作为民法法源的习惯，关键在于该习俗或做法是否具备以下条件：一是具有长期性、恒定性、内心确信性；二是具有具体行为规则属性，而非宽泛道德评价标准；三是不违反法律强制性规定，不违反公序良俗。基于以上条件，可知A、B、C项均不是法源意义上的习惯。

简答题

1. 民法始终与商品经济或者市场经济的发展紧密联系在一起。民法不过是将经济规则翻译成法的语言。现代民法的民事主体制度、物权制度、债和合同制度以及客体制度，都是直接针对现代市场经济的法律调整而设置的民法制度。

（1）主体制度。民事主体既是静态的商品的所有者即商品的“监护人”，又是动态的交易者。我国民事主体制度就是关于独立民事主体所必须具备的民事权利能力及民事行为能力等方面的规定，是商品关系的当事人在法律上的反映，民事主体制度确认他们在商品经济活动中的主体资格，进一步平等保护他们的合法民事权益。

（2）物权制度。商品交换关系的前提是交易主体彼此承认对方是私有者。物权制度界定了民事主体财产归属关系，完成产权初始界定。在一定程度上，物权尤其是所有权，既是商品交换关系的前提，又是交换的结果。

（3）债和合同制度。债和合同制度是商品及服务交易在法律上的体现，是商品流通领域中最一般、普遍的法律规范。现代市场经济交易活动大都采用合同的形式。债与合同制度正好能够确认合同的法律效力，也构成保护正常交换活动的具体规则。

（4）客体制度。民法所确认的权利客体也是随着交易的需要而产生和发展的，表现之一是权利和物结合共同构成法律上的集合物并成为所有权的客体和交易的对象，这就使交易对象扩大化，有利于提高对物的利用效率；表现之二在于有价证券成为财产的重要客体，并被视为新的动产，这就改变了对于财产的传统认识，使财产易于保管和流转，极大地促进了市场经济的发展。

总之，民法是市场经济的基本法，这意味着市场经济的建立和完善离不开民法的支持，同时也意味着民法制度应该按照市场经济的内在要求去构建，以适应市场经济的运行规律。

2. 民事法律在时间上的适用范围，又称民事法律在时间上的效力，是指民事法律生效、失效的时间，以及生效后的民事法律规范对其生效前的民事法律关系是否具有溯及既往的效力。以《民法典》为例，其具体内容如下。

（1）民事法律的生效时间一般有三种情况：公布之时起开始生效，公布后达到一定时间后生效，或者直接规定具体生效时间。我国《民法典》采取第三种做法。《民法典》于2020年5月28日公布，该法第1260条规定：“本法自2021年1月1日起施行”。所谓的“施行”之日，当然也即生效之日。

（2）民事法律的失效时间。民事法律的失效一般通过新法明示或者默示对旧法废止的方式进行。只有少数民事法律规范在公布之时即规定了失效日期；如果立法对于法律规范失效日期不加规定，应该认为法律一直有效，直至法律明文废止或者通过修改以默示废止旧法时才失效。《民法典》第1260条在规定该法生效之日的同时规定：“《中华人民共和国婚姻法》、《中华人民共和国继承法》、《中华人民共和国民法通则》、《中华人民共和国收养法》、《中华人民共和国担保法》、《中华人民共和国合同法》、《中华人民共和国物权法》、《中华人民共和国侵权责任法》、《中华人民共和国民法总则》同时废止。”

（3）民事法律的溯及力。一般来说，民事法律不具有溯及既往的效力，即新法颁布以后对于生效之前发生的事件和行为不予适用。但是，例外情况下，民事法律也可以明文作出有溯及力的明文规定。《民法典》对此尚无明文规定。根据最高人民法院《关于适用〈中华人民共和国民法典〉时间效力的若干规定》第2条的规定，《民法典》施行前的法律事实引起的民事纠纷案件，当时的法律、司法解释有规定，适用当时的法律、司法解释的规定，但是适用《民法典》的规定更有利于保护民事主体合法权益，更有利于维护社会和经济秩序，更有利于弘扬社会主义核心价值观的除外。该解释第 3 条规定，《民法典》施行前的法律事实引起的民事纠纷案件，当时的法律、司法解释没有规定而《民法典》有规定的，可以适用《民法典》的规定，但是明显减损当事人合法权益、增加当事人法定义务或者背离当事人合理预期的除外。该解释对民事法律不溯及既往的例外情况作了一般性规定。与此同时，该解释于第 6 条至第 19 条对溯及适用作了具体规定，如第 8 条规定："民法典施行前成立的合同，适用当时的法律、司法解释的规定合同无效而适用民法典的规定合同有效的，适用民法典的相关规定。"

3. 民法调整人身关系的必要性如下。

(1) 民事法律关系的本质是人与人之间的关系，传统民法典体例不存在独立的人格权编，反映出"重物轻人"的不合理现象。将人格权单独成编加以调整，是民法权利法内部体系的完整展开。人身关系以人为主体，也是财产关系基本的承载。

(2) 民法对于人身利益的保护是其他法律无法替代的。如刑事责任的承担以犯罪为前提，其构成要件非常严格，难以对受害人进行充分保护，因而民法上的不作为请求权及损害赔偿制度就很有必要。

(3) 人权保护已经成为现代法治的基本特征。以人为本，促进人的全面发展也要求加强对人格权的保护。

(4) 在市民社会中，很多关系的人身性质和财产性质难以分开，比如说法定继承制度，其产生以特定身份关系为基础，其内容却是财产利益。所以民法如果不规范身份关系，对于财产关系也就不能作出很好的规范。

民法调整的人身关系的特点如下。

(1) 非财产性。人身关系体现人们一种精神上和道德上的利益，虽然像名称权等人身权可以通过转让获得财产利益，或者可以通过财产补偿其损害，但是人身关系本身不以财产为客体或者内容。

(2) 专属性。人身利益与人身难以分离，尽管部分人身权可以转让，但是与财产权相比，其专属性更突出。总体上说，人身权作为一个整体性的权利是不能转让的。

(3) 人格关系的固有性。人格关系中的利益大多数是民事主体必备的利益，如生命健康权与生俱来、终生享有；否则民事主体就很难作为独立主体而存在。当然，身份关系不一定具有固有性。

(4) 民法对人身关系的调整，在价值上具有优先性。民法贯彻人本主义精神，其基本理念就是关爱人、尊重人，维护个人的人身自由和人格尊严。因此，《民法典》第 2 条在规定民法的调整对象时，将人身关系置于财产关系之前，这也体现了对人身关系的重视。

案例分析题

案例 1 中，甲乡人民政府虽然属于有管理权的政府机关，但是其向乙工商银行贷款属于借款合同法律关系，在这一关系中，二者之间不是管理与被管理的不平等关系，而是平等主体之间的有偿财产流转关系，必须符合民法等价有偿的原则，具备民法调整财产关系的特征，所以二者之间的法律关系应该由民法调整。

案例 2 中的法律关系分为三层：第一，乙被撞死，乙的近亲属得以甲侵犯乙的生命权为由主张损害赔偿，此时系民事案件，由民法调整。第二，甲违法驾车致乙死亡，甲构成交通肇事罪，得按照刑法相关规定追究其刑事责任，此时系刑事案件，由刑法调整。第三，甲酒后驾车，违反《道路交通安全法》，得处以相应行政处罚，此时该事件由行政法调整。

论述题与深度思考题

1. 关于民法与商法的关系，主要存在民商分立与民商合一两种体例，前者是指民法与商法属于两个独立的法律部门，通常在民法典之外再制定商法典；后者是指民法指导统率商法，商法是民法的特别法。对于民法与商法的关系，我们采取民商合一的态度，原因如下。

第一，商法独立于民法只是历史的产物，商法典是由历史发展形成的。11 世纪前后，随着地中海沿岸城市商业的发展，近代商法逐渐形成。商人为摆脱寺院法的束缚，组成基尔特团体，订立自治规约自主裁决纠纷。维护商人特殊利益的商人习惯法逐渐形成。同时，由于商人协助政府与教会争夺权力，商人习惯法后来得到世俗国家法律的承认，形成商事法律独立存在的局面。至民法典编纂时代，商法已经形成其独特的法律传统。于是，商事法律就于民法典之外合并形成商法典。民商分立的形成主要受历史因素的影响。

第二，民商分立并非科学理论研究的结果。随着商品经济的发展，传统商法典已经无法证明它能形成一种严谨的客观标准体系，无论是主体标准、行为标准还是混合标准，都只能解决个别规则或者制度上的差异，无法从整体上厘定民法与商法的分工。商法与其说是一种逻辑推演的结果，不如说是传统发展的产物。

第三，随着人的普遍商化，商人特权逐渐被取消，商人的特殊利益已经不复存在，商人独立阶层的消亡使得作为“商人阶级的法律”的商法没有了存在的理由。不必区分商人与非商人，由民法统一调整，也会减少法律适用上的麻烦。

第四，从各国立法趋势来看，民商合一已经成为现代民法的发展趋势。很多民商分立的国家正在考虑或者已经改采民商合一，以适应市场经济发展的需要。

坚持以民商合一的立场来处理民法与商法的关系，相应地，就必须在立法技术及司法技术等方面作如下安排。

第一，民商合一不意味着将商事特别法纳入民法典中，应该在民法典之外另外制定单行商事法律，使民事立法体系达到稳定性与灵活性的统一。

第二，民法典的总则部分统括整个民事法律体系，民法总则可以适用于单行的商事特别法。

第三，在法律适用上，商事法律为特别法，民法典为普通法，商事单行法有优先于民法典适用的效力，民法典只是在无商事法规则时补充适用。

总之，我们应该在民商合一的立场下，逐步形成统一和谐的民商法体系。

2. 民法的体系是指以民法调整的社会关系为基础，由民法各个组成部分互相联系组成的有机体，从构建《民法典》的角度，《民法典》的体系如下。

（1）总则编。我国《民法典》采取“总则编”的德国模式，总则的内容采取“提取公因式”的方法确立。以法律关系的要素构建总则体系的骨架，可以避免法条重复，使法条更加简洁。具体的，总则主要规定如下内容：第一，主体制度。主体既是各种人身权利的享有者，又是市场经济关系中商品在静态中的所有者，在动态中的交换者。第二，客体制度。客体既是民事权利义务所指向的对象，又是法律行为的构成要素。客体制度的构建应该采用抽象包容性的客体概念，以适应民法是市场经济的基本法的特征，顺应市场经济对于客体不断扩大化的要求。第三，行为制度。这包括民事法律行为和代理两部分，能够统辖分则设权行为之规则，也能够涵盖新的交易形式，不同于法定主义的体系。第四，责任制度。此即民事责任制度的一般规定，其没有规定民事责任制度的具体规则，具体规则应该交由分则相应部分处理，做到前后呼应。总则只规定一般性、共同性的内容即可，这也是民事法律关系构成要素的完整展开。第五，诉讼时效和期间计算。

以民事法律关系的要素来构建《民法典》分则体系的做法要求分则应该按照民事法律关系的内容，即民事权利来展开。具体而言，分则包括如下几编。

（2）物权编。物权制度，特别是所有权制度，是市场经济中交换制度的重要前提，也是交易的基础。因此分则应该规定完整的包括自物权及他物权的制度。

（3）合同编。这是商品交易关系在法律上的必然反映，债规定交易的一般规则，合同制度规定交易的具体规则，如此能够极大地促进交易的方便，推动财产流转关系的顺利进行。

（4）人格权编。民法调整平等主体之间的人身关系，该人身关系中的主要部分即人格权制度。人格权单独成编是《民法典》体系的完整展开，也符合《民法典》的逻辑体系，还能够破除大陆法系“重物轻人”的传统做法，而且人格权制度不能为主体制度或者侵权行为制度所涵盖，所以人格权单独成编成为必然的选择，也是对《民法典》编制传统的突破。

（5）婚姻家庭编。虽然该部分本质上不是商品关系，但是家庭共同财产制度、抚养赡养关系等仍然属于民法调整的财产关系，因婚姻、血缘而形成的人身关系同样属于民法调整的范围。民法的很多一般原则和规定可以适用于婚姻家庭制度领域，婚姻家庭关系也能够采取民法的保护方法。

（6）继承编。财产继承权不过是自然人物权在自然人死后之自然延伸，保护继承权是保护财产权的重要组成部分。为此，《宪法》也明确规定：“国家依照法律规定保护公民的私有财产权和继承权”。但是继承权，特别是法定继承权，与自然人之间的一定的身份关系有关，所以民法调整财产关系的一些原则不能在继承权中适用，继承制度是《民法典》的单独构成部分。

（7）侵权责任编。责任是法律关系的一个构成要素。传统大陆法系民法典编纂中将侵权责任制度作为债的一个发生原因，这只看到了各种债的发生原因之间“形式上的共同性”，忽略了其实质的差别，特别是忽略了侵权责任制度的个性。由于侵权法保障对象的扩张，如对人格权的保护，侵权损害赔偿制度已经不能满足对于责任形式多样化的要求，应该由侵权责任制度来单独作体系化的规定，以适应对损害的全面救济。

总之，我国《民法典》构建的体系以德国模式为基础，又采纳英美法侵权责任制度单独规定的做法，同时弘扬以人为本的精神，将人格权单独成编。

第二章　民法的基本原则

知识逻辑图

- 民法的基本原则
  - 民法的基本原则概述
    - 民法的基本原则的概念及功能
    - 民事立法上的基本原则及其关系
  - 平等原则
  - 自愿原则
  - 公平原则
  - 诚信原则
  - 公序良俗原则
  - 绿色原则

名词解释

1. 民法的基本原则（考研）
2. 自愿原则
3. 诚信原则
4. 公序良俗原则

选择题

（一）单项选择题

1. 不属于民法的基本原则功能的是（　　）。

A. 指导功能　　B. 约束功能
C. 补充功能　　D. 惩罚功能

2. 下列选项中，不属于民法平等原则内容的是（　　）。

A. 当事人在民事活动中的地位平等
B. 自然人的民事权利能力一律平等
C. 民事主体适用法律上一律平等，其权利受法律平等保护
D. 自然人的民事行为能力一律平等

3. 对合同的内容当事人可自由协商，这体现了民法的（　　）。

A. 平等原则　　B. 自愿原则
C. 公平原则　　D. 诚信原则

4.《民法典》第132条规定："民事主体不得滥用民事权利损害国家利益、社会公共利益或者他人合法权益。"该规定体现了《民法典》哪一原则？（　　）

A. 诚信原则　　B. 平等原则
C. 公平原则　　D. 等价有偿原则

5.《民法典》第8条规定："民事主体从事民事活动，不得违反法律，不得违背公序良俗。"下列行为中不违反该条规定的是（　　）。

A. 甲将自家的垃圾倾倒在马路中央的行为
B. 乙拒绝接受丁遗赠给其一台电脑的行为
C. 丙组织一帮朋友在自己的房间里打牌直到深夜影响邻居休息的行为
D. 戊在自己承包的土地上建坟的行为

6. 甲公司在城市公园旁开发预售期房，乙、丙等近百人一次性支付了购房款，总额近8 000万元。但甲公司迟迟未开工，按期交房无望。乙、丙等购房人多次集体去甲公司交涉无果，险些引发群体性事件。面对疯涨房价，乙、丙等购房人为另行购房，无奈与甲公司签订"退款协议书"，承诺放弃数额巨大的利息、违约金支付的要求，领回原购房款。经咨询，乙、丙等购房人起诉甲公司。下列哪一说法准确体现了公平正义的有关要求？（　　）（司考改编）

A. "退款协议书"虽是当事人真实意思表示，但为兼顾情理，法院应当依据购房人的要求变更

该协议，由甲公司支付利息和违约金

B. “退款协议书”是甲公司胁迫乙、丙等人订立的，为确保合法合理，法院应当依据购房人的要求宣告该协议无效，由甲公司支付利息和违约金

C. “退款协议书”的订立显失公平，为保护购房人的利益，法院应当依据购房人的要求撤销该协议，由甲公司支付利息和违约金

D. “退款协议书”损害社会公共利益，为确保利益均衡，法院应当依据购房人的要求撤销该协议，由甲公司支付利息和违约金

7. 甲、乙二人同村，宅基地毗邻。甲的宅基地倚山、地势较低，乙的宅基地在上将其环绕。乙因琐事与甲多次争吵而郁闷难解，便沿二人宅基地的边界线靠己方一侧，建起 5 米高围墙，使甲在自家院内却有身处监牢之感。乙的行为违背民法的下列哪一基本原则？（　　）（司考改编）

A. 自愿原则　　B. 公平原则

C. 平等原则　　D. 诚信原则

8. 甲在缔约之际违反诚信原则，给对方造成信赖利益损失，乙起诉要求甲赔偿损失，法院依据《民法典》第 500 条规定判决甲承担缔约过失责任。法院的判决体现了民法基本原则的（　　）。（考研改编）

A. 指导功能　　B. 约束功能

C. 补充功能　　D. 规制功能

（二）多项选择题

1. 下列哪些原则属于我国民法的基本原则？（　　）

A. 自愿原则

B. 当事人在民事活动中地位平等原则

C. 过错责任原则

D. 公平、诚信原则

2. 下列现象不违反民法平等原则的是（　　）。

A. 甲自然人年满 26 周岁可以结婚，乙自然人年满 18 周岁却不能结婚

B. 甲上市公司可以在海外发行股票筹资，乙合伙组织却只能通过银行贷款筹资

C. 国家机关在税收征收法律关系中可以使用强制手段，无视纳税人的意志而依法进行税收征收

D. 某市合同管理干部认为，在本市建筑工程的招标中，市委领导的亲戚具有优先订立合同的权利

3. 关于民法基本原则的下列说法，正确的是（　　）。

A. 对于劳动者和消费者的特别保护体现了现代民法更加重视兼顾弱式意义上的平等对待

B. 大陆法系各国民法典皆将诚信原则的适用范围扩及民法的整个领域

C. 不同于诚信原则，公序良俗原则是一种非交易道德在法律上的体现

D. 民事法律关系中公平原则的判断标准是等价有偿与否

4. 下列行为，不违反民法私法自治原则的是（　　）。

A. 甲在水果店购买苹果后，摊主强制要其购买梨

B. 刘某申请安装电话被要求在一份已经拟定好的格式合同上签字

C. 王某和李某自愿达成的移转房屋抵押物占有的抵押合同不能产生抵押权设定的法律后果

D. 赵某（老烟民，熟知烟的价格）花 10 元人民币从小贩钱某手中购得某外国名牌香烟一条，经查，该烟是假烟

（三）不定项选择题

1. 民法的基本原则有哪些特征？（　　）

A. 抽象概括性　　B. 效力贯彻始终性

C. 功能强行性　　D. 功能补充性

2. 甲公司和乙公司签订了一份买卖折扇的合同。不料当年夏天连续降雨，天气一直异常凉爽，折扇销量严重下降。订购方甲向乙折扇制造厂提出要求解除合同，遭到拒绝，甲公司诉至法院。法院经过审理，判令合同解除。法院的这一判决依据的是民法的哪项基本原则？（　　）

A. 自愿原则　　B. 公平原则

C. 公序良俗原则　　D. 诚信原则

3. 下列何者可以作为民法的基本原则？（　　）

A. 绝对私有权原则　　B. 契约自由原则

C. 过失责任　　D. 诚信原则

4. 关于民法的基本原则，下列说法正确的是（　　）。

A. 当事人享有的民事权利和承担的民事义务都是一样的，这是平等原则的应有之义

B. 自愿原则仍然要受到强行性规范的限制

C. 《瑞士民法典》首次将诚信原则确定为民法的

基本原则

D. 劳动合同存续期间禁止结婚的条款，系属违反公序良俗原则

简答题

1. 民法的基本原则的特征和功能。（考研）

2. 根据《民法典》合同编所规定的一项制度说明诚信原则的具体运用。（考研）

案例分析题

2019 年 6 月 25 日起，Z 公司陆续向 W 公司出租钢管、扣件，2019 年 8 月 23 日，Z 公司（出租方）与 W 公司（承租方）签订租赁合同，约定由 W 公司向 Z 公司租赁钢管、扣件，租期自 2019 年 8 月 23 日起至 2020 年 8 月 31 日止。合同中双方具体约定了各种器械的租金、履约方式、双方责任，以及违约责任。2019 年 9 月 19 日，W 公司支付押金 5 万元。2020 年年初，某全球性疫情暴发，W 公司为响应国家号召延迟复工。截至 2020 年 6 月 30 日，W 公司陆续归还部分租赁货物后，尚欠部分货物未归还。根据合同约定，因 W 公司逾期支付租金，现须支付 69 万元，W 公司支付 16 万元租金后，尚欠 53 万元（未抵扣 5 万元押金）。为本案保全，Z 公司产生保全保函费 1 000 元。W 公司主张，疫情期间产生的租赁费应适用不可抗力的规定予以减免。

请分析 W 公司的主张是否应予支持，是否符合民法的基本原则，并说明理由。

论述题与深度思考题

1. 论述民法的基本原则及其相互关系。（考研）

2. 试述自愿原则的含义及其主要体现。

参考答案

名词解释

1. 民法的基本原则是观察、处理民法问题的准绳。它是民法的本质和特征的集中体现，反映了市民社会和市场经济的根本要求，表达了民法的基本价值取向，是高度抽象的、最一般的民事法律行为规范和价值判断准则。我国现行的民事立法承认了平等原则、自愿原则、公平原则、诚信原则、公序良俗原则以及绿色原则。

2. 自愿原则，又称意思自治原则，是指法律确认民事主体得自由地基于其意志去进行民事活动的基本准则。它是民法最重要、最有代表性的原则，是民法基本理念的体现。《民法典》第 5 条规定：民事主体从事民事活动，应当遵循自愿原则，按照自己的意思设立、变更、终止民事法律关系。

3. 诚信原则，要求处于法律上特殊联系的民事主体应忠诚、守信，做到谨慎维护对方的利益、满足对方的正当期待、给对方提供必要的信息。民法上的诚信原则是最低限度的道德要求在法律上的体现。《民法典》第 7 条规定：民事主体从事民事活动，应当遵循诚信原则，秉持诚实，恪守承诺。

4. 公序良俗是公共秩序和善良风俗的合称，其包括两层含义：一是从国家的角度定义公共秩序，二是从社会的角度定义善良风俗。公序良俗原则是现代民法一项重要的法律原则，是指一切民事活动应当遵守公共秩序及善良风俗。在现代市场经济社会，它有维护国家社会一般利益以及一般道德观念的重要功能。《民法典》第 8 条规定：民事主体从事民事活动，不得违反法律，不得违背公序良俗。

选择题

（一）单项选择题

1. 答案：D。本题考查民法的基本原则的功能。民法的基本原则是民事主体开展民事活动的基本原则，能够指导民事主体行使权利、履行义务，同时这些基本原则具有强行法的性质，不能由当事人约定排除，对于民事主体乃至立法者、司法者的相关行为都有着约束作用。另外，现行法有漏洞时也需要根据民法的基本原则进行补充。

2. 答案：D。本题考查平等原则的具体内容。自然人的民事行为能力是不同的，我国《民法典》明确规定了自然人的民事行为能力。根据具体的标准其可以分为三种情况：完全民事行为能力、限制民事行为为能力和无民事行为能力。这种不同的划分符合“不同情况不同对待”的要求，有利于实现真正意义上的

平等。

3. 答案：B。本题考查民法自愿原则在合同法领域中的具体体现。合同自由是自愿原则的核心内容，而当事人有可以自由决定合同内容的自由又是其应有之义。

4. 答案：A。诚信原则，要求处于法律上特殊联系的民事主体应忠诚、守信，做到谨慎维护对方的利益、满足对方的正当期待、给对方提供必要的信息。民法上的诚信原则是最低限度的道德要求在法律上的体现。禁止权利滥用，是诚信原则在权利行使方面的具体体现，是对民事主体行使权利的自由和边界的限定。

5. 答案：B。本题考查对公序良俗原则的认识。违反社会公德、损害他人利益以及违反国家法律规定行使自己的权利的行为皆为非法。而放弃自己的权利又不危害他人及社会公共利益的行为则属于法律允许的处分自己权利的行为，属于意思自治的范畴。

6. 答案：C。公平原则是指在民事活动中以利益均衡作为价值判断标准，在民事主体之间发生利益关系摩擦时，以权利和义务是否均衡来平衡双方的利益。本题中，乙、丙等购房人虽然与甲公司签订了“退款协议书”，但并非出于自愿，而是在无奈的情况下签订的。在该协议书中，乙、丙等购房人被迫放弃了数额巨大的利息、违约金支付的要求，该约定是显失公平的。《民法典》第151条规定：“一方利用对方处于危困状态、缺乏判断能力等情形，致使民事法律行为成立时显失公平的，受损害方有权请求人民法院或者仲裁机构予以撤销。”因此，为保护购房人的利益，法院应当依据购房人的要求撤销该协议，由甲公司支付利息和违约金。

7. 答案：D。《民法典》第4条规定了平等原则：民事主体在民事活动中的法律地位一律平等。《民法典》第5条规定了自愿原则：民事主体从事民事活动，应当遵循自愿原则，按照自己的意思设立、变更、终止民事法律关系。本题中，乙正是基于自己的意志处分了财产，并没有违反自愿原则。《民法典》第6条规定了公平原则：民事主体从事民事活动，应当遵循公平原则，合理确定各方的权利和义务。公平原则是对于自愿原则下进行民事活动时所产生结果的监督，旨在矫正当事人自愿行为时导致的当事人之间的利益失衡，更多的是针对合同关系。《民法典》第7条规定了诚信原则：民事主体从事民事活动，应当遵循诚信原则，秉持诚实，恪守承诺。这主要指民事主体进行民事活动必须意图诚实、善意，行使权利不侵害他人与社会利益，履行义务信守承诺和法律规定，最终使利益得到平衡。据此，禁止权利滥用，是诚信原则一个方面的表现。本案中，乙在靠近自己享有权利的土地上建起5米高围墙，使邻居深感处于牢狱之中，故该行为违反的是诚信原则，不是公平原则。

8. 答案：C。本题的易错项为D。民法的基本原则不具有规制功能，不能直接作为裁判依据适用，而是起到补充的作用。裁判者依据民法的基本原则进行法律漏洞的补充，创制裁断纠纷的法律规范。

（二）多项选择题

1. 答案：ABD。本题考查对我国民法基本原则的认识。我国民法基本原则包括：民事主体法律地位平等原则、自愿原则、公平原则、诚信原则、公序良俗原则及绿色原则等。至于过错责任原则则属于近代民法上侵权行为法领域的基本原则，不能算是整个民法的基本原则。

2. 答案：ABC。本题考查对民法平等原则的理解。题目中A、B两项均符合“不同情况不同处理”的要求，C项属于行政法律关系，不属于民法调整范围，其强制性特点就不违反民法平等原则的要求。而D项则违反了民法平等原则的要求。

3. 答案：AC。本题考查对民法基本原则的认识。现代民法更加重视实质意义上的平等，对于劳动者及消费者的保护是对实质意义上的平等原则的发展。诚信原则在民法领域的适用范围不断扩大。1907年《瑞士民法典》首次把诚信原则确立为民法的基本原则，适用于整个民事领域。市场交易道德和非市场交易道德在民法上的体现分别为诚信原则和公序良俗原则。公平原则不能单纯根据等价有偿与否作出判断，因为对于自愿失去不均衡的情形就不存在公平与否的问题，即“对心甘情愿者不存在不公正”。

4. 答案：BCD。本题考查民法的自愿原则。本题A项中的强制搭售行为违反自愿原则。B项属于格式合同问题，不存在违反自愿原则的问题。C项也未违反自愿原则，只是当事人达成的移转抵押物占有的合意不发生物权法上的效力。D项是知假买假的问题，不存在违反自愿原则，但是该行为因为违反法律的强制性规定而无效。

（三）不定项选择题

1. 答案：ABCD。本题考查我国民法基本原则的特征。民法的基本原则都是抽象概括条文，能够适用于整个民法领域，而且其效力具有强制性，不能约定排除，其也具有补充民法规范规定不足或者漏洞的功能。

2. 答案：B。本题主要考查对于公平原则的理解。在合同依法成立后，因为不可归责于双方当事人的理由而发生了不可预见的情势变更，使合同的基础丧失或者动摇，当事人的权利义务明显处于一个不对等的状态，这样再履行合同，则显失公平，因此可以依据公平原则解除或者变更合同。

3. 答案：D。本题考查对民法基本原则的认识。传统理论中所说的《法国民法典》确立的绝对私有权、契约自由和过失责任原则，实质上并非民法的基本原则，而分别是物权法、合同法及侵权行为法的原则。诚信原则是进入 20 世纪后产生的适用于民法所有领域的基本原则。我国《民法典》对此也作了规定。

4. 答案：BCD。本题考查对于民法各项基本原则的理解。平等原则要求民事主体权利能力平等，但是这只是取得相应民事权利负担相应民事义务的前提，不意味着具体法律关系中民事权利和民事义务的一致性。B、C 两项对于自愿原则及诚实信用的理解皆属正确。D 项中违反劳动者保护的行为属于违反公序良俗的一种类型。

简答题

1. 民法的基本原则是观察、处理民法问题的准绳。它是民事立法、民事司法和民事活动的基本准则，是民法的本质和特征的集中体现，反映了市民社会和市场经济的根本要求，表达了民法的基本价值取向，是高度抽象的、最一般的民事法律行为规范和价值判断准则。

民法的基本原则的特征有以下几点。

第一，民法的基本原则贯穿于全部民法规范中，是指导民事立法、民事司法和民事活动的根本准则。

第二，民法的基本原则不直接涉及当事人的具体权利义务，不具有法律规则所要求的具体行为模式和法律后果的逻辑构成。其通过抽象弹性概念授予司法机关自由裁量权，不是确定的法律规范，具有不确定性。

第三，民法的基本原则是强行性规定，当事人必须无条件遵守，不得约定排除。

此外，民法的基本原则的强行性和不确定性，决定了民法的基本原则只能够补充民法具体规则规定的不足或者漏洞。

民法的基本原则的功能有如下几点。

第一，民法的基本原则是民事立法的准则。民法的基本原则是民法本质和特征的集中体现，它贯穿于整个民事立法，确定了民事立法的基本价值取向，是制定具体民法规则，设计具体民法制度的基础。民法的基本原则通过体系强制落实于民事立法和立法解释的全过程，有助于形成民法和谐的内部体系。

第二，民法的基本原则是民事主体进行民事活动的基本准则。民法的基本原则是强行性规定，要求民事主体必须遵守，不能约定排除。在现行法上具体民事规则欠缺时，也应该遵循基本原则的要求进行民事活动。

第三，民法的基本原则是裁判者对于民事法律法规进行解释的基本依据。裁判者适用具体法律条文时，必须根据民法的基本原则进行理解解释；有两种以上的不同解释时，也应该采取符合民法的基本原则的解释结论；现行法有漏洞、缺乏具体民法规则时，也应该根据民法的基本原则进行补充，以克服成文民法的局限性。由此可见，民法的基本原则既授予法官自由裁量权，又对其进行限制。

第四，民法的基本原则也是民法学者讨论价值判断问题时，应该权衡的主要因素。这有助于认识民法平等和自由两项基本价值取向的关系，并协调可能存在的冲突。

2. 诚信原则，要求处于法律上特殊联系的民事主体应忠诚、守信，做到谨慎维护对方的利益、满足对方的正当期待、给对方提供必要的信息。民法上的诚信原则是最低限度的道德要求在法律上的体现，是民法的基本原则，不仅可以通过对民事活动的约束，贯彻到具体的法律关系中去，还可以解决立法未预见到的新情况、新问题，具有较大的包容性。合同是民法的组成部分，因而要求当事人在订立和履行合同中诚实守信，不为欺诈。缔约过失责任制度正是民法诚信原则在合同法领域的具体运用。

缔约过失责任制度是指合同订立过程中一方因为

违反诚信原则所产生的义务，给对方造成损失所应该承担的损害赔偿责任。其性质介于侵权责任和违约责任之间。其构成要件包括：(1) 缔约上的过失发生在合同缔结过程中。此种责任发生在合同尚未成立或者虽然成立但是因为不符合法定的生效要件被确认无效或者撤销时。此时，缔约人才承担缔约过失责任。(2) 一方当事人违背依照诚信原则所承担的先合同义务。这种先合同义务是指合同订立过程中，缔约主体基于诚信原则所产生的通知、协助、照顾、保护等义务。(3) 对方因为一方违反先合同义务而产生信赖利益损失。这种信赖利益损失是指他人信赖合同的成立和有效，但由于合同的不成立和无效的结果所蒙受的不利益。

缔约过失责任发生在缔约过程中，本不属于传统民事责任范畴，但是确实有可能出现一方不正当损害对方利益的情形。正是由于诚信原则的适用，当事人之间失衡的利益关系才得以矫正。

案例分析题

W公司的主张应得到支持，该主张符合公平原则。因疫情防控需要，W公司实际停止施工，如按原合同约定的租金标准继续计算租金，有违公平原则。故W公司要求减免停工期间租金的主张应得到支持。考虑到双方对于全球性疫情的发生均无法预见，出租钢管、扣件等建筑辅助材料获取相应租金，是Z公司最主要的营业收入来源，疫情发生对Z公司的经营亦有一定影响，而W公司在疫情发生前即未按约支付租金，在疫情发生后未及时与Z公司沟通减免租金事宜，在工地复工后仍未及时给付租金，以致成讼。故以双方共担停工期间损失为原则，平衡双方利益，根据公平原则，应支持W公司的主张。

论述题与深度思考题

1. (1) 我国现行民事立法承认平等原则、自愿原则、公平原则、诚信原则、公序良俗原则及绿色原则为民法的基本原则。

平等原则，也称法律地位平等原则。我国《民法典》第4条明文规定：民事主体在民事活动中的法律地位一律平等。平等原则集中反映了民事法律关系的本质特征，是民事法律关系区别于其他法律关系的主要标志。

自愿原则，又称意思自治原则，是指法律确认民事主体得自由地基于其意志去进行民事活动的基本准则。它在民法各项基本原则中处于核心地位。

公平原则是进步和正义的道德观在法律上的体现，对于弥补法律规定的不足和保证自愿原则的实现，具有重要意义。其有两层含义：第一，立法者和裁判者在立法和司法活动中应维持民事主体间的利益均衡；第二，民事主体应依据社会公认的公平观念从事民事活动，以维持当事人之间的利益均衡。

诚信原则，要求处于法律上特殊联系的民事主体应忠诚、守信，做到谨慎维护对方的利益、满足对方的正当期待、给对方提供必要的信息。民法上的诚信原则是最低限度的道德要求在法律上的体现。

公序良俗是公共秩序和善良风俗的合称，包括两层含义：一是从国家角度定义公共秩序，二是从社会角度定义善良风俗。公序良俗原则是现代民法一项重要的法律原则，是指一切民事活动应当遵循公共秩序和善良风俗。

绿色原则是指民事主体从事民事活动，应当有利于节约资源，保护生态环境。

(2) 我国民法的基本原则是相辅相成、互相配合的，共同体现了民法的基本价值取向。

“商品是天生的平等派”，平等原则是市场经济的本质和要求在民法领域的具体体现，也是民法的基础原则。平等原则是自愿原则，也即意思自治原则的逻辑前提，后者的存在和实现以前者的存在和实现为基础。只有在民事主体地位独立、平等的基础上，才能保障当事人从事民事活动时的意志自由。

自愿原则是市民社会自治在私法领域的体现，是民法最重要、最有代表性的原则，是民法基本理念的体现。民法最重要的使命就是确认并保证民事主体自由的实现。

公平原则旨在谋求当事人之间的利益均衡。在民法上，只有违背意思自治的不公平安排，才会成为民法通过公平原则予以纠正的对象，因为民法上的公平与否的判断标准是主观等值与否。由此可见，公平原则的具体运用必须以自愿原则的具体运用作为基础和前提，而公平原则又是对自愿原则的有益补充。

诚信原则和公序良俗中的善良风俗原则都是以道德要求为核心的，但是善良风俗原则并不强制民事主体在民事活动中积极地实现特定的道德要求，它只是消极地设定了民事主体进行民事活动不得逾越的道德底线。诚信原则则强制民事主体在民事活动中积极实现特定的道德要求，它设定了民事主体进行民事活动必须满足的道德标准。对民事主体自由的确认和保护，既不需要理由也不需要设置明确的法律依据；对民事主体自由的限制，则既需要有足够充分且正当的理由，又需要设置明确的法律依据。这里所谓足够充分且正当的理由，都包含在诚信原则、公序良俗原则和绿色原则之中，其实质就是维护国家利益和社会公共利益的需要。

绿色原则是代内正义、代际正义、种际正义三重正义观的体现，也是对自愿原则的必要限制，意在谋求人与自然的和谐共生关系。诚信原则、公序良俗原则及绿色原则是对自愿原则的必要限制，力图谋求不同民事主体间自由地和谐共存。

总之，就民法诸项基本原则的关系而言，自愿原则是处于核心地位的民法的基本原则，恰如有学者所言："自由以及私法自治是私法的出发点"。

2. 自愿原则，又称意思自治原则，是指法律确认民事主体得自由地基于其意志去进行民事活动的基本准则。它在民法各项基本原则中处于核心地位。自愿原则是市民社会自治在私法领域的体现，是民法最重要、最有代表性的原则，是民法基本理念的体现。民法最重要的使命就是确认并保证民事主体之自由的实现。

自愿原则的内涵主要体现在如下方面。

(1) 赋予民事主体在从事民事活动中的广泛的行为自由。允许当事人在法律规定的范围内自主决定自己的事务，表达自己的意志，从事相应民事法律行为。具体地说：第一，当事人有权依法进行某种民事活动或者不进行某种民事活动，他人不得干涉或者作任何形式的强迫，尤其是不受公权力的干预。第二，当事人有权选择行为相对人、行为内容和行为方式。第三，涉外合同关系的当事人有权选择适用法律。第四，当事人有权选择补救方式。

(2) 允许当事人通过法律行为调整他们之间的关系。民法为贯彻意思自治的精神，多采取任意性的调整方法，允许当事人从事民事法律行为时通过自己的自由意志设立、变更、终止民事法律关系，认可当事人之间通过自主协商达成的合意具有优于法律任意性规范适用的效力。意思自治的手段是法律行为，通过法律行为，当事人可以自主塑造自己和他人之间的法律关系，法律行为所产生的法律效果，就是从事法律行为的当事人希望发生的法律效果。

当然，自愿原则不意味着绝对自由，而是相对的有限制的自由。20 世纪以来，国家加强对经济领域的干预，自愿原则受到了越来越多的限制，这在合同领域中体现得尤为突出，以至于有学者认为："一部合同自由的历史就是合同如何受到限制，经由醇化，而促进实践合同正义的历史。"同时，应该强调的是，对于意思自治的限制必须具有足够充分且正当的理由，而对于意思自治的确认则不需要理由或者明确的法律依据。由此对应民法上讨论价值判断问题的一项实体性论证规则：没有足够充分且正当的理由，不得主张限制民事主体的自由，即主张限制者应该承担论证其价值取向正当性的责任。由此可见，由意思自治带来的自由及其限制问题属于民法中一个最为核心的问题。

第三章　民事法律关系

知识逻辑图

- 民事法律关系
  - 民事法律关系概述
    - 民事法律关系的概念
    - 民事法律关系的分类
      - 人身法律关系和财产法律关系
      - 绝对法律关系和相对法律关系
      - 物权关系和债权关系
  - 民事法律关系的要素
    - 民事法律关系的主体：自然人、法人、非法人组织和国家
    - 民事法律关系的内容：民事权利、民事义务
    - 民事法律关系的客体：物、行为、智力成果、人身利益、权利
  - 民事法律事实
    - 民事法律事实的概念和意义
    - 民事法律事实的分类
      - 事件
      - 行为
        - 表示行为
          - 民事行为
          - 准民事行为
        - 非表示行为（事实行为）

名词解释

1. 民事法律关系
2. 民事主体
3. 民事权利
4. 民事义务
5. 民事法律事实（考研）
6. 民事法律关系的事实构成（考研）
7. 通知（考研）
8. 附随义务（考研）

选择题

（一）单项选择题

1. 下列各项中，不属于民事法律关系的要素的是（　　）。

A. 主体　　B. 客体

C. 内容　　D. 形式

2. 可以引起民事法律关系产生、变更、消灭的法律事实（　　）。

A. 只能是合法行为

B. 只能是表示行为

C. 只能是民事法律行为

D. 可以是合法行为也可以是违法行为

3. 李某因病医治无效而死亡，这在民法上属于（　　）。

A. 生活事实　　B. 偶然事实

C. 民事法律行为　　D. 事件

4. 下列哪种情形成立民事法律关系？（　　）（司考改编）

A. 甲与乙约定某日商谈合作开发房地产事宜

B. 甲对乙说：如果你考上研究生，我就嫁给你

C. 甲不知乙不胜酒力而极力劝酒，致使乙酒精中毒住院治疗

D. 甲应同事乙之邀前往某水库游泳，因抽筋溺水身亡

5. 民事法律关系的客体是民事权利和民事义务共同指向的对象。在货物买卖合同关系中，其客体指（　　）。

A. 所要买卖的货物　　B. 货物的价格
C. 买卖合同　　D. 交付标的物的行为

6. 下列民事法律关系中，可以以行为作为其客体的是（　　）。
A. 物权　　B. 债权
C. 人格权　　D. 继承权

7. 下列现象中不属于法律事实中的“行为”的有（　　）。
A. 甲将乙的自行车据为已有
B. 乙将丙殴打致伤
C. 丙出版了一本书
D. 丁因个人不满工资待遇而罢工

8. 下列情形中属于民事法律事实的是（　　）。
A. 下雪　　B. 做作业
C. 离婚　　D. 请朋友吃饭

9. 甲撞伤乙致乙死亡，为此甲赔偿乙的家属 36 万元。乙的家属料理后事后，分割了乙的财产。引起上述侵权损害赔偿关系和财产继承关系产生的法律事实分别是（　　）。
A. 事件、行为　　B. 行为、事件
C. 事件、事件　　D. 行为、行为

10. 关于民事法律关系，下列哪一选项是正确的？（　　）（司考改编）
A. 民事法律关系只能由当事人自主设立
B. 民事法律关系的主体即自然人和法人
C. 民事法律关系的客体包括不作为
D. 民事法律关系的内容均由法律规定

11. 薛某驾车撞死一行人，交警大队确定薛某负全责。鉴于找不到死者亲属，交警大队调处后代权利人向薛某预收了 6 万元赔偿费，商定待找到权利人后再行转交。因一直未找到权利人，薛某诉请交警大队返还 6 万元。根据社会主义法治理论公平正义要求和相关法律规定，下列哪一表述是正确的？（　　）（司考改编）
A. 薛某是义务人，但无对应权利人，让薛某承担赔偿义务，违反了权利义务相一致的原则
B. 交警大队未受损失而保有 6 万元，形成不当得利，应予退还
C. 交警大队代收 6 万元，依法行使行政职权，与薛某形成合法有效的行政法律关系，无须退还
D. 如确实未找到权利人，交警大队代收的 6 万元为无主财产，应收归国库

视频讲题

12. 根据法律规定，下列哪一种社会关系应由民法调整？（　　）（司考改编）
A. 甲请求税务机关退还其多缴的个人所得税
B. 乙手机丢失后发布寻物启事称：“拾得者送还手机，本人当面酬谢。”
C. 丙对女友书面承诺：“如我在上海找到工作，则陪你去欧洲旅游。”
D. 丁作为青年志愿者，定期去福利院做帮工

13. 甲单独邀请朋友乙到家中吃饭，乙爽快答应并表示一定赴约。甲为此精心准备，还因炒菜被热油烫伤。但当日乙因其他应酬而未赴约，也未及时告知甲，致使甲准备的饭菜浪费。关于乙对甲的责任，下列哪一说法是正确的？（　　）（司考改编）
A. 无须承担法律责任
B. 应承担违约责任
C. 应承担侵权责任
D. 应承担缔约过失责任

14. 关于人身权，下列说法正确的是（　　）。（考研改编）
A. 人身权是对人权
B. 人身权与财产利益无关
C. 人身利益不得许可他人使用
D. 侵害自然人人身权益造成严重精神损害，被侵权人有权请求精神损害赔偿

（二）多项选择题

1. 民事法律事实包括（　　）。
A. 物　　B. 主体
C. 事件　　D. 行为

2. 下列何者可以作为民事法律关系的客体？（　　）
A. 一头牛　　B. 天上的月亮
C. 某公司的商标权　　D. 不作为

3. 下列社会关系中属于民事法律关系的是（　　）。
A. 甲借给乙人民币 1 000 元，双方未规定利息或者借款期限
B. 刘某和男友相识建立恋爱关系

C. 张某因为诉讼而与法院之间形成的关系

D. 赵某捡到王某丢失的钱包而拒不返还

4. 下列事实能够作为民事法律事实的是（　　）。

A. 国家因为要修建军事设施而征用某村集体的土地若干亩

B. 张某自家采摘的苹果腐烂变质

C. 月圆月缺，潮起潮落

D. 李某对自己儿子不赡养自己的行为予以宽恕

（三）不定项选择题

1. 甲出于表达朋友情谊的目的请乙吃饭，却未能信守许诺，对此，分析正确的是（　　）。

A. 甲、乙之间存在民事法律关系

B. 乙可以起诉要求甲承担违约责任

C. 甲、乙之间的关系属于生活关系，不受民法调整

D. 若乙起诉，法院应该予以受理

2. 所有权关系通常属于绝对法律关系，一旦所有权受到侵害，就会在权利人和受侵害人之间产生侵权损害赔偿等请求权关系，这又属于相对法律关系。对此，说法正确的是（　　）。

A. 绝对法律关系和相对法律关系没有区别

B. 绝对法律关系必然可以转化成相对法律关系

C. 绝对法律关系于一定条件下可以转化为相对法律关系

D. 所有权关系一旦受到侵害就必然转化成损害赔偿关系

3. 关于民事主体的说法正确的是（　　）。

A. 自然人当然可以成为民事主体

B. 国家在特殊情况下可以成为民事主体

C. 社会组织须由法律赋予其主体资格才能成为民事主体

D. 民事法律关系总是由双方或者多方参加

4. 甲建筑公司中标负责为乙县人民政府盖办公大楼，楼盖好后，乙届期未能偿还工程价款，为此甲以乙政府为被告向人民法院提起诉讼。该案涉及的法律关系（　　）。

A. 不是平等主体间的民事法律关系

B. 属于乙政府的具体行政行为

C. 是乙与甲之间管理与被管理的纵向经济关系

D. 是应该由民法调整的平等主体间的民事法律关系

5. 下列关于相对法律关系的说法，何者为正确？（　　）

A. 相对法律关系中的义务人是特定的

B. 相对法律关系中的义务人是权利人之外的不特定多数人

C. 债权关系属于相对法律关系

D. 相对法律关系中的权利人权利的实现不需要义务人的积极协助

6. 王某与李某约定一旦天下雨，王某就送给李某雨伞一把。对此，下列说法正确的是（　　）。

A. “天下雨”本来不是法律事实

B. “天下雨”没有由民法明确规定能够引起某种民事法律关系，故不可能是民事法律事实

C. 王、李二人依法选择“天下雨”为赠与伞的条件，“天下雨”便成为民事法律事实

D. 当事人可以自由选择民事法律事实

简答题

1. 简述民事法律关系的概念和特征。

2. 简述债的关系上的义务群。（考研）

3. 民事法律行为和事实行为的区别。（考研）

4. 简述民事法律事实的类型划分。

案例分析题

甲承包本村水库，用来养殖大量鱼苗。一年夏天，连降暴雨，甲承包的水库蓄洪功能有限，最终被水冲垮。甲水库中放养长大的成鱼全部顺水而下，流入下游乙承包的邻村水库中，当时乙承包水库中的成鱼已经全部捕捞出售，此时该水库中只有乙刚刚放养的部分鱼苗。甲于是要求乙返还自己水库中流入乙水库中的全部成鱼，乙认为该部分成鱼是自己流入其承包的水库中的，自己没有做任何违法侵权之事，拒绝返还。为此双方发生纠纷，经两村干部调解不成，甲将乙诉至该县人民法院。你认为本案应该如何处理？为什么？

论述题与深度思考题

1. 论述民事法律关系理论的意义。（考研）

2. 试论民事权利、民事义务、民事责任的相互关系。（考研）

参考答案

名词解释

1. 民事法律关系，是指由民事法律规范调整所形成的以民事权利和民事义务为核心内容的社会关系，是民法所调整的平等主体之间的人身关系和财产关系在法律上的表现。

2. 民事主体，即民事法律关系的主体，是指参加民事法律关系的人。在我国，民事主体包括自然人、法人、非法人组织和国家等。

3. 民事权利，是指经由民法规范或法院判决类型化的自由，基于这种自由，民事主体或者可以保障自己的利益，或者可以获得法律上的利益。

4. 民事义务，是法律上拘束的类型化，这种法律上的拘束，可以基于法律的规定或者当事人的意志产生。民事义务通常是要求民事主体为一定行为或者不为一定行为，其目的是满足相对人权利的实现。

5. 民事法律事实，是民法的基本概念，指民法认可的能够引起民事法律关系产生、变更和消灭的客观现象。简言之，这些由民事法律规定的、能够产生一定法律后果的事实就是民事法律事实。

6. 民事法律关系的事实构成，是指引起民事法律关系的产生、变更或消灭的两个以上的事实的总和。

7. 通知，学说上称之为“观念通知”或“实时通知”，是指表示对于某种事项之观念的行为，如债权人将转让权利事项通知债务人，又称事实通知。

8. 附随义务，是指依据诚信原则，根据合同的性质、目的、交易习惯产生的民事义务。

选择题

（一）单项选择题

1. 答案：D。本题主要考查民事法律关系的构成要素。任何民事法律关系都是由几项要素构成的，要素发生变化，民事法律关系的性质往往也会发生变化。民事法律关系包括主体、客体、内容三个要素。

2. 答案：D。本题主要考查对于民事法律事实的性质的认识。民事法律事实中的行为根据行为人的意思状态可以分为表示行为和非表示行为。行为根据其性质又可以分为合法行为和非法行为。

3. 答案：D。本题主要考查对于民事法律事实中事件的认定。事件是指与人的意志无关，能够引起民事法律后果的客观现象。判断某个法律事实究竟是事件还是行为，只是看它本身是否以当事人的意志作用为要素，而不考虑其发生原因是否有当事人的意志。人的出生、死亡、自然灾害等都能引起特定的民事法律后果，且与当事人的意志无关。李某因病医治无效死亡属于民事法律事实中的事件。

4. 答案：C。本题考查对民事法律关系与其他社会生活关系的区分。民事法律关系是一种社会生活关系，但是，并非所有的社会生活关系均受民法调整，只有民法所规定的才受民法调整，其他的社会生活关系则由道德等调整。C项中甲的劝酒行为导致乙酒精中毒住院治疗产生的侵权损害赔偿关系受民法调整，故C项正确。A项中的行为虽然与合同有关但是尚未进入缔约阶段；B、D项属于爱情、友情等领域，都属于不具有可诉性的社会关系，都不受民法调整。

5. 答案：D。本题考查对民事法律关系客体的认识。民事法律关系的客体是民事权利和民事义务所指向的对象。债权法律关系的客体是行为。在买卖合同法律关系中，买卖合同只是这一项法律关系的外在表现形式，具体的交付标的物的行为以及支付价款的行为才是该法律关系的客体。而标的物的价格则是对合同标的物本身特征的描述。

6. 答案：B。本题考查债权法律关系的客体。债权法律关系的客体是行为，即体现一定物质利益的行为；物权法律关系的客体大多数是物；人格权法律关系的客体是人身利益；继承权法律关系的客体是被继承人生前所有的个人合法财产，包括物或者其他债权债务以及可以继承的其他财产权利，所以其客体具有多样复杂性。

7. 答案：D。本题考查对民事法律事实的理解。民事法律事实分为事件和人的行为。事件是指人的行为之外的，能够引起民事法律关系发生、变更或者消灭的一切客观情况。本题中，选项D中的情形属于事件，而非行为。

8. 答案：C。本题考查民事法律事实。民事法律事实必须是民法认可的能够引起民事法律关系产生、变更、消灭的客观现象。本题中只有C项所述离婚能够引起婚姻关系的终止，属于民事法律事实。其他几项均不直接导致民事法律关系的变化，皆不符合题意。

9. 答案：B。本题考查对事件和行为两种民事法律事实的区分。本题中甲的行为属于侵权行为，属于法律事实中的事实行为；而财产继承则是由乙的死亡引起的，而乙的死亡无论系什么原因导致，对于财产继承关系的发生来说，都属于法律事实中的事件，因此正确答案为B。

10. 答案：C。本题考查民事法律关系的构成要素。民事法律关系是由民事法律事实所引起的，而民事法律事实除表示行为外，尚包括事件和事实行为。事件和事实行为是不以人的意志为要件的客观事实，并不是由当事人自主决定的，故A项错误。民事法律关系的主体主要是自然人和法人，国家有的时候也直接参与民事活动，但是基于民事主体的平等性，国家出现在民事活动中时，其身份只是公法人。另外，在一些特定的民事法律关系中，其主体可以是不具有法人资格的非法人组织，故B项错误。民事法律关系的内容是民事主体之间基于客体所形成的具体联系，核心是民事权利和民事义务，其权利义务大多由当事人自主设定，也可以是法律直接规定，故D项错误。民事法律关系的客体包括物、行为、智力成果与商业标志以及人身利益等，其中行为包括作为与不作为，故C项正确。

11. 答案：D。薛某作为肇事者应承担侵权产生的给付义务，所以，薛某是义务人。由于受害者已因交通事故而死亡，对其造成的损害赔偿请求权应当由其近亲属依法行使，因此并非没有对应权利人，不存在违反权利义务一致原则的问题。因此，A项错误。《民法典》第985条规定："得利人没有法律根据取得不当利益的，受损失的人可以请求得利人返还取得的利益……"本题中，在民法上可认定薛某与交警大队成立一个无名合同，由交警大队代为保管6万元赔偿金，权利人确定后，交警大队负有转交的义务。因此，交警大队代收该6万元有法律上的根据，不属于不当得利。由于交警大队的代收行为并非对薛某进行的行政管理行为，仅履行了代收职能，故交警大队与薛某之间也不存在行政法律关系。因此，B、C项错误。《民法典》第1160条规定："无人继承又无人受遗赠的遗产，归国家所有，用于公益事业；死者生前是集体所有制组织成员的，归所在集体所有制组织所有。"本题中的情况可类推适用该条，这样才符合公平正义。因此，D项正确。

12. 答案：B。《民法典》第2条规定："民法调整平等主体的自然人、法人和非法人组织之间的人身关系和财产关系。"乙丢失手机后发布寻物启事属于悬赏广告，由民法调整。所以，B项正确。甲请求税务机关退还个人所得税，甲与税务机关不是平等主体关系，不由民法调整。所以，A项错误。丙与女友之间的承诺属于生活关系，不由民法调整。所以，C项错误。丁作为志愿者去福利院帮工，丁与福利院之间不是平等主体关系。所以，D项错误。

13. 答案：A。甲邀请朋友乙来家中吃饭属于好意施惠，不属于民法的调整范围，也就无须承担责任，所以，A项正确，B、C、D三项错误。

14. 答案：D。人身权是对世权，所以A项错误。人身权本身没有直接的财产内容，但不代表与财产利益无关，如人身权受到侵害时的财产性补偿，故B项错误。特殊类型的人身利益可以许可他人使用，例如法人的名称权，故C项错误。

（二）多项选择题

1. 答案：CD。本题考查民事法律事实的种类。根据是否与当事人的意志相关，法律事实可以分为事件和行为两大类。主体是民事法律关系的要素，物是民事法律关系客体的一种。

2. 答案：ACD。本题考查民事法律关系客体的种类。民事法律关系的客体主要有五类：物、行为、智力成果、人身利益和权利。本题A项属于物，C项属于权利，D项为行为中的不作为，都符合题意。但是B项所述天上的月亮不属于人力可得支配，不属于民法上所说的物。

3. 答案：AD。本题考查民事法律关系的认定问题。A选项中的关系属于自然人之间的借贷关系，是民事法律关系中的财产关系；B选项中的恋爱关系属于民法调整范围外的生活关系，也即法外空间；C选项形成的是诉讼法律关系，不由民法调整，应该由诉讼法调整；D选项为非法占有他人之物形成的侵权法律关系，属于民法调整范围的财产法律关系。

4. 答案：ABD。本题考查对民事法律事实的认定。A、B两项皆属于引起民事主体所有权丧失的事件，D项对于被继承人的宽恕属于民法上的准法律行为，其能够引起相应的法律后果。C项所述月圆月缺、潮起潮落皆属于自然现象，不涉及民事法律关系的产生、变更、消灭。

（三）不定项选择题

1. 答案：C。本题考查对民事法律关系的判断。基于友情而请吃饭又未能践约，属于生活关系，系法外空间，由习俗、道德来调整。其不是民事法律关系，也就不具有可诉性。

2. 答案：C。本题考查绝对法律关系和相对法律关系。绝对法律关系和相对法律关系是根据义务主体范围的不同所作的划分，绝对法律关系基于一定的条件可以转化为相对法律关系，如所有权关系一旦受到侵害就可能转化为侵权损害赔偿等相对法律关系，但是损害赔偿法律关系只有在所有权的损害已经造成实际损失的情况下方可发生，故本题正确答案只有C项。

3. 答案：ABCD。本题考查对民事法律关系主体的认识。近代以来，民法规定自然人人格平等，自然人当然都可以成为民事法律关系的主体；社会组织属于基于社会经济生活发展需要由法律赋予其主体资格；国家参与民事活动时具有民事主体资格，与其他民事主体地位平等；民事法律关系作为人与人之间的社会关系，总是要由双方或者多方参加。

4. 答案：D。本题考查对民事法律关系的认定。甲建筑公司与乙县人民政府之间是建设工程合同关系，在这种法律关系中，建筑公司和政府之间是平等的民事主体，该民事关系也就应该由民法来调整。

5. 答案：AC。本题考查相对法律关系的特征。相对法律关系是指与权利人相对应的义务人是特定人的民事法律关系。在这种法律关系中，参与法律关系的往往是特定人，其中权利人必须有具体的义务人的协助才能实现其权利。债权关系属于典型的相对法律关系。

6. 答案：AC。本题考查民事法律事实的区分价值。题中所述是发生在王、李之间的赠与法律关系，属于民事法律行为。对此，民法主要依据民事主体的意思安排当事人之间的利益关系，因此“天下雨”这一客观的自然事实可以经由当事人的意思自治成为其民事法律行为效力发生的条件，也即具有了民事法律事实的特点。但是，并非当事人任何时候都可以自由选择民事法律事实，对于事件及事实行为，民法采取法定主义的调控方式，必须符合法律认可的事实构成，比如遗嘱继承的发生就必须符合立遗嘱和遗嘱人死亡两个法律事实发生，不允许当事人对此私自加以约定。

简答题

1. 民事法律关系是指由民事法律规范调整所形成的以民事权利和民事义务为核心内容的社会关系，是民法所调整的平等主体间的人身关系和财产关系在法律上的表现。

（1）民事法律关系是民法调整的社会关系在法律上的表现。民事法律关系是使原来的社会关系表现为法律上的权利义务关系，与现实生活中存在的由民法调整的社会关系是一个关系。

（2）民事法律关系是具有可诉性的社会生活关系。民事法律关系是民法通过价值判断将一部分社会生活关系纳入其调整范围，而这部分社会关系一旦具有民事法律关系的形态，就可以通过司法途径解决可能由此发生的纠纷，具有了可诉性的特征。

（3）民事法律关系是平等主体之间发生的人与人之间的权利义务关系。民事法律关系是人与人之间的权利义务关系，不是人对物或者人对其自身的关系。

（4）民事法律关系具有一定程度的任意性。民事主体参与的社会关系大多体现其私人利益，所以法律通过大量任意性调整方法，赋予民事主体更多的自治权，由此，民事法律关系就具有较强的任意性。

2. 在相对法律关系，尤其是债的关系中，民事义务的类型比较丰富，以买卖合同为例，当事人通常要承担以下类型的民事义务。

（1）主合同义务，即直接决定民事主体之间交易类型的民事义务。依据《民法典》第598条的规定，出卖人的主合同义务是“出卖人应当履行向买受人交付标的物或者交付提取标的物的单证，并转移标的物所有权的义务”。依据《民法典》第626条的规定，买受人的主合同义务是“买受人应当按照约定的数额和支付方式支付价款”。主合同义务又称主给付义务，是请求权指向的对象。其产生除了可以依据当事人之间的特别约定，还可以基于交易习惯。主合同义务属于约定义务。

（2）从合同义务，即辅助主合同义务实现债权人交易目的的民事义务。依据《民法典》第599条的规定，出卖人的从合同义务是“出卖人应当按照约定或者交易习惯向买受人交付提取标的物单证以外的有关单证和资料”。从合同义务又称从给付义务，也是请求权指向的对象。其产生除了可以依据当事人之间的特别约定，还可以基于交易习惯。从合同义务也属于约定义务。

(3) 附随义务，即依据诚信原则，根据合同的性质、目的、交易习惯产生的民事义务。依据《民法典》第509条第2款的规定，买卖合同双方当事人都“应当遵循诚信原则，根据合同的性质、目的和交易习惯履行通知、协助、保密等义务”。附随义务大多并非给付义务，因此通常不是请求权指向的对象，合同当事人通常无法请求对方履行附随义务，而只能在对方违反附随义务时，主张其承担民事责任。但在例外的情况下，附随义务，尤其是附随义务中的协助义务等可以作为给付义务，成为请求权指向的对象。附随义务属于法定义务。

(4) 间接义务，又称不真正义务，是法律要求民事主体谨慎对待自己利益的民事义务。依据《民法典》第591条第1款的规定，买卖合同双方当事人在对方违约后，都“应当采取适当措施防止损失的扩大”。这即属此类义务。间接义务并非给付义务，不是请求权指向的对象。当事人违反间接义务，属于自甘冒险的行为，无须向对方承担违约责任，但由此带来的损失要由义务违反者自己承受。间接义务属于法定义务。

上述义务群是合同法乃至债法的核心问题。现行《民法典》以主给付义务为规范对象，基于诚信原则，由近而远，逐渐发生从给付义务，以及其他辅助实现给付利益及维护对方人身和财产上的利益为目的的附随义务，由此组成了义务体系。现代民法的发展，在一定意义上可以说是合同关系上义务群的发展。

3.《民法典》第133条规定：“民事法律行为是民事主体通过意思表示设立、变更、终止民事法律关系的行为。”事实行为是指行为人实施一定的行为，一旦符合法律的构成要件，不管当事人主观上是否有设立、变更或者终止某一民事法律关系的意思，都会由于法律的规定，从而引起一定的民事法律效果的行为。民事法律行为与事实行为的区别如下。

(1) 民事法律行为以意思表示为其必备要素，实质上是当事人设立法律关系意图的外在表示；事实行为则不管当事人是否具有发生民事法律后果的意思表示，这也是两者的根本区别。

(2) 民事法律行为依当事人的意思表示的内容而发生效力，具有设权性的特点；事实行为仅依法律规定而直接发生法律后果。

(3) 民事法律行为的本质并不在于事实构成，而在于意思表示；事实行为只有在当事人的客观行为符合法定的构成要件时才能发生法律规定的后果。

(4) 要使民事法律行为有效，当事人必须具有相应的民事行为能力；而事实行为的构成不要求当事人具有相应的民事行为能力。

4. 民事法律事实是指民法认可的能够引起民事法律关系产生、变更和消灭的客观现象。根据客观现象是否与人的意志有关，民事法律事实可以分为事件与行为。

事件是指与人的意志无关，能够引起民事法律后果的客观现象。行为是指当事人有意识的社会活动。

根据行为人的意思状态，行为可以分为表示行为和非表示行为。表示行为包括民事法律行为和准民事法律行为。非表示行为又称事实行为，是指行为人实施的一定行为，一旦符合了法律的构成要件，不管当事人主观上是否有设立、变更或者终止某一民事法律关系的意思，都会由于法律的规定引起一定的民事法律后果的行为。

表示行为中的民事法律行为是指当事人基于其意志设立、变更或者终止民事权利义务关系的行为。表示行为中的准民事法律行为是指行为人实施的有助于确定民事法律关系相关事实因素的意愿表达或事实通知行为。此类行为没有包含行为人对于民事主体间利益关系安排的设想，不以直接引起民事法律关系的变动为目标。

准民事法律行为又包括三类：催告，即表示内心某种欲望或者意思的行为；通知，即表示对于某种事项之观念的行为；宽恕，即表示某种感情的行为，如继承人之宽恕。

案例分析题

本案例涉及民事法律事实问题。民事法律事实，是民法的基本概念，指民法认可的能够引起民事法律关系产生、变更和消灭的客观现象。并非所有的客观现象都是民事法律事实，都能引起民事法律关系的产生、变更、消灭，只有为民法规范规定或承认并能产生民事后果的那些事实才能成为民事法律事实。民事法律事实可以与人的意志有关，也可以无关，但是必须是客观存在的。只存在于人脑中的主观意识的东西不是民事法律事实。主观意识必须表达于外部，表现为人与人之间的客观社会关系，方可成为民事法律事实。根据客观现象是否与人的意志有关，民事法律事实可以分为事件和行为。事件是指与人的意志无关，能够引起民事法律后果的客观现象。行为是指当事人的有意识的社会活动。

在本案例中，因为连降暴雨，甲承包水库中的成鱼流入乙承包的水库中，产生了乙受益的行为。对甲而言，这是与其自身行为无关的他方当事人行为。这属于民事法律事实中的事件。该事件与《民法典》第122条（不当得利的规定）结合产生相应的民事法律关系，引起甲、乙之间财产关系的变化，构成民法上的不当得利之债。因此，乙应该返还其获得的不当利益，返还不能时，折价赔偿。

论述题与深度思考题

1. 民事法律关系是指由民事法律规范调整所形成的以民事权利和民事义务为核心内容的社会关系，是民法所调整的平等主体间的人身关系和财产关系在法律上的表现。民事法律关系与其他法律关系相比，具有如下特征。

其一，民事法律关系是民法调整的社会关系在法律上的表现。民事法律关系是使原来的社会关系表现为法律上的权利义务关系，与现实生活中存在的由民法调整的社会关系是一个关系。其二，民事法律关系是具有可诉性的社会生活关系。民事法律关系是指民法通过价值判断将一部分社会生活关系纳入其调整范围，而这部分社会关系一旦具有民事法律关系的形态就可以通过司法途径解决可能由此发生的纠纷，具有了可诉性的特征。其三，民事法律关系是平等主体之间发生的人与人之间的权利义务关系。民事法律关系是人与人之间的权利义务关系，不是人对物或者人对其自身的关系。其四，民事法律关系具有一定程度的任意性。民事主体参与的社会关系大多体现其私人利益，所以法律通过大量任意性调整方法，赋予民事主体更多的自治权。由此，民事法律关系就具有较强的任意性。

民事法律关系是民法的重要概念，具有重要的意义。

首先，国家制定和颁布各种民事法律规范，目的是要求人们以其为根据设立各种民事法律关系，将人们的行为纳入民法调整的轨道。

其次，民法学研究的中心问题是民事法律关系，民法学在一定意义上就是民事法律关系之学，以研究民事法律关系的各项要素以及民事法律关系的变动为主要内容。

郑玉波先生尝言："法书万卷，法典千条，头绪纷繁，莫可究诘，然一言以蔽之，其所研究或所规定之对象，要不外法律关系而已。"

最后，从方法论上来看，民事法律关系分析方法也是司法审判人员处理民事纠纷时运用的基本方法。处理民法实例乃至解决民法案例时，都需要将当事人放在具体的法律关系之中，分析具体法律关系的各项要素，揭示其权利义务关系，把握权利的产生、变更、消灭，以利于解决具体问题。

总之，民事法律关系理论是构建我国民法典体系的蓝本，民事法律关系是整个民法逻辑体系展开与构建的基础。由此，以民法为研究对象的民法学必须看到民事法律关系这条贯穿民法始终的红线。而法律关系分析法也是民事司法以及我们学习过程中解决具体案例的基本方法。

2. 民事法律关系是指由民事法律规范调整所形成的、以民事权利和民事义务为核心内容的社会关系，是民法所调整的平等主体间的财产关系和人身关系在法律上的表现。

(1) 民事权利是指服务于民事主体特定利益的实现或者维持，由法律上之力保证实现的自由。

首先，权利人依法直接享有某种利益，或者享有实施一定行为的利益。

其次，权利人可以请求义务人为一定行为或者不为一定行为，以保证其维持或者实现某种利益的自由。

最后，这种自由是有保障的自由，它表现为在权利受到侵犯时，有权请求国家机关予以保护。

(2) 民事义务，是法律上拘束的类型化。这种法律上的拘束，可以基于法律的规定或者当事人的意志产生，通常是要求民事主体为一定行为或者不为一定行为，目的是满足相对人权利的实现。

首先，义务人必须依照法律规定或者约定为或不为一定的行为，以满足权利人的利益。

其次，义务人只承担法律规定或者约定范围内的义务，之外的则不予承担。

最后，义务人必须履行其义务。

(3) 民事责任是指民事主体因为违反法定或者约定义务所应该承担的民事法律后果。

首先，民事责任具有强制性，即它以国家强制力为保障，保证民事主体在违反民事义务时承担民事责任，履行民事义务。

其次，民事责任以财产责任为主，以非财产责任为辅。

最后，民事责任以补偿性为主，以惩罚性为辅。

(4) 民事权利、民事义务、民事责任的关系。

民事权利、民事义务、民事责任相互对立、相互联系，从不同的角度来表现民事法律关系的内容。

首先，在任何一个民事法律关系中，民事权利和民事义务都是一致的，权利的内容要通过相应的义务表现，而义务的内容则有相应的权利限定。一方当事人享有权利，必然有另一方负有相应的义务，并且权利和义务往往是同时产生、变更和消灭的。

“没有无义务的权利，也没有无权利的义务。”法律关系作为人与人之间的社会关系，总是要有双方或者多方参加的，因此，不管是绝对权还是相对权，都会有不特定或者特定义务人的不作为或者作为义务与之相对应。对于民事法律关系一方来说却可能出现只享有权利而不负有义务的情形。

其次，民事责任是不履行民事义务的法律后果，民事义务的履行为社会所倡导，民事责任的承担则体现了社会对不履行民事义务的谴责。

最后，民事责任制度的建立也是民法保护民事权利实现的重要手段。民事权利的实现有赖于对方当事人作为或者不作为义务的履行，如果当事人不履行民事义务，则通过民事责任制度强制其履行民事义务，以确保民事权利的实现。民事责任是保护民事权利、促进民事主体履行民事义务的重要手段。

总之，民事责任制度是民事权利实现的保证，也是违反民事义务的后果，民事责任制度将民事权利和民事义务联系到了一起，共同构成完整的民事法律关系体系。

第四章　自然人

知识逻辑图

- 自然人
  - 自然人的民事权利能力
    - 自然人的民事权利能力的概念
    - 自然人的民事权利能力的特征
    - 自然人的民事权利能力的开始
    - 自然人的民事权利能力的终止
  - 自然人的民事行为能力
    - 自然人的民事行为能力的概念
    - 自然人的民事行为能力的划分
    - 自然人无民事行为能力和限制民事行为能力的宣告
    - 自然人的民事行为能力的终止
    - 自然人的诉讼行为能力
  - 自然人的民事责任能力
    - 自然人的民事责任能力的概念
    - 自然人的侵权责任能力
    - 自然人的其他民事责任能力
  - 监护
    - 监护的概念和沿革
    - 监护权的性质
    - 监护人的设定
    - 监护权的内容
    - 监护关系的终止
  - 自然人的姓名、住所、户籍和身份证
  - 宣告失踪和宣告死亡
  - 个体工商户和农村承包经营户

名词解释

1. 自然人的民事权利能力
2. 自然人的民事行为能力
3. 监护
4. 宣告失踪
5. 宣告死亡（考研）
6. 个体工商户

选择题

（一）单项选择题

1. 根据我国《民法典》的规定，自然人的民事权利能力始于（　　）。

A. 年满 8 周岁　　B. 年满 18 周岁

C. 受孕　　D. 出生

2. 娄某年满 17 周岁，接受爷爷赠与 20 万元，靠此笔款项丰衣足食并支付自己的学费。娄某（　　）。

A. 属于完全民事行为能力人

B. 视为完全民事行为能力人

C. 为限制民事行为能力人

D. 为无民事行为能力人

3. 甲 17 岁，在某高中读书，其参加全国绘画大赛获奖 3 万元。甲欲拿出 1 万元购买一台电脑用于学习，根据我国民事法律规定，甲应当（　　）。

A. 有权自己购买

B. 征得父母同意

C. 事先通知父母即可

D. 于购买后通知父母即可

4. 赵某年满16周岁，为某高中在校学生，无经济来源，在校期间因为与同学刘某发生矛盾而将刘某打伤，刘某为此花掉医疗费2 000元。该笔费用应该由谁来承担？(　　)

A. 由赵某承担

B. 由赵某的监护人赵某某夫妇承担

C. 由A、B两项所列人员承担连带责任

D. 由赵某的扶养人赵某某夫妇先行垫付

5. 在我国监护制度适用于(　　)。

A. 无民事行为能力人

B. 精神病人

C. 限制民事行为能力人

D. 未成年人和无民事行为能力或者限制民事行为能力的成年人

6. 自然人下落不明满(　　)的，利害关系人可以向人民法院申请宣告他为失踪人。(考研)

A. 1年　　B. 2年

C. 3年　　D. 4年

7. 甲被法院宣告死亡，甲父乙、甲妻丙、甲子丁分割了其遗产。后乙病故，丁代位继承了乙的部分遗产。丙与戊再婚后因车祸遇难，丁、戊又分割了丙的遗产。现甲重新出现，法院撤销死亡宣告。下列哪种说法是正确的？(　　)(司考改编)

A. 丁应将其从甲、乙、丙处继承的全部财产返还给甲

B. 丁只应将其从甲、乙处继承的全部财产返还给甲

C. 戊从丙处继承的全部财产都应返还给甲

D. 丁、戊应将从丙处继承的而丙从甲处继承的财产返还给甲

8. 王某户籍所在地为吉林省，因病到北京市医治已经2年，根据我国民事法律的规定(　　)。

A. 吉林省为王某的住所

B. 北京市为王某的住所

C. 吉林省为王某的住所，北京市视为王某的住所

D. 北京市为王某的住所，吉林省视为王某的住所

9. 乙因病需要换肾，其兄甲的肾脏刚好配型成功，甲乙父母和甲均同意由甲捐肾。因甲是精神病人，医院拒绝办理。后甲意外死亡，甲乙父母决定将甲的肾脏捐献给乙。下列哪一表述是正确的？(　　)(司考改编)

A. 甲决定将其肾脏捐献给乙的行为有效

B. 甲生前，其父母决定将甲的肾脏捐献给乙的行为有效

C. 甲死后，其父母决定将甲的肾脏捐献给乙的行为有效

D. 甲死后，其父母决定将甲的肾脏捐献给乙的行为无效

10. 张某和李某达成收养协议，约定由李某收养张某6岁的孩子小张；任何一方违反约定，应承担违约责任。双方办理了登记手续，张某依约向李某支付了10万元。李某收养小张1年后，因小张殴打他人赔偿了1万元，李某要求解除收养协议并要求张某赔偿该1万元。张某同意解除但要求李某返还10万元。下列哪一表述是正确的？(　　)(司考改编)

A. 李某、张某不得解除收养关系

B. 李某应对张某承担违约责任

C. 张某应赔偿李某1万元

D. 李某应返还不当得利

视频讲题

11. 小张从小天赋异禀，聪明伶俐。爷爷老张对孙子甚是喜爱。在小张6岁时，爷爷将家中祖传的一幅价值200万元的名画赠与小张。母亲刘某得知此事后，坚决表示反对。在小张8岁那年，爷爷又将自己价值27 500元的欧米茄手表赠与小张。母亲刘某亦明确表示反对。关于本案，下列哪一说法是正确的？(　　)(法考改编)

A. 爷爷将名画赠与小张的行为因纯获利益而有效

B. 爷爷将名画赠与小张的行为因母亲刘某反对而无效

C. 爷爷将手表赠与小张的行为因纯获利益而有效

D. 爷爷将手表赠与小张的行为因母亲刘某反对而无效

12. 某年6月1日，家住北京市通州区的韩某乘坐

MH360 航班从马来西亚飞回北京。飞机中途失事，下落不明。2 年后，韩某妻子何某欲将儿子小韩送养以便再嫁。韩某的父母不知如何处理，咨询刘律师。关于刘律师的答复，下列哪一说法是正确的？（　　）（法考改编）

A. 韩某的利害关系人申请宣告韩某死亡有顺序先后的限制

B. 韩某的父母申请宣告韩某死亡，其妻何某申请宣告失踪，通州区法院应当根据父母的申请宣告韩某死亡

C. 如通州区法院宣告韩某死亡，则判决作出之日视为韩某死亡的日期

D. 如通州区法院宣告韩某死亡但是韩某并未死亡的，在被宣告死亡期间韩某所实施的民事法律行为效力待定

13. 陆某因诈骗罪被判入狱，和妻子协议离婚，双方约定，12 岁的儿子由陆某抚养，但实际是由陆某父母抚养。下列哪一说法是正确的？（　　）（法考改编）

A. 陆某是唯一监护人

B. 陆某的妻子是唯一监护人

C. 夫妻二人均为监护人

D. 陆某的父母为监护人

（二）多项选择题

1. 自然人的民事权利能力具有哪些特征？（　　）

A. 与民事主体人身不可分离

B. 普遍性与平等性

C. 不能转让，不能抛弃

D. 其他民事主体无权进行限制或剥夺

2. 根据《民法典》，8 周岁以上的未成年人的法定代理人（　　）。

A. 可以同意该未成年人进行与其年龄、智力相适应的民事活动

B. 不可以同意该未成年人进行与其年龄、智力相适应的民事活动

C. 应该同意该未成年人进行与其年龄、智力相适应的民事活动

D. 不可以概括地同意该未成年人进行任何种类的民事活动

3. 按照我国《民法典》的规定，未成人的监护人可以由下列人员担任（　　）。（考研）

A. 父母　　B. 外祖父母

C. 兄弟姐妹　　D. 祖父母

4. 监护终止的原因主要有（　　）。

A. 被监护人取得或者恢复完全民事行为能力

B. 被监护人死亡

C. 监护人丧失监护能力

D. 监护人自行辞去监护

5. 余某与其妻婚后不育，依法收养了孤儿小翠。不久后余某与妻子离婚，小翠由余某抚养。现余某身患重病，为自己和幼女小翠的未来担忧，欲作相应安排。下列哪些选项是正确的？（　　）（司考改编）

A. 余某可通过遗嘱指定其父亲在其身故后担任小翠的监护人

B. 余某可与前妻协议确定由前妻担任小翠的监护人

C. 余某可与其堂兄事先协商以书面形式确定堂兄为自己的监护人

D. 如余某病故，应由余某父母担任小翠的监护人

6. 张某被法院宣告死亡，则自死亡宣告之日起（　　）。

A. 其与配偶之间的婚姻关系消灭

B. 其继承人可以继承其遗产

C. 其民事权利能力一概消灭

D. 有民事行为能力的人被宣告死亡期间的民事法律行为仍然可能有效

7. 甲与乙离婚，甲乙的子女均已成年，与乙一起生活。甲与丙再婚后购买了一套房屋，登记在甲的名下。后甲因中风不能自理，常年卧床。丙见状离家出走达 3 年之久。甲乙的子女和乙想要回房屋，进行法律咨询。下列哪些意见是错误的？（　　）（司考改编）

A. 因房屋登记在甲的名下，故属于甲个人房产

B. 丙在甲中风后未尽妻子责任和义务，不能主张房产份额

C. 甲乙的子女可以申请宣告丙失踪

D. 甲本人向法院提交书面意见后，甲乙的子女可代理甲参与甲与丙的离婚诉讼

8. 甲 8 周岁，多次在国际钢琴大赛中获奖，并获得大量奖金。甲的父母乙、丙为了甲的利益，考虑到甲的奖金存放银行增值有限，遂将奖金全部购买了股票，但恰遇股市暴跌，甲的奖金损失过半。关于乙、丙的行为，下列哪些说法是正确的？（　　）（司考改编）

A. 乙、丙应对投资股票给甲造成的损失承担责任
B. 乙、丙不能随意处分甲的财产
C. 乙、丙的行为构成无因管理，无须承担责任
D. 如主张赔偿，甲对父母的诉讼时效期间在进行中的最后6个月内因自己系无行为能力人而中止，待成年后继续计算

9. 甲（6周岁）系小童星，演出收入颇丰。其父母为保值，在A城以甲的名义购买了一套商品房，价款850万元。后其他地区的房价均上涨，唯独A城房价下跌，损失惨重。关于本案，下列哪些说法是错误的？（　　）（法考改编）

A. 甲向其父母追偿损失不受3年诉讼时效的限制
B. 甲的父母没有为甲财产保值的义务
C. 购房合同有效，但父母应负赔偿责任
D. 甲父母的行为构成无因管理

10. 2020年7月，家住陕西省W县的孙某（男，51周岁，有配偶）依法收养了孤儿小丽（女，11周岁）为养女，后孙某多次对小丽实施性侵害，造成小丽先后产下两名女婴。2021年5月，当地群众向公安机关匿名举报，媒体也纷纷曝光此事。2021年8月，当地法院判决孙某构成强奸罪，判处有期徒刑3年。关于本案，下列哪些说法是错误的？（　　）（法考改编）

A. W县民政部门可以直接取消孙某的监护人资格
B. 孙某被人民法院取消监护资格后可以不再给付抚养费
C. 孙某出狱后，如确有悔改表现的，经其申请，人民法院可以恢复其监护人资格
D. 小丽对孙某的损害赔偿请求权的诉讼时效期间自法定代理终止之日起计算

11. 下列关于民事权利能力的表述，正确的是（　　）（考研改编）

A. 民事权利能力不因精神疾病而丧失
B. 民事权利能力可以依法转让
C. 未出生的胎儿不具有民事权利能力
D. 宣告死亡可以导致自然人民事权利能力终止

（三）不定项选择题

1. 下列说法中正确的是（　　）。

A. 自然人的民事权利能力分为完全民事权利能力、限制民事权利能力和无民事权利能力
B. 自然人的民事权利能力只能因为死亡而消灭
C. 自然人的民事行为能力只能因为死亡而消灭
D. 享有民事权利能力的自然人均当然享有民事权利

2. 我国现行民事立法以何为标准来确定自然人的民事行为能力状况？（　　）

A. 结婚与否　　B. 年龄
C. 精神健康状况　　D. 财产多寡

3. 自然人的民事行为能力可以因为下列何种情形而终止？（　　）

A. 自然人生理死亡
B. 自然人被宣告为无民事行为能力人
C. 自然人被宣告失踪
D. 自然人被宣告死亡

4. 王某因为下落不明被法院依法宣告死亡，其财产被继承人继承，孩子被他人依法收养，妻子改嫁他人，后来又离婚。三年后，王某又回到住所地，法院根据王某的申请撤销对他的死亡宣告，以下表述正确的是（　　）。

A. 王某有权要求取得其遗产的人返还遗产
B. 王某与妻子的婚姻关系自动恢复
C. 王某之子与他人的收养关系即解除
D. 王某被宣告死亡期间实施的民事法律行为一律有效

简答题

1. 简述自然人民事权利能力和民事权利的联系和区别。

2. 简述民事权利能力和民事行为能力的联系和区别。

3. 简述民事行为能力和民事责任能力的关系。（考研）

4. 宣告失踪与宣告死亡的区别。

案例分析题

16岁的少年甲向邻居乙借1 000元购买自行车，在购车时不慎将钱丢失。乙要求甲还钱，甲不得已将事情告诉父母。甲的父母一方面对儿子进行批评教育，另一方面则认为乙不应该借钱给其未成年的儿子，而且钱已经丢失，因而拒绝还钱。

你认为：按照法律的规定，甲的父母是否应该向

乙偿还 1 000 元？为什么？（考研）

论述题与深度思考题

1. 试述未成年人行为的法律后果。（考研）

2. 试论委托监护与意定监护的区别。

参考答案

名词解释

1. 自然人的民事权利能力，是指法律赋予自然人得享有民事权利、承担民事义务的资格。

2. 自然人的民事行为能力，是指自然人能够独立通过意思表示，为民事行为的能力。

3. 监护，是指对无完全民事行为能力的未成年人和成年人的人身、财产及其他合法权益进行监督和保护的一种民事法律制度。

4. 宣告失踪，是指自然人离开自己的住所，下落不明达到法定期限，经利害关系人申请，由人民法院宣告其为失踪人的法律制度。

5. 宣告死亡，是指自然人离开自己的住所，下落不明达到法定期限，经利害关系人申请，由人民法院宣告其死亡的法律制度。

6. 自然人从事工商业经营，经依法登记，为个体工商户。个体工商户可以起字号。

选择题

（一）单项选择题

1. 答案：D。本题考查我国自然人民事权利能力的起始时间。《民法典》第 13 条规定：“自然人从出生时起到死亡时止，具有民事权利能力，依法享有民事权利，承担民事义务。”

2. 答案：C。本题考查自然人的民事行为能力。《民法典》第 19 条规定：“八周岁以上的未成年人为限制民事行为能力人……”第 18 条第 2 款规定：“十六周岁以上的未成年人，以自己的劳动收入为主要生活来源的，视为完全民事行为能力人。”本题中娄某 17 周岁，其所接受之赠与为自己的主要生活来源，并非“以自己的劳动收入为主要生活来源”，所以娄某仍然为限制民事行为能力人。

3. 答案：B。本题考查自然人民事法律行为的效力。《民法典》第 18 条第 2 款规定：“十六周岁以上的未成年人，以自己的劳动收入为主要生活来源的，视为完全民事行为能力人。”第 19 条规定：“八周岁以上的未成年人为限制民事行为能力人，实施民事法律行为由其法定代理人代理或者经其法定代理人同意、追认；但是，可以独立实施纯获利益的民事法律行为或者与其年龄、智力相适应的民事法律行为。”所以本题中的甲仍然为限制民事行为能力人，其购买电脑的行为需要征得他的法定代理人的同意。

4. 答案：B。本题考查限制民事行为能力人侵权的特殊规定。《民法典》第 19 条规定，8 周岁以上的未成年人为限制民事行为能力人。《民法典》第 1188 条规定：“无民事行为能力人、限制民事行为能力人造成他人损害的，由监护人承担侵权责任。监护人尽到监护职责的，可以减轻其侵权责任。有财产的无民事行为能力人、限制民事行为能力人造成他人损害的，从本人财产中支付赔偿费用；不足部分，由监护人赔偿。”本题中，由于赵某刚年满 16 周岁，属于无经济来源的限制民事行为能力人，因此侵权责任由其监护人承担。

5. 答案：D。本题考查被监护人的范围。在我国，监护是指对未成年人和无民事行为能力或者限制民事行为能力的成年人的人身、财产及其他合法利益进行监督和保护的一种民事法律制度。

6. 答案：B。本题考查宣告失踪的条件。《民法典》第 40 条规定：“自然人下落不明满二年的，利害关系人可以向人民法院申请宣告该自然人为失踪人。”据此可以直接选出本题的答案。

7. 答案：D。本题考查撤销死亡宣告后的财产返还。《民法典》第 53 条第 1 款规定：“被撤销死亡宣告的人有权请求依照本法第六编取得其财产的民事主体返还财产；无法返还的，应当给予适当补偿。”因此本题中，丁从甲处继承的财产应该返还，丁、戊从丙处继承的而丙从甲处继承的财产应当返还给甲。另外，对于丁代位从乙处取得的财产，由于代位继承实际上是继承了甲应当继承的份额，所以在甲被撤销死亡宣告后理应返还给甲，故 A、B、C 项错误，D 项正确。

8. 答案：A。本题考查自然人的住所的认定。《民法典》第 25 条规定：“自然人以户籍登记或者其他有效身份登记记载的居所为住所；经常居所与住所不一致的，经常居所视为住所。”最高人民法院《关于适用

〈中华人民共和国民事诉讼法〉的解释》（2022年修正）第4条规定："公民的经常居住地是指公民离开住所地至起诉时已连续居住一年以上的地方，但公民住院就医的地方除外。"所以本题正确答案为A。

9. 答案：C。《民法典》第21条第1款规定："不能辨认自己行为的成年人为无民事行为能力人，由其法定代理人代理实施民事法律行为。"本题中，甲是精神病人，因此其是无民事行为能力人或是限制民事行为能力人，而非完全民事行为能力人。《人体器官捐献和移植条例》第9条规定：具有完全民事行为能力的公民有权依法自主决定捐献其人体器官。公民表示捐献其人体器官的意愿，应当采用书面形式，也可以订立遗嘱。公民对已经表示捐献其人体器官的意愿，有权予以撤销。公民生前表示不同意捐献其遗体器官的，任何组织或者个人不得捐献、获取该公民的遗体器官；公民生前未表示不同意捐献其遗体器官的，该公民死亡后，其配偶、成年子女、父母可以共同决定捐献，决定捐献应当采用书面形式。本题中，尽管甲为无民事行为能力人，但在其死亡后，应当适用该条例第8条第2款，甲的父母可以以书面形式共同表示同意捐献的意愿。因此，本题应当选择C项。

10. 答案：D。张某和李某达成收养协议，李某负有收养小张的义务，张某负有给付10万元的义务。1年后张某和李某协议解除收养协议，此时该协议不发生效力，双方先前的给付丧失法律依据。《民法典》第122条规定："因他人没有法律根据，取得不当利益，受损失的人有权请求其返还不当利益"。所以，李某保有张某给付的钱财的数额属于不当得利，张某有权请求返还相应数额（低于10万元，因为李某履行抚养义务1年之久，用于扶养小张的部分应当扣除）。《民法典》第1114条第1款规定："收养人在被收养人成年以前，不得解除收养关系，但是收养人、送养人双方协议解除的除外。养子女八周岁以上的，应当征得本人同意。"本案中，李某要求解除收养协议，张某同意解除，属于协议解除，不必经过小张（目前7岁）同意。所以，A项错误。《民法典》第464条第2款规定："婚姻、收养、监护等有关身份关系的协议，适用有关该身份关系的法律规定；没有规定的，可以根据其性质参照适用本编规定。"因此，收养协议不适用合同法的规定，不产生违约责任。所以，B项错误。《民法典》第1111条规定："自收养关系成立之日起，养父母与养子女间的权利义务关系，适用本法关于父母子女关系的规定；养子女与养父母的近亲属间的权利义务关系，适用本法关于子女与父母的近亲属关系的规定。养子女与生父母以及其他近亲属间的权利义务关系，因收养关系的成立而消除。"根据《民法典》第27条第1款"父母是未成年子女的监护人"的规定，此时小张的收养人李某是其监护人，小张（无行为能力人）造成的侵权损害，按照《民法典》第1188条第1款"无民事行为能力人、限制民事行为能力人造成他人损害的，由监护人承担侵权责任。监护人尽到监护职责的，可以减轻其侵权责任"的规定，应当由李某承担赔偿责任。李某承担责任是因为其作为监护人承担替代责任，而此时张某和小张不存在任何关系，所以张某没有监护职责，不承担监护责任，故李某无权向张某主张赔偿。所以，C项错误。

11. 答案：C。A、B项考查无民事行为能力人所实施的民事法律行为的效力。《民法典》第20条规定："不满八周岁的未成年人为无民事行为能力人，由其法定代理人代理实施民事法律行为。"同时，《民法典》第144条规定："无民事行为能力人实施的民事法律行为无效。"本题中，小张6岁时作为无民事行为能力人，其所实施的受赠名画的民事法律行为无效，母亲刘某反对与否并不影响民事法律行为的无效。故A、B项错误，不当选。C、D项考查限制民事行为能力人所实施的民事法律行为的效力。《民法典》第19条规定："八周岁以上的未成年人为限制民事行为能力人，实施民事法律行为由其法定代理人代理或者经其法定代理人同意、追认；但是，可以独立实施纯获利益的民事法律行为或者与其年龄、智力相适应的民事法律行为。"同时，《民法典》第145条第1款规定："限制民事行为能力人实施的纯获利益的民事法律行为或者与其年龄、智力、精神健康状况相适应的民事法律行为有效；实施的其他民事法律行为经法定代理人同意或者追认后有效。"本题中，小张8岁时属于限制民事行为能力人，其所实施的受赠手表的民事法律行为因纯获利益而有效。故C项正确，当选；D项错误。

12. 答案：B。A项考查宣告死亡的申请人。《民法典》第46条第1款第2项规定："自然人有下列情形之一的，利害关系人可以向人民法院申请宣告该自然人死亡：……（二）因意外事件，下落不明满二年。"本题中，韩某乘坐MH360航班中途失事属于意外事件，利害关系人依法有权申请宣告韩某死亡，且没有顺序先后的限制。因此，A项错误。B项考查宣告失踪和宣告死亡的关系。《民法典》第47条规定："对同一自然人，有的利害关系人申请宣告死亡，有的利害关系人申请宣告失踪，符合本法规定的宣告死亡条件的，人民法院应当宣告死亡。"本题中，韩某因意外事件下落不明，依法满2年即可宣告死亡，符合宣告死亡的条件。因此，法院应当根据韩某父母的申请宣告韩某死亡。所以，B项正确。C项考查死亡时间的确定。《民法典》第48条规定："被宣告死亡的人，人民法院宣告死亡的判决作出之日视为其死亡的日期；因意外事件下落不明宣告死亡的，意外事件发生之日视为其死亡的日期。"本题中，韩某系因意外事件下落不明被法院宣告死亡，意外事件发生之日而非判决作出之日视为韩某死亡的日期。因此，C项错误。D项考查宣告死亡的法律效果。《民法典》第49条规定："自然人被宣告死亡但是并未死亡的，不影响该自然人在被宣告死亡期间实施的民事法律行为的效力。"本题中，如韩某被通州区法院宣告死亡而实际上并未死亡，其在被宣告死亡期间所实施的民事法律行为应具体问题具体分析（可能有效，可能无效，可能效力待定，也可能可撤销），因此，并非一定效力待定。所以，D项错误。

13. 答案：C。本题考查监护权和抚养权。监护与抚养不同，监护系上位概念，抚养系下位概念。父母分居或者离婚的，不影响监护。父或者母之间系抚养权纠纷，而非监护权纠纷。父母与子女间的关系，不因父母离婚而消除。离婚后，子女无论是由父还是母直接抚养，仍是父母双方的子女。离婚后，父母对于子女仍有监护的权利和义务。本题中，虽然陆某和妻子离婚，但双方依然是儿子的监护人。故C项说法正确，当选；A、B、D项说法错误，不当选。

（二）多项选择题

1. 答案：ABCD。本题考查自然人民事权利能力的特征。自然人的民事权利能力与自然人的人身不可分割，具有普遍性和平等性。除非法律有特别规定，并经法定程序，任何自然人的民事权利能力不受限制或者剥夺，而且自然人的民事权利能力不可转让，不能抛弃。

2. 答案：CD。本题考查限制民事行为能力人的能力范围。《民法典》第19条规定："八周岁以上的未成年人为限制民事行为能力人，实施民事法律行为由其法定代理人代理或者经其法定代理人同意、追认；但是，可以独立实施纯获利益的民事法律行为或者与其年龄、智力相适应的民事法律行为。"因此，法律允许限制民事行为能力人从事与其年龄、智力相适应的民事法律行为，无须法定代理人的允许。

3. 答案：ABD。本题考查未成年人的监护人。未成年人的监护人包括：父母；祖父母、外祖父母；成年兄姐；其他愿意担任监护人的个人或者组织，但是须经未成年人住所地的居民委员会、村民委员会或者民政部门同意。所以C项所述兄弟姐妹应该予以排除。

4. 答案：ABC。本题考查监护关系终止的原因。《民法典》第39条第1款规定："有下列情形之一的，监护关系终止：（一）被监护人取得或者恢复完全民事行为能力；（二）监护人丧失监护能力；（三）被监护人或者监护人死亡；（四）人民法院认定监护关系终止的其他情形。"但是监护资格不能因为监护人的自行辞职而终止，必须经由人民法院裁决方可撤销。故A、B、C项正确，当选。

5. 答案：AC。《民法典》第29条规定："被监护人的父母担任监护人的，可以通过遗嘱指定监护人。"故A项正确，当选。《民法典》第30条规定："依法具有监护资格的人之间可以协议确定监护人。协议确定监护人应当尊重被监护人的真实意愿。"但对未成年人，协议监护只限于父母死亡或无监护能力的情形适用，本题中余某身患重病没有监护能力，但其前妻并无此种情形，因此应当由其前妻承担监护责任。故B项不正确。《民法典》第33条规定："具有完全民事行为能力的成年人，可以与其近亲属、其他愿意担任监护人的个人或者组织事先协商，以书面形式确定自己的监护人，在自己丧失或者部分丧失民事行为能力时，由该监护人履行监护职责。"故C项正确，当选。《民法典》第27条规定，父母是未成年子女的监护人。未成年人的父母已经死亡或者没有监护能力的，才由其他人做监护人。本题中，余某病故后，其前妻做小翠的监护人。据此，D项错误。

6. 答案：ABD。本题考查宣告死亡的法律后果。这主要包括：被宣告死亡的自然人与其配偶之间的婚姻关系消灭；他的继承人因此可以继承他的遗产；另外，宣告死亡只是依法对失踪人死亡的推定，《民法典》第49条规定："自然人被宣告死亡但是并未死亡的，不影响该自然人在被宣告死亡期间实施的民事法律行为的效力。”所以，某自然人在甲地被宣告死亡，但是他仍然在乙地生存时，就应该承认他享有民事权利能力，其实施的民事法律行为只要符合其他的有效要件，则仍然可以是有效的。

7. 答案：ABC。最高人民法院《关于适用〈中华人民共和国民法典〉婚姻家庭编的解释（一）》第27条规定：“由一方婚前承租、婚后用共同财产购买的房屋，登记在一方名下的，应当认定为夫妻共同财产。”据此可知，甲与丙在婚姻后购买的房屋虽然登记在甲的名下，但是应认定为夫妻共同财产。故A项说法错误，当选。丙是房屋的共同共有人，其对房屋享有的是所有权，而非继承权。因此，不能因其未尽妻子的责任与义务就剥夺其对房屋享有的所有权。故B项说法错误，当选。《民法典》第40条规定：“自然人下落不明满二年的，利害关系人可以向人民法院申请宣告该自然人为失踪人。”所谓利害关系人，是指与失踪人有人身关系或财产关系的人，如父母、配偶、近亲属、债权人、债务人等。本题中，甲乙的子女与丙之间没有利害关系，不属于法律规定的利害关系人，不能申请宣告丙失踪。故C项说法错误，当选。《民事诉讼法》第65条规定：“离婚案件有诉讼代理人的，本人除不能表达意思的以外，仍应出庭；确因特殊情况无法出庭的，必须向人民法院提交书面意见。”本题中，甲因中风不能出庭，应当向人民法院提交书面意见，其子女可作为其代理人代为参与其与丙的离婚诉讼。故D项说法正确，不当选。

8. 答案：AB。《民法典》第34条第1、2、3款规定：“监护人的职责是代理被监护人实施民事法律行为，保护被监护人的人身权利、财产权利以及其他合法权益等。监护人依法履行监护职责产生的权利，受法律保护。监护人不履行监护职责或者侵害被监护人合法权益的，应当承担法律责任。”甲的父母乙和丙作为甲的监护人，将甲的财产投入股市，但一般人均知道股市有风险，有可能会损害甲的利益，故乙、丙属于未妥当履行监护职责，且因此侵害了甲的财产权利，应当承担法律责任。故A项正确，当选。《民法典》第35条第1款规定：“监护人应当按照最有利于被监护人的原则履行监护职责。监护人除为维护被监护人利益外，不得处分被监护人的财产。”故B项正确，当选。《民法典》第121条规定：“没有法定的或者约定的义务，为避免他人利益受损失而进行管理的人，有权请求受益人偿还由此支出的必要费用。”甲的父母乙和丙作为甲的合法监护人具有法律规定的义务，不适用无因管理制度，故C项错误，不当选。《民法典》第19条规定，八周岁以上的未成年人为限制民事行为能力人。第190条规定：“无民事行为能力人或者限制民事行为能力人对其法定代理人的请求权的诉讼时效期间，自该法定代理终止之日起计算。”第194条规定：“在诉讼时效期间的最后六个月内，因下列障碍，不能行使请求权的，诉讼时效中止：（一）不可抗力；（二）无民事行为能力人或者限制民事行为能力人没有法定代理人，或者法定代理人死亡、丧失民事行为能力、丧失代理权；（三）继承开始后未确定继承人或者遗产管理人；（四）权利人被义务人或者其他人控制；（五）其他导致权利人不能行使请求权的障碍。自中止时效的原因消除之日起满六个月，诉讼时效期间届满。”故根据《民法典》，甲是限制民事行为能力人，甲对法定代理人乙、丙的请求权诉讼时效期间自该法定代理终止之日“起算”。故D项错误，不当选。

9. 答案：ABD。本题考查监护、诉讼时效的性质及适用以及无因管理。A项考查诉讼时效的基本原理。《民法典》第190条规定：“无民事行为能力人或者限制民事行为能力人对其法定代理人的请求权的诉讼时效期间，自该法定代理终止之日起计算。”同时，《民法典》第188条第1款规定：“向人民法院请求保护民事权利的诉讼时效期间为三年。法律另有规定的，依照其规定。”据此可知，本题中，甲向其父母追偿损失受3年诉讼时效的限制，且自法定代理终止之日起计算。因此，A项说法错误，当选。B项考查监护人的职责。《民法典》第34条第1款规定：“监护人的职责是代理被监护人实施民事法律行为，保护被监护人的人身权利、财产权利以及其他合法权益等。”同时，《民法典》第35条第1款规定：“监护人应当按照最有利于被监护人的原则履行监护职责。监护人除为维护被监护人利益外，不得处分被监护人的财产。”本题中，甲的父母履行监护人职责，应使甲的利益最大化，使甲的财产保值增值。因此，B项说法错误，当选。C项考查民事法律行为的效力。《民法典》第20条规定：“不满八周岁的未成年人为无民事行为能力人，由其法定代理人代理实施民事法律行为。”同时，《民法典》第34条第3款规定：“监护人不履行监护职责或者侵害被监护人合法权益的，应当承担法律责任。”本题中，甲的父母系甲的法定监护人，其以甲的名义签订购房合同的行为属于有权代理，合同合法有效，但应对甲承担赔偿责任。因此，C项说法正确，不当选。D项考查无因管理。《民法典》第121条规定："没有法定的或者约定的义务，为避免他人利益受损失而进行管理的人，有权请求受益人偿还由此支出的必要费用。"据此可知，无因管理的构成要件有三：（1）没有法定或约定的义务；（2）主观上具有管理他人事务的意思（管理人可适当兼为自己利益）；（3）客观上实施了管理他人事务的行为（至于管理是否有效果在所不问）。本题中，甲的父母系甲的第一顺位的法定监护人，有法定的义务保护甲的民事权益。因此，甲父母的行为不构成无因管理。所以，D项说法错误，当选。综上所述，本题的正确答案为ABD。

10. 答案：ABCD。本题考查监护和诉讼时效的性质及适用。A项考查监护人资格撤销的主体。《民法典》第36条第3款规定："前款规定的个人和民政部门以外的组织未及时向人民法院申请撤销监护人资格的，民政部门应当向人民法院申请。"本题中，孙某作为养父对养女小丽实施性侵害，属于严重损害被监护人身心健康行为，依法可以取消其监护人资格。但有权取消孙某监护人资格的机关是法院而非民政部门，民政部门只能作为申请人。因此，A项错误，当选。B项考查抚养费的负担。《民法典》第37条规定："依法负担被监护人抚养费、赡养费、扶养费的父母、子女、配偶等，被人民法院撤销监护人资格后，应当继续履行负担的义务。"本题中，孙某虽然被取消监护人资格，但是应当继续履行负担抚养费的义务。因此，B项错误，当选。C项考查监护人资格的恢复。《民法典》第38条规定："被监护人的父母或者子女被人民法院撤销监护人资格后，除对被监护人实施故意犯罪的外，确有悔改表现的，经其申请，人民法院可以在尊重被监护人真实意愿的前提下，视情况恢复其监护人资格，人民法院指定的监护人与被监护人的监护关系同时终止。"本题中，孙某对小丽实施性侵害，构成强奸罪，属于故意犯罪，不能恢复其监护人资格。因此，C项错误，当选。D项考查诉讼时效的起算。《民法典》第191条规定："未成年人遭受性侵害的损害赔偿请求权的诉讼时效期间，自受害人年满十八周岁之日起计算。"本题中，孙某对小丽实施性侵害，小丽对孙某的损害赔偿请求权依法自年满18周岁之日起计算，而非自法定代理终止之日起计算。因此，D项错误，当选。综上所述，本题的答案为ABCD。

11. 答案：AD。所有自然人均具有民事权利能力，自出生起，至死亡止，故A、D项正确。民事权利能力与自然人的人身不可分割，具有不可转让性，故B项错误。最高人民法院《关于适用〈中华人民共和国民法典〉总则编若干问题的解释》第4条规定："涉及遗产继承、接受赠与等胎儿利益保护，父母在胎儿娩出前作为法定代理人主张相应权利的，人民法院依法予以支持。"为保护胎儿合法利益，法律在遗产继承、接受赠与等两方面给予胎儿民事权利能力，故C项错误。

（三）不定项选择题

1. 答案：B。本题考查自然人民事权利能力和民事行为能力的基本知识。民事权利能力只有有无之分，而且只能因为死亡而终止，享有民事权利能力仅仅意味着取得民事权利的可能性。民事行为能力可以因为自然人死亡而消灭，也可以因为自然人变为不能辨认自己行为的精神病人而消灭。

2. 答案：BC。本题考查自然人民事行为能力的判断标准，最高人民法院《关于适用〈中华人民共和国民法典〉总则编若干问题的解释》第5条规定："限制民事行为能力人实施的民事法律行为是否与其年龄、智力、精神健康状况相适应，人民法院可以从行为与本人生活相关联的程度，本人的智力、精神健康状况能否理解其行为并预见相应的后果，以及标的、数量、价款或者报酬等方面认定。"我国现行民事立法是以自然人的智力、年龄精神健康状况等作为确认自然人民事行为能力的状况的依据。

3. 答案：A。本题考查自然人民事行为能力终止的情形。自然人因为死亡而丧失民事权利能力，自然人失去民事权利能力，其民事行为能力随之终止。至于自然人因为精神病被宣告无民事行为能力，这只是其民事行为能力的中止，处于一时的受限制状态。在该精神障碍情况消除后，可以由人民法院撤销原宣告，认定其为完全民事行为能力人。

4. 答案：A。本题考查死亡宣告撤销的法律后果。被撤销死亡宣告的人可以要求继承其财产的人返还财产；其配偶没有再婚的，原婚姻关系方可自行恢复；子女被他人依法收养的，不得主张其收养关系无效。被宣告死亡期间实施的民事法律行为，必须符合民事法律行为所有有效要件方能有效，并非一律有效。

简答题

1. 自然人的民事权利能力是自然人参加民事法律关系，取得民事权利、承担民事义务的法律依据，也是自然人享有民事主体资格的标志。自然人的民事权利能力与其享有的民事权利，是两个有内在联系，但又意义不同的法学概念，二者的主要区别如下。

（1）民事权利能力是一种资格，是自然人取得民事权利的前提，它对自然人实现民事权利来说只是一种可能性。民事权利则是自然人在具体民事法律关系中实际取得的，是自然人民事权利能力得以实现的结果。

（2）民事权利能力不仅指享有民事权利的资格，还指承担民事义务的能力，既可以称其为权利能力，也可以称其为义务能力。民事权利与民事义务则是两个不同的概念，二者互相对立并不可替代。

（3）尽管近代民法以来，自然人成为民事主体无须任何额外条件，但是自然人的民事权利能力是法律赋予的，它的内容和范围是由法律确定的。民事权利则是在具体的民事法律关系中产生的，因此一般说来，它的内容既可以取决于民事主体的意志，也可以取决于法律的规定。

（4）民事权利能力与自然人的人身是不可分割的。依据《民法典》第13条的规定，自然人从出生时起到死亡时止，具有民事权利能力，依法享有民事权利，承担民事义务。自然人的民事权利能力非依法律规定不能受限制或者剥夺，而且自然人自己也不能放弃或者转让。自然人的民事权利则是可以依法放弃和转让的。

2. 民事权利能力和民事行为能力是密切相关的，自然人具有民事权利能力是具有民事行为能力的前提。

二者的区别在于：（1）民事权利能力是每个自然人都具备的能享有民事权利和承担民事义务的资格。民事行为能力则并非每个自然人都能够具备。（2）民事权利能力通常始于出生，止于死亡。民事行为能力通常以达到一定的年龄标准并具备正常的精神状态为前提。

3. 凡是有民事行为能力者，均具有民事责任能力。法律承认个人可以以自己独立的行为去取得权利或者承担义务的资格，实际上就等于承认了他的责任能力。从意思能力的角度看，责任能力也要求有意思能力。但是民事行为能力和民事责任能力也有区别。

（1）法律设置民事行为能力的主要目的是使民事主体可以按照自己的意志追求和保护自身利益，而设置民事责任能力的目的在于保护他人和社会利益。

（2）传统民法上，行为能力实质上是以理性的判断能力即意思能力为基础的，而责任能力是以对不法行为的识别能力为基础的，因此行为能力的判断标准显然要高于责任能力的判断标准。有识别能力的人不一定有完全民事行为能力，如早熟的儿童。当然，完全民事行为能力人也不一定在任何情况下都具有识别能力，如处于睡眠状态下的梦游者。

（3）责任能力也要求有意思能力，但是现代民法在侵权损害赔偿责任能力问题上已经突破了意思能力的标准，更加注重行为人是否具有财产，如果有财产则应该承担民事责任。所以财产也成为责任能力的基础，如我国《民法典》第1188条第2款就采取此立场。

（4）行为能力的判断标准是由法律统一规定的，即依据年龄和智力状况来判断，这是可以适用于所有人的判断标准；对责任能力的判断则采取个别判断的方法，即要根据每个具体不法行为人的识别能力和财产分别进行判断。

4. （1）制度设置的目的不同。宣告失踪主要是为了保护失踪人的利益，宣告死亡主要是为了保护被宣告死亡人利害关系人的利益。

（2）被宣告人下落不明需要达到的法定期限不同。《民法典》第40条规定：“自然人下落不明满二年的，利害关系人可以向人民法院申请宣告该自然人为失踪人。”第46条规定：“自然人有下列情形之一的，利害关系人可以向人民法院申请宣告该自然人死亡：（一）下落不明满四年；（二）因意外事件，下落不明满二年。因意外事件下落不明，经有关机关证明该自然人不可能生存的，申请宣告死亡不受二年时间的限制。”

（3）发出寻找下落不明的自然人的公告期不同。《民事诉讼法》第192条第1款规定：“人民法院受理宣告失踪、宣告死亡案件后，应当发出寻找下落不明人的公告。宣告失踪的公告期间为三个月，宣告死亡的公告期间为一年。因意外事件下落不明，经有关机关证明该公民不可能生存的，宣告死亡的公告期间为三个月。”

（4）法律后果不同。自然人被宣告失踪后，其民事主体资格并未丧失，仅发生设置财产代管人等法律后果；自然人被宣告死亡后，其民事主体资格丧失，在私法上产生与生理死亡同样的后果。

另外，宣告失踪不是宣告死亡的必经程序。自然人下落不明，符合申请宣告死亡条件的，可以不经申请宣告失踪而直接申请宣告死亡。同时需要注意的是，《民法典》中没有规定对宣告死亡的申请人顺序的限制，也即申请宣告失踪和宣告死亡的申请人均无顺序要求。

案例分析题

该案例涉及我国《民法典》关于民事行为能力的规定。自然人的民事行为能力是指自然人能够独立通过意思表示，进行民事行为的能力。当事人具有行为能力的，法律行为才能生效。我国《民法典》依据年龄、精神状况双重标准，对自然人的行为能力作了三级制的制度设计。依据《民法典》的规定，第一，年满18周岁的自然人是成年人，具有完全民事行为能力；虽未满18周岁的，但已满16周岁，以其劳动收入为主要生活来源者，也视为完全民事行为能力人。第二，8周岁以上未满18周岁的未成年人是限制民事行为能力人。第三，不满8周岁的人无民事行为能力。对于不能辨认或者不能完全辨认自己行为的成年人则依照其精神状况，个案决定其行为能力——或者无行为能力，或者有部分行为能力。同时《民法典》规定了利害关系人申请对不能辨认或者不能完全辨认自己行为的成年人进行行为能力认定的制度。

该案例中的情形要分两种情况进行判断：于第一种情况下，甲已满16周岁且以自己的劳动收入为主要生活来源，在此情况下，甲为完全民事行为能力人，其与乙之间借款行为有效，所借款项应该返还，但是应该由甲承担返还责任。于第二种情况下，甲已满16周岁未满18周岁，为限制民事行为能力人，其所为行为为效力待定的民事法律行为，需法定代理人追认后方为有效。从案例中可以看出，甲的父母作为其法定代理人并没有追认之意，此时甲所为民事法律行为无效。根据《民法典》第157条，甲应该向乙返还所借款1 000元，而甲又为限制民事行为能力人，根据《民法典》第1188条，于第二种情况应该作如下处理：甲的父母应该承担返还责任，如果甲有财产，可以从其财产中支付，不足部分由父母适当赔偿。甲的父母未尽应有的监护职责，故无减轻民事责任之情形。

论述题与深度思考题

1. 在我国，18周岁以下的人为未成年人，结合其民事行为能力的状况，对其所实施的民事法律行为可以作如下讨论。

（1）《民法典》第18条第2款规定：“十六周岁以上的未成年人，以自己的劳动收入为主要生活来源的，视为完全民事行为能力人。”由于这类自然人能够独立参与劳动关系，一般能够认识自己的行为及其法律后果，如果不允许他们独立参与各种民事活动，不仅会给他们的工作和生活带来不便，而且不利于社会经济的发展和稳定。所以对于这一类未成年人的民事法律行为，只要其行为同时符合《民法典》等民事法律法规中规定的其他民事法律行为有效要件，则当然有效。

（2）《民法典》第19条规定：“八周岁以上的未成年人为限制民事行为能力人，实施民事法律行为由其法定代理人代理或者经其法定代理人同意、追认；但是，可以独立实施纯获利益的民事法律行为或者与其年龄、智力相适应的民事法律行为。”由于自然人民事行为能力制度的首要宗旨是保护民事行为能力欠缺者的合法权益，所以，绝大多数国家或地区的民法均以“利益”的有无作为决定限制民事行为能力人实施的民事法律行为的效力的标准。由此可见，8周岁以上的未成年人可以独立实施纯获利益的民事法律行为或者与其年龄、智力相适应的民事法律行为。

（3）《民法典》第20条规定：“不满八周岁的未成年人为无民事行为能力人，由其法定代理人代理实施民事法律行为。”由此可见，不满8周岁的未成年人不能独立进行民事法律行为，但是，从司法实践来看，无民事行为能力的8周岁以下的未成年人也可以实施与其年龄、智力或者精神状况相适应的日常活动中的定型化消费行为。

2. 两者主要有以下不同点：

（1）委托监护是监护人与非监护人之间确定由非监护人代行监护职责的协议，而意定监护是具有完全民事行为能力的成年人，在其近亲属、其他愿意担任监护人的个人或者组织之间确定自己的监护人的协议。

(2) 委托监护中，尽管委托人可以将监护职责全部委托给受托人，但即使在此情况下，受托人也不是监护人。也就是说，监护人不能依照委托监护的协议将监护人的资格转让给他人，他人也不能通过委托监护的协议来取得监护资格。因此，在委托监护中即使监护职责全部由受托人行使，监护人的监护资格也不丧失。在意定监护中，依当事人之间的协议所确定的监护人对被监护人负监护人责任，其就是被监护人的监护人。

(3) 委托监护的适用对象包括无民事行为能力人、作为限制民事行为能力人的未成年人或者成年人。意定监护只适用于具有完全民事行为能力的成年人。

第五章　法　人

知识逻辑图

- 法人
  - 法人制度概述
    - 法人的概念、沿革和特征
    - 法人的本质
    - 法人的分类
  - 法人的成立
    - 设立中的法人应该具备的条件
    - 法人设立的原则
    - 法人的名称和住所
  - 法人的民事能力
    - 法人的民事权利能力
    - 法人的民事行为能力
    - 目的范围对企业法人的限制
    - 法人的民事责任能力
    - 公司人格否认制度
  - 法人的机关及法人分支机构
    - 法人机关的概念和种类
    - 法定代表人
    - 法人分支机构
  - 法人的变更和终止
    - 法人的变更
    - 法人的终止

名词解释

1. 法人
2. 财团法人
3. 社团法人
4. 准则设立主义
5. 公司人格否认制度
6. 清算法人
7. 法人机关（考研）
8. 法人拟制说（考研）

选择题

（一）单项选择题

1. 下列不具有法人资格的是（　　）。

A. 北京市人民政府

B. 新华社

C. 上海市人民医院

D. 中国工商银行北京市分行

2. 根据我国《公司法》，下列何者不可能成为公司的法定代表人？（　　）

A. 董事长　　B. 执行董事

C. 经理　　D. 监事

3. 住所地在长春的四海公司在北京设立了一家分公司。该公司以自己的名义与北京实达公司签订了一份房屋租赁合同，租赁实达公司的楼房一层，年租金为 30 万元。现分公司因为拖欠租金而与实达公司发生纠纷。下列判断哪一项是正确的？（　　）（司考改编）

A. 房屋租赁合同有效，法律责任由合同的当事人独立承担

B. 该分公司不具有民事主体资格，又无四海公司的授权，租赁合同无效

C. 合同有效，依该合同产生的法律责任由四海公司承担

D. 合同有效，依该合同产生的法律责任由四海公司及其分公司承担连带责任

4. 关于自然人和法人的权利能力，下列哪一选项是正确的？（　　）（司考改编）

A. 自然人和法人都享有人格权

B. 自然人和法人人格权受侵害时都可向法院请求精神损害赔偿

C. 自然人与法人民事权利能力的范围相同

D. 各类法人的民事权利能力的范围相同

5. 某市国有资产管理部门决定将甲、乙两个国有独资公司撤销，合并成立甲股份有限公司，合并后的甲股份有限公司仍然使用原甲公司的字号，该合并事项已经有关部门批准。该事例中发生的现象是（　　）。

A. 新设合并　　B. 吸收合并

C. 新设分立　　D. 派生分立

6. 企业法人的法定代表人因执行职务造成他人损害的，应该如何处理？（　　）

A. 企业法人应当承担民事责任

B. 法定代表人应当承担民事责任

C. 法定代表人与企业法人共同承担民事责任

D. 法定代表人应当首先承担民事责任，不足部分，由企业法人承担补充民事责任

7. 甲、乙、丙三人共同出资 60 万元设立某有限责任公司。在经营过程中，投资决策失误，致使公司遭受巨额亏损，累计负债 100 万元。现公司全部资产仅为 30 万元。请问：剩余的 70 万元债务应如何处理？（　　）

A. 由甲、乙、丙按出资比例偿还

B. 由甲、乙、丙平均分担

C. 由甲、乙、丙负连带责任

D. 由某有限责任公司偿还，无力偿还的部分通过破产程序处理

8. 公司股东滥用公司法人独立地位和股东有限责任，严重损害公司债权人利益。以下说法正确的是（　　）。

A. 公司对债权人承担责任，股东不对债权人承担责任

B. 公司和股东对债权人承担按份责任

C. 公司和股东对债权人承担连带责任

D. 公司不对债权人承担责任，股东对债权人承担责任

9. 王某是甲公司的法定代表人，以甲公司名义向乙公司发出书面要约，愿以 10 万元价格出售甲公司的一块清代翡翠。王某在函件发出后 2 小时意外死亡，乙公司回函表示愿意以该价格购买。甲公司新任法定代表人以王某死亡，且未经董事会同意为由拒绝。关于该要约，下列哪一表述是正确的？（　　）（司考改编）

A. 无效　　B. 效力待定

C. 可撤销　　D. 有效

10. 关于法人，下列哪一表述是正确的？（　　）（司考改编）

A. 社团法人均属营利法人

B. 基金会法人均属公益法人

C. 社团法人均属公益法人

D. 民办非企业单位法人均属营利法人

11. 甲公司和乙公司在前者印制的标准格式“货运代理合同”上盖章。“货运代理合同”第 4 条约定：“乙公司法定代表人对乙公司支付货运代理费承担连带责任。”乙公司法定代表人李红在合同尾部签字。后双方发生纠纷，甲公司起诉乙公司，并要求此时乙公司的法定代表人李蓝承担连带责任。关于李蓝拒绝承担连带责任的抗辩事由，下列哪一表述能够成立？（　　）（司考改编）

A. 第 4 条为无效格式条款

B. 乙公司法定代表人未在第 4 条处签字

C. 乙公司法定代表人的签字仅代表乙公司的行为

D. 李蓝并未在合同上签字

视频讲题

12. 甲以自己的名义，用家庭共有财产捐资设立以资助治疗麻风病为目的的基金会法人，由乙任理事长。后因对该病的防治工作卓有成效使其几乎绝迹，为实现基金会的公益性，现欲改变宗旨和目的。下列哪一选项是正确的？（　　）（司考改编）

A. 甲作出决定即可，因甲是创始人和出资人
B. 乙作出决定即可，因乙是法定代表人
C. 应由甲的家庭成员共同决定，因甲是用家庭共有财产捐资的
D. 应由基金会法人按照程序申请，经过上级主管部门批准

13. 根据我国法律规定，关于法人成立，下列哪一说法是正确的？（　　）（法考改编）
A. 事业单位法人均从登记之日起具有法人资格
B. 社会团体法人均从成立之日起具有法人资格
C. 捐助法人均从登记之日起取得法人资格
D. 有独立经费的机关法人从登记之日起具有法人资格

14. 下列情形中，不属于法人解散原因的是（　　）。（法律硕士联考）
A. 被吊销营业执照
B. 被吊销登记证书
C. 章程规定的存续期间届满
D. 变更名称

15. 甲为设立蓝天公司，以个人名义向乙公司租赁房屋为蓝天公司建设使用，预定租金为 2 万元。对于到期未支付租金的情况，乙公司可向谁索要？（　　）（法律硕士联考）
A. 向甲全部索要
B. 向蓝天公司全部索要
C. 有权选择甲或蓝天公司支付
D. 有权申请甲和蓝天公司按份支付

16. 营利法人依法解散进行清算期间，营利法人（　　）。（法律硕士联考）
A. 主体资格消灭，不能进行任何民事活动
B. 主体资格消灭，但可以从事与清算有关的活动
C. 主体资格不消灭，可以进行各种民事活动
D. 主体资格不消灭，但不得从事与清算无关的活动

（二）多项选择题

1. 下列为财团法人的是（　　）。
A. 某股份公司　　B. 基金会
C. 寺院　　D. 某学术学会

2. 我国《公司法》第 29 条规定：设立公司，应当依法向公司登记机关申请设立登记。法律、行政法规规定设立公司必须报经批准的，应当在公司登记前依法办理批准手续。第 31 条规定：申请设立公司，符合本法规定的设立条件的，由公司登记机关分别登记为有限责任公司或者股份有限公司；不符合本法规定的设立条件的，不得登记为有限责任公司或者股份有限公司。根据该规定，我国公司法对于公司设立采取的是哪些原则？（　　）
A. 自由设立主义　　B. 准则设立主义
C. 核准设立主义　　D. 特许设立主义

3. 对于法人的民事行为能力，下列何种说法是正确的？（　　）
A. 法人拟制说认为法人通过自己的机关实现其意思，进行各项民事法律行为
B. 法人的民事行为能力可以通过其机关或者机关委托的代理人实现
C. 有民事权利能力的法人不一定有民事行为能力
D. 法人的民事权利能力和法人的民事行为能力同时终止

4. 下列关于法人机关的表述哪些是正确的？（　　）（司考改编）
A. 法人机关无独立人格
B. 财团法人没有自己的意思机关
C. 法人的分支机构为法人机关的一种
D. 监督机关不是法人的必设机关

5. 关于事业单位法人，下列哪些选项是错误的？（　　）（司考改编）
A. 所有事业单位法人的全部经费均来自国家财政拨款
B. 具备法人条件的事业单位从成立之日起取得法人资格
C. 国家举办的事业单位对其直接占有的动产享有所有权
D. 事业单位法人名誉权遭受侵害的，有权诉请精神损害赔偿

6. 黄逢、黄现和金耘共同出资，拟设立名为“黄金黄研究会”的社会团体法人。设立过程中，黄逢等 3 人以黄金黄研究会名义与某科技园签署了为期 3 年的商铺租赁协议，月租金 5 万元，押三付一。此外，金耘为设立黄金黄研究会，以个人名义向某印刷厂租赁了一台高级印刷机。关于某科技园和某印刷厂的债权，下列哪些选项是正确的？（　　）（司考改编）
A. 如黄金黄研究会未成立，则某科技园的租赁债

权消灭

B. 即便黄金黄研究会未成立，某科技园就租赁债权，仍可向黄逢等 3 人主张

C. 如黄金黄研究会未成立，则就某科技园的租赁债务，由黄逢等 3 人承担连带责任

D. 黄金黄研究会成立后，某印刷厂就租赁债权，既可向黄金黄研究会主张，也可向金耘主张

7. 甲公司、乙公司签订的“合作开发协议”约定，合作开发的 A 区房屋归甲公司、B 区房屋归乙公司。乙公司与丙公司签订“委托书”，委托丙公司对外销售房屋。“委托书”中委托人签字盖章处有乙公司盖章和法定代表人王某签字，王某同时也是甲公司法定代表人。张某查看“合作开发协议”和“委托书”后，与丙公司签订“房屋预订合同”，约定：“张某向丙公司预付房款 30 万元，购买 A 区房屋一套。待取得房屋预售许可证后，双方签订正式合同。”丙公司将房款用于项目投资，全部亏损。后王某向张某出具“承诺函”：如张某不闹事，将协调甲公司卖房给张某。但甲公司取得房屋预售许可后，将 A 区房屋全部卖与他人。张某要求甲公司、乙公司和丙公司退回房款。张某与李某签订“债权转让协议”，将该债权转让给李某，通知了甲、乙、丙三公司。因李某未按时支付债权转让款，张某又将债权转让给方某，也通知了甲、乙、丙三公司。关于“委托书”和“承诺函”，下列说法正确的是（　　）。（司考改编）

A. 乙公司是委托人

B. 乙公司和王某是共同委托人

C. 甲公司、乙公司和王某是共同委托人

D. “承诺函”不产生法律行为上的效果

视频讲题

8. 我国《民法典》依据法人存在的目的，将法人分为营利法人、非营利法人和特别法人。下列选项中，属于特别法人的有（　　）。（考研改编）

A. 机关法人

B. 事业单位法人

C. 捐助法人

D. 农村集体经济组织法人

（三）不定项选择题

1. 股份有限公司属于下列哪一类或者哪几类法人？（　　）

A. 私法人　　B. 社团法人

C. 营利法人　　D. 企业法人

2. 基金会属于下列哪一类或者哪几类法人？（　　）

A. 社团法人　　B. 财团法人

C. 社会团体法人　　D. 事业单位法人

3. 下列各种类型的法人中，具有意思机关的是（　　）。（考研）

A. 股份有限公司　　B. 国务院

C. 公安局　　D. 县人民政府

4. 关于企业法人的分支机构，下列说法正确的是（　　）。

A. 企业法人内部的车间属于该企业法人的分支机构

B. 子公司属于母公司的分支机构

C. 企业法人的分支机构具有企业法人的资格，它可以成为具体民事活动的主体

D. 企业法人分支机构进行民事活动发生的责任最终由法人承担

5. 有关法人的民事权利能力的下列说法中，正确的是（　　）。

A. 法人在清算阶段仍然具有清算所必需的权利能力

B. 法人和自然人的民事权利能力的范围不同

C. 法人权利能力的范围均由法律直接规定

D. 不同类型的法人，其民事权利能力的大小、范围各不相同，即使相同类型的法人，其民事权利能力也有差异

简答题

1. 简述法人的基本法律特征。（考研）

2. 简述法人与普通合伙企业的区别。（考研）

3. 法人有无人格权？（考研）

4. 简述法人在清算期间的性质。（考研）

5. 试述法人和自然人的民事权利能力的区别。（考研）

6. 试述法人的民事行为能力与自然人的民事行为

能力的区别。

7. 谈谈对法人民事责任能力的理解。（考研）

案例分析题

德胜公司注册地在甲国并在该国设有总部和分支机构，但主要营业机构位于中国深圳，是一家由中国台湾地区凯旋集团公司全资设立的法人企业。由于决策失误，德胜公司在中国欠下 700 万元债务。对此，谁应当清偿该笔债务？

论述题与深度思考题

1. 论述法人独立人格、独立财产和有限责任制三者之间的相互关系。（考研）

2. 论述法人的有限责任制度在市场经济中的作用。（考研）

3. 论述公司人格否认制度。（考研）

参考答案

名词解释

1. 法人，是指具有民事权利能力和民事行为能力，依法独立享有民事权利和承担民事义务的组织。这种组织既可以是人的结合团体，也可以是依特殊目的所组织的财产。

2. 财团法人，是以一定的目的财产作为成立基础的私法人。财团法人的形态是无成员的，表现为独立的特别财产，因此又被称为“一定目的的财产的集合体”。

3. 社团法人，是以人的组合作为法人成立基础的私法人，所以又称法人性人合组织。

4. 准则设立主义，又称登记主义，是指法律预先规定法人成立的条件，设立人可以依照该条件设立，一旦符合法人的成立条件，无须经过主管部门批准，就可直接到登记机关办理登记，法人即可以成立。

5. 公司人格否认制度，又称“揭开公司的面纱”，是指对照法人制度的目的，就某一具有法人资格的公司，贯彻其形式上的独立性，会导致违反正义、衡平。可以在特定的具体案件中，否定其法人人格，将公司与其股东在法律上视为同一体。

6. 清算法人，是指处于清算状态中的法人。企业法人被解散后，应当进行清算。从解散的事由出现到清算程序结束，并办理注销登记之前，企业法人一直处于清算状态。处于清算状态的法人称为清算法人。

7. 法人机关，是指依据法律或者法人章程的规定，对内管理法人事务或者对外代表法人从事民事活动的个人或者集体。

8. 法人拟制说认为，除自然人之外无独立人格的存在，对于法律所拟制的人应采取限制的态度，表现为法人应经过国家的特许才能成立；同时主张区分法人与其成员的财产，区分法人与其成员的人格，区分法人与其成员的责任。

选择题

（一）单项选择题

1. 答案：D。本题考查法人资格的判断和法人类型的划分。北京市人民政府属于机关法人，能够在服务于其职权需要的范围内进行民事活动，故 A 项不当选。新华社和上海市人民医院属于事业单位法人，皆是为了社会公益事业目的，分别从事新闻和卫生公益事业的单位，故 B 项、C 项不当选。中国工商银行北京市分行属于中国工商银行这一企业法人在北京市范围内设置的完成其部分职能的业务活动机构，但是该分支机构仍然是法人的组成部分，不具有独立的法人资格，故 D 项当选。

2. 答案：D。本题考查可以担任公司法定代表人的人员的范围。《公司法》第 10 条规定：公司的法定代表人按照公司章程的规定，由代表公司执行公司事务的董事或者经理担任。由此可见，监事不具有担任公司法定代表人的可能性。故 D 项当选。

3. 答案：C。本题考查法人分支机构行为的责任承担。所谓法人的分支机构，是指以法人的财产设立的相对独立的法人的组成部分。根据法人的理论，法人的分支机构具有相对的独立性，可以从事与其业务有关的必要的经营行为，但它仍然是法人的一部分，其不具有独立的责任能力，其行为的法律后果仍然由法人承担。故 A、B、D 三项不符合上述理论，应予排除。C 项当选。

4. 答案：A。本题考查自然人和法人权利能力的比较。人格权是指民事主体固有的，由法律确认的，以人格利益为客体，为维护民事主体具有法律上的独立人格所必备的权利。人格权对于自然人来讲，是与生俱来的；对于法人和非法人组织来讲，自成立时享有。故A项说法正确。最高人民法院《关于确定民事侵权精神损害赔偿责任若干问题的解释》（2020年修正）第4条规定："法人或者非法人组织以名誉权、荣誉权、名称权遭受侵害为由，向人民法院起诉请求精神损害赔偿的，人民法院不予支持。"故B项说法错误。法人的民事权利能力范围与自然人的民事权利能力范围不同，主要受到以下三个方面的限制：性质上的限制、法律上的限制和目的事业的限制。基于自然人的天然属性而专属于自然人的民事权利能力内容，法人均不能享有，故C项说法错误。通说主张，法人民事权利能力的范围以其目的事业为限，故D项说法错误。

5. 答案：A。本题主要考查法人合并和分立的区分判断。法人的新设合并是指两个以上的法人合并为一个新法人，原来的法人消灭。本题中甲、乙两个国有独资公司撤销，合并成甲股份有限责任公司，虽然甲股份有限公司仍然用甲独资公司的字号，但是显而易见，两者在组织形态上完全不同，无实质上的承继关系，原来的甲、乙公司均已经被撤销，所以本题中的情形只能是新设合并。故A项正确。

6. 答案：A。本题考查对法人与法定代表人的关系的把握。《民法典》第62条规定："法定代表人因执行职务造成他人损害的，由法人承担民事责任。法人承担民事责任后，依照法律或者法人章程的规定，可以向有过错的法定代表人追偿。"故A项正确。

7. 答案：D。本题考查公司独立责任和股东有限责任问题。公司作为独立法人，对其债务独立承担责任；股东仅以其出资额为限负有限责任，故D项正确。

8. 答案：C。本题考查公司法人人格否认制度。《公司法》2018年修订前未规定公司股东对公司债权人的赔偿责任，《公司法》修订后引入"公司法人人格否认制度"的原理，规定在公司股东滥用公司法人独立地位和股东有限责任，逃避债务，严重损害公司债权人利益时，应该否定公司和股东的独立人格，责令股东直接对公司债权人承担赔偿责任。《公司法》第23条第1款规定："公司股东滥用公司法人独立地位和股东有限责任，逃避债务，严重损害公司债权人利益的，应当对公司债务承担连带责任。"根据该款规定，公司股东和公司对公司债务承担连带责任，故C选项正确。

9. 答案：D。法定代表人是法人的代表机关，其权限来自公司的章程，而非董事会。因此，法人的法定代表人所作的意思表示不需要经过董事会的同意，其法律效力直接归于法人，即使法定代表人变更也不影响该意思表示的效力。本题中，王某是甲公司的法定代表人，其对乙公司发出书面要约的行为不需要经过董事会的同意，该要约的法律效力直接归于甲公司，之后虽然王某去世，但该要约依然有效。后乙公司针对该要约作出了有效承诺，买卖合同成立。故D项当选。

10. 答案：B。法人根据不同的标准有不同的划分。所谓社团法人，是指以人的组合作为法人成立基础的私法人，如公司为股东之集合，工会为会员之集合，均属社团法人；所谓财团法人，是指以一定的目的财产作为成立基础的私法人，财团法人的主要形式就是基金。依法人的目的事业的性质，法人可划分为公益法人和营利法人。所谓营利，是指通过商业活动获取利益，并将该利益分配给成员；公益法人是指以公益为目的事业的法人，公益法人不得以营利为目的。社团法人既可为营利法人，也可为公益法人，前者如公司，后者如工会、消费者协会。故A、C项错误。基金会法人以财产为基础，无法人成员，只能以公益为目的，只能为公益法人，故B项正确。我国有关法律中出现的"民办非企业单位法人"主要系营利法人，但也可为公益目的，如民办学校、民办慈善基金会，故D项错误。值得注意的是，非营利法人是为公益目的或非其他营利目的成立，不向出资人、设立人或者会员分配取得利益的法人，也就是公益法人的上位概念。

11. 答案：D。《民法典》第497条规定："有下列情形之一的，该格式条款无效：（一）具有本法第一编第六章第三节和本法第五百零六条规定的无效情形；（二）提供格式条款一方不合理地免除或者减轻其责任、加重对方责任、限制对方主要权利；（三）提供格式条款一方排除对方主要权利。"本题中，"货运代理合同"第4条的约定为双方约定情形，不存在无效的情况。此处约定法定代表人也需要承担责任，承担的是连带责任。这里可以理解为让法定代表人加入连带责任，相当于一种保证，是对甲公司权利的一种保障，并且李红签字同意。合同首先是意思自治的，只要没有具有违反法律的强制性规定等无效情形，此处的“货运代理合同”有效。故A项错误。在合同上签字，即为承诺全部合同条款，无须单独在第4款签字，这作为抗辩的理由不成立。故B项错误。签字人李红签字产生两重效力：第一是代表效力，使合同对乙公司生效。此时的李红是代表人，从代表人的角度看，签署的合同属于代表行为，对公司产生效力；第二是特别约款——乙公司法定代表人对乙公司支付货运代理费承担连带责任，李红签署该协议，李红对货运代理费承担连带责任，该约定属于李红和甲公司的特别约定。此时的李红充当第三人，产生约定的连带责任，该连带责任与其他人无关（李红相当于并存的债务承担人）。故C项错误。乙公司现在的法定代表人是李蓝，但是货运代理合同是李红签的。合同中的连带责任承担者特定于当时签字的法定代表人，而不扩张于后来的继位者。李红承担连带责任是因为其在货运代理合同中约定“乙公司法定代表人对乙公司支付货运代理费承担连带责任”，表明李红同意自己（作为乙公司的法定代表人）对乙公司支付代理费的义务承担连带责任。根据合同的相对性，该协议对李蓝（后来的法定代表人）不发生效力。故D项正确。

12. 答案：D。根据《基金会管理条例》第15条规定，基金会、基金会分支机构、基金会代表机构和境外基金会代表机构的登记事项需要变更的，应当向登记管理机关申请变更登记。基金会修改章程，应当征得其业务主管单位的同意，并报登记管理机关核准。基金会法人想改变基金会的宗旨和目的，是对基金会的章程的改变，应经过主管机关的批准，故D项正确，A、B、C项错误。

13. 答案：C。A项考查事业单位法人的成立。根据《民法典》第88条的规定，具备法人条件，为适应经济社会发展需要，提供公益服务设立的事业单位，经依法登记成立，取得事业单位法人资格；依法不需要办理法人登记的，从成立之日起，具有事业单位法人资格。故A项错误，不当选。B项考查社会团体法人的成立。根据《民法典》第90条的规定，具备法人条件，基于会员共同意愿，为公益目的或者会员共同利益等非营利目的设立的社会团体，经依法登记成立，取得社会团体法人资格；依法不需要办理法人登记的，从成立之日起，具有社会团体法人资格。故B项错误，不当选。C项考查捐助法人的成立。根据《民法典》第92条第1款的规定，具备法人条件，为公益目的以捐助财产设立的基金会、社会服务机构等，经依法登记成立，取得捐助法人资格。据此可知，捐助法人均从登记之日起取得法人资格。故C项正确，当选。D项考查特别法人的成立。根据《民法典》第97条的规定，有独立经费的机关和承担行政职能的法定机构从成立之日起，具有机关法人资格，可以从事为履行职能所需要的民事活动。据此可知，有独立经费的机关法人从成立之日起具有法人资格，无须登记。故D项错误，不当选。

14. 答案：D。《民法典》第69条规定：“有下列情形之一的，法人解散：（一）法人章程规定的存续期间届满或者法人章程规定的其他解散事由出现；（二）法人的权力机构决议解散；（三）因法人合并或者分立需要解散；（四）法人依法被吊销营业执照、登记证书，被责令关闭或者被撤销；（五）法律规定的其他情形。”由此可见，A、B、C项均为法人解散的原因，而D项并非解散事由。

15. 答案：C。《民法典》第75条第2款规定：“设立人为设立法人以自己的名义从事民事活动产生的民事责任，第三人有权选择请求法人或者设立人承担。”本题中，甲为设立法人而以自己名义签订合同，法人成立后，债权人可以行使选择权，请求设立人甲或蓝天公司承担赔偿责任。

16. 答案：D。《民法典》第72条规定，清算期间法人存续，但是不得从事与清算无关的活动。清算结束并完成法人注销登记时，法人终止；法人依法不需要办理登记的，清算结束时，法人终止。可见，清算期间，法人的主体资格不消灭，但只能从事与清算有关的活动。

（二）多项选择题

1. 答案：BC。本题考查法人的分类，特别是社团法人和财团法人的区别。社团法人是以人的组合作为法人成立基础的私法人，比如各种公司、学会、协会等，所以A、D项属于社团法人。财团法人是以一定的目的财产作为成立基础的私法人，其形态是没有成员的，表现为独立的特别财产，因此又被称为“一定目的的财产的集合体”，比如基金会、寺院等，故B、C项正确。

2. 答案：BC。本题考查我国公司法规定的公司法人的设立原则。根据我国《公司法》第29条及第31

条的规定，我国的公司法一般采取准则设立主义，例外地采取核准设立主义。

3. 答案：BD。本题考查法人的民事行为能力的性质和特点。法人拟制说认为法人是拟制物，没有意思能力，也没有行为能力。法人实在说认为法人具有意思能力和行为能力，通过自己的机关实现其意思，所以A项中的说法是法人实在说的观点。法人的行为能力与自然人的行为能力不同，法人的行为能力通常是由法人的机关或者法人机关委托的代理人来实现的，所以B项正确。法人的民事行为能力和法人的民事权利能力同时产生、同时终止，当法人具备相应的成立条件，并经由设立程序取得法人资格后，即开始享有权利能力，也同时开始具备行为能力，所以C项错误，D项正确。

4. 答案：ABD。本题考查法人的机关。法人本身享有民事权利能力和民事行为能力，可以成为民法上的主体。而法人的机关仅仅是对内管理法人事务，对外代表法人从事民事活动的个人或者集体，法人机关不是民法上的独立主体，没有独立的人格，所以A项正确。财团法人是财产的集合体，其成立的基础是财产，按照设立人的意思进行管理，没有意思机关，也被称为他律法人，所以B项正确。法人的分支机构是法人的组成部分，是法人在某一区域设置的完成法人部分职能的业务活动机构。法人的分支机构不是法人的机关，法人的机关包括法人的权力机关、执行机关和监督机关三部分，所以C项错误。法人的权力机关和执行机关是一切法人的必备机关，权力机关一般不是常设机关，执行机关是常设机关；监督机关是法人的任意性机关，不是法人的必设机关，比如我国的很多国有企业就没有监督机关，所以D项正确。

5. 答案：ABCD。本题考查事业单位法人。事业单位法人的经费主要来自国家财政拨款，这是事业单位法人独立经费的主要来源，但是也有部分事业单位法人的经费可以通过集资入股或者集体出资等方式取得，比如民办大学、民办研究所等，故A项错误。《民法典》第88条规定："具备法人条件，为适应经济社会发展需要，提供公益服务设立的事业单位，经依法登记成立，取得事业单位法人资格；依法不需要办理法人登记的，从成立之日起，具有事业单位法人资格。"所以，事业单位法人，只有依法不需要办理法人登记的，才从成立之日起具备法人资格，故B项错误。《民法典》第256条规定："国家举办的事业单位对其直接支配的不动产和动产，享有占有、使用以及依照法律和国务院的有关规定收益、处分的权利。"可见，国家举办的事业单位对其直接占有的动产并不能享有所有权，而只能享有占有、使用的权利，以及依照法律和国务院的有关规定收益、处分的权利，故C项错误。最高人民法院《关于确定民事侵权精神损害赔偿责任若干问题的解释》（2020年修正）第4条规定："法人或者非法人组织以名誉权、荣誉权、名称权遭受侵害为由，向人民法院起诉请求精神损害赔偿的，人民法院不予支持。"故D项错误。

6. 答案：BCD。《民法典》第75条规定："设立人为设立法人从事的民事活动，其法律后果由法人承受；法人未成立的，其法律后果由设立人承受，设立人为二人以上的，享有连带债权，承担连带债务。设立人为设立法人以自己的名义从事民事活动产生的民事责任，第三人有权选择请求法人或者设立人承担。"据此，如黄金黄研究会未成立，某科技园就租赁债权，仍可向黄逢、黄现和金耘主张由黄逢、黄现和金耘承担连带责任。A项错误，B、C项正确。如黄金黄研究会成立，对于设立人为设立法人从事的民事活动，法人设立后，第三人有权选择请求法人或者设立人承担。故黄金黄研究会成立后，某印刷厂就租赁债权既可向黄金黄研究会主张，也可向金耘主张。因此，D项正确。

7. 答案：AD。"委托书"的当事人是乙公司和丙公司，乙公司作为法人委托丙公司，此时乙公司是委托人。故A项正确，当选。《民法典》第61条第2款规定："法定代表人以法人名义从事的民事活动，其法律后果由法人承受。"本题中，王某是乙公司的法定代表人，代表乙公司从事民事活动，法律后果由乙公司承受。故B、C项错误，不当选。王某不受民事义务性质的拘束，也不享有民事权利性质的利益。王某向张某出具的"承诺函"欠缺表示意思和效果意思，不属于意思表示。故D项正确，当选。

8. 答案：AD。《民法典》第96条规定："本节规定的机关法人、农村集体经济组织法人、城镇农村的合作经济组织法人、基层群众性自治组织法人，为特别法人。"故A、D项均正确。《民法典》第87条第2款规定："非营利法人包括事业单位、社会团体、基金会、社会服务机构等。"《民法典》第92条第1款规定："具备法人条件，为公益目的以捐助财产设立的基金会、社会服务机构等，经依法登记成立，取得捐助法人资格。"可见，B、C项均为非营利法人。综上，本题的正确答案为AD。

（三）不定项选择题

1. 答案：ABCD。本题考查对法人的不同分类标准的把握。股份有限公司是法人的典型形式，按照法人的不同分类来讲，其属于社团法人、营利法人、私法人、企业法人。

2. 答案：B。本题考查对基金会法人性质的把握。基金会的设立以财产为基础，且没有一定的社员，纯粹是财产的集合，主要从事非营利性的公益事业，所以属于财团法人。《民法典》第87条第2款规定："非营利法人包括事业单位、社会团体、基金会、社会服务机构等。"《民法典》第92条第1款规定："具备法人条件，为公益目的以捐助财产设立的基金会、社会服务机构等，经依法登记成立，取得捐助法人资格。"由此可知，基金会属于捐助法人而非社会团体法人，所以C项错误。

3. 答案：A。本题考查法人的意思机关。股份有限公司具有意思机关，意思机关是法人的决策机关或者说权力机关。

4. 答案：D。本题考查对企业法人分支机构的理解。只有能够独立承担一定企业法人职能，即能在一定的业务范围内从事业务活动的组织机构，才能作为企业法人的分支机构，所以内部车间不属于企业法人的分支机构。子公司虽然受母公司的实际控制，但是子公司仍然是具有独立法人地位的企业，不是母公司的分支机构。企业法人的分支机构不具有企业法人的资格，但是其可以经法人的授权对外进行各项民事活动，其进行民事活动的所发生的债务和所承担的责任最终由法人负责。所以本题的正确答案为D。

5. 答案：ABD。本题主要考查对法人权利能力的理解。法人的民事权利能力具有差异性，不同的法人，其民事权利能力的范围是不一样的。法人的民事权利能力受法人自身性质和法律法规的限制，但是法人的民事权利能力并不是由法律法规直接规定的。所以本题的正确答案为A、B、D。

简答题

1. 法人的基本法律特征可以归结为以下四点。

第一，法人是依法成立的一种社会组织。法人是社会组织而且是具备法定的条件，并得到法律认可或者依法获得批准的社会组织。

第二，法人拥有独立的财产或者经费。这是法人作为独立主体存在的基础和前提条件，是法人独立享有民事权利和承担民事义务的物质基础。

第三，法人独立承担民事责任。这是法人拥有独立财产的必然反映和结果。法人的财产与法人成员的财产以及创立人的财产相互独立，除非法律另有规定，法人的成员或创立人个人对法人的债务不承担责任，而应由法人以自己的财产承担民事责任。

第四，法人能够以自己的名义参加民事活动。这是法人拥有独立财产的必然结果，也是法人的人格独立于其成员或创立人人格的明证。

2. 法人与普通合伙企业的区别主要有如下几项。

第一，法律地位不同。普通合伙企业无独立的法律人格，不具有法人地位；而法人具有独立的法律资格。

第二，财产和责任的区别。法人具有独立财产，法人应当以自己的财产独立承担民事责任，法人的债务不能转移到法人的成员身上；普通合伙企业的财产没有与合伙人完全分离，普通合伙人对外要承担无限连带责任。

第三，关于成员和团体关系的区别。法人内部一般要实行所有权和经营权的分离，公司的股东不能直接参与公司的事务，只能由董事会具体管理；普通合伙企业没有实行这种分离，每个合伙人都有权执行合伙的事务。

第四，法人成员的权利和义务大多数是由法律和章程规定的，前者大多为强制性的，后者多需要登记公示；普通合伙人的权利和义务主要通过合伙协议来确定，即使法律对此有规定，大多也可以由合伙人通过协议加以改变。

第五，社团法人既有人合又有资合的性质，财团法人主要是资合的；但是合伙主要是人合的组织体，合伙人之间必须有高度的信任关系，否则不可能保持合伙的稳定性，也不利于促进合伙事业的发展。

第六，法人在诉讼过程中完全以自己的名义独立地起诉和应诉，法人的成员一般不能以自己的名义起诉和应诉；个人合伙在从事诉讼时一般以全体合伙人为共同诉讼人，普通合伙企业在诉讼中可以享有诉讼当事人地位，不以全体合伙人为诉讼当事人。

3. 法人人格权是指法人作为具有法律上的独立人格的民事主体必须享有的民事权利。法人和自然人都有民事主体资格，但是法人毕竟不同于自然人。法人是组织体，是法律技术的产物，而自然人是有机体。法人有人格权，只是法人人格权具有不同于自然人人格权的特殊性。

第一，法人作为组织体，不具有与生命密切相关的人格权，如生命权、健康权、肖像权、婚姻自主权等。

第二，法人的人格权一般与物质利益有较密切的联系，尤其是企业法人，其人格权（如名誉权、荣誉权、名称权）可以说是一种无形财产，是一笔难以计算的财富。

第三，法人的某些人格权可以依法转让，因为这些人格权本身也是一种财产权。

第四，法人是一种组织体，决定了法人人格权受侵害时往往只会给法人造成财产上的损失，不会造成精神损害。

人格权是法人法律地位的重要组成部分，体现为法人独立的主体资格，表示对法人全部活动的总的评价。不确认和保护法人的人格权，法人的法律地位也就得不到真正的保障。我国《民法典》第 110 条明确规定法人享有名称权、名誉权、荣誉权等人格权。此外，《民法典》还规定了相应的法律保护措施。

4. 清算状态中的法人称为清算法人。《民法典》第 71 条规定："法人的清算程序和清算组职权，依照有关法律的规定；没有规定的，参照适用公司法律的有关规定。"第 72 条第 1 款规定："清算期间法人存续，但是不得从事与清算无关的活动。"《公司法》第 236 条第 3 款规定："清算期间，公司存续，但不得开展与清算无关的经营活动。公司财产在未依照前款规定清偿前，不得分配给股东。"可见，我国现行民事立法就清算法人的法律地位，即清算法人和解散事由出现前的法人之间的关系，采取"同一法人说"。此即认为解散并不意味着企业法人人格的消灭，只有到办理注销登记时，企业法人的人格才归于消灭。因此清算法人虽然不再进行积极的民事活动，但是，在清算范围内，企业法人的人格仍然存续，仍得在清算范围内以原企业法人的名义，对外主张债权或者承担债务。因此，清算法人与解散事由出现前的法人，在本质上是相同的，不过是得从事的民事活动的范围受限制而已。

至于清算组，属于清算中法人的法定代表机关，它在对内执行清算事务、对外代表公司的权利和职责的过程中，均应该以法人的名义而非清算组自己的名义进行。

5. 法人和自然人是两种不同的民事主体，其民事主体资格的享有均是法律赋予的。二者民事权利能力的主要区别如下。

（1）享有的时间不同。自然人的民事权利能力始于出生，终于死亡，自然人的生死存亡是自然现象；法人则不一样，法人的成立与终止不是自然现象，是行为的结果。因此，自然人的民事权利能力的享有的时间不由自然人自己所左右，而法人的成立、终止则是一系列行为的结果。

（2）享有的范围不同。自然人是生命体，因而依法享有的民事权利能力范围较广，既包括一般财产权，也包括与自然人的生命密不可分的生命健康权、肖像权等人身权的内容。而法人是组织体，不享有与自然人的生命密不可分的生命健康权、肖像权等人身权的内容。

（3）法人的民事权利能力具有差异性。自然人的民事权利能力一律平等，不因为自然人的性别、年龄、智力、健康状况等不同而有所区别；法人的民事权利能力具有差异性，不同的法人，其民事权利能力的范围不一样，各类依法登记的法人应在核准登记的范围内从事活动，享有相应的民事权利能力，而非登记的法人即依法不需要办理法人登记的法人，则应严格按照法人成立的目的、活动范围等，享有相应的民事权利能力。

6. 与自然人相比，法人的民事行为能力主要有以下特点。

（1）法人的民事行为能力和民事权利能力同时产生、同时终止。在法人具备相应的成立条件，并经由设立程序取得法人资格后，其即开始享有权利能力，也同时开始具备行为能力。当法人终止时，其权利能力和行为能力都随之终止。而自然人从出生之时起即享有权利能力，但是行为能力则要达到一定的年龄并且神志健康方可完全具备。自然人的民事权利能力要到其死亡时才能终止，但行为能力却有可能在此之前因为精神失常而暂时中止。简言之，自然人有民事权利能力的，不一定有民事行为能力。

（2）自然人的民事行为能力通常由其自己来实现，法人则不同，法人的行为能力通常由法人的机关或者法人机关委托的代理人来实现。法人机关的行为，视同法人的行为。法人机关还可以委托其他法人、自然人或者非法人组织作为法人的代理人，以法人的名义进行民事活动。

7. 法人的民事责任能力是法人据以独立承担民事责任的资格。

民法上关于法人有无民事责任能力，根据对法人所持见解的不同而有不同的学说。第一，否定说。此说认为法人没有民事责任能力，这是法人拟制说的主张。第二，肯定说。此说认为法人有民事责任能力，系法人实在说的主张。

我国民法承认法人具有民事责任能力，原因如下。第一，我国民法采法人实在说中的组织体说。《民法典》第62条第1款规定："法定代表人因执行职务造成他人损害的，由法人承担民事责任。"此即肯定法人有民事责任能力。第二，法人的民事责任能力是以法人的民事权利能力为基础的，目的、事业范围只是对法人民事行为能力的限制，而不是对民事权利能力的限制，所以不能以侵权不属于法人的目的、事业范围而否认法人民事责任能力的存在。第三，法人机关所为的行为即法人自身的行为，该代表人在执行职务时所为的行为构成侵权行为时，即为法人自身的侵权行为，所以法人当然享有民事责任能力。

案例分析题

法人是依法独立享有民事权利和承担民事义务的组织。法人的独立性表现为：组织独立性、财产独立性和责任独立性。德胜公司作为独立法人，其在中国发生的债务应以其全部财产承担，即包括主营机构和总部以及分支机构在内的全部财产。

此外，《公司法》第13条第1款规定："公司可以设立子公司。子公司具有法人资格，依法独立承担民事责任。"本题中，德胜公司为凯旋公司全资设立的子公司，德胜公司的债务由其以其全部财产清偿，凯旋公司不承担责任。

综上所述，应以深圳主营机构和甲国总部及分支机构的全部财产清偿。

论述题与深度思考题

1. 现代民法认为，法人具有三大基本特征，即独立人格、独立财产和独立责任，这也就将法人和组成法人的自然人区别开来。

独立人格强调法人一经成立就具有独立的法律人格，所以组成法人的某一自然人退出或者死亡，不影响法人的存续，此点区别于合伙企业和个人独资企业。而且法人的独立人格体现在诸多方面，比如独立的名义、健全的组织机构、独立的财产以及独立的责任。

独立财产是指法人具有的独立于其出资人以及法人的成员的财产，公司中股东一旦投资，其投资的财产就为公司所有；公司存续过程中经营积累的财产也属于法人所有。拥有独立的财产是法人人格得以独立成为独立主体存在的物质基础和前提条件；法人承担独立的责任也是因为其有独立的财产，独立财产决定了法人的独立责任和股东的有限责任。所有法人的特点都来自独立财产这一基本的前提。

独立责任是指法人以其独立财产对外承担独立责任。法人的独立责任是其拥有独立财产的必然反映和结果。法人作为一种民事主体，具有独立人格、拥有独立财产，可以以自己的名义独立进行民事活动，独立享有民事权利和承担民事义务。如果法人违反民事义务造成他人的损害，就应该由法人独立承担民事责任，法人的财产不足以清偿债务时，除非法律另有规定，法人的出资人不承担责任。独立责任是法人区别于非法人组织的显著特点，也是法人制度的突出优点和重要特征。

2. 法人的有限责任实际上是指法人成员的有限责任，指法人成员仅以其出资额为限对法人的债务承担有限责任。法人的独立责任和法人成员的有限责任是相辅相成的。严格来说，法人和法人成员作为彼此平等独立的人格，各自的债务应该各自承担，法人的成员对法人的债务的有限责任问题无从谈起，只是鉴于法人成员的出资最终被用于法人债务的清偿，才认为法人的成员对法人的债务承担有限责任。

有限责任的产生对社会经济的发展产生巨大的作用。有限责任是基于商业的目的而产生的最有效的法律上的发明，因为：一方面，有限责任促使股东将其投资自由转让。由于有限责任的存在，股东才会作出更多的投资，因为风险减少和受到限制，才有可能使投资自由转移。因风险固定，公司责任和个人责任可以分开，股份便可以自由转让。有限责任对于投资者广泛参与投资形成了有效的刺激。另一方面，有限责任的最大优点在于通过使股东负有限责任，从而利于鼓励投资，社会经济的发展需要靠投资来推动，鼓励投资应该通过良好的法律形式来实现。有限责任不仅减轻了投资风险，使投资者不会承担巨大的风险，同时也使投资者的投资风险能够预先得到确定，使投资者能够预先知道其投资的巨大风险限于其出资的损失，这就给投资者提供了一种保障。

总之，成员有限责任制度是法人责任制度的高级形态。法律确认该制度，就减轻了可投资风险，鼓励了投资热情，便于募集社会闲散资金，发挥财产的用途，促进社会生产力的发展；同时也树立和巩固了法人的独立人格制度，从而充分发挥法人应有的社会经济功能。

3. 所谓公司人格否认制度，又称“揭开公司的面纱”，是指对照法人制度的目的，就某一具有法人资格的公司，贯彻其形式上的独立性，会导致违反正义、衡平。在特定的具体案件中，可以否定其法人资格，将公司与其股东在法律上视为同一体。《公司法》第 23 条第 1 款规定：“公司股东滥用公司法人独立地位和股东有限责任，逃避债务，严重损害公司债权人利益的，应当对公司债务承担连带责任。”这就是关于公司人格否认制度的规定。

公司人格否认制度的本质并非全面否定法人的独立人格，而是在承认公司具有法人人格的前提下，对特定法律关系中的公司人格及其股东有限责任加以否认，直接追索公司背后成员的责任。实际上，公司具有独立人格和股东的有限责任是公司法人的基本法律特征和现代公司制度的根基，公司人格否认只是一种例外，通过对有限责任原则加以修正来维护和完善公司人格制度，也是对公司当事人之间利益失衡的一种事后救济。

该制度的理论基础是，法律之所以赋予某种团体以法人资格，是根据对这个团体的社会评价而从立法政策上采取的手段。也就是说，法律认为该团体具有以之为权利主体的价值时，才在法的政策上以之为法人，从而当法人资格完全成为一种虚构时，或者法人资格被滥用时，仍然承认法人资格，就不符合原来承认法人资格的目的了，这时就有了否认公司人格的必要。

该制度的价值取向在于法律既应充分肯定公司人格独立的价值，将维护公司的独立人格作为一般原则，鼓励投资者在确保他们对公司债务不承担个人风险的前提下大胆对公司投入一定的资金，又不能容忍股东利用公司从事不正当的活动，谋取法外利益。应将公司人格否认作为公司人格独立的必要而有益的补充，使二者在深沉的张力中，形成和谐的功能互补。这也就克服了股东有限责任制度的很多弊端。

为避免公司制度的存在受到消极影响，公司人格否认制度的适用必须受到严格限制，其通常的适用情形为：第一，财产混同；第二，人格混同，即公司与该公司成员之间或者与其他公司之间无严格的人格区分；第三，利用公司逃避约定的义务；第四，利用公司规避法定的义务。为防止公司人格否认制度被滥用，通常又从反面规定两种例外情况：第一，契约对方先行违约；第二，法人及其成员为其本身的利益而主张法人人格否认。

第六章　非法人组织

知识逻辑图

- 非法人组织
  - 非法人组织概述
  - 合伙的概念
  - 合伙人的出资和合伙财产
  - 合伙的债务承担
  - 合伙的内部关系
    - 合伙经营事务的执行
    - 合伙内部的损益分配
  - 退伙和入伙
  - 隐名合伙
  - 合伙的终止

名词解释

1. 合伙（考研）
2. 个人合伙
3. 普通合伙企业
4. 合伙财产
5. 合伙债务
6. 隐名合伙（考研）
7. 有限合伙（考研）

选择题

（一）单项选择题

1. 下列何种出资形式没有为我国《合伙企业法》所明确规定？（　　）

A. 劳务　　B. 土地使用权

C. 知识产权　　D. 单纯不作为

2. 甲、乙两人合伙经营，后因甲有急事需用钱，要将自己在合伙财产中的份额转让，乙和丙均欲以同一价格购买，甲应该如何处理？（　　）

A. 卖给乙　　B. 卖给丙

C. 任择其一　　D. 每人一半

3. 甲、乙、丙三人依法成立一合伙组织，并一致推举甲代表该组织从事民事活动，则其他合伙人的经营活动（　　）。

A. 对全体合伙人不发生效力

B. 对全体合伙人发生效力

C. 只有经过甲认可后方发生效力

D. 须经全体合伙人认可后方发生效力

4. 甲、乙、丙、丁打算设立一家普通合伙企业。对此，下列哪一表述是正确的？（　　）（司考改编）

A. 各合伙人不得以劳务作为出资

B. 如乙仅以其房屋使用权作为出资，则不必办理房屋产权过户登记

C. 该合伙企业名称中不得以任何一个合伙人的名字作为商号或字号

D. 合伙协议经全体合伙人签名、盖章并经登记后生效

5. 赵、钱、孙、李设立一家普通合伙企业。经全体合伙人会议决定，委托赵与钱执行合伙事务，对外代表合伙企业。对此，下列哪一表述是错误的？（　　）（司考改编）

A. 孙、李仍享有执行合伙事务的权限

B. 孙、李有权监督赵、钱执行合伙事务的情况

C. 如赵单独执行某一合伙事务，钱可以对赵执行的事务提出异议

D. 如赵执行事务违反合伙协议，孙、李有权决定撤销对赵的委托

6. 逐道茶业是一家生产销售野生茶叶的普通合伙企业，合伙人分别为赵、钱、孙。合伙协议约定如下：第一，赵、钱共同担任合伙事务执行人；第二，赵、钱共同以合伙企业名义对外签约时，单笔标的额不得超过30万元。对此，下列哪一选项是正确的？（　　）（司考改编）

A. 赵单独以合伙企业名义，与甲茶农达成协议，以12万元的价格收购其茶园的茶叶，该协议为有效约定

B. 孙单独以合伙企业名义，与乙茶农达成协议，以10万元的价格收购其茶园的茶叶，该协议为无效约定

C. 赵、钱共同以合伙企业名义，与丙茶叶公司签订价值28万元的明前茶销售合同，该合同为有效约定

D. 赵、钱共同以合伙企业名义，与丁茶叶公司签订价值35万元的明前茶销售合同，该合同为无效约定

7. “李老汉私房菜”是李甲投资开设的个人独资企业。关于该企业遇到的法律问题，下列哪一选项是正确的？（　　）（司考改编）

A. 如李甲在申请企业设立登记时，明确表示以其家庭共有财产作为出资，则该企业是以家庭成员为全体合伙人的普通合伙企业

B. 如李甲一直让其子李乙负责企业的事务管理，则应认定为以家庭共有财产作为企业的出资

C. 如李甲决定解散企业，则在解散后5年内，李甲对企业存续期间的债务，仍应承担偿还责任

D. 如李甲死后该企业由其子李乙与其女李丙共同继承，则该企业必须分立为两家个人独资企业

8. 甲企业是由自然人安琚与乙企业（个人独资）各出资50%设立的普通合伙企业，欠丙企业货款50万元，由于经营不善，甲企业全部资产仅剩20万元。现所欠货款到期，相关各方因货款清偿发生纠纷。对此，下列哪一表述是正确的？（　　）（司考改编）

A. 丙企业只能要求安琚与乙企业各自承担15万元的清偿责任

B. 丙企业只能要求甲企业承担清偿责任

C. 欠款应先以甲企业的财产偿还，不足部分由安琚与乙企业承担无限连带责任

D. 就乙企业对丙企业的应偿债务，乙企业投资人不承担责任

（二）多项选择题

1. 普通合伙人就合伙债务对外承担（　　）。

A. 共同责任　　B. 无限责任

C. 连带责任　　D. 按份责任

2. 合伙的终止，主要有以下原因：（　　）。

A. 合伙协议决定的经营期限届满，合伙人不愿继续经营的

B. 合伙协议约定的解散事由出现

C. 全体合伙人决定解散

D. 合伙因为违反法律而被依法吊销营业执照

3. 对2006年修订的《合伙企业法》，下列说法正确的是（　　）。

A. 修订后的《合伙企业法》增加了有限合伙这一崭新的合伙企业类型

B. 合伙人就其他合伙人故意或者重大过失造成的合伙债务不负无限连带责任

C. 法人可以成为合伙人

D. 合伙企业也可以破产，合伙企业被依法宣告破产后，合伙人不必对合伙企业的债务承担无限连带责任

4. 某年3月，周、吴、郑、王以普通合伙企业形式开办一家湘菜馆。次年7月，吴某因车祸死亡，其妻欧某为唯一继承人。在下列哪些情形中，欧某不能通过继承的方式取得该合伙企业的普通合伙人资格？（　　）（司考改编）

A. 吴某之父对欧某取得合伙人资格表示异议

B. 合伙协议规定合伙人须具有国家一级厨师资格证，欧某不具有

C. 郑某不愿意接纳欧某为合伙人

D. 欧某因夫亡突遭打击，精神失常，经法院宣告为无民事行为能力人

5. 周橘、郑桃、吴柚设立一家普通合伙企业，从事服装贸易经营。郑桃因炒股欠下王椰巨额债务。下列哪些表述是正确的？（　　）（司考改编）

A. 王椰可以郑桃从合伙企业中分取的利益来受偿

B. 郑桃不必经其他人同意，即可将其合伙财产份

额直接抵偿给王椰

C. 王椰可申请强制执行郑桃的合伙财产份额

D. 对郑桃的合伙财产份额的强制执行，周橘和吴柚享有优先购买权

6. 甲、乙、丙设立一合伙企业。某年 8 月，该合伙企业欠星月公司货款 36 万元，同年 10 月，丙经甲、乙同意退伙，依约承担了 15 万元的合伙债务。次年 2 月，丁经甲、乙同意入伙，并约定：丁对入伙前该合伙企业所欠债务不承担责任。对该合伙企业欠星月公司的债务应承担无限连带责任的有（　　）。（法律硕士联考改编）

A. 甲　　B. 乙

C. 丙　　D. 丁

（三）不定项选择题

1. 合伙合同存续期间，合伙人以外的第三人要求入伙，关于法律是否允许的问题，下列表述哪项是正确的？（　　）

A. 根据合伙合同的约定决定是否允许

B. 不允许。因为合伙合同是基于合伙人间的信任关系而存在

C. 合伙合同有约定的，依合同处理，无约定的，须全体合伙人一致同意，并依法订立书面入伙协议

D. 合同有约定的依约定处理，无约定的，须经全体合伙人过半数同意，并依法订立书面入伙协议

2. 甲、乙、丙三人签订合伙协议并开始经营，但未取字号，未登记，也未推举负责人。其间，合伙人与顺利融资租赁公司签订融资租赁合同，租赁淀粉加工设备一台，约定租赁期限届满后设备归承租人所有。合同签订后，出租人按照承租人的选择和要求向设备生产商丁公司支付了价款。如果承租人不履行支付价款的义务，出租人起诉，适格被告是（　　）。（司考改编）

A. 合伙企业

B. 甲、乙、丙全体

C. 甲、乙、丙中的任何人

D. 丁公司

简答题

1. 简述普通合伙企业的概念和设立条件。（考研）

2. 试述普通合伙人共同出资和合伙积累的财产关系。（考研）

案例分析题

1. 甲、乙、丙均为经营长途客运业的专业户，三人商定合伙经营跑运输，每人出资 20 万元入伙，同时甲提出其业务经理丁善于管理，可以由丁以其管理才能入伙，不需缴纳出资，乙、丙表示同意。四人一致同意由丁作为日常业务负责人。后甲因其他事项提出退伙，并放弃在合伙中的份额，乙、丙、丁表示同意。3 天后，丁在运输中撞伤他人，须支付赔偿费 60 万元，为此引起纠纷。请回答下列问题：

（1）丁以其管理才能入伙是否有效？

（2）赔偿费 60 万元应该如何承担？

2. 甲、乙二人每人出资 5 万元合伙经营一家饭店，因经营不善，对丙负债 7 万元，而合伙所剩净资产仅为 4 万元。同时甲欠丁个人债务 1 万元，丙、丁同时起诉要求甲偿还债务，而甲个人资产为 3 万元。试分析甲应该如何偿还债务？

视频讲题

论述题与深度思考题

论述普通合伙企业合伙债务的承担。（考研）

参考答案

名词解释

1. 合伙，是指自然人、法人或非法人组织订立合伙合同，共同出资、合伙经营、共享收益、共担风险的营利性组织。

2. 个人合伙，是指两个以上的自然人按照协议，各自提供资金、实物、技术等，共同经营，共同劳动。

3. 普通合伙企业，是指由普通合伙人组成，合伙

人对合伙企业债务承担无限连带责任的营利性组织。

4. 合伙财产，包括合伙人的最初出资（含出资请求权），以及用出资资金购买和以其他方式取得的财产，也包括在合伙的经营期间所取得的盈利和利息。

5. 合伙债务，是指于合伙关系存续期间，合伙以其字号或全体合伙人的名义，在与第三人发生的民事法律关系中所承担的债务。

6. 隐名合伙，是指当事人在协议中约定一方对于他方所经营的事业出资而分享其利益并分担其损失的合伙。隐名合伙合同的当事人包括隐名合伙人和出名营业人双方。

7. 有限合伙，是指向有限合伙出资并分享利润，但不参与有限合伙的经营，仅以其在合伙企业中的财产份额为限承担责任。有限合伙是合伙的特殊形式。

选择题

（一）单项选择题

1. 答案：D。本题考查合伙企业的出资形式。《合伙企业法》第 16 条第 1 款规定："合伙人可以用货币、实物、知识产权、土地使用权或者其他财产权利出资，也可以用劳务出资。"第 64 条规定："有限合伙人可以用货币、实物、知识产权、土地使用权或者其他财产权利作价出资。有限合伙人不得以劳务出资。"故 D 项正确。

2. 答案：A。本题考查合伙人的优先购买权问题。依照民法原理及我国《合伙企业法》第 23 条的相关规定，合伙的财产为共有财产，合伙人之间形成共有关系，除合伙协议另有约定外，当合伙人之一对外转让自己的合伙财产时，其他合伙人享有优先购买权。故 A 项正确。

3. 答案：B。本题考查合伙事务的执行与合伙责任的承担。《民法典》第 105 条规定："非法人组织可以确定一人或者数人代表该组织从事民事活动。"故 B 项正确。

4. 答案：B。《合伙企业法》第 16 条第 1 款规定："合伙人可以用货币、实物、知识产权、土地使用权或者其他财产权利出资，也可以用劳务出资。"据此可知，各合伙人可以以劳务作为出资。故 A 项错误。《合伙企业法》第 17 条第 2 款规定："以非货币财产出资的，依照法律、行政法规的规定，需要办理财产权转移手续的，应当依法办理。"据此可知，乙若以房屋使用权而非房屋所有权作为出资的话，不必办理房屋产权过户登记。故 B 项正确。商号，即厂商字号，或企业名称。商号作为企业特定化的标志，是企业具有法律人格的表现。商号经核准登记后，可以在牌匾、合同及商品包装等方面使用，其专有使用权不具有时间性的特点，只在所依附的厂商消亡时才随之终止。我国法律对商号权未有明确规定，因此，也未禁止或限制将合伙人的名字作为合伙企业的商号或字号。故 C 项错误。《合伙企业法》第 19 条第 1 款规定："合伙协议经全体合伙人签名、盖章后生效。合伙人按照合伙协议享有权利，履行义务。"可见，合伙协议不经登记即可生效。故 D 项错误。

5. 答案：A。《合伙企业法》第 26 条第 2 款规定："按照合伙协议的约定或者经全体合伙人决定，可以委托一个或者数个合伙人对外代表合伙企业，执行合伙事务。"第 27 条第 1 款规定：依照本法第 26 条第 2 款规定委托一个或者数个合伙人执行合伙事务的，其他合伙人不再执行合伙事务。据此可知，孙、李不再享有执行合伙企业事务的权限。故 A 项表述错误。《合伙企业法》第 27 条第 2 款规定：不执行合伙事务的合伙人有权监督执行事务合伙人执行合伙事务的情况。故 B 项表述正确。《合伙企业法》第 29 条第 1 款规定：合伙人分别执行合伙事务的，执行事务合伙人可以对其他合伙人执行的事务提出异议。提出异议时，应当暂停该项事务的执行。如果发生争议，依照本法第 30 条规定作出决定。故 C 项表述正确。《合伙企业法》第 29 条第 2 款规定：受委托执行合伙事务的合伙人不按照合伙协议或者全体合伙人的决定执行事务的，其他合伙人可以决定撤销该委托。故 D 项表述正确。

6. 答案：C。根据合伙协议约定，赵、钱共同担任合伙事务执行人，因此应共同以合伙企业名义对外签订合同且单笔标的额不得超过 30 万元。C 选项 28 万元的明前茶销售合同属于进行符合合伙协议约定权限内的有效约定，故 C 项正确。

7. 答案：C。《个人独资企业法》第 18 条规定："个人独资企业投资人在申请企业设立登记时明确以其家庭共有财产作为个人出资的，应当依法以家庭共有财产对企业债务承担无限责任。"以其家庭共有财产作为出资并不会直接导致企业形式的改变，故 A 项错误。《个人独资企业法》第 19 条中规定："个人独资企业投资人可以自行管理企业事务，也可以委托或者聘用其他具有民事行为能力的人负责企业的事务管理。”因此，家庭成员经营事务难以认定为以家庭共有财产作为企业的出资，故B项错误。《个人独资企业法》第28条规定：“个人独资企业解散后，原投资人对个人独资企业存续期间的债务仍应承担偿还责任，但债权人在五年内未向债务人提出偿债请求的，该责任消灭。”故C项正确。在《个人独资企业法》中没有具体规定个人独资企业的分立问题。D选项所述两个继承人使企业必须分立为两家个人独资企业的说法于法无据，故D项错误。

8. 答案：C。我国《合伙企业法》第38条规定：“合伙企业对其债务，应先以其全部财产进行清偿。”第39条规定：“合伙企业不能清偿到期债务的，合伙人承担无限连带责任。”故C项正确，A、B、D三项错误。

（二）多项选择题

1. 答案：BC。本题考查普通合伙合伙债务承担的原则。《合伙企业法》第38条规定：“合伙企业对其债务，应先以其全部财产进行清偿。”该法第2条第2款规定：“普通合伙企业由普通合伙人组成，合伙人对合伙企业债务承担无限连带责任。本法对普通合伙人承担责任的形式有特别规定的，从其规定。”普通合伙人应以自己的全部财产承担债务的清偿责任，即普通合伙人对于合伙债务承担无限责任。在无法律其他规定的情形下，普通合伙人对于合伙债务还要承担连带责任，即每一个普通合伙人均有清偿全部合伙债务的义务，普通合伙的债权人有权向任何一个、几个或全体普通合伙人提出履行债务的请求。故B、C项正确。

2. 答案：ABCD。本题考查合伙的终止事由。合伙自愿解散和强制解散是合伙终止的原因。《民法典》第106条规定：“有下列情形之一的，非法人组织解散：（一）章程规定的存续期间届满或者章程规定的其他解散事由出现；（二）出资人或者设立人决定解散；（三）法律规定的其他情形。”第108条规定：“非法人组织除适用本章规定外，参照适用本编第三章第一节的有关规定。”第69条规定：“有下列情形之一的，法人解散：（一）法人章程规定的存续期间届满或者法人章程规定的其他解散事由出现；（二）法人的权力机构决议解散；（三）因法人合并或者分立需要解散；（四）法人依法被吊销营业执照、登记证书，被责令关闭或者被撤销；（五）法律规定的其他情形。”合伙被依法吊销营业执照属于强制解散的终止。故A、B、C、D项正确。

3. 答案：ABC。《合伙企业法》第三章规定了有限合伙企业这种新的类型，故A项正确。该法第57条第1款规定：“一个合伙人或者数个合伙人在执业活动中因故意或者重大过失造成合伙企业债务的，应当承担无限责任或者无限连带责任，其他合伙人以其在合伙企业中的财产份额为限承担责任。”故B项正确。根据该法第2条第1款的规定，合伙企业是指自然人、法人和非法人组织依照《合伙企业法》在中国境内设立的普通合伙企业和有限合伙企业。所以法人可以成为合伙人，故C项正确。根据该法第92条的规定，普通合伙人对合伙企业债务承担的无限责任不因合伙企业被依法宣告破产而免除，故D项错误。

4. 答案：BCD。《合伙企业法》第50条规定：“合伙人死亡或者被依法宣告死亡的，对该合伙人在合伙企业中的财产份额享有合法继承权的继承人，按照合伙协议的约定或者经全体合伙人一致同意，从继承开始之日起，取得该合伙企业的合伙人资格。有下列情形之一的，合伙企业应当向合伙人的继承人退还被继承合伙人的财产份额：（一）继承人不愿意成为合伙人；（二）法律规定或者合伙协议约定合伙人必须具有相关资格，而该继承人未取得该资格；（三）合伙协议约定不能成为合伙人的其他情形。合伙人的继承人为无民事行为能力人或者限制民事行为能力人的，经全体合伙人一致同意，可以依法成为有限合伙人，普通合伙企业依法转为有限合伙企业。全体合伙人未能一致同意的，合伙企业应当将被继承合伙人的财产份额退还该继承人。”吴某之父不是合伙人，其对欧某取得合伙人资格表示异议，不影响欧某通过继承的方式取得该合伙企业的普通合伙人资格。故A项错误。若合伙协议约定合伙人必须具有国家一级厨师资格证，而欧某不具有，则其不能取得该合伙企业的普通合伙人资格。故B项正确。郑某是普通合伙人之一，若其不同意欧某成为普通合伙人，则欧某不能取得该合伙企业的普通合伙人资格。故C项正确。合伙人的继承人为无民事行为能力人，经全体合伙人一致同意，可以依法成为有限合伙人，但是不能成为普通合伙人。故D项正确。

5. 答案：ACD。《合伙企业法》第41条规定：“合伙人发生与合伙企业无关的债务，相关债权人不得以其债权抵销其对合伙企业的债务；也不得代位行使合伙人在合伙企业中的权利。”故B项错误。《合伙企业法》第42条第1款规定：“合伙人的自有财产不足清偿其与合伙企业无关的债务的，该合伙人可以以其从合伙企业中分取的收益用于清偿；债权人也可以依法请求人民法院强制执行该合伙人在合伙企业中的财产份额用于清偿。”故A、C项正确。《合伙企业法》第42条第2款规定：“人民法院强制执行合伙人的财产份额时，应当通知全体合伙人，其他合伙人有优先购买权……”故D项表述正确。

6. 答案：ABCD。《合伙企业法》第53条规定：“退伙人对基于其退伙前的原因发生的合伙企业债务，承担无限连带责任。”本题中，对合伙企业债务，合伙人甲、乙、丙均应当承担无限连带责任。即使丙退伙，但仍应当对之前的债务承担连带责任。《合伙企业法》第44条第2款规定：“新合伙人对入伙前合伙企业的债务承担无限连带责任。”本题中，丁为新加入的合伙人，但应当对入伙前欠星月公司的债务承担连带责任，当事人的内部约定不得对抗不知情的债权人。故A、B、C、D项正确。

（三）不定项选择题

1. 答案：C。《合伙企业法》第43条规定：“新合伙人入伙，除合伙协议另有约定外，应当经全体合伙人一致同意，并依法订立书面入伙协议。”在合伙经营过程中增加合伙人，书面协议有约定的，按照约定处理，书面协议未约定的，须经全体合伙人同意，并依法订立书面入伙协议，未经全体合伙人同意的，应当认定入伙无效。故C项正确。

2. 答案：BC。最高人民法院《关于适用〈中华人民共和国民事诉讼法〉的解释》（2022年修正）第60条中规定：“在诉讼中，未依法登记领取营业执照的个人合伙的全体合伙人为共同诉讼人。”故B、C两项正确，A、D两项错误。

简答题

1. 普通合伙企业是指由普通合伙人组成，合伙人对合伙企业债务承担无限连带责任的营利性组织。设立合伙企业应该具备如下条件：（1）有两个以上的合伙人，并且都是依法承担无限责任者；（2）有书面合伙协议；（3）有各个合伙人认缴或者实际缴付的出资；（4）有合伙企业的名称；（5）有经营场所和从事合伙经营的必要条件；（6）法律、行政法规规定的其他条件。

2. 合伙人共同出资和合伙积累的财产共同构成合伙的财产，由合伙人统一管理和使用。但是两者性质不尽相同。

（1）关于合伙人出资财产的法律性质。因为现金是一种特殊的种类物，所以合伙人以现金出资的，应该归合伙人共有；以实物出资的，如果合伙人约定以实物的所有权出资，则实物构成合伙人的共有财产；如果约定以实物的他物权出资，则出资实物本身并不构成合伙人的共有财产；如果以技术专有权出资，则该项技术为合伙人共有（准共有）；如果是以技术的使用权出资，则此技术不构成合伙人的共有财产；以国有土地使用权出资的，该项使用权也成为合伙人准共有的对象；以信用、不作为出资的，出资人和合伙人之间只存在债权债务关系。

（2）关于合伙期间经营积累的财产。因为该类财产是合伙人共同经营行为的结果，在分割以前，全体合伙人对该财产享有平等的权利，而且每个合伙人在按照合伙协议分配合伙财产以前，无权单方面要求分割或者转让其财产，所以合伙经营积累的财产具有合伙人共同共有财产的性质。

案例分析题

1.（1）有效。依照《合伙企业法》第16条第1款的规定，普通合伙的合伙人可以以劳务出资。

（2）由乙、丙、丁承担无限连带责任。依据《合伙企业法》第53条的规定，退伙人对基于其退伙前的原因发生的合伙企业债务，承担无限连带责任。因为本案中甲已经退伙，故其对退伙后产生的债务不承担责任。

2. 本案例考查合伙的债权人和合伙人个人的债权人权利实现的顺序问题。丙是合伙的债权人，他有权利要求甲偿还合伙的全部债务，丁为甲的个人债权人，当然也有权利要求甲偿还个人债务，在这两个债权债务中，甲都负无限责任。

作为合伙人的甲既要承担个人债务又要承担合伙的债务，但是本案中甲的个人财产3万元不足以完全清偿这两项债务，这就涉及清偿债务的顺序问题。该问题在我国审判实践中采取“双重优先权原则”，即合伙人个人的债权人优先于合伙的债权人从合伙人的个人财产中得到满足，合伙债权人优先于合伙人个人的债权人从合伙财产中得到满足。易言之，合伙财产优先用于清偿合伙债务，个人财产优先用于清偿个人债务。

本案中，债权人应该首先要求以合伙财产作为清偿，合伙财产不足清偿时，各个合伙人就不足之额连带负其责任。因为全部合伙财产只有4万元，不足以清偿丙的7万元债务，所以对于剩下的3万元债务，丙应该以其个人财产负补充连带责任，即丙有权要求甲以个人财产清偿剩下的这3万元债务。但问题是，甲同时负有1万元的个人债务，而且债权人丁也有权要求甲以3万元的个人财产来清偿。于是根据双重优先权原则，甲的3万元个人财产就应该先用来清偿对丁的个人债务1万元，剩下的2万元再用来清偿丙的债务，不过此时单靠甲的个人财产已经不足以完全清偿丙的全部债务。

论述题与深度思考题

普通合伙企业合伙债务，是指于合伙关系存续期间，合伙以其字号或全体合伙人的名义，在与第三人发生的民事法律关系中所承担的债务。

（1）合伙人对于普通合伙企业合伙债务承担无限责任。合伙人应当以其个人全部财产对普通合伙的债务承担责任。这主要是因为普通合伙的财产并不具有完全与合伙人相分离的独立性。合伙人对外应该以其个人财产作为履行债务的担保，而不能完全以普通合伙的财产作为担保。普通合伙的特点就在于无限责任，这是它与法人最本质的区别。无限责任的设定，扩大了普通合伙企业清偿合伙债务的履行担保，对债权人债权的充分实现无疑是非常有利的。这也是普通合伙能够具有较高的信用的原因。

（2）合伙人对普通合伙债务承担连带责任。每一个合伙人均负有清偿全部合伙债务的义务，合伙的债权人有权向任何一个、几个或全体合伙人提出履行债务的请求，在某个债务人履行此项义务之后，该合伙人有权要求其他负有连带责任的合伙人偿付其应当承担的份额。合伙人之所以承担连带责任，是基于普通合伙财产的共有性质以及全体合伙人对第三人的共同行为。因此，合伙人仅就普通合伙债务承担连带责任，对合伙人个人的债务没有承担连带责任的义务；同时，合伙人对普通合伙债务的连带责任是一种法定责任，除法律另有规定的以外，合伙人承担的连带责任是不以当事人之间有无约定或者有无相反约定为转移的。

（3）合伙财产和合伙人个人财产清偿普通合伙债务时的顺序。对此，我国民事立法采取补充连带责任。也就是说，对于普通合伙债务，债权人应该首先要求以合伙财产作为清偿，合伙财产不足清偿时，各个合伙人就不足之额连带负其责任，即合伙人个人对普通合伙债务仅负补充责任。根据我国《合伙企业法》第38、39条的规定，普通合伙企业对其债务，应先以其全部财产进行清偿。普通合伙企业不能清偿到期债务的，合伙人应当承担无限连带责任。

（4）普通合伙的债权人和合伙人的债权人权利实现的顺序。我国审判实践中采取双重优先权原则，即合伙人个人的债权人优先于普通合伙的债权人从合伙人的个人财产中得到满足，普通合伙的债权人优先于合伙人个人的债权人从合伙财产中得到满足。易言之，合伙财产优先用于清偿普通合伙债务，个人财产优先用于清偿个人债务。

第七章　民事权利

知识逻辑图

- 民事权利
  - 民事权利的概念
  - 民事权利的分类
    - 人格权、财产权、知识产权、社员权
    - 支配权、请求权、抗辩权、形成权
    - 绝对权、相对权
    - 主权利、从权利
    - 既得权、期待权
  - 民事权利的行使与保护
    - 民事权利的行使
    - 民事权利的保护
      - 民事权利的自力救济
      - 民事权利的公力救济

名词解释

1. 民事权利
2. 请求权（考研）
3. 形成权（考研）
4. 抗辩权（考研）
5. 相对权（考研）
6. 正当防卫
7. 紧急避险

选择题

（一）单项选择题

1. 下列关于民事权利的表述哪一个是错误的？（　　）（司考改编）

A. 抵销权是一种形成权

B. 知识产权是一种支配权

C. 债权请求权不具有排他性

D. 支配权不存在对应义务

2. 著作权属于何种权利？（　　）

A. 人格权　　B. 财产权

C. 社员权　　D. 知识产权

3. 下列何种权利的权利人可以凭借自己的意思表示使法律关系发生变动？（　　）

A. 撤销权　　B. 支配权

C. 主权利　　D. 抗辩权

4. 李某和王某签订了一份合同，约定李某先为履行，之后王某履行，李某在自己还没有履行的情况下，请求王某履行，王某予以拒绝，这时王某所行使的权利是（　　）。

A. 请求权　　B. 绝对权

C. 形成权　　D. 抗辩权

5. 支配权、请求权、形成权、抗辩权的民事权利区分标准是（　　）。

A. 民事权利的作用

B. 民事权利的内容

C. 民事权利的相互关系

D. 民事权利的保护方法

6. 根据民事权利的成立要件是否已经全部具备，可以将其区分为（　　）。

A. 原权与救济权　　B. 主权利与从权利

C. 既得权与期待权　　D. 绝对权与相对权

7.《民法典》第 132 条规定：“民事主体不得滥用民事权利损害国家利益、社会公共利益或者他人合法权益。”对该条文确定的禁止权利滥用原则，下列理解正确的是（　　）。

A. “行使自己的权利，无论对于任何人，皆非不法”的罗马法观念需要修正

B. 滥用权利的行为人主观上具有损害他人或者社会利益的恶意

C. 构成权利滥用的只能是权利人积极行使权利的作为

D. 滥用权利者，其原有权利必然丧失

8. 一客人在一家餐厅就餐后未付饭钱就要赶去参加一招商引资洽谈会，餐厅服务人员见状拦住该客人不让他离去，并打电话报警。客人说：“你们这是限制我的人身自由，我要告你们餐厅，耽误了我的洽谈会，你们要赔偿我的损失。”对餐厅服务人员的这种行为应当如何定性？（　　）

A. 属于侵权行为，侵犯人身自由权

B. 属于正当防卫

C. 属于自助行为

D. 属于行使抗辩权的行为

9. 抗辩权是当事人享有的对抗对方当事人何种权利的权利？（　　）

A. 支配权　　　　B. 请求权

C. 形成权　　　　D. 相对权

10. 关于民事权利，下列哪一选项是正确的？（　　）（司考改编）

A. 抵销权属抗辩权

B. 权利的行使不都是事实行为

C. 支配权的客体只能是物

D. 请求权基于基础权利受侵害而发生

11. 甲被乙家的狗咬伤，要求乙赔偿医药费，乙认为甲被狗咬与自己无关拒绝赔偿。下列哪一选项是正确的？（　　）（司考改编）

A. 甲乙之间的赔偿关系属于民法所调整的人身关系

B. 甲请求乙赔偿的权利属于绝对权

C. 甲请求乙赔偿的权利适用诉讼时效

D. 乙拒绝赔偿是行使抗辩权

12. 张某因出售个人信息被判刑，孙某的姓名、身份证号码、家庭住址等信息也在其中，买方是某公司。下列哪一选项是正确的？（　　）（司考改编）

A. 张某侵害了孙某的身份权

B. 张某侵害了孙某的名誉权

C. 张某侵害了孙某对其个人信息享有的民事权益

D. 某公司无须对孙某承担民事责任

13. 摄影爱好者李某为好友丁某拍摄了一组生活照，并经丁某同意上传于某社交媒体群中。蔡某在社交媒体群中看到后，擅自将该组照片上传于某营利性摄影网站，获得报酬若干。对蔡某的行为，下列哪一说法是正确的？（　　）（司考改编）

A. 侵害了丁某的肖像权和身体权

B. 侵害了丁某的肖像权和李某的著作权

C. 侵害了丁某的身体权和李某的著作权

D. 不构成侵权

14. 下列哪一情形构成对生命权的侵犯？（　　）（司考改编）

A. 甲女视其长发如生命，被情敌乙尽数剪去

B. 丙应丁要求，协助丁完成自杀行为

C. 戊为报复欲置己于死地，结果将己打成重伤

D. 庚医师因误诊致辛出生即残疾，辛认为庚应对自己的错误出生负责

（二）多项选择题

1.《民法典》第3条规定：“民事主体的人身权利、财产权利以及其他合法权益受法律保护，任何组织或者个人不得侵犯。”对该法条的下列认识中正确的是（　　）。

A. 法律对利益的保护不一定通过赋予权利的方式

B. 所有的利益都能够表现为权利

C. 在权利之外仍然有一些合法的利益存在

D. 关于权利概念的利益说是不妥当的，并非所有受法律保护的利益都是权利

2. 民事权利体现为民事主体一定范围内的行为自由，民事权利的内容就是法律上的自由。对此认识正确的是（　　）。

A. 民事主体的自由要么是自主决定的积极自由，要么是免受侵扰的消极自由

B. 民事权利主体具有是否行使权利的自由

C. 民事权利主体具有处分其享有的一切权利的自由

D. 限制民事主体的行为自由也就限制了民事主体对民事权利所享有的利益

3. 下列关于民事权利中的形成权的表述，哪些是正确的？（　　）（司考改编）

A. 形成权只能通过明示方式行使
B. 效力待定的合同中相对人的催告权并非形成权
C. 债权人撤销权属形成权
D. 形成权不受诉讼时效期间的限制

4. 关于绝对权的下列说法中正确的是（　　）。
A. 绝对权的义务人不确定
B. 绝对权对应义务人的积极作为，绝对权人可以向一切人主张权利的实现
C. 绝对权法律关系中权利人享有一定的权利，但是并没有相应的义务
D. 绝对权对应的义务人不因为承担一定的义务而享有权利

5. 在行为人进行的下列行为中，哪些属于行使形成权的行为？（　　）（司考改编）
A. 被代理人对越权代理进行追认
B. 监护人对限制民事行为能力人纯获利益的合同进行追认
C. 受遗赠人于知道受赠的期限内未作受赠的意思表示
D. 承租人擅自转租，出租人作出解除合同的意思表示

6. 民事主体所享有的形成权包括（　　）。（考研）
A. 追认权　　B. 免除权
C. 撤销权　　D. 解除权

7. 王某与李某签订合同，由王某把自己家的一头牛出售给李某，并约定先付款后交货。现李某已经按照合同的要求支付货款，王某交付牛的履行期已到，则李某对王某享有的权利是（　　）。
A. 绝对权　　B. 相对权
C. 既得权　　D. 期待权

8. 在行为人行使的权利中，属于形成权的是（　　）。
A. 法定代理人对他的未成年子女不符合其民事行为能力的行为的追认
B. 李某将其自用电脑丢弃
C. 受遗赠人在知道受赠的期限内作出接受遗赠表示的权利
D. 承租人擅自转租，出租人行使的解除权

9. 同时履行抗辩权在性质上属于（　　）。
A. 法定权利　　B. 约定权利
C. 延期抗辩权　　D. 永久抗辩权

10. 以下哪种方式属于私力救济？（　　）
A. 请求赔偿　　B. 自助行为
C. 正当防卫　　D. 强制执行

11. 紧急避险属于（　　）。
A. 私力救济　　B. 公力救济
C. 自助行为　　D. 自卫行为

12. 关于民事权利，下列哪些选项是正确的？（　　）（司考改编）
A. 甲公司与乙银行签订借款合同，乙对甲享有的要求其还款的权利不具有排他性
B. 丙公司与丁公司协议，丙不在丁建筑的某楼前建造高于该楼的建筑，丁对丙享有的此项权利具有支配性
C. 债权人要求保证人履行，保证人以债权人未对主债务人提起诉讼或申请仲裁为由拒绝履行，保证人的此项权利是抗辩权
D. 债权人撤销债务人与第三人的赠与合同的权利不受诉讼时效的限制

13. 张某毕业要去外地工作，将自己贴身生活用品、私密照片及平板电脑等装箱交给甲快递公司运送。张某在箱外贴了“私人物品，严禁打开”的字条。张某到外地收到快递后察觉有异，经查实，甲公司工作人员李某曾翻看箱内物品，并损坏了平板电脑。下列哪些选项是正确的？（　　）（司考改编）
A. 甲公司侵犯了张某的隐私权
B. 张某可请求甲公司承担精神损害赔偿责任
C. 张某可请求甲公司赔偿平板电脑的损失
D. 张某可请求甲公司和李某承担连带赔偿责任

（三）不定项选择题

1. 下列关于绝对权和相对权的关系的说法，正确的是（　　）。
A. 绝对权和相对权一般都首先运用侵权损害赔偿请求权的保护方式
B. 绝对权本身已经不存在时可以转化为赔偿损失等债权的保护方式
C. 绝对权受到侵害的救济不以侵权人有过错为必要
D. 债权物权化等现象的出现使得绝对权与相对权的划分法逐渐失去意义

2. 所有权从法律性质上讲，属于下列何种权利？（　　）
A. 支配权　　B. 财产权

C. 绝对权　　D. 专属权

3. 对于正当防卫、紧急避险、自助行为三者各自的特点及其相互关系，下列说法正确的是（　　）。

A. 都属于我国《民法典》明确规定的民事权利的自我保护方法

B. 都是民事权利人为保护自己的权利而采取的救济措施

C. 都是针对不法侵害行为人或者债务人本人的人身或者财产实施的

D. 现代社会推崇民事权利的公力救济，对这三种私力救济方法进行严格的法律限制

4. 民事主体民事权利的保护方法包括（　　）。

A. 确认之诉　　B. 行政诉讼

C. 刑事诉讼　　D. 形成之诉

5. 给付之诉对应的民事权利是哪一种？（　　）

A. 财产权　　B. 既得权

C. 请求权　　D. 支配权

简答题

1. 以民事权利的内容为标准谈谈民事权利的分类问题。（考研）

2. 比较形成权与抗辩权。（考研）

3. 形成权在我国法律上是怎么规定的？（考研）

4. 谈谈对民事权利的保护。（考研）

5. 简述自助行为的构成要件。

案例分析题

1. 16岁的中学生甲到乙电脑城购买新开发上市的电脑，有A、B两个型号，价格均为2万元，甲表示将购买其一，先付2 000元作为押金，究竟购买具体哪一型号，明日再通知。甲回家后告知其母丙，丙对甲未经其允许擅自购买贵重物品的做法甚为不悦，但是考虑到甲学习之便确实需要一台电脑，于是勉强承认甲的购买行为，同时表示对于选择A、B何种类型为佳，甲可以自己决定。甲与同学商量后，通知乙选择A型电脑，甲支付价金受领电脑后发现该电脑欠缺乙所保证的品质，经其母丙同意后，向乙请求解除合同并要求其返还所交付的价金。

问题：试说明当事人之间的法律关系。

视频讲题

2. 某年7月广东省韶关市发生洪水，甲为救助自家和邻居被突袭而来的洪水围困的财物，未经过乙的同意，使用了乙的小船。事后，乙要求甲支付使用费，为预防甲逃脱，并扣留了甲的一辆摩托车。

问题：请分别分析甲、乙的行为的性质。

论述题与深度思考题

1. 论述我国民法的本位。（考研）

2. 论民法请求权。

参考答案

名词解释

1. 民事权利，是指服务于民事主体特定利益的实现或维持，由法律上之力保证实现的自由。民事权利的内容是法律上的自由；民事权利的外形是法律上之力；民事权利的目标是服务于权利人特定利益的实现或维持。

2. 请求权，是指请求他人为一定行为或者不为一定行为的权利。

3. 形成权，是指当事人一方可以依自己的意思表示使法律关系发生变动的权利。

4. 抗辩权，是对抗请求权的权利。抗辩权依其行使的法律效果得区分为永久抗辩权和延期抗辩权。永久抗辩权是指该项抗辩权的行使可以永久地阻止某项请求权的实现。延期抗辩权是指可以暂时阻止某项请求权实现的抗辩权。

5. 相对权，是指义务人为特定人，权利人必须通过义务人积极地实施或者不实施一定的行为才能实现的权利，又称对人权。债权是典型的对人权。

6. 正当防卫，是指为了使本人或他人的人身或财产免遭正在进行的不法侵害，对侵权行为人采取的必要防卫行为，而进行正当防卫不能违反比例原则。依

据《民法典》第181条的规定，因正当防卫造成损害的，不承担民事责任。正当防卫超过必要的限度，造成不应有的损害的，正当防卫人应当承担适当的民事责任。

7. 紧急避险，是指为了使本人或者他人的人身、财产免受正在发生的危险，不得已采取的致他人较小财产损害的行为。依据《民法典》第182条的规定，因紧急避险造成损害的，由引起险情发生的人承担民事责任。危险由自然原因引起的，紧急避险人不承担民事责任，可以给予适当补偿。紧急避险采取措施不当或者超过必要的限度，造成不应有的损害的，紧急避险人应当承担适当的民事责任。

选择题

（一）单项选择题

1. 答案：D。本题考查民事权利的性质。抵销自抵销权人的通知到达对方当事人时生效，属于“民事主体一方可以依自己的意思表示使民事法律关系发生变化的权利”，抵销权属于形成权，故A项不当选。支配权是指可以对权利的客体直接支配并排斥他人干涉的权利，如人身权、物权等。知识产权既包含人身权的内容，也包含物权的内容。知识产权是一种支配权，故B项不当选。债权之间是平等的，不具有排他性，故C项不当选。所有的民事权利都是以民事义务为前提的，支配权也不例外，只不过支配权所对应的义务是不作为的义务而已，故D项当选。

2. 答案：D。本题考查著作权的性质。权利人从著作权那里取得的利益既有经济性的，也有非经济性的，这两方面结合在一起，不可分割。著作权属于知识产权的一种，它既与人格权（其利益主要是非经济性的）不同，也与财产权（其利益主要是经济性的）不同。故D项正确。

3. 答案：A。本题考查形成权的概念和种类。形成权是指当事人一方可以依自己的意思表示使法律关系发生变动的权利，换言之，不需要他方相应地作出某种行为，即可以使法律关系产生变更或者消灭。撤销权符合形成权的此项特点，故A项正确。

4. 答案：D。本题考查抗辩权的特征。抗辩权，又称异议权，是指对抗请求权的权利。本题中，王某拒绝李某履行请求的权利属于先履行抗辩权，是双务合同履行中的抗辩权的一种。故D项正确。

5. 答案：A。本题考查民事权利的分类标准。支配权、请求权、形成权、抗辩权是按照民事权利的作用对其所作的分类。按照民事权利的内容则分为财产权、人身权、知识产权、社员权等。按照民事权利之间的主从关系则分为主权利和从权利。民事权利的保护方法不是民事权利的分类标准。故A项正确。

6. 答案：C。本题考查民事权利的分类。按照民事权利的成立要件是否全部具备，可以将其分为既得权和期待权。按照民事权利之间的主从关系，可以将其分为主权利和从权利。按照民事权利之间的派生关系，可以将其分为原权利和救济权。按照权利人可以向其主张权利实现的义务人的范围，民事权利可以分为绝对权与相对权。故C项正确。

7. 答案：A。本题考查对权利滥用的构成要件及其后果的理解。权利滥用禁止的原则是对罗马法法谚“行使自己的权利，无论对于任何人，皆非不法”的修正。滥用权利的行为既可以是积极的作为，也可以是消极的不作为。滥用权利者的主观方面大多数表现为故意，有时候也表现为过失，如防卫过当行为，此时的行为人即为过失。滥用权利的后果不一定都会使权利人的权利失效，比如说权利人虽然滥用了权利建设越界建筑，在该建筑不宜拆除的情形下，邻地使用权人有权要求其赔偿损失，但是不能坚持要求其拆除越界建筑。故A项正确。

8. 答案：C。本题考查民事权利的行使和保护。民事权利的自我保护方法包括正当防卫、紧急避险、自助行为。自助行为是指权利人为实现自己的请求权，在情势紧迫而不能及时请求国家机关予以救助的情况下所采取的对他人的财产或者自由施加扣押、拘束或者其他相应措施的合法行为。可见，本题中的餐厅服务人员拦住该客人不让其离去的做法属于对其自由施加拘束的自助行为，该自助行为排除非法性。故C项正确。应注意，D项抗辩权行使的前提是对方有请求权，但是本题中的客人没有请求权，因此也就无所谓抗辩权的问题。

9. 答案：B。本题考查民事权利之间的关系。抗辩权是对抗请求权的权利，抗辩权的作用在于防御而不在于攻击，因而必待他人之请求，始得对之抗辩。抗辩权的行使必须要以请求权的行使为前提，请求权和抗辩权是矛与盾的关系，抗辩权是针对请求权而发挥作用的，所以没有请求权的行使，抗辩权就没有必要行使。故B项正确。

10. 答案：B。本题考查民事权利的分类。抵销权是形成权，故A项错误。权利的行使可以是事实行为，也可以是民事法律行为，故B项正确。支配权是对权利客体进行直接的排他性支配并享受其利益的权利，物权、知识产权中的财产权等都属于支配权。知识产权的客体不是物。因此，支配权的客体不一定是物，故C项错误。请求权是特定人得请求特定他人为一定行为或不为一定行为的权利。债权是典型的请求权。故D项错误。

11. 答案：C。本题考查民事权利和民事法律关系。人身关系是"人格关系"和"身份关系"的合称。民法调整的人身关系即自然人的人格权益关系和身份权益关系。本题甲乙之间的赔偿关系是因动物致人损害的侵权损害赔偿关系，不属于人身关系的范围。故A项错误。甲请求乙承担赔偿责任的权利是在行使债权，是相对权，而非绝对权。故B项错误。最高人民法院《关于审理民事案件适用诉讼时效制度若干问题的规定》（2020年修正，以下简称《诉讼时效规定》）第1条明确规定，债权请求权适用诉讼时效。甲请求乙赔偿的权利属于侵权行为之债的债权请求权，应适用诉讼时效，故C项正确。抗辩权是能够阻止请求权效力的权利。行使抗辩权的前提是先承认对方享有请求权，然后再提出阻止对方请求权的事由，以此对抗对方权利的行使。本题中，乙提出甲被狗咬伤与自己没有任何关系，是对甲请求权利的否认，而非行使抗辩权。故D项错误。

12. 答案：C。《网络安全法》明确规定，任何个人和组织不得窃取或者以其他非法方式获取个人信息，不得非法出售或者非法向他人提供个人信息。侵犯公民个人信息罪被置于我国《刑法》分则的第四章"侵犯公民人身权利、民主权利罪"。个人信息同时涉及个人利益，有些个人信息本身就是个人隐私，不适宜公开，而有些个人信息虽然可以被公开或获取使用，但如果被滥用则会危害个人利益，侵害个人自由、安宁等。因此，张某侵害了孙某对其个人信息享有的民事权益。《民法典》第111条也规定："自然人的个人信息受法律保护。任何组织或者个人需要获取他人个人信息的，应当依法取得并确保信息安全，不得非法收集、使用、加工、传输他人个人信息，不得非法买卖、提供或者公开他人个人信息。"

13. 答案：B。《民法典》第110条第1款规定："自然人享有生命权、身体权、健康权、姓名权、肖像权、名誉权、荣誉权、隐私权、婚姻自主权等权利。"肖像权就是自然人所享有的对自己的肖像上所体现的人格利益为内容的一种人格权，是自然人对于肖像的制作权和使用权。其中，使用权有几个方面：一是自然人有权以任何方式使用自己的肖像，并通过使用取得精神上的满足和财产上的收益，他人不得干涉（但不得违反法律和公序良俗）。二是自然人有权允许他人使用自己的肖像，并决定从中获得报酬。三是自然人有权禁止他人非法使用自己的肖像。《著作权法》第3条规定："本法所称的作品，是指文学、艺术和科学领域内具有独创性并能以一定形式表现的智力成果，包括：（一）文字作品；（二）口述作品；（三）音乐、戏剧、曲艺、舞蹈、杂技艺术作品；（四）美术、建筑作品；（五）摄影作品；（六）视听作品；（七）工程设计图、产品设计图、地图、示意图等图形作品和模型作品；（八）计算机软件；（九）符合作品特征的其他智力成果。"同时《著作权法》第48条规定："电视台播放他人的视听作品、录像制品，应当取得视听作品著作权人或者录像制作者许可，并支付报酬；播放他人的录像制品，还应当取得著作权人许可，并支付报酬。"蔡某在社交媒体群中看到李某的摄影作品后，擅自将该组照片上传于某营利性摄影网站，获得报酬若干，属于侵害李某著作权的行为。故B项正确。

14. 答案：B。生命权的客体为生命，侵犯生命权的结果是造成他人的死亡，所以，B项正确。情敌剪去甲女的长发，侵犯甲女的身体权。故A项错误。戊想杀死己结果将其重伤，侵犯己的人身健康的权利。故C项错误。庚因为误诊造成辛残疾，侵犯对方的人身健康的权利。故D项错误。

（二）多项选择题

1. 答案：ACD。本题考查权利和利益的关系。根据《民法典》第3条可以看出，民事法律保护的不一定都是民事权利，合法的民事利益也可以通过民法来进行保护。民事权利只不过是类型化了的民事利益，民事法律保护的范围包括民事权利和合法的民事利益。利益说不准确，因为存在受法律保护的不属于民事权利的民事利益。故A、C、D项正确。

2. 答案：BD。本题考查民事权利的特征。民事主体的自由可以是自主决定的积极自由，如形成权；也可以是免受侵扰的消极自由，如人格权；也可以是二者兼具，如物权，故A项错误。民事权利体现为民事主体一定范围内的行为自由，当然包括权利人是否行使权利的自由，故B项正确。民事主体的处分自由并非毫无限制，对于人身权等专属于民事主体本身享有的权利，民事主体一般不能为转让、继承等处分，故C项错误。民事权利中的自由与利益是密切联系在一起的，正是给予民事主体一定的自由，主体才可能去实现其利益，限制了民事主体的自由实际上就是减损了其利益，故D项正确。

3. 答案：BCD。本题考查形成权的概念和特征。形成权是指当事人一方可以以自己单方的意思表示，使法律关系发生变动的权利，换言之，不需要他方相应地作出某种行为，即可以使法律关系产生变更或者消灭。形成权也能够通过默示的方式行使，如最高人民法院《关于适用〈中华人民共和国民法典〉继承编的解释（一）》第44条规定："继承诉讼开始后，如继承人、受遗赠人中有既不愿参加诉讼，又不表示放弃实体权利的，应当追加为共同原告；继承人已书面表示放弃继承、受遗赠人在知道受遗赠后六十日内表示放弃受遗赠或者到期没有表示的，不再列为当事人。"故A项错误。催告权只是请求权的一种权能，是催告相对方对合同的效力予以追认，只是催告行为本身不能发生法律关系的变化，所以催告权不是形成权，故B项正确。通常认为，债权人的撤销权兼具形成权与请求权双重性质，故C项正确。诉讼时效仅适用于请求权，不适用于形成权，故D项正确。

4. 答案：ACD。本题考查绝对权的特征。绝对权是指义务人为不确定的一般人的权利，权利人可以向一切人主张权利，因而又称对世权。绝对权的权利人无须通过义务人实施一定的积极协助行为即可实现其权利。与相对权法律关系相反，在绝对权法律关系中，权利人享有一定的权利，但是并没有对应的义务，反过来，义务人承担一定的义务，但是并不因此而享有权利。故A、C、D项正确。"绝对权对应义务人的积极作为"的说法是错误的，故B项错误

5. 答案：ACD。本题考查形成权的具体表现形式。形成权是指当事人一方可以以自己单方的意思表示，使法律关系发生变动的权利，换言之，不需要他方相应地作出某种行为，即可以使法律关系产生变更或者消灭。追认权、撤销权、抵销权、解除权等皆属于形成权。本题中A、C项属于追认权，D项为解除权，三者都属于形成权的范畴。由于限制民事行为能力人纯获利益的合同不需要经过监护人的追认就能发生相应的法律效果，故B项所述的情形不属于行使形成权的行为。

6. 答案：ABCD。本题考查形成权的分类。财产法上的债权性形成权主要依附于债权而发生，并与债权不可分离，主要包括撤销权、追认权、解除权、选择权、抵销权、免除权等。本题中的四个选项皆属于形成权的范畴。

7. 答案：BC。本题考查对既得权与期待权、绝对权与相对权的理解。本题中，李某对王某享有的是一项合同履行请求权，是债权的一项权能，债权属于相对权，义务人为特定人。同时该债权的成立要件已经全部具备，王某应该立即向李某交付牛，所以此项债权也属于既得权。故B、C项正确。

8. 答案：ABCD。本题考查形成权的分类。形成权可以分为财产法上的形成权和身份法上的形成权，前者又包括债权性的形成权和物权性的形成权，A、D项分别为追认权和解除权，都属于债权性的形成权。B项为所有权的抛弃，属于物权性的形成权。身份法上的形成权包括纯粹身份上的形成权和身份财产上的形成权，C项所述遗赠的接受属于身份财产上的形成权。

9. 答案：AC。本题考查同时履行抗辩权的性质。《民法典》第525条规定："当事人互负债务，没有先后履行顺序的，应当同时履行。一方在对方履行之前有权拒绝其履行请求。一方在对方履行债务不符合约定时，有权拒绝其相应的履行请求。"实际上，抗辩权本身就属于由法律明确规定的权利，如果是约定的抗辩事由，仅产生合同的权利，一方行使基于约定的抗辩事由所产生的权利，仍然是行使合同权利的表现。同时履行抗辩权属于延期抗辩权，可以暂时阻止对方的履行请求权在一定期限内的行使，但却不能使该项请求权本身消灭，当请求权的障碍消除或者消灭后，请求权人仍然可以继续行使请求权。故A、C项正确。

10. 答案：ABC。本题考查私力救济的种类。私力救济包括请求、自卫行为（又包括正当防卫和紧急避险）、自助行为三种类型。强制执行则属于由专门国家机关通过法定程序加以保护，属于公力救济的范畴。故A、B、C项正确。

11. 答案：AD。本题考查紧急避险的性质。紧急

避险属于自卫行为的一种，同时属于私力救济。故 A、D 项正确。

12. 答案：ABCD。本题主要考查民事权利的分类。民事权利根据作用划分，可以分为支配权、请求权、抗辩权和形成权。所谓的支配权，是指权利人可以直接支配其权利客体，而具有排他性的权利，物权是典型的支配权，知识产权也是支配权；请求权是指权利人要求他人为特定行为的权利，债权是典型的请求权。要求还款的权利就是债权请求权，不具有排他性，故 A 项正确。丁公司享有的权利是地役权，是物权的一种，具有支配性，故 B 项正确。抗辩权是指对抗他人行使权利的权利，C 项中一般保证人以债权人未对主债务人提起诉讼或申请仲裁为由拒绝履行，行使的就是先诉抗辩权，故 C 项正确。形成权是指权利人依自己的单方意思，使民事法律关系发生、变更或者消灭的权利，D 项中撤销权即是形成权。对于形成权，适用除斥期间，而不是诉讼时效，故 D 项正确。

13. 答案：AC。李某拆看他人物品，属于侵害他人隐私权的情形。李某作为甲公司工作人员，在履行职责时实施侵权行为。《民法典》第 1191 条第 1 款规定："用人单位的工作人员因执行工作任务造成他人损害的，由用人单位承担侵权责任。用人单位承担侵权责任后，可以向有故意或者重大过失的工作人员追偿。"故 A、C 项正确，D 项错误。《民法典》第 1183 条第 1 款规定："侵害自然人人身权益造成严重精神损害的，被侵权人有权请求精神损害赔偿。"题干并未说明李某的行为造成张某在精神上的严重损害，故 B 项错误。

（三）不定项选择题

1. 答案：BC。本题考查绝对权与相对权的关系。绝对权遭受损害时，首先应该考虑回复原状，尽可能回复权利人享有权利的状态，在难以回复原状时（比如绝对权的标的物损毁从而绝对权本身已经不存在时）或者根据权利的特别要求，才转换为赔偿损失。而相对权的侵害，通常是采用损害赔偿的补救方式，其主要目的在于补偿损失。绝对权保护方式的采用不以侵害人具有过错为必要，比如停止侵害、消除危险等责任方式就是以无过错责任为特征的。绝对权与相对权的区分不应该绝对化，比如说债权物权化就是一个例子，但是债权物权化仅仅是绝对权与相对权区分的例外，绝对权与相对权的区分本身仍然是很有意义的。故 B、C 项正确。

2. 答案：ABC。本题考查民事权利的分类。所有权是指所有人依法对自己的财产享有的占有、使用、收益和处分的权利。所有权从权利的内容角度看属于财产权，从权利的作用看属于支配权，从义务人的范围看属于绝对权。另外根据权利有无移转性（或者说民事权利与主体的关系）可以把权利分为专属权和非专属权。非专属权不是专属于某一权利人享有的，可以转移，也可以继承，所有权一般属于非专属权。故 A、B、C 项正确。

3. 答案：AD。本题考查私力救济的种类和各自的特征。我国《民法典》第 181 条、第 182 条和第 1177 条分别规定了正当防卫、紧急避险和自助行为，故 A 项正确。只有自助行为是完全为了保护自己的请求权的实现而采取的措施，正当防卫和紧急避险都可以是为保护他人财产或者人身，以及国家利益或者公共利益而采取的措施，故 B 项错误。自助行为和正当防卫都具有针对性，都是针对不法侵害的行为人或者债务人的人身或者财产而实施的，但是紧急避险一般只是对第三者或者紧急避险人造成损害，不会损害不法侵害者本人，会产生合法利益对合法利益的冲突，故 C 项错误。现代法治文明的一个重要标志就是权利受损时，由私力救济向公力救济转换，在两者的关系上，都采纳推崇公力救济抑制私力救济的态度。这有利于防止当事人因为采取个人行为很难把握准确的界限，从而有可能伤害到人们的财产权或者人身自由，阻止当事人间暴力冲突等不良事件的发生，故 D 项正确。

4. 答案：ABCD。本题考查民事权利的保护方法。民事权利的公力救济是由国家机关采取的，民事权利受宪法、民法、行政法、刑法等诸多法律部门的保护，所以民事确认之诉和形成之诉、行政诉讼、刑事诉讼都可以作为民事权利的保护方法。故 A、B、C、D 项正确。

5. 答案：C。本题考查民事诉讼类型与民事权利类型的对应关系。给付之诉是保护权利人的给付请求权得以实现的手段，所以其针对的对象主要是请求权。当事人提出给付之诉，必须要以请求权为基础，如果不存在合法有效的请求权，就不能提起给付之诉。故 C 项正确。

简答题

1. 以民事权利的内容为标准，可以将民事权利分为人身权、财产权、知识产权、社员权。

（1）人身权包括人格权和身份权。人格权，是民事权利中最基本最重要的一种，直接与权利主体的存在和发展相联系，人格利益的范围逐步扩大，人格权的内容也日益丰富。《民法典》第109条规定："自然人的人身自由、人格尊严受法律保护。"该条被认为是对一般人格权的规定。《民法典》第110条第1款规定："自然人享有生命权、身体权、健康权、姓名权、肖像权、名誉权、荣誉权、隐私权、婚姻自主权等权利。"理论上说的人格权除《民法典》规定的上述种类之外，还有贞操权等。人格权可以为一切人普遍地享有，一般具有专属性。

（2）财产权，是以财产利益为客体的民事权利。在确认财产权只包括物权和债权的情况下，也可以说，财产权是通过对有体物和权利的直接支配，或者通过对他人请求为一定行为而享受生活中的利益的权利。财产权的主体限于现实地享有或者取得财产的人，财产权不具有专属性，可以由主体转让、抛弃或者继承。

（3）知识产权，是权利人依法就特定客体享有的专有的权利，这些客体包括作品，发明、实用新型、外观设计，商标，地理标志，商业秘密，集成电路布图设计，植物新品种以及法律规定的其他客体。其类型主要有著作权、专利权、商标权等。知识产权人享有的利益既有经济性质的，也有非经济性质的，这两方面结合在一起，不可分。

（4）社员权，是指某个团体的成员依据法律规定或者团体章程而享有的各种权利的总称。社员权的权利主体是社员，其相对人是社团。社员权也是一个复合性的权利，既有经济性的，也有非经济性的。

2. 形成权是指当事人一方可以依自己的意思表示，使法律关系发生变动的权利，换言之，不需要他方相应地作出某种行为，即可以使法律关系产生变更或者消灭。抗辩权，又称异议权，是指对抗请求权的权利。其功能是延缓请求权的行使或者使请求权归于消灭。两者都有使法律关系发生变动的作用，所以广义的形成权也包括抗辩权。

但是二者也存在明显的区别。一方面，形成权的行使并不针对请求权而主张，即使没有一方提出请求，权利人也仍然可以行使，但是抗辩权是针对一方提出的请求而行使的。另一方面，形成权的作用主要在于改变法律关系的效力，而抗辩权则主要在于对抗权利的主张。

3. 形成权是指当事人一方可以依自己的意思表示，使法律关系发生变动的权利，换言之，不需要他方相应地作出某种行为，即可以使法律关系产生变更或者消灭。根据形成权行使的效力，其类型主要有以下几种。

（1）使法律关系产生的形成权。我国法律上的相关规定主要有：法定代理人对被代理人行为的追认权，被他人无权处分之物的权利人对无权处分的追认权，本人对无权代理的追认权，以及债权人对债务人和第三人债务承担的同意权。

（2）使法律关系效力变更的形成权。我国法律的相关规定主要是选择之债的选择权。

（3）使法律关系效力消灭的形成权。我国法律对此规定得比较多，包括：善意相对人的撤销权，意思表示错误的撤销权，意思表示不自由的撤销权，债的保全的撤销权，解除权人的解除权，抵销权人的抵销权。

形成权除权利人直接行使的以外，还有法律规定的须以诉的形式行使的形成权，又叫形成诉权。此时形成行为是否有效就具有不确定性，法律如此规定的原因主要是这些形成权对第三人意义重大，同时也是为了避免纠纷的发生。如《民法典》在总则编中规定的可撤销民事法律行为中的撤销权，《民法典》在合同编中规定的债的保全中的撤销权，均是形成权。

4. 民事权利的保护是指为确保民事权利不受侵犯或者为恢复被损害的民事权利而采取的各种合法措施。民事权利的保护措施，依其性质和保护机关等的不同，可以分为自我保护和国家保护两种。

其一，民事权利的自我保护是指权利人自己采取各种合法手段保证自己的权利不受侵犯。法律许可的民事权利的自我保护方法有正当防卫、紧急避险和自助行为。

（1）正当防卫，是指为了使本人或他人的人身或财产免遭正在进行的不法侵害，对侵权行为人采取的必要防卫行为，而进行正当防卫不能违反比例原则。依据《民法典》第181条的规定，因正当防卫造成损害的，不承担民事责任。正当防卫超过必要的限度，造成不应有的损害的，正当防卫人应当承担适当的民事责任。

（2）紧急避险，是指为了使本人或者他人的人身、财产免受正在发生的危险，不得已采取的致他人较小财产损害的行为。依据《民法典》第 182 条的规定，因紧急避险造成损害的，由引起险情发生的人承担民事责任。危险由自然原因引起的，紧急避险人不承担民事责任，可以给予适当补偿。紧急避险采取措施不当或者超过必要的限度，造成不应有的损害的，紧急避险人应当承担适当的民事责任。

（3）自助行为是指权利人为实现自己的请求权，在情势紧迫又不能及时请求国家予以救助的情况下所采取的对他人的财产或者自由施加扣押、拘束或者其他相应措施的合法行为。依据《民法典》第 1177 条的规定，合法权益受到侵害，情况紧迫且不能及时获得国家机关保护，不立即采取措施将使其合法权益受到难以弥补的损害的，受害人可以在保护自己合法权益的必要范围内采取扣留侵权人的财物等合理措施；但是，应当立即请求有关国家机关处理。受害人采取的措施不当造成他人损害的，应当承担侵权责任。

其二，民事权利的国家保护是指民事权利受到侵犯时，由国家机关予以保护。民事权利受多个法律部门的保护，在受到侵害时，权利人可以向行政机关请求保护，也可以向法院或者仲裁机关请求裁判或者仲裁。至于民事权利的民事诉讼的请求，则分为确认之诉、给付之诉、形成之诉三种。

5. 自助行为是指权利人为实现自己的请求权，在情势紧迫又不能及时请求国家予以救助的情况下所采取的对他人的财产或者自由施加扣押、拘束或者其他相应措施的合法行为。其构成要件包括以下几点。

（1）须为保护自己的请求权。成立自助行为以保护自己的请求权为限，这与自卫行为不同，后者不以保护自己的权利为限。

（2）该项请求权必须是可以请求国家强制执行的。因此诉讼时效届满的债权请求权、与债务人的人身相关的债权请求权，皆不得采取自助行为。

（3）须为在情势紧迫来不及请求公力救助的。此即不实施自助行为，势必导致权利无从实现或者难以实现。

（4）实施自助行为采取的手段必须适合权利的实现，不得逾越避免危险所必需的范围和程度。

（5）须及时请求有关国家机关予以处理。行为人的自助行为如果不被有关国家机关认可，则自助行为人必须立即停止行为并对受害人负赔偿责任。

案例分析题

1.（1）甲为 16 岁的中学生，属于限制民事行为能力人。《民法典》第 19 条规定："八周岁以上的未成年人为限制民事行为能力人，实施民事法律行为由其法定代理人代理或者经其法定代理人同意、追认；但是，可以独立实施纯获利益的民事法律行为或者与其年龄、智力相适应的民事法律行为。"甲购买价值 2 万元电脑的行为不是纯获利益的行为，也不是与其年龄、智力、精神健康状况相适应的行为，对于甲的买卖合同必须经其法定代理人追认后方能有效。甲母丙的事后追认行为使甲与乙签订的买卖合同有效。甲母的事后追认属于行使形成权的行为。

（2）甲与乙约定于 A 型和 B 型电脑之间选定其一，以为给付，是为选择之债，甲享有选择权。选择权也属于形成权的一种，得以当事人一方之意思表示，使已经成立的法律关系的效力发生变更，使选择之债变为单一之债。

甲为限制行为能力人，其行使选择权的行为系属单独行为，根据《民法典》第 19 条的规定，未经法定代理人同意的单独行为无效，甲行使选择权的行为事先得到其母的同意，所以该选择行为有效。

（3）乙交付的电脑不具有所保证的品质，甲在其母丙事先同意的情况下实施的解除合同的行为具有相应的法律效力，属于解除权的行使，该项解除权也是形成权的一种。

（4）既然甲与乙之间的买卖合同已经被解除，则甲有权要求乙返还价金，乙也有权要求甲返还 A 型电脑，甲与乙因为合同解除产生的相互义务，准用同时履行抗辩权的规则，即在他方当事人未为对待给付之前得拒绝自己的给付。

2. 民事权利的保护措施，依其性质和保护机关等的不同，可以分为自我保护和国家保护两种。民事权利的自我保护是指权利人自己采取各种合法手段保证自己的权利不受侵犯。法律许可的民事权利的自我保护方法有请求、自卫行为、自助行为等。自卫包括正当防卫和紧急避险。

紧急避险是指为了使国家、公共利益、本人或者他人的人身、财产或者其他利益免受正在发生的危险，不得已采取的致他人较小财产损害的行为。本案中，甲为了救助自家和邻居家被洪水围困的财物，而采取的使用乙的小船的行为属于紧急避险行为，不构成侵权。

因为甲的行为没有给乙造成任何损失，不构成侵权行为，乙就不得索取任何费用，乙不具有要求甲支付使用费的请求权，所以乙擅自扣车的行为就不属于自助行为，而当然属于侵权行为。

论述题与深度思考题

1. 从本质上来看，民法的本位是民法的精神或者精髓，是民法的基本价值取向；从规范上看，民法的本位是指在民事权利义务体系中何者占主导地位。

民法的本位因时而异，古代民法为义务本位，近代民法为权利本位，现代民法改为社会本位。关于我国民法的本位，学者有如下几种观点：第一，权利本位说；第二，社会本位说；第三，二元本位说，即以权利本位为主，以社会本位为辅。

对于上述学说的简单评价：进入现代民法的时代，立法者为克服各种严重的社会问题，开始调整其政策，通过立法，对合同自由和所有权绝对予以限制，并确立了无过错责任原理。但是这些新措施并没有否认民法的权利本位，只是对权利的自由行使加以限制或者增加了较多的社会义务而已。所谓“民法的社会化”，并没有也不可能改变民法的私法性质，否则就无所谓民法了。此外，民法的本位是关于法这一权利义务体系中何者居于主导地位的问题。或者是义务本位，或者是权利本位，无本位论或者二元本位论都是不存在的，权利本位和社会本位也不可能兼顾。

我国民法的权利本位，是指权利构成民事法律体系的核心，权利是规范的基础，民事法律体系的诸多因素是从权利派生出来的，民法的真谛是对权利的确认和保护。权利本位的主要内容有：在权利与义务的关系上，权利是目的，义务是手段，义务保障权利的实现；在权利和权力的关系上，权力的配置和运作是为了保障民事主体权利的实现，协调民事权利的冲突，维护民事权利的平衡。

我国《民法典》第1条将“保护民事主体的合法权益”作为其首要任务。在此之前，《民法通则》不仅普遍授予各种民事主体取得各种民事权利的主体资格，还宣告了民事主体可以依法取得的民事权利，同时还建立了完善的权利救济制度。《民法典》继承了《民法通则》和《民法总则》先进的立法经验，以民事权利的确认和救济作为制度构建的基石。

民法是以权利为中心的规范体系。我国民法的一切制度都是以权利为中心建立起来的。如《民法典》依次规定了民事权利的主体、民事权利的种类、取得和行使民事权利的方式、民事权利的保护方式、民事权利保护的时间限制等内容，完全是一个以民事权利为中心的体系。

总之，我国民法只可能是以民事权利为本位的。没有所谓的义务本位或者社会本位的民法，也不可能有权利本位与社会本位相结合的民法。

2. 请求权是指请求他人为一定行为或者不为一定行为的权利。请求权人自己不能直接取得作为该权利内容的利益，必须通过他人的特定行为间接取得。请求权的特征是：第一，具有相对性。请求权都是发生在特定当事人之间的权利。第二，具有非公示性。其只是特定当事人之间才能了解，第三人并不知道。第三，请求权作为独立的实体权利，连接了实体法和程序法的权利，是民事给付之诉的基础。第四，请求权既可以作为独立的权利，也可以作为实体权利的内容，前者如物权请求权、人格权请求权，后者也称“作为权能的请求权”，如债权请求权。

民事请求权的种类有：根据请求权产生的基础关系，可以分为债权请求权、物权请求权、占有保护请求权、人身权请求权、知识产权请求权；根据请求权的独立性和派生性，可以分为“作为权能的请求权”，如债权请求权，以及权利受侵害时产生的请求权，如物权请求权；等等。

民事请求权是由一系列请求权组成的体系，在同一案件中并存或者发生冲突时，应该确定各请求权在行使上的先后顺序。民事请求权的顺序大致如下：第一顺序为合同请求权；第二顺序为缔约过失请求权（不存在合同关系时方作考虑）；第三顺序为无因管理请求权（没有法定或者约定的义务的要求使其必须居于前两者之后）；第四顺序为物权请求权，是指物权人在权利受到侵害或者有受侵害之虞时，有权请求回复物权的圆满状态或者防止侵害，物权受到侵害时首先考虑使用物权请求权，因为其较之于侵权请求权更有利于保护权利人；第五顺序为不当得利请求权和侵权请求权，不当得利和侵权行为都属于法律禁止或者限制的行为，根据合法行为成立则排除非法的逻辑，首先考虑各种合法行为为基础的请求权，皆不能适用时，方可考虑不当得利请求权和侵权请求权。

另外，民事请求权可谓民事权利作用的枢纽，债权之主要作用为请求权，物权人身权等绝对权受到侵害时，也以请求权为其救济方法。形成权也与请求权有密切关系，可谓请求权发生的前提。抗辩权则是对抗请求权的权利。易言之，民事法律关系是民法的基本制度，以权利为其核心概念，请求权是权利的作用，旨在实现权利的作用或者恢复其被侵害的状态；抗辩权则以请求权为其对抗的对象；至于形成权，得依权利人的意思表示而使法律关系发生、内容变更及消灭，并产生各种权利及请求权。

可见，不仅民事请求权之间有着一个内部逻辑和谐的体系，民事请求权与支配权、抗辩权、形成权之间也存在一个以请求权为枢纽的结构体系。

第八章　物

知识逻辑图

- 物
  - 物的概念和特征
    - 物的概念
    - 物的特征
  - 物的分类
    - 动产与不动产
    - 流通物、限制流通物与禁止流通物
    - 替代物与不可替代物
    - 主物与从物
    - 可分物与不可分物
    - 原物与孳息
    - 可消耗物与不可消耗物
    - 单一物、结合物和集合物
  - 货币与有价证券
    - 货币
    - 有价证券
      - 票据
      - 股票
      - 公司债券
      - 国库券
      - 提单
      - 仓单

名词解释

1. 物（考研）
2. 不动产
3. 替代物
4. 可分物
5. 集合物
6. 货币
7. 有价证券（考研）

选择题

（一）单项选择题

1. 下列选项中能够成为民法上的物的是（　　）。

A. 钻石　　　　B. 空气

C. 镶在嘴中的假牙　　　　D. 商标

2. 下列选项中属于不动产的是（　　）。

A. 抗洪防险中临时搭建的帐篷

B. 临时铺设的轻便轨道

C. 林木

D. 已经伐倒的大树

3. 下列各物中属于禁止流通物的是（　　）。

A. 毒品　　　　B. 文物

C. 废旧物品　　　　D. 黄金

4. 下列各物中，哪个属于种类物？（　　）

A. 一幅古画　　　　B. 一台电视机

C. 一套绝版的邮票　　　　D. 一件古董

5. 根据物的分类，下列物中属于主物与从物的是

（　　）。

A. 汽车和汽车上的轮胎

B. 鞋子和袜子

C. 桌子和凳子

D. 电视机和遥控器

6. 下列哪些属于孳息？（　　）

A. 果树上长着的果子

B. 采石场主从山上开采下来的石料

C. 鸡蛋孵出的小鸡

D. 因持有股票所获得的股息

7. 下列哪一种属于集合物？（　　）

A. 一匹马　　B. 一辆汽车

C. 一个图书馆　　D. 一块手表

8. 代表一定债权的有价证券是（　　）。

A. 本票、支票和股票

B. 汇票、支票和提单

C. 债券、仓单和汇票

D. 债券、支票和汇票

（二）多项选择题

1. 根据我国法律的规定，下列哪些财产专属于国家所有？（　　）

A. 土地　　B. 矿藏

C. 森林　　D. 水流

2. 下列各选项中，哪些属于民法上的孳息？（　　）（司考改编）

A. 出租柜台所得的价金

B. 果树上已成熟的果实

C. 动物腹中的胎儿

D. 彩票中奖所得奖金

3. 下列为天然孳息的有（　　）。

A. 宰猪获得的猪肉

B. 母鸡生出的鸡蛋

C. 羊身上的羊毛

D. 母牛产下的小牛

4. 货币从其性质上说属于（　　）。

A. 可消耗物　　B. 替代物

C. 种类物　　D. 动产

5. 下列选项中可以成为民法上的物的是（　　）。

A. 商店里摆放的假肢

B. 遗体

C. 剪下的头发

D. 月亮

（三）不定项选择题

1. 关于民法上的物的下列说法正确的是（　　）。

A. 民法上的物的概念实际上和日常生活中所说的物同义

B. 民法上的物不能包括无体的权利

C. 民法上的物必须是有体物

D. 主物和从物不是两个物，从物是主物的组成部分，为了发挥主物的经济效用

2. 关于替代物和不可替代物，下列说法正确的是（　　）。

A. 这是根据物的物理属性，依据通常的交易观念，对物进行的类型划分

B. 消耗物都是替代物

C. 替代物能够依据物的数量、容量、质量加以确定

D. 作为合同交付的标的的替代物一旦灭失就需要通过金钱赔偿来代替原义务的履行

简答题

1. 动产与不动产区分的法律意义有哪些？（考研）

2. 试述从物应具备的条件及其意义。

3. 货币作为民法上特殊的种类物，其特殊之处有哪些？

4. 试述有价证券的分类。

案例分析题

1. 甲向乙借款，将自己的母马出质给乙，随同母马转移给乙的还有马鞍和马鞭。在质权存续期间，母马生下小马驹，因甲到期无力还款，乙欲行使质权。二人就行使质权的范围等问题发生纠纷。

问题：小马驹的所有权属于谁？为什么？

2.《德国民法典》第 90 条 A 规定：“动物非物。动物以特别法律保护之。在未有特别规定时，应准用有关物的规定。”

问题：既然本条文规定动物不是物，那么是否意味着动物就不是客体而是主体呢？

论述题与深度思考题

试述民法上的物的特征。

参考答案

名词解释

1. 民法上的物是指存在于人体之外，占有一定的空间，能够为人力所支配并且能够满足人类某种需要，具有稀缺性的物质对象。

2. 不动产，是指在空间占有固定的位置，移动后会影响其经济价值的物。

3. 替代物，是指得以同种类同品质同数量的物相互替代之物。

4. 可分物，是指可以进行实物分割而不改变其经济用途或者价值的物。

5. 集合物，又称聚合物，是指由多数的单一物或者结合物集合而成，各物仍保持其独立存在的物。

6. 货币，是物的一种，是可以用票面金额来表现其价值的一种特殊的物。

7. 有价证券，是设立并证明某种财产权的书面凭证。

选择题

（一）单项选择题

1. 答案：A。本题考查对民法上的物的判断。民法上的物必须是存在于人体之外的，这里所说的人体并不以生理上的人体为限，镶在嘴中的假牙已经成为人体的一部分，就不能再看作是物，所以C项错误。民法上的物还需要具有稀缺性，空气能够无限供给，一般不具有稀缺性，所以B项错误。商标属于知识产权的范畴，不属于民法上的物，民法上的物与知识产权同属于民事法律关系的客体，所以D项错误。

2. 答案：C。本题考查对不动产的判断。不动产是指在空间占有固定的位置，移动后会影响其经济价值的物，主要包括土地及其定着物。临时搭建的帐篷，不是土地的定着物，不是不动产，所以A项错误。林木属于土地的定着物，C项正确。已经伐倒的大树，属于动产，所以D项错误。临时铺设的轻便轨道属于并非长久定着于土地上的，所以不属于不动产，B项错误。

3. 答案：A。本题考查禁止流通物。毒品、淫秽物品都属于禁止流通物，以其为标的的买卖合同无效，A项正确。废旧物品属于可以流通物，法律允许其在民事主体之间自由流转，所以C项错误。自然人依法可以持有某些文物，但是如果欲出售，必须卖给国家指定的收购单位，不得私自交易，可见国家对其流转作了程序方面的限制。黄金只能由国家规定的专营单位经营，可见国家对其流转主体方面加以限制。所以B、D项皆不符合题意。

4. 答案：B。本题考查种类物。种类物是指具有共同的特征，可以用品种、规格或者数量等加以度量的物。一台电视机属于种类物，B项正确。至于一幅古画、一套绝版的邮票、一件古董都属于特定物，不能以其他的物加以代替，所以A、C、D项均错误。

5. 答案：D。本题考查主物与从物。凡是两种以上的物互相配合、按照一定的经济目的组合在一起时，起主要作用的物为主物；配合主物的使用而起辅助作用的物为从物。凳子之于桌子、袜子之于鞋子，都不具有客观上、经济上从属于另一物，补充另一物的效用的特点，所以选项B、C均属错误。从物也是独立的物，也依当事人的意思可以成为交易的客体，但是汽车上的轮胎为汽车的构成部分，不是从物，所以A项错误。

6. 答案：D。本题考查孳息的界定。孳息是由原物所产生的收益，包括天然孳息和法定孳息。天然孳息是独立的物，在未与原物分离之前为原物的构成部分，此时不能成为孳息，A项所述的情况即为适例。B项所说的开采下来的石料属于劳动的成果，不是孳息，因为天然孳息必须是依照原物的自然属性获得的收益，故B项所述的情况不可能属于天然孳息。C项所述的情况明显不属于法定孳息。鸡蛋孵出的小鸡属于鸡蛋的转化物，C项错误。股票的收益属于股票带来的法定孳息，D项正确。

7. 答案：C。本题考查集合物。集合物，又称聚合物，是指由多数的单一物或者结合物集合而成，各物仍保持其独立存在的物。图书馆属于集合物，C项正确。一匹马在形态上能够作为独立的个体存在，属于单一物；一辆汽车、一块手表都是数个部件结合而成的，属于结合物，所以A、B、D项均错误。

8. 答案：D。本题考查有价证券的分类。汇票、本票、支票、债券属于债权证券；股票属于社员权证券；提单、仓单属于物权证券。所以本题的正确答案为D项。

（二）多项选择题

1. 答案：BD。本题考查自然资源的所有权归属及其禁止流通物。《宪法》第9条第1款规定："矿藏、水流、森林、山岭、草原、荒地、滩涂等自然资源，都属于国家所有，即全民所有；由法律规定属于集体所有的森林和山岭、草原、荒地、滩涂除外。"可见，在我国，只有矿藏、水流的性质比较特殊，只能属于国家所有，也就是禁止流通物。所以本题的正确答案为B、D项。土地、森林都可以为集体所有，所以A、C项错误。

2. 答案：AD。本题考查孳息的种类和特点。孳息是由原物所产生的收益。孳息包括天然孳息和法定孳息。法定孳息是指利息、租金及其他因法律关系所得的收益。出租柜台产生的收益、彩票中奖得到的奖金，都属于法定孳息，A、D项正确。天然孳息是指依原物的自然属性而获得的收益，天然孳息可以是自然的，也可以是人工的，但是天然孳息是独立的物，在未与原物分离之前为原物的构成部分，此时不能成为孳息。果树上成熟的果子、动物腹中的胎儿都没有与原体分离，都还是原体的组成部分，所以都不是孳息，B、C项错误。

3. 答案：BD。本题考查天然孳息。天然孳息是指依原物的自然属性而获得的收益，宰猪获得的猪肉属于猪的转化物，不是猪的孳息，所以A项错误。羊身上的羊毛因为尚未与羊分开，仍然是羊身体的组成部分，不构成独立的物，所以不是孳息，C项错误。母鸡生鸡蛋、母牛产小牛都属于依原物的自然属性获得的收益，皆为天然孳息，所以B、D项正确。

4. 答案：ABCD。本题考查货币的性质。货币属于动产，是种类物，是具有高度替代性的替代物。货币为可消耗物，同一人就同一货币不能再以同一目的反复使用，货币一经使用就转入他人之手。所以本题的正确答案为ABCD。

5. 答案：ABC。本题考查民法上的物的特征。物须存在于人体之外，物的这一特征表明物须具有非人格性。但是与身体分离的毛发、牙齿，属于物，所以C项正确。人死亡后的遗体也属于物，所以B项正确。人身不能成为物，这里的人身不以生理上的人体为限，假肢一旦成为人体的一部分，就不能再以物视之，但是假肢在未成为人体的一部分时仍然是物，A项正确。另外，物必须能为人所支配，月亮不能满足该条件，所以并非法律上之物，D项错误。

（三）不定项选择题

1. 答案：B。本题考查对民法上的物的认识。民法上的物与日常生活中的物不尽相同，后者泛指世间一切物理上所称之物，前者则必须能够成为民事权利的客体，所以A项错误。民法上的物不包括权利，物、行为、智力成果、商业标志、人身利益和权利一起作为民事法律关系的客体，所以B项正确。民法上的物主要是有体物，随着现代科学技术的发展，物的范围也不断扩大，许多不具有有体物的特征的物，如电、热、磁力等也可以成为民事法律关系的客体，可以作为民法上的物，所以我们对于民法上的物的理解应该不限于有体、有形，凡具有法律上排他的支配可能性或者管理可能性者，都可以为物，C项错误。主物和从物是两个独立之物，从物不是主物的组成部分，所以D项错误。

2. 答案：C。本题考查民法上的替代物和不可替代物。替代物在交易中能够依据物的数量、容量、质量加以确定，所以C项正确。替代物和不可替代物是结合特定的交易类型，依据通常的交易观念，对物进行的类型划分，而不是着眼于物的物理属性，因为世界上任何一个物都是独一无二、不可替代的，故A项错误。消耗物并非都是替代物，如柴米油盐一旦被个别指定，则不再为替代物，故B项错误。作为合同的标的的替代物一旦灭失，仍然可以通过交付同样种类、品质、数量的物进行同一义务的履行，所以D项错误。

简答题

1. 动产与不动产区分的意义如下。

第一，物权变动的条件不同。动产物权的变动，一般仅依交付即可产生相应的法律效果；而不动产非经登记，不产生物权变动的法律效果。

第二，得以设定的他物权的类型不同。他物权中的用益物权，仅能设定在不动产上。

第三，法律适用及诉讼管辖不同。就不动产发生的纠纷，依物之所在地法解决，且发生法院的专属管辖，如《民事诉讼法》第34条就规定，因不动产纠纷提起的诉讼，由不动产所在地人民法院管辖。

2. 配合主物的使用而起辅助作用的物是从物。

（1）从物一般须具备如下条件。

第一，须经常辅助主物的使用。从物对于主物在效用上必须具有从属或者附属关系，仅仅是暂时辅助他物的经济效用的不是从物。

第二，从物须具有独立性，非主物的构成部分。主物与从物均属于独立之物。

第三，从物须与主物同属于一人。因为在从物与主物属于不同主体的情形下，若主物的处分及于从物，将损害从物所有人的利益，但是从物所有人同意的，不在此限。

第四，从物不限于动产。如建筑物中的车库、储藏室等就属于从建筑。

第五，须交易上无特别习惯，即在判断某物是否为从物时，交易习惯具有优先性。

（2）从物的法律意义为：在法律没有相反的规定或者当事人没有相反的约定的情况下，主物所有人处分主物时，效力及于从物，如移转主物所有权，则从物所有权亦随之转移；在当事人没有特别约定的情况下，因标的物的主物不合约定解除合同的，解除合同的效力及于从物，但不能与之相反；若对主物所有权为一定的限制，则限制及于从物，如设定抵押，则抵押的效力及于从物。

3. 货币作为民法上特殊的种类物，其特殊之处在于以下方面。

第一，货币所有权的归属。货币占有权与所有权合一，货币的占有人视为货币的所有人。

第二，货币所有权的转移。货币所有权的转移以交付为要件，即使在借款合同中，所有人将一定的货币出借给他人时，借用人即时取得货币的所有权，而非货币的使用权，借用人只需在借用期届满时返还同样数额的金钱即可。

第三，货币不发生返还请求权和占有回复请求权问题。丧失对货币的占有，一般即丧失对货币的所有权，所以只能主张不当得利返还请求权，而无法行使所有物返还请求权。

4. 有价证券是设立并证明某种财产权的书面凭证。有价证券可以作如下分类。

第一，依有价证券所设定的财产权利的性质不同作的分类：设定一定社员权利的有价证券，如股票；设定一定物权的有价证券，如提单、仓单；设定一定债权的有价证券，如债券、汇票、本票、支票等。

第二，依有价证券记载权利人的方式的不同，可以分为记名有价证券、不记名有价证券、指示有价证券。凡是在有价证券中记载该证券的权利人的，便是记名有价证券；凡是在证券中没有指明该证券的权利享有人的，即为不记名有价证券；在证券上指明第一个权利人的姓名或者名称的有价证券属于指示有价证券。

我国法律上规定的有价证券主要包括这几类：票据、股票、公司债券、国库券、提单、仓单等。

案例分析题

1. 小马驹的所有权属于甲。孳息的所有权属于原物的所有人。马驹是马所生的天然孳息，在法律没有特殊规定或者当事人没有特别约定的情况下，孳息的所有权应该归原物的所有人。《民法典》第630条规定："标的物在交付之前产生的孳息，归出卖人所有；交付之后产生的孳息，归买受人所有。但是，当事人另有约定的除外。"但是，该条文只是买卖合同中的特殊规定，不适用于质押合同。本案中，甲虽然将母马出质于乙，但是甲仍然是该母马的所有权人，所以小马驹属于甲所有。

2.《德国民法典》第90条A规定："动物非物。动物以特别法律保护之。在未有特别规定时，应准用有关物的规定。"既然此条规定"动物非物"，那么动物是什么呢？我国有学者依此规定认为，既然动物不是物，动物就不是客体，不是客体就只能是主体。此种认识显然是"荒谬的"。此项规定并不是将动物人格化或者当成是权利主体，而是旨在表明对有生命之"物"的尊重，动物的所有人不得任意处分动物。在民法上，动物仍然是物，只是对动物的支配，应该受特别法的规范，受到限制。

论述题与深度思考题

民法上的物是指存在于人体之外，占有一定的空间，能够为人力所支配并且能够满足人类某种需要，具有稀缺性的物质对象。民法上的物具有下述特征。

第一，物须存在于人体之外。人的身体为人格所附。以个人尊严为基本原理的近代法思想，不允许对生存的人的身体或者身体的一部分具有排他性或者全面性的支配权。物的这一特征表明物须具有非人格性。但是与身体分离的毛发、牙齿属于物。人死后的遗体也属于物。

第二，物主要限于有体物。我国现行民事立法未就物的概念和种类作出专门的规定，《民法典》第114～117条的规定对民法上的物和物权作出了概括规定。通说认为，所有权的客体原则上应限于有体物，他物权的客体则可以包括有体物和作为无体物的权利。随着现代科学技术的发展，物的范围也不断扩大，许多不具有有体物的特征的物，如电、热、磁力等也可以成为民事法律关系的客体，可以作为民法上的物，所以我们对于民法上的物的理解应该不限于有体、有形，凡具有法律上排他的支配可能性或者管理可能性者，都可以为物。

第三，能够满足人的需要。这也就是说，物必须对人有价值，这种价值不以物质利益为限，精神利益也包括在内。物可以是由劳动创造的，大部分物为劳动产品；也可以是天然存在的，例如钻石和水。因此，劳动产品和非劳动产品，只要它们具有能够满足人的需要的属性，都可以成为民法上的物，都可以成为交易的对象。

第四，物必须具有稀缺性。并非一切能够满足人的需要的物都必然能成为民法的物。阳光和空气能够满足人的需要，在通常情况下却不能成为民法上的物，因为它们能够无限供给，不具有稀缺性。要成为民法中的物，除须具有效用之外，还须具有稀缺性。

第五，物必须能为人支配。不能为人支配的东西，例如日月星辰，尽管可能具有巨大价值，也不能成为民法中的物。

第六，物须独立为一体。所谓物须独立为一体，是指物能够独立地满足人们的生产生活的需要。一粒米、一滴水，在交易上不能认为其能够独立作为人类生产生活资料，故非法律上的物。民法上的物的要求之一就是必须具有独立性。由多数物结合而成的难以分离的合成物，亦可以作为一物。物的一部分，由于不具有独立性，不属于民法上的物。但是物的一部分本来不具有独立性，而民法认可有所有权的场合也有独立性，如建筑物的区分所有。

第九章　民事法律行为

知识逻辑图

- 民事法律行为
  - 概述
  - 民事法律行为的分类
    - 单方民事法律行为、双方民事法律行为、多方民事法律行为、决议行为
    - 要式行为与不要式行为
    - 主民事法律行为与从民事法律行为
    - 独立民事法律行为与辅助民事法律行为
    - 生前行为与死因行为
    - 有因行为与无因行为
  - 民事法律行为的成立
    - 民事法律行为成立概述
    - 民事法律行为的成立要件
      - 民事法律行为的一般成立要件
      - 民事法律行为的特殊成立要件
  - 意思表示
    - 意思表示的构成要素
    - 意思表示的形式：口头形式、书面形式、推定形式、沉默形式
    - 意思表示与意思实现
    - 意思表示的生效
    - 意思表示的解释
      - 意思表示的解释对象
      - 意思表示的解释方法
  - 民事法律行为的生效要件
    - 民事法律行为的生效概述
    - 民事法律行为的一般生效要件
      - 行为人具有相应的行为能力
      - 当事人的意思表示真实
      - 不违反法律、行政法规强制性规定
      - 不违背公序良俗
    - 民事法律行为的特别生效要件
  - 效力存在缺陷的民事法律行为
    - 绝对无效的民事法律行为
      - 绝对无效的民事法律行为概念
      - 无效民事法律行为的分类
      - 绝对无效民事法律行为的效力
      - 民事法律行为的部分无效
    - 相对特定第三人无效的民事法律行为
    - 尚未完全生效的民事法律行为
    - 效力待定的民事法律行为
    - 可撤销的民事法律行为
    - 民事法律行为被确认绝对无效、被撤销或确定不发生效力的法律后果
  - 附条件和期限的民事法律行为

名词解释

1. 意思表示与意思实现（考研）
2. 辅助的民事法律行为
3. 无因行为（考研）
4. 偶素
5. 重大误解（考研）
6. 无效民事法律行为（考研）
7. 欺诈
8. 胁迫
9. 无权处分行为
10. 附条件的民事法律行为（考研）

选择题

（一）单项选择题

1. 下列行为中属于民事法律行为的是（　　）。

A. 李某捡到手表一块

B. 张某和赵某签订合同

C. 王某写作出一篇论文

D. 刘某许诺请李某吃饭

2. 所谓单方民事法律行为是指（　　）。

A. 根据一项意思表示就可以成立的民事法律行为

B. 一方当事人只享有权利，另一方当事人只负有义务的民事法律行为

C. 意思表示一经作出就可以生效的民事法律行为

D. 只需意思表示一致不必立即交付标的物即告成立的民事法律行为

3. 下列关于民事法律行为成立与生效的说法中，不正确的是（　　）。

A. 民事法律行为的生效以其成立为前提

B. 民事法律行为成立后不一定能生效

C. 民事法律行为的生效属于国家对民事法律行为作出的肯定的价值判断

D. 民事法律行为自成立时生效

4. 教授甲举办学术讲座时，在礼堂外的张贴栏中公告其一部新著的书名及价格，告知有意购买者在门口的签字簿上签名。学生乙未留意该公告，以为签字簿是为签到而设，遂在上面签名。对乙的行为应如何认定？（　　）（司考改编）

A. 乙的行为可推定为购买甲新著的意思表示

B. 乙的行为构成重大误解，在此基础上成立的买卖合同可撤销

C. 甲的行为属于要约，乙的行为属于附条件的承诺，二者之间成立买卖合同，但是需乙最后确认

D. 乙的行为并非意思表示，在甲乙之间并未成立买卖合同

5. 有相对人的非对话意思表示需要通过传达媒介才能到达对方当事人，则该意思表示的生效时间为（　　）。

A. 相对人了解意思表示的内容时

B. 意思表示离开表意人时

C. 意思表示到达相对人时

D. 表意人完成其表意行为时

6. 赵某的父亲病重，急需钱医治。赵某为筹措资金，决定将自家的房屋卖掉，遂对王某说：“我父亲病重，没有办法，这个房屋价值 30 万元，现在 15 万元卖给你吧。”王某欣然同意。后来赵某后悔，诉至法院。下列陈述中正确的是（　　）。

A. 王某的行为属于显失公平，可撤销

B. 王某的行为构成欺诈，可撤销

C. 王某的行为构成重大误解，可撤销

D. 王某的行为不构成显失公平，合法有效

7. 无效的民事法律行为是（　　）。

A. 不发生任何法律效力的行为

B. 通过当事人追认后才能发生法律效力的行为

C. 只有该行为的当事人一方申请法院宣告无效时，法院方可做无效宣告

D. 不发生当事人预期法律后果的行为

8. 甲欠乙 1 万元到期未还。某年 4 月，甲得知乙准备起诉索款，便将自己价值 3 万元的全部财物以 1 万元卖给了知悉其欠乙款未还的丙，约定付款期限为次年年底。乙于当年 5 月得知这一情况，于次年 7 月决定向法院提起诉讼。乙提起的下列哪一项诉讼请求能够得到法院的支持？（　　）（司考改编）

A. 请求宣告甲与丙的行为无效

B. 请求法院撤销甲与丙的行为

C. 请求以自己的名义行使甲对丙的 1 万元债权

D. 请求丙承担侵权责任

9. 甲委托乙保管其电视机，在保管期间乙未经甲同意将电视机以市价卖给不知情的丙，在此情况下，

下列说法中正确的是（　　）。

A. 甲不得向丙要求返还电视机

B. 甲不得向乙要求返还卖电视机所得的款项

C. 甲可以先向丙要求返还电视机，后可向乙追偿

D. 乙与丙之间的电视机买卖合同经甲追认后有效

10. 下列民事法律行为中属于附条件的民事法律行为的是（　　）。

A. 甲和乙约定，如果乙考上重点大学，则甲资助其上大学期间的一切费用

B. 甲和乙约定，若北京再下雨，甲将其雨伞送给乙

C. 甲和乙约定，若乙和其夫离婚，则甲将其财产的一半赠与乙

D. 甲和乙约定，若乙交付的货物符合法律规定和合同约定的条件，则甲给付约定的价款

11. 甲与同学打赌，故意将一台旧电脑遗留在某出租车上，看是否有人送还。与此同时，甲通过电台广播悬赏，称捡到电脑并归还者，付给奖金 500 元。该出租车司机乙很快将该电脑送回，主张奖金时遭拒。下列哪一表述是正确的？（　　）（司考改编）

A. 甲的悬赏属于要约

B. 甲的悬赏属于单方允诺

C. 乙归还电脑的行为是承诺

D. 乙送还电脑是义务，不能获得奖金

12. 齐某扮成建筑工人模样，在工地旁摆放一尊廉价购得的旧蟾蜍石雕，冒充新挖出文物等待买主。甲曾以 5 000 元从齐某处买过一尊同款石雕，发现被骗后正在和齐某交涉时，乙过来询问。甲有意让乙也上当，以便要回被骗款项，未等齐某开口便对乙说：“我之前从他这买了一个貔貅，转手就赚了，这个你不要我就要了。”乙信以为真，以 5 000 元买下石雕。关于所涉民事法律行为的效力，下列哪一说法是正确的？（　　）（司考改编）

A. 乙可向甲主张撤销其购买行为

B. 乙可向齐某主张撤销其购买行为

C. 甲不得向齐某主张撤销其购买行为

D. 乙的撤销权自购买行为发生之日起 2 年内不行使则消灭

13. 金某祖上为清朝八旗贵胄，家中有一块祖传清代玉佩。当地恶霸孟某甚是喜爱，多次上门求购，均被金某拒绝。2021 年 2 月 1 日，孟某手下曹某带着二十名小弟再次来到金某家中，扬言：“三日内不将玉佩卖给孟某，小心金某在某高中上学的女儿”。金某心生恐惧，次日主动以 5 万元出售给不知情的孟某。2023 年 3 月 2 日，女儿留学德国，金某再无后顾之忧，于 3 月 10 日向法院起诉要求撤销玉佩买卖合同。经查，玉佩实为赝品，市值仅 300 元。金某对此不知情。孟某此时方知自己购买的玉佩乃赝品。关于本案，下列哪一说法是正确的？（　　）（法考改编）

A. 因孟某不知曹某胁迫金某一事，金某无权请求撤销与孟某的玉佩买卖合同

B. 孟某以金某欺诈为由撤销玉佩买卖合同的，法院应予支持

C. 金某基于受胁迫撤销玉佩买卖合同的权利因超过 1 年除斥期间而不予支持

D. 孟某基于重大误解撤销玉佩买卖合同的权利至 2023 年 6 月 8 日届满

视频讲题

14. 廖某与史某约定，如果廖某不在甲公司上班，廖某即将其在甲公司附近一套自有公寓卖给史某。史某为尽快购得该房屋，贿赂甲公司经理，让其辞退了廖某。廖某和史某关于廖某不在甲公司上班的约定，下列哪一说法是正确的？（　　）（法考改编）

A. 属于合同主给付义务

B. 应视为条件不成就

C. 属于附期限的约定

D. 应视为期限已届满

15. 薛某系天雅公司总经理、法定代表人，某晚参加聚会时饮酒过量，在争抢买单过程中，以为是酒水单而以天雅公司之名，误签了一份购买 1 000 瓶红酒的商务合同。关于该商务合同的效力，下列哪一选项是正确的？（　　）（法考改编）

A. 因无权代理而效力待定

B. 因意思表示不真实而无效

C. 因乘人之危可主张撤销

D. 因重大误解可主张撤销

16. 甲和乙签订了两份房屋买卖合同，第一份约定

房屋价款 500 万元，注明房屋过户备案事项不按此合同履行。第二份合同约定房屋价款 200 万元，房屋过户备案事项按此合同履行。关于两份合同，下列哪一选项正确？（　　）（法考改编）

A. 第一份合同部分无效，第二份合同无效

B. 第一份合同有效，第二份合同部分无效

C. 两份合同均无效

D. 两份合同均有效

17. 湖蓝公司提供其董事长胡某在某年 7 月 7 日在某市立医院就医病例，诉称与清河公司洽谈时被灌醉并趁机签订违背远期商业规划且明显不利于湖蓝公司的合作协议，故依法请求撤销协议。湖蓝公司可基于哪一请求主张撤销该合作协议？（　　）（法考改编）

A. 乘人之危　　B. 显失公平

C. 恶意串通　　D. 无权代理

18. 钱某有一幅祖传古画，市值 100 万元，高某为了低价收购该古画，伙同某艺术品鉴定家孟某欺骗钱某该画是赝品，价值不超过 10 万元，钱某信以为真。后钱某以 15 万元将古画卖给了不知情的陈某。关于本案，下列哪一选项是正确的？（　　）（法考改编）

A. 因陈某乘人之危，钱某可以撤销与陈某的买卖合同

B. 因遭受高某欺诈，钱某可以撤销与陈某的买卖合同

C. 属于重大误解，钱某可以撤销与陈某的买卖合同

D. 属于显失公平，钱某可以撤销与陈某的买卖合同

19. 中学生甲（13 周岁）每天下午都去篮球场打篮球，顺带买一瓶可乐饮用。乙是拾荒者，以捡垃圾为生，经常在篮球场捡瓶子。一日甲打完篮球后喝可乐，之后将装有半瓶可乐的瓶子放在操场上，拿着书包和同学丙一起离开了球场。乙随后捡走了可乐瓶。关于本案，下列哪一说法是正确的？（　　）（法考改编）

A. 甲的行为是赠与

B. 甲的行为是抛弃

C. 甲的行为不需要意思表示

D. 可乐瓶属于遗失物

（二）多项选择题

1. 意思表示应该包括哪些构成要素？（　　）

A. 表示行为　　B. 目的意思

C. 主体适格　　D. 效果意思

2. 关于意思表示的解释，下列说法正确的是（　　）。

A. 解释意思表示必须首先从文义着手

B. 对于无须受领的意思表示，如遗嘱等，通常须采意思主义的解释理论

C. 须受领的意思表示涉及相对人的信赖利益保护问题

D. 须受领的意思表示一律采用表示主义的解释理论

3. 甲因出国留学，将自家一幅名人字画委托好友乙保管。在此期间乙一直将该字画挂在自己家中欣赏，来他家的人也以为这幅字画是乙的，后来乙因做生意急需钱，便将该字画以 3 万元的价格卖给丙。甲回国后，发现自己的字画在丙家中，询问情况后，向法院起诉。下列有关该纠纷的表述中哪些是正确的？（　　）（司考改编）

A. 乙与丙之间的买卖合同属于无效合同

B. 乙与丙之间的合同属于有效的合同

C. 甲对该字画享有所有权

D. 丙对该字画享有所有权

4. 下列说法错误的是（　　）。

A. 显失公平的行为只限于财产上的行为

B. 双方民事法律行为即合同行为

C. 我国《民法典》明确规定了附条件与附期限的民事法律行为

D. 只有身份上的民事法律行为不能附条件

5. 关于民事法律行为，下列哪些选项是错误的？（　　）（司考改编）

A. 某演员将其演出收入捐赠给慈善机构的行为是单方行为

B. 陈某去世前设立遗嘱的行为是身份行为

C. 王某以自己的房屋为他人设立抵押权的行为是负担行为

D. 李某受领赵某错误交付标的物的行为是实践行为

6. 下列哪些情形构成意思表示？（　　）（司考改编）

A. 甲对乙说：我儿子如果考上重点大学，我一定请你喝酒

B. 潘某在寻物启事中称，愿向送还失物者付酬金 500 元

C. 孙某临终前在日记中写道：若离人世，愿将个

人藏书赠与好友汪某

D. 何某向一台自动售货机投币购买饮料

7. 下列哪些情形属于无效合同？（　　）（司考改编）

A. 甲医院以国产假肢冒充进口假肢，高价卖给乙

B. 甲乙双方为了在办理房屋过户登记时避税，将实际成交价为100万元的房屋买卖合同价格写为60万元

C. 有妇之夫甲委托未婚女乙代孕，约定事成后甲补偿乙50万元

D. 甲父患癌症急需用钱，乙趁机以低价收购甲收藏的1幅名画，甲无奈与乙签订了买卖合同

8. 甲委托乙采购一批电脑，乙受丙诱骗高价采购了一批劣质手机。丙一直以销售劣质手机为业，甲对此知情。关于手机买卖合同，下列哪些表述是正确的？（　　）（司考改编）

A. 甲有权追认

B. 甲有权撤销

C. 乙有权以甲的名义撤销

D. 丙有权撤销

9. 刘某欠何某100万元货款届期未还且刘某不知所踪。刘某之子小刘为替父还债，与何某签订书面房屋租赁合同，未约定租期，仅约定："月租金1万元，用租金抵货款，如刘某出现并还清货款，本合同终止，双方再行结算。"下列哪些表述是错误的？（　　）（司考改编）

A. 小刘有权随时解除合同

B. 何某有权随时解除合同

C. 房屋租赁合同是附条件的合同

D. 房屋租赁合同是附期限的合同

10. 郭某意外死亡，其妻甲怀孕两个月。郭某父亲乙与甲签订协议："如把孩子顺利生下来，就送十根金条给孩子。"当日乙把八根金条交给了甲。孩子顺利出生后，甲不同意由乙抚养孩子，乙拒绝交付剩余的两根金条，并要求甲退回八根金条。下列哪些选项是正确的？（　　）（司考改编）

A. 孩子为胎儿，不具备权利能力，故协议无效

B. 孩子已出生，故乙不得拒绝赠与

C. 八根金条已交付，故乙不得要求退回

D. 两根金条未交付，故乙有权不交付

视频讲题

（三）不定项选择题

1. 下列意思表示的瑕疵状态，哪些为我国《民法典》所明确规定？（　　）

A. 真意保留　　B. 戏谑表示

C. 重大误解　　D. 恶意串通

2. 民事法律行为无效或者被撤销的结果是（　　）。

A. 赔礼道歉　　B. 赔偿损失

C. 消除影响　　D. 返还财产

3. 甲与乙签订一份租房协议。协议规定，如果甲父死亡，则甲将房屋租与乙居住。这一民事法律行为的性质如何认定？（　　）

A. 既未成立，也未生效

B. 已经成立，但是没有生效

C. 是附期限的民事法律行为

D. 是附条件的民事法律行为

4. 下列行为不得附条件的有（　　）。

A. 行使抵销权的民事法律行为

B. 接受继承

C. 收养行为

D. 票据背书行为

5. 下列哪些行为属于意思与表示不一致？（　　）

A. 王某在朋友称赞其新买的钻石项链时，以开玩笑的口气说："怎么样？好吧？送给你了！"

B. 父亲对上高三的儿子说："你若考上大学，我就给你买一部手机。"

C. 甲欲将自己的财产2万元赠与乙，但恐家人反对，便伪书2万元的买卖合同

D. 一台价值1万元的相机，因为错贴了1 000元的价格标签，在顾客询价时，售货员表示售价为1 000元

6. 王某到某电子城购买相机，该电子城工作人员工作疏忽，错将某相机的价格1万元标成1 000元。王某看到该相机后，觉得质优价廉，就买走了。事隔一周后，电子城盘点时发现错误，就派人找到王某，要

求补足货款或者退货退款，而王某却坚持认为，“你标错了价是你的错，我买东西又不是没有付钱，货已经卖出，哪有再补钱的道理”，拒不补足价款，也不退货。于是该电子城到人民法院起诉。据此，回答下列问题：

（1）人民法院对于本案应该如何处理？（　　）

A. 认定该买卖行为无效

B. 认定该买卖行为部分无效

C. 如果电子城请求变更，应当予以变更

D. 如果电子城请求撤销，应当予以撤销

（2）下列机关中，对于该合同纠纷没有处理权的是（　　）。

A. 人民法院　　B. 公安机关

C. 消费者协会　　D. 仲裁机关

（3）下列关于无效民事法律行为的说法正确的是（　　）。

A.《民法典》第 153 条确认，违反法律的民事法律行为绝对无效，此处的“法律”指的是禁止性规范，尤其是效力性禁止性规范

B.《民法典》第 153 条中的“法律”是指民事法律中的禁止性规范

C. 损害国家利益的民事法律行为绝对无效

D.《民法典》第 146 条规定，行为人与相对人以虚假的意思表示实施的民事法律行为无效。

简答题

1. 比较基于重大误解与欺诈实施的民事法律行为。（考研）

2.《民法典》用专章规定了民事法律行为。问：规定民事法律行为的必要性何在？（考研）

3. 简述可撤销的民事法律行为的概念和特征。（考研）

4. 民事法律行为的成立和生效有何区别和联系？（考研）

5. 可撤销民事法律行为的种类。（考研）

6. 讨论附条件的民事法律行为的各个种类，并用案例加以说明。（考研）

案例分析题

甲从国外带回一架照相机。好友乙看望甲时，见到该照相机爱不释手，便向甲提出：“给我吧。”甲说：“先拿去用吧。”乙走时将照相机带走。后因乙急需用钱，以 2 000 元将照相机卖给丙（丙不知情）。三个月后，甲问乙：“你何时将照相机还我？”乙说：“你不是送给我了？”双方为此发生纠纷，诉至法院。（考研）

问：（1）该案涉及哪些基本理论？

（2）该案应该如何处理？

（3）请就该案涉及的主要理论问题进行讨论。

视频讲题

论述题与深度思考题

论意思表示有瑕疵及其法律后果。（考研）

参考答案

名词解释

1. 意思表示属于民事法律行为的核心要素，是指表意人将其期望发生某种法律效果的内心意思以一定方式表现于外部的行为。意思实现，是指民事主体作出特定的行为以代替相应的意思表示。

2. 辅助的民事法律行为，是指辅助他人的民事法律行为使之确定发生效力的民事法律行为。如法定代理人对限制民事法律行为能力人依法不能独立实施的合同行为进行的追认，就属于辅助的民事法律行为。

3. 无因行为，是指法律行为不存在进行财产给予的原因或者法律行为与进行财产给予的原因可以分离。

4. 偶素，是指并非某种类型的意思表示必须或者当然具有，而是基于当事人的特别意图所确定的意思表示的意思要素。

5. 重大误解，是指行为人因对民事法律行为的重要事项，如标的物的品种、质量、规格和数量等存在错误认识或未认识到自己的错误，从而严重背离了自己的真实意愿。

6. 无效民事法律行为，是指已经成立的民事法律

行为，严重欠缺民事法律行为的生效条件，因而自始、绝对、确定、当然不按照行为人设立、变更和终止民事法律关系的意思表示发生法律效力的民事法律行为。

7. 欺诈，是指故意告知对方虚假情况，或者故意隐瞒真实情况，诱使对方基于错误判断作出意思表示。

8. 胁迫，是指以给自然人及其亲友的生命健康、荣誉、名誉、财产等造成损害或者给法人、非法人组织的名誉、荣誉、财产等造成损害为要挟，迫使对方作出违背真意的意思表示。

9. 无权处分行为，是指当事人在对财产（包括物和权利）没有处分权能的情况下，实施了以引起财产权利变动为目的的民事法律行为。

10. 附条件的民事法律行为，是指民事法律行为效力的开始或者终止取决于将来不确定事实的发生或者不发生的民事法律行为。

选择题

（一）单项选择题

1. 答案：B。本题考查民事法律行为的认定。民事法律行为是民事主体通过意思表示设立、变更、终止民事法律关系的行为。民事法律行为以意思表示为核心要素。刘某请客的行为属于好意施惠，没有法律约束力。写作一篇论文或者捡到一块手表均属于事实行为，不管当事人是否具有相应的意思表示或者其意思表示的内容如何，均依法律的规定而发生一定的民事法律效果。

2. 答案：A。本题考查单方民事法律行为的概念。单方民事法律行为，又称一方行为、单独行为，是指根据一项意思表示就可成立的民事法律行为。B项是单务民事法律行为，C项是无须向特定人进行的单方民事法律行为，D项是诺成民事法律行为。

3. 答案：D。本题考查民事法律行为成立与生效的关系。民事法律行为的成立和生效是不同的概念，有的民事法律行为成立时并不立即生效，有的虽成立但不能生效，所以D项的表述不正确。

4. 答案：D。本题考查民事法律行为中的意思表示。意思表示属于民事法律行为的核心要素，是指表意人将其希望发生某种法律效果的内心意思以一定的方式表现于外部的行为。本题中乙签字的目的仅仅是对自己到来事实的表示，并非实现私法效果的意思表示，因此甲乙之间没有成立买卖合同。

5. 答案：C。本题考查意思表示的生效。《民法典》第137条规定："以对话方式作出的意思表示，相对人知道其内容时生效。以非对话方式作出的意思表示，到达相对人时生效。以非对话方式作出的采用数据电文形式的意思表示，相对人指定特定系统接收数据电文的，该数据电文进入该特定系统时生效；未指定特定系统的，相对人知道或者应当知道该数据电文进入其系统时生效。当事人对采用数据电文形式的意思表示的生效时间另有约定的，按照其约定。"

6. 答案：D。本题考查显失公平。《民法典》第151条规定："一方利用对方处于危困状态、缺乏判断能力等情形，致使民事法律行为成立时显失公平的，受损害方有权请求人民法院或者仲裁机构予以撤销。"可见，构成显失公平必须以一方利用对方处于危困状态为前提，而且要求对方当事人基于此被迫作出违背真意的意思表示。像本题中的情形，如果对方当事人自愿为特定意思表示的，即使该意思表示的内容违背其通常的意愿，也不得主张显失公平。

7. 答案：D。本题考查无效的民事法律行为。无效的民事法律行为，是指已经成立的民事法律行为，严重欠缺民事法律行为的生效条件，因而自始、绝对、确定、当然不按照行为人设立、变更和终止民事法律关系的意思表示发生法律效力。所以D项正确，A项错误。另外，对于无效的民事法律行为，任何一个民事主体都可以诉请法院认定其无效，法院也可以在处理民事纠纷时依职权主动宣告其无效，所以C项错误。B项属于效力待定的民事法律行为的情形，也不是本题的应选项。

8. 答案：A。本题考查无效民事法律行为的类型。根据《民法典》第154条的规定，行为人与相对人恶意串通，损害他人合法权益的民事法律行为无效。本题中甲的行为属于法律规定的无效民事法律行为，故A项正确。

9. 答案：A。本题涉及无权处分与善意取得的问题。无权处分时，如果权利人不予追认、处分人事后也没有取得处分权，但是第三人若符合善意取得的条件，仍然可以取得标的物的所有权。本题中丙取得该电视机符合善意取得的条件，仍能取得该电视机的所有权，依据物权优于债权的原则，甲不得向丙要求返还电视机，只能向乙请求损害赔偿。

10. 答案：A。本题考查附条件民事法律行为中条件的要求。B项中北京下雨是一个必定会发生的事实，不具有条件的“不确定性”特征，所以不是附条件而是附期限。C项中约定的条件违背公序良俗，该行为无效。D项中的条件属于法定的条件，不符合“条件必须是当事人设定”的要求，不能对法律行为产生影响。

11. 答案：B。单方虚伪表示属于法律行为的意思表示不一致。依大陆法系民法理论，有瑕疵的意思表示的基本分类为不一致的意思表示和不自由的意思表示。不一致的意思表示类型包括：(1) 表意人一方有意造成的意思分离，即心中保留与戏谑行为。也有学者把心中保留称为单方虚伪表示。(2) 表意人与相对人双方有意造成的意思分离，即虚伪的意思表示。(3) 无意的意思分离，即表示上的错误。后者包括受欺诈的意思表示、受胁迫的意思表示瑕疵形式。单独的虚伪表示，指表意人明知与表示行为相对应的效果意思并不存在，在不告诉相对人的情况下所为的意思表示。意思表示须向他人作出，只有相对人知道此保留的，该意思表示无效，否则意思表示效力不受影响。甲故意遗失电脑并发布悬赏广告，构成单方虚伪表示，出租车司机不知其心中保留，该悬赏广告效力不受影响，B选项正确。《民法典》第317条规定：“权利人领取遗失物时，应当向拾得人或者有关部门支付保管遗失物等支出的必要费用。权利人悬赏寻找遗失物的，领取遗失物时应当按照承诺履行义务。拾得人侵占遗失物的，无权请求保管遗失物等支出的费用，也无权请求权利人按照承诺履行义务。”该拾得人并未排除特定人，D选项不选。

12. 答案：B。《民法典》第149条规定：第三人实施欺诈行为，使一方在违背真实意思的情况下实施的民事法律行为，对方知道或者应当知道该欺诈行为的，受欺诈方有权请求人民法院或者仲裁机构予以撤销。本题中，齐某明显具有欺诈故意，并且实施了欺诈行为，甲以5 000元购买已经被骗，基于欺诈，甲可以行使撤销权，故C选项错误，不当选。乙则是因为听信了甲的话，才购买了赝品，属于典型的第三人欺诈，而相对人齐某明确知道，所以乙可以向相对人齐某主张撤销权，B选项正确，当选。A选项错误，因为甲是第三人，不是相对人，撤销权应当向相对人主张。故依据题目意思，乙是基于甲的欺诈购买了齐某的另一尊同款石雕。《民法典》第152条规定：“有下列情形之一的，撤销权消灭：（一）当事人自知道或者应当知道撤销事由之日起一年内、重大误解的当事人自知道或者应当知道撤销事由之日起九十日内没有行使撤销权……”当事人自民事法律行为发生之日起5年内没有行使撤销权的，撤销权消灭。撤销权的行使期间属于除斥期间，最长期间是5年；主张重大误解的期间则是90日；其他情形下的期间则是1年，并没有2年的规定，所以D项表述错误，不当选。

13. 答案：D。本题考查可撤销民事法律行为的类型。A项考查第三人的胁迫。最高人民法院《关于适用〈中华人民共和国民法典〉总则编若干问题的解释》第22条规定：“以给自然人及其近亲属等的人身权利、财产权利以及其他合法权益造成损害或者以给法人、非法人组织的名誉、荣誉、财产权益等造成损害为要挟，迫使其基于恐惧心理作出意思表示的，人民法院可以认定为民法典第一百五十条规定的胁迫。”本题中，无论孟某是否知道曹某对金某实施胁迫一事，均不影响金某请求撤销与孟某的买卖合同。因此，A项错误，不当选。B项考查欺诈和重大误解的区别。《民法典》第147条规定：“基于重大误解实施的民事法律行为，行为人有权请求人民法院或者仲裁机构予以撤销。”第148条规定：“一方以欺诈手段，使对方在违背真实意思的情况下实施的民事法律行为，受欺诈方有权请求人民法院或者仲裁机构予以撤销。”重大误解，是指一方当事人由于自己的过错，对法律行为的内容等发生误解，因而订立了法律行为，该法律行为所涉及的利益对当事人而言为重大。欺诈，是指民事法律关系的当事人一方故意实施某种欺骗对方的行为，并使对方陷入错误，而与欺诈行为人实施的民事法律行为。对此，可以概括为：知假卖假构成欺诈，不知假卖假构成重大误解。本题中，金某不知祖传玉佩为赝品，属于重大误解，而非欺诈。因此，B项错误，不当选。C项考查胁迫的除斥期间。《民法典》第152条第1款第2项规定：“有下列情形之一的，撤销权消灭：……（二）当事人受胁迫，自胁迫行为终止之日起一年内没有行使撤销权……”本题中，胁迫行为终止之日为2023年3月2日，从此时开始起算1年除斥期间，撤销权的除斥期间至2024年3月2日。因此，法院应支持金某的撤销权。所以，C项错误，不当选。D项考查重大误解的除斥期间。《民法典》第152条第1款第1项规定：“有下列情形之一的，撤销权消灭：

（一）当事人自知道或者应当知道撤销事由之日起一年内、重大误解的当事人自知道或者应当知道撤销事由之日起九十日内没有行使撤销权……”本题中，孟某2023年3月10日方知玉佩为赝品，除斥期间为90天，从2023年3月11日开始计算，至2023年6月8日即为90天，除斥期间届满。因此，D项正确，当选。

14. 答案：B。本题考查附条件的民事法律行为和拟制效力。民事法律行为可以附条件，亦可以附期限。“附期限的民事法律行为”和“附条件的民事法律行为”的核心区别在于：所附事实到来确定为“期限”，不确定为“条件”。本题中，廖某与史某以“廖某不在甲公司上班”作为附款影响买卖合同的效力，而廖某是否会从甲公司离职系发生与否不确定的事实，因此，这属于“条件”而非“期限”。故C、D项错误，不当选。附条件的民事法律行为，是指当事人在意思表示中附设条款指明一定条件，把条件的成就（发生或出现）与否作为民事法律行为效力发生或终止的依据。本题中，廖某和史某约定，如廖某不在甲公司上班，即将自己的公寓卖给史某，系附生效条件的房屋买卖合同。合同的主给付义务系交付房屋并移转房屋所有权而非“廖某不在甲公司上班”。故A项说法错误，不当选。附条件的民事法律行为中所附条件是否成就应由自然原因决定。当事人不得违反诚信原则，不正当地阻止或促进。如当事人为自己的利益不正当地促成条件成就的，视为条件不成就。本题中，史某为尽快购得该房屋，贿赂甲公司经理，让其辞退了廖某，属于不正当地促进条件的成就，违反诚信原则，因此，应视为条件不成就。故B项说法正确，当选。

15. 答案：D。本题考查法定代表人制度和民事法律行为的效力。A项中的关键词为“无权代理”。薛某系天雅公司的“法定代表人”，其主体身份就已决定其行为系“代表行为”而绝对不会是“代理行为”。因此，薛某的行为与“无权代理”无涉。故A项说法错误，不当选。B项中的关键词为“无效”。无效的民事法律行为共5类，分别是：（1）违反法律、行政法规的效力性强制性规定的民事法律行为无效；（2）违背公序良俗的民事法律行为无效；（3）无民事行为能力人独立实施的民事法律行为无效；（4）行为人与相对人以虚假的意思表示实施的民事法律行为无效；（5）恶意串通损害他人合法权益的民事法律行为无效。本题中，薛某饮酒过量，陷入错误认识，签订的商务合同并不存在上述无效情形。故B项说法错误，不当选。C项中的关键词为“乘人之危”。乘人之危属于旧概念，按《民法典》新的表述是“显失公平”。显失公平，是指一方利用对方处于危困状态（乘人之危）、缺乏判断能力等情形，致使民事法律行为成立时显失公平的，受损害方有权请求法院或仲裁机构予以撤销。本题中，商务合同的对方并未利用天雅公司的法定代表人薛某处于困境而与之签订合同，且题干中的信息亦未表明合同成立时显失公平。故C项说法错误，不当选。D项中关键词为“重大误解”。重大误解，是指行为人因对行为的性质，对方当事人，标的物的品种、质量、规格和数量等的错误认识，使行为的后果与自己的意思相悖，并造成较大损失。本题中，薛某饮酒过量，因自己的原因陷入错误认识，误将商务合同当作酒水单而签署，此系对行为的性质认识错误，属于重大误解。因此，商务合同可撤销。故D项说法正确，当选。

16. 答案：B。本题考察虚假意思表示和民事法律行为部分无效。虚假的意思表示，又称虚伪表示或伪装表示。所谓“虚伪表示”，是指表意人与相对人通谋而为虚假的意思表示，因此，也可称之为“通谋虚伪表示”。通谋虚伪表示以表意人与相对人的意思联络为核心，如果不存在通谋的意思联络，则不构成通谋虚伪表示。在实务中，通谋虚伪表示表现为“阴阳合同”。行为人与相对人以虚假的意思表示实施的民事法律行为，即“阳合同”，因违反意思自治原则而无效。本题中，甲乙二人为房屋过户备案事项签订的第二份合同为“阳合同”。该合同中关于“房屋价款200万元”的约定系虚假的意思表示，该部分约定无效，但不影响其他部分的效力。此即第二份合同部分有效，部分无效。以虚假的意思表示隐藏的民事法律行为的效力，即“阴合同”，依照有关法律规定处理。本题中，甲乙二人真实的意思表示系第一份房屋买卖合同，即价款500万元。该份合同完全符合有效民事法律行为的构成要件，即：（1）不违反法律、行政法规的效力性强制性规定；（2）不违背公序良俗；（3）主体具有相应的民事行为能力；（4）意思表示真实。因此，第一份合同合法有效。故B项说法正确，当选；A、C、D项说法错误，不当选。

17. 答案：B。本题考查代理和民事法律行为的效力。胡某系董事长，为湖蓝公司的法定代表人，不存在代理问题。故D项错误，不当选。湖蓝公司称胡某与清河公司洽谈时被灌醉，因此，不存在恶意串通问题。故C项错误，不当选。一方利用对方处于危困状态、缺乏判断能力等情形，致使民事法律行为成立时显失公平的，受损害方有权请求法院或仲裁机构予以撤销。本题中，胡某作为法定代表人签订违背湖蓝公司远期商业规划且明显不利于公司的合作协议，致使民事法律行为成立时显失公平，湖蓝公司可以主张撤销。故B项正确，当选。

18. 答案：C。本题考查可撤销的民事法律行为。A、D项考查显失公平。（注意：《民法典》已将乘人之危并入显失公平，其不再是独立的导致民事法律行为可撤销的事由。）显失公平的核心有二：(1) 一方利用对方处于困境或缺乏判断能力；(2) 民事法律行为成立时显失公平（主要体现于价格因素）。本题中，虽古画价值100万元却以15万元卖给陈某的情况符合民事法律行为成立时显失公平的要件。但是，基于合同相对性原理，作为买卖合同当事人的陈某（买方）并未利用钱某（卖方）处于困境或缺乏判断能力（因为陈某“不知情”）。因此，钱某不得基于显失公平主张撤销买卖合同。故A、D项均错误，不当选。B项考查第三人的欺诈。第三人实施欺诈行为，使一方在违背真实意思的情况下实施的民事法律行为，对方知道或应当知道该欺诈行为的，受欺诈方有权请求法院或仲裁机构予以撤销。本题中，陈某并不知高某对钱某实施了欺诈行为。因此，钱某无权基于高某对其实施欺诈而撤销与陈某的合同。故B项错误，不当选。C项考查重大误解。重大误解，是指行为人因对行为的性质，对方当事人，标的物的品种、规格、数量和质量等的错误认识，使行为的后果与自己的意思相悖，并造成较大损失。本题中，钱某将古画出卖给陈某时因受欺诈而陷入错误认识，对标的物认识错误，进而将100万元的古画以15万元出售于陈某，客观上造成了较大损失，因此，依法成立重大误解（对标的物认识错误），可以撤销买卖合同。故C项说法正确，当选。

19. 答案：B。本题考查民事法律行为和民事法律行为的分类。依民事法律行为成立所需意思表示的数量和合意形成的方式的不同，将民事法律行为分为单方民事法律行为、双方民事法律行为、多方民事法律行为和决议行为。A、B项考查民事法律行为的分类，关键词为“赠与”和“抛弃”。动产所有权的抛弃属于单方民事法律行为。单方民事法律行为，是指依一方当事人的意思表示而成立的民事法律行为。甲虽系限制民事行为能力人（13周岁），但将喝了半瓶的可乐瓶放在操场上离去，以“行为的方式”表明抛弃的意思表示，且该单方民事法律行为合法有效。因此，甲的行为是抛弃而非赠与。故A项错误，不当选；B项正确，当选。C项考查民事法律行为的含义，关键词为“意思表示”。民事法律行为以“意思表示”为核心，必须要有意思表示。动产所有权的抛弃作为单方民事法律行为亦不例外。故C项错误，不当选。D项考查遗失物和无主物的区分，关键词为“遗失物”，既然动产所有权的抛弃系单方民事法律行为，甲的单方意思表示即产生私法效果。因此，可乐瓶属于无主动产，即无主物而非遗失物。故D项错误，不当选。

（二）多项选择题

1. 答案：ABD。本题考查意思表示的构成要素。根据通说三要素说，意思表示的构成要素是目的意思、效果意思、表示行为，所以A、B、D项正确。主体适格是评价意思表示的法律效力的要素，不是意思表示的构成要素。

2. 答案：ABC。本题考查意思表示的解释问题。意思表示的解释首先从文义解释入手，而且其余的各种解释方法，最终都要落脚到文义解释，所以A项正确。对于无须受领的意思表示，如遗嘱等，通常须采意思主义的解释理论，所以B项正确。须受领的意思表示涉及相对人的信赖利益保护问题，通常应该采用表示主义，所以C项正确。但是在表示人能够证明相对人知道或者应当知道表示人真实意愿时，也应该采用意思主义，所以D项错误。

3. 答案：BD。本题考查无权处分合同的效力和善意取得制度。根据《民法典》第597条的规定，因出卖人未取得处分权致使标的物所有权不能转移的，买受人可以解除合同并请求出卖人承担违约责任。根据该条规定，无权处分合同有效，故而B项表述正确，A项表述错误。善意取得是指无权处分他人动产的占有人，在不法将动产转让给第三人后，如果受让人在取得该动产时出于善意，就可以依法取得该动产的所有权。本题中的丙因善意取得制度而对该幅字画享有所有权。

4. 答案：BD。本题考查民事法律行为的综合知识。显失公平的行为只限于财产上的行为，身份方面的行为（如结婚）当然没有这个问题，A项表述正确，不当选。合同行为是双方民事法律行为的一部分，并不是一切双方民事法律行为都是合同行为，把合同行为等同于双方民事法律行为，必然会得出这样的结论：结婚也是一个合同，这是不对的，合同行为只是一种典型的民事法律行为，B项表述错误，当选。我国《民法典》第158条明确规定了附条件的民事法律行为，第160条规定了附期限的民事法律行为，C项表述正确，不当选。民事法律行为附条件是当事人的自由，但是有些法律行为不得附条件，如结婚、离婚、收养等身份上的行为。此外，财产上的票据行为也不得附条件。故D项表述错误，当选。

5. 答案：ABCD。本题考查民事法律行为的分类。以意思表示表述的数量和彼此意思表示的关系为标准，民事法律行为可以分为单方民事法律行为、双方民事法律行为、多方民事法律行为、决议行为。单方民事法律行为是指仅由一方意思表示就能成立的民事法律行为，例如遗嘱、代理权授予、无权代理的追认、抛弃所有权等。双方民事法律行为是当事人双方意思表示一致才能成立的民事法律行为。根据“恩惠不能滥施于人”的理论，赠与实际上需要赠与方和受赠方意思表示一致才能成立，A项中的捐赠行为应属于双方行为，故A项说法错误。根据发生的效果是身份关系还是财产关系，民事法律行为分为身份行为和财产行为。身份行为是指发生身份变动效果的民事法律行为，如辞去委托监护、收养等。财产行为是发生财产变动效果的民事法律行为，如买卖、承揽合同等。B项中陈某设立遗嘱的行为并没有发生身份变动的效果，而是发生了财产变动的效果，因此属于财产行为，故B项说法错误。在比较法上，根据内容，法律行为区分为处分行为和负担行为。处分行为是直接发生财产权转移或者消灭的行为，处分行为的结果是权利的转移、权利内容的减少或改变、权利上设定负担以及权利消灭等。负担行为是发生给付义务效果的行为，负担行为的结果是权利不能直接实现，须经义务人的履行才能实现。C项中王某的行为为自己的所有权设定了负担，因此属于处分行为，故C项说法错误。以意思表示之外是否以标的物的交付为成立要件，可以把民事法律行为分为诺成性民事法律行为和实践性民事法律行为。实践性民事法律行为，仅有意思表示还不算成立，只有按照该意思表示完成标的物的交付，行为才告成立，才能发生设定民事权利义务的效果。D项中，李某受领赵某错误交付的标的物，虽然实际发生了交付，却没有产生意思表示所要追求的法律效果，因此不成立民事法律行为，更谈不上实践行为，故D项说法错误。

6. 答案：BCD。本题主要考查意思表示。意思表示由目的意思、效果意思和表示行为三个要素构成。A项所述的情况不是意思表示。甲对乙说的话虽然具备了目的意思——喝酒，具备了以语言为内容的表示行为，但不具备效果意思，因为喝酒并不能产生民事法律关系，不发生民法上的权利义务关系。B项构成了意思表示。在这个寻物启事中，具备了目的意思——支付酬金，具备了效果意思——赠与法律关系，具备了以文字为内容的表示行为。C项构成了意思表示。在这个日记中，具备了目的意思——赠与藏书，具备了效果意思——赠与法律关系，具备了以文字为内容的表示行为。D项构成了意思表示。何某向一台自动售货机投币购买饮料，具备了目的意思——购买饮料，具备了效果意思——买卖法律关系，具备了以行动为内容的表示行为。

7. 答案：BC。本题综合考查民事法律行为的效力判断。无效的民事法律行为共五种，分别是：(1) 违反法律、行政法规的效力性强制性规定的民事法律行为；(2) 违背公序良俗的民事法律行为；(3) 无民事行为能力人独立实施的民事法律行为；(4) 行为人与相对人以虚假的意思表示实施的民事法律行为；(5) 恶意串通损害他人合法权益的民事法律行为。A项考查可撤销的民事法律行为，关键词为“冒充”。甲医院以国产假肢“冒充”（该关键词表明甲医院构成欺诈）进口假肢，构成欺诈，合同可撤销而非无效。故A项错误，不当选。B项考查无效的民事法律行为，关键词为“避税”。甲乙双方签订的60万元的房屋买卖合同（阳合同），属于双方当事人虚假的意思表示，无效。故B项正确，当选。C项考查无效的民事法律行为，关键词为“代孕”。甲乙之间的“代孕”（该关键词表明行为违背公序良俗）行为因违背公序良俗而无效。故C项正确，当选。D项考查可撤销的民事法律行为，关键词为“趁机”和“无奈”。甲父患癌症“急需”（该关键词表明甲处于困境）用钱，乙“趁机”（该关键词再次表明甲处于困境）以低价收购甲收藏的1幅名画，甲“无奈”（该关键词表明甲并非真实的意思表示）与乙签订了买卖合同。甲乙之间的买卖合同因显失公平而可撤销。故D项错误，不当选。

8. 答案：ABC。本题综合考查效力竞合。“一行为两效力”的现象，称为效力竞合。甲委托乙采购“电脑”，乙受丙诱骗采购了“手机”，构成无权代理，合同效力待定。[注意：手机买卖合同的当事人是甲（买受人）和丙（出卖人），乙作为代理人，并非合同当事人。] 因此，作为被代理人的甲享有追认权，丙作为恶意相对人无权撤销。故A项正确，当选。丙“诱骗”（该关键词表明欺诈）乙的行为构成欺诈，合同亦属于可撤销。受欺诈方甲有权撤销。同时，作为代理人的乙也可以以甲的名义撤销。而丙作为欺诈方则无权撤销。因此，无论是基于无权代理还是基于欺诈，丙均无行使撤销权的可能。故B、C项正确，当选。D项错误，不当选。

9. 答案：ABD。本题综合考查附条件的民事法律行为和不定期租赁合同。民事法律行为可以附条件，但是依照其性质不得附条件的除外。附生效条件的民事法律行为，自条件成就时生效。附解除条件的民事法律行为，自条件成就时失效。本题中，小刘与何某的约定：“月租金1万元，用租金抵货款，如刘某出现并还清货款（刘某是否会出现并还清货款是不确定的事实），本合同终止（上述不确定的事实影响租赁合同的失效），双方再行结算。”该约定在性质上属于附解除条件的房屋租赁合同。当事人对租赁期限没有约定或约定不明确，依照法律规定仍不能确定的，视为不定期租赁。当事人可以随时解除合同，但出租人解除合同应当在合理期限之前通知承租人。据此可知，只有当事人没有约定或约定不明确的，才视为不定期租赁合同。而正如上述分析，小刘与何某之间存在特别约定，且约定的性质属于附解除条件的房屋租赁合同。故A、B、D项说法错误，当选。C项说法正确，不当选。

10. 答案：BC。本题综合考查胎儿利益的保护、附生效条件的民事法律行为、赠与合同的任意撤销权和法定撤销权。A项考查胎儿利益的保护和附生效条件的民事法律行为，关键词为“不具备”和“无效”。《民法典》第16条规定：“涉及遗产继承、接受赠与等胎儿利益保护的，胎儿视为具有民事权利能力。但是，胎儿娩出时为死体的，其民事权利能力自始不存在。”因此，郭某父亲乙与甲签订协议时，胎儿具备民事权利能力。同时，胎儿娩出时是否为活体为不确定的事实。因此，二者签订的赠与合同系“附生效条件的赠与合同”。附生效条件的赠与合同，在条件成就前（胎儿娩出前），该赠与合同成立但未生效，而非“无效”。故A项错误，不当选。B项考查赠与合同的履行，关键词为“不得拒绝”。孩子顺利出生后，即条件成就，赠与合同成立并生效，乙应当依约履行。故B项正确，当选。C项考查赠与人的法定撤销权，关键词为“已交付”和“不得”。《民法典》第663条第1款规定：“受赠人有下列情形之一的，赠与人可以撤销赠与：（一）严重侵害赠与人或者赠与人近亲属的合法权益；（二）对赠与人有扶养义务而不履行；（三）不履行赠与合同约定的义务。”本题中，作为受赠人的孩子刚刚出生，不可能存在上述三类“忘恩负义”的行为。因此，乙（祖父）不得行使赠与合同的法定撤销权要求退回已经交付的八根金条。故C项正确，当选。D项考查赠与人的任意撤销权，关键词为“未交付”和“有权”。《民法典》第658条规定：“赠与人在赠与财产的权利转移之前可以撤销赠与。经过公证的赠与合同或者依法不得撤销的具有救灾、扶贫、助残等公益、道德义务性质的赠与合同，不适用前款规定。”本题中，郭某父亲乙（孩子的祖父）在孩子出生后未交付的两根金条应交付，因该情形属于道德义务性质的赠与（直系血亲之间的赠与），不得行使任意撤销权，故D项错误，不当选。

（三）不定项选择题

1. 答案：CD。本题考查意思表示瑕疵的类型。真意保留、戏谑表示、虚伪表示、错误、误传都是行为人意思与表示不一致的情形，但是为我国《民法典》所明确规定的有重大误解、恶意串通、欺诈、胁迫等，所以本题的正确答案是C、D项。

2. 答案：BD。本题考查民事法律行为无效或者被撤销的结果。《民法典》第157条规定：“民事法律行为无效、被撤销或者确定不发生效力后，行为人因该行为取得的财产，应当予以返还；不能返还或者没有必要返还的，应当折价补偿。有过错的一方应当赔偿对方由此所受到的损失；各方都有过错的，应当各自承担相应的责任。法律另有规定的，依照其规定。”所以本题的正确答案为B、D项。

3. 答案：BC。本题考查附条件的民事法律行为与附期限的民事法律行为的区别及效力问题。附条件的民事法律行为中的条件是或然性的事实，可能发生也可能不发生；附期限的民事法律行为中的期限是必然性的事实，因为期限是肯定要到来的。本题中双方约定，甲父死亡，甲将房租与乙居住，甲父死亡应为期限，因为甲父是肯定要死亡的，该事实是必然到来的。甲父死亡作为所附期限，该期限属于始期，附始期的民事法律行为已经成立，但是没有生效，其生效条件就是期限的到来。所以B、C项正确。

4. 答案：ABCD。本题考查不得附条件的民事法律行为的种类。为保持法律关系的稳定性，保护权利相对人的合理预期，行使形成权的民事法律行为通常不得附条件，所以A项应选。另外，如果所附条件与民事法律行为性质不符或者有违公序良俗原则的，也不得附条件，根据前者，票据背书行为不得附条件，根据后者，接受继承或者收养行为均不得附条件，所以B、C、D项也正确。

5. 答案：ACD。本题考查意思与表示不一致的行为的类型。A项中王某的行为属于戏谑行为，C项是以合法形式掩盖非法目的的虚伪表示，D项中售货员的表示属于重大误解，这三项所述的情况都是意思与表示不一致。B项中父亲对儿子的承诺是一种典型的要约。

6. (1) 答案：D。本题考查重大误解的民事法律行为的效力。《民法典》第147条规定："基于重大误解实施的民事法律行为，行为人有权请求人民法院或者仲裁机构予以撤销。"所以D项正确。重大误解属于可撤销的民事法律行为，A、B项错误。

(2) 答案：BC。本题考查可撤销民事法律行为的处理机关。《民法典》第147条规定："基于重大误解实施的民事法律行为，行为人有权请求人民法院或者仲裁机构予以撤销。"所以人民法院和仲裁机关对该合同纠纷有处理权，B、C项为本题的应选项。

(3) 答案：ACD。本题考查无效民事法律行为。违反法律的民事法律行为无效，此处的"法律"不应是全部的法律，而应该是效力性禁止性规范，A项正确。《民法典》第153条中的"法律"是指法律中的禁止性规范，而不限于民事法律，B项错误。损害国家利益的民事法律行为绝对无效，C项正确。根据《民法典》第146条的规定，D项正确。

简答题

1. 重大误解，是指行为人对行为的性质、对方当事人或者标的物的品种、质量、规格、价格、数量等产生错误认识，按照通常理解，如果不发生该错误认识，行为人就不会作出相应意思表示。欺诈，是指故意告知对方虚假情况，或者故意隐瞒真实情况，诱使对方基于错误判断作出意思表示。二者存在明显的区别。

首先，在重大误解的情况下，误解一方陷入错误认识是由于自己的过失造成的，并非因为欺诈；在欺诈的情况下，受欺诈的一方陷入认识错误并不是自己的过失造成的，而是欺诈行为造成的。

其次，在重大误解的情况下，误解一方通常受到了较大的损失，误解一方遭受了重大损失也是重大误解的构成要件；但是在欺诈的情况下，不管欺诈是否给受欺诈方造成较大的损失，受欺诈一方都有权基于对方的欺诈而行使撤销权，使民事法律行为溯及既往地不发生效力。

2. 首先，民事法律行为制度是实现自愿原则的工具，是民事主体实现个人自由的主要手段。通过民事法律行为，民事主体可以自主地塑造自己和他人之间的法律关系。

其次，民事法律行为制度整合了民法的体系，是高度概括、抽象的法律概念，对应着无限丰富的社会行为类型。

再次，民事法律行为制度对应着民法意定主义的调控方式，形成了不同于法定主义体系的独特调整制度，体现民法调整方式的独特性。

最后，民事法律行为是实现特定公共政策的中介，尤其是借助绝对无效的民事法律行为制度，可以使民事法律行为制度避免成为实现特定公共政策的障碍。

3. 可撤销的民事法律行为，是指民事法律行为虽然已经成立并生效，但因为意思表示不真实，可以因行为人撤销权的行使，使其不发生效力的民事法律行为。可撤销的民事法律行为在被撤销前，已发生效力，明显不同于绝对无效的民事法律行为。可撤销的民事法律行为具有以下特征。

首先，可撤销的民事法律行为主要是意思表示不真实的民事法律行为。

其次，可撤销的民事法律行为在被撤销前，仍然是有效的。

再次，可撤销的民事法律行为得由享有撤销权的一方当事人自由决定是否主动行使撤销权或者变更权。

最后，撤销权一旦行使，可撤销的民事法律行为原则上溯及其成立之时，其效力归于消灭。

4. 民事法律行为的成立和生效的区别：(1) 性质不同。民事法律行为的成立揭示其事实构成，属于事实判断问题；民事法律行为的生效揭示国家对民事法律行为的评价，属于价值判断问题。(2) 发生时间不同。民事法律行为的成立是民事法律行为的完成，是判断民事法律行为是否生效的前提，民事法律行为只有在成立后才谈得上是否生效的问题。(3) 判断标准或者构成要件不同。民事法律行为的成立一般要求当事人和意思表示两项要素；民事法律行为的生效要件则包括民事法律行为能力规则、意思表示自愿真实原则、行为不违反法律和社会公共利益规则，即主要是关于意思表示品质的要求。(4) 效力不同。民事法律行为成立即有效的，具有法律约束力，其当事人应受效力意思的约束；民事法律行为虽然已经成立，但是因欠缺有效要件而无效或者被撤销的，虽然也可以依法产生一定的法律后果，但是该民事法律行为本身对当事人无法律约束力。

联系：民事法律行为的成立是生效的逻辑前提。一项民事法律行为只有成立后才能谈得上进一步衡量其是否生效的问题。同时，民事法律行为的生效是成立的归宿，如果只成立但是不能生效，则达不到当事人的预期目的，民事法律行为的成立也将变得没有意义。

5. 可撤销民事法律行为包括以下几种。

(1) 基于重大误解实施的民事法律行为。重大误解是指行为人因对民事法律行为的重要事项，如标的物的品种、质量、规格和数量等的存在错误认识或未认识到自己的错误，从而严重背离了自己的真实意愿。重大误解可以是单方面的重大误解，也可以是双方的重大误解。

(2) 一方利用对方处于危困状态、缺乏判断能力等情形，致使成立时显失公平的民事法律行为。《民法典》第151条规定，一方利用对方处于危困状态、缺乏判断能力等情形，致使民事法律行为成立时显失公平的，受损害方有权请求人民法院或者仲裁机构予以撤销。

(3) 一方以欺诈手段，使对方在违背真实意思的情况下实施的民事法律行为。《民法典》第148条规定：一方以欺诈手段，使对方在违背真实意思的情况下实施的民事法律行为，受欺诈方有权请求人民法院或者仲裁机构予以撤销。《民法典》第149条规定：第三人实施欺诈行为，使一方在违背真实意思的情况下实施的民事法律行为，对方知道或者应当知道该欺诈行为的，受欺诈方有权请求人民法院或者仲裁机构予以撤销。《民法典》第150条规定：一方或者第三人以胁迫手段，使对方在违背真实意思的情况下实施的民事法律行为，受胁迫方有权请求人民法院或者仲裁机构予以撤销。受欺诈、受胁迫而实施的民事法律行为，因为表意人意思表示不自由，意思表示存在瑕疵，所以赋予其撤销权，以保障意思自治原则的实现。

6. 附条件的民事法律行为，是指民事法律行为效力的开始或者终止取决于将来不确定事实的发生或者不发生的民事法律行为。其种类如下。

(1) 按照条件对民事法律行为所起的作用不同，可以分为附延缓条件的民事法律行为和附解除条件的民事法律行为。附延缓条件的民事法律行为是指民事法律行为中所确定的民事权利和民事义务在所附条件成就时才能发生法律效力。如甲乙约定，如果乙考上重点大学，则甲赠与乙金表一块。附解除条件的民事法律行为是指民事法律行为中所确定的民事权利和民事义务在所附条件成就时失去法律效力。如甲乙约定，甲之子回国时，甲与乙的租赁合同终止。

(2) 按照某种客观事实的发生或者不发生为标准，可以分为附肯定条件的民事法律行为和附否定条件的民事法律行为。附肯定条件的民事法律行为是指以发生某种客观事实为其条件。如甲乙约定，如果明日下雨，甲赠与乙一把雨伞。附否定条件的民事法律行为是指以不发生某种事实为其条件。如甲乙约定，如果明日不下雨，甲将自己的雨伞赠与乙。

(3) 根据条件的成就是否受当事人意思的左右，可以分为附随意条件的民事法律行为、附偶成条件的民事法律行为和附混合条件的民事法律行为。随意条件是指依当事人一方的意思，可决定其成就与否的条件。如甲乙约定，如果乙去美国留学，则甲赠与乙2万元。偶成条件是指条件成就与否与当事人的意思无关，而是取决于其他事实。如甲乙约定，如果明日下雪，则甲赠与乙一件羽绒服。混合条件是指条件成就与否取决于当事人以及第三人的意愿。例如，甲、乙约定，若乙与某女结婚，甲就赠与乙房屋。

案例分析题

（1）本案涉及意思表示的解释以及无权处分和善意取得制度。

（2）本案中甲说“先拿去用吧”，实际上是拒绝了乙“给我吧”的要约，而提出了一项新的要约，乙走时将照相机带走则是通过行为作出承诺，所以甲乙之间属于借用关系。乙在借用期间占有甲的照相机，又将照相机卖给不知情的丙，乙属于无权处分行为，但是丙根据善意取得制度可以取得照相机的所有权。甲不能向丙主张返还照相机，只能向乙主张不当得利返还请求权或者侵权损害赔偿请求权。

（3）首先，关于甲的意思表示的含义问题。甲说“先拿去用吧”，按照文义解释，甲实际上是借用的意思表示，而非赠与的意思表示；如果对此仍有疑问，结合目的解释的规则，甲所欲达成的目的实际上也是借用，而非赠与，这一目的是为乙已知或者明知的。

其次，关于无权处分与善意取得问题。《民法典》第 311 条第 1 款第 1 项规定：“无处分权人将不动产或者动产转让给受让人的，所有权人有权追回；除法律另有规定外，符合下列情形的，受让人取得该不动产或者动产的所有权：（一）受让人受让该不动产或者动产时是善意……”由此可见，无权处分不影响买卖合同的效力。第三人符合善意取得的条件时，该第三人可以取得标的物的所有权。本案中的丙就符合善意取得的条件。

最后，所谓善意取得是指无权处分他人动产的占有人，在不法将动产转让给第三人后，如果受让人在取得该动产时处于善意，就可以依法取得该动产的所有权。

论述题与深度思考题

意思表示有瑕疵，即意思表示不真实，包括两种情况：第一，意思与表示不一致，即行为人的内心意思与外部的表示行为不一致。第二，行为人意思表示不自由。

行为人意思与表示不一致主要有以下情形。

（1）真意保留，指行为人故意隐瞒其真意，而表示其他意思的意思表示。通说认为，基于真意保留所为的民事法律行为，效力不因此受到影响，但是该真意保留为相对人明知时，民事法律行为不生效力。

（2）戏谑表示，指行为人作出的意思表示并非出于真意，并且期待对方会立即了解其表示并非出于真意。通说认为，戏谑表示不生效力，但是意思表示的相对人非因过错未了解其为戏谑表示的，行为人应该赔偿相对人信赖利益的损失。

（3）虚伪表示，指行为人与相对人通谋而为虚假的意思表示，实际上并不期待民事法律行为产生效力。隐藏行为是指行为人将其真意隐藏在虚假的意思表示之中。通说认为，虚伪表示所为的民事法律行为无效，但是为保护善意第三人的利益，其不得对抗善意的第三人。《民法典》第 146 条规定：“行为人与相对人以虚假的意思表示实施的民事法律行为无效。以虚假的意思表示隐藏的民事法律行为的效力，依照有关法律规定处理。”

（4）错误，指行为人由于认识错误或者欠缺对错误的认识，致使意思与表示不一致。错误是表意人由于自己的原因造成的无意识的非真意表示。通说认为，意思表示的内容有错误，表意人可以将其意思表示撤销。我国民法中规定的重大误解制度对应着比较法上的错误制度。我国《民法典》第 147 条规定了重大误解制度，即行为人因对民事法律行为的重要事项，如标的物的品种、质量、规格和数量等存在错误认识或未认识到自己的错误，从而严重背离了自己的真实意愿。重大误解的民事法律行为属于可撤销的民事法律行为。

（5）误传，指因传达人或者传达机关的错误导致行为人意思与表示不一致。行为人可以撤销该意思表示，但是应该赔偿意思表示相对人信赖利益的损失。

行为人意思表示不自由主要包括以下情形。

（1）欺诈。欺诈是指故意告知对方虚假情况，或者故意隐瞒真实情况，诱使对方基于错误判断作出意思表示。相对人因受欺诈而为的意思表示属于可撤销的意思表示。

（2）胁迫。胁迫是指以给自然人及其亲友的生命健康、荣誉、名誉、财产等造成损害或者以给法人、非法人组织的名誉、荣誉、财产等造成损害为要挟，迫使对方作出违背真意的意思表示。当事人被胁迫作出的意思表示属于可撤销的意思表示。

（3）一方利用对方处于危困状态、缺乏判断能力等，致使对方作出违背真意的意思表示，致使双方利益关系自始处于严重不公平的状态。《民法典》第151条规定：“一方利用对方处于危困状态、缺乏判断能力等情形，致使民事法律行为成立时显失公平的，受损害方有权请求人民法院或者仲裁机构予以撤销。”

第十章　代　理

知识逻辑图

- 代理
  - 概述
    - 代理的概念和特征
    - 代理关系
    - 代理与类似制度比较
    - 代理的类型
  - 代理权
    - 代理权的性质
    - 代理权的取得
    - 代理权行使的一般要求
    - 代理权行使的限制
    - 代理行为
  - 无权代理
    - 无权代理的概念和类型
    - 无权代理的法律效果
      - 发生与有权代理同样的法律效果
      - 不发生与有权代理同样的法律效果
  - 代理关系的消灭
    - 代理关系消灭的原因
    - 代理关系消灭的后果

名词解释

1. 代理
2. 间接代理
3. 双方代理
4. 无权代理
5. 表见代理（考研）

选择题

（一）单项选择题

1. 在委托与代理的关系中，下列说法正确的是（　　）。（考研）

A. 有委托必有代理

B. 委托是基础关系而代理是单方授权的结果

C. 超越代理权意味着修改委托合同

D. 代理是委托的外部表现形式

2. 根据代理人代理权来源的不同，可以将代理区分为（　　）。

A. 委托代理和法定代理

B. 直接代理和间接代理

C. 自己代理和双方代理

D. 本代理和复代理

3. 在委托代理中，代理人有代理权的依据是（　　）。

A. 委托合同和委托授权

B. 委托合同或者委托授权

C. 委托合同

D. 委托授权

4. 甲想要购买乙的小麦收割机，但是自己对于此类机器不甚了解，便想委托农机站的丙为代理人，与乙协商购买事宜。则甲对丙授权的意思表示（　　）。

A. 只能向丙表示

B. 只能向乙表示

C. 既可以向丙表示，也可以向乙表示

D. 需同时向乙丙表示

5. 委托授权行为和委托合同的最本质区别是（　　）。

A. 委托授权行为必须采用书面形式；而委托合同可以是书面形式，也可以是口头形式

B. 委托授权行为是实践性法律行为；委托合同是诺成性行为

C. 委托授权行为是单方法律行为；委托合同是双方法律行为

D. 委托授权行为可以事后追认；委托合同只能事前订立

6. 根据《民法典》的规定，下列说法错误的是（　　）。

A. 民事主体可以通过代理人实施事实行为

B. 当事人约定应当由本人实施的民事法律行为，不得代理

C. 代理人需要转委托第三人代理的，应当取得被代理人的同意或者追认

D. 法人对执行期工作任务的人员职权的限制，不得对抗善意相对人

7. 下列不属于代理权滥用的是（　　）。

A. 自己代理

B. 代理人与第三人恶意串通

C. 双方代理

D. 紧急情况下的转委托

8. 对于无权代理的民事法律行为，如果未经追认，善意相对人有权请求（　　）履行债务或者就其受到的损害请求赔偿。

A. 第三人　　B. 被代理人

C. 行为人　　D. 行为人和第三人

9. 张某是某企业的销售人员，随身携带盖有该企业公章的空白合同书，便于对外签约。后张某因收受回扣被企业除名，但空白合同书未被该企业收回。张某以此合同书与他人签订购销协议，问：该购销协议的性质应如何认定？（　　）（司考改编）

A. 不成立　　B. 无效

C. 可撤销　　D. 成立并生效

10. A公司经销健身器材，规定每台售价为2 000元，业务员按照合同价5%提取奖金。业务员王某在与B公司洽谈时提出，合同定价按公司规定办，但自己按每台50元补贴B公司。B公司表示同意，遂与王某签订了订货合同，并将获得的补贴款入账。对王某的行为应该如何定性？（　　）（司考改编）

A. 属于无权代理　　B. 属于滥用代理权

C. 属于不正当竞争　　D. 属于合法行为

11. 甲公司经常派业务员乙与丙公司订立合同。乙调离后，其又持盖有甲公司公章的合同书与尚不知其已经调离的丙公司订立一份合同，并按照通常做法提走货款，后逃匿。对此甲公司并不知情。丙公司要求甲公司履行合同，甲公司认为该合同与己无关，予以拒绝。下列选项哪一个是正确的？（　　）（司考改编）

A. 甲公司不承担责任

B. 甲公司应与丙公司分担损失

C. 甲公司应负主要责任

D. 甲公司应当承担签约后果

12. 下列各项中，不能当然引起委托代理关系终止的情形是（　　）。

A. 被代理人死亡

B. 代理人死亡

C. 被代理人取消委托

D. 代理人辞去委托

13. 下列哪一情形构成无权代理？（　　）（司考改编）

A. 甲冒用乙的姓名从某杂志社领取乙的论文稿酬据为己有

B. 某公司董事长超越权限以本公司名义为他人提供担保

C. 刘某受同学周某之托冒充丁某参加求职面试

D. 关某代收某推销员谎称关某的邻居李某订购的保健品并代为付款

14. 甲委托乙销售一批首饰并交付，乙经甲同意转委托给丙。丙以其名义与丁签订买卖合同，约定将这批首饰以高于市场价10%的价格卖给丁，并赠其一批箱包。丙因此与戊签订箱包买卖合同。丙依约向丁交付首饰，但因戊不能向丙交付箱包，导致丙无法向丁交付箱包。丁拒绝向丙支付首饰款。下列哪一表述是正确的？（　　）（司考改编）

A. 乙的转委托行为无效

B. 丙与丁签订的买卖合同直接约束甲和丁

C. 丙应向甲披露丁，甲可以行使丙对丁的权利

D. 丙应向丁披露戊，丁可以行使丙对戊的权利

视频讲题

15. 甲公司与15周岁的网络奇才陈某签订委托合同，授权陈某为甲公司购买价值不超过50万元的软件。陈某的父母知道后，明确表示反对。关于委托合同和代理权授予的效力，下列哪一表述是正确的？（ ）（司考改编）

A. 均无效，因陈某的父母拒绝追认

B. 均有效，因委托合同仅需简单智力投入，不会损害陈某的利益，其父母是否追认并不重要

C. 是否有效，需确认陈某的真实意思，其父母拒绝追认，甲公司可向法院起诉请求确认委托合同的效力

D. 委托合同因拒绝追认而自始不发生效力，代理权授予有效

16. 甲去购买彩票，其友乙给甲10元让其顺便代购彩票，同时告知购买号码，并一再嘱咐甲不要改变。甲预测乙提供的号码不能中奖，便擅自更换号码为乙购买了彩票并替乙保管。开奖时，甲为乙购买的彩票中了奖，二人为奖项归属发生纠纷。下列哪一分析是正确的？（ ）（司考改编）

A. 甲应获得该奖项，因按乙的号码无法中奖，甲、乙之间应类推适用借贷关系，由甲偿还乙10元

B. 甲、乙应平分该奖项，因乙出了钱，而甲更换了号码

C. 甲的贡献大，应获得该奖项之大部，同时按比例承担彩票购买款

D. 乙应获得该奖项，因乙是委托人

视频讲题

17. 甲公司员工唐某受公司委托从乙公司订购一批空气净化机，甲公司对净化机单价未作明确限定。唐某与乙公司私下商定将净化机单价比正常售价提高200元，乙公司给唐某每台100元的回扣。商定后，唐某以甲公司名义与乙公司签订了买卖合同。对此，下列哪一选项是正确的？（ ）（司考改编）

A. 该买卖合同以合法形式掩盖非法目的，因而无效

B. 唐某的行为属无权代理，买卖合同效力待定

C. 乙公司行为构成对甲公司的欺诈，买卖合同属可撤销合同

D. 唐某与乙公司恶意串通损害甲公司的利益，应对甲公司承担连带责任

（二）多项选择题

1. 下列行为中，不属于代理的是（ ）。

A. 甲有朋友远道而来，甲不在家，乙代甲招待该客人

B. 甲董事长为公司的法定代表人，甲以该公司的名义与乙公司签订合同

C. 甲将希望与乙女缔结婚姻的意思表示委托丙代为告知

D. 某房屋中介促成甲乙之间房屋交易的完成

2. 在委托代理中，代理人为了被代理人的利益转托他人代理，发生再代理效力的是（ ）。

A. 取得被代理人的同意

B. 取得被代理人追认

C. 紧急情况下，为了维护被代理人的利益而转托他人代理

D. 事后告知被代理人，但是被代理人未表示同意

3. 依照《民法典》的规定，委托代理中的授权委托书应当载明（ ）。

A. 代理人的姓名或者名称

B. 代理事项

C. 代理权限

D. 代理期限

4. 能够成为间接代理关系消灭的原因的有（ ）。

A. 委托人的自动介入

B. 委托人丧失民事行为能力

C. 委托人行使介入权

D. 第三人行使选择权

5. 下列哪些情形属于代理？（ ）（司考改编）

A. 甲请乙从国外代购1套名牌饮具，乙自己要买

2套，故乙共买3套一并结账

B. 甲请乙代购茶叶，乙将甲写好茶叶名称的纸条交给销售员，告知其是为自己朋友买茶叶

C. 甲代邻居向租客传达房屋租赁的信息

D. 甲介绍歌星乙参加某演唱会，并与主办方签订了三方协议

6. 吴某是甲公司员工，持有甲公司授权委托书。吴某与温某签订了借款合同，该合同由温某签字、吴某用甲公司合同专用章盖章。后温某要求甲公司还款。下列哪些情形有助于甲公司否定吴某的行为构成表见代理？（　　）（司考改编）

A. 温某明知借款合同上的盖章是甲公司合同专用章而非甲公司公章，未表示反对

B. 温某未与甲公司核实，即将借款交给吴某

C. 吴某出示的甲公司授权委托书载明甲公司仅授权吴某参加投标活动

D. 吴某出示的甲公司空白授权委托书已届期

7. 肖某系甲烟草公司经理，因违纪被开除，后伪造公章，于5月25日以甲公司名义与不知情的乙公司约定，向乙公司出售烟草50箱，价款50万元。6月1日，乙公司得知肖某被开除，询问甲公司是否认可该合同。6月10日，甲公司通知乙公司不承认肖某所订立的香烟合同。下列说法正确的是？（　　）（法考改编）

A. 6月10日后，乙公司有权请求肖某赔偿损失

B. 6月10日后，乙公司有权请求甲公司履行合同

C. 6月10日后，乙公司有权请求肖某履行合同

D. 6月10日前，乙公司有权通知甲公司撤销

8. 乔某是九环公司分公司负责人，因个人经商，欠郑某1 000万元。郑某要求在欠条保证人一栏中，加盖九环公司分公司单位印章。乔某称，自己的授权范围不足如此，且出示了相关授权文件证明，但郑某坚持加盖印章，乔某最终答应。关于本案，下列说法正确的有？（　　）（法考改编）

A. 乔某的行为属于表见代理

B. 九环公司应承担保证责任

C. 乔某行为构成无权代理

D. 九环公司不承担保证责任

（三）不定项选择题

1. 能够代理的行为有（　　）。（考研）

A. 表见行为　　　　B. 民事法律行为

C. 事实行为　　　　D. 占有行为

2. 甲委托乙前往丙厂采购男装，乙觉得丙生产的女装市场更看好，便自作主张以甲的名义向丙订购。丙未问乙的代理权限，便与之代理了买卖合同。对此，下列哪些说法是正确的？（　　）（司考改编）

A. 甲有追认权　　　　B. 丙有催告权

C. 丙有撤销权　　　　D. 构成表见代理

3. 委托代理和法定代理消灭的共同原因是（　　）。

A. 被代理人死亡

B. 代理人死亡

C. 被代理人取得民事行为能力

D. 代理人丧失民事行为能力

简答题

1. 简述代理的法律特征。（考研）

2. 比较代理与居间。（考研）

3. 简述代理权行使的一般要求。

4. 代理权滥用有什么法律后果？（考研）

5. 简述未披露委托人的代理中委托人的介入权和第三人的选择权。（考研）

案例分析题

李某和王某是邻居，李某要去边疆地区支教一年，临行前将自己的电脑委托王某保管。一个月后，李某电告王某说自己新买了一台电脑，委托其保管的电脑可以以适当价格出售，但是显示器不要卖。张某知道此事后，对王某说自己想买，但希望王某对李某说电脑有问题，以便以低价购买，王某便按张某的意思告诉了李某，李某同意低价出售，张某便以较低的价格购买了该电脑。过了一段时间王某嫌显示器碍事，便以李某的名义以合理价格卖给了赵某，赵某已经付钱，但是没有交货。李某此时支教期满，回来后了解了真实情况，产生了纠纷。问：

（1）李某能否要求张某返还电脑？

（2）王某向赵某出售显示器的行为性质如何认定？

（3）若王某以自己的名义将显示器卖给不知情的赵某，但是没有交货，则此时王某的行为性质如何认定？赵某能否主张对显示器的所有权？

论述题与深度思考题

1. 表见代理制度的价值。（考研）

2. 试述表见代理的概念和构成要件。（考研）

3. 狭义的无权代理和表见代理的联系和区别。（考研）

参考答案

名词解释

1. 代理，是指一人以他人的名义或者以自己的名义独立与第三人为民事法律行为，由此产生的法律效果直接或者间接归属于该他人的法律制度。

2. 间接代理，是指代理人在进行代理活动时以自己的名义，进行代理活动的法律效果间接由被代理人承受的代理制度。

3. 双方代理，是指一个代理人同时代理双方当事人为民事法律行为的情况。

4. 无权代理，是指不具有代理权的当事人所实施的代理行为，即具备代理行为的表面特征，但是欠缺代理权。

5. 表见代理，是无权代理的一种，属于广义的无权代理。表见代理是指行为人虽没有代理权，但是交易相对人有理由相信行为人有代理权的无权代理。

选择题

（一）单项选择题

1. 答案：B。本题考查委托和代理。委托是产生授权的一个基础关系，是双方法律行为，而授权是单方法律行为，是代理人取得代理权的必要条件，故委托是基础关系而代理是单方授权的结果。

2. 答案：D。本题考查代理类型的划分标准。根据代理人代理权来源的不同，可以将代理区分为本代理和复代理；A 项是根据代理权产生的根据的不同做的划分；B 项是根据代理人进行代理活动的方式的不同做的划分；C 项是代理权滥用的两种情形。

3. 答案：D。本题考查对委托代理的理解。在委托代理中，代理人取得代理权一般是基于本人的授权。而委托合同关系只是当事人之间存在的一种基础关系，并不是代理权产生的基础。

4. 答案：C。本题考查委托代理中的授权行为的方式。授予代理权的行为既可以向代理人为之，也可以向特定第三人为之，还可以采取公告方式向不特定第三人为之。

5. 答案：C。本题考查委托合同与授权行为的区别。委托合同是双方法律行为，是双方当事人意思表示一致的结果，委托授权行为是单方法律行为，只需当事人一方的行为即可产生法律效力。

6. 答案：A。《民法典》第 161 条规定："民事主体可以通过代理人实施民事法律行为。依照法律规定、当事人约定或者民事法律行为的性质，应当由本人亲自实施的民事法律行为，不得代理。"由此可知，代理的行为只能是民事法律行为，不能是事实行为，因为代理制度的目的是弥补本人意思能力的不足（法定代理）或扩充行为人意思能力（意定代理），事实行为与意思表示无关涉，故选项 A 错误，选项 B 正确。《民法典》第 168 条第 1 款规定："代理人不得以被代理人的名义与自己实施民事法律行为，但是被代理人同意或者追认的除外。"自己代理可能存在利益冲突，因此，为了保护被代理人的利益，规定该民事法律行为需要被代理人同意或追认才有效。故选项 C 正确。《民法典》第 170 条第 2 款规定："法人或者非法人组织对执行其工作任务的人员职权范围的限制，不得对抗善意相对人。"因此，选项 D 正确。

7. 答案：D。本题考查代理权滥用的情形。自己代理、双方代理、代理人与第三人恶意串通，都属于代理权滥用的情形。紧急情况下的转委托属于法律允许的复代理情形。

8. 答案：C。本题考查无权代理的法律后果。根据《民法典》第 171 条第 3 款的规定，行为人实施的行为未被追认的，善意相对人有权请求行为人履行债务或者就其受到的损害请求行为人赔偿，但是赔偿的范围不得超过被代理人追认时相对人所能获得的利益。

9. 答案：D。本题考查表见代理的认定。张某本来有代理权限，在相对人不知其被开除的情况下，空白合同书足以使相对人相信其有代理权限。因此，根据《民法典》第 172 条的规定，构成表见代理。

10. 答案：D。本题考查对代理人行为的定性。《反不正当竞争法》第 7 条规定："经营者不得采用财物或者其他手段贿赂下列单位或者个人，以谋取交易机会或者竞争优势：（一）交易相对方的工作人员；（二）受交易相对方委托办理相关事务的单位或者个人；（三）利用职权或者影响力影响交易的单位或者个人。经营者在交易活动中，可以以明示方式向交易相对方支付折扣，或者向中间人支付佣金。经营者向交易相对方支付折扣、向中间人支付佣金的，应当如实入账。接受折扣、佣金的经营者也应当如实入账。经营者的工作人员进行贿赂的，应当认定为经营者的行为；但是，经营者有证据证明该工作人员的行为与为经营者谋取交易机会或者竞争优势无关的除外。"本题中，王某是按照公司规定的合同价与对方签订订货合同的，且其补贴的金额没有超过其可获得的奖金提成，补贴款已入账，故不构成不正当竞争。

11. 答案：D。本题考查表见代理。乙具有被甲公司授予代理权的假象或者外表，丙公司有正当理由信赖乙是甲公司的业务员并享有与其订立合同的代理权。丙公司基于此种信赖而与乙订立的合同应当成立，并发生与有权代理同样的法律后果：由甲公司承担签约后果。至于甲公司因此受到的损失可以向乙追偿。当然，丙公司也可以不主张表见代理，可要求甲公司履行合同而追究无权代理人乙的责任，直接要求乙对其赔偿损失。

12. 答案：A。本题考查委托代理终止的情形。《民法典》第 173 条规定："有下列情形之一的，委托代理终止：（一）代理期限届满或者代理事务完成；（二）被代理人取消委托或者代理人辞去委托；（三）代理人丧失民事行为能力；（四）代理人或者被代理人死亡；（五）作为代理人或者被代理人的法人、非法人组织终止。"但是，《民法典》第 174 条规定："被代理人死亡后，有下列情形之一的，委托代理人实施的代理行为有效：（一）代理人不知道且不应当知道被代理人死亡；（二）被代理人的继承人予以承认；（三）授权中明确代理权在代理事务完成时终止；（四）被代理人死亡前已经实施，为了被代理人的继承人的利益继续代理。作为被代理人的法人、非法人组织终止的，参照适用前款规定。"可见，"被代理人死亡"不能当然引起委托代理关系的终止。

13. 答案：D。本题考查无权代理。无权代理是非基于代理权而以本人名义实施的旨在将效果归属于本人的代理。A 项中，虽然甲是冒用乙的姓名进行的民事法律行为，但是，并非旨在将行为效果归属于乙，而是旨在据为己有，不满足无权代理的条件。B 项中，某公司的董事长不是公司的代理人，而是代表人。代理人与法人代表地位也不同，法人代表人在代表法人时，自己的人格被法人吸收，法人代表的行为就是法人的行为；代理人在代理时，仍是以自己的意思独立实施行为，只是该行为的法律效果归属于本人。本项中，董事长的行为是代表行为，而非代理行为，因此，也就无所谓无权代理的问题了。C 项中的求职面试行为非民事法律行为，不属于是否有权代理的评价范围之内。D 项中，从"推销员谎称"这一信息中可以判断出关某没有得到李某的授权，关某认为此保健品是邻居李某订购的，并代李某接收且付款的行为属于无权代理。因此，D 项正确。

14. 答案：C。选项 A 错误。《民法典》第 169 条规定："代理人需要转委托第三人代理的，应当取得被代理人的同意或者追认。转委托代理经被代理人同意或者追认的，被代理人可以就代理事务直接指示转委托的第三人，代理人仅就第三人的选任以及对第三人的指示承担责任。转委托代理未经被代理人同意或者追认的，代理人应当对转委托的第三人的行为承担责任；但是，在紧急情况下代理人为了维护被代理人的利益需要转委托第三人代理的除外。"本题中，乙在转委托时经过了被代理人甲的同意，因此，该转委托行为是有效的。选项 B 错误。《民法典》第 925 条规定："受托人以自己的名义，在委托人的授权范围内与第三人订立的合同，第三人在订立合同时知道受托人与委托人之间的代理关系的，该合同直接约束委托人和第三人；但是，有确切证据证明该合同只约束受托人和第三人的除外。"本题中，受托人丙以自己的名义与第三人丁签订了买卖合同，题干中并没有给出丁在订立合同时知道丙与甲之间有代理关系的相关信息，因此，丙与丁签订的买卖合同不能直接约束甲和丁。选项 C 正确，选项 D 错误。《民法典》第 926 条第 1 款规定："受托人以自己的名义与第三人订立合同时，第三人不知道受托人与委托人之间的代理关系的，受托人因第三人的原因对委托人不履行义务，受托人应当向委托人披露第三人，委托人因此可以行使受托人对第三人的权利。但是，第三人与受托人订立合同时如果知道该委托人就不会订立合同的除外。"据此可知，受托人丙应向委托人甲披露第三人丁，甲可以行使丙对丁的权利。

15. 答案：D。甲公司和 15 岁的陈某订立委托合同，且甲公司授予代理权。委托合同属于双方民事法律行为，代理权的授予属于单方民事法律行为。《民法典》第 19 条规定：“八周岁以上的未成年人为限制民事行为能力人，实施民事法律行为由其法定代理人代理或者经其法定代理人同意、追认；但是，可以独立实施纯获利益的民事法律行为或者与其年龄、智力相适应的民事法律行为。”该委托合同与陈某年龄、智力、精神状况不相符，因而该民事法律行为处于效力待定的状态，陈某父母拒绝追认，故自始不发生效力。授予代理权的行为于陈某而言，是纯获利益行为（因为代理的法律后果是由被代理人承担），无须陈某父母追认即可发生效力。故选项 D 正确，A、B、C 项错误。

16. 答案：D。B、C、D 项：《民法典》第 162 条规定：“代理人在代理权限内，以被代理人名义实施的民事法律行为，对被代理人发生效力。”甲乙之间存在代理关系，效果由乙承担，虽然甲改变效果，但是甲乙之间的代理关系没有变化，所以代理行为的效果仍然归属于被代理人乙，所以 D 项正确，B、C 项错误。A 项：甲乙之间不存在借贷关系，甲用乙的钱为乙买东西，构成代理行为，没有借贷的合意，所以不适用借贷关系。所以 A 项错误。

17. 答案：D。《民法典》第 164 条第 2 款规定：“代理人和相对人恶意串通，损害被代理人合法权益的，代理人和相对人应当承担连带责任。”甲公司委托员工唐某订购空气净化机属于委托代理合同，唐某与乙公司恶意串通，收取回扣，损害甲公司的利益。唐某与乙公司承担连带责任。所以，D 项正确，A、B、C 三项错误。

（二）多项选择题

1. 答案：ABCD。本题考查代理行为的认定及其与相关制度的区别。A 项属于道德行为，不具有法律意义；B 项属于代表行为；C 项属于传达行为，虽然该种意思表示不能代理，但是可以借助使者传达；D 项属于居间行为。

2. 答案：ABC。本题考查复代理。《民法典》第 169 条规定：“代理人需要转委托第三人代理的，应当取得被代理人的同意或者追认。转委托代理经被代理人同意或者追认的，被代理人可以就代理事务直接指示转委托的第三人，代理人仅就第三人的选任以及对第三人的指示承担责任。转委托代理未经被代理人同意或者追认的，代理人应当对转委托的第三人的行为承担责任；但是，在紧急情况下代理人为了维护被代理人的利益需要转委托第三人代理的除外。”所以本题的正确答案为 A、B、C 项。

3. 答案：ABCD。本题考查授权委托书的记载事项。《民法典》第 165 条规定：“委托代理授权采用书面形式的，授权委托书应当载明代理人的姓名或者名称、代理事项、权限和期限，并由被代理人签名或者盖章。”

4. 答案：ACD。本题考查间接代理关系消灭的原因。《民法典》第 925 条规定：“受托人以自己的名义，在委托人的授权范围内与第三人订立的合同，第三人在订立合同时知道受托人与委托人之间的代理关系的，该合同直接约束委托人和第三人；但是，有确切证据证明该合同只约束受托人和第三人的除外。”第 926 条中规定：“受托人以自己的名义与第三人订立合同时，第三人不知道受托人与委托人之间的代理关系的，受托人因第三人的原因对委托人不履行义务，受托人应当向委托人披露第三人，委托人因此可以行使受托人对第三人的权利。但是，第三人与受托人订立合同时如果知道该委托人就不会订立合同的除外。受托人因委托人的原因对第三人不履行义务，受托人应当向第三人披露委托人，第三人因此可以选择受托人或者委托人作为相对人主张其权利，但是第三人不得变更选定的相对人。”可见本题的答案为 A、C、D 项。被代理人丧失民事行为能力既不是间接代理终止的特殊原因，也不是委托代理关系消灭的一般原因。

5. 答案：AB。代理分为直接代理和间接代理，直接代理是指代理人在代理权限内以本人的名义从事民事法律行为，由本人承担法律后果的制度。A 选项中，乙虽然未以甲的名义而是以自己名义实施民事法律行为，但构成间接代理或隐名代理，应选。B 选项中，乙告知销售员其是为自己朋友买茶叶，构成直接代理，应选。C 选项中，甲是使者，只是传达意思表示，而非代理人，不曾作出或受领意思表示，故不构成代理。D 选项中，甲的行为是介绍和媒介服务，构成居间而非代理，不选。

6. 答案：CD。《民法典》第 172 条规定：“行为人没有代理权、超越代理权或者代理权终止后，仍然实施代理行为，相对人有理由相信行为人有代理权的，代理行为有效。”表见代理制度是基于本人的过失或本人与无权代理人之间存在特殊关系，使相对人有理由相信无权代理人享有代理权而与之为民事法律行为，代理行为的后果由本人承担的一种特殊的无权代理。通常情况下，行为人持有被代理人发出的证明文件，如被代理人的介绍信、盖有合同专用章或者盖有公章的空白合同书，或者有被代理人向相对人所作法人授予代理权的通知或者公告，这些证明文件构成认定表见代理的客观依据。C、D项中，吴某出示的授权委托书明确限定公司仅授权参加投标活动，或者授权委托已经届期，则不存在合理理由使温某相信吴某享有代理权，不能构成表见代理。所以，C、D项正确。A项中，《民法典》第490条中规定：“当事人采用合同书形式订立合同的，自当事人均签名、盖章或者按指印时合同成立。”公司的合同专用章和公司公章，在代表该公司对外签订合同时，均产生法律效力，可以构成表见代理。所以，A项错误。B项中，吴某持有甲公司授权委托书，温某有理由相信其享有代理权，可以构成表见代理。所以，B项错误。

7. 答案：ACD。(1)“经理”系代理人，应适用代理制度。在《民法典》中，代理制度仅存在于两个地方：其一，《民法典》总则编规定了直接代理；其二，《民法典》合同编第二分编典型合同之“委托合同”中规定了间接代理。(2)“伪造公章”系无权代理的标志。因此，考点被锁定为“无权代理”。(3) 依“以甲公司名义”就能准确地锁定考点为“直接代理”。(4) 相对人“不知情”，表明其系善意的，有可能“有理由”相信行为人有代理权。因此，考点可能是表见代理。(5) 6月1日（履行前）相对人“得知”行为人被开除即没有代理权，因此，排除了表见代理，考点被锁定为“无权代理”。无权代理，是指行为人没有代理权、超越代理权或代理权终止后以被代理人名义实施民事法律行为，第三人没有理由相信其有代理权的行为。无权代理的烟草买卖合同效力待定，在被代理人甲烟草公司追认或否认前，善意相对人乙公司享有撤销权，该撤销权系简单形成权，“通知”即可完成。故D项说法正确，当选。在无权代理的情形下，被代理人甲公司否认行为人肖某的行为。因此，烟草买卖合同对甲公司不发生效力。甲公司无须履行合同。故B项说法错误，不当选。为保护善意相对人乙公司的利益，法律赋予善意相对人以“选择权”，该选择权系形成权，有两种救济途径可以选择：(1) 善意相对人（乙公司）有权请求行为人（肖某）履行合同；(2) 善意相对人（乙公司）有权请求行为人（肖某）赔偿损失。故A、C项说法正确，当选。

8. 答案：CD。本题考查无权代理和表见代理的区分。无权代理和表见代理的核心区别在于：相对人需举证证明有理由相信行为人有代理权。其中的“理由”，包括主客观相结合的构成要件：第一，主观上要善意且无过失。(1) 善意，是指不知情、不了解、不知悉，即不知行为人没有代理权。(2) 无过失，是指尽到必要的审查义务，一般是指对于行为人出示的授权文件或职位的形式审查义务（即对授权委托书进行形式审查）而非实质审查义务（即无须核实）。第二，客观上要存在权利外观。权利外观主要包括如下三类，分别是：(1) 介绍信。(2) 盖有公章或合同专用章的空白合同书。注意：1) 公司的公章和合同专用章具有相同的效力；2) 公司的公章和合同专用章不得是伪造的，如是伪造的，则不构成表见代理，而构成无权代理。(3) 交易习惯。题目中的关键词往往是：经常、往常、通常、常常、长期等。本题中，作为债务人的乔某已经向债权人郑某“出示了”其无权代理的文件证明，表明郑某主观上并非善意，不得主张构成表见代理，系无权代理。无权代理订立的合同效力待定，作为被代理人的九环公司可以不追认而拒绝承担保证责任。故A、B项错误，不当选；C、D项正确，当选。

（三）不定项选择题

1. 答案：B。本题考查能够代理的行为。代理的适用范围包括：各种民事法律行为，某些财政、行政行为，民事诉讼行为。

2. 答案：ABC。本题考查对无权代理法律效力的把握。无权代理处于效力不确定状态：首先，本人可以追认使该代理行为有效；其次，相对人可以撤回也可以进行催告，使该代理行为有效或者被撤销。

3. 答案：BD。本题考查代理关系消灭的原因。《民法典》第173条规定：“有下列情形之一的，委托代理终止：(一) 代理期限届满或者代理事务完成；(二) 被代理人取消委托或者代理人辞去委托；(三) 代理人丧失民事行为能力；(四) 代理人或者被代理人死亡；(五) 作为代理人或者被代理人的法人、非法人组织终止。”第175条规定：“有下列情形之一的，法定代理终止：(一) 被代理人取得或者恢复完全民事行为能力；(二) 代理人丧失民事行为能力；(三) 代理人或者被代理人死亡；（四）法律规定的其他情形。”比较这两处法条可以看出，只有“代理人死亡”“代理人丧失民事行为能力”，才是这两类代理关系消灭的共同原因。

简答题

1.（1）代理人以作出或者接受意思表示为职能。凡是意思表示具有严格的人身性质，必须由表意人亲自作出决定和进行表达的行为，尽管包含有意思表示要素，也不得适用代理。此外，法律规定或者当事人约定应由本人实施的民事法律行为，同样不得代理。

（2）代理人得以被代理人的名义或者自己的名义进行活动。这就包括了直接代理和间接代理。

（3）代理行为的法律效果直接归属于被代理人或者经由间接代理人归属于被代理人。

2. 代理和居间的相似性在于：（1）居间人和代理人一样需要取得委托人的授权；（2）居间人和代理人一样并不成为委托人和相对人之间的合同的当事人。

代理和居间的区别在于：（1）居间人并没有获得代理权，其义务不是代理或者独立完成某种民事法律行为，只是为委托人提供商业机会，供其选择；代理人要获得代理权。（2）居间人不需要对相对人独立作出意思表示或者受领意思表示，其活动仅限于提供信息和媒介；代理人需要独立作出或者受领意思表示。（3）居间行为本身并不产生一定的法律后果，至少不能产生使委托人承受的后果，居间人只是提供服务，但是其不能决定是否与第三人订立合同，不对相对人独立承担合同上的责任，这显然与代理是完全不同的。

3.（1）代理人必须在代理权限内从事代理行为，即代理人必须严格按照授权的规定从事代理行为。

（2）代理人必须亲自行使代理权。代理关系具有浓厚的人身信赖色彩，代理人亲自实施代理行为才符合被代理人的愿望。转委托必须符合法律规定的条件。

（3）代理人应当谨慎、勤勉、忠实地行使代理权。代理人行使代理权应该从被代理人的利益出发，增进被代理人的福利，不得疏于职责，也不得与第三人恶意串通损害被代理人的利益。

4. 代理权滥用是指代理人行使代理权时，违背代理权的设定宗旨和代理行为的基本准则，有损被代理人利益的行为。其包括三类：超越被代理人的授权范围，自己代理、双方代理，代理人与第三人恶意串通。

（1）代理人超越代理权的授权范围而与第三人为民事法律行为时，其法律后果应由代理人自己承担。但是，如果被代理人行使追认权，该部分行为产生的法律后果由被代理人来承担。本人知道他人以自己的名义实施民事法律行为而不做否认表示的，视为同意。

（2）代理人在代理权限内与自己为法律行为，即自己代理，是法律所禁止的。代理人同时代理双方当事人为法律行为的，同样为法律所禁止。这两种代理合称广义的双方代理。双方代理的禁止并不是强行性规定，如果使本人纯获利益或者委托代理中事先征得本人同意、事后得到本人的追认、专为履行债务等，则是有效的。

（3）代理人和第三人恶意串通损害被代理人利益的，由代理人和第三人负连带责任。

5. 在未披露委托人的代理中，委托人一般不能直接向第三人行使权利，第三人仅与受托人形成法律关系，但是在受托人披露第三人的情况下，委托人可以直接承受受托人与第三人所订合同的权利和义务，可以就该合同向第三人起诉或者应诉，委托人依这种规则享有的介入合同的权利，叫作介入权。《民法典》第926条第1款规定：“受托人以自己的名义与第三人订立合同时，第三人不知道受托人与委托人之间的代理关系的，受托人因第三人的原因对委托人不履行义务，受托人应当向委托人披露第三人，委托人因此可以行使受托人对第三人的权利。但是，第三人与受托人订立合同时如果知道该委托人就不会订立合同的除外。”

在未披露委托人的代理中，受托人对第三人负有个人责任，第三人可以要求受托人履行合同义务。受托人因委托人的原因不能对第三人履行义务时，受托人应当向第三人披露委托人，此后，第三人可以选择受托人或者委托人作为合同的相对人，第三人的这种权利即为第三人的选择权。《民法典》第926条第2款规定：“受托人因委托人的原因对第三人不履行义务，受托人应当向第三人披露委托人，第三人因此可以选择受托人或者委托人作为相对人主张其权利，但是第三人不得变更选定的相对人。”第三人的选择权只能行使一次，一旦选定，不得变更。

案例分析题

（1）可以。李某委托王某代为出售电脑，双方形成代理法律关系，但是王某滥用代理权，与张某恶意串通，损害李某的利益，依照《民法典》第 154 条的规定，代理人与第三人恶意串通，损害被代理人利益的行为是无效民事法律行为，故张某不能取得电脑的所有权，李某有权要求其返还电脑。

（2）王某向赵某出售显示器的行为是无权代理行为，属于效力未定的民事法律行为。李某没有委托王某出售显示器，因此，王某以李某的名义出售显示器的行为是没有代理权的无权代理行为，其效力处于不确定状态，李某可以追认该行为而使其有效，赵某在知道王某为无权代理后也可以催告李某追认，或者自行撤销该行为。

（3）王某以自己的名义出售李某的显示器，此属于无权处分行为。赵某虽然不知情，并且是以合理价格有偿购买的，但是赵某没有实际受让该显示器，按照善意取得制度的要件，善意相对人必须实际占有标的物，所以本题中的情形不符合善意取得的要件，赵某不能取得显示器的所有权。

论述题与深度思考题

1. 表见代理是无权代理的一种，属于广义的无权代理，是指行为人虽没有代理权，但是交易相对人有理由相信行为人有代理权的无权代理。可见，表见代理中有外表授权的特征。所谓外表授权，是指具有授权行为的外表或者假象，而无实际授权。英美法认为，外表授权是产生代理权的原因之一。外表授权产生于禁止翻供原则，法律不允许当事人否认别的有理智的人从他的言行中得出的合理结论。一个人的言行向相对人表示已经授权给某人，而实际上他未授权，这就构成了外表授权。从维护交易安全、公平及善意第三人的利益出发，法律承认外表授权是产生代理权的法律事实，其效力使表见代理人获得代理权。大陆法系代理制度的价值在于尊重当事人的意思，考虑本人的利益。但若只尊重当事人的意思，不考虑相对人的意思和利益，则代理制度的价值将无法实现。因此，对于本人与行为人之间存在特殊关系或者有授权表象的情形的，承认表见代理。

由此可以推知，表见代理的制度价值在于维护交易安全、保护善意交易相对人的信赖利益，在于协调个人静的安全与社会动的安全。

2. 表见代理是无权代理的一种，属于广义的无权代理，是指行为人虽没有代理权，但是交易相对人有理由相信行为人有代理权的无权代理。此时，该无权代理可以发生与有权代理同样的法律效果。表见代理制度的构成要件如下。

（1）行为人没有代理权。行为人在以代理人的身份进行民事法律行为时，并无代理权。所谓无代理权是指行为人对于正在实施的民事法律行为没有代理权，包括根本未取得过代理权、超越代理权以及曾经取得的代理权终止。

（2）交易相对人有理由相信行为人拥有代理权。最高人民法院《关于适用〈中华人民共和国民法典〉总则编若干问题的解释》第 28 条对《民法典》第 172 条规定的“相对人有理由相信行为人有代理权”，从构成要件和举证责任分配上作出了明确规定。对于作为主观构成要件的“相对人不知道行为人行为时没有代理权，且无过失”，曾发生应要求相对人“无过失”还是“无重大过失”的争议。司法解释最终选择了“无过失”这种意见，主要考虑在于：表见代理是以牺牲被代理人的利益为代价实现交易安全保护的一项制度，在未将“代理权外观的形成可归责于被代理人”规定为表见代理的一个构成要件的情况下，如果仅要求相对人负担较轻的注意义务（无重大过失），被代理人通常会面临较为宽泛的受损害风险。因此，在仅以主客观两要件构造表见代理时，相对人无过失作为主观要件的构成要素之一，发挥着合理平衡被代理人与相对人之间利益冲突的重要功用。另外，相比于最高人民法院《关于当前形势下审理民商事合同纠纷案件若干问题的指导意见》第 13 条关于举证责任分配的规定，最高人民法院《关于适用〈中华人民共和国民法典〉总则编若干问题的解释》第 28 条第 2 款作出一个重大改动：被代理人应当就“相对人不知道行为人行为时没有代理权，且无过失”这一主观要件，承担举证责任。这实质上是要求，被代理人应当负责证明相对人知道或者应当知道行为人没有代理权。这无疑意味着，表见代理制度中的善意相对人保护同样采纳了“善意推定”原则。

交易相对人得通过证明有如下任一情形的存在，来证明自己为善意。

第一，被代理人以明示或者默示的方式向第三人表示以他人为自己的代理人，而事实上他并未对该他人进行授权或者未就特定民事法律行为对该他人进行授权。交易相对人信赖被代理人的表示而与该他人为交易。

第二，被代理人与代理人之间的委托合同不成立、无效或者被撤销，但是行为人尚未被收回代理证书的，交易相对人基于对代理证书的信赖，与行为人进行交易。

第三，代理关系终止后被代理人未采取必要措施，公示代理关系终止的事实并收回代理人持有的代理证书，造成第三人不知道代理关系终止而仍与代理人为交易。

第四，行为人持有被代理人的介绍信、盖有合同专用章或者盖有印章的空白合同书。但是被代理人能够证明行为人持有的介绍信或者空白合同书系“盗用”的，不发生表见代理制度的适用。

(3) 交易相对人基于对行为人拥有代理权的信赖，与行为人进行民事法律行为。

(4) 无权代理人与第三人所为的民事法律行为，符合民事法律行为的一般有效要件和代理行为的表面特征。

3. 狭义的无权代理是指行为人既没有代理权，也没有足以使第三人相信其有代理权的事实或者理由，而以本人的名义所为的代理。表见代理是无权代理的一种，属于广义的无权代理，是指行为人虽没有代理权，但是交易相对人有理由相信行为人有代理权的无权代理。

狭义的无权代理和表见代理的联系在于：二者都属于广义的无权代理，都具有无权代理的一般特征。在二者发生竞合时，赋予相对人选择权，即交易相对人可以就二者择一主张。

二者的区别在于：(1) 构成要件不同。在表见代理的情况下，行为人虽未实际授权，但是在表面上有足够的理由使人相信其有代理权；而在狭义的无权代理的情况下，行为人不仅实质上没有代理权，而且表面上也没有令人相信其有代理权的理由。(2) 法律后果不同。表见代理发生有权代理的后果，其法律效力是确定的，行为人与第三人进行的民事活动的后果直接归属于本人；狭义无权代理的后果的法律效力处于未确定状态，本人享有追认权，其能否发生效力根本上取决于本人是否追认。如果本人追认，则自始发生有权代理的效力，行为人与第三人进行民事活动的后果归属于本人；如果本人拒绝追认，则无权代理对本人不发生效力，行为人与第三人进行的民事活动的后果由行为人承受。(3) 本人是否有权否认无权代理的效果方面不同。表见代理不同于狭义无权代理之处在于本人不得享有追认权或者拒绝权，即只要相对人在提出表见代理的要件具备、主张表见代理的效力时，根本不考虑本人追认或者拒绝追认的问题，即使本人拒绝追认，也不影响表见代理的构成。

第十一章　时效制度和期间

知识逻辑图

- 时效制度和期间
  - 期限
    - 期限的概念和内容
    - 期限的确定和计算
  - 诉讼时效制度概述
    - 时效制度概述
    - 诉讼时效制度概述
    - 诉讼时效的客体
  - 诉讼时效期间
    - 诉讼时效期间的概念和特点
    - 诉讼时效期间与除斥期间
    - 诉讼时效期间的种类
    - 诉讼时效期间的起算
    - 诉讼时效期间的中止、中断和延长
    - 最长权利保护期限
  - 诉讼时效期间届满的法律后果
    - 诉讼时效期间届满的法律后果概述
    - 现行法上诉讼时效期间届满的法律后果

名词解释

1. 时效（考研）
2. 诉讼时效制度
3. 取得时效（考研）
4. 除斥期间（考研）
5. 诉讼时效期间的中止
6. 诉讼时效期间的中断（考研）

选择题

（一）单项选择题

1. 下列关于期间的起止点的叙述，错误的是（　　）。

A. 我国民法期间中的“不满”“以外”不包括本数

B. 我国民法期间中的“以上”“以内”“届满”包括本数

C. 期间的终点一律为最后一日的 24 时

D. 期间的最后一日是法定休假日的，以休假日的次日为期间的最后一天

2. 诉讼时效主要适用于（　　）。

A. 支配权　　B. 请求权

C. 形成权　　D. 抗辩权

3. 我国《民法典》第 574 条第 2 款规定：“债权人领取提存物的权利，自提存之日起五年内不行使而消灭，提存物扣除提存费用后归国家所有。但是，债权人未履行对债务人的到期债务，或者债权人向提存部门书面表示放弃领取提存物权利的，债务人负担提存费用后有权取回提存物。”该 5 年期间属于（　　）。

A. 除斥期间

B. 取得时效期间

C. 长期诉讼时效期间

D. 失权期间

4. 甲在某商场购买的电视机在正常使用的过程中突然爆炸，致使甲面部多处受伤，则若其提起侵权诉

讼，诉讼时效期限为（　　）。

A. 3 年　　B. 4 年

C. 6 个月　　D. 1 年

5. 诉讼时效期间中止后，从中止时效的原因消除之日起满六个月，诉讼时效期间（　　）。

A. 继续计算　　B. 不再计算

C. 重新计算　　D. 届满

6. 下列情形中属于诉讼时效中断的事由是（　　）。

A. 不可抗力导致权利人无法起诉

B. 权利人死亡，继承人尚不知道

C. 权利人的代理人向债务人提出请求

D. 被侵害权利人的法定代理人死亡的

7. 最长诉讼时效期间届满后的延长，由（　　）决定。

A. 人民法院

B. 当事人事先的约定

C. 当事人事后的协商

D. 客观情况

8. 诉讼时效期间届满，义务人获得（　　）。

A. 实体权利　　B. 胜诉权

C. 胜诉权和实体权利　　D. 抗辩权

9. 诉讼时效因当事人一方提出要求而中断，下列哪一情形不能产生诉讼时效中断的效力？（　　）（司考）

A. 对方当事人在当事人主张权利的文书上签字、盖章的

B. 当事人一方以发送信件或数据电文方式主张权利，该信件或数据电文应当到达对方当事人的

C. 当事人一方为金融机构，依照法律规定或当事人约定从对方当事人账户中扣收欠款本息的

D. 当事人一方下落不明，对方当事人在下落不明当事人一方住所地的县（市）级有影响的媒体上刊登具有主张权利内容的公告的

10. 关于诉讼时效中断的表述，下列哪一选项是正确的？（　　）（司考改编）

A. 甲欠乙 10 万元到期未还，乙要求甲先清偿 8 万元。乙的行为，仅导致 8 万元债务诉讼时效中断

B. 甲和乙对丙因共同侵权而需承担连带赔偿责任计 10 万元，丙要求甲承担 8 万元。丙的行为，导致甲和乙对丙负担的连带债务诉讼时效均中断

C. 乙欠甲 8 万元，丙欠乙 10 万元，甲对丙提起代位权诉讼。甲的行为，不会导致丙对乙的债务诉讼时效中断

D. 乙欠甲 10 万元，甲将该债权转让给丙。自甲与丙签订债权转让协议之日起，乙的 10 万元债务诉讼时效中断

11. 甲公司开发的系列楼盘由乙公司负责安装电梯设备。乙公司完工并验收合格投入使用后，甲公司一直未支付工程款，乙公司也未催要。诉讼时效期间届满后，乙公司组织工人到甲公司讨要。因高级管理人员均不在，甲公司新录用的法务小王，擅自以公司名义签署了同意履行付款义务的承诺函，工人们才散去。其后，乙公司提起诉讼。关于本案的诉讼时效，下列哪一说法是正确的？（　　）（司考改编）

A. 甲公司仍可主张诉讼时效抗辩

B. 因乙公司提起诉讼，诉讼时效中断

C. 法院可主动适用诉讼时效的规定

D. 因甲公司同意履行债务，其不能再主张诉讼时效抗辩

12. 甲公司向乙公司催讨一笔已过诉讼时效期限的 10 万元货款。乙公司书面答复称：“该笔债务已过时效期限，本公司本无义务偿还，但鉴于双方的长期合作关系，可偿还 3 万元。”甲公司遂向法院起诉，要求偿还 10 万元。乙公司接到应诉通知后书面回函甲公司称：“既然你公司起诉，则不再偿还任何货款。”下列哪一选项是正确的？（　　）（司考改编）

A. 乙公司的书面答复意味着乙公司需偿还甲公司 3 万元

B. 乙公司的书面答复构成要约

C. 乙公司的书面回函对甲公司有效

D. 乙公司的书面答复表明其丧失了 10 万元的时效利益

13. 小兰于 10 岁时继承财产 10 万元。甲在作为小兰法定代理人期间，于 2018 年 3 月 6 日擅自挪用小兰财产 5 万元。2023 年 7 月 10 日，乙代替甲任小兰的法定代理人，乙于 2023 年 8 月 10 日发现甲擅自挪用小兰财产的事实。小兰已于 2022 年 11 月 5 日年满 18 周岁。小兰向甲主张债权请求权的诉讼时效期间从何时起算（　　）。

A. 2018 年 3 月 6 日

B. 2022 年 11 月 5 日
C. 2023 年 7 月 10 日
D. 2023 年 8 月 10 日

视频讲题

（二）多项选择题

1. 期间的中断可以适用于（　　）。
A. 普通诉讼时效期间
B. 特别诉讼时效期间
C. 除斥期间
D. 最长权利保护期间

2. 2021 年 5 月 8 日，王某骑车回家经过一工地时，掉入没有设置明显标志和采取安全措施的坑中，造成骨折。王某于同年 6 月 10 日找到建设项目的发包人和承包人要求赔偿，两单位互相推诿。同年 6 月 13 日，王某前往法院起诉，突遭台风袭击，中途返回。下列说法中，哪些是正确的？（　　）（司考改编）
A. 本案的诉讼时效期间于 2024 年 6 月 10 日届满
B. 王某 6 月 13 日的行为引起诉讼时效中断
C. 发包人应承担民事责任
D. 承包人应承担民事责任

3. 关于诉讼时效，下列哪些选项是正确的？（　　）（司考改编）
A. 诉讼时效仅适用于请求权
B. 一般诉讼时效期间属可变期间
C. 诉讼时效期间均从权利人知道或应当知道权利被侵害时起计算
D. 诉讼时效期间届满后所受领的给付构成不当得利

4. 关于诉讼时效的表述，下列哪些选项是正确的？（　　）（司考改编）
A. 当事人可以对债权请求权提出诉讼时效抗辩，但法律规定的有些债权请求权不适用诉讼时效的规定
B. 当事人不能约定延长或缩短诉讼时效期间，也不能预先放弃诉讼时效利益
C. 当事人未提出诉讼时效抗辩的，法院不应对诉讼时效问题进行阐明及主动适用诉讼时效的规定进行裁判
D. 当事人在一审、二审期间都可以提出诉讼时效抗辩

5. 下列哪些请求不适用诉讼时效？（　　）（司考改编）
A. 当事人请求撤销合同
B. 当事人请求确认合同无效
C. 业主大会请求业主缴付公共维修基金
D. 按份共有人请求分割共有物

6. 某日，苗某未经邻居陈某同意，将其平时作业用的大型油罐车停在了陈某家的院子里，并骑走了陈某家未上锁的自行车。3 年后，针对陈某的下列哪些请求权，苗某可以主张诉讼时效抗辩？（　　）（法考改编）
A. 停止侵害　　B. 消除危险
C. 返还财产　　D. 损害赔偿

7. 下列请求权不适用诉讼时效的有？（　　）（法考）
A. 孟某与王某的房屋相邻，王某装修房屋将大量建筑垃圾堆放在门前妨碍孟某的通行，孟某请求王某排除妨碍的权利
B. 孟某将自己的房屋出租给曹某居住，租期届满后，孟某基于所有权人的身份请求曹某搬离房屋的权利
C. 孟某的宝马轿车（登记在孟某名下）被徐某强行夺走，孟某基于所有权人的身份请求徐某返还宝马轿车的权利
D. 孟某与妻子刘某离婚，法院判决婚生子小孟（6 岁）与刘某共同生活，孟某按月给付抚养费，小孟请求孟某给付抚养费的权利

（三）不定项选择题

1. 下列权利中，适用诉讼时效的有（　　）。
A. 甲因乙违反合同而享有的合同义务履行请求权
B. 王某因赵某打伤其身体而享有的侵权损害赔偿请求权
C. 甲的手表被乙无权占有后，甲享有的返还财产请求权
D. 李某因无因管理而享有的对刘某的必要费用请求权

2. 诉讼时效期间中止，应该具备的条件有（　　）。
A. 必须发生诉讼时效中止的事由
B. 中止的原因必须为不能预知，其发生与否不能

确定

C. 中止诉讼时效期间的事由包括不可抗力

D. 诉讼时效期间中止的事由必须发生在诉讼时效期间的最后 6 个月内

3. 下列各项中能够引起诉讼时效中断的是（　　）。

A. 发生不可抗力导致权利人无法起诉

B. 向债务人的财产代管人提出请求

C. 向人民调解委员会提出请求

D. 向仲裁机构申请仲裁

4. 下列请求权属于诉讼时效的客体的是（　　）。

A. 基于相邻关系的请求权

B. 夫妻同居请求权

C. 侵权损害赔偿请求权

D. 物权排除妨害、消除危险请求权

5. 谢怀栻先生 1986 年在“中华人民共和国民法通则讲座”“时效”部分中说：“我们关于诉讼时效制度的规定是公法性质的。”对此，下列理解正确的是（　　）。

A. 诉讼时效制度是从社会法律关系的确定，从社会公共利益出发的

B. 我国诉讼时效制度是强制性规定，不是任意性规定，当事人不得为任何变更

C. 我国诉讼时效制度一般都由法律直接作出规定

D. 当事人不得约定排除诉讼时效制度的适用

简答题

1. 时效应具备的要素有哪些？（考研）

2. 诉讼时效与取得时效的区别。（考研）

3. 简述诉讼时效期间的概念和特点。

4. 诉讼时效与除斥期间的区别。（考研）

5. 诉讼时效中止和中断有何不同？（考研）

案例分析题

王某和李某是同事，2016 年 10 月王某因办理出国手续向李某借款 3 万元，并立字据约定王某在出国前将钱款还清。此后王某出国，在国外生活了 3 年，其间李某与王某一直电话联系，但是双方对借钱一事只字未提。2020 年 12 月 30 日王某回国，李某因盖房急需钱，找到王某，王某表示尽快还，并在原字据上写下“2021 年 1 月 30 日前还清”。2021 年 2 月 10 日李某再找王某时，王某称债务早已过诉讼时效，不用返还。问：

（1）李某对王某债权的诉讼时效期间是否已经届满？

（2）王某在字据上写下的“2021 年 1 月 30 日前还清”的行为有何效力？

（3）李某能否通过诉讼要回王某欠他的钱？

（4）若 2016 年 10 月李某借给王某钱时，双方未在字据中约定还款期限，则 2020 年王某回国时李某请求王某还款能否得到法院支持？

论述题与深度思考题

试述诉讼时效期间届满的法律后果。

参考答案

名词解释

1. 时效，是指一定的事实状态在法定期间内持续存在，从而产生与该事实状态相适应的法律效力的法律制度。

2. 诉讼时效制度，又称消灭时效制度，是指权利人在法定期间内不行使权利即导致义务人有权提出拒绝履行的抗辩权的法律制度。

3. 取得时效，又称占有时效，是指占有他人的动产、不动产或其他财产权的事实状态经过一定的期限以后，将取得该动产和不动产的所有权和其他财产权。

4. 除斥期间，又称不变期间，是指法律规定或当事人约定的撤销权、解除权等权利的存续期间，除法律另有规定外，自权利人知道或者应当知道权利产生之日起计算，不适用有关诉讼时效中止、中断和延长的规定。除斥期间届满后，撤销权、解除权等归于消灭。

5. 诉讼时效期间的中止，是指在诉讼时效期间进行过程中，因发生一定的法定事由使权利人不能行使请求权，从而暂时停止计算诉讼时效期间。

6. 诉讼时效期间的中断，是指在诉讼时效进行中，因法定事由的发生，推翻了诉讼时效存在的基础，使已进行的期间统归无效，诉讼时效重新计算。

选择题

（一）单项选择题

1. 答案：C。本题考查期间的起止点。《民法典》第 1259 条规定：民法所称的“以上”“以下”“以内”“届满”，包括本数；所称的“不满”“超过”“以外”，不包括本数。所以 A、B 项正确。《民法典》第 203 条第 1 款规定：“期间的最后一日是法定休假日的，以法定休假日结束的次日为期间的最后一日。”所以 D 项正确。第 203 条第 2 款规定：“期间的最后一日的截止时间为二十四时；有业务时间的，停止业务活动的时间为截止时间。”所以 C 项错误。

2. 答案：B。本题考查诉讼时效的客体。诉讼时效主要适用于请求权，但是并非所有的请求权都适用，如损害赔偿请求权以外的其他类型的侵权请求权、基于身份关系的请求权、基于相邻关系的请求权等都不适用诉讼时效。

3. 答案：A。本题考查除斥期间。除斥期间是不变期间，不适用中止、中断和延长的规定，而且除斥期间消灭的是实体权利。

4. 答案：A。本题考查产品质量人身损害诉讼时效的适用。根据《民法典》第 188 条第 1 款的规定，产品侵权责任诉讼时效为 3 年。

5. 答案：D。本题考查诉讼时效中止。《民法典》第 194 条第 2 款规定：“自中止时效的原因消除之日起满六个月，诉讼时效期间届满。”所以本题的正确答案为 D 项。

6. 答案：C。本题考查诉讼时效中断的事由。A、B、D 项均属于诉讼时效中止的事由。C 项属于权利人主张权利的情形，不合诉讼时效制度制裁怠于行使权利者的本旨，因而使诉讼时效期间中断。

7. 答案：A。本题考查诉讼时效期间的延长。《民法典》第 188 条第 2 款规定：“诉讼时效期间自权利人知道或者应当知道权利受到损害以及义务人之日起计算。法律另有规定的，依照其规定。但是，自权利受到损害之日起超过二十年的，人民法院不予保护，有特殊情况的，人民法院可以根据权利人的申请决定延长。”可见，只有人民法院才能决定最长诉讼时效期间的延长。

8. 答案：D。本题考查诉讼时效期间届满的效果。《民法典》第 195 条规定：“有下列情形之一的，诉讼时效中断，从中断、有关程序终结时起，诉讼时效期间重新计算：（一）权利人向义务人提出履行请求；（二）义务人同意履行义务；（三）权利人提起诉讼或者申请仲裁；（四）与提起诉讼或者申请仲裁具有同等效力的其他情形。”由此可以看出，诉讼时效经过使义务人获得了抗辩权。

9. 答案：D。本题考查诉讼时效的中断。《民法典》第 195 条规定：“有下列情形之一的，诉讼时效中断，从中断、有关程序终结时起，诉讼时效期间重新计算：（一）权利人向义务人提出履行请求；（二）义务人同意履行义务；（三）权利人提起诉讼或者申请仲裁；（四）与提起诉讼或者申请仲裁具有同等效力的其他情形。”对于权利人之请求来说，当事人请求的方式，应认为包括口头或书面等能达到请求效果的各种方式，例如：（1）当事人一方直接向对方当事人送交主张权利文书，对方当事人在文书上签字、盖章或者虽未签字、盖章，但能够以其他方式证明该文书到达对方当事人的；（2）当事人一方以发送信件或者数据电文方式主张权利，信件或数据电文到达或者应该到达对方当事人的；（3）当事人一方为金融机构，依照法律规定或者当事人约定从对方当事人账户中扣收欠款本息的；（4）当事人一方下落不明，对方当事人在国家级或者下落不明的当事人一方住所地的省级有影响的媒体上刊登具有主张权利内容的公告的，但法律和司法解释另有特别规定的，适用其规定。根据上述事例可知，本题 A、B、C 项分别属于事例中（1）（2）（3）的情况，D 项中应该是“省级”而非“县（市）级”。因此，A、B、C 项属于诉讼时效中断的事由，而 D 项不属于。

10. 答案：B。选项 A 错误。《诉讼时效规定》第 9 条规定：“权利人对同一债权中的部分债权主张权利，诉讼时效中断的效力及于剩余债权，但权利人明确表示放弃剩余债权的情形除外。”据此可知，乙对自己的部分债权向甲主张权利，且没有明确表示放弃剩余债权，则诉讼时效中断的效力除了及于 8 万元债权，还及于剩余的 2 万元债权。

选项 B 正确。《诉讼时效规定》第 15 条第 2 款规定：“对于连带债务人中的一人发生诉讼时效中断效力的事由，应当认定对其他连带债务人也发生诉讼时效中断的效力。”据此可知，丙的行为导致甲和乙对丙负担的连带债务诉讼时效均中断。

选项C错误。《诉讼时效规定》第16条规定："债权人提起代位权诉讼的，应当认定对债权人的债权和债务人的债权均发生诉讼时效中断的效力。"据此可知，甲的行为，会导致丙对乙的债务诉讼时效也中断。

选项D错误。《诉讼时效规定》第17条第1款规定："债权转让的，应当认定诉讼时效从债权转让通知到达债务人之日起中断。"据此可知，诉讼时效应该自甲、丙之间的债权转让通知到达乙之日起中断，而不是自甲、丙签订债权转让协议之日起中断。

11. 答案：A。《民法典》第170条规定："执行法人或者非法人组织工作任务的人员，就其职权范围内的事项，以法人或者非法人组织的名义实施的民事法律行为，对法人或者非法人组织发生效力。法人或者非法人组织对执行其工作任务的人员职权范围的限制，不得对抗善意相对人。"题目中的法务小王"擅自"以公司名义签署承诺函，说明其未获得公司授权，而对于履行合同付款义务的承诺应当由公司或者公司的法定代表人以及授权的主体为意思表示，题目中并没有表述公司内部有对法务的职权范围限制，所以法务小王的职权范围并不包含承诺付款，公司亦没有内部限制，小王的行为属于无权代理，对公司不发生法律效力。题目交代的属于甲公司和乙公司之间基于承揽合同发生的债权债务关系，甲公司和乙公司应当是合同主体，对于双方债权债务关系，应当由甲公司和乙公司作为主体进行沟通，题目中乙公司组织工人到甲公司讨要的行为违背了民事活动的自愿原则，迫使公司法务小王在未获得授权的情况下，擅自以公司名义签署了承诺函，甲公司也可以依法撤销该民事法律行为。撤销的民事法律行为无效。故A选项正确。D选项错误。B选项错误，因为诉讼时效已经届满，不能再中断。C选项错误，根据《民法典》第193条规定，法院不得主动适用诉讼时效的规定。

12. 答案：A。A、C、D项中，《诉讼时效规定》第19条第1款规定："诉讼时效期间届满，当事人一方向对方当事人作出同意履行义务的意思表示或者自愿履行义务后，又以诉讼时效期间届满为由进行抗辩的，人民法院不予支持。"乙公司书面答复中表示愿意偿还3万元，是对3万元的诉讼时效抗辩权的放弃，不能再以诉讼时效期间届满为由进行抗辩，但并不表明乙公司抛弃了全部10万元债务的时效利益。所以，A项正确，C、D项错误。乙公司对3万元债务时效利益的抛弃属于单方行为，不是要约，依单方意思表示便可发生法律效果，不需要对方的同意。所以，B项错误。

13. 答案：D。最高人民法院《关于适用〈中华人民共和国民法典〉总则编若干问题的解释》第37条规定："无民事行为能力人、限制民事行为能力人的权利受到原法定代理人损害，且在取得、恢复完全民事行为能力或者在原法定代理终止并确定新的法定代理人后，相应民事主体才知道或者应当知道权利受到损害的，有关请求权诉讼时效期间的计算适用民法典第一百八十八条第二款、本解释第三十六条的规定。"此即诉讼时效期间自其法定代理人知道或者应当知道权利受到损害以及义务人之日起计算，故本题应选D项。

（二）多项选择题

1. 答案：AB。本题考查期间的中断。除斥期间和最长权利保护期限均属于不变期间，不能中止、中断或者延长。而普通诉讼时效期间和特别诉讼时效期间均可以中止、中断和延长。

2. 答案：AD。本题考查地面施工致人损害侵权行为和诉讼时效期间的中断。A项中，《民法典》第188条第1款规定："向人民法院请求保护民事权利的诉讼时效期间为三年。法律另有规定的，依照其规定。"《民法典》第195条规定："有下列情形之一的，诉讼时效中断，从中断、有关程序终结时起，诉讼时效期间重新计算：（一）权利人向义务人提出履行请求……"本题中，同年6月10日，王某向发包人和承包人要求赔偿，诉讼时效发生中断，因此诉讼时效期间从2021年6月11日起至2024年6月10日止。所以本案的诉讼时效期间于2024年6月10日届满。A项正确。B项中，《民法典》第195条规定："有下列情形之一的，诉讼时效中断，从中断、有关程序终结时起，诉讼时效期间重新计算：……（三）权利人提起诉讼或者申请仲裁……"由于王某半路返回没去法院，不引起时效中断，故B项错误。C、D项中，《民法典》第1258条第1款规定："在公共场所或者道路上挖掘、修缮安装地下设施等造成他人损害，施工人不能证明已经设置明显标志和采取安全措施的，应当承担侵权责任。"施工人是承包人，而非发包人。因此，C项错误，D项正确。

3. 答案：AB。本题主要考查诉讼时效期间。诉讼时效仅适用于债权请求权，所以A项正确。《民法典》第188条第1款规定："向人民法院请求保护民事权利的诉讼时效期间为三年。法律另有规定的，依照其规定。”这个“3年”就是一般诉讼时效期间，可以中止或中断或延长，属于可变期间，所以，B项正确。《民法典》第188条第2款规定：“诉讼时效期间自权利人知道或者应当知道权利受到损害以及义务人之日起计算。法律另有规定的，依照其规定。但是，自权利受到损害之日起超过二十年的，人民法院不予保护，有特殊情况的，人民法院可以根据权利人的申请决定延长。”所以C项错误。《民法典》第192条第2款规定：“诉讼时效期间届满后，义务人同意履行的，不得以诉讼时效期间届满为由抗辩；义务人已经自愿履行的，不得请求返还。”就理论而言，诉讼时效届满并不消灭债权本体，债权人的受领仍有法律依据，故诉讼时效期间届满后所受领的给付不构成不当得利。所以，D项错误。

4. 答案：ABC。本题考查诉讼时效抗辩。《民法典》第196条规定：“下列请求权不适用诉讼时效的规定：(一) 请求停止侵害、排除妨碍、消除危险；(二) 不动产物权和登记的动产物权的权利人请求返还财产；(三) 请求支付抚养费、赡养费或者扶养费；(四) 依法不适用诉讼时效的其他请求权。”《诉讼时效规定》第1条规定：“当事人可以对债权请求权提出诉讼时效抗辩，但对下列债权请求权提出诉讼时效抗辩的，人民法院不予支持：(一) 支付存款本金及利息请求权；(二) 兑付国债、金融债券以及向不特定对象发行的企业债券本息请求权；(三) 基于投资关系产生的缴付出资请求权；(四) 其他依法不适用诉讼时效规定的债权请求权。”据此，选项A正确。《民法典》第197条规定：“诉讼时效的期间、计算方法以及中止、中断的事由由法律规定，当事人约定无效。当事人对诉讼时效利益的预先放弃无效。”据此，选项B正确。根据《民法典》第193条“人民法院不得主动适用诉讼时效的规定”，以及《诉讼时效规定》第2条“当事人未提出诉讼时效抗辩，人民法院不应对诉讼时效问题进行释明”的规定，选项C正确。《诉讼时效规定》第3条第1款规定：“当事人在一审期间未提出诉讼时效抗辩，在二审期间提出的，人民法院不予支持，但其基于新的证据能够证明对方当事人的请求权已过诉讼时效期间的情形除外。”因此，D项错误。

5. 答案：ABCD。诉讼时效适用于请求权且是部分债权请求权，不适用于形成权。A项中，《诉讼时效规定》第5条第1款规定：“享有撤销权的当事人一方请求撤销合同的，应适用民法典关于除斥期间的规定。对方当事人对撤销合同请求权提出诉讼时效抗辩的，人民法院不予支持。”所以，A项正确。B项中，合同无效属于当然无效、确定无效、自始无效，不适用诉讼时效制度。所以，B项正确。C项中，《民法典》第278条第1款第5项和第6项规定：“下列事项由业主共同决定：……（五）使用建筑物及其附属设施的维修资金；（六）筹集建筑物及其附属设施的维修资金……”维修基金在性质上属于业主的共有财产，业主交付义务乃法定，其随业主的身份而存在，不因时间的经过而消灭，不适用诉讼时效。所以，C项正确。D项中，《民法典》第303条规定：“共有人约定不得分割共有的不动产或者动产，以维持共有关系的，应当按照约定，但是共有人有重大理由需要分割的，可以请求分割；没有约定或者约定不明确的，按份共有人可以随时请求分割，共同共有人在共有的基础丧失或者有重大理由需要分割时可以请求分割。因分割造成其他共有人损害的，应当给予赔偿。”故按份共有人分割共有物的权利属于法定权利，只要共有关系存在，则该请求权也不消灭，不适用诉讼时效。所以，D项正确。

6. 答案：CD。本题考查诉讼时效的适用范围。

首先，停止侵害，是指行为人实施的违法行为仍在继续中，应当承担的立即停止侵害行为的民事责任承担方式。对于任何正在实施违法行为的不法行为人都可以适用这种民事责任方式立即停止其侵害行为。消除危险，是指行为人的行为或其管领下的物件对他人的人身和财产安全造成威胁或存在侵害他人人身或财产的可能，应当采取有效措施，将具有的危险因素予以消除的民事责任方式。适用消除危险这一责任形式的前提必须是有危险状态的存在。停止侵害请求权和消除危险请求权都涉及绝对权的保护且行为人的侵权行为一直处于持续状态，诉讼时效无法确定起算点。因此二者不受诉讼时效期间的限制。本题中，苗某未经陈某同意，将大型油罐车停在陈某家院子里，系对陈某所有权（物权）的侵犯，作为所有权人的陈某依法有权行使物权请求权中的停止侵害请求权和消除危险请求权，此时，苗某作为侵权人不可以主张诉讼时效抗辩。故A、B项说法错误，不当先。

其次，在实践中，若一律规定所有的动产物权的权利人返还财产请求权不适用诉讼时效，在操作上面临很多困难，也没有必要。一般动产价值小、流动大、易耗损，如果不适用诉讼时效的规定，多年后再提起诉讼，则存在以下问题：一是因年代久远而举证困难，二是增加诉累，三是不利于矛盾的及时解决。综合考虑，规定这类普通动产适用诉讼时效。船舶、航空器和机动车等动产，价值较大，被称为“准不动产”，这类动产多进行物权登记。如果进行了登记，则与不动产登记一样，产生强有力的公示公信效力。因此，登记动产物权的权利人请求返还财产不适用诉讼时效的规定。本题中，苗某未经陈某同意，将陈某未上锁的自行车骑走的行为系侵权行为，自行车为普通动产，没有登记制度。因此，陈某请求苗某返还自行车（普通动产）的请求权依法受 3 年诉讼时效期间的限制。故 C 项说法正确，当选。

最后，无论是苗某将大型油罐车停放在陈某院子里的行为或是骑走陈某的自行车的行为均构成一般侵权行为，依法应当承担侵权损害赔偿责任。损害赔偿系债权请求权，依法适用 3 年诉讼时效期间的限制。故 D 项说法正确，当选。

因此，本题选 CD。

7. 答案：ABCD。本题综合考查诉讼时效的适用范围。根据《民法典》第 196 条的规定，下列请求权不适用诉讼时效的规定：（1）请求停止侵害、排除妨碍、消除危险；（2）不动产物权和登记的动产物权的权利人请求返还财产；（3）请求支付抚养费、赡养费或扶养费；（4）依法不适用诉讼时效的其他请求权。A 项中，孟某请求邻居王某清理建筑垃圾排除妨碍的权利依法不适用诉讼时效的规定，属于上述法律规定中的第（1）项。故 A 项正确，当选。B 项中，孟某作为不动产房屋的所有权人在租期届满后依法请求承租人曹某返还房屋的权利依法不适用诉讼时效的规定，属于上述法律规定中的第（2）项。故 B 项正确，当选。C 项中，孟某作为登记的动产物权的权利人请求徐某返还宝马轿车的权利依法不适用诉讼时效的规定，属于上述法律规定的第（2）项。故 C 项正确，当选。D 项中，被监护人小孟请求监护人孟某给付扶养费的权利依法不适用诉讼时效的规定属于上述法律规定中的第（3）项。故 D 项正确，当选。因此，本题选 ABCD。

（三）不定项选择题

1. 答案：ABCD。本题考查诉讼时效的客体。基于合同而享有的合同义务履行请求权、基于无因管理而享有的必要费用请求权、侵权损害赔偿请求权以及动产物权人的返还财产请求权，都属于诉讼时效的客体。

2. 答案：ABCD。本题考查诉讼时效期间中止的条件。A、B、C 项属于诉讼时效期间中止的法定事由及其特点，D 项属于诉讼时效期间可以中止的时间要求。

3. 答案：BCD。本题考查诉讼时效期间中断的法定事由。B 项属于权利人主张权利，C 项、D 项属于广义的“提起诉讼”的情形。而根据《民法典》第 194 条，A 项属于诉讼时效中止的事由。

4. 答案：C。本题考查诉讼时效的客体。基于相邻关系的请求权不适用诉讼时效，A 项不应选。由于身份关系的性质，因而基于身份关系的请求权，如夫妻同居请求权并非诉讼时效制度的客体，B 项不应选。债权请求权，如侵权损害赔偿请求权应适用诉讼时效，C 项应选。损害赔偿请求权以外的其他类型的侵权请求权，如物权排除妨害、消除危险请求权不适用诉讼时效，D 项不应选。

5. 答案：AD。本题考查诉讼时效制度的性质和特点。《民法典》第 197 条规定：“诉讼时效的期间、计算方法以及中止、中断的事由由法律规定，当事人约定无效。当事人对诉讼时效利益的预先放弃无效。”诉讼时效制度是对社会法律关系的确定，其从社会公共利益角度出发，是民法上一种特殊的半强制性的制度，当事人不得约定排除适用，所以 A 项、D 项正确，B 项错误。诉讼时效制度一般由法律直接作出规定，这只是诉讼时效制度法定性的特点，不能因为此种法定性就认为其有“公法性”，C 项不应选。

简答题

1. 时效应具备的要素包括：（1）要有法律规定的一定的事实状态的存在，如占有物或者权利人不行使权利等，如果不存在法律规定的事实状态或者只存在法律规定外的事实状态，则不发生时效的法律后果。（2）一定的事实状态必须持续经过法律规定的期间。只有二者结合，才能构成时效，产生一定的法律后果，使当事人取得权利或者丧失权利。

2. 诉讼时效与取得时效虽然同为时效制度，都是指一定的事实状态、持续一定的期间，均要产生一定的法律后果，但二者是两种不同的制度，具体区别如下。

（1）二者的法律后果不同。诉讼时效期间届满将导致抗辩权的发生，权利人仍然享有权利，但如果其请求法院强制义务人履行义务，义务人有权基于诉讼时效期间届满的事实而提出抗辩。义务人虽然取得了拒绝履行抗辩的法律后果，但却不能因此而获得该项实体权利。如果财物已经由义务人占有，法院也不能以诉讼时效届满为由，确认义务人对该财物享有所有权。所以诉讼时效并不具有确认产权归属的功能，甚至其与权利取得本身并无直接的关系。而依取得时效制度，占有人长期、合法、善意并且不中断地占有他人之物，经过一定的期间，可以取得所有权或其他物权。

（2）二者的适用对象不同。诉讼时效主要适用于请求权，具体包括基于合同债权的请求权、基于侵权行为的请求权、基于无因管理的请求权、基于不当得利的请求权以及其他债权请求权。但所有物返还请求权原则上不应适用诉讼时效。而取得时效的适用对象主要是物权。一般认为，人格权、知识产权等权利不适用取得时效。

（3）二者的适用条件不同。诉讼时效是指权利人在一定期限内不行使权利，致使其权利的效力减弱。其适用的条件是权利人不积极行使权利并经过了法定期限。而取得时效是指以自己所有的意思，公开、和平、持续地占有他人的动产或不动产，达到一定的期限，从而可以依法取得所有权和他物权。由于前者的后果为丧失权利，后者的则为取得权利，因此两者在适用条件上是不同的。

3. 诉讼时效期间是关于权利行使期限的规定，它直接表现为一定的期间。在民法上，期限的类型很多，这是因为民事法律关系的产生、变更和消灭，常常和期限联系在一起，诉讼时效不过是期限的一种类型。但和其他的期限相比，诉讼时效期间具有如下特点。

（1）具有法定性。诉讼时效期间是权利人请求人民法院保护其民事权利的法定期限。超过该期限以后，当事人的民事权利的效力就会受到一定的影响。诉讼时效期间不是当事人约定的期限，而是由法律直接规定的期限。不行使权利的事实经过该法定的期限，将产生时效届满的后果。当然，与除斥期间以及其他期限相比，诉讼时效的期限并不是固定不变的。在符合法律规定的条件下，其可以中止、中断或延长。

（2）具有强制性。诉讼时效的强制性包括四个方面的内容：第一，禁止当事人通过约定排斥时效规范的适用。强行性规范本身的含义是指当事人不能通过约定排除其适用。法律规范在遇有其所规定的条件具备时将自然适用，不能由当事人通过约定予以排斥适用。第二，禁止当事人违反时效的规定约定延长或缩短诉讼时效期间。在比较法上，有些国家和地区允许当事人通过约定而延长或缩短诉讼时效期间；也有些国家和地区禁止当事人作出此种约定。《民法典》第197条对诉讼时效的强制性作出了规定，明确禁止当事人通过约定延长或缩短诉讼时效期间。第三，禁止当事人就诉讼时效的计算方法作出约定。此处所说的计算方法，主要是指诉讼时效自何时开始起算。如果允许当事人就时效的计算方法进行约定，实际上等同于允许其延长或缩短诉讼时效期间。第四，禁止当事人就诉讼时效中止、中断的事由作出约定。诉讼时效中止或中断的事由必须由法律规定，因为它们对于时效期间的确定具有重要意义，如果允许当事人任意约定，时效的强制性就受到很大的影响。尤其应当看到，强调诉讼时效期间等规则的强制性也有利于维护诉讼时效规则的统一性，因为如果允许当事人约定诉讼时效期间等规则，则可能需要法官对每项约定是否合理作出具体判断，这可能影响司法裁判的统一性，也不合理地增加了司法成本。

（3）体现了义务人的时效利益。所谓时效利益，是指诉讼时效期间届满以后，权利人丧失了请求法院依诉讼程序强制义务人履行义务的权利，义务人因此可以不履行义务，继而获得其本来不应该获得的利益。在时效期间届满以后，义务人所享有的时效利益受到法律的保护。当然，诉讼时效期间届满后，义务人所享有的时效利益本质上是当事人的利益，其有权抛弃。但是，考虑到债务人利益的保护，《民法典》第197条第2款禁止诉讼时效利益的预先抛弃。

4. 除斥期间和诉讼时效都是对权利行使的一种时间限制，都具有督促权利人及时行使权利、保持社会关系稳定的作用，并且诉讼时效与除斥期间都是民事法律事实中的状态，并因一定时间的经过而使法律关系发生变动，但二者具有显著区别，主要体现如下。

（1）适用对象不同。诉讼时效主要适用于债权的请求权。除斥期间主要适用于撤销权、解除权等形成权。二者适用对象的差别也决定了二者的具体规则与法律效果存在一定的差别。由于诉讼时效适用于债权请求权，因而可以在《民法典》中对其进行抽象规定。而除斥期间适用于形成权。由于各个形成权的规则较为特殊，例如，不同情形下的撤销权、解除权的规则存在较大差别，因此很难进行统一规范，应当根据所限制的形成权的具体内容而分别进行具体规定。

（2）能否由当事人约定不同。法律关于诉讼时效期间的规定属于强制性规范，不得由当事人通过约定加以改变。而除斥期间既可以由法律规定，也可以由当事人约定

（3）是否适用中止、中断、延长不同。诉讼时效在性质上是可变期间，可因法定事由而中止、中断，例外情形下还可以延长。而除斥期间旨在排除形成权行使所导致的法律关系的不稳定性，因此，除斥期间一般不得中断、中止、延长。

（4）届满后的法律效果不同。诉讼时效期间届满，相关的请求权并不因此消灭，而只是使义务人产生相关的抗辩权。因此，从某种意义上说，诉讼时效届满后，债权人的债权已经蜕变成一种“自然债”。而除斥期间在性质上属于形成权的存续期间，一旦除斥期间届满，则直接消灭权利本身。正是因为存在上述区别，时效届满以后，义务人抛弃时效利益，自愿作出履行的，权利人仍有权保有相关的利益，而不构成不当得利；而除斥期间届满以后，义务人抛弃期限利益的行为，可以视为创设了某种权利。

（5）是否允许法院主动援引不同。如前所述，诉讼时效届满只是使义务人产生一定的抗辩权，是否主张该抗辩权，应当由义务人自主选择，法院不得依职权进行审查。而除斥期间届满后，权利人的权利消灭，权利人不得再行使该权利。因此，法院有权依职权进行审查。

5. 诉讼时效中止和诉讼时效中断主要有以下区别。

（1）发生的事由不同。中止的法定事由通常是当事人的主观意愿所不能决定的事由，如不可抗力；中断的法定事由为当事人的主观意志所能左右的。

（2）发生的时间不同。中止只能发生在时效期间届满前的最后6个月内，中断可发生在时效期间内的任何时间。

（3）法律效果不同。中止的法律效果在于使中止事由发生的时间不计入时效期间，或者说将该期限从时效期间内排除，中止事由发生前经过的时效期间仍然有效，诉讼时效期间中止的事由消除后，诉讼时效期间仍有6个月才届满。而诉讼时效中断的法律效果是在中断事由发生以后，已经经过的时效期间全部归于无效，重新开始计算时效期间。

案例分析题

（1）已经届满。《民法典》第188条规定：“向人民法院请求保护民事权利的诉讼时效期间为三年。法律另有规定的，依照其规定。诉讼时效期间自权利人知道或者应当知道权利受到损害以及义务人之日起计算。法律另有规定的，依照其规定。但是，自权利受到损害之日起超过二十年的，人民法院不予保护，有特殊情况的，人民法院可以根据权利人的申请决定延长。”因此，如果权利人在3年内不行使民事权利，法院将不再予以保护，权利人也将丧失胜诉权。本题中李某于2016年10月借钱给王某，直到2020年12月30日才第一次向王某要钱，时间已经过了4年，李某债权的诉讼时效3年已经届满。

（2）李某对王某的债权已经到期，但是《民法典》第192条规定：“诉讼时效期间届满的，义务人可以提出不履行义务的抗辩。诉讼时效期间届满后，义务人同意履行的，不得以诉讼时效期间届满为由抗辩；义务人已经自愿履行的，不得请求返还。”所以王某仍然可以偿还借款。但是对于本题中王某已经同意履行，但是尚未履行的情形，当事人双方就原债务达成的还款协议，应当依法受到保护。所以本题中王某在字据上写下的“2021年1月30日前还清”的行为属于新的承诺，由此而形成的还款协议具有法律效力。

（3）综合上述，李某能够通过诉讼要回王某欠他的钱。因为王某重新作出了承诺，该新的还款协议受到法律的保护。

（4）能够得到法院的支持。因为此时李某与王某之间的借款合同属于未定清偿期的合同，债权人李某可以随时请求清偿。

论述题与深度思考题

诉讼时效期间届满具有以下法律后果。

（1）义务人产生抗辩权。最高人民法院《关于适用〈中华人民共和国民事诉讼法〉的解释》（2022 年修正）第 219 条中规定：“当事人超过诉讼时效期间起诉的，人民法院应予受理。”据此，诉讼时效期间届满，发生胜诉权消灭的法律效果，但是当事人并未丧失起诉权。因此，当事人在诉讼时效期间届满后仍然有权起诉，法院受理后经审查认定诉讼时效期间届满的，应以判决驳回原告的诉讼请求。

考虑到诉讼时效期间届满时，义务人取得的时效利益属于私人利益，所以就诉讼时效期间是否届满，国家无主动干预的必要。《民法典》就诉讼时效期间届满的法律后果，采取抗辩权发生说。其第 192 条规定：“诉讼时效期间届满的，义务人可以提出不履行义务的抗辩。诉讼时效期间届满后，义务人同意履行的，不得以诉讼时效期间届满为由抗辩；义务人已经自愿履行的，不得请求返还。”第 193 条规定：“人民法院不得主动适用诉讼时效的规定。”

（2）义务人已自愿履行的，不得请求返还。根据《民法典》第 192 条第 2 款的规定，“诉讼时效期间届满后，义务人同意履行的，不得以诉讼时效期间届满为由抗辩；义务人已经自愿履行的，不得请求返还”。因此，于诉讼时效完成后，义务人自愿履行其义务的，权利人仍然可以受领其履行而不构成不当得利。义务人于履行后反悔的，不得诉请权利人返还其所得。对于义务人已经同意履行，但是尚未履行的，该双方就原债务达成的还款协议，应当依法予以保护。

（3）法院不得主动适用诉讼时效的规定。所谓时效利益的抛弃是指义务人在时效期间届满后，以明示或者默示的方式抛弃其取得的时效利益的，应当允许。时效利益一旦予以抛弃即视为时效期间未届满，重新开始时效期间的计算。

第二编

物　　权

第十二章　物权编概述

知识逻辑图

- 物权编概述
  - 物权
    - 概念和特征
      - 物权的权利主体是特定的，而义务主体是不特定的
      - 物权的内容是直接支配一定的物，并排斥他人的干涉
      - 设定物权需要公示，物权的种类和基本内容由法律规定
      - 物权的标的是物
      - 在期限上与债权不同
      - 物权具有追及效力和优先效力
      - 在保护方法上与债权不同
    - 种类
      - 所有权与其他物权
      - 用益物权与担保物权
      - 动产物权和不动产物权
    - 物权的民法保护
      - 返还原物
      - 排除妨害
      - 恢复原状
      - 赔偿损失
  - 物权法的基本原则
    - 平等保护原则
      - 法律地位的平等性
      - 适用规则的平等性
      - 保护的平等性
    - 物权法定原则
      - 种类法定
      - 内容法定
    - 公示、公信原则

名词解释

1. 物权
2. 物权的优先性
3. 物权的追及效力

选择题

（一）单项选择题

1. 甲租住乙的房屋，后邻居丙施工时将沙土堆放在甲租住的房屋门前，给甲的生活造成了极大不便。甲要求丙挪走沙土，丙以甲并非房屋所有人为由不予理睬。下列说法正确的是（　　）。

A. 甲并非该房屋的所有人，应当由房主乙来主张权利

B. 甲虽然并非所有人，但是其基于合法占有，可以提起占有之诉

C. 甲应当首先要求乙向丙主张权利

D. 因为房屋并不在乙的控制之下，所以乙没有义务向丙主张权利

2. 甲将收藏的一件明代瓷器出售给乙，乙当场付

清价金，约定甲 10 天后交货。丙听说后，表示愿以双倍价格购买。甲当即决定卖给丙，约定第 5 天交货，并收取定金若干。乙听说此事，诱甲 7 岁之子将瓷器从家中取出给她。在瓷器为乙占有期间，该瓷器所有权归谁？（　　）（考研）

A. 甲　　B. 乙
C. 丙　　D. 甲乙共有

3. 下列属于法定动产物权的是（　　）。

A. 别除权　　B. 留置权
C. 地役权　　D. 国有土地使用权

4. 甲有 4 匹马要卖掉，便对乙说：“你先牵回去试用一个月，满意的话你就买下，价款 5 000 元。”乙牵回了 4 匹马，未付款。设马在试用期生下了一匹小马，该小马应归谁所有？（　　）（司考改编）

A. 甲　　B. 乙
C. 甲和乙　　D. 甲或乙

5. 下列物权的保护方法不能以自力救济的方式行使的是（　　）。（司考改编）

A. 排除妨碍请求权
B. 确认物权的请求权
C. 返还原物请求权
D. 消除危险请求权

6. 甲有一套别墅。甲的下列何种行为不能体现物权的性质？（　　）

A. 甲将此房做抵押进行贷款
B. 甲制止欲侵占此房的乙
C. 甲居住于此房的行为
D. 甲出卖此房后要求买主支付房款的行为

7. 下列不属于物权客体的有（　　）。

A. 金星　　B. 专利权
C. 水　　D. 尸体

8. 下列哪一种情况下，善意第三人不能依据善意取得制度取得相应物权？（　　）（司考改编）

A. 保留所有权的动产买卖中，尚未付清全部价款的买方将其占有的标的物卖给不知情的第三人
B. 电脑的承租人将其租赁的电脑向不知情的债权人设定质权
C. 动产质权人擅自将质物转质于不知情的第三人
D. 受托代为转交某一物品的人将该物品赠与不知情的第三人

9. 甲、乙外出游玩，向丙借相机一部，用毕，甲将相机带回家。丁到甲家见此相机，执意要以 3 000 元买下，甲见此价高于市价，便隐瞒实情表示同意并将相机交付与丁。不久，丁因手头拮据又向乙以 2 000 元兜售该相机。乙见此相机眼熟，便向丁询问，丁如实相告，乙遂将之买下。此时，谁拥有该相机的所有权？（　　）（司考改编）

A. 甲　　B. 乙
C. 丙　　D. 丁

10. 完全不能辨认自己行为的精神病人甲将自己的手表丢向路边，被乙拾得。下列哪一选项是正确的？（　　）（司考改编）

A. 甲丧失手表所有权
B. 乙依先占取得手表所有权
C. 乙应将手表返还权利人
D. 乙的行为构成无因管理

11. 物权人在其权利的实现上遇有某种妨害时，有权请求造成妨害事由发生的人排除此等妨害，称为物权请求权。关于物权请求权，下列哪一表述是错误的？（　　）（司考改编）

A. 是独立于物权的一种行为请求权
B. 可以适用债权的有关规定
C. 不能与物权分离而单独存在
D. 须依诉讼的方式进行

12. 甲公司通知乙公司将其对乙公司的 10 万元债权出质给了丙银行，担保其 9 万元贷款。出质前，乙公司对甲公司享有 2 万元到期债权。如乙公司提出抗辩，关于丙银行可向乙公司行使质权的最大数额，下列哪一选项是正确的？（　　）（司考改编）

A. 10 万元　　B. 9 万元
C. 8 万元　　D. 7 万元

13. 甲将一套房屋转让给乙，乙再转让给丙，相继办理了房屋过户登记。丙翻建房屋时在地下挖出一瓷瓶，经查为甲的祖父埋藏，甲是其祖父唯一的继承人。丙将该瓷瓶以市价卖给不知情的丁，双方钱物交割完毕。现甲、乙均向丙和丁主张权利。下列哪一选项是正确的？（　　）（司考改编）

A. 甲有权向丙请求损害赔偿
B. 乙有权向丙请求损害赔偿
C. 甲、乙有权主张丙、丁买卖无效
D. 丁善意取得瓷瓶的所有权

视频讲题

14. 甲父母在共同遗嘱中表示，二人共有的某处房产由甲继承。甲父母去世前，该房由甲姐乙借用，借用期未明确。2012年上半年，甲父母先后去世，甲一直未办理该房屋所有权变更登记，也未要求乙腾退。2015年下半年，甲因结婚要求乙腾退，乙拒绝搬出。对此，下列哪一选项是正确的？（　　）（司考改编）

A. 因未办理房屋所有权变更登记，甲无权要求乙搬出

B. 因诉讼时效期间届满，甲的房屋腾退请求不受法律保护

C. 乙系合法占有，甲无权要求其搬出

D. 甲对该房屋享有物权请求权

15. 甲携幼子小甲（5周岁）出游，向农户乙购买了一只鸽子。农户乙收款后欲将鸽子交给甲，甲示意其直接交给小甲。不料小甲在接鸽子时手一缩，鸽子飞了。请问谁享有鸽子的所有权？（　　）（法考改编）

A. 小甲

B. 甲

C. 乙

D. 鸽子的所有权不适用物权变动规则

（二）多项选择题

1. 下列权利中，其设立一般不需要登记的有（　　）。

A. 质权　　B. 留置权

C. 地役权　　D. 土地承包经营权

2. 依据民法理论，下列哪些不属于用益物权？（　　）

A. 地役权　　B. 房屋典权

C. 留置权　　D. 动产质权

3. 下列哪些是物权的保护方法？（　　）

A. 排除妨碍请求权

B. 消除危险请求权

C. 赔偿损失请求权

D. 返还原物请求权

4. 物权法定主义的主要内容是指（　　）。

A. 物权的种类需要由法律设定

B. 物权的内容需要由法律设定

C. 物权的效力需要由法律设定

D. 物权的公示方法需要由法律设定

5. 下列权利属于绝对权的有（　　）。（考研）

A. 地役权　　B. 永佃权

C. 相邻关系　　D. 撤销权

6. 所有权的取得方式有（　　）。

A. 建造房屋　　B. 接受赠与

C. 买卖合同　　D. 生产

7. 小金和小谢都是大学生，同居一个宿舍。放暑假后，小金准备出去游玩，但担心自己笔记本电脑放在宿舍不安全，就委托小谢代为保管。小谢因急需钱用，将笔记本电脑以合理价格出卖给不知情的小刘。小刘能否取得电脑的所有权？（　　）

A. 可以，适用善意取得制度

B. 可以，基于对小谢占有笔记本电脑的信赖

C. 不能，小谢是无权处分

D. 不能，但可以要求小谢赔偿

8. 可以以动产为客体的物权包括（　　）。

A. 抵押权　　B. 质押权

C. 留置权　　D. 所有权

9. 张某和赵某是一对夫妻，2021年，两人协议离婚，但是由于赵某没有工作又没有居住场所，双方就约定赵某再婚之前可以享有对两人现有房屋的居住权，任何人不得阻碍。那么（　　）。

A. 双方意思表示真实，约定有效

B. 违反了物权法定原则，约定无效

C. 赵某不享有居住权

D. 居住权自登记时设立

10. 下列情况可以适用返还原物的包括（　　）。

A. 李某借给张某一台电脑，张某谎称丢失拒绝返还

B. 李某的电脑被张某偷走，张某将电脑送给孙某

C. 李某将电脑卖给张某，张某又将电脑转卖给孙某，但一直不支付李某价款

D. 李某借给张某一台电脑，张某将其卖给善意的孙某

11. 甲公司将自己所有的10台机器出租给了乙公司，乙公司未经其同意，将其低价出售给知情的丙公司，丙公司又将其出租给丁公司。丁公司对上述交易

过程完全不了解。下列哪些选项是正确的？（　　）（司考改编）

A. 丙、丁之间的租赁合同有效

B. 甲公司有权请求丁公司返还机器，并且无须补偿其任何损失

C. 甲公司有权请求丁公司返还机器，但是应补偿其损失

D. 甲公司无权请求丁公司返还机器，但是丁公司应当补偿甲公司的损失

12. 甲发现去年丢失的电动自行车被路人乙推行，便上前询问，乙称从朋友丙处购买，并出示了丙出具的付款收条。如甲想追回该自行车，可以提出下列哪些理由支持请求？（　　）（司考改编）

A. 甲丢失该自行车被丙拾得

B. 丙从甲处偷了该自行车

C. 乙明知道该自行车是丙从甲处偷来的仍然购买

D. 乙向丙支付的价格远远低于市场价

顺风电器租赁公司将一台电脑出租给张某，租期为 2 年。在租赁期间内，张某谎称电脑是自己的，分别以市价与甲、乙、丙签订了三份电脑买卖合同并收取了三份价款，但张某把电脑实际交付给了乙。后乙的这台电脑被李某拾得，因暂时找不到失主，李某将电脑出租给王某获得很高收益。王某租用该电脑时出了故障，遂将电脑交给康成电脑维修公司维修。王某和李某就维修费的承担发生争执。康成公司因未收到修理费而将电脑留置，并告知王某如 7 天内不交费，将变卖电脑抵债。李某听闻后，于当日潜入康成公司偷回电脑。请回答第 13～14 题。（司考改编）

13. 如乙请求李某返还电脑和所获利益，下列说法正确的有（　　）。

A. 李某向乙返还所获利益时，应以乙所受损失为限

B. 李某应将所获利益作为不当得利返还给乙，但可以扣除支出的必要费用

C. 乙应以所有权人身份而非不当得利债权人身份请求李某返还电脑

D. 如李某拒绝返还电脑，需向乙承担侵权责任

14. 关于康成公司的民事权利，下列说法正确的有（　　）。

A. 王某在 7 日内未交费，康成公司可变卖电脑并自己买下电脑

B. 康成公司曾享有留置权，但当电脑被偷走后，丧失留置权

C. 康成公司可请求李某返还电脑

D. 康成公司可请求李某支付电脑维修费

15. 甲将自有房屋卖给乙，在交房和过户之前，乙擅自撬门装修，施工导致邻居丙经常失眠。下列哪些表述是正确的？（　　）（司考改编）

A. 丙有权要求甲排除妨碍

B. 丙有权要求乙排除妨碍

C. 丙要求排除妨碍不受诉讼时效的限制

D. 丙可主张精神损害赔偿

简答题

1. 用益物权和担保物权的特征比较。

2. 简述物权与债权的区别。

3. 简述物权请求权与侵权请求权的关系

案例分析题

1. 2019 年 10 月 31 日，被告富利达公司为装修富利达地下商贸城，与原告汇通支行签订了两份借款合同，约定：汇通支行分别借给富利达公司人民币 610 万元、美元 100 万元，借款期限分别为 4 个月、5 个月。双方同时签订了两份抵押合同，约定：富利达公司以其对富利达地下商贸城拥有的管理权和出租权分别为这两笔借款进行抵押担保。汇通支行于签约当日分三次向富利达公司发放了人民币 610 万元和美元 100 万元的贷款。这笔借款到期后，汇通支行仅收回利息人民币 113 562.60 元和美元 11 248.84 元。至 2021 年 9 月 20 日，富利达公司欠汇通支行借款本金人民币 610 万元、美元 100 万元，利息人民币 1 726 128.3 元、美元 146 860.28 元。汇通支行因此提起诉讼。

请问：(1）双方签订的抵押合同是否有效？

(2）试结合《民法典》物权编的基本原则，分析本案双方当事人合同所设抵押权的效力。

2. 甲公司以其机器设备为乙公司设立了质权。5 日后，戊公司向丙银行贷款 60 万元，甲公司将机器设备又抵押给丙银行，担保其中 20 万元贷款，但未办理抵押登记。同时，戊公司将自有房产抵押给银行，担保其余 40 万元贷款，办理了抵押登记。10 日后，甲将

机器设备再抵押给丁公司，办理了抵押登记。戊公司届期不能清偿银行贷款。请结合物权的优先性，试分析乙、丙、丁对该套设备享有的担保物权的清偿顺序。（司考改编）

论述题与深度思考题

试述我国物权法的基本原则。（考研）

参考答案

名词解释

1. 物权一词最早起源于罗马法，是指权利人依法对特定的物享有直接支配和排他的权利，包括所有权、用益物权和担保物权。其作为一个法律范畴，是指某人对其物享有的支配权，此种权利无须义务人行为的配合便可以直接实现。可以从六个方面理解物权的概念：（1）物权就其本质而言，仍然是一种人与人之间的财产关系，而不纯粹是人与物之间的关系。（2）物权的主体是特定的权利人。（3）物权的客体主要是有体物，这是物权与债权、知识产权等相区别的重要标志。（4）物权主要是一种对有体物的直接支配权。物权的支配性决定了物权所具有的优先性、追及性等特点。（5）物权是排他的权利。一方面，物权的排他性要求在一物上不得同时成立多个内容矛盾的物权；另一方面，物权的排他性是指物权具有对抗第三人的效力，权利人之外的任何人都负有不得侵害和妨碍物权的义务。（6）物权是依法享有的权利。这首先是指取得物权必须合法，基于非法的方式不能取得法律所保护的物权；其次，物权的内容、种类、公示方法等必须要由法律进行规定；最后，物权的行使必须合法。

2. 物权的优先性，包括两个方面。

一是对外的优先性，即当在同一标的物上同时存在物权和债权时，物权优先。二是对内的优先性，又称物权的对内效力，它是指物权相互之间的效力。同一物上多项其他物权并存时，应当根据法律规定和物权设立的时间先后确立优先的效力（如《民法典》第414条）。需要指出的是，在某些情况下，法律基于社会公共利益等因素的考虑，可以规定某些发生在后的物权有优先于发生在先的某些物权的效力，我国《民法典》第456条规定：“同一动产上已经设立抵押权或者质权，该动产又被留置的，留置权人优先受偿。”

3. 物权的追及效力，是指物权的标的物不管辗转流入什么人手中，物权人都可以依法向物的占有人索取，请求其返还原物。物权的追及效力是由物权的对世性和绝对性所决定的，其义务主体是除权利人以外的所有人。物权追及效力不仅适用于所有权，也可以适用于用益物权和担保物权。追及的效力是指物权人针对标的物的追及效力，它是物权请求权所不能完全概括的。物权请求权是物权追及效力在制度层面的具体化。追及的效力是物权请求权中返还原物的请求权产生的基础，但并不是说它应当包括在返还原物请求权之中。此外，物权的追及效力并非绝对的，如应当受到善意取得的限制。

选择题

（一）单项选择题

1. 答案：B。所有物由他人占有，并在他人合法占有期间受到侵害时，所有人可以基于所有权主张权利，占有人也可以基于其合法占有主张权利。同时，房主有义务保证住户对房屋的正常使用。故本题选B项。

2. 答案：A。甲乙之间、甲丙之间存在债权关系，但是瓷器的所有权并没有转移给乙或者丙。而甲7岁之子是无民事行为能力人，且非基于甲的意思将瓷器交于乙，并不构成所有权的转移，瓷器所有权仍归于甲。故本题选A项。

3. 答案：B。按物权的客体不同，可以将物权区分为动产物权和不动产物权。本题中，C、D项属于不动产物权。A项别除权是指在企业破产时，对部分有财产担保的债权可以不经过破产程序而优先以担保物价值受偿的权利。本题选B项。

4. 答案：A。本题考查标的物孳息的归属。本题中标的物尚未交付，所有权仍归甲，所以依法小马仍应归甲所有。

5. 答案：B。物权的自力救济，是物权人在其物权受到侵害后，直接请求侵害人为一定行为或不为一定行为。A、C、D三项都可以由物权人自力行使。而B项确认物权的请求权则必须通过法院进行。

6. 答案：D。本题中，A项体现了甲对房屋的处分权，B项体现了所有权的排他性，C项体现了甲对房屋的占有和使用权。D项属于债权。

7. 答案：A。本题中，金星不能为人所支配，不能成为民法中的物，自然也不能成为物权的客体。B项专利权可以成为权利质权的客体，水和尸体都是民法中的物，可以成为物权的客体。因此，本题的正确答案为A。

8. 答案：D。本题考查善意取得制度。《民法典》第311条第1款规定："无处分权人将不动产或者动产转让给受让人的，所有权人有权追回；除法律另有规定外，符合下列情形的，受让人取得该不动产或者动产的所有权：（一）受让人受让该不动产或者动产时是善意；（二）以合理的价格转让；（三）转让的不动产或者动产依照法律规定应当登记的已经登记，不需要登记的已经交付给受让人。"A项符合该款规定，构成善意取得，D项不属于"以合理的价格转让"，不构成善意取得。《民法典》第311条第3款规定："当事人善意取得其他物权的，参照适用前两款规定。"可见，其他物权也可以善意取得，B、C两项均为质权的善意取得。

9. 答案：B。本题考查善意取得制度。《民法典》第311条第1款规定："无处分权人将不动产或者动产转让给受让人的，所有权人有权追回；除法律另有规定外，符合下列情形的，受让人取得该不动产或者动产的所有权：（一）受让人受让该不动产或者动产时是善意；（二）以合理的价格转让；（三）转让的不动产或者动产依照法律规定应当登记的已经登记，不需要登记的已经交付给受让人。"本题中，甲将不属于自己所有的相机卖给善意第三人丁且已经交付，虽然甲是无权处分行为，但丁对该相机的取得符合善意取得的构成要件，因此该相机的所有权人就是丁。丁再将相机卖给乙的行为，是对相机的有权处分，乙虽然询问并得知了实际情况，但并不妨碍丁与乙买卖合同的有效成立，故乙取得该相机的所有权。

10. 答案：C。本题考查拾得遗失物。完全不能辨认自己行为的精神病人属于无民事行为能力人。《民法典》第144条规定："无民事行为能力人实施的民事法律行为无效。"据此，甲的行为不能认为是抛弃行为，手表也不是抛弃物，甲并不丧失手表的所有权，故选项A说法错误。乙拾得手表的行为属于拾得遗失物。《民法典》第314条中规定："拾得遗失物，应当返还权利人。"可见，我国法律并不承认遗失物的拾得人可依先占取得所有权，因此，乙应将该手表返还权利人，故选项B错误，选项C正确。无因管理，是指没有法定或约定的义务，为避免他人利益受损失而为他人管理事务或提供服务的行为。本题中并没有信息表明乙的行为是为避免甲的利益受到损失而为的行为，因此不符合无因管理的构成条件，故选项D错误。

11. 答案：D。选项A说法正确。物权请求权基于物权而产生，但它不同于物权本身，是依附于物权的独立请求权，其只能在物权受到侵害，或因他人行为导致物权人不能圆满支配其物权的情形下才能成立。物权请求权包括返还原物请求权、消除危险请求权、排除妨害请求权以及恢复原状请求权。

选项B说法正确。根据《民法典》及其他民事法律、法规的规定，我国民法对物权的保护方法主要有五种：请求确认所有权、请求恢复原状、请求返还原物、请求排除妨碍与消除危险、请求赔偿损失。这五种保护方法是物权的最基本的保护方法。其中，前四种保护方法是物权的保护方法，而赔偿损失则是债权的保护方法。因此，物权请求权可以适用债权的有关规定。但是应注意的是：在物权受到侵害时，应当首先考虑运用物权的保护方法；在物权的保护方法不适用或不够用时，再考虑适用债权的保护方法。

选项C说法正确。物权的自我保护，是指所有人行使其物权受到侵害时依法享有的请求权，即物权人在其物权受到侵害后，依据民法的规定，请求侵害人为一定的行为。因此，物权请求权是以物权为基础的，不能与物权分离而单独存在。

选项D说法错误。物权人在其物权受到侵害时，可以直接向侵害人提出请求；如果侵害人没有依物权人的请求为适当行为，物权人则可以向法院提起民事诉讼；物权人也可以直接向法院提起民事诉讼，请求法院保护其物权。因此，物权请求权并非必须依诉讼的方式进行。

12. 答案：C。《民法典》第568条第1款规定："当事人互负债务，该债务的标的物种类、品质相同的，任何一方可以将自己的债务与对方的到期债务抵销；但是，根据债务性质、按照当事人约定或者依照法律规定不得抵销的除外。"本题中，甲对于乙享有10万元的债权，同时乙对甲也享有2万元的债权并且已经到期，而且两者都是普通的金钱债务，因此，乙可以向甲主张抵销。

甲将债权出质于丙，应当参照适用债权让与的规定。《民法典》第553条规定，债务人转移债务的，新债务人可以主张原债务人对债权人的抗辩。《民法典》第549条规定，债务人接到债权转让通知时，债务人对让与人享有债权，并且债务人的债权先于转让的债权到期或者同时到期的，债务人可以向受让人主张抵销。因此，乙可以向质权人丙主张2万元的抵销权，如果乙主张，则丙主张的质权最大数额就是8万元。

13. 答案：A。《民法典》第319条规定，拾得漂流物、发现埋藏物或者隐藏物的，参照拾得遗失物的有关规定。遗失物、埋藏物的所有权由其所有权人及其继承人享有。拾得遗失物、发现埋藏物者为处分行为属于无权处分，不适用善意取得。因此，丁不能善意取得瓷瓶所有权，D选项错误。

对于遗失物、埋藏物的无权处分，我国规定的救济途径包括：(1) 遗失物、埋藏物所有权人可基于所有权主张原物返还请求权，向无权占有人主张物权之回复。《民法典》第312条规定："所有权人或者其他权利人有权追回遗失物。该遗失物通过转让被他人占有的，权利人有权向无处分权人请求损害赔偿，或者自知道或者应当知道受让人之日起二年内向受让人请求返还原物；但是，受让人通过拍卖或者向具有经营资格的经营者购得该遗失物的，权利人请求返还原物时应当支付受让人所付的费用。权利人向受让人支付所付费用后，有权向无处分权人追偿。"(2) 向无权处分人主张不当得利之返还请求权。(3) 主张因无权处分的侵权损害赔偿请求权。以上三种请求权可择一行使。由此可知，甲可基于无权处分向处分人丙主张侵权损害赔偿，A选项正确、B选项错误。

根据物债区分原则，甲为瓷瓶的所有权人，丙将该瓷瓶以市价卖给不知情的丁的行为属于无权处分，但不能以此否定丙、丁买卖合同的效力。C选项错误。

14. 答案：D。依据《民法典》第230条，因继承取得物权的，自继承开始时发生效力。未办理房屋所有权变更登记不影响甲取得房屋所有权。依据《民法典》第196条的规定，不动产物权和登记的动产物权的权利人请求返还财产不适用诉讼时效的规定。乙占有的本权为债权，具有相对性，不影响不动产物权人甲主张返还财产的权利。故D选项说法正确。

15. 答案：C。依据《民法典》第224条的规定，动产物权的设立和转让，自交付时发生效力，但是法律另有规定的除外。小甲因缩手未能直接占有鸽子，鸽子尚未交付完成，农户乙仍享有鸽子的所有权。故C选项说法正确。

(二) 多项选择题

1. 答案：ABCD。《民法典》第374条中规定："地役权自地役权合同生效时设立。"《民法典》第333条第1款规定："土地承包经营权自土地承包经营权合同生效时设立。"故C、D项正确。对于A项质权来说，一般只需订立质押合同并已转质押物即可。B项中，留置权是法定担保物权，只能发生在特定的合同关系中，符合法律规定的条件即可产生。

2. 答案：CD。留置权和动产质权都属于担保物权的范畴。

3. 答案：ABD。在民法上，通常将各种保护物权的方法分为物权的保护方法和债权的保护方法。物权的保护方法如排除妨碍、停止侵害、返还原物等；而债权的保护方法主要是指赔偿损失。

4. 答案：AB。物权法定原则的主要内容包括种类法定和内容法定两个方面。

5. 答案：AB。绝对权是指义务人不确定，权利人无须义务人实施一定的积极行为即可实现的权利。

6. 答案：ABCD。建造房屋和生产为所有权的原始取得方式，接受赠与和买卖合同为所有权的继受取得方式。

7. 答案：AB。本题中，小谢出卖了同学的笔记本电脑，属于无权处分。但是小刘对此并不知情，其基于对小谢占有笔记本电脑的信赖购买了笔记本电脑，应当受到法律的保护。故本题选AB。

8. 答案：ABCD。《民法典》第240条规定："所有权人对自己的不动产或者动产，依法享有占有、使用、收益和处分的权利。"根据《民法典》第395条，动产可以作为抵押权的客体。根据《民法典》第425条，债务人或者第三人可以将其动产出质给债权人作为质押财产。根据《民法典》第447条，占有的动产为留置财产。故A、B、C、D项都是正确答案。

9. 答案：AD。本题考查居住权的相关规定。根据《民法典》第366条、第367条和第368条的规定，居住权人有权按照合同约定，占有、使用他人住宅。设立居住权的，应当向登记机构申请居住权登记，居住权自登记时设立，故A、D项正确。

10. 答案：AB。C项李某应依据违约责任要求张某赔偿损失，D项孙某善意取得电脑的所有权，李某只能要求张某赔偿。

11. 答案：AB。本题考查合同的效力和善意取得制度。《民法典》第 703 条规定：“租赁合同是出租人将租赁物交付承租人使用、收益，承租人支付租金的合同。”法律并不要求租赁物一定为出租人所有，故丙将本属于甲所有的机器，出租给不知情的丁使用，不影响租赁合同的效力，租赁合同自成立生效。因此 A 项正确。《民法典》第 311 条规定了善意取得制度，即无处分权人将不动产或者动产转让给受让人的，所有权人有权追回；除法律另有规定外，符合下列情形的，受让人取得该不动产或者动产的所有权：（1）受让人受让该不动产或者动产时是善意的；（2）以合理的价格转让；（3）转让的不动产或者动产依照法律规定应当登记的已经登记，不需要登记的已经交付给受让人。本题中，乙公司作为无处分权人将该 10 台机器出售给知情人丙，不符合善意取得制度中的“受让人受让该动产时是善意的”的条件规定，因此丙不能善意取得该 10 台机器的所有权，丙也就无权对该 10 台机器进行出租，甲公司作为所有权人，有权根据物上请求权请求丁公司返还财产，且无须补偿其任何损失。《民法典》第 725 条规定：“租赁物在承租人按照租赁合同占有期限内发生所有权变动的，不影响租赁合同的效力。”也就是说，虽然租赁物本身所有权发生了变动，但是丙和丁之间的租赁合同依然有效，所以丁公司返还甲公司 10 台机器后所受到的损失应该由丙公司承担，故 B 项说法正确，C、D 两项错误。

12. 答案：ABCD。本题考查善意取得制度的例外。通说认为，拾得遗失物与违法所得都不能适用善意取得制度，因此，在本题中，如果甲提出丙取得该自行车是通过拾得或盗窃方式取得的，无论乙的购买行为实际上是恶意还是善意，甲都有权主张返还请求权。因此，A、B、C、D 项都选。

13. 答案：BCD。本题中，李某拾得电脑后因暂时找不到失主而将电脑出租给王某获得很高的收益，李某属于善意间接占有人。依照《民法典》第 314 条、第 316 条、第 317 条、第 460 条的规定，拾得遗失物应当返还原权利人；权利人在领取遗失物时，应当向拾得人支付保管遗失物等支出的必要费用；在无权占有情形下，权利人可以请求返还原物及其孳息，但应支付善意占有人所支出的必要费用。故 B 项正确。

不当得利的返还范围以现存利益为限，而非所受损失，故 A 选项错误。

根据材料事实，因为满足善意取得的构成要件，乙为电脑的所有权人，李某拒绝返还电脑，侵害乙对电脑的所有权和占有，需要承担侵权责任，故 D 项正确。

C 选项存在较大争议。所有权返还请求权和不当得利请求权竞合，存在争议，司考命题人似乎主张受损人能够基于所有权请求返还其利益时，原则上不成立不当得利。另一种观点是李某的不当得利是占有的不当得利，而非所有权的不当得利，因而只能主张所有权返还请求权要求返还原物。

14. 答案：BC。《民法典》第 457 条规定：“留置权人对留置财产丧失占有或者留置权人接受债务人另行提供担保的，留置权消灭。”电脑被李某偷走后，康城公司丧失了对电脑的占有，留置权也由此消灭。所以，B 项正确。

李某从康成公司偷走电脑后，作为占有人的康成公司有权请求李某返还电脑，康成公司的占有被不法侵害，可得基于占有返还请求权请求返还电脑，所以 C 项正确。

《民法典》第 453 条第 1 款规定：“留置权人与债务人应当约定留置财产后的债务履行期限；没有约定或者约定不明确的，留置权人应当给债务人六十日以上履行债务的期限，但是鲜活易腐等不易保管的动产除外。债务人逾期未履行的，留置权人可以与债务人协议以留置财产折价，也可以就拍卖、变卖留置财产所得的价款优先受偿。”留置权人应当给债务人 60 日以上履行债务的期间。所以，A 项错误。

根据电脑维修费产生的债权债务关系发生在康成公司和王某之间，债权具有相对性，康成公司只能要求王某向其支付维修费用。所以，D 项错误。

15. 答案：ABC。依据《民法典》第 196 条的规定，请求排除妨碍不适用诉讼时效的规定。乙属于行为妨害人，甲属于状态妨害人，丙可以向乙或者甲要求排除妨碍。请求精神损害赔偿需要达到“严重”的程度。故 A、B、C 选项均正确。

简答题

1. 依据对物的利用内容的不同，他物权可以区分为用益物权和担保物权。此种分类方式是对他物权作出的进一步划分。所谓用益物权，依据《民法典》第323条，是指非所有人对他人之物所享有的占有、使用、收益的排他性权利。我国《民法典》物权编在第三分编中规定了用益物权。所谓担保物权，依据《民法典》第386条，是指为了担保债权的实现，由债务人或第三人提供特定的物或者权利作为标的物而设定的限定物权。担保物权是为了确保债务的履行而对他人提供担保的物或权利的价值所享有的权利。我国《民法典》物权编在第四分编中规定了担保物权。用益物权与担保物权的区别如下。

第一，支配的价值不同。用益物权以追求物的使用价值为内容，标的物必须具有使用价值。而担保物权以标的物的价值和优先受偿为内容，故标的物必须具有交换价值。

第二，存续期间不同。为了保障权利人对物进行持续的利用，用益物权的期限具有确定性，而且期限通常较长。而担保物权以担保债权的实现为目的，债权一旦获得清偿，担保物权即消灭。

第三，性质不同。用益物权除地役权外，都是主权利，用益物权为独立物权。而担保物权具有附随性，即担保物权因债权的产生而产生，以债权的存在为前提，是从权利。

第四，目的和社会功能不同。用益物权的目的在于对标的物的使用、收益，从而取得物的使用价值，所以应当实际的占有物。而担保物权并非为了取得对物的使用和收益，所以不以对物的直接支配为要件。

第五，客体不同。首先，担保物权可以以权利为标的，而用益物权不能。其次，用益物权的客体发生价值形态的变化，如价值改变、减少等将对用益物权人的使用收益产生直接影响。而担保物权的客体发生价值形态的改变，并不影响担保物权的存在。最后，用益物权的客体多为不动产，而担保物权的客体既可以是动产也可以是不动产。

2. 物权和债权是相对应的民事权利，它们共同构成民法中最基本的权利形式。物权和债权构成了市场经济社会最基本的财产权利。物权与债权的联系十分密切，但物权作为一项独立的民事权利，和债权比较，具有自身的特点，具体表现如下。

第一，物权的权利主体是特定的，而义务主体是不特定的，是绝对权和对世权。而债权的主体是特定的债权人和债务人，是相对权和对人权。

第二，物权的内容是直接支配一定的物，并排斥他人干涉，是支配权。债权内容与物权相反，债权人一般不是直接支配一定的物，债权也没有排他性的效力，是请求权。

第三，物权的设定必须公示，物权的种类和基本内容由法律规定。仅在非常例外的情形下才会给债权提供法定的公示方法。

第四，物权的客体主要是有体物，而债权主要以行为为客体。

第五，物权中的所有权具有永久性和长期性，债权都是有期限限制的权利。

第六，物权具有优先性，债权是平等性的权利。

第七，物权具有对抗第三人的效力，而债权只能在特定当事人之间发生效力。

第八，对物权进行保护可以适用物权请求权，而在债权受到损害时，要使债权人的损失得到补救和恢复，一般只宜采用损害赔偿的方式。

3. 物权请求权是指权利人为恢复物权的圆满状态或者防止侵害的发生，请求义务人为一定行为或者不为一定行为的权利。关于物权请求权的性质、形态等问题，学界一直存有争议。一种有力的观点认为，应当由侵权请求权取代物权请求权，侵权责任的承担方式不限于以恢复原状和赔偿损失为具体内容的损害赔偿，尚包括停止侵害、排除妨碍、消除危险、返还财产。这种观点与我国既有立法传统和司法传统具有相对较高的适应性。另一种观点认为，在侵权请求权之外应当认可独立的物权请求权。该观点认为，两种请求权的区别是：

第一，物权请求权与侵权请求权具有不同的功能和目的。物权请求权的目的是排除物权受到侵害的事实或者可能，恢复或者保障物权的圆满状态；侵权请求权的目的是填补物权人无法通过行使物权请求权而得以弥补的损失。一般而言，当物权受到侵害时，首先应适用物权请求权，以尽可能地恢复物权的圆满状态。只有在遭受的侵害无法通过物权请求权加以弥补时，才可以行使侵权请求权，要求加害人给予损害赔偿。

第二，物权请求权与侵权请求权要求相对人承担责任的要件不同。首先，两者的归责基础不同。根据我国现行法律的规定，除法律特别规定的侵权行为以外，一般侵权行为的受害人要行使基于侵权行为的请求权必须适用过错责任原则。但是如果适用物权请求权，权利人要求侵害人返还财产、排除妨害，都不需要证明相对人具有过错。换言之，物权人在行使其物权请求权的时候，只需要证明其财产被他人不法占有或遭受了侵害或妨害，而不需要证明他人对该财产的占有、侵害或妨害是否具有过错。其次，从危害后果上看，行使侵权请求权的前提是存在损害赔偿之债，这意味着加害人造成了受害人财产损失的才承担赔偿责任，没有损失就没有赔偿。但是物权请求权行使的前提是物权遭受侵害或者有遭受侵害的可能，而不以造成财产损失为前提。也就是说，只要行为人阻碍或者妨害物权人行使其物权，不管是否造成现实的损害，物权人都有行使物权请求权之可能。此外，不法行为人侵害或者妨害物权人的物权，造成了妨害或危险，此种妨害或危险本身并非一种损害，常常难以用货币的形式来具体确定或定量，但这并不影响物权人行使物权请求权而对这些妨害或危险予以排除。

第三，物权请求权与侵权请求权是否适用诉讼时效不同。我国《民法典》规定，侵权请求权适用诉讼时效。但是对于物权请求权来说，一方面，对于排除妨害、消除危险等物权请求权而言，很难确定诉讼时效的起算点，因为物权的请求权通常适用于各种继续性的侵权行为，这种侵权行为通常是持续不断进行的。另一方面，对于诸如返还原物的请求权而言，适用 3 年的诉讼时效将不利于保护所有人的利益。

第四，物权请求权和侵权请求权对物权保护的效力不同。物权请求权源于物权，是物权效力的内容；而侵权请求权在性质上为债权，属于债权的内容。在某些情形下，物权请求权的效力优先于债权请求权。如果以侵权请求权代替物权请求权，则损害了物权应当具有的优先效力。

案例分析题

1. (1) 双方签订的抵押合同是有效的。依据《民法典》第 215 条的规定，当事人之间订立有关设立、变更、转让和消灭不动产物权的合同，除法律另有规定或者合同另有约定外，自合同成立时生效；未办理物权登记的，不影响合同效力。双方签订的抵押合同，意思表示真实、自愿、合法，合同有效成立。

(2) 本案涉及物权法定原则。物权法定原则，是指物权的种类、内容应当由法律明确规定，而不能由法律之外的其他规范性文件确定，或当事人通过合同任意设定。抵押权属于担保物权，我国《民法典》第 395 条和第 399 条分别从正面和反面规定了抵押财产的范围。本案当事人所设抵押权以对商贸城拥有的管理权和抵押权为担保，并不属于《民法典》所明确规定的可以抵押的财产范围。但是依据《民法典》第 395 条第 1 款第 7 项，“法律、行政法规未禁止抵押的其他财产”也可以进行抵押。本案中，对商贸城拥有的“管理权和出租权”能够为当事人带来实际的财产收益，当事人又协商一致、意思表示真实合法，其所设立的抵押权应认定为有效。

2. 物权的优先性，包括对外和对内两个方面。对内的优先性，又称物权的对内效力，它是指物权相互之间的效力。《民法典》第 403 条规定：以动产抵押的，抵押权自抵押合同生效时设立；未经登记，不得对抗善意第三人。据此可知，未登记的动产抵押权不得对抗在后取得的质权和已经登记的抵押权。本题中，机器设备上的担保物权的设立顺序依次为：乙公司的质权、丙银行未登记的抵押权、丁公司已登记的抵押权。综上，乙、丙、丁担保物权的清偿顺序依次为：乙公司的质权、丁公司已登记的抵押权、丙银行未登记的抵押权。

论述题与深度思考题

物权法的基本原则，是物权法的主旨和根本原则，是指导、解释、执行和研究物权法的出发点。物权法的基本原则贯穿在整个物权法制度和规范之中，体现物权立法的基本理念和精神。我国物权法的基本原则有以下三个。

(1) 平等保护原则。

所谓平等保护原则，是指物权的主体在法律地位上是平等的，依法享有平等的权利，遵守相同的规定。其物权受到侵害后，应当受到物权法的平等保护。平等保护是物权法的首要原则，也是我国物权法具有中国特色的鲜明体现。我国《民法典》突出了平等保护原则，将其放在物权编中第一分编“通则”的第一章予以确立。

平等保护原则是我国民法基本原则在物权法中的具体体现。其主要包括如下几个方面的内容。

第一，法律地位的平等。也就是说，所有的市场主体在物权法中都具有平等的地位，这是我国宪法所确认的法律面前人人平等原则的具体体现。每个物权的主体在享有物权的范围上可能是不同的，但是，他们在物权法中的地位是平等的。

第二，规则适用的平等性。除法律有特别规定的情况外，任何物权主体在取得、设定和转移物权时，都应当遵循共同的规则。

第三，法律保护的平等性。保护的平等性包括两个方面的平等性：一是在物权归属发生冲突的情况下，针对各个主体都应当适用平等的规则解决其纠纷。二是在物权受到侵害后，各个物权主体都应当受到平等保护。

平等保护原则是维护我国社会主义基本经济制度的法律保障，也是社会主义市场经济的基本法律规则。它不仅强调要保护人民群众的财产权，而且将人民群众的财产权置于和国有财产平等对待的地位，具有重要的意义。

（2）物权法定原则。

物权法定原则，是指物权的种类、内容应当由法律明确规定，而不能由法律之外的其他规范性文件确定，或当事人通过合同任意设定。《民法典》第116条规定："物权的种类和内容，由法律规定。"这就确立了物权法定原则。物权法定是大陆法系各国物权法所普遍承认的基本原则。它对于准确地界定物权、定分止争、确立物权设立和变动规则、建立物权的秩序都具有很重要的意义。

物权法定原则的内容如下。

第一，物权种类法定。这是指哪些权利属于物权、哪些不是物权，要由物权法和其他法律规定。物权必须由法律设定而不是由当事人随意创设。物权种类法定包括两层含义：一方面，物权的具体类型必须要由法律明确确认，法律之外的规范性文件不得创设物权，当事人不得创设法律所不承认的新的类型的物权。另一方面，种类法定既不允许当事人任意创设法定物权之外的新种类物权，也不允许当事人通过约定改变现有的法律规定的物权类型。当事人之间的协议不发生创设物权的效力，这点和合同自由不同。

第二，物权内容法定。物权的内容法定包括两个方面：一方面，物权的内容必须要由法律规定，当事人不得创设与法定物权内容不符的物权，也不得基于其合意自由决定物权的内容。另一方面，内容法定是强调当事人不得作出与物权法关于物权内容的强行性规定不符的约定。

此外，还有物权效力法定。因为物权效力是由法律赋予的，物权的对世效力、优先效力，都要对第三人产生，涉及交易安全，故不能由合同当事人自由作出安排。如果没有效力法定，则种类法定和内容法定在现实生活中将失去应有的作用。物权的效力包括对世性、支配性、优先性以及追及性，它是物权的基本性质的体现，也是物权和其他基本权利区别的标志。如果允许合同当事人可以随意地改变物权的效力，那么物权和债权的区别将不复存在，种类和内容的法定也就丧失了意义。尽管《民法典》第116条规定，物权的种类和内容由法律规定，其中没有明确提到效力法定的问题，但并不意味着物权法否定了效力法定的必要性，只不过是因为物权的定义以及与物权有关的规定中不涉及效力的规定，因而在物权法定的表述中没有提到效力问题。

（3）公示公信原则。

1）公示原则。

所谓公示，是指在物权变动时，必须将物权变动的事实通过一定的公示方法向社会公开，从而使第三人知道物权的变动的情况，以避免第三人遭受损害并保护交易安全。一方面，公示是将物权设立和变动的事实对外公开，而主要不是将某项财产对外公开。另一方面，公示不一定是向全社会公开，而应当是向一定范围的人公开，能够使他人知道。

公示原则的机理在于，任何当事人设立、移转物权时，都会涉及第三人的利益，因此，物权的设立、移转必须公开、透明，以利于保护第三人的利益，维护交易的安全和秩序，这就需要公示原则，将物权设立、移转的事实通过一定的公示方法向社会公开，从而使第三人知道物权变动的情况。由于物权具有优先性，能够对抗第三人，因此物权必须要公开，从而使第三人知道该物权的存在。任何当事人都不得仅仅通过不公开的协议而创设某种物权，否则，必然会损害第三人的利益，危害交易的安全。

物权的公示方法必须要由法律明确规定，而不能由当事人随意创设，也不得通过合同加以变更。其强行性主要体现在：第一，法律规定物权的设立和变动必须采用公示方法的，应当根据法律的规定。第二，公示方法必须由法律规定。第三，公示的效力必须法定。

公示方法原则上应采取不动产登记、动产交付的规则。此外，对于动产、不动产之外的其他权利，《民法典》也规定了相应的公示方法。公示原则具有明确物权的功能，维护交易安全的功能，提高物权的利用效率的功能。

2）公信原则。

所谓公信，是指一旦当事人变动物权时依据法律的规定进行了公示，则即使依公示方法表现出来的物权事实上不存在或有瑕疵，但对于信赖该物权的存在并已经从事了物权交易的人，法律仍然承认其具有与该物权真实时相同的法律效果，以保护交易安全。公示和公信是密切联系的。物权法上的善意取得制度等都是公信原则的体现。具体来说，公信原则表现为两方面的内容。

第一，登记记载的权利人在法律上推定其为真正的权利人。

第二，凡是信赖登记所记载的权利而与权利人进行的交易，在法律上应当受到保护。

公信制度的建立能够促使人们进行登记行为，从而建立一种真正的信用经济，并使权利的让渡能够顺利、有序地进行。公示、公信制度对于鼓励交易具有极为重要的作用：一方面，由于交易当事人不需要花费更多的时间和精力去调查了解标的物的权利状态，从而可以较为迅速地达成交易；另一方面，交易当事人不必要因为担心处分人不是真正的权利人而犹豫不决。从而为当事人快捷的交易形成了一种激励机制，为交易的安全确立了一种保障机制。

公信制度也有一些例外，即公信制度不适用于恶意的第三人。恶意是相对于善意而言的，它是指相对人在从事交易时知道或者应当知道交易的另一方当事人并不是真正的权利人。

第十三章　物权变动

知识逻辑图

- 物权变动
  - 物权变动的模式
    - 意思主义
    - 形式主义
  - 基于法律行为的物权变动
    - 基于法律行为的物权变动概述
      - 合意
      - 公示
    - 基于法律行为的不动产物权变动模式
      - 登记要件（生效）模式
      - 登记对抗模式
  - 非基于法律行为的物权变动
    - 法院、仲裁机构的生效法律文书
    - 征收
    - 继承取得物权
    - 合法建造房屋、拆除住房、添附等事实行为
  - 不动产登记
    - 不动产登记概述
    - 不动产登记簿与权属证书
    - 不动产登记的效力
    - 登记机构的审查义务
    - 登记的查询与登记资料的保密义务
    - 特殊的登记制度
      - 更正登记
      - 异议登记
      - 预告登记
    - 登记机构的责任
  - 动产交付
    - 动产物权变动概述
    - 交付的特殊方式
      - 简易交付
      - 指示交付
      - 占有改定
    - 船舶、航空器等特殊动产物权的变动

名词解释

1. 交付
2. 更正登记
3. 异议登记
4. 预告登记

选择题

（一）单项选择题

1. 李男与张女结为夫妻，婚后不久，两人各出资5万元，李某的母亲贾某出资3万元，共同购买了张某

单位低价出售给职工的福利房。后两人感情恶化，遂准备离婚，同时贾某也因赡养问题与李某产生矛盾，三方就房屋的所有权问题产生争执，下列说法正确的是（　　）。

A. 李某主张：自己是房屋登记的户主，房屋所有权属自己

B. 贾某主张：虽然房屋登记户主为李某，但他出资的钱是自己给他的，并举出确凿证据证明，故所有权应归自己

C. 张某主张：房屋是单位的福利房，她才是真正所有人

D. 房屋的所有权应归张某单位

2. 张某准备出卖自己的房屋。郝某表示愿意购买，双方签订了房屋买卖合同。刘某也听说了张某卖房的事，找到张某要求将房子卖给他，并许诺多出 1 万元。张某碍于刘某是熟人，就另行与刘某订立了合同，并办理了房屋过户。郝某得知后向法院起诉。法院应如何判决？（　　）

A. 房屋归郝某，张某向刘某承担违约责任

B. 房屋归刘某，张某向郝某承担违约责任

C. 房屋产权登记有误，应重新登记给郝某

D. 以上说法都不对

3. 某房地产公司对该公司新开发的在建商品房进行预售。3 月 22 日，该公司将一套房屋预售给张某，并与其签订了商品房预售合同，约定价款 132 万元以及分期支付价款的具体方式，合同约定在第二年年底将交房。同年 5 月 19 日，房地产公司又将同一房屋以 168 万元预售给赵某，赵某当即付清了房款。合同签订后，赵某对商品房预售合同进行了预告登记。第二年年初，房地产公司将房屋交付给赵某，并且办理了过户登记。下列说法哪一个正确？（　　）

A. 张某取得所有权，因为他与房地产公司的买卖合同在先

B. 赵某取得所有权，因为他已付清房款，房屋已经交付

C. 赵某取得所有权，因为赵某对商品房预售合同进行了预告登记

D. 赵某取得所有权，因为房屋已经过户给赵某

4. 甲、乙和丙于 2022 年 3 月签订了散伙协议，约定登记在丙名下的合伙房屋归甲、乙共有。后丙未履行协议。同年 8 月，法院判决丙办理该房屋过户手续，丙仍未办理。9 月，丙死亡，丁为其唯一继承人。12 月，丁将房屋赠给女友戊，并对赠与合同作了公证，下列哪一表述是正确的？（　　）（司考改编）

A. 2022 年 3 月，甲、乙按份共有房屋

B. 2022 年 8 月，甲、乙按份共有房屋

C. 2022 年 9 月，丁为房屋所有人之一

D. 2022 年 12 月，戊为房屋所有人

视频讲题

5. 下列说法正确的是（　　）。

A. 张某想要抛弃其所有的房屋，不需要进行登记即可发生效力

B. 所有的不动产物权的设立都需要登记，否则不发生效力

C. 不动产权属证书记载的事项与不动产登记簿记载的不一致的，除有证据证明不动产登记簿确有错误外，以不动产登记簿为准

D. 当事人订立转让不动产物权的合同，合同自登记之时起生效

6. 甲将自己的电脑卖给乙，双方约定电脑卖给乙后仍然由甲使用一个月。乙是通过哪种交付方法取得电脑所有权的？（　　）（司考改编）

A. 现实交付　　B. 占有改定

C. 指示交付　　D. 简易交付

7. 甲与乙签订“协议”，由乙以自己名义代甲购房，甲全权使用房屋并获取收益。乙与开发商和银行分别签订了房屋买卖合同和贷款合同。甲把首付款和月供款给乙，乙再给开发商和银行，房屋登记在乙名下。后甲要求乙过户，乙主张是自己借款购房。下列哪一选项是正确的？（　　）（司考改编）

A. 甲有权提出更正登记

B. 房屋登记在乙名下，甲不得请求乙过户

C. “协议”名为代购房关系，实为借款购房关系

D. 如乙将房屋过户给不知“协议”的丙，丙支付合理房款则构成善意取得

8. 庞某有 1 辆名牌自行车，在借给黄某使用期间，达成转让协议，黄某以 8 000 元的价格购买该自行车。

次日，黄某又将该自行车以 9 000 元的价格转卖给了洪某，但约定由黄某继续使用 1 个月。关于该自行车的归属，下列哪一选项是正确的？（　　）（司考改编）

A. 庞某未完成交付，该自行车仍归庞某所有

B. 黄某构成无权处分，洪某不能取得自行车所有权

C. 洪某在黄某继续使用 1 个月后，取得该自行车所有权

D. 庞某既不能向黄某，也不能向洪某主张原物返还请求权

视频讲题

9. 甲将自己的房屋赠与好友乙，已交付但未办理过户登记。一年后，甲因急需资金，将该房屋卖给丙并办理了过户登记，同时约定在丙付清全款前，甲保留房屋所有权。对此，正确的是（　　）。（考研）

A. 甲仍享有房屋所有权

B. 乙继受取得房屋所有权

C. 丙善意取得房屋所有权

D. 丙继受取得房屋所有权

10. 甲将借给乙的笔记本电脑卖给丙，甲、丙约定由丙直接向乙请求返还电脑。该电脑的交付方式属于（　　）。（考研）

A. 现实交付　　　B. 占有改定

C. 简易交付　　　D. 指示交付

11. 甲的父母去世后，甲因法定继承取得房屋所有权，但尚未办理过户手续。甲欲出卖该房屋，遂与乙订立房屋买卖合同，约定房屋一旦交付，所有权即转移给乙。合同缔结后不久，甲即完成了该房屋的交付。对此，下列哪一说法是正确的？（　　）（法考改编）

A. 房屋买卖合同全部有效

B. 房屋买卖合同全部无效

C. 房屋所有权没有转移

D. 房屋所有权已经转移

（二）多项选择题

1. 下列说法错误的有（　　）。

A. 贾某自赵某处购房一套，自办理过户登记时物权发生变动

B. 贾某继承其父的房屋一套，自房屋过户登记时物权发生变动

C. 贾某自建房屋一套，自房屋建成并办理登记时物权设立

D. 政府依照法定权限和程序征收贾某的房屋，自房屋过户登记时物权发生变动

2. 张华利用多年的积蓄在某大学附近盖了一栋三层楼房准备出租赚钱。建成之后，张华和其朋友王刚一同去办理登记，由于登记机关的疏忽，将所有权人登记成了王刚，张华没有发现。后来张华被调到外地工作，遂委托王刚代为照看房屋。不久，王刚利用该房屋抵押获取了银行 20 万元的贷款用作购买股票。因不能按时还款，银行申请拍卖该房屋。张华这才得知登记错误的事情，遂坚决拒绝拍卖房屋，并要求登记机关更正登记，承担赔偿责任。下列说法正确的有（　　）。

A. 银行不得拍卖该房屋，银行的损失由王刚赔偿

B. 银行可以拍卖该房屋，张华的损失由登记机构和王刚赔偿

C. 张华发现登记错误后，可以申请异议登记

D. 张华可以申请更正登记

3. 张某为开一家茶叶店，从王某处购得门面房两间，约定价款为 100 万元，张某先付 60 万元，余款办理过户登记后一个月内付清，双方签订了合同。张某交付 60 万元房款后，两人一起到登记机构办理过户。登记机构告知两人，为市政建设的需要，要按照房屋的评估价收取万分之五的费用，要求两人先对房屋进行评估，张某就该问题与登记机构发生纠纷。下列说法错误的有（　　）。

A. 登记机构是出于公共利益的需要，其行为是合法的

B. 登记机构的行为违法，张某不必交付该费用

C. 张某也不必对该房屋进行评估

D. 房屋买卖双方需要先对房屋进行评估，但不必缴纳该费用

4. 张三去世后，其子张顺继承了其名下的房屋两间。不久，张顺将房屋卖给了同工厂工人李某。下列说法正确的有（　　）。

A. 张顺自继承开始时取得对房屋的所有权

B. 由于是继承所得，因此张某不需要对房屋进行变更登记即可取得所有权

C. 张顺转让房屋，也不需要办理过户登记即可

D. 张顺必须办理登记后才能取得两间房屋的所有权，其转让房屋也要办理过户登记

5. 赵某在某市拥有一栋三层小楼，该市为修建公路，向包括赵某在内的一百余户居民发出了征收决定，该决定于6月20日生效。赵某获知此事后，前往某银行声称欲贷款投资因此想要抵押房屋。由于该银行工作人员林某是赵某的朋友，因此只做了简单审查，双方于7月1日签订了合同，赵某以房屋为抵押获得了30万元的贷款。7月20日，政府将赵某的房屋推倒进行施工，该银行发现了此事，遂要求赵某提前还款，遭到赵某拒绝。下列说法错误的有（　　）。

A. 银行可以要求政府赔偿损失

B. 银行不能要求政府赔偿损失

C. 从征收决定生效时起，房屋的所有权转移

D. 自办理登记之时起，房屋的所有权转移

6. 赵某是一家工厂的工人，他勤奋好学，业余时间参加了一个电脑培训班培训，但苦于自己没有电脑，因此他提出借其友郭某的笔记本电脑三个月，待培训班结束后返还，并提出可以给郭某500元的报酬。郭某欣然同意。两个月后，郭某欲将电脑以5 000元的价格卖给孙某，并告知孙某电脑出借给赵某一事，要求孙某一个月后再去赵某处取电脑，孙某同意并支付了价款。下列说法正确的有（　　）。

A. 赵某属于自主占有

B. 郭某属于间接占有

C. 交付方式为占有改定

D. 交付方式为指示交付

7. 林青将其大众汽车出租给张某使用，每月租金1 000元，租期3个月。两个月后，由于做生意亏本，林青欲将其大众汽车转让，遂与张某签订了买卖合同，张某支付了价款，双方一同办理了登记。此时汽车仍旧在张某处，则（　　）。

A. 林青交付汽车的方式为占有改定

B. 林青交付汽车的方式为简易交付

C. 张某仍然需要支付剩余一个月的租金

D. 张某不必再支付剩余一个月的租金

8. 张松和张玫是兄妹，其父去世后，两人共同继承了一栋房屋，张玫和张松各分得一间，并且进行了登记。假如张松发现房产证书记载有误，与房屋登记簿不一致，遂要求对房产证进行更正，而张玫则认为并非房产证有误，而是登记簿有误。下列说法正确的有（　　）。

A. 房产证和房屋登记簿不一致的，一般以登记簿为准

B. 如果张玫能够证明房屋登记簿有误，则可以申请更正登记

C. 如果张松不同意更正登记簿，张玫可以申请异议登记

D. 异议登记之日起30日内张玫可以起诉，否则异议登记失效

9. 以下物权的取得不以登记为生效要件的是（　　）。

A. 李某用自己的房屋为张某设定抵押权

B. 李某在自己的宅基地上盖了一栋房屋

C. 李某继承了其父的一栋房屋

D. 法院生效判决将王某的房屋判给了李某

10. 某房屋登记的所有人为甲，乙认为自己是共有人，于是向登记机构申请更正登记。甲不同意，乙又于3月15日进行了异议登记。3月20日，丙打算买甲的房屋，但是到登记机构查询发现甲的房屋存有异议登记，遂放弃购买。乙申请异议登记后，发现自己的证据不足，遂对此事置之不理。下列哪些选项是正确的？（　　）（司考改编）

A. 异议登记后，未经乙同意，处分该房屋的，不发生物权效力

B. 异议登记于3月31日失效

C. 甲有权向乙请求赔偿损失

D. 甲有权向登记机构请求赔偿损失

11. 吴某和李某共有一套房屋，所有权登记在吴某名下。某年2月1日，法院判决吴某和李某离婚，并且判决房屋归李某所有，但是并未办理房屋所有权变更登记。3月1日，李某将该房屋出卖给张某，张某基于对判决书的信赖支付了50万元价款，并入住了该房屋。4月1日，吴某又就该房屋和王某签订了买卖合同，王某在查阅了房屋登记簿确认房屋仍归吴某所有后，支付了50万元价款，并于5月10日办理了所有权变更登记手续。下列哪些选项是正确的？（　　）（司考改编）

A. 5月10日前，吴某是房屋所有权人

B. 2月1日至5月10日，李某是房屋所有权人

C. 3月1日至5月10日，张某是房屋所有权人

D. 5月10日后，王某是房屋所有权人

12. 根据公平正义理念的内涵，关于《民法典》第243条就“征收集体所有的土地和组织、个人的房屋以及其他不动产”所作的规定，下列哪些说法可以成立？(　　)(司考改编)

A. 有公共利益的需要，方可进行征收，实现国家、集体和个人利益的统一

B. 征收须依照法定权限和程序进行，保证程序公正

C. 对失地农民须全面补偿，对失房市民可予拆迁补偿，合理考虑不同诉求

D. 明确保障住宅被征收人的居住条件，保护正当利益和民生

13. 甲将1套房屋出卖给乙，已经移转占有，没有办理房屋所有权移转登记。现甲死亡，该房屋由其子丙继承。丙在继承房屋后又将该房屋出卖给丁，并办理了房屋所有权移转登记。下列哪些表述是正确的？(　　)(司考改编)

A. 乙虽然没有取得房屋所有权，但是基于甲的意思取得占有，乙为有权占有

B. 乙可以对甲的继承人丙主张有权占有

C. 在丁取得房屋所有权后，乙可以以占有有正当权利来源对丁主张有权占有

D. 在丁取得房屋所有权后，丁可以基于其所有权请求乙返还房屋

14. 刘某借用张某的名义购买房屋后，将房屋登记在张某名下。双方约定该房屋归刘某所有，房屋由刘某使用，产权证由刘某保存。后刘某、张某因房屋所有权归属发生争议。关于刘某的权利主张，下列哪些表述是正确的？(　　)(司考改编)

A. 可直接向登记机构申请更正登记

B. 可向登记机构申请异议登记

C. 可向法院请求确认其为所有权人

D. 可依据法院确认其为所有权人的判决请求登记机关变更登记

15. 甲与乙签订房屋买卖合同，并到登记机关办理了房屋买卖合同预告登记。如甲不按合同交付房屋并转移房屋所有权，预告登记将对乙产生何种保护效果？(　　)(司考改编)

A. 甲再处分该房屋的，买卖合同无效

B. 未经乙的同意，甲再处分该房屋的，不发生物权变动效力

C. 预告登记直接转化为正式登记

D. 甲设立抵押的，应当优先保护买房人乙的利益

简答题

1. 简述观念交付的三种方式。

2. 简述非基于法律行为的物权变动的类型。

案例分析题

1. 甲因为要调往外地工作，欲将家里的财产变卖，甲的朋友乙知道后同甲商量，要求甲把彩电卖给他。双方协定的价格是1 500元。6月1日，乙将钱交给甲以后，乙将电视装上车欲将电视拉走。甲想起自己还有一个月才走，就问乙能否借用一个月，乙同意。7月1日，乙将电视拉回家，到家后，当他接通电源，电视机不显示图像，乙认为甲的电视机在卖给他之前就坏了，就把电视机又给甲送回来，要求甲把钱退给他。甲请来修理电视机的技术人员检查，认为是搬运不当显像管损坏。乙坚决不要电视机了，要求甲退钱。如果甲一定要将电视卖给他，那就退给他电视的修理费将近500元。试根据民法理论分析以下问题。

(1) 甲交付电视机是采用的什么样的交付方式？

(2) 电视机的所有权是否已经转移？如果是，何时转移？

(3) 甲是否应当承担电视的修理费用或者收回电视？

(4) 结合民法理论，结合本案谈谈动产的交付问题。

2. 2023年4月20日，公司甲与公司乙签订综合授信协议、进口押汇合同、最高额质押合同，公司乙以其存放于自有仓库的饼干作为质物，向公司甲借款。2023年4月26日，双方签订协议，约定公司甲委托公司丙对公司乙提供的质物进行监管，公司丙如因过错造成监管物短损等实际损失的，承担补充赔偿责任。质物存放于公司乙的仓库。协议签订后，按公司甲指示，公司丙与公司乙签订仓库租赁协议，租金为1元，监管物实际仍在公司乙的仓库，未转移占有。公司丙指派工作人员在公司乙的仓库对质物进行监管。

监管期间，公司乙陆续出现不配合监管、转移质物、不允许盘库、驱赶监管员等情况，公司丙立即采取多次电话及书面函件通知公司甲、监管人员24小时

蹲守监控、向公司乙下达停止通知、两次向公安机关报警等方式，及时全面履行了合同义务。公司乙借款有人民币 99 980 126.55 元、15 250 000 美元，以及相应利息未偿还，公司甲因向公司乙主张还款未果，诉至人民法院，除请求判令偿还本金、利息、保证人承担保证责任外，另请求判令行使质权、公司丙承担补充赔偿责任。

试分析该种质物交付方式是否符合质权设立所要求的交付标准，以及公司甲的质权是否已经合法设立。

视频讲题

论述题与深度思考题

试述基于法律行为的不动产物权变动模式。

参考答案

名词解释

1. 交付是动产物权变动法定的公示方法，交付不是一种约定的义务，而是一种法定的义务。在发生物权变动时，当事人不能通过合同随意免除交付的义务，也不能擅自约定交付的方式和交付的效力。交付分为现实的交付和观念的交付两种情况。所谓现实的交付，是指动产物权的出让人将动产的占有实际地移转给受让人，由受让人直接占有该动产。所谓观念的交付，是指在特殊情况下，法律允许当事人通过特别的约定，并不现实地交付动产，而采用一种变通的交付方法，来代替实际交付。

2. 所谓更正登记，是指权利人、利害关系人认为不动产登记簿所记载的事项有误时，经其申请，经过权利人书面同意或者有证据证明登记确有错误的，登记机关对错误事项进行更正的登记。

3. 所谓异议登记，是指利害关系人对不动产登记簿记载的物权归属等事项有异议的，可以通过异议登记来保护其权利。登记机关予以异议登记的，申请人自异议登记之日起 15 日内不提起诉讼的，异议登记失效。如果异议登记不当，给权利人造成损害，那么权利人可以向申请人请求损害赔偿。

4. 所谓预告登记，是与本登记相对应的概念，它是指为确保债权的实现、保障将来实现物权等目的，按照约定向登记机构申请办理的预先登记。预告登记后，未经预告登记的权利人同意，处分该不动产的，合同仍然可以继续有效，但是物权不发生有效的变动。

选择题

（一）单项选择题

1. 答案：A。本题依据的是物权法上的公示公信原则。由于不动产物权的变动必须采用登记的方法进行公示，因此房屋产权证上的户主才是房屋的所有人。

2. 答案：B。房屋的所有人出卖该房，就同一标的物分别同两个人达成协议。但是，同刘某的合同签订后，因为办理了产权移转登记，所以发生了移转所有权的效果。这是因为不动产的所有权的移转是要式行为，必须经过登记才能移转。且基于物权的公示公信原则，一旦移转就发生对抗第三人的效力，郝某只能要求张某承担违约责任。故本题选 B 项。

3. 答案：D。在本题中，赵某对商品房预售合同进行了预告登记，则其享有优先购买的权利，还享有期待权，该期待权还具有对抗第三人的效力。张某订立的商品房预售合同虽然在先，但未通过登记而取得产权，因此并不能说因为其买卖合同在先所以可以拥有产权。根据《民法典》第 214 条的规定，不动产物权的设立、变更、转让和消灭依据法律规定应当登记的，自记载于不动产登记簿时发生效力，因此，赵某取得所有权。但张某可以要求房地产公司赔偿损失。

4. 答案：C。该合伙房屋由甲、乙、丙三人共有。依据《民法典》第 209 条的规定，不动产物权的设立、变更、转让和消灭，经依法登记，发生效力；未经登记，不发生效力，但是法律另有规定的除外。根据甲、乙、丙三人约定，登记在丙名下的合伙房屋归甲、乙共有，但丙尚未履行协议，因此房屋仍由甲、乙、丙三人共有。故 2022 年 3 月，甲、乙按份共有房屋的表述错误，故 A 选项错误。依据《民法典》第 229 条的规定，因人民法院、仲裁机构的法律文书或者人民政府的征收决定等，导致物权设立、变更、转让或者消灭的，自法律文书或者征收决定等生效时发生效力。

该条所指“人民法院法律文书”仅限于生效的形成判决，不包括给付判决，因此该房屋仍属甲、乙、丙三人共同共有。故2022年8月，甲、乙按份共有房屋的表达错误，故B选项错误。依据《民法典》第230条的规定，因继承取得物权的，自继承开始时发生效力。丙死亡后，丁替代丙成为房屋的共有人，此时房屋由甲、乙、丁共同共有，故C选项正确。依据《民法典》第301条规定，处分共有的不动产或者动产以及对共有的不动产或者动产作重大修缮、变更性质或者用途的，应当经占份额2/3以上的按份共有人或者全体共同共有人同意，但是共有人之间另有约定的除外。未经共同共有人甲、乙同意，丁以自己的名义将该房屋赠与戊，属于无权处分，且并不属于以合理对价转让的情形，因此戊不能善意取得房屋所有权。故戊在2022年12月不是房屋所有人，D选项错误。

5. 答案：C。参见《民法典》第209条、第217条、第215条。并非所有的不动产物权的设立都需要登记。

6. 答案：B。本题考查物权变动中的交付。交付通常是指现实交付，即直接占有的移转。但是随着商品经济的发展，为了交易上的便利，交付已不限于这种现实的直接占有的移转，而是有了许多变通的交付方法，包括简易交付、占有改定、指示交付、拟制交付。所谓简易交付，即受让人已经占有动产，物权变动的合意成立时，视为交付。占有改定是指动产物权的让与人与受让人之间特别约定，标的物仍然由出让人继续占有，此时，在物权让与的合意成立时，视为交付。指示交付是指动产由第三人占有时，出让人将其对于第三人的返还请求权让与受让人，以代替交付。拟制交付是指出让人将标的物的权利凭证交给受让人，以代替物的现实交付。本题中，甲将自己的电脑卖给乙，双方约定电脑卖给乙后仍然由甲使用一个月，该电脑虽并未现实地转移给乙占有，但乙已经取得了电脑的所有权，此种交付方式实际上就是占有改定，故本题的正确答案是B。

7. 答案：A。“借名买房”是法律实务中热点问题。本题中，甲出全资，借用乙的名义购买商品房，登记在乙名下，需要解决两个基础法律关系。一是房屋所有权归谁所有？就对外关系而言，根据公示公信原则，房屋登记在乙名下，为保护交易第三人对登记的信赖，应当认定乙名义上享有房屋的所有权；就对内关系而言，采“约定加真实资金关系说”，按照约定由出资人甲享有房屋所有权。二是甲乙的约定是否有效？这需要结合所购买房屋的属性来具体分析，如果是尚不能上市交易的经济适用房，则该约定是无效的，除此以外，在其他多数情形下，即使购买单位福利房、规避限购政策的所购买的房屋，如果没有其他无效事由，也应当认定合同有效，不过在前述情形下，纵使合同有效，也可能因为无法满足登记的条件，无法办理过户登记手续。

《民法典》第220条规定，权利人、利害关系人认为不动产登记簿记载的事项错误的，可以申请更正登记。不动产登记簿记载的权利人书面同意更正或者有证据证明登记确有错误的，登记机构应当予以更正。甲作为不动产实际的出资人可基于有效的协议申请变更登记，故A选项正确，B选项错误。

如前所述，甲乙的约定有效，对该约定进行解释，不存在借贷意思表示，故选项C错误。

善意取得以无权处分为前提，依据前述分析，在对外关系上，因为采登记名义说，乙系房屋所有权人，乙将房屋出卖给丙并办理过户登记属于有权处分，不适用善意取得制度，故选项D错误。

8. 答案：D。《民法典》第224条规定：“动产物权的设立和转让，自交付时发生效力，但是法律另有规定的除外。”《民法典》第226条规定：“动产物权设立和转让前，权利人已经依法占有该动产的，物权自民事法律行为生效时发生效力。”《民法典》第228条规定：“动产物权转让时，当事人又约定由出让人继续占有该动产的，物权自该约定生效时发生效力。”由此可知，动产物权的设立和移转，需要交付。交付又分为现实交付和观念交付。在案例中，庞某与黄某就自行车转让达成合意，且黄某已经占有该自行车，通过简易交付的方式，黄某已经取得了对自行车的所有权。之后黄某和洪某订立对该自行车的买卖合同，通过占有改定的方式，洪某取得对该自行车的所有权，而且自合同生效时取得所有权。故选项A、C错误。

黄某通过简易交付的方式从庞某处取得对自行车所有权，再将自行车出卖给洪某，是有权处分，故选项B错误。

《民法典》第235条规定：“无权占有不动产或者动产的，权利人可以请求返还原物。”根据前述分析庞某已经丧失对自行车的所有权，黄某并不享有对自行车的所有权，也非无权占有。

洪某取得对自行车的所有权，是有权占有，故不得行使原物返还请求权。故选项D正确。

9. 答案：D。《民法典》第209条第1款规定：“不动产物权的设立、变更、转让和消灭，经依法登记，发生效力；未经登记，不发生效力，但是法律另有规定的除外。”本题中，甲将房屋赠与乙但未办理过户登记，所有权不发生变动，故B项错误。后甲将该房屋卖给丙并办理了过户登记，此时房屋所有权人为丙。最高人民法院《关于审理买卖合同纠纷案件适用法律问题的解释》（2020年修正）第25条规定：“买卖合同当事人主张民法典第六百四十一条关于标的物所有权保留的规定适用于不动产的，人民法院不予支持。”法律只规定了动产物权保留，约定不动产物权保留与法律规定冲突，该约定不发生物权效力，丙通过买卖合同继受取得房屋的所有权，故A项错误，D项正确。丙通过合同取得房屋所有权，是基于原所有权人的意思取得所有权，属于继受取得，故C项错误。

10. 答案：D。《民法典》第227条规定：“动产物权设立和转让前，第三人占有该动产的，负有交付义务的人可以通过转让请求第三人返还原物的权利代替交付。”该方式为指示交付。

11. 答案：C。本题综合考查非基于民事法律行为的物权变动、民事法律行为部分有效、部分无效和不动产物权变动的规则。《民法典》第230条规定：“因继承取得物权的，自继承开始时发生效力。”本题中，甲父母去世后，甲（唯一继承人）即可取得房屋所有权，“未办理”过户手续，不影响甲取得房屋所有权。基于物权法定的规则，不动产物权变动依“登记”。本题中，甲和乙在房屋买卖合同中约定“交付”即发生物权变动，违反法律的效力性强制性规定。因此，该部分约定无效。但是，该部分无效不影响合同其他部分的效力。房屋买卖合同部分有效、部分无效。故A、B项均错误，不当选。同时，因甲一直未履行过户登记手续，所以，房屋所有权没有转移。故C项说法正确，当选。D项说法错误，不当选。综上所述，本题的正确答案为C项。

（二）多项选择题

1. 答案：BCD。本题考查物权的取得、变更和消灭的时间。根据《民法典》第214条、第229条、第230条、第231条，正确答案为B、C、D项。

2. 答案：BCD。本题考查物权的公示公信原则和登记机构的责任。依据物权的公示公信原则，当事人有理由信赖公示所显示的权利状态，其依据公示所作出的物权交易，法律承认其行为具有与真实的物权存在相同的法律效果，以保护交易安全。据此，即使王刚并非真正的所有权人，但银行基于登记簿所显示的权利状态所设抵押权，应受到法律保护，银行可以就房屋进行拍卖并优先受偿。对于张华因此遭受的损失，除侵权人王刚要对其进行赔偿外，根据《民法典》第222条的规定，当事人提供虚假材料申请登记，给他人造成损害的，应当承担赔偿责任。因登记错误，给他人造成损害的，登记机构应当承担赔偿责任。登记机构赔偿后，可以向造成登记错误的人追偿。本题中是登记机构的疏忽造成了登记错误，登记机构应当承担赔偿责任。此外，依据《民法典》第220条有关异议登记和更正登记的规定，C、D项也符合题意。

3. 答案：AD。根据《民法典》第213条的规定，登记机构不得要求对不动产进行评估，其擅自以市政建设为由收取费用的行为没有法律依据，因此，张某既不必对房屋进行评估，也不必缴付该费用，登记机构应无条件进行登记。

4. 答案：AB。依据《民法典》第230条的规定，因继承取得物权的，自继承开始时发生效力，因此，张顺自继承时取得房屋所有权，A、B项正确。但是，张顺再将房屋转让时，依据《民法典》第232条的规定，必须进行登记，如果没有登记，则不发生物权效力。

5. 答案：AD。根据《民法典》第229条的规定，自人民政府的征收决定生效时起，物权发生变动。因此，双方于7月1日签订合同时，房屋的所有权已经不归赵某所有，双方所设立的抵押权无效，银行只能作为一般债权人要求赵某还款。银行因疏忽而订立的合同造成了自身的不利状况，与政府无关，不应要求政府赔偿。

6. 答案：BD。赵某并非以所有的意思占有电脑，因此并非自主占有，A项错误。郭某是电脑的所有人，但并没有直接占有电脑，为间接占有。郭某将电脑卖给孙某，但没有直接交付电脑，而是将其对赵某的返还请求权转让给孙某，交付方式为指示交付。本题选B、D项。

7. 答案：BD。简易交付是指动产物权设立和转让前，如果权利人已经依法占有了该动产，就无须再实际交付，从法律行为发生效力时起直接发生物权变动的效力。本题张某已经依法占有了汽车，因此B项正确。租金是基于林青对其拥有所有权的汽车出租交付的，双方签订合同转让汽车所有权，张某已经取得了汽车所有权，因此租赁关系实际已经结束，张某无须再支付剩余一个月的租金。

8. 答案：ABC。参见《民法典》第217条、第220条。

9. 答案：BCD。《民法典》在物权编第一分编“通则”第三节专门规定了因事实行为导致物权变动的情形。依据《民法典》第229条、第230条、第231条的规定，B、C、D项都是正确答案。

10. 答案：BC。本题考查异议登记。《民法典》第220条规定：“权利人、利害关系人认为不动产登记簿记载的事项错误的，可以申请更正登记。不动产登记簿记载的权利人书面同意更正或者有证据证明登记确有错误的，登记机构应当予以更正。不动产登记簿记载的权利人不同意更正的，利害关系人可以申请异议登记。登记机构予以异议登记，申请人自异议登记之日起十五日内不提起诉讼的，异议登记失效。异议登记不当，造成权利人损害的，权利人可以向申请人请求损害赔偿。”根据法律规定可知B、C项说法正确，D项错误。异议登记并不能阻碍权利人行使其对于不动产的处分权，故A项错误。

11. 答案：BD。选项A错误，选项B正确。《民法典》第229条规定：“因人民法院、仲裁机构的法律文书或者人民政府的征收决定等，导致物权设立、变更、转让或者消灭的，自法律文书或者征收决定等生效时发生效力。”本题中，法院将房屋判归李某所有，因此，李某自法院的判决书生效之日起享有该房屋的所有权。

选项C错误，选项D正确。《民法典》第208条规定：“不动产物权的设立、变更、转让和消灭，应当依照法律规定登记。动产物权的设立和转让，应当依照法律规定交付。”本题中，房屋是不动产，除法律另有规定外，其所有权变动必须办理登记。张某虽然支付了购房款，但是其没有办理产权过户登记，对房屋不享有所有权。王某是善意第三人，且办理了房屋过户手续，对房屋享有所有权。

12. 答案：ABD。《民法典》第243条规定：“为了公共利益的需要，依照法律规定的权限和程序可以征收集体所有的土地和组织、个人的房屋以及其他不动产。征收集体所有的土地，应当依法及时足额支付土地补偿费、安置补助费以及农村村民住宅、其他地上附着物和青苗等的补偿费费用，并安排被征地农民的社会保障费用，保障被征地农民的生活，维护被征地农民的合法权益。征收组织、个人的房屋以及其他不动产，应当依法给予征收补偿，维护被征收人的合法权益；征收个人住宅的，还应当保障被征收人的居住条件。任何组织或者个人不得贪污、挪用、私分、截留、拖欠征收补偿费等费用。”根据以上规定，对失地农民须全面补偿，对失房市民也应予拆迁补偿，而不是对失房市民“可”拆迁补偿。选项A、B、D皆正确。

13. 答案：ABCD。买卖合同中，出卖人负有两项义务：转移标的物占有和转移所有权。甲出卖房屋给乙并交付，乙的占有为有权占有，但因为尚未办理产权变更登记，乙未能取得所有权，A选项正确。甲死亡后其房屋由其子丙继承，其子同样继承了其义务，乙可以对甲的继承人丙主张有权占有并可以主张继续履行办理产权变更登记，B选项正确。在丁取得房屋所有权后，乙可以以占有有正当权利来源对丁主张有权占有，C选项正确。《民法典》第235条规定，无权占有不动产或者动产的，权利人可以请求返还原物。丁取得房屋所有权后，乙的占有从有权占有转变为无权占有，所有权人丁有权请求乙返还房屋。D选项正确应选。

14. 答案：BCD。《民法典》第217条规定，不动产权属证书是权利人享有该不动产物权的证明。不动产权属证书记载的事项，应当与不动产登记簿一致；记载不一致的，除有证据证明不动产登记簿确有错误外，以不动产登记簿为准。该法第220条规定，权利人、利害关系人认为不动产登记簿记载的事项错误的，可以申请更正登记。不动产登记簿记载的权利人书面同意更正或者有证据证明登记确有错误的，登记机构应当予以更正。不动产登记簿记载的权利人不同意更正的，利害关系人可以申请异议登记。登记机构予以异议登记的，申请人自异议登记之日起15日内不提起诉讼的，异议登记失效。异议登记不当，造成权利人损害的，权利人可以向申请人请求损害赔偿。由此可知，在刘某、张某因房屋所有权归属发生纠纷时，只有在满足“不动产登记簿记载的权利人书面同意更正或者有证据证明登记确有错误的”条件时，才能直接申请变更登记，因此A选项错误，B选项正确。

根据最高人民法院《关于适用〈中华人民共和国民法典〉物权编的解释（一）》第2条的规定，当事人有证据证明不动产登记簿的记载与真实权利状态不符、其为该不动产物权的真实权利人，请求确认其享有物权的，应予支持。因此，在刘某和张某就房屋所有权归属产生争议后，刘某可先向法院请求确认其为所有权人，再依据法院判决请求登记机关变更登记。因此选项C、D正确。

15. 答案：BD。《民法典》第221条规定，当事人签订买卖房屋的协议或者签订其他不动产物权的协议，为保障将来实现物权，按照约定可以向登记机构申请预告登记。预告登记后，未经预告登记的权利人同意，处分该不动产的，不发生物权效力。预告登记后，债权消灭或者自能够进行不动产登记之日起90日内未申请登记的，预告登记失效。预告登记不阻却债权效力，即甲再处分房屋的，买卖合同仍然有效。预告登记具有确定权利顺位的效力，经过预告登记的权利可以优先于其他权利而实现。因此选项B、D正确。

简答题

1. 交付是动产物权变动法定的公示方法，分为现实的交付和观念的交付两种情况。观念的交付又分为三种方式。

第一，简易交付。所谓简易交付是指动产物权设立和转让前，如果权利人已经依法占有了该动产，就无须再实际交付，从法律行为发生效力时起直接发生物权变动的效力。构成简易交付的要件是：首先，动产物权设立和转让前，权利人已经依法占有了该动产。其次，双方实施了某种法律行为，并且已经生效。

第二，指示交付。所谓指示交付是指当事人在动产物权设立和转让前，如果该动产已经由第三人占有，负有交付义务的人可以将其对第三人的返还请求权转让给新的权利人，以代替物的实际交付。构成指示交付必须具备如下条件：首先，必须要在物权设立和转让前第三人依法占有该动产。其次，转让人应对第三人享有返还原物请求权。再次，双方当事人达成了转让返还原物请求权的协议。最后，从双方约定生效时，请求权发生转让并代替交付。

第三，所谓占有改定，也称为继续占有，是指在动产物权转让时，如果转让人希望继续占有该动产，当事人双方可以订立合同，特别约定由转让人继续占有该动产，而受让人因此取得对标的物的间接占有以代替标的物的实际交付。占有改定的构成要件是：（1）必须是在占有改定之前，转让人已经占有并且希望继续占有标的物。（2）必须双方达成物权变动的合意。（3）必须要通过约定由转让人继续占有标的物。

2. 所谓非基于法律行为的物权变动，是指因为法律规定的原因，如继承、法院生效判决、征收等事实，导致物权的产生、变更和消灭。非基于法律行为的物权变动主要有如下几种情况。

第一，基于人民法院、仲裁机构生效法律文书的物权变动。《民法典》第229条规定：“因人民法院、仲裁机构的法律文书或者人民政府的征收决定等，导致物权设立、变更、转让或者消灭的，自法律文书或者征收决定等生效时发生效力。”

第二，征收。所谓征收，是指国家为了公共利益的需要，在依法作出补偿的前提下，利用公权力强制性地将集体或私人所有的财产征归国有的行为。征收行为生效也可以发生物权变动。《民法典》第229条所说的生效具有其特定的含义，也就是说，在征收补偿完成之后，被征收人对征收决定未提起行政复议或诉讼，或者提起了行政复议或诉讼后原征收决定被维持的，才能认为征收令发生了效力。

第三，基于继承取得物权。《民法典》第230条规定：“因继承取得物权的，自继承开始时发生效力。”依据该规定，法定继承开始后，就会发生物权变动的效力，即继承人取得继承财产的所有权和其他物权，成为新的物权人。

第四，基于合法建造房屋、拆除住房、添附等事实行为的物权变动。《民法典》第231条规定：“因合法建造、拆除房屋等事实行为设立或者消灭物权的，自事实行为成就时发生效力。”《民法典》第322条规定：“因加工、附合、混合而产生的物的归属，有约定的，按照约定；没有约定或者约定不明确的，依照法律规定；法律没有规定的，按照充分发挥物的效用以及保护无过错当事人的原则确定。”所谓事实行为是指不以行为人的意思表示为要素，由于法律的规定，会产生一定民事法律后果的行为。

需要指出的是，非基于法律行为所发生的物权变动，在办理登记之前，已经变动的物权仍然不是完全的物权。《民法典》第 232 条规定：“处分依照本节规定享有的不动产物权，依照法律规定需要办理登记的，未经登记，不发生物权效力。”这就是说，如果在处分该物权的时候，依法需要办理登记而没有办理登记，则权利人不能处分财产，即使处分，也不能发生物权变动的效力。

案例分析题

1.（1）占有改定。

（2）已经移转。移转时间为 6 月 1 日。

（3）甲无须承担修理费用或收回电视。

（4）本案涉及民法中动产的所有权移转问题。《民法典》第 224 条规定：动产物权的设立和转让，自交付时发生效力，但是法律另有规定的除外。《民法典》第 228 条规定：动产物权转让时，当事人又约定由出让人继续占有该动产的，物权自约定生效时发生效力。在法律上，交付是指将物或所有权凭证移转给他人的行为。简言之，交付意味着占有的移转。由于在交付之前，当事人之间存在移转所有权的协议，因而财产一经交付，便发生移转所有权的效果。应该指出，因交付而发生所有权的移转，要求交付行为完全符合合同的约定，否则不能视为已交付，不导致所有权移转。接受标的物的一方可以要求对方继续按合同约定履行交付义务或追究其违约责任。财产已经交付，但是当事人约定财产所有权转移附有条件的，在所附条件未成就前，财产所有权也不移转。

交付分为现实的交付和观念的交付两种情况。所谓现实的交付就是指动产物权的出让人将动产的占有实际移转给受让人，由受让人直接占有该动产。所谓观念的交付，是指在特殊情况下，法律允许当事人通过特别的约定，并不现实地交付动产，而是采用一种变通的交付方法，来代替实际交付。观念交付又分为简易交付、占有改定和指示交付三种情况。《民法典》第 226 条～第 228 条分别进行了规定。所谓占有改定是指转让人和受让人在转让动产物权时，如果转让人希望继续占有该动产，当事人双方可以订立合同，特别约定由转让人继续占有该动产，而受让人因此取得对标的物的间接占有以代替标的物的实际交付。所谓简易交付是指出让人在转让动产物权之前，受让人已经通过委托、租赁、使用借贷等方法而实际占有了动产，则从移转标的物所有权的合同生效之时起，视为交付。所谓指示交付是指在转让动产物权时，如果该动产已经由第三人占有，转让人可以将其对第三人的返还请求权转让给受让人，以代替物的实际交付。本案中甲卖电视给乙，双方约定由甲借用电视一个月，属于占有改定。甲和乙根据口头协议构成了买卖电视机的法律关系，从 6 月 1 日乙付钱、双方达成协议时，电视机的所有权就移转了。只不过采用的并非实际交付的方法。既然电视机的财产权已经转移，电视机毁损或灭失的风险也应当由所有权人承担。因此，乙在运输期间不慎将电视机损坏，应由他自己负责。甲无须承担电视的修理费用，也没有义务收回电视。

值得注意的是，有关占有改定是否能在任何情况下都产生移转所有权的效果并具有对抗第三人的效力，学理上还存有争议。

依交付而移转动产所有权，只是法律对动产所有权移转时间的一般规定，属于任意性规范。当事人可以通过对动产所有权移转时间的特别规定而排除这一规定的适用。根据我国法律的规定，在买卖合同中，交付时间一般有三种情形：第一，如果约定由受让人自提货物，受让人取走动产的时间为交付时间。本案就属于这种情况。第二，如果合同约定由转让人送货的，转让人在交货地点将标的物交付受让人点收完毕，视为交付。第三，合同中能够约定转让人代办托运或邮寄货物的，转让人将标的物交第一承运人或邮局的时间为交付时间。

2. 根据最高人民法院《关于适用〈中华人民共和国民法典〉有关担保制度的解释》第 55 条规定，债权人、出质人与监管人订立三方协议，出质人以通过一定数量、品种等概括描述能够确定范围的货物为债务的履行提供担保，当事人有证据证明监管人系受债权人的委托监管并实际控制该货物的，人民法院应当认定质权于监管人实际控制货物之日起设立。监管人违反约定向出质人或者其他人放货、因保管不善导致货物毁损灭失，债权人请求监管人承担违约责任的，人民法院依法予以支持。在前款规定情形下，当事人有证据证明监管人系受出质人委托监管该货物，或者虽然受债权人委托但是未实际履行监管职责，导致货物仍由出质人实际控制的，人民法院应当认定质权未设立。债权人可以基于质押合同的约定请求出质人承担违约责任，但是不得超过质权有效设立时出质人应当承担的责任范围。监管人未履行监管职责，债权人请求监管人承担责任的，人民法院依法予以支持。

质物交付是质权设立的必备条件，设定质权时，质物或是由出质人现实交付，或是质权人已经提前依法占有，或是由第三人代替交付，其实质都是通过法定给付行为将质物转移为质权人有效控制。故判断案涉质权是否依法设立的前提是审查案涉质物是否已依法交付，实现质权人的有效控制。案涉质物存放于出质人公司乙的仓库，公司甲通过三方签订动产监管协议的形式，指定公司丙租用公司乙的仓库进行监管，关于仓库租金只象征性地约定为 1 元。结合出质人公司乙未转移质物、不让监管人入库乃至驱逐监管人等情形，该交付只是象征性交付。案涉质物仍由公司乙实际控制和支配，仅属于实质意义上的占有改定，并未实现公司甲直接或间接的有效控制。占有改定的后果是原出质人公司乙仍继续占有、控制出质物，这与质权人对质物的留置要求相冲突，因此，本案在出质物仍由出质人实际占有和控制的情况下，公司甲未积极履行质权人义务以实现其质权设立，其对案涉出质物未实质控制和占有，导致案涉出质物交付形式不符合法律规定的动产交付和质权设立形式。综上，该种质物交付方式不符合质权设立所要求的交付标准，公司甲的质权未能合法设立。

论述题与深度思考题

基于法律行为的不动产物权变动模式是指不动产物权产生、变更、消灭的法定方式。由于不动产物权的公示方法是登记，所以就不动产的物权变动而言，其又主要可以分为两种模式，即登记要件主义和登记对抗主义。

(1) 登记要件主义模式和登记对抗主义模式的概念。

所谓登记要件主义，是指登记是不动产物权变动的生效要件，未经登记，不动产物权不发生变动。德国、瑞士民法采取了此种方式。《民法典》第 209 条第 1 款规定："不动产物权的设立、变更、转让和消灭，经依法登记，发生效力；未经登记，不发生效力，但是法律另有规定的除外。"可见，《民法典》明确了登记要件主义应当成为不动产物权变动的基本原则。例如，在房屋买卖合同中，房屋所有权的移转应当自办理变更登记时发生，如果出卖人只是将房屋交付买受人，房屋所有权并没有发生变动。

所谓登记对抗主义，是指未经登记，物权的变动在法律上也可有效成立，但不能对抗善意第三人。法国、日本民法采纳了此种观点。我国《民法典》规定，在例外情况下采登记对抗主义，例如，对于机动车、船舶、航空器采登记对抗主义（《民法典》第 225 条）。如果船舶所有人将其船舶转让给他人，即使没有办理登记，受让人也可以取得该船舶的物权，只不过，此种物权不能对抗善意的第三人。

在登记对抗模式下，登记虽然不是取得物权的要件，但会影响物权变动的效力。所以，登记并不是区分物权和债权的标准。这样一来，就会导致物权和债权的区分标准并不明晰。例如，法国法正是因为采取登记对抗主义，使得他物权和债权的区分并不严格。不过，由于未经登记不能产生对抗善意第三人的效力，因而《民法典》的立法本意仍然在于鼓励当事人进行登记。

(2) 登记要件主义模式和登记对抗主义模式的区别。

第一，登记是否为物权变动的生效要件。根据登记要件主义，只有依法办理登记，物权才能够有效地发生变动，所以对于以法律行为发生的物权变动采取"合同＋登记"的模式，即没有办理登记，只能在当事人之间产生合同债权关系，并不发生物权变动效果。而按照登记对抗主义，即使没有办理登记，当事人之间仍然可以发生物权的变动，只不过该物权只是在当事人之间发生效力，而不能对抗善意第三人。

第二，登记是否为强制性的要件不同。在登记要件主义模式下，登记是一种强制性的规范，实际上属于物权法定内容的一部分。如果没有办理登记，将无法产生物权变动的效果。在登记对抗主义模式下，当事人没有办理登记，也可以产生物权，是否登记可以由当事人自愿选择。登记并不是一种强制性的要求，而是一种倡导性的要求。由于当事人不办理登记，可能要承担不能对抗善意第三人的风险，因而《民法典》仍然鼓励当事人办理登记。

第三，是否存在物权的冲突不同。根据登记对抗主义，在不动产物权变动中，如果没有办理登记，受让人虽然可以取得物权，但其物权属于不具有完全效力的物权，因此，因登记和交付可能在同一物上产生多个物权。例如，甲将其房屋卖与乙，乙已经支付房款并占有了房屋。之后，甲又将该房屋卖与丙，并办理了过户登记。在此情况下，如果按照登记要件主义，则乙并没有取得物权，因而不能针对甲和丙行使物权请求权来保护其权利，而只能基于债权或者占有要求保护。正是因为这一原因，登记要件主义的情况下，一般不会产生多个物权的冲突问题。但是根据登记对抗主义，在此情况下，因为已经发生物权变动，所以乙已经享有物权，而丙因为已经办理了登记过户，也享有物权，这样就在法律上出现了两个物权，可能形成物权的冲突。

第四，是否要考虑善意第三人不同。在登记要件主义模式下，以登记作为物权变动的要件，一旦发生登记，则登记记载的权利人就是法律上的权利人。此时，登记记载的权利人可以对抗任何第三人。但在登记对抗主义模式下，即使没有办理登记，仍然可以发生物权变动，只不过这种物权不能对抗善意的第三人。因而登记对抗主义的适用要求考虑第三人主观上是否善意，如果第三人是善意的，则受让人享有的物权不能对抗该第三人。

第五，适用范围不同。从适用范围来说，《民法典》第209条第1款规定："不动产物权的设立、变更、转让和消灭，经依法登记，发生效力；未经登记，不发生效力，但是法律另有规定的除外。"依据该条规定，我国《民法典》对不动产物权变动实际上采取了以登记要件主义为一般原则、登记对抗主义为例外的做法，登记对抗主义模式只能适用于法律特别规定的情形。该条确定了登记作为一般原则的强制性，虽然条文没有使用"必须登记"的行文，但除法律有特别规定的以外，所有的不动产物权变动都必须采取登记方式。只有在法律规定的例外情况下，才可能适用登记对抗主义。

（3）我国《民法典》物权编对基于法律行为的不动产物权变动模式的选择。

在整个《民法典》物权编中，登记对抗主义仅适用于法定的例外情形。物权编规定适用登记对抗主义模式的情形主要包括：第一，船舶、航空器、机动车等特殊动产物权的变动。《民法典》第225条规定："船舶、航空器和机动车等的物权的设立、变更、转让和消灭，未经登记，不得对抗善意第三人。"第二，土地承包经营权的流转。《民法典》第335条规定："土地承包经营权互换、转让的，当事人可以向登记机构申请登记；未经登记，不得对抗善意第三人。"第三，地役权的设立。《民法典》第374条规定："地役权自地役权合同生效时设立。当事人要求登记的，可以向登记机构申请地役权登记；未经登记，不得对抗善意第三人。"第四，动产抵押的设立。《民法典》第403条规定："以动产抵押的，抵押权自抵押合同生效时设立；未经登记，不得对抗善意第三人。"

第十四章　所有权概述

知识逻辑图

- 所有权概述
  - 财产所有权
    - 概念：所有人依法对自己的财产享有的占有、使用、收益和处分的权利
    - 特征
      - 所有权是法定的财产权
      - 所有权的主体为所有权人
      - 所有权是独占的支配权
      - 所有权是无期限限制的权利
      - 所有权是完全物权
      - 所有权客体仅限于有体物、特定物
    - 权能
      - 占有和占有权
      - 使用权
      - 收益权
      - 处分权
    - 种类
      - 国家所有权
      - 集体所有权
      - 私人所有权
      - 社会团体法人、捐助法人所有权
    - 行使
      - 所有人直接行使
      - 所有人授权他人行使
    - 移转
      - 动产所有权：因交付而移转
      - 不动产所有权：移转必须符合法定的形式要件
    - 消灭
      - 消灭的原因
        - 客体灭失
        - 主体消灭
        - 被依法转让
        - 被抛弃
        - 被依法强制消灭
      - 消灭的后果：所有权的绝对消灭或者相对消灭
  - 财产所有权的取得
    - 原始取得
      - 劳动生产、收益
      - 征收
      - 善意取得
      - 添附
      - 遗失物的拾得
      - 漂流物的拾得、所有人不明的埋藏物和隐藏物的发现

- 所有权概述
  - 财产所有权的取得
    - 继受取得
      - 买卖合同
      - 赠与、互易
      - 继承遗产
      - 接受遗赠
      - 其他合法原因

名词解释

1. 所有权
2. 孳息
3. 添附
4. 遗失物
5. 私人所有权

选择题

（一）单项选择题

1. 甲有天然奇石一块，不慎丢失。乙误以为无主物捡回家，配以基座，陈列于客厅。乙的朋友丙十分喜欢，乙遂以之相赠。后甲发现，向丙追索。下列选项哪一个是正确的？（　　）（司考改编）

A. 奇石属遗失物，乙应返还给甲

B. 奇石属无主物，乙取得所有权

C. 乙因加工行为取得奇石的所有权

D. 丙可以取得奇石的所有权

2. 所有人不明的埋藏物归（　　）所有。

A. 发现人

B. 土地使用权人

C. 国家

D. 发现人和土地使用权人

3. 某招领处将招领期已过的一辆摩托车以拍卖的方式卖给甲，乙将该车盗走并以较低的价格卖给丙。经查，该摩托车原为丁所有。丁发现自己的摩托车在丙处，遂向丙索取。该摩托车应归谁所有？（　　）

A. 应归甲所有

B. 应归乙所有

C. 应归丁所有

D. 应由甲、丙、丁共有

4. 某宾馆为了 8 月 8 日的开业庆典，于 8 月 7 日向电视台租借一台摄像机。庆典之日，工作人员不慎摔坏摄像机，宾馆遂决定按原价买下，以抵偿电视台的损失，遂于 8 月 9 日通过电话向电视台负责人表明此意，对方表示了同意。8 月 15 日，宾馆依约定向电视台支付了价款。摄像机所有权何时转移？（　　）（司考改编）

A. 8 月 7 日　　　　B. 8 月 8 日

C. 8 月 9 日　　　　D. 8 月 15 日

5. 下列哪个属于无主物？（　　）

A. 混合物　　　　B. 抛弃物

C. 遗失物　　　　D. 附合物

6. 甲将自己的一套瓦房以 3 万元转让给乙，乙又转手以 4 万元转让给丙，丙居住几年后，又将房屋转让给丁，丁居住 10 年后，房价普遍上涨，该房屋涨至 10 万元，甲听说后欲要回房屋，经查几次转让均未办理房屋过户手续。几人均要求该房屋的所有权，那么该房屋所有权属于（　　）。

A. 甲　　　　B. 乙

C. 丙　　　　D. 丁

7. 中州公司依法取得某块土地建设用地使用权并办理报建审批手续后，开始了房屋建设并已经完成了外装修。对此，下列哪一选项是正确的？（　　）（司考改编）

A. 中州公司因为享有建设用地使用权而取得了房屋所有权

B. 中州公司因为事实行为而取得了房屋所有权

C. 中州公司因为法律行为而取得了房屋所有权

D. 中州公司尚未进行房屋登记，因此未取得房屋所有权

8. 甲将自己收藏的一幅名画卖给乙，乙当场付款，约定 5 天后取画。丙听说后，表示愿出比乙高的价格购买此画，甲当即决定卖给丙，约定第二天交货。乙得知此事，诱使甲 8 岁的儿子从家中取出此画给自己。该画在由乙占有期间，被丁盗走。此时该名画的所有权属于下列哪个人？（　　）（司考改编）

A. 甲　　　　B. 乙

C. 丙　　　　　　　　D. 丁

9. 下列哪一选项属于所有权的继受取得？（　　）（司考改编）

A. 甲通过遗嘱继承其兄房屋一间

B. 乙的 3 万元存款得利息 1 000 元

C. 丙购来木材后制成椅子一把

D. 丁拾得他人搬家时丢弃的旧电扇一台

10. 甲、乙结婚后购得房屋一套，仅以甲的名义进行了登记。后甲、乙感情不和，甲擅自将房屋以时价出售给不知情的丙，并办理了房屋所有权变更登记手续。对此，下列哪一选项是正确的？（　　）（司考改编）

A. 买卖合同有效，房屋所有权未转移

B. 买卖合同无效，房屋所有权已转移

C. 买卖合同有效，房屋所有权已转移

D. 买卖合同无效，房屋所有权未转移

11. 潘某与刘某相约出游，潘某在长江边拾得一块奇石，爱不释手，拟带回家。刘某说，《民法典》规定河流属于国家所有，这一行为可能属于侵占国家财产。关于潘某能否取得奇石的所有权，下列哪一说法是正确的？（　　）（司考改编）

A. 不能，因为石头是河流的成分，长江属于国家所有，石头从河流中分离后仍然属于国家财产

B. 可以，因为即使长江属于国家所有，但石头是独立物，经有关部门许可即可以取得其所有权

C. 不能，因为即使石头是独立物，但长江属于国家所有，石头也属于国家财产

D. 可以，因为即使长江属于国家所有，但石头是独立物、无主物，依先占的习惯可以取得其所有权

12. 依据我国《海商法》和民法的相关规定，关于船舶所有权，下列哪一表述是正确的？（　　）（司考改编）

A. 船舶买卖时，船舶所有权自船舶交付给买受人时移转

B. 船舶建造完成后，须办理船舶所有权的登记才能确定其所有权的归属

C. 船舶不能成为共同共有的客体

D. 船舶所有权不能由自然人继承

13. 下列选项中，专属于国家所有的是（　　）（考研）

A. 土地

B. 文物

C. 野生动植物

D. 无线电频谱资源

14. 甲被法院宣告失踪，其妻乙被指定为甲的财产代管人。3 个月后，乙将登记在自己名下的夫妻共有房屋出售给丙，交付并办理了过户登记。在此过程中，乙向丙出示了甲被宣告失踪的判决书，并将房屋属于夫妻二人共有的事实告知丙。1 年后，甲重新出现，并经法院撤销了失踪宣告。现甲要求丙返还房屋。对此，下列哪一说法是正确的？（　　）（司考改编）

A. 丙善意取得房屋所有权，甲无权请求返还

B. 丙不能善意取得房屋所有权，甲有权请求返还

C. 乙出售夫妻共有房屋构成家事代理，丙继受取得房屋所有权

D. 乙出售夫妻共有房屋属于有权处分，丙继受取得房屋所有权

15. 甲借用乙的山地自行车，刚出门就因莽撞骑行造成自行车链条断裂，甲将自行车交给丙修理，约定修理费 100 元。乙得知后立刻通知甲解除借用关系并告知丙，同时要求丙不得将自行车交给甲。丙向甲核实，甲承认。自行车修好后，甲、乙均请求丙返还。对此，下列哪一选项是正确的？（　　）（司考改编）

A. 甲有权请求丙返还自行车

B. 丙如将自行车返还给乙，必须经过甲当场同意

C. 乙有权要求丙返还自行车，但在修理费未支付前，丙就自行车享有留置权

D. 如乙要求丙返还自行车，即使修理费未付，丙也不得对乙主张留置权

16. 甲遗失手链 1 条，被乙拾得。为找回手链，甲张贴了悬赏 500 元的寻物告示。后经人指证手链为乙拾得，甲要求乙返还，乙索要 500 元报酬，甲不同意，双方数次交涉无果。后乙在桥边玩耍时手链掉入河中被冲走。下列哪一选项是正确的？（　　）（司考改编）

A. 乙应承担赔偿责任，但有权要求甲支付 500 元

B. 乙应承担赔偿责任，无权要求甲支付 500 元

C. 乙不应承担赔偿责任，也无权要求甲支付 500 元

D. 乙不应承担赔偿责任，有权要求甲支付 500 元

17. 张某在海鲜市场购买了一只河蚌并交给饭店加工，厨师于某处理河蚌时发现了一颗大珍珠。请问：

珍珠归谁所有？（ ）（法考改编）

A. 张某

B. 饭店

C. 于某

D. 不适用物权变动规则

18. 张某的妻子吴某打扫卫生时丢掉了一件张某穿了5年的旧大衣，旧大衣里面有一块价值30 000元的名贵手表。小区清洁工王某将该大衣连同手表一并捡走。关于本案，下列哪一说法是正确的？（ ）（法考改编）

A. 吴某将张某大衣扔掉的行为属于事实行为

B. 大衣属于遗失物，王某应当返还

C. 手表属于无主物，王某可以先占

D. 王某应当返还手表，但大衣可以先占

（二）多项选择题

1. 私营企业主王某办公用的一台电脑损坏，遂嘱秘书张某将其扔到垃圾站。张某将电脑搬到垃圾站后想，与其扔了不如拿回家给儿子用，便将电脑搬回家，经修理后又能正常使用。王某得知电脑能够正常使用后，要求张某返还。下列哪些说法是错误的？（ ）（司考改编）

A. 张某违反委托合同，不能取得电脑的所有权

B. 张某基于先占取得电脑的所有权

C. 王某有权要回电脑，但应当向张某予以补偿

D. 因抛弃行为尚未完成，王某可以撤回其意思表示，收回对电脑的所有权

2. 下列取得财产所有权的方式中，不属于原始取得的有（ ）。

A. 买卖合同　　B. 继承遗产

C. 接受遗赠　　D. 建造房屋

3. 在法律没有规定或合同没有特殊约定时，下列哪些权利人可以取得原物所生天然孳息的所有权？（ ）

A. 农村土地承包经营权人

B. 宅基地使用权人

C. 地役权人

D. 质权人

4. 甲擅自将乙借给他的一块手表出让给善意的丙，下列表述哪些是正确的？（ ）

A. 甲以自己的名义出让给丙，甲、丙之间的合同属于效力未定的合同

B. 甲以乙的名义出让给丙，甲、丙之间的行为属于无权代理的行为

C. 丙因善意取得而取得该手表的所有权

D. 丙只能因乙的追认取得该手表的所有权

5. 下列财产可以为集体组织所有的有（ ）。

A. 宅基地　　B. 森林

C. 公共交通设施　　D. 无线电频谱资源

6. 下列案件不适用返还原物的有（ ）。

A. 张某将同事李某托自己保管的手机送给自己的女友赵某，李某要求赵某返还

B. 张某将同事李某托自己保管的手机在妹妹开的手机店里以市价卖给孙某，李某要求孙某返还

C. 张某将同事李某托自己保管的手机以半价卖给贾某，李某要求贾某返还

D. 张某将同事李某托自己保管的手机以半价卖给郭某，郭某又转手以市价卖给了不知情的马某，李某要求马某返还

7. 下列属于事实上的处分的有（ ）。

A. 赠送财产　　B. 出售货物

C. 消费粮食　　D. 制造产品

8. 下列有关征收说法正确的有（ ）。

A. 征收必须是基于公共利益的需要

B. 征收是基于抢险、救灾等紧急需要

C. 征收应当依照法律规定的权限和程序

D. 征收的对象可以是集体所有的土地和单位、个人的房屋等

9. 张某拥有某农场1 000亩地的土地承包经营权。后来张某在开发农场的过程中发现土地下面有丰富的煤矿，其没有经过主管机关的批准和允许，就擅自私下开采出售。下列说法正确的有（ ）。

A. 张某拥有该煤矿的所有权，其合法权利应当得到保护

B. 张某取得所有权的依据是添附

C. 张某没有煤矿的所有权

D. 张某开采煤矿的行为违反了法律

10. 郑某开办公司资金不足，其父将3间祖屋以25万元卖给即将回国定居的郭某，但其父还未来得及办理过户手续即去世。郑某不知其父卖房一事，继承了这笔房款及房屋，并办理了登记手续。随后，郑某以3间祖屋作抵押向陈某借款10万元，将房产证交给了陈某，但没有办理抵押登记。下列哪些选项是正确的？

（　　）（司考改编）

A. 郑某的父亲与郭某之间的房屋买卖合同有效

B. 郑某享有房屋的所有权

C. 郑某在其父亲去世后，有义务协助郭某办理房屋过户手续

D. 陈某对房屋不享有抵押权

11. 白某将登记在自己名下的某公司汽车一辆以市价转让给不知情的洪某，并完成交付，后白某又将汽车抵押给不知情的黄某，并办理抵押权登记。现黄某债权已到期，白某因非法集资被判入狱，并被没收全部财产。下列说法正确的有（　　）。（法考改编）

A. 白某因被没收财产不再承担还款义务

B. 洪某已取得汽车所有权

C. 黄某有对汽车的优先受偿权

D. 该汽车不能被没收

12. 甲遗失其为乙保管的迪亚手表，为偿还乙，甲窃取丙的美茄手表和 4 000 元现金。甲将美茄手表交给乙，因美茄手表比迪亚手表便宜 1 000 元，甲又从 4 000 元现金中补偿乙 1 000 元。乙不知甲盗窃情节。乙将美茄手表赠与丁，又用该 1 000 元的一半支付某自来水公司水费，另一半购得某商场一件衬衣。下列哪些说法是正确的？（　　）（司考改编）

A. 丙可请求丁返还手表

B. 丙可请求甲返还 3 000 元、请求自来水公司和商场各返还 500 元

C. 丙可请求乙返还 1 000 元不当得利

D. 丙可请求甲返还 4 000 元不当得利

13. 业主张某想在外墙上安装空调外机，邻居林某认为外墙属于全楼业主共有，安装空调外机应获得全楼业主 2/3 以上业主同意并支付相应的使用费。对此，下列哪些说法是错误的？（　　）（法考改编）

A. 外墙属于全楼业主共有

B. 张某未经其他业主同意在外墙安装空调外机的行为构成侵权

C. 张某安装空调外机需交纳合理费用

D. 张某有权无偿利用与其专有部分相对应的外墙面

14. 张某与刘某婚后共同购买了一套房屋，登记在张某名下。2020 年 5 月 28 日，张某找来老相好王某，以夫妻名义做了一张假结婚证和王某一起将房屋过户给不知情的吴某。妻子刘某发现后，要求撤销合同。关于本案，下列说法正确的有（　　）。（法考改编）

A. 虽然房屋登记在张某名下，但依然系张某和刘某共同共有

B. 刘某有权请求撤销房屋买卖合同

C. 吴某有权主张善意取得房屋所有权

D. 刘某有权请求王某赔偿损失

视频讲题

15. 收藏家游某邀请书法家王某等前来品鉴其名贵宣纸，王某趁游某不注意在该名贵宣纸上书写了一篇《滕王阁序》。游某知情后主张该作品应归其所有，并要求王某赔偿。下列说法正确的有（　　）。（法考改编）

A. 如果最终认定归王某所有，则王某应给予游某赔偿或补偿

B. 属于游某与王某共有

C. 由王某享有著作权

D. 王某未经许可使用他人宣纸，构成对游某财产权的侵害

16. 孟某将其名下一套公寓以 200 万元的价格出售给邱某。该公寓系孟某于 10 年前在二手房交易市场购买。该公寓本次出售时，其住宅建设用地使用权已达 30 年。关于该公寓房的交易，下列说法错误的有（　　）。（法考改编）

A. 办理不动产变更登记前，应先办理土地使用权登记

B. 该公寓土地使用年限届满时如不续期，邱某丧失房屋所有权

C. 该公寓转让应由邱某单独申请不动产变更登记

D. 孟某应以 200 万元的应纳税所得额缴纳个人所得税

17. 孙某将一对价值 100 万元的骨瓷花瓶出质给文某，向文某借款 70 万元，约定借款期限为 3 年。3 年后，孙某未能依约还款。因受市场价格波动影响，该花瓶折价为出质时市场价的一半左右。因孙某无法偿还借款，遂与文某协商将该花瓶以 48 万元卖给第三人黄某。黄某依约付款后，孙某反悔，认为价格太便宜，

要求文某不得向黄某交付，并向文某主张返还花瓶。下列说法正确的有（　　）。（法考改编）

A. 花瓶所有权现归孙某

B. 孙某无权向文某主张返还花瓶

C. 孙某对文某的债务已经消灭

D. 花瓶所有权现归黄某

视频讲题

18. 张某去世后，根据其遗嘱其名下某房屋由其独子张小某继承，但未办理过户登记。后张小某因将赴国外长期工作遂与李某签订房屋买卖合同欲出售房屋。据此，下列说法正确的有（　　）。（法考改编）

A. 张小某应先为其办理过户登记，才能处分该房屋

B. 张小某享有房屋的处分权，房屋买卖合同合法有效

C. 因未办理过户登记，张小某未取得该房屋所有权

D. 张小某为李某办理过户登记后，李某取得房屋所有权

19. 某小区在小区设立初期雇用了一家物业公司。后来，该物业公司在物业房周围搭建了一圈房子，还将小区草地出租给洗车公司。关于本案，下列选项正确的有（　　）。（法考改编）

A. 该小区业主可以经过法定程序解聘该物业公司

B. 在物业房周围搭建房子的行为侵犯了业主的建筑物区分所有权

C. 将草地出租给洗车公司的行为侵犯了业主的建筑物区分所有权

D. 除去合理成本，剩余租金应归全体业主共有

20. 柳某将其一块名表借给谷某使用 3 个月。谷某声称己有，借给翁某使用半个月。翁某使用期间，汤某提出以 10 万元的市价购买该表，翁某告知汤某该表系谷某所有。于是，在翁某的撮合下，在翁某借用的第三天，谷某与汤某约定：“谷某将该表以 10 万元的价格出卖给汤某；翁某借期届满时，由翁某直接将该表交付给汤某。”对此，下列表述正确的有（　　）。（法考改编）

A. 翁某的行为属于无权处分

B. 谷某的行为属于无权处分

C. 汤某应承担侵害柳某所有权的责任

D. 翁某借用的第三天，汤某取得对该表的所有权

（三）不定项选择题

1. 甲继承了一套房屋，在办理产权登记前将房屋出卖并交付给乙，办理产权登记后又将该房屋出卖给丙并办理了所有权移转登记。丙受丁胁迫将房屋出卖给丁，并完成了移转登记。丁旋即将房屋出卖并移转登记于戊。请回答以下问题。（司考改编）

（1）在办理继承登记前，关于甲对房屋的权利状态，下列选项正确的是（　　）。

A. 甲已经取得了该房屋的所有权

B. 甲对该房屋的所有权不能对抗善意第三人

C. 甲出卖该房屋未经登记不发生物权效力

D. 甲可以出租该房屋

（2）关于甲、乙、丙三方的关系，下列选项正确的是（　　）。

A. 甲与乙之间的房屋买卖合同因未办理登记而无效

B. 乙对房屋的占有是合法占有

C. 乙可以诉请法院宣告甲与丙之间的房屋买卖合同无效

D. 丙已取得该房屋的所有权

（3）关于戊的权利状态，下列选项正确的是（　　）。

A. 戊享有该房屋的所有权

B. 戊不享有该房屋的所有权

C. 戊原始取得该房屋的所有权

D. 戊继受取得该房屋的所有权

2. 甲有一块价值 10 000 元的玉石。甲与乙订立了买卖该玉石的合同，约定价金 11 000 元。由于乙没有带钱，甲未将该玉石交付与乙，约定 3 日后乙到甲的住处付钱取玉石。随后甲又向乙提出，再借用玉石把玩几天，乙表示同意。隔天，知情的丙找到甲，提出愿以 12 000 元购买该玉石，甲同意并当场将玉石交给丙。丙在回家路上遇到债主丁，向丙催要 9 000 元欠款甚急，丙无奈，将玉石交付与丁抵偿债务。后丁将玉石丢失被戊拾得，戊将其转卖给己。根据上述事实，请回答下列问题。（司考改编）

（1）关于乙对该玉石所有权的取得和交付的表述，下列选项正确的是（　　）。

A. 甲、乙的买卖合同生效时，乙直接取得该玉石的所有权

B. 甲、乙的借用约定生效时，乙取得该玉石的所有权

C. 由于甲未将玉石交付给乙，所以乙一直未取得该玉石的所有权

D. 甲通过占有改定的方式将玉石交付给了乙

（2）关于丙、丁对该玉石所有权的取得问题，下列说法正确的是（　　）。

A. 甲将玉石交付给丙时，丙取得该玉石的所有权

B. 甲、丙的买卖合同成立时，丙取得该玉石的所有权

C. 丙将玉石交给丁时，丁取得该玉石的所有权

D. 丁不能取得该玉石的所有权

（3）关于该玉石的返还问题，下列说法正确的是（　　）。

A. 戊已取得了该玉石的所有权，原所有权人无权请求返还该玉石

B. 该玉石的真正所有权人请求己返还该玉石不受时间限制

C. 该玉石的真正所有权人可以在戊与己的转让行为生效之日起 2 年内请求己返还该玉石

D. 该玉石的真正所有权人可以在知道或者应当知道该玉石的受让人己之日起 2 年内请求己返还该玉石

简答题

1. 简述财产所有权的权能。
2. 简述区分善意占有和恶意占有的意义。
3. 简述所有权原始取得的方式。

案例分析题

1. 王某与林某为邻居。王某全家迁往外地，因不知以后是否回来，遂将其四间房屋借给林某使用，并托林某妥为管理。林某自王某离去后，即使用该房屋。林某因儿子结婚需要住房，即将王某的房子整修了一下，并在王某房屋占用的院内新盖厢房三间，共花费 1 500 元左右。之后王某因年龄已大，即回老家居住，让林某腾还房屋。于是，林某将王某的原四间房屋还给林某，自己仍住在三间厢房。王某让林某归还厢房，林某称厢房是自己建的，应归其所有，如王某愿意要可以卖给王某。而王某则认为，厢房虽然是林某盖的，但在自己院内，故应归自己所有。何况林某住在自己院内多年也未付过房租，而对房屋的修缮费用他已还给林某。双方争执不下，王某就诉至法院，请求法院判令林某搬出厢房，归还给他。

试问：（1）试分析本案主要涉及的法律问题。

（2）试运用民法原理对该问题进行分析。

2. 陈某同仇某签订了为期 1 年的房屋租赁合同，租赁仇某的一套两室一厅的住房居住。双方房屋租赁合同即将届满时，陈某提出续签 1 年合同的请求，仇某因自己的儿子要结婚，需要住房，拒绝了陈某的请求。但是房屋租赁合同到期后，陈某仍然居住在该房屋中，对仇某提出腾还房屋的请求不予理睬。仇某无奈，于是趁陈某外出之际，扭开门锁，将陈某的物品从房中搬出。陈某闻讯后急忙赶回予以阻止，双方发生纠纷。陈某起诉到法院，以仇某私闯民宅为由要求其赔偿损失。仇某则以陈某侵犯其所有权为由提起反诉，请求法院判令陈某腾房。

请问：本案应当如何处理？为什么？

论述题与深度思考题

试述善意取得制度的要件。

参考答案

名词解释

1. 所有权，是指所有权人依法对自己的财产享有的占有、使用、收益和处分的权利，它是最为重要的物权形式。《民法典》第 240 条规定："所有权人对自己的不动产或者动产，依法享有占有、使用、收益和处分的权利。"其法律特征表现如下：第一，所有权是法定的财产权。第二，所有权的主体为所有权人。第三，所有权的客体仅限于有体物、特定物。第四，所有权是独占的支配权。第五，所有权是无期限限制的权利。第六，所有权是完全物权。

2. 孳息是指由原物所生的物或收益，换言之，是指民事主体通过合法途径而取得的物质利益，包括天然孳息和法定孳息。孳息是与原物相对应的概念，原物是指产生孳息的物。孳息分为两种：(1) 天然孳息，是指原物因自然规律产生的，或者按照物的用法而收获的物。(2) 法定孳息，是指根据法律的规定，由法律关系所产生的收益，是由他人使用原物产生的。《民法典》第 321 条规定："天然孳息，由所有权人取得；既有所有权人又有用益物权人的，由用益物权人取得。当事人另有约定的，按照其约定。法定孳息，当事人有约定的，按照约定取得；没有约定或者约定不明确的，按照交易习惯取得。"

3. 添附是指民事主体把不同所有权人的财产或劳动成果合并在一起，从而形成另一种新形态的财产。在此情况下，如果要恢复原状在事实上不可能或者在经济上不合理，则要确认该新财产的归属问题。《民法典》第 322 条规定："因加工、附合、混合而产生的物的归属，有约定的，按照约定；没有约定或者约定不明确的，依照法律规定；法律没有规定的，按照充分发挥物的效用以及保护无过错当事人的原则确定。因一方当事人的过错或者确定物的归属造成另一方当事人损害的，应当给予赔偿或者补偿。"这就确定了添附的规则。添附主要有附合、混合和加工三种形式。

4. 遗失物，是指他人丢失的动产。遗失物并不是无主物，也不是所有权人抛弃的或因他人的侵害而丢失的物，而是所有权人、占有人不慎丢失的动产。遗失物的认定，必须满足以下几个条件：第一，必须是占有人不慎丧失占有的动产。第二，必须是无人占有的动产。第三，必须是拾得人拾得的动产。

5. 所谓私人所有权，就是指自然人个人依法对其所有的动产或者不动产享有的权利，以及私人投资者投资到各类企业中所依法享有的出资分得的权益。私人所有权包括两个方面的内容：一是自然人个人依法对其动产和不动产所享有的权利，二是指私人投资者就其投资、收益所享有的各种权利。

选择题

（一）单项选择题

1. 答案：A。本题考查对拾得遗失物的处理。《民法典》第 312 条规定，所有人或其他权利人有权追回遗失物，而不论该遗失物是否已经移转。第 314 条规定，拾得遗失物，应当返还权利人。可见，遗失物并非无主物，拾得遗失物的，应当返还失主。

2. 答案：C。《民法典》第 314 条规定："拾得遗失物，应该返还权利人。拾得人应当及时通知权利人领取，或者送交公安等有关部门。"第 315 条规定：有关部门收到遗失物，知道权利人的，应当及时通知其领取；不知道的，应当及时发布招领公告。第 318 条规定：遗失物自发布招领公告之日起 1 年内无人认领的，归国家所有。故本题选 C 项。

3. 答案：A。根据《民法典》第 318 条的规定，遗失物自发布招领公告之日起 1 年内无人认领的，归国家所有。因此，招领期已过的摩托车应当归国家所有。甲能够合法地取得该摩托车的所有权。

4. 答案：C。本题考查简易交付。所谓简易交付是指出让人在转让动产物权之前，受让人已经通过委托、租赁、使用借贷等方式而实际占有了动产，则从移转标的物所有权的法律行为生效之时起视为交付。本题中，宾馆实际占有着摄像机，故从 8 月 9 日双方达成合意时，则视为交付。

5. 答案：B。遗失物并不是无主物，而是所有人和合法占有人不慎丢失的动产。

6. 答案：A。房屋所有权的转让，登记为所有权转移的要件，且根据物权的公信原则，本题中房屋的所有权应归甲所有。

7. 答案：B。本题考查所有权取得。《民法典》第 231 条规定："因合法建造、拆除房屋等事实行为设立或者消灭物权的，自事实行为成就时发生效力。"本题中，中州公司进行了房屋的建设，其因事实行为取得了房屋所有权。

8. 答案：A。本题考查所有权取得。《民法典》第 224 条规定："动产物权的设立和转让，自交付时发生效力，但是法律另有规定的除外。"本题中，因为该名画尚未交付给乙，也未交付给丙，所以乙和丙不享有所有权。至于该画被甲的儿子取出给了乙，乙也不能因此而取得该画的所有权，因为乙受让的时候不是善意的，而且甲的儿子属于无民事行为人，其行为无效。丁属于侵权行为，不能取得画的所有权。因此，该名画的所有权仍归属于甲。

9. 答案：A。本题考查所有权的继受取得。所有权的取得分为原始取得和继受取得。所谓原始取得是指基于事实行为而不是民事法律行为（意思表示）的取得，例如拾得对遗失物、漂流物等；继受取得是指由他人的转移（基于民事法律行为）而取得，包括继承和转让。本题中，A选项中甲基于遗嘱继承取得房屋，是继受取得，B、C、D项都是原始取得。

10. 答案：C。本题主要考查合同的效力与所有权的善意取得。《民法典》第1062条规定："夫妻在婚姻关系存续期间所得的下列财产，为夫妻的共同财产，归夫妻共同所有：（一）工资、奖金、劳务报酬；（二）生产、经营、投资的收益；（三）知识产权的收益；（四）继承或者受赠的财产，但是本法第一千零六十三条第三项规定的除外；（五）其他应当归共同所有的财产。夫妻对共同所有的财产，有平等的处理权。"本题中，因为房屋是在夫妻关系存续期间购买的，虽然只是登记在甲的名义下，但是实际上也是夫妻共同共有的财产。《民法典》第301条规定："处分共有的不动产或者动产以及对共有的不动产或者动产作重大修缮、变更性质或者用途的，应当经占份额三分之二以上的按份共有人或者全体共同共有人同意，但是共有人之间另有约定的除外。"因此，本题中，甲擅自处分房屋所有权属于无权处分。根据《民法典》第597条第1款关于无权处分效力的规定，买卖合同有效；根据《民法典》第311条关于善意取得的规定，丙善意取得房屋所有权。因此，C项当选。

11. 答案：D。先占，是指以所有的意思，先于他人占有无主的动产，从而取得其所有权的法律事实。我国在立法上没有规定先占制度，也有不少学者认为无主财产应直接归国家所有，而否认先占取得。但是国家司法考试辅导用书的观点认为：在我国，不能一概排斥先占原则。从我国现有的法律规定看，埋藏的文物、受国家法律保护的野生动物、渔业资源等重要财产依法都属于国家财产，埋藏物、遗失物、无人继承的遗产有特殊的法律规定，要依照特殊规定来处理。对于特殊规定之外的无主财产，从我国现实生活来讲，实际上是存在着先占原则的。本题中提到石头虽然是在长江中发现的，但是并不属于长江整体的一部分，它既可以被放在河流中，也可以被放在平原上，还可以被放在大山上，它属于独立物、无主物，且不属于法律特殊规定中属于国家所有的财产，因此，依先占的习惯，潘某可以取得其所有权。

12. 答案：A。《民法典》第208条规定，不动产物权的设立、变更、转让和消灭，应当依照法律规定登记。动产物权的设立和转让，应当依照法律规定交付。据此可知，船舶是动产，买卖船舶时，所有权自船舶交付给买受人时转移。因此选项A正确。

《民法典》第225条规定，船舶、航空器和机动车等物权的设立、变更、转让和消灭，未经登记，不得对抗善意第三人。《海商法》第9条第1款规定，船舶所有权的取得、转让和消灭，应当向船舶登记机关登记；未经登记的，不得对抗第三人。据此可知，船舶所有权的变动采登记对抗说，即船舶建造完成后权利人即取得所有权，未经登记的，不得对抗善意第三人。因此选项B错误。

《海商法》第10条规定，船舶由两个以上的法人或者个人共有的，应当向船舶登记机关登记；未经登记的，不得对抗第三人。据此可知，船舶可以成为共同共有的客体，因此选项C错误。

船舶所有权可以由自然人继承，《海商法》与《民法典》均未作出禁止性规定，因而选项D错误。

13. 答案：D。参考《民法典》第249条、第250条、第251条、第252条和第253条。城市的土地，属于国家所有。法律规定属于国家所有的农村和城市郊区的土地，属于国家所有。法律规定属于国家所有的野生动植物资源，属于国家所有。无线电频谱资源属于国家所有。法律规定属于国家所有的文物，属于国家所有。因此，D项正确，当选。

14. 答案：B。涉案房屋为夫妻双方共同财产，妻子乙将房屋出售给第三人构成无权处分，第三人丙不能善意取得该房屋。甲撤销失踪宣告后，可以要求丙返还房屋。根据《民法典》第1060条的规定，"夫妻一方因家庭日常生活需要而实施的民事法律行为，对夫妻双方发生效力，但是夫妻一方与相对人另有约定的除外。"处分房产的行为不属于满足家庭日常生活需要的行为，不属于家事代理的范畴。

15. 答案：C。《民法典》第447条规定："债务人不履行到期债务，债权人可以留置已经合法占有的债务人的动产，并有权就该动产优先受偿。"丙合法占有乙的自行车，丙留置的动产与债权属于同一法律关系，符合留置权的条件，所以C项正确、D项错误。

返还请求权可以区分为所有物返还请求权和占有返还请求权。乙通知甲解除借用关系并且告知丙，甲向丙核实后，甲已经承认自己既不是物权人，也不是占有人，所以甲既无权行使所有物返还请求权亦无权行使占有返还请求权请求丙返还自行车，所以A项错误。

乙为所有权人，而且乙已经解除了其与甲之间的借用关系并告知丙，所以乙作为物权人要求返还原物不需要甲的同意，所以B项错误。

16. 答案：B。《民法典》第314条规定："拾得遗失物，应当返还权利人。拾得人应当及时通知权利人领取，或者送交公安等有关部门。"《民法典》第316条规定："拾得人在遗失物送交有关部门前，有关部门在遗失物被领取前，应当妥善保管遗失物。因故意或者重大过失致使遗失物毁损、灭失的，应当承担民事责任。"第317条规定："权利人领取遗失物时，应当向拾得人或者有关部门支付保管遗失物等支出的必要费用。权利人悬赏寻找遗失物的，领取遗失物时应当按照承诺履行义务。"由此，甲遗失的手链为乙拾得，乙负有返还之义务，且应当在返还之前妥善保管遗失物，未妥善保管的，应就故意或重大过失承担损害赔偿之责。本题中乙未妥善保管，致使手链掉到河里被冲走，存在重大过失，应向甲承担损害赔偿之责。甲发布悬赏广告，但是乙未能履行返还遗失物的义务，故不能主张500元的报酬。故选项B正确，选项A、C、D错误。

17. 答案：A。根据《民法典》第321条的规定，天然孳息，由所有权人取得；既有所有权人又有用益物权人的，由用益物权人取得。当事人另有约定的，按照其约定。张某为河蚌的所有权人，孳息归张某所有。故选项A正确。

18. 答案：D。抛弃行为并非事实行为，是单方民事行为。大衣被抛弃后属于无主物，王某可以基于先占取得所有权。根据《民法典》第314条的规定，拾得遗失物，应当返还权利人。拾得人应当及时通知权利人领取，或者送交公安等有关部门。本案中，手表属于遗失物，王某依法应当返还。故选项D正确。

（二）多项选择题

1. 答案：ACD。本题考查先占和财产所有权的抛弃。所有权的抛弃即以消灭自己的所有权为目的所作出的单方意思表示。本题中，王某通过其行为表明，其已经抛弃了对电脑的所有权。而先占是指因单方事实行为而取得动产所有权的行为，是取得无主物所有权的一种原始取得方式。故本题应选择A、C、D项。

2. 答案：ABC。所有权的取得方式有原始取得与继受取得两种，A、B、C项都是继受取得所有权的方式。

3. 答案：ABC。依据《民法典》第321条的规定，在没有约定的情形下，天然孳息由所有权人取得；既有所有权人又有用益物权人的，由用益物权人取得。法定孳息，在没有约定的情形下，按照交易习惯取得。故前三项，在法律没有规定或合同没有约定的时候，可以取得原物所生孳息的所有权。因此，A、B、C项正确。

4. 答案：BC。若甲以自己的名义出让手表，则属于无权处分。《民法典》第597条规定："因出卖人未取得处分权致使标的物所有权不能转移的，买受人可以解除合同并请求出卖人承担违约责任。法律、行政法规禁止或者限制转让的标的物，依照其规定。"甲、丙双方订立的合同不违反法律、行政法规的强制性规定且不违背公序良俗，原则上有效，无权处分不影响合同效力。因此，甲、丙之间的合同有效，A项错误，不当选。甲若以乙的名义出让手表，则属于无权代理，B项正确，当选。丙如果是善意的，就可以依善意取得制度取得手表的所有权，故C项正确，D项错误。综上所述，本题的正确答案为B、C项。

5. 答案：ABC。无线电频谱资源属于《民法典》明确规定国家所有的资源，不能为集体组织所有。

6. 答案：BD。本题考查善意取得制度。根据《民法典》第311条的规定，善意取得制度中，除法律另有规定外，在受让方是善意的情况下，就可以取得物的所有权，原物的所有人不得要求其返还原物，而只能要求无权处分人赔偿损失。本题中，B、D选项中，郭某和马某都是以市价买得手机且不知情，手机均已经交付，符合善意取得的要求。

7. 答案：CD。处分包括事实上的处分和法律上的处分。对财产的消费（包括生产和生活的消费）属于事实上的处分，对财产的转让（如买卖、赠与）属于法律上的处分，两者都会导致所有权的绝对或相对消灭。故本题答案为C、D项。

8. 答案：ACD。参见《民法典》第243条、第245条。

9. 答案：CD。根据《宪法》第9条和《民法典》第247条的规定，煤矿的所有权应当归国家所有。张某未经批准擅自开采的行为违反了法律规定。

10. 答案：ABCD。本题考查所有权的取得。《民法典》第 209 条第 1 款规定："不动产物权的设立、变更、转让和消灭，经依法登记，发生效力；未经登记，不发生效力，但是法律另有规定的除外。"《民法典》第 215 条规定："当事人之间订立有关设立、变更、转让和消灭不动产物权的合同，除法律另有规定或者当事人另有约定外，自合同成立时生效；未办理物权登记的，不影响合同效力。"本题中，郑某的父亲和郭某之间虽然没有办理房屋过户登记手续，但并不影响房屋买卖合同的效力，他们之间的房屋买卖合同是有效的，郭某虽未取得房屋的所有权，但享有合同债权，故 A 项说法正确。《民法典》第 230 条规定："因继承取得物权的，自继承开始时发生效力。"郑某的父亲与郭某未办理房屋过户登记手续，房屋仍然属于郑某父亲所有，郑某自其父亲死亡时，可以在继承开始时取得该房屋的所有权，郑某实际取代了其父在房屋买卖合同中当事人的地位，所以郑某有义务协助郭某办理房屋过户手续，故 B、C 项说法正确。根据《民法典》第 402 条规定，以建筑物抵押的，应当办理抵押登记。抵押权自登记时设立。因为郑某和陈某之间的抵押未办理抵押登记，所以抵押权不成立，陈某对房屋不享有抵押权，D 项说法正确。

11. 答案：BCD。本题综合考查民事责任优先原则、善意取得和动产物权的优先性。

《民法典》第 311 条规定了善意取得，本题中，白某将登记在自己名下的"某公司汽车"出卖给洪某的行为系无权处分，作为买方的洪某主观上善意且无重大过失，客观上支付合理对价且已完成公示。因此，洪某已善意取得汽车的所有权。该汽车已非白某财产，即使白某因非法集资而被没收全部财产，该汽车亦不能被没收。故 B、D 项说法正确，当选。根据《民法典》第 225 条规定，机动车的物权变动，未经登记，不得对抗善意第三人。虽然洪某已经善意取得机动车所有权，但未办理机动车过户登记手续。后白某又将汽车抵押的行为系无权处分，但黄某不知情且办理了抵押登记。因此，黄某善意取得汽车的抵押权，即黄某对洪某的汽车享有优先受偿权。故 C 项说法正确，当选。《民法典》第 187 条规定："民事主体因同一行为应当承担民事责任、行政责任和刑事责任的，承担行政责任或者刑事责任不影响承担民事责任；民事主体的财产不足以支付的，优先用于承担民事责任。"因此，白某的民事责任并不会因其被判入狱并没收全部财产而不再承担还款义务，即免责。故 A 项说法错误，不当选。综上所述，本题的正确答案为 B、C、D 项。

12. 答案：AD。甲窃取丙的美茄手表和 4 000 元现金，构成不当得利，丙可以请求其返还手表和现金。甲将美茄手表交乙并补偿乙 1 000 元，因乙不知甲盗窃情节，基于货币占有即所有的规则，乙无须返还 1 000 元给丙。乙将美茄手表无偿赠与丁，丁不能善意取得，丙可请求丁返还手表。故选项 A、D 正确。

13. 答案：BC。根据最高人民法院《关于审理建筑物区分所有权纠纷案件适用法律若干问题的解释》（2020 年修正）第 3 条的规定，除法律、行政法规规定的共有部分外，建筑区划内的以下部分，也应当认定为民法典第二编第六章所称的共有部分：（1）建筑物的基础、承重结构、外墙、屋顶等基本结构部分，通道、楼梯、大堂等公共通行部分，消防、公共照明等附属设施、设备，避难层、设备层或者设备间等结构部分……根据最高人民法院《关于审理建筑物区分所有权纠纷案件适用法律若干问题的解释》（2020 年修正）第 4 条的规定，业主基于对住宅、经营性用房等专有部分特定使用功能的合理需要，无偿利用屋顶以及与其专有部分相对应的外墙面等共有部分的，不应认定为侵权。但违反法律、法规、管理规约，损害他人合法权益的除外。本题中，外墙属于全楼业主共有。张某安装空调外机的行为属于满足合理需求的行为，不构成侵权，无须支付费用。故选项 B、C 错误，当选。

14. 答案：ACD。夫妻双方婚后出资购买房屋的，双方对房屋共同共有，与登记在谁名下无关。张某未经刘某同意，擅自出卖房屋的行为构成无权处分，但买卖合同并非"可撤销"。根据《民法典》第 311 条的规定，吴某符合善意取得的构成要件。王某与张某以"夫妻名义"出卖房屋的行为构成共同侵权，依法应对刘某承担赔偿责任，故选项 A、C、D 均正确。

15. 答案：ACD。王某因手书《滕王阁序》而取得著作权。根据《民法典》第 322 条，因加工、附合、混合而产生的物的归属，有约定的，按照约定；没有约定或者约定不明确的，依照法律规定；法律没有规定的，按照充分发挥物的效用以及保护无过错当事人的原则确定。因一方当事人的过错或者确定物的归属造成另一方当事人损害的，应当给予赔偿或者补偿。因此，如果该作品最终认定归王某所有，则王某应给予游某赔偿或补偿。游某对宣纸享有所有权，王某未经同意在宣纸上创作的行为为侵权行为，故选项 A、C、D 正确。

16. 答案：ABCD。因买卖合同申请登记的，应“一并申请”国有建设用地使用权及房屋所有权转移登记。住宅建设用地使用权期限届满的，自动续期。邱某不会丧失房屋所有权。申请不动产登记的，双方当事人应当共同申请。孟某以 200 万元的价格出售公寓，应纳税所得额是 200 万元减去财产原值和合理费用后的余额，故选项 A、B、C、D 错误。

17. 答案：BD。孙某与文某协商将花瓶以 48 万元出卖给黄某，构成指示交付，黄某成为花瓶的所有权人，孙某无权向文某主张返还花瓶。孙某向文某借款 70 万元，卖出质押物花瓶后，买受人支付了 48 万元，尚有 22 万元债务未履行。故选项 B、D 正确。

18. 答案：BD。张某死亡后，张小某即取得房屋所有权，无须办理登记。张小某与李某签订的房屋买卖合同合法有效。出卖人张小某为买受人李某办理过户登记手续后，发生物权变动的效力，故选项 B、D 正确。

19. 答案：ABCD。根据《民法典》第 282 条，建设单位、物业服务企业或者其他管理人等利用业主的共有部分产生的收入，在扣除合理成本之后，属于业主共有。《民法典》第 946 条第 1 款规定：“业主依照法定程序共同决定解聘物业服务人的，可以解除物业服务合同。决定解聘的，应当提前六十日书面通知物业服务人，但是合同对通知期限另有约定的除外。”物业服务用房和小区内的草地均属于全小区业主共有，物业公司未经业主同意，擅自搭建和出租的行为构成侵权。物业公司将草地出租给洗车公司，该草地属于全体业主共有。物业扣除合理成本后，租金归全体业主共有。故选项 A、B、C、D 正确。

20. 答案：BD。根据《民法典》第 311 条的规定，汤某取得手表的所有权。翁某未实施处分行为，不构成无权处分。汤某善意取得手表所有权时，柳某对该手表的所有权消灭，汤某对柳某不承担侵权责任，也不构成不当得利。故选项 B、D 正确。

（三）不定项选择题

1. （1）答案：ACD。本题考查所有权的取得时间。《民法典》第 230 条规定：“因继承取得物权的，自继承开始时发生效力。”由此，甲已经取得了该房屋的所有权，A 项的说法正确。所有权属于典型的支配权，具有排他性，因此，B 项认为甲对该房屋的所有权不能对抗善意第三人是错误的。《民法典》第 232 条规定：“处分依照本节规定享有的不动产物权，依照法律规定需要办理登记的，未经登记，不发生物权效力。”由此，C 项的说法正确。因为房屋所有权已经属于甲，甲当然可以将房屋出租行使收益权，故 D 项的说法正确。

（2）答案：BD。本题考查买卖合同的效力与所有权的取得。《民法典》第 215 条规定：“当事人之间订立有关设立、变更、转让和消灭不动产物权的合同，除法律另有规定或者当事人另有约定外，自合同成立时生效；未办理物权登记的，不影响合同效力。”所以 A 项的说法错误。乙是基于甲的意思表示而占有该房屋的，其占有是合法占有，B 项的说法正确。债是具有相容性的，因此，一个标的物上可以同时存在几个债权债务关系，在甲享有继承房屋的所有权，且已经办理了产权过户手续的情况下，甲有权与丙签订买卖合同，虽然，甲存在“一房二卖”的情况，但是，每个买卖合同都是有效的。因此，C 项的说法错误。甲是房屋的所有权人，其和丙签订合同出卖自己的房屋并办理了过户登记手续，丙因此取得房屋的所有权，D 项的说法正确。

（3）答案：AD。解析：本题考查所有权的取得。虽然丁胁迫丙将房屋转移给丁，但是因为办理了过户登记，丁就是房屋的所有权人，其将房屋转让给戊，戊是善意第三人，其基于合同继受取得了该房屋的所有权。

2. （1）答案：BD。本题考查物权变动的交付方式及其所有权的转移。甲、乙之间的买卖合同自签订之日起生效，玉石的所有权自交付时起转移。在合同签订之时因乙没有带钱，甲未将玉石交付于乙，并约定 3 日后乙到甲的住处付钱取玉石，说明起初约定的交付的时间是合同签订后的第 3 日。所以，甲、乙之间买卖合同生效的时候，玉石的所有权并没有直接转移给乙。因此，A 项错误。随后，甲向乙提出借用玉石把玩几天，乙表示同意。此说明甲、乙对玉石的交付方式达成了新的约定，即采用占有改定的方式进行交付，交付后出卖人甲仍然占有标的物，但是标的物的所有权转移给乙。所以自该协议达成后乙取得了玉石的所有权，甲仍继续占有该玉石。因此，B、D 项正确，C

项错误。

（2）答案：C。本题考查无权处分与善意取得制度。甲将属于乙的玉石卖给丙的行为属于无权处分，买卖合同效力待定。又因丙对甲、乙之间的买卖情况知情，说明丙不是善意第三人，不能根据善意取得制度取得玉石的所有权，除非得到乙的追认。因此，A、B项错误。丙将玉石交付给丁抵偿债务的行为也属于无权处分，但是丁对甲、乙，甲、丙之间的交易行为不知情，属于善意第三人，可以根据善意取得制度取得玉石的所有权。因此，C项正确，D项错误。

（3）答案：D。本题考查拾得遗失物的返还。《民法典》第314条规定："拾得遗失物，应当返还权利人。拾得人应当及时通知权利人领取，或者送交公安等有关部门。"本题中戊是拾得遗失物的人，应当返还权利人，不能因拾得行为而取得遗失物的所有权。因此，A项错误。《民法典》第312条规定："所有权人或者其他权利人有权追回遗失物。该遗失物通过转让被他人占有的，权利人有权向无处分权人请求损害赔偿，或者自知道或者应当知道受让人之日起二年内向受让人请求返还原物；但是，受让人通过拍卖或者向具有经营资格的经营者购得该遗失物的，权利人请求返还原物时应当支付受让人所付的费用。权利人向受让人支付所付费用后，有权向无处分权人追偿。"据此可知，玉石的真正所有人请求已返还玉石的请求是受时间限制的，即自知道或者应当知道受让人之日起2年内向受让人请求返还原物。因此，B项错误。根据《民法典》第312条的规定可知，玉石的真正所有人可以自知道或者应当知道受让人之日起2年内向受让人请求返还原物，而非是从戊与己的转让行为生效之日起计算2年的期限。因此，C项错误，D项正确。

简答题

1. 财产所有权，是指所有人依法对自己的财产享有的占有、使用、收益和处分的权利。相应地，其包含以下四种权能。

第一，占有和占有权。

占有是主体对于物基于占有的意思而进行控制的事实状态。占有是对物的事实上的控制。占有人必须具有占有的意图，必须事实上控制或管领了某物。

第二，使用权。

使用是指民事主体按照财产的性能对其加以利用，以满足生产和生活的各种需要。不管是所有人还是非所有人，他们占有财产，最终是为了对财产有效的利用或从中获得经济上的利益。这种利用财产的权利，就是使用权。

第三，收益权。

收益，是民事主体通过合法途径获取基于财产而产生的物质利益。收益权是指从财产上获取一定的经济利益的权利。民法上的收益主要是指孳息。

第四，处分权。

处分权就是所有人对财产进行消费和转让的权利，包括事实上的处分和法律上的处分。对财产的消费属于事实上的处分，对财产的转让属于法律上的处分，两者都会导致所有权的绝对或者相对消灭。

处分权决定了财产的归属，它是所有权区别于他物权的重要特征。

总之，占有、使用、收益和处分，构成了完整的所有权的四项权能。财产所有权人可以将这四项权能集于一身统一行使，也有权将这四项权能中的若干权能交给他人行使，即财产所有权的四项权能与所有权人相分离。但是这种分离并不会造成丧失所有权的结果，而是所有权人行使其权利的有效形式。正是通过这种方式，来实现生产和生活的特定目的。

2. 占有是主体对物基于占有的意思进行控制的事实状态。占有是对物的一种事实上的控制。对物的控制也称为对物的管领，它需要借助身体与物发生一种外部的接触。根据占有人是否有权占有某物，可以分为有权占有和无权占有。而无权占有又可以划分为善意占有和恶意占有两类。

善意占有是指不法占有人在占有他人的财产时，不知道或者不应当知道其占有是非法的。如果占有人明知其无占有的权利或对其有无占有的权利有怀疑，则为恶意占有。两者均属于无权占有。区分两者的意义如下。

第一，如果占有人在购买由他人无权处分的财产时在主观上是善意的，其占有该财产也是善意的，则可以依善意取得制度取得该财产的所有权。但恶意占有人不能得到善意取得制度的保护。

第二，在不当得利的返还上，善意占有人一般只返还现在的利益，对已经灭失的利益不负返还责任。而恶意占有人在此情况下应付赔偿的责任。

第三，在返还原物时，善意占有人可请求所有人返还其为保管、保存占有物所支付的费用。而恶意占有人在返还原物时，无权请求所有人返还其所支付的费用。

3. 原始取得，是指根据法律规定，最初取得财产的所有权或不依赖于原所有人的意志而取得财产的所有权。

原始取得的方式包括以下几种。

第一，劳动生产、收益，指民事主体通过自己的劳动生产活动获取劳动产品，以及通过扩大再生产取得其所创造的劳动产品。收益主要指收取孳息。

第二，征收，指国家基于公共利益通过行使征收权，在依法给予补偿的前提下，将单位或个人的财产移转给国家所有。

第三，善意取得，又称即时取得，是指无处分权人将其动产或不动产转让给受让人，如果受让人取得该动产时出于善意，则受让人依法取得对该动产的所有权或其他物权。

第四，添附。添附主要有混合、附合和加工三种方式。

第五，遗失物的拾得。遗失物，是指他人丢失的动产。遗失物并非无主财产，它在法律上有明确的归属，根据《民法典》的规定，遗失物的所有权归于失主。但遗失物自发布招领公告之日起 1 年内无人认领的，归国家所有。

第六，漂流物的拾得、埋藏物和隐藏物的发现。在拾得或者发现漂流物、埋藏物、隐藏物后，应当作为遗失物，及时返还失主，或者交给有关部门，有关部门应当及时交还失主或者发出招领公告，拾得人或有关部门应当妥善保管漂流物、埋藏物和隐藏物。如果自发不招领公告之日起 1 年内无人认领的，归国家所有。

案例分析题

1.（1）本案争议的焦点就在于添附物的所有权归属问题。所谓添附，是指不同所有人的物结合在一起而形成不可分离的物或具有新物性质的物。由于因添附形成的财产要恢复原状在事实上不可能或者在经济上不合理，因而需要立法确定添附物的归属，以期定分止争。

（2）添附是动产所有权取得的一项重要方式，是罗马法以来所公认的原则。其立法理由在于：两个以上的物结合为一体，若要使之分离，必然要毁损或减少物的价值，支付不必要的费用，更何况在添附的情况下，要想恢复原状往往已经不可能，因此，从增进财富、充分发挥物的效用的原则出发，须承认添附可以取得所有权。我国司法实践也将添附作为取得所有权的一种方法。依据民法理论，添附一般包括附合、混合和加工三种。添附的主要特点是：第一，不同所有人的物结合在一起而成为不可分离的物。第二，添附必须是数个物的结合而形成了单独的所有权。第三，添附的主要法律效果是一方取得了他人的所有权，或者一方取得添附后的新的物的所有权。

在添附物的所有权归属上，《民法典》第 322 条作了如下规定：“因加工、附合、混合而产生的物的归属，有约定的，按照约定；没有约定或者约定不明确的，依照法律规定；法律没有规定的，按照充分发挥物的效用以及保护无过错当事人的原则确定。因一方当事人的过错或者确定物的归属造成另一方当事人损害的，应当给予赔偿或者补偿。”如果没有约定而又可以拆除的就进行拆除，经济上不一定合理。所以，在添附的情况下，应考虑的是，如果添附物不容易拆开或拆开在经济上不合理，就应保持其结合状态，而不应强行拆除。

添附的结果是，一方所有权有所扩大，而另一方所有权丧失。在当事人方面看，对于丧失所有权的一方，必须加以救济，才能公平。因此，从公平的原则出发，因添附而受到损失的一方当事人得要求获得利益的一方返还其所得的利益。

从本案来看，林某是在王某的宅基地范围内建造房屋的，宅基地的使用权和房屋的所有权是一致的，只能为一人所有，因而林某是不能取得房屋的所有权的。所以，在这种于他人宅基地上建筑房屋的情况下，厢房应当由王某取得所有权。然而，在添附中，取得所有权的一方并没有取得利益的根据，其对因此而造成的他人的损失应当于所得利益范围内返还。所以，王某应当向林某返还其所得的不当利益。返还范围为林某建房的费用及相关的劳务报酬。

2. 本案考查对物权的保护。《民法典》第 235 条规定：“无权占有不动产或者动产的，权利人可以请求返还原物。”权利人享有返还原物请求权。本案中，租赁合同已经届满，双方又并未达成续签合同的协议，此时，陈某继续住在该房中，并拒不搬走的行为已经构成了无权占有，侵犯了仇某的所有权，仇某有权行使返还原物请求权。本案中仇某的行为属于自力救济，但是其方式不当，应当赔偿由此给陈某造成的损失。

论述题与深度思考题

（1）善意取得的概念。

善意取得，又称即时取得，是指无处分权人将动产或不动产转让给受让人，如果受让人取得该动产或不动产时出于善意，则受让人将依法取得对该动产或不动产的所有权或其他物权。可见，善意取得包括了所有权的取得与其他物权的取得两方面的内容。《民法典》第311条规定了善意取得制度，该制度的主要功能在于：一方面，有利于维护交易安全，促进市场经济的有序发展。在市场经济社会，保护交易当事人的信赖利益实际上是保护交易安全的重要组成部分。在广泛的市场交易活动中，从事交易的当事人往往并不知道对方是否有权处分财产，也很难对其在市场上出售的商品逐一调查。善意取得制度虽然削弱了对原财产所有权人所有权的保护，但其对整个社会经济秩序的稳定是有利的。另一方面，有利于鼓励交易，促进财产的流转。善意取得制度保护了善意的买受人，只要其有合理的理由信赖不动产登记，或者信赖动产的占有人有处分权，就不必支付大量的调查成本来审查转让人是否享有处分权，这就极大地降低了交易费用，有利于鼓励交易。

（2）善意取得的构成要件。

依据《民法典》第311条第1款规定，善意取得的构成要件包括以下5项。

1）无处分权人处分他人财产。

所谓无权处分，是指没有处分权而处分他人的财产。所谓处分，从最广义上来理解，包括事实上的处分与法律上的处分。无权处分中的“处分”是指法律上的处分，即通过买卖、赠与、抵押等使所有权发生转让或权能发生分离的情形。在实践中，无权处分行为主要包括四种情况：一是无所有权而处分财产的情形。例如，承租人、保管人对承租或保管的财产并不享有所有权，而将该财产转让给他人。二是所有权受到限制而处分财产的情形。例如，某一共有人未经其他共有人的同意而处分共有财产。三是虽有所有权但无处分权，却处分了财产的情形。例如，在附条件买卖中，当事人约定在价金未完全清偿前，出卖人仍然保留所有权，买受人只享有期待权，在合同有效期间，出卖人不能再次转让该标的物，否则将构成无权处分。四是代理人擅自处分被代理人的财产。上述四种情况都会发生无权处分的效果。

不动产的无权处分通常表现为因登记错误而发生的登记名义人的无权处分。例如，某人的房屋因登记错误而记载在他人名下，后登记权利人将房产出售给他人。此时，是否可以称为无权处分？笔者认为，在不动产交易中，如果出现登记错误，则登记的权利人并非该不动产真正的权利人，其对该不动产的处分也将构成无权处分，至于该登记权利人在实施相关行为时是否明知其为无权处分，并不影响无权处分的认定。

2）受让人取得财产时出于善意。

依据《民法典》第311条的规定，适用善意取得制度必须“受让人受让该不动产或者动产时是善意”，善意取得制度的核心在于保护受让人的合理信赖，因而其核心要件就是受让人在取得财产时必须是善意的。如果让与人为善意，而受让人为恶意，则不适用这一制度。最高人民法院《关于适用〈中华人民共和国民法典〉物权编的解释（一）》第14条规定：“受让人受让不动产或者动产时，不知道转让人无处分权，且无重大过失的，应当认定受让人为善意。”

第一，受让人不知道转让人无处分权。善意是相对于恶意而言的，善意是指不知情，即受让人受让该不动产或者动产时不知或不应知道让与人转让财产时没有处分该项财产的权限。依据《民法典》第311条的规定，判断受让人善意的时间点为“受让人受让该不动产或者动产时”，这就是说，必须以受让财产的时间确定，即取得人必须在最后取得行为那一刻是善意的。至于受让人取得财产以后是否为善意，则不影响善意取得的构成。如果受让人在这一时点以前出于恶意，亦可认定其在交付时及以后为恶意。具体的判断可以依据最高人民法院《关于适用〈中华人民共和国民法典〉物权编的解释（一）》第15条：“具有下列情形之一的，应当认定不动产受让人知道转让人无处分权：（一）登记簿上存在有效的异议登记；（二）预告登记有效期内，未经预告登记的权利人同意；（三）登记簿上已经记载司法机关或者行政机关依法裁定、决定查封或者以其他形式限制不动产权利的有关事项；

(四) 受让人知道登记簿上记载的权利主体错误；(五) 受让人知道他人已经依法享有不动产物权。真实权利人有证据证明不动产受让人应当知道转让人无处分权的，应当认定受让人具有重大过失。”

第二，受让人对其不知情无重大过失。最高人民法院《关于适用〈中华人民共和国民法典〉物权编的解释（一）》第16条规定：“受让人受让动产时，交易的对象、场所或者时机等不符合交易习惯的，应当认定受让人具有重大过失。”

3）以合理的价格有偿转让。

依据《民法典》第311条的规定，善意取得制度的另一个构成要件是财产必须“以合理的价格转让”。这就是说，善意取得必须适用于有偿的交易。我国《民法典》强调善意取得必须适用于有偿交易，主要有以下理由：首先，如果是无偿的转让，受让人取得财产没有支付任何对价，此时不适用善意取得，要求受让人返还财产，受让人并没有因此而遭受损失。其次，从学理上讲，善意取得是为了实现交易安全而设计的法律制度，只适用于交易行为。尽管从广义上讲，交易包括有偿和无偿的财产转让，但从狭义上理解，交易只是指支付了对价的交易，而无偿转让显然不是交易。最后，在许多情况下，无偿转让财产本身就表明财产的来源可能是不正当的，而一个诚实的、不贪图便宜的受让人在无偿受让财产时，应当查明财产的来源，如果不经调查就无偿受让财产，则本身是非善意的，或者说是有过失的。所以，受让人在取得财产时，必须以相应的财产或金钱支付给出让人。无偿取得财产时，不适用善意取得。

最高人民法院《关于适用〈中华人民共和国民法典〉物权编的解释（一）》第18条规定：“民法典第三百一十一条第一款第二项所称‘合理的价格’，应当根据转让标的物的性质、数量以及付款方式等具体情况，参考转让时交易地市场价格以及交易习惯等因素综合认定。”

4）完成了法定的公示方法。

《民法典》第311条规定完成公示是善意取得的要件之一，即“转让的不动产或者动产依照法律规定应当登记的已经登记，不需要登记的已经交付给受让人”。这就意味着善意取得的构成必须以公示方法的完成为要件。

第一，需要登记的必须已经办理登记。

依据《民法典》第311条的规定，依照法律规定应当登记的已经登记，才能适用善意取得。在我国，城市的房屋依法应当办理登记。因此，房屋的买卖只有在受让人与转让人办理登记之日起才能适用善意取得，仅仅发生交付，并不能够产生善意取得的后果。之所以要以办理完毕登记过户作为不动产善意取得的构成要件，一方面，是因为只有在完成物权登记手续之后，买受人才能够真正取得完整的物权，这与我国《民法典》原则上采纳的登记要件主义完全吻合。依据不动产登记要件主义，不动产物权以登记为公示要件，必须办理了登记之后，才能发生所有权的移转，而交付不是不动产物权的公示要件。另一方面，如果以办理登记为不动产物权善意取得的时间点，则在转让人办理登记将不动产记载于自己的名下之后，真正权利人完全可以通过异议登记来及时阻碍转让人的无权处分行为。因为受让人必须办理登记才能受到善意取得制度的保护，而在存在异议登记的情况下，受让人就很难被认为是善意的，并据此取得不动产所有权。

第二，不需要登记的已经交付。

动产原则上不需要登记，但适用动产善意取得制度，必须发生占有的移转，亦即转让人向受让人实际交付了财产，受让人实际占有了该财产。一方面，只有通过交付，才能发生所有权的移转。如果双方仅仅只是达成了合意，而并没有发生标的物占有的移转，则不能发生善意取得的效果，双方当事人仍然只是一种债的关系。由于买受人享有的还是债权，还不能通过物权法对之加以保护。另一方面，对善意受让人来说，一旦发生交付，其占有了出让人的财产，从而形成了享有物权的外观，也可能引发社会公众对其权利的信赖。特别是在他占有该财产之后，他可以基于对物享有所有权的信心，来对其进行实际的利用、加工和改良，从而提高对物的使用效率，增加物的价值。如果在对物进行重大修缮之后，再进行返还，可能不利于物尽其用，造成对物的损失浪费。所以，即使买受人主观上是善意的，但如果没有通过交付实际占有财产，还不能说他就形成了完整的权利外观，因而也不能使他取得所有权。

5）转让合同有效。

善意取得必须以转让人与受让人之间的转让合同合法有效为基本前提。如果转让人与受让人之间所从事的买卖、互易、赠与等行为是无效的或可以撤销的行为，则不能产生善意取得的效果。最高人民法院《关于适用〈中华人民共和国民法典〉物权编的解释（一）》第20条规定："具有下列情形之一，受让人主张依据民法典第三百一十一条规定取得所有权的，不予支持：（一）转让合同被认定无效；（二）转让合同被撤销。"依据该条规定，在当事人之间的基础合同被撤销或者被认定无效的情形下，则排除善意取得的适用。也就是说，善意取得的成立以转让人和受让人之间的合同有效为前提，如果该合同因为违反法律或行政法规的强制性规定，或违反公序良俗而被宣告无效，则无法发生善意取得的法律效果。

（3）善意取得的效果。

善意取得主要产生如下法律效力。

第一，物权的变动。善意取得是原始取得，这就是说，只要符合善意取得的构成要件，原权利人与受让人之间将发生一种物权的变动，即受让人因为出于善意将即时取得标的物的所有权，而原权利人的所有权将因此消灭。原权利人不得向善意的受让人主张返还原物，而只能要求转让人赔偿损失或者承担其他法律责任。

第二，动产上的原有权利原则上消灭。《民法典》第313条规定："善意受让人取得动产后，该动产上的原有权利消灭。但是，善意受让人在受让时知道或者应当知道该权利的除外。"据此，只有具备以下两个条件，善意取得才能导致动产上原有权利的消灭：一是其适用范围限于动产。因为不动产上的权利都要经过登记，对外予以公示，所以，受让人在受让不动产时就知道或者应当知道不动产上的物权负担，如果不动产上的物权负担已经登记，而受让人仍然受让该不动产，其就应当承受此种物权负担。如果物上的负担已经登记，权利人没有查阅，则其应当承担因没有查阅可能形成的风险。二是善意受让人在受让时不知道或者不应当知道动产上存在着该权利。这就是说，即使因为善意取得而导致动产上其他权利消灭，也必须要求受让人是善意的。所谓善意，是针对动产上存在的其他权利而言，受让人是不知情的。如果受让人知道或者应当知道该权利的存在，就表明其不是善意的，因此，即便受让人善意取得了所有权，其也应当承受动产上的其他权利负担。例如，甲在动产上设定了抵押，未办理登记，然后将该动产转让，而受让人乙在受让动产时，如果事先知道在动产之上设定了抵押，是恶意的，那么，即使符合善意取得的条件，可以发生善意取得的效果，但因为他对动产抵押权的设立是知情的，所以当抵押权人追及该动产时，基于善意取得的所有权不能对抗抵押权。但如果受让人在受让该动产时，确实不知道其上有抵押权，其在取得动产以后，该动产之上的抵押权消灭。

第三，无权转让人的法律责任。原权利人因善意取得使其标的物的所有权消灭，而又不能请求受让人返还财产，法律上对原权利人提供了一种债权上的救济，即权利人可以基于债权上的请求权要求转让人承担合同责任、侵权责任或不当得利的返还责任，但不能向受让人和其他权利人追及标的物。

第十五章　业主的建筑物区分所有权

知识逻辑图

- 业主的建筑物区分所有权
  - 专有权
    - 专有部分所有权具有所有权的效力
    - 专有权的客体具有特殊性
    - 专有部分的所有权居于主导地位
  - 共有权：共有权是由专有部分所决定的，并从属于专有部分的所有权
  - 管理权：法律赋予业主专门管理公有财产和共同事务的权利
  - 业主大会和业主委员会：对共有财产和公共事务进行管理

名词解释

1. 业主的建筑物区分所有权
2. 专有部分
3. 共有部分

选择题

（一）单项选择题

1. 建筑物区分所有权的客体不包括（　　）。

A. 屋顶平台

B. 公共花园

C. 公寓门前的城镇公共道路

D. 公共车棚

2. 不属于城镇公共绿地或公共道路的小区公共设施，则（　　）。

A. 应为全体业主和开发商共同所有

B. 建筑区划内的绿地，如果明确约定归个人所有，则依约定

C. 建筑区划内的道路，如果明确约定归个人所有，则依约定

D. 只要业主购买了房子，这些设施就归业主共同所有

3. 对于广告商在公寓楼顶悬挂广告牌所付的费用，应归（　　）。

A. 楼顶的住户所有

B. 全体住户共有

C. 开发商所有

D. 楼顶的住户与开发商共有

4. 甲买下某小区二单元五层的房屋一套，因为该房屋处在顶层，甲就在四楼和五楼之间的楼梯口安装上了一个铁门，当时该小区住房尚未出售完，二、三、四楼都没有住户。后来二、三楼的房屋陆续售出，房主对该铁门均没有提出异议。在乙入住该单元四楼后，发现需要通过五楼到达顶层平台，遂当即提出甲应当将铁门拆除或者给每位住户一把钥匙，遭到甲的拒绝，后来乙多次要求，甲均置之不理，有关本题说法正确的是（　　）。

A. 甲辩称：屋顶平台平时根本没有人用，乙的要求是无理的

B. 甲辩称：一、二、三楼的住户都没有异议，表示他们已经自愿放弃了，甲只占所有一层楼，应当按照多数人的意见办理

C. 无论其他住户意见怎样，也无论屋顶平台是否使用，通道应属共同财产，甲不得据为己有

D. 虽然通道是甲的专有部分，但是根据我国法律有关相邻关系的精神，本着团结互助的精神，甲应当尊重乙的要求

蒋某是C市某住宅小区6栋3单元502号房业主，入住后面临下列法律问题，请根据相关事实予以解答。

请回答第5～6题。（司考改编）

5. 小区地下停车场设有车位 500 个，开发商销售了 300 个，另 200 个用于出租。蒋某购房时未买车位，现因购车需使用车位。下列选项正确的是（　　）。

A. 蒋某等业主对地下停车场享有业主共有权

B. 如小区其他业主出售车位，蒋某等无车位业主在同等条件下享有优先购买权

C. 开发商出租车位，应优先满足蒋某等无车位业主的需要

D. 小区业主如出售房屋，其所购车位应一同转让

6. 对小区其他业主的下列行为，蒋某有权提起诉讼的是（　　）。

A. 5 栋某业主任意弃置垃圾

B. 7 栋某业主违反规定饲养动物

C. 8 栋顶楼某业主违章搭建楼顶花房

D. 楼上邻居因不当装修损坏蒋某家天花板

（二）多项选择题

1. 甲、乙、丙、丁分别购买了某住宅楼（共四层）的一至四层住宅，并各自办理了房产证。下列哪些说法是正确的？（　　）（司考改编）

A. 甲、乙、丙、丁有权分享该住宅楼的外墙广告收入

B. 一层住户甲对三、四层间楼板不享有民事权利

C. 若甲出卖其住宅，乙、丙、丁享有优先购买权

D. 如四层住户丁欲在楼顶建一花圃，须得到甲、乙、丙同意

2. 冯某打算盖一座三层小楼，经申请，于 2 月获得城建部门批准并领取了建筑许可证。同年 3 月，冯某开始建楼。由于资金不足，冯某盖了两层就封顶了，准备以后有钱再加盖第三层。不料，此后冯某经营的小饭店又亏本，欠债 1 万多元。为了还债，冯某只好将楼房的第二层出卖。孙某买下了此楼的第二层，双方订立书面协议并办理了房屋过户手续，冯某在出卖第二层楼房时并没有说明将来要加盖第三层楼房。双方居住期间，都利用二层楼顶堆放了些杂物，双方对此均无意见。其后，冯某积攒下一笔钱，打算将楼房的第三层盖起来。孙某表示反对，认为自己买了第二层，楼顶当然属于自己所有，冯某无权加盖第三层。冯某则认为自己盖三层楼已经城建部门批准，当然有权加盖。双方相持不下，冯某诉到法院，要求维护自己的合法权益。下列说法中正确的有（　　）。

A. 孙某买下的第二层楼房与冯某的第一层楼房之间形成区分所有权关系

B. 楼顶归孙某所有，加盖第三层的权利当然应转归孙某，他对楼顶上的空间有利用的权利，其他人无权干涉

C. 冯某在加盖第三层时必须征得孙某的同意，不得擅自加盖，否则就侵犯了孙某的权利

D. 冯某有权加盖，但三层楼房的楼顶则属于共用部分，应由冯、孙二人共同占有、使用

3. 某公司申报花园工程时，市规划局以“建筑工程规划设计要点通知书”要求，其规划建筑应按机动车 0.2 车位/户，非机动车 2 车位/户配建停车库。小区建成后，3 幢楼下建有连片整体地下车库，共有 59 个机动车泊位。市国土资源局在发给开发商的国有土地使用权证上明确记载：“使用权面积”和“其中分摊面积”都是 7 697.6 平方米。开发商在销售住宅时曾承诺：小区配建地下车库供业主停车。但业主们入住后却发现，只有购买车位才能取得停车权。开发商以至少 8 万元的单价卖掉了其中的 37 个，其余车位则被小区物业管理公司以每月 250 元的租金租了出去。为此，业主以“地下停车库是小区配套共用设施，应属全体业主共有”为由，多次要求开发商将地下车库交还全体业主。但开发商坚持认为其对地下车库拥有产权。下列说法中错误的有（　　）。

A. 该小区地下停车库的占有、使用、收益、处分的权利归全体业主所有

B. 该小区地下停车库的占有、使用、收益、处分的权利归开发商所有

C. 该小区地下停车库的占有、使用、收益、处分的权利归开发商和全体业主共有

D. 开发商应按照承诺为业主免费提供车位，如果业主不使用，则开发商可以租出牟利

4. 刘某取得某三层小楼二楼和三楼的所有权，该一层转让给了一个建筑公司，该建筑公司将一楼改做仓库使用，并封死了一、二楼间通行的楼道。刘某争论无效后遂自行在后墙搭建简易楼梯作为通道。后该楼梯被作为违法建筑拆除。刘某遂再次要求建筑公司打通通道。建筑公司表示，若要打通通道，需刘某出钱并负责修缮。本题中（　　）。

A. 涉及的建筑物区分所有关系

B. 应由刘某出钱并负责修缮

C. 建筑公司侵犯了刘某对共有部分的权利，应将

楼道恢复原状

D. 建筑公司的权利在先，故刘某无权要求建筑公司打通通道

5. 成为建筑物区分所有权的客体，必须具备的条件有（　　）。

A. 构造上的独立性

B. 使用上的独立性

C. 法律上的独立性

D. 必须要对其进行利用

6. 下列需要专有部分占建筑物总面积 2/3 以上的业主且占总人数 2/3 以上的业主同意的事项有（　　）。

A. 制定和修改建筑物及其附属设施的管理规约

B. 筹集和使用建筑物及其附属设施的维修基金

C. 改建、重建建筑物及其附属设施

D. 选聘和解聘物业服务企业或者其他管理人

7. 赵某的房屋位于某条路临街底层，后来，市政对该条路进行了修缮，路两旁新开了许多店铺。赵某于是将自家房屋改修成临街铺面，出租给他人开了一家美容美发店。其邻居郭某等不堪美容美发店每日音响的噪声，多次与赵某交涉不成，遂诉至法院。下列说法正确的有（　　）。

A. 赵某的行为是对自己所有权的正当行使，其邻居无权干涉

B. 赵某的行为已经侵犯了其邻居的权利

C. 赵某出租住房开美容美发店需要经过其他有利害关系的业主的同意

D. 以上说法均不正确

8. 甲、乙、丙分别购买了某住宅楼的一至三层，并各自办理了登记。下列说法错误的有（　　）。

A. 甲对楼顶不享有民事权利

B. 甲出卖房屋，则乙、丙享有优先购买权

C. 若丙要在楼顶建一个私人花圃，需要经过甲、乙同意

D. 三人有权分享住宅楼外墙的广告收入

9. 王某有一栋两层楼房，在楼顶上设置了一个商业广告牌。后王某将该楼房的第二层出售给了张某。下列哪些选项是正确的？（　　）（司考改编）

A. 张某无权要求王某拆除广告牌

B. 张某与王某间形成了建筑物区分所有权关系

C. 张某对楼顶享有共有和共同管理的权利

D. 张某有权要求与王某分享其购房后的广告收益

10. 该小区业主田某将其位于一楼的住宅用于开办茶馆，蒋某认为此举不妥，交涉无果后向法院起诉，要求田某停止开办。下列选项正确的有（　　）。（法考改编）

A. 如蒋某是同一栋住宅楼的业主，法院应支持其请求

B. 如蒋某能证明因田某开办茶馆而影响其房屋价值，法院应支持其请求

C. 如蒋某能证明因田某开办茶馆而影响其生活质量，法院应支持其请求

D. 如田某能证明其开办茶馆得到多数有利害关系业主的同意，法院应驳回蒋某的请求

11. 甲购买一空调，准备安装在自家窗户下的外墙上，但发现邻居乙已经将空调安装在此处。甲联系乙，希望乙将空调移走，但乙拒绝了甲的要求。对此，以下说法正确的有（　　）。（法考改编）

A. 甲房屋窗下外墙部分为全体业主共有

B. 甲房屋窗下外墙部分为业主甲个人所有

C. 邻居乙有权在甲房屋窗下部分安装空调

D. 邻居乙无权在甲房屋窗下部分安装空调

12. 甲小区的业主委员会根据业主大会的有效决议与乙公司订立了物业服务合同。在约定的物业服务期限内，未经允许，乙公司以自己的名义分别将物业服务用房和小区内的一块绿化用地出租给丙，收取租金。对此，下列表述正确的有（　　）。（法考改编）

A. 乙公司出租物业服务用房的行为侵害了甲小区业主的建筑物区分所有权

B. 乙公司出租绿化用地的行为侵害了甲小区业主的建筑物区分所有权

C. 除去合理成本，剩余租金应归甲小区全体业主共有

D. 甲小区可以乙公司擅自出租为由，依据法定程序解聘乙公司

视频讲题

简答题

1. 业主的建筑物区分所有权的特征。（考研）

2. 简述法定共有的范围。

案例分析题

1. 尚某与陶某系同一单位职工，共同居住于单位家属楼同一层相邻。两户住宅中间，有一条共同使用的通道，并有一个临街窗子。尚某先入住，就将这条楼道打上隔断，自己装杂物用。陶某入住时发现此事，曾向尚某提出拆除隔断的意见，尚某没有接受。住房制度改革以后，双方都交房款购买了住房的所有权，住房成为私房，陶某又向尚某提出拆除隔断、该处楼道应共同使用的要求，尚某仍不同意。经过单位领导调解不成，陶某遂向法院起诉。

试就本案涉及的法律问题进行分析。

2. 某小区某栋5层住宅楼业主于2020年商议加装电梯。居住于3楼的业主陈某因有异议未参与出资。电梯投入使用后，陈某提出希望在补交相应集资款后使用电梯，但其他业主认为陈某前期对加装电梯有异议，导致加装电梯工程延误多年，反对其使用电梯。陈某就此向人民法院起诉，其诉讼请求是否应当得到支持？

参考答案

名词解释

1. 业主的建筑物区分所有权，简称为区分所有权，是在对建筑物内的不动产进行区分的基础上，业主享有的由专有部分所有权、共有权、管理权相结合而组成的一种特殊物权。建筑物区分所有权是权利的集合体，三种权利是紧密结合成为一个整体的，且不可分割，权利人不能对建筑物区分所有权中的不同权利进行分割行使、转让、抵押、继承或抛弃。

2. 所谓专有部分，是指具有构造上及使用上的独立性，并能够成为分别所有权客体的部分。专有部分通常是在将建筑物分割为各个不同部分的基础上形成的，专有部分是各个区分所有权所单独享有的所有权的客体，权利人可以对其行使占有、使用、收益和处分的权利。

3. 所谓共有部分，是指区分所有人所拥有的单独所有部分以外的建筑物其他部分，对共有部分享有的权利称为共有权。共有部分的主要范围包括建筑物的基本构造部分、建筑物的共用部分及附属物、仅为部分区分所有人所共有的部分。

选择题

（一）单项选择题

1. 答案：C。建筑物区分所有权的客体包括单独所有部分和共有部分。公寓门前的大路属于社会公共设施，不属于区分所有权的客体。

2. 答案：B。《民法典》第274条规定：“建筑区划内的道路，属于业主共有，但是属于城镇公共道路的除外。建筑区划内的绿地，属于业主共有，但是属于城镇公共绿地或者明示属于个人的除外。建筑区划内的其他公共场所、公用设施和物业服务用房，属于业主共有。”因此，B项正确。

3. 答案：B。如果没有约定，全体住户对公寓楼顶都享有共有权，故所得利润应归全体住户所有。但是本题也有例外，如果开发商与业主在转让房屋时已经明确约定该种利润归开发商所有，则应依约定。

4. 答案：C。本题考查建筑物区分所有权的共有和专有部分的区分。不管屋顶平台有无人使用，只要没有特别约定，就属于建筑物共有部分，每一个共有人都有权使用，作为通往屋顶平台的通道，该楼道也应当由所有共有人共同使用，甲的行为侵犯了其他共有人的合法权利。一、二、三层的住户不提出异议，并不影响乙提出意见。因此，本题的正确答案为C。

5. 答案：C。《民法典》第275条规定：“建筑区划内，规划用于停放汽车的车位、车库的归属，由当事人通过出售、附赠或者出租等方式约定。占用业主共有的道路或者其他场地用于停放汽车的车位，属于业主共有。”第276条规定：“建筑区划内，规划用于停放汽车的车位、车库应当首先满足业主的需要。”因此选项C正确。

判断停车位的归属，需要结合具体情况讨论。首先，如果车库车位在规划设计中占用的是业主共有部分区域，则可直接依据上条认定属于业主共有；其次，如果车库车位并未占用业主共有部分区域，则可以根据业主和开发商在购房时的约定来处理。如果购房时车库车位面积没有计入公摊，且未以其他方式实际计入业主的购房款，则可以认定车库车位不属于业主共有。本题中，题干没有将给定车位计入公摊，因此不属于业主共有。故选项A错误。

建筑物区分所有权中共有权既不是按份共有，也不是共同共有，因此小区其他业主出售车位的，蒋某等无车位业主在同等条件下不享有优先购买权，故选项B错误。

若车位属于房屋的从物，则房屋转让时车位随同一起转让。本题中，蒋某购房时没有购买车位，说明房屋和停车位不是主从之物。在本题中，停车位是独立之物，并不随同房屋一起转让。故选项D错误。

6. 答案：D。《民法典》第287条规定："业主对建设单位、物业服务企业或者其他管理人以及其他业主侵害自己合法权益的行为，有权请求其承担民事责任。"由此可知，对任意弃置垃圾、排放污染物或者噪声、违反规定饲养动物、违章搭建等行为应由业主大会和业主委员会主张权利，提起诉讼。只有在直接损害自身合法权益之时，才可有业主提起诉讼救济自己的权利。故选项D正确，选项A、B、C错误。

（二）多项选择题

1. 答案：ABD。由于外墙属于建筑物的基本构造部分，应由全体区分所有人共有，A项正确。三、四层间楼板只能由三、四层住户共有，B项正确。建筑物区分所有权人对各自的专有部分享有完全的所有权，与其他人不存在共有关系，因此也无优先购买权的存在，故C项错误。楼顶属共有部分，应由全体区分所有人共同决定其使用，D项正确。

2. 答案：AD。本题涉及一起建筑物区分所有权纠纷案件。二层楼顶不专属于孙某所有，在冯某未加盖第三层楼以前，属于共用部分，应为冯、孙二人享有共有所有权，共同占有、使用。根据区分所有权理论，冯某基于在先的行政许可证有权在二层楼顶加盖第三层楼房。因为，在孙某购买该二层楼房前，冯某已经取得了盖三层小楼的许可，且冯某把第二层楼房出卖给孙时，双方签订的买卖合同中也没有约定冯某不得加盖三层楼房。在第三层楼房盖好后，对于该第三层楼房（专有部分），冯某享有单独的专有所有权，但三层楼房的楼顶则属于共用部分，应由冯、孙二人共同占有、使用。

3. 答案：BCD。根据《民法典》第275条第2款规定，占用业主共有的道路或者其他场地用于停放汽车的车位，属于业主共有。根据地上建筑物与土地使用权不能相分割的原则，如果不能取得特定范围内土地的使用权，则不能取得该土地上任何建筑物的所有权，也不享有对它们的法定处分权。本题中，土地面积已全部分摊到全体业主身上，小区的土地使用权为该小区业主享有。开发商不再享有该小区的土地使用权，因此也不能享有该土地上建筑物的所有权和支配权，而应由土地使用权人共有。故本题应选B、C、D项。

4. 答案：AC。本题涉及建筑物区分所有法律关系。依据《民法典》第271条，业主对专有部分以外的共有部分享有共有和共同管理的权利。在共有人对共有部分的权利没有达成约定时，各区分所有人对共有部分都应享有法定的权利。故建筑公司侵犯了刘某的共有权，影响了刘某的正常生活，应负责将楼道恢复原状。

5. 答案：ABC。是否被事实上利用并不影响其作为区分所有权的客体而存在。如屋顶平台，即使一直无人使用，仍然是作为客体而存在。

6. 答案：BC。本题参见《民法典》第278条。B、C项两类事物因为都涉及建筑物的维护修缮或相关资金的来源及使用问题，与各区分所有人的利益密切相关，因此《民法典》作出了特别的规定。

7. 答案：BC。本题考查业主将居住用房改为经营性用房的相关规定。《民法典》第279条规定："业主不得违反法律、法规以及管理规约，将住宅改变为经营性用房。业主将住宅改变为经营性用房的，除遵守法律、法规以及管理规约外，应当经有利害关系的业主一致同意。"本题中，赵某的行为已经侵犯了其他业主的权利，且其将住房改为经营用房的行为并未经过其他业主的同意，因此B、C项正确。

8. 答案：AB。参见《民法典》第271条、第272条、第273条。楼顶平台和外墙属于共有部分，三人都享有共有权，因此丙建花圃的行为需要经过甲、乙同意，墙体广告收入由三人享有。但是甲对专有部分的所有权进行出让，其他人没有优先购买的权利。

9. 答案：ABCD。本题考查建筑物区分所有权的共有权。《民法典》第271条规定："业主对建筑物内的住宅、经营性用房等专有部分享有所有权，对专有部分以外的共有部分享有共有和共同管理的权利。"由此，本题中王某与张某形成了建筑物区分所有权的关系，二人对楼顶享有共有和共同管理的权利，B和C项的说法正确。《民法典》第278条规定："下列事项由业主共同决定：……（七）改建、重建建筑物及其附属设施……决定前款第六项至第八项规定的事项，应当经参与表决专有部分面积四分之三以上的业主且参与表决人数四分之三以上的业主同意……”由此，本题中张某无权要求王某拆除广告牌，A项的说法也正确。《民法典》第283条规定：“建筑物及其附属设施的费用分摊、收益分配等事项，有约定的，按照约定；没有约定或者约定不明确的，按照业主专有部分面积所占比例确定。”因此，D项的说法也是正确的，张某有权要求与王某分享收益。

10. 答案：ABC。最高人民法院《关于审理建筑物区分所有权纠纷案件适用法律若干问题的解释》（2020年修正）第10条规定：“业主将住宅改变为经营性用房，未依据民法典第二百七十九条的规定经有利害关系的业主一致同意，有利害关系的业主请求排除妨害、消除危险、恢复原状或者赔偿损失的，人民法院应予支持。将住宅改变为经营性用房的业主以多数有利害关系的业主同意其行为进行抗辩的，人民法院不予支持。”故选项D错误。

最高人民法院《关于审理建筑物区分所有权纠纷案件适用法律若干问题的解释》（2020年修正）第11条规定：“业主将住宅改变为经营性用房，本栋建筑物内的其他业主，应当认定为民法典第二百七十九条所称‘有利害关系的业主’。建筑区划内，本栋建筑物之外的业主，主张与自己有利害关系的，应证明其房屋价值、生活质量受到或者可能受到不利影响。”故选项A、B、C正确。

11. 答案：AD。最高人民法院《关于审理建筑物区分所有权纠纷案件适用法律若干问题的解释》（2020年修正）第3条第1款规定：“除法律、行政法规规定的共有部分外，建筑区划内的以下部分，也应当认定为民法典第二编第六章所称的共有部分：（一）建筑物的基础、承重结构、外墙、屋顶等基本结构部分，通道、楼梯、大堂等公共通行部分，消防、公共照明等附属设施、设备，避难层、设备层或者设备间等结构部分……”由此可知，甲房屋窗下的外墙，属于全体业主共有。最高人民法院《关于审理建筑物区分所有权纠纷案件适用法律若干问题的解释》（2020年修正）第4条规定：“业主基于对住宅、经营性用房等专有部分特定使用功能的合理需要，无偿利用屋顶以及与其专有部分相对应的外墙面等共有部分的，不应认定为侵权。但违反法律、法规、管理规约，损害他人合法权益的除外。”乙擅自将空调安装于甲房屋窗下的外墙上，超越了在合理需要范围内“无偿利用与其专有部分相对应的外墙面”这一范围。故选项A、D正确。

12. 答案：ABCD。《民法典》第240条规定：“所有权人对自己的不动产或者动产，依法享有占有、使用、收益和处分的权利。”据此，物业服务人乙公司的行为，属于故意侵害甲小区业主的建筑物区分所有权的侵权行为。《民法典》第282条规定：“建设单位、物业服务企业或者其他管理人等利用业主的共有部分产生的收入，在扣除合理成本之后，属于业主共有。”第946条第1款规定：“业主依照法定程序共同决定解聘物业服务人的，可以解除物业服务合同。决定解聘的，应当提前六十日书面通知物业服务人，但是合同对通知期限另有约定的除外。”第946条第2款规定：“依据前款规定解除合同造成物业服务人损失的，除不可归责于业主的事由外，业主应当赔偿损失。”乙公司不构成根本违约，甲小区不享有法定解除权。但是根据《民法典》第946条的规定，业主享有“任意解除权”，故选项A、B、C、D正确。

简答题

1. 业主的建筑物区分所有权，简称为区分所有权，是在对建筑物内的不动产进行区分的基础上，业主享有的由专有部分所有权、共有权、管理权相结合而组成的一种特殊物权。建筑物区分所有权是权利的集合体，三种权利是紧密结合成为一个整体的，且不可分割，权利人不能对建筑物区分所有权中的不同权利进行分割行使、转让、抵押、继承或抛弃。

建筑物区分所有权具有如下法律特征。

（1）区分所有权是在对建筑物进行区分的基础上产生的。建筑物区分所有权不同于传统的独门独院、一家一户的传统所有权，就在于它是在对建筑物进行区分的基础上形成的产权。

（2）区分所有权的权利主体是业主。所谓业主，通常是指买房置业的人或者说不动产的所有权人，在区分所有的情况下，业主即建筑物区分所有权人。因为业主取得了对专有部分的所有权，才能享有对建筑物及其小区附属共有财产的共有权以及管理权。业主既可以是自然人，也可以是法人或非法人组织。

（3）区分所有权的内容是由三项权利构成的。区分所有权不同于传统独门独院的房屋所有权，后者的产权是单一的，即只存在专有部分的使用权和所有权，而不存在共有权和管理权的问题，但区分所有权是由专有权、共有权和管理权构成的。依据《民法典》第271条的规定，建筑物区分所有权的内容包括三个方面，即专有部分的所有权、共有权和管理权。可见，《民法典》第271条采纳的是三要素说。

（4）区分所有权的客体主要是建筑物，但也不限于建筑物。由于建筑物区分所有是承认建筑物本身的权利，因而区分所有权只有在建筑物与土地权利相分离的情况下，才可能产生。

2. 法定共有，是指依照法律规定由全体业主对于共有部分享有的共有权。法定共有的类型主要有以下几种。

第一，绿地。《民法典》第274条规定："建筑区划内的绿地，属于业主共有，但是属于城镇公共绿地或者明示属于个人的除外。"根据该条规定，除属于城镇公共绿地或者明示属于个人的以外，业主对小区内的绿地享有共有权。绿地应当作为共有财产属于全体业主共有，不能由建设单位保留所有权，因为业主在购买房屋时，小区内的绿地面积是重要的考虑因素，其甚至可能将绿地的有无以及面积的大小作为决定自己是否购买房屋的决定性条件。

第二，道路。道路是指小区内没有经过市政规划的用于通行的道路。《民法典》第274条规定："建筑区划内的道路，属于业主共有，但是属于城镇公共道路的除外。"凡是规划确定的市政道路，任何人都有权使用，业主不得妨碍他人通行。城镇公共道路之外的道路，则应由业主共有。

第三，物业管理用房。物业管理用房是指物业管理公司为管理整个小区内的物业而使用的房屋。《民法典》第274条规定，物业服务用房应当规定为全体业主共有。因为物业服务用房是向小区提供物业服务所必需的。没有物业服务用房，物业服务企业等就无法为业主提供必要的物业服务。

第四，维修资金。维修资金，是指由业主支付的专门用于住宅共有部分、共用设施和设备维修所需的资金。《民法典》针对维修资金的规定涉及如下内容：一是明确了维修资金的归属。依据《民法典》第281条的规定，"建筑物及其附属设施的维修资金，属于业主共有"，由于维修资金是向业主筹集的资金，业主按照缴纳比例对维修资金享有权利，维修资金归全体业主共有，任何人未依据法律规定和法定程序擅自使用维修资金的，均构成对业主共有权的侵害。二是明确了维修资金的用途。依据《民法典》第281条的规定，维修资金必须用于共有部分的修缮，如电梯、物业外墙等物业设施，也可以用于物业服务用房的修缮。三是明确了维修资金的使用规则。依据《民法典》第278条第2款的规定，维修资金的使用必须要业主共同决定，且必须同时满足"参会比例"和"表决比例"的要求：一方面，在"参会比例"的问题上，不要求全体业主共同参与，而只要参与的业主在人数上占到全体业主的2/3以上，同时参会业主所占专有部分面积达到2/3以上即可。四是规定了紧急情况下维修资金的使用规则，即《民法典》第281条第2款。

第五，建筑区划内的其他公共场所和公用设施。这是指除绿地、道路之外的公共场所和公用设施。《民法典》第274条规定："建筑区划内的其他公共场所、公用设施和物业服务用房，属于业主共有。"

案例分析题

1. 本案中当事人各自购买了住房的产权，形成了建筑物区分所有的法律关系，是一个建筑物区分所有权纠纷。本案中的争议主要在于共有部分的使用问题。

所谓建筑物区分所有人的共有权，是指区分所有人依照法律、合同以及所有人之间的规约，对建筑物的共有部分、基地使用权、小区的土地使用权等共同享有的财产权利。在建筑物区分所有的状态下，共有权与区分所有人的专有权是紧密联系在一起的。区分所有人对共有部分所享有的权利大都是法定的，也就是说，在共有人对共有部分的权利没有达成约定时，各区分所有人对共有部分都应享有法定的权利。其中专有所有权是核心，取得了专有所有权也就意味着有共有权，丧失了专有所有权也就意味着丧失了共有权。

区分所有人可以占有、使用共用部分。本案中尚某拒不拆除的行为，侵犯了陶某对共有部分的权利，是错误的。

2. 案涉电梯在使用属性上系建筑物的共有部分，陈某与其他业主对电梯享有使用权和共同管理的权利。陈某使用该电梯并不属于相关法律及司法解释所规定的应由业主共同决定的事项，亦不会导致其他业主使用电梯的合法权利受到损害，故无须经多数业主同意。依据公平原则，使用电梯应以交纳集资款为前提，故陈某支付增设电梯集资款后，由该住宅业主代表向陈某提供电梯卡，供其搭乘电梯使用。

第十六章　相邻关系

知识逻辑图

- 相邻关系
  - 概念：从权利角度来讲又称为相邻权，它是为调节在行使不动产所有权中的权益冲突而产生的一种权利
  - 特点
    - 相邻关系是依据法律而产生的
    - 主体必须是两个或两个以上的人
    - 因种类不同而有不同的内容
    - 相邻关系的客体主要是行使不动产权利所体现的利益
  - 种类
    - 因用水、排水产生
    - 因通行产生
    - 因建造、修缮建筑物以及铺设管线产生
    - 因通风、采光产生
    - 因保护环境产生
    - 因挖掘土地、建造建筑物产生
    - 其他原因产生
  - 处理相邻关系的原则
    - 依据法律、法规和习惯处理
    - 团结互助、兼顾各方利益
    - 有利生产、方便生活
    - 公平合理
    - 依法给予补偿

名词解释

1. 相邻关系
2. 相邻权

选择题

（一）单项选择题

1. 甲、乙、丙依次比邻而居。甲为修房向乙提出在其院内堆放建材，乙不允。甲遂向丙提出在其院内堆放，丙要求甲付费 200 元，并提出不得超过 20 天，甲同意。修房过程中，甲搬运建材须从乙家门前经过，乙予以阻拦。对此，下列哪一种说法不正确？（　　）（司考改编）

A. 乙无权拒绝甲在其院内堆放建材

B. 乙无权阻拦甲经其门前搬运建材

C. 甲应依约定向丙支付占地费

D. 若建材堆放时间超过 20 天，丙有权要求甲清理现场

2. 甲承租了乙的房屋，因为该房屋相邻的房屋加层而使该房屋的通风采光受到损害，下列说法正确的是（　　）。

A. 甲可以直接以相邻关系起诉乙而排除妨碍

B. 甲不是房屋所有人，不能以本人名义主张权利

C. 甲不能直接以相邻关系而起诉乙

D. 本题不属于相邻关系纠纷

3. 某地日照标准为冬至日 1.5 小时。甲房屋原来冬至日满窗日照为 3 小时，乙房屋合法建成之后，遮挡了甲房屋的光照，冬至日满窗日照减至 2 小时。有关本题说法错误的是（　　）。

A. 本题涉及相邻关系

B. 甲可以以相邻关系受到损害为由要求乙采取措施

C. 甲不能要求乙排除妨害，因为甲负有在正常合理的范围内的容忍义务

D. 如果甲的房屋日照时间降低到 1 小时，则可以要求乙赔偿损失等

4. 某小区楼下开了一家川菜馆，楼上租户王某因对辣椒过敏而深受困扰。经查，川菜馆的烟气排放符合国家与地方的规定。对此，关于王某有权主张的请求，下列表述正确的是？（　　）（法考改编）

A. 要求川菜馆加装过滤设备

B. 要求川菜馆不再使用辣椒

C. 要求川菜馆赔偿自己因治疗过敏所支付的医疗费

D. 王某并非建筑物区分所有权人，因此不得基于相邻关系提出请求

5. 某村委会为村民通行方便，与甲约定每个月给甲 500 元，甲不建围墙。自 2020 年开始，村委会不再按约支付费用，甲催款无果后表示要恢复建围墙。对此，下列哪一说法是正确的？（　　）（法考改编）

A. 甲侵犯了村民的地役权

B. 甲侵犯了村民的相邻权

C. 地役权自合同成立时设立

D. 甲恢复建围墙的行为合理

6. 某郊区小学为方便人员乘坐地铁，与相邻研究院约定，学校人员有权借研究院道路通行，每年支付 1 万元。据此，学校享有的是下列哪一项权利？（　　）（司考改编）

A. 相邻权

B. 地役权

C. 建设用地使用权

D. 宅基地使用权

（二）多项选择题

1. 有关相邻关系的说法中正确的有（　　）。

A. 资源稀缺是相邻关系产生、发展的根本原因

B. 通过对相邻关系的调节，有利于降低交易成本、防止权利滥用

C. 相邻关系只能发生在相互毗邻的不动产所有人之间

D. 相邻关系的性质是所有权的限制或者延伸

2. 相邻关系具有（　　）。

A. 从属性　　B. 相对独立性

C. 复合性　　D. 法定性

3. 甲乙是上、下层邻居，乙家在底层。乙在自己所有的房屋的天井内违法搭建了一座平房，房顶距离甲的窗户很近，之后乙将房屋出租给丙。甲认为房顶距自己窗户过近给自己带来了安全隐患，遂将丙告上法庭。下列说法正确的有（　　）。

A. 甲提出的诉讼是适当的

B. 甲提出的诉讼不当，应当向乙而不是丙提起

C. 虽然房屋并非丙所建，但他是居住人，应当承担责任

D. 应当由乙排除妨碍

4. 根据民法理论和相关法律，下列有关相邻关系与地役权的说法正确的有（　　）。

A. 两者的设立是否需要登记不同

B. 相邻关系的取得通常是无偿的，而地役权的取得可以是无偿也可以是有偿

C. 相邻关系中权利的取得主要基于法律的规定，而地役权的取得主要基于约定

D. 相邻关系为不动产所有权内容的限制或延伸，地役权为用益物权的一种

5. 赵某与其侄子的责任田相邻。赵某的侄子在自己的责任田里种了六棵树，几年后长成的大树的树冠遮挡赵某的责任田达 5.5 米宽，致使赵某的田地连续几年减产。赵某要求侄子采取措施遭到拒绝。下列说法正确的有（　　）。

A. 其侄子抗辩说树是种在自己责任田上的，赵某的要求无理

B. 法院依据相邻关系的规定判决赵某的侄子赔偿损失

C. 本案可适用《民法典》第 288 条有关处理相邻关系纠纷的规定

D. 由于侵害了他人的合法权益，树种在自家责任田上也可能违法

6. 甲家在某单元小区三楼，邻居乙在他家的阳台

侧面安装了一个空调机的散热器。入夏以来，乙家一开空调，散热器就向甲家卧室的窗户方向吹来热风，使得甲家大热天不敢开窗户。甲找到乙请求解决，乙说："现在哪家没有空调？别人安就行我安就不行？"有关本题说法错误的有（　　）。

A. 本题应当依照《民法典》第 288 条处理

B. 乙应当停止侵权行为

C. 乙的行为虽然影响了甲的生活，但是乙是在正常行使自己的权利，无须承担责任

D. 乙的说法是正确的

简答题

1. 简述相邻关系的种类。
2. 简述相邻权与地役权的区别。

案例分析题

张三与李四是同村相邻的邻居关系，张三居西，李四居东。该村几户村民协商在村内一街道上建造房屋，王五首先从街道最东头开始建造 5 间瓦房，然后由张三在其西边建造房屋，其他村民按顺序向西建造。按本村建房的习惯，最东头一家拥有东山墙和西山墙，其他住户均是有西山墙无东山墙。由于建造烟囱等取暖做饭设备需要依附山墙，而张三的邻居已经要求在张三家的西山墙建烟囱，因此在建房过程中，张三与王五商量在王五的西山墙内建造一烟道由张三使用，王五表示同意，由张三出资在山墙上建了烟囱等。烟囱建成后一直由张三使用。王五刚建成房屋就将该房屋以 2 万元的价格卖给了在外打工的李四，双方签订了买卖房屋的契约，房屋并未过户，王五和李四均未使用该房。几年后，李四准备不再出去打工，遂修缮房屋。因为该地天气寒冷，村民每家每户都有建造烟囱的习惯，李四遂在西间房屋建造了一铺火炕，也要使用该烟囱，故要求张三停止使用该烟囱。张三家人多势众，不仅予以拒绝，还砍坏了李四家长过双方院墙的枣树，双方因此酿成纠纷。李四无奈，又在东山墙建了新的烟囱使用，但心里一直愤愤不平，咽不下这口气。随后，李四以该烟囱归其所有为由诉到法院，要求张三停止使用该烟囱。审理中，张三辩称该烟囱应归其所有，其应该拥有使用的权利，并向法庭提供了多名邻居的证言以及自己一直在使用烟囱的证据。李四则提供了房屋和东、西山墙为自己所有的房产证明，房产证明上的所有人仍标注为王五。试根据民法理论和相关法律分析：

（1）烟囱应归谁所有？由谁使用？

（2）设若房屋已经办理了过户登记，张三能否要求使用西山墙的烟囱？其法律依据是什么？

（3）张三应承担什么样的责任？

参考答案

名词解释

1. 所谓相邻关系，是指依据法律规定，两个或两个以上相互毗邻的不动产的所有人或使用人，在行使不动产的所有权或使用权时，因相邻各方应当给予便利和接受限制而发生的权利义务关系。

2. 相邻关系从权利角度来讲又称为相邻权，它是为调节在行使不动产所有权中的权益冲突而产生的一种权利。它是指两个或两个以上相互毗邻的不动产所有人或使用人之间，一方行使所有权或使用权时，享有要求另一方提供便利或接受限制的权利。但是相邻关系与相邻权并不能画等号，相邻权的称谓，仅从相邻关系中权利得到保障的一方着眼，而未涉及权利受到法律限制的一方。

选择题

（一）单项选择题

1. 答案：A。本题考查相邻关系和地役权。根据《民法典》的相关规定和理论，由于甲在乙院内堆放建材并非基于对不动产最低限度的利用，甲不在乙院内堆放建材并不影响其正常生活，所以乙有权拒绝甲在其院内堆放建材。《民法典》第 291 条规定："不动产权利人对相邻权利人因通行等必须利用其土地的，应当提供必要的便利。"因此乙无权拒绝甲搬运建材需从其家门前经过。

2. 答案：A。本题考查的是相邻关系的主体问题。凡是相互毗邻的不动产所有人或利用人都可以成为相邻关系的主体，承租人虽然不是所有人，但是此时他是实际的利用人，可以认为承租人能够成为相邻关系的主体。

3. 答案：B。本题考查相邻关系中相邻方的容忍义

务。物权制度的目的在于对物的最大化利用，在相邻关系中，即使给对方造成了一定损害，但是这种损害只要是在合理和正常的范围内，他方就负有容忍义务。所谓正常合理的标准，指一方在行使不动产权利时，虽然给相邻方造成了损害，但妨碍程度没有超过法定标准。故本题选B项。

4. 答案：A。《民法典》第288条规定："不动产的相邻权利人应当按照有利生产、方便生活、团结互助、公平合理的原则，正确处理相邻关系。"基于相邻关系，王某有权请求一楼的川菜馆采取措施以消除妨害，故选项A正确。《民法典》第132条规定："民事主体不得滥用民事权利损害国家利益、社会公共利益或者他人合法权益。"最高人民法院《关于适用〈中华人民共和国民法典〉总则编若干问题的解释》第3条第2款规定："行为人以损害国家利益、社会公共利益、他人合法权益为主要目的行使民事权利的，人民法院应当认定构成滥用民事权利。"最高人民法院《关于适用〈中华人民共和国民法典〉总则编若干问题的解释》第3条第3款规定："构成滥用民事权利的，人民法院应当认定该滥用行为不发生相应的法律效力。滥用民事权利造成损害的，依照民法典第七编等有关规定处理。"王某若要求川菜馆不再使用辣椒则构成权利的滥用。故B项错误。川菜馆使用辣椒并非侵权行为，王某不得请求损害赔偿，故选项C错误。用益物权人有权基于相邻关系提出请求，故选项D错误。

5. 答案：D。村委会与甲并非基于相邻关系而是基于地役权而签订协议。地役权自合同生效时设立，而非合同成立时。供役地权利人甲多次催要费用未果，甲有权解除地役权合同恢复建围墙，不构成侵权行为。故选项D正确。

6. 答案：B。小学和研究院约定的是地役权。根据《民法典》第344条的规定，建设用地使用权人依法对国家所有的土地享有占有、使用和收益的权利，有权利用该土地建造建筑物、构筑物及其附属设施。根据《民法典》第362条的规定，宅基地使用权人依法对集体所有的土地享有占有和使用的权利，有权依法利用该土地建造住宅及其附属设施。故选项B正确。

（二）多项选择题

1. 答案：ABD。不动产相邻关系性质上是所有权的限制或者扩张，因为绝对的所有权是不存在的，人们生活在一个资源稀缺的社会中，合理利用有限的资源十分重要。因此法律有必要通过规范相邻不动产所有人或使用人的财产利用行为，来调和资源稀缺的矛盾，以充分发挥不动产的经济效用，同时防止权利人滥用其权利，并通过法律的规制，降低双方交易的成本。如上所述，不动产使用人之间同样可以有相邻关系的存在，近来法律实务中也有并非相互毗邻的不动产之间亦可产生相邻关系的例子，所以C项是不全面的。

2. 答案：ABCD。相邻关系属于不动产权利的行使而不是不动产权利本身，相邻关系不仅从属于不动产所有权，还从属于其他对不动产的用益权，不能独立转让。但相邻关系作为不动产的一种附属权利，也有相对的独立性。相邻关系是私法和公法所共同赋予的一种复合型权利形态，既具有财产性利益也具有人格性利益。相邻关系是一种法定权利，一般不得通过约定形式加以排除。当然，民事主体有关相邻关系进行合意调整的协议，只要不违反现行法律、习惯规定的，实践中一般应认可其效力。故本题选A、B、C、D项。

3. 答案：BD。本题争议的建筑物并非丙所建，虽然是丙在使用该建筑物，但丙的使用行为与甲提出的妨碍之间不存在因果关系，不应由丙排除妨碍，诉讼应当向乙提起。

4. 答案：BCD。B、C、D项均为两者的区别。根据《民法典》的规定，地役权自地役权合同生效时设立。当事人要求登记的，可以向登记机构申请地役权登记；未经登记，不得对抗善意第三人。因此，地役权的设立并不以登记为必要，A项错误。

5. 答案：BCD。根据《民法典》第288条的规定，处理相邻关系的原则是有利生产、方便生活、团结互助、公平合理。虽然树种在自家田上，但是权利人行使权利不得侵害他人的合法权益，否则就可能构成侵权，应当承担赔偿责任。

6. 答案：CD。《民法典》第288条规定："不动产的相邻权利人应当按照有利生产、方便生活、团结互助、公平合理的原则，正确处理相邻关系。"甲和乙由于空调散热产生的纠纷，邻居之间由于通风产生的纠纷，是我国法律规定的相邻关系纠纷。乙因排热风给甲家的生活带来不便，两家可协商解决，乙依法应当停止他的侵权行为，进而排除妨碍，也就是拆除散热器，或者改变其排风的方向。

简答题

1. 相邻关系主要有以下几种：(1) 因用水、排水而产生的相邻关系。(2) 因通行而产生的相邻关系。(3) 因建造、修缮建筑物及铺设管线而产生的相邻关系。(4) 因通风、采光而产生的相邻关系。(5) 因保护环境而产生的相邻关系。(6) 因挖掘土地、建造建筑物等发生的相邻关系。

2. 相邻权是指两个或两个以上相互毗邻的不动产所有人或使用人之间，一方行使所有权或使用权时，享有要求另一方提供便利或接受限制的权利。地役权是指利用他人土地以便有效地经营或使用自己土地的权利。

总的来讲，相邻权并非独立的他物权，而是属于所有权中的内容。而地役权是一种物权，它是归属于需役地人的物权。两者在性质和功能上是不同的，存在如下区别。

(1) 是否需要通过当事人的约定来设定权利不同。相邻关系是法律为了维护社会生活的正常秩序而对一方的所有权或使用权实行必要的限制而产生的，是强制性规则，相邻权是法定的权利。而地役权必须要双方通过约定产生。

(2) 是否需要登记不同。由于相邻权本身并非一种独立的物权，所以在法律上相邻关系也不需要登记。而根据《民法典》，地役权自地役权合同生效时设立。当事人要求登记的，可以向登记机构申请地役权登记；未经登记，不得对抗善意第三人。

(3) 对提供便利的要求程度上不同。相邻关系实际上是为了能够维护正常的生产和生活而设立的，对相邻的另一方提出的是提供便利的最低要求。而地役权设定的目的并不是满足不动产权利行使过程中的最低要求，而是对对方提出了更高的提供便利的要求，不获得此种便利照样可以行使自己的不动产权利。

(4) 相邻关系强调相邻，而地役权不要求一定相邻。虽然存在一些例外，但是相邻关系中的相邻一般都是相互毗邻的关系。地役权则既可以发生在相邻的土地之间，也可以发生在不相邻的不动产所有人之间。

(5) 相邻关系是在事后才发生作用，即发生纠纷后才适用，在性质上属于裁判规范。而地役权通常是事先通过订立合同的方式来约定的，是对未来可能发生的纠纷的安排。

(6) 相邻权的取得都是无偿的，而地役权的取得大都是有偿的。由于相邻权是法律强制一方必须为另一方提供必要的便利，另一方获得这种便利并不需要付出任何代价。而地役权的取得大都需要支付一定费用。

(7) 地役权是基于土地的利用而非人的利用而产生的权利，而相邻关系中的某些内容则类似于“人役权”，如为某人的便利而非土地的便利而享有的通过他人所有的土地的权利。

案例分析题

(1) 烟囱应归王五所有，由张三使用。根据物权的公示原则和相关法律的规定，不动产的所有权的移转是要式行为，必须经过登记才能移转。因此本案中，虽然王五和李四订立了房屋买卖契约，但是由于没有办理过户登记，所以房屋的所有权仍归属于王五，而烟囱属于房屋的附属物，东、西山墙以及烟囱也属于王五。王五与张三有约定，建造烟囱让张三使用。这是所有人对自己财产的合法处分，且不违反法律或社会公共利益，是有效的，而且此约定也一直没有终止，因此该烟囱应当由张三使用。

(2) 能。本案涉及相邻关系的处理问题。相邻关系，是两个或两个以上相互毗邻的不动产所有人或使用人，在行使不动产的所有权或使用权时，因相邻各方应当给予便利和接受限制而发生的权利义务关系。简单地讲，即不动产的相邻各方因行使所有权或使用权而发生的权利义务关系。相邻关系的设立旨在维护正常的生产和生活，对相邻的另一方提出的是提供便利的最低要求。

本案中张三和李四是相互毗邻的邻居，如果房屋已经办理了过户登记，那么房屋和东、西山墙以及烟囱的所有权应当归属于李四。根据案情，当地天气寒冷，建造烟囱取暖是当地村民的习惯，也就是说，建造烟囱取暖使用是基本的生活需要，李四已经在东边的山墙上建了一个烟囱使用，而张三使用西山墙上的烟囱并不会给李四的权利造成损害，符合相邻关系的要件。因此，应当允许张三使用西山墙的烟囱。

(3) 张三应当赔偿砍树给李四造成的损失。张三砍坏李四枣树的行为损害了李四的合法权益，根据《民法典》第 1165 条的规定，张三应当赔偿相应的损失。张三在使用烟囱的过程中，应当注意合理的限度，给李四造成损失的，应当进行赔偿。

第十七章　共　有

知识逻辑图

- 共有
  - 共有的概念：某项财产由两个或者两个以上的权利主体共同享有所有权
  - 共有的法律特征
    - 主体：不是一个而是两个或两个以上的自然人或者法人
    - 客体：共有物，是特定的
    - 内容：共有人对共有物按照各自的份额享有权利并承担义务，或者平等地享有权利、承担义务
  - 共有的种类
    - 按份共有
      - 概念：两个或两个以上的共有人按照各自的份额分别对共有财产享有权利和承担义务的一种共有关系
      - 按份共有人的权利和义务
    - 共同共有
      - 概念：两个或两个以上的自然人或法人，根据某种共同关系而对某项财产不分份额地共同享有权利并承担义务
      - 特征
        - 根据共同关系而产生，以共同关系的存在为前提
        - 共同财产不分份额
        - 各共有人平等地享有权利和承担义务
      - 共同共有人的权利和义务
      - 形式
        - 夫妻共同财产
        - 家庭共有财产
  - 因共有财产而产生的共同债务
  - 准共有：两个以上单位、个人共同享有用益物权、担保物权等权利
  - 共有财产的分割
    - 分割的原则
      - 尊重共有人意愿原则
      - 物尽其用原则
      - 依法分割原则
    - 分割的方式
      - 实物分割
      - 变价分割
      - 作价补偿
    - 分割的效力：共有关系消灭，各共有人就分得的份额单独享有所有权

名词解释

1. 按份共有
2. 共同共有
3. 准共有

选择题

（一）单项选择题

1. 甲、乙共同继承平房两间，一直由甲居住。甲未经乙同意，接该房右墙加盖一间房，并将三间房屋

登记于自己名下，不久又将其一并卖给了丙。下列哪种说法是正确的？（ ）（司考改编）

A. 甲、乙是继承房屋的按份共有人

B. 加盖的房屋应归甲所有

C. 加盖的房屋应归甲、乙共有

D. 乙有权请求丙返还所购三间房屋

2. 甲、乙、丙、丁共有一轮船，甲占该船70%份额。现甲欲将该船作抵押向某银行贷款500万元。如各共有人事先对此未作约定，则甲的抵押行为（ ）。（司考改编）

A. 无须经任何人同意

B. 须经乙、丙、丁一致同意

C. 须经乙、丙、丁中份额最大的一人同意

D. 须经乙、丙、丁中的两人同意

3. 甲、乙、丙共有一套房屋，份额分别为1/4、1/2、1/4。为提高房屋的价值，甲主张将此房进行装修，乙表示赞同，但丙反对。下列选项哪一个是正确的？（ ）

A. 因没有经过全体共有人的同意，甲、乙不得装修房屋

B. 因甲、乙的应有部分合计已过2/3，故甲、乙可以装修房屋

C. 甲、乙只能在自己的应有部分上铺木地板

D. 若甲、乙坚持铺木地板，则需先分割共有房屋

4. 甲于2008年与乙结婚，2009年以个人名义向其弟借款100万元购买商品房一套，夫妻共同居住。2021年，甲、乙离婚。甲向其弟所借的钱，离婚时应如何处理？（ ）（司考改编）

A. 由甲偿还

B. 由乙偿还

C. 以夫妻共同财产偿还

D. 主要由甲偿还

5. 如果各共有人对于是共同共有还是按份共有有不同的意见，且无法查清，那么应当认定为（ ）。

A. 按份共有　　B. 共同共有

C. 视情况确定　　D. 由法院确定

6. 张某和刘某共同出资购买了两辆货车搞运输，并各负责一辆的运营。一天，张某开车滚下山崖，货车严重毁损。张某要求刘某分担损失，刘某抗辩说虽然车是两人一起买的，但实际上各负责一辆，故该损失应当由张某一个人承担。下列说法错误的是（ ）。

A. 张某和刘某是共有关系

B. 张某和刘某各负责一辆车，该车的利润、损失等也应由一人负担

C. 损失应当由两人分担

D. 两人之间如果约定有各自所有的份额，那么应按份额承担损失

7. 在按份共有关系中，按份共有人的权利（ ）。

A. 不管有无约定，都及于共有财产的全部

B. 仅能及于按份共有人的份额

C. 如果有约定，应当依约定，无约定时及于共有财产的全部

D. 以上都不对

8. 原告与被告合伙筹建一个工厂，由于双方都没有投入资金，故约定经营的盈余与亏损分别按照50%的比例分配和承担，双方未签订书面合同。该厂建成后，实质的工作一直主要由原告方来完成。一年后双方产生分歧欲解散合伙，但对财产分割产生争议。原告方主张自己承担了大部分工作，应该多分。被告则主张按照约定平均分配，则（ ）。

A. 双方虽然没有书面协议，但是双方对约定没有争议，且按约定实施了一年之久，应当认定约定有效

B. 虽然原来存在约定，但是由于原告付出了更多的劳动，对合伙财产应当多分

C. 虽然双方有口头的约定，但是由于没有签订书面协议，对双方并无约束力

D. 以上说法均不对

9. 甲、乙、丙、丁共有1套房屋，各占1/4，对共有房屋的管理没有进行约定。甲、乙、丙未经丁同意，以全体共有人的名义将该房屋出租给戊。关于甲、乙、丙上述行为对丁的效力的依据，下列哪一表述是正确的？（ ）（司考改编）

A. 有效，出租属于对共有物的管理，各共有人都有管理的权利

B. 有效，对共有物的处分应当经占共有份额2/3以上的共有人的同意，出租行为较处分为轻，当然可以为之

C. 无效，对共有物的出租属于处分，应当经全体共有人的同意

D. 有效，出租是以利用的方法增加物的收益，可以视为改良行为，经占共有份额2/3以上的共

有人的同意即可

10. 甲（男）、乙（女）结婚后，甲承诺，在子女出生后，将其婚前所有的一间门面房，变更登记为夫妻共同财产。后女儿丙出生，但甲不愿兑现承诺，导致夫妻感情破裂离婚，女儿丙随乙一起生活。后甲又与丁（女）结婚。未成年的丙因生重病住院急需医疗费 20 万元，甲与丁签订借款协议从夫妻共同财产中支取该 20 万元。下列哪一表述是错误的？（　　）（司考改编）

A. 甲与乙离婚时，乙无权请求将门面房作为夫妻共同财产分割

B. 甲与丁的协议应视为双方约定处分共同财产

C. 如甲、丁离婚，有关医疗费按借款协议约定处理

D. 如丁不同意甲支付医疗费，甲无权要求分割共有财产

11. 甲乙丙三人以 3∶2∶1 的比例按份共有一头骆驼用于旅游服务，现甲欲将自己的份额转让给丁，乙、丙要求以同等条件购买，甲的份额应当（　　）。（考研）

A. 由丁购买

B. 由乙、丙等额购买

C. 由甲在乙、丙中指定一个购买

D. 由乙、丙按所持份额比例购买

12. 张某与李某共有一台机器，各占 50% 份额。双方共同将机器转卖获得 10 万元，约定张某和李某分别享有 6 万元和 4 万元。同时约定该 10 万元暂存李某账户，由其在 3 个月后返还给张某 6 万元。后该账户全部款项均被李某债权人王某申请法院查封并执行，致李某不能按期返还张某款项。下列哪一表述是正确的？（　　）（司考改编）

A. 李某构成违约，张某可请求李某返还 5 万元

B. 李某构成违约，张某可请求李某返还 6 万元

C. 李某构成侵权，张某可请求李某返还 5 万元

D. 李某构成侵权，张某可请求李某返还 6 万元

13. 甲乙为夫妻，共有一套房屋登记在甲名下。乙瞒着甲向丙借款 100 万元供个人使用，并将房屋抵押给丙。在签订抵押合同和办理抵押登记时乙冒用甲的名字签字。现甲主张借款和抵押均无效。下列哪一表述是正确的？（　　）（司考改编）

A. 抵押合同无效

B. 借款合同无效

C. 甲对 100 万元借款应负连带还款义务

D. 甲可请求撤销丙的抵押权

视频讲题

14. 林某、蔡某、陈某共同约定，由林某出资 5 000 元、蔡某出资 2 万元、陈某出资 5 000 元购买宠物犬一只，并按出资比例共有该宠物犬，按周轮流饲养。后陈某在其饲养期间将宠物犬作价 36 万元卖给了林某，蔡某收到 24 万元款项时才对此知情，下列哪一表述是正确的？（　　）（法考改编）

A. 林某有优先购买权

B. 蔡某有优先购买权

C. 陈某构成无权处分

D. 陈某构成份额转让

（二）多项选择题

1. 根据我国法律等规定，共同共有关系终止时，（　　）。

A. 有协议的，依照协议处理

B. 达不成协议，共有财产可以分割且不会减损价值的，应对实物予以分割

C. 难以分割的，应当对折价或者拍卖、变卖取得的价款予以分割

D. 分割所得财产有瑕疵的，其他共有人应当分担损失

2. 王某与赵某于某年 5 月结婚。婚后，王某出版了一本小说，获得 20 万元的收入。后王某继承了其母亲的一处房产。赵某在一次车祸中造成重伤，获得 6 万元赔偿金。在赵某受伤后，有许多亲朋好友来探望，共收礼 1 万多元。对此，下列哪些表述是正确的？（　　）（司考改编）

A. 王某出版小说所得的收入归夫妻共有

B. 王某继承的房产归夫妻共有

C. 赵某获得的 6 万元赔偿金归赵某个人所有

D. 赵某接受的礼品归赵某个人所有

3. 陈某从部队转业，半年后与李某结婚，结婚时李某购置了一套家具。婚后陈某创作长篇小说《军

人》。李某得知陈某的姑妈去世遗留给陈某一套私房，一直由陈某的父母居住。根据以上情况，陈、李二人的夫妻共同财产包括哪些？（　　）（司考改编）

A. 陈某的转业费

B. 李某所购置的家具

C. 出版小说《军人》所得的稿费

D. 陈某姑妈遗留的房屋

4. 下列有关共有财产分割的说法正确的有（　　）。

A. 分割方式有实物分割、变价分割和作价补偿

B. 分割之后共有关系消灭，原共有人就分得的份额单独享有所有权

C. 如果合同对共有财产的分割有约定应当依照约定，但不得损害国家、集体和他人的利益

D. 共有人分割所得的不动产或者动产有瑕疵的，其他共有人应当分担损失

5. 下列享有优先购买权的有（　　）。

A. 按份共有人　　B. 共同共有人

C. 承租人　　D. 抵押权人

6. 能够产生按份共有关系的有（　　）。

A. 共同购置　　B. 共同投资

C. 法律规定　　D. 约定

7. 按份共有关系终止的原因可以是（　　）。

A. 共有物灭失

B. 共有物归共有人中一人所有

C. 共有人之间中止共有关系的协议

D. 各共有人分割共有物

8. 原告李某是被告黄某的继母，李某的丈夫去世时留下夫妻共同修建的房屋4间，一直由李某和黄某共同居住。其中李某居住东边2间，黄某居住西边2间。后来李某到国外，4间房就都由黄某居住。一年后，被告未经原告同意，擅自将产权变更为自己个人所有。李某知道后，要求要回自己的2间房屋，黄某不同意。李某向法院起诉，要求确认自己对2间房屋的所有权。下列说法错误的有（　　）。

A. 李某和黄某属于共有关系

B. 李某享有共有财产的大部分

C. 李某到国外后，黄某变更产权的行为是行使合法权利的行为

D. 李某放弃了房屋的所有权，无理由再要回

9. 关于共有，下列哪些表述是正确的？（　　）（司考改编）

A. 对于共有财产，部分共有人主张按份共有，部分共有人主张共同共有，如不能证明财产是按份共有的，应当认定为共同共有

B. 按份共有人对共有不动产或者动产享有的份额，没有约定或者约定不明确的，按照出资额确定；不能确定出资额的，视为等额享有

C. 夫或妻在处理夫妻共同财产上权利平等，因日常生活需要而处理夫妻共同财产的，任何一方均有权决定

D. 对共有物的分割，当事人没有约定或者约定不明确的，按份共有人可以随时请求分割，共同共有人在共有的基础丧失或者有重大理由需要分割时可以请求分割

10. 甲、乙、丙、丁按份共有一艘货船，份额分别为10%、20%、30%、40%。甲欲将其共有份额转让，戊愿意以50万元的价格购买，价款一次付清。关于甲的共有份额转让，下列哪些选项是错误的？（　　）（司考改编）

A. 甲向戊转让其共有份额，须经乙、丙、丁同意

B. 如乙、丙、丁均以同等条件主张优先购买权，则丁的主张应得到支持

C. 如丙在法定期限内以50万元分期付款的方式要求购买该共有份额，应予支持

D. 如甲改由向乙转让其共有份额，丙、丁在同等条件下享有优先购买权

11. 甲、乙、丙、丁按份共有某商铺，各自份额均为25%。因经营理念发生分歧，甲与丙商定将其份额以100万元转让给丙，通知了乙、丁；乙与第三人戊约定将其份额以120万元转让给戊，未通知甲、丙、丁。下列哪些选项是正确的？（　　）（司考改编）

A. 乙、丁对甲的份额享有优先购买权

B. 甲、丙、丁对乙的份额享有优先购买权

C. 如甲、丙均对乙的份额主张优先购买权，双方可协商确定各自购买的份额

D. 丙、丁可仅请求认定乙与戊之间的份额转让合同无效

12. 刘某、关某、张某按照3∶3∶2的比例，共同出资80万元购买了一套房屋，按照按份共有进行了登记。为大幅提高租金收益，刘某和关某倾向于对该房重新装修，预计需再投入8万元装修资金，张某反对。关于刘某、关某二人的主张，下列说法正确的有（　　）。

（法考改编）

A. 张某就此可转让份额

B. 张某就此可主张分割共有物

C. 张某就此可主张刘某、关某侵权

D. 刘某、关某有权主张重新装修

13. 甲、乙、丙按不同的比例共有一套房屋，约定轮流使用。在甲居住期间，房屋廊檐脱落砸伤行人丁。下列哪些选项是正确的？（　　）（司考改编）

A. 甲、乙、丙如不能证明自己没有过错，应对丁承担连带赔偿责任

B. 丁有权请求甲承担侵权责任

C. 如甲承担了侵权责任，则乙、丙应按各自份额分担损失

D. 本案侵权责任适用过错责任原则

14. 关于共有，下列哪些表述是正确的？（　　）（司考改编）

A. 对于共有财产，部分共有人主张按份共有，部分共有人主张共同共有，如不能证明财产是按份共有的，应当认定为共同共有

B. 按份共有人对共有不动产或者动产享有的份额，没有约定或者约定不明确的，按照出资额确定；不能确定出资额的，视为等额享有

C. 夫或妻在处理夫妻共同财产上权利平等，因日常生活需要而处理夫妻共同财产的，任何一方均有权决定

D. 对共有物的分割，当事人没有约定或者约定不明确的，按份共有人可以随时请求分割，共同共有人在共有的基础丧失或者有重大理由需要分割时可以请求分割

简答题

1. 简述共有的概念、特征。
2. 简述我国共同共有的形式。
3. 简述共同共有人的权利和义务。

案例分析题

甲、乙二人系夫妻，均在A市做生意，2人共同拥有住房1幢、店面3间。二人婚后感情不和，经常闹离婚。因生意不佳，二人将店面租给丙使用，约定租期3年，每年租金10万元。一日，二人因琐事产生争执，甲一气之下前往外地做生意去了。租房合同到期后，丙找到乙，希望能够续签合同。乙考虑到自己夫妻感情不和，迟早要离婚，遂表示可以，并建议丙也可买下此房，丙询问是否需要经过甲的同意，乙谎称甲早有出卖房屋的意思。于是，二人签订了房屋买卖合同，丙当即支付房款，双方办理了房屋过户手续。甲回到A市后，向丙讨还房屋，这时才得知乙已经将房屋卖给了丙。乙为了独吞房款，趁甲出门不辞而别。试分析下列问题：

乙的行为性质如何？买卖前后房屋所有权的归属关系如何？乙对甲是否应承担责任？

论述题与深度思考题

《民法典》第1062条规定，“夫妻在婚姻关系存续期间所得的下列财产，为夫妻的共同财产，归夫妻共同所有。”试述该条中“共同所有”的表述与《民法典》第297条中“共同共有”的区别和联系。

参考答案

名词解释

1. 按份共有，是指两个或两个以上的共有人按照各自的份额分别对共有财产享有权利和承担义务的一种共有关系。在按份共有中，各个共有人对共有物享有不同的份额，但各个共有人的权利不是局限在共有财产的某一部分上，而是各共有人的权利及于共有财产的全部。

2. 共同共有是共有的一种形式，是指两个或两个以上的自然人或法人，根据某种共同关系而对某项财产不分份额地共同享有权利和承担义务。共同共有具有如下特征：第一，共同共有根据共同关系而产生，以共同关系的存在为前提。第二，在共同共有中，共有财产不分份额。第三，在共同共有中，各共有人平等地享有权利和承担义务。

3. 准共有，是指两个以上组织、个人共同享有用益物权、担保物权等权利。《民法典》第310条规定：“两个以上组织、个人共同享有用益物权、担保物权的，参照适用本章的有关规定。”准共有与一般共有不

同，其特点如下：第一，准共有是所有权之外的共有。第二，准共有的客体主要包括各种他物权。第三，准共有的有关规则，应当参照法律关于共有的规定。

选择题

（一）单项选择题

1. 答案：B。本题考查共有。由于甲、乙共同继承两间平房，他们之间形成了共同共有关系。但加盖的房屋是甲的个人劳动形成的，应归属于甲所有。在共同共有关系存续期间，部分共有人擅自处分共有财产的，一般应当认定为无效。但根据不动产的公示公信原则，丙应当受到法律的保护，取得房屋所有权，乙只能要求甲赔偿损失。

2. 答案：A。本题考查共有人对共有物的处分。《民法典》第 301 条规定："处分共有的不动产或者动产以及对共有的不动产或动产作重大修缮、变更性质或者用途的，应当经占份额三分之二以上的按份共有人或全体共同共有人同意，但是共有人之间另有约定的除外。"另外，根据我国《海商法》第 16 条的规定，船舶共有人就共有船舶设定抵押权，应当取得持有 2/3 以上份额的共有人的同意。本题中甲持有 70％的份额，已经超过 2/3，故应选 A 项。

3. 答案：B。《民法典》第 301 条规定："处分共有的不动产或者动产以及对共有的不动产或动产作重大修缮、变更性质或者用途的，应当经占份额三分之二以上的按份共有人或全体共同共有人同意，但是共有人之间另有约定的除外。"本题中，甲、乙的份额已经超过 2/3，且三人之间并不存在特别的约定，故选 B 项。

4. 答案：C。本题考查夫妻共同债务。甲虽然以个人名义借款，但系用于夫妻双方购买住房，住房构成了夫妻共同财产，因此也应当以夫妻共同财产偿还债务。

5. 答案：A。《民法典》第 308 条规定："共有人对共有的不动产或者动产没有约定为按份共有或者共同共有，或者约定不明确的，除共有人具有家庭关系等外，视为按份共有。"因此本题应选 A 项。

6. 答案：B。本题中，张某、刘某二人已经形成了共有关系。《民法典》第 302 条规定："共有人对共有物的管理费用以及其他负担，有约定的，按照其约定；没有约定或者约定不明确的，按份共有人按照其份额负担，共同共有人共同负担。"在没有约定或约定不明确的情况下，在共有关系存续期间，各共有人要对共有财产的全部承担义务，故 B 项错误。如果两人明确约定了各自的份额，则是按份共有关系，各共有人按照各自的份额承担货车的损失。

7. 答案：C。在按份共有中，如果有约定，根据民法的意思自治原则，应当依照约定。在无约定的情况下，各个共有人对共有物虽然享有不同的份额，但各个共有人的权利不是局限在共有财产的某一部分上，而是各共有人的权利及于共有财产的全部。

8. 答案：A。本题涉及合伙关系消灭时合伙财产的分割问题。本题中，各合伙人对于各占共有财产 50％的份额均没有异议，况且双方按照此份额进行收益的分割等已有一年，应当认定此约定是有约束力的。

9. 答案：B。《民法典》第 300 条规定："共有人按照约定管理共有的不动产或者动产；没有约定或者约定不明确的，各共有人都有管理的权利和义务。"此处的"管理"是指实际的利用，对于共有物利用方法的选择并不包括在内。所以，A 选项不应选。在决定共有物的利用方法时，若共有人之间既无约定也未能达成一致意见，如何处理？出租行为不属于处分行为，而属于收益行为，C 选项错误。所谓改良行为，指不变更共有物的性质，而增加其效用或价值的行为，如开垦荒地为果园，重大修缮行为亦包括在内，如修复毁损之旧画。但出租行为难谓改良，D 选项不应选。理论界认为，对于包括出租在内的利用方法选择，类推适用《民法典》第 301 条（处分共有的不动产或者动产以及对共有的不动产或者动产作重大修缮、变更性质或者用途的，应当经占份额 2/3 以上的按份共有人或者全体共同共有人同意，但是共有人之间另有约定的除外）。在解释上，适用当然解释，处分行为时占 2/3 即可，出租较处分为轻，当然可以为之。因此，B 选项正确。

10. 答案：D。选项 A 说法正确。《民法典》第 1065 条第 1 款规定："男女双方可以约定婚姻关系存续期间所得的财产以及婚前财产归各自所有、共同所有或部分各自所有、部分共同所有。约定应当采用书面形式。没有约定或约定不明确的，适用本法第一千零六十二条、第一千零六十三条的规定。"《民法典》第 1063 条规定："下列财产为夫妻一方的个人财产：（一）一方的婚前财产；（二）一方因人身损害获得的赔偿或者补偿；（三）遗嘱或者赠与合同中确定只归一方的财产；（四）一方专用的生活用品；（五）其他应当归一方的财产。"《民法典》第 209 条规定，不动产物权的设立、变更、转让和消灭，经依法登记，发生效力；未经登记，不发生效力，但是法律另有规定的除外。本题中，甲、乙在婚姻存续期间未按照约定将门面房的产权变更为夫妻共同财产，其仍属于甲的婚前个人财产。因此，在离婚时乙无权请求将门面房作为夫妻共同财产进行分割。

选项 B、C 说法正确。最高人民法院《关于适用〈中华人民共和国民法典〉婚姻家庭编的解释（一）》第 82 条规定，夫妻之间订立借款协议，以夫妻共同财产出借给一方从事个人经营活动或者用于其他个人事务的，应视为双方约定处分夫妻共同财产的行为，离婚时可以按照借款协议的约定处理。据此可知，甲与丁的协议应视为双方约定处分共同财产，如甲、丁离婚，有关医疗费按借款协议约定处理。

选项 D 说法错误。《民法典》第 1066 条规定："婚姻关系存续期间，有下列情形之一的，夫妻一方可以向人民法院请求分割共同财产：（一）一方有隐藏、转移、变卖、毁损、挥霍夫妻共同财产或者伪造夫妻共同债务等严重损害夫妻共同财产利益的行为；（二）一方负有法定扶养义务的人患重大疾病需要医治，另一方不同意支付相关医疗费用。"据此可知，若丁不同意甲支付医疗费，甲可以要求分割共有财产。

11. 答案：D。《民法典》第 306 条规定："按份共有人转让其享有的共有的不动产或者动产份额的，应当将转让条件及时通知其他共有人。其他共有人应当在合理期限内行使优先购买权。两个以上其他共有人主张行使优先购买权的，协商确定各自的购买比例；协商不成的，按照转让时各自的共有份额比例行使优先购买权。"根据该条规定，甲的份额可以由乙、丙按所持份额比例购买，故选 D。

12. 答案：B。张某和李某共有一台机器，各占 50％份额，属于"按份共有"。按份共有人对共有的不动产或动产享有的份额，没有约定或约定不明确的，按照出资额确定；不能确定出资额的，视为等额享有。本题中，双方当事人有约定，张某和李某分别享有 6 万元和 4 万元。因此，张某可请求李某返还 6 万元。李某无法返还不构成侵权行为，属于违约行为，故选项 B 正确。

13. 答案：D。虽然登记在甲名下，但房产仍然属于夫妻共同共有的财产。根据《民法典》第 301 条的规定，处分共有的不动产或者动产以及对共有的不动产或者动产作重大修缮、变更性质或者用途的，应当经占份额 2/3 以上的按份共有人或者全体共同共有人同意，但是共有人之间另有约定的除外。本案中，乙在未征得甲同意的情况下冒用甲的名字签订抵押合同，此行为构成无权代理，但不会导致抵押合同无效。乙与丙签订借款合同，该借款合同合法有效。婚姻关系存续期间夫妻一方以个人名义所负债务原则上认定为夫妻共同债务，但"债权人与债务人明确约定为个人债务"或"夫妻约定分别财产制且债权人明知"的除外。本题中，乙属于借款自用，甲、乙不应对丙承担连带还款义务。甲可以要求登记机构撤销抵押登记，故选项 D 正确。

14. 答案：C。林某、蔡某和陈某三人按份共有一只宠物犬。根据《民法典》第 305 条，按份共有人可以转让其享有的共有的不动产或者动产份额。其他共有人在同等条件下享有优先购买的权利。陈某在饲养期间将宠物犬卖给林某的行为系处分共有物而非共有物的份额，林某和蔡某均不享有优先购买权。根据《民法典》第 301 条的规定，处分共有的不动产或者动产以及对共有的不动产或者动产作重大修缮、变更性质或者用途的，应当经占份额 2/3 以上的按份共有人或者全体共同共有人同意，但是共有人之间另有约定的除外。可知，陈某构成无权处分，故选项 C 正确。

（二）多项选择题

1. 答案：ABCD。《民法典》第 304 条规定："共有人可以协商确定分割方式。达不成协议，共有的不动产或者动产可以分割且不会因分割减损价值的，应当对实物予以分割；难以分割或者因分割会减损价值的，应当对折价或者拍卖、变卖取得的价款予以分割。共有人分割所得的不动产或者动产有瑕疵的，其他共有人应当分担损失。"据此，本题的正确答案为 ABCD。

2. 答案：ABC。根据《民法典》第 1065 条的规定，夫妻之间对财产的归属没有约定的，适用法律的一般规定。本题中，双方并未对财产归属进行约定，因此应适用法律一般规定。根据《民法典》第 1063 条、第 1064 条，本题应选择 ABC。

3. 答案：BC。本题考查夫妻共同财产。根据《民法典》第 1063 条、第 1064 条，本题应选择 BC。

4. 答案：ABCD。可以参见《民法典》第304条。A项为共有财产分割的方式，B项是共有财产分割的效力，C项涉及共有财产分割的原则，D项为共有财产的瑕疵问题。ABCD都是正确选项。

5. 答案：AC。《民法典》第306条第1款规定："按份共有人转让其享有的共有的不动产或者动产份额的，应当将转让条件及时通知其他共有人。其他共有人应当在合理期限内行使优先购买权。"据此，按份共有人享有优先购买权，A项正确，当选。《民法典》并未规定共同共有人享有优先购买权，因此，共同共有人不享有优先购买权，B项错误，不当选。《民法典》第726条第1款规定："出租人出卖租赁房屋的，应当在出卖之前的合理期限内通知承租人，承租人享有以同等条件优先购买的权利；但是，房屋按份共有人行使优先购买权或者出租人将房屋出卖给近亲属的除外。"据此，承租人享有优先购买权，C项正确，当选。但是对于抵押权人来讲，其仅对抵押物变卖所得的价款享有优先受偿权，却不享有优先购买权，故D项错误，不当选。综上所述，本题正确答案为A、C项。

6. 答案：ABCD。共同购置和共同投资是典型的发生按份共有关系的事实。当事人采取其他形式约定按份共有的，产生按份共有关系，如继承人约定按份共有继承共同遗产的、夫妻约定按份共有夫妻财产的。按份共有亦可以依法定的事实而发生，对此，《民法典》没有明确规定。我国台湾地区学者认为：一是动产与他人之动产附合，非毁损不能分离，或分离需费过巨者，各动产所有人，按其动产附和时之价值，共有合成物；二是动产与他人的动产混合，不能识别，或识别所需费用过巨者，各动产所有人亦按其动产混合时之价值，共有合成物。

7. 答案：ABCD。共有关系的标的物如果因使用、意外等原因而灭失，或者归一人所有，或者被分割，共有关系不复存在。各共有人协商一致终止共有关系时，当然发生共有关系消灭的效力。

8. 答案：CD。本题涉及共有问题。共有，是指某项财产由两个或两个以上的权利主体共同享有所有权。本题的4间房屋属于夫妻共有财产。在李某的丈夫去世之后，根据我国《民法典》的相关规定，应先分出一半归李某所有。其余一半为李某丈夫的遗产，由李某与黄某继承。这样4间房屋大部分归李某所有。黄某未经李某的同意，将房屋产权登记变更为自己所有，侵害了李某的继承权。

9. 答案：BCD。选项A错误。《民法典》第308条规定：共有人对共有的不动产或者动产没有约定为按份共有或者共同共有，或者约定不明确的，除共有人具有家庭关系等外，视为按份共有。

选项B正确。《民法典》第309条规定：按份共有人对共有的不动产或者动产享有的份额，没有约定或者约定不明确的，按照出资额确定；不能确定出资额的，视为等额享有。

选项C正确。夫妻双方对于夫妻共有财产，有平等地占有、使用、收益、处分的权利。但并不是说双方共有的任何一件物品都必须双方共同处分才有效，而是说对于那些价值较大或重要的物品必须经夫妻双方协商一致后处分才有效。因此，对于因日常生活需要而处理夫妻共同财产的，任何一方均有权决定。

选项D正确。《民法典》第303条规定：共有人约定不得分割共有的不动产或者动产，以维持共有关系的，应当按照约定，但是共有人有重大理由需要分割的，可以请求分割；没有约定或者约定不明确的，按份共有人可以随时请求分割，共同共有人在共有的基础丧失或者有重大理由需要分割时可以请求分割。因分割对其他共有人造成损害的，应当给予赔偿。

10. 答案：ABCD。《民法典》第305条规定："按份共有人可以转让其享有的共有的不动产或者动产份额。其他共有人在同等条件下享有优先购买的权利。"按份共有人向共有人之外的人转让其享有的份额，其他的按份共有人在同等条件下享有优先购买权，不需要经过其他按份共有人的同意。所以，A项错误。

《民法典》第306条第2款规定："两个以上其他共有人主张行使优先购买权的，协商确定各自的购买比例；协商不成的，按照转让时各自的共有份额比例行使优先购买权。"所以，如乙、丙、丁同时主张优先购买权，应当相互协商，协商不成的，按照转让时各自的共有份额比例行使优先购买权，所以，B项错误。

最高人民法院《关于适用〈中华人民共和国民法典〉物权编的解释（一）》第12条规定："按份共有人向共有人之外的人转让其份额，其他按份共有人根据法律、司法解释规定，请求按照同等条件优先购买该共有份额的，应予支持。"该解释第10条规定：《民法典》第305条所称的"同等条件"，应当综合共有份额的转让价格、价款履行方式及期限等因素确定。所以，丙与戊的出价相同，但不一定认定为同等条件。所以，C项错误。

最高人民法院《关于适用〈中华人民共和国民法典〉物权编的解释（一）》第13条规定：“按份共有人之间转让共有份额，其他按份共有人主张根据民法典第三百零五条规定优先购买的，不予支持，但按份共有人之间另有约定的除外。”所以，丙、丁在同等条件下不享有优先购买权。所以，D项错误。

11. 答案：BC。最高人民法院《关于适用〈中华人民共和国民法典〉物权编的解释（一）》第12条规定：“按份共有人向共有人之外的人转让其份额，其他按份共有人根据法律、司法解释规定，请求按照同等条件购买该共有份额的，应予支持。其他按份共有人的请求具有下列情形之一的，不予支持：（一）未在本解释第十一条规定的期间内主张优先购买，或者虽主张优先购买，但提出减少转让价款、增加转让人负担等实质性变更要求；（二）以其优先购买权受到侵害为由，仅请求撤销共有份额转让合同或者认定该合同无效。”该解释第13条规定：“按份共有人之间转让共有份额，其他按份共有人主张根据民法典第三百零五条规定优先购买的，不予支持，但按份共有人之间另有约定的除外。”《民法典》第306条规定：“按份共有人转让其享有的共有的不动产或者动产份额的，应当将转让条件及时通知其他共有人。其他共有人应当在合理期限内行使优先购买权。两个以上其他共有人主张行使优先购买权的，协商确定各自的购买比例；协商不成的，按照转让时各自的共有份额比例行使优先购买权。”《民法典》第305条规定：“按份共有人可以转让其享有的共有的不动产或者动产份额。其他共有人在同等条件下享有优先购买的权利。”

由此可知，共有人内部份额转让，其他共有人不得主张优先购买权，只有在对外转让时，其他共有人可以主张优先购买权，而且不得以侵害优先购买权为由主张转让合同无效，故选项A、D错误。而且享有优先购买权的其他共有人可以协商确定各自可以取得的份额，故选项B、C正确。

12. 答案：ABD。本题综合考查按份共有的内部关系。

《民法典》第301条规定：“处分共有的不动产或者动产以及对共有的不动产或者动产作重大修缮、变更性质或者用途的，应当经占份额三分之二以上的按份共有人或者全体共同共有人同意，但是共有人之间另有约定的除外。”本题中，对按份共有的房屋进行重新装修，属于重大修缮。刘某和关某二人的份额为75%，超过2/3（约为67%）的份额。因此，二人有权主张重新装修，且该行为不构成对张某的侵权。故C项错误，不当选；D项正确，当选。

《民法典》第305条规定：“按份共有人可以转让其享有的共有的不动产或者动产份额。其他共有人在同等条件下享有优先购买的权利。”本题中，刘某和关某二人依法有权决定重新装修房屋，而张某反对后，可以通过转让份额的方式退出。故A项说法正确，当选。

根据《民法典》第303条，对于按份共有物的分割，在没有特别约定的情况下，按份共有人可以随时请求分割。本题中，刘某、关某和张某并未特别约定不得请求分割共有物。因此，在张某反对重新装修房屋的情况下，其可主张分割共有物。故B项说法正确，当选。

综上所述，本题的正确答案为ABD。

13. 答案：ABCD。根据《民法典》第1253条的规定：“建筑物、构筑物或者其他设施及其搁置物、悬挂物发生脱落、坠落造成他人损害，所有人、管理人或者使用人不能证明自己没有过错的，应当承担侵权责任。所有人、管理人或者使用人赔偿后，有其他责任人的，有权向其他责任人追偿。”据此，建筑物的廊檐脱落砸伤行人丁，应由建筑物的所有人、管理人或者使用人对受害人丁承担过错推定责任。同时，房屋廊檐的管护义务和维修义务应由按份共有人甲、乙、丙共同承担。

根据《民法典》第307条的规定：“因共有的不动产或者动产产生的债权债务，在对外关系上，共有人享有连带债权、承担连带债务，但是法律另有规定或者第三人知道共有人不具有连带债权债务关系的除外；在共有人内部关系上，除共有人另有约定外，按份共有人按照份额享有债权、承担债务，共同共有人共同享有债权、承担债务。偿还债务超过自己应当承担份额的按份共有人，有权向其他共有人追偿。”据此，因甲、乙、丙按份共有的房屋廊檐脱落致人损害，甲、乙、丙应对外承担连带责任、过错推定责任，即本案适用过错责任原则，故选项A、B、C、D均正确。

14. 答案：BCD。《民法典》第 308 条规定：“共有人对共有的不动产或者动产没有约定为按份共有或者共同共有，或者约定不明确的，除共有人具有家庭关系等外，视为按份共有。”《民法典》第 309 条规定：“按份共有人对共有的不动产或者动产享有的份额，没有约定或者约定不明确的，按照出资额确定；不能确定出资额的，视为等额享有。”《民法典》第 301 条规定：“处分共有的不动产或者动产以及对共有的不动产或者动产作重大修缮、变更性质或者用途的，应当经占份额三分之二以上的按份共有人或者全体共同共有人同意，但是共有人之间另有约定的除外。”《民法典》第 1060 条第 1 款规定：“夫妻一方因家庭日常生活需要而实施的民事法律行为，对夫妻双方发生效力，但是夫妻一方与相对人另有约定的除外。”《民法典》第 1060 条第 2 款规定：“夫妻之间对一方可以实施的民事法律行为范围的限制，不得对抗善意相对人。”《民法典》第 303 条规定：“共有人约定不得分割共有的不动产或者动产，以维持共有关系的，应当按照约定，但是共有人有重大理由需要分割的，可以请求分割；没有约定或者约定不明确的，按份共有人可以随时请求分割，共同共有人在共有的基础丧失或者有重大理由需要分割时可以请求分割。因分割造成其他共有人损害的，应当给予赔偿。”故选项 B、C、D 正确。

简答题

1. 所谓共有，是指某项财产由两个或两个以上的权利主体共同享有所有权，换言之，是指多个权利主体对一物共同享有所有权。共有的主体称为共有人，客体称为共有财产或共有物。各共有人之间因财产共有而形成的权利义务关系，称为共有关系。共有是多个权利主体基于共同的生活、生产和经营的目的，将其财产联合在一起而形成的财产形式。共有既可以是一种形式的所有权的联合，也可以是不同类型的所有权的联合。共有有如下特征。

第一，共有的主体不是一个而是两个或两个以上的自然人或法人。但是，这并不意味着共有财产之上存在多个所有权。在法律上，共有财产上只有一个所有权，由多人享有。

第二，共有的客体即共有物是特定的，它可以是特定物，也可以是集合物。共有物在共有关系存续期间不能分割，不能由各个共有人分别对某一部分共有物享有所有权。每个共有人的权利及于整个共有财产，因此共有不是分别所有。

第三，在内容方面，共有人对共有物按照各自的份额享有权利并承担义务，或者平等地享有权利、承担义务。在行使共有财产的权利，特别是处分共有财产时，必须由全体共有人协商，按全体共有人的意志行事。

2. 共同共有是共有的一种形式。是指两个或两个以上的自然人或法人，根据某种共同关系而对某项财产不分份额地共同享有权利和承担义务。在我国，共同共有的基本形式有两种，即夫妻共有财产和家庭共有财产。

（1）根据我国《民法典》第 1062 条的规定，夫妻在婚姻关系存续期间所得的下列财产，归夫妻共同所有：1）工资、奖金、劳务报酬；2）生产、经营、投资的收益；3）知识产权的收益；4）继承或者受赠的财产，但是本法第 1063 条第 3 项规定的除外；5）其他应当归共同所有的财产。夫妻对共同财产，有平等的处理权。

夫妻的婚前财产属于个人所有，不是夫妻共同财产。在婚姻关系存续期间，夫妻一方或双方的劳动所得，夫妻双方继承和受赠的财产，双方用合法收入共同购买的财产，以及难以确定是个人所有还是共有的财产，都是夫妻共同财产。婚前是个人财产，婚后双方用共同财产进行了重大修理和改造的，也属于夫妻共同财产。

夫妻在婚姻关系存续期间，对于共有财产享有平等的占有、使用、收益和处分的权利。夫妻双方买卖、赠与属于夫妻共有的财产，应取得一致的意见。夫妻一方明知另一方处分财产而未作否定表示的，视为同意。夫妻共有财产只有在夫妻离婚，或夫妻一方死亡，继承开始时，才能进行分割。

（2）家庭共有财产是指家庭成员在家庭生活关系存续期间，共同创造、共同所得的财产。换言之，家庭共同财产是家庭成员的共同劳动收入和所得。

每个家庭成员都对家庭共有财产享有平等的权利。除法律另有规定或家庭成员间另有约定外，对于家庭共有财产的使用、处分或分割，应取得全体家庭成员的同意。家庭共有财产只有在家庭共同生活关系终止以后，才能进行分割。家庭共有财产具有如下特征。

第一，家庭共有财产的主体是对家庭共有财产的形成作出过贡献的家庭成员，而并不是每一个家庭成员都享有对家庭共有财产的共有权。

第二，家庭共有财产的主要形式是家庭成员在共同生活期间的共同劳动收入。

第三，家庭共有财产是以维持家庭成员共同生活或生产为目的的财产。

第四，家庭共有财产以家庭共同生活关系的存在为前提。

3. 我国《民法典》第 299 条规定："共同共有人对共有的不动产或者动产共同享有所有权。"《民法典》第 300 条规定："共有人按照约定管理共有的不动产或者动产；没有约定或者约定不明确的，各共有人都有管理的权利和义务。"在共同共有中，对共有之物的权利并没有份额之分，各共有人的权利和义务都是平等的。由于共同共有关系主要是依照法律的规定或合同的约定而产生的，共同共有人相互间的权利义务也应依法律规定或合同约定而确定。其具体内容如下。

（1）共同共有人的权利。

共同共有人对财产享有平等的占有、使用权，对共有财产的收益，不是按比例分配，而是共同享用；对共有财产的处分，必须经过全体共有人的同意，未经全体共有人的同意而处分其财产，在法律上是无效的。

根据法律的规定或各共有人之间的约定，某个共有人有权代表或者代理全体共有人处分共有财产时，则该共有人依法或依协议作出的处分财产的行为是有效的。无权代表或者代理共有的共有人擅自处分共有财产时，其他共有人明知而不提出异议的，视为同意。

（2）共同共有人的义务。

共同共有人在对财产享有权利的同时也承担共同的义务。因对共有财产进行维护、保管、改良等所支付的费用由各共有人平均分担。各共有人因对外经营共有事业或者造成第三人的损害，要由全体共有人共同承担连带责任。

在共同共有关系存续期间，各共有人无权请求分割共有财产。由于共同共有不分份额，各共有人也不能像按份共有人那样转让其份额或者主张共有财产的优先购买权。

共同共有关系主要因共同关系的解除而解除，同时也可以因其他原因而消失。共同关系终止时，对共有财产的分割，有协议的，按协议处理；没有协议的，一般可以根据均等原则，并考虑各共有人对共有财产的贡献大小以及各共有人的生产、生活的实际情况等处理。

案例分析题

房屋是夫妻共有财产，甲、乙对房屋是夫妻共同共有关系。在我国的实际生活中，共同共有一般包括夫妻共有财产、家庭共有财产、继承共有财产三种形式。本案涉及夫妻共有财产这种形式。

我国《民法典》第 300 条规定："共有人按照约定管理共有的不动产或者动产；没有约定或者约定不明确的，各共有人都有管理的权利和义务。"另外，《民法典》第 301 条规定："处分共有的不动产或者动产以及对共有的不动产或者动产作重大修缮、变更性质或者用途的，应当经占份额三分之二以上的按份共有人或全体共同共有人同意，但是共有人之间另有约定的除外。"因此，共同共有人在对外活动中，应当作为一个整体参加民事活动，对共有物的处分应当经过全体共有人的一致同意，处分行为才能够对外发生效力，如果部分共有人擅自处分共有财产，而没有征得其他共有人的同意，处分行为应当认定为无效。

但是，夫妻共有财产和其他共有形式是存在一定区别的。《民法典》第 1062 条规定：夫妻对共同财产，有平等的处理权。最高人民法院《关于适用〈中华人民共和国民法典〉婚姻家庭编的解释（一）》第 28 条第 1 款规定："一方未经另一方同意出售夫妻共同所有的房屋，第三人善意购买、支付合理对价并已办理不动产登记，另一方主张追回该房屋的，人民法院不予支持。"在本案中，甲、乙虽感情不和，但是在法律上依然具有婚姻关系，甲、乙对其共有的财产都有平等的处分权。夫妻另一方同意其配偶对夫妻共同所有房屋进行出售，可以使用书面、口头、电话和电子数据等多种意思表现形式。在本题中，乙谎称甲已经同意的行为并不构成甲同意的意思表示，为无权处分行为。丙未进一步履行查询登记等义务，故不得主张善意进而取得房屋所有权。因此，在买卖前后，房屋所有权均归甲、乙共有。我国《民法典》第 1092 条规定："夫妻一方隐藏、转移、变卖、毁损、挥霍夫妻共同财产，或者伪造夫妻共同债务企图侵占另一方财产的，在离婚分割夫妻共同财产时，对该方可以少分或者不分。离婚后，另一方发现有上述行为的，可以向人民法院提起诉讼，请求再次分割夫妻共同财产。”同时，最高人民法院《关于适用〈中华人民共和国民法典〉婚姻家庭编的解释（一）》第 28 条第 2 款规定：“夫妻一方擅自处分共同所有的房屋造成另一方损失，离婚时另一方请求赔偿损失的，人民法院应予支持。”乙擅自出卖房屋并且为了独吞房款不辞而别，符合前述规定，因此在离婚时，甲有权要求多分财产，并有权向乙要求赔偿。

论述题与深度思考题

传统上一般认为夫妻共同财产属于共同共有。从由外而内的视角看，夫妻财产制应与财产法规则相衔接，以保护第三人的交易安全；从由内而外的视角看，婚姻家庭是一个身份共同体、伦理共同体，夫妻财产制应以内部伦理道德秩序为基础。考虑到上述特殊性，《民法典》第 1062 条针对夫妻共同财产采取了“共同所有”的表述，可见，《民法典》有意表明夫妻共同财产是一种特殊的共同共有，不能与一般的共同共有等同。

（1）二者的联系。

就财产的利用和处分而言，无论是夫妻法定共有财产还是约定共有财产，核心特征是对夫妻共同财产共同所有，夫妻双方享有平等的处理权。夫妻在婚姻关系存续期间，对于共有财产享有平等的占有、使用、收益和处分的权利。夫妻财产是一个非分割性的整体，共有人任何一方均对全部共同财产享有不分份额的共同所有权。

（2）二者的区别。

在体系层面，《民法典》婚姻家庭编旨在“调整因婚姻家庭产生的民事关系”，夫妻财产法即调整夫妻内部财产关系；而物权编旨在“调整因物的归属和利用产生的民事关系”。两者的调整对象有别，婚姻家庭编的夫妻财产无须套用物权编的共有和单独所有之概念。物权编中的“共同共有”包含了内部关系和外部关系的共有形态，内部是共同享有权利，而对外是共同行使权利。而婚姻家庭编中的“共同所有”更强调内部的共同享有权利。如果将夫妻共同财产等同于《民法典》第 299 条的共同共有，则一方单独处分的行为构成无权处分，另一方可以阻止财产所有权的转让，或者要求返还原物。此时，物权编所要保障的交易安全反而受到了不利影响，这在以登记作为公示方式的不动产物权、股权中尤为明显。

“共同所有”的特殊性就表现在：一方面，要维持夫妻之间的平等权利；另一方面，在对外关系上也要考虑第三人的交易安全保护问题。在对外关系上，对一般财产的处理，夫妻享有日常家事代理权，任何一方的处分都对配偶双方发生效力，第三人也无须查验该财产的真正所有权人。但对大宗财产而言，尤其是房产、股权等，第三人应当查阅登记，并进一步了解登记权利人的婚姻状况，这就在一定程度上对夫妻一方处分财产作出了必要的限制。在对内关系上，无论登记是何种状况，只要是夫妻共同财产，夫妻双方都平等享有对财产的占有、使用、收益的权利，进而在夫妻离婚时，原则上应当对该共同财产进行平等分割，这也是夫妻共同财产的特殊之处。

（言之有理即可）

第十八章　用益物权总论

知识逻辑图

- 用益物权总论
  - 概述
    - 概念：非所有人对他人之物享有的占有、使用和收益的权利
    - 特征
      - 以不动产、动产为权利客体
      - 以占有、使用、收益为其权利内容
      - 是在他人所有之物上设立的权利，是一种他物权
      - 权能并不完全，是一种定限物权
    - 社会意义
      - 促进资源的有效利用
      - 维护资源的有序利用
    - 内容：占有权、使用权和收益权、特殊情况下的处分权、不受所有权人非法干涉的权利体系、征收后依法请求补偿的权利
  - 体系
    - 土地承包经营权
    - 建设用地使用权
    - 宅基地使用权
    - 居住权
    - 地役权
  - 准用益物权
    - 概述：自然人、法人或者非法人组织依法享有的对特定空间内的自然资源进行开发和利用的权利
    - 海域使用权
    - 矿业权
    - 取水权
    - 渔业权

名词解释

1. 用益物权
2. 准用益物权
3. 空间利用权
4. 海域使用权
5. 取水权

选择题

（一）单项选择题

1. 下列是法定物权的是（　　）。

A. 留置权　　B. 抵押权

C. 地役权　　D. 最高额抵押

2. 依照民法理论，下列不属于用益物权的是（　　）。

A. 土地承包经营权　　B. 地役权

C. 典权　　D. 留置权

（二）多项选择题

土地使用权的取得方式包括（　　）。

A. 出让　　B. 划拨

C. 赠与　　D. 买卖

简答题

1. 简述用益物权的概念和特征。
2. 简述准物权的概念和特征。

参考答案

名词解释

1. 用益物权，是指非所有权人对他人所有之物享有的占有、使用和收益的权利。用益物权是以利用为中心的物权的主要表现。《民法典》第 323 条规定：“用益物权人对他人所有的不动产或者动产，依法享有占有、使用和收益的权利。”

2. 准用益物权，是指自然人、法人或者非法人组织依法享有的对特定空间内的自然资源进行开发和利用的权利，包括海域使用权、探矿权、采矿权、取水权、养殖权、捕捞权等。由于这些权利的设定、流转、内容和效力等大多通过《海域使用管理法》《矿产资源法》《水法》《渔业法》等特别法加以规定，因此，它们也被称为特别法上的物权、准物权，也有学者基于其需通过行政许可的方式取得，而称之为特许物权。

3. 所谓空间利用权，是指自然人或者法人对于地上和地下的一定范围的空间依法进行利用并排斥他人干涉的权利。在传统民法中，并不存在独立的空间利用权的概念，空间利用权一直是属于土地所有权的内容。罗马法一直存在“谁拥有土地便拥有土地无限上空”的主张。随着社会工业化的发展，土地的利用成为可能和必要，从而使利用与地表相接的空中和地下的情况日益广泛，空间利用权在现代社会也逐渐成为一项财产权。关于空间利用权的内容、性质以及如何在法律中得以体现的问题，如今尚存有争论。

4. 海域使用权，是指依法经批准取得的，对国家所有的某一特定海域在一定期限内排他性持续使用并享受其利益的权利。根据我国《海域使用管理法》的规定，海域具体包括我国内水、领海的水面、水体、海床和底土，属于国家所有，国务院代表国家行使海域所有权。单位和个人使用海域，必须依法取得海域使用权。

5. 取水权，是指依照法律的规定开采、利用地下水和地表水以满足生产、生活需要的权利。

选择题

（一）单项选择题

1. 答案：A。留置权与抵押权、质权相比，具有更强的法定性，因为留置权不必由当事人订立担保合同，且留置权的设定、内容、使用范围和法律效力都必须由法律规定。

2. 答案：D。留置权是法定的担保物权。

（二）多项选择题

答案：ABCD。A、B、C、D 项均为土地使用权取得的方式。其中 C、D 项为转让土地使用权的方式。

简答题

1. 所谓用益物权，是指非所有人对他人之物所享有的占有、使用、收益的排他性权利。用益物权着眼于物的使用价值，是以对标的物使用、收益为目的的权利。其与担保物权一起，共同构成了他物权体系。

与其他类型的物权相比较，其特点如下。

第一，用益物权的主旨在于权利人对他人之物的使用价值进行支配。在有关用益物权的立法中应当贯彻效益原则，鼓励权利人充分有效地利用和获取物的使用价值，以满足权利人的需要。这也决定了权利人应当实际地占有标的物，因为占有是使用的前提，丧失了对物的占有，将导致用益物权不能行使。

第二，用益物权的权利内容为对标的物的占有、使用、收益，不包括法律上的处分权。用益物权人虽然不具有对标的物的处分权，但土地使用权、典权等可以转让，也可以设定抵押，对于用益物权本身进行处分，这有利于充分发挥不动产的利用效率，并扩大债权担保的范围。

第三，用益物权为独立物权。用益物权一旦设立，用益物权人便独立地享有对标的物的使用、收益权。用益物权是一种主权利，而不是从属于其他物权的权利，也不像担保物权那样必须依附于债权。

第四，用益物权的客体应当限于不动产。动产以占有为公示的方法，很难表现为复杂的用益物权关系，因此不能在动产上设置用益物权。

2. 准物权，也被称为特别法上的物权、特许物权，是指自然人、法人或非法人组织依法享有的对特定空间内的自然资源进行开发和利用的权利，包括海域使用权、矿业权、取水权等。与普通的用益物权相比，准物权具有如下特征。

第一，权利标的不同。普通用益物权的标的为不动产、动产，其中以不动产为常态，在法律上视为不可消耗物。准物权的标的为特定空间范围内的自然资源，这些标的物在法律上视为可消耗物。

第二，权利行使方式不同。普通的用益物权中，权利人直接支配不动产的使用价值，对他人的不动产加以占有、使用、收益。而准物权的行使不是长期对土地实施实际占有，而是在土地上进行有目的的、可间断的摄取、开发和检测行为。

第三，权利取得方式不同。普通用益物权的设立一般无须行政许可，由当事人自主决定。而准物权依相应自然资源主管部门的行政许可而设立，未经许可，权利人不得享有准物权。

第四，权利行使上不同。就普通用益物权而言，法律对权利行使的限制比较少。而准物权由于通常涉及自然资源的开发和利用，其行使具有较高的危险性，因此对权利人的资质以及权利的行使方式，法律往往加以强制性规定。

第十九章　土地承包经营权

知识逻辑图

土地承包经营权
- 含义：农村生产经营者以从事农业生产为目的，对集体所有或国家所有由农民集体使用的土地进行占有、使用和收益的权利
- 取得：包括基于法律行为的取得和基于法律行为以外的原因而取得。前者包括土地承包经营权的设定和流转，后者主要指土地承包经营权的继承
- 效力：土地承包方与发包方之间的权利义务关系
- 消灭：土地承包经营权可因多种原因而消灭
- “四荒”土地承包经营权

选择题

（一）单项选择题

1. 某年 2 月 13 日，某乡政府将其所有的 200 亩果林发包给了张三，承包期限 30 年，每年承包费 3 000 元，同日，张三预交了当年的承包费，乡政府将果林交给张三，由其进行经营。不久，乡政府改选，新乡长上任后，便撕毁了与张三的承包合同，将果林包给了李四，李四也预交了承包费，双方签订了承包经营合同。张三和李四发生纠纷，张三以乡政府发生违约，侵害其承包经营权为由提起诉讼，请求人民法院判令乡政府继续履行合同。下列说法正确的是（　　）。

A. 张三的承包经营权由于未登记，因此不得对抗善意的李四

B. 在承包期内，作为发包人的乡政府有权随时收回土地

C. 乡政府擅自撕毁合同属于违约行为，应当承担违约责任

D. 乡政府的行为虽然违约，但张三只能要求损害赔偿，不能要求继续履行合同

2. 某村村民周某和林某为了土地耕作的方便，于某年 6 月双方互换了 5 亩耕地，并签订了土地承包经营权互换协议，在发包方处进行了备案。互换 1 年后，周某认为林某的土地没有自己原来的土地肥沃，于是要求解除合同，换回土地。则（　　）。

A. 村民的承包经营权受到法律保护，应当换回

B. 双方达成的协议不受法律保护，应当换回

C. 双方达成的协议有效，不应换回

D. 以上说法均不对

3. 下列有关将土地承包经营权转包的说法中错误的是（　　）。

A. 土地承包经营权仍然存在

B. 转包期不应超过承包经营期限

C. 转包期可以由转包合同自由确定

D. 转包不同于转让，转包后承包人仍旧是承包经营合同的主体

4. 村民胡某承包了一块农民集体所有的耕地，订立了土地承包经营权合同，未办理确权登记。胡某因常年在外，便与同村村民周某订立土地承包经营权转让合同，将地交周某耕种，未办理变更登记。关于该土地承包经营权，下列哪一说法是正确的？（　　）（司考改编）

A. 未经登记不得处分

B. 自土地承包经营权合同生效时设立

C. 其转让合同自完成变更登记时起生效

D. 其转让未经登记不发生效力

（二）多项选择题

1. 根据我国法律规定，土地承包经营权转让时

（　　）。

A. 应当进行登记，否则不发生转让效力

B. 可以登记，也可以不登记，未经登记则不得对抗善意第三人

C. 当事人可以向登记机构申请登记

D. 不用登记，签订书面转让合同即可

2. 某村农民张某承包了大队的一块耕地，在农忙季节，张某以省时间为由在他承包的耕地上建了一座三十多平方米的土坯房，以便日夜耕作。大队发现后多次劝说他拆房。张某借口农忙后再拆，但农忙季节过后，张某不仅没有拆房，还全家搬入土坯房居住，并称：土地承包给个人，做什么用完全由自己说了算。有关本题说法正确的有（　　）。

A. 张某的说法是正确的，他有权自主利用自家承包的土地

B. 大队干涉张某盖房，违反了承包合同

C. 张某的做法不当，应当拆除房屋

D. 大队的做法是正确的

3. 土地承包经营权的用益物权属性体现在（　　）。

A. 承包经营权人订立承包经营合同后取得短期性的权利

B. 承包经营权的效力、内容、公示方法要由法律明确规定

C. 承包经营权以对物的占有、使用、收益为内容

D. 承包经营权的期限法定化

4. 下列有关土地承包经营权说法正确的有（　　）。

A. 土地承包经营权自土地承包经营合同生效时设立

B. 土地承包经营权人可以将土地承包经营权转包、互换、转让

C. 土地承包经营权人将土地承包经营权互换、转让的，未经登记不生效力

D. 承包期内发包人不得调整承包地，也不得收回承包地

5. 季大与季小兄弟二人，成年后各自立户，季大一直未婚。季大从所在村集体经济组织承包耕地若干。关于季大的土地承包经营权，下列哪些表述是正确的？（　　）（司考改编）

A. 自土地承包经营权合同生效时设立

B. 如季大转让其土地承包经营权，则未经变更登记不发生转让的效力

C. 如季大死亡，则季小可以继承该土地承包经营权

D. 如季大死亡，则季小可以继承该耕地上未收割的农作物

6. 河西村在第二轮承包过程中将本村耕地全部发包，但仍留有部分荒山，此时本村集体经济组织以外的Z企业欲承包该荒山。对此，下列哪些说法是正确的？（　　）（司考改编）

A. 集体土地只能以家庭承包的方式进行承包

B. 河西村集体之外的人只能通过招标、拍卖、公开协商等方式承包

C. 河西村将荒山发包给Z企业，经2/3以上村民代表同意即可

D. 如河西村村民黄某也要承包该荒山，则黄某享有优先承包权

7. 关于土地承包经营权的设立，下列哪些表述是正确的？（　　）（司考改编）

A. 自土地承包经营权合同成立时设立

B. 自土地承包经营权合同生效时设立

C. 县级以上地方政府在土地承包经营权设立时应当发放土地承包经营权证

D. 县级以上地方政府应当对土地承包经营权登记造册，未经登记造册的，不得对抗善意第三人

简答题

简述土地承包经营权的概念和特征。

参考答案

选择题

（一）单项选择题

1. 答案：C。《民法典》在物权编规定了土地承包经营权，其第337条规定：承包期内发包人不得收回承包地。因此B项错误。土地承包经营权自土地承包经营权合同生效时设立，若土地承包经营权人将土地承包经营权互换、转让而未经登记的，不得对抗善意第三人。但是在本题中，张三作为土地经营权人，并没有转让其承包地，是乡政府擅自违约，将土地另行发包，侵害了张三的土地承包经营权，此处并不存在不经登记不得对抗的问题。乡政府应当继续履行与张

三的合同，李四的损失应向乡政府要求赔偿。

2. 答案：C。根据《农村土地承包法》第 33、34、37、40 条的规定，土地承包经营权人可以对土地进行互换，况且双方已经在发包方处备案，合同合法有效。周某换回土地的要求无理。正确答案为 C 项。

3. 答案：C。所谓土地承包经营权的转包，是指承包经营权人在承包以后，在承包经营期限内，将其承包的土地转包给他人，但承包经营权仍然存在。因为承包人只能在承包期内转包，所以转包的期限要受到承包期限的限制。另外，转包不同于转让，转让意味着承包人完全退出承包关系，由受让人取代承包人的地位。而在转包中，承包经营权的主体仍旧是承包人。故本题正确答案是 C 项。

4. 答案：B。《民法典》第 333 条规定："土地承包经营权自土地承包经营权合同生效时设立。登记机构应当向土地承包经营权人发放土地承包经营权证、林权证等证书，并登记造册，确认土地承包经营权。"第 335 条规定："土地承包经营权互换、转让的，当事人可以向登记机构申请登记；未经登记，不得对抗善意第三人。"由此，土地承包经营权自土地承包经营合同生效时设立，土地承包经营权互换、转让的，采纳登记对抗主义，而非登记生效主义。故选项 B 正确，选项 A、C、D 错误。

（二）多项选择题

1. 答案：BC。《民法典》第 335 条规定："土地承包经营权互换、转让的，当事人可以向登记机构申请登记；未经登记，不得对抗善意第三人。"故本题选 BC。

2. 答案：CD。土地承包经营权是自然人和集体经济组织依法对集体所有或者国家所有由集体使用的土地所享有的承包经营的权利。在承包经营关系中，承包人应当按照合同的规定从事经营，不得擅自改变土地的使用目的，不得擅自在土地上建造建筑物和各种工作物。故本题正确答案是 CD。

3. 答案：BCD。土地承包经营权，是自然人和集体经济组织依法对集体所有或者国家所有由集体使用的土地所享有的承包经营的权利。承包经营权以对土地的占有、使用、收益为内容。关于承包经营权的法律性质，学说上存在债权说和物权说两种不同的观点。现行《民法典》明确规定了土地承包经营权，确认了其用益物权的性质。本题正确答案是 BCD。

4. 答案：ABD。参见《民法典》第 333 条、第 334 条、第 335 条、第 336 条、第 337 条。

5. 答案：AD。《民法典》第 333 条第 1 款规定，土地承包经营权自土地承包经营权合同生效时设立。《农村土地承包法》第 23 条规定，承包合同自成立之日起生效。承包方自承包合同生效时取得土地承包经营权。据此可知，土地承包经营权自土地承包经营权合同生效时设立，故选项 A 正确。

《农村土地承包法》第 35 条规定，土地承包经营权互换、转让的，当事人可以向登记机构申请登记。未经登记，不得对抗善意第三人。据此可知，土地承包经营权的流转登记不是生效要件，而是对抗要件，故选项 B 错误。

本题中，季大与季小成年后已各自立户，他们为成年兄弟关系，不再属于家庭成员关系。因季大一直未婚，且其承包的土地为耕地，因此，季大死亡后，土地承包经营权消灭，季小不能继承，故选项 C 错误。

《农村土地承包法》第 32 条第 1 款规定，承包人应得的承包收益，依照继承法的规定继承。据此可知，如季大死亡，季小可以继承该耕地上未收割的农作物，故选项 D 正确。

6. 答案：BD。《农村土地承包法》第 16 条规定："家庭承包的承包方是本集体经济组织的农户。"所以，家庭承包的方式只适用于本集体经济组织的农户，集体经济组织之外的人只能通过招标、拍卖、公开协商的方式承包，所以 B 项正确。

《农村土地承包法》第 51 条规定："以其他方式承包农村土地，在同等条件下，本集体经济组织成员有权优先承包。"所以 D 项正确。

《农村土地承包法》第 50 条第 1 款规定："荒山、荒沟、荒丘、荒滩等可以直接通过招标、拍卖、公开协商等方式实行承包经营，也可以将土地承包经营权折股分给本集体经济组织成员后，再实行承包经营或者股份合作经营。"该法第 48 条规定："不宜采取家庭承包方式的荒山、荒沟、荒丘、荒滩等农村土地，通过招标、拍卖、公开协商等方式承包的，适用本章规定。"据此，集体土地除家庭承包之外，也可以通过招标、拍卖、公开协议等方式承包，所以 A 项错误。

《农村土地承包法》第 52 条规定："发包方将农村土地发包给本集体经济组织以外的单位或者个人承包，应当事先经本集体经济组织成员的村民会议三分之二以上成员或者三分之二以上村民代表的同意，并报乡（镇）人民政府批准。”所以C项错误。

7. 答案：BC。《民法典》第 333 条第 1 款规定：“土地承包经营权自土地承包经营权合同生效时设立。”《民法典》第 333 条第 2 款规定：“登记机构应当向土地承包经营权人发放土地承包经营权证、林权证等证书，并登记造册，确认土地承包经营权。”已经设立但未办理设立登记的土地承包经营权，仍可对抗第三人。所以B、C选项正确。

简答题

土地承包经营权，是指承包农户以从事农业生产为目的，对集体所有或国家所有的由农民集体使用的土地进行占有、使用和收益的权利。《民法典》第 331 条规定：“土地承包经营权人依法对其承包经营的耕地、林地、草地等享有占有、使用和收益的权利，有权从事种植业、林业、畜牧业等农业生产。”这里“从事种植业、林业、畜牧业等农业生产”，体现着用途管制的基本思想。在土地利用过程中，土地承包经营权人应当维持土地的农业用途，不得用于非农建设，禁止占用耕地建窑、建坟或者擅自在耕地上建房、挖砂、采石、采矿、取土等，禁止占用基本农田发展林果业和挖塘养鱼。其具有以下法律特征：

第一，土地承包经营权的主体是本集体经济组织的承包农户。

第二，土地承包经营权的客体是集体所有或国家所有、由农民集体使用的农用地。

第三，土地承包经营权的目的是在他人土地上从事农业生产。

第二十章　建设用地使用权

知识逻辑图

建设用地使用权：
- 含义：自然人、法人或非法人组织依法享有的在国有土地及其上下建造建筑物、构筑物及附属设施的用益物权
- 设立：包括出让与划拨两种基本方式
- 流转：包括转让、抵押、出租等
- 效力：建设用地使用权人的权利和义务等
- 消灭：消灭的事由包括存续期间届满、土地灭失等

名词解释

建设用地使用权

选择题

（一）单项选择题

1. 有关建设用地使用权的出让，下列说法正确的是（　　）。

A. 仅限于招标、投标方式

B. 应当签订出让合同

C. 建设用地使用权自出让合同生效时设立

D. 是无偿的

2. A公司通过与国家土地管理机关签订建设用地使用权出让合同，取得对某块地为期30年的有偿使用权。在根据法律要求进行了两年开发建设后，将该地转让给B公司，双方签订了书面转让合同，但并未进行变更登记，B公司也未按时支付价金。一年后，A公司又将该地的使用权转让给了C公司，约定使用期限为30年，C公司当时就支付了价金。依照《民法典》，下列说法正确的是（　　）。

A. 由于转让给B公司在先，因此建设用地使用权由B公司取得

B. 由于C公司支付了价金，因此建设用地使用权应由C公司取得

C. 该建设用地使用权应当由B、C两公司共有

D. A公司与C公司约定的30年使用期超出了法定期限，应减去已经经过的年限

（二）多项选择题

1. 下列关于建设用地使用权的说法中正确的有（　　）。

A. 建设用地使用权的客体只能是国有土地

B. 建设用地使用权的内容为建造和保有

C. 建设用地使用权不能通过划拨方式设立

D. 建设用地使用权自登记时设立

2. 建设用地使用权的转让（　　）。

A. 是一种要式行为

B. 转让合同是一种权利义务的概括转让合同

C. 需要满足一些法定条件，否则转让无效

D. 转让方式包括买卖、赠与或者互易等

论述题与深度思考题

试述建设用地使用权的法律特征。

参考答案

名词解释

建设用地使用权，是指自然人、法人或者非法人组织依法享有的在国有或集体土地及其上下建造、保

有建筑物、构筑物及其附属设施的用益物权。建设用地使用权的客体原则上为国有土地，但是也可以为集体所有的土地，还可以包括土地上下的空间。

选择题

（一）单项选择题

1. 答案：B。本题考查建设用地使用权的出让。《民法典》物权编第十二章专门对建设用地使用权进行了规定。《民法典》第 348 条第 1 款规定："通过招标、拍卖、协议等出让方式设立建设用地使用权的，当事人应当采用书面形式订立建设用地使用权出让合同。"出让方式不仅限于招标、拍卖，当事人应当订立出让合同，根据《民法典》第 349 条的规定，建设用地使用权自登记时设立。建设用地使用权人需要依照法律的规定以及合同约定支付出让金等费用，以实现国家对土地资源的有效利用。

2. 答案：D。本题考查建设用地使用权的转让。依据现行《民法典》的相关规定，建设用地使用权的转让，应当向登记机构申请变更登记，只有进行了登记，才能够在主体之间得以有效移转，因此该建设用地使用权应当由 C 公司取得。建设用地使用权的使用期限可以由当事人约定，但是建设用地使用权本身是一种有期限限制的权利，建设用地使用权人不得超过其自身的权利期限去处分权利，C 公司只能取得该建设用地使用权的剩余期限。

（二）多项选择题

1. 答案：BD。《民法典》第 361 条规定："集体所有的土地作为建设用地的，应当依照土地管理的法律规定办理。"因此，建设用地使用权的客体除了国有土地，还可以是集体土地。《民法典》第 347 条规定，设立建设用地使用权，可以采取出让或者划拨等方式。因此 A、C 项错误。建设用地使用权人有权利用土地进行建造行为，也有权保有土地上的建筑物，B 项正确。《民法典》第 349 条规定，设立建设用地使用权的，应当向登记机构申请建设用地使用权登记。建设用地使用权自登记时设立，D 项正确。

2. 答案：ABCD。建设用地使用权的转让，是指通过买卖、赠与等合法方式将土地使用权转移给他人的行为。当事人之间必须签订书面的转让合同，这种合同不是单一的对建设用地的使用权的转让，也同时伴随着在从国家取得使用权时必须履行的义务，属于权利义务的概括移转。转让需要满足一些法定条件，如按照出让合同约定已经支付全部土地使用权出让金，并取得土地使用权证书；按照出让合同约定进行投资开发，属于房屋建设工程的，完成开发投资总额的 25%以上，属于成片开发土地的，形成工业用地或者其他建筑用地条件。综上，本题应选 ABCD。

论述题与深度思考题

建设用地使用权，是指自然人、法人或者非法人组织依法享有的在国有或集体土地及其上下建造、保有建筑物、构筑物及其附属设施的用益物权。《民法典》第 344 条规定："建设用地使用权人依法对国家所有的土地享有占有、使用和收益的权利，有权利用该土地建造建筑物、构筑物及其附属设施。"第 361 条规定："集体所有的土地作为建设用地的，应当依照土地管理的法律规定办理。"

（1）建设用地使用权的客体为国家和集体所有的土地。

从《民法典》第 344 条的文义来看，建设用地使用权系在国有土地之上设定，似已排除集体土地之上设定建设用地使用权的可能，但第 361 条又规定了转介条款，学界对其法律意义存在争议。我们认为，第 361 条的立法意旨并不在于否定集体建设用地使用权的用益物权属性，而在于将"集体建设用地使用权"确立为"建设用地使用权"的亚种类物权。该条的文义仅仅表明，这类特殊的建设用地使用权适用"土地管理的法律规定"。在解释上，在土地管理法等法律没有特别规定的情形之下，如未对集体建设用地使用权的设立登记、设立方式、变更和注销登记、"房地一体处分"、受让人的使用期限、地上建筑物所有权归属的推定等作出规定，自应适用或准用《民法典》关于建设用地使用权的一般规定。

党的第十八届三中全会通过了《关于全面深化改革若干重大问题的决定》，该决定强调要"兼顾效率与公平""健全城乡发展一体化体制机制""建立城乡统一的建设用地市场""使市场在资源配置中起决定性作用和更好发挥政府作用"，在集体建设用地与国有建设用地"同等入市，同权同价"的政策目标之下，区分国有建设用地使用权和集体建设用地使用权已无必要。

（2）建设用地使用权的目的是建造并保有建筑物、

构筑物及其附属设施。

建筑物，是指定着于土地上或地面之下，具有顶盖、梁柱、墙壁，供人居住或使用的建造物，主要是指房屋；构筑物是指人们一般不直接在里面进行生产和生活活动的建造物，如桥梁、沟渠；附属设施是指与建筑物、构筑物不可分割的各种配套设施，包括电梯、水暖、除尘、通风、通信线路、输电线路、水电管道等。建设用地使用权人对土地的支配，并非对土地使用价值的全面概括支配，而是在建设用地特定用途内的支配。依据《民法典》第 344 条的规定，这种特定用途内的支配主要是“利用该土地建造建筑物、构筑物及其附属设施”。建设用地使用权的内容主要是“建造”。但是，“建造”只是建设用地使用权的权利内容之一，并非所有的建设用地使用权都必须具备“建造”这一内容。在建设用地使用权因建筑物等的所有权发生变动而一并转移时，土地上现存的建筑物能够满足建设用地使用权人的需要，故而其无须另行建造，此时权利内容仅为“保有”。

(3) 建设用地使用权的内容具有限制性。

建设用地使用权作为一种用益物权，其对标的土地的支配不仅在范围上限于对土地使用价值的支配，而且这种支配也是有期限的。根据《城镇国有土地使用权出让和转让暂行条例》(2020 年修订) 第 12 条的规定，土地使用权出让的最高年限按下列用途确定：1) 居住用地 70 年；2) 工业用地 50 年；3) 教育、科技、文化、卫生、体育用地 50 年；4) 商业、旅游、娱乐用地 40 年；5) 综合或其他用地 50 年。

第二十一章　宅基地使用权

知识逻辑图

宅基地使用权
- 含义：在农村居民集体所有的土地上建造住宅及其附属设施的用益物权
- 取得：宅基地使用权的设立需要具备一定的条件、依据一定的程序
- 效力：宅基地使用权人的权利和义务等
- 消灭：消灭事由包括宅基地因自然原因灭失、宅基地的收回和调整、征收等

名词解释

宅基地使用权

选择题

（一）单项选择题

根据我国现行法律的规定，宅基地使用权人的权利不包括（　　）。

A. 在宅基地上建造房屋和附属物的权利

B. 将宅基地上建造的房屋转让给本村村民的权利

C. 继承房屋以及其宅基地使用权的权利

D. 转让房屋后，再申请取得一块宅基地的权利

（二）多项选择题

王某原为某村村民，后来转到县城工作，随后其全家也均转为城市户口，王某在该村的四间草房由其兄居住。后来村里另行给其兄安排了宅基地，并将四间草房推倒，将该处宅基地分给了他人。王某得知后，多次与村委会交涉无果。后王某起诉到法院。下列说法哪些是错误的？（　　）

A. 房屋虽是王某的，但地属于集体，集体有权处理其房屋

B. 村委会的做法侵害了王某的合法权益

C. 村委会如需收回宅基地，应先征得王某的同意

D. 房屋长期无人居住，不能物尽其用，况且王某已经为城市户口，无权再享有村里的宅基地使用权

参考答案

名词解释

宅基地使用权，是指在农村居民集体所有的土地上建造住宅及其附属设施的用益物权。宅基地使用权的权利主体限于集体经济组织内的成员，具有一定的福利性质。宅基地使用权权利人有权在宅基地上建造房屋和其他附属物，也有权处分宅基地使用权，但宅基地使用权的流转受到法律的严格限制。其具有如下特点：第一，权利主体的特定性。从现行立法来看，主体原则上限于农村村民或者说农村集体经济组织成员。第二，权利客体的特定性，限于集体所有的土地。第三，土地用途的特定性。现行法规定其只能用于农村村民住宅及附属设施建设。第四，初始取得上的无偿性。第五，宅基地使用权没有期限限制。

选择题

（一）单项选择题

答案：D。宅基地使用权是我国特有的一种用益物权形式，它是指农村居民及少数城镇居民为建造自有房屋对集体所有的土地所享有的占有、使用的权利。《土地管理法》（2019 年修正）第 62 条规定："农村村民一户只能拥有一处宅基地，其宅基地的面积不得超过省、自治区、直辖市规定的标准……农村村民建住宅，应当符合乡（镇）土地利用总体规划……由乡

（镇）人民政府审核批准；其中，涉及占用农用地的，依照本法第四十四条的规定办理审批手续。农村村民出卖、出租、赠与住宅后，再申请宅基地的，不予批准。”另外，由于房屋是可以继承的，所以实际上宅基地使用权也可以继承。故本题正确答案是D项。

（二）多项选择题

答案：AD。自然人个人所有的房屋的所有权必须依赖国家或集体的土地使用权才能产生。农村居民依法建造、所有的房屋，归个人所有，宅基地归农村集体组织所有，房主只享有使用权，该使用权依法不受侵害。本题中，王某虽转为城市户口，但是其在农村的房屋所有权还应受到保护。与此相应，王某虽非村组织成员，但村组织还是应该为其提供宅基地的继续使用权，使其房屋所有权得以保留和变现，如果村组织需要收回宅基地，应先征得王某的同意，并给予适当的补偿，无权任意拆除其房屋。

第二十二章　居住权

知识逻辑图

居住权
- 含义：对他人的住宅享有占有、使用的用益物权，以满足生活居住的需要
- 取得：以书面形式订立居住权合同或以遗嘱方式设立；居住权自登记时设立
- 效力：居住权不得转让、继承；设立居住权的住宅不得出租，但是当事人另有约定的除外
- 消灭：居住权期限届满或者居住权人死亡

名词解释

居住权

选择题

（一）单项选择题

1. 以下关于居住权的说法，错误的是（　　）。

A. 居住权可以转让

B. 居住权以无偿设立为原则

C. 居住权在他人住宅之上设立

D. 居住权的设立目的是满足生活居住需要

2. 1月1日，甲与乙签订“房屋买卖合同”，甲将商品房A转让给乙，约定乙在合同签订之日起一个月内付清房款，付清房款后甲为乙办理过户登记。1月15日，甲与丙签订了“居住权合同”，约定在商品房A上为丙设立居住权，但未办理登记。1月31日，乙付清房款，但一直未要求办理过户登记。6月1日，甲与丁签订了“居住权合同”，约定在商品房A上为丁设立居住权，甲与丁于当日办理了登记。根据《民法典》，下列哪项表述是正确的？（　　）（法考改编）

A. 丁取得了居住权

B. 丙取得了居住权

C. 甲与丙之间的合同无效

D. 乙取得了房屋所有权

3. 2020年，张某与李某签订“居住权合同”，约定在张某的房屋上为李某设立居住权，但李某不得出租房屋。二人将合同进行了公证，但未办理居住权登记。2022年，李某将房屋出租。关于本案，下列说法正确的是？（　　）（法考改编）

A. 居住权已设立，租赁合同有效

B. 居住权未设立，租赁合同有效

C. 居住权已设立，租赁合同无效

D. 居住权未设立，租赁合同无效

4. 1月15日，甲和乙约定在甲的房屋上设立居住权，设立5年，乙一次性支付10万元给甲。1月20日，甲把房屋租给不知情的丁，2月15日，甲和乙办理了居住权登记，下列说法正确的是？（　　）（法考改编）

A. 1月15居住权设立

B. 租赁合同有效

C. 居住权可以继承

D. 甲与乙有偿设立居住权的约定无效

（二）多项选择题

1. 孤寡老人甲欲出卖自己的房屋，但由于无处居住，便在与乙订立买卖合同时，约定乙取得房屋所有权后，在该房屋上以甲生命存续期为期限设定居住权，在房屋所有权过户登记时，一并登记居住权。双方办理过户登记时，因故未办理居住权登记，遂约定事后登记。后甲再找乙办理居住权登记时，乙拒绝。根据《民法典》，下列哪些表述是正确的？（　　）（法考改编）

A. 甲与乙的约定在双方之间具有债权效力

B. 甲有权请求乙承担迟延履行的违约责任

C. 居住权作为物权没有有效设立

D. 甲有权请求乙继续登记并设立居住权

2. 以下关于居住权的说法，正确的有（　　）。

A. 居住权可以通过合同方式设立

B. 居住权合同可以采用口头形式或书面形式

C. 居住权可以通过遗嘱方式设立

D. 居住权仅限于无偿设立

3. 2021 年 3 月 1 日，甲与乙订立“居住权合同”约定甲在其住宅 A 房屋上为乙设立居住权，甲当日将 A 房屋交付给乙，但一直未给乙办理居住权设立登记。2021 年 6 月 1 日，未经甲同意，乙与丙订立“租赁合同”，约定：“乙将 A 房屋出租给丙，租期 2 年，年租金 5 万元。”乙当日将 A 房屋交付给丙。2022 年 3 月 1 日，甲死亡，甲唯一的继承人丁继承了甲的全部遗产。对此，下列表述正确的有（　　）。（法考改编）

A. 就 A 房屋，丁对乙享有返还原物请求权

B. 乙、丙间的“租赁合同”无效

C. 乙自丙处取得的租金，丁有权请求乙返还给丁

D. 乙有权请求丁为其办理 A 房屋居住权的设立登记

简答题

1. 简述居住权与房屋租赁权的区别。

2. 简述居住权的功能。

3. 简述居住权的特征。

参考答案

名词解释

居住权是《民法典》物权编新增的用益物权的种类。居住权是指权利人为了满足生活居住的需要，按照合同约定或遗嘱，在他人享有所有权的住宅之上设立的占有、使用该住宅的权利。《民法典》第 366 条规定：“居住权人有权按照合同约定，对他人的住宅享有占有、使用的用益物权，以满足生活居住的需要。”

选择题

（一）单项选择题

1. 答案：A。《民法典》第 366 条规定：“居住权人有权按照合同约定，对他人的住宅享有占有、使用的用益物权，以满足生活居住的需要。”亦即居住权的权利标的是特定的住宅，这不同于其他用益物权，不包括土地和其他类型的不动产。同时，居住权作为一项独立的用益物权，其立法目的在于解决人民群众住有所居的问题。故 C、D 选项说法正确，不当选。根据《民法典》第 368 条的规定，居住权以无偿设立为原则，以其他为例外，故 B 选项说法正确，不当选。根据《民法典》第 369 条的规定，居住权不得转让、继承。故 A 选项说法错误，当选。

2. 答案：A。《民法典》第 215 条规定：“当事人之间订立有关设立、变更、转让和消灭不动产物权的合同，除法律另有规定或者当事人另有约定外，自合同成立时生效；未办理物权登记的，不影响合同效力。”丙虽未办理居住权登记，但甲与丙之间的合同有效，故 C 选项错误。《民法典》第 214 条规定：“不动产物权的设立、变更、转让和消灭，依照法律规定应当登记的，自记载于不动产登记簿时发生效力。”乙尚未办理所有权登记，故房屋所有权尚未转移，D 选项错误。《民法典》第 368 条规定居住权自登记时设立，故 B 选项错误，A 选项正确。

3. 答案：B。居住权自登记时设立。张某与李某虽然签订了居住权协议，但双方并未前往房屋登记机构进行居住权登记，居住权未设立。故 A、C 选项错误。李某不享有居住权，居住权合同也约定其不得出租房屋，但这并不影响李某对外签订的租赁合同的效力，该租赁合同合法有效。故 B 选项正确，D 选项错误。

4. 答案：B。居住权自登记时设立，甲与乙 2 月 15 日办理居住权登记，居住权于 2 月 15 日设立，A 选项错误。1 月 20 日居住权虽尚未设立，但并不影响甲与丁之间租赁合同的效力，租赁合同合法有效，B 选项正确。根据《民法典》第 369 条，居住权不得继承，C 选项错误。根据《民法典》第 368 条，居住权无偿设立，但当事人另有约定的除外，D 选项错误。

（二）多项选择题

1. 答案：ABCD。本题考查《民法典》新增制度居住权。居住权，是指居住权人有权按照合同约定，对他人的住宅享有占有、使用的用益物权，以满足生活居住的需要。《民法典》第 368 条规定：“居住权无偿设立，但是当事人另有约定的除外。设立居住权的，应当向登记机构申请居住权登记。居住权自登记时设

立。”同时，根据《民法典》第 215 条的区分原则，未办理居住权登记的，不影响合同的效力，居住权合同依然合法有效。

本题中，甲与乙的约定属于设立居住权的约定，虽然未办理居住权登记，居住权作为用益物权没有有效设立，但不影响约定的效力，该约定合法有效，在双方之间具有债权效力。因此，甲有权基于合法有效的约定请求乙承担迟延履行的违约责任。故 A、B、C 项说法均正确，当选。同时，基于合法有效的债权协议，甲有权请求乙协助自己继续登记并设立居住权，乙亦有义务协助甲办理居住权登记。故 D 项亦正确。综上所述，本题的正确答案为 ABCD。

2. 答案：AC。《民法典》第 367 条规定，设立居住权，当事人应当采用书面形式订立居住权合同。因此，A 选项正确，B 选项错误。《民法典》第 368 条规定：“居住权无偿设立，但是当事人另有约定的除外。设立居住权的，应当向登记机构申请居住权登记。居住权自登记时设立。”即《民法典》对居住权没有采用绝对无偿设立的方案，故 D 选项错误。同时，《民法典》第 371 条规定了以订立遗嘱的方式设立居住权，故 C 选项正确。综上所述，本题正确答案为 AC。

3. 答案：CD。甲死亡后，丁作为其继承人继承了甲的全部遗产，故丁取得了 A 房屋的所有权并基于概括继承承受“居住权合同”的权利与义务，乙有权请求丁为乙办理 A 房屋居住权的设立登记，D 选项正确。甲虽未给乙办理居住权设立登记，但“居住权合同”依然有效，乙基于债权占有房屋，系有权占有，丁无权请求其返还，A 选项错误。根据《民法典》第 369 条，设立居住权的住宅不得出租，但当事人另有约定的除外。本案中甲与乙未约定住宅可出租，故乙无权出租该房屋，其收取的租金对房屋所有权人丁成立不当得利，丁有权请求其返还，C 选项正确。乙虽无权出租房屋，但该事实不影响乙与丙之间合同的效力，乙与丙之间的“租赁合同”有效，B 选项错误。

简答题

1. 居住权和房屋租赁权，都是在房屋上设立的以对房屋的占有、使用为内容的权利，但二者有如下区别：（1）权利性质不同。居住权具有物权属性，属于用益物权的一种，其具有对抗不特定第三人的效力；而房屋租赁权仅为债权，在房屋租赁合同双方之间发生效力，其虽然有一定的对抗第三人的效力，但总体的保护力度逊于居住权。（2）主体限制不同。居住权的主体只能是特定自然人，因为只有自然人存在居住利益的需求；而房屋租赁权的权利主体则不限于自然人，法人、非法人组织等也可以成为房屋租赁权人。（3）权利内容限制不同。居住权的权利内容，仅限于以生活居住为目的的对房屋的占有、使用；房屋租赁权的权利内容则不限于此，只要租赁双方达成合意，房屋租赁既可以用于生活居住，也可以用于生产经营。（4）是否有偿不同。居住权的设立原则上是无偿的，房屋租赁权的取得则一般需要支付租金。

2. 为明确在《民法典》中是否规定居住权，我国学界围绕居住权的功能，多有讨论。学者所主张的居住权功能主要体现在两个层面：其一是扶养功能，即对于具有特定法律关系而又需要照顾其居住利益的主体，典型的如老人、儿童、生存配偶等，通过运用居住权使其获得占有、使用他人所有住宅的权利，达到对其予以救助、使其获得供养的目的。其二是收益功能，即随着居住权的投资化趋势，将居住权这一财产权利作为资本运用于市场交易和流通，以融通资金、获取利润，其权利主体不再限于具有家庭关系的弱势群体，其相应的流转也不再受限。而居住权的立法争议，也是围绕上述两项功能是否应当实现以及如何实现来展开的。

党的十九大报告提出，要加快建立多主体供给、多渠道保障、租购并举的住房制度，让全体人民住有所居。为落实党中央的要求，认可和保护民事主体对住房保障的灵活安排，满足特定人群的居住需求，《民法典》在用益物权部分增加一章，专门规定居住权，这一制度安排有助于为公租房和老年人以房养老提供法律保障。从《民法典》最终文本来看，我国对于居住权的功能定位，应当是立足于其救助功能，并不鼓励投资功能的实现，但同时为后者在未来的立法拓展保留了窗口。这体现在：《民法典》一方面规定居住权的设立以无偿为原则，不得转让、继承，设立居住权的住宅不得出租；另一方面又允许当事人另有约定，可以有偿设立，设立居住权的住宅可以出租。

3. 第一，严格遵循居住属性。居住权设立的目的是满足生活居住需要，居住权的权利主体只能是有生活居住需求的自然人，权利客体只能是用于生活居住用途的房屋，权利内容中的占有、使用该房屋也只能是为了满足居住需要，不可作其他用途。

第二，以无偿设立为原则。居住权的立法目的在于保障特定主体的基本居住利益，具有一定的福利属性。《民法典》第 368 条规定："居住权无偿设立，但是当事人另有约定的除外。"由此可见，居住权的设立以无偿为原则。但从尊重意思自治的角度考虑，立法者也给当事人通过另行约定为居住权设置一定的对价保留了空间。

第三，流转受到严格限制。居住权是为自然人居住利益而设立的用益物权，只能与特定身份的自然人相联系，不具有流转的必要和可能。且居住权的设立往往是基于当事人之间特定的人身或信赖关系，在性质上也不适于流转。《民法典》第 369 条排除了居住权通过转让、继承的方式进行流转的可能。且除非当事人另有约定，否则设立居住权的住宅不得出租。

第二十三章 地役权

知识逻辑图

地役权
- 含义：不动产权利人为某特定不动产的便利而使用他人不动产，使其负一定负担的物权
- 特点：具有从属性、不可分性。与相邻关系不同
- 取得：地役权的设立需要订立地役权合同，实行登记对抗；地役权不能被单独转让
- 效力：地役权人和供役地人的权利和义务等
- 消灭：消灭的事由包括供役地或需役地的灭失、地役权的目的事实上不能实现、供役地人依法解除合同

名词解释

地役权（考研）

选择题

（一）单项选择题

1. 村民王某与李某所承包的土地相邻，王某为浇水灌溉，经与李某协商，双方于3月份签订了合同，主要约定：王某经过李某的承包地修建一条小渠，李某也可以利用之进行灌溉，王某支付给李某每年500元。水渠建成后，王某和李某都利用该水渠灌溉。后来，水渠被冲断，王某花钱修好了水渠。由于李某因为此渠也受益很多，王某要求李某承担部分修渠费用。王某以合同中并没有约定，拒绝支付。下列说法正确的是（　　）。

A. 本题为相邻关系纠纷

B. 由于合同并没有约定，因此王某无权要求李某支付费用

C. 修建水渠的费用应当由李某一人承担

D. 双方应共同承担修渠费用

2. 李某从自己承包的土地上出入不便，遂与张某书面约定在张某承包的土地上开辟一条道路供李某通行，李某支付给张某2万元，但没有进行登记。下列哪一选项是错误的？（　　）（法考改编）

A. 该约定属于有关相邻关系的约定

B. 该约定属于地役权合同

C. 如果李某将其承包经营权转移给他人，受让人有权在张某承包的土地上通行，但合同另有约定的除外

D. 如果张某将其承包经营权转移给他人，则善意的受让人有权拒绝李某在自己的土地上通行

（二）多项选择题

1. 在地役权关系中，供役地所有人的义务包括（　　）。

A. 利用供役地附属设施

B. 提供供役地

C. 容忍义务

D. 不得转让供役地使用权的义务

2. 在地役权法律关系中，下列表述正确的有哪些？（　　）

A. 地役权是利用他人土地的权利

B. 地役权具有从属性

C. 地役权的设定不需要登记

D. 地役权可以无偿取得

3. 2018年，A村村委会与村民甲签订地役权合同，约定甲在其承包地中开辟一条小路供村民通行，A村每年补偿甲500元，未办理登记。村委会自2021年起未按约支付补偿款。2023年，甲去世，其妻乙多次催要后，村委会仍未支付，2024年，乙将承包地中的小路挖毁复耕，并通知村委会。村民丙以相邻权受侵

害为由请求法院判决乙排除妨碍。对此，下列表述正确的有（　　）。(法考改编)

A. A村村委会对该承包地的地役权自协议生效时设立

B. 乙将承包地中的小路复耕侵犯了A村村委会的地役权

C. 乙将承包地中的小路复耕侵犯了丙等村民的相邻权

D. 法院应判决驳回丙的诉讼请求

简答题

简述地役权的概念和特征。(考研)

案例分析题

甲从他人手中购得临近海边的一块土地并建造别墅。该地前边有一公司乙，双方协议约定：乙在30年内不得在该处兴建高层建筑，为此甲每年向乙支付一定数额金钱作为补偿，但未办理登记。一年后乙公司迁址，将房屋全部转让给丙房地产开发公司，乙未向丙提及其与甲之间的协议约定。丙购得该房屋后建高层住宅。甲得知这一情况后，要求丙立即停止兴建，遭到拒绝后便向法院提起诉讼，请求法院确认乙与丙之间转让房屋合同无效，并要求赔偿损失。

请分析：(1) 从民法理论上分析，本案属于相邻关系纠纷还是地役权纠纷？

(2) 根据我国现行法律，你认为甲是否有权要求丙停止兴建？

参考答案

名词解释

所谓地役权，是指利用他人土地以便有效地使用或经营自己土地的权利。地役权的发生必须有两个不同归属的土地的存在，凡是为他人土地利用提供便利的土地称为供役地，而享有地役权的土地称为需役地。

选择题

(一) 单项选择题

1. 答案：D。本题中双方当事人所签订的合同应当为设立地役权的合同，A项错误。在地役权关系中，供役地人一方面要依照合同约定允许地役权人利用其土地，不得妨害地役权人行使其权利，另一方面，假如地役权人也利用供役地上的设施，除非合同有明确约定，依据公平原则，其有义务承担部分维修的费用。本题选D项。

2. 答案：A。地役权是指利用他人的不动产以提高自己的不动产的效益的权利。相邻关系是指两个或者两个以上相邻不动产的所有人或使用人，在行使占有、使用、收益、处分权利时因给对方提供必要便利而发生的权利义务关系。本案中李某与张某书面约定在张某承包的土地上开辟一条道路供李某通行，是利用张某的土地提升其承包地的效益，属于地役权而非相邻关系，故A选项错误，B选项正确。《民法典》第382条规定："需役地以及需役地上的土地承包经营权、建设用地使用权等部分转让时，转让部分涉及地役权的，受让人同时享有地役权。"故C选项正确。《民法典》第374条规定地役权合同未经登记不得对抗善意第三人，本案中地役权合同未经登记，故D选项正确。

(二) 多项选择题

1. 答案：BC。我国《民法典》明确规定了地役权制度。A项是供役地所有人享有的权利。D项错误，供役地所有人可以转让供役地使用权，地役权随之转让。B、C项正确。

2. 答案：ABCD。所谓地役权，是指利用他人土地以便有效地使用或者经营自己土地的权利。由于地役权必须从属于需役地而存在，故而其具有从属性。地役权自地役权合同生效时设立，并不以登记为要件。但是未经登记，不得对抗善意第三人。地役权既可以有偿取得也可以无偿取得。故本题的正确答案是ABCD。

3. 答案：AD。《民法典》第374条规定地役权自合同生效时设立，故A选项正确。《民法典》第384条规定有偿利用供役地，约定的付款期限届满后在合理期限内经两次催告未支付费用的，供役地权利人有权解除合同。乙多次催要后，村委会仍未支付费用，乙通知村委会后合同解除，村委会不再享有地役权，故B选项错误。《民法典》第291条规定："不动产权利人对相邻权利人因通行等必须利用其土地的，应当提供必要的便利。"本案中丙等村民虽需要绕路，但并不属于相邻关系，故C选项错误，D选项正确。

简答题

地役权是指不动产的权利人如所有权人或使用权人，为自己使用不动产的便利或提高自己不动产的效益而利用他人不动产的权利，如通行权、取水权、采光权、眺望权。地役权的特征如下。

第一，地役权的主体包括不动产的所有权人和使用权人。

第二，地役权的内容是利用他人不动产，并对他人的权利加以限制。

第三，地役权的客体是他人不动产。

第四，地役权的设立目的是为供自己使用不动产之便利或效益之提高。

第五，地役权是否有偿及存续期限依当事人约定。

第六，地役权具有从属性。地役权的从属性意味着地役权不得脱离需役地而存在，不得单独处分，必须与需役地的所有权或使用权一同转移。

案例分析题

(1) 依民法理论分析，本案应属于地役权纠纷。

相邻权和地役权的行使都意味着权利人所有权或使用权的扩张，以及邻人所有权或使用权的限制，故实践中容易造成混淆。一般认为，可从如下几方面来认定某一法律关系究竟是相邻权纠纷还是地役权纠纷。

1) 有无提供便利的必要性。本案中，丙购地兴建高楼的行为并没有影响甲今后正常的生活起居，只不过是使其观看大海景色受到一定阻拦。

2) 权利取得的方式是法定还是约定。本案中，“观景权”并非法律规定的相邻关系赋予的权利，而是通过约定的方式取得的。

3) 权利取得是有偿还是无偿。相邻权的取得具有法定性，通常是无偿的。而地役权的取得大都是有偿的，其依约定而取得，供役地人并没有为需役地人提供便利的法定义务，但供役地人提供的便利确实满足了需役地人的某种特殊要求和需要，为需役地人带来了某种特定的利益，该便利已经超过了法律所施加的义务，为此需役地人应当向供役地人支付一定费用来作为自己获得便利的对价。本案中，双方约定的金钱应为甲获取地役权而向乙支付的对价。

综上，本案应为地役权纠纷。

(2) 我国现行《民法典》明确规定了地役权制度，肯定了其用益物权性质。《民法典》第 374 条规定：“地役权自地役权合同生效时设立。当事人要求登记的，可以向登记机构申请地役权登记；未经登记，不得对抗善意第三人。”根据该条，该权利不需要进行登记即可设立，但不登记不能对抗善意第三人。甲与乙之间设立的约定是有效的，地役权于合同生效时即已设立，但是由于并未进行登记，因此不得对抗善意的丙。甲无权要求丙停止兴建，只能要求乙承担相应的责任。

第二十四章　担保物权总论

知识逻辑图

- 担保物权总论
  - 概念：以确保债务的清偿为目的，于债务人或第三人所有的物或权利之上所设定，以取得担保作用的一种定限物权
  - 特征：担保物权具有从属性、不可分性和物上代位性
  - 分类
    - 法定担保物权和约定担保物权
    - 移转占有型担保物权与非移转占有型担保物权
    - 动产担保物权、不动产担保物权和权利担保物权
    - 登记担保物权与非登记担保物权
    - 留置性担保物权与优先受偿性担保物权
    - 保全型担保物权与投资型担保物权
    - 典型担保物权与非典型担保物权
  - 担保合同
    - 流押、流质契约的相对禁止
    - 担保合同的无效
    - 担保合同被确认无效的法律后果
  - 效力
    - 担保物权的法定担保范围：主债权、利息、违约金、损害赔偿金、保管担保财产的费用、实现担保物权的费用
    - 担保物权的竞存
      - 抵押权和质权的竞存及其处理
      - 抵押权、质权、留置权的竞存及其处理
      - 人的担保与物的担保并存时的责任承担
  - 消灭的原因：主债权的消灭、担保物权的实现、债权人放弃担保物权和法律规定的其他情形

名词解释

1. 担保物权
2. 流质契约

选择题

（一）单项选择题

1. 按照我国法律，关于质押与留置权的下列说法正确的是（　　）。

A. 两者都可以以动产权利为标的

B. 留置权和质押权都是约定的

C. 留置权与质押并存时，留置权优先

D. 留置权与质押并存时，效力相同

2. 王星为做生意，向朋友赵某借钱 10 万元，由朋友郭某提供价值 7 万元的房屋一间做抵押，为了省下登记费用，王星经赵某同意没有办理房屋抵押登记。后来王星又把自己的一台电脑质押给赵某，但因为赵某用不着电脑，所以仍旧放在王星处。一年后，王星生意亏损无力还债，赵某诉至法院要求行使抵押权和质权。本题中抵押权和质权的效力如何？（　　）

A. 抵押权和质权都有效

B. 抵押权有效，质权无效

C. 抵押权和质权都无效

D. 抵押权无效，质权有效

3. 甲公司向乙银行借款500万元，以其闲置的一处办公用房作担保。乙银行正好缺乏办公场所，于是与甲公司商定，由甲公司以此办公用房为乙银行设立担保物权。随后，甲公司向乙银行交付了办公用房。借款到期后，甲公司未能偿还，乙银行主张对办公用房行使优先受偿的权利。下列哪一选项是正确的？（　　）（司考改编）

A. 乙银行有权这样做，因其对标的物享有抵押权

B. 乙银行有权这样做，因其对标的物享有质权

C. 乙银行有权这样做，因其对标的物享有同时履行抗辩权

D. 乙银行无权这样做，因其与甲公司之间的约定不能设定担保物权

4. 甲公司以其机器设备为乙公司设立了质权。10日后，丙公司向银行贷款100万元，甲公司将机器设备又抵押给银行，担保其中40万元贷款，但未办理抵押登记。同时，丙公司将自有房产抵押给银行，担保其余60万元贷款，办理了抵押登记。20日后，甲将机器设备再抵押给丁公司，办理了抵押登记。丙公司届期不能清偿银行贷款。下列哪一表述是正确的？（　　）（司考改编）

A. 如银行主张100万元债权，应先拍卖房产实现抵押权

B. 如银行主张100万元债权，可选择拍卖房产或者机器设备实现抵押权

C. 乙公司的质权优先于银行对机器设备的抵押权

D. 银行对机器设备的抵押权优先于丁公司的抵押权

（二）多项选择题

1. 甲公司分期支付乙公司货款，可用于甲公司向乙公司提供担保的财产有（　　）。（考研）

A. 甲公司的职工班车

B. 甲公司持有的丙公司股权

C. 甲公司效益最好的分公司的厂房

D. 甲公司与相邻丁公司存在争议的货场使用权

2. 自然人甲与乙签订了年利率为10%、为期1年的1 000万元借款合同。后双方又签订了房屋买卖合同，约定："甲把房屋卖给乙，房款为甲的借款本息之和。甲须在一年内以该房款分6期回购房屋。如甲不回购，乙有权直接取得房屋所有权。"甲将房屋过户给了乙。一年后，甲未偿还借款本息。下列哪些选项是正确的？（　　）（司考改编）

A. 因甲已将房屋过户给乙，乙可以取得房屋所有权

B. 乙有权对该房屋折价或者以拍卖、变卖该房屋所得价款偿还债务

C. 乙不能获得房屋所有权

D. 因甲未按约定偿还借款，应承担违约责任

视频讲题

3. 甲公办学校向乙企业购买一批教学设备，双方约定甲分期支付价款，最后一期价款支付前，所购教学设备的所有权归乙享有。双方办理了所有权保留的登记。对此，下列表述正确的有（　　）。（法考改编）

A. 因甲系公办学校，因此双方关于所有权保留的约定无效

B. 双方关于所有权保留的约定有效

C. 甲付清价款后，可以将教学设备抵押给第三人

D. 甲付清价款后，仍不得将教学设备抵押给第三人

视频讲题

4. 甲为购买制造假冒产品的设备，向朋友乙提出借款50万元并告知了乙借款用途。乙表示同意借款。为担保甲对乙的借款债务，丙以其房产为其提供担保，办理了抵押登记。后借款到期，甲无力还款。对此，下列表述正确的有（　　）。（法考改编）

A. 担保合同有效

B. 担保合同无效

C. 对于甲不能清偿的部分，丙需要承担赔偿责任

D. 对于甲不能清偿的部分，丙不需要承担赔偿责任

5. 赵某为A公司的法定代表人。应乙公司的请求，赵某以A公司的名义为乙公司对丙公司的债务提供担保，该担保未经A公司内部决议，丙公司知情。后乙公司未对丙公司履行到期债务。对此，下列表述

正确的有（　　）。（法考改编）

A. 担保合同对 A 公司不发生效力

B. 担保合同对 A 公司发生效力

C. 丙公司有权请求 A 公司承担赔偿责任

D. A 公司有权请求赵某承担赔偿责任

6. 2019 年 12 月，A 为担保其对丙公司所负 2 年期借款债务的履行，将其所持有的甲公司 27% 的股权转让给丙公司，并约定在 A 到期不偿还借款本息时，丙公司有权以该股权优先受偿。但在双方达成约定后，A 并未为丙公司在甲公司的登记中办理相应的股权登记。后 A 无法清偿对丙公司的本息债务。对此，下列表述正确的有（　　）。（法考改编）

A. A 与丙公司达成的约定无效

B. A 与丙公司达成的约定有效

C. 丙公司有权以该股权优先受偿

D. 丙公司无权以该股权优先受偿

简答题

简述担保物权的消灭原因。

案例分析题

2021 年 4 月，甲公司债券（三年期，年利率 8%）正式发行。4 月 5 日，甲公司与丙公司在南峰市鹿台区签订“债券认购及回购协议”，约定丙公司认购甲公司 5 000 万元债券，甲公司在 1 年后以 5 500 万元进行回购，如逾期未回购，甲公司向丙公司支付 1 000 万元的违约金。

甲公司是否应当履行回购义务？请说明理由。（法考改编）

论述题与深度思考题

论担保物权的属性。

参考答案

名词解释

1. 担保物权是指权利人在债务人不履行到期债务或者发生当事人约定的其他实现情形时，依法享有的就标的财产优先受偿的权利。《民法典》第 386 条规定：“担保物权人在债务人不履行到期债务或者发生当事人约定的实现担保物权的情形，依法享有就担保财产优先受偿的权利，但是法律另有规定的除外。”

2. 流质契约又称绝押契约，是指当事人双方在设立抵押或者质押时，在担保合同中规定，债务履行期满而担保权人尚未受清偿时，担保物的所有权移转为债权人所有。流质契约主要在约定担保物权的方式中采用。我国《民法典》第 401 条规定：“抵押权人在债务履行期限届满前，与抵押人约定债务人不履行到期债务时抵押财产归债权人所有的，只能依法就抵押财产优先受偿。”第 428 条规定：“质权人在债务履行期限届满前，与出质人约定债务人不履行到期债务时质押财产归债权人所有的，只能依法就质押财产优先受偿。”相较于之前的法律规定，流质契约实现了从绝对禁止到相对禁止的变迁，原因在于流质契约能够降低担保物权的实行成本，最大限度地保障债权人实现债权，有助于满足实践的需求和发展。作为担保物权实行方法的约定，流质契约是当事人意思自治的体现，法律不应过多干涉。但为实现当事人之间的给付均衡，需要对担保物权人课以强制性的清算义务。

选择题

（一）单项选择题

1. 答案：C。留置权是法定的担保物权，必须依照法律规定的条件成立，并以债权人占有动产为前提条件。而质押需要当事人签订书面的质押合同才能够成立。当两者并存时，留置权优先于质权。

2. 答案：C。根据《民法典》的相关规定，房屋抵押时应当办理抵押登记手续，否则抵押无效。而（动产）质权自质物移交于质权人占有时生效，本题中当事人未移交占有，故质权也无效。

3. 答案：D。《民法典》第 388 条中规定，设立担保物权，应当依照本法和其他法律的规定订立担保合同。第 400 条中规定，设立抵押权，当事人应当采取书面形式订立抵押合同。《民法典》第 395 条第 1 款第 1 项规定，债务人或者第三人有权处分的建筑物和其他土地附着物可以抵押。第 402 条规定，以本法第 395 条第 1 款第 1 项至第 3 项规定的财产或者第 5 项规定的正在建造的建筑物抵押的，应当办理抵押登记。抵押权自登记时设立。依据法律规定，设立担保物权要符合法定的形式，在不动产上设立担保物权只能为抵押权，本题中并没有信息表明甲公司与乙银行之间签订了关于办公用房的抵押合同并办理了抵押登记，所以抵押权并没有设立，乙银行对办公用房并不享有抵押权，故选项A错误，选项D正确。甲公司向乙银行交付办公楼并不是设立质权的行为，因为对不动产不能设立质权，故选项B错误。同时履行抗辩权是在未约定先后履行顺序的双务合同中，当事人应当同时履行，一方在对方未为对待给付之前，有权拒绝其履行要求。本题中，履行抗辩权并不具备使一方优先受偿的效力。故选项C错误。

4. 答案：C。根据《民法典》第699条与最高人民法院《关于适用〈中华人民共和国民法典〉有关担保制度的解释》第20条，同一债务有两个以上担保的，担保人应当按照约定的担保份额承担担保责任。甲公司只担保其中40万元贷款，丙公司担保其中60万元贷款，银行只能按照上述份额行使抵押权，故A、B选项错误。根据《民法典》第414条，同一财产向两个以上债权人抵押的，抵押权已经登记的先于未登记的受偿。银行对机器设备的抵押权未登记，丁公司对机器设备的抵押权办理了登记，故丁公司的抵押权优于银行的抵押权，D选项错误。根据《民法典》第415条，同一财产既设立抵押权又设立质权的，拍卖、变卖该财产所得的价款按照登记、交付的时间先后确定清偿顺序。故乙公司的质权优于丁公司的抵押权，C选项正确。

（二）多项选择题

1. 答案：ABC。《民法典》第399条规定："下列财产不得抵押：（一）土地所有权；（二）宅基地、自留地、自留山等集体所有土地的使用权，但是法律规定可以抵押的除外；（三）学校、幼儿园、医疗机构等为公益目的成立的非营利法人的教育设施、医疗卫生设施和其他公益设施；（四）所有权、使用权不明或者有争议的财产；（五）依法被查封、扣押、监管的财产；（六）法律、行政法规规定不得抵押的其他财产。"据此可知，A、B、C项都可以作为担保财产，而D项属于该条第4项，不得抵押，因此，A、B、C项正确，当选。

2. 答案：BCD。甲乙之间的约定系让与担保而非房屋买卖。最高人民法院《关于适用〈中华人民共和国民法典〉有关担保制度的解释》第68条第2款规定："债务人或者第三人与债权人约定将财产形式上转移至债权人名下，债务人不履行到期债务，财产归债权人所有的，人民法院应当认定该约定无效，但是不影响当事人有关提供担保的意思表示的效力。当事人已经完成财产权利变动的公示，债务人不履行到期债务，债权人请求对该财产享有所有权的，人民法院不予支持；债权人请求参照民法典关于担保物权的规定对财产折价或者以拍卖、变卖该财产所得的价款优先受偿的，人民法院应予支持。"房屋虽已过户到乙的名下，但乙不得主张对房屋享有所有权，故A选项错误，C选项正确。乙有权对该房屋折价或者以拍卖、变卖该房屋所得价款偿还债务，B选项正确。甲未按约定偿还借款构成违约，应承担违约责任，D选项正确。

3. 答案：BD。最高人民法院《关于适用〈中华人民共和国民法典〉有关担保制度的解释》第6条规定："以公益为目的的非营利性学校、幼儿园、医疗机构、养老机构等提供担保的，人民法院应当认定担保合同无效，但是有下列情形之一的除外：（一）在购入或者以融资租赁方式承租教育设施、医疗卫生设施、养老服务设施和其他公益设施时，出卖人、出租人为担保价款或者租金实现而在该公益设施上保留所有权……"甲虽系公办学校，但双方关于所有权保留的约定有效，A选项错误，B选项正确。《民法典》第399条规定学校、幼儿园、医疗机构等为公益目的成立的非营利法人的教育设施、医疗卫生设施和其他公益设施不得抵押，甲付清价款后，仍不得将教学设备抵押给第三人，D选项正确，C选项错误。

4. 答案：BD。最高人民法院《关于审理民间借贷案件适用法律若干问题的规定》第13条规定：出借人事先知道或者应当知道借款人借款用于违法犯罪活动仍然提供借款的，民间借贷合同无效。甲向乙告知其借款是为了用于制作假冒产品，故二人之间的借款合同无效。根据担保合同的从属性，主合同无效的，担保合同亦无效。故B选项正确，A选项错误。最高人民法院《关于适用〈中华人民共和国民法典〉有关担保制度的解释》第17条第2款规定："主合同无效导致第三人提供的担保合同无效，担保人无过错的，不承担赔偿责任；担保人有过错的，其承担的赔偿责任不应超过债务人不能清偿部分的三分之一。"担保人丙对于甲乙之间借款合同的无效不存在过错，无须承担赔偿责任，D选项正确，C选项错误。

5. 答案：ACD。根据最高人民法院《关于适用〈中华人民共和国民法典〉有关担保制度的解释》第7条的规定，法定代表人越权代表公司对外提供担保，相对人非善意的，担保合同对公司不发生效力，但相对人可以请求公司承担缔约过失责任。丙公司知晓担保未经A公司内部决议，为非善意的相对人，担保合同对A公司不发生效力，但丙公司可以请求A公司承担缔约过失责任。故A、C选项正确，B选项错误。法定代表人超越权限提供担保造成公司损失，公司有权请求法定代表人承担赔偿责任，故D选项正确。

6. 答案：BD。最高人民法院《关于适用〈中华人民共和国民法典〉有关担保制度的解释》第68条规定："债务人或者第三人与债权人约定将财产形式上转移至债权人名下，债务人不履行到期债务，债权人有权对财产折价或者以拍卖、变卖该财产所得价款偿还债务的，人民法院应当认定该约定有效。当事人已经完成财产权利变动的公示，债务人不履行到期债务，债权人请求参照民法典关于担保物权的有关规定就该财产优先受偿的，人民法院应予支持。"A与丙公司达成的是关于股权让与担保的约定，该约定合法有效，B选项正确，A选项错误。虽然A与丙之间的约定有效，但是A并未为丙公司在甲公司的登记中办理相应的股权登记，未完成财产权利变动的公示，该约定只具备债权效力，丙公司无权就该股权优先受偿，故D选项正确，C选项错误。

简答题

担保物权的消灭，是指担保物权成立后因一定的法律事实而使其不再存在。引起担保物权消灭的法律事实，即担保物权的消灭原因。依照《民法典》的规定，担保物权的消灭原因有以下几种：第一，主债权消灭。担保物权以担保主债权的实现为目的，主债权存在，担保物权就存在。主债权是担保物权成立的基础，担保物权与其担保的主债权同命运，主债权因清偿、混同、抵销、免除等原因而消灭的，原则上担保物权也消灭。第二，担保物权实现。主债权已届清偿期而未受清偿时，担保物权人可以就担保财产实现担保物权。其就担保财产担保债权受偿的目的一经实现，担保物权支配担保财产的交换价值的任务即已完成，无论债权是否得到完全清偿，担保物权均告消灭。第三，债权人放弃担保物权。担保物权既属权利，就可由权利人抛弃。抛弃是担保物权人作出的放弃其权利的单方法律行为。放弃是指担保物权人的明示抛弃，主要包括两种情形：一是债权人用书面的形式明确表示放弃担保物权，二是担保物权人以行为放弃。第四，法律规定担保物权消灭的其他情形，此为担保物权消灭的兜底条款。

案例分析题

甲公司应当履行回购义务。根据最高人民法院《关于适用〈中华人民共和国民法典〉有关担保制度的解释》第68条的规定，债务人与债权人约定将财产转移至债权人名下，在一定期间后再由债务人或者其指定的第三人以交易本金加上溢价款回购，系当事人之间提供担保的意思表示。本案中，甲公司通过发行公司债券的方式向丙公司借款5 000万元，二者系民间借贷法律关系，双方签订回购协议的真实意思表示系为债权提供担保，构成回购型让与担保，约定合法有效，甲公司应当依约履行回购义务。

论述题与深度思考题

担保物权是为了担保债权的实现，由债务人或者第三人提供特定的物或者权利作为标的物而设定的限定物权。担保物权也就是为了确保债务的履行而对他人提供担保的物或权利的价值所享有的权利。担保物权是物权的一种类型，它同一般物权相比较，除具有一般物权所共同具有的支配性、优先性、排他性等特性之外，还具有如下属性。

（1）从属性。担保物权是为了担保主债权的实现而设定的从权利。由于担保物权是为了保障主债权的实现而设定的，这就决定了担保物权与主债权的关系是不可分割的。担保物权的从属性主要体现在三个方面。

第一，成立上的从属性。也就是说，担保物权的生效取决于主债权的生效。如果债权在成立以后，被宣告无效或者撤销，则担保物权也相应无效。不过，因担保的债权的价值权化，就其成立而言，其从属性有转换主从关系的倾向，将来的债权的担保，可能物权优先于债权而成立，物权设立的目的，在于诱导债权的成立。

第二，移转上的从属性。如果债权发生转让，则担保物权也相应地转让，因为担保物权不得与债权相分离。

第三，消灭上的从属性。如果担保物权所担保的债权因为各种原因而消灭，则担保物权也应当随之消灭。

不过，在认识担保物权从属性的前提下，也应该看到，由于所有人抵押、抵押权证券等的发展，担保物权已经表现出了一些独立性倾向。

（2）不可分性。所谓不可分性，就是指担保物的各个部分应该担保债权的全部，享有担保物权的债权人有权就担保物的全部行使担保物权，担保物是否被分割或产生部分的毁损灭失，或担保物权所担保的债权是否已经部分履行，都对担保物权的存在不产生影响。具体来说，可以分为以下四个方面。

第一，担保物的各个部分应担保债权的全部，享有担保物权的债权人有权就担保物的全部行使担保物权。

第二，债权是否被分割对担保物权的存在不产生影响。

第三，担保物权所担保的债权是否已经被部分履行，对担保物权的存在不产生影响。

第四，如果担保物发生部分灭失，则未灭失的担保物部分，仍应担保全部债权，而不能相应地缩小担保的债务范围。

（3）物上代位性。所谓物上代位，是指标的物因毁损、灭失或被征收而获得赔偿时，担保物权的效力及于担保物的替代物或赔偿金。关于物上代位，我国民法已经对此作出了明确规定，如《民法典》第390条规定：“担保期间，担保财产毁损、灭失或者被征收等，担保物权人可以就获得的保险金、赔偿金或者补偿金等优先受偿。被担保债权的履行期限未届满的，也可以提存该保险金、赔偿金或者补偿金等。”再如，最高人民法院《关于适用〈中华人民共和国民法典〉有关担保制度的解释》第42条规定：“抵押权依法设立后，抵押财产毁损、灭失或者被征收等，抵押权人请求按照原抵押权的顺位就保险金、赔偿金或者补偿金等优先受偿的，人民法院应予支持。给付义务人已经向抵押人给付了保险金、赔偿金或者补偿金，抵押权人请求给付义务人向其给付保险金、赔偿金或者补偿金的，人民法院不予支持，但是给付义务人接到抵押权人要求向其给付的通知后仍然向抵押人给付的除外。抵押权人请求给付义务人向其给付保险金、赔偿金或者补偿金的，人民法院可以通知抵押人作为第三人参加诉讼。”

物上代位制度产生的根本原因在于，担保物权是一种价值权。交换价值可以存在于标的物的实体上，也可以存在于其他物上。如果标的物毁损、灭失而标的物的价值被其他物体现，那么这些物仍然应当为担保物权的效力所及，因此会在法律上产生物上代位制度。

第二十五章　抵押权

知识逻辑图

- 抵押权
  - 概念：债权人对于债务人或者第三人不移转占有而提供担保的财产，在债务人不履行债务时，依法享有的就担保的财产变价并优先受偿的权利
  - 种类
    - 不动产抵押权
    - 权利抵押权
    - 动产抵押权
  - 设定
    - 当事人：抵押人和抵押权人
    - 抵押财产：抵押人提供担保用于设定抵押权的财产
    - 抵押合同：应当采取书面形式
  - 登记
    - 不动产（权利）抵押权登记的功能
    - 动产抵押权登记的功能
    - 登记的效力
      - 登记生效主义
      - 登记对抗主义
    - 登记机构和登记程序
  - 效力
    - 抵押权的效力范围
    - 抵押权对抵押权人的效力
    - 抵押权对抵押人的效力
    - 抵押权对抵押财产上其他权利的效力
  - 实现
    - 实现条件
      - 抵押权有效存在
      - 债务人不履行到期债务或发生当事人约定的实现抵押权的情形
    - 实现途径：公力救济途径、自力救济途径
    - 实现方式：折价、拍卖、变卖
  - 最高额抵押
    - 概念：抵押人与抵押权人协议，在最高债权限额内，以抵押物对一定期间内将要连续发生的债权提供担保
    - 特征
      - 从属性较为缓和
      - 抵押权设立时，最高额抵押权担保的债权具有不特定性
      - 担保的债权具有最高限额
      - 其实现以对债权进行决算为必要
    - 设定：以书面形式订立最高额抵押合同，根据抵押财产的性质采登记对抗主义或登记生效主义

- 抵押权
  - 最高额抵押
    - 效力
      - 最高额抵押权担保债权的范围
      - 最高额抵押合同条款的变更
      - 最高额抵押权的处分
    - 确定：最高额抵押，可因债权确定期间届满等原因确定；一旦确定，则最高额抵押权转变为一般抵押权，主债权确定
  - 浮动抵押权
    - 概念：企业、个体工商户、农业生产经营者以现有及将有的生产设备、原材料、半成品、产品抵押，债务人不履行到期债务或者发生当事人约定的实现抵押权的情形时，债权人就抵押财产确定时的动产优先受偿的权利
    - 特征：浮动性
    - 设立
      - 浮动抵押的主体：抵押人限于企业、个体工商户、农业生产经营者
      - 浮动抵押财产范围：限于生产设备、原材料、半成品、产品
      - 浮动抵押合同：书面合同
      - 浮动抵押权登记：登记对抗主义

名词解释

1. 浮动抵押权
2. 共同抵押权

选择题

（一）单项选择题

1. 甲将房屋一间做抵押向乙借款 20 000 元。抵押期间，知情人丙向甲表示愿以 30 000 元购买甲的房屋，甲也想将抵押的房屋出卖。对此，下列哪一表述是正确的？（　　）（司考改编）

A. 甲有权将该房屋出卖，但应当及时通知抵押权人乙

B. 甲可以将该房屋出卖，不必征得抵押权人乙的同意

C. 甲可以将该房屋卖给丙，但应征得抵押权人乙的同意

D. 甲无权将该房屋出卖，因为房屋上已设置了抵押权

2. 对于抵押财产的登记，我国法律（　　）。

A. 采用的是登记要件主义

B. 采用的是登记对抗主义

C. 对特定抵押财产采取登记要件主义，对其他财产抵押采取了登记对抗主义

D. 以上说法都不对

3. 有关抵押合同的说法正确的是（　　）。

A. 只能采用书面形式

B. 既可以采用书面形式，也可以采用口头形式

C. 当事人不得在抵押合同中约定在债务履行期满抵押权人未受清偿时，抵押物的所有权转移为债权人所有

D. 抵押合同自登记时生效

4. 下列抵押无效的是（　　）。

A. 甲以其与乙共同共有的财产设定抵押，未经乙的同意

B. 甲以其与乙共有的财产设定抵押，乙知道但未表示反对

C. 甲、乙分别占有一套房屋的一半，甲以其所有的部分设定抵押，未经乙的同意

D. 甲、乙分别占有一套房屋的一半，甲以其所有的部分设定抵押，乙知道但未表示反对

5. 甲有一套房屋，其将该房屋抵押给乙并办理了抵押登记。不久之后，甲又将房屋抵押给了丙，但一直没有办理抵押登记。后来，甲擅自将房屋转让给丁，并办理了过户登记。下列说法正确的是（　　）。

A. 甲与丙之间的抵押合同没有生效

B. 乙不得对该房屋行使抵押权

C. 不经乙的同意，甲不可以把房屋转让给丁

D. 丙不得对房屋行使抵押权

6. 甲公司开发写字楼一幢，将其中一层卖给乙公司，约定半年后交房，乙公司申请办理了预告登记。

后甲公司因资金周转困难，在乙公司不知情的情况下，以该层楼向银行抵押借款并登记。现因甲公司不能清偿欠款，银行要求实现抵押权。下列哪一判断是正确的？（　　）（司考改编）

A. 抵押合同有效，抵押权设立

B. 抵押合同无效，但抵押权设立

C. 抵押合同有效，但抵押权不设立

D. 抵押合同无效，抵押权不设立

7. 黄河公司以其房屋作抵押，先后向甲银行借款100万元，乙银行借款300万元，丙银行借款500万元，并依次办理了抵押登记。后丙银行与甲银行商定交换各自抵押权的顺位，并办理了变更登记，但乙银行并不知情。因黄河公司无力偿还三家银行的到期债务，银行拍卖其房屋，仅得价款600万元。关于三家银行对该价款的分配，下列哪一选项是正确的？（　　）（司考改编）

A. 甲银行100万元、乙银行300万元、丙银行200万元

B. 甲银行得不到清偿、乙银行100万元、丙银行500万元

C. 甲银行得不到清偿、乙银行300万元、丙银行300万元

D. 甲银行100万元、乙银行200万元、丙银行300万元

8. 5月10日，甲以自有房屋1套为债权人乙设定抵押并办理抵押登记。6月10日，甲又以该房屋为债权人丙设定抵押，但一直拒绝办理抵押登记。9月10日，甲擅自将该房屋转让给丁并办理了过户登记。下列哪种说法是错误的？（　　）（司考改编）

A. 乙可对该房屋行使抵押权

B. 甲与丙之间的抵押合同已生效

C. 甲与丁之间转让房屋的合同无效

D. 丙可以要求甲赔偿自己所遭受的损失

9. 个体工商户甲将其现有的以及将有的生产设备、原材料、半成品、产品一并抵押给乙银行，但未办理抵押登记。抵押期间，甲未经乙同意以合理价格将一台生产设备出卖给丙。后甲不能向乙履行到期债务。对此，下列哪一选项是正确的？（　　）（司考改编）

A. 该抵押权因抵押物不特定而不能成立

B. 该抵押权因未办理抵押登记而不能成立

C. 该抵押权虽已成立但不能对抗善意第三人

D. 乙有权对丙从甲处购买的生产设备行使抵押权

10. 乙向甲借款，以自己的房屋设立抵押权，并办理了抵押登记。乙又向丙借款，以同一房屋设立抵押权，并办理了抵押登记。后乙与甲签订房屋买卖合同并办理了过户。下列哪一选项是正确的？（　　）（法考）

A. 甲的抵押权消灭

B. 丙的抵押权消灭

C. 甲和丙的抵押权均未消灭

D. 甲乙之间的房屋买卖合同无效

11. 甲向乙借款100万元，借期2年，欲以自己的房屋1套作担保，双方于6月1日签订了不动产抵押合同，乙一直催促甲办理抵押登记，均无效果。一月后，乙要求甲以自己的汽车作抵押，双方于7月1日签订了动产抵押合同，但甲一直未将汽车交付于乙。现因甲不能清偿到期欠款，乙要求实现抵押权。下列哪一选项是错误的？（　　）（法考改编）

A. 甲乙之间的不动产抵押合同由于一直没有办理抵押登记而无效

B. 甲乙之间的不动产抵押合同于6月1日成立并生效，但不动产抵押权未设立

C. 甲既能就汽车设立抵押权，又能就汽车设立质押权

D. 乙有权请求将甲的汽车拍卖，并就所得价款行使优先受偿权

视频讲题

12. 甲以某商铺作抵押向乙银行借款，抵押权已登记，借款到期后甲未偿还。甲将该商铺出租给不知情的丙，预收了1年租金。半年后经乙银行请求，该商铺被法院委托拍卖，由丁竞买取得。下列哪一选项是正确的？（　　）（法考改编）

A. 甲与丙之间的租赁合同无效

B. 丁有权请求丙腾退商铺，丙有权要求丁退还剩余租金

C. 丁有权请求丙腾退商铺，丙无权要求丁退还剩余租金

D. 丙有权要求丁继续履行租赁合同

13. A公司与B银行签订了最高额抵押合同，以A公司的厂房抵押，最高抵押额为6 000万元，期限一年。第一季度，A公司向B银行借款4 000万元，而后B银行将债权转让给C公司。第二季度，A公司与B银行约定将之前的2 000万元债务转入最高额抵押。第三季度，A公司向B银行再借款4 000万元。一年期满，A公司无法清偿到期债务，B银行申请拍卖厂房，拍卖款为8 000万元。下列哪一说法是正确的？（　　）（法考改编）

A. B银行可以就6 000万元优先受偿

B. B银行仅能就4 000万元优先受偿

C. C公司可以就4 000万元优先受偿

D. C公司可以就2 000万元优先受偿

14. 甲以自有房屋向乙银行抵押借款，办理了抵押登记。丙因甲欠钱不还，强行进入该房屋居住。该房屋由于丙的非法居住，将难以拍卖，甲怠于行使对丙的返还请求权。下列哪一说法是错误的？（　　）（司考改编）

A. 乙银行有权请求甲行使对丙的返还请求权，防止抵押财产价值的减少

B. 若甲怠于行使对丙的返还请求权，又不提供其他担保，则乙银行有权请求甲提前清偿债务

C. 乙银行有权请求甲另行提供担保

D. 乙银行有权要求甲将房屋交付给乙银行保管

（二）多项选择题

1. 在我国，可以作为抵押权标的的有（　　）。

A. 动产　　B. 不动产

C. 建设用地使用权　　D. 物上请求权

2. 根据我国《民法典》，抵押权这种物权（　　）。

A. 适用一物一权原则

B. 适用公示公信原则

C. 具有物上代位性

D. 其设定只能依约定

3. 某年5月10日，甲以自有房屋1套为债权人乙设定抵押并办理抵押登记。6月10日，甲又以该房屋为债权人丙设定抵押，但一直拒绝办理抵押登记。甲欲将该房屋转让给丁，下列哪些说法是正确的？（　　）

A. 应征得乙、丙的同意

B. 甲应当及时通知乙

C. 应征得乙的同意，并通知丙

D. 丙的抵押权未设立

4. 甲向乙借款20万元，甲的朋友丙、丁二人先后以自己的轿车为乙的债权设定抵押担保并依法办理了抵押登记，但都未与乙约定所担保的债权份额及顺序，两辆轿车价值均为15万元。若甲到期未履行债务，下列哪些表述是正确的？（　　）（司考改编）

A. 乙应先就丙的轿车行使抵押权，再就丁的轿车行使抵押权弥补不足

B. 乙应同时就两辆轿车行使抵押权，各实现50%债权

C. 乙可以就任一轿车行使抵押权，再就另一轿车行使抵押权弥补不足

D. 乙可同时就两辆轿车行使抵押权，各实现任意比例债权

5. 根据我国法律规定，可以作为抵押物的财产有（　　）。

A. 宅基地的土地使用权

B. 国家机关的财产

C. 交通运输工具

D. 抵押人所有的房屋

6. 抵押合同没有约定时，抵押担保的范围包括（　　）。

A. 主债权　　B. 利息

C. 违约金和赔偿金　　D. 实现抵押权的费用

7. 下列不属于抵押权人的权利的是（　　）。

A. 对抵押物的出租权　　B. 孳息收取权

C. 优先受偿权　　D. 优先购买权

8. 同一财产向两个以上债权人设定抵押时，下列说法正确的有（　　）。

A. 若抵押权已登记的，按照抵押物登记的先后顺序清偿

B. 抵押物已登记的优先于未登记的受偿

C. 抵押物都未登记的，按照债权比例清偿

D. 抵押物都未登记的，按照抵押合同生效时间的先后顺序清偿

9. 根据《民法典》的规定，可以设定抵押的动产包括（　　）。

A. 抵押人所有的机器

B. 抵押人所有的交通运输工具

C. 抵押人依法有权处分的国有的机器

D. 抵押人依法有权处分的国有的交通运输工具

10. 甲乙订立抵押合同约定：甲将自己价值 15 万元的平房和一部小轿车、甲工厂一台价值 5 万元的生产机器抵押给乙，向乙借款 50 万元。抵押合同签订的日期为 1 月 1 日。甲、乙于 1 月 12 日办理了平房和小轿车的抵押登记手续，但当天未能办理机器的抵押登记，后来也未再办理。下列说法正确的有（　　）。

A. 双方订立的抵押合同生效日期为 1 月 12 日

B. 双方订立的抵押合同生效日期为 1 月 1 日

C. 由于机器未能进行抵押登记，故在机器上未设立抵押

D. 在机器上设立的抵押有效

11. 以下何种标的物设定抵押不需要抵押物登记抵押权即可设立？（　　）

A. 一辆轿车

B. 一艘船舶

C. 一栋正在建造的房屋

D. 一架正在制造中的飞机

12. 甲向某银行贷款，甲、乙和银行三方签订抵押协议，由乙提供房产抵押担保。乙把房本交给银行，因登记部门原因导致银行无法办理抵押物登记。乙向登记部门申请挂失房本后换得新房本，将房屋卖给知情的丙并办理了过户手续。甲届期未还款，关于贷款、房屋抵押和买卖，下列哪些说法是正确的？（　　）（司考改编）

A. 乙应向银行承担违约责任

B. 丙应代为向银行还款

C. 银行可以向有过错的登记机构请求损失赔偿

D. 因登记部门原因未办理抵押登记，但银行占有房本，故取得抵押权

视频讲题

13. 某年 7 月 1 日，甲公司、乙公司和张某签订了“个人最高额抵押协议”，张某将其房屋抵押给乙公司，担保甲公司在一周前所欠乙公司货款 300 万元，最高债权额 400 万元，并办理了最高额抵押登记，债权确定期间为某年 7 月 2 日到次年 7 月 1 日。债权确定期间内，甲公司因从乙公司分批次进货，又欠乙公司 100 万元。甲公司未还款。关于有抵押担保的债权额和抵押权期间，下列哪些选项是正确的？（　　）（司考改编）

A. 债权额为 100 万元

B. 债权额为 400 万元

C. 抵押权期间为 1 年

D. 抵押权期间为主债权诉讼时效期间

14. 甲向乙借款 100 万元，同时又与乙签订了房屋抵押合同，约定如果甲到期不能偿还借款，乙可以取得房屋所有权，并作了抵押登记。借款到期后，甲不能偿还债务。对此，下列哪些说法是正确的？（　　）（法考改编）

A. 双方关于乙取得房屋所有权的约定不发生相应效力

B. 乙可以请求拍卖房屋而从中优先受偿

C. 抵押合同因属虚假行为而无效

D. 抵押合同应认定有效

视频讲题

15. 甲超市与乙公司存在长期的进货关系，丙公司以其办公用房在 300 万元的额度范围内为甲超市在未来 5 个月内连续发生的货款债权提供抵押担保，并办理了抵押登记。两个月后，乙公司将其中一笔 30 万元的货款债权转让给丁公司，并通知了甲公司。就以上事实，下列哪些表述是不正确的？（　　）（法考改编）

A. 若抵押权设定前，甲超市另欠乙公司 50 万元债权，当事人可以约定将之纳入抵押担保的范围

B. 30 万元债权转让有效，丁公司有权主张抵押权

C. 若 30 万元债权转让未通知甲公司，丁公司将因此而无权主张抵押权

D. 在本题所述的 5 个月内，丙公司不得转让其办公用房

视频讲题

16. 甲造船公司向乙银行借款，约定甲以其现有以及将有的动产为乙设立动产浮动抵押权担保，办理了抵押登记。后甲公司为丙公司定作A船，丙公司支付了全部价款后甲公司交付了A船。由于资金不足，甲公司将生产设备出售给了丁公司，丁公司支付了全部价款并取得了生产设备。银行借款到期后，甲造船公司未如约偿还借款。对此，下列表述正确的有（　　）。（法考改编）

A. 乙有权对A船行使抵押权

B. 乙不得对A船行使抵押权

C. 乙有权对甲出售给丁的生产设备行使抵押权

D. 乙不得对甲出售给丁的生产设备行使抵押权

17. 甲经营工厂。甲向乙银行借款1 000万元，约定借期1年，同时约定以甲对工厂的建设用地使用权、现有的厂房为乙银行设立抵押权担保。办理抵押登记后，乙银行向甲提供了借款。甲获得借款后，将现有的厂房出租给丁。后甲又新建了2个厂房。一年借款届满时，甲无力还款。乙银行行使抵押权，申请法院拍卖甲抵押的财产，但流拍。对此，下列表述正确的有（　　）。（法考改编）

A. 即使主债权诉讼时效届满，法院仍对乙银行的抵押权进行保护

B. 法院扣押厂房后，乙银行向丁收取租金

C. 对甲新建的2个厂房，乙银行有权申请法院拍卖

D. 对甲新建的2个厂房，乙银行不享有优先受偿权

视频讲题

18. 甲以划拨方式取得建设用地使用权，并在该建设用地上建造一栋大楼。大楼建设到一半后，甲向乙银行贷款5 000万元并将建设用地使用权抵押给了乙银行，办理了抵押登记。后大楼建造完毕，而甲无力向乙银行偿还借款。下列选项错误的有（　　）。

A. 以划拨方式取得的建设用地使用权未办理批准手续不得抵押，抵押合同无效

B. 拍卖、变卖建设用地使用权所得的价款，可以直接用于清偿甲对乙银行的债务

C. 抵押权的效力及于整栋大楼

D. 抵押权的效力仅及于抵押时大楼已建造完成的部分

视频讲题

（三）不定项选择题

陈某向贺某借款20万元，借期2年。张某为该借款合同提供保证担保，担保条款约定，张某在陈某不能履行债务时承担保证责任，但未约定保证期间。陈某同时以自己的房屋提供抵押担保并办理了登记。请回答1～3题。（司考改编）

1. 抵押期间，谢某向陈某表示愿意以50万元购买陈某的房屋。下列选项正确的是（　　）。

A. 陈某将该房屋卖给谢某不需要得到贺某的同意

B. 如陈某将该房屋卖给了谢某，抵押权不受影响

C. 陈某将该房屋卖给谢某应当及时通知贺某

D. 如贺某能够证明房屋转让可能损害抵押权，可以请求陈某将转让所得的价款向其提前清偿债务或者提存

2. 如果贺某打算放弃对陈某的抵押权，并将这一情况通知了张某，张某表示反对，下列选项正确的是（　　）。

A. 贺某不得放弃抵押权，因为张某不同意

B. 若贺某放弃抵押权，张某仍应对全部债务承担保证责任

C. 若贺某放弃抵押权，则张某对全部债务免除保证责任

D. 若贺某放弃抵押权，则张某在贺某放弃权利的范围内免除保证责任

3. 关于贺某的抵押权存续期间及张某的保证期间的说法，下列选项正确的是（　　）。

A. 贺某应当在主债权诉讼时效期间行使抵押权

B. 贺某在主债权诉讼时效结束后的2年内仍可行使抵押权

C. 张某的保证期间为主债务履行期届满之日起6个月

D. 张某的保证期间为主债务履行期届满之日起2年

4. 甲、乙二人按照3∶7的份额共有一辆货车，为担保丙的债务，甲、乙将货车抵押给债权人丁，但未办理抵押登记。后该货车在运输过程中将戊撞伤。对此，下列选项正确的是（　　）。（司考改编）

A. 如戊免除了甲的损害赔偿责任，则应由乙承担损害赔偿责任

B. 因抵押权未登记，戊应优先于丁受偿

C. 如丁对丙的债权超过诉讼时效，仍可在2年内要求甲、乙承担担保责任

D. 如甲对丁承担了全部担保责任，则有权向乙追偿

视频讲题

5. 甲对乙享有债权500万元，先后在丙和丁的房屋上设定了抵押权，均办理了登记，且均未限定抵押物的担保金额。其后，甲将其中200万元债权转让给戊，并通知了乙。乙到期清偿了对甲的300万元债务，但未能清偿对戊的200万元债务。对此，下列选项错误的是（　　）。（司考改编）

A. 戊可同时就丙和丁的房屋行使抵押权，但对每个房屋价款优先受偿权的金额不得超过100万元

B. 戊可同时就丙和丁的房屋行使抵押权，对每个房屋价款优先受偿权的金额依房屋价值的比例确定

C. 戊必须先后就丙和丁的房屋行使抵押权，对每个房屋价款优先受偿权的金额由戊自主决定

D. 戊只能在丙的房屋价款不足以使其债权得到全部清偿时就丁的房屋行使抵押权

甲、乙双方于5月6日签订水泥供应合同，乙以自己的土地使用权为其价款支付提供了最高额抵押，约定次年5月5日为债权确定日，并办理了登记。丙为担保乙的债务，也于5月6日与甲订立最高额保证合同，保证期间为1年，自债权确定日开始计算。

请回答第6～7题。（司考改编）

6. 水泥供应合同约定，将5月6日前乙欠甲的货款纳入了最高额抵押的担保范围。下列说法正确的是（　　）。

A. 该约定无效

B. 该约定合法有效

C. 如最高额保证合同未约定将5月6日前乙欠甲的货款纳入最高额保证的担保范围，则丙对此不承担责任

D. 丙有权主张减轻其保证责任

7. 甲在当年11月将自己对乙已取得的债权全部转让给丁。下列说法正确的是（　　）。

A. 甲的行为将导致其最高额抵押权消灭

B. 甲将上述债权转让给丁后，丁取得最高额抵押权

C. 甲将上述债权转让给丁后，最高额抵押权不随之转让

D. 次年5月5日前，甲对乙的任何债权均不得转让

简答题

简述最高额抵押与一般抵押的不同。

案例分析题

1. 甲为了筹款向乙借了20万元，并提供自己的一间价值8万元的房屋和一辆价值15万元的汽车做抵押，并办理了抵押登记。不料，在办完抵押登记回来的路上，甲驾驶汽车被一辆违规行驶的汽车撞伤，汽车也被撞坏，经估价，该车还值3万元，根据保险合同保险公司赔偿甲10万元。那么，根据民法原理和相关法律分析：甲、乙之间的汽车抵押的效力如何？对保险赔偿金10万元应当如何处理？

视频讲题

2. 某年8月，郭某为了筹集资金，向其朋友孙某借款50万元，并许诺将自己刚刚买下的一套价值40万元的房屋抵押给孙某，孙某考虑到房价一直在上涨，

遂答应借款。不料，两人开车去办理抵押登记时，汽车发动机失灵，郭某对孙某说："看来今天办不了了。改天抽空再办吧，你还信不过我？"因为两人关系一直不错，孙某看郭某很诚恳，就同意了。9月，有消息说该地被划入开发区，房价大涨，郭某的房子又临大路，位置很好，因此价格上涨了20万元。孙某一直催郭某赶紧办理抵押登记，郭某说："现在房价上涨了，我正好还缺一笔资金，你能不能再借我10万元？"并许诺钱到手后立即办理抵押登记。孙某担心若不借钱，郭某就不给办理登记，于是又借给了郭某10万元。两人共同去办理了登记。试分析：

（1）假如在办理登记后，郭某又背着孙某将房子转让给赵某并办理了过户手续，那么孙某是否还享有对房子的抵押权？赵某能否取得该房的所有权？

（2）假如该地并未被划入开发区，房价又降至35万元，那么郭某是否有义务应孙某要求提供25万元担保以进行补充？

视频讲题

参考答案

名词解释

1. 浮动抵押权，是指企业、个体工商户、农业生产经营者以现有及将有的生产设备、原材料、半成品、产品抵押，债务人不履行到期债务或者发生当事人约定的实现抵押权的情形时，债权人就抵押财产确定时的动产优先受偿的权利。

2. 共同抵押权又称为"总括抵押权"或"聚合抵押权"，是指为担保同一个债权而在数项不动产、动产或权利上设定的抵押权。其具有累积交换价值之义，具有分散风险从而更有效地保证债权实现的功能。共同抵押权与一般抵押权最大的不同在于，共同抵押权的标的物是数项财产而不是一项财产，但这数项财产并非集合物而是各自独立的财产。

选择题

（一）单项选择题

1. 答案：A。我国《民法典》第406条明确规定："抵押期间，抵押人可以转让抵押财产。当事人另有约定的，按照其约定。抵押财产转让的，抵押权不受影响。抵押人转让抵押财产的，应当及时通知抵押权人。抵押权人能够证明抵押财产转让可能损害抵押权的，可以请求抵押人将转让所得的价款向抵押权人提前清偿债务或者提存。转让的价款超过债权数额的部分归抵押人所有，不足部分由债务人清偿。"由此可知，抵押期间，抵押人转让抵押财产的，应当及时通知抵押权人。根据此条规定，A项正确。

2. 答案：C。根据《民法典》第402条到第404条的规定，本题正确答案为C项。

3. 答案：A。《民法典》第400条第1款规定，设立抵押权，当事人应当采用书面形式订立抵押合同，因此A项正确，B项错误。第401条规定："抵押权人在债务履行期限届满前，与抵押人约定债务人不履行到期债务时抵押财产归债权人所有的，只能依法就抵押财产优先受偿。"因此C项错误。至于D项，登记并非抵押合同的生效要件应区分抵押合同的生效和抵押权的设立，故D项错误。

4. 答案：A。《民法典》第301条规定："处分共有的不动产或者动产以及对共有的不动产或者动产作重大修缮、变更性质或者用途的，应当经占份额三分之二以上的按份共有人或者全体共同共有人同意，但是共有人之间另有约定的除外。"按份共有人在自己所有的部分上设定抵押，不需要经过共有人同意。虽然共同共有人没有同意，但是明知此事而不加以反对的，也视为同意。因此，本题的正确答案为A项。

5. 答案：D。在房屋上设定抵押权，抵押权自登记之时起设立，未经登记，抵押权无效，但不影响抵押合同的效力。乙的抵押权经过抵押登记有效设立，丙则不享有抵押权。A、B项错误，D项正确。《民法典》第406条明确规定："抵押期间，抵押人可以转让抵押财产。当事人另有约定的，按照其约定。抵押财产转让的，抵押权不受影响。抵押人转让抵押财产的，应当及时通知抵押权人。抵押权人能够证明抵押财产转让可能损害抵押权的，可以请求抵押人将转让所得的价款向抵押权人提前清偿债务或者提存。转让的价款超过债权数额的部分归抵押人所有，不足部分由债务人清偿。”故甲转让房屋无须经过抵押权人乙的同意，因此C项错误。

6. 答案：C。本题考核预告登记、不动产抵押合同与抵押权的生效时间。

本题中，甲公司与银行之间设立的抵押是不动产抵押，一般情况下，抵押合同自签订之日起生效，抵押权自办理抵押登记之日起设立。据此首先可以判断出甲公司与银行之间的抵押合同已经生效。因此，B、D项错误。另外，《民法典》第221条规定，当事人签订买卖房屋的协议或者签订其他不动产物权的协议，为保障将来实现物权，按照约定可以向登记机构申请预告登记。预告登记后，未经预告登记的权利人同意，处分该不动产的，不发生物权效力。预告登记后，债权消灭或者自能够进行不动产登记之日起90日内未申请登记的，预告登记失效。本题中提到的标的物在设定抵押之前已经出售给了乙公司，并办理了预告登记且没有超出上述规定的90日的期限。因此，在此期限内甲公司无权处分该不动产，即便是实际处分了，也不发生物权的效力。因此，银行不能取得写字楼的抵押权，A项错误，C项正确。

7. 答案：C。《民法典》第409条规定，抵押权人可以放弃抵押权或者抵押权的顺位。抵押权人与抵押人可以协议变更抵押权顺位以及被担保的债权数额等内容。但是，抵押权的变更，未经其他抵押权人书面同意，不得对其他抵押权人产生不利影响。本题中，甲银行和丙银行协议变更抵押权的顺位，未经抵押权人乙银行的书面同意，不得对其产生不利影响。因此，虽然排在第一位的抵押权人丙银行有500万元的债权，但是其中只有100万元可以先于乙银行受偿，否则就对乙银行造成了不利影响，这是法律所不允许的。至于丙银行的其余400万元债权，只有乙银行受偿300万元之后，才可以受偿，所以最终受偿顺序如下：丙银行的100万元债权→乙银行的300万元债权→丙银行的400万元债权→甲银行的100万元债权。因为黄河公司的房产只有600万元，所以最终实际上甲银行的100万元债权无法得到清偿，因而答案C项是正确的。

8. 答案：C。在本题中，房屋属于不动产，办理抵押物登记是其抵押权生效的要件，而不是合同生效的要件。所以乙对该房屋享有抵押权，而丙对该房屋不享有抵押权，但是甲与丙之间的抵押合同却已经成立生效。所以A项正确，B项也是正确的。甲与丙的合同已经生效，但是由于甲拒不进行抵押登记而使丙没有取得抵押权，所以丙可以依照合同向甲要求损害赔偿，所以D项是正确的。《民法典》第406条规定：“抵押期间，抵押人可以转让抵押财产。当事人另有约定的，按照其约定。抵押财产转让的，抵押权不受影响。抵押人转让抵押财产的，应当及时通知抵押权人。抵押权人能够证明抵押财产转让可能损害抵押权的，可以请求抵押人将转让所得的价款向抵押权人提前清偿债务或者提存。转让的价款超过债权数额的部分归抵押人所有，不足部分由债务人清偿。”可见，抵押期间，抵押人可以转让抵押财产，在不违反《民法典》规定的情况下，甲与丁之间转让房屋的合同有效，故选项C是错误的。

9. 答案：C。《民法典》第403条规定：“以动产抵押的，抵押权自抵押合同生效时设立；未经登记，不得对抗善意第三人。”由此，本题中C项的说法是正确的，A、B、D项说法错误。《民法典》第404条规定，以动产抵押的，不得对抗正常经营活动中已经支付合理价款并取得抵押财产的买受人。但根据最高人民法院《关于适用〈中华人民共和国民法典〉有关担保制度的解释》第56条的规定，购买出卖人的生产设备，即使买受人在出卖人正常经营活动中通过支付合理对价取得已被设立担保物权的动产，担保物权人请求就该动产优先受偿的，人民法院不予支持。丙购买的是生产设备，故不适用《民法典》第404条。

10. 答案：C。本题综合考查抵押权的顺位和民事法律行为的效力。《民法典》第406条规定：“抵押期间，抵押人可以转让抵押财产。当事人另有约定的，按照其约定。抵押财产转让的，抵押权不受影响。抵押人转让抵押财产的，应当及时通知抵押权人。抵押权人能够证明抵押财产转让可能损害抵押权的，可以请求抵押人将转让所得的价款向抵押权人提前清偿债务或者提存。转让的价款超过债权数额的部分归抵押人所有，不足部分由债务人清偿。”故转让抵押财产的合同有效，抵押财产的转让不影响抵押权的效力。A、B、D项错误，不当选；C项正确，当选。

11. 答案：A。本题综合考查区分原则、优先受偿权和抵押权的设立和生效。

首先，根据《民法典》第402条的规定，以不动产作抵押的，应当办理抵押登记，抵押权自登记时设立。同时，根据《民法典》第 215 条的规定，当事人之间订立有关设立、变更、转让和消灭不动产物权的合同，除法律另有规定或当事人另有约定外，自合同成立时生效；未办理物权登记的，不影响合同效力。本题中，甲乙虽未办理抵押登记手续，不动产抵押权未设立，但二者间的抵押合同合法有效。故 A 项错误，当选；B 项正确，不当选。

其次，根据物权法定的基本原理，对于动产而言，既可以设立抵押权，又可以设立质押权。故 C 项正确，不当选。

最后，根据《民法典》第 403 条的规定，动产抵押权自抵押合同生效时设立，未经登记，不得对抗善意第三人。同时，根据《民法典》第 394 条的规定，为担保债务的履行，债务人或第三人不转移财产的占有，将该财产抵押给债权人的，债务人不履行到期债务或发生当事人约定的实现抵押权的情形，债权人有权就该财产优先受偿。故 D 项正确，不当选。

综上所述，本题的正确答案为 A。

12. 答案：C。抵押权的存在不影响租赁合同的效力，甲与丙之间的租赁合同合法有效，A 选项错误。本题中的商铺属于“先抵后租”，承租人不得对抗抵押权人，丁可以要求承租人丙腾退，丙无权要求丁退还租金，B、D 项错误，C 选项正确。

13. 答案：A。依据《民法典》第 420 条第 2 款，最高额抵押权设立前已经存在的债权，经当事人同意，可以转入最高额抵押担保的债权范围。A 公司与 B 银行约定将之前的 2 000 万元债务转入最高额抵押。第三季度，A 公司向 B 银行再借款 4 000 万元。B 银行对 A 公司享有 6 000 万元受最高额抵押担保的债权，故 A 选项正确，B 选项错误。依据《民法典》第 421 条，最高额抵押担保的债权确定前，部分债权转让的，最高额抵押权不得转让，但是当事人另有约定的除外。B 银行将 4 000 万元债权转让给 C 公司但最高额抵押并不转让，C、D 选项错误。

14. 答案：D。《民法典》第 408 条规定：“抵押人的行为足以使抵押财产价值减少的，抵押权人有权请求抵押人停止其行为；抵押财产价值减少的，抵押权人有权请求恢复抵押财产的价值，或者提供与减少的价值相应的担保。抵押人不恢复抵押财产的价值，也不提供担保的，抵押权人有权请求债务人提前清偿债务。”甲怠于行使对丙的返还请求权将导致房屋难以拍卖。乙银行有权请求甲行使对丙的返还请求权，防止抵押财产价值的减少，亦有权请求甲另行提供担保。若甲怠于行使对丙的返还请求权，又不提供其他担保，则乙银行有权请求甲提前清偿债务。A、B、C 选项正确。抵押权人的保全请求权不包括要求抵押人交付抵押物，故 D 选项错误。

（二）多项选择题

1. 答案：ABC。根据我国《民法典》的规定，A、B、C 项都可以成为抵押权的标的。而 D 项物上请求权是物权被侵害或有可能遭受侵害时，权利人有权请求恢复物权的圆满状态或防止侵害的权利，属于预防和救济的权利，不能作为抵押权的标的。

2. 答案：BC。根据我国《民法典》的规定，同一财产可以向两个以上债权人抵押，因此 A 项错误。任何物权的设定和变动应当依法进行公示，抵押权也不例外。公示出来的物权状态具有公信力。因此 B 项正确。物上代位性是担保物权的基本特性，抵押权物上代位性的含义是，当抵押财产因毁损、灭失或被征收而使抵押人获得一定的金钱或其他财产性质的补偿时，抵押权人有权对此行使优先受偿权。因此 C 项正确。D 项是错误的，抵押权的设定可以采取两种方式：一是根据法律的规定直接产生，如《民法典》第 397 条的规定；二是基于当事人之间所订立的抵押合同而设定。

3. 答案：BD。本题考查对抵押财产的转让。《民法典》第 406 条规定：“抵押期间，抵押人可以转让抵押财产。当事人另有约定的，按照其约定。抵押财产转让的，抵押权不受影响。抵押人转让抵押财产的，应当及时通知抵押权人。抵押权人能够证明抵押财产转让可能损害抵押权的，可以请求抵押人将转让所得的价款向抵押权人提前清偿债务或者提存。转让的价款超过债权数额的部分归抵押人所有，不足部分由债务人清偿。”故 B 项正确。《民法典》第 402 条规定：“以本法第三百九十五条第一款第一项至第三项规定的财产或者第五项规定的正在建造的建筑物抵押的，应当办理抵押登记。抵押权自登记时设立。”甲、丙之间，因为没有进行抵押登记，所以抵押权并没有有效设立，故 D 项正确。

4. 答案：CD。《民法典》第 699 条规定：“同一债务有两个以上保证人的，保证人应当按照保证合同约定的保证份额，承担保证责任；没有约定保证份额的，债权人可以请求任何一个保证人在其保证范围内承担保证责任。”最高人民法院《关于适用〈中华人民共和国民法典〉有关担保制度的解释》第 20 条规定：“人民法院在审理第三人提供的物的担保纠纷案件时，可以适用民法典第六百九十五条第一款、第六百九十六条第一款、第六百九十七条第二款、第六百九十九条、第七百条、第七百零一条、第七百零二条等关于保证合同的规定。”本题中，丙和丁为甲的债务提供抵押，二人都未与乙约定所担保的债权份额及顺序，根据《民法典》第 699 条，乙可以就任一轿车行使抵押权，也可以同时就两辆车行使抵押权。因此，C、D 项正确，当选。

5. 答案：BCD。关于宅基地的土地使用权能否进行抵押，学理上仍旧存在很大的争议，但是，我国法律是历来严格限制集体土地使用权进入市场进行抵押的，审判实践中也多将宅基地上的房屋进行抵押的行为宣告为无效。《民法典》第 399 条更是明确规定宅基地、自留地、自留山等集体所有土地的使用权，除法律规定可以抵押的以外，不得抵押，故 A 项错误。最高人民法院《关于适用〈中华人民共和国民法典〉有关担保制度的解释》第 5 条第 1 款规定：“机关法人提供担保的，人民法院应当认定担保合同无效，但是经国务院批准为使用外国政府或者国际经济组织贷款进行转贷的除外。”即一般情况下国家机关的财产不能抵押，但特殊情况下国家机关的财产可以作为抵押物，故 B 项正确。根据《民法典》第 395 条的规定，C、D 项正确。

6. 答案：ABCD。根据《民法典》第 389 条的规定，A、B、C、D 项都是正确选项。

7. 答案：AD。B、C 项都是抵押权人具有的权利。除此之外，抵押权人还有权排除他人对于抵押物的侵害。A 项是抵押人享有的权利。抵押权人并没有优先购买抵押物的权利。

8. 答案：ABC。根据我国《民法典》第 414 条的规定，A、B、C 项都是正确答案。

9. 答案：ABCD。根据我国《民法典》第 395 条的规定，A、B、C、D 项都是正确选项。

10. 答案：BD。应区分抵押合同的生效时间和抵押权有效设立的时间，A 项错误，B 项正确。在机器上设立的抵押权以抵押合同生效的时间为准，未经登记不影响抵押权的设立。故本题的正确答案为 BD。

11. 答案：ABD。参见《民法典》第 402 条、第 403 条。

12. 答案：AC。《民法典》第 490 条规定：“当事人采用合同书形式订立合同的，自当事人均签名、盖章或者按指印时合同成立。在签名、盖章或者按指印之前，当事人一方已经履行主要义务，对方接受时，该合同成立。法律、行政法规规定或者当事人约定合同应当采用书面形式订立，当事人未采用书面形式但是一方已经履行主要义务，对方接受时，该合同成立。”乙把房本交给了银行，银行接收房本表示其接受乙提供的抵押，故双方之间的抵押合同有效成立，因此，乙应向银行承担违约责任。所以，A 项正确。

根据《民法典》第 402 条，乙与银行未办理抵押登记，银行未取得房屋的抵押权，结合最高人民法院《关于适用〈中华人民共和国民法典〉有关担保制度的解释》第 43 条可知，第三人丙无义务代为向银行还款。故 B 项错误。

最高人民法院《关于适用〈中华人民共和国民法典〉有关担保制度的解释》第 48 条规定：“当事人申请办理抵押登记手续时，因登记机构的过错致使其不能办理抵押登记，当事人请求登记机构承担赔偿责任的，人民法院依法予以支持。”故 C 项正确。

根据《民法典》第 402 条的规定可知，不动产抵押应当办理抵押登记，抵押权自登记时设立。由于尚未登记，故银行未取得抵押权。所以，D 项错误。

13. 答案：BD。根据《民法典》第 420 条的规定，为担保债务的履行，债务人或者第三人对一定期间内将要连续发生的债权提供担保财产的，债务人不履行到期债务或者发生当事人约定的实现抵押权的情形，抵押权人有权在最高债权额限度内就该担保财产优先受偿。最高额抵押权设立前已经存在的债权，经当事人同意，可以转入最高额抵押担保的债权范围。虽然题目中约定债权确定期间为当年 7 月 2 日到次年 7 月 1 日，但是经当事人约定，一周前的货款可以转到最高额抵押的范围中去，所以 A 项错误，B 项正确。

根据《民法典》第 424 条的规定，最高额抵押权除适用本节规定外，适用本章第一节的有关规定。第 419 条规定：“抵押权人应当在主债权诉讼时效期间行使抵押权；未行使的，人民法院不予保护。”所以 C 项错误，D 项正确。

14. 答案：ABD。本题综合考查区分原则、流押条款和不动产抵押权的设立。

流押（质）条款，是指当事人在合同中约定，一旦债务人到期不履行债务，抵押财产（质押财产）直接归债权人所有的条款。抵押权（质押权）作为优先受偿权，抵押权人（质权人）一般不以取得抵押财产（质押财产）为目的。法律禁止流押的立法目的是防止损害抵押人的利益，以免造成对抵押人实质上的不公平。《民法典》第 401 条并未直接规定流押（质）条款的效力，但从条文表述看，流押（质）条款仍然是无效的（亦可以说不发生所有权转移的效力），因为如果流押（质）条款是有效的，抵押权人（质权人）就可直接根据约定享有抵押财产（质押财产）的所有权，而不是只能依法就抵押财产（质押财产）优先受偿。从解释论上说，应当认为无效的流押（质）条款已经转化为有效的清算型担保。本题中，在债务履行期限届满前，抵押权人（债权人）乙与抵押人甲在房屋抵押合同中约定如果甲（债务人）到期不能偿还借款，乙（抵押权人/债权人）可以取得房屋所有权，属于典型的流押条款，该条款无效。但是，双方作了抵押登记。因此，抵押权人（债权人）乙依然享有“优先受偿权”。故 A、B 项说法均正确，当选。

根据《民法典》第 215 条可知，本题中，双方关于乙取得房屋所有权的约定不发生相应效力，但不影响抵押合同的效力，抵押合同完全符合有效民事法律行为的构成要件，并不存在虚假意思表示。因此，抵押合同应认定有效。故 C 项说法错误，不当选；D 项说法正确，当选。

综上所述，本题的正确答案为 ABD。

15. 答案：BCD。本题考查最高额抵押权。

首先，根据《民法典》第 420 条的规定，最高额抵押权设立前已经存在的债权，经当事人同意，可以转入最高额抵押担保的债权范围。故 A 项表述正确，不当选。

其次，根据《民法典》第 421 条的规定，最高额抵押担保的债权确定前，部分债权转让的，最高额抵押权不得转让，但当事人另有约定的除外。本题中，当事人之间不存在特别约定，因此，30 万债权转让有效，但是最高额抵押权并不随之转移。因此，无论是否通知甲公司，丁公司均无权主张抵押权。故 B、C 项表述均错误，当选。

最后，丙公司以办公用房提供抵押担保并办理抵押登记手续，仅使乙公司（债权人）取得优先受偿权。办公用房的所有权依然属于丙公司所有。因此，丙公司当然有权转让其办公用房。故 D 项表述错误，当选。

综上所述，本题的正确答案为 BCD。

16. 答案：BC。本题中甲以其现有以及将有的动产为乙设立动产浮动抵押权。《民法典》第 404 条规定：“以动产抵押的，不得对抗正常经营活动中已经支付合理价款并取得抵押财产的买受人。”甲公司系造船公司，出售 A 船只在正常经营活动的范围内，丙公司已经支付合理价款并取得抵押财产，故乙不得对 A 船只行使抵押权，A 选项错误，B 选项正确。最高人民法院《关于适用〈中华人民共和国民法典〉有关担保制度的解释》第 56 条规定“买受人在出卖人正常经营活动中通过支付合理对价取得已被设立担保物权的动产，担保物权人请求就该动产优先受偿的，人民法院不予支持，但是有下列情形之一的除外：……（二）购买出卖人的生产设备……”丁公司购买的是甲公司的生产设备，故乙有权对该生产设备行使抵押权，C 选项正确，D 选项错误。

17. 答案：BCD。《民法典》第 419 条规定：“抵押权人应当在主债权诉讼时效期间行使抵押权；未行使的，人民法院不予保护。”故 A 选项错误。《民法典》第 412 条规定，抵押财产被人民法院依法扣押的，自扣押之日起，抵押权人有权收取该抵押财产的天然孳息或者法定孳息，故 B 选项正确。《民法典》第 417 条规定：“建设用地使用权抵押后，该土地上新增的建筑物不属于抵押财产。该建设用地使用权实现抵押权时，应当将该土地上新增的建筑物与建设用地使用权一并处分。但是，新增建筑物所得的价款，抵押权人无权优先受偿。”乙银行对建设用地使用权享有抵押权，实现该抵押权权时应当一并拍卖新增的 2 个厂房，但无权就该拍卖款优先受偿。故 C、D 选项正确。

18. 答案：ABC。最高人民法院《关于适用〈中华人民共和国民法典〉有关担保制度的解释》第 50 条规定：“当事人以划拨方式取得的建设用地使用权抵押，抵押人以未办理批准手续为由主张抵押合同无效或者不生效的，人民法院不予支持。”故划拨建设用地使用权可以抵押，未办理批准手续不影响合同效力，抵押合同有效，A 选项错误。划拨建设用地使用权用于抵押，抵押权实现时所得的价款，应当优先用于补缴建设用地使用权出让金，而非直接清偿债务，B 选项错误。当事人仅以建设用地使用权抵押，抵押权的效力仅及于土地上已有的建筑物以及正在建造的建筑物已完成部分，不及于续建部分，C 选项错误，D 选项正确。

（三）不定项选择题

1. 答案：ABCD。《民法典》第 406 条规定：“抵押期间，抵押人可以转让抵押财产。当事人另有约定的，按照其约定。抵押财产转让的，抵押权不受影响。抵押人转让抵押财产的，应当及时通知抵押权人。抵押权人能够证明抵押财产转让可能损害抵押权的，可以请求抵押人将转让所得的价款向抵押权人提前清偿债务或者提存。转让的价款超过债权数额的部分归抵押人所有，不足部分由债务人清偿。”由此，A、B、C、D 项的说法是正确的，当选。

2. 答案：D。《民法典》第 409 条第 2 款规定，债务人以自己的财产设定抵押，抵押权人放弃该抵押权、抵押权顺位或者变更抵押权的，其他担保人在抵押权人丧失优先受偿权益的范围内免除担保责任，但其他担保人承诺仍然提供担保的除外。由此，D 项的说法正确。

3. 答案：AC。《民法典》第 419 条规定：抵押权人应当在主债权诉讼时效期间行使抵押权；未行使的，人民法院不予保护。由此 A 项正确，当选；B 项的说法错误，不当选。《民法典》第 692 条第 2 款规定：“债权人与保证人可以约定保证期间，但是约定的保证期间早于主债务履行期限或者与主债务履行期限同时届满的，视为没有约定；没有约定或者约定不明确的，保证期间为主债务履行期限届满之日起六个月。”由此 C 项的说法正确，当选；D 项的说法错误，不当选。本题正确答案是 AC。

4. 答案：D。《民法典》第 307 条规定：“因共有的不动产或者动产产生的债权债务，在对外关系上，共有人享有连带债权、承担连带债务，但是法律另有规定或者第三人知道共有人不具有连带债权债务关系的除外；在共有人内部关系上，除共有人另有约定外，按份共有人按照份额享有债权、承担债务，共同共有人共同享有债权、承担债务。偿还债务超过自己应当承担份额的按份共有人，有权向其他共有人追偿。”按份共有人对外承担连带责任，戊可以要求共有人乙承担损害赔偿责任。如戊免除共有人甲的损害赔偿责任，则乙应当在免除的范围内免责。所以，A 项错误。甲与乙按份共有一辆货车，将车抵押给债权人丁，若甲承担了全部的担保责任，则可以要求乙清偿其应当承担的份额。所以，D 项正确。

《民法典》第 403 条规定：“以动产抵押的，抵押权自抵押合同生效时设立；未经登记，不得对抗善意第三人。”动产抵押权自抵押合同生效时设立，所以甲与乙共有的汽车办理抵押，不需要登记即可设立抵押权。担保物权具有优先受偿的属性，戊为一般债权，没有优先受偿的权利。所以，B 项错误。

《民法典》第 419 条规定：“抵押权人应当在主债权诉讼时效期间行使抵押权；未行使的，人民法院不予保护。”因此，债权人丁应当在主债权诉讼时效期间行使抵押权。所以，C 项错误。

5. 答案：ABCD。担保物权具有从属性，主债权让与时，除非让与人与受让人另有约定或者债权人与物保人另有约定或者法律另有规定，担保物权随同主债权转让给受让人。所以，戊对丙和丁的房屋享有抵押权。《民法典》第 699 条规定：“同一债务有两个以上保证人的，保证人应当按照保证合同约定的保证份额，承担保证责任；没有约定保证份额的，债权人可以请求任何一个保证人在其保证范围内承担保证责任。”最高人民法院《关于适用〈中华人民共和国民法典〉有关担保制度的解释》第 20 条规定：“人民法院在审理第三人提供的物的担保纠纷案件时，可以适用民法典第六百九十五条第一款、第六百九十六条第一款、第六百九十七条第二款、第六百九十九条、第七百条、第七百零一条、第七百零二条等关于保证合同的规定。”本题中，丙和丁的房屋均未限定抵押物的担保金额，所以抵押权人戊可以就其中任一财产行使抵押权，所以 A、B、C、D 项均错误。

6. 答案：BC。《民法典》第 420 条第 2 款规定：“最高额抵押权设立前已经存在的债权，经当事人同意，可以转入最高额抵押担保的债权范围。”所以，该约定有效，B 项正确，A 项错误。

保证期间，债权人与债务人协议变更主债务（数量、价款、币种等）内容，应当取得保证人的同意。未经保证人同意，若加重保证人债务的，保证人对加重部分不承担保证责任，所以 C 项正确，D 项错误。

7. 答案：C。《民法典》第 421 条规定：“最高额抵押担保的债权确定前，部分债权转让的，最高额抵押权不得转让，但是当事人另有约定的除外。”所以 C 项正确，A、B 两项错误。

在债权确定之前，债权可以转让，但是除当事人另有约定之外，最高额抵押权不随之转让，所以D项错误。

简答题

最高额抵押，是指抵押人与抵押权人协议，在最高债权限额内，以抵押物对一定期间内连续发生的债权做担保。最高额抵押与一般抵押一样，都是以一定的财产在不移转占有的情况下，作为债权的担保。在债务人不履行债务时，债权人有权依法以该财产折价或者以拍卖、变卖财产的价款优先受偿。但最高额抵押又不同于一般抵押，表现在以下方面。

第一，最高额抵押是为将来发生的债权做担保。一般抵押中，必须先有债权的存在，然后才能设定抵押权，即抵押权的设定是以债权的存在为前提的，抵押权是为担保已经存在的债权而存在的，这就是抵押权在发生上的从属性。而最高额抵押的设定，则不以债权的已经存在为前提，而是对将来发生的债权做担保。

第二，担保债权的不特定性。一般抵押担保的债权是特定的。而最高额抵押担保的债权则是不特定的，即将来的债权是否发生、债权类型是什么、债权额多少，均是不确定的。只有在决算以后，最高额抵押担保的债权才由不特定转变为特定。

第三，最高额抵押担保的债权具有最高限额。由于最高额抵押在设定时担保的债权并不确定，而抵押物却是确定的，如果抵押人以价值有限的抵押物担保将来发生的无限的债权，那么将会给债权人造成损害。正是因为此，需要对最高额抵押的未来债权设定最高限额。只有在此限额内，抵押权人才能优先受偿。

第四，最高额抵押是对一定期限内连续发生的债权做担保。一般抵押所担保的通常是独立的债权，而最高额抵押则是对一定期限内连续发生的债权做担保。

第五，除非合同中特别规定设定的是最高额抵押，否则只能认为双方设立的是一般抵押。

第六，最高额抵押权的实现以对债权进行决算为必要。最高额抵押权担保的是将来连续发生的不特定债权，但最高额抵押权实现时，其优先受偿的范围必须按实际确定的担保债权而定，而不能按预定的最高债权限额确定。因此，必须选择一定时点来终止最高额抵押权所担保债权的流动性，确定最高额抵押权所担保债权的实际数额。

正是由于以上特点，最高额抵押具有不同于一般抵押的优越性，抵押人一次性办妥抵押登记后，可以在规定的债权最高额内多次贷款、逐笔清偿，而且每次借款和还款不必办理登记手续，亦即可以随借随还，从而简化了设定抵押的程序，加快了资金融通速度，为当事人之间连续发生的债权做担保，也有利于降低交易成本，巩固和加强主体之间长期、稳定的业务关系。

案例分析题

1. 本案涉及担保物权的物上代位性和不可分性。所谓物上代位，是指标的物因毁损、灭失或征收，发生以金钱或其他财物代替时，担保物权人可以就该替代物行使权利。最高人民法院《关于适用〈中华人民共和国民法典〉有关担保制度的解释》第 42 条规定："抵押权依法设立后，抵押财产毁损、灭失或者被征收等，抵押权人请求按照原抵押权的顺位就保险金、赔偿金或者补偿金等优先受偿的，人民法院应予支持。给付义务人已经向抵押人给付了保险金、赔偿金或者补偿金，抵押权人请求给付义务人向其给付保险金、赔偿金或者补偿金的，人民法院不予支持，但是给付义务人接到抵押权人要求向其给付的通知后仍然向抵押人给付的除外。抵押权人请求给付义务人向其给付保险金、赔偿金或者补偿金的，人民法院可以通知抵押人作为第三人参加诉讼。"《民法典》第 390 条规定："担保期间，担保财产毁损、灭失或者被征收等，担保物权人可以就获得的保险金、赔偿金或者补偿金等优先受偿。被担保债权的履行期限未届满的，也可以提存该保险金、赔偿金或者补偿金等。"汽车虽然被损坏，但是仍旧值 3 万元，其剩余的价值仍应用作抵押，根据担保物权的不可分性，汽车的损坏并不影响抵押权的存在，抵押关系依然有效。汽车毁损的 10 万元赔偿金也应当用于担保甲对乙的债务。根据题意，两人刚刚办理完抵押登记，因此债务显然还没有到清偿期，故甲、乙可以协商用 10 万元赔偿金提前清偿债务，乙也可以请求提存该 10 万元保险赔偿金。

2.（1）《民法典》第 406 条规定："抵押期间，抵押人可以转让抵押财产。当事人另有约定的，按照其约定。抵押财产转让的，抵押权不受影响。抵押人转让抵押财产的，应当及时通知抵押权人。抵押权人能够证明抵押财产转让可能损害抵押权的，可以请求抵押人将转让所得的价款向抵押权人提前清偿债务或者提存。转让的价款超过债权数额的部分归抵押人所有，不足部分由债务人清偿。”

根据该项规定，首先，房屋转让不影响抵押权，即孙某还享有对房子的抵押权。同样，根据该条规定可知，在抵押期间，郭某可以将作为抵押财产的房屋转让给赵某。其次，依据《民法典》第209条的规定，“不动产物权的设立、变更、转让和消灭，经依法登记，发生效力；未经登记，不发生效力，但是法律另有规定的除外”，故赵某能取得该房屋的所有权。

(2) 本案涉及抵押权的不可分性。所谓不可分性，就是指担保物的各个部分应该担保债权的全部，担保物的价值变化及债权的变化不影响担保物权的整体性。《民法典》第408条规定：“抵押人的行为足以使抵押财产价值减少的，抵押权人有权请求抵押人停止其行为；抵押财产价值减少的，抵押权人有权请求恢复抵押财产的价值，或者提供与减少的价值相应的担保。抵押人不恢复抵押财产的价值，也不提供担保的，抵押权人有权请求债务人提前清偿债务。”而本案中房价的变动与郭某的行为无关，因此，郭某无须再提供补充担保。

第二十六章　质　权

知识逻辑图

- 质权
  - 概念：债务人或第三人将其出质的财产或权利移交给债权人占有或控制，作为债的担保。在债务人不履行债务或发生当事人约定的实现质权的情形时，债权人有权依法以该财产或权利折价或拍卖、变卖的价款优先受偿
  - 特点
    - 质权以占有为公示方法
    - 质权的标的为动产或财产权利
    - 质权具有留置效力，并就标的财产直接支配以实现质权
  - 动产质权
    - 当事人：质权人和出质人
    - 标的物
      - 须是特定化的动产
      - 须是有交换价值的动产
      - 须有可让与性
    - 转质：包括承诺转质和责任转质
    - 设定：需要以书面形式签订质押合同，还必须移转动产的占有
    - 动产质权的效力
      - 所担保的债权的范围
      - 对质权人的效力
      - 对出质人的效力
    - 实现方式：折价、拍卖、变卖
  - 权利质权
    - 可以出质的权利：须为财产权、须有让与性、须为适于设质的权利
    - 票据质权
    - 存单质权
    - 股权质权
    - 知识产权质权
    - 应收账款质权

名词解释

1. 动产质权
2. 权利质权

选择题

（一）单项选择题

1. 有关以股权出质的说法中错误的是（　　）。

A. 以股权出质的，当事人无须订立书面合同

B. 股权出质后，不得转让，但是出质人与质权人协商同意的除外

C. 出质人转让股权所得的价款，应当向质权人提前清偿债务或者提存

D. 以股权出质的，质权自办理出质登记时设立

2. 李某将其 3 万元的定期存款单出质给王某，借款 2 万元，双方签订了质押合同，但李某未按约定交付存款单。下列说法哪项是正确的？（　　）

A. 质押合同成立但不生效

B. 质押合同不成立

C. 质押合同生效，质权也生效

D. 质押合同生效，但质权未生效

3. 甲将所持有的汇票交付乙，作为向乙借款的质押物。双方签订了书面质押合同，但未进行登记。借款到期后甲未还款。甲的另一债权人丙向法院申请执行上述债券。下列说法哪一个是正确的？（ ）

A. 乙对该汇票不享有质权

B. 乙对该汇票享有质权

C. 乙丙为平等的债权人，应按债权比例公平受偿

D. 乙以汇票已出质对抗丙的执行申请，不能得到法院的支持

4. 下列财产中，不能质押的财产包括（ ）。

A. 笔记本电脑　　B. 船舶

C. 房屋　　D. 商标专用权

5. 权利质权的标的不包括（ ）。

A. 所有权　　B. 可转让的专利权

C. 有价证券　　D. 商标专用权

6. 根据《民法典》，质押财产的孳息（ ）。

A. 由所有人收取，归所有人所有

B. 由质权人收取，归质权人所有

C. 由所有人收取，归质权人所有

D. 由质权人收取，归所有人所有

7. 根据《民法典》的规定，下列哪一类权利不能设定权利质权？（ ）（司考改编）

A. 专利权

B. 应收账款债权

C. 可以转让的股权

D. 房屋所有权

8. 甲对乙享有10万元的债权，甲将该债权向丙出质，借款5万元。下列哪一表述是错误的？（ ）（司考改编）

A. 将债权出质的事实通知乙不是债权质权生效的要件

B. 如未将债权出质的事实通知乙，丙即不得向乙主张权利

C. 如将债权出质的事实通知了乙，即使乙向甲履行了债务，乙也不得对丙主张债已消灭

D. 乙在得到债权出质的通知后，向甲还款3万元，因还有7万元的债权额作为担保，乙的部分履行行为对丙有效

视频讲题

9. 乙欠甲货款，二人商定由乙将一块红木出质并签订质权合同。甲与丙签订委托合同授权丙代自己占有红木。乙将红木交付与丙。下列哪一说法是正确的？（ ）（司考改编）

A. 甲乙之间的担保合同无效

B. 红木已交付，丙取得质权

C. 丙经甲的授权而占有，甲取得质权

D. 丙不能代理甲占有红木，因而甲未取得质权

10. 甲公司为乙公司向银行贷款100万元提供保证，乙公司将其基于与丙公司签订的供货合同而对丙公司享有的100万元债权出质给甲公司作反担保。下列哪一表述是正确的？（ ）（司考改编）

A. 如乙公司依约向银行清偿了贷款，甲公司的债权质权仍未消灭

B. 如甲公司、乙公司将出质债权转让给丁公司但未通知丙公司，则丁公司可向丙公司主张该债权

C. 甲公司在设立债权质权时可与乙公司约定，如乙公司届期不清偿银行贷款，则出质债权归甲公司所有

D. 如乙公司将债权出质的事实通知了丙公司，则丙公司可向甲公司主张其基于供货合同而对乙公司享有的抗辩

（二）多项选择题

1. 甲急需资金经营商店，于是向乡信用社借款3万元。乡信用社要求甲用其中1.5万元购买信用社发行的有奖无息定期一年的无记名的存单作质押，并对号码作了登记，但存单仍由甲持有。后甲将存单以1.45万元的价格转让给乙套现。存单到期后乙拿到乡信用社要求兑现，乡信用社认为这是甲借款作了质押的，拒绝兑现。下列有关本案性质与处理的表述中哪些是正确的？（ ）（司考改编）

A. 甲与乡信用社之间的借款协议无效

B. 甲与乡信用社之间的质押协议未生效

C. 甲与乙之间转让存单的行为有效

D. 乡信用社应将存单兑现给乙

2. 甲借用朋友乙的自行车数月。在此期间，甲因

急需用钱，向同事丙借 200 元，并就自行车设定质押，但丙不知此自行车非甲所有。后甲逾期未偿还债务，丙即变卖该自行车实现债权。现问下列哪些表述是正确的？（　　）（司考改编）

A. 因丙不知甲无处分权，故适用善意取得，质权设定有效

B. 因甲对自行车无处分权，且质权不适用善意取得，故该质权设定无效

C. 甲、丙应共同赔偿乙的损失

D. 应由甲单独赔偿乙的损失

3. 2020 年 12 月 1 日，甲向乙借款 2 000 元，约定月底时甲将家里的一台摩托车交付给乙做质押。但直到 2021 年 1 月 10 日，甲才将摩托车交付给乙。那么（　　）。

A. 质押合同于 2020 年 12 月 1 日就生效了

B. 质押合同到 2021 年 1 月 10 日才生效

C. 没有甲的同意，乙无权使用该摩托车

D. 乙可以使用该摩托车，无须经过甲的同意

4. 刘林将其电动车一辆出质给王芳，以担保 2 000 元借款。王芳家里地方狭小，不久后又将电动车返还给了刘林，让刘林代为保管。后来王芳主张对该车的质权，那么下列说法正确的有（　　）。

A. 王芳曾经占有过质物，质押合法存在

B. 王芳已经不再占有质物，故质权已经不复存在

C. 王芳无权要求刘林以该电动车变价清偿债务

D. 若刘林还存在其他债务，王芳无权要求优先受偿

5. 甲向乙借款并将自己的一台电视机出质给乙，乙又擅自将该电视机借给其妹妹丙使用，丙搬动电视机的过程中不小心将其摔坏，那么下列说法正确的有（　　）。

A. 乙有权将电视机借给其妹妹使用

B. 乙无权将电视机借给其妹妹使用

C. 乙应当承担电视机的损失

D. 乙、丙应当对该损失承担连带责任

6. 质权人无须经出质人同意即可行使的权利包括（　　）。

A. 转质权　　B. 质权的处分权

C. 优先受偿权　　D. 对质物的处分权

7. 动产质权效力所及的标的物可能有（　　）。

A. 从物　　B. 孳息

C. 添附物　　D. 代位物

8. 甲为乙的债权人，乙将其电动车出质于甲。现甲为了向丙借款，未经乙同意将电动车出质于丙，丙不知此车为乙所有。下列哪些选项是正确的？（　　）（司考改编）

A. 丙因善意取得而享有质权

B. 因未经乙的同意，丙不能取得质权

C. 甲对电动车的毁损、灭失应向乙承担赔偿责任

D. 对电动车毁损、灭失，乙可向丙索赔

9. 2022 年 1 月 2 日，甲公司、乙公司、丙公司订立“三方协议”约定：“甲公司以 600 万元的货物为乙公司设立动产质权，担保甲公司对乙公司的 400 万元债务。乙公司委托丙公司履行质押动产的监管义务。”2022 年 1 月 5 日，丙公司开始履行相应的监管义务。2022 年 3 月 2 日，未经乙公司同意，甲公司私自到丙公司提取了价值 200 万元的货物出售 。2022 年 4 月 2 日，因丙公司员工过失导致失火，丙公司监管的部分货物被烧毁。对此，下列表述正确的有（　　）。（法考改编）

A. 2022 年 1 月 2 日，乙公司对 600 万元货物的质权设立

B. 2022 年 1 月 5 日，乙公司对 600 万元货物的质权设立

C. 丙公司向甲公司放货，乙公司有权请求丙公司承担违约责任

D. 货物被焚毁，乙公司有权请求丙公司承担违约责任

视频讲题

10. 甲对乙享有应收账款债权，并将该应收账款债权出质给了丙，与丙订立了质押合同并办理了质押登记。后甲又将该应收账款债权转让给不知情的丁。对此，下列说法正确的有（　　）。（法考改编）

A. 该质权在登记前设立，登记后可以对抗第三人

B. 甲、丙质押合同自成立时生效

C. 甲转让债权无须经过丙的同意

D. 若丙同意甲转让债权，丙可以主张以转让债权所得价款提前清偿债务

11. 2020 年 3 月 1 日，甲向乙借款 20 万元，约定

还款日期为 2021 年 3 月 1 日。甲将自己的汽车出质给乙作为担保，办理了质押登记。后甲一直未还款，乙同样也未向甲主张债权。2024 年 3 月 5 日，甲以主债权诉讼时效届满为由要求乙向其返还汽车。下列说法正确的有（　　）。

A. 乙有权拒绝返还汽车

B. 乙无权拒绝返还汽车

C. 甲有权请求拍卖、变卖汽车并以所得价款清偿债务

D. 甲无权请求拍卖、变卖汽车并以所得价款清偿债务

（三）不定项选择题

2020 年 3 月 3 日，甲向乙借款 10 万元，约定还款日期为 2021 年 3 月 3 日。借款当日，甲将自己饲养的市值 5 万元的名贵宠物鹦鹉质押交付给乙，作为债务到期不履行的担保；另外，第三人丙提供了连带责任保证。关于乙的质权，下列哪些说法是正确的？（　　）（司考改编）

A. 2020 年 5 月 5 日，鹦鹉产蛋一枚，市值 2 000 元，应交由甲处置

B. 因乙照管不善，2020 年 10 月 1 日鹦鹉死亡，乙需承担赔偿责任

C. 2021 年 4 月 4 日，甲未偿还借款，乙未实现质权，则甲可请求乙及时行使质权

D. 乙可放弃该质权，丙可在乙丧失质权的范围内免除相应的保证责任

视频讲题

简答题

简述应收账款质权的实现。

参考答案

名词解释

1. 动产质权，是指债务人或第三人将其动产移交给债权人占有以作为债权的担保，在债务人不履行债务时，债权人依法以该动产折价或者以拍卖、变卖该动产的价款优先受偿的权利。动产质押是质押的最典型形式。

2. 权利质权，是指以可转让的权利为标的物的质权。动产所有权以外的可以让与的财产权，因其具有交换价值，所以也可以作为担保物权的标的。以权利作为物权客体，使传统物权的客体仅限于有体物的规则得以逐渐改变，物权的客体范围也得以拓宽。

选择题

（一）单项选择题

1. 答案：A。根据《民法典》第 427 条的规定，设立质权，当事人应当采用书面形式订立质押合同。《民法典》第 446 条规定："权利质权除适用本节规定外，适用本章第一节的有关规定。"因此，即使《民法典》第 443 条并未规定股权质押是否采用书面形式，也应当遵循第 427 条关于质权合同采用书面形式的一般规定。因此，A 项错误。《民法典》第 443 条规定："以基金份额、股权出质的，质权自办理出质登记时设立。基金份额、股权出质后，不得转让，但是出质人与质权人协商同意的除外。出质人转让基金份额、股权所得的价款，应当向质权人提前清偿债务或者提存。"故 B、C、D 正确。

2. 答案：D。《民法典》第 441 条规定："以汇票、本票、支票、债券、存款单、仓单、提单出质的，质权自权利凭证交付质权人时设立；没有权利凭证的，质权自办理出质登记时设立。法律另有规定的，依照其规定。"质押合同的生效和质权的生效不同，前者只要满足一般合同的生效要件即可，而权利质权的生效要求权利凭证的实际交付。因此本题选 D 项。

3. 答案：B。《民法典》第 441 条规定："以汇票、本票、支票、债券、存款单、仓单、提单出质的，质权自权利凭证交付质权人时设立；没有权利凭证的，质权自办理出质登记时设立。法律另有规定的，依照其规定。"因此 B 项正确。乙对汇票享有质权，有权优先受偿。故 C、D 项错误。

4. 答案：C。根据我国法律的规定，可以成为质押标的的包括动产和权利两项。C 项房屋属于不动产。其中，对于 B 项船舶能否质押还存有争议，有学者认为，既然船舶可以设定抵押，那么不能再设定质押；也有学者认为，船舶在性质上仍旧属于动产，应当可

以用于质押。

5. 答案：A。权利质权的标的必须是对无形财产的权利，而不包括对有形财产所享有的所有权。

6. 答案：D。根据《民法典》第430条第1款，质权人有权收取质押财产的孳息。但对于质押物孳息的归属仍存有争议。一般认为，根据《民法典》第321条的规定，对于天然孳息，除非存在用益物权人或当事人的特别约定，否则应当归原物的所有人取得。质权人是担保物权人，因此天然孳息应当归出质人所有。对于法定孳息，应当首先按照当事人的约定确定归属，否则按照交易习惯确定归属。因此，法定孳息在没有相反的约定或交易习惯时，也归属于出质人。但是，根据《民法典》第430条的规定，孳息应当先充抵收取孳息的费用。因此，所收取的孳息必须先充抵收取孳息的费用，剩余部分归质物所有人。

7. 答案：D。本题考查权利质权。《民法典》第440条规定："债务人或者第三人有权处分的下列权利可以出质：（一）汇票、本票、支票；（二）债券、存款单；（三）仓单、提单；（四）可以转让的基金份额、股权；（五）可以转让的注册商标专用权、专利权、著作权等知识产权中的财产权；（六）现有的以及将有的应收账款；（七）法律、行政法规规定可以出质的其他财产权利。"根据上述规定可知，本题的正确答案是D项。

8. 答案：D。《民法典》第445条规定："以应收账款出质的，质权自办理出质登记时设立。应收账款出质后，不得转让，但是出质人与质权人协商同意的除外。出质人转让应收账款所得的价款，应当向质权人提前清偿债务或者提存。"应收账款质权自办理出质登记时设立，所以将债权出质的事实通知乙不是债权质权生效的要件。A选项正确，不选。

应收账款质权自办理出质登记时设立，通知第三债务人是质权设立后于质权实行时请求第三债务人为清偿的条件，类似于债权让与。未将债权出质的事实通知乙，乙对丙享有抗辩权。B选项正确，不选。

应收账款质权的实现，取决于第三债务人（应收账款请求权人的债务人）的清偿，因而应当将设质的事实通知第三债务人，若未通知，则不具有对抗该第三债务人的效力，该第三债务人仍可向应收账款请求权人清偿，无须对应收账款质权人负担任何责任，但第三债务人恶意的除外。C选项中，乙在知情的情况下对甲履行，不能对丙主张债已消灭。C选项正确，不选。

最高人民法院《关于适用〈中华人民共和国民法典〉有关担保制度的解释》第61条第3款规定："以现有的应收账款出质，应收账款债务人已经向应收账款债权人履行了债务，质权人请求应收账款债务人履行债务的，人民法院不予支持，但是应收账款债务人接到质权人要求向其履行的通知后，仍然向应收账款债权人履行的除外。"应收账款质权设立后，质权人享有保全请求权，乙在得到债权出质的通知后仍进行清偿，其为恶意，其履行行为无效，质权人仍有权请求其承担给付义务，D选项错误，应选。

9. 答案：C。乙、甲约定，以乙所有的红木为甲设立动产质权，根据《民法典》第429条的规定，甲取得质权的条件是：第一，甲、乙之间的质押合同有效；第二，乙具有相应的处分权；第三，完成红木的交付。即动产质权只能经由现实交付、简易交付或指示交付的方式设立，占有改定的方式不能设立动产质权。本题中，甲、丙订立委托合同，丙直接占有红木，甲间接占有该红木。因而，乙向丙的交付行为，视为乙已经向甲进行了现实交付，学理上称之为"经由占有媒介关系而为现实交付"，故C项正确、D项错误。

乙、甲之间质押合同不存在无效事由，故A项错误。乙并无为丙设立质权的意思，故B项错误。

10. 答案：D。乙公司出质应收账款债权为甲公司作反担保，如债务人乙公司依约向银行清偿了贷款，则主债权消灭，作为反担保的应收账款质权亦消灭，故A选项错误。债权人转让债权的，应当通知债务人。未经通知，该转让对债务人不发生效力。如甲公司、乙公司将出质债权转让给丁公司但未通知丙公司，则债权转让对丙公司不产生效力，丁公司不可以向丙公司主张该债权，B选项错误。《民法典》第428条规定，质权人在债务履行期限届满前，与出质人约定债务人不履行到期债务时质押财产归债权人所有的，只能依法就质押财产优先受偿。C选项错误。债务人接到债权转让通知后，债务人对让与人的抗辩，可以向受让人主张。如乙公司将债权出质的事实通知了丙公司，则丙公司可向甲公司主张其基于供货合同而对乙公司享有的抗辩，D选项正确。

（二）多项选择题

1. 答案：CD。根据《民法典》第441条的规定，质权自权利凭证交付质权人时设立。本题中，由于存单一直为甲所持有，所以质权并未有效设立，那么甲转让存单的行为就是有效的，乡信用社应当兑现存单。另外，质权未有效设立并不影响借款协议的效力。故本题的正确答案是CD。

2. 答案：AD。《民法典》第311条规定："无处分权人将不动产或者动产转让给受让人的，所有权人有权追回；除法律另有规定外，符合下列情形的，受让人取得该不动产或者动产的所有权：（一）受让人受让该不动产或者动产时是善意；（二）以合理的价格转让；（三）转让的不动产或者动产依照法律规定应当登记的已经登记，不需要登记的已经交付给受让人。受让人依据前款规定取得不动产或者动产的所有权的，原所有权人有权向无处分权人请求损害赔偿。当事人善意取得其他物权的，参照适用前两款规定。"本题中，甲是无权处分，丙善意取得质权，故本题选AD。

3. 答案：AC。根据我国法律的规定，质权自质物移交于质权人时开始生效，而质押合同的生效并不以实际交付质物为条件，只要符合一般合同的生效要件即可。故A选项正确，B选项错误。同时，根据《民法典》第431条的规定，质权人在质权存续期间，未经出质人同意，擅自使用、处分质押财产，造成出质人损害的，应当承担赔偿责任。由此可知，只有经过甲的同意，乙才可以使用该摩托车，否则就构成了对质押合同的违反，故C选项正确，D选项错误。

4. 答案：BCD。质权的特点在于要求移转对质物的占有。占有是质权的外部特征。故质权的存在必须与占有相伴随，一旦质权人不再占有质物，或者丧失占有，则质权不复存在。王芳只能作为一个普通的债权人，与其他债权人平等受偿。

5. 答案：BC。《民法典》第432条规定：质权人负有妥善保管质押财产的义务；因保管不善致使质押财产毁损、灭失的，应当承担赔偿责任。《民法典》第431条规定：质权人在质权存续期间，未经出质人同意，擅自使用、处分质押财产，造成出质人损害的，应当承担赔偿责任。因此，本题的正确答案是BC。

6. 答案：BC。本题考查质权人的权利。转质权是指在质权存续中，质权人为了给自己的债务提供担保而将质物出质给第三人，从而在该质物上设定了新的质权。质权人在质权存续期间转质质物，必须经过出质人同意。质权的处分权是指对于质权转让、抛弃质权等的权利。质权作为一种物权，具有优先于债权受偿的权利。但是质权人未经出质人同意无权对质物进行处分。本题的正确答案为BC。

7. 答案：ABCD。本题考查动产质权效力所及的标的物范围。动产质押以动产为标的。此外，为了维护质物的经济效用与其交换价值，同时兼顾双方当事人的利益，从物、孳息、添附物、代位物也可能被纳入质权效力范围。参见最高人民法院《关于适用〈中华人民共和国民法典〉有关担保制度的解释》第40条，《民法典》第390条、第430条。

8. 答案：ACD。根据《民法典》第311条第3款的规定，当事人善意取得其他物权的，参照适用前两款规定。本题中，甲将电动车出质于丙的时候，实际上甲就是出质人，其不具有所有权但是合法占有动产，因此丙基于善意取得享有质权。A项的说法正确，当选。《民法典》第434条规定，质权人在质权存续期间，未经出质人同意转质，造成质押财产毁损、灭失的，应当承担赔偿责任。由此，C项的说法正确，当选。因为，丙是该电动车的实际占有人，在丙的手里电动车毁损、灭失的，丙是实际侵权人，所以，乙可以向丙索赔。D项说法正确，当选。

9. 答案：BCD。最高人民法院《关于适用〈中华人民共和国民法典〉有关担保制度的解释》第55条第1款规定："债权人、出质人与监管人订立三方协议，出质人以通过一定数量、品种等概括描述能够确定范围的货物为债务的履行提供担保，当事人有证据证明监管人系受债权人的委托监管并实际控制该货物的，人民法院应当认定质权于监管人实际控制货物之日起设立。监管人违反约定向出质人或者其他人放货、因保管不善导致货物毁损灭失，债权人请求监管人承担违约责任的，人民法院依法予以支持。"本题中丙公司受乙公司委托履行质押动产的监管义务，并于2022年1月5日实际控制货物，故乙公司对600万元货物的质权于2022年1月5日设立，A选项错误，B选项正确。丙公司违约向甲公司放货，且货物被焚毁，乙公司有权请求其承担违约责任，C选项与D选项正确。

10. 答案：BD。《民法典》第445条第1款规定："以应收账款出质的，质权自办理出质登记时设立。"故A选项错误。《民法典》第215条规定："当事人之间订立有关设立、变更、转让和消灭不动产物权的合同，除法律另有规定或者当事人另有约定外，自合同成立时生效；未办理物权登记的，不影响合同效力。"故是否办理登记不影响质押合同的效力，B选项正确。《民法典》第445条规定："应收账款出质后，不得转让，但是出质人与质权人协商同意的除外。出质人转让应收账款所得的价款，应当向质权人提前清偿债务或者提存。”未经质权人丙未同意，则出质人甲不得擅自转让债权，C选项错误。若质权人丙同意转让债权，则甲转让债权所得价款应当提前清偿债务或者提存，D选项正确。

11. 答案：AC。根据最高人民法院《关于适用〈中华人民共和国民法典〉有关担保制度的解释》第44条的规定，主债权诉讼时效期间届满后，出质动产的债务人请求债权人返还出质财产的，人民法院不予支持；债务人请求拍卖、变卖出质财产并以所得价款清偿债务的，人民法院应予支持。故主债权诉讼时效虽已届满，但乙有权拒绝返还汽车，甲有权请求拍卖、变卖汽车并以所得价款清偿债务。A、C选项正确。

（三）不定项选择题

答案：BCD。《民法典》第430条规定：“质权人有权收取质押财产的孳息，但是合同另有约定的除外。前款规定的孳息应当先充抵收取孳息的费用。”由此可知，在本案中，甲为出质人，乙为质权人，动产质权自甲将其所有的鹦鹉交付给乙时设立。鹦鹉蛋为天然孳息，在质押期间由质权人乙收取支配，并优先用于充抵收取孳息的费用。故选项A错误。

《民法典》第432条第1款规定：“质权人负有妥善保管质押财产的义务；因保管不善致使质押财产毁损、灭失的，应当承担赔偿责任。”在质押期间，质权人没有尽到妥善保管的义务，应向出质人承担损害赔偿之责，故选项B正确。

《民法典》第437条第1款规定：“出质人可以请求质权人在债务履行期限届满后及时行使质权；质权人不行使的，出质人可以请求人民法院拍卖、变卖质押财产。”故选项C正确。

《民法典》第435条规定：“质权人可以放弃质权。债务人以自己的财产出质，质权人放弃该质权的，其他担保人在质权人丧失优先受偿权益的范围内免除担保责任，但是其他担保人承诺仍然提供担保的除外。”乙可放弃该质权，丙可在乙丧失质权的范围内免除相应的保证责任，故选项D正确。

简答题

应收账款质权是以应收账款为标的而设定的质权。所谓应收账款，是指权利人因提供一定的货物、服务或设施而获得的要求义务人付款的权利以及依法享有的其他付款请求权，包括现有的和未来的金钱债权，但不包括因票据或其他有价证券而产生的付款请求权，以及法律、行政法规禁止转让的付款请求权。

根据《民法典》的规定，在应收账款的清偿期和质权所担保债权的清偿期同时到期的情况下，质权人可以直接向应收账款债务人请求给付。此时质权人行使直接收取权并非以出质人名义而是以自己的名义。在应收账款的清偿期先于质权所担保债权的清偿期到期的情况下，质权人的债权仅为一种期待权，主债务人是否履行债务不得而知。因此，质权人既不能要求应收账款债务人提前履行其债务，又不得直接实现质权。此时，质权人和出质人可以协商以出质人所收取的款项提前清偿被担保的主债权。如果出质人不同意提前清偿，质权人有权请求将收取的款项提存。在应收账款的清偿期晚于质权所担保债权的清偿期到期的情况下，如应收账款债务人主动履行债务，则应收账款质权消灭；如应收账款债务人不主动履行债务，则应收账款质权仍然存在，但因应收账款未届清偿期，应收账款债务人享有期限利益，质权人不得强迫其放弃期限利益而提前清偿债务。

第二十七章　留置权

知识逻辑图

留置权
- 概念：债务人不履行到期债务时，债权人所享有的留置其已经合法占有的债务人的动产，并就该动产优先受偿的权利
- 特点
  - 是法定担保物权
  - 与原始债权具有牵连性
  - 以合法占有债务人的动产为要件
  - 效力具有双重性
- 成立条件
  - 债权人必须合法占有债务人的动产
  - 占有的动产必须与债权属于同一法律关系（商事留置权除外）
  - 债务人不履行到期债务
- 留置权的效力
  - 对留置权人的效力
  - 对债务人的效力
- 留置权的实现
  - 实现条件
  - 实现程序

名词解释

留置权

选择题

（一）单项选择题

1. 徐某是甲公司总经理，甲公司为其配备了一辆轿车供上下班使用。后徐某辞职，甲公司尚欠其10万元工资。徐某与甲公司多次交涉无果，欲对轿车行使留置权。关于本案，下列哪一说法是正确的？（　　）（法考改编）

A. 徐某可以行使留置权

B. 徐某不可以行使留置权

C. 徐某向甲公司主张10万元工资的债权请求权不受诉讼时效限制

D. 徐某向甲公司主张10万元工资的债权请求权受2年诉讼时效期间的限制

2. 辽东公司欠辽西公司货款200万元。辽中公司向辽西公司订购了一批电脑，合同签订后，辽中公司指示辽西公司将该合同项下的电脑交付给辽东公司。因辽东公司届期未清偿所欠货款，故辽西公司将该批电脑扣留。关于辽西公司的行为，下列哪一选项是正确的？（　　）（司考改编）

A. 属于行使抵押权　　B. 属于行使动产质权

C. 属于行使留置权　　D. 属于自助行为

3. 2019年3月2日，甲将自行车送至乙处修理，二人约定3月5日付款取车。后甲一直未去取车。2022年4月1日，甲到乙处取车，乙拒绝归还自行车并要求甲支付修理费。下列哪一说法是正确的？（　　）（法考改编）

A. 乙的修理费诉讼时效已届满，但其可以行使留置权

B. 乙的修理费诉讼时效已届满，乙必须返还自行车

C. 乙的修理费诉讼时效已届满，债权请求权消灭

D. 乙的修理费诉讼时效已届满，留置权随之消灭

4. 甲借用乙的山地自行车，刚出门就因莽撞骑行造成自行车链条断裂，甲将自行车交给丙修理，约定修理费100元。乙得知后立刻通知甲解除借用关系并告知丙，同时要求丙不得将自行车交给甲。丙向甲核实，甲承认。自行车修好后，甲、乙均请求丙返还。对此，下列哪一选项是正确的？（　　）（司考改编）

A. 甲有权请求丙返还自行车

B. 丙如将自行车返还给乙，必须经过甲当场同意

C. 乙有权要求丙返还自行车，但在修理费未支付前，丙就自行车享有留置权

D. 如乙要求丙返还自行车，即使修理费未付，丙也不得对乙主张留置权

（二）多项选择题

1. 甲和乙家具厂订立合同，委托乙家具厂为其加工10套家具，约定材料由甲采购，乙提供样品，取货后满一个月付款。甲按时前来取货，乙家具厂要求甲当时就付款，否则将对家具行使留置权。下列哪些说法是正确的？（　　）

A. 只要甲未付款，乙家具厂就有权留置家具

B. 如果甲不当时付款，乙家具厂有权对家具行使留置权

C. 乙家具厂无权对家具行使留置权

D. 家具厂留置家具必须以家具符合要求而甲不按期支付酬金为条件

2. 关于留置权的实现，下列哪些说法是正确的？（　　）。

A. 留置权人与债务人应当约定留置财产后的债务履行期间

B. 没有约定或约定不明确的，该期间一般不得少于两个月

C. 债务人逾期仍不履行的，可以协商进行折价、拍卖、变卖

D. 留置物拍卖或变卖后，价款不足部分不再清偿

3. 留置权消灭的原因包括（　　）。

A. 丧失占有

B. 留置物因自然原因灭失

C. 债务人清偿

D. 债务人另行提供担保并被债权人接受

4. 甲驾车时发生车祸并因此死亡。甲唯一的继承人乙将该车送至丙经营的维修店修理。车修好后，丙联系乙付费取车，但乙未按丙的通知付费领车。第二天，因丙将车辆置于路边且未锁车门，该车被盗。对此，下列表述正确的有（　　）。（法考改编）

A. 丙对该汽车仍享有留置权

B. 丙已经丧失对该车的留置权

C. 丙对于该汽车没有保管义务

D. 丙未尽到保管义务应承担相应的责任

（三）不定项选择题

下列哪些情形中，权利人可以行使留置权？（　　）（司考改编）

A. 张某为王某送货，约定货物送到后一周内支付运费。张某在货物运到后立刻要求王某支付运费被拒绝，张某可留置部分货物

B. 刘某把房屋租给方某，方某退租搬离时尚有部分租金未付，刘某可留置方某部分家具

C. 何某将丁某的行李存放在火车站小件寄存处，后丁某取行李时认为寄存费过高而拒绝支付，寄存处可留置该行李

D. 甲公司加工乙公司的机器零件，约定先付费后加工。付费和加工均已完成，但乙公司尚欠甲公司借款，甲公司可留置机器零件

简答题

1. 简述留置权的成立条件。

2. 简述留置权与质权的区别。

参考答案

名词解释

留置权，是指债务人不履行债务时，债权人所享有的依法留置其已经合法占有的债务人的动产，并就该动产优先受偿的权利。

选择题

（一）单项选择题

1. 答案：B。本题综合考查留置权的适用条件和诉讼时效。

A、B项考查留置权。《民法典》第447条规定：“债务人不履行到期债务，债权人可以留置已经合法占

有的债务人的动产，并有权就该动产优先受偿。前款规定的债权人为留置权人，占有的动产为留置财产。”同时，根据《民法典》第 448 条的规定，债权人留置的动产，应当与债权属于同一法律关系，但是企业之间留置的除外。据此可知，留置权的成立条件有四：（1）债权已到期；（2）合法占有债务人的动产；（3）基于同一法律关系（商事留置除外）；（4）不违反法律规定和当事人约定。本题中，徐某的 10 万元工资债权与轿车的占有并非同一法律关系。因此，其不得行使留置权。故 A 项错误，不当选；B 项正确，当选。

C、D 项考查诉讼时效制度。根据《民法典》第 188 条第 1 款的规定，向人民法院请求保护民事权利的诉讼时效期间为 3 年。法律另有规定的，依照其规定。本题中，徐某的 10 万元工资债权属于债权请求权，依法应受到 3 年诉讼时效期间的限制。故 C、D 项均错误，不当选。

综上所述，本题的正确答案为 B。

2. 答案：C。辽中公司通过指示交付的方式向辽东公司交付了电脑，辽东公司取得电脑的所有权。《民法典》第 447 条规定：“债务人不履行到期债务，债权人可以留置已经合法占有的债务人的动产，并有权就该动产优先受偿。前款规定的债权人为留置权人，占有的动产为留置财产。”同时，根据《民法典》第 448 条的规定，债权人留置的动产，应当与债权属于同一法律关系，但是企业之间留置的除外。辽东公司和辽西公司均系商事主体，辽西公司合法占有辽东公司的电脑，依法可以行使商事留置权，C 选项正确。

3. 答案：A。诉讼时效届满并不导致请求权消灭，只是使义务人获得时效抗辩权，C 选项错误。最高人民法院《关于适用〈中华人民共和国民法典〉有关担保制度的解释》第 44 条第 2 款规定：“主债权诉讼时效期间届满后，财产被留置的债务人或者对留置财产享有所有权的第三人请求债权人返还留置财产的，人民法院不予支持；债务人或者第三人请求拍卖、变卖留置财产并以所得价款清偿债务的，人民法院应予支持。”故乙有权行使留置权，无须返还自行车。故 B、D 选项错误，A 选项正确。

4. 答案：C。乙解除与甲的借用关系并告知丙，甲无请求丙返还自行车的权源，A 选项错误。乙解除与甲的借用关系后，基于所有权人的身份有权要求丙返还自行车，无须经过甲的同意，B 选项错误。甲将自行车交付丙修理，丙善意取得自行车的留置权，乙虽有权基于所有权人的身份要求丙返还自行车，但在修理费未支付前，丙就自行车享有留置权，故 C 选项正确，D 选项错误。

（二）多项选择题

1. 答案：CD。本题考查留置权的适用条件。根据我国法律的规定，留置权适用于因同一法律关系发生的债权。本题中，双方当事人的交付家具请求权和付款请求权是基于同一法律关系的。但是，留置权的成立必须是债权已经届清偿期而债务人未按规定的期限履行债务。本题中，双方约定了付款日期是取货后满一个月，债权尚未到清偿期，家具厂无权留置家具。故本题的正确答案为 CD。

2. 答案：ABC。留置权的实现必须依据一定的程序。由于债权人的债权与留置物具有牵连关系，并且在大多数情况下，债务人为留置物的保存和增值才会与债权人发生交易，所以，如果标的物被变价，债务人的交易目的就会落空，因此有必要设定一个债务履行期间，增加债务人实现其交易目的的机会。尤其是留置权人在占有债务人的财产之后，不能擅自处分债务人的财产，否则必将给债务人造成损失，所以各国法律都对留置权的实现规定了一定的程序。依照《民法典》的相关规定，本题正确答案为 ABC。

3. 答案：ABCD。依据《民法典》第 457 条的规定，留置权因下列原因消灭：（1）丧失占有的；（2）债务人另行提供担保并被债权人接受的。故 A、D 项正确。留置物灭失，则留置权人丧失对留置物的占有，留置权同时消灭。债务人清偿债务，同样是主债权不复存在的情况，因此本题 A、B、C、D 项均为正确选项。

4. 答案：BD。《民法典》第 457 条规定：“留置权人对留置财产丧失占有或者留置权人接受债务人另行提供担保的，留置权消灭。”汽车被盗后，丙对汽车丧失占有，留置权消灭，故 B 选项正确，A 选项错误。《民法典》第 451 条规定：“留置权人负有妥善保管留置财产的义务；因保管不善致使留置财产毁损、灭失的，应当承担赔偿责任。”丙对汽车负有妥善保管的义务，未锁车门且将车停在路边属于保管不善，丙对于汽车被盗需要承担相应责任。故 D 选项正确，C 选项错误。

（三）不定项选择题

答案：CD。《民法典》第447条规定："债务人不履行到期债务，债权人可以留置已经合法占有的债务人的动产，并有权就该动产优先受偿。前款规定的债权人为留置权人，占有的动产为留置财产。"第448条规定："债权人留置的动产，应当与债权属于同一法律关系，但是企业之间留置的除外。"

产生留置权，需要基于同一法律关系。C项中丁某有支付寄存款的义务，寄存处面对丁某不履行债务，可以行使留置权。何某占有他人之物，然后寄存。此时寄存处善意取得留置权。所以C项符合题意。

D项中甲公司和乙公司属于企业，不要求基于同一法律关系，即可产生留置权，所以D项符合题意。

A项中因为张某和王某约定货物运到后一周内支付费用，张某在货物运到后立刻要求支付运费。此时债权未到期，所以不产生留置权，A项不符合题意。

B项中刘某和方某之间存在租赁法律关系，方某退房没有支付部分租金，不是基于同一法律关系，刘某不可以留置家具，此时不形成留置权。B项不符合题意。B项和C项的差别在于，于前者，方某的家具并非租赁合同关系的标的物，即与租赁关系没有牵连性；而于后者，寄存的行李是保管合同的标的物，具有牵连性，故而符合同一法律关系之要求。

简答题

1. 留置权是指，债务人不履行债务时，债权人所享有的依法留置其已经合法占有的债务人的动产，并就该动产优先受偿的权利。

留置权是一种法定的担保物权，必须符合法定的条件才能够成立。根据我国《民法典》的规定，留置权的成立必须具备如下条件。

第一，债权人必须占有债务人的动产，债权人占有债务人的动产是留置权发生的前提。此处说的占有，必须是直接占有、合法占有；此处说的债务人的动产，必须是该财产为债务人所有。

第二，占有的动产必须与债权属于同一法律关系。被留置的物必须与被担保债权属于同一法律关系，才能发生留置权。

第三，债权需已届清偿期而债务人未按规定的期限履行义务。留置权的成立须以债权已届清偿期为要件，如果债权人已经占有债务人的动产，但其债权尚未到清偿期，债权人不能行使留置权。

第四，留置必须符合法律的规定和当事人的约定。行使留置权不得违背法律和公序良俗，不得与债权人所承担的义务相抵触。同时，根据《民法典》的规定，当事人可以在合同中约定不得留置的物，如果当事人事先约定不得留置，则依据合同自由原则，当事人的约定将发生效力，债权人依照合同不得留置债务人的财产，否则将承担违约责任。

2. 留置权，是指债务人不履行债务时，债权人所享有的依法留置其已经合法占有的债务人的动产，并就该动产优先受偿的权利。留置权是一种法定的担保物权，必须符合法定的条件才能够成立。

质权，又称质押。它是指债务人或者第三人将其动产移交债权人占有，将该动产作为债的担保，债务人不履行债务时，债权人有权依法以该动产折价或者以拍卖、变卖该动产的价款而优先受偿。质权同样是担保物权的一种。

留置权与质权同样以占有标的物为权利的成立要件，都可以以动产为标的物，但两者存在着很多差别。具体体现如下。

（1）两者的性质和功能不同。留置权是法定的担保物权，而质权是约定的担保物权。留置权的功能仅在于担保债权的清偿，而质权不仅具有担保债权实现的功能，还有融通资金的功能。

（2）两者的标的物不同。留置权的标的通常是动产，而质权的标的不仅包括动产也包括权利。

（3）两者设立的条件不同。由于留置权是法定的担保物权，其发生是由法律明确规定的，只要符合法定的条件即可。而质权的发生是基于双方当事人所订立的质押合同。

（4）行使权利的程序不同。留置权的行使存在法定的催告期，留置权人必须给债务人一个不少于法定履行期限的期限，逾期仍不履行的，才得以行使留置权。而质权的行使以债务已届清偿期而债务人不履行债务为条件，不必给债务人一个催告期。

第二十八章　担保物权之间及担保物权与其他权利之间的冲突与协调

知识逻辑图

- 担保物权之间及担保物权与其他权利之间的冲突与协调
  - 竞存担保物权之间的优先顺位规则
    - 一般规则：《民法典》第414条“先登记者优先规则”
    - 动产抵押权和动产质权竞存：《民法典》第415条
    - 购买价金担保权超优先顺位规则：《民法典》第416条
    - 动产抵押权、质权与留置权竞存：《民法典》第456条
  - 不动产抵押权与其他权利之间的优先顺位规则
    - 不动产消费者买受人的物权期待权
    - 建设工程价款优先受偿权
    - 抵押权
    - 一般不动产买受人的物权期待权
  - 不动产上抵押权与利用权的冲突与协调
    - 优先次序的确定：公示时间先后
    - 抵押权与利用权之间的利益平衡，如买卖不破租赁
  - 人的担保与物的担保并存时的责任顺序与责任分担
    - 债权人的选择权：《民法典》第392条
    - 混合共同担保担保人之间的内部求偿关系
    - 担保人之间求偿数额的计算
    - 混合共同担保中担保人的免责：债权人的放弃

名词解释

购买价金担保权超优先顺位规则

选择题

（一）单项选择题

1. 甲有一辆汽车，为了筹钱，他先后将该汽车抵押给乙、出质给丙，并办理了抵押登记。后来甲因无力还款被乙、丙告上法庭，两者均要求对汽车行使权利，那么（　　）。

A. 乙的抵押权应当优先于丙的质权实现

B. 丙的质权应当优先于乙的抵押权实现

C. 乙的抵押权和丙的质权具有同等效力

D. 以上说法均不对

2. 甲有价值30万元的汽车一辆，为开饭店筹集资金，5月20日，甲将该车抵押给乙，借款20万元，未进行登记。6月23日，甲又将该车抵押给丙，借款15万元，并办理了抵押登记。8月2日，甲将该车送去修理，因未交1万元的修车费，车被丁留置。对于变现所得的30万元，下列说法正确的是（　　）。

A. 应按乙20万元、丙10万元的顺序清偿

B. 应按丁1万元、丙15万元、乙14万元的顺序清偿

C. 应按丁1万元、乙丙各14.5万元清偿

D. 应按丁1万元、乙20万元、丙9万元的顺序清偿

3. 同升公司以一套价值100万元的设备作为抵押，向甲借款10万元，未办理抵押登记手续。同升公司又向乙借款80万元，以该套设备作为抵押，并办理了抵押登记手续。同升公司欠丙货款20万元，将该套设备出质给丙。丙不小心损坏了该套设备送丁修理，因欠

丁5万元修理费，该套设备被丁留置。关于甲、乙、丙、丁对该套设备享有的担保物权的清偿顺序，下列哪一排列是正确的？（　　）（司考改编）

A. 甲乙丙丁　　B. 乙丙丁甲

C. 丙丁甲乙　　D. 丁乙丙甲

4. 甲公司欠乙公司货款100万元，先由甲公司提供机器设备设定抵押权、丙公司担任保证人，后由丁公司提供房屋设定抵押权并办理了抵押登记。甲公司届期不支付货款，下列哪一表述是正确的？（　　）（司考改编）

A. 乙公司应先行使机器设备抵押权

B. 乙公司应先行使房屋抵押权

C. 乙公司应先行请求丙公司承担保证责任

D. 丙公司和丁公司可相互追偿

5. 甲公司向乙银行借款，约定甲以其现有以及将有的动产为乙设立动产浮动抵押权，办理了抵押登记。2个月后，甲公司向丙公司购买了一批机械设备，并在机械设备上设立了抵押权，担保这批设备购置款的支付。机械设备交付的当日甲与丙办理了抵押登记。半年后，甲公司破产且未清偿上述债务，乙银行与丙公司均主张对机械设备行使抵押权。对此，下列表述正确的是？（　　）（法考改编）

A. 乙对机械设备不享有抵押权

B. 乙对机械设备的抵押权优先于丙对机械设备的抵押权

C. 丙对机械设备的抵押权优先于乙对机械设备的抵押权

D. 丙对机械设备的抵押权优先于留置权

（二）多项选择题

1. 甲向乙借款5万元，并以一台机器做抵押，办理了抵押登记。随后，甲又将该机器质押给丙。丙在占有该机器期间，将其交给丁修理，因拖欠修理费而被丁留置。下列哪些说法是正确的？（　　）（司考改编）

A. 乙优先于丙受偿　　B. 丙优先于丁受偿

C. 丁优先于乙受偿　　D. 丙优先于乙受偿

2. 关于抵押权和租赁权的关系，下列说法正确的有（　　）。

A. 抵押人将已经抵押的财产出租的，已登记的抵押权优先于租赁权

B. 抵押人将已经登记抵押的财产出租的，抵押权实现需要变卖抵押物时，买卖不破除租赁

C. 抵押权设立前，抵押财产已经出租并转移占有的，原租赁关系不受该抵押权的影响

D. 在出卖已经出租且已经设定抵押的房屋时，只有承租人有主张优先购买的权利

3. 根据我国法律规定，在发生冲突的情况下，（　　）。

A. 后设立的质权优先于先设立的未登记的抵押权

B. 法定登记的抵押权优先于留置权

C. 质权优先于法定登记的抵押权

D. 留置权优先于法定登记的抵押权

4. 南岳公司委托江北造船公司建造船舶一艘。船舶交付使用时南岳公司尚欠江北公司费用200万元。南岳公司以该船舶抵押向银行贷款500万元。后该船舶不慎触礁，需修理费50万元，有多名船员受伤，需医药费等40万元。如以该船舶的价值清偿上述债务，下列哪些表述是正确的？（　　）（司考改编）

A. 修船厂的留置权优先于银行的抵押权

B. 船员的赔偿请求权优先于修船厂的留置权

C. 造船公司的造船费用请求权优先于银行的抵押权

D. 银行的抵押权优先于修船厂的留置权

5. 关于船舶担保物权及针对船舶的请求权的表述，下列哪些选项是正确的？（　　）（司考改编）

A. 海难救助的救助款项给付请求，先于在船舶营运中发生的人身伤亡赔偿请求而受偿

B. 船舶在营运中因侵权行为产生的财产赔偿请求，先于船舶吨税、引航费等的缴付请求而受偿

C. 因保存、拍卖船舶和分配船舶价款产生的费用，应从船舶拍卖所得价款中先行拨付

D. 船舶优先权先于船舶留置权与船舶抵押权受偿

6. 甲有一批价值200万元的设备。1月2日，甲将该设备抵押向乙银行借款100万元，未办理抵押登记。2月7日，甲又将该设备抵押向丙银行借款80万元，办理了抵押登记，丙知道设备已经抵押给乙银行但未办理登记。3月2日，甲又将该设备抵押向丁银行借款60万元，办理了抵押登记，丁不知设备已经抵押给乙、丙。关于乙、丙、丁对设备抵押权的顺位，下列表述正确的有（　　）。（法考改编）

A. 登记的丙优先于未登记的乙

B. 在先的乙优先于恶意的丙

C. 在先的丙优先于在后的丁

D. 登记的丁优先于未登记的乙

（三）不定项选择题

1. 2021 年 2 月 1 日，王某以一套房屋为张某设定了抵押，办理了抵押登记。同年 3 月 1 日，王某将该房屋无偿租给李某 1 年，以此抵王某欠李某的借款。房屋交付后，李某向王某出具了借款还清的收据。同年 4 月 1 日，李某得知房屋上设有抵押后，与王某修订租赁合同，把起租日改为 2021 年 1 月 1 日。张某实现抵押权时，要求李某搬离房屋。下列哪些表述是正确的？（　　）（司考改编）

A. 王某、李某的借款之债消灭

B. 李某的租赁权可对抗张某的抵押权

C. 王某、李某修订租赁合同行为无效

D. 李某可向王某主张违约责任

视频讲题

2. 甲公司以一地块的建设用地使用权作抵押向乙银行借款 3 000 万元，办理了抵押登记。其后，甲公司在该地块上开发建设住宅楼，由丙公司承建。甲公司在取得预售许可后与丁订立了商品房买卖合同，丁交付了 80%的购房款。现住宅楼已竣工验收，但甲公司未能按期偿还乙银行借款，并欠付丙公司工程款 1 500 万元，乙银行和丙公司同时主张权利，法院拍卖了该住宅楼。下列哪些选项是正确的？（　　）（司考改编）

A. 乙银行对建设用地使用权拍卖所得价款享有优先受偿权

B. 乙银行对该住宅楼拍卖所得价款享有优先受偿权

C. 丙公司对该住宅楼及其建设用地使用权的优先受偿权优先于乙银行的抵押权

D. 丙公司对该住宅楼及其建设用地使用权的优先受偿权不得对抗丁对其所购商品房的权利

视频讲题

甲服装公司与乙银行订立合同，约定甲公司向乙银行借款 300 万元，用于购买进口面料。同时，双方订立抵押合同，约定甲公司以其现有的以及将有的生产设备、原材料、产品为前述借款设立抵押。借款合同和抵押合同订立后，乙银行向甲公司发放了贷款，但未办理抵押登记。之后，根据乙银行要求，丙为此项贷款提供连带责任保证，丁以一台大型挖掘机作质押并交付。

请回答第 3～5 题。（司考改编）

3. 关于甲公司的抵押，下列选项正确的是（　　）。

A. 该抵押合同为最高额抵押合同

B. 乙银行自抵押合同生效时取得抵押权

C. 乙银行自抵押登记完成时取得抵押权

D. 乙银行的抵押权不得对抗在正常经营活动中已支付合理价款并取得抵押财产的买受人

视频讲题

4. 如甲公司违反合同约定将借款用于购买办公用房，则乙银行享有的权利有（　　）。

A. 提前收回借款

B. 解除借款合同

C. 请求甲公司按合同约定支付违约金

D. 对甲公司所购办公用房享有优先受偿权

5. 如甲公司未按期还款，乙银行欲行使担保权利，当事人未约定行使担保权利顺序，下列选项正确的是（　　）。

A. 乙银行应先就甲公司的抵押实现债权

B. 乙银行应先就丁的质押实现债权

C. 乙银行可选择就甲公司的抵押或丙的保证实现债权

D. 乙银行可选择就甲公司的抵押或丁的质押实现债权

视频讲题

论述题与深度思考题

试论人的担保和物的担保相竞存时，债权人实现债权的选择权。

参考答案

名词解释

《民法典》第 416 条规定："动产抵押担保的主债权是抵押物的价款，标的物交付后十日内办理抵押登记的，该抵押权人优先于抵押物买受人的其他担保物权人受偿，但是留置权人除外。"这是《民法典》新增的购买价金担保权超优先顺位规则，其立法意旨在于，针对交易实践中普遍存在的借款人借款购买货物，同时将该货物抵押给贷款人作为价款的担保的情形，赋予该抵押权优先效力，以保护融资人的权利，促进融资。作为《民法典》第 414 条所确立的"先登记者优先规则"的例外，第 416 条奉行"后登记者优先规则"，正是基于此，这一优先顺位的例外规则多被称为"超优先顺位规则"或"超级优先顺位规则"。

选择题

（一）单项选择题

1. 答案：A。《民法典》第 415 条规定："同一财产既设立抵押权又设立质权的，拍卖、变卖该财产所得的价款按照登记、交付的时间先后确定清偿顺序。"本题中乙的抵押权已登记，且先于丙的质权，因此本题的正确答案为 A 项。

2. 答案：B。根据《民法典》第 414 条和第 456 条的规定，丁的留置权优先于丙办理了登记的抵押权，丙办理了登记的抵押权优先于乙未办理登记的抵押权，故本题的正确答案为 B 项。

3. 答案：D。《民法典》第 456 条规定："同一动产上已经设立抵押权或者质权，该动产又被留置的，留置权人优先受偿。"据此可知，本题中丁享有的留置权最先得到受偿。

《民法典》第 415 条规定："同一财产既设立抵押权又设立质权的，拍卖、变卖该财产所得的价款按照登记、交付的时间先后确定清偿顺序。"据此可知，本题中乙享有的已登记的抵押权优先于丙享有的质权受偿，丙享有的质权优先于甲享有的未登记的抵押权受偿。

综上，甲、乙、丙、丁对该套设备享有的担保物权的清偿顺序是丁、乙、丙、甲。

4. 答案：A。《民法典》第 392 条规定："被担保的债权既有物的担保又有人的担保的，债务人不履行到期债务或者发生当事人约定的实现担保物权的情形，债权人应当按照约定实现债权；没有约定或者约定不明确，债务人自己提供物的担保的，债权人应当先就该物的担保实现债权；第三人提供物的担保的，债权人可以就物的担保实现债权，也可以请求保证人承担保证责任。提供担保的第三人承担担保责任后，有权向债务人追偿。"据此可知，在没有约定实现债权顺序的情形下，乙公司应先就甲公司提供的机器设备行使抵押权，因此选项 A 正确，选项 B、C 错误。

根据最高人民法院《关于适用〈中华人民共和国民法典〉有关担保制度的解释》第 13 条，除非担保人约定相互追偿、承担连带共同担保或在同一份合同书上签名、盖章或者按指印，否则不能相互追偿。因此选项 D 错误。

5. 答案：C。依据《民法典》第 396 条的规定，企业可以将现有的以及将有的生产设备、原材料、半成品、产品设定浮动抵押。机械设备系浮动抵押权的标的物，故 A 选项错误。《民法典》第 416 条规定："动产抵押担保的主债权是抵押物的价款，标的物交付后十日内办理抵押登记的，该抵押权人优先于抵押物买受人的其他担保物权人受偿，但是留置权人除外。"对于丙公司而言，机械设备担保的债权是机械设备的购置款，且于标的物交付当日办理了登记，丙公司享有超级动产抵押权，故其权利优先于乙银行的抵押权，但劣后于留置权。C 选项正确，B、D 选项错误。

（二）多项选择题

1. 答案：AC。本题考查担保物权的竞合。本题共存在三个担保物权：乙享有的抵押权，该抵押权已经办理登记；丙享有的质权；丁享有的留置权。《民法典》第 415 条规定："同一财产既设立抵押权又设立质权的，拍卖、变卖该财产所得的价款按照登记、交付的时间先后确定清偿顺序。"第 456 条规定："同一动产上已经设立抵押权或者质权，该动产又被留置的，留置权人优先受偿。"故 A、C 项正确。

2. 答案：ACD。对于A、B两项，由于抵押权设定在先，而租赁权设定在后，所以抵押权具有优先于租赁权的效力。如果租赁期超过了抵押权行使之时，则租赁合同不具有对抗抵押权的效力。“买卖不破除租赁”的原则不得适用。A选项正确，B选项错误。我国《民法典》第405条规定：“抵押权设立前，抵押财产已经出租并转移占有的，原租赁关系不受该抵押权的影响。”故C项正确。法律赋予抵押权人优先受偿的权利，但抵押权人没有优先购买抵押物的权利，法律明确规定承租人享有优先购买其租用的房屋的权利，故D项正确。

3. 答案：AD。《民法典》第415条规定：“同一财产既设立抵押权又设立质权的，拍卖、变卖该财产所得的价款按照登记、交付的时间先后确定清偿顺序。”质权与法定登记的抵押权之间的清偿顺序取决于登记、交付的时间先后，C项错误。后设立的质权优先于先设立的未登记的抵押权，A项正确。依据《民法典》第456条的规定，同一动产上已经设立抵押权或者质权，该动产又被留置的，留置权人优先受偿。故B项错误，D项正确。

4. 答案：AB。选项A、B正确，选项D错误。根据《海商法》第22条第1款第2项规定，在船舶营运中发生的人身伤亡的赔偿请求具有船舶优先权。《海商法》第25条第1款规定：船舶优先权先于船舶留置权受偿，船舶抵押权后于船舶留置权受偿。

选项C错误。造船公司的造船费用请求权属于普通债权，“银行的抵押权”属于担保物权，按照法律规定，银行依法享有就担保财产优先受偿的权利。

5. 答案：ACD。《海商法》第22条第1款规定，下列各项海事请求具有船舶优先权：(1)船长、船员和在船上工作的其他在编人员根据劳动法律、行政法规或者劳动合同所产生的工资、其他劳动报酬、船员遣返费用和社会保险费用的给付请求；(2)在船舶营运中发生的人身伤亡的赔偿请求；(3)船舶吨税、引航费、港务费和其他港口规费的缴付请求；(4)海难救助的救助款项的给付请求；(5)船舶在营运中因侵权行为产生的财产赔偿请求。

《海商法》第23条第1款规定：本法第22条第1款所列各项海事请求，依照顺序受偿。但是，第4项海事请求，后于第1项至第3项发生的，应当先于第1项至第3项受偿。

据此，第4项海难救助救助款项给付请求先于前三项优先受偿，A选项正确。其他依照顺序受偿，所以第5项船舶在营运中因侵权行为产生的财产赔偿请求，应“后于”第3项船舶吨税、引航费等的缴付请求而受偿。B选项错误。

《海商法》第24条规定：因行使船舶优先权产生的诉讼费用，保存、拍卖船舶和分配船舶价款产生的费用，以及为海事请求人的共同利益而支付的其他费用，应当从船舶拍卖所得价款中先行拨付。故C选项正确。

《海商法》第25条第1款规定：船舶优先权先于船舶留置权受偿，船舶抵押权后于船舶留置权受偿。简单归纳三者受偿顺序为：船舶优先权、船舶留置权、船舶抵押权。D选项正确。

因此，本题正确选项为ACD。

6. 答案：ACD。《民法典》第414条规定：“同一财产向两个以上债权人抵押的，拍卖、变卖抵押财产所得的价款依照下列规定清偿：(一)抵押权已经登记的，按照登记的时间先后确定清偿顺序；(二)抵押权已经登记的先于未登记的受偿；(三)抵押权未登记的，按照债权比例清偿。”抵押权实现的顺序取决于登记公示的顺序，与抵押权人的善意、恶意无关。故本题中抵押权的顺序为丙、丁、乙，A、C、D选项正确。

(三)不定项选择题

1. 答案：ACD。《民法典》第569条规定：“当事人互负债务，标的物种类、品质不相同的，经协商一致，也可以抵销。”本案中，王某将房屋无偿租赁给李某，以租金抵偿借款，李某向王某出具借款还清收据，该借款之债因抵销而消灭，所以A项正确。

《民法典》第154条规定：“行为人与相对人恶意串通，损害他人合法权益的民事法律行为无效。”本案中，王某、张某修订租赁合同的行为将改变抵押合同与租赁合同的成立时间顺序，损害抵押权人张某的利益，因此该修订行为无效，C项正确。

《民法典》第577条规定：“当事人一方不履行合同义务或者履行合同义务不符合约定的，应当承担继续履行、采取补救措施或者赔偿损失等违约责任。”本案中，因张某实现抵押权，要求李某搬离房屋，致使王某无法合理履行出租人义务，构成违约，应当承担违约责任。所以，D项正确。

最高人民法院《关于审理城镇房屋租赁合同纠纷

案件具体应用法律若干问题的解释》（2020 年修正）第 14 条规定：“租赁房屋在承租人按照租赁合同占有期限内发生所有权变动，承租人请求房屋受让人继续履行原租赁合同的，人民法院应予支持。但租赁房屋具有下列情形或者当事人另有约定的除外：（一）房屋在出租前已设立抵押权，因抵押权人实现抵押权发生所有权变动的……”本案中张某抵押权成立在先，李某的租赁权不能对抗张某的抵押权，所以 B 项错误。

2. 答案：ACD。《民法典》第 417 条规定：“建设用地使用权抵押后，该土地上新增的建筑物不属于抵押财产。该建设用地使用权实现抵押权时，应当将该土地上新增的建筑物与建设用地使用权一并处分。但是，新增建筑物所得的价款，抵押权人无权优先受偿。”依据题意，乙银行仅得就建设用地使用权拍卖所得的价款享有优先受偿权，对于新增房屋的拍卖价款不享有优先受偿权。故选项 A 正确，选项 B 错误。

《民法典》第 807 条规定：“发包人未按照约定支付价款的，承包人可以催告发包人在合理期限内支付价款。发包人逾期不支付的，除根据建设工程的性质不宜折价、拍卖外，承包人可以与发包人协议将该工程折价，也可以请求人民法院将该工程依法拍卖。建设工程的价款就该工程折价或者拍卖的价款优先受偿。”最高人民法院《关于审理建设工程施工合同纠纷案件适用法律问题的解释（一）》第 36 条规定：“承包人根据民法典第八百零七条规定享有的建设工程价款优先受偿权优于抵押权和其他债权。”故选项 C 正确。

最高人民法院《关于人民法院办理执行异议和复议案件若干问题的规定》（2020 年修正）第 29 条规定：“金钱债权执行中，买受人对登记在被执行的房地产开发企业名下的商品房提出异议，符合下列情形且其权利能够排除执行的，人民法院应予支持：（一）在人民法院查封之前已签订合法有效的书面买卖合同；（二）所购商品房系用于居住且买受人名下无其他用于居住的房屋；（三）已支付的价款超过合同约定总价款的百分之五十。”因此，承包人丙就该商品房享有的工程价款优先受偿权不得对抗买受人丁对其所购商品房的权利，故选项 D 正确。

3. 答案：BD。《民法典》第 420 条第 1 款规定：“为担保债务的履行，债务人或者第三人对一定期间内将要连续发生的债权提供担保财产的，债务人不履行到期债务或者发生当事人约定的实现抵押权的情形，抵押权人有权在最高债权额限度内就该担保财产优先受偿。”《民法典》第 396 条规定：“企业、个体工商户、农业生产经营者可以将现有的以及将有的生产设备、原材料、半成品、产品抵押，债务人不履行到期债务或者发生当事人约定的实现抵押权的情形，债权人有权就抵押财产确定时的动产优先受偿。”由此可知，该抵押合同是动产浮动抵押合同而非最高额抵押合同，故选项 A 错误。《民法典》第 403 条规定：“以动产抵押的，抵押权自抵押合同生效时设立；未经登记，不得对抗善意第三人。”抵押权自抵押合同生效时设立，未经登记不得对抗善意第三人，故选项 B 正确，选项 C 错误。《民法典》第 404 条规定：“以动产抵押的，不得对抗正常经营活动中已经支付合理价款并取得抵押财产的买受人。”根据该条的规定，乙银行的抵押权不得对抗在正常经营活动中已支付合理价款并取得抵押财产的买受人，故选项 D 正确。

4. 答案：ABC。《民法典》第 673 条规定：“借款人未按照约定的借款用途使用借款的，贷款人可以停止发放借款、提前收回借款或者解除合同。”因此 A、B 项正确。

若甲公司违反合同约定将借款用于购买办公用房构成违约，乙银行可以要求甲公司承担违约责任。双方约定违约金的可以按照约定要求支付违约金。因此选项 C 正确。

甲公司与乙公司设定的是动产浮动抵押合同，办公用房属于不动产，不属于抵押范围，故不能就办公用房优先受偿。所以选项 D 错误。

5. 答案：A。《民法典》第 392 条规定：“被担保的债权既有物的担保又有人的担保的，债务人不履行到期债务或者发生当事人约定的实现担保物权的情形，债权人应当按照约定实现债权；没有约定或者约定不明确，债务人自己提供物的担保的，债权人应当先就该物的担保实现债权；第三人提供物的担保的，债权人可以就物的担保实现债权，也可以请求保证人承担保证责任。提供担保的第三人承担担保责任后，有权向债务人追偿。”

本题中既有债务人甲公司提供的抵押担保，又有保证人提供的保证和质押担保，构成了混合担保。在当事人未约定担保权实现的顺序的情形下，债权人应先就债务人的抵押财产实现债权。故选项 A 正确，选项 B 错误。在债务人的抵押财产不足以清偿债务时，可以向丙主张保证责任或者向丁实现质权，质言之，债务人的抵押财产首先用于清偿债务，不足部分可以由债权人选择向保证人或者第三人质押人行使权利。因此选项C、D错误。

论述题与深度思考题

《民法典》第392条第一句规定："被担保的债权既有物的担保又有人的担保的，债务人不履行到期债务或者发生当事人约定的实现担保物权的情形，债权人应当按照约定实现债权；没有约定或者约定不明确，债务人自己提供物的担保的，债权人应当先就该物的担保实现债权；第三人提供物的担保的，债权人可以就物的担保实现债权，也可以请求保证人承担保证责任。"这里，提供物的担保的第三人又称物上保证人。

"债权人应当按照约定实现债权"的"约定"旨在确定或限制人的担保与物的担保并存时债权人的选择权，其内容包括人的担保责任与物的担保责任之间的顺序。在解释上，就各项担保之间的关系而言，当事人之间完全可以约定各担保人仅对债权承担按份的担保责任，如此，各担保人承担按份的共同担保责任，仅在约定的分担范围内承担担保责任。这一按份的共同担保约定，同样限制债权人实现债权时选择权的行使，债权人仅享有向各担保人主张约定份额范围内的担保权利。由此可见，当事人之间约定各担保人仅承担按份的共同担保责任的，"债权人应当按照约定实现债权"。"债权人应当按照约定实现债权"的"约定"，是关于人的担保与物的担保之间的责任顺序和责任分担范围的约定，亦即对债权人实现债权的选择权起到确定或限制作用的约定。在本条前句中，还存在另外一个"约定"："债务人不履行到期债务或者发生当事人约定的实现担保物权的情形"。这一表述指的是混合共同担保中各担保权可得行使的条件，这里"发生当事人约定的实现担保物权的情形"的"约定"，系指当事人之间在"债务人不履行到期债务"之外，其他关于实现担保物权情形的"约定"，与后句"按照约定实现债权"的"约定"意义迥异。担保合同围绕担保权的内容和行使条件而展开，但人的担保与物的担保并存时，"债权人应当按照约定实现债权"的"约定"，非指单个担保合同中就某一具体担保权的担保范围与行使条件的约定。据此，并不是有了"约定的实现担保物权的情形"，就得先就物的担保实现债权。

同一债权既有人的担保又有物的担保时，依以下规则决定两者之间的先后顺序。

其一，当事人对人的担保和物的担保之间的责任顺序和责任分担范围有约定的，依其约定。在解释上，在同一债权既有人的担保又有物的担保之时，债权人究竟按照何种顺序实现其债权，因无关公益，宜彰显私法自治精神，由债权人与保证人、物上保证人自由约定。本条中所谓"债权人应当按照约定实现债权"，明确了该规范的任意法属性。

其二，当事人对人的担保和物的担保之间的责任顺序和责任分担范围没有约定或者约定不明确的，同一债权既有人的担保又有债务人提供的物的担保时，物的担保责任优先，保证人享有类似先诉抗辩权的权利（即顺序利益）。其理由是："债务人是最终的债务承担者，保证人在承担了担保责任后，对债务人享有追偿权。在债务人自己提供物的担保的情况下，先以担保物清偿债务，可以避免日后出现追偿权的问题。"这一规定实际上限制了主债务人充当物上担保人时债权人的选择权。

其三，当事人对人的担保和物的担保之间的责任顺序和责任分担范围没有约定或者约定不明确的，同一债权既有人的担保又有第三人提供的物的担保时，保证人和物上保证人处于同一清偿顺序，债权人既可以要求保证人承担保证责任，又可以要求物上保证人承担担保责任。其理由是，此时物上保证人与保证人处于平等地位，都不是最终的债务承担者（亦即准债务人），债权人无论是先实现物的担保还是先实现人的担保，物上保证人或者保证人都存在向债务人求偿的问题。为保障债权人的债权得以充分实现，法律应当尊重债权人的意愿，允许债权人在这种情况下享有选择权。

第二十九章　占　有

知识逻辑图

- 占有
  - 含义：占有人对物的事实上的控制和支配。应区分占有与持有，占有与占有权、占有权能
  - 功能：保护功能和公示功能
  - 分类
    - 有权占有与无权占有
    - 善意占有与恶意占有
    - 直接占有与间接占有
    - 自主占有与他主占有
    - 自己占有与占有辅助
  - 取得：占有的初始取得和继受取得
  - 变更
    - 有权占有变为无权占有
    - 善意占有变为恶意占有
    - 他主占有变为自主占有
  - 消灭：直接占有的消灭和间接占有的消灭
  - 效力
    - 占有的权利推定效力
    - 占有的状态推定效力
    - 占有人的权利与义务
  - 保护
    - 占有人的自力救济
    - 占有保护请求权：占有物返还请求权、排除妨害请求权、消灭危险请求权
    - 占有的损害赔偿请求权

名词解释

1. 占有
2. 有权占有和无权占有
3. 自主占有与他主占有
4. 自己占有与占有辅助

选择题

（一）单项选择题

1. 下列哪一项属于自主占有？（　　）

A. 留置权人对留置物的占有

B. 加工承揽人对他人的加工承揽物的占有

C. 承租人对租赁物的占有

D. 盗贼对所盗物品的占有

2. 甲遗失一部相机，乙拾得后放在办公桌抽屉内，并张贴了招领启事。丙盗走该相机，卖给了不知情的丁，丁出质于戊。对此，下列哪种说法不正确？（　　）（司考改编）

A. 乙对相机的占有属于无权占有

B. 丙对相机的占有属于他主占有

C. 丁对相机的占有属于自主占有

D. 戊对相机的占有属于直接占有

3. 不一定导致间接占有消灭的原因是（　　）。

A. 直接占有人遗失占有物

B. 直接占有人将占有物出卖给善意第三人

C. 间接占有人的返还请求权消灭

D. 直接占有人发生变化

4. 甲、乙是邻居。乙出国 2 年，甲将乙的停车位占为己用。在此期间，甲将该停车位出租给丙，租期 1 年。期满后丙表示不再续租，但仍继续使用该停车位。下列哪一表述是错误的？（　　）（司考改编）

A. 甲将乙的停车位占为己用，甲属于恶意、无权占有人

B. 丙的租期届满前，甲不能对丙主张占有返还请求权

C. 乙可以请求甲返还原物。在甲为间接占有人时，可以对甲请求让与其对丙的占有返还请求权

D. 无论丙是善意或恶意的占有人，乙都可以对其行使占有返还请求权

5. 甲、乙就乙手中的一枚宝石戒指的归属发生争议。甲称该戒指是其在 2021 年 10 月 1 日外出旅游时让乙保管，属甲所有，现要求乙返还。乙称该戒指为自己所有，拒绝返还。甲无法证明对该戒指拥有所有权，但能够证明在 2021 年 10 月 1 日前一直合法占有该戒指，乙则拒绝提供自 2021 年 10 月 1 日后从甲处合法取得戒指的任何证据。对此，下列哪一说法是正确的？（　　）（司考改编）

A. 应推定乙对戒指享有合法权利，因占有具有权利公示性

B. 应当认定甲对戒指享有合法权利，因其证明了自己的先前占有

C. 应当由甲、乙证明自己拥有所有权，否则应判决归国家所有

D. 应当认定由甲、乙共同共有

6. 某地因地理位置得天独厚经常有陨石掉落，当地人多以陨石买卖为业且收入颇丰。一天，一块陨石从天而降，落入乙家的菜地里。邻居甲看到后将其捡到。关于陨石的归属，下列哪一说法是正确的？（　　）（法考改编）

A. 归甲所有

B. 归乙所有

C. 归甲、乙共同共有

D. 归国家所有

7. 高中生孙某在教室上晚自习，课间去走廊休息。齐某见孙某离开，便把玩其文具，随后放回原位。后齐某见孙某一直未回教室，便将其文具放入自己的书包占为己有。下列说法正确的是（　　）。（法考改编）

A. 孙某离开教室即失去对文具的占有

B. 齐某把玩文具时孙某即失去对文具的占有

C. 齐某将文具放入书包孙某即失去对文具的占有

D. 孙某对文具的占有不因齐某受影响，孙某不曾失去对文具的占有

8. 张某拾得王某的一只小羊拒不归还，李某将小羊从张某的羊圈中抱走交给王某。下列哪一表述是正确的？（　　）（司考改编）

A. 张某拾得小羊后因占有而取得所有权

B. 张某有权要求王某返还占有

C. 张某有权要求李某返还占有

D. 李某侵犯了张某的占有

视频讲题

（二）多项选择题

1. 下列占有中哪些属于直接占有？（　　）

A. 保管人对其保管的寄存物的占有

B. 寄存人对正在寄存的物的占有

C. 出质人对出质物的占有

D. 留置人对留置物的占有

2. 依照民法原理，可能因时效而取得所有权的占有人可以是（　　）。

A. 自主占有人　　B. 他主占有人

C. 辅助占有人　　D. 公然占有人

3. 占有的公示功能体现在（　　）。

A. 权利移转效力　　B. 权利推定效力

C. 善意取得效力　　D. 权利取得效力

4. 甲为了筹资，将其所有的一块劳力士手表质押给乙，并约定在质押期间乙可以使用该表，在此期间，乙不慎将表损坏，交于丙进行修理。下列说法正确的有（　　）。

A. 甲对表的占有为间接占有

B. 在修理期间，乙对表的占有为间接占有

C. 甲对表的占有属于占有的创设取得

D. 甲对表的占有属于占有的初始取得

5. 王某在路上捡到了一个钱包，这时后面的李某看到了，就从王某手里夺走，并声称该钱包并非王某的，因此自己拿走也应该。下列说法正确的有（　　）。

A. 由于钱包并非王某所有，因此李某的说法有理

B. 王某虽不享有所有权，但其占有应受到法律保护

C. 王某有权要求李某返还原物

D. 王某无权要求李某返还原物

6. 某村村民李某为了打鸟，私造了 2 把枪支，并利用枪支恐吓他人，谋取利益。下列说法错误的有（　　）。

A. 李某私藏枪支的行为违反法律规定

B. 李某私藏枪支违法，但是其占有应当受到法律保护

C. 李某的行为不构成民法上的占有

D. 李某的行为构成民法上的占有

7. 丙找甲借自行车，甲的自行车与乙的很相像，均放于楼下车棚。丙错认乙车为甲车，遂把乙车骑走。甲告知丙骑错车，丙未理睬。某日，丙骑车购物，将车放在商店楼下，因墙体倒塌将车砸坏。下列哪些表述是正确的？（　　）（司考改编）

A. 丙错认乙车为甲车而占有，属于无权占有人

B. 甲告知丙骑错车前，丙修车的必要费用，乙应当偿还

C. 无论丙是否知道骑错车，乙均有权对其行使占有返还请求权

D. 对于乙车的毁损，丙应当承担赔偿责任

8. 甲拾得乙的手机，以市价卖给不知情的丙并交付。丙把手机交给丁维修。修好后丙拒付部分维修费，丁将手机扣下。关于手机的占有状态，下列哪些选项是正确的？（　　）（司考改编）

A. 乙丢失手机后，由直接占有变为间接占有

B. 甲为无权占有、自主占有

C. 丙为无权占有、善意占有

D. 丁为有权占有、他主占有

9. 某日，张三在步行街上游玩时，拾得一精美挂件。正当张三准备上交时，巧遇朋友李四，张三出于炫耀向李四展示该挂件并谎称为自己所有，李四羡慕不已，央求张三借其把玩几天，张三答应，交给了李四。次日，王二趁李四不备，将挂件偷走，王二在某二手古玩市场准备倒卖时，被失主麻大认出。对此，正确的有（　　）。（法考改编）

A. 李四构成恶意占有

B. 张三属于无权占有

C. 李四可向王二主张返还原物

D. 麻大可向王二主张返还原物

视频讲题

10. 赵某赴外地出差，妻子管某将木质屏风卖给邻居辛某。辛某打开屏风时发现一幅字画。赵某出差回来后，听妻子说起此事，想起该字画为自己婚后友人所赠送。关于该字画，下列哪些说法是正确的？（　　）（法考）

A. 该字画不能归辛某所有

B. 应属于赵某夫妻共同财产

C. 辛某构成先占，享有该字画的所有权

D. 辛某善意取得该字画的所有权

简答题

1. 简述占有初始取得的概念和特点。

2. 简述占有的权利推定效力。

案例分析题

2021 年 4 月 16 日，宋某正在家中耕田，被林山县公安局传唤。公安局认为，宋某的耕牛是赃物，应予扣押。宋某申辩，耕牛是买来的。公安局调查后证实，此牛原为陈德所有，2020 年 12 月 25 日，被王二偷走。王二当天就把牛卖给了刘丕。因为刘丕知道牛是赃物，所以只花了 500 元。此牛在刘丕家饲养了不到一个月，便再次丢失。刘根拾得此牛，饲养了 12 天，后又将此牛卖给了宋某。（律考改编）

依据《民法典》的规定回答下列问题：

（1）若陈德要求返还耕牛，宋某是否应当返还？为什么？

（2）刘丕饲养耕牛的费用能够要求补偿吗？为什么？

（3）请根据占有的几种分类，分析王二对耕牛的占有属于哪一类。

论述题与深度思考题

占有保护请求权包括哪些内容？

参考答案

名词解释

1. 占有是主体对物基于占有的意思进行控制的事实状态，占有是对物的一种事实上的控制。对物的控制也称对物的管领，它需要借助身体与物发生一种外部的接触。构成占有，至少要具备两个要件：第一，占有人必须具有占有的意思。第二，从客观上，占有还要求占有人事实上控制或管领了某物。

2. 根据占有人是否具有本权，可以将占有分为有权占有和无权占有。有权占有是指有本权的占有，无权占有是指无本权的占有。所谓本权，是指占有人所享有的可以占有某物的权利。区分有权占有和无权占有的意义在于：第一，有权占有除受到占有制度保护外，还受其他法律制度的保护；无权占有只能根据其占有事实和状态受占有制度保护。第二，在有权占有中，占有人可以拒绝他人为本权的行使，不返还占有之标的物；在无权占有中，如遇本权人行使返还请求权，则占有人应当返还占有标的物。第三，作为留置权的成立要件的占有必须是有权占有。

3. 根据占有人是否以所有的意思对占有物加以占有，可以将占有分为自主占有与他主占有。所谓“所有的意思”，只要具有与所有权人为同样支配并排斥他人的意思即可，无须是依据法律行为取得所有权的意思。自主占有包括三种情况：占有人确实是物的所有人；占有人误信自己为物的所有人；占有人将他人之物据为己有。区分自主占有与他主占有的意义在于，时效取得或者先占取得所有权时，均以自主占有为成立要件。

4. 根据占有人是否亲自进行占有，可以将占有区分为自己占有与占有辅助。自己占有，是指占有人自己对物进行事实上的控制与支配；占有辅助，是指受占有人的指示而对物进行事实上的控制和支配。区分自己占有与占有辅助的意义在于，占有辅助人虽然事实上控制某物，但并不因此而取得占有，而是以他人为占有人。占有辅助人也因此并不享有或承担基于占有所产生的权利和义务。

选择题

（一）单项选择题

1. 答案：D。本题考查自主占有与他主占有。所谓自主占有，是指占有人以将占有物据为己有的意思而对该物进行占有。而他主占有是指占有人以非所有人的意思而进行的占有。本题中，A、B、C 三项都没有对物据为己有的意思。只有在 D 项中，盗贼对所盗窃物品是以为自己所有的意思占有的。因此正确答案为 D。

2. 答案：B。占有可以分成很多种类。按占有意思的不同，占有可以分为自主占有和他主占有。以所有的意思占有的叫自主占有；以非所有的意思占有的叫他主占有。按对物的控制状态的不同，分为直接占有和间接占有。直接对物进行事实上的控制是直接占有；不直接占有物但依据一定的法律关系享有返还请求权的占有为间接占有。按占有人是否具有本权，可以分为有权占有和无权占有。依据法律规定或合同约定对物进行的占有是有权占有；没有占有权利来源的占有是无权占有。本题中，乙的占有没有权利来源，属无权占有。丙是以所有的意思进行占有，属自主占有。丁善意地取得相机，是以所有的意思占有，构成自主占有。戊根据质权占有相机，直接对物进行事实上的控制，是直接占有。故应选 B。

3. 答案：D。直接占有人发生变化，并不一定会影响间接占有的存在。但是，如果直接占有人无权处分，将占有物转让给善意第三人，或者直接占有人遗失了占有物，一定会导致间接占有实际消灭。

4. 答案：D。无权占有又称无权源的占有、无本权的占有，是指没有法律上的根据或者原因的占有，如对赃物、遗失物的占有。甲将乙的停车位占为己用，自然缺乏权源，属于无权占有。善意占有和恶意占有，是对无权占有的再分类。善意占有，是指占有人不知道也不可能知道对财产的占有是无权源的。恶意占有，是指占有人知道或应当知道其占有财产是无权源的，但为了某种私利仍然占有他人财产。甲属于恶意占有，A 选项正确。

尽管甲系无权占有人，但甲与丙之间的租赁合同并不当然无效，甲丙之间存在租赁合同关系，在租赁期间，丙取得租赁物的使用权，丙对于甲而言属于有权占有，因此丙并未侵夺甲的占有，故甲对丙不享有占有返还请求权。另外，《民法典》第723条规定："因第三人主张权利，致使承租人不能对租赁物使用、收益的，承租人可以请求减少租金或者不支付租金。第三人主张权利的，承租人应当及时通知出租人。"这也说明无权出租并不导致租赁合同无效。《民法典》第458条规定："基于合同关系等产生的占有，有关不动产或者动产的使用、收益、违约责任等，按照合同约定；合同没有约定或者约定不明确的，依照有关法律规定。"丙的租期届满前，甲不能对丙主张占有返还请求权，B选项正确。

甲将该停车位出租给丙，由于甲系无权占有，丙的占有也是无权占有，不论丙系善意还是恶意占有，乙都可以依据《民法典》第235条的规定，以所有权人身份主张物上请求权请求返还原物，但乙能否享有占有返还请求权仍有疑问。占有返还请求权与物上请求权虽然类似，但内容不同，占有返还请求权旨在保护占有，以占有人为请求权的主体，而物上请求权以物权人为请求权主体；占有返还请求权以占有被侵夺为成立要件，物上请求权以他人的无权占有为成立要件。占有返还请求权必须由占有人行使，非占有人纵使对于占有物有合法权源，也不得行使。甲侵占乙的占有，乙并非间接占有人，甲将占有物出租给丙后，乙并不享有对丙的占有返还请求权。另外，占有返还请求权应当在1年内行使，本案信息显示已过该期间。D选项错误。

但甲将占有物出租，由直接占有人变为间接占有人时，其作为侵占人的地位仍然存在，乙可以请求甲返还原物，在甲为间接占有人时，可以对甲请求让与其对丙的占有返还请求权，C选项正确。

5. 答案：B。为了保护交易安全，法律承认占有即所有的推定效力，受权利推定的占有人，免除举证责任，即其对是否具有实体权利存在争议时，占有人可以直接援用该推定对抗相对人，无须证明自己是权利人，即具有消极推定的功能，但是在相对人提出相反证据时，占有人为推翻该相反证据，仍需举证。本案中，甲无法证明对该戒指拥有所有权，但是可证明其在2021年10月1日前一直合法占有该戒指，乙此时应提供在2021年10月1日后取得占有的合法依据，否则推定甲享有对戒指的合法权利。故A、D项错误，B项正确。

本题中戒指非埋藏物、遗失物等可能判归国家所有的情形。故C项错误。

6. 答案：A。本题综合考查先占制度、共同共有以及归国家所有的情形。先占制度虽然在我国现行法律中并无明文规定，但无论是学理上还是司法实践中，均承认先占可以发生物权变动。所谓"先占"是指，以所有的意思，先于他人占有无主的动产，从而取得其所有权的法律事实。对于先占而言，应当具备三个要件：（1）需以所有的意思占有无主物；（2）对象是无主物；（3）标的物为动产。根据《民法典》第247条的规定，矿藏、水流、海域属于国家所有。但并不存在陨石亦归国家所有的法律规定。故D项错误，不当选。陨石作为无主动产，应依先占之基本规则确定归属，因甲捡到，应归甲所有。故A项正确，当选。共同共有的情形有夫妻关系、家庭关系、遗产继承关系、合伙关系和同居关系，以及约定的共同共有。本题中，甲、乙之间未约定共同共有，亦不存在上述五种关系。因此，陨石不可能由二者共同共有。故C项错误，不当选。综上所述，本题的正确答案为A。

7. 答案：C。孙某把文具放在教室，欲休息完毕后回来继续使用，依据一般社会观念，孙某并未丧失对占有物的支配与控制，占有并未消灭，A选项错误。齐某把玩文具时没有占有的意思，此时齐某尚未建立占有，孙某的占有并未消灭，B选项错误。齐某将文具放入书包时建立了事实上的支配与控制，且具备占有意思，故此时齐某建立了占有，孙某的占有消灭。C选项正确，D选项错误。

8. 答案：D。小羊系遗失物，张某不能通过占有取得其所有权，A选项错误。张某对小羊系无权占有，但是无权占有亦受法律保护，李某擅自将小羊抱走，侵犯了张某的占有，D选项正确。李某抱走小羊后将小羊交给王某，不再占有小羊，张某对其不再享有占有返还请求权，C选项错误。无权占有不得对抗所有权人，张某对王某不享有占有返还请求权，B选项错误。

（二）多项选择题

1. 答案：AD。本题考查直接占有和间接占有。直接占有是指直接对物进行事实上的管领和控制。间接占有与直接占有相对，是指并不直接占有某物，但因为可以依据一定的法律关系而对于直接占有某物的人，享有返还占有请求权，所以对于该物形成间接的控制和管理。B、C两项属于间接占有。

2. 答案：AD。依照民法原理，以时效取得所有权的占有，必须是以自己的意思进行占有，而且是公开、和平的占有，占有的状态达到法定的期间。故本题选AD。

3. 答案：ABC。占有具有保护功能和公示功能，A、B、C项三项都是占有公示功能的体现。占有是背后权利的外在表现，但占有的推定效力是消极性的，占有人不得利用这种推定作为其取得权利的积极证明。

4. 答案：ABC。直接占有和间接占有是依据占有人是否直接占有其物而划分的，A、B项均正确。甲将自己的表出质给乙，由直接占有变为间接占有，是基于既存的占有而取得的对物的占有，因此属于创设取得。占有的初始取得主要是针对不以他人的占有为根据而取得的对物的占有，如遗失物的拾得等。

5. 答案：BC。根据《民法典》第462条的规定，占有的不动产或动产被他人侵占的，占有人有权请求返还原物。虽然王某并不享有钱包的所有权，但是王某拾得遗失物是法律所认可的占有，依法应当受到法律的保护。

6. 答案：BD。枪支属于限制流通物，不是特殊的法定主体不能持有枪支。李某私藏枪支的行为违反了法律规定，也不能构成民法上的占有，更不能获得法律的保护。

7. 答案：ABCD。丙错认乙车为甲车，缺乏占有的权源，属于无权占有，故A选项正确。但在甲告知丙骑错车前，丙属于善意占有。《民法典》第460条规定："不动产或者动产被占有人占有的，权利人可以请求返还原物及其孳息；但是，应当支付善意占有人因维护该不动产或者动产支出的必要费用。"丙修车的费用属于必要费用，乙应当偿还，故B选项正确。同样，无论丙是否善意占有，乙均有权对其行使占有返还请求权，C选项正确。

丙知道骑错车后，善意占有转变为恶意占有。《民法典》第461条规定，占有的不动产或者动产毁损、灭失，该不动产或者动产的权利人请求赔偿的，占有人应当将因毁损、灭失取得的保险金、赔偿金或者补偿金等返还给权利人；权利人的损害未得到足够弥补的，恶意占有人还应当赔偿损失。对于车的毁损，丙作为恶意占有人应当赔偿损失，D选项正确。

8. 答案：ABCD。根据占有人是否直接占有其物，可以将占有分为直接占有和间接占有。直接占有，是指占有人直接对物的控制和支配。间接占有，是指占有人并未直接占有某物，而是基于一定的法律关系，对于直接占有人享有占有物返还请求权。本题中，乙丢失手机后被甲拾得，乙对手机的占有由直接占有变为间接占有，所以A项说法正确。

有权占有即指有本权的占有，无权占有是指无本权的占有。甲拾得乙的手机，没有占有权源，属于无权占有。自主占有是指以物属于自己所有（所有的意思）进行占有，具备所有人占有的意思，不必是真正的所有人或要求其自信为所有人。甲拾得手机并进行出卖，表明其是以自己所有的意思占有，即属于自主占有，所以B项说法正确。

甲将拾得的手机出让给丙，丙不能取得所有权，没有占有权源，属于无权占有。善意占有是占有人不知其无占有的权利，而误信有占有的权利的占有。恶意占有是占有人知道其无占有的权利的占有，是知无权源或者怀疑占有权源。丙不知没有占有权源，因而属于善意占有，所以C项正确。

丁善意取得手机的留置权，属于有权占有。他主占有是无所有的意思，基于某种特定关系对物进行的占有，因此丁属于他主占有，所以D项说法正确。

9. 答案：BCD。本题综合考查占有的分类、占有返还请求权和原物返还请求权。

首先，根据占有人是否存在占有的本权，可将占有分为有权占有和无权占有。本题中，张三拾得麻大的挂件系拾得遗失物，对挂件的占有属于无权占有。故B项说法正确，当选。

其次，对于无权占有，根据占有人的主观心理状态，可再分为善意占有和恶意占有。（1）善意占有，是指占有人不知其无占有的本权（权源）而误信其有正当权源且无怀疑地占有。如盗赃物的买受人信赖出卖人有所有权而购买并占有盗赃物的，即为善意占有。（2）恶意占有，是指占有人知道其无占有的本权或对于该物自己是否有权占有虽有怀疑而仍为占有。如盗赃物的买受人明知出卖人无所有权而购买并占有盗赃物的，即为恶意占有。本题中，李四不知张三占有的挂件系遗失物而借用，虽然属于无权占有，但是主观上误信且无怀疑其有占有的本权或权源。因此，李四的占有属于善意占有。故 A 项说法错误。

再次，虽然李四对挂件的占有系无权占有，但客观上仍存在占有的事实状态或事实管领力。王二趁李四不备，将挂件偷走，系对李四占有的侵夺。因此，李四对王二依法享有占有返还请求权，即可向王二主张返还原物。故 C 项说法正确，当选。

最后，麻大为所有权人，王二通过偷盗手段占有其挂件系无权占有。因此，麻大可以基于其所有权人的身份对王二行使返还原物请求权（物权请求权的一种权能），即麻大可向王二主张返还原物。故 D 项说法正确，当选。

综上所述，本题的正确答案为 BCD。

10. 答案：AB。屏风内的字画属于隐藏物，辛某不能取得所有权，依法应当返还，A 选项正确。夫妻在婚姻关系存续期间受赠的财产，除非赠与合同中确定只归一方，否则应为夫妻的共同财产，B 选项正确。先占只适用于无主物，字画属于隐藏物而非无主物，辛某不能因先占取得所有权，依法应当返还，C 选项错误。善意取得只适用于无权处分的场合，此处不适用善意取得的规定，D 选项错误。

简答题

1. 占有的初始取得，是指不以他人的占有为根据而取得对物的占有。其具有如下特点。

第一，占有的初始取得并非基于法律行为，而是基于事实行为、违法行为或者其他法律事实。因此，不要求占有人在取得占有时具有民事行为能力。

第二，占有的初始取得，主要是针对直接占有而言的。对于间接占有能否初始取得，学界存在不同观点。

第三，占有的初始取得，不以取得人亲自进行为限，也可以指示辅助占有人代为进行。

第四，占有的初始取得的标的物既可以是无主物，也可以是有主物；既可以是动产，也可以是不动产。

2. 占有的权利推定效力，是指基于占有之背后真实权利存在的盖然性，为保护占有人的权益，实现占有制度的立法宗旨，法律所作的占有人基于其占有而产生的各种权利外象具有真实的权利基础的推定。也就是说，占有人于占有物上行使之权利，推定其合法享有此权利。占有的权利推定效力，是占有的最主要的效力。

关于占有的权利推定效力，应当说明如下。

第一，受权利推定的占有人，免负举证责任，对其有无实质权利发生争议时，占有人可直接援用这一规定加以对抗。但若对方提出反证，占有人应承担推翻反证的举证责任。

第二，对于权利的推定，不仅占有人自己可以援用，第三人也可以援用。

第三，权利的推定，一般是为占有人的利益而设，但是当对其产生不利益时，第三人也可以援用。

第四，占有的权利推定效力是消极性的，占有人不得利用这种推定作为其取得权利的积极证明。换言之，占有的权利推定效力在于表彰权利的存在，而不具有使占有人确实地取得某项权利的作用。

案例分析题

（1）宋某应当返还耕牛。《民法典》第 312 条规定：“所有权人或者其他权利人有权追回遗失物。该遗失物通过转让被他人占有的，权利人有权向无处分权人请求损害赔偿，或者自知道或者应当知道受让人之日起二年内向受让人请求返还原物；但是，受让人通过拍卖或者向具有经营资格的经营者购得该遗失物的，权利人请求返还原物时应当支付受让人所付的费用。权利人向受让人支付所付费用后，有权向无处分权人追偿。”因此陈德有权要求受让人宋某返还原物。

（2）刘丕无权要求补偿饲养耕牛的费用。刘丕明知该牛是赃物仍予以购买，其对耕牛的占有是恶意的，与善意占有相比，恶意占有受到法律保护的程度较低。对于善意占有人而言，权利人应当支付其因维护动产或不动产所支出的必要费用，但恶意占有人无权要求权利人支付此种费用，因此陈德无须支付刘丕因此付出的饲养费用。

（3）王二将牛偷走，对耕牛为直接占有、自主占有、恶意占有、自己占有、无权占有。

论述题与深度思考题

占有保护请求权，又称占有人的物上请求权、占有人的请求权、占有物上请求权、基于占有而发生的请求权，包括占有物返还请求权、排除妨害请求权、消除危险请求权三种，其中后两者被合称为占有保全权。

（1）占有物返还请求权，是指占有人在占有物被他人侵夺后，可依法请求侵占人返还占有物的权利。其构成要件如下。

第一，必须存在侵夺占有物的事实。所谓侵夺，是指占有人对占有物的控制被他人非法夺取，占有人丧失对物的控制和支配。

第二，请求权人必须为占有人，包括直接占有人和间接占有人，但占有辅助人一般不得行使该请求权。

第三，必须针对侵占占有物的行为人提出该项请求。

（2）排除妨害请求权，是指占有人在其占有受到他人妨害时，有权请求他人除去妨害。其构成要件如下。

第一，必须存在妨害行为。妨害是指采用侵占以外的方法而妨碍占有人对占有物的控制和支配，通常妨害行为都发生于不动产之上。

第二，请求权人必须是占有人。

第三，必须向妨害人提出请求。不管是对直接实施妨害的人，还是对间接造成他人占有妨害的人，占有人均可以对其提出请求。占有人请求妨害人排除妨害时，也有权请求侵害人负担排除妨害的费用。

（3）消除危险请求权，是指占有人的占有有可能遭受他人的妨害时，占有人有权请求他人采取一定的措施以防止发生妨害占有的后果。占有人可否行使该项请求权，必须根据一般社会观念和当时的周围环境加以判断，而不能根据占有人的主观臆断决定。

第三编

合　　同

第三十章　债的一般原理

知识逻辑图

- 债的一般原理
  - 债的概念及特征
    - 债是指特定当事人之间得请求为或者不为一定行为的法律关系
    - 债是一种民事法律关系
    - 债是一种财产法律关系
    - 债是发生在特定主体之间的法律关系，具有相对性
    - 债是一种一方向另一方给付的法律关系
    - 债权在效力上具有平等性
    - 债的产生原因具有多样性
  - 债的要素
    - 债的主体包括债权人和债务人
    - 债的内容
      - 债权
        - 债权人得请求一定给付的权利
        - 性质上属于财产权、相对权
        - 内容包括请求权、给付保有权、抵销权、保全权、受领权
      - 债务
        - 债务人应为一定给付的义务
        - 具有拘束性、相对性，履行方式可以是作为或不作为
        - 分类
          - 作为债务和不作为债务
          - 完全债务与不完全债务
          - 主给付义务、从给付义务和附随义务
    - 债的客体即债之标的，为给付，包括积极给付和消极给付
  - 债的分类
    - 单一之债与多数人之债
    - 按份之债与连带之债
    - 选择之债与简单之债
    - 金钱之债与非金钱之债
    - 种类之债与特定之债
  - 债的法律适用
    - 债法是指调整债权债务关系的法律规范的总称
    - 因合同产生的债，适用《民法典》合同编的规定
    - 非因合同产生的债
      - 适用有关该债权债务关系的法律规定
      - 没有特别规定的，根据其性质适用《民法典》合同编“通则”的有关规定

名词解释

1. 给付
2. 不完全债务
3. 选择之债
4. 按份之债
5. 连带之债

选择题

（一）单项选择题

1. 甲向乙借款1 000元，约定1个月后偿还。1个

月后，乙要求甲返还借款，甲以种种借口拒不偿还。乙遂以甲为被告，向人民法院提起诉讼，要求甲按照约定偿还债务。乙所行使的权利的性质为（　　）。

A. 支配权　　B. 形成权

C. 请求权　　D. 抗辩权

2. 某演出公司与“黑胡子”四人演唱组合订立演出合同，约定由该组合在某晚会上演唱自创歌曲 2 首至 3 首，每首歌酬金 2 万元。由此成立的债的关系属何种类型？（　　）（司考改编）

A. 特定之债　　B. 单一之债

C. 选择之债　　D. 法定之债

视频讲题

3. 甲公司与乙公司签订了购买某型号钢材的合同，那么基于该合同产生的债权债务关系的客体是（　　）。

A. 交付该钢材的行为

B. 该批钢材

C. 甲公司和乙公司

D. 乙公司收到钢材后向甲公司付款的行为

4. 王某驾车前往某饭店就餐，将轿车停在饭店停车场内。饭后欲驾车离去时，停车场工作人员称：“已经给你洗了车，请付洗车费 10 元。”王某表示“我并未让你们帮我洗车”。双方发生争执。本案应如何处理？（　　）

A. 基于无因管理，王某须支付 10 元

B. 基于合同关系，王某须支付 10 元

C. 基于不当得利，王某须支付 10 元

D. 无法律依据，王某无须支付 10 元

5. 下列情形中，不发生债的关系的是（　　）。

A. 某商场为吸引顾客，于每月最后一天举行抽奖活动

B. 甲与市福利院签订协议，收养了孤儿乙

C. 佳味食品公司未经他人允许，擅自把他人的肖像用在本公司的食品包装上

D. 丙将代丁保管的自行车擅自卖给了戊

6. 下列关系中，属于民法上债的关系的是（　　）。

A. 甲一直抚养乙，乙对甲所欠的人情债

B. 甲与乙共同出资购买一栋别墅，甲与乙之间产生的关系

C. 甲死亡后，其继承人乙、丙对甲的遗产形成的关系

D. 甲向乙购买房屋而形成的买卖关系

7. 甲于 2020 年 10 月向乙借款 2 万元，同年 11 月份，向丙借款 2 万元。现在甲只有 1 万元的财产，应当如何偿还乙、丙？（　　）

A. 该 1 万元应还给乙，因为甲向乙借款在先

B. 该 1 万元应该还给丙，因为甲向丙借款在后，后借应先还

C. 该 1 万元应该平均还给乙、丙，因为乙、丙之间的债权具有平等性

D. 该 1 万元应由乙、丙之间相互协商决定由谁先获偿

8. 连带债务中的一个债务人履行完全部债务之后，（　　）。

A. 连带债务消失，也不会产生新债

B. 债权人还可以向其他连带债务人请求履行

C. 连带之债消灭，该债务人对其他债务人有追偿权

D. 以上均不对

9. 甲对乙说：如果你在三年内考上公务员，我愿将自己的一套住房或者一辆宝马轿车相赠。乙同意。两年后，乙考取某国家机关职位。关于甲与乙之间的约定，下列哪一说法是正确的？（　　）（司考改编）

A. 属于种类之债　　B. 属于选择之债

C. 属于连带之债　　D. 属于劳务之债

10. 甲公司向银行贷款 1 000 万元，乙公司和丙公司向银行分别出具担保函：“在甲公司不按时偿还 1 000 万元本息时，本公司承担保证责任。”关于乙公司和丙公司对银行的保证债务，下列哪一表述是正确的？（　　）（司考改编）

A. 属于选择之债　　B. 属于连带之债

C. 属于按份之债　　D. 属于多数人之债

11. 甲、乙与丙就交通事故在交管部门的主持下达成“调解协议书”，由甲、乙分别赔偿丙 5 万元，甲当即履行。乙赔了 1 万元，余下 4 万元给丙打了欠条。乙到期后未履行，丙多次催讨未果，遂持“调解协议书”与欠条向法院起诉。下列哪一表述是正确的？（　　）（司考改编）

A. 本案属侵权之债
B. 本案属合同之债
C. 如丙获得工伤补偿，乙可主张相应免责
D. 丙可要求甲继续赔偿 4 万元

视频讲题

（二）多项选择题

1. 下列有关债权特征的表述，正确的是（　　）。
A. 债权主要以行为为客体
B. 债权为对世权
C. 债权都有一定的存续期限
D. 债权具有非公开性

2. 关于选择之债的履行，以下表述正确的是（　　）。
A. 选择之债中的选择权在效力上不具有溯及性
B. 选择权在性质上属于形成权，一旦权利人作出选择，则将选择之债变成简单之债
C. 享有选择权的当事人在约定期限内或者履行期限届满未作选择，经催告后在合理期限内仍未选择的，选择权转移至对方
D. 可选择的标的发生不能履行情形的，享有选择权的当事人不得选择不能履行的标的，即使该不能履行的情形是由对方造成的

3. 选择之债可因下列哪些原因变为简单之债?（　　）
A. 可供选择的标的只余下一种可以履行
B. 当事人一方提出变更
C. 有选择权的一方行使选择权
D. 没有选择权的当事人一方只同意以数种标的中的一种履行

4. 甲、乙二人一起向丙借款，与丙签订一份借款合同。合同约定丙借给甲、乙二人 1 000 元，甲、乙二人按 1∶2 的比例承担该项债务。那么该合同之债属于（　　）。
A. 多数人之债　　B. 按份之债
C. 选择之债　　D. 种类之债

5. 甲与乙订立合同，约定甲将自己的一台二手电视机卖给乙，该电视机于乙一个月后付清货款之时交付。后甲得知丙愿以更高的价格购买，便将该电视机当场交付给了丙，但丙尚未付款。对于甲、乙、丙之间的法律关系，以下说法正确的是（　　）。
A. 乙有权要求丙将该电视机交付给自己，因为其与甲的买卖合同成立在先
B. 乙有权要求甲交付该电视机，甲应当向丙请求返还
C. 乙无权直接要求丙向其交付该电视机
D. 乙有权要求甲承担违约责任

6. 婷婷满一周岁，其父母将某影楼摄影师请到家中为其拍摄纪念照，并要求影楼不得保留底片用作他途。相片洗出后，影楼违反约定将婷婷相片制成挂历出售，获利颇丰。本案中存在哪些债的关系?（　　）（司考改编）
A. 承揽合同之债　　B. 委托合同之债
C. 侵权行为之债　　D. 不当得利之债

视频讲题

7. 甲、乙与丙签订了一份购销合同，约定：丙供给甲、乙原油 3 000 吨，每吨价格为 2 500 元，原油运到甲、乙所在地车站后，甲和乙按 4∶6 的比例分配并付款。关于该合同之债的种类，下列哪些选项是正确的?（　　）（司考改编）
A. 多数人之债　　B. 按份之债
C. 简单之债　　D. 特定之债

8. 甲向乙购买一头耕牛，甲挑选好牛之后，要求乙将该牛与牛群分开。双方约定次日付款提牛。当晚，牛棚倒塌，该牛被砸死。关于甲、乙之间的法律关系，下列说法不正确的是（　　）。
A. 甲与乙之间的合同之债为特定之债
B. 甲与乙之间的合同之债已经履行完毕
C. 甲与乙之间的合同之债为种类之债，乙可以从牛群中再挑选出一头牛交付给甲
D. 如果牛棚倒塌是天气原因造成的，那么损失应该由甲承担

9. 2021 年 6 月，朱某与傅某订立一份买卖合同，约定当年 8 月 14 日之前朱某可以在傅某画廊的两幅某

著名画家的画作中任选一幅请求交付。7月的一天，朱某欣然来到画廊选购画作，却被告知该两幅画作中的一幅已卖给他人，仅剩余另一幅画作可以交付。对于朱某与傅某之间的债权债务关系，以下哪些表述是正确的？（　　）

A. 该选择之债因两幅画作仅剩一幅而转化为简单之债，傅某仅须交付剩余一幅，无须承担违约责任

B. 朱某仍然可以选择交付被卖出的画作为债的标的，因此有权请求傅某承担违约责任

C. 如果其中一幅画作被他人毁损，致使不能交付，朱某仅能选择交付另外一幅画作

D. 如果朱某未在8月14日之前选定其中一幅画作，经催告后在合理期限内仍未选择，傅某有权选择交付任意一幅

简答题

1. 简述债的概念及特征。
2. 简述债务与责任的关系。
3. 简述单一之债与多数人之债的区别。
4. 简述金钱之债与非金钱之债的区别。
5. 简述种类之债与特定之债的区别。

案例分析题

甲、乙、丙三人约定，由甲出资5 000元、乙出资1万元，共同购买一辆货车，由丙提供驾驶技术，从事长途货运，三人共同管理，共同承担责任。三人依约定购买一辆卡车后，与A公司签订合同，为其运输从B公司购买的35台电脑。作为承运人的甲、乙、丙在B公司提货时，B公司工作人员由于疏忽，实际交付给三人36台电脑。在此后的运输过程中，丙驾驶不慎，造成卡车倾覆，车载电脑全部毁损。A公司要求甲承担责任，甲辩称乙也有份，只让自己赔偿不公平，而且货物毁损是丙驾驶失误造成的，与自己无关，不愿承担赔偿责任。与此同时，B公司的工作人员发现多交付了一台电脑，便致电A公司，要求其返还该电脑或补齐货款。

针对上述案情，请回答下列问题：

（1）A公司是否有权要求甲赔偿损失？

（2）对多装的一台电脑应如何定性？

（3）该批电脑的损失应由谁承担？

论述题与深度思考题

试根据《民法典》合同编的相关规定，论述非合同之债的法律适用。

参考答案

名词解释

1. 给付，指债的关系中特定人之间得请求的特定行为，是债之关系的核心。作为债的客体的给付一般具有合法性、确定性、财产性的特点。给付的内容包括作为和不作为，可以指给付行为或给付效果。至于何种行为及效果构成给付的内容，应就各个债的关系，依其所欲达成的目的确定。

2. 按照债务的效力不同，可以将债务区分为完全债务与不完全债务。所谓不完全债务，是指效力不齐备的债务。对于不完全债务的不履行，债权人不能请求法院强制执行，债务人也无须承担相应的债务不履行的责任。

3. 选择之债，是指在成立之时就有两种以上的给付可供选择的债。选择之债有广义和狭义之分。狭义的选择之债，是指履行之前有多项标的可供当事人选择的债；而从广义上说，凡在债的给付标的、履行时间、履行方式、履行地点、债务不履行的责任等方面可供选择的债，都为选择之债。相对于简单之债而言，选择之债是给付相对不确定的债，在当事人就债的内容及履行方式作出选择后，选择之债方能履行。

4. 按份之债，是指数个债权人或数个债务人按照一定的份额享有债权或者负担债务。在按份之债中，作为债的给付的标的必须是可分的，而且每个债权人按照特定的份额行使权利，每个债务人按照特定的份额承担义务。《民法典》第517条规定：债权人为二人以上，标的可分，按照份额各自享有债权的，为按份债权；债务人为二人以上，标的可分，按照份额各自负担债务的，为按份债务。按份债权人或者按份债务人的份额难以确定的，视为份额相同。

5. 连带之债，是指两个或两个以上的债权人或者

债务人，依照法律规定或者当事人的约定形成连带关系，享有连带权利的每个债权人都有权要求债务人履行义务，负有连带义务的每个债务人都负有清偿全部债务的义务。《民法典》第 518 条规定：债权人为二人以上，部分或者全部债权人均可以请求债务人履行债务的，为连带债权；债务人为二人以上，债权人可以请求部分或者全部债务人履行全部债务的，为连带债务。连带债权或者连带债务，由法律规定或者当事人约定。

、选择题

（一）单项选择题

1. 答案：C。根据权利的作用，民事权利可以区分为支配权、请求权、抗辩权、形成权。支配权是指可以对权利的客体直接支配并排斥他人干涉的权利，如物权。请求权是指得请求他人为一定行为或不为一定行为的权利，如债权请求权、非债权的请求权。抗辩权，是指对抗请求权的权利。抗辩权是与请求权相对应的一项权利。形成权是指当事人一方可以依自己的意思表示使法律关系发生变动的权利，比如追认权、撤销权、抵销权等。债权为请求权，是特定当事人间得请求为或者不为特定行为的权利。因此，本题答案为 C。

2. 答案：B。根据债的主体特征，债可以分为单一之债和多数人之债。单一之债中，债权人、债务人都仅为一人。而多数人之债中至少一方为二人以上。根据债的履行是否可以选择，债可以分为简单之债和选择之债。简单之债，通说是指债的履行标的只有一种，当事人只能按照该种标的履行。选择之债，是指债的履行标的有数种，当事人必须从中选择一种来履行。其特点在于履行标的的可选择性。根据债的标的物的性质债可以分为特定之债和种类之债。特定之债是指以特定物的给付为标的的债。种类之债是指以种类物的给付为标的的债。根据债的发生原因，债有法定之债和意定之债之分。基于法律行为而发生之债称为意定之债，合同是意定之债发生的主要原因。而法定之债是因法律规定而发生之债，又称非合同之债。

A 项：合同双方对于演唱的具体内容，即演唱歌曲的曲目、数目没有明确约定，故不能认为债的标的已经特定，故不当选。B 项：本题中，合同双方为某演出公司和演唱组合，这里四人演唱组合是作为一个整体出现在债的关系中的，所以债的双方当事人都仅为一人，属于单一之债。C 项：尽管合同中该组合演唱歌曲的曲目等具体内容尚未确定，但是双方已明确约定履行标的即为由该演唱组合演唱自创歌曲。这一标的是确定的，不可以选择，因此不属于选择之债。D 项：该演出合同基于双方当事人的意思表示合致而订立，而非基于法律规定而产生，因此不属于法定之债，而是意定之债。

综合上述分析，本题应选 B。

3. 答案：A。债的要素主要包括主体、内容、客体三个部分。通说认为，债的客体就是债的标的，即债权债务共同指向的对象。在法律上，债的客体就是给付，即债的关系中特定人之间得请求的特定行为，包括作为和不作为，分别对应积极给付和消极给付。债权人设立债是为了满足自己的某种利益需要，但对于这种利益需要的载体（如货物、劳务等），债权人自己并不能直接支配，须通过债务人为特定行为才能达到满足自己利益需要的目的，因此，债权债务共同指向的是债务人应为的特定行为。

本题中，甲公司与乙公司之间发生的是钢材买卖合同之债，债权债务共同指向的对象即为交付钢材的行为，故正确答案为 A。

4. 答案：D。债的发生原因，又称债的发生根据。任何法律关系的发生、变更和终止都是以一定的法律事实为根据的，所以债的发生原因也就是引起债的法律关系产生的法律事实。债的发生原因依债是否依当事人自己的意思而发生，分为法律行为和法律规定。基于法律行为发生的债称为意定之债，基于法律规定而发生的债称为法定之债。可引起债发生的法律事实主要有合同、不当得利、无因管理、侵权行为及其他。

A 项：无因管理，是指没有法定的或约定的义务，为避免他人利益受损失而对他人的事务进行管理或者服务的行为。无因管理一经成立，管理人与本人间也就发生债权债务关系，管理人有权请求本人偿还管理所支出的必要费用。本题中，停车场并非为避免王某利益受损失而为其洗车，而是为自己获取报酬，因此，停车场与王某之间不发生无因管理之债。B 项：合同是作为平等主体的自然人、法人、非法人组织之间设立、变更、终止民事权利义务关系的协议，合同之债因当事人的意思表示合致而发生。本题中，王某与停车场之间并不存在洗车服务的合意，因此，并未产生合同之债。C项：不当得利，是指没有合法根据而获得利益，致使他人利益受到损害的事实。本题中，尽管王某获得了车辆被清洗的利益，但是并没有使他人的利益遭受损失，因此不构成不当得利之债。

综上所述，王某与停车场之间既不存在基于合意产生的意定之债，也不存在基于法律事实产生的法定之债，因此停车场要求王某支付10元洗车费没有法律依据，王某无须支付10元。本题应选D。

5. 答案：B。债的发生原因主要包括合同、不当得利、无因管理、侵权行为及其他。A项：抽奖活动属于射幸合同，商场和参与抽奖的顾客之间产生了合同债权债务关系。B项：债是一种财产法律关系，债的关系在本质上属于交易的形式，反映了财产交换关系，故债应当以财产性给付为内容。本项中甲与市福利院签订的收养协议具有人身性质，不属于债的范畴。C、D项：佳味食品公司和丙的行为均属于侵权行为，在其与利益受损人之间产生了侵权损害赔偿之债。

综上所述，仅B项所述情形不发生债的关系，B项当选。

6. 答案：D。民法上的债，是指特定当事人之间得请求为或者不为特定行为的法律关系。《民法典》第118条规定："民事主体依法享有债权。债权是因合同、侵权行为、无因管理、不当得利以及法律的其他规定，权利人请求特定义务人为或者不为一定行为的权利。"依据这一规定，债本质上是发生在特定当事人之间的关系，债权人有权基于债向债务人提出请求，债务人也应当按照债的要求履行其债务。A项中，人情债不属于法律意义上的债。B项中，甲与乙之间属于按份共有的关系，属于物权关系而非债权关系。C项中，遗产继承关系具有人身和身份属性，不属于财产法律关系意义上债的范畴。仅D项中，甲与乙之间形成的买卖合同关系是民法意义上债的关系。

综上所述，本题应选D。

7. 答案：C。与物权是绝对权不同，债权在效力上具有平等性，在同一债务人负担多项债务的情形下，各项债权，不论成立时间的先后或者债权数额的大小，在效力上是平等的，即当债务人的财产不足以实现全部债权时，享有担保物权的债权可以得到优先受偿，而其他普通债权原则上应当按照债权比例公平受偿。本题中，甲与乙之间、甲与丙之间形成的债权债务关系是平等的，乙和丙享有的债权在效力上具有平等性，应当按照债权比例就甲的1万元钱公平受偿，因此，甲的1万元应该平均偿还给乙、丙。

综上所述，本题应选C。

8. 答案：C。所谓连带之债，是指两个或者两个以上的债权人或者债务人，依照法律或者当事人的约定形成连带关系，享有连带权利的每个债权人都有权要求债务人履行义务，负有连带义务的每个债务人都负有清偿全部债务的义务。在连带之债中，各连带债权人或者连带债务人之间存在连带关系。在连带债务中，债权人有权要求任何一个债务人作出全部或者部分的履行。《民法典》第518条对连带之债作出了规定："债权人为二人以上，部分或者全部债权人均可以请求债务人履行债务的，为连带债权；债务人为二人以上，债权人可以请求部分或者全部债务人履行全部债务的，为连带债务。连带债权或者连带债务，由法律规定或者当事人约定。"需要指出的是，尽管连带债权、债务在外部关系上是连带的，但从连带之债的内部关系来说，连带债权人和债务人之间的关系是按份的，也就是说，对于各个连带债权人或各个连带债务人的内部关系而言，应当按照当事人的约定或者法律规定来分配当事人的权利和义务。例如，就连带债务而言，某一债务人在履行全部债务后，可以向其他连带债务人追偿。据此，本题应选C。

9. 答案：B。A项：根据债的标的物的不同属性，债可划分为特定之债和种类之债。以特定物的给付为标的的债称为特定之债，以种类物的给付为标的的债称为种类之债。于前者，债发生时，其标的物即已特定化；于后者，债成立时其标的物尚未特定化，甚至尚不存在，当事人仅就其种类、数量、质量、规格等达成协议。本题中，甲、乙约定的时候标的物已经确定，即甲的一套住房或一辆宝马车，所以该债的关系属于特定之债，而非种类之债。故A项错误。B项：根据债的标的有无选择性，债可分为简单之债和选择之债。简单之债，是指债的履行标的只有一种，债务人只能按照该种标的履行，债权人也只能请求债务人按该种标的履行的债。选择之债，是指债的履行标的有数种，债务人可从中选择其一履行或债权人可选择其一请求债务人履行的债。本题中，存在两个履行标的可供选择，一是住房，二是宝马车，故属于选择之债，而非简单之债。因此，B项正确。C项：按份之债和连带之债是针对多数人之债进行的分类，本题中只有一个债务人和一个债权人，为单一之债，不涉及多数一方当事人之间的权利义务关系属于连带还是按份的问题。因此，C项错误。D项：根据债务人所负给付义务的不同内容，债可分为财物之债和劳务之债。凡债的标的为给付财物的，为财物之债；债的标的为提供劳务的，为劳务之债。本题中债的标的为给付财物，故属于财物之债，而非劳务之债。因此，D项错误。

综上所述，本题应选B。

10. 答案：B。A项：选择之债，是指债的履行标的有数种，债务人可从中选择其一履行或债权人可选择其一请求债务人履行的债。本题中，债的履行标的仅有一种，即一笔货币（金钱），不存在可以选择的问题，不属于选择之债。故A项错误。B、C项：乙公司和丙公司分别向债权人出具担保函，但任何一方都未与债权人约定各自担保的份额，根据《民法典》第699条及第518条的规定，应当认定为连带共同保证。连带共同保证的保证人以其相互之间约定各自承担的份额对抗债权人的，人民法院不予支持。故B项正确、C项错误。D项：所谓“多数人之债”，是指债的主体是多数人，但其标的为同一给付的债的关系。本题中存在三个债的关系，即甲与银行的借贷之债、乙与银行的保证之债、丙与银行的保证之债，这三个债都是单个当事人与另一当事人之间的单一之债，均不是多数人之债，故D项错误。

综上所述，本题的正确答案为B。

11. 答案：B。本题考查债的分类。A、B项：根据债的发生原因的不同，可以将债区分为意定之债与法定之债。其中：意定之债因法律行为而发生，由当事人的意思表示决定其产生及内容。合同之债、单方允诺之债均属意定之债。法定之债因法律规定而发生，由法律规定决定其产生及内容。缔约过失之债、无因管理之债、不当得利之债、侵权之债、法定补偿之债均属法定之债。本题中，甲、乙因交通事故致丙损害，甲、乙与丙之间因而发生侵权之债。随后双方就交通事故处理达成“调解协议书”，乙又向丙打了欠条，则系基于当事人意思合致而产生合同，可以认为双方之间的法律关系已由侵权之债转化为合同之债。丙多次催讨未果后，持“调解协议书”与欠条向法院起诉，该案应属于合同之债。故A项错误，B项正确。C项：根据最高人民法院《关于审理人身损害赔偿案件适用法律若干问题的解释》（2022年修正）第3条的规定，以及最高人民法院《关于因第三人造成工伤的职工或其亲属在获得民事赔偿后是否还可以获得工伤保险补偿问题的答复》，劳动者因用人单位以外的第三人侵权造成人身损害，构成工伤的，受害人因工伤事故对用人单位享有工伤保险补偿请求权，因第三人侵权对加害人享有人身损害赔偿请求权。工伤保险补偿和第三人侵权损害赔偿系受害人与不同责任主体之间的不同法律关系，其中：工伤保险待遇属于社会保险法范畴，其本质是国家对劳动者权益的社会保障措施，目的是将损害负担社会化，实现对劳动者权益的充分保护和快速补偿；而第三人与受害人之间属于平等主体间侵权的民事法律关系，是私法领域的侵权损害赔偿救济。二者虽基于同一损害事实，但存在于不同法律关系之中，责任主体、责任范围、赔偿或补偿标准、责任目的、责任性质均有区别，因此两者之间不具有连带关系。本题中，如丙构成工伤，获得工伤补偿，并不对加害人乙的侵权之债产生影响，且受害人获得工伤补偿亦非加害人侵权损害赔偿责任的法定免责事由，乙仍须履行赔偿义务，不能主张相应免责。故C项错误。D项：根据债的主体的多少，可以将债区分为单一之债和多数人之债，其中：单一之债，是指债权人和债务人均为一人的债；多数人之债，是指债权人或债务人一方或双方为多人的债。本题中，债务人一方为甲、乙二人，因此属于多数人之债。对于多数人之债，根据其内部关系，又可以分为按份之债和连带之债。本题中，“调解协议书”明确约定，由甲、乙“分别”赔偿丙5万元。从“分别”二字可看出其属于按份之债，对于按份之债，各债务人只对自己分担的债务份额负担清偿义务，无须向债权人清偿全部债务。因甲当即履行了自己的5万元债务，债权人丙不得要求其赔偿乙尚未履行的4万元。故D项错误。

综上所述，本题应选B。

（二）多项选择题

1. 答案：ACD。《民法典》第118条规定：“民事主体依法享有债权。债权是因合同、侵权行为、无因管理、不当得利以及法律的其他规定，权利人请求特定义务人为或者不为一定行为的权利。”依据这一规定，债本质上是发生在特定当事人之间的关系，债权只是在特定的当事人之间存在，是对人权和相对权，并不具有公开性，其指向的客体即债务人应为的特定行为。债权人有权基于债向债务人提出请求，债务人也应当按照债的要求履行其债务，而一旦债务人履行债务，当事人之间债的关系即终止，故债权具有一定的存续期限。

综上所述，本题的正确答案为 ACD。

2. 答案：BC。A 项：选择之债中的选择权在效力上具有溯及性，一旦选择权人行使选择权，该选择权的效力溯及于选择之债成立之时。故 A 项错误，不当选。B 项：选择权在性质上属于形成权，一旦权利人作出选择的意思表示到达对方，则债的履行的相关内容便因此确定。换言之，选择权的行使将选择之债转化为简单之债。故 B 项正确。C 项：根据《民法典》第 515 条第 2 款的规定，享有选择权的当事人在约定期限内或者履行期限届满未作选择，经催告后在合理期限内仍未选择的，选择权转移至对方。故 C 项正确。D 项：《民法典》第 516 条第 2 款规定了选择之债中发生履行不能时的处理方法："可选择的标的发生不能履行情形的，享有选择权的当事人不得选择不能履行的标的，但是该不能履行的情形是由对方造成的除外。"由此可知，如果可选择的标的不能履行是由对方造成的，则享有选择权的当事人仍可选择不能履行的标的。故 D 项错误。

综上所述，本题应选 BC。

3. 答案：AC。根据《民法典》第 515 条、第 516 条的规定，选择之债的标的确定方式主要有两种：一是选择权人行使选择权，二是可选择的标的不能履行。因此本题的答案为 AC。

4. 答案：ABD。A 项：借款合同的借款人一方为甲、乙二人，为复数主体，因此合同属于多数人之债，A 项当选。B 项：合同一方为多数人，且多数人一方的当事人各自按照确定的份额分享权利或者分担义务的为按份之债。本题中，作为借款人一方的甲、乙二人约定按 1∶2 的比例承担该项债务，显然属于按份之债。B 项当选。C 项：本题中，该合同约定的履行标的只有借款一项，没有其他选择余地，因此该合同不属于选择之债。C 项不当选。D 项：种类之债是指以种类物的给付为标的的债。种类物是指具有共同特征，可以用品种、规格或数量等加以度量的物，其特点在于具有可替代性。本题中，该借款合同以丙借给甲、乙二人 2 000 元为标的，显然 2 000 元款项属于可替代的种类物，因此该合同属于种类之债，D 项当选。

综上所述，本题应选 ABD。

5. 答案：CD。本题考查动产"一物二卖"情形中，数个债权债务关系的效力与物权的变动规则。

关于甲、乙之间的买卖合同，该合同系基于双方当事人的真实意思表示而成立，且不存在民事法律行为无效的法定事由，故该合同合法有效。根据《民法典》第 224 条的规定，动产物权的设立和转让，自交付时发生效力，但是法律另有规定的除外。本题中，依照甲、乙之间的约定，在合同成立一个月后乙付清全部价款之时，甲将电视机交付给乙，在此之前甲仍保留该电视机的所有权。

关于甲、丙之间的买卖合同，根据债的平等性特征，该合同之债的效力并不因其标的物之上存有在先的其他债权债务关系而受到影响，该合同亦不存在其他导致民事法律行为无效的法定事由，故甲、丙之间的合同亦合法有效。由于此时甲仍保留电视机的所有权，故其处分为有权处分，根据《民法典》第 224 条规定的动产物权的变动规则，丙于甲向其交付电视机之时，继受取得该电视机的所有权。

根据物权优先于债权的原理，乙无权要求所有权人丙返还该电视机，也无权要求甲向丙讨还电视机，故 A、B 项均错误，C 项正确。但乙有权基于其与甲之间的买卖合同，请求甲承担履行不能的违约责任，故 D 项正确。

综上所述，本题应选 CD。

6. 答案：ACD。A、B 项：根据《民法典》第 770 条、第 919 条的规定，承揽合同是承揽人按照定作人的要求完成工作，交付工作成果，定作人支付报酬的合同。承揽包括加工、定作、修理、复制、测试、检验等工作。而委托合同是委托人和受托人约定，由受托人处理委托人事务的合同。本题中，影楼必须交付合格的冲洗照片以获取对价，强调的是交付工作成果而非处理事务的过程，可见婷婷的父母与影楼之间成立的是承揽合同之债而非委托合同之债，故 A 项正确，B 项错误。C 项：《民法典》第 1019 条规定，"任何组织或者个人不得以丑化、污损，或者利用信息技术手段伪造等方式侵害他人的肖像权。未经肖像权人同意，不得制作、使用、公开肖像权人的肖像，但是法律另有规定的除外。未经肖像权人同意，肖像作品权利人不得以发表、复制、发行、出租、展览等方式使用或者公开肖像权人的肖像"。本题中，影楼擅自将婷婷之相片制成挂历出售的行为构成对婷婷之肖像权的侵害，因其侵权行为发生侵权损害赔偿之债，所以C项正确。D项：根据《民法典》第122条、第985条的规定，得利人没有法律根据取得不当利益的，受损失的人可以请求得利人返还取得的利益。本题中，影楼违反约定将婷婷之相片制成挂历出售，获利颇丰，缺乏法律根据，而导致婷婷遭受损失，故成立不当得利之债，D项正确。

综上所述，本题应选ACD。

对本题稍作总结可知，债的发生原因具有多样性，有时，某一法律行为或法律事实可能同时符合多种债的构成，权利人可以选择行使多个请求权而实现同一法律效果，这就是所谓的“请求权竞合”。正如本题中，影楼违反约定将婷婷的相片制成挂历出售，继而非法获利的行为，同时符合合同之债、侵权之债和不当得利之债的构成要件，婷婷可以选择追究影楼的违约责任、侵权责任或不当得利责任来实现自己的债权请求权。

7. 答案：ABC。A项：根据债的主体双方是单一的还是多数的，债可分为单一之债和多数人之债。单一之债是指债的主体双方即债权人和债务人均为一人的债；多数人之债是指债权人和债务人至少有一方是二人或者二人以上的债。本题中，合同当事人的一方是甲、乙二人，属于多数人之债，故A项正确。B项：对于多数人之债，根据多数一方当事人之间权利义务关系的不同状态，可分为按份之债和连带之债。按份之债是指债的多数一方当事人各自按照确定的份额享有权利或者承担义务的债。连带之债是指债的多数一方当事人之间具有连带关系的债。本题中，该合同约定“甲和乙按4：6的比例分配并按该比例付款”，因此属于按份之债，B项正确。C项：根据债的标的有无选择性，债可分为简单之债和选择之债。简单之债是指债的履行标的只有一种，债务人只能按照该种标的履行，债权人也只能请求债务人按该种标的履行的债。选择之债是指债的履行标的有数种，债务人可从中选择其一履行或者债权人可选择其一请求债务人履行的债。本题中的合同履行标的只有一种，即丙供给甲、乙二人3 000吨原油的行为，并无其他可选择的履行标的，因此属于简单之债，C项正确。D项：根据债的标的物的不同属性，债可以分为特定之债和种类之债。以特定物的交付为标的的债为特定之债，以种类物的交付为标的的债为种类之债。种类物则是指具有共同特征，可以用品种、规格或数量等加以度量的物；其特点在于具有可替代性。本题中，合同约定给付的“3 000吨原油”属于可替代的种类物，因此该合同属于种类之债，D项错误。

综上所述，本题的正确答案是ABC。

8. 答案：BCD。A、C项：甲从牛群中挑中了所欲请求交付的耕牛，并且要求将该耕牛与其他牛分开，从而已经将合同之债的标的特定化，故甲与乙之间的合同之债是特定之债而非种类之债。故A项正确，C项错误。B项：在该合同之债中，甲的付款义务尚未履行，乙交付耕牛的义务也没有履行，故合同尚未履行完毕。因此，B项错误。D项：《民法典》第604条规定，“标的物毁损、灭失的风险，在标的物交付之前由出卖人承担，交付之后由买受人承担，但是法律另有规定或者当事人另有约定的除外”。据此，本题中，因乙尚未将耕牛交付给甲，标的物的风险尚未转移，故耕牛意外灭失造成的损失不应由甲承担。因此，D项错误。

本题为选非题，综上所述，应选BCD。

9. 答案：BCD。A、B、C项：根据《民法典》第515条第1款的规定，标的有多项而债务人只需履行其中一项的，债务人享有选择权；但是，法律另有规定、当事人另有约定或者另有交易习惯的除外。本题中，朱某与傅某约定朱某可以在约定期限内选择两幅画作中的一幅作为买卖合同的标的，故该买卖合同属于选择之债，买受人朱某依约定对履行标的享有选择权。但是，在朱某行使选择权之前，该两幅画作中的一幅又被傅某卖给他人。根据《民法典》第516条第2款的规定，可选择的标的发生不能履行情形的，享有选择权的当事人不得选择不能履行的标的，但是该不能履行的情形是由对方造成的除外。结合本题来看，另行出售画作导致债务不能履行的情形是由出卖人造成的，因此朱某的选择权不受限制，其仍然可以选择请求交付已经被出卖的画作。此时，画作另行出卖导致法律上不能履行，朱某有权向傅某主张违约损失赔偿。但如果该画作被他人毁损，致使不能交付，由于该不能履行的情形并非出卖人的原因造成的，因此，朱某不能选择要求交付被毁损的画作，仅可以请求交付另一画作。故A项错误，B、C项正确。D项：根据《民法典》第515条第2款的规定，享有选择权的当事人在约定期限内或者履行期限届满未作选择，经催告后在合理期限内仍未选择的，选择权转移至对方。故 D 项正确。

综上所述，本题应选 BCD。

简答题

1. 债是指特定当事人之间得请求为一定行为或不为一定行为的关系。《民法典》第 118 条规定：民事主体依法享有债权。债权是因合同、侵权行为、无因管理、不当得利以及法律的其他规定，权利人请求特定义务人为或者不为一定行为的权利。依据这一规定，债本质上是发生在特定当事人之间的关系，债权人有权基于债向债务人提出请求，债务人也应当按照债的要求履行其债务。

债具有以下特征：

第一，债是一种民事法律关系。在债的关系中，当事人之间基于约定或法律规定而产生了一定的法律关系，并受其约束。债的关系以民事权利、民事义务为内容，不同于一般的生活关系。

第二，债是一种财产法律关系。债的关系在本质上属于交易的形式，反映财产交换关系，以财产性给付为内容。

第三，债是发生在特定主体之间的法律关系，这称为债的相对性。在债的关系中，无论是债权人还是债务人，都必须是特定的。债的关系不同于物权关系之处在于，其主体具有相对性，即只有特定人对特定人享有请求给付的权利，或者负担给付的义务。

第四，债是一种一方向另一方给付的法律关系。发生在特定人之间的给付是债的核心要素。

第五，债的效力具有平等性。与作为绝对权的物权不同，债权在效力上具有平等性：在同一债务人负担多项债务的情形下，各项债权不论成立时间先后或者债权数额的大小，其在效力上都是平等的，即当债务人的财产不足以实现全部债权时，享有担保物权的债权可以优先受偿，而其他普通债权原则上应当按照债权比例公平受偿。

第六，债的产生原因具有多样性。债的关系是一个动态的发展变动过程，随着社会生活的发展，债的来源及内涵也在日益多样化。一方面，债的类型不再局限于传统的合同之债、侵权之债、不当得利之债、无因管理之债、缔约过失之债，又出现了因法定补偿义务产生的债、因单方行为而产生的债等类型。另一方面，就传统类型的债的关系而言，其内涵也在不断丰富与完善。如合同之债中，当事人权利、义务的来源不仅包括当事人所约定的主给付义务及相关的从给付义务，而且涵盖基于诚实信用原则产生的通知、协助、保密等附随义务；此外，在合同的不同阶段，相应的债的关系的内容也存在差异。

2.《民法典》第 176 条规定，民事主体依照法律规定或者按照当事人约定，履行民事义务，承担民事责任。由此可见，责任与债务相互依存，但二者并非同一概念：债务，是指应为一定给付的义务；责任，是指强制实现此项义务的手段，亦即履行此项义务的担保。具体来说，债务与责任的区别有如下几点。

第一，债务是责任发生的前提，责任是债务不履行的后果。责任的发生以债务的存在为前提，没有债务则难以产生责任。而责任是为确保债务履行而设置的措施，它以债务的存在为前提，以督促债务人履行债务并保障债权人的债权为制度宗旨。正是因为责任制度的存在，债权才获得了“法律上之力”。

第二，债务与责任的性质不同，前者反映了基于合法行为发生的社会关系，后者反映了基于违法行为发生的社会关系。债务是一种当为的义务；责任则是在债务人不履行债务时，国家强制债务人履行债务或承担法律责任的手段，即一旦债务人不履行债务，则债务在性质上转化为一种强制履行的责任。从这一意义上说，责任与债务相比较，包含了国家的强制力。

第三，责任是与诉权联系在一起的，而债务并不与诉权直接联系，其以债务人自愿履行为原则。民事责任之所以能成为保障民事权利的有效措施，乃是因为民事责任以诉权为保障，从而使其成为联结民事权利与国家公权力的中介。在债务不履行的情况下，债权人有权通过诉讼方式对债务人强制执行，从而实现其债权。

第四，例外情况下债务与责任可以分离而存在。通常情况下，债务与责任相伴而生，债务不履行即导致责任的产生，责任的内容也依附于债务的内容，但例外情况下也存在无责任的债务，如自然债务。

3. 所谓单一之债，是指债权人、债务人仅为一人的债。所谓多数人之债，又称多数当事人的债或复数主体的债，是指债权人或者债务人一方为二人以上的债。

单一之债和多数人之债主要具有如下区别。

第一，当事人的数量不同。单一之债是债的双方主体均为一人的债的关系。单一之债中并不存在多数债权人或者多数债务人，债的双方主体都是单一的，因此不存在债的内部关系，当事人之间的法律关系相对简单。在多数人之债中，既可能存在多个债权人，也可能存在多个债务人。

第二，产生原因的复杂度不同。多数人之债既可因法律规定而产生，也可因当事人约定而产生。前者如在产品责任中，产品的生产者与销售者需要对受害人承担不真正连带之债。后者如在共同保证中，各个保证人可以约定承担连带责任。由此可见，多数人之债产生的原因具有多样性。单一之债虽然也可以基于当事人约定或者法律规定产生，但与多数人之债相比，其产生原因相对简单。

第三，债的关系的复杂性不同。单一之债中，当事人之间的权利义务关系单纯、明确，相对简单明了，容易把握。多数人之债有多种类型，可以进行不同的分类。按照当事人之间的内部关系，可以将多数人之债分为连带之债、按份之债和不真正连带之债。其中，按份之债的特殊之处在于，债权人只能要求按份债务人承担债务中的一定份额，或者按份债权人只能要求实现一定份额的债权。连带之债与不真正连带之债的区别在于是否存在终局的债务人：不真正连带之债中有终局的债务人，故此非终局的债务人可以向终局的债务人进行全部债权额的追偿。连带之债中，债务人之间有相应的份额，实际承担债务超过自己份额的连带债务人，有权就超出部分在其他连带债务人未履行的份额范围内向其追偿；而且被追偿的连带债务人不能履行其应分担的份额的，其他连带债务人应当在相应范围内按照比例分担。

4. 金钱之债又称货币之债，是指债务人必须以给付一定货币来履行债务的债。而非金钱之债，是指其给付是金钱以外的其他标的的债。

金钱之债与非金钱之债的区别主要有以下几点。

第一，标的物不同。非金钱之债以货币之外的其他物为标的物，或者以债务人向债权人提供一定的服务为标的。金钱之债以一定的货币为标的物，而货币是一般等价物，是财货交易的媒介、债务支付的手段、储蓄的方法，且货币的所有权也有其特殊性，即货币的占有往往可以推定为所有，这也决定了金钱之债中货币所有权移转的特殊性。

第二，能否发生履行不能不同。货币在性质上属于种类物，具有较强的流通性和可替代性，因此，金钱之债一般不发生履行不能的问题，即便债务人准备交付的货币因不可抗力灭失，债务人也不能援引不可抗力作为免责事由。

第三，债务的履行不同。金钱之债的标的为货币，因此，其在履行上具有一定的特殊性。从《民法典》第514条的规定来看，除法律另有规定或者当事人另有约定外，债权人可以请求债务人以实际履行地的法定货币履行。对金钱之债而言，债务人原则上不需要交付特定的货币，而只需要向债权人交付等值的货币，债权人一般不得要求债务人交付特定的货币。对非金钱之债而言，当事人应当严格按照债的要求履行，不得主张以交付其他标的物代替当事人约定的标的物来履行债务。当然，如果当事人约定的标的物为种类物，而且该种类物未特定化，则债务人仍有权选择交付特定品质的标的物，而不需要交付特定的标的物。

第四，是否约定利息不同。由于金钱之债的标的为货币，所以，金钱之债的履行通常会伴随利息的支付，当事人一般会在金钱之债中约定，债务人应当向债权人支付相关的利息，从而产生利息之债。当然，在金钱之债中，利息之债的效力并非完全独立，而是附属于金钱之债，如果产生金钱之债的主合同被宣告无效，则利息之债也随之不成立。而非金钱之债以财产的给付或者服务的提供为标的，一般不会产生利息之债。

5. 种类之债是指以种类物的给付为标的的债。特定之债是与种类之债相对应的概念，指以特定物的给付为标的的债。特定之债一般包括两类：一是标的物自始特定的特定之债，二是标的物事后特定的特定之债。

种类之债和特定之债主要具有以下区别。

第一，标的物不同。种类之债以交付种类物为客体，其标的物一般是可替代物。而对特定之债而言，在其标的物特定化之后，债务人应当按照指定的特定物履行债务，而不得以其他同类物予以替代。

第二，成立条件不同。特定之债以特定物作为标的物，因此债的关系成立时无须就标的物的数量、质量等作出特别约定，债务人仅需按照债的要求向债权人交付该特定物。而种类之债成立需要确定标的的性质和数量。如果当时没有约定且不能达成补充协议，根据最高人民法院《关于适用〈中华人民共和国民法典〉合同编通则若干问题的解释》（以下简称《合同编解释》）第3条的规定，应当认定该债的关系因标的不确定而无法成立。

第三，是否发生履行不能不同。对特定之债而言，由于标的物是特定的，所以可能发生因标的物毁损、灭失而履行不能的问题。而对种类之债而言，因种类物具有可替代性，一般不发生履行不能的问题。对种类之债的不履行，债务人不能以标的物已毁损、灭失，事实上不能履行为由而对债权人实际履行的请求提出抗辩。

第四，债务的履行不同。对于种类之债而言，其只有在标的物特定化之后才能履行。对于特定之债而言，其标的物本身就是特定的，故特定之债的履行不需要经过特定化的程序。

案例分析题

（1）A公司有权请求甲赔偿损失。根据《民法典》第967条的规定，合伙合同是两个以上合伙人为了共同的事业目的，订立的共享利益、共担风险的协议。本案中，甲、乙、丙订立的即是一份合伙合同，三人为合伙人。根据《民法典》第973条的规定，合伙人对合伙债务承担连带责任，清偿合伙债务超过自己应承担份额的合伙人，有权向其他合伙人追偿。本案中，丙在运输过程中，因驾驶失误造成货物毁损，由此产生的损害赔偿之债属于合伙债务，合伙人甲、乙、丙之间具有连带关系，都有义务向债权人作出全部履行。因此，A公司有权请求甲、乙、丙中的一人或几人承担全部赔偿责任，甲无权以丙的过失作为抗辩。

（2）多装的一台电脑属于不当得利。所谓不当得利，是指没有法律或者合同上的根据，因他人财产受损失而使自己获得利益的法律事实。根据《民法典》第122条、第985条的规定，不当得利的构成要件有四：一方获得利益，他方受到损失，获得利益和受到损失之间有因果关系，获得利益没有合法根据。本题中，对于多装的一台电脑，双方的合同中并没有约定，而是B公司工作人员的失误造成的，A公司从中获得了利益，B公司则遭受了损失，双方之间由此发生不当得利之债。

（3）35台电脑的损失由A公司承担，多装的1台电脑的损失由B公司承担。第一，该35台电脑属于买卖合同的标的物。根据《民法典》第607条的规定，标的物毁损、灭失的风险由买受人承担，当事人没有约定交付地点或者约定不明确，依据《民法典》第603条第2款第1项的规定标的物需要运输的，出卖人将标的物交付给第一承运人后，标的物毁损、灭失的风险由买受人承担。本案中，当事人约定由买受人A公司上门提货，因此在出卖人B公司按照约定将标的物装运完毕并交付给承运人后就应视为交付完毕，标的物毁损、灭失的风险自此时起就转移至买受人A公司承担，因此，运输途中发生的标的物毁损、灭失的风险，应由买受人A公司负担。第二，由上题分析可知，多装的一台电脑属于不当得利。根据《民法典》第986条的规定，得利人不知道且不应当知道取得的利益没有法律根据，取得的利益已经不存在的，不承担返还该利益的义务。由此可知，对于善意的得利人，其返还利益的范围以现存利益为限。本题中，该台多装的电脑系因B公司工作人员的失误而错误交付，A公司受领时不知道且不应当知道，主观上为善意，因此，A公司仅负有返还现存利益的义务，由于该台电脑已经灭失，因此A公司无须承担返还义务，应由B公司自行承担损失。

论述题与深度思考题

非合同之债即法定之债，是指因法律规定而在当事人之间产生的债权债务关系。《民法典》所规定的非合同之债主要包括合同编第三分编“准合同”中的无因管理之债、不当得利之债，以及侵权责任编中的侵权损害赔偿之债等。对于非合同之债的法律适用问题，《民法典》第468条规定：非因合同产生的债权债务关系，适用有关该债权债务关系的法律规定；没有规定的，适用本编通则的有关规定，但是根据其性质不能适用的除外。该条扩张了《民法典》合同编“通则”的适用范围，有效勾连了合同编“通则”和其他分编，解决了非合同之债在债的效果上的法律适用问题，使合同编“通则”实质上发挥了债法总则的功能。在具体适用时，包含以下考量之处。

第一，非合同之债优先适用有关该债权债务关系的法律规定，例如：对不当得利、无因管理之债，首先要适用准合同的相关规定；对悬赏广告，首先要适用《民法典》第499条的规定；对侵权损害赔偿之债，则要优先适用侵权责任编的相关规定。之所以应优先适用非合同之债的相关规范，一方面是因为无因管理、不当得利等法定之债已经形成了自身特殊的规则，优先适用其自身的规则符合“特别法优于一般法”的原理；另一方面是因为法定之债与基于自愿原则的意定之债性质不同，且各类债的关系在指导原则、社会功能以及构成要件上各有不同，优先适用非合同之债的相关规范，有利于充分发挥该债权债务关系所欲实现的社会功能。

第二，在非合同之债没有法律规定的情况下，应根据其性质，确定是否直接适用《民法典》合同编“通则”的有关规定。一方面，各种类型之债发生后在法律效果上的相同性是其构成债的内在统一性的共同因素，因此债的履行、债的保全、债的移转和消灭规则是债的共通性规则，也是传统债法总则的主要内容。而不同类型的债在发生事由及构成上存在差异，因此，合同的成立与生效规则并不能适用于非合同之债。从《民法典》的规定来看，对于合同编“通则”中可以适用于非合同之债的规则，相关条文采用了“债权债务”的表述；而其他没有使用“债权债务”表述的条文，原则上仅能适用于合同之债。例如，“合同的履行”一章中开始大量出现“债权”的表述（第511条、第514～531条），“合同的保全”（第535～542条）、“合同的变更和转让”（第545～554条）、“合同的权利义务终止”（第557～561条、第568～576条）以及“违约责任”（第579～581条、第587条、第589条）等其他几章，也存在为数众多的“债权人”“债务人”的用语。这些均属可以适用于非合同之债的“有关规定”。与此相对，在“合同的订立”（第469～501条）及“合同的效力”（第502～508条）两部分，并没有出现“债权债务”相关的表述，其他非合同之债不需要适用合同编“通则”关于这些内容的规定。另一方面，对特定的非合同之债能否适用《民法典》合同编“通则”的有关规定，还须根据该债权债务关系的性质来确定。如果某种非合同之债与合同的性质和相关规则存在本质差异，适用合同编“通则”的有关规定与该债权债务关系的指导原则和社会功能相冲突，那么应当认定此种债权债务关系根据其性质，不能适用合同编“通则”的有关规定。例如，债务虽然原则上允许承担，但是作为例外，一般认为与特定债务人有着密切联系的债务不能移转，于是因侵权行为产生的恢复原状之债，尤其是赔礼道歉、消除影响等人身性质的债务，就不能由他人代为履行。此时，即应当根据债权债务关系的性质排除合同编“通则”的一般适用。

第三十一章　合同与合同法导论

知识逻辑图

- 合同与合同法导论
  - 合同的概念和特征
    - 合同的概念：合同是民事主体之间设立、变更、终止民事法律关系的协议
    - 合同的特征
      - 合同是平等主体的自然人、法人和非法人组织所实施的一种民事法律行为
      - 合同以设立、变更或终止民事权利义务关系为目的和宗旨
      - 合同的成立需要当事人意思表示达成一致
    - 有关身份关系的协议与合同的关系
      - 有关身份关系的协议的含义、典型类型
      - 有关身份关系的协议的法律适用
  - 合同关系
    - 合同关系的构成：主体、内容、客体
    - 合同关系的相对性
      - 合同主体的相对性
      - 合同内容的相对性
      - 违约责任的相对性
      - 合同相对性规则的例外
  - 合同的分类
    - 典型合同与非典型合同
    - 双务合同与单务合同
    - 有偿合同与无偿合同
    - 诺成合同与实践合同
    - 要式合同与不要式合同
    - 主合同与从合同
    - 本约合同与预约合同
    - 为订约人自己订立的合同与为第三人利益订立的合同
  - 合同法的概念、特征与调整对象
    - 合同法的概念与特征
      - 实质意义上的合同法的概念
      - 《民法典》合同编与合同法之间的关系
    - 《民法典》合同编与债法的关系
    - 合同法的调整对象
      - 合同法调整平等主体之间的协议
      - 合同法调整以确立民事权利义务为内容的协议
      - 合同法调整设立、变更、终止民事权利义务关系的协议
      - 合同法调整各类合同关系
    - 合同法的功能

名词解释

1. 合同关系的相对性
2. 非典型合同
3. 单务合同
4. 双务合同
5. 有偿合同
6. 实践合同
7. 要式合同
8. 从合同
9. 预约合同
10. 合同法

选择题

（一）单项选择题

1. 下列各种行为属于合同的是（　　）。

A. 甲捡到乙遗失的钱包，由此与乙发生的返还钱包的债务关系

B. 甲卖给乙的电器存在严重的质量问题，造成乙严重伤害所产生的损害赔偿关系

C. 甲给乙写信订购一批货物，乙没有回信，在甲表明的时间直接发货给甲

D. 甲和乙约定，甲负责运送毒品，乙支付运费

2. 以下哪一选项不属于合同债权的权能？（　　）

A. 请求权　　B. 保全权

C. 支配权　　D. 受领权

3. 甲购买乙的一台二手电脑。乙已将该电脑借给丙使用，于是甲与乙约定，由丙负责交付。后来，丙未交付，则甲应向谁请求给付？（　　）

A. 乙

B. 丙

C. 乙或丙，二者承担真正连带责任

D. 乙或丙，二者承担不真正连带责任

4. 合同相对性的例外仅在法律另有规定时才能发生。据此，以下请求或者抗辩中，于法无据的是（　　）。

A. 甲和乙订立借款合同，乙让欠其款项的丙代其向甲交付款项，丙没有履行，甲直接追究乙责任

B. 甲将自己的房屋出租给乙，后甲又以高价将该房屋卖给丙，丙要求乙立刻搬出该房间，乙以自己与甲之间订有租赁合同为由拒绝搬出

C. 甲与乙签订供货合同，二人约定由不知情的丙代替甲向乙交付货物，交货期届满，乙催告丙履行

D. 甲将电脑出卖给乙，乙将该电脑出卖给丙，甲、乙约定丙有权请求甲交付电脑，履行期限届至，丙请求甲交付电脑

视频讲题

5. 在为第三人利益订立的合同中，若债务人迟延履行主要债务，且经催告在合理期限内仍未履行，则谁得行使解除权？（　　）

A. 债权人

B. 第三人

C. 债权人和第三人

D. 债权人或第三人

6. 下列合同属于无偿合同的是（　　）。

A. 买卖合同

B. 中介合同

C. 附义务的赠与合同

D. 行纪合同

7. 下列关于非典型合同的说法中不正确的是（　　）。

A. 非典型合同是指法律尚未明确规定的合同

B. 一个合同的内容不能一部分属于典型合同，另一部分属于非典型合同

C. 非典型合同可以参照适用《民法典》合同编分则最相类似合同的规定

D. 非典型合同可以参照适用其他法律最相类似合同的规定

8. 下列不属于诺成合同的是（　　）。

A. 保管合同　　B. 客运合同

C. 仓储合同　　D. 赠与合同

9. 下列关于主合同与从合同的说法中不正确的是（　　）。

A. 主合同无效，则从合同无效

B. 从合同无效，则主合同不一定无效

C. 保证合同相对于其所担保的债务合同而言为从合同

D. 从合同也可以独立存在

10. 自然人甲向自然人乙借款，双方对支付利息约定不明，也未达成补充协议，则该合同属于（　　）。

A. 有偿合同　　B. 实践合同

C. 无名合同　　D. 双务合同

11. 要式合同是指（　　）。

A. 根据法律规定应当或者必须采用特定方式的合同

B. 除当事人双方意思表示一致以外尚需交付标的物后才能成立的合同

C. 当事人为重复使用而事先拟订好条款的合同

D. 必须依法办理批准、登记手续才能生效的合同

12. 要式合同与不要式合同的区别在于（　　）。

A. 是否应以一定的形式作为合同成立的条件

B. 是否应以一定的形式作为合同生效的条件

C. 是否应以一定的形式作为合同成立或生效的条件

D. 是否应以一定的形式作为合同成立并生效的条件

13. 银行与自然人之间的借款合同属于（　　）。（考研）

A. 实践合同　　C. 从合同

B. 有偿合同　　D. 单务合同

14. 下列合同中既属于无偿合同又属于诺成合同的是（　　）。

A. 保管合同　　B. 赠与合同

C. 保证合同　　D. 借款合同

15. 甲公司连续三年与乙公司签订了三份煤炭买卖合同，并按照合同的约定分别向乙公司的六个子公司发运了货物，但乙公司及其六个子公司迄今未支付货款。关于本案，下列哪一选项是正确的？（　　）（司考改编）

A. 甲公司只能要求乙公司付款，无权要求乙公司的六个子公司付款

B. 甲公司只能要求乙公司的六个子公司付款，无权要求乙公司付款

C. 甲公司有权要求乙公司及其六个子公司对所欠货款承担连带责任

D. 甲公司只能选择乙公司付款，但可要求其六个子公司承担补充付款责任

视频讲题

16. 甲、乙签订货物买卖合同，约定由甲代办托运。甲遂与丙签订运输合同，明确约定收货人乙可以直接请求丙交付货物。随后甲将指示交付事项通知了乙，提醒其当面验收。不料运输途中，因丙的驾驶员丁操作失误，发生交通事故，致货物受损，无法向乙按约交货。下列哪一说法是正确的？（　　）（司考改编）

A. 因货物毁损、灭失的风险已经转移给乙，乙不得请求甲承担违约责任

B. 乙可以向丙主张违约损失赔偿

C. 乙尚未取得货物所有权

D. 丁应对甲承担违约责任

17. 甲公司未取得商铺预售许可证，便与李某签订了“商铺认购书”，约定李某支付认购金即可取得商铺优先认购权，商铺正式认购时甲公司应优先通知李某选购。双方还约定了认购面积和房价，但对楼号、房型未作约定。李某依约支付了认购金。甲公司取得预售许可后，未通知李某前来认购，将商铺售罄。关于“商铺认购书”，下列哪一表述是正确的？（　　）（司考改编）

A. 无效，因甲公司未取得预售许可证即对外销售

B. 不成立，因合同内容不完整

C. 甲公司未履行通知义务，构成根本违约

D. 甲公司须承担继续履行的违约责任

视频讲题

（二）多项选择题

1. 对于有关身份关系的协议，以下表述正确的是（　　）。

A. 有关身份关系的协议并非具有平等、等价有偿属性的民事合同

B. 对于有关身份关系的协议，应当首先适用有关身份关系的法律规定

C. 婚前协议、离婚协议，在法律没有特别规定的情形下，可以准用《民法典》合同编的规定

D. 夫妻间的赠与协议，不适用《民法典》合同编的规则

2. 区分无偿合同与有偿合同的意义在于（　　）。

A. 在债权人撤销权的行使中，若被撤销的是有偿财产行为，须债务人的相对人主观上存在恶意；而对于无偿财产行为，不作要求

B. 确定某些合同的性质

C. 确定当事人的注意义务

D. 确定是否适用同时履行抗辩权制度

3. 下列合同中，属于实践合同的是（　　）。

A. 定金合同

B. 自然人之间的借款合同

C. 仓储合同

D. 保管合同

4. 下列合同中属于要式合同的是（　　）。

A. 保理合同

B. 建设工程合同

C. 融资租赁合同

D. 物业服务合同

5. 下列关于预约合同的说法，正确的是（　　）

A. 订立本约合同是预约合同的目的

B. 预约合同是本约合同的从合同

C. 预约合同的内容是将来订立本约合同，无须具备本约合同中关于合同具体内容的约定

D. 一方当事人违反预约合同时，非违约方可以请求违约方订立合同

6. 甲与乙签订预订书，约定一年内订立房屋买卖合同。后乙拒绝订立买卖合同。对于乙违反预订书的行为，甲可以（　　）。（考研）

A. 请求乙赔偿精神损害

B. 请求乙承担侵权责任

C. 请求乙承担违约责任

D. 解除预订书

视频讲题

7. 甲、乙双方达成约定，约定甲将房屋无偿提供给乙居住，乙则无偿教甲的女儿学钢琴。对此，下列说法中正确的是（　　）。（司考改编）

A. 属于非典型合同

B. 属于有效的合同

C. 应适用《民法典》合同编之“通则”的规定

D. 可以参照适用《民法典》合同编之“典型合同”关于租赁合同的规定

8. 2021 年 2 月，孙某与洋桥公司签订“商品房认购书”一份，约定：孙某预订洋桥公司商品房一套，8 000 元每平方米；将来双方即按照此认购书的内容签订商品房预售合同。不料，半年后国家政策调整，规定新建房屋必须采用钢混结构，导致洋桥公司的建筑成本大大增加，若再按照“商品房认购书”中约定的价格签订商品房预售合同，则对其明显不公平。后因双方未能就商品房价格调整达成一致，商品房预售合同未能如约签订。关于本案，下列选项中正确的是？（　　）

A.“商品房认购书”在性质上为预约合同

B. 若“商品房认购书”已具备商品房买卖合同的主要内容，则应被认定为商品房买卖合同

C. 洋桥公司有权请求法院解除“商品房认购书”

D. 若国家政策并未调整，洋桥公司仍拒绝签订商品房预售合同，则孙某有权请求其承担违约责任

视频讲题

9. 下列合同类型中，可以适用《民法典》合同编之规定的包括（　　）。

A. 非因合同产生的债权债务关系

B. 无名合同

C. 劳动合同

D. 遗赠扶养协议

简答题

1. 简述合同的概念与特征。
2. 简述有关身份关系的协议与合同的关系。
3. 简述区分单务合同与双务合同的意义。
4. 简述区分有偿合同与无偿合同的意义。
5. 简述预约合同与本约合同的区别。
6. 简述《民法典》合同编与债法的关系。

论述题与深度思考题

试述合同关系的相对性。（考研）

参考答案

名词解释

1. 合同关系的相对性在大陆法中被称为“债的相对性”，它是指合同主要在特定的合同当事人之间发生，合同当事人一方只能基于合同向与其有合同关系的另一方，而不能向与其无合同关系的第三人，提出合同上的请求，也不能擅自为第三人设定合同上的义务。根据合同相对性规则，只有合同当事人才能享有基于合同所产生的权利，并承担根据合同所产生的义务；当事人一方只能向对方行使权利并要求其承担义务，不能请求第三人承担合同上的义务，第三人也不得向合同当事人主张合同上的权利和承担合同上的义务。从这个意义上说，合同原则上不具有对第三人的拘束力。合同相对性规则的内容主要包括：合同主体的相对性、合同内容的相对性、合同责任的相对性。

2. 所谓非典型合同，又称无名合同，是指《民法典》合同编与其他法律均没有明文规定的合同；其他法律是指《民法典》其他编和《民法典》之外的特别法。故简单地说，非典型合同就是法律没有明文规定的合同。依其内容构成可分为三类：第一类是纯粹的无名合同，又称狭义的非典型合同，即以法律完全无规定的事项为内容的合同，或者说，合同的内容不属于任何有名合同的事项。第二类是混合无名合同，即合同中可能同时包含多个典型合同的内容，从而使其难以被归入某个典型合同之中。第三类是准混合合同，即在一个有名合同中涉及一些法律没有规定的非典型合同的内容。

3. 单务合同是指合同当事人仅有一方负担给付义务的合同。也即合同当事人双方并不互相享有权利和义务，而主要由一方负担义务，另一方并不负有相对义务的合同。

4. 双务合同是指当事人双方互负对待给付义务的合同，即一方当事人愿意负担履行义务，旨在使他方当事人因此负有对待给付的义务。换言之，一方当事人所享有的权利，即为他方当事人所负有的义务。

5. 有偿合同是指一方通过履行合同规定的义务而给对方某种利益，对方要得到该利益必须为此支付相应代价的合同。在实践中，绝大多数反映交易关系的合同都是有偿的。

6. 实践合同，又称要物合同，是指除当事人双方意思表示一致以外尚需交付标的物才能成立的合同。仅在法律有特别规定时，才为实践合同。

7. 要式合同，是指根据法律规定应当或者必须采用特定形式的合同。其中，法律规定的形式要件作为此类合同成立或生效的条件。

8. 从合同，就是以其他合同的存在为存在前提的合同。从合同的主要特点在于其附属性，即它不能独立存在，须以主合同的存在及生效为前提。

9. 预约合同也称预备性合同，是指当事人所达成的、约定在将来一定期限内订立合同的允诺或协议。当事人在将来订立的合同称为本约合同，而当事人约定在将来订立本约的合同即属于预约合同。

10. 合同法是调整平等主体之间的交易关系的法律，它主要规范合同的订立，合同的效力，合同的履行变更、解除、保全，违反合同的责任等问题。合同法并不是一个独立的法律部门，只是我国民法的重要组成部分。合同法有形式意义的合同法与实质意义的合同法之分。形式意义的合同法是指《民法典》之合同编；实质意义的合同法则是所有调整合同关系的法律规范的总称，还包括《民法典》之合同编以外的有关民事法律以及相关司法解释对合同的规定。

选择题

（一）单项选择题

1. 答案：C。合同是民事主体之间设立、变更、终止民事法律关系的协议。合同是一种民事法律行为，合同的成立需要当事人的意思表示达成一致。这是区分事实行为与法律行为的关键。本题中A、B两项均属于事实行为，即不以意思表示为要件，不能产生当事人预期的法律效果的行为。D项属于非法行为，而合同作为民事法律行为，在本质上属于合法行为。故本题应选C。

2. 答案：C。所谓合同债权，是指债权人依据合同的约定以及法律的规定而享有的请求债务人为一定行为的权利。请求权是合同债权的基本权能，而不像物权那样具有支配权能，因为从效力上看，合同债权人一般不是直接支配一定的物，而是请求债务人依照债的规定为一定行为或者不为一定行为。除请求权外，合同债权还具有债权的其他权能，如给付保有权、抵销权、保全权、受领权。保全权是指在债务人的行为可能影响债权人的债权实现时，债权人有权采取一定的行为，以保障其债权的实现。债权人的债权保全权包括代位权和撤销权，这两种权利是确保债权实现的重要手段。受领权是指债权人受领债务人给付的权利。债权的本质即在于债权人有权请求债务人给付，而且在债务人作出给付之后，债权人有权受领，从而接受债务人的给付。在债务人没有作出给付的情形，债权人可以催告债务人履行。

综上所述，支配权不属于合同债权权能，本题应选C。

3. 答案：A。本题考查合同主体的相对性。《民法典》第523条规定："当事人约定由第三人向债权人履行债务，第三人不履行债务或者履行债务不符合约定的，债务人应当向债权人承担违约责任。"因此，本题中，甲只能要求合同相对人乙履行合同义务，不能要求第三人丙履行。

4. 答案：C。《民法典》第465条第2款规定："依法成立的合同，仅对当事人具有法律约束力，但是法律另有规定的除外。"该条确认了合同相对性规则。根据合同相对性规则，只有合同当事人才能享有基于合同所产生的权利，并承担根据合同所产生的义务；当事人一方只能向对方行使权利并要求其承担义务，不能请求第三人承担合同上的义务，第三人也不得向合同当事人主张合同上的权利和承担合同上的义务。从这个意义上说，合同原则上不具有对第三人的拘束力，合同相对性的例外只有通过法律规定的方式才能发生。A项：根据违约责任的相对性，违约责任只能在有合同关系的当事人之间发生。本项中，丙并非合同当事人，仅是债务人乙的履行辅助人，代替其履行合同义务，因此丙不负违约责任。故A项不当选。B项：《民法典》第725条规定，"租赁物在承租人按照租赁合同占有期限内发生所有权变动的，不影响租赁合同的效力"。该条赋予租赁权对抗第三人的效力，被称为租赁权的物权化。依据该条规定，租赁物在承租人按照租赁合同占有期限内发生所有权变动的，承租人的租赁权可以对抗租赁物的新所有权人。因此，本项中，乙与甲之间的租赁合同对丙也具有拘束力。故B项不当选。C项：根据合同内容的相对性，合同当事人无权为他人设定合同上的义务，合同当事人为第三人设定义务，只有经第三人同意后，才能对第三人发生效力，否则第三人并不受该条款的拘束，即该条款相对该第三人无效。因此，本项中，甲与乙在合同中为第三人丙设定义务，在丙未同意的情况下，其不受该合同义务的拘束，乙向丙催告履行于法无据。D项：根据《民法典》第522条第2款的规定，法律规定或者当事人约定第三人可以直接请求债务人向其履行债务，第三人未在合理期限内明确拒绝，债务人未向第三人履行债务或者履行债务不符合约定的，第三人可以请求债务人承担违约责任；债务人对债权人的抗辩，可以向第三人主张。该条规定了利益第三人合同的特别效力，即法律规定或合同当事人约定由债务人向合同当事人以外的第三人作出给付，该第三人即因此取得直接请求债务人作出给付的权利。据此，本项中，基于甲、乙之间由甲向丙为给付的约定，丙有权直接请求甲向其交付电脑。故D项于法有据，不当选。

综上所述，本题应选 C。

5. 答案：A。本题仍涉及对合同关系相对性的理解。在为第三人利益订立的合同中，尽管合同当事人为第三人设定了利益，第三人可以独立享受权利，依法享有请求债务人履行的权利，在债务人不履行债务时，债权人有权请求债务人承担继续履行、赔偿损失等违约责任；但是第三人与债务人之间仅有给付关系，第三人毕竟不是合同当事人，根据合同的相对性原理，如合同未作约定，不宜认为合同关系以外的第三人享有该合同的法定解除权。故本题应选 A。

6. 答案：C。有偿合同是指一方通过履行合同规定的义务而给付对方某种利益，对方要得到该利益必须为此支付相应代价的合同。有偿合同是商品交换最典型的法律形式。买卖合同、中介合同、行纪合同都为有偿合同。无偿合同，是指一方给付对方某种利益，对方取得该利益时并不支付相应对价的合同。赠与合同是典型的无偿合同。本题应选 C。

7. 答案：B。A 项：所谓非典型合同，又称无名合同，是指法律没有明文规定的合同。当事人可以自由订立非典型合同。故 A 项正确。B 项：非典型合同的种类包括狭义的非典型合同、混合无名合同、准混合合同。其中，准混合合同涉及典型合同和非典型合同的混合，即在一个典型合同中涉及一些法律没有规定的非典型合同的内容。可见，一个合同的内容可以一部分属于典型合同，另一部分属于非典型合同。故 B 项错误。C、D 项：对于非典型合同的法律适用，根据《民法典》第 467 条的规定，非典型合同可以适用或参照适用三种规则：一是《民法典》之合同编中“通则”的规定；二是《民法典》之合同编关于典型合同的规定，即适用合同编中分则的规定；三是其他法律最相类似合同的规定。在适用顺序上，主要应当考虑哪个规则与案件中的事实具有最密切的联系。故 C、D 项均正确。

本题为选非题，综上所述，应选 B。

8. 答案：A。所谓诺成合同，是指当事人意思表示一致即告成立的合同。实践合同，是指除当事人双方意思表示一致以外尚需交付标的物才能成立的合同。绝大多数合同为诺成合同，仅在法律有特别规定时，才为实践合同。根据《民法典》的规定，本题四个选项中，只有保管合同属于实践合同，客运合同、仓储合同、赠与合同为诺成合同。故正确答案为 A。

9. 答案：D。根据合同相互间的主从关系，可以将合同分为主合同与从合同。主合同，是指不需要其他合同的存在即可独立存在的合同。例如，对于保证合同来说，设立主债务的合同就是主合同。从合同，就是以其他合同的存在为存在前提的合同。例如，保证合同相对于主债务合同而言即为从合同。由于从合同依赖主合同的存在而存在，所以从合同又被称为“附属合同”。从合同的主要特点在于其附属性，即它不能独立存在，以主合同的存在及生效为前提。由此可知，仅 D 项错误，当选。

10. 答案：B。A 项：根据《民法典》第 680 条第 3 款的规定，借款合同对支付利息约定不明确，当事人不能达成补充协议的，按照当地或者当事人的交易方式、交易习惯、市场利率等因素确定利息；自然人之间借款的，视为没有利息。故本题中，甲、乙之间的借款合同应视为无偿合同，A 项错误。B 项：根据《民法典》第 679 条的规定，自然人之间的借款合同，自贷款人提供借款时成立，故甲、乙之间的借款合同为实践合同，B 项正确。C 项：借款合同是《民法典》合同编有明文规定的合同，为典型合同、有名合同。故 C 项错误。D 项：双务合同，是指当事人双方互负对待给付义务的合同；单务合同，是指合同当事人仅有一方负担给付义务的合同。如前所述，本题中，甲、乙之间的借款合同自贷款人乙提供借款时才成立，合同成立之后仅有借款人甲一方负担给付义务，故该为单务合同，D 项错误。

综上所述，本题应选 B。

11. 答案：A。要式合同，是指根据法律规定应当或者必须采用特定方式的合同。对于一些重要的交易，法律常常要求当事人必须采取特定的方式订立合同。不要式合同，是指当事人订立的合同依法并不需要采取特定的形式，当事人可以采取口头方式，也可以采取书面形式。除法律有特别规定以外，合同均为不要式合同。故本题应选 A。

12. 答案：C。要式合同与不要式合同的区别在于，是否应以一定的形式作为合同成立或生效的条件。有关书面合同的效力问题，必须要根据法律对某类书面形式的要求，以及在该要求中所体现的效力规定来具体确定。首先要确定法律、法规关于形式要件的效力是否有明确规定。例如，《民法典》第 668 条第 1 款中规定：借款合同应当采用书面形式。法律对这种合同规定的形式要件属于成立要件而非生效要件。在此情况下，当事人未根据法律的规定采用一定形式的，合同不能成立；但有时法律规定的形式要件属于生效要件，当事人不依法采用一定形式的，已成立的合同不能生效。例如，《民法典》第 348 条第 1 款规定，通过招标、拍卖、协议等出让方式设立建设用地使用权的，当事人应当采用书面形式订立建设用地使用权出让合同。如果未按照该规定订立书面合同，则合同不能产生法律效力，因此，该形式要求属于生效要件。当然，对于不要式合同而言，可由当事人自由决定合同形式，无论采取何种形式，均不影响合同的成立和生效。故本题应选 C。

13. 答案：B。金融机构借款合同，是指金融机构作为贷款人一方办理贷款业务，向借款人提供贷款，借款人到期返还借款并支付利息的合同。金融机构借款合同是有偿合同、要式合同、诺成合同。银行与自然人之间的借款合同属于金融机构借款合同，A、C、D 选项错误。故本题应选 B。

14. 答案：B。A 项：保管合同为实践合同，是否有偿依当事人约定。B 项：赠与合同既属于无偿合同，又属于诺成合同。须注意：附义务的赠与合同所附的“义务”并非对待给付义务，不是赠与人给付义务的对价，故附义务的赠与合同在性质上仍属于无偿合同。C 项：保证合同为诺成合同，可以有偿，也可以无偿。D 项：借款合同可以有偿或无偿，其中金融机构的借款合同为诺成合同，自然人之间的借款合同为实践合同。故本题应选 B。

15. 答案：A。本题考查涉他合同条款及合同的相对性。依据《民法典》第 522 条第 1 款的规定，当事人约定由债务人向第三人履行债务，债务人未向第三人履行债务或者履行债务不符合约定的，应当向债权人承担违约责任。此谓第三人代为接受履行制度。《民法典》第 523 条又规定，当事人约定由第三人向债权人履行债务，第三人不履行债务或者履行债务不符合约定的，债务人应当向债权人承担违约责任。此谓第三人代为履行制度。据此，虽然合同履行可能会涉及第三人，但该第三人并非合同当事人，与违约责任无关，其既不对合同当事人承担违约责任，也不能要求合同当事人对自己承担违约责任。本题中，甲公司按照与乙公司的约定向其六个子公司发运货物，因母、子公司是相互独立的法人主体，所以该六个子公司就是代为接受履行的第三人。此外，《民法典》第 465 条第 2 款规定了合同的相对性规则，即合同债权债务关系只能对合同双方当事人产生效力，对于合同之外的第三人不应当具有约束力。因为合同的双方当事人是甲、乙公司，所以当乙公司不履行合同约定的支付货款义务时，甲公司只能向乙公司要求支付货款、承担违约责任，而无权要求乙公司的六个子公司付款。故本题应选 A。

16. 答案：B。本题综合考查违约责任的相对性、寄送买卖中的风险负担、违约责任、所有权转移，以及利益第三人合同。A 项：根据《民法典》第 603 条第 2 款第 1 项、第 607 条，以及第 604 条的规定，如当事人未作其他约定，寄送买卖中，自出卖人将货物交付第一承运人时，标的物毁损、灭失的风险即由买受人承担。但根据《民法典》第 611 条的规定，标的物毁损、灭失的风险由买受人承担的，不影响因出卖人履行义务不符合约定，买受人请求其承担违约责任的权利。本题中，虽然甲已完成代办托运，从而将标的物毁损、灭失的风险转移至买受人乙，但买卖合同中标的物的风险仅是指标的物由于不可归责于双方当事人的事由而毁损、灭失所造成的损失，这并不影响甲因违反合同义务而应承担违约责任。《民法典》第 593 条规定，“当事人一方因第三人的原因造成违约的，应当依法向对方承担违约责任。当事人一方和第三人之间的纠纷，依照法律规定或者按照约定处理”。据此，本题中，虽然甲因承运人丙的原因，未能按照约定实际交付标的物于买受人乙，但是甲仍应依法向乙承担违约责任。故 A 项错误。B 项：本题中，甲在与丙签订的运输合同中明确约定收货人乙可以直接请求丙交付货物，且甲及时将指示交付事项通知了乙，故甲、丙之间的运输合同系真正利益第三人合同，乙因此取得对丙的履行请求权。乙与丙之间虽无合同关系，但基于给付关系的存在，丙仍对乙负有从给付义务与附随义务。根据《民法典》第522条第2款的规定，法律规定或者当事人约定第三人可以直接请求债务人向其履行债务，第三人未在合理期限内明确拒绝，债务人未向第三人履行债务或者履行债务不符合约定的，第三人可以请求债务人承担违约责任；债务人对债权人的抗辩，可以向第三人主张。因此，乙可以请求丙承担继续履行、赔偿损失等违约责任。故B项正确。C项：根据《民法典》第224条的规定，动产物权的设立和转让，自交付时发生效力，但是法律另有规定的除外。本题中，买卖合同的标的物为动产，关于其所有权转移的时间应采交付主义，结合《民法典》第603条第2款第1项的规定，甲将货物交付承运人丙，指示其交付于乙之时，即视为出卖人甲已经完成了标的物的交付，从而将货物所有权转移给了买受人乙。故C项错误。D项：本题中，丁并非甲的合同相对人，而仅仅是债务人丙的履行辅助人，根据违约责任的相对性，甲无权请求合同关系以外的第三人对其承担违约责任。故D项错误。

综上所述，本题应选B。

17. 答案：C。A项：根据《民法典》第495条第1款的规定，当事人约定在将来一定期限内订立合同的认购书、订购书、预订书等，构成预约合同。从《合同编解释》第6条的规定来看，成立预约合同需要具备以下条件：一是当事人有在将来一定期限内订立合同的意图，二是能够确定将来所要订立合同的主体、标的等内容。另外，最高人民法院《关于审理商品房买卖合同纠纷案件适用法律若干问题的解释》（2020年修正）第2条规定："出卖人未取得商品房预售许可证明，与买受人订立的商品房预售合同，应当认定无效，但是在起诉前取得商品房预售许可证明的，可以认定有效。"需要注意的是，认购不同于预售：前者属于预约，而后者属于本约。本题中，因"商铺认购书"并非商铺预售合同，故即使甲公司未取得预售许可证，也不影响"商铺认购书"的效力。因此，A项错误。B项：因预约合同的目的和内容是将来订立本约，根据预约合同的性质和目的，本约合同的具体内容并非预约合同的主要或必备条款。由于订立本约的行为本身即是预约合同的标的，因此该"商铺认购书"已经具备了主体、标的、数量等必备内容，自当事人意思表示达成一致时即应成立并成效。因此，B项错误。C项：根本违约是指直接导致合同目的不能实现的违约。本题中，甲公司未依约履行预约合同约定的通知义务，导致商铺售罄，李某的合同目的不能实现，甲公司的行为已经构成根本违约。故C项正确。D项：根据《民法典》第495条第2款的规定，当事人一方不履行预约合同约定的订立合同义务的，对方可以请求其承担预约合同的违约责任。另外，根据《民法典》第580条第1款第1项的规定，当事人一方不履行非金钱债务，若法律上或者事实上不能履行，则对方无权请求其继续履行。本题中，虽然甲公司构成根本违约，应当承担违约责任，但是商铺售罄意味着法律上履行不能，故李某只能请求甲公司承担除继续履行以外的其他违约责任，如赔偿损失、支付违约金等。因此，D项错误。

综上所述，本题应选C。

（二）多项选择题

1. 答案：ABC。A项：所谓有关身份关系的协议，是指基于身份关系而订立，以身份关系的取得和变更为内容的协议。此类协议虽然也是当事人设立、变更、终止民事权利义务的协议，但其不以交易为主要内容，不是具有平等、等价有偿属性的民事合同，与市场经济中的交易活动存在本质区别。故A项正确。B、C、D项：《民法典》第464条第2款规定："婚姻、收养、监护等有关身份关系的协议，适用有关该身份关系的法律规定；没有规定的，可以根据其性质参照适用本编规定。"依据这一规定，对于婚姻、收养、监护等有关身份关系的协议，首先应当适用有关身份关系的法律规定。这是特别法优先于一般法这一原则的必然要求。在有关身份关系的法律规范中没有规定时，应当依据该协议的性质，参照适用《民法典》合同编的规定。对于合同规则在有关身份关系的协议中的适用，应当根据相关协议中身份性的强弱分别确定。具体来说，对于纯粹的有关身份关系的协议，原则上不适用合同编的规则；对于基于身份关系作出的与财产有关的协议，如婚前财产协议和离婚财产分割协议等，可以参照适用《民法典》合同编的规则；对于与身份关系有关的纯粹的财产协议，可以适用《民法典》合同编的规则，如夫妻间的赠与协议，虽然赠与发生于夫妻之间，但主要还是以财产关系为内容，不影响赠与合同的性质，因此也应当适用《民法典》合同编的规则。故B、C项均正确，D项错误。

综上所述，本题应选ABC。

2. 答案：ABC。A项：根据《民法典》第538、539条的规定，A项正确。B、C项：有偿合同与无偿合同的区分意义，首先在于确定某些合同的性质。在债权合同中许多合同只能是有偿的，不可能是无偿的。如果要变有偿为无偿，或者相反，则合同关系在性质上就要发生根本的变化。例如，买卖合同是有偿的，如果变为无偿合同，则变成了赠与合同。其次在于确定当事人的注意义务。在无偿合同中，单纯给予利益的一方原则上只应承担较低的注意义务；而在有偿合同中，当事人所承担的注意义务显然要较无偿合同中之注意义务为重。故选项B、C均是正确的。D项：双务合同中可以适用同时履行抗辩权制度，而在单务合同中不适用同时履行抗辩权制度，故确定是否适用同时履行抗辩权制度是区分单务合同与双务合同的意义，D项不当选。

综上所述，本题应选ABC。

3. 答案：ABD。根据《民法典》第586条第1款、第679条、第890条的规定，定金合同、自然人之间的借款合同、保管合同，除当事人双方意思表示一致外还需交付标的物才能成立，故这三种合同都属于实践合同。根据《民法典》第905条的规定，仓储合同自保管人和存货人意思表示一致时成立，故仓储合同属于诺成合同。因此，本题应选ABD。

4. 答案：ABCD。根据《民法典》第762条第2款、第789条、第736条第2款、第938条第3款的规定，选项中的四种合同都应当采用书面形式，故都属于要式合同。本题应选ABCD。

5. 答案：ACD。A、B项：预约合同是指当事人所达成的、约定在将来一定期限内订立合同的允诺或协议。《民法典》第495条第1款规定："当事人约定在将来一定期限内订立合同的认购书、订购书、预订书等，构成预约合同。"相对于预约合同，当事人在将来所订立的合同称为本约合同，而当事人约定在将来订立本约的合同即属于预约合同。从性质上看，预约合同和本约合同是相互独立且相互关联的两个合同。尽管预约合同是为了订立本约合同而订立的，而且是在订立本约合同的过程中订立的，但当事人已经就订立预约合同形成合意并且该合意具有相对独立性，因此，预约合同可以与本约合同相分离，作为独立的合同类型。预约合同虽以订立本约合同为目的和内容，但它既不同于本约合同，也不依赖本约合同的存在而存在，并不以本约合同的存在及生效为前提，故二者之间不存在主从关系。因此，A项正确，B项错误。C项：预约合同的目的和内容是将来订立本约合同，换言之，订立本约合同这一行为即为预约合同的标的。根据预约合同的这一目的和性质，本约合同当中通常具备的关于合同具体内容的约定，如标的物的质量、数量、价款等，并非预约合同所必须具备的内容。故C项正确。D项：《民法典》第495条第2款规定，"当事人一方不履行预约合同约定的订立合同义务的，对方可以请求其承担预约合同的违约责任"。这就明确了违反预约合同的责任。故在一方违反预约合同的情况下，另一方可以要求解除该预约合同，并请求违约方承担违约金、定金等责任；在能够继续履行的情形下，也可以要求其继续履行，即主张订立本约合同。故D项正确。

综上所述，本题应选ACD。

6. 答案：CD。《民法典》第495条规定："当事人约定在将来一定期限内订立合同的认购书、订购书、预订书等，构成预约合同。当事人一方不履行预约合同约定的订立合同义务的，对方可以请求其承担预约合同的违约责任。"C项正确。乙拒绝订立买卖合同，预订书的合同目的不能实现，甲可以解除预订书，D项正确。本题不涉及侵权，甲不承担侵权责任，B项错误。乙的行为不涉及侵犯甲人格权的情形，甲不能请求乙赔偿精神损害，A项错误。故本题选CD。

7. 答案：ABCD。A、B项：由于该合同不属于《民法典》第三编"合同"之第二分编"典型合同"的19种典型合同以及其他立法规定的典型合同，因此该合同不属于典型合同。按照合同自由的原则，只要当事人的约定不违反法律、行政法规的强行性规定，不违背公序良俗，《民法典》合同编即允许当事人订立非典型合同，承认其效力，故该合同属于有效的非典型合同。因此A、B项均正确。C、D项：从该合同的内容来看，乙以提供劳务的方式代替租金缴纳而为给付，作为占有、使用甲之房屋的对价，与《民法典》合同编之“典型合同”分编所规定的租赁合同最相类似。《民法典》第 467 条第 1 款规定：“本法或者其他法律没有明文规定的合同，适用本编通则的规定，并可以参照适用本编或者其他法律最相类似合同的规定。”因此，C、D 项均正确。

综上所述，本题答案为 ABCD。

8. 答案：ACD。A 项：根据《民法典》第 495 条第 1 款的规定，当事人约定在将来一定期限内订立合同的认购书、订购书、预订书等，构成预约合同。从《合同编解释》第 6 条的规定来看，成立预约合同需要具备以下条件：一是当事人有在将来一定期限内订立合同的意图，二是能够确定将来所要订立合同的主体、标的等内容。本题中，孙某与洋桥公司签订的“商品房认购书”符合上述预约合同的法律构成，故 A 项正确。B 项：根据最高人民法院《关于审理商品房买卖合同纠纷案件适用法律若干问题的解释》（2020 年修正）第 5 条的规定，商品房的认购、订购、预订等协议具备《商品房销售管理办法》第 16 条规定的商品房买卖合同的主要内容，并且出卖人已经按照约定收受购房款的，该协议应当认定为商品房买卖合同。本题中，若洋桥公司并未依约收受孙某的购房款，则“商品房认购书”不能被认定为商品房买卖合同。故 B 项错误。C 项：根据《民法典》第 533 条关于情势变更制度的规定，合同成立后，合同的基础条件发生了当事人在订立合同时无法预见的、不属于商业风险的重大变化，继续履行合同对于当事人一方明显不公平的，受不利影响的当事人可以与对方重新协商；在合理期限内协商不成的，当事人可以请求人民法院或者仲裁机构变更或者解除合同。据此，本题中，因国家政策调整导致洋桥公司的建筑成本大大增加，若再按照“商品房订购书”约定的价格签订商品房预售合同，则对洋桥公司明显不公平，故其有权请求法院解除“商品房订购书”。因此 C 项正确。D 项：根据《民法典》第 495 条第 2 款的规定，当事人一方不履行预约合同约定的订立合同义务的，对方可以请求其承担预约合同的违约责任。本题中，若国家政策并未调整，洋桥公司仍然拒绝签订商品房预售合同，则违反了“商品房订购书”所约定的订约义务，故孙某有权请求其承担违约责任。因此 D 项正确。

综上所述，本题应选 ACD。

9. 答案：ABCD。《民法典》第 463 条规定：“本编调整因合同产生的民事关系。”据此，《民法典》合同编首先调整该编所规定的各类典型合同，但并非对《民法典》其他编和特别法所规定的合同以及无名合同不可适用。具体而言，《民法典》合同编还可以适用于以下类型的合同：一是《民法典》合同编以外的其他编规定的合同，首先要适用其他编的规定，在其他编没有规定时，也要适用合同编中“通则”的规定。二是特别法规定的合同，如旅游法规定的旅游合同，《劳动合同法》所规定的劳动合同等，首先要适用特别法针对这些合同所作出的特殊规定，但在这些法律没有就这些合同的订立、效力，合同的履行、保全、变更和转让、终止，违约责任等问题作出规定的情况下，也可以适用《民法典》合同编中“通则”的相关规定。三是无名合同。《民法典》第 467 条规定：“本法或者其他法律没有明文规定的合同，适用本编通则的规定，并可以参照适用本编或者其他法律最相类似合同的规定”。四是非因合同产生的债权债务关系。《民法典》第 468 条规定：“非因合同产生的债权债务关系，适用有关该债权债务关系的法律规定；没有规定的，适用本编通则的有关规定，但是根据其性质不能适用的除外。”故四个选项当中的合同类型，都可以适用《民法典》合同编的规定，本题应选 ABCD。

简答题

1. 我国民事立法在合同的定义上，基本上继受了大陆法的概念，认为合同是一种合意或协议。《民法典》第 464 条第 1 款规定：合同是民事主体之间设立、变更、终止民事法律关系的协议。根据这一规定，合同具有以下特征。

（1）合同是平等主体的自然人、法人和非法人组织所实施的一种民事法律行为。民事法律行为作为一种最重要的民事法律事实，是民事主体实施的能够引起民事权利和民事义务产生、变更或终止的合法行为。

（2）合同以设立、变更或终止民事权利义务关系为目的和宗旨。所谓设立民事权利义务关系，是指当事人订立合同旨在形成某种法律关系，从而具体地享受民事权利、承担民事义务。所谓变更民事权利义务关系，是指当事人通过订立合同使原有的合同关系在内容上发生变化。它通常是在继续保持原合同关系效力的前提下变更合同内容。所谓终止民事权利义务关系，是指当事人订立合同的目的在于消灭原合同关系。无论当事人订立合同旨在达到何种目的，只要当事人达成的协议依法成立并生效，就会对当事人产生法律效力，当事人可以基于合同约定享有权利，但也应当按照约定履行义务。

(3) 合同的成立需要当事人意思表示达成一致。合同是合意的结果，因而它必须包括以下要素：第一，合同的成立必须要有两个以上的当事人。第二，各方当事人须作出意思表示。这就是说，当事人各自从追求自身的利益出发而作出某种意思表示。第三，各个意思表示是一致的，即当事人达成了一致的协议。第四，当事人必须在平等、自愿基础上进行协商，形成合意。

总之，合同是作为平等主体的自然人、法人及非法人组织之间设立、变更、终止民事权利义务关系的协议，是一种发生民法上效果的合意。

2. 所谓有关身份关系的协议，是指基于身份关系而订立的不以交易为主要内容的协议。这些协议虽然也是当事人设立、变更、终止民事权利、义务的协议，但其不是具有平等、等价有偿属性的民事合同，与市场经济活动中订立的合同存在本质的区别。此类协议是以身份关系的取得和变更为内容的协议。具体而言，有关身份关系的协议主要有以下几种：一是婚姻关系中的协议，二是收养协议，三是监护协议，四是其他有关身份关系的协议。

对于有关身份关系的协议的法律适用，《民法典》第464条第2款规定：婚姻、收养、监护等有关身份关系的协议，适用有关该身份关系的法律规定；没有规定的，可以根据其性质参照适用本编规定。该参照适用规则包括以下两层含义：第一，对于有关身份关系的协议，首先应当适用有关身份关系的法律规定。这是特别法优先于一般法这一原则的必然要求。有关身份关系的法律规定虽然就身份关系而言属于一般规范，但是其中有关身份关系的协议的规定，相较于合同规范而言属于特别规范。如果身份法具有特别的规则，那么首先应当适用身份法的相关规定，只有在身份法中没有规定的情况下，才能依据其性质准用《民法典》之合同编的规则。第二，在有关身份关系的法律规范中没有规定时，应当依据该协议的性质，参照适用《民法典》之合同编的规定。对于合同规则在有关身份关系的协议中的适用，应当根据相关协议中身份性的强弱，区分不同类型的有关身份关系的协议，分别确定是否可以参照适用合同规则。

3. 双务合同，是指当事人双方互负对待给付义务的合同，即一方当事人愿意负担履行义务，旨在使他方当事人因此负有对待给付的义务，或者说，一方当事人所享有的权利，即为他方当事人所负有的义务。而单务合同，是指合同当事人仅有一方负担给付义务的合同。

在法律上区分单务合同与双务合同的意义有以下两点。

(1) 双务合同中可以适用同时履行抗辩权制度，而在单务合同中不适用同时履行抗辩权制度。

(2) 在双务合同中，如果是非一方当事人的原因导致其不能履行合同义务，其合同债务应被免除，其享有的合同权利也应归于消灭。而在单务合同中，一方因不可抗力而不能履行义务时，不会发生双务合同中的风险负担问题。

4. 有偿合同，是指一方通过履行合同约定的义务而给对方某种利益，对方要得到该利益必须为此支付相应代价的合同。而无偿合同，是指一方给付对方某种利益，对方取得该利益时并不支付任何报酬的合同。无偿合同是等价有偿原则在民法适用中的例外现象。在无偿合同中，一方当事人也要承担义务，但该义务的负担并不构成其所享有权利的对价。

有偿合同与无偿合同的区分意义如下。

首先在于确定某些合同的性质。在债权合同中许多合同只能是有偿的，不可能是无偿的。如果要变有偿为无偿，或者相反，则合同关系在性质上就要发生根本的变化。

其次在于确定当事人的注意义务。在无偿合同中，单纯给予利益的一方原则上只应承担较低的注意义务；而在有偿合同中，当事人所承担的注意义务显然要较无偿合同中的注意义务为重。

5. 当事人在将来订立的合同为本约合同，而当事人约定在将来订立本约的合同即属于预约合同。从性质上看，预约合同和本约合同是相互独立且相互关联的两个合同。尽管预约合同是为了订立本约合同而订立的，而且是在订立本约合同的过程中订立的，但当事人已经就订立预约合同形成合意并且该合意具有相对独立性，因此，预约合同可以与本约合同相分离，作为独立的合同类型。

预约合同和本约合同的区别在于以下几点。

第一，缔约意图不同。预约合同以订立本约合同为目的，而本约合同的缔约目的是形成特定的法律关系，因此，预约合同只是向本约合同过渡的阶段。当事人订立预约合同主要是为了有足够的时间磋商，或者避免对方当事人反悔。

第二，当事人约定的内容不同。预约合同的内容是将来订立本约合同，而本约合同是关于合同具体内容的约定。

第三，违反合同的责任后果不同。在预约合同中，当事人一般不会约定违反本约合同的责任。而在本约合同中，当事人通常都会约定违约责任条款，这也是当事人愿意受其意思表示拘束的具体体现。此外，一方当事人违反预约合同时，非违约方可以请求违约方订立合同，而当事人违反本约合同时，并不产生请求对方当事人订立合同的违约责任，而只是产生继续履行、赔偿损失等违约责任。依据《合同编解释》第8条，如果双方当事人在预约合同中约定了违约责任，则应当根据当事人的约定确定其违约责任。但如果预约合同中没有约定违约的后果，则违反预约合同的一方究竟应当承担何种责任，应当综合考虑订立预约合同在内容上的完备程度以及订立本约合同的条件的成就程度等因素进行酌定，这实际上是将订立与履行本约的成熟程度、当事人订立本约和履行本约的可能性，作为确定违反预约合同损害赔偿数额的依据。在一方违反预约合同的情况下，另一方也可以要求解除该预约合同，并请求违约方承担违约金、定金等责任；在能够继续履行的情形下，也可以要求其继续履行。

6. 所谓债法，是调整债权债务关系的法律规范的总称。合同本身是债的发生原因之一，性质上是一种债的关系。因此，《民法典》合同编本身也是债法的组成部分。

关于《民法典》合同编与债法的关系，可以从如下几方面理解。

第一，《民法典》合同编是债法的组成部分，不能概括所有的债法内容。合同之债是债的组成部分，是意定之债，其与不当得利之债、无因管理之债、侵权损害赔偿之债等法定之债一起，共同组成债的类型体系。但《民法典》之合同编只是债法的一部分，不能代替整个债法的内容。

第二，《民法典》合同编具有相对独立性。《民法典》合同编主要调整交易关系，但债法调整的给付关系含义更为宽泛，不完全是交易关系。《民法典》之合同编具有内在的逻辑体系，以交易为中心，以交易的发生、存续、消灭为主线展开。《民法典》合同编首先规范合同双方当事人就订立合同进行的磋商缔约阶段，然后规范合同的签订阶段。在合同成立并发生效力后，《民法典》合同编还规定了双方当事人履行合同的义务以及合同履行过程中可能发生的同时履行抗辩权、不安抗辩权等抗辩权。此外，在合同履行期到来之前或之后，都可能发生违约情形，从而可能导致合同的解除或终止。《民法典》合同编中的“通则”正是按照这样一个交易过程的时间顺序展开的。这种“单向度”的规定模式必然使其内容具有非常明显的“同质性”。

第三，《民法典》合同编发挥了债法总则的功能。我国早在1999年就颁行了《合同法》，经过多年的适用，《合同法》早已为法官和民众所广泛熟知和了解，且为了避免叠床架屋，避免法律规则的重复，《民法典》没有规定债法总则，而只是继续保留了合同通则，并在合同编中将许多债法规则纳入其中，还纳入了准合同制度，对不当得利和无因管理这两种法定之债作出规定。可见，《民法典》合同编实际上发挥了债法总则的功能。以合同编发挥债法总则的功能，是《民法典》的重要特色。

论述题与深度思考题

合同关系的相对性在大陆法中被称为“债的相对性”，是指合同主要在特定的合同当事人之间发生，合同当事人一方只能基于合同向与其有合同关系的另一方，而不能向与其无合同关系的第三人，提出合同上的请求，也不能擅自为第三人设定合同上的义务。根据合同相对性规则，只有合同当事人才能享有基于合同所产生的权利，并承担根据合同所产生的义务；当事人一方只能向对方行使权利并要求其承担义务，不能请求第三人承担合同上的义务，第三人也不得向合同当事人主张合同上的权利和承担合同上的义务。从这个意义上说，合同原则上不具有对第三人的拘束力。

合同关系的相对性与物权的绝对性相对应，两者不仅确定了债权与物权的一项区分标准，而且在此基础上形成了债权法与物权法的一些重要规则。例如，合同债权具有相对性，仅发生在特定的当事人之间，并不具有公开与公示的特点，也不具有对抗第三人的效力。而物权作为一种绝对权，具有社会公开性，因而，物权变动必须要公示。

(1) 合同相对性规则主要包括如下三个方面的内容。

1) 合同主体的相对性。所谓合同主体的相对性，是指合同关系只能发生在特定的主体之间，只有合同当事人一方能够向合同的另一方当事人基于合同提出请求或提起诉讼。具体来说，一方面，由于合同关系仅发生在特定的当事人之间，因而只有合同关系当事人彼此之间才能相互提出请求或提起诉讼，与合同关系当事人没有发生合同上的权利义务关系的第三人不能依据合同向合同当事人提出合同上的请求或诉讼。另一方面，合同一方当事人只能向另一方当事人提出合同上的请求或提起诉讼，而不能向与其无合同关系的第三人提出合同上的请求或提起诉讼。

2) 合同内容的相对性。所谓合同内容的相对性，是指除法律另有规定或者合同另有约定外，只有合同当事人才能享有合同债权并承担合同义务，合同当事人以外的任何第三人都不能主张合同上的权利。在双务合同中，合同内容的相对性还表现在一方的权利就是另一方的义务，权利、义务是相互对应的，权利人的权利须依赖义务人履行义务的行为才能实现。从合同内容的相对性中可以引申出如下几项规则：第一，合同约定由当事人享有的权利，原则上不能由第三人享有；合同约定由当事人承担的义务，一般也不能对第三人产生拘束力。第二，合同当事人无权为他人设定合同上的义务。一般来说，权利会对主体带来一定利益，而义务会为义务人带来一定负担或使其蒙受不利益。如果合同当事人为第三人设定权利，法律可以推定，此种设定是符合第三人意愿的。但合同当事人如果为第三人设定义务，则只有经第三人同意后，才能对第三人发生效力，否则第三人并不受该条款的拘束。第三，合同权利与义务主要对合同当事人产生约束力。但法律为防止因债务人的财产的不当减少而给债权人的债权带来损害，允许债权人对债务人和第三人的某些行为行使撤销权及代位权，以保护其债权。这两种权利的行使都涉及合同关系以外的第三人，并对第三人产生法律上的拘束力，因此，合同的保全也可以被看作是合同相对性规则的例外。

3) 违约责任的相对性。合同义务的相对性必然决定了违约责任的相对性。所谓违约责任的相对性，是指违约责任只能在特定的当事人之间即有合同关系的当事人之间发生，合同关系以外的人不负违约责任，合同当事人也不对其承担违约责任。即使是第三人的行为导致债务不能履行，债务人仍应向债权人承担违约责任，债务人在承担违约责任以后有权向第三人追偿。当然，如果第三人的行为已直接构成侵害债权，则债权人有权请求该第三人承担侵权责任。

(2) 合同相对性规则存在例外情形。

在法律具有特别规定的情形下，合同也可以产生对第三人的效力。合同相对性的例外只有通过法律规定的方式才能发生，单纯有当事人的意思并不能使合同对当事人之外的人产生效力。主要理由在于：一方面，合同是当事人之间的约定，只能在当事人之间产生效力。法律行为的原理要求，只有作出意思表示的人才能受意思表示的约束。另一方面，出于保护第三人的考量，双方当事人为他人设定合同义务应当是一概被否定的，但如果双方当事人为第三人设定权利，或者由第三人履行债务对债权人有利等，虽然同样符合保护第三人的目的，但也应该经由法律加以认可，同时，法律也要对第三人的拒绝权进行规定。另外，《民法典》第465条第2款仅规定了法律另有规定的除外，而未规定当事人另有约定的除外。所谓“法律另有规定”，主要包括以下几种情形：一是利益第三人合同。它是指合同当事人约定由债务人向合同当事人之外的第三人作出给付，该第三人即因此取得直接请求债务人作出给付的权利的合同。二是合同的保全，包括债权人代位权和撤销权。债权人行使这些权利时，也会对第三人产生效力。三是建设工程合同对第三人的效力。四是运输合同对第三人的效力。

严格来说，按照合同的相对性原理，合同对第三人产生效力只是合同相对性的例外，而这种例外情况必须要由法律明确作出规定。换言之，合同能否对第三人产生效力、产生何种效力，不应当由合同当事人决定，更不能由债权人单方决定，而应当由法律明确作出规定。因为合同的效力本质上就是法律所赋予的，法律既可以赋予合同对当事人双方的拘束力，也可以赋予合同在特殊情况下对第三人的拘束力。也只有在法律有特别规定的情况下，合同才能对第三人产生这种特殊的拘束力。

第三十二章　合同的订立

知识逻辑图

- 合同的订立
  - 合同的成立和法律拘束力
    - 合同成立的概念
    - 合同成立的要件
      - 存在双方或多方订约当事人
      - 订约当事人经过要约、承诺而达成了合意
      - 当事人就合同主要条款达成合意
    - 合同的法律拘束力：体现为权利、义务和责任三个方面
  - 要约
    - 要约的概念和法律特征
    - 要约有效的条件
      - 是由特定主体作出的意思表示
      - 必须表明经受要约人承诺，要约人即受该意思表示约束
      - 必须向要约人希望与之缔结合同的受要约人发出
      - 要约的内容必须具体、确定
    - 要约与要约邀请
      - 要约邀请的概念
      - 要约与要约邀请的区别
      - 典型的要约邀请行为
        - 拍卖公告、招标公告
        - 招股说明书、债券募集办法、基金招募说明书
        - 商业广告和宣传、寄送的价目表
    - 要约的法律效力
      - 要约生效的时间
        - 以对话方式作出的要约：在相对人知道其内容时生效
        - 以非对话方式作出的要约：在到达相对人时生效
        - 以非对话方式作出的采用数据电文形式的要约的生效
      - 要约的存续期限：由要约人决定
      - 要约的法律效力
        - 对要约人的拘束力
        - 对受要约人的拘束力
    - 要约的撤回和撤销
      - 要约的撤回
      - 要约的撤销
        - 撤销要约与撤回要约的区别
        - 不可撤销要约的情形
        - 有效撤销要约的条件
    - 要约失效：要约被拒绝、要约被依法撤销、承诺期限届满
  - 承诺
    - 承诺的概念
    - 承诺的要件
      - 承诺必须由受要约人向要约人作出
      - 承诺是受要约人决定与要约人订立合同的意思表示
      - 承诺的内容必须与要约的内容一致
      - 承诺必须在要约规定的期限内到达要约人
      - 承诺方式必须符合要约的要求

- 合同的订立
  - 承诺
    - 承诺的期限
    - 承诺的迟延
    - 承诺的撤回
    - 承诺的生效
  - 特殊形式的要约与承诺
    - 确认书及其性质
    - 网上发布的商品或服务信息
    - 交叉要约
    - 悬赏广告
      - 悬赏广告的概念和特征
      - 悬赏广告的性质
      - 悬赏人负有按照其允诺支付报酬的义务
  - 强制缔约
    - 强制缔约的概念
    - 强制缔约的特征
      - 属于法定义务
      - 是对合同自由的限制，包括对缔约的限制和对内容的限制
      - 其功能在于维护公共利益
      - 仍须经过要约和承诺程序，且一方必须发出要约或作出承诺
    - 通常情形下体现为强制承诺，法律规定的特殊情形下体现为强制要约
    - 典型形态：根据指令性任务或者国家订货任务签订合同
  - 合同成立的时间和地点
    - 合同成立的时间
      - 承诺生效时
      - 法律另有规定：完成特定的订约形式时、实际交付标的物时
      - 当事人另有约定
    - 合同成立的地点
      - 明确合同成立地点的意义：选择适用法律、确定诉讼管辖
      - 承诺生效的地点为合同成立的地点
      - 采用数据电文形式订约时合同成立的地点
      - 以合同书形式订约时合同成立的地点
  - 缔约过失责任
    - 概念：在合同订立过程中一方违背其依据诚信原则和法律规定所应承担的义务，致另一方的信赖利益遭受损失时应承担的损害赔偿责任
    - 成立条件
      - 缔约过失发生在合同订立过程中
      - 一方违背其依诚信原则所应负的义务
      - 造成他人信赖利益的损失
    - 类型
      - 假借订立合同，恶意进行磋商
      - 故意隐瞒与订立合同有关的重要事实或者提供虚假情况
      - 泄露或不正当地使用商业秘密或者其他应当保密的信息
      - 其他违背诚信原则的行为
    - 赔偿范围：限于信赖利益的损失，不应超过履行利益

名词解释

1. 合同的成立
2. 要约
3. 要约邀请
4. 要约的撤回
5. 要约的撤销
6. 要约失效
7. 承诺

8. 承诺迟延
9. 承诺的撤回
10. 交叉要约
11. 悬赏广告
12. 强制缔约
13. 缔约过失责任

选择题

（一）单项选择题

1. 下列选项中的表示属于要约的是（　　）。
A. 甲给乙发微信称愿以友情价将自己的电脑转让给乙，有意可于 7 日内交付
B. 甲对乙说："我正考虑卖掉家中祖传的一套家具。"
C. 甲公司在某媒体上发布招股说明书
D. 甲在某媒体上做广告，出售一台电脑，广告中注明："本广告所载商品售与最先支付现金的人。"

2. 下列选项中不一定属于要约邀请的是（　　）。
A. 商业广告　　B. 拍卖公告
C. 招股说明书　　D. 寄送的价目表

3. 下列表示中属于要约的是（　　）。
A. 甲对乙说：我有一台照相机想卖给你
B. 甲在自己的房屋门口挂上木牌，写上"出租、面议"
C. 甲在路边伸手拦下一辆出租车
D. 甲将自己商店出售的货物价目表寄给客户乙

4. 竞买人以报价方式向拍卖人所作的应买的意思表示，在性质上属于（　　）。
A. 要约邀请
B. 要约
C. 对拍卖人拍卖公告的承诺
D. 订立合同的确认

5. 下列表示中属于承诺的是（　　）。
A. 甲给乙发信件称："我有一批钢材出售，每吨 200 元，三月内回复有效。"在三个月内，丙给甲回电表示接受报价
B. 如 A 项，乙于第四个月作出回复，表示愿意购买
C. 如 A 项，乙在三个月内回复表示愿意购买，但每吨最高出价 150 元
D. 如 A 项，乙在三个月内将款项汇给甲，并通知甲自己已做好收货准备

6. 甲听说乙有一祖传玉石，遂前往询价。甲问：你多少钱卖？乙说：你出多少钱？甲问：15 万元卖不卖？乙说：20 万元可以马上拿走。甲未置可否。三天后，甲携款 20 万元前来购买。乙说：25 万元才能卖。对此，下列选项中正确的是（　　）。（考研）
A. 乙说"你出多少钱"属于要约
B. 乙说"20 万元可以马上拿走"属于要约邀请
C. 甲携款 20 万元前来购买时合同成立
D. 乙说"25 万元才能卖"属于要约

7. 甲欲卖给乙、丙或丁一台电视，价格为 500 元。乙收到消息后没有作任何表示和回应；丙收到消息后，当即回复甲表示愿意购买；丁直接将 500 元钱汇给甲。对此，以下哪一项说法正确？（　　）
A. 乙的行动视为默示的承诺
B. 丙的行为构成承诺
C. 丁没有向甲作出回应，因此其行为不属于承诺
D. 甲与乙、丙、丁之间的买卖合同关系均不成立

8. 甲有一批货物欲出售，遂致电乙，称："钢材，每吨 1 000 元，三个月内回复。"该电文于 2021 年 3 月 1 日到达乙处。乙经研究认为可以接受，但单价应该为每吨 800 元，遂于 4 月 1 日回电给甲，电文于 4 月 2 日到达甲处。此时甲不在，其代理人丙遂将电文随手放在甲的办公桌上。乙于 5 月 1 日将价款汇至甲处，同时要求甲履行合同，甲表示拒绝。那么（　　）。
A. 甲第一次发出的电文是要约，乙的回复是承诺，合同成立，甲应承担违约责任
B. 合同于 4 月 2 日成立，甲应承担违约责任
C. 甲和乙发出的均为要约，合同不成立
D. 乙回信后，甲的不作为行为应视为默示承诺

9. 甲公司欲卖给乙公司一批货物，向乙公司发出要约书，乙公司接受了甲公司的报价，并传真就该合同其他主要条款提出意见，甲公司完全接受。双方根据协商内容制定合同书，盖章后交给乙公司，同时向乙公司交付了货物，乙公司接受了履行，但因为乙公司法定代表人出差，合同书迟迟未签。那么（　　）。
A. 合同须自乙公司签字盖章之日起生效
B. 合同自甲公司表示完全接受的通知到达乙公司时成立
C. 合同自乙公司接受甲公司的报价时成立

D. 合同以乙公司接受甲公司的履行的时间为合同成立时间

10. 甲向乙发出要约："粮食一批，单价每吨 500 元，三个月内回复。"要约于 2021 年 1 月 2 日到达乙处，乙于同年 5 月回复甲，表示乐于接受要约，并做好合同履行准备。那么下列说法中不正确的是（　　）。

A. 乙发出的承诺超过了甲规定的期限，无效，合同不能成立

B. 甲收到乙的回复后，及时通知乙该承诺有效，则乙的承诺生效，合同成立

C. 不论是否得到甲的同意，乙的承诺均不生效

D. 乙提出的是新要约

11. 如上题，如果乙于 3 月底即发出回复，但由于邮局工作人员失误，乙的回复于 5 月份到达甲处，那么下列说法中正确的是（　　）。

A. 承诺生效，除非甲及时表示反对

B. 超过规定承诺期限，承诺不生效

C. 乙发出的是新要约

D. 不论甲是否反对，承诺均生效

12. 以下关于要约撤销的说法中不正确的是（　　）。

A. 要约中规定了承诺期限的，要约不可撤销

B. 受要约人有理由认为要约是不可撤销的，要约人即不得撤销要约

C. 撤销要约的意思表示以对话方式作出的，该意思表示的内容应当在受要约人作出承诺之前为受要约人所知道

D. 撤销要约的意思表示以非对话方式作出的，应当在受要约人作出承诺之前到达受要约人

13. 下列要约中属于可撤销要约的是（　　）。

A. "钢材，单价 600 元，于 15 日前回复有效。"

B. "彩电，单价 1 000 元，不可撤销。"

C. "服装，单价 100 元。"

D. "小麦 100 吨，单价 100 元，请安排车辆运输。"受要约人已按要求准备了运输工具和储存场所

14. 甲学校为盖教学楼以公告方式进行招标。乙公司根据甲学校的要求制定了一份完整的投标书投标。甲学校拒绝了这份投标书。下列说法中正确的是（　　）。

A. 乙公司投标甲学校时合同成立

B. 乙公司制定投标书后合同成立

C. 在甲学校同意该投标书前，有一效力待定合同

D. 没有合同成立

15. 受要约人拒绝要约后，在承诺有效期内又表示同意的，应视为（　　）。

A. 要约引诱　　　　B. 变更承诺

C. 承诺有效　　　　D. 发出新的要约

16. 承诺对要约的内容作出非实质性变更的，除要约人及时表示反对或者要约明确表明承诺不得对要约的内容作出任何变更的以外，该承诺有效，合同的内容以（　　）为准。

A. 要约的内容

B. 承诺的内容

C. 双方当事人事后协商的内容

D. 法院裁定的内容

17. 乙公司向甲公司发出要约，旋即又发出一份"要约作废"的函件。甲公司的董事长助理收到乙公司"要约作废"的函件后，忘了交给董事长。第三天甲公司董事长发函给乙公司，提出只要将交货日期推迟两个星期，其他条件都可接受。后甲、乙公司未能缔约。双方缔约没能成功的原因是什么？（　　）

A. 要约已被撤回

B. 要约已被撤销

C. 甲公司对要约作出了实质性改变

D. 甲公司的承诺超过了有效期间

18. 下列关于合同成立时间的表述中不正确的是（　　）。

A. 合同成立时间原则上以承诺生效时间为准

B. 承诺到达要约人时合同成立

C. 在合同成立之前要求签订确认书的，签订确认书时合同成立

D. 法律规定合同应当采用书面形式订立，当事人未采用书面形式但是一方已经履行主要义务，对方接受时，该合同成立

19. 小陈计划搬家，欲转让一把旧吉他，于是在某二手物品交易平台上发布转让信息如下："本人闲置某品牌吉他一把，八成新，现折价 200 元出售，仅限见面交易，有意可留言"，并附有实拍照片若干。一周后，小唐看到吉他转让信息，十分心仪，遂在平台留言有意以 200 元购买。次日，小唐未见留言回复，怕吉他被他人买去，遂当即提交了订单。小陈忙于搬家，数日后方才看到订单信息，遂通过该交易平台联系小唐，并约定了交易地点。次日见面时双方一手交钱，一手交货，完成了交易。问：小唐与小陈之间的买卖

合同于何时成立？（　　）

A. 小唐在该交易平台提交订单时

B. 双方在该平台达成见面交易的约定时

C. 双方见面交易时

D. 小唐在平台留言有意以200元购买之时

20. 甲公司于6月5日以传真方式向乙公司求购一台机床，要求“立即回复”。乙公司当日回复“收到传真”。6月10日，甲公司电话催问，乙公司表示同意按甲公司的报价出售，要其在6月15日来人签订合同书。6月15日，甲公司前往签约，乙公司要求加价，未获同意，乙公司遂拒绝签约。对此，下列哪一种说法是正确的？（　　）（司考改编）

A. 买卖合同于6月5日成立

B. 买卖合同于6月10日成立

C. 买卖合同于6月15日成立

D. 甲公司有权要求乙公司承担缔约过失责任

视频讲题

21. 甲公司于4月24日通知乙公司急需货物10吨，乙公司遂于4月25日按双方之间的交易惯例发货。4月26日甲公司又通知乙公司不需要该批货物。对此，下列说法中正确的是（　　）。（考研）

A. 乙公司的发货行为构成要约

B. 甲公司4月24日的通知构成要约邀请

C. 甲公司4月26日的通知构成要约的撤销

D. 甲公司、乙公司之间的合同于4月25日成立

22. 下列关于合同成立地点的说法中不正确的是（　　）。

A. 承诺生效的地点为合同成立的地点

B. 采用合同书形式订立合同的，最后签名、盖章或者按指印的地点为合同成立的地点

C. 采用数据电文形式订立合同的，以收件人主营业地为合同成立地点

D. 采用数据电文形式订立合同的，收件人没有主营业地的，以发件人主营业地为合同成立地点

23. 甲公司通过电视发布广告，称：其有100辆某型号汽车，每辆价格15万元，广告有效期10天。乙公司于该则广告发布后第五天自带汇票去甲公司买车，但此时车已全部售完，无货可供。下列哪一选项是正确的？（　　）（考研）

A. 甲公司构成违约

B. 甲公司应承担缔约过失责任

C. 甲公司应承担侵权责任

D. 甲公司不应承担民事责任

24. 德凯公司拟为新三板上市造势，在无真实交易意图的情况下，短期内以业务合作为由邀请多家公司来其主要办公地点洽谈。其中，真诚公司安排授权代表往返十余次，每次都准备了详尽可操作的合作方案，德凯公司佯装感兴趣并屡次表达将签署合同的意愿，但均在最后一刻推脱拒签。其间，德凯公司还将知悉的真诚公司的部分商业秘密不当泄露，导致真诚公司丧失其他商业机会。对此，下列哪一说法是正确的？（　　）（司考改编）

A. 未缔结合同，则德凯公司就磋商事宜无须承担责任

B. 虽未缔结合同，但德凯公司构成恶意磋商，应赔偿损失

C. 未缔结合同，则商业秘密属于真诚公司自愿披露，不应禁止外泄

D. 德凯公司也付出了大量的工作成本，如被对方主张赔偿，则据此可主张抵销

25. 甲公司在与乙公司协商购买某种零件时提出，由于该零件的工艺要求高，只有乙公司先行制造出符合要求的样品后，才能考虑批量购买。乙公司完成样品后，甲公司因经营战略发生重大调整，遂通知乙公司：本公司已不需要此种零件，故终止谈判。对此，下列哪一选项是正确的？（　　）（司考改编）

A. 甲公司构成违约，应当赔偿乙公司的损失

B. 甲公司的行为构成缔约过失，应当赔偿乙公司的损失

C. 甲公司的行为构成侵权行为，应当赔偿乙公司的损失

D. 甲公司不应赔偿乙公司的任何损失

26. 甲公司于6月10日向乙公司发出要约订购一批杉木，要求乙公司于6月15日前答复。6月12日，甲公司欲改向丙公司订购红木，遂向乙公司发出撤销要约的信件，于6月14日到达乙公司。而6月13日，甲公司收到乙公司的回复，乙公司表示红木缺货，问

甲公司能否用杉木代替。6 月 10 日甲公司订购杉木的要约于何时失效？（　　）（司考改编）

A. 6 月 12 日　　B. 6 月 13 日

C. 6 月 14 日　　D. 6 月 15 日

（二）多项选择题

1. 要约应满足的条件为（　　）。

A. 要约须由特定人作出

B. 要约须具备订立合同的必要条款

C. 要约必须是受相对人承诺拘束的意思表示

D. 要约必须具体、明确

2. 下列有关要约撤回和撤销的表述中正确的是（　　）。

A. 要约可以撤回，但撤回要约的通知应当在要约到达受要约人之前或者与要约同时到达受要约人

B. 任何一项要约作出后都可以撤回，也都可以撤销，只是适用的阶段不同

C. 要约可以撤销，以书面函件通知撤销要约的，撤销要约的意思表示应当在受要约人作出承诺之前到达受要约人

D. 要约可以撤销，以电话通知撤销要约的，撤销要约的意思表示应当在受要约人作出承诺之前为其所知道

3. 甲给乙发微信，表示愿意以 1 000 元购买乙的二手电脑，一个月内答复有效。对此，下列说法中正确的是（　　）。

A. 如果乙回复说愿意出售，但必须签订书面合同，则视为乙向甲作出了新的要约

B. 甲的要约到达乙之后，甲仍可撤销该要约，但撤销要约的通知必须在受要约人乙发出承诺通知之前到达乙

C. 甲的要约可以撤回，但撤回通知必须先于或与要约同时到达乙

D. 如果乙未作出承诺，甲的要约在一个月后失效

4. 下列哪些属于对要约作出实质性变更？（　　）

A. 有关合同标的质量的变更

B. 有关合同的履行期限和履行地点的变更

C. 有关合同价款或者报酬的变更

D. 有关合同解决争议方法的变更

5. 下列哪些情形将导致要约失效？（　　）

A. 承诺人明确拒绝要约

B. 要约人撤回要约

C. 承诺期满，受要约人没有任何表示

D. 受要约人更改合同主要条款

6. 甲公司一直在乙公司订餐，以往的方式都是通过电子邮件沟通，乙公司看到邮件无异议就开始准备，有意见时才会回复。某日，甲公司发送了订餐邮件，但用餐时间已过迟迟未见送餐，不得已比平日多花了 2 000 元向另一公司订餐。后询问得知，乙公司换了新员工负责与甲公司的对接，新员工看到邮件觉得价格不合适就没有回复。对此，下列哪些说法是正确的？（　　）（法考改编）

A. 乙公司应基于缔约过失责任赔偿甲公司 2 000 元损失

B. 因乙公司未回复，合同未成立

C. 乙公司应基于违约责任赔偿甲公司 2 000 元损失

D. 尽管乙公司未回复，但合同已经成立并生效

视频讲题

7. 高某因长时间在机场候机而饥渴难耐，遂到机场投放的自助售货机购买一瓶饮料。透过透明的橱窗，高某最终选定了一瓶标价 5 元的饮料，并将一张 5 元纸币塞入投币口，只听“咣啷”一声，一瓶饮料就掉在了取货口，就在高某拿起饮料转身要走的那一刻，突然发现 5 元纸币又吐了出来，高某四处观望，确认无人后将 5 元纸币揣入兜中，而这一切恰巧被一旁的摄像头录了下来。关于本案，以下哪些表述是不正确的？（　　）（法考改编）

A. 机场投放自助售货机的行为系向不特定多数人发出的要约邀请

B. 高某在自助售货机中塞进 5 元纸币的行为系向特定人作出的承诺

C. 本案中同时存在意定之债和法定之债两个民事法律关系

D. 机场请求高某返还 5 元纸币的权利不受诉讼时效期间的限制

视频讲题

8. 小刘不慎丢失了自家宠物狗，遍寻无果，遂在小区公告栏张贴寻狗启事，称如有寻获或者提供有效线索，给予500元酬金答谢。根据《民法典》的相关规定，以下说法中正确的是（　　）。

A. 小刘张贴寻狗启事的行为属于单方法律行为

B. 他人前来送还小狗的行为属于事实行为

C. 若6岁的小朋友明明寻得该宠物狗，仍然有权请求小刘给付酬金

D. 若邻居朱某不知该寻狗启事，碰巧看到该宠物狗遂送还给小刘，则朱某不享有报酬请求权

9. 下列关于强制缔约的说法中正确的是（　　）。

A. 强制缔约属于法定义务

B. 在强制缔约关系中，合同的缔结无须经过要约和承诺阶段

C. 包括对是否缔约的限制和对缔约内容的限制

D. 强制缔约还包括对要约的强制

10. 关于合同成立的时间，以下说法中正确的是（　　）。

A. 原则上承诺生效的时间就是合同成立的时间

B. 当事人约定办理公证后赠与合同成立的，办理公证前，当事人达成合意时，合同并未成立

C. 当事人约定采取书面形式订立合同的，在签订书面合同之后合同才成立

D. 不动产抵押合同自当事人办理抵押登记时合同成立

11. 甲与乙采用数据电文形式订立了一份货物买卖合同，则（　　）。

A. 甲收到乙的邮件，甲的主营业地在A市，则A市为合同成立地点

B. 甲收到乙的邮件，甲无主营业地，但其在B市已居住了两年，则B市为合同成立地点

C. 甲、乙可以约定乙所在地为合同成立地点

D. 甲、乙可以约定某第三城市为合同成立地点

12. 以下属于缔约过失责任适用情形的有（　　）。

A. 假借订立合同，恶意进行磋商

B. 故意提供虚假情况

C. 故意隐瞒与订立合同有关的重要事实

D. 泄露或者不正当地使用商业秘密或者其他应当保密的信息

13. 下列有关缔约过失责任的说法中正确的是（　　）。

A. 缔约过失责任并非违约责任

B. 缔约过失责任赔偿的范围是履行利益

C. 可以要求赔偿因信赖合同成立和生效而支出的各种费用

D. 可以要求赔偿合同成立本应获得的利润

14. 甲企业与乙企业就彩电购销协议进行洽谈，其间乙采取了保密措施的市场开发计划被甲得知。甲遂推迟与乙签约，开始有针对性地吸引乙的潜在客户，导致乙的市场份额锐减。下列说法中哪些是正确的？（　　）（司考改编）

A. 甲的行为属于正常的商业竞争行为

B. 甲的行为违反了先合同义务

C. 甲的行为侵犯了乙的商业秘密

D. 甲应承担缔约过失责任

15. 甲房产开发公司在交给购房人张某的某小区平面图和项目说明书中都标明有一个游泳馆。张某看中小区方便游泳健身，于是决定购买一套商品房并与甲公司签订了购房合同。待到张某收房时，却发现小区没有游泳馆。下列哪些表述是正确的？（　　）（司考改编）

A. 甲公司构成根本违约，张某有权退房

B. 甲公司构成欺诈，张某有权请求甲公司承担缔约过失责任

C. 张某只能在违约责任与缔约过失责任中选择其一主张，而不能同时主张

D. 张某不能滥用权利，在退房和要求甲公司承担违约责任之间只能择一而行

16. 甲以23万元的价格将一辆汽车卖给乙。该车里程表因故障显示行驶里程为4万公里，但实际已行驶了8万公里，市值为16万元。甲明知有误，却未向乙说明，乙误以为真。嗣后乙得知真相，欲向甲讨个说法。根据《民法典》的规定，乙的下列哪些请求于法有据？（　　）（司考改编）

A. 以甲欺诈为由请求法院撤销合同

B. 请求甲减少价款至16万元

C. 以重大误解为由，致函甲请求撤销合同，合同

自该函到达甲时即被撤销

D. 请求甲承担缔约过失责任

简答题

1. 简述合同成立的要件。
2. 简述要约有效的条件。
3. 简述承诺生效的条件。
4. 简述悬赏广告的特征
5. 简述缔约过失责任的概念和构成要件。
6. 简述缔约过失责任的主要类型。

案例分析题

1. 甲公司于2021年10月1日给乙公司发电子邮件，称本公司有一批电子元件欲出售，单价1 000元，5日内保证有货，货款到账立即发货。乙公司收到邮件后，立即于当日回复邮件，表示愿意购买，但货物必须于10月11日之前送到；并且提议货款单价定为700元，已经在邮件发出的同时申请通过银行将货款汇给甲公司。甲公司于当日收到电子邮件，于10月2日收到银行汇款。收到汇款后，甲公司立即通知乙公司，货物只能按照单价1 000元出售，请及时补齐货款，货款付清后发货。乙公司收到甲公司的通知后于10月3日回电子邮件表示：单价700元是自己的最高报价。乙公司的通知到达甲公司后，由于秘书工作疏忽，甲公司董事长直至10月5日才看到乙公司的回复。甲公司董事长表示接受乙公司的报价，但提出要签订正式的合同书。于是甲公司以双方电子邮件的内容为基础草拟了合同书。10月6日，甲公司在公司主营业务所在地A地签字，并将合同书寄给了乙公司，同时将电子元件交付丙运输公司运送给乙公司。恰逢此时乙公司董事长在C地出差，乙公司遂派人将合同书送往C地。乙公司董事长收到该合同书之后于10月9日签字。在此之前，乙公司于10月8日收到了该批电子元件。

针对上述案情，请回答下列问题：

(1) 甲公司于2021年10月1日向乙公司发送的邮件，以及乙公司对此封邮件的回复，分别属于何种民事法律事实？

(2) 甲、乙两公司之间是否存在合同关系？如果存在，该合同于何时成立？

(3) 若甲、乙两公司未就货物交付地点作出约定，应如何确定履行地点？

(4) 如果甲公司于10月10日将电子元件送至乙公司，那么合同于何时、何地成立？

(5) 如果丙公司在运输过程中突遇洪水，货物因此全部毁损，那么货物的损失应由谁承担？

视频讲题

2. 王某一直想做服装生意，曾与多家经销商联系但均未如愿。一日，王某在一则广告上得知专门生产、销售运动服的A公司正在寻找连锁店经营人，于是根据该广告所注明的地址前去实地考察。经考察，王某认为该公司销售的运动服兼具时装和运动属性，恰好迎合当下悄然兴起的运动风；并且对开店资本、环境等方面都很满意。只是自己手头资金不足，于是与A公司负责人商量，希望能够由A公司先发两批货，至订购第三批服装时再支付前两批的费用。A公司负责人为了吸引王某加盟，满口答应；并许诺只要王某选好店址，经公司调研后符合营销条件，即可签订合同、着手装修，且A公司可以为其门店装修提供技术和人力上的支持。王某于是请了一个月的假，四处奔波之后，终于敲定了合适的店址。A公司派人调研后表示店址没有问题，但是提出该品牌价值看涨，有加盟意向者门庭若市，前两批服装费不能拖欠，并要求王某再加3万元加盟费。王某认为这违反了他们谈判时的约定，拒绝接受，并要求A公司赔偿损失。A公司则辩称市场经济主体有充分的经营自主权，双方为了合作而进行协商很常见，只要没有正式签合同，就无须负责。

针对上述案情，试根据《民法典》的相关规定，结合民法理论，回答下列问题：

(1) 王某和A公司之间存在何种法律关系？A公司的说法是否正确？

(2) 假如王某要求赔偿损失，请分析下列哪些费用应当由A公司承担：100元实地考察费用；3 000元寻找店址的费用；一个月的误工费；因此丧失其他商业机会所造成的损失。

论述题与深度思考题

1. 试述如何区分要约邀请与要约。
2. 试述缔约过失责任的赔偿范围。

参考答案

名词解释

1. 合同的成立，是指合同各方当事人的意思表示一致。换言之，当事人对合同的主要条款达成合意。合同成立制度旨在解决合同是否存在的问题。

2. 要约又称为发盘、出盘、发价、出价或报价等，是订立合同所必须经过的程序，系指一方当事人以缔结合同为目的向对方当事人所作的意思表示。发出要约的人称为要约人，接受要约的人则称为受要约人、相对人或者承诺人。

3. 要约邀请又称引诱要约，是指希望他人向自己发出要约的表示。要约邀请具有以下特点：第一，要约邀请是一方邀请对方向自己发出要约，而不是像要约那样由一方向他人发出订立合同的意思表示。第二，要约邀请不是一种意思表示，而是一种事实行为。也就是说，要约邀请是当事人订立合同的预备行为，在发出要约邀请时，当事人仍处于订约的准备阶段。第三，要约邀请只是引诱他人发出要约，它既不能因相对人的承诺而成立合同，也不能因自己作出某种承诺而约束要约人。在发出要约邀请以后，要约邀请人撤回其邀请的，只要没有给善意相对人造成信赖利益的损失，要约邀请人一般不承担法律责任。

4. 要约的撤回，是指要约人在要约发出以后、到达受要约人之前，有权宣告取消要约，从而阻止要约生效。根据要约的形式拘束力，任何一项要约都是可以撤回的，只要撤回的通知先于要约或同时与要约到达受要约人，便能产生撤回的效力。允许要约人撤回要约，是尊重要约人的意志和利益的体现。

5. 要约的撤销，是指要约人在要约到达受要约人并生效以后、受要约人作出承诺前，将该项要约取消，从而使要约的效力归于消灭。

6. 要约失效，是指要约丧失了法律拘束力，即不再对要约人和受要约人产生拘束。要约失效的情形主要有以下几种：一是要约被拒绝；二是要约被依法撤销；三是承诺期限届满，受要约人未作出承诺；四是受要约人对要约的内容作出实质性变更。

7. 承诺，是指受要约人同意要约的意思表示。换言之，承诺是指受要约人同意接受要约的条件以订立合同的意思表示。承诺的法律效力在于，受要约人所作出的承诺一旦到达要约人，合同便告成立。

8. 承诺迟延，是指受要约人未在承诺期限内作出承诺。承诺迟延可以分为两种：一是通常的迟延，也称为逾期承诺，指受要约人没有在承诺的期限内发出承诺。二是特殊的迟延，指受要约人没有迟发承诺通知，但因为送达等原因而迟延。

9. 承诺的撤回，是指受要约人在发出承诺通知以后，在承诺正式生效之前撤回其承诺。撤回承诺的通知应当在承诺生效之前到达要约人，或与承诺通知同时到达要约人，撤回才能生效。

10. 所谓交叉要约，是指订约当事人采取非直接对话的方式，相互不约而同地向对方发出了内容相同的要约。交叉要约有两种形式：一是同时向对方发出要约。二是双方先后发出要约，但是后发出要约的一方还没有收到先发出的要约。交叉要约最大的特点在于，通过交叉要约成立合同，使合同成立的时间提前，从而鼓励交易，减少交易费用。

11. 所谓悬赏广告，是指悬赏人以广告的形式声明对于完成悬赏广告中规定的特定行为的人，给付广告中约定的报酬的行为。《民法典》将悬赏广告的性质界定为单方民事法律行为。

12. 所谓强制缔约，是指只要一方当事人提出缔结合同的请求，另一方当事人就依法负有与之缔结合同的义务。强制缔约制度是对意思自治原则下当事人缔约自由的限制，通过此种限制可以有效地保护弱势群体的利益，实现合同的实质正义。

13. 缔约过失责任，是指在合同订立过程中，一方违背其依据诚信原则和法律规定所应承担的义务，致另一方的信赖利益遭受损失时应承担的损害赔偿责任。

选择题

（一）单项选择题

1. 答案：D。要约是订立合同所必须经过的程序，依据《民法典》第 472 条的规定，要约是希望和他人订立合同的意思表示。要约有效的条件包括以下几项：

第一，要约是由特定主体作出的意思表示；第二，要约必须表明经受要约人承诺，要约人即受该意思表示约束；第三，要约必须向要约人希望与之缔结合同的受要约人发出；第四，要约的内容必须具体、确定。

A项：依据《民法典》第472条第1项的规定，要约的内容必须具体确定。所谓“具体”，是指要约的内容必须具有足以使合同成立的主要条款。所谓“确定”，一方面是指要约的内容必须明确，而不能含混不清，从而使受要约人能够理解要约的真实含义；另一方面是指要约在内容上必须是最终的、无保留的。本项中，甲仅表示愿以“友情价”转让电脑于乙，缺少足以使买卖合同成立的具体、确定的价格条款，不构成要约。B项：“正考虑”表明甲并未决定订约，不具有订立合同的意图。C项：招股说明书是向广大投资者发出的，发行人以此表示希望投资者向自己发出购买股票的要约，故招股说明书是典型的要约邀请，而不是要约。D项：尽管甲的广告是向不特定的公众发出的，但甲在广告中明确注明了“本广告所载商品售与最先支付现金的人”。这可以视为受要约人特定化的条件，表明甲发出广告仍是希望与公众中的某个特定人而非许多人缔结合同，故该广告属于要约而不是要约邀请。综上所述，本题应选D。

2. 答案：A。《民法典》第473条第1款规定：“要约邀请是希望他人向自己发出要约的表示。拍卖公告、招标公告、招股说明书、债券募集办法、基金招募说明书、商业广告和宣传、寄送的价目表等为要约邀请。商业广告和宣传的内容符合要约条件的，构成要约。”故商业广告可能构成要约。本题应选A。

3. 答案：C。根据我国的司法理论和实践，可以从几个角度来区分要约和要约邀请：第一，依法律的明确规定作出区分。第二，根据当事人的意愿作出区分，即根据当事人已经表达出来的意思来确定当事人对其实施的行为主观上认为是要约还是要约邀请。第三，根据订约提议的内容是否包含了合同的主要条款来确定该提议是要约邀请还是要约。第四，根据交易习惯来确定。A项：甲向乙提出的出卖照相机的提议缺少价格等合同的主要条款，不符合要约内容须“具体”“确定”的条件，因此不能被认为是要约。B项：甲在自己的屋门口挂上“出租、面议”的牌子，表明甲的目的仅在于吸引和邀请别人来向其发出要约，因此甲的行为不构成要约。C项：根据交易习惯，出租车“招手即停”，乘车人伸手拦出租车应被视为希望与之缔结运输合同，因此甲的行为应被认为是要约。D项：发出的价目表中虽包含了商品名称及价格条款，且含有行为人希望订立合同的意思，但从发送价目表的行为中并不能确定行为人具有一经对方承诺即接受承诺后果的意图，行为人只是向对方提供某种信息，希望对方向自己提出订约条件，此外，《民法典》第473条明确规定，寄送的价目表只是要约邀请，而不是要约。

综上所述，本题应选C。

4. 答案：B。所谓拍卖，是指拍卖人在众多的报价中，选择报价最高者与其订立合同的一种特殊买卖方式。拍卖一般分为三个阶段：(1) 拍卖表示，是指拍卖人刊登或发出拍卖公告，在拍卖公告中对拍卖物予以宣传和介绍。在该表示中并不包括合同成立的主要条件，特别是未包括价格条款。《民法典》第473条第1款明确规定拍卖公告为典型的要约邀请行为。(2) 拍买（又称叫价），是指竞买者向拍卖人提出价款数额的意思表示。一般认为，拍买的表示属于要约，因为竞买人已就购买标的物提出了价格条件，并愿与出卖人订立合同。竞买人提出价款以后，在其他竞买人提出更高的价款之前，该意思表示对竞买人具有拘束力。(3) 拍定，是指拍卖人以拍板、击槌或其他惯用方式确定拍卖合同成立或宣告竞争终结的一种法律行为。一般认为，这种行为在性质上属于承诺。一旦拍定，合同即宣告成立。故本题应选B。

5. 答案：D。《民法典》第479条规定：“承诺是受要约人同意要约的意思表示。”换言之，承诺是指受要约人同意接受要约的条件以订立合同的意思表示。承诺的法律效力在于，受要约人所作出的承诺一旦到达要约人，合同便告成立。如果受要约人对要约人提出的条件并没有表示接受，反而附加了条件、作出了新的提议，则意味着受要约人拒绝了要约，并形成了一项反要约或新的要约。根据《民法典》第479～482条的规定，承诺必须具备如下条件，才能产生法律效力：第一，承诺必须由受要约人向要约人作出；第二，承诺必须在规定的期限内到达要约人；第三，承诺的内容必须与要约的内容一致；第四，承诺的方式符合要约的要求。本题中，A项：丙并不是受要约人，因此，丙对甲的回复，只能看作是另一个要约，而不是承诺。B项：乙作出承诺的时间，超出了要约规定的期限，承诺不生效，应被视为新的要约。C项：乙的回复与甲提出的要约内容不一致，而对要约的实质内容“价款”作了变更，应被视为乙拒绝了甲的要约，并对甲提出了新的要约。D项：根据交易习惯，乙向甲汇款的行为表明其同意接受要约，应视为以行为方式作出了承诺。故本题应选D。

6. 答案：D。A、B项：合同订立通常要经过要约与承诺两个阶段。要约是当事人一方向对方发出的希望与对方订立合同的意思表示。其有效条件包括：（1）要约必须是特定人向相对人发出的意思表示；（2）要约必须以缔结合同为目的；（3）要约的内容应具体、确定；（4）要约必须表明经受要约人承诺，要约人即受该意思表示约束。要约与要约邀请不同。要约邀请是一方向他方作出的希望他方向自己发出要约的意思表示。要约邀请无须具备要约的上述条件。按照要约与要约邀请的不同界定标准，本题中乙说“你出多少钱”属于要约邀请，乙说“20万元可以马上拿走”属于要约，所以选项A、B都是错误的。C、D项：承诺是受要约人向要约人作出的同意要约的意思表示，其有效条件包括：（1）承诺必须由受要约人本人或其代理人向要约人作出；（2）承诺必须在要约确定的期限内到达要约人；（3）承诺的内容应当与要约的内容一致；（4）承诺原则上应以明示方式作出。本题中，甲携款20万元前来购买的行为是要约而不是承诺，这是因为前来购买的行为发生在“乙说20万元可以马上拿走”的三天之后，即晚于要约要求的期限。既然不构成承诺，那么就谈不上合同成立。乙说“25万元才能卖”属于新要约。因此C项错误，D项正确。

综上所述，本题的正确答案为D。

7. 答案：B。根据《民法典》第480条的规定，承诺原则上应采取通知的方式作出，但根据交易习惯或者要约表明可以通过行为作出承诺的除外。以行为作出承诺，不等同于单纯的缄默或不行动。缄默或不行动是指受要约人没有作任何意思表示，也不能确定其具有承诺的意思，因此不属于承诺。因此，本题中，乙的行为不构成承诺，丙以通知的方式作出承诺，丁以行为方式作出承诺。

综上所述，本题的正确答案为B。

8. 答案：C。乙4月1日回复的电文并没有接受甲提出的条件，而是作出了新的单价提议，因此应视为其拒绝了甲的要约，并向甲发出了新的要约；对于4月2日到达甲的新要约，甲单纯的不作为不能被推定为承诺，因此，甲、乙二人之间并没有成立合同，乙无权要求甲履行要约。故本题应选C。

9. 答案：D。根据《民法典》第490条第1款的规定，采用合同书形式订立的合同，在签字或者盖章之前，当事人一方已经履行主要义务，对方接受时，该合同成立。甲公司已经履行了合同义务，合同应在乙公司接受甲公司的履行时成立。故本题应选D。

10. 答案：C。《民法典》第486条规定：“受要约人超过承诺期限发出承诺，或者在承诺期限内发出承诺，按照通常情形不能及时到达要约人的，为新要约；但是，要约人及时通知受要约人该承诺有效的除外。”据此，本题中，乙超出了要约规定的承诺期限发出承诺，除非甲及时表示同意，否则乙的回复不发生承诺的效力，而只能被视为新要约。本题为选非题，应选C。

11. 答案：A。《民法典》第487条规定：“受要约人在承诺期限内发出承诺，按照通常情形能够及时到达要约人，但是因其他原因致使承诺到达要约人时超过承诺期限的，除要约人及时通知受要约人因承诺超过期限不接受该承诺外，该承诺有效。”据此，本题中，乙在要约规定的期限内作出了承诺，只是由于邮局工作人员的失误才造成承诺迟延。因此，除非甲及时通知乙因承诺超过期限不接受该承诺，乙的承诺有效，合同成立。故本题应选A。

12. 答案：B。《民法典》第476条规定：“要约可以撤销，但是有下列情形之一的除外：（一）要约人以确定承诺期限或者其他形式明示要约不可撤销；（二）受要约人有理由认为要约是不可撤销的，并已经为履行合同做了合理准备工作。”由此可知，A项正确，B项错误。《民法典》第477条规定：“撤销要约的意思表示以对话方式作出的，该意思表示的内容应当在受要约人作出承诺之前为受要约人所知道；撤销要约的意思表示以非对话方式作出的，应当在受要约人作出承诺之前到达受要约人。”据此，C、D项均正确。

本题为选非题，应选B。

13. 答案：C。根据《民法典》第476条的规定，要约在两种情形下不得撤销：其一，要约人确定了承诺期限或者以其他形式明示要约不可撤销；其二，受要约人有理由认为要约是不可撤销的，并且已经为履行合同做了合理准备工作。本题中，A项：要约中规定了承诺期限，故不可撤销；B项：要约中明示了要约不可撤销；C项：不存在法律规定的例外情形，撤销的意思表示在受要约人作出承诺前到达或者为其所知的，即可以撤销要约；D项：要约的内容使受要约人有理由认为要约不得撤销，并且受要约人已如约做了履行准备的，为保护其合理信赖，该要约不得撤销。

综上所述，可撤销的要约仅有C项，当选。

14. 答案：D。根据《民法典》第473条第1款的规定，要约邀请是希望他人向自己发出要约的意思表示，而招标公告为要约邀请。本题中，甲发布招标公告是要约邀请行为，乙根据甲的要求制定投标书的行为属于要约行为，此时甲、乙之间没有成立合同。故本题应选D。

15. 答案：D。根据《民法典》第478条第1项的规定，要约被拒绝的，要约失效。所谓要约失效，是指要约丧失了法律拘束力，即不再对要约人和受要约人产生拘束。在要约失效后，受要约人也就丧失了其承诺的资格，其发出同意接受要约的表示只能被视为向要约人发出新要约。因此，本题正确答案为D。

16. 答案：B。根据《民法典》第489条的规定，承诺对要约的内容作出非实质性变更的，除要约人及时表示反对或者要约表明承诺不得对要约的内容作出任何变更外，该承诺有效，合同的内容以承诺的内容为准。故本题应选B。

17. 答案：A。根据《民法典》第475条的规定，要约可以撤回，撤回要约的通知应当在要约到达受要约人之前或者与要约同时到达受要约人，否则不产生撤回要约的效力。而根据《民法典》第477条的规定，要约的撤销是指要约到达受要约人并生效以后、受要约人作出承诺前，将该项要约取消，从而使要约的效力归于消灭。本题中，乙公司发出要约后，旋即又发出了撤回要约的函件，应当认为要约与撤回要约的通知同时到达受要约人，发生要约撤回的效力。既然甲公司已收到了乙公司有效的要约撤回通知，要约并未生效，自然不可能缔约。故本题应选A。

18. 答案：B。A项：《民法典》第483条规定："承诺生效时合同成立，但是法律另有规定或者当事人另有约定的除外。"据此，合同成立时间原则上以承诺生效时间为准，A项正确。B项：《民法典》第484条区分了以通知方式作出的承诺和以行为方式作出的承诺，并设置了不同的生效规则。以通知方式作出的承诺生效的时间的确定适用《民法典》第137条关于意思表示生效时间的规定。其中，对于以对话方式作出的承诺采用"了解主义"，相对人知道其内容时生效；对于以非对话方式作出的承诺采用"到达主义"，承诺通知到达相对人时生效；至于采用数据电文形式作出的承诺，自该数据电文进入相对人指定的接收系统或者相对人知道、应当知道该数据电文进入其系统时生效。对于无须以通知方式作出的承诺，根据交易习惯或者要约的要求作出承诺的行为时生效。因此，B项表述不正确。C项：《民法典》第491条第1款规定，"当事人采用信件、数据电文等形式订立合同要求签订确认书的，签订确认书时合同成立"。故C项正确。D项：《民法典》第490条第2款规定："法律、行政法规规定或者当事人约定合同应当采用书面形式订立，当事人未采用书面形式但是一方已经履行主要义务，对方接受时，该合同成立。"故D项正确。

本题为选非题，综上所述，应选B。

19. 答案：A。《民法典》第491条第2款规定："当事人一方通过互联网等信息网络发布的商品或者服务信息符合要约条件的，对方选择该商品或者服务并提交订单成功时合同成立，但是当事人另有约定的除外。"故本题正确答案为A。

20. 答案：D。甲公司于6月5日以传真方式向乙公司求购一台机床，如果该传真符合要约的要求，应视为要约；乙公司尽管当日回复"收到传真"，但并不包含明确同意接受要约的意思表示，因此不构成承诺，6月5日合同并未成立。6月10日，甲公司电话催问，视为甲再次提出要约；乙公司表示同意按甲公司的报价出售，并要求甲公司6月15日派人来签订合同书，甲公司未表示反对。此时要约是以对话的方式作出的，关于要约和承诺的生效均应采用"了解主义"。由于乙公司要求签订合同书并非对要约内容的实质性变更，此时应视为乙公司的承诺有效，但双方约定采用合同书形式订立合同。根据《民法典》第490条第1款的规定，当事人采用合同书形式订立合同的，自当事人均签名、盖章或者按指印时合同成立。故此时甲公司、乙公司双方达成了订约意向，但合同尚未成立。6月15日甲公司如约来人签订合同书，乙公司却临时要求加价，否则拒绝签约，导致双方未能如约订立合同。《民法典》第500条规定："当事人在订立合同过程中有下列情形之一，造成对方损失的，应当承担赔偿责任：（一）假借订立合同，恶意进行磋商；（二）故意隐瞒与订立合同有关的重要事实或者提供虚假情况；（三）有其他违背诚信原则的行为。”这是关于缔约过失责任的规定。本题中，乙公司违背此前的生效承诺，临时反悔、拒绝签约，已经构成缔约过程中违背诚实信用原则的行为，故乙公司应当对甲公司由此遭受的损失承担缔约过失责任。

综上所述，本题应选 D。

21. 答案：D。A、D 项：根据《民法典》第 484 条的规定，承诺通知到达要约人时生效；承诺不需要通知的，根据交易习惯或者要约的要求作出承诺的行为时生效。本题中，甲公司向乙公司发出订货的要约，乙公司虽未发出承诺通知，但根据交易习惯作出了承诺行为，自该承诺行为作出之日即应认定双方的买卖合同已经成立。故 A 项错误，D 项正确。B 项：《民法典》第 472 规定：“要约是希望与他人订立合同的意思表示，该意思表示应当符合下列条件：（一）内容具体确定；（二）表明经受要约人承诺，要约人即受该意思表示约束。”本题中，甲公司 4 月 24 日的通知内容具体、确定，符合要约的要件，故 B 项错误。C 项：《民法典》第 477 条规定：“撤销要约的意思表示以对话方式作出的，该意思表示的内容应当在受要约人作出承诺之前为受要约人所知道；撤销要约的意思表示以非对话方式作出的，应当在受要约人作出承诺之前到达受要约人。”本题中，甲公司通知撤销要约之时，乙公司已经作出了承诺行为，因此该要约无法再撤销。故 C 项错误。

综上所述，本题的正确答案为 D。

22. 答案：D。《民法典》第 492 条规定：“承诺生效的地点为合同成立的地点。采用数据电文形式订立合同的，收件人的主营业地为合同成立的地点；没有主营业地的，其住所地为合同成立的地点。当事人另有约定的，按照其约定。”据此，A、C 项正确，D 项错误。此外，《民法典》第 493 条规定：“当事人采用合同书形式订立合同的，最后签名、盖章或者按指印的地点为合同成立的地点，但是当事人另有约定的除外。”故 B 项正确。

本题为选非题，综上所述，应选 D。

23. 答案：A。根据《民法典》第 473 条的规定，商业广告和宣传原则上为要约邀请而非要约，但其内容符合要约条件的，构成要约。而根据《民法典》第 472 条的规定，要约的内容应当符合以下条件：（1）内容具体确定；（2）表明经受要约人承诺，要约人即受该意思表示约束。本题中，甲公司发布的广告中包括“100 辆某型号汽车，每辆价格 15 万元”的内容，对于汽车买卖合同而言，这完全符合了“内容具体确定”的要求；而“广告有效期 10 天”表明甲公司愿意在 10 天内接受他人承诺的约束。故该广告的内容符合要约的条件，构成要约。此外，《民法典》第 480 条规定：“承诺应当以通知的方式作出；但是，根据交易习惯或者要约表明可以通过行为作出承诺的除外。”第 484 条第 2 款规定：“承诺不需要通知的，根据交易习惯或者要约的要求作出承诺的行为时生效。”本题中，乙公司在承诺有效期内自带汇票去甲公司买车，根据交易习惯，应认定其作出了有效的承诺行为，故甲公司与乙公司已经完成了要约、承诺的阶段，合同成立且生效。甲无货可供，构成违约，应当承担违约责任。

综上所述，本题的正确答案为 A。

24. 答案：B。A、B 项：根据《民法典》第 500 条的规定，当事人在订立合同过程中有下列情形之一，给对方造成损失的，应当承担损害赔偿责任：（1）假借订立合同，恶意进行磋商；（2）故意隐瞒与订立合同有关的重要事实或提供虚假情况；（3）有其他违背诚实信用原则的行为。本题中，德凯公司为新三板上市造势，在无真实交易意图的情况下，恶意与真诚公司进行磋商，构成恶意磋商，德凯公司依法应承担缔约过失责任。故 A 项错误，B 项正确。C 项：根据《民法典》第 501 条的规定，当事人在订立合同过程中知悉的商业秘密或者其他应当保密的信息，无论合同是否成立，不得泄露或者不正当地使用；泄露、不正当地使用该商业秘密或者信息，造成对方损失的，应当承担赔偿责任。本题中，德凯公司在与真诚公司磋商过程中知悉了真诚公司的部分商业秘密，之后将此商业秘密不当泄露，导致真诚公司遭受损失，故德凯公司依法应当承担缔约过失责任。故 C 项错误。D 项：根据《民法典》第 568 条的规定，当事人互负债务，该债务的标的物种类、品质相同的，任何一方可以将自己的债务与对方的到期债务抵销，但按照当事人约定、依照法律规定或按照债务性质不得抵销的除外。本题中，德凯公司依法应向真诚公司承担缔约过失的损害赔偿责任，但对于真诚公司而言，其行为属于正常的交易磋商，无须对德凯公司承担赔偿责任，因此，如其向德凯公司主张赔偿，德凯公司主张抵销于法无据。故D项错误。

综上所述，本题答案为B。

25. 答案：D。本题考查缔约过失责任、违约责任的区分。A项：甲、乙之间有关购买零件的谈判并未完成，合同尚未成立，因此甲公司的行为不构成违约，A项错误。B项：《民法典》第500条规定："当事人在订立合同过程中有下列情形之一，造成对方损失的，应当承担赔偿责任：（一）假借订立合同，恶意进行磋商；（二）故意隐瞒与订立合同有关的重要事实或者提供虚假情况；（三）有其他违背诚信原则的行为。"由此可知，缔约过失责任以诚实信用原则为基础，是指当事人在缔约过程中违反了依诚实信用原则而产生的附随义务，或者要约人违反了其发出的有效要约，破坏了缔约关系，并因此造成对方信赖利益的损失，从而应当承担的损害赔偿责任。故缔约过失责任的构成以当事人主观上存在过错为要件，而本题中，甲公司无论是要求乙公司提供零件样品，还是嗣后终止谈判，都是出于正当、合理的商业考虑，并未违反诚实信用原则，因此甲公司不具有主观过错，缔约过失责任不成立。故B项错误。C项：由于甲公司不存在主观过错，而甲公司、乙公司之间的纠纷也不涉及法律明确规定的特殊侵权类型，因此C项也错误。

综上所述，本题的正确答案为D。

26. 答案：B。对于甲6月10日订购杉木的要约：根据《民法典》第476条第1项的规定，要约人以确定承诺期限或者其他形式明示要约不可撤销的，要约不得撤销。本题中，由于甲公司在该要约中规定了承诺期限，故该要约不得撤销，为有效的要约。因此，6月12日甲公司撤销要约的信件不发生效力，该要约仍为有效的要约。对于6月13日乙公司的回复：根据《民法典》第488条的规定，承诺的内容应当与要约的内容一致。受要约人对要约的内容作出实质性变更的，为新要约；有关合同标的、数量、质量、价款或者报酬、履行期限、履行地点和方式、违约责任和解决争议方法等的变更，是对要约内容的实质性变更。据此，6月13日乙公司在回复中提议用杉木代替红木，属于对要约内容的实质性变更，故乙的回复应被视为新要约。根据《民法典》第478条第4项的规定，受要约人对要约的内容作出实质性变更的，要约失效。因此，6月10日甲公司订购红木的要约于6月13日甲收到乙的回复时失效，失效的原因是乙公司对要约的内容作出了实质性变更。故本题的正确答案为B。

（二）多项选择题

1. 答案：ABCD。依据《民法典》第472条的规定，要约是希望和他人订立合同的意思表示，要约有效的条件包括以下几项：第一，要约是由特定主体作出的意思表示；第二，要约必须表明经受要约人承诺，要约人即受该意思表示约束；第三，要约必须向要约人希望与之缔结合同的受要约人发出；第四，要约的内容必须具体、确定。因此，A、B、C、D项均是正确的。

2. 答案：ACD。A项：根据《民法典》第475条的规定，要约可以撤回，要约的撤回适用意思表示撤回的规则，即撤回要约的通知应当在要约到达受要约人之前或者与要约同时到达受要约人。故A项正确。B项：任何一项要约都可以撤回，但是并非所有要约都可以撤销。为保护受要约人的信赖利益，根据《民法典》第476条的规定，以下两类要约不可撤销：一是要约人以确定承诺期限或者其他形式明示要约不可撤销；二是受要约人有理由认为要约是不可撤销的，并已经为履行合同做了合理准备工作。故B项错误。C、D项：《民法典》第477条规定："撤销要约的意思表示以对话方式作出的，该意思表示的内容应当在受要约人作出承诺之前为受要约人所知道；撤销要约的意思表示以非对话方式作出的，应当在受要约人作出承诺之前到达受要约人。"据此，C、D项均正确。

因此，本题应选ACD。

3. 答案：CD。A项：《民法典》第488条规定："承诺的内容应当与要约的内容一致。受要约人对要约的内容作出实质性变更的，为新要约。有关合同标的、数量、质量、价款或者报酬、履行期限、履行地点和方式、违约责任和解决争议方法等的变更，是对要约内容的实质性变更。"据此，乙的回复并非对要约的实质性变更，应视为同意接受要约的承诺。故A项错误。B项：根据《民法典》第476条第1项的规定，要约明确规定了期限的，不可撤销。因此B项错误。C项：根据《民法典》第475条的规定，甲的要约可以撤回，撤回要约的通知应当在要约到达受要约人之前或者与要约同时到达受要约人。故C项正确。D项：根据《民法典》第478条第3项的规定，承诺期限届满，受要约人未作出承诺的，要约失效。故D项正确。

综上所述，本题应选 CD。

4. 答案：ABCD。根据《民法典》第 488 条的规定，承诺的内容应当与要约的内容一致。受要约人对要约的内容作出实质性变更的，为新要约；有关合同标的、数量、质量、价款或者报酬、履行期限、履行地点和方式、违约责任和解决争议方法等的变更，是对要约内容的实质性变更。故本题四个选项都属于对要约的实质性变更，应选 ABCD。

5. 答案：ACD。所谓要约失效，是指要约丧失了法律拘束力，不再对要约人和受要约人产生拘束。《民法典》第 478 条规定了要约失效的四种情形：第一，拒绝要约的通知到达要约人；第二，要约人依法撤销要约；第三，承诺期限届满，受要约人未作出承诺；第四，受要约人对要约的内容作出实质性变更。因此，A、C、D 项均正确。要约的撤回，是指要约人在要约发出以后、到达受要约人之前，有权宣告取消要约，从而阻止要约生效。故在要约被撤回的情形下，要约尚未生效，也就无所谓失效。故 B 项不当选。

综上所述，本题应选 ACD。

6. 答案：CD。本题综合考查合同的成立、缔约过失责任和违约责任。根据《民法典》第 472 条的规定，甲公司发送订餐邮件的行为已经构成要约。判定甲乙公司之间的合同是否成立需要确定乙公司的沉默是否可以视为承诺。《民法典》第 140 条第 2 款规定："沉默只有在有法律规定、当事人约定或者符合当事人之间的交易习惯时，才可以视为意思表示。"本题中，甲公司一直在乙公司订餐，乙公司看到邮件无异议就开始准备，有意见时才会回复。这表明甲乙公司之间在订餐的合同上是存在明确的交易习惯的，甲公司发出要约之后，乙公司沉默则被视为承诺，合同成立，这一交易习惯不会因乙公司内部员工的更替而改变。因此，尽管乙公司换了新员工对接，其沉默仍应视为承诺，甲乙公司之间订餐的合同已经成立并生效。因此 B 选项错误，D 选项正确。缔约过失责任与违约责任的基本区别在于，缔约过失责任发生在缔约过程中，而违约责任发生在合同成立以后。只有在合同尚未成立，或者虽然成立但因为不符合法定的生效要件而被确认无效或被撤销时，缔约人才承担缔约过失责任。若合同已经成立，因一方当事人的过失而致他方损害时，应按违约责任而不应按缔约过失责任处理。乙公司的沉默构成承诺，合同已经成立。乙公司未能按照合同内容备餐并交付甲公司，陷入违约状态，违反的是合同义务而非先合同义务，因此乙公司应承担违约责任而不是缔约过失责任。因此 A 选项错误，C 选项正确。

综上所述，本题应当选择 CD。

7. 答案：AD。本题综合考查合同的成立、债的分类、不当得利之债及其诉讼时效。

A 项：根据《民法典》第 472 条的规定，要约是希望和他人订立合同的意思表示，该意思表示应当符合下列条件：(1) 内容具体、确定；(2) 表明经受要约人承诺，要约人即受该意思表示约束。而根据《民法典》第 473 条第 1 款的规定，要约邀请是希望他人向自己发出要约的表示。本题中，机场投放的自助售货机有具体、确定的商品展示、商品名称、商品售价以及付款方式，该行为属于向不特定多数人发出的要约，而非要约邀请。故 A 项错误。B 项：根据《民法典》第 479 条的规定，承诺是受要约人同意要约的意思表示。本题中，高某将 5 元纸币塞入自动贩卖机的行为表明其有意购买饮料，系以行为方式向机场作出的承诺。故 B 项正确。C 项：在民法理论中，根据债的发生原因不同，可以将债区分为意定之债与法定之债。基于法律行为而发生之债，称为意定之债。合同是意定之债的主要发生原因。基于法律规定而发生之债，称为法定之债。其中，根据《民法典》第 122 条的规定，因他人没有法律根据，取得不当利益，受损失的人有权请求其返还不当利益。据此可知，不当得利包括四个要件：(1) 没有法定或约定的原因；(2) 一方获益；(3) 一方受损；(4) 获益与受损之间存在因果关系。本题中，高某和机场之间存在一个基于意思合致而发生的买卖合同关系，属于意定之债；此外，高某用于购买饮料的 5 元纸币因机器故障而被吐出，高某将其放入口袋的行为构成不当得利，受损失的机场有权请求高某返还该不当利益，故两者之间亦存在一个基于不当得利而产生的法定之债。因此，C 项正确。D 项：最高人民法院《诉讼时效规定》第 6 条规定，"返还不当得利请求权的诉讼时效期间，从当事人一方知道或者应当知道不当得利事实及对方当事人之日起计算"。本案中，机场请求高某返还 5 元纸币的权利属于不当得利返还请求权，该请求权应受诉讼时效期间的限制。因此，D 项错误。

本题为选非题，综上所述，应选 AD。

8. 答案：ABC。本题中，小刘张贴的寻狗启事属于民法中的悬赏广告。所谓悬赏广告，是指悬赏人以广告的形式声明对于完成悬赏广告中规定的特定行为的人，给付广告中约定的报酬的行为。对于悬赏广告，《民法典》第499条规定："悬赏人以公开方式声明对完成特定行为的人支付报酬的，完成该行为的人可以请求其支付。"该条明确了悬赏广告的单方行为性质，其成立并不需要悬赏人与相对人就悬赏广告的内容达成合意，而仅依悬赏人单方的意思表示即可成立，并因此产生单方行为之债，悬赏人负有对任何完成广告中所指定的行为的人按照允诺支付报酬的义务，完成特定行为的人即享有报酬请求权。这意味着，任何人完成广告中规定的行为都将是一种事实行为，而非具有法律意义的承诺行为。因此，一方面，悬赏广告作出后，完成特定行为的人，无论是否具有完全民事行为能力，都可以请求悬赏人支付报酬；另一方面，完成特定行为的人，无论是否知晓悬赏广告的存在，都可以因完成悬赏行为而要求悬赏人履行义务。故本题四个选项中仅D项不正确，应选ABC。

9. 答案：ACD。A项：《民法典》第494条第1款规定，"国家根据抢险救灾、疫情防控或者其他需要下达国家订货任务、指令性任务的，有关民事主体之间应当依照有关法律、行政法规规定的权利和义务订立合同"。这一规定确认了强制缔约制度。强制缔约属于法定义务。这就是说，在法律规定强制缔约的情形下，一方当事人依据法律规定而负有义务与对方订约，义务人违反该义务的，应当承担相应的民事责任，甚至承担行政责任。因此，无论当事人是否将强制缔约义务纳入合同，当事人均负有此种义务，且当事人不能在合同中规避这一法定要求。故A项正确。B项：强制缔约仍然要经过要约和承诺的程序，只不过一方当事人必须发出要约或者必须作出承诺而已。强制缔约并不意味着合同的成立不需要经过要约和承诺两个阶段，而仅是指当事人负有强制发出要约或承诺的义务。故B项错误。C项：强制缔约包括对缔约的限制和对内容的限制两方面的内容，针对将适用强制缔约的情形，当事人不仅负有缔约的义务，而且应当按照法律规定的内容来缔约。因为处于弱势地位的一方往往不具有谈判能力，如果仅仅对强势一方强加了缔约义务，而没有对缔约内容加以限制，仍然无法实现对弱势群体的保护。故C项正确。D项：所谓强制要约，是指依据法律或行政法规的规定，一方当事人必须向他方当事人作出要约的意思表示。通常情形下，强制缔约主要体现为强制承诺，但在法律规定的特殊情形下，其体现为强制要约。《民法典》第494条第2款规定，"依照法律、行政法规的规定负有发出要约义务的当事人，应当及时发出合理的要约"。可见，强制缔约不仅包括对承诺的强制，还包括对要约的强制，即根据法律的规定，某一权利主体有义务及时向他人发出要约以订立合同。故D项正确。

综上所述，本题的正确答案为ACD。

10. 答案：ABC。《民法典》第483条规定："承诺生效时合同成立，但是法律另有规定或者当事人另有约定的除外。"故原则上承诺生效的时间就是合同成立的时间，当事人对合同成立的时间另有约定的，应当遵循当事人的约定。因此A、B、C项均正确。根据《民法典》第402条的规定，以不动产抵押的，应当办理抵押登记，抵押权自办理抵押登记时设立。但该条仅是对抵押权设立时间与设立方式的规定，抵押合同的成立并不受抵押权是否设立的影响，抵押合同自当事人以书面形式订立抵押合同时即成立。故D项错误。综上所述，本题应选ABC。

11. 答案：ABCD。依据《民法典》第492条第2款的规定，采用数据电文形式订立合同的，合同成立的地点存在三种情形：（1）当事人没有约定的，原则上收件人的主营业地为合同成立的地点。主营业务是指营利法人或者非法人组织为完成其经营目标而从事的主要经营活动，可以根据企业营业执照上规定的主要业务范围确定。（2）收件人没有主营业地的，收件人住所地为合同成立的地点。一些营利法人或者非法人组织从事多种经营活动，并没有主营业地的，则以其经常居住地为合同成立的地点。（3）如果当事人约定以收件人主营业地和住所地以外的地点作为合同成立的地点，则按照当事人约定确定合同成立地点。故本题四个选项均正确，应选ABCD。

12. 答案：ABCD。缔约过失责任是指在合同订立过程中，一方违背其依据诚实信用原则和法律规定所应承担的义务，致另一方的信赖利益遭受损失时应承担的损害赔偿责任。根据《民法典》第500条、第501条的规定，本题各项均属于法定的缔约过失责任适用情形。故本题应选ABCD。

13. 答案：AC。A项：依据《民法典》第500条第1项的规定，当事人在订立合同过程中，实施了假借订立合同恶意进行磋商等违背诚信原则的行为，造成对方损失的，应当承担赔偿责任。此处所说的赔偿责任并非违约责任，因为在缔约阶段，合同还没有成立，尚不存在合同义务，也就不可能因违反合同义务而承担违约责任。缔约过失责任与违约责任的基本区别即在于，此种责任发生在缔约过程中。只有在合同尚未成立，或者虽然成立但因为不符合法定的生效要件而被确认无效或被撤销时，缔约人才可能因实施了违反诚信原则的行为给他人造成损失而承担缔约过失责任。故A项正确。B、C项：与上述责任的发生阶段相关，在缔约过失责任中，应当以信赖利益作为赔偿的基本范围。这与违约责任应救济非违约方的履行利益是不同的。信赖利益的损失限于直接损失，这里的直接损失是指因为信赖合同的成立和生效所支出的各种费用，具体包括：第一，因信赖对方的要约邀请和要约有效而与对方联系、实地考察以及检查标的物等所支出的各种合理费用；第二，因信赖对方将要缔约，为缔约做各种准备工作并为此所支出的各种合理费用；第三，为支出上述各种费用所失去的利息。故B项错误，C项正确。D项：一般认为，信赖利益赔偿以不超过履行利益为限，即在合同不成立、无效或者被撤销的情况下，有过错的一方所赔偿的信赖利益不应该超过合同有效或者合同成立时的履行利益。因此，因一方的过错合同不能有效成立，另一方可以要求赔偿因信赖合同成立而支付的各种费用，而不能要求赔偿合同成立本应获得的利润。故D项错误。

综上所述，本题应选AC。

14. 答案：BCD。《民法典》第501条规定："当事人在订立合同过程中知悉的商业秘密或者其他应当保密的信息，无论合同是否成立，不得泄露或者不正当地使用；泄露、不正当地使用该商业秘密或者信息，造成对方损失的，应当承担赔偿责任。"甲的行为属于典型的不正当使用商业秘密，因此A项错误，C项正确。先合同义务，是指在合同成立之前，订立合同的当事人依据诚实信用原则所承担的忠实、照顾、告知等义务。甲、乙正处于缔约的过程中，甲应当依照诚实信用原则的要求，保守自己知悉的对方的商业秘密，因此，甲的行为违反了先合同义务，甲应当承担缔约过失责任。

综上所述，本题的正确答案为BCD。

15. 答案：ABC。最高人民法院《关于审理商品房买卖合同纠纷案件适用法律若干问题的解释》（2020年修正）第3条规定："商品房的销售广告和宣传资料为要约邀请，但是出卖人就商品房开发规划范围内的房屋及相关设施所作的说明和允诺具体确定，并对商品房买卖合同的订立以及房屋价格的确定有重大影响的，构成要约。该说明和允诺即使未载入商品房买卖合同，亦应当为合同内容，当事人违反的，应当承担违约责任。"据此，本题中，甲公司在小区平面图和项目说明书中都标明有游泳馆，即便配置游泳馆的内容没有被载入购房合同，也应当被视为该购房合同内容的一部分，故甲公司对配置游泳馆义务的违反就构成违约。

A、D项：根据《民法典》第563条第4项的规定，当事人一方迟延履行债务或者有其他违约行为致使不能实现合同目的，即构成根本违约的，非违约方可以解除合同。本题中，张某正是看中小区游泳健身方便才决定购买一套商品房，并与甲公司签订了购房合同，换言之，方便游泳健身是张某签订购房合同的目的。然而，收房时小区并未按照约定配置游泳馆，导致张某的合同目的无法实现，故甲公司的行为已经构成根本违约，张某有权请求解除合同，要求退房（恢复原状），同时要求甲公司承担违约责任。这里需要注意的是，根据《民法典》第566条第1款、第2款的规定，合同解除后，尚未履行的，终止履行；已经履行的，根据履行情况和合同性质，当事人可以请求恢复原状或者采取其他补救措施，并有权请求赔偿损失。合同因违约而解除的，解除权人可以请求违约方承担违约责任，但是当事人另有约定的除外。由此可知，在因违约而解除合同的情形中，恢复原状和请求承担违约责任功能不同，适用时并不排斥。本题中，若张某选择解除合同，则请求退房属于恢复原状，是作为合同解除效力的财产返还的债的请求权，可以与违约责任并用。故A项正确，D项错误。B项：根据《民法典》第148条的规定，一方以欺诈手段，使对方在违背真实意思的情况下订立的合同，受欺诈方有权请求人民法院或者仲裁机构予以撤销。本题中，甲公司在缔约前交给张某的小区平面图和项目说明书中都标明有一个游泳馆，但实际上并不存在，由于该虚构的事实属于足以影响张某缔约意愿的重要事实，故甲公司的行为已经构成缔约过程中的欺诈。因此，张某与甲公司签订的房屋买卖合同属于可撤销的合同，如张某选择请求撤销该合同，则其有权主张甲公司承担缔约过失责任。故B项正确。C项：违约责任发生在合同成立以后，以合同义务的存在为前提；而缔约过失责任发生在缔约过程中，以合同不成立或者成立后未生效、无效、被撤销为前提，所以两种责任不可能同时发生。结合本题来看，张某可以选择以欺诈为由请求撤销合同，而后追究甲公司的缔约过失责任；或者选择不撤销合同，而主张甲公司承担继续履行、赔偿损失或支付违约金等违约责任，但不可能同时主张甲公司承担缔约过失责任和违约责任。故C项正确。

综上所述，本题的正确答案为ABC。

16. 答案：ABD。本题综合考查可撤销的民事法律行为、缔约过失责任。

A项：故意隐瞒与订立合同有关的重要事实或者提供虚假情况，属于缔约过程中的欺诈行为。所谓欺诈，是指一方当事人故意实施某种欺骗他人的行为，并使他人陷入错误而订立合同。构成欺诈，必须符合以下要件：第一，欺诈方具有故意。第二，欺诈方客观上实施了陈述虚假事实或隐瞒真实情况的行为。第三，相对人的认识错误与行为人的欺诈行为之间有因果联系。对于欺诈行为的法律后果，《民法典》第148条规定："一方以欺诈手段，使对方在违背真实意思的情况下实施的民事法律行为，受欺诈方有权请求人民法院或者仲裁机构予以撤销。"本题中，甲故意隐瞒汽车的真实行驶里程，乙因甲的消极欺诈行为而对汽车的新旧状态和市场价值陷入错误认识，从而与甲签订合同。甲的行为已经构成缔约过程中的欺诈行为，乙作为受欺诈方有权请求法院撤销合同。因此，A项正确。B项：作为受欺诈方的乙也可以选择不撤销合同，寻求违约责任救济。《民法典》第582条规定："履行不符合约定的，应当按照当事人的约定承担违约责任。对违约责任没有约定或者约定不明确，依据本法第五百一十条的规定仍不能确定的，受损害方根据标的的性质以及损失的大小，可以合理选择请求对方承担修理、重作、更换、退货、减少价款或者报酬等违约责任。"按照甲、乙之间的约定，甲交付给乙的汽车行驶里程应为4万公里，但实际交付的汽车行驶里程为8万公里，甲未按约定履行合同，构成违约，乙有权请求甲承担减少价款的违约责任。因此B项正确。C项：根据民法理论，若一方故意让对方陷入错误认识，属于欺诈；若双方无意中产生认识错误，则属于重大误解。本题中，甲明知汽车里程表显示行驶里程有误，却故意隐瞒，导致乙陷入错误认识，故属于消极欺诈，而非重大误解。此外，根据《民法典》第148条的规定，受欺诈方的撤销权只能通过诉讼或者仲裁的方式行使，而不能通过诉讼外通知对方的方式行使，故乙不能通过致函的方式行使撤销权。因此，C项错误。D项：《民法典》第500条规定，"当事人在订立合同过程中有下列情形之一，造成对方损失的，应当承担赔偿责任：（一）假借订立合同，恶意进行磋商；（二）故意隐瞒与订立合同有关的重要事实或者提供虚假情况；（三）有其他违背诚信原则的行为"。该条是对缔约过失责任的规定。缔约过失责任是指在合同订立过程中，一方违背其依据诚实信用原则和法律规定所承担的义务致另一方的信赖利益遭受损失时，应承担的损害赔偿责任。据此，本题中，若乙选择请求法院或者仲裁机构撤销该合同，则乙有权请求甲承担缔约过失责任。因此，D项正确。

综上所述，本题应选ABD。

简答题

1. 合同的成立，是指合同各方当事人的意思表示一致。换言之，当事人对合同的主要条款达成合意。

合同的成立应当具备以下要件。

（1）存在双方或多方当事人。合同当事人又称合同主体，他们是实际享受合同权利并承担合同义务的人。合同是双方或多方当事人意思表示一致的产物，所以，合同的成立必须存在双方或者多方当事人。如果仅有一方当事人，则无法形成意思表示一致，无法成立合同。

（2）订约当事人经过要约、承诺而达成了合意。订约当事人必须达成了合意，而这一合意的达成往往需要经过要约和承诺两个阶段。要约和承诺是合同成立的基本规则，也是合同成立必须经过的两个阶段。如果合同没有经过承诺，而只是停留在要约阶段，则合同根本未成立。此外，依据《民法典》第471条，当事人订立合同，可以采取要约、承诺方式以外的其他方式。这是因为在实践中，有些当事人采用了无法区分要约与承诺的订约方式，或在有些场合区分要约与承诺并无必要，如在近距离的和以智能合约为典型的自动执行的合同中，没有区分要约和承诺的意义。

（3）当事人就合同主要条款达成合意。合同成立的根本标志在于，合同当事人就合同的主要条款达成合意。所谓主要条款，又称必要条款，是指根据特定合同的性质所应具备的条款，如果缺少这些条款，合同是不能成立的。为了准确认定合同的主要条款，《合同编解释》第 3 条第 1 款规定："当事人对合同是否成立存在争议，人民法院能够确定当事人姓名或者名称、标的和数量的，一般应当认定合同成立。但是，法律另有规定或者当事人另有约定的除外。"如果根据前述规定能够认定合同已经成立，依据《合同编解释》第 3 条第 2 款，对合同欠缺的内容，人民法院应当依据《民法典》第 510 条、第 511 条等予以确定。这就是说，欠缺上述非必要条款，并不意味着合同不成立，从鼓励交易原则出发，当事人可以在事后达成补充协议或依据《民法典》第 511 条规定的补充合同漏洞的规则来确定合同的内容。以上只是合同的一般成立要件，法律或当事人的约定可能对一些合同设定了特定的成立要件，例如：对实践合同来说，应以实际交付标的物作为其成立要件；对于要式合同来说，应履行一定的方式其才能成立。尤应注意，如果当事人在合同中约定了特殊的成立条件，则应依当事人的约定。

2. 要约通常都具有特定的形式和内容，一项要约要发生法律效力，必须具有特定的条件，否则要约不能成立，也不能产生法律效力。

依据《民法典》第 472 条，要约有效的条件包括以下几项。

（1）要约是由特定主体作出的意思表示。要约人发出要约旨在与他人订立合同，唤起相对人的承诺，并据此订立合同。因此要约人应当是特定的主体。要约是一种意思表示，而不是事实行为，其符合意思表示的构成要件，经受要约人承诺后，可以在当事人之间成立合同关系。

（2）要约必须表明经受要约人承诺，要约人即受该意思表示约束。要约人发出要约的目的在于订立合同，而这种订约的意图一定要由要约人通过其发出的要约充分表达出来，才能在受要约人承诺的情况下成立合同。

（3）要约必须向要约人希望与之缔结合同的受要约人发出。要约只有向要约人希望与之缔结合同的受要约人发出，才能够唤起受要约人的承诺。要约原则上应向特定的人发出，特定人可以是一个人，也可以是数个人。但法律并不严格禁止要约向不特定人发出，如果要约人愿意向不特定人发出要约，并自愿承担由此产生的后果，在法律上也是允许的。

（4）要约的内容必须具体、确定。具体来说，这包括两方面的含义：一是要约的内容必须具体。所谓"具体"，是指要约的内容必须具有足以使合同成立的主要条款。由于要约旨在缔结具有特定内容的合同，因而要约本身必须确定或者能够确定，从而使要约一经受要约人的承诺就可使合同成立。二是要约的内容必须确定。所谓"确定"，一方面是指要约的内容必须明确，而不能含混不清，从而使受要约人能够理解要约的真实含义，否则受要约人将无法承诺；另一方面是指要约在内容上必须是最终的、无保留的，如果要约人对要约保留了一定的条件，则受要约人将无法作出承诺，在此情形下，要约人的意思表示在性质上并不是真正的要约，而是要约邀请。

3. 承诺，是指受要约人同意要约的意思表示，即受要约人同意接受要约的条件以订立合同的意思表示。承诺的法律效力在于，受要约人所作出的承诺一旦到达要约人，合同便告成立。

根据《民法典》第 479 条的规定，承诺必须具备如下条件，才能产生法律效力。

（1）承诺必须由受要约人向要约人作出。一方面，承诺必须由受要约人作出。这是因为只有受要约人是要约人选定的，故只有受要约人才能作出承诺。如果允许第三人作出承诺，则完全违背了要约人的意思。第三人向要约人作出承诺，视为发出要约。但基于法律规定和要约人发出的要约的规定，如果第三人可以对要约人作出承诺，则要约人应当受到承诺的拘束。另一方面，承诺必须向要约人作出。既然承诺是对要约人发出的要约所作的答复，那么只有向要约人作出承诺，才能导致合同成立。如果向要约人以外的其他人作出承诺，则只能视为对其他人发出要约，不能产生承诺的效力。

（2）承诺是受要约人决定与要约人订立合同的意思表示。首先，承诺在性质上属于意思表示，其必须符合意思表示的要件，即受要约人应当有受承诺拘束的意思。其次，承诺在性质上是需要受领的意思表示，故受要约人作出承诺的意思表示后，必须到达要约人才能使合同成立。最后，承诺中必须明确表明同意与要约人订立合同，才能使合同因承诺而成立。这就要求受要约人的承诺必须清楚、明确。

（3）承诺的内容必须与要约的内容一致。承诺是对要约的同意。在承诺中，受要约人必须表明其愿意按照要约的全部内容与要约人订立合同，换言之，其同意内容须与要约的全部内容一致，才构成意思表示的一致（即合意），从而使合同成立。具体表现在：承诺必须是无条件的承诺，不得限制、扩张或者变更要约的内容，否则，不构成承诺，应视为对原要约的拒绝并作出一项新的要约。但这并不要求承诺必须与要约绝对一致，只要不改变要约的实质性内容，仍然构成承诺。

（4）承诺必须在要约规定的期限内到达要约人。1）承诺只有到达要约人时才能生效。《民法典》合同编在承诺方面采纳到达主义。所谓到达，是指承诺必须到达要约人控制的范围内。如果承诺以对话的方式作出，则承诺可以立即到达要约人，可立即生效。如果承诺以非对话的方式作出，则相关的承诺文件到达要约人的控制范围的时间为承诺的到达时间。2）承诺必须在规定的期限内到达。依据《民法典》第481条的规定，只有在规定期限内到达的承诺才是有效的。未能在合理期限内作出承诺并到达要约人，则视为承诺的迟延，或称为逾期承诺。其在性质上属于一项新的要约，而不是承诺。

（5）承诺的方式必须符合要约的要求。根据《民法典》第480条的规定，受要约人必须将承诺的内容通知要约人。所谓通知，是指受要约人向要约人作出的接受要约的意思表示。承诺原则上应当采取通知的方式进行，这是因为承诺的意思必须以某种方式表达出来，显示于外部，且到达相对人，为相对人所知悉，才能够成为有效的承诺。通知不仅在内容上必须包括接受要约的意思，而且必须到达要约人才能生效。此外，受要约人通知的方式也应当符合要约的要求。如果要约中没有规定承诺的方式，根据交易习惯也不能确定承诺的方式，则受要约人可以采用如下方式来表示承诺：一是口头或书面的方式，二是行为方式。

4. 悬赏广告，是指悬赏人以广告的形式声明对于完成悬赏广告中规定的特定行为的人，给付广告中约定的报酬的行为。

悬赏广告具有如下特征。

（1）悬赏广告是以公开的方式所作出的意思表示。广告即“广而告之”，这意味着悬赏广告与一般的意思表示不同，它是采取“广而告之”的方式，面向不特定的相对人作出的意思表示。

（2）悬赏广告是以向完成特定行为的人给予报酬为内容的意思表示。悬赏是悬赏人以公开方式声明向完成特定行为的人支付报酬的行为：一方面，给付报酬乃悬赏广告的题中之意，悬赏人可以在悬赏广告中声明报酬的种类、数额以及支付方式等。另一方面，悬赏是针对完成特定的行为作出的，其在内容上并没有限制。无论是事实行为，还是法律行为，只要其内容和类型不违反法律规定和社会公共利益，都可以作为悬赏广告的对象。

（3）悬赏广告是一种单方民事法律行为。虽然关于悬赏广告的性质存在争议，但依据《民法典》第499条的规定，悬赏广告在性质上属于单方民事法律行为，其成立并不需要悬赏人与相对人就悬赏广告的内容达成合意。

（4）悬赏广告是独立的债的发生原因。悬赏人一般会在悬赏广告中对于实施一定行为的人允诺支付一定的报酬，这也使其负担了一定的债务。

5. 缔约过失责任是指在合同订立过程中，一方违背其依据诚信原则和法律规定所承担的义务致另一方的信赖利益遭受损失时，所应承担的损害赔偿责任。

根据《民法典》第500条的规定，缔约过失责任的成立须具备如下条件。

（1）缔约过失发生在合同订立过程中。

一方面，缔约过失责任与违约责任的基本区别在于，此种责任发生在缔约过程中而不是发生在合同成立以后。只有在合同尚未成立，或者虽然成立但因为不符合法定的生效要件而被确认无效或被撤销时，缔约人才承担缔约过失责任。若合同已经成立，因一方当事人的过失而致他方损害时，应按违约责任而不应按缔约过失责任处理。另一方面，虽缔约过失责任发生在合同缔结阶段，但如果当事人之间没有任何缔约上的联系，无从表明双方之间具有缔约关系，因一方的过失而致他方损害时，只能按侵权责任而不能按缔约过失责任处理。

（2）一方违背其依诚信原则所应负的义务。

诚信原则要求民事主体在从事民事活动时讲诚实、守信用，以善意的方式行使权利并履行义务。在缔约阶段，依诚信原则而产生的忠实、协助、保密等义务，随着双方当事人联系的密切而逐渐产生。尽管此类义务较之于给付义务，仅是附随义务，但当事人一方如不履行，不仅会给他方造成损害，而且会妨害社会经济秩序。因此，法律要求当事人必须履行上述义务，否则应当承担缔约过失责任。此外，在缔约阶段，一方当事人负缔约过失责任的原因并不限于其违反了与合同义务相伴的附随义务，还包括要约人违反其发出的有效要约。因此，当事人对缔约关系的破坏均可能产生缔约过失责任。

(3) 造成他人信赖利益的损失。

依据《民法典》第 500 条，缔约过失责任的承担以造成对方损害为前提。缔约过失行为直接破坏了缔约关系，因此所引起的损害是指他人信赖合同的成立和有效，但由于合同不成立和无效的结果所蒙受的不利益。此种不利益即为信赖利益或消极利益的损失，主要是指因他方的缔约过失行为而致信赖人的直接财产的减少，如支付各种费用等，其赔偿的结果是使当事人达到合同未曾发生时的状态。需要注意的是，当事人的信赖必须是合理的，而且此种损失与缔约过失行为有因果关系，即一方的行为已使另一方足以相信合同能够成立或生效，但该方的缔约过失行为破坏了缔约关系，使信赖人的利益因此丧失。

6. 缔约过失责任主要有如下几种类型。

(1) 假借订立合同，恶意进行磋商。

所谓"假借"，是指根本没有与对方订立合同的目的，而是为了拖延时间或为了使对方丧失商业机会而与对方谈判。所谓"恶意"，是指假借磋商、谈判，而故意给对方造成损害。恶意包括两方面的内容：一是行为人主观上并没有谈判意图，二是行为人主观上具有给对方造成损害的目的和动机。恶意是恶意谈判构成的最核心的要件，但受害人一方必须就此承担证明责任。

(2) 故意隐瞒与订立合同有关的重要事实或者提供虚假情况。

故意隐瞒与订立合同有关的重要事实或者提供虚假情况，属于缔约过程中的欺诈行为。所谓欺诈，是指一方当事人故意实施某种欺骗他人的行为，并使他人陷入错误而订立合同。构成欺诈，必须符合如下要件：第一，欺诈方具有故意。第二，欺诈方客观上实施了陈述虚假事实或隐瞒真实情况的行为。第三，相对人的认识错误与行为人的欺诈行为之间有因果联系，即相对人因行为人陈述虚假事实或隐瞒真实情况的行为而陷于错误认识。

(3) 泄露或者不正当地使用商业秘密或者其他应当保密的信息。

依据《民法典》第 501 条的规定，当事人违反其对于其知悉的商业秘密或者其他应当保密的信息的保密义务，应当承担损害赔偿责任。此种责任的成立应当具备以下条件：第一，当事人在订立合同过程中已知悉商业秘密或者其他应当保密的信息。第二，泄露、不正当地使用了该商业秘密或者信息。所谓泄露，是指将商业秘密透露给他人，包括在要求对方保密的条件下向特定人、少部分人透露商业秘密。所谓不正当使用，是指未经授权而使用该秘密或将该秘密转让给他人。行为人无论是否因此而获取一定的利益，都有可能承担缔约过失责任。第三，泄露、不正当地使用该商业秘密或者信息造成对方损失。至于行为人主观上是出于故意还是过失，不必考虑。

(4) 其他违背诚信原则的行为。

例如，在合同无效或被撤销、违反强制缔约义务、无权代理等情况下，也能产生缔约过失责任。

案例分析题

1. (1) 10 月 1 日甲公司所发的电子邮件和乙公司的回复均属于要约。

要约是订立合同所必须经过的程序。依据《民法典》第 472 条的规定，要约是希望和他人订立合同的意思表示，要约有效的条件包括以下几项：第一，要约是由特定主体作出的意思表示；第二，要约必须表明经受要约人承诺，要约人即受该意思表示约束；第三，要约必须向要约人希望与之缔结合同的受要约人发出；第四，要约的内容必须具体、确定。本案中，甲公司在 10 月 1 日向乙公司发送的电子邮件中明确列明了标的物的数量、质量、价款，并且明确表明愿意受该意思表示约束，故符合要约生效的条件，甲公司发出的电子邮件在性质上属于要约。

《民法典》第 488 条规定："承诺的内容应当与要约的内容一致。受要约人对要约的内容作出实质性变更的，为新要约。有关合同标的、数量、质量、价款或者报酬、履行期限、履行地点和方式、违约责任和解决争议方法等的变更，是对要约内容的实质性变更。"本案中，乙公司在 10 月 1 日回复甲公司的邮件中对合同标的的价款、履行期限均作了变更，属于对要约内容的实质性变更，因此乙公司的回复并非对甲公司所提出要约的承诺，而应被视为其向甲公司发出的一项新要约。

（2）甲、乙两公司之间存在合同关系，该合同于10月8日成立。

合同的成立，是指合同各方当事人的意思表示一致，换言之，当事人对合同的主要条款达成合意。合同的成立应当具备以下要件：第一，存在双方或多方当事人；第二，订约当事人经过要约、承诺而达成了合意；第三，当事人就合同主要条款达成合意。合同成立的根本标志即在于，合同当事人就合同的主要条款达成合意。所谓主要条款，又称必要条款，是指根据特定合同的性质所应具备的条款，如果缺少这些条款合同是不能成立的。为了准确认定合同的主要条款，《合同编解释》第3条第1款规定："当事人对合同是否成立存在争议，人民法院能够确定当事人姓名或者名称、标的和数量的，一般应当认定合同成立。但是，法律另有规定或者当事人另有约定的除外。"如果根据前述规定能够认定合同已经成立，依据《合同编解释》第3条第2款，对合同欠缺的内容，人民法院应当依据《民法典》第510条、第511条等予以确定。这就是说，欠缺上述非必要条款，并不意味着合同不成立，从鼓励交易原则出发，当事人可以在事后达成补充协议或依据《民法典》第511条规定的补充合同漏洞的规则来确定合同的内容。结合本案来看，甲、乙两公司最终经过要约、承诺阶段，就合同的主要条款达成了一致，故甲、乙两公司之间存在合同关系。

关于该合同的成立时间，《民法典》第490条第1款规定："当事人采用合同书形式订立合同的，自当事人均签名、盖章或者按指印时合同成立。在签名、盖章或者按指印之前，当事人一方已经履行主要义务，对方接受时，该合同成立。"本案中，尽管甲、乙两公司约定采用合同书的形式订立合同，但是甲公司已于乙公司签字、盖章之前实际履行了交付合同标的物这一买卖合同的主要义务，而乙公司也已经受领了甲公司的给付，故应当认定甲、乙两公司之间的买卖合同已于10月8日乙公司受领该批电子元件时成立。

（3）《民法典》第510条规定："合同生效后，当事人就质量、价款或者报酬、履行地点等内容没有约定或者约定不明确的，可以协议补充；不能达成补充协议的，按照合同相关条款或者交易习惯确定。"此外，根据《民法典》第511条第3项的规定，当事人就合同履行地点约定不明确，依据《民法典》第510条的规定仍不能确定的，适用法律规定的履行地点：给付货币的，在接受货币一方所在地履行；交付不动产的，在不动产所在地履行；其他标的，在履行义务一方所在地履行。

结合本案来看，甲、乙两公司在合同中就交付货物的地点没有约定，此时，首先应由甲、乙两公司双方就货物交付地点协议补充；若双方无法达成补充协议，应按照合同相关条款或者交易习惯来确定；仍不能确定的，则应适用法律规定的合同履行地点，交付电子元件应在履行义务一方所在地，即甲公司的主营业务所在地A地履行。

（4）甲、乙两公司之间的合同于10月9日成立，成立地点为C地。

关于该合同成立的时间，根据《民法典》第490条第1款的规定，当事人采用合同书形式订立合同的，自当事人均签名、盖章或者按指印时合同成立。在签名、盖章或者按指印之前，当事人一方已经履行主要义务，对方接受的，该合同成立。结合本案来看，应以乙公司董事长在合同书上签字的时间，即10月9日为合同成立的时间。

关于该合同成立的地点，根据《民法典》第493条的规定，当事人采用合同书形式订立合同的，最后签名、盖章或者按指印的地点为合同成立的地点，但是当事人另有约定的除外。本案中，甲、乙两公司明确约定以合同书的形式订立合同，因此，应当以最后签字的地点，即乙公司董事长在合同书上签字时的所在地C地为合同成立的地点。

（5）货物的损失应由乙公司承担。

《民法典》第604条规定："标的物毁损、灭失的风险，在标的物交付之前由出卖人承担，交付之后由买受人承担，但是法律另有规定或者当事人另有约定的除外。"此外，《民法典》第607条第2款规定："当事人没有约定交付地点或者约定不明确，依据本法第六百零三条第二款第一项的规定标的物需要运输的，出卖人将标的物交付给第一承运人后，标的物毁损、灭失的风险由买受人承担。"本案中，甲、乙公司双方没有对买卖合同标的物的风险负担另外作出约定，应适用法定的标的物风险负担规则，即"交付主义"。由于甲、乙公司没有约定交付地点，故当出卖人甲公司将货物交付给第一承运人丙公司之时，即应视为其完成了买卖合同标的物的交付义务，此后货物毁损、灭失的风险应由买受人乙公司承担。

2.（1）本题考查缔约过失责任的概念和构成要件。

缔约过失责任是指在合同订立过程中，一方违背其依据诚实信用原则和法律规定所承担的义务致另一方的信赖利益遭受损失时，所应承担的损害赔偿责任。根据《民法典》第500条的规定，缔约过失责任的成立须具备以下条件：第一，缔约过失发生在合同订立过程中。一方面，缔约过失责任发生在缔约过程中而不是发生在合同成立以后；另一方面，如果当事人之间没有任何缔约上的联系，无从表明双方之间具有缔约关系，则一方的过失致他方损害时，也不适用缔约过失责任。第二，一方违背其依诚信原则所应负的义务。诚信原则要求民事主体在从事民事活动时讲诚实、守信用，以善意的方式行使权利并履行义务。在缔约阶段，依诚实信用原则而产生的忠实、协助、保密等义务，随着双方当事人联系的密切而逐渐产生。尽管此类义务较之于给付义务，仅是附随义务，但当事人一方如不履行，不仅会给他方造成损害，而且会妨害社会经济秩序。因此，法律要求当事人必须履行上述义务，否则应当承担缔约过失责任。此外，在缔约阶段，若要约人违反其发出的有效要约，也可能因破坏缔约关系而承担缔约过失责任。第三，造成他人信赖利益的损失。缔约过失责任的承担以造成对方损害为前提。缔约过失行为直接破坏了缔约关系，因此所引起的损害是指他人信赖合同的成立和有效，但由于合同不成立和无效的结果所蒙受的不利益。此种不利益即为信赖利益或消极利益的损失，主要是指因他方的缔约过失行为而致信赖人的直接财产的减少，其赔偿的结果是使当事人达到合同未曾发生时的状态。需要注意的是，当事人的信赖必须是合理的，而且此种损失与缔约过失行为有因果关系，即一方的行为已使另一方足以相信合同能够成立或生效，但该方的缔约过失行为破坏了缔约关系，使信赖人的利益因此丧失。

本案中，王某与A公司的谈判以及A公司负责人的承诺，已经足以使王某对加盟合同的成立产生合理信赖，并且王某为准备缔约而支出了各项合理费用，此时A公司违反先前承诺，单方面提高加盟费，因此造成了王某信赖利益的直接损失，完全符合《民法典》第500条所规定的缔约过失责任的构成要件。故A公司的辩解理由不能成立，A公司应就其违反诚信原则、故意破坏缔约关系的行为向王某承担缔约过失责任，其与王某之间依照法律规定而产生缔约过失之债。

（2）本题考查缔约过失责任的赔偿范围。

依据《民法典》第500条第1项的规定，当事人在订立合同过程中，实施了假借订立合同恶意进行磋商等违背诚信原则的行为，造成对方损失的，应当承担赔偿责任。此处所说的赔偿责任即是指缔约过失责任。

缔约过失责任应当以信赖利益作为赔偿的基本范围。其中，信赖利益的损失限于直接损失，即订约当事人因为信赖合同的成立和生效所支出的各种费用，具体包括：第一，因信赖对方要约邀请和要约有效而与对方联系、实地考察以及检查标的物等所支出的各种合理费用；第二，因信赖对方将要缔约，为缔约做各种准备工作并为此所支出的各种合理费用；第三，为支出上述各种费用所失去的利息。这里应当指出的是，各种费用的支出必须是合理的，而不是受害人所任意支出的。只有合理的费用才和缔约过失行为有因果联系，从而应当由行为人承担赔偿责任。依民法理论通说，信赖利益赔偿以不超过履行利益为限，如因一方的过错合同未能有效成立，另一方可以要求赔偿因信赖合同成立而支付的各种费用，而不能要求赔偿合同成立本应获得的利润。

本案中，王某100元的实地考察费用，属于上述第一项因信赖对方要约邀请有效而与对方联系、实地考察所支出的合理费用；王某为寻找店址所花费的3 000元以及为此请假期间的误工费用，则属于上述第二项因信赖对方将要缔约，为缔约做各种准备工作并为此所支出的合理费用。这两项支出的费用以及由此产生的利息均属于A公司的缔约过失行为给王某造成的信赖利益的直接损失，故应当由A公司予以赔偿。至于王某因与A公司谈判而丧失其他缔约机会所造成的损失，属于间接损失，不属于缔约过失责任的赔偿范围，故A公司无须赔偿。

论述题与深度思考题

1. 在合同订立中，区分要约邀请和要约，关系到合同的成立问题。如果是一方发出要约，另一方接受要约作出承诺，则合同成立。但如果一方发出的是要约邀请，则即便对方同意，也无法在当事人之间成立合同。如何区别要约邀请和要约，在实践中极为复杂。结合我国司法实践和理论，可从以下几方面来区分要约和要约邀请。

（1）依法律规定作出区分。如果法律明确规定了某种行为为要约或要约邀请，即应按照法律的规定作出区分。例如，依据《民法典》第473条的规定，拍卖公告、招标公告、招股说明书、债券募集办法、基金招募说明书、商业广告和宣传、寄送的价目表等，属于要约邀请。据此，对这些行为一般应认定为要约邀请。

（2）根据当事人的意愿作出区分。这是指根据当事人已经表达出来的意思来确定当事人对其实施的行为主观上认为是要约还是要约邀请。具体来说：一是要考虑提议的内容。要约中应当含有当事人受要约拘束的意旨，而要约邀请只是希望对方主动向自己提出订立合同的意思表示。二是要考虑提议中的声明，如当事人在其行为或提议中作出的特别声明是要约还是要约邀请。同时，当事人也可以明确表示其所作出的提议不具有法律拘束力，此时，其所作的提议可能是要约邀请而不是要约。三是要考虑订约意图。由于要约是旨在订立合同的意思表示，所以，要约中应包含明确的订约意图。而要约邀请人只是希望对方向自己提出订约的意思表示，所以，在要约邀请中，订约的意图并不是很明确。

（3）根据提议的内容是否包含合同的主要条款来区分。要约的内容中应当包含合同的主要条款，这样才能因受要约人的承诺而合同成立。而要约邀请只是希望对方当事人提出要约，因此，它不必包含合同的主要条款。当然，仅以是否包含合同的主要条款来作出区分是不够的，即使要约人提出了未来合同的主要条款，但如果其在提议中声明不受要约的拘束，或提出需要进一步协商，或提出需要最后确认等，则将难以确定他具有明确的订约意图，因此不能认为是要约。

（4）根据交易的习惯即当事人历来的交易做法来区分。例如，询问商品的价格，根据交易习惯，一般被认为是要约邀请而不是要约。再如，出租车司机将出租车停在路边招揽顾客，如果根据当地的规定和习惯，出租车司机可以拒载，则此种招揽是要约邀请；如果不能拒载，则认定司机负有强制缔约的义务。

此外，在区分要约和要约邀请时，还应当考虑到其他情况，诸如是否注重相对人的身份、信用、资力、品行等情况，是否实际接触，一方发出的提议是否使他方产生要约的信赖，等等，综合各种因素考虑某项提议是要约还是要约邀请。

2. 所谓缔约过失责任，是指在合同订立过程中，一方违背其依据诚实信用原则和法律规定所承担的义务，致另一方的信赖利益遭受损失时所应承担的损害赔偿责任。依据《民法典》第500条第1项的规定，当事人在订立合同过程中，实施了假借订立合同恶意进行磋商等违背诚信原则的行为，造成对方损失的，应当承担赔偿责任。需要指出的是，此处所说的赔偿责任并非违约责任，因为在缔约阶段，合同还没有成立，即使实施了假借订立合同恶意进行磋商等违背诚信原则的行为，另一方也不得请求其承担违约责任。

在缔约过失责任中，应当以信赖利益作为赔偿的基本范围。这与违约责任应救济非违约方的履行利益是不同的。信赖利益的损失限于直接损失，这里的直接损失是指因为信赖合同的成立和生效所支出的各种费用，具体包括：第一，因信赖对方要约邀请和要约有效而与对方联系、实地考察以及检查标的物等所支出的各种合理费用。第二，因信赖对方将要缔约，为缔约做各种准备工作并为此所支出的各种合理费用，如因信赖对方将要出售家具而四处筹款借钱并为此所支出的各种费用。第三，为支出上述各种费用所失去的利息。应当指出，各种费用的支出必须是合理的，而不是受害人所任意支出的。只有合理的费用才和缔约过失行为有因果联系，并且应当由行为人承担赔偿责任。

一般认为，信赖利益赔偿以不超过履行利益为限，即在合同不成立、无效或者被撤销的情况下，有过错的一方所赔偿的信赖利益不应超过合同有效或者合同成立时的履行利益。民法学通说认为，在一般情况下，对信赖利益的赔偿，不可能超过合同有效或者合同成立时的履行利益的范围，但以此来限定信赖利益的赔偿范围，仍然是必要的，因为信赖利益不得超过履行利益乃是一项基本原则。例如，因一方的过错合同不能有效成立，另一方可以要求赔偿因信赖合同成立而支付的各种费用，而不能要求赔偿合同成立本应获得的利润。确立这一原则对于实践中确定信赖利益的赔偿范围是十分必要的。

第三十三章　合同的内容和形式

知识逻辑图

- 合同的内容和形式
  - 合同的内容概述
    - 合同内容的概念
      - 合同权利和合同义务
      - 合同条款是合同权利、义务的外在表现和确定根据
    - 合同一般包括的条款
      - 当事人的姓名或者名称和住所
      - 标的
      - 数量和质量
      - 价款或者报酬
      - 履行期限、地点和方式
      - 违约责任
      - 解决争议的方法
    - 合同条款的分类
      - 必要条款与非必要条款
      - 格式条款与非格式条款
      - 实体条款与程序条款
  - 格式条款
    - 格式条款的概念与特征
      - 是一方为了反复使用而预先制定的
      - 承诺方通常是不特定的
      - 内容具有定型化的特点
      - 相对人在订约中居于附从地位
    - 提供格式条款一方的义务
      - 应遵循公平原则确定当事人之间的权利和义务
      - 应采取合理方式提示对方注意与对方有重大利害关系的条款
      - 应按照对方的要求，对该条款予以说明
      - 未履行提示或说明义务的后果：对方可以主张该条款不成为合同的内容
    - 格式条款的无效
      - 无效的情形
        - 具有《民法典》总则编第六章第三节规定的民事法律行为无效的情形
        - 具有《民法典》第506条规定的免责条款无效的情形
        - 不合理地免除或减轻其责任、加重对方责任、限制对方主要权利
        - 提供格式条款一方排除对方主要权利
      - 无效的后果：该条款自始无效，但并不当然影响整个合同的效力
  - 免责条款
    - 概念：当事人双方在合同中事先约定的旨在限制或免除其未来责任的条款
    - 免责条款无效的情形
      - 免除造成对方人身损害的责任的
      - 免除因故意或重大过失造成对方财产损失的责任的
  - 合同的形式
    - 立法模式：以非要式为原则，以要式为例外
    - 主要种类：书面形式、口头形式、其他形式

名词解释

1. 必要条款
2. 格式条款
3. 程序条款
4. 示范文本
5. 免责条款
6. 合同的形式
7. 合同的书面形式
8. 合同的推定形式

选择题

（一）单项选择题

1. 下列关于合同债权的说法中正确的是（　　）。

A. 合同债权是绝对权

B. 合同债权是支配权

C. 合同债权具有平等性

D. 合同债权之请求履行的权利、保全债权的权利、请求保护债权的权利、处分权能始终同时存在

2. 下列关于合同的主要条款，说法不正确的是（　　）。

A. 我国《民法典》第470条规定的八项条款仅是建议性、提示性的合同主要条款

B. 缺少必要条款将影响合同的成立

C. 合同所必须具备的主要条款依据合同的性质和当事人的特别约定来确定

D. 当事人名称或姓名、标的、数量和价金属于各类合同的必要条款

3. 关于合同的示范文本，以下说法中不正确的是（　　）。

A. 当事人可以参照各类合同的示范文本订立合同

B. 示范文本一般由行政主管机关或行业主管部门根据法规和惯例而制定

C. 示范文本一经采用，即成为合同中的格式条款

D. 示范文本只是签约时的参考文件，对当事人不具有强制约束力

4. 对于提供格式条款的一方未履行提示或说明义务的后果，以下说法中不正确的是（　　）。

A. 对方可以主张该条款不成为合同的内容

B. 对方可以主张将该条款纳入合同内容

C. 若该条款不被对方认可，视为自始不成立

D. 若该条款不被对方认可，当事人应当承担恢复原状的义务

5. 甲与乙公司订立美容服务协议，约定服务期为半年，服务费预收后逐次计扣。乙公司提供的协议格式条款中载明“如甲单方放弃服务，余款不退”（并注明该条款不得更改）。协议订立后，甲依约支付5万元服务费。在接受服务1个月并发生费用8 000元后，甲感觉美容效果不明显，单方放弃服务并要求退款，乙公司不同意。甲起诉乙公司要求返还余款。下列哪一选项是正确的？（　　）（司考改编）

A. 美容服务协议无效

B. “如甲单方放弃服务，余款不退”的条款无效

C. 甲单方放弃服务无须承担违约责任

D. 甲单方放弃服务应承担继续履行的违约责任

视频讲题

6. 某幼儿园教师组织幼儿做游戏时，小莉被小明撞倒，前额磕伤。小莉的父母向幼儿园索赔，幼儿园以入园登记表中有“若非教师人为原因导致幼儿磕碰、摔伤等伤害，幼儿园不承担责任”的内容为由拒赔。该免责条款（　　）。（考研）

A. 可撤销　　C. 有效

B. 效力待定　　D. 无效

7. 甲与乙教育培训机构就课外辅导达成协议，约定：甲交费5万元，乙保证甲在接受乙的辅导后，高考分数能达到二本线。若未达到该目标，全额退费。结果甲高考成绩仅达去年二本线，与当年高考二本线尚差20分。关于乙的承诺，下列哪一表述是正确的？（　　）（司考改编）

A. 属于无效格式条款

B. 因显失公平而可撤销

C. 因情事变更而可撤销

D. 虽违背教育规律但属有效

8. 陶某欲购买一处二手房。2021年3月1日西华公司带陶某看了一处二手房，报价150万元。3月8

日，安居公司也带陶某看了该二手房，报价170万元。双方于当日签订“房屋求购确认书”，其中第4条约定：若陶某利用本公司提供的信息但未通过本公司与卖方签订买卖合同，则陶某应按与卖方达成的实际成交价的1%向本公司支付报酬。经过一番对比，陶某最终选择了报价低、服务好的西华公司提供中介服务。在西华公司撮合下，陶某与卖方签订买卖合同，成交价140万元。关于本案，下列选项中正确的是（　　）。（法考改编）

A.“房屋求购确认书”第4条属于无效格式条款

B. 陶某无须按约定向安居公司支付报酬

C. 陶某跳过安居公司与卖方签订房屋买卖合同的行为构成违约，应按约定支付报酬

D. 西华公司为促成合同成立所支出的费用，应由陶某和卖方平均分担

视频讲题

9. 以下哪一选项不能成为合同的书面形式？（　　）

A. 收据　　B. 电子邮件

C. 电报　　D. 电子数据交换

（二）多项选择题

1. 合同债权作为一种财产权利，其权能主要包括（　　）。

A. 请求履行的权利

B. 保全债权的权利

C. 请求保护债权的权利

D. 处分权能

2. 甲和乙订立借款合同，约定乙一年后偿还甲本息共2万元。债务到期后，经甲催告多次，乙仍拒不偿还欠款。甲遂向人民法院起诉，法院判决乙败诉，责令其于期限内还本付息。甲的行为体现了合同债权的哪些权能？（　　）

A. 请求履行的权利

B. 保全债权的权利

C. 请求保护债权的权利

D. 处分权能

3. 甲公司和乙公司就某地产项目合作签约进行商谈，在签约之前，双方始终严格保守所知悉的对方商业秘密。此项强制性义务来源于（　　）。

A. 当事人的约定　　B. 法律规定

C. 诚实信用原则　　D. 以上皆是

4. 在合同中，当事人若对标的物的质量、价款内容没有约定，则（　　）。

A. 合同不成立

B. 合同成立，当事人对此可协议补充

C. 合同成立，若当事人无法达成协议，可按照合同相关条款确定

D. 合同成立，若当事人无法达成协议，可依交易习惯确定

5. 格式条款的特殊解释规则包括（　　）。

A. 对条款理解有争议的，应当按照通常理解予以解释

B. 有两种以上解释的，作出对格式条款制定人不利的解释

C. 约定不明的，作出符合合同目的的解释

D. 格式条款和非格式条款不一致的，应当采用非格式条款

6. 格式条款中，提供格式条款的一方当事人应负担的特殊义务包括（　　）。

A. 采取合理的方式提示对方注意排除或者限制对方权利的条款

B. 采取合理的方式提示对方注意免除或者减轻其责任的条款

C. 采取合理的方式提示对方注意其他与对方有重大利害关系的条款

D. 按照对方的要求，对与对方有重大利害关系的异常条款的概念、内容及其法律后果以书面或者口头形式向对方作出通常能够理解的解释说明

视频讲题

7. 杨某与花园公司签订“商品房买卖合同”（该合同系花园公司提供的格式合同）一份，约定花园公司

应于2021年3月31日前向杨某交付房屋，并于2021年8月31日前将该房过户给杨某；若花园公司逾期交房，则应向杨某支付逾期违约金（双方未约定逾期交房违约金的数额）。该合同第7条还约定：若花园公司支付了逾期交房违约金，则其逾期办理过户登记的违约责任即免除。在花园公司的催促下，杨某并未充分注意和清晰理解该条款。后花园公司未能如期交房，亦未能如期办理过户登记手续。关于本案，下列表述正确的是（　　）。

A. 若花园公司如期交房但是未如期办理过户，则在过户前该房屋毁损的风险由花园公司承担

B. 杨某有权请求花园公司按照有关主管部门公布的同地段同类房屋租金标准支付逾期交房违约金

C. 若花园公司未履行对第7条的提示和说明义务，则杨某可以主张该条不成为该合同的内容

D. 因花园公司未将房屋过户给杨某，故双方的“商品房买卖合同”无效

视频讲题

8. 下列哪些合同条款绝对无效？（　　）

A. 游乐场门票背面“游客须知”中人身意外伤亡的免责条款

B. 超市存包柜张贴的“物品丢失，概不负责”

C. 快递单背面以大写加粗字体注明“贵重物品请声明保价，如有丢件，赔付不超过运费10倍”

D. 珠宝店柜台上标明的“货物出门，恕不退还”

9. 下列选项中，当事人之间存在合同关系的是（　　）。

A. 甲、乙签订书面合同购买一批货物

B. 甲、乙口头约定甲借给乙一头牛

C. 甲、乙通过电子邮件达成协议，乙从甲处进口100吨成品油

D. 乙向甲商店自动售货机投币买饮料

简答题

1. 简述合同权利的内容。
2. 简述必要条款与非必要条款的区别。
3. 简述格式条款的概念与特征。
4. 简述提供格式条款一方提请注意和说明义务的内容。
5. 简述格式条款的解释规则。
6. 简述免责条款无效的情形。
7. 简述合同的形式及其类型。

论述题与深度思考题

试述格式条款无效的情形及后果。

参考答案

名词解释

1. 所谓必要条款，是指依据合同的性质和当事人的特别约定所必须具备的条款，缺少这些条款将影响合同的成立。

2. 格式条款是指一方为了反复使用而预先制定的在订立合同时不与对方协商的条款。格式条款必须具备两个条件：一是为了反复使用而预先制定，二是在订立合同时不与对方协商。

3. 程序条款主要是指当事人在合同中规定的履行合同义务的程序及解决合同争议的条款，如有关标的物检验程序、关于商品房交付的质量检验程序、有关合同发生争议后的诉讼管辖或仲裁的选择、结算等条款。

4. 所谓示范文本，是指根据法规和惯例而确定的具有合同示范作用的文件。示范文本只是当事人双方订约时的参考文件，对当事人无强制约束力，双方可以协商修改其条款形式和格式，也可以增减条款。

5. 免责条款是当事人双方在合同中事先约定的，旨在限制或免除其未来的责任的条款。

6. 所谓合同的形式，又称合同的方式，是指当事人的合意所采取的方式。合同的形式是合同内容的外在表现方式，是合同内容的载体。合同可以有多种表

现形式：既可以为书面形式，也可以是口头形式或者其他形式。

7. 合同的书面形式，是指以文字等有形的表现形式订立的合同的形式。根据《民法典》第 469 条第 2 款，书面形式是合同书、信件、电报、电传、传真等可以有形地表现所载内容的形式。

8. 合同的推定形式，也有学者称之为默示形式，是指当事人未用语言、文字表达其意思表示，而是仅用行为向对方发出要约，对方通过一定的行为作出承诺，从而使合同成立。

选择题

（一）单项选择题

1. 答案：C。合同债权是请求权，而不是支配权，债权人在债务人给付之前，不能直接支配给付客体，也不能直接支配债务人的给付行为，因此合同债权是请求权。合同债权是相对权，而非绝对权，合同债权人仅得向合同债务人请求给付，无权向一般不特定人请求给付，即不具有对世性，因此，合同债权为相对权。合同债权具有请求履行的权利、保全债权的权利、请求保护债权的权利、处分权能等效力，同时具备这些效力的债权为完全债权。但是，不是所有债权均具有这些效力，在有些情况下，债权会欠缺某项效力，为不完全债权。因此，本题中 A、B、D 项均错误，正确答案为 C。

2. 答案：D。A 项：《民法典》第 470 条规定，“合同的内容由当事人约定，一般包括下列条款：……当事人可以参照各类合同的示范文本订立合同”。该条首先强调了合同自由原则，即合同内容由当事人自由约定；同时该条使用了“一般包括”的提法来规定合同的内容，表明该条所规定的合同的主要条款并不是任何合同都必须具备的条款，主要是建议性的或者提示性的。故 A 项正确。B、C 项：所谓必要条款，是指依据合同性质和当事人的特别约定所必须具备的条款，缺少这些条款将影响合同的成立。故 B、C 项均正确。D 项：合同成立的根本标志在于，合同当事人就合同的主要条款达成合意。为了准确认定合同的主要条款，《合同编解释》第 3 条第 1 款规定：“当事人对合同是否成立存在争议，人民法院能够确定当事人姓名或者名称、标的和数量的，一般应当认定合同成立。但是，法律另有规定或者当事人另有约定的除外。”因此，这三项内容是合同成立的必要条款。但还需注意的是，该条是针对买卖合同所应当具备的主要条款所作出的规定，并不适用于所有合同，例如，劳务合同并不以数量作为必要条款。因此，合同的性质不同，其必要条款也存在差别，不可一概而论。至于价金条款，并非一般性的合同必要条款，如对于无偿合同而言，关于价款或报酬的约定即是不必要的。综上所述，仅 D 项错误，当选。

3. 答案：C。《民法典》第 470 条第 2 款规定，“当事人可以参照各类合同的示范文本订立合同”。所谓示范文本，是指根据法规和惯例而确定的具有合同示范作用的文件。制定此类示范文本的大多是当事人的行政主管机关或者行业主管部门。在我国，房屋买卖、房屋租赁、建筑等许多行业正在逐渐推行各类示范文本。示范文本的推广对于完善合同条款、明确当事人的权利与义务、减少因当事人欠缺合同法律知识而产生的各类纠纷具有重要作用。根据《合同编解释》第 9 条，仅以合同系依据示范文本制作不可推定其是格式条款。示范文本只是当事人双方签约时的参考文件，对当事人无强制约束力，双方当事人可以修改其条款形式和格式，也可以增减条款，且不一定为了重复使用而预先拟定，不满足格式条款定型化的特点，因此，它不是格式条款。可以说，关于条款的内容能否与对方协商，是格式条款与示范文本的根本区别。综上所述，仅 C 项说法错误，当选。

4. 答案：D。根据《民法典》第 496 条第 2 款第二句的规定，提供格式条款的一方未履行提示或者说明义务，致使对方没有注意或者理解与其有重大利害关系的条款的，对方可以主张该条款不成为合同的内容。该条的立法本意是保护相对人的利益。据此，一方面，相对人享有选择权，如果其认可将该条款纳入合同内容，则应当认定该条款的效力；如果相对人主张该条款不成为合同的内容，则该条款不能成为合同的内容。故 A、B 项均正确。另一方面，所谓“不成为合同的内容”，是指这些条款根本没有成立，即由于拟定条款的一方没有履行提示或者说明义务，所以认定当事人没有就该条款达成合意，这些条款自始不成立，而非被宣告无效。在不成立的情形下，当事人无须履行这些条款规定的义务，也不必像条款无效情形下承担恢复原状的义务。故 C 项正确，D 项错误。

本题为选非题，综上所述，应选 D。

5. 答案：B。B项：根据《民法典》第497条第3项的规定，提供格式条款一方排除对方主要权利的，该格式条款无效。本题中，乙公司提供的美容服务协议格式条款中载明“如甲单方放弃服务，余款不退”，该条款排除了甲在解除合同后请求退还相应款项的权利，因此应认定为无效的格式条款。故B项正确。A项：根据《民法典》第156条的规定，民事法律行为部分无效，不影响其他部分效力的，其他部分仍然有效。本题中，虽然前述格式条款无效，但是该条款无效不影响美容服务协议其他部分的效力，故其他部分仍然有效。因此，A项错误。C项：《民法典》第467条第1款规定，“本法或者其他法律没有明文规定的合同，适用本编通则的规定，并可以参照适用本编或者其他法律最相类似合同的规定”。本题所涉美容服务协议系非典型合同，依其内容判断，与之最相类似的典型合同为委托合同，而根据《民法典》第933条的规定，委托人或者受托人享有任意解除权，一方解除合同给对方造成损失的，应当赔偿损失。参照这一规定，若甲单方放弃服务，即行使任意解除权解除合同，须承担赔偿损失的违约责任。因此，C项错误。D项：根据《民法典》第580条第1款第2项的规定，当事人一方不履行非金钱债务或者履行非金钱债务不符合约定的，对方可以请求履行，但是债务的标的不适于强制履行的除外。本题中，虽然甲单方放弃服务构成违约，但是因该债务的标的不适于强制履行，故甲应当承担继续履行以外的其他违约责任，如赔偿损失、支付违约金等。因此，D项错误。

综上所述，本题应选B。

6. 答案：D。《民法典》第497条规定：“有下列情形之一的，该格式条款无效：（一）具有本法第一编第六章第三节和本法第五百零六条规定的无效情形；（二）提供格式条款一方不合理地免除或者减轻其责任、加重对方责任、限制对方主要权利；（三）提供格式条款一方排除对方主要权利。”本题中，幼儿园的入园登记表不合理地免除其责任，是无效条款，D项正确。

7. 答案：D。A项：《民法典》第497条规定，“有下列情形之一的，该格式条款无效：（一）具有本法第一编第六章第三节和本法第五百零六条规定的无效情形；（二）提供格式条款一方不合理地免除或者减轻其责任、加重对方责任、限制对方主要权利；（三）提供格式条款一方排除对方主要权利”。本题中，该课外辅导协议并不存在上述格式条款无效的情形。因此，A项错误。B项：根据《民法典》第151条的规定，一方利用对方处于危困状态、缺乏判断能力等情形，致使民事法律行为成立时显失公平的，受损害方有权请求人民法院或者仲裁机构予以撤销。据此可知，显失公平的认定须以一方利用对方处于危困状态、缺乏判断能力为前提。本案中，因甲、乙缔约之时并不存在经济地位、判断能力上的悬殊差异，没有一方处于明显的优势地位，不存在显失公平的情形，因此，B项错误。C项：《民法典》第533条第1款规定，“合同成立后，合同的基础条件发生了当事人在订立合同时无法预见的、不属于商业风险的重大变化，继续履行合同对于当事人一方明显不公平的，受不利影响的当事人可以与对方重新协商；在合理期限内协商不成的，当事人可以请求人民法院或者仲裁机构变更或者解除合同”。该条款规定了合同履行中的情势变更制度。结合本题来看，该课外辅导协议签订之后，合同的基础条件并未发生当事人在订立合同时无法预见的、不属于商业风险的重大变化，故该课外辅导协议不适用情势变更制度。因此，C项错误。D项：根据《民法典》第143条的规定，若民事法律行为的主体适格，意思表示真实，不违反法律、行政法规的强制性规定，不违背公序良俗，则该民事法律行为有效。本题中，虽然该协议中约定的内容违背教育规律，但是该课外辅导协议因完全符合民事法律行为的有效条件，故合法有效。因此，D项正确。

综上所述，本题应选D。

8. 答案：B。A项：《民法典》第497条规定，“有下列情形之一的，该格式条款无效：（一）具有本法第一编第六章第三节和本法第五百零六条规定的无效情形；（二）提供格式条款一方不合理地免除或者减轻其责任、加重对方责任、限制对方主要权利；（三）提供格式条款一方排除对方主要权利”。本案中，因“房屋求购确认书”第4条并不存在上述格式条款无效的事由，故该约定有效。因此，A项错误。B项：根据《民法典》第965条的规定，委托人在接受中介人的服务后，利用中介人提供的交易机会或者媒介服务，绕开中介人直接订立合同的，应当向中介人支付报酬。本题中，虽然“房屋求购确认书”明确约定了“禁止跳单”条款，但是陶某分别通过不同的公司了解到同一房源信息，并通过其他公司促成了买卖合同的成立；因陶某并未利用安居公司提供的房源信息，故其不构成“跳单”的违约行为，亦因安居公司未促成交易而无须按约定支付报酬。因此，B项正确，C项错误。D项：根据《民法典》第963条第2款的规定，中介人促成合同成立的，中介活动的费用，由中介人负担。本案中，西华公司已促成买卖合同的成立，故中介活动的费用应其自己负担。因此，D项错误。

综上所述，本题应选B。

9. 答案：A。《民法典》第469条第2款、第3款规定：“书面形式是合同书、信件、电报、电传、传真等可以有形地表现所载内容的形式。”“以电子数据交换、电子邮件等方式能够有形地表现所载内容，并可以随时调取查用的数据电文，视为书面形式。”据此，B、C、D项均可成为合同的书面形式。至于A项，由于收据并未载有合同的条款，虽然可以证明合同关系的存在，但其本身并非合同内容的载体，不是合同的书面形式。

本题为选非题，故应选A。

（二）多项选择题

1. 答案：ABCD。合同债权作为一种财产权利，主要有以下几项权能：一是请求履行的权利。债权人有权请求债务人依据法律的规定和合同的约定，为一定行为或不为一定行为。这种权利体现为一种请求权，是合同权利的核心权能，也是合同债权的主要内容。二是保全债权的权利。法律为防止债务人的财产不当减少而给债权人的债权带来危害，允许债权人对债务人或第三人的行为行使撤销权或代位权，以保护其债权。合同保全是债的对外效力的体现，其效力已经超出了请求权的范畴，是债权人所享有的一种法定权能。三是请求保护债权的权利。当债务人不履行或不适当履行债务时，债权人有权请求国家机关予以保护，强制债务人履行债务或承担违约责任。四是处分权能。债权人享有处分债权的权利，如债权人有权将债权转让给他人，有权通过免除债务而放弃债权，有权通过抵销而处分债权等。故四个选项均属于合同债权的权能，应选ABCD。

2. 答案：AC。合同债权作为一种财产权利，主要有以下几项权能：一是请求履行的权利。债权人有权请求债务人依据法律的规定和合同的约定，为一定行为或不为一定行为。这种权利体现为一种请求权，是合同权利的核心权能，也是合同债权的主要内容。二是保全债权的权利。这是指法律为防止债务人的财产不当减少而给债权人的债权带来危害，允许债权人对债务人或第三人的行为行使撤销权或代位权，以保护其债权。合同保全是债的对外效力的体现，其效力已经超出了请求权的范畴，是债权人所享有的一种法定权能。三是请求保护债权的权利。当债务人不履行或不适当履行债务时，债权人有权请求国家机关予以保护，强制债务人履行债务或承担违约责任。四是处分权能。债权人享有处分债权的权利，如债权人有权将债权转让给他人，有权通过免除债务而放弃债权，有权通过抵销而处分债权等。本题中，甲基于借款合同债权，于约定的债务履行期届满后催告借款人乙履行还款义务，体现了请求履行权能；甲起诉后，法院判决乙于期限内履行债务（还本付息），体现了请求保护债权的权利。因此，本题答案为AC。

3. 答案：BC。现代合同法发展的一个主要趋势是合同义务来源的多样化：一是来源于当事人的约定。这是合同内容确定的主要方式。只要当事人约定的内容符合法律法规和社会公共道德，就应当予以确认。二是来源于法律规定。基于法律规定确定合同义务，包括两个方面：一方面，基于法律和行政法规的直接规定，确定当事人所负有的义务；另一方面，基于诚实信用原则产生当事人的义务。就本题涉及的当事人缔约过程中的保密义务而言，《民法典》第501条规定：“当事人在订立合同过程中知悉的商业秘密或者其他应当保密的信息，无论合同是否成立，不得泄露或者不正当地使用；泄露、不正当地使用该商业秘密或者信息，造成对方损失的，应当承担赔偿责任。”此外，《民法典》第509条第2款规定，“当事人应当遵循诚信原则，根据合同的性质、目的和交易习惯履行通知、协助、保密等义务”。由此可知，缔约当事人在订立合同过程中所负担的保密义务，既是基于法律直接规定而确定的义务，也是基于诚实信用原则而产生的义务。故B、C项当选。但由于合同尚未成立，并未产生当事人约定的义务；也正因此，违反该项义务的当事人所承担的也并非违约责任。故A项不当选。

4. 答案：BCD。根据《合同编解释》第3条，能够确定当事人姓名或者名称、标的和数量的，一般应当认定合同成立。标的物的质量、价款等内容并非合同成立的必要条款。所以A项错误。根据《民法典》

第 510 条的规定，合同生效后，当事人就质量、价款或者报酬、履行地点等内容没有约定或者约定不明确的，可以协议补充；不能达成补充协议的，按照合同相关条款或者交易习惯确定。由此可知，本题应选 BCD。

5. 答案：ABD。《民法典》第 498 条规定：“对格式条款的理解发生争议的，应当按照通常理解予以解释。对格式条款有两种以上解释的，应当作出不利于提供格式条款一方的解释。格式条款和非格式条款不一致的，应当采用非格式条款。”据此，本题应选 ABD。

6. 答案：ABCD。《民法典》第 496 条第 2 款规定：“采用格式条款订立合同的，提供格式条款的一方应当遵循公平原则确定当事人之间的权利和义务，并采取合理的方式提示对方注意免除或者减轻其责任等与对方有重大利害关系的条款，按照对方的要求，对该条款予以说明。提供格式条款的一方未履行提示或者说明义务，致使对方没有注意或者理解与其有重大利害关系的条款的，对方可以主张该条款不成为合同的内容。”《合同编解释》第 10 条规定：“提供格式条款的一方在合同订立时采用通常足以引起对方注意的文字符号、字体等明显标识，提示对方注意免除或者减轻其责任、排除或者限制对方权利等与对方有重大利害关系的异常条款的，人民法院可以认定其已经履行民法典第四百九十六条第二款规定的提示义务提供格式条款的一方按照对方的要求，就与对方有重大利害关系的异常条款的概念、内容及其法律后果以书面或者口头形式向对方作出通常能够理解的解释说明的，人民法院可以认定其已经履行民法典第四百九十六条第二款规定的说明义务。”据此，A、B、C、D 四个选项均当选。

这里需要注意的是，《民法典》第 496 条第 2 款将提示和说明义务覆盖的格式条款范围扩大至所有“与对方有重大利害关系的条款”。

7. 答案：BC。A 项：根据最高人民法院《关于审理商品房买卖合同纠纷案件适用法律若干问题的解释》（2020 年修正）第 8 条第 1 款和第 2 款第一分句的规定，对房屋的转移占有，视为房屋的交付使用，但当事人另有约定的除外；房屋毁损、灭失的风险，在交付使用前由出卖人承担，交付使用后由买受人承担。本案中，若花园公司如期交房，则交房后该房屋毁损的风险即应由买受人杨某承担。因此，A 项错误。B 项：根据前述最高人民法院《关于审理商品房买卖合同纠纷案件适用法律若干问题的解释》（2020 年修正）第 13 条第 3 款的规定，在出卖人逾期交付房屋且当事人在商品房买卖合同中没有约定违约金数额或者损失赔偿额计算方法时，按照逾期交付使用房屋期间有关主管部门公布或者有资格的房地产评估机构评定的同地段同类房屋租金标准确定。本案中，因花园公司和杨某并未约定逾期交房违约金的数额，故杨某有权请求花园公司按照有关主管部门公布的同地段同类房屋租金标准支付逾期交房违约金。因此，B 项正确。C 项：《民法典》第 496 条第 2 款第二句规定，“提供格式条款的一方未履行提示或者说明义务，致使对方没有注意或者理解与其有重大利害关系的条款的，对方可以主张该条款不成为合同的内容”。本题中，该“商品房买卖合同”系花园公司提供的格式合同且第 7 条与杨某有重大利害关系，依《合同编解释》第 10 条，对这些条款提供格式条款的一方在合同订立时采用通常足以引起对方注意的文字、符号、字体等明显标识，提示对方注意，并按照对方的要求作出通常能够理解的解释说明。若花园公司未履行对该条款的提示和说明义务，则杨某可以主张该条款不成为该合同的内容。因此，C 项正确。D 项：根据《民法典》第 215 条的规定，当事人之间订立有关转让不动产物权的合同，除法律另有规定或当事人另有约定外，该合同自成立时生效；未办理物权登记的，不影响合同效力。本案中，即使花园公司未将房屋过户给杨某，也不能以此为由主张双方的“商品房买卖合同”无效。因此，D 项错误。

综上所述，本题的正确答案为 BC。

8. 答案：ABD。A 项：根据《民法典》第 506 条第 1 项的规定，造成对方人身损害的免责条款无效。故 A 项当选。B 项：根据《民法典》第 497 条第 2 项的规定，提供格式条款一方不合理地免除或者减轻其责任、加重对方责任、限制对方主要权利的格式条款无效。故 B 项当选。C 项：该项属于提供格式条款的一方限制其责任的条款，但并未不合理地限制其责任，且对于该条款采用通常足以引起对方注意的文字、符号、字体等明显标识，尽到了提示义务，故应为有效的格式条款。故 C 项不当选。D 项：根据《民法典》第 497 条第 2 项的规定，提供格式条款一方不合理地免除或者减轻其责任、加重对方责任、限制对方主要权利的格式条款无效。故 D 项当选。

综上所述，本题应选 ABD。

9. 答案：ABCD。根据《民法典》第 469 条第 1 款的规定，当事人订立合同，可以采用书面形式、口头形式或者其他形式。所谓其他形式，是指推定形式，也称默示形式，指当事人未用语言、文字表达其意思表示，而是仅用行为向对方发出要约，对方通过一定的行为作出承诺，从而使合同成立。例如，《民法典》第 490 条对于以实际履行方式订立合同作了规定：如果一方已经履行了主要义务，对方接受时，即认定合同成立。结合本题来看，D 项中乙向甲商店自动售货机投币买饮料，即是以付款行为作出承诺，从而使合同成立，属于以推定形式订立了合同。而 A、C 项中以书面形式订立了合同，B 项中以口头形式订立了合同。故本题四个选项中都成立了合同关系，应选 ABCD。

简答题

1. 所谓合同权利，又称合同债权，是指债权人有权请求债务人为一定行为或者不为一定行为的权利。合同债权作为一种财产权利，主要有以下几项权能。

一是请求履行的权利。债权人有权请求债务人依据法律的规定和合同的约定，为一定行为或不为一定行为。这种权利体现为一种请求权，是合同权利的核心权能，也是合同债权的主要内容。

二是保全债权的权利。所谓合同的保全，是指法律为防止债务人的财产不当减少而给债权人的债权带来危害，而允许债权人对债务人或第三人的行为行使撤销权或代位权，以保护其债权。合同保全是债的对外效力的体现，是由法律直接规定的。其效力已经超出了请求权的范畴，是债权人所享有的一种法定权能。

三是请求保护债权的权利。当债务人不履行或不适当履行债务时，债权人有权请求国家机关予以保护，强制债务人履行债务或承担违约责任。

四是处分权能。债权人享有处分债权的权利，如债权人有权将债权转让给他人，有权通过免除债务人的债务而放弃债权，有权通过抵销而处分债权等。

2. 所谓必要条款，是指依据合同的性质和当事人的特别约定所必须具备的条款，缺少这些条款将影响合同的成立。而非必要条款，是指依据合同的性质在合同中不是必须具备的条款。

必要条款和非必要条款的区别主要表现在以下方面。

第一，是否依据合同的性质。必要条款是依据合同的性质所必须具备的条款，而非必要条款是依特定合同的性质所不必具备的条款。

第二，是否根据当事人的特别约定。一些必要条款是当事人特别约定合同必须具备的条款。即使是非必要条款，只要当事人在合同中特别约定并将其作为合同成立的必要条款，则这些非必要条款都可以成为必要条款。

第三，是否影响到合同的成立与生效。原则上，必要条款是特定合同所必须具备的，所以，缺少必要条款会影响到合同的成立或生效，而非必要条款的缺少并不产生此效果。

3. 所谓格式条款，是指一方当事人为了重复使用而预先拟定，并由不特定的第三人所接受的，在订立合同时不与对方协商的条款。

格式条款具有如下特点。

第一，格式条款是一方为了反复使用而预先制定的。格式条款必须在订约以前就已经预先制定出来，而不是在双方当事人反复协商的基础上制定出来的。且格式条款一般都是为了重复使用而不是为了一次性使用制定的，但即便是预先拟定的格式条款未重复使用，也构成格式条款。因此，从经济上看，采用格式条款有助于降低交易费用。

第二，格式条款的一方通常是不特定的。格式条款是为了与不特定的人订约而制定的，因而，在格式条款订立以前，要约方总是特定的，而承诺方都是不特定的。这就与一般合同的当事人双方都是特定主体有所不同。

第三，格式条款的内容具有定型化的特点。所谓定型化，是指格式条款具有稳定性和不变性，它将普遍适用于一切要与起草人订立合同的不特定的相对人，不因相对人的不同而有所区别。这一定型化的特点源于格式条款在订立合同时不能与对方协商。

第四，相对人在订约中居于附从地位。相对人并不参与协商过程，只能对一方制定的格式条款概括地予以接受，而不能就合同条款讨价还价，因而相对人在合同关系中处于附从地位。

4. 一方面，法律要求提供格式条款的一方采取合理的方式提示对方注意一些重要条款。《民法典》第496条第2款规定，提供格式条款的一方应当采取合理的方式提示对方注意免除或者减轻其责任等与对方有重大利害关系的条款。所谓“与对方有重大利害关系的条款”，《合同编解释》称为“异常条款”（surprising term），它是指相对人不能合理预见到，且对当事人的权利、义务、责任等有重大影响的条款。此类条款的特点在于：一是主观上，当事人难以预见到该条款会在合同中出现，二是客观上该条款对当事人的权利义务具有重大影响。常见的此类条款如免责条款、清算条款、仲裁条款。依《合同编解释》第10条第1款，对这些条款提供格式条款的一方在合同订立时采用通常足以引起对方注意的文字、符号、字体等明显标识，提示对方注意。依据《民法典》第496条第2款，提请注意的方式应该合理。这就是说，提供格式条款的一方在订约时，有义务以明示或者其他合理、适当的方式提请相对人注意，且提请注意应当达到合理的程度。所谓合理方式，主要是指能起到引起注意、提请注意和吸引对方注意的方式。判断其是否达到合理的程度时，应当依据文件的外形、提请注意的方法、清晰明白的程度等进行判断。

另一方面，《民法典》第496条第2款规定对“与对方有重大利害关系的条款”需要按照对方的要求进行说明，具体而言：一是由对方提出说明要求。也就是说，此种说明义务并非主动的作为义务，而是按照对方的要求所应当履行的义务。对方要求说明的，提供格式条款的一方有义务按照对方的要求说明。对方没有要求的，提供格式条款的一方没有义务说明。二是条款起草人应当对“与对方有重大利害关系的条款”进行说明。所谓对该条款予以说明，就是说应当向对方详细阐述该条款的含义，使对方清晰地理解该条款。依据《合同编解释》第10条第2款，提供格式条款的一方按照对方的要求，就与对方有重大利害关系的异常条款的概念、内容及法律后果以书面或者口头形式向对方作出通常能够理解的解释说明。所谓通常能够理解，是指按照一般人的标准对该条款制作人的解释能够理解。如果对方是特殊的人士，如哑人等，还应当采取特殊的方法作出特别的解释，让对方能够理解条款的内容。条款制作人是否尽到提示和说明义务，应当由条款制作人去证明。依据《合同编解释》第10条第3款，对于通过互联网等信息网络订立的电子合同，提供格式条款的一方仅以采取了设置“勾选”“弹窗”等方式为由主张其已经履行提示义务或者说明义务的，还不能足以证明其尽到了提示和说明义务，而必须是针对异常条款、以合理的形式，向对方作出了通常能够理解的解释说明，才能表明其已履行了提示和说明义务。

5. 格式条款的解释，是指根据一定的事实，遵循有关的原则，对格式条款的含义作出说明。

根据《民法典》第498条，对格式条款的解释应当适用以下三项特殊的解释规则。

第一，应当按照通常理解予以解释。按照通常理解予以解释，是指对于格式条款，应当以可能订约者平均、合理的理解为标准进行解释。既然格式条款是为不特定的人制定的，那么格式条款就应考虑到多数人而不是个别消费者的意志和利益。因此，在就格式条款发生争议时，应以可能订约者平均的、合理的理解为标准进行解释。具体来说：对某些特殊的术语应作出平常的、通常的、通俗的、日常的、一般意义的解释。如果某个条款所涉及的术语或知识不能为某个可能订约的相对人所理解，则应以可能订约者平均的、合理的理解为基础进行解释。若格式条款经过长期使用以后，消费者对其中某些用语的理解，与条款制定方的理解有所不同，则应以交易时消费者的一般理解为标准进行解释。如果格式条款适用于不同地域和团体，各个地域和团体内的相对人对格式条款内容的理解不同，则应以不同地域和团体的消费者平均的、合理的理解为标准进行解释。

第二，作出对条款制定人不利的解释。既然格式条款是由一方制定的而不是由双方商订的，那么各项条款可能是其制定人基于自己的意志所制作的有利于自己的条款，尤其是条款制定人可能会故意使用或插入意义不明确的文字以损害消费者的利益，或者从维持甚至强化其经济上的优势地位出发，将不合理的解释强加于消费者。为维护消费者的利益，《民法典》第498条规定，在条款含义不清楚时，应作出对条款制定人不利的解释。

第三，格式条款和非格式条款不一致的，应当采用非格式条款。在一般的合同解释中，如果个别商议的条款与一般条款不一致，那么个别商议条款应当优先于一般条款。对格式条款而言，其是由一方预先制定的，当格式条款与非格式条款的含义不一致时，应当认定非格式条款优先于格式条款。这样，既尊重了双方当事人的真实意思，也有利于保护广大消费者的利益。

6. 当事人在不违反法律和公序良俗的情况下，可以自由设定免责条款，但免责条款必须符合法律规定，才能合法有效。

依据《民法典》第506条，合同中的免责条款在以下两种情形下是无效的。

第一，免除造成对方人身损害的责任的。免责条款不得免除人身伤害的责任。对个人而言，最宝贵和最重要的利益就是人身安全的利益。公民的生命健康权是人权的最核心的内容，保护公民的人身安全是法律最重要的任务。如果允许当事人通过免责条款免除造成对方人身伤害的责任，不仅将使侵权责任法关于不得侵害他人财产和人身权利的强制性义务形同虚设，使法律对人身权利的保护难以实现，而且将会严重危及法律秩序和社会公共道德。因此，各国合同法大都禁止当事人通过免责条款免除故意和重大过失造成的人身伤亡的责任。我国法律明确规定合同中的免除造成对方人身伤害的责任的条款无效，体现了我国法律以人为终极目的和终极关怀这一价值取向，表明法律将对人的保护置于了最优先的地位。

第二，免除因故意或者重大过失造成对方财产损失的责任的。《民法典》采纳这一规则的依据在于：故意或者重大过失致人财产损失的，不仅表明行为人的过错程度是重大的，而且表明行为人的行为具有不法性，此种行为应受法律的谴责。若允许当事人通过免责条款免除因故意或者重大过失造成对方财产损失的责任，将危及法律秩序，违反公序良俗。

7. 合同的形式，又称合同的方式，是当事人的合意所采取的方式。合同的形式是合同内容的表现形式，是合同内容的载体。在我国，合同形式的选择以非要式为原则，以要式为例外；合同的形式主要分为书面形式、口头形式和其他形式三种类型。

(1) 书面形式。书面形式是指以文字等有形的表现形式订立的合同的形式。根据《民法典》第469条第2款，“书面形式是合同书、信件、电报、电传、传真等可以有形地表现所载内容的形式”。书面形式的主要优点在于，它能够通过文字凭据确定当事人之间的权利、义务，既有利于当事人依据该文字凭据作出履行，也有利于在发生纠纷时有据可查，准确地确定当事人的权利、义务和责任，从而能够合理、公正地解决纠纷。

(2) 口头形式。口头形式是指当事人通过口头对话的方式订立合同。《民法典》第469条允许当事人采用口头形式缔约，凡是当事人没有约定或法律没有规定采用何种形式的合同，都可以采取口头形式。口头形式在实践中应用广泛，一般对即时结清的买卖合同和消费合同大都采取口头形式订立。其主要优点在于简便易行、快捷迅速，但其固有的缺点是缺乏文字凭据，一旦发生纠纷，可能使当事人面临不能就合同关系的存在以及合同的内容进行举证的风险。

(3) 其他形式。所谓其他形式，是指推定形式，也有学者称之为默示形式。推定形式是当事人未用语言、文字表达其意思表示，而是仅用行为向对方发出要约，对方通过一定的行为作出承诺，从而使合同成立。在实践中，当事人在交易过程中通过协商谈判，可能并没有就合同主要条款达成书面合同或者口头协议，但事后一方当事人向对方作出了实际履行，而对方又接受该履行的，可以通过当事人实际履行的行为认定合同已经成立。这种订约方式也被称为通过以实际履行的方式订立合同。此种订约方式的特点是，通过法律规定认定当事人具有订立合同的效果意思，从而发生法律效果。

论述题与深度思考题

(1) 格式条款无效的情形。

所谓格式条款无效，是指格式条款因为违反了法律、行政法规的强制性规定以及公序良俗而应当被宣告无效。尽管对格式条款与对一般合同条款一样，都应当按照民事法律行为的一般生效标准来判断，但因格式条款本身有其特殊性，对于格式条款的生效，法律上有更为严格的限制。根据《民法典》第497条的规定，格式条款的无效情形，较之于一般合同条款的无效情形更多，对格式条款生效的限制更为严格。具体而言，格式条款的无效包括如下情形：第一，具有《民法典》总则编第六章第三节规定的无效情形，如《民法典》第153条规定的违反法律、行政法规强制性规定的民事法律行为无效。该条不仅确立了一种无效民事法律行为的类型，而且，确立了判断民事法律行为无效的标准，当然可以适用于对格式条款效力的判断。此外，依据《民法典》总则编第六章第三节的规定，恶意串通损害他人合法权益、以虚假的意思表示实施的民事法律行为等，都是无效的。这些规定均可适用于对格式条款效力的认定。第二，具有《民法典》第 506 条规定的无效情形，即造成对方人身损害、因故意或者重大过失造成对方财产损失的免责条款无效。该规定同样适用于对格式条款效力的认定。第三，提供格式条款一方不合理地免除或者减轻其责任、加重对方责任、限制对方主要权利。具体而言，这包括如下三种情形：一是不合理地免除或者减轻责任。免除或者减轻责任条款本身是合法的，但格式条款的制定人不得不合理地免除或者减轻其责任。二是不合理地加重对方责任。所谓加重责任，是指格式条款中含有在通常情况下对方当事人不应当承担的义务，如合同中约定消费者对于不可抗力引发的后果也应承担责任，或者规定了异常高的违约金。三是限制对方主要权利。第四，提供格式条款一方排除对方主要权利。所谓排除主要权利，是指格式条款中含有排除对方当事人依据合同的性质和内容应当享有的主要权利，所对应的义务往往是主给付义务。所谓主要权利，《民法典》合同编并未作明文规定，需要根据合同的性质予以确定。因为合同千差万别、性质各不相同，当事人享有的“主要权利”不可能完全一样。认定“主要权利”不能仅仅看双方当事人签订的合同的内容是什么，而应就合同本身的性质来考察。如果依据合同的性质能够确定合同的主要内容，则应依此确定当事人所享有的主要权利。

（2）格式条款无效的后果。

格式条款无效是指格式条款因违反了法律、行政法规的规定而应当被宣告无效。格式条款一旦被宣告无效，则为自始无效。民事法律行为一旦被确认无效，就将产生溯及力，使该行为自实施之时起就不具有法律效力，以后也不能转化为有效法律行为。对于已经履行的，应当通过返还财产、赔偿损失等方式使当事人的财产恢复到民事法律行为实施之前的状态。但格式条款本身是整个合同的某个或者数个条款，该条款无效并不当然影响整个合同的效力。如果有关格式条款因违反法律、行政法规的规定而无效，当事人也可以采取补正的方式使其有效。这就是说，有关格式条款违法时，当事人可通过协商对这些条款进行修正，例如，如果格式条款不合理地免除或者减轻其责任、加重对方责任，可以对这些条款进行修改，消除其无效的原因，从而使无效的格式条款变为有效条款。《民法典》第 157 条规定，“民事法律行为无效、被撤销或者确定不发生效力后，行为人因该行为取得的财产，应当予以返还；不能返还或者没有必要返还的，应当折价补偿。有过错的一方应当赔偿对方由此所受到的损失；各方都有过错的，应当各自承担相应的责任。法律另有规定的，依照其规定”。依据这一规定，格式条款被认定为无效后，应当产生返还财产、恢复原状、赔偿损失的法律后果。

第三十四章　合同的履行

知识逻辑图

- 合同的履行
  - 合同的履行概述
    - 概念：债务人按照合同的约定或者法律的规定履行其义务
    - 履行的原则
      - 全面履行原则
      - 诚信履行原则
      - 绿色履行原则
  - 履行的具体规则
    - 履行人
      - 一般由债务人自己履行，也可以使用履行辅助人
      - 第三人代为履行
        - 概念：第三人以自己的给付有意识地为债务人履行债务，债权人受领后债务消灭
        - 第三人不得代为履行的情形
          - 依照法律规定，只能由债务人自己履行
          - 按照当事人约定，只能由债务人自己履行
          - 根据债务性质，只能由债务人自己履行
        - 债权人不得拒绝第三人代为履行的情形：第三人对履行债务具有合法利益
    - 受领人
      - 原则上由债权人受领
      - 按照当事人约定或者法律规定向第三人履行后，也可产生债权债务终止的效果
    - 部分履行：债权人有权拒绝受领，但是不损害其利益的除外；因此增加的费用由债务人负担
    - 履行地点
    - 履行期限：债权人有权拒绝提前履行，但是不损害其利益的除外；因此增加的费用由债务人负担
    - 履行方式
    - 履行费用
    - 履行标准
    - 电子合同的义务履行时间
  - 涉他合同
    - 利益第三人合同
      - 不真正利益第三人合同
        - 债务人依合同约定应向第三人履行债务
        - 第三人未对债务人取得履行请求权
        - 债务人未向第三人履行债务或履行不符合约定的，应向债权人承担违约责任
      - 真正利益第三人合同
        - 债务人依合同约定应向第三人履行债务
        - 基于法律规定或者当事人约定，第三人对债务人享有履行请求权
        - 第三人享有合理期限内的拒绝权
        - 第三人可以请求债务人承担继续履行、赔偿损失等违约责任
        - 债务人对债权人的抗辩，可以向第三人主张
    - 由第三人履行的合同
      - 双方当事人约定债务由第三人履行
      - 第三人并非因该他人订立的合同而负有义务
      - 债务人不负有给付义务，仅负有担保第三人向债权人履行的义务
      - 第三人未向债权人履行债务或履行不符合约定的，债务人应向债权人承担违约损害赔偿责任

- 合同的履行
  - 双务合同履行中的抗辩权
    - 概述
      - 抗辩权是指当事人一方对抗对方的履行请求权，暂时拒绝履行其债务的权利
      - 是债权保障的法律制度
    - 同时履行抗辩权
      - 概念
      - 存在基础：双务合同的牵连性
      - 构成要件
        - 须因同一双务合同互负债务
        - 当事人的债务没有先后履行顺序
        - 双方互负的债务均已届履行期限
        - 对方当事人未履行或履行不符合约定
      - 适用范围及其扩张
      - 行使及效力
        - 实体效力：无须当事人主张即排除履行迟延，抗辩权人不构成违约
        - 程序效力：法院不得依职权审查；当事人行使同时履行抗辩权的，法院应作出同时履行的判决
    - 先履行抗辩权
      - 概念
      - 构成要件
        - 基于同一双务合同互负债务
        - 当事人的债务有先后履行顺序
        - 应当先履行的当事人不履行债务或者履行债务不符合约定
        - 后履行一方当事人的债务已届履行期限
      - 行使及效力
        - 实体效力：无须当事人主张即排除履行迟延，抗辩权人不构成违约
        - 程序效力：法院不得依职权审查；不影响抗辩权人主张先履行一方承担违约责任
    - 不安抗辩权
      - 概念
      - 构成要件
        - 当事人基于同一双务合同互负债务
        - 当事人互负的债务有先后履行顺序
        - 应当先履行一方当事人有证据证明对方有丧失或可能丧失债务履行能力的情形
      - 行使及效力
        - 不安抗辩权人可以中止履行，但应当及时通知对方
        - 对方提供适当担保的，应当恢复履行
        - 对方在合理期限内未恢复履行能力且未提供适当担保的，视为默示的预期违约，中止履行的一方可以解除合同并请求对方承担违约责任

名词解释

1. 债的履行
2. 附随义务
3. 履行辅助人
4. 第三人代为履行
5. 利益第三人合同
6. 同时履行抗辩权
7. 双务合同的牵连性
8. 先履行抗辩权
9. 不安抗辩权

选择题

（一）单项选择题

1. 按照合同诚信履行的原则，（　　）。

A. 当事人应当避免浪费资源、污染环境和破坏生态

B. 当事人各方应给对方的履行提供必要的帮助

C. 各方当事人可根据情况履行合同

D. 一方不履行时，他方应予谅解

2. 甲向乙购买500吨三级钢材，约定1个月内交货。履行期限届满时，乙只筹备好了400吨三级钢材。为了履行合同，乙将100吨库存一级钢材一起发往甲

处，并承诺仍按原定货款计价结算。甲应如何处理？（　　）

A. 甲须如数付款，因为一级钢材比三级的好，甲不吃亏

B. 甲必须接受，因为一级钢材比三级的好，乙没有违反合同

C. 如果甲接受，不得对乙提出违约赔偿请求

D. 即使甲接受，仍可以就 100 吨一级钢材向乙提出违约请求

3. 下列关于附随义务的说法中错误的是（　　）。

A. 存在于订立合同、合同履行以及合同效力终止后的各个阶段

B. 仅存续于合同有效期内

C. 是诚实信用原则的具体体现

D. 其内容包括通知、协助、保密等

4. 下列行为中属于附随义务的是（　　）。

A. 甲与乙约定购买货物若干，并要求乙对该货物进行包装

B. 甲将自己二手自行车卖给乙，若干天后又帮助乙修理该自行车

C. 甲向乙购买钢材，乙负责运输

D. 甲将一卷绳子借给乙，并告知其绳子有断裂可能性

5. 甲与乙签订一份装修合同，约定由乙的侄子丙完成装修任务。丙在装修过程中未经甲、乙同意，擅自改变墙面漆颜色。甲欲追究责任，应当（　　）。

A. 向丙追究，因为是丙的行为造成的

B. 向乙追究，因为乙才是合同的相对方

C. 不能向任何人追究责任，是合同的变更

D. 追究乙、丙的连带责任

6. 甲请同事吃饭，结账时发现没带钱，遂请好友乙帮忙买单，乙碍于情面付款。后乙要求甲偿还，甲拒绝。乙的付款行为属于（　　）。(考研)

A. 赠与　　　　B. 代为清偿

C. 无因管理　　D. 情谊行为

7. 甲公司对乙公司负有交付葡萄酒的合同义务。丙公司和乙公司约定，由丙公司代甲公司履行，甲公司对此全不知情。下列哪一表述是正确的？（　　）(司考改编)

A. 虽然甲公司不知情，丙公司的履行仍然有法律效力

B. 因甲公司不知情，故丙公司代为履行后对甲公司不得追偿代为履行的必要费用

C. 虽然甲公司不知情，但如丙公司履行有瑕疵，甲公司需就此对乙公司承担违约责任

D. 虽然甲公司不知情，但如丙公司履行有瑕疵，从而承担违约责任，丙公司可就该违约赔偿金向甲公司追偿

8. 甲向乙购买一批建筑材料，合同中没有对价格进行说明，也没有达成补充协议。在乙向甲交货时，国内建筑市场建材价格上涨，因此甲和乙就履行合同的价格发生争议。那么这时应当按照（　　）。

A. 订立合同时履行地的市场价格确定

B. 订立合同时订立地的市场价格确定

C. 履行合同时订立地的市场价格确定

D. 履行合同时履行地的市场价格确定

9. 甲、乙双方约定，甲将其自己的一套房屋卖给乙。该房屋位于 A 地，甲的住所地在 B 地，乙住所地在 C 地。双方在合同中未就合同履行地作出约定，也未达成补充协议，则交付房屋的履行地为（　　）。

A. A 地　　B. B 地

C. C 地　　D. D 地

10. 甲公司和乙公司签订了一份货物买卖合同，双方约定在甲公司所在地交货，但是双方在合同中没有约定交付日期，那么，（　　）。

A. 货物交付的期限由债权人乙公司确定

B. 货物交付的期限由债务人甲公司确定

C. 货物交付的期限可以依交易习惯来确定

D. 由于合同没有履行期限条款，该合同之债视为没有成立

11. 双方当事人约定了债务履行的期限，若债务人提前履行债务，则（　　）。

A. 必须承担违约责任

B. 必须事先取得债权人同意，方可免责

C. 债权人不得拒绝受领，但债务人应承担提前履行给债权人增加的额外费用

D. 债务人证明提前履行不会给债权人造成损失的，不承担违约责任

12. 甲欠丙 100 吨钢材，为偿还该债务，甲与乙订立了 100 吨钢材的买卖合同，约定由乙向丙直接交付钢材，丙也可以直接向乙请求履行。丙对此知情，且并未拒绝。以下说法中正确的是（　　）。(法考改编)

A. 如乙不交付，丙可请求其履行且要求承担违约责任

B. 甲对乙已经没有任何义务

C. 乙不能向丙主张其对甲的抗辩

D. 如果乙不交付，经催告后在合理期限内仍未向丙交付钢材，丙有权请求解除该合同

视频讲题

13. 甲乙签订合同一份，未约定履行顺序，甲请乙先履行，乙以甲未履行为理由拒绝，乙拒绝履行行使了（　　）。（考研）

A. 请求权　　B. 抗辩权

C. 形成权　　D. 相对权

14. 双务合同履行过程中，一方行使抗辩权后，（　　）。

A. 合同自动解除

B. 另一方仍需履行合同义务

C. 债自动消灭

D. 另一方不再负有履行义务

15. 下列情形中，当事人能够行使同时履行抗辩权的是（　　）。

A. 甲、乙、丙三人合伙出资，甲以乙、丙二人尚未出资为由，行使同时履行抗辩权

B. 甲向乙请求偿还欠款，乙以甲尚未还清欠自己的款项为由行使同时履行抗辩权

C. 甲委托乙制作一批工艺品，乙要求甲付款，甲以乙制作的成品有瑕疵为由行使同时履行抗辩权

D. 在附义务的赠与合同中，甲以乙未完成所附义务为由行使同时履行抗辩权

16. 甲在乙处看中了一条珍珠项链，乙随即称赞甲好眼光，这是一条近乎无瑕的天然珍珠项链，难得一见。双方遂约定甲以1万元购买该珍珠项链。乙于次日将项链交付给甲，但是未向甲交付该珍珠项链的鉴定证书。若此时乙向甲请求支付1万元价款，则甲（　　）。

A. 不得主张同时履行抗辩，因为交付鉴定证书为从给付义务

B. 不得主张同时履行抗辩，因为付款与交付鉴定证书不具有对待给付关系

C. 得主张同时履行抗辩，因为给付义务之间有无牵连性不影响同时履行抗辩权的成立

D. 得主张同时履行抗辩，因为交付鉴定证书与合同目的的实现关系密切

17. 下列有关不安抗辩权的表述中不正确的是（　　）。

A. 应当先履行义务的当事人在有证据证明对方经营状况恶化时，可中止自己的履行

B. 应当先履行义务的当事人有证据证明对方有法定行为时，可以直接解除合同

C. 不安抗辩权仅适用于有先后履行顺序的双务合同

D. 后履行义务的当事人的履行能力明显降低是发生不安抗辩权的必要条件

18. 甲与乙订立买卖合同，约定甲于10月10日交货，乙在收货后10天内付款。交货期届满时，甲发现乙有转移资金以逃避债务的行为。对此，甲可依法行使的权利是（　　）。（法考改编）

A. 先履行抗辩权

B. 同时履行抗辩权

C. 先诉抗辩权

D. 不安抗辩权

19. 甲公司与乙公司签订服装加工合同，约定乙公司支付预付款1万元，甲公司加工服装1 000套，3月10日交货，乙公司3月15日支付余款9万元。3月10日，甲公司仅加工服装900套，乙公司此时因濒临破产致函甲公司表示无力履行合同。下列哪一说法是正确的？（　　）（司考改编）

A. 因乙公司已支付预付款，甲公司无权中止履行合同

B. 乙公司有权以甲公司仅交付900套服装为由，拒绝支付任何货款

C. 甲公司有权以乙公司已不可能履行合同为由，请求乙公司承担违约责任

D. 因乙公司丧失履行能力，甲公司可行使顺序履行抗辩权

20. 2021年5月6日，甲公司与乙公司签约，约定甲公司于6月1日付款，乙公司6月15日交付“连升”牌自动扶梯。合同签订后10日，乙公司销售给他人的

"连升"牌自动扶梯发生重大安全事故，质监局介入调查。合同签订后20日，甲、乙、丙公司三方合意，由丙公司承担付款义务。丙公司6月1日未付款。下列哪一表述是正确的？（　　）（司考改编）

A. 甲公司有权要求乙公司交付自动扶梯

B. 丙公司有权要求乙公司交付自动扶梯

C. 丙公司有权行使不安抗辩权

D. 乙公司有权要求甲公司和丙公司承担连带债务

21. 甲公司向乙公司购买小轿车，约定7月1日预付10万元、10月1日预付20万元、12月1日乙公司交车时付清尾款。甲公司按时预付第一笔款。乙公司于9月30日发函称因原材料价格上涨，需提高小轿车价格。甲公司于10月1日拒绝，等待乙公司答复未果后于10月3日向乙公司汇去20万元。乙公司当即拒收，并称甲公司迟延付款构成违约，要求解除合同。甲公司则要求乙公司继续履行。下列哪一表述是正确的？（　　）（司考改编）

A. 甲公司不构成违约

B. 乙公司有权解除合同

C. 乙公司可行使先履行抗辩权

D. 乙公司有权要求提高合同价格

22. 甲与乙公司签订的房屋买卖合同约定："乙公司收到首期房款后，向甲交付房屋和房屋使用说明书；收到二期房款后，将房屋过户给甲。"甲交纳首期房款后，乙公司交付房屋但未立即交付房屋使用说明书。甲以此为由行使先履行抗辩权而拒不支付二期房款。下列哪一表述是正确的？（　　）（司考改编）

A. 甲的做法正确，因乙公司未完全履行义务

B. 甲不应行使先履行抗辩权，而应行使不安抗辩权，因乙公司有不能交付房屋使用说明书的可能性

C. 甲可主张解除合同，因乙公司未履行义务

D. 甲不能行使先履行抗辩权，因甲的付款义务与乙公司交付房屋使用说明书不形成主给付义务对应关系

（二）多项选择题

1. 下列属于第三人代为履行的是（　　）。

A. 甲的货物存在丙的仓库，甲与乙订立买卖合同后由丙直接将甲交付的货物交给乙

B. 甲向乙订购一批机器，乙委托丙厂将这批机器交付给甲

C. 甲为丙的利益而与乙订立了合同，合同成立后，丙接受乙的履行

D. 在多数人之债中，连带债权人或者连带债务人中的一人代为履行

2. 李某将自有房屋抵押给孙某以借款100万元，借期3年，双方办理了抵押登记。后李某又将该房屋出租给赵某，双方约定租期5年，月租金3 000元，每月15日支付。借期届满后，因李某无力清偿借款，故孙某申请法院将该房屋扣押。关于本案，下列说法中正确的是（　　）。（法考改编）

A. 若孙某未通知赵某向其支付租金，则其无权收取租金

B. 赵某有权代李某向孙某履行债务

C. 若租期内该房屋被宋某拍得，则宋某无权请求赵某搬离

D. 孙某和李某在协议变卖该房屋时，无须通知赵某

视频讲题

3. 甲公司向乙公司订购一批货物，但合同未就货物质量作约定，则（　　）。

A. 先由双方协议补充

B. 无法达成补充协议且依照合同有关条款或交易无法确定的，按国家标准、行业标准履行

C. 没有国家标准、行业标准的，按照通常标准或符合合同目的的特定标准履行

D. 买卖合同中，质量条款为必要条款，不可或缺，该货物买卖合同未成立

4. 甲公司与乙公司签订了一份货物买卖合同，甲为卖方，住所地在A市，乙为买方，住所地在B市。双方未在合同中约定履行地点。那么，履行地点如何确定？（　　）

A. 不能按照合同相关条款或者交易习惯确定的，双方可以协议补充

B. 不能达成补充协议的，按照合同相关条款或者交易习惯确定

C. 既不能达成补充协议，也无法按照规定确定

的，交付货币在A市，交付货物在A市

D. 既不能达成补充协议，也无法按照规定确定的，交付货币在B市，交付货物在A市

5. A公司欲购买B公司的废弃厂房一座，该厂房坐落于丙地。双方在合同中，未对履行地进行约定。如果A公司坐落于甲地，B公司坐落于乙地。那么下列说法正确的是（　　）。

A. 合同成立，A公司履行地为丙地

B. 合同成立，A公司履行地为乙地

C. 合同成立，B公司履行地为甲地

D. 合同成立，B公司履行地为丙地

6. 甲厂向乙厂购买一批货物，合同签订之时对于付款地点和交货期限均未明确约定。嗣后双方就此发生争议。根据《民法典》的规定，该合同应当如何履行？（　　）

A. 甲厂付给乙厂货款，应在甲厂所在地履行

B. 甲厂付给乙厂货款，应在乙厂所在地履行

C. 乙厂可以随时交货给甲厂，甲厂不得拒绝

D. 乙厂可以随时交货给甲厂，但应当给甲厂必要的准备时间

7. 甲、乙两公司依法签订了一份购销某产品的合同。该产品依规定须执行国家定价。在乙公司逾期交货的情况下，该产品的价格应如何确定？（　　）

A. 遇有价格上涨时，按原价格执行

B. 遇有价格上涨时，按新价格执行

C. 遇有价格下降时，按新价格执行

D. 遇有价格下降时，按原价格执行

8. 合同规定甲公司应当在8月30日向乙公司交付一批货物。8月中旬，甲公司把货物运送到乙公司。此时，乙公司有权如何处理？（　　）（司考改编）

A. 拒绝接受货物

B. 不接受货物并要求对方承担违约责任

C. 接受货物并要求对方承担违约责任

D. 接受货物并要求对方支付增加的费用

9. 因好友蔡某即将过生日，故齐某欲通过天猫商城给蔡某定作一个蛋糕。齐某选定某商家后，开始与该商家的客服进行交流。在商定好蛋糕的尺寸、样式、颜色等内容并选定快递公司后，齐某告知客服：蛋糕是给好友蔡某定作的，到时让好友直接请求向其交付蛋糕。客服表示同意后，齐某下单付款，并将此事告知了蔡某。蔡某于生日当天收到蛋糕，打开之后发现与齐某的描述存在较大出入。关于本案，下列说法不正确的是（　　）。（法考改编）

A. 该合同自齐某与客服的意思表示达成一致时成立

B. 齐某有权请求商家承担违约责任

C. 因蔡某并非合同当事人，故其无权请求商家承担违约责任

D. 自商家将该蛋糕交付快递公司时蔡某即取得该蛋糕的所有权

视频讲题

10. 甲于2月3日向乙借用一台彩电，乙于2月6日向甲借用了一部手机。到期后，甲未向乙归还彩电，乙因此也拒绝向甲归还手机。关于乙的行为，下列哪些说法是错误的？（　　）（司考改编）

A. 是行使同时履行抗辩权

B. 是行使不安抗辩权

C. 是行使留置权

D. 是行使抵销权

11. 某热电厂从某煤矿购煤200吨，约定交货期限为2021年9月30日，付款期限为2021年10月31日。9月底，某煤矿交付200吨煤，某热电厂经检验发现煤的含硫量远远超过约定标准，根据政府规定不能在该厂区燃烧。基于上述情况，某热电厂的哪些主张有法律依据？（　　）（司考改编）

A. 行使顺序履行抗辩权

B. 要求煤矿承担违约责任

C. 行使不安抗辩权

D. 解除合同

12. 甲公司与乙幼儿园签订空气净化器买卖合同，约定：净化器的PM2.5去除率应达到95%，验收合格后付款。后乙幼儿园经甲公司同意将合同转让给丙幼儿园。丙幼儿园验收时，发现PM2.5去除率远未达到合同约定的标准。对此，下列说法正确的有（　　）。（考研）

A. 丙幼儿园有权解除买卖合同

B. 丙幼儿园可以对甲公司行使先履行抗辩权

C. 丙幼儿园可以请求乙幼儿园承担违约责任

D. 乙幼儿园与丙幼儿园之间的转让合同有效

13. 白某出资100万元开了一家烤鸭店。某日，白某与养鸭专业户杜某签订购鸭合同，约定：白某应于2020年6月26日向杜某支付购鸭款6万元，杜某于2020年7月1日向白某交付活鸭3 000只。6月26日，白某从杜某所在地农业局畜牧兽医办公室得知杜某养的鸭得了鸭瘟，目前正在大量死亡。关于本案，下列说法正确的是（　　）。(法考改编)

A. 白某有权中止履行合同，并且白某应将中止履行一事通知杜某

B. 白某对杜某享有的是一种一时性抗辩权

C. 若杜某恢复履行能力或者提供适当担保后，白某仍拒绝恢复履行，则杜某有权主张违约责任

D. 若杜某未恢复履行能力亦未提供适当担保，则白某有权解除合同，但不得要求杜某承担违约责任

简答题

1. 简述由第三人履行的合同与保证合同的区别。
2. 简述双务合同履行中的抗辩权的概念和功能。
3. 简述同时履行抗辩权的成立条件及效力。
4. 简述先履行抗辩权的成立条件及效力。
5. 简述不安抗辩权的成立条件及效力。

案例分析题

甲、乙双方签订买卖合同，约定甲出售给乙机器设备一台，价格1 000万元，交货后3个月内付款。甲交付货物后，乙进行验收，并在3个月届满后如数付款。后该合同因为甲的欺诈行为而被撤销。

针对上述案情，请回答下列问题：

(1) 甲、乙双方是否互负返还义务？

(2) 合同被撤销后，甲、乙双方的占有返还请求权是否适用同时履行抗辩权？

(3) 甲是否因缔约过失责任而负有赔偿义务？

(4) 设备返还之前毁损、灭失的风险应由谁承担？

论述题与深度思考题

试述真正利益第三人合同的法律构成和效力。

参考答案

名词解释

1. 债的履行是指债务人按照合同的约定或者法律的规定履行其义务。债务人履行了自己的义务，债权人的债权得到了实现，其利益才能得到满足。合同的履行规则实际上构成债的履行的一般性规则，适用于所有债权，而非仅适用于合同债权。履行，在导致债权债务终止的意义上又称为“清偿”，是指通过履行行为或者通过给付结果的产生使所负担的给付对有受领权的债权人或第三人发生效果。清偿与履行基本上同义，清偿所重视的是给付结果的发生，而履行更重视债务内容的实现过程和行为。“债务已经履行”实质上就是“债务已经清偿”，清偿是债权债务正常终止的主要原因。

2. 附随义务，也称附从义务，是指给付义务以外的，随债的关系发展，依诚实信用原则而产生的义务。附随义务大致包括：注意义务、告知义务、照顾义务、说明义务、保密义务、忠实义务以及不作为义务等。依其功能可分为两类：一类是有辅助功能的附随义务；另一类是有保护功能的附随义务。

3. 履行辅助人，是指依债务人的意思而事实上履行债务的人。债务人能否使用履行辅助人履行债务，应当依合同进行判断。在使用履行辅助人履行债务的情形，给付是由债务人提供，而非由履行辅助人提供。而在第三人代为履行的情形，给付是由第三人提供。因此，使用履行辅助人履行债务与第三人代为履行并不相同。

4. 所谓第三人代为履行，是指履行人居于第三人的地位，以自己的给付，有意识地为债务人履行债务。第三人向债权人提出履行并经债权人受领后，发生债务消灭的后果。

5. 利益第三人合同即向第三人履行的合同，在利益第三人合同中，债务人应向第三人履行合同义务。依第三人是否基于利益第三人合同而取得履行请求权，可以将利益第三人合同区分为真正利益第三人合同与不真正利益第三人合同。在前者，第三人取得履行请求权；在后者，第三人并未取得履行请求权。第三人是否取得履行请求权，取决于当事人的约定与法律的

规定。

6. 同时履行抗辩权，是指在没有先后履行顺序的双务合同中，一方当事人在对方当事人未履行或者履行不符合约定的情况下，享有的拒绝对待给付的抗辩权。

7. 所谓双务合同的牵连性，是指给付与对待给付具有不可分离的关系，包括发生上的牵连性、存续上的牵连性和功能上的牵连性。所谓发生上的牵连性，是指一方的给付与他方的对待给付在发生上互相牵连，即一方的给付义务不发生时，对方的对待给付义务也不发生；所谓存续上的牵连性，是指双务合同中双方互负的债务具有存续上的相互依存特征；所谓功能上的牵连性，又称履行上的牵连性，是指双务合同的当事人一方所负给付与对方当事人所负对待给付互为前提，一方不履行其义务，对方原则上亦可不履行。同时履行抗辩权的存在基础即在于双务合同的牵连性。

8. 先履行抗辩权，是指当事人互负债务、有先后履行顺序时，应当先履行债务一方未履行时，后履行一方有权拒绝其履行请求。先履行一方履行债务不符合约定时，后履行一方有权拒绝其相应的履行请求。

9. 不安抗辩权，是指应当先履行债务的当事人有确切证据证明对方丧失或者可能丧失履行债务能力的，有权中止履行合同义务。当事人中止履行的，应当及时通知对方，对方提供适当担保的，应当恢复履行。中止履行后，对方在合理期限内未恢复履行能力且未提供适当担保的，视为以自己的行为表明不履行主要债务，中止履行的一方可以解除合同并请求对方承担违约责任。

选择题

（一）单项选择题

1. 答案：B。《民法典》第509条第2款规定："当事人应当遵循诚信原则，根据合同的性质、目的和交易习惯履行通知、协助、保密等义务。"由诚信履行原则可以导出合同的附随义务，如通知、协助、保密义务。故B项当选。A项是绿色履行原则的要求，C、D项说法不正确，与合同的全面履行原则相违背。

2. 答案：C。《民法典》第509条第1款规定："当事人应当按照约定全面履行自己的义务。"该款是关于全面履行原则的规定。在买卖合同中，当事人一般会就名称、数量、质量、价款、履行期限、履行地点和方式、包装方式、检验标准和方法、结算方式等内容作出约定，当事人均应依合同约定全面履行合同义务。当事人履行合同义务不符合约定的，根据《民法典》第577条的规定，应当承担继续履行、采取补救措施或者赔偿损失等违约责任。本题中，尽管一级钢材的质量好于三级钢材的，但是乙没有按照合同约定的标的物质量履行，仍应视为履行合同义务不符合约定（不适当履行），除非甲明确同意接受该一级钢材，从而经双方协商一致变更了合同内容，否则甲有权追究乙的违约责任。因此正确答案为C。

3. 答案：B。根据《民法典》第509条第2款的规定，合同的权利义务终止后，当事人应当遵循诚实信用原则，根据交易习惯履行通知、协助、保密等义务。附随义务存在于合同订立、合同履行以及合同效力终止后的各阶段。因此，本题答案为B。

4. 答案：D。附随义务是与给付义务相对的概念，指给付义务以外的，随债的关系发展、依诚实信用原则而产生的义务。其与主给付义务的区别主要有三：一是主给付义务自始确定，决定着债的类型；二是主给付义务构成合同的对待给付，能发生同时履行抗辩权；三是给付义务不履行的，债权人得解除合同，而附随义务不履行的原则上债权人不能解除合同，仅得请求赔偿。附随义务可由诚信履行原则导出，具体的附随义务内容应当根据合同的性质、目的和交易习惯作具体判断。《民法典》第509条第2款列举了通知、协助、保密三项附随义务。本题中，只有D项属于附随义务，其余三项均为给付义务。

5. 答案：B。本题涉及第三人代为履行规则。所谓第三人代为履行，是指履行人居于第三人的地位，以自己的给付，有意识地为债务人履行债务。第三人向债权人提出履行并经债权人受领后，发生债务消灭的后果。对此，《民法典》第523条规定："当事人约定由第三人向债权人履行债务，第三人不履行债务或者履行债务不符合约定的，债务人应当向债权人承担违约责任。"据此，第三人代为履行债务时，只是履行主体，而不具有当事人的地位，根据合同的相对性原理，应由债务人对第三人的履行负责。本题中，丙是代为履行装修合同的第三人，应当由债务人乙向债权人甲承担违约责任，故正确答案为B。

6. 答案：B。赠与是指赠与人将自己的财产无偿给予受赠人，受赠人表示接受赠与的行为。无因管理是指没有法定的或者约定的义务，为避免他人利益受损失而进行管理或者服务的行为。情谊行为是指行为人不以发生私法上效果的目的，为加强社会交往、增进感情的道德上的行为。本题中乙付款是应甲的请求，乙买单时欠缺赠与或为甲管理事务的意思，不构成赠与或无因管理。此外，付款后乙要求甲偿还，所以乙的付款行为也不属于情谊行为，而是代为清偿。A、C、D选项均错误。代为清偿，是指由债的关系以外的第三人，以为债务人清偿债务的意思而向债权人履行债务。本题中，甲请同事吃饭，应由甲对饭店履行买单义务。因甲未带钱，第三人乙以为债务人甲清偿债务的意思履行付款债务，甲的债务基于第三人代为清偿而消灭。故B项正确。

综上所述，本题的正确答案为B。

7. 答案：A。本题综合考查第三人代为履行、无因管理。所谓第三人代为履行，是指履行人居于第三人的地位，以自己的给付，有意识地为债务人履行债务。第三人向债权人提出履行并经债权人受领后，发生债务消灭的后果。第三人清偿的有效要件有四：（1）债务的性质允许第三人代为清偿；（2）无禁止第三人代为清偿的约定；（3）须经债权人同意；（4）须第三人具有为债务人清偿的意思。

A、B项：根据《民法典》第121条的规定，没有法定的或约定的义务，为避免他人利益受损失而进行管理的人，有权请求受益人偿还由此支出的必要费用。本题中，丙公司代为履行，甲公司对此全不知情，丙公司的代为履行行为构成无因管理。就代为履行的效力而言，除甲公司事先明确反对，或与乙公司特别约定不得由第三人代为履行，或债务的性质不允许第三人代为履行的以外，丙公司的代为履行行为有效。就履行的必要费用，丙公司可以基于无因管理之债，向甲公司进行追偿。故A项正确，B项错误。C项：丙公司的履行有瑕疵，从而导致违约责任的，甲公司对乙公司不承担违约责任，这是因为甲公司对丙公司的代为履行行为不知情，任何人不得通过自己的行为，在未征得他人同意的情况下使他人承担额外的债务。此时，乙公司只能向丙公司主张违约责任。此外，乙公司也可以向甲公司主张履行原来的债务，因为乙公司对甲公司的债权并未消灭。故C项错误。D项：丙公司承担违约责任后，致使甲公司对乙公司的债务消灭的，丙公司可以在原债务的范围内基于无因管理向甲公司进行追偿。但是因违约产生的费用，只能由丙公司自己承担，因为管理人在管理的过程中应尽到善良管理人的注意义务，未尽该义务对第三人造成损害的，应由管理人自己承担责任。故D项错误。

综上所述，本题的正确答案为A。

8. 答案：A。根据《民法典》第511条第2项的规定，价款或者报酬不明确的，按照订立合同时履行地的市场价格履行；依法应当执行政府定价或者政府指导价的，依照规定履行。因此本题选A。

9. 答案：A。根据《民法典》第511条第3项的规定，履行地点不明确，交付不动产的，在不动产所在地履行。因此，本题中，当事人应在房屋所在地A地交付房屋。故正确答案为A。

10. 答案：C。对于买卖合同而言，合同成立的根本标志在于，合同当事人就合同的主要条款达成合意。为了准确认定合同的主要条款，《合同编解释》第3条第1款规定："当事人对合同是否成立存在争议，人民法院能够确定当事人姓名或者名称、标的和数量的，一般应当认定合同成立。但是，法律另有规定或者当事人另有约定的除外。"本题中，缺少履行期限条款并不影响甲公司、乙公司之间买卖合同的成立，因此D项错误。《民法典》第510条规定："合同生效后，当事人就质量、价款或者报酬、履行地点等内容没有约定或者约定不明确的，可以协议补充；不能达成补充协议的，按照合同相关条款或者交易习惯确定。"由此可知，本题正确答案应为C。

11. 答案：D。《民法典》第530条第1款规定："债权人可以拒绝债务人提前履行债务，但是提前履行不损害债权人利益的除外。"是否损害债权人的利益，应在个案中依具体情形予以判断，其举证责任应当由请求提前履行的债务人一方承担。债务人提前履行，可能会给债权人增加额外费用，根据《民法典》第530条第2款的规定，该费用由债务人负担。故本题的正确答案为D。

12. 答案：A。本题考查向第三人履行（涉他合同）。向第三人履行的合同，又称利益第三人合同，是指合同双方当事人为第三人设定了合同权利，由第三人取得利益的合同。这是合同相对性原理的例外。根据第三人是否享有履行请求权，可以将利益第三人合同区分为真正利益第三人合同和不真正利益第三人合同。《民法典》第522条第2款规定了真正利益第三人合同，其特点在于虽然第三人并非合同的当事人，但是合同的效力可因法律的规定或者当事人之间的约定而拓展到非合同当事人的第三人，第三人可以取得对债务人的直接履行请求权。

本题中，甲（买方）与乙（卖方）签订钢材买卖合同，约定丙（第三人）可以直接请求乙（债务人）向其履行。丙（第三人）对此知情且未拒绝。根据《民法典》第522条第2款的规定，丙（第三人）基于甲（债权人）、乙（债务人）之间的约定取得了独立的履行请求权，即丙（第三人）可以直接请求乙（债务人）向其交付100吨钢材，如乙（债务人）未履行或履行不符合约定，则丙（第三人）可以直接请求乙（债务人）承担继续履行、赔偿损失等违约责任。相应地，乙（债务人）基于买卖合同对甲（债权人）的抗辩，可以向丙（第三人）主张。故A项说法正确，C项说法错误。在真正利益第三人合同中，虽然丙（第三人）取得独立的履行请求权，但并不会导致合同当事人甲和乙的法律关系消灭，如乙交付钢材给丙，则甲有义务向乙给付价款。故B项说法错误。根据《合同编解释》第29条，第三人可以请求债务人向自己履行债务，但不可以请求行使撤销权、解除权等民事权利。故D项说法错误。

综上所述，本题的正确答案为A。

13. 答案：B。同时履行抗辩权，是指在没有先后履行顺序的双务合同中，一方当事人在对方当事人未履行或者履行不符合约定的情况下，享有的拒绝对待给付的抗辩权。本题中乙行使的是同时履行抗辩权。故选B。

14. 答案：B。双务合同履行中的抗辩权，是指在符合法定条件时，当事人一方对抗对方当事人的履行请求权，暂时拒绝履行其债务的权利。它包括同时履行抗辩权、先履行抗辩权和不安抗辩权。履行抗辩权属于一时的抗辩权，只是在一定期限内中止履行债务，并不消灭债的履行效力。产生抗辩权的原因消失后，债务人仍应履行其债务。因此，本题应选B。

15. 答案：C。同时履行抗辩权，是指在没有先后履行顺序的双务合同中，一方当事人在对方当事人未履行或者履行不符合约定的情况下，享有拒绝对待给付的抗辩权（《民法典》第525条）。同时履行抗辩权的存在基础在于双务合同的牵连性，其构成要件包括：第一，须基于同一双务合同互负债务；第二，当事人的债务没有先后履行顺序；第三，双方互负的债务均已届履行期限；第四，对方当事人未履行或者履行不符合约定。本题中，A项：合伙合同以合伙人的共同事业为目的，具有非交换性，因此对于同时履行抗辩权是否适用于合伙合同，存在争议。比较妥当的处理方式是，应根据合伙人的具体利益状态予以判断，不可一概而论。通说认为，在二人合伙场合，就互相出资而言，具有对待性，可以适用同时履行抗辩权，而在三人以上的场合，不适用同时履行抗辩权。本项中出资纠纷发生于三人合伙中，故不适用同时履行抗辩权。B项：甲、乙系因两个不同的借款合同互负债权债务，并非因同一双务合同互负债务，不符合同时履行抗辩权的适用前提，乙可向甲行使抵销权，以其债权充抵债务的履行。C项：加工承揽合同为双务合同，承揽人负有按照约定完成工作、交付工作成果的义务，定作人则应向其支付报酬，双方互为对待给付。若承揽人违反义务，定作人有权主张同时履行抗辩权，拒绝支付其价款。故C项正确。D项：赠与合同为单务合同，附义务的赠与合同中所附的义务并非对待给付义务，不适用同时履行抗辩权，赠与人可行使法定撤销权。

综上所述，本题的正确答案为C。

16. 答案：D。同时履行抗辩权的根据在于双务合同功能上的牵连性，可主张同时履行抗辩的，系基于同一双务合同而生的对待给付。所谓功能上的牵连性，又称履行上的牵连性，是指双务合同的当事人一方所负给付与对方当事人所负对待给付互为前提，一方不履行其义务，对方原则上亦可不履行。这里的债务，一般应为主给付义务。关于从给付义务与主给付义务之间有无牵连关系，学说上有争论，但在从给付义务的履行与合同目的的实现具有密切关系时，应认为它与主给付义务之间有牵连关系，从而产生同时履行抗辩权。本题中，尽管交付珍珠项链鉴定证书的行为属于从给付义务，但是该交易的达成正是基于出卖人乙对“近乎无瑕的天然珍珠”这一品质的承诺，且该标的物属于珠宝类物品，鉴定证书直接决定了珠宝的价值，故交付项链鉴定证书与买受人甲的合同目的的实现密切相关，因此，应当认为交付项链鉴定证书与支付项链价款的主给付义务能够产生牵连关系，从而甲有权以乙未交付珍珠项链鉴定证书为由，行使同时履行抗辩权。综上所述，本题正确答案为D。

17. 答案：B。C、D项：不安抗辩权指应当先履行债务的当事人有确切证据证明对方丧失或者可能丧失履行债务能力的，有权中止履行合同义务（《民法典》第527条）。据此，不安抗辩权的构成要件包括：第一，当事人基于同一双务合同互负债务；第二，当事人互负的债务有先后履行顺序；第三，后履行的当事人有丧失或者可能丧失债务履行能力的情形。《民法典》第527条第1款具体列举了经营状况严重恶化，转移财产、抽逃资金以逃避债务，以及丧失商业信誉三种具体情形。这些情形均需达到丧失或者可能丧失债务履行能力的程度。故C、D项均正确。B项：根据《民法典》第528条的规定，当事人中止履行的，应当及时通知对方；对方提供适当担保的，应当恢复履行；中止履行后，对方在合理期限内未恢复履行能力且未提供适当担保的，视为以自己的行为表明不履行主要债务，中止履行的一方可以解除合同并可以请求对方承担违约责任。由此可知，行使不安抗辩权的直接效力仅是权利人可以通知对方中止履行，并请求对方提供担保；仅在对方于合理期限内既未恢复履行能力且未提供适当担保，视为预期违约的情形，权利人才能请求解除合同。故B项错误。A项：对于后履行的当事人发生了丧失或者可能丧失债务履行能力的情形，行使不安抗辩权的当事人应当负担提供确切的证据予以证明的义务（《民法典》第527条第2款）。因此A项正确。

本题为选非题，综上所述，应选B。

18. 答案：D。不安抗辩权指应当先履行债务的当事人有确切证据证明对方丧失或者可能丧失履行债务能力的，有权中止履行合同义务（《民法典》第527条）。据此，不安抗辩权的构成要件包括：第一，当事人基于同一双务合同互负债务；第二，当事人互负的债务有先后履行顺序；第三，后履行的当事人有丧失或者可能丧失债务履行能力的情形。《民法典》第527条第1款具体列举了经营状况严重恶化，转移财产、抽逃资金以逃避债务，以及丧失商业信誉三种具体情形。这些情形均需达到丧失或者可能丧失债务履行能力的程度。

19. 答案：C。承揽合同的特殊之处在于定作人享有任意解除权，也即定作人可以无理由地随时通知承揽人解除合同，所以本题中的定作人乙公司可以随时解除合同，作为承揽人一方的甲公司不享有任意解除权，但是可以行使法定解除权。A项：《民法典》第527条规定，应当先履行债务的当事人，有确切证据证明对方有下列情形之一的，可以中止履行：（1）经营状况严重恶化；（2）转移财产、抽逃资金，以逃避债务；（3）丧失商业信誉；（4）有丧失或者可能丧失履行债务能力的其他情形。当事人没有确切证据中止履行的，应当承担违约责任。本题中，甲公司有确切证据证明乙公司在其履约后不能履行合同义务，可以行使不安抗辩权，中止履行。故A项错误。B项：针对甲公司的部分履行，乙公司未行使任意解除权，因而有义务就已履行的900套服装支付货款，仅能就未履行的100套服装拒绝支付货款，而不能拒绝支付全部货款。故B项错误。C项：根据《民法典》第578条的规定，预期违约是指在合同履行期限到来前，一方当事人无正当理由明确表示或者以其行为表明其在履行期到来后将不可能履行合同。本题中，乙公司致函甲公司表示无力履行合同，构成预期违约，乙公司依法应当承担违约责任。故C项正确。D项：根据《民法典》第526条的规定，当事人互负债务，有先后履行顺序，应当先履行债务一方未履行的，后履行一方有权拒绝其履行请求；先履行一方履行债务不符合约定的，后履行一方有权拒绝其相应的履行请求。因甲公司并非后履行义务一方，故不适用顺序履行抗辩。故D项说法错误。

综上所述，本题应选C。

20. 答案：C。本题综合考查先履行抗辩权、不安抗辩权、债务移转场合的抗辩权转移。A项：甲、乙公司约定的扶梯交付日期为6月15日，在6月1日时，合同约定的履行期限尚未届至，甲无权要求乙公司交付扶梯。故A项错误。B项：甲公司只是将付款义务转让给丙，并未将交付扶梯的请求权转让给丙，丙仅是代为履行的第三人，并非合同的当事人，无权请求乙公司交付。故B项错误。C项：由于乙公司生产的自动扶梯发生重大安全事故，质监局已介入调查，此时，作为应当先履行义务的一方当事人甲公司有合理的理由相信乙公司丧失商业信誉，有不能为对待给付的风险，根据《民法典》第527条第1款第3项的规定，甲公司有权对乙公司行使不安抗辩权，中止履行合同义务。此外，根据《民法典》第553条前半句的规定，债务人转移债务的，新债务人可以主张原债务人对债权人的抗辩。本题中，因甲公司（原债务人）

已将付款义务转移给丙公司（新债务人），则丙（新债务人）得主张甲（原债务人）对乙（债权人）的不安抗辩权。因此C项正确。D项：甲、乙、丙三方共同达成了免责的债务承担协议，即甲公司将自己对乙公司的付款义务完全转移给丙公司，甲公司退出其与乙公司的债权债务关系，丙公司代替甲的地位成为新的债务人。因此，乙公司只能要求新的债务人丙公司付款，无权再要求甲公司付款，因此无权要求甲公司和丙公司承担连带债务。故D项错误。

综上所述，本题的正确答案为C。

21. 答案：A。A项：民法理论中违约是指当事人不履行合同义务或者履行合同义务不符合约定的行为。其表现为实际违约（届期违约）与预期违约。实际违约又进一步分为彻底未履行和履行有瑕疵，其中瑕疵又表现为时间瑕疵、权利瑕疵、质量瑕疵，而时间瑕疵又包含给付迟延和受领迟延。所谓给付迟延，是指应履行、能履行但是无正当理由未按约定期限履行；所谓受领迟延，是指应协助、能协助但是无正当理由未及时协助接受履行。本题中，虽然甲公司迟延支付第二期预付款，但是因乙公司要求提价在先，甲公司在拒绝提价、等待乙公司回复未果的情况下，仅迟延两天支付第二期预付款，且此前也无任何违约行为，故甲公司迟延给付存在正当理由，不应认定其构成违约。因此，A项正确。B项：根据《民法典》第562条、第563条、第533条的规定，合同解除包括合意解除、行使解除权的解除和申请司法解除，其中行使解除权的解除进一步分为约定解除和法定解除。本题中，乙公司并无任何可以解除合同的事由，故其无权解除合同。因此，B项错误。C项：根据《民法典》第526条第一句的规定，当事人互负债务，有先后履行顺序，应当先履行债务一方未履行的，后履行一方有权拒绝其履行请求。本题中，因甲公司已经履行了支付预付款的义务，故乙公司无权行使先履行抗辩权。因此，C项错误。D项：《民法典》第543条规定，当事人协商一致，可以变更合同。本案中，在合同履行过程中，乙公司欲提高小轿车价格属于合同内容的变更，因为甲公司明确拒绝，双方就该内容的变更未能协商一致，所以乙公司无权单方要求提高价格。故D项错误。

综上所述，本题应选A。

22. 答案：D。A、B项：《民法典》第526条规定：“当事人互负债务，有先后履行顺序，应当先履行债务一方未履行的，后履行一方有权拒绝其履行请求。先履行一方履行债务不符合约定的，后履行一方有权拒绝其相应的履行请求。”据此可知，先履行抗辩权仅由双务合同中的后履行一方行使。本题中，根据甲与乙公司之间房屋买卖合同的约定，纠纷发生之时涉及两对给付义务：一是甲支付首期房款与乙公司交付房屋和房屋使用说明书，甲是应当先履行方，乙公司是后履行方；甲已经全面履行了债务（支付首期房款），乙公司履行了主给付义务（交付房屋），但未履行从给付义务（交付房屋使用说明书）。二是乙公司交付房屋和使用说明书与甲支付二期房款，乙公司是应当先履行方，甲是后履行方；乙已经履行了主给付义务（交付房屋），作为后履行方的甲不得以乙公司未履行从给付义务（交付房屋使用说明书）为由行使先履行抗辩权；又因不安抗辩权是应当先履行一方享有的权利，故甲亦无权行使不安抗辩权。因此，A、B项均错误，D项正确。C项：本题中当事人之间不存在解除权的约定，故仅可能发生法定解除。根据《民法典》第563条第1款第3项、第4项的规定，有下列情形之一的，当事人可以解除合同：当事人一方迟延履行主要债务，经催告后在合理期限内仍未履行；当事人一方迟延履行债务或者有其他违约行为致使不能实现合同目的。本题中，乙公司未按约定交付房屋使用说明书的行为，系迟延履行从给付义务，且该义务的违反并未致使甲的合同目的无法实现，不构成根本违约，因此，甲无权主张解除合同。故C项错误。

综上所述，本题的正确答案为D。

（二）多项选择题

1. 答案：AB。所谓第三人代为履行，是指履行人居于第三人的地位，以自己的给付，有意识地为债务人履行债务。第三人向债权人提出履行并经债权人受领后，发生债务消灭的后果。在第三人代为履行的合同关系中，第三人只是履行主体，而不是债务主体。因此，A、B项均属于第三人代为履行。C、D项中，履行人本身为合同履行义务人，属于债务主体，故C、D项不属于第三人代为履行。应区分第三人代为履行和向第三人履行的概念。第三人代为履行是指，当事人约定由第三人向债权人履行债务，第三人不履行债务或者履行债务不符合约定，债务人应当向债权人承担责任。向第三人履行债务是指，当事人约定由债务人向第三人履行债务，债务人未向第三人履行债务或者履行债务不合约定，应当向债权人承担违约责任。因此，C、D项均属于向第三人履行，不当选。

综上所述，本题的正确答案为AB。

2. 答案：AB。A项：根据《民法典》第412条第1款的规定，债务人不履行到期债务或者发生当事人约定的实现抵押权的情形，致使抵押财产被人民法院依法扣押的，自扣押之日起，抵押权人有权收取该抵押财产的天然孳息或者法定孳息，但是抵押权人未通知应当清偿法定孳息义务人的除外。据此可知，抵押权人享有法定孳息收取权的前提是抵押财产被扣押且抵押权人通知了法定孳息清偿义务人。本案中，若孙某未通知赵某向其支付租金，则孙某无权收取租金。因此，A项正确。B项：根据《民法典》第524条第1款的规定，债务人不履行债务，第三人对履行该债务具有合法利益的，第三人有权向债权人代为履行。本案中，若该房屋被折价、拍卖、变卖，则赵某的租赁合同可能无法继续履行，因此赵某对履行李某的债务具有合法利益，故赵某有权代李某向孙某履行债务。因此，B项正确。C项：根据《民法典》第405条的规定，抵押权设立前抵押财产已经出租并转移占有的，原租赁关系不受该抵押权的影响。本案中，因孙某的抵押权设立在先、赵某的租赁权取得在后，故租赁权不得对抗抵押权；若租期内该房屋被宋某拍得，则宋某有权请求赵某搬离。因此，C项错误。D项：根据最高人民法院《关于审理城镇房屋租赁合同纠纷案件具体应用法律若干问题的解释》（2020年修正）第15条的规定，出租人与抵押权人协议折价、变卖租赁房屋偿还债务，应当在合理期限内通知承租人；承租人请求以同等条件优先购买房屋的，人民法院应予支持。本案中，孙某和李某在协议变卖该房屋时，应当通知赵某，因为赵某享有优先购买权。故D项错误。

综上所述，本题的正确答案为AB。

3. 答案：ABC。对于买卖合同而言，合同成立的根本标志在于，合同当事人就合同的主要条款达成合意。为了准确认定合同的主要条款，《合同编解释》第3条第1款规定："当事人对合同是否成立存在争议，人民法院能够确定当事人姓名或者名称、标的和数量的，一般应当认定合同成立。但是，法律另有规定或者当事人另有约定的除外。"如果根据前述规定能够认定合同已经成立，依据《合同编解释》第3条第2款，对合同欠缺的内容，人民法院应当依据《民法典》第510条、第511条等予以确定。缺少标的物质量要求内容并不影响甲公司、乙公司之间货物买卖合同的成立，因此D项错误。根据《民法典》第510条、第511条第1项的规定，合同生效后，当事人就质量要求没有约定或者约定不明确，可以协议补充；不能达成补充协议的，按照合同相关条款或者交易习惯确定。无法达成补充协议且按照合同有关条款或者交易习惯仍无法确定的，适用下列规定：按照强制性国家标准履行；没有强制性国家标准的，按照推荐性国家标准履行；没有推荐性国家标准的，按照行业标准履行；没有国家标准、行业标准的，按照通常标准或者符合合同目的的特定标准履行。由此可知，A、B、C项均正确，当选。

4. 答案：BC。《民法典》第510条规定："合同生效后，当事人就质量、价款或者报酬、履行地点等内容没有约定或者约定不明确的，可以协议补充；不能达成补充协议的，按照合同相关条款或者交易习惯确定。"据此，A项错误，B项正确。根据《民法典》第511条第3项的规定，当事人就合同履行地点约定不明确，依据《民法典》第510条的规定仍不能确定的，适用法律规定的履行地点：给付货币的，在接受货币一方所在地履行；交付不动产的，在不动产所在地履行；其他标的，在履行义务一方所在地履行。据此，在无法补正约定的履行地点时，适用法律规定的合同履行地点。结合本题来看，交付货币应在收款人甲的住所地A市，交付货物应在履行义务人甲的住所地A市。故C项正确，D项错误。

综上所述，本题的正确答案为BC。

5. 答案：BD。对于买卖合同而言，合同成立的根本标志在于，合同当事人就合同的主要条款达成合意。为了准确认定合同的主要条款，《合同编解释》第3条第1款规定："当事人对合同是否成立存在争议，人民法院能够确定当事人姓名或者名称、标的和数量的，一般应当认定合同成立。但是，法律另有规定或者当事人另有约定的除外。"如果根据前述规定能够认定合同已经成立，依据《合同编解释》第3条第2款，对合同欠缺的内容，人民法院应当依据《民法典》第510条、第511条等予以确定。本题中，缺少履行地点条款并不影响A公司、B公司之间房屋买卖合同的成立。根据《民法典》第510条的规定，当事人就有关合同内容约定不明确，不能达成补充协议，且按照合同有关条款或者交易习惯仍不能确定的，适用《民法典》第511条第3项的规定：履行地点不明确的，给付货币的，应在接受货币一方所在地履行；交付不动产的，在不动产所在地履行；其他标的，在履行义务一方所在地履行。本题中，A公司是履行给付货币义务的一方当事人，因此其应在接受货币一方即B公司所在地——乙地履行义务。B公司履行交付厂房义务应在不动产所在地——丙地。故本题应选BD。

6. 答案：BD。根据《民法典》第511条第3项、第4项的规定，当事人就合同履行地点、履行期限约定不明确，当事人无法达成补充协议，按照合同有关条款或者交易习惯仍不能确定的，适用下列规定：履行地点不明确，给付货币的，在接受货币一方所在地履行；交付不动产的，在不动产所在地履行；其他标的，在履行义务一方所在地履行。履行期限不明确的，债务人可以随时履行，债权人也可以随时请求履行，但是应当给对方必要的准备时间。结合本题来看，甲厂给付货款，应在接受货币履行一方所在地即乙厂所在地履行；乙厂可以随时向甲厂交付货物，但应当给甲厂必要的准备时间。因此，本题的正确答案为BD。

7. 答案：AC。《民法典》第513条规定："执行政府定价或者政府指导价的，在合同约定的交付期限内政府价格调整时，按照交付时的价格计价。逾期交付标的物的，遇价格上涨时，按照原价格执行；价格下降时，按照新价格执行。逾期提取标的物或者逾期付款的，遇价格上涨时，按照新价格执行；价格下降时，按照原价格执行。"据此，本题的正确答案为AC。

8. 答案：AD。《民法典》第530条规定："债权人可以拒绝债务人提前履行债务，但是提前履行不损害债权人利益的除外。债务人提前履行债务给债权人增加的费用，由债务人负担。"据此，本题应选AD。

9. 答案：ACD。A项：根据《民法典》第491条第2款的规定，当事人一方通过互联网等信息网络发布的商品或者服务信息符合要约条件的，对方选择该商品或者服务并提交订单成功时合同成立，但是当事人另有约定的除外。本题中，因该合同系通过天猫商城订立，故该合同自齐某提交订单成功时成立。因此，A项错误。B项：根据《民法典》第522条第1款的规定，当事人约定由债务人向第三人履行债务，债务人未向第三人履行债务或者履行债务不符合约定的，应当向债权人承担违约责任。本题中，因商家向蔡某交付的蛋糕不符合其与齐某的约定，故齐某有权请求商家承担违约责任。因此，B项正确。C项：根据《民法典》第522条第2款的规定，法律规定或者当事人约定第三人可以直接请求债务人向其履行债务，第三人未在合理期限内明确拒绝，债务人未向第三人履行债务或者履行债务不符合约定的，第三人可以请求债务人承担违约责任。本题中，虽然蔡某并非合同当事人，但是因齐某和商家明确约定蔡某有权直接请求商家向其交付蛋糕，故合同的相对性被突破，蔡某有权请求商家承担违约责任。因此，C项错误。D项：根据《民法典》第512条第1款第一句的规定，通过互联网等信息网络订立的电子合同的标的为交付商品并采用快递物流方式交付的，收货人的签收时间为交付时间。本题中，因该合同系通过天猫商城订立且双方约定采用快递物流方式交付，故蔡某自签收时取得该蛋糕的所有权。因此，D项错误。

本题为选非题，综上所述，应选ACD。

10. 答案：ABCD。同时履行抗辩权、不安抗辩权、留置权均基于同一合同关系而发生，本题涉及两个借用合同关系，故不满足同时履行抗辩权、不安抗辩权、留置权的适用前提。而法定抵销权的成立以双方互负债务的标的物种类、品质相同为要件，本题中两个债务的标的物并非同一种类，故不适用法定抵销。

综上所述，本题应选ABCD。

11. 答案：ABD。根据《民法典》合同编的相关规定，针对违约方的违约行为，非违约方有三种救济途径，即履行抗辩权、合同解除权和违约损害赔偿请求权。履行抗辩权主要有同时履行抗辩权、顺序履行抗辩权（先履行抗辩权）和不安抗辩权三种，有权行使以上三种抗辩权的分别是合同双方、后履行义务一方和先履行义务一方。

A、C项：本题中，某煤矿是应当先履行义务的一方，由于其提供的煤不符合约定的质量要求，因此，作为后履行义务一方的某热电厂有权行使顺序履行抗辩权而非不安抗辩权。故A项正确，C项错误。B项：《民法典》第577条规定："当事人一方不履行合同义务或者履行合同义务不符合约定的，应当承担继续履行、采取补救措施或者赔偿损失等违约责任。"本题中，针对某煤矿瑕疵履行的违约行为，作为非违约方的某热电厂有权要求某煤矿承担违约责任。故B项正确。D项：本题中，当事人之间不存在约定解除情形，亦无因情势变更而申请司法解除的情况，故某热电厂仅可能主张法定解除合同。根据《民法典》第 563 条第 1 款第 4 项的规定，当事人一方迟延履行债务或者有其他违约行为致使不能实现合同目的的，当事人可以解除合同。本题中，由于某煤矿交付的煤不符合约定的质量要求，且根据政府规定不能在该厂区燃烧，致使某热电厂订立购煤合同的目的无法实现，某煤矿的行为已经构成根本违约，因此某热电厂有权解除合同。故 D 项正确。

综上所述，本题的正确答案为 ABD。

12. 答案：ABD。D 项：《民法典》第 555 条规定："当事人一方经对方同意，可以将自己在合同中的权利和义务一并转让给第三人。"本题中，乙幼儿园在与甲公司订立合同后经甲公司同意，乙幼儿园将合同权利与义务一并转让给了丙幼儿园，该转让合同有效，丙幼儿园成为买卖合同当事人，概括承受合同上的权利义务。故 D 项正确。B 项：《民法典》第 526 条规定："当事人互负债务，有先后履行顺序，应当先履行债务一方未履行的，后履行一方有权拒绝其履行请求。先履行一方履行债务不符合约定的，后履行一方有权拒绝其相应的履行请求。"本题中，双方约定甲公司先交付净化器，买受人后支付价款。作为应当先履行一方的甲公司交付的净化器验收不合格，作为后履行一方的丙幼儿园依法享有先履行抗辩权。故 B 项正确。C 项：基于合同的相对性，对于甲公司的违约行为，丙幼儿园可以请求甲公司承担违约责任，但无权请求乙幼儿园承担责任。故 C 选项错误。A 项：根据《民法典》第 563 条第 1 款第 4 项的规定，当事人一方有其他违约行为致使不能实现合同目的的，对方有权解除合同。本题中，甲公司交付不符合约定质量标准的净化器，导致丙幼儿园订立该买卖合同的目的不能实现，甲公司的瑕疵履行已经构成根本违约，因此丙幼儿园可以请求解除合同。故 A 选项正确。

综上所述，本题的正确答案为 ABD。

13. 答案：ABC。A 项：根据《民法典》第 527 条第 1 款第 4 项的规定，应当先履行债务的当事人有确切证据证明对方有丧失或者可能丧失履行债务能力情形的，可以中止履行。本案中，白某作为应当先履行合同的一方，在得知杜某养的鸭得了鸭瘟后，有权行使不安抗辩权，中止履行合同。另外，根据《民法典》第 528 条的规定，当事人依据不安抗辩权中止履行的，应当及时通知对方。故 A 项正确。B 项：在民法理论中，抗辩权可分为永久性抗辩权和一时性抗辩权。双务合同履行中的抗辩权属于一时性抗辩权，只是在一定期限内中止履行债务，并不消灭债的履行效力；产生抗辩权的原因消失后，债务人仍应履行其债务。本案中，白某对杜某享有的不安抗辩权即为典型的一时性抗辩权。故 B 项正确。C 项：根据《民法典》第 528 条的规定，行使不安抗辩权的权利人中止履行后，对方提供适当担保的，应当恢复履行。此时，若先履行方不恢复履行，则构成违约，进而应向后履行方承担违约责任。故 C 项正确。D 项：根据《民法典》第 528 条的规定，中止履行后，对方在合理期限内未恢复履行能力并且未提供适当担保的，中止履行的一方可以解除合同。需要注意的是，《民法典》第 566 条第 2 款规定："合同因违约解除的，解除权人可以请求违约方承担违约责任，但是当事人另有约定的除外。"据此，解除合同和主张违约责任是并行不悖的。在当事人行使不安抗辩权，先中止履行，而后基于预期违约而解除合同的场合，权利人在合同解除之后，依然有权向后履行一方主张违约责任。本题中，白某在解除其与杜某的买卖合同之后，仍然有权请求杜某承担违约损失赔偿、支付违约金等责任。故 D 项错误。

综上所述，本题的正确答案为 ABC。

简答题

1. 由第三人履行的合同与保证合同具有相似性，都是基于他人不履行债务的行为而承担一定的责任，但二者存在着本质的不同。

（1）保证合同是主债权合同的从合同，且一般保证人享有先诉抗辩权。而由第三人履行的合同是独立的合同，以担保第三人履行为合同内容。债务人对于第三人不向债权人履行债务的行为，独立向债权人承担违约责任；第三人不是债务人，其只实施履行行为，不对债权人承担违约责任。

（2）在保证合同中，保证人承担保证责任后有权向债务人追偿，但在由第三人履行的合同中，通常不成立追偿关系。

2. 双务合同履行中的抗辩权，是指在符合法定条件时，当事人一方对抗对方当事人的履行请求权，暂时拒绝履行其债务的权利。它包括同时履行抗辩权、先履行抗辩权和不安抗辩权。履行抗辩权属于一时的抗辩权，只是在一定期限内中止履行债务，并不消灭债的履行效力。产生抗辩权的原因消失后，债务人仍应履行其债务。

双务合同履行中的抗辩权，对于抗辩权人是一种保护手段，履行抗辩权的行使得免去其履行后却得不到对方履行的风险，使对方当事人产生及时履行、提供担保等压力。就这一意义而言，双务合同履行中的抗辩权是债权保障的法律制度。

3.（1）成立同时履行抗辩权，必须满足以下条件。

1）须由同一双务合同互负债务。同时履行抗辩权的根据在于双务合同功能上的牵连性，因而它适用于双务合同，而不适用于单务合同和不完全双务合同。可主张同时履行抗辩的，系基于同一双务合同而生的对待给付。这里的债务，首先应为主给付义务。从给付义务与主给付义务之间依据《合同编解释》第 31 条第 1 款，原则上不构成牵连关系，但在从给付义务的履行与合同目的的实现具有密切关系或者当事人另有约定时，应认为它与主给付义务之间有牵连关系，产生同时履行抗辩权。如果履行请求权转化为损害赔偿请求权，亦有同时履行抗辩权的适用。

2）当事人的债务没有先后履行顺序。如果当事人互负债务，但依照当事人的约定等能够确定先后履行顺序，则无同时履行抗辩权的适用余地。

3）双方互负的债务均已届履行期限。如果一方当事人的债务尚未到期，在对方当事人请求履行时，该当事人可以主张债务履行期尚未届至的抗辩，无须适用同时履行抗辩权制度。

4）对方当事人未履行或者履行不符合约定。如果对方当事人已全面履行合同义务，则其债务消灭，不发生同时履行抗辩权。在对方当事人部分履行合同的情形，根据《民法典》第 531 条第 1 款，如部分履行不损害债权人的利益，则债权人不得拒绝债务人部分履行债务。在此情形下，债权人就债务人未履行的部分固然有权拒绝对待给付，但债权人对于已经履行的部分，是否享有同时履行抗辩权，应视其能否实现部分的合同目的而定。如果债权人受领迟延，其同时履行抗辩权仍然存在。

（2）同时履行抗辩权的效力体现为实体效力和程序效力两个方面。

1）实体效力。若同时履行抗辩权存在，则无须当事人主张，即足以排除履行迟延。享有同时履行抗辩权者在履行期限届满未履行债务时，不构成违约。若一方当事人有意使他方陷于违约，则必须依合同本旨提出履行，否则他方当事人不构成违约。

2）程序效力。先履行抗辩权的行使，可以一时阻却对方当事人的请求权。在诉讼程序上，如果当事人未主张同时履行抗辩权，则法院不得依职权审查。在被告没有行使同时履行抗辩权时，法院应当判决被告履行。如果被告行使同时履行抗辩权，则法院应当作出同时履行的判决，即附条件的给付判决。

4.（1）成立先履行抗辩权，必须满足以下条件。

1）基于同一双务合同互负债务。这是指双方当事人因同一合同互负债务，两项债务应处于互为对待给付的地位。

2）当事人的债务有先后履行顺序。这是指当事人互负债务，并且能够确定债务的先后履行顺序。履行顺序，依法律规定、当事人约定或按交易习惯确定。

3）应当先履行的当事人不履行债务或者履行债务不符合约定。

4）后履行一方当事人的债务已届履行期限。如果后履行一方当事人的债务尚未到期，在对方当事人请求履行时，后履行一方当事人可以主张债务履行期尚未届满的抗辩。

（2）先履行抗辩权的效力体现为实体效力和程序效力两个方面。

1）实体效力。先履行抗辩权属延期的抗辩权，一时阻止对方当事人请求权的行使。享有先履行抗辩权者在履行期限届满而未履行债务时，不构成违约；且后履行一方当事人行使先履行抗辩权，不影响其主张先履行一方当事人的违约责任。但是，若对方当事人依合同约定全面履行了合同义务，则先履行抗辩权消灭，当事人应当履行自己的义务。在对方当事人未履行合同时，一方不能以对方未履行主要义务为由，拒绝履行自己的主要义务。

2）程序效力。基于先履行抗辩权存在的效力，若先履行抗辩权存在，无须当事人主张，其即足以排除履行迟延。在诉讼程序，如果当事人未主张先履行抗辩权，则法院不得依职权审查。如果被告行使同时履行抗辩权，则法院应当作出同时履行的判决，即附条件的给付判决。

5.（1）不安抗辩权，是指应当先履行债务的当事人有确切证据证明对方丧失或者可能丧失履行债务能力的，有权中止履行合同义务。成立不安抗辩权，必须满足以下条件。

1）当事人基于同一双务合同互负债务。只有基于同一双务合同互负债务时，才可能发生不安抗辩权。单务合同、不完全双务合同，均不发生不安抗辩权。

2）当事人互负的债务有先后履行顺序。如果当事人互负的债务没有履行先后顺序，则不成立不安抗辩权。

3）后履行的当事人有丧失或者可能丧失债务履行能力的情形。《民法典》第 527 条第 1 款具体列举了经营状况严重恶化，转移财产、抽逃资金以逃避债务，以及丧失商业信誉三种具体情形。这些情形均需达到丧失或者可能丧失债务履行能力的程度。此外，对于后履行的当事人发生了丧失或者可能丧失债务履行能力的情形，应当先履行债务的当事人必须要有确切的证据予以证明。当事人没有确切证据而中止履行的，应当承担违约责任。

（2）行使不安抗辩权的效力如下。

1）行使不安抗辩权的当事人可以中止履行，当事人中止履行的，应当及时通知对方。一方面，中止履行不限于对方当事人提出履行请求，纵使对方当事人未提出履行请求，该当事人也可以中止履行。中止履行，既可以是中止债务的履行，也可以是中止履行准备行为。另一方面，中止履行需要通知对方当事人，若未通知，则不发生抗辩权行使的效力，当事人在履行期限届至时仍未履行的，构成违约。

2）对方当事人接到通知后，提供适当担保的，不安抗辩权消灭，应当先履行债务的当事人须恢复履行。后履行义务的当事人提供担保的方式，可以是物的担保与人的担保，只要能保障先履行义务人的债权得到实现，均为“适当担保”。

3）中止履行后，对方当事人在合理期限内未恢复履行能力且未提供适当担保的，视为以自己的行为表明不履行主要债务，中止履行的一方可以解除合同并可以请求对方承担违约责任。

案例分析题

（1）甲、乙双方依法互负返还义务。根据《民法典》第 155 条、第 157 条第一句的规定，被撤销的民事法律行为自始没有法律约束力，行为人因该行为取得的财产，应当予以返还；不能返还或者没有必要返还的，应当折价补偿。此外，根据《民法典》第 122 条、第 985 条的规定，因他人没有法律根据，取得不当利益，受损失的人有权请求其返还不当利益。当事人已经完成给付行为的，因给付原因自始不存在而发生不当得利之债。本题中，甲、乙之间的机器设备买卖合同履行完毕后，因甲的欺诈行为而被撤销，导致该买卖合同自始没有法律约束力。此时甲基于买卖合同取得的 1 000 万元即构成不当得利；同时，乙基于买卖合同取得的机器设备亦构成不当得利，甲、乙之间发生给付型不当得利之债，因此双方依法互负返还义务。

（2）甲、乙之间的相互返还义务可以适用同时履行抗辩权。根据《民法典》第 525 条的规定，同时履行抗辩权是指在没有先后履行顺序的双务合同中，一方当事人在对方当事人未履行或者履行不符合约定的情况下，享有拒绝对待给付的抗辩权。同时履行抗辩权的存在基础在于双务合同的牵连性。在双务合同被撤销而产生的恢复原状（相互返还）法律关系中，此时履行请求权转化为恢复原状请求权（不当得利返还请求权），基于双方义务的牵连性，当事人可类推适用同时履行抗辩权。本题中，甲、乙之间的机器设备买卖合同履行完毕后，因甲的欺诈行为而被撤销，导致给付原因自始不存在，因此甲、乙之间产生给付型不当得利之债，由于双方负有的相互返还义务具有牵连性，可以适用同时履行抗辩权。

（3）甲依法应当承担缔约过失赔偿责任。根据《民法典》第 500 条的规定，缔约过失责任是指在合同订立过程中，一方违背其依据诚实信用原则和法律规定所承担的义务致另一方的信赖利益遭受损失时，依法应当承担的损害赔偿责任。其中，故意隐瞒与订立合同有关的重要事实或者提供虚假情况，属于缔约过程中的欺诈行为，是依法应当承担缔约过失责任的情形之一。本题中，甲、乙之间的买卖合同因甲的欺诈行为而被撤销，甲违反诚信原则，由此给乙造成了信赖利益的损失，故甲依法应当承担缔约过失责任，赔偿乙的直接损失，即因为信赖合同成立和生效所支出的各项费用。

（4）该机器设备毁损、灭失的风险应当由乙承担。《民法典》第 604 条规定：“标的物毁损、灭失的风险，在标的物交付之前由出卖人承担，交付之后由买受人承担，但是法律另有规定或者当事人另有约定的除外。”据此可知，买卖合同标的物的风险负担原则上采“交付主义”。本题中，买卖合同被撤销后、机器设备返还之前，标的物仍由买受人乙占有，故此时该机器设备毁损、灭失的风险依法应当由乙承担。

论述题与深度思考题

《民法典》第 522 条第 2 款规定了真正利益第三人合同：法律规定或者当事人约定第三人可以直接请求债务人向其履行债务，第三人未在合理期限内明确拒绝，债务人未向第三人履行债务或者履行债务不符合约定的，第三人可以请求债务人承担违约责任；债务人对债权人的抗辩，可以向第三人主张。在真正利益第三人合同中，债务人依合同约定应向第三人履行债务，第三人对债务人取得履行请求权。利益第三人合同涉及三角关系：债权人与债务人间的法律关系，称为补偿关系；债权人与第三人间的法律关系，称为对价关系；债务人与第三人间的法律关系，称为给付关系（执行关系、第三关系）。

在这一三角关系中，第三人基于法律规定或者当事人约定取得履行请求权，且无须作出接受利益的意思表示，即取得该项利益。但是依据民法自愿原则，他人对被赋予的权利有权拒绝。因此《民法典》第 522 条第 2 款规定，第三人享有在合理期限内拒绝的权利。如果第三人在合理期限内拒绝享有利益，则自始未取得履行请求权。如果第三人在合理期限内未拒绝享有利益，即取得了对债务人的履行请求权。考虑到对第三人的信赖保护，未经第三人同意，债权人与债务人如无正当理由，不得协商削弱或者取消第三人的权利（参照适用《民法典》第 765 条）。

在债务人与第三人之间的给付关系中，第三人对债务人享有履行请求权，虽二者之间无合同关系，但基于给付关系的存在，债务人仍负有给付义务与附随义务。根据《民法典》第 522 条第 2 款，债务人未向第三人履行债务或者履行债务不符合约定的，第三人可以请求债务人承担继续履行、赔偿损失等违约责任。如合同未作约定，因第三人并非合同关系当事人，不宜认为其享有撤销权、法定解除权。《合同编解释》第 29 条第 1 款对此明确规定。债权人与债务人基于意思表示瑕疵的撤销权与债务人的解除权的行使，无须经第三人同意。债务人在补偿关系中对债权人所享有的抗辩，不应因向第三人履行而受到影响。依《民法典》第 522 条第 2 款后半句，债务人对债权人的抗辩，可以向第三人主张。但是，因对价关系仅存在于债权人与第三人之间，故债务人不得援用对价关系所生抗辩对抗第三人。

在债权人与债务人之间的补偿关系中，债务人之所以愿意向第三人给付，是因为其可以在与债权人的合同中获得补偿。因债务人仅向第三人负给付义务，故债权人仅有权依合同请求债务人向第三人履行合同，而不得请求其向自己履行合同。债务人违约时，债权人得请求债务人赔偿自己所受损失。依据《合同编解释》第 29 条第 3 款，债务人按照约定向第三人履行债务，第三人拒绝受领的，除非债务人已经采取提存等方式消灭债务，否则此时债权人有权请求债务人向自己履行债务。同时，第三人拒绝受领或者受领迟延给债务人造成损失的，因第三人在此种补偿关系中仅享有利益，因此债务人有权请求债权人赔偿该损失，债权人与第三人之间则依据他们之间的对价关系处理。

在债权人与第三人之间的对价关系中，对价关系的存在是债权人使第三人取得对债务人的履行请求权的原因。对价关系多为合同关系，有偿合同与无偿合同均属可能。此外，对价关系也可能为法定关系，例如履行法定扶养义务。如对价关系为合同关系，在债权人违约之时，第三人有权请求债权人承担违约责任，第三人也可以基于给付关系请求债务人赔偿损失，但仅可获得一次赔偿，以避免第三人双重受益。

补偿关系或对价关系被撤销、解除后恢复原状的法律关系中，依据《合同编解释》第 29 条第 2 款，债务人有权请求债权人返还财产。债权人与第三人之间则依据他们之间的对价关系处理。

第三十五章　合同的保全

知识逻辑图

- 合同的保全
  - 概念
  - 债权人代位权
    - 概念
    - 要件
      - 债权人对债务人享有债权
      - 债务人怠于行使其债权或者与该债权有关的从权利
      - 债务人怠于行使权利，已影响债权人的到期债权实现
    - 行使
      - 行使方式
        - 代位权诉讼：债权人为原告，次债务人为被告，债务人列为第三人
        - 中断诉讼时效、申报破产债权等保存行为
      - 行使范围：以债权人的到期债权为限
    - 效力
      - 直接受偿效力
      - 非优先受偿效力
      - 费用负担：债权人行使代位权的必要费用，由债务人负担
  - 债权人撤销权
    - 概念
    - 要件
      - 债权人对债务人享有债权
      - 债务人实施了财产行为
      - 债务人实施的财产行为影响债权人的债权实现
    - 行使
      - 行使方式：撤销权诉讼
      - 行使范围：以债权人的债权为限
      - 除斥期间：自债权人知道或者应当知道撤销事由之日起 1 年；自债务人的行为发生之日起 5 年内不行使，撤销权消灭
    - 效力
      - 被撤销的行为自始没有法律约束力
      - 费用负担：债权人行使撤销权的必要费用，由债务人负担

名词解释

1. 合同的保全
2. 债权人代位权
3. “入库”规则
4. 直接受偿规则
5. 债权人撤销权

选择题

（一）单项选择题

1. 下列选项中突破债的相对性的制度是（　　）。

A. 债权的让与
B. 债的担保
C. 第三人代为履行
D. 债的保全

2. 下列关于代位权的说法，不正确的是（　　）。

A. 债权人得以自己的名义行使代位权
B. 债权人代位权的客体为债务人怠于行使的财产权利
C. 若债务人已经请求相对人偿还债务，则债权人不能行使代位权
D. 债权人的债权到期前，也可以代位向债务人的相对人请求其向债务人履行

3. 石某对伍某享有的 10 万元债权现已到期，但是

伍某无力清偿。某日，石某得知潘某曾经向伍某借款8万元，现在也已到期，但是伍某从未向潘某主张过该债权。现石某欲对潘某行使代位权。关于本案，下列说法正确的是（　　）。

A. 石某可以通过诉讼或者仲裁的方式来行使代位权

B. 若石某欲提起代位之诉，则应将伍某与潘某列为共同被告

C. 石某行使代位权的必要费用由伍某负担

D. 若石某胜诉，则潘某应先将扣除诉讼费用后的剩余款项偿还给伍某，再由伍某偿还给石某

4. 甲公司为乙医院提供医疗设备，乙医院欠甲公司设备费用300万元满一年。甲公司发现，丙公司欠乙医院医疗服务费500万元，丙公司逾期支付满两年，乙医院一直未催促丙公司支付服务费。甲公司欲向丙公司行使代位权，遂向法院起诉。关于本案，下列说法正确的是（　　）。（法考改编）

A. 甲公司对丙公司行使代位权，甲公司对乙医院的诉讼时效中止

B. 甲公司对丙公司行使代位权，乙医院对丙公司的诉讼时效中止

C. 甲公司的代位权以300万元为限

D. 甲公司的代位权以500万元为限

5. 对债务人实施的下列行为，债权人可以行使撤销权的是（　　）。（考研）

A. 收养子女导致其偿还债务困难

B. 放弃继承权导致其财产未增加

C. 以市场交易价72%的价格转让财产对债权人造成损害，且受让人知道该情形

D. 以市场交易价135%的价格购入财产对债权人造成损害，且出让人知道该情形

6. 甲对乙享有1万元的债权，乙于2015年6月1日将仅有的1万元财产赠与丙，甲欲行使撤销权。下列关于撤销权的行使，于法有据的是（　　）。

A. 甲以自己的名义，向丙索要该1万元

B. 甲于2021年4月1日向人民法院提起诉讼，要求行使撤销权

C. 甲将行使撤销权追回的1万元钱直接优先清偿自己的债务

D. 甲要求乙承担行使撤销权的诉讼费用，并要求丙根据过错适当分担

7. 甲欠乙5万元逾期不还，乙要求甲马上偿还，否则就起诉。甲遂将自己仅有的财产即市价5万元的汽车以4万元卖给知情的丙，后被乙得知。对于甲和丙之间的买卖合同，下列说法正确的是（　　）。（考研）

A. 乙有权以书面通知方式撤销

B. 乙得知一年后不再享有撤销权

C. 乙有权请求确认无效

D. 乙无权撤销

视频讲题

8. 甲公司在2021年6月1日欠乙公司货款500万元，届期无力清偿。2020年12月1日，甲公司向丙公司赠送一套价值50万元的机器设备。2021年3月1日，甲公司向丁基金会捐赠50万元现金。2021年10月1日，甲公司向戊希望学校捐赠价值100万元的电脑。甲公司的三项赠与行为均尚未履行。下列哪一选项是正确的？（　　）（司考改编）

A. 乙公司有权撤销甲公司对丙公司的赠与

B. 乙公司有权撤销甲公司对丁基金会的捐赠

C. 乙公司有权撤销甲公司对戊学校的捐赠

D. 甲公司有权撤销对戊学校的捐赠

9. 杜某拖欠谢某100万元。谢某请求杜某以登记在其名下的房屋抵债时，杜某称其已把房屋作价80万元卖给赖某，房屋钥匙已交，但产权尚未过户。该房屋市值为120万元。关于谢某权利的保护，下列哪一表述是正确的？（　　）（司考改编）

A. 谢某可请求法院撤销杜某、赖某的买卖合同

B. 因房屋尚未过户，杜某、赖某买卖合同无效

C. 如谢某能举证杜某、赖某构成恶意串通，则杜某、赖某的买卖合同相对于谢某无效

D. 因房屋尚未过户，房屋仍属杜某所有，谢某有权直接取得房屋的所有权以实现其债权

视频讲题

10. 甲欠乙 30 万元到期后，乙多次催要未果。甲与丙结婚数日后即办理离婚手续，在“离婚协议书”中约定将甲婚前的一处住房赠与知悉甲欠乙债务的丙，并办理了所有权变更登记。乙认为甲侵害了自己的权益，聘请律师向法院起诉，请求撤销甲的赠与行为，并为此向律师支付代理费 2 万元。下列哪一选项是正确的？（　　）（司考改编）

A. “离婚协议书”因恶意串通损害第三人利益而无效

B. 如甲证明自己有稳定工资收入及汽车等财产可供还债，法院应驳回乙的诉讼请求

C. 如乙仅以甲为被告，法院应追加丙为第三人

D. 如法院认定乙的撤销权成立，应一并支持乙提出的由丙承担律师代理费的请求

视频讲题

11. 周某与林某协议离婚时约定，孩子归女方林某抚养，周某每年给 1 万元抚养费。离婚后，因林某将孩子由姓周改姓林，周某就停止给付抚养费。2020 年周某将卖粮仅得的 1 万元捐献给了希望工程，自己出去打工了。林某能否请求法院撤销该赠与？（　　）

A. 不能，因为赠与物已经交付

B. 不能，因为是公益性捐赠

C. 不能，因为周某处分的是自己的合法财产

D. 能，因为周某逃避法定的义务进行赠与

（二）多项选择题

1. 下列可以成为债权人代位权客体的是（　　）。

A. 甲享有的其父母为其设定的人寿保险金领取权

B. 甲替家里无人的邻居乙家修理被台风刮塌的房屋而享有的对乙的无因管理费用请求权

C. 甲与乙之间因委托合同而产生的债权

D. 税务局局长甲享有的工资请求权

2. 甲对乙享有债权，乙对丙享有债权。因乙未清偿到期债务，甲欲行使代位权。甲提起代位权诉讼应具备的要件包括（　　）。

A. 甲对乙的债权合法有效

B. 乙对丙的债权已经到期

C. 乙对丙的债权并非专属于乙自身的债权

D. 乙未对丙提起诉讼或仲裁

3. 甲对乙享有 100 万元到期债权，乙无力偿还。现甲得知乙对丙享有 80 万元到期债权，打算对丙行使代位权。对此，以下哪些说法是正确的？（　　）

A. 甲只能通过向法院提起诉讼的方式行使代位权

B. 甲有权请求丙向自己清偿 100 万元

C. 若代位权被认定成立，丙可选择直接向甲履行或者向乙履行清偿义务

D. 若甲胜诉，诉讼费用由丙负担

4. 对于下列哪些行为，债权人有权行使撤销权？（　　）

A. 债务人以自己的财产为他人提供无偿担保

B. 债务人以超出市场价格 1 倍的价格购买他人的房屋

C. 债务人免除他人的债务

D. 债务人以自己的财产为自己的债务提供担保

5. 甲公司与乙公司签订 10 万元建材买卖合同后，乙公司交付建材，甲公司未付建材款。甲公司将该建材用于丙公司办公楼装修，丙公司需向甲公司支付 15 万元装修款，其中 5 万元已经支付完毕。丙公司给乙公司出具“担保函”：“本公司同意以欠甲公司的 10 万元装修款担保甲公司欠乙公司的 10 万元建材款。”乙公司对此并无异议。后，甲公司对乙公司的债务、丙公司对甲公司的债务均届期未偿，且甲公司怠于向丙公司主张债权。下列哪些表述是正确的？（　　）（司考改编）

A. 乙公司对丙公司享有应收账款质权

B. 丙公司应对乙公司承担保证责任

C. 乙公司可以对丙公司提起代位权诉讼

D. 乙公司可以要求并存债务承担人丙公司清偿债务

视频讲题

6. 甲以自有房屋向乙银行抵押借款，办理了抵押登记。丙因甲欠钱不还，强行进入该房屋居住。借款到期后，甲无力偿还债务。该房屋由于丙的非法居住，

难以拍卖，甲怠于行使对丙的返还请求权。乙银行可以行使下列哪些权利？（　　）（司考改编）

A. 请求甲行使对丙的返还请求权，防止抵押财产价值的减少

B. 请求甲将对丙的返还请求权转让给自己

C. 可以代位行使对丙的返还请求权

D. 可以依据抵押权直接对丙行使返还请求权

7. 甲公司对乙公司享有 5 万元债权，乙公司对丙公司享有 10 万元债权。如甲公司对丙公司提起代位权诉讼，则针对甲公司，丙公司的下列哪些主张具有法律依据？（　　）（司考改编）

A. 有权主张乙公司对甲公司的抗辩

B. 有权主张丙公司对乙公司的抗辩

C. 有权主张代位权行使中对甲公司的抗辩

D. 有权要求法院追加乙公司为共同被告

8. 2019 年 8 月 5 日，甲向乙借款 100 万元，约定 2 年后归还本息。自 2020 年以来，甲因受疫情影响，生意萧条，经营连续亏损。现甲欠乙的 100 万元借款已到期，但甲资不抵债，无力清偿。2021 年 8 月 6 日以后，对于甲实施的下列行为，乙有权予以撤销的是（　　）。

A. 甲将自己经营期间购买的一辆长安牌货车送给了好友丙

B. 甲将自己的一台笔记本电脑以低价转让给不知道且不应当知道该情形的丁

C. 甲主动放弃了其对戊享有的 1 万元到期债权

D. 甲的好友辛某见甲穷困潦倒，欲赠与甲 5 万元现金，甲当即表示拒绝接受该赠与

9. 乙向甲借款 20 万元，借款到期后，乙的下列哪些行为导致无力偿还甲的借款时，甲可申请法院予以撤销？（　　）（司考改编）

A. 乙将自己所有的财产用于偿还对他人的未到期债务

B. 乙与其债务人约定放弃对债务人财产的抵押权

C. 乙在离婚协议中放弃对家庭共有财产的分割

D. 乙父去世，乙放弃对父亲遗产的继承权

简答题

1. 简述债权人代位权的构成要件。

2. 简述债权人撤销权的构成要件。

案例分析题

甲向乙借款 10 万元，借款合同中约定还款期限为 2 年，利息为同期银行存款利息的 2 倍。借款合同到期后，甲资不抵债，只能拍卖自己的财产用于还款。丙以远低于市场价的价格从甲处购买了一批货物。在这期间，甲的祖父去世，留给甲一笔价值 11 万元的遗产。甲心灰意冷，放弃继承该笔遗产。后经核算，甲的财产共拍得 6 万元。乙得知丙低价购买货物的情况后，要求甲收回该批货物，重新拍卖。同时，甲的另一个债权人丁，也主张以该批货物拍卖的价款来偿还甲欠自己的 2 万元债务。那么：

（1）乙是否可以请求法院撤销甲和丙之间的买卖合同？

（2）乙可否主张自己请求在先而对抗丁的债权？

（3）乙能否主张就甲放弃继承权的行为行使撤销权？

论述题与深度思考题

试述债权人撤销权的行使及效力。

参考答案

名词解释

1. 合同的保全是指债权人为防止债务人的财产不应减少而减少或者应增加而未增加，危害其债权的实现，对债的关系以外的第三人所采取的保护债权的法律措施。债权人保全债权的权利包括代位权与撤销权。债务人是以自己责任财产的全部担保债务的履行，合同的保全制度旨在将债务人的责任财产恢复到应有的状态，在债权人保护和债务人自由两种价值之间形成平衡。依据《民法典》第 468 条，合同的保全规则实际上构成债的保全的一般性规则，适用于所有债权，而不限于合同债权。

2. 债权人代位权，是指债务人怠于行使权利，债权人为保全债权，以自己的名义代位行使债务人对相对人的权利。

3. “入库”规则，是指从债的平等性原则出发，

债权人行使代位权后应当把通过代位权诉讼所取得的财产“入库”，即归属于债务人，然后所有债权人从债务人处平等受偿。

4. 依据直接受偿规则，债务人的相对人直接向债权人履行债务后，债权人与债务人、债务人与相对人之间相应的权利义务终止。也可称之为“简易债权回收规则”。

5. 债权人撤销权，是指当债务人所为的减少其财产的行为影响债权实现时，债权人为保全债权得请求法院撤销该行为的权利。债权人撤销权也为债权的保全方式之一，是为防止因债务人的责任财产减少而致债权不能实现的现象出现。

选择题

（一）单项选择题

1. 答案：D。债的相对性是指债只发生在特定当事人之间，对于债权债务关系以外的第三人不发生效力。债的保全是债权人为防止债务人的财产不当减少而危害其债权，对债的关系以外的第三人所采取的保护债权的法律措施。它是债权人直接对债的关系以外的第三人所为的行为，突破了传统债只发生在当事人之间这一相对性特征。在第三人代为履行的场合，第三人只是履行主体，而非债的关系的主体，因此没有突破债的相对性。债权让与，是债务人与第三人形成新的债权债务关系，原债权人与债务人的关系不再存在，因此也谈不上突破债的相对性。因此，本题答案为D。

2. 答案：C。A、B项：《民法典》第535条第1款规定，“因债务人怠于行使其债权或者与该债权有关的从权利，影响债权人的到期债权实现的，债权人可以向人民法院请求以自己的名义代位行使债务人对相对人的权利，但是该权利专属于债务人自身的除外”。由此可知，A、B项均正确。C项：这里涉及对“怠于行使”的理解，根据最高人民法院《合同编解释》第33条的规定，所谓怠于行使，是指债务人不履行其对债权人的到期债务，又不以诉讼或者仲裁方式向相对人主张其享有的债权或者与该债权有关的从权利，致使债权人的到期债权未能实现。债务人只要未以诉讼或者仲裁方式向其相对人主张权利，就仍然构成“怠于行使”，否则，就很容易出现债务人和相对人串通，主张债务人已经行使其权利，进而架空代位权的道德风险。故C项错误。D项：《民法典》第536条规定，“债权人的债权到期前，债务人的债权或者与该债权有关的从权利存在诉讼时效期间即将届满或者未及时申报破产债权等情形，影响债权人的债权实现的，债权人可以代位向债务人的相对人请求其向债务人履行、向破产管理人申报或者作出其他必要的行为”。据此，债权人债权未到期的，也可以通过中断诉讼时效、申报破产债权等“保存行为”保全债权。故D项正确。

本题为选非题，综上所述，应选C。

3. 答案：C。A、B项：《民法典》第535条第1款规定：“因债务人怠于行使其债权或者与该债权有关的从权利，影响债权人的到期债权实现的，债权人可以向人民法院请求以自己的名义代位行使债务人对相对人的权利，但是该权利专属于债务人自身的除外。”据此可知，债权人的代位权只能通过诉讼方式而不能通过仲裁方式行使。本题中，石某只能通过诉讼的方式来行使代位权，且只能将债务人的相对人潘某列为被告。因此，A项、B项均错误。C项：根据《民法典》第535条第2款第二句的规定，债权人行使代位权的必要费用，由债务人负担。本题中，石某行使代位权的必要费用应当由次债务人潘某负担。因此，C项正确。D项：《民法典》第537条规定，“人民法院认定代位权成立的，由债务人的相对人向债权人履行义务，债权人接受履行后，债权人与债务人、债务人与相对人之间相应的权利义务终止”。据此可知，关于债权人代位权行使的效力，《民法典》未采绝对意义上的“入库规则”，而采“直接受偿规则”，债务人的相对人（次债务人）直接向债权人履行债务后，债权人与债务人、债务人与相对人（次债务人）之间相应的权利义务终止。本题中，债权人石某胜诉后，次债务人潘某应直接向债权人石某清偿债务，而无须经债务人伍某之手。因此，D项错误。

综上所述，本题的正确答案为C。

4. 答案：C。诉讼时效的中止，是指在诉讼时效进行中（最后6个月内），因出现了法定事由（客观障碍）而暂停诉讼时效进行的法律制度。诉讼时效中止发生在诉讼时效期间届满前6个月。本题中，甲公司对丙公司提起债权人代位权之诉时，300万元和500万元两个债权债务的诉讼时效期间均未在诉讼时效届满前6个月。因此，均不发生诉讼时效中止问题。故A、B项均错误。代位权的行使范围以债权人的到期债权为限（《民法典》第535条第2款第一句）。本题中，甲公司对乙医院的到期债权为300万元。因此，代位权以300万元为限。故C项说法正确，D项说法错误。

综上所述，本题的正确答案为C。

5. 答案：D。A项：根据民法理论，债权人的撤销权是为恢复债务人的责任财产而设的，适用于债务人不应减少而减少其责任财产的情形。从这一制度目的出发，行使撤销权的范围主要是债务人不当减少其财产的行为，而债务人的身份行为不属于该范围，以防止过度干涉债务人的个人事务。本项的收养子女在性质上是身份行为，不能纳入被撤销范围，故A项不当选。B项：遗产继承包括对被继承人的财产和债务的概括承受，放弃遗产继承权并不属于不当处分“自己财产”的行为，不属于适用撤销权的范围，故B项不当选。根据《合同编解释》第42条，转让价格未达到交易时交易地的市场交易价或者指导价70%的，一般可以认定为“明显不合理的低价”；受让价格高于交易时交易地的市场交易价或者指导价30%的，一般可以认定为“明显不合理的高价”。C项：债务人处分财产的交易价格未低于市场价格的70%，债权人无权撤销，故C项不当选。D项：债务人以超过市场价格30%的价格高价收购财产的，债权人有权撤销，故D项当选。

综上所述，本题的正确答案是D。

6. 答案：D。A项：债权人的撤销权由债权人行使。凡于债务人为有害债权行为前有效成立的债权，债权人均可以行使撤销权。因撤销权的行使于第三人有重大利害关系，故撤销权的行使，须由债权人以自己的名义以诉讼方式为之。故A项不当选。B项：为保护交易安全、稳定既存法律秩序，应对债权人撤销权的行使期间作出限制。依《民法典》第541条的规定，撤销权自债权人知道或者应当知道撤销事由之日起1年内行使；自债务人的行为发生之日起5年内没有行使的，该撤销权消灭。故2021年4月1日，甲的撤销权因除斥期间经过已归于消灭，对于其请求法院应不予受理。故B项不当选。C项：债权人行使撤销权后取回的财产属于债务人的责任财产，行使撤销权的债权人并无优先受偿的权利。故C项不当选。D项：根据《民法典》第540条第二句的规定，债权人行使撤销权的必要费用，由债务人负担。而根据《合同编解释》第45条，债权人行使撤销权所支付的合理的律师代理费、差旅费等费用，可以认定为《民法典》第540条规定的“必要费用”。第三人若有过错并造成侵犯债权人债权的后果，则应当根据其过错适当分担费用。故D项当选。

综上所述，本题应选D。

7. 答案：D。《民法典》第539条规定：“债务人以明显不合理的低价转让财产、以明显不合理的高价受让他人财产或者为他人的债务提供担保，影响债权人的债权实现，债务人的相对人知道或者应当知道该情形的，债权人可以请求人民法院撤销债务人的行为。”据此，在债务人有偿处分财产的场合，债权人行使撤销权需要同时符合主观要件和客观要件：主观要件，即只有债务人的相对人知道或应当知道影响债权实现的行为时，债权人才能撤销；客观要件，主要涉及对“明显不合理的低价”的认定，可根据《合同编解释》第42条，转让价格未达到交易时交易地的市场交易价或者指导价70%的，一般可以认定为“明显不合理的低价”；受让价格高于交易时交易地的市场交易价或者指导价30%的，一般可以认定为“明显不合理的高价”。本题中，甲将市价5万元的汽车以4万元卖给知情的丙，主观要件已经满足，但该交易价格并未低于市场价格的70%，故甲、丙之间的买卖合同不属于明显不合理的低价转让行为，甲的债权人乙无权请求撤销。因此，本题的正确答案是D。

8. 答案：C。A、B项：债权人撤销权，是指当债务人所为的减少其财产的行为影响债权人的债权实现时，债权人为保全债权得请求法院撤销该行为的权利。本题中，因甲公司对丙公司的赠与、对丁基金会的捐赠均发生在甲公司与乙公司的债权债务关系形成之前，并未影响乙公司的债权实现，故乙公司均无权基于债权人的撤销权予以撤销。因此，A、B项均错误。C项：《民法典》第658条规定：“赠与人在赠与财产的权利转移之前可以撤销赠与。经过公证的赠与合同或者依法不得撤销的具有救灾、扶贫、助残等公益、道德义务性质的赠与合同，不适用前款规定。”本题中，因甲公司对戊学校的捐赠具有公益性质，故其不能基于赠与人的任意撤销权撤销该捐赠，但是对于债权人乙公司而言，因该捐赠属于债务人甲公司在无力清偿其对乙的债务之后无偿处分财产的行为，影响乙公司的债权实现，故乙公司有权基于债权人的撤销权撤销该捐赠。因此，C项正确、D项错误。

综上所述，本题应选C。

9. 答案：C。A项：《民法典》第539条规定，"债务人以明显不合理的低价转让财产、以明显不合理的高价受让他人财产或者为他人的债务提供担保，影响债权人的债权实现，债务人的相对人知道或者应当知道该情形的，债权人可以请求人民法院撤销债务人的行为"。据此，在债务人有偿处分财产的场合，债权人行使撤销权需要同时符合客观要件和主观要件：客观要件，即债务人以明显不合理的低价转让财产、以明显不合理的高价受让他人财产或者为他人的债务提供担保，影响债权人的债权实现时，债权人才能撤销；主观要件，即只有债务人的相对人知道或应当知道影响债权实现的行为时，债权人才能撤销。本题主要涉及对"明显不合理的低价"的认定，可根据《合同编解释》第42条，转让价格未达到交易时交易地的市场交易价或者指导价70%的，一般可以认定为"明显不合理的低价"；受让价格高于交易时交易地的市场交易价或者指导价30%的，一般可以认定为"明显不合理的高价"。结合本题来看，杜某将市值120万元的房屋以80万元卖给赖某，虽然该交易价格低于市场价格的70%，客观上属于"明显不合理的低价"，但由于相对人赖某主观上并不知道也不应当知道影响债权实现，故谢某无权请求撤销杜某与赖某之间的房屋买卖合同。因此，A项错误。B项：《民法典》第215条规定，"当事人之间订立有关设立、变更、转让和消灭不动产物权的合同，除法律另有规定或当事人另有约定外，自合同成立时生效；未办理物权登记的，不影响合同效力"。据此可知，不动产买卖合同的效力与是否办理了过户登记无关。本题中，杜某与赖某之间的买卖合同并无导致民事法律行为无效的事由，故该合同有效，B项错误。C项：《民法典》第154条规定，"行为人与相对人恶意串通，损害他人合法权益的民事法律行为无效"。据此可知，如谢某能举证杜某、赖某构成恶意串通，则杜某、赖某的买卖合同相对于债权人谢某无效，故C项正确。D项：由于此时房屋尚未过户，说明房屋所有权仍然属于杜某所有，作为债权人的谢某可以提起请求保护债权之诉，请求法院拍卖该房屋以就该房屋所得的价款受偿，但债权不具有直接支配物的权能，故谢某不得主张直接取得房屋的所有权。因此D项错误。

综上所述，本题的正确答案为C。

10. 答案：B。A项：恶意串通，是指行为人与相对人互相勾结，为牟取私利而实施的损害他人合法权益的民事法律行为。根据《民法典》第154条的规定，行为人与相对人恶意串通，损害他人合法权益的民事法律行为无效。本题中，丙虽然知悉甲欠乙债务的事实，但两者并未相互勾结，为牟取私利而实施损害乙的合法权益。因此，不构成恶意串通，"离婚协议书"合法有效。故A项错误。B项：根据《民法典》第538条的规定，债务人以放弃其债权、放弃债权担保、无偿转让财产等方式无偿处分财产权益，或者恶意延长其到期债权的履行期限，影响债权人的债权实现的，债权人可以请求人民法院撤销债务人的行为。据此可知，债权人撤销权的行使需要债务人无偿转让财产的行为有害债权，即影响债权人债权的实现。如甲证明自己有稳定的工资收入及汽车等财产可供还债，则说明甲的行为不会影响债权人债权的实现，无须采取债的保全措施，法院应驳回乙的诉讼请求。故B项正确。C项：债权人提起撤销权诉讼时只以债务人为被告，未将相对人列为第三人的，法院应当追加该相对人为共同被告（《合同编解释》第44条）。据此可知，如乙仅以甲为被告，法院应当追加丙为共同被告，而非应当追加其为第三人。故C项错误。根据《民法典》第540条第二句的规定，债权人行使撤销权的必要费用，由债务人负担。根据《合同编解释》第45条，此处的"必要费用"包括债权人行使撤销权所支付的律师代理费、差旅费等必要费用，由债务人负担；第三人有过错的，应当适当分担。据此可知，如法院认定乙的撤销权成立，应由债务人甲承担律师代理费。故D项错误。

综上所述，本题的正确答案为B。

11. 答案：D。A、B项：《民法典》第658条规定："赠与人在赠与财产的权利转移之前可以撤销赠与。""经过公证的赠与合同或者依法不得撤销的具有救灾、扶贫、助残等公益、道德义务性质的赠与合同，不适用前款规定。"该条是对赠与人本人所享有的任意撤销权及其限制所作的规定，至于赠与人的亲属等利害关系人并非赠与人任意撤销权的适格主体。本题中，对于林某而言，其撤销赠与的请求权基础并非赠与人的任意撤销权，故A、B项均不当选。C、D项：《民法典》第538条规定，"债务人以放弃其债权、放弃债权担保、无偿转让财产等方式无偿处分财产权益，或者恶意延长其到期债权的履行期限，影响债权人的债权实现的，债权人可以请求人民法院撤销债务人的行为”。本题中，周某与林某关于抚养费达成的协议系基于身份关系作出的与财产有关的协议，但《民法典》婚姻家庭编并没有关于抚养费协议履行、保全的规定，根据《民法典》第464条的规定，可以参照适用《民法典》合同编的规则。本题中，对于周某而言，支付抚养费既是法定义务又是约定义务，其在停止给付抚养费的情况下，将仅有的1万元无偿捐赠，导致无责任财产可支付抚养费。此种情形与债务人不当减少自己财产，影响债权人债权实现系最相类似的事项，故可参照适用债权人撤销权规则，赋予周某请求法院撤销有害抚养费实现的赠与行为。因此，C项错误，D项正确。

综上所述，本题应选D。

（二）多项选择题

1. 答案：BC。债权人对专属于债务人自身的债权不得行使代位权。根据最高人民法院《合同编解释》第34条的规定，专属于债务人自身的债权，是指抚养费、赡养费或者扶养费请求权，人身损害赔偿请求权，劳动报酬请求权，请求支付基本养老保险金、失业保险金、最低生活保障金等保障当事人基本生活的权利以及其他专属于债务人自身的权利。据此，本题中，A、D项均系专属于债务人自身的债权，债权人不得代位行使。故本题应选BC。

2. 答案：ABCD。《民法典》第535条第1款规定：“因债务人怠于行使其债权或者与该债权有关的从权利，影响债权人的到期债权实现的，债权人可以向人民法院请求以自己的名义代位行使债务人对相对人的权利，但是该权利专属于债务人自身的除外。”据此，债权人提起代位权诉讼应当符合下列条件：（1）债权人对债务人的债权合法有效；（2）债务人怠于行使其债权或者与该债权有关的从权利；（3）债务人的债权并非专属于债务人自身的权利；（4）债务人怠于行使权利，已影响债权人的到期债权实现。所谓“怠于行使”，是指债务人应当行使其权利，且能够行使而不行使。这里需要注意两点：第一，如果债务人对相对人的债权尚未到期，则债务人无法行使其债权，此时不发生债权人代位权。第二，根据最高人民法院《合同编解释》第33条的规定，所谓怠于行使，是指债务人不履行其对债权人的到期债务，又不以诉讼或者仲裁方式向相对人主张其享有的债权或者与该债权有关的从权利，致使债权人的到期债权未能实现。结合本题来看，四个选项均为债权人甲行使代位权的要件，故本题的正确答案为ABCD。

3. 答案：AD。A项：根据《民法典》第535条第1款的规定，债权人应向人民法院请求以自己的名义代位行使权利。由此可知，债权人应当以诉讼方式行使代位权，而不能以仲裁方式或诉讼外通知的方式行使代位权。故A项正确。B项：《民法典》第535条第2款第一句规定，债权人“代位权的行使范围以债权人的到期债权为限”。参考最高人民法院《关于适用〈中华人民共和国合同法〉若干问题的解释（一）》（已失效）第21条的规定，此处应解释为以债权人的债权能够实现的范围为限，也即以债务人的债权额和债权人的债权额为限，超越此范围，则债权人不能行使代位权。据此，本题中，甲仅能向丙主张清偿80万元。故B项错误。C项：《民法典》第537条第一句规定，“人民法院认定代位权成立的，由债务人的相对人向债权人履行义务，债权人接受履行后，债权人与债务人、债务人与相对人之间相应的权利义务终止”。由此可知，代位权行使的效力采“直接受偿规则”，相对人丙应当直接向债权人甲履行清偿义务。故C项错误。D项：《民法典》第535条第2款后句规定：“债权人行使代位权的必要费用，由债务人负担。”此外，可参考最高人民法院《关于适用〈中华人民共和国合同法〉若干问题的解释（一）》（已失效）第19条的规定，“在代位权诉讼中，债权人胜诉的，诉讼费用由次债务人负担，从实现的债权中优先支付”。由此可知，代位权诉讼的费用应由丙负担。故D项正确。

综上所述，本题的正确答案为AD。

4. 答案：ABC。债权人撤销权是为避免债务人不应减少而减少其责任财产，从而将债务人的责任财产恢复到应有状态而设的，故撤销权行使的要件之一是债务人的行为有害债权。所谓有害债权，是指债务人的行为足以减少其责任财产，而使债权不能完全受偿。本题中，A项和C项均属于无偿处分财产权益的行为，B项属于以明显不合理的高价受让他人财产，均系《民法典》第538、539条明文列举的可撤销的不当财产行为；D项中为自己的债务担保并未减少债务人自己的责任财产，不具备行为有害债权这一要件，故并非债权人可撤销的不当财产行为。

综上所述，本题应选 ABC。

5. 答案：BC。A、B 项：应收账款的质押应当由该应收账款的债权人提供，而本题中出具“担保函”的是债务人丙公司，故该行为不构成应收账款的质押，但丙公司存在为甲公司提供担保的意思表示，因此丙公司应在 10 万元的额度内向乙公司承担保证责任。故 A 项错误，B 项正确。C 项：乙公司对甲公司享有的债权、甲公司对丙公司享有的债权均已到期，且甲公司怠于行使其对丙公司的债权，导致其不能清偿对乙公司的债务，故乙公司得向丙公司提起代位权之诉，C 项正确。D 项：债务加入，又称为并存的债务承担，是指原债务人不退出债的关系，第三人加入债务中，作为新债务人和原债务人一起向债权人负有连带债务。《民法典》第 552 条明确规定了债务加入的规则：第三人与债务人约定加入债务并通知债权人，或者第三人向债权人表示愿意加入债务，债权人未在合理期限内明确拒绝的，债权人可以请求第三人在其愿意承担的债务范围内和债务人承担连带债务。加入债务的第三人的清偿义务和保证人的保证责任存在区别：前者是第三人直接加入债务人行列，和债务人负有同一内容的连带债务；而后者是第三人以保证人的身份，在债务人不履行债务时承担保证责任这一从属性债务。对于第三人而言，债务加入更为不利，仅在其有明确的债务加入意思表示时方能认定为并存的债务承担。本题中的“担保函”中丙只有担保的意思表示，不存在加入债务的意思表示，故 D 项错误。

综上所述，本题的正确答案为 BC。

6. 答案：AB。A 项：《民法典》第 408 条规定了抵押权人的保全请求权——“抵押人的行为足以使抵押财产价值减少的，抵押权人有权请求抵押人停止其行为；抵押财产价值减少的，抵押权人有权请求恢复抵押财产的价值，或者提供与减少的价值相应的担保。抵押人不恢复抵押财产的价值，也不提供担保的，抵押权人有权请求债务人提前清偿债务。”据此，本题中，甲怠于行使对丙的返还原物请求权，致使该房屋难以拍卖，因甲的不作为足以使该房屋价值减少，故乙银行有权请求甲行使对丙的返还原物请求权，以防止抵押财产价值的减少。因此，A 项正确。B 项：根据《民法典》第 235 条的规定，无权占有不动产的，权利人可以请求返还原物。本题中，因丙占有该房屋并无任何本权，故甲对丙享有物权人的返还原物请求权；又因该权利不具有人身专属性，故乙银行可以请求甲将对丙的返还原物请求权转让给自己。因此，B 项正确。C 项：根据《民法典》第 535 条第 1 款的规定，债权人代位权的行使对象为债权或者与该债权有关的从权利。本题中，因甲对丙的返还原物请求权系物权请求权，而非债权，故乙银行无权代位行使该权利。因此，C 项错误。D 项：民法理论中一般认为返还原物请求权的权利主体既包括自物权人，也包括他物权人，但是该他物权必须包含占有的权能，由此，不应认为抵押权人享有返还原物请求权。本题中，因乙银行为抵押权人，故其无权依据抵押权直接对丙行使返还原物请求权。因此，D 项错误。

综上所述，本题应选 AB。

7. 答案：ABC。A、B 项：根据《民法典》第 535 条第 3 款的规定，相对人对债务人的抗辩可以向债权人主张，故 A、B 项正确。C 项：在代位权诉讼中，作为诉讼关系中的直接当事人，债务人的相对人（被告）对债权人（原告）也享有某些直接的程序性或实体性的抗辩权。实体性的抗辩权主要涉及原告行使债权人代位权的要件是否满足，例如《民法典》第 535 条第 2 款第一句规定，“代位权的行使范围以债权人的到期债权为限”，因此，在代位权诉讼中债权人行使代位权的请求数额超过债务人所负债务额，或者超过相对人对债务人所负债务额的，对超出的部分，人民法院不予支持。据此，丙公司有权主张代位权行使中对债权人甲公司的抗辩。故 C 项正确。D 项：代位权诉讼是针对债务人的相对人的诉讼，而不是针对债务人的诉讼，所以相对人与债务人不能被列为共同被告，但债务人是与案件有利害关系的第三人。债权人以相对人为被告向法院提起代位权诉讼，未将债务人列为第三人的，法院应当追加债务人为第三人。本题中，丙有权请求追加乙公司为第三人，而不是共同被告。故 D 项错误。

综上所述，本题的正确答案为 ABC。

8. 答案：AC。债权人撤销权，是指当债务人所为的减少其财产的行为影响债权人的债权实现时，债权人为保全债权得请求法院撤销该行为的权利。债权人可撤销的债务人的财产行为可以分为两类：第一，无偿财产行为。对于该类行为，无论是公益性的还是私益性的，无论相对人是善意还是恶意，债权人一概可以请求撤销（《民法典》第 538 条）。第二，有偿财产行为。对于该类行为，为保护交易安全，债权人行使撤销权需要同时符合客观要件和主观要件：客观要件，即债务人以明显不合理的低价转让财产、以明显不合理的高价受让他人财产或者为他人的债务提供担保，影响债权人的债权实现，债权人才可以请求撤销；主观要件，即只有债务人的相对人知道或应当知道影响债权实现的行为时，债权人才能撤销（《民法典》第539条）。A项：若甲将自己经营期间购买的一辆货车送给丙，则乙有权撤销该无偿转让财产的行为。故A项当选。B项：若甲将自己的一台笔记本电脑以低价转让给不知道且不应当知道该情形的丁，由于相对人丁主观上不知情，乙无权撤销该转让行为。故B项不当选。C项：甲主动放弃其对戊享有的1万元到期债权，系无偿处分财产，乙有权撤销该放弃债权的行为。故C项当选。D项：对于债务人拒绝接受财产利益的行为（如拒绝接受赠与、遗赠、继承），民法理论上一般认为不能作为债权人撤销权的撤销对象。因此，本项中，若甲拒绝接受好友的现金赠与，乙无权撤销甲拒绝接受赠与的行为。故D项不当选。

综上所述，本题的正确答案为AC。

9. 答案：ABC。债权人撤销权，是指当债务人所为的减少其财产的行为影响债权人的债权实现时，债权人为保全债权得请求法院撤销该行为的权利。债权人可撤销的债务人的财产行为可以分为两类：第一，无偿财产行为。对于该类行为，无论是公益性的还是私益性的，无论相对人是善意还是恶意，债权人一概可以请求撤销（《民法典》第538条）。第二，有偿财产行为。对于该类行为，为保护交易安全，债权人行使撤销权需要同时符合客观要件和主观要件：客观要件，即债务人以明显不合理的低价转让财产、以明显不合理的高价受让他人财产或者为他人的债务提供担保，影响债权人的债权实现，债权人才可以请求撤销；主观要件，即只有债务人的相对人知道或应当知道影响债权实现的行为时，债权人才能撤销（《民法典》第539条）。《民法典》第538条与第539条列举了七种债务人不当处分自己财产的行为：第一，放弃其到期或未到期的债权；第二，放弃债权担保；第三，无偿转让财产；第四，恶意延长其到期债权的履行期限；第五，以明显不合理的低价转让财产；第六，以明显不合理的高价收购他人财产；第七，为他人的债务提供担保。结合本题来看，A项：本项并不在上述法律明文列举的不当处分财产行为中，但从法理上分析应同属此类不当处分财产的行为。这是因为，根据民法理论，债权人的撤销权是为恢复债务人的责任财产而设的，适用于债务人不应减少而减少其责任财产的情形。本项中，在乙欠甲的20万元借款到期后，乙放弃对未到期债务的“期限利益”，用自己所有的财产清偿未到期债务这一不当减少自己责任财产的行为，显然已经影响了债权人甲的到期债权实现，亦有违债权平等受偿的原则，故甲理应有权请求行使债权人撤销权。因此，A项当选。B项：本项中，在乙欠甲的20万元借款到期后，若乙与其债务人约定放弃对债务人财产的抵押权，属于“放弃债权担保”，甲有权撤销。因此，B项当选。C项：若乙在离婚协议中放弃对家庭共有财产的分割，其效果形同于“无偿转让财产”，甲应有权撤销。因此，C项当选。D项：与C项不同的是，遗产继承包括对被继承人之财产和债务的概括承受，乙放弃遗产继承权并不属于不当处分“自己财产”的行为，甲无权请求撤销。因此，D项不当选。

综上所述，本题应选ABC。

简答题

1. 债权人的代位权应满足如下构成要件。

（1）债权人对债务人享有债权。

如果没有债权，则不生债权保全的问题，且原则上，债权人对债务人的债权需已到期，即债务人在履行期限届满后仍未依约履行债务。若债权尚未到期，则债务人仍有可能届期充实责任财产，如允许债权人行使代位权，则会导致债务人的期限利益丧失。不过，债权人的债权到期前，债务人的债权或者与该债权有关的从权利存在诉讼时效期间即将届满或者未及时申报破产债权等情形，影响债权人的债权实现的，债权人可以代位向债务人的相对人请求其向债务人履行、向破产管理人申报或者作出其他必要的“保存行为”。

（2）债务人怠于行使其债权或者与该债权有关的从权利。

“怠于行使”首先是指债务人应当行使其权利，且能够行使而不行使；其次是指债务人不以诉讼方式或者仲裁方式向其相对人主张权利。债务人单纯地以书面形式向相对人主张权利，只要其未以诉讼或者仲裁方式向其相对人主张权利，就仍然构成“怠于行使”。代位权的客体，即债务人怠于行使的权利，包括债务人对相对人的债权或者与该债权有关的从权利。其中，“与该债权有关的从权利”并不限于“狭义之债的从权利”，满足“影响债权人的到期债权实现”和“该权利专属于债务人自身的除外”这两个实质要件的“广义之债的从权利”也包括在其中。

（3）债务人怠于行使权利，已影响债权人的到期债权实现。

若债务人怠于行使权利不影响债权人的到期债权实现，则不发生代位权。在债权人的债权为金钱债权时，如债务人已无资力，且不行使其对相对人的权利，即应被认定为将“影响债权人的到期债权实现”。

2. 债权人的撤销权应满足如下构成要件。

（1）债权人对债务人享有债权。

首先，因债权人撤销权是债权保全的手段，故若无债权，则不生债权人撤销权的问题。因债权人撤销权的制度目的在于避免债务人积极减少责任财产，影响债权实现，若要求债权人的债权已经到期，可能导致债权人的债权无法实现，故债权人的债权无须一定到期。其次，债权人对债务人的债权，应当在影响债权实现的行为实施前已经存在。最后，该债权须与债务人总体上的责任财产变动有关，仅影响债权人受领特定物的债权的，债权人不得以此为由行使撤销权。

（2）债务人实施了财产行为。

债权人撤销权行使的对象应为财产行为，事实行为不生撤销问题。具体来说，可撤销的债务人的财产行为依其处分对象、有偿或无偿，而在主观要件上要求不同。

1）债务人的无偿财产行为，如债务人放弃其债权、放弃债权担保、无偿转让财产、恶意放弃到期债权等无偿处分财产情形。在债务人无偿处分财产权益的情况下，不要求债务人明知或应知其行为会影响债权人的实现；在延长到期债权的履行期限的情况下，要求债务人具有恶意（明知）。在上述两种情形，债务人的相对人主观上对此是否明知或应知，不影响债权人撤销权的成立。

2）债务人的有偿财产行为，如债务人以明显不合理的低价转让财产，以明显不合理的高价受让他人财产，为他人的债务提供担保的行为。在有偿处分财产的情形下，因债务人的相对人支付了对价，为了保护交易安全，债权人撤销权的构成要件应更为严格，只有当债务人的相对人在取得权利时主观上知道或者应当知道影响债权实现的行为时，债权人才享有撤销权。

值得注意的是，债务人为他人的债务提供担保，未必均涉及交易安全。如果债务人是为他人的既存债务提供担保，且该他人未支付任何对价，则这属于纯粹的无偿财产行为，此时无须相对人主观上明知或应当知道债务人的行为将影响其债权人的债权实现。

（3）债务人实施的财产行为影响债权人的债权实现。

是否影响的判断标准为，债务人实施财产行为时，是否使债务人陷于无资力，即债务人处分财产后，其财产不足以清偿债务。是否影响债权实现的判断时点，一般应为债务人实施财产行为时。

案例分析题

（1）若丙主观上明知或应当知道甲的低价转让行为将影响乙的债权实现，则乙有权基于债权人的撤销权，请求法院撤销甲和丙之间的买卖合同。《民法典》第539条规定：“债务人以明显不合理的低价转让财产、以明显不合理的高价受让他人财产或者为他人的债务提供担保，影响债权人的债权实现，债务人的相对人知道或者应当知道该情形的，债权人可以请求人民法院撤销债务人的行为。”本案中，甲以明显不合理的低价转让财产，并因此影响到乙的10万元债权的实现，故若丙主观上明知或应当知道甲的行为影响乙的债权实现，则乙有权基于债权人的撤销权，请求法院撤销甲和丙之间的买卖合同。

（2）乙以自己请求在先为由对抗丁的债权，不能成立。《民法典》第542条规定：“债务人影响债权人的债权实现的行为被撤销的，自始没有法律约束力。”据此，债务人低价转让财产的行为被撤销后，债务人的相对人所取得的财产自动复归为债务人的责任财产。但是，债务人与相对人间不会发生权利直接变动的效果。应当认为债权人行使撤销权后取回的财产属于债务人的责任财产，行使撤销权的债权人并无优先受偿的权利。本案中，在先行使撤销权的债权人乙不得从受领的给付物中优先受偿，而应由全体债权人共同平等受偿，故乙以自己请求在先为由对抗丁的债权，不能成立。

（3）乙不能主张撤销甲放弃继承权的行为。结合我国民事法律的规定及民法理论可知，债权人撤销权行使的对象应为财产行为，且债务人实施的具有人身专属性质的财产行为不能被撤销。本案中，继承权是具有明显人身专属性质的权利，债务人放弃继承的权利应受尊重。在意定之债中，基于遗嘱自由，债权人更无合理理由期待债务人以其继承的财产清偿债务。因此乙不能就甲放弃继承权的行为行使撤销权。

论述题与深度思考题

债的保全旨在将债务人的责任财产恢复到应有的状态，在债权人保护和债务人自由两种价值之间形成平衡。其中，债权人的撤销权是为恢复债务人的责任财产而设的，适用于债务人不应减少而减少其责任财产的情形。这就决定了债权人撤销权的行使方式和法律效果。

（1）债权人撤销权的行使方式。

第一，债权人应以撤销权诉讼的形式行使撤销权。

根据《民法典》第 538 条、第 539 条的规定，债权人应以自己的名义，且以诉讼的方式行使撤销权。撤销权是对债务人行为自由的干预，打破了合同相对性原则，直接影响到第三人的利益，由法院对撤销权的行使予以审查，有利于防止撤销权的不当行使，并尽快明确法律关系。撤销权诉讼的管辖法院为债务人或者相对人的住所地人民法院。被告为债务人，未将受益人或者受让人列为第三人的，法院应当追加该受益人或者受让人为第三人。两个以上债权人就债务人的同一行为提起撤销权诉讼的，人民法院可以合并审理（《合同编解释》第 44 条）。

学说上对于债权人撤销权的性质存在不同意见。关于撤销权的性质，有形成权说、请求权说、责任说、折中说等不同的学说。形成权说认为，撤销权是依债权人的意思表示而使债务人与相对人间的民事法律行为溯及地消灭。依此说，诉讼类型为形成诉讼，被告为债务人及相对人（与转得人）。请求权说认为，撤销权的实质为对于因债务人的行为而受有利益的相对人请求其返还财产的权利。依此说，债务人的民事法律行为的效力并不消灭，诉讼类型为给付诉讼，被告为相对人（与转得人）。责任说认为，债权人并不需要请求受益人返还利益，即得将其视为债务人的责任财产，申请法院径行对其强制执行。依此说，诉讼类型为形成诉讼，被告为相对人（与转得人）。折中说认为，债权人的撤销权不仅以撤销债务人与相对人间的行为为内容，而且含有请求恢复原状以取得债务人财产的作用，因而兼具形成权与请求权双重性质。依此说，债权人撤销权诉讼兼具形成诉讼与给付诉讼的性质，被告为相对人（与转得人）；也有观点认为被告为债务人及相对人（与转得人）。

当债务人仅是与相对人设定负担，并未发生真正的财产移转时，债权人对相对人就没有任何请求权而言。对这一点，请求权说无法解释；折中说则认为仅产生相对效力，导致法律关系过于复杂。责任说则赋予撤销权人以优先受偿的效力，其正当性似乎存在欠缺。因此，更为妥当的观点仍然是形成权说。当然，可以将撤销权诉讼和针对债务人在行为被撤销后对相对人（与转得人）的请求权的代位权诉讼结合在一起，以更好地体现效率，但应当考虑程序衔接的问题。

第二，债权人撤销权的行使范围以债权人的债权为限。

《民法典》第 540 条第一句规定，撤销权的行使范围以实现债权人的债权为限，目的在于尽可能地减少对交易安全的影响。当然，如果涉及不可分割的物，可以就其整体予以撤销。

第三，债权人行使撤销权受除斥期间的限制。

为保护交易安全、稳定既存法律秩序，应对债权人撤销权的行使期间作出限制。撤销权应自债权人知道或者应当知道撤销事由之日起 1 年内行使。自债务人的行为发生之日起 5 年内没有行使撤销权的，该撤销权消灭（《民法典》第 541 条）。

（2）债权人撤销权行使的效力。

第一，被撤销的行为对债权人自始没有法律约束力。

债权人的撤销权成立，债务人的行为被法院撤销的，债务人的行为自始没有法律约束力（《民法典》第 542 条）。因此，债务人与相对人之间不会发生权利直接变动的效果。债务人放弃其债权、放弃债权担保的行为被撤销后，债务人的相对人仍对债务人负有债务，其担保人仍对债务人负有担保责任。债务人无偿或者低价转让财产的行为、高价受让财产的行为被撤销后，债务人的相对人所取得的财产自动复归为债务人的责任财产。但是，债务人与相对人之间的合同的效力不应因此受到影响，而仅是对债权人没有法律约束力或者无效，否则债权保全的制度的手段会超过目的，不符合比例原则。债务人为他人的债务提供担保的行为被撤销后，债务人不再负有担保责任。债务人已经承担担保责任的，担保权人对债务人负有返还义务。

此外，债权人行使撤销权后取回的财产属于债务人的责任财产，行使撤销权的债权人并无优先受偿的权利。

第二，债权人行使撤销权的必要费用，由债务人负担。

《民法典》第540条第二句规定，债权人行使撤销权的必要费用，由债务人负担。这里的“必要费用”包括债权人行使撤销权所支付的律师代理费、差旅费等，原则上均由债务人负担；第三人有过错的，应根据其过错适当分担（《合同编解释》第45条）。

第三十六章　合同的变更和转让

知识逻辑图

- 合同的变更
  - 概念
    - 此处仅指合同内容的变更，不包括合同当事人或者合同主体的改变
    - 合同变更没有使合同丧失同一性，故有别于合同更新
  - 要件
    - 存在已成立的合同关系
    - 对合同的内容进行了变更
    - 须依当事人协议或依法律的直接规定及裁判，有时依形成权人的意思表示
    - 须遵守法律要求的方式
  - 法律效果
    - 当事人应当按照变更后的内容履行合同，但已作出的履行仍然有效
    - 原则上不影响当事人要求赔偿损失的权利
    - 未经第三人同意不得对其产生不利影响，否则对该第三人不发生效力
- 债的转移
  - 概述
    - 概念
      - 在不改变债的内容的前提下，债的一方当事人将其享有的债权或者承担的债务全部或者部分地转让给第三人
    - 分类
      - 依所转让内容：债权转让、债务承担、合同权利义务的一并转让
      - 依发生原因：基于民事法律行为的债的移转、基于法律直接规定的债的移转、基于法院裁判的债的移转
    - 特征
      - 事先存在债权债务关系
      - 债的内容保持不变
      - 债的主体发生变更
      - 债保持同一性
  - 债权转让
    - 含义：不改变债权内容，由债权人通过合同将债权转让给第三人
    - 功能：发挥债权的经济价值，实现债权的流通性，实现多种交易模式的构建可能
    - 要件
      - 有有效债权存在
      - 所转让的债权具有可转让性
      - 有有效的债权转让的合意
    - 债权转让的通知
      - 目的：平衡债务人的利益保护与债权的流通性
      - 效力：仅是债权转让对债务人生效的条件，不决定转让时间和债权归属
    - 债权转让的效力
      - 内部效力
        - 债权及其从权利转让于受让人
        - 让与人应当使受让人能够完全行使债权
        - 让与人对让与的债权负瑕疵担保责任
      - 外部效力
        - 债务人接到债权转让通知后，应向受让人履行债务
        - 债务人可以向受让人主张其对让与人的抗辩
        - 债务人可以向受让人主张抵销权
        - 债权多重转让时的优先顺位规则
        - 让与人负担因债权转让而增加的履行费用

- 债的转移
  - 债务转移
    - 含义：又称免责的债务承担，指不改变债务的内容，债务人将债务全部或部分转让给第三人
    - 要件
      - 债务存在且不具有不可转移性
      - 债务人和第三人之间订立债务转移合同
      - 经债权人同意
    - 法律后果
      - 债务全部转移的，第三人完全取代原债务人，债权人有权请求新债务人履行债务
      - 债务部分转移的，第三人与原债务人各自对债权人负有按份债务，原债务人对第三人的履行能力不负有担保责任
      - 原债务人基于其与债权人之关系所产生的抗辩延续至新债务人
      - 原债务人的抵销权不延续
      - 新债务人承担与主债务有关的从债务
  - 债务加入
    - 含义：又称并存的债务承担，原债务人不退出债权债务关系，与加入的新债务人一起向债权人负连带债务
    - 要件
      - 债务存在且不具有不可转移性
      - 存在债务加入合同
      - 应当通知债权人或原债务人，明确拒绝的债务加入合同对其不发生效力
    - 法律后果
      - 第三人在其愿意承担的债务范围内与原债务人一起对债权人负有连带债务新债务人的抗辩、抵销权、有关从债务的承担，原则上适用债务转移的有关规定为原债务人提供的担保不受影响，对加入的第三人不发生担保效力
      - 第三人履行债务后与原债务人之间的关系，无约定的，依第三人代为履行处理
  - 债的概括承受
    - 合同权利义务的一并转让
    - 其他法定债权债务的一并转让
  - 合同权利义务的一并转让
    - 含义与方式
      - 又称合同地位转让，指合同关系的一方当事人将其权利义务一并转移给第三人
      - 并非债权转让和债务转移的简单组合，与当事人地位相关联的撤销权、解除权随之转移
    - 构成
      - 权利义务有效存在且具有可转移性
      - 经对方当事人同意，否则该转让对对方当事人不生效
    - 效果：转让的一方当事人退出合同关系，第三人成为新的当事人，享有当事人的所有权利，承担当事人的所有义务

名词解释

1. 合同变更
2. 合同更新
3. 债的移转
4. 债权转让
5. 债务转移
6. 债务加入
7. 债的概括承受
8. 合同权利义务的一并转让

选择题

（一）单项选择题

1. 下列各选项属于合同变更的是（　　）。

A. 甲将自己与乙之间的合同变更为甲和丙之间的

合同

B. 甲与乙订立合同购买一台笔记本电脑，由于笔记本电脑缺货，合同更改为购买台式电脑

C. 甲向乙购买一批货物，定价 1 万元，后甲把货款更改为 5 000 元

D. 甲欲借乙的自行车，乙自行车已经出借，便从丙处借来一辆代替

2. 关于合同变更，下列说法不正确的是（　　）。

A. 当事人双方协商一致可以变更合同

B. 合同解除权人可以变更合同

C. 法律、行政法规规定变更合同应办理批准、登记等手续的，应依照法律的规定

D. 当事人对合同变更的内容约定不明确的，推定为合同没有变更

3. 在当事人意思表示不明的情形下，（　　）的改变原则上被推定为合同更新。

A. 标的物　　B. 当事人

C. 履行期限　　D. 履行地点

4. 甲公司与乙公司合并成立一个丙公司，甲、乙公司的债权和债务由丙公司承受。这种债的变更在法律上被称为（　　）。

A. 债权债务的概括承受

B. 债务转移

C. 混同

D. 债权让与

5. 下列行为中不属于债的移转的是（　　）。

A. 甲继承其父 10 万元的遗产和 5 万元的债务

B. 甲企业分立成乙、丙两家企业，乙、丙协议承担甲企业的债务

C. 甲将自己 5 万元债权转让给同学乙

D. 甲经债务人同意将 5 万元债权转让给乙，同时约定免除债务人的利息义务

6. 下列行为能够发生有效的债权转让的是（　　）。

A. 甲看乙困难将自己的五保户生活保障金请求权让与乙

B. 甲请乙来做讲座，乙随便指派其学生丁代其前来

C. 甲将自己购买经济适用房的指标转让给乙

D. 甲将自己对乙的 10 万元债权，转让给丙，未经乙的同意，但已经通知了乙

7. 下列关于债权让与效力的表述，不正确的是（　　）。

A. 从权利随同债权一并转让，该从权利专属于债权人自身的除外

B. 债务人可以向受让人主张其对让与人的抗辩权

C. 债权让与通知发出后，债务人对债权人的给付不发生清偿效果

D. 债务人可以向受让人主张抵销权

8. 甲与某影视公司签订合同，约定甲半年内完成一部电影剧本，影视公司支付稿酬 40 万元。后甲将请求支付稿酬的权利转让给乙。请求支付稿酬的权利（　　）。（考研改编）

A. 非经影视公司同意不得转让

B. 依合同性质不得转让

C. 在转让通知到达影视公司时发生转让

D. 在转让合同生效时发生转让

9. 甲与某影视公司签订合同，约定甲半年内完成一部电影剧本，影视公司支付稿酬 40 万元。后甲因工作过多，拟将合同权利义务概括转让给同为编剧的乙。该概括转移（　　）。

A. 依该合同的性质不得转让

B. 可以部分转让

C. 因违背诚实信用原则不得转让

D. 通知影视公司后即可转让

10. 关于债务移转的法律后果，以下说法错误的是（　　）。

A. 债务被部分转移的，债务人和第三人对债权人各自承担按份债务

B. 债务人对第三人的履行能力不负有担保义务

C. 新债务人可以向债权人主张原债务人对债权人的一切实体抗辩和程序抗辩

D. 新债务人可以继续向债权人主张原债务人的抵销权

11. 明月公司在经营中分别欠松林公司、清泉公司到期货款 180 万元、100 万元，现三方达成以下“协议”：（1）松林公司将其货款债权全部转让给清泉公司；（2）明月公司将其 6 台生产设备的所有权转移给清泉公司抵充部分货款；（3）明月公司法定代表人王某以个人名义为清泉公司的货款债权提供保证担保。后明月公司未依约向清泉公司交付生产设备。现法院依法受理了石溪公司对明月公司的破产申请。关于本案，下列说法正确的是（　　）。

A. 债权转让后，明月公司对松林公司的抗辩权不得向清泉公司主张

B. “协议”的内容既涉及债权让与，又涉及以物抵债

C. 王某以个人名义为清泉公司的货款债权提供的保证担保，应视为连带责任保证

D. 王某有权在明月公司的财产强制执行完毕前，拒绝向清泉公司承担保证责任

视频讲题

12. 甲公司对乙公司享有10万元债权，乙公司对丙公司享有20万元债权。甲公司将其债权转让给丁公司并通知了乙公司。丙公司未经乙公司同意，将其债务转移给戊公司。如丁公司对戊公司提起代位权诉讼，戊公司下列哪一抗辩理由能够成立？（　　）（司考改编）

A. 甲公司转让债权未获乙公司同意

B. 丙公司转移债务未经乙公司同意

C. 乙公司已经要求戊公司偿还债务

D. 乙公司、丙公司之间的债务纠纷有仲裁条款约束

13. 甲将其对乙享有的10万元货款债权转让给丙，丙再转让给丁，乙均不知情。乙将债务转让给戊，得到了甲的同意。丁要求乙履行债务，乙以其不知情为由抗辩。下列哪一表述是正确的？（　　）（司考改编）

A. 甲将债权转让给丙的行为无效

B. 丙将债权转让给丁的行为无效

C. 乙将债务转让给戊的行为无效

D. 如乙清偿10万元债务，则享有对戊的求偿权

14. 甲经乙公司股东丙介绍购买乙公司矿粉，甲依约预付了100万元货款，乙公司仅交付部分矿粉，经结算欠甲50万元货款。乙公司与丙商议，由乙公司和丙以欠款人的身份向甲出具欠条。其后，乙公司未按期支付。关于丙在欠条上签名的行为，下列哪一选项是正确的？（　　）（司考改编）

A. 构成第三人代为清偿

B. 构成免责的债务承担

C. 构成并存的债务承担

D. 构成无因管理

视频讲题

（二）多项选择题

1. 下列关于合同的变更依据，说法正确的是（　　）。

A. 合同可基于法律的直接规定而变更

B. 合同可基于裁判机关的裁判而变更

C. 双方当事人协商一致也可以变更合同

D. 合同的变更须遵守法律要求的方式

2. 合同内容的变更方式有（　　）。

A. 依法律规定而变更

B. 依法院裁判而变更

C. 依仲裁裁决而变更

D. 依当事人协议而变更

3. 以下关于合同变更的法律效果，说法正确的是（　　）。

A. 合同变更原则上对已履行的部分也具有约束力

B. 协商一致的合同变更原则上不影响当事人要求赔偿损失的权利

C. 当事人之间的合同变更，未经第三人同意，不得对该第三人产生不利影响

D. 合同没有发生变更的部分对当事人仍具有法律约束力

4. 债的法定移转是指基于法律的直接规定而发生的债的移转。下列哪些选项属于债的法定移转？（　　）（司考改编）

A. 保险人对第三人的代位求偿权

B. 企业法人合并或分立时对原债权债务的承担

C. 继承人在继承遗产的范围内对被继承人生前债务的清偿

D. 根据买卖不破租赁规则，租赁物的受让人对原租赁合同的承受

5. 下列债权不得转让的有（　　）。

A. 甲对乙享有的赌债

B. 承租人请求交付租赁物的债权

C. 某剧场对歌唱家刘某享有的为其演出的合同

债权

D. 公司与离职员工订立竞业禁止协议的不作为债权

6. 张某欠李某货款 10 万元，迟迟不履行。李某一气之下将该债权拆分 10 等份，每份 1 万元，分别转让给 10 个朋友，并通知张某逐一履行。关于李某的债权转让，下列说法正确的是（　　）。（法考改编）

A. 债权转让未经张某同意无效

B. 李某无权将该债权拆分转让

C. 原则上该转让通知不得撤销

D. 履行合同增加的费用应由李某承担

7. 甲公司对乙公司因仓储合同负有债务，乙公司依法将该债权转让给丙公司，则甲公司对丙公司取得下列哪些抗辩权？（　　）

A. 甲公司与乙公司之间合同不成立的抗辩权

B. 合同履行期尚未届至的抗辩权

C. 被让与债权已经过了诉讼时效的抗辩权

D. 合同已经消灭的抗辩权

8. 甲公司欠乙公司 200 万元货款，甲公司与丙公司约定丙公司加入甲公司对乙公司的债务，但丙公司只承诺还 100 万元，并及时将情况通知了乙公司，乙公司表示同意，嗣后丙公司偿还了 50 万元。根据《民法典》的规定，以下哪些说法正确？（　　）（法考改编）

A. 该债务承担协议自通知乙公司时对乙公司有效

B. 乙公司有权请求丙公司支付 150 万元

C. 丙公司偿还 50 万元后有权向甲公司追偿

D. 甲公司对乙公司的抗辩可以向丙公司主张

视频讲题

9. 某音乐学院的声乐老师詹某向其好友李某借款 6 万元用于装修声乐工作室，双方约定由詹某为李某的儿子小李辅导声乐课以抵作利息。在此之前，李某曾委托詹某为其儿子小李选购某电钢琴一架，詹某代为垫付的钢琴价款 1 万元，李某尚未偿还。现詹某欲将该笔 6 万元债务转让给方某。对此，下列说法不正确的是（　　）。

A. 该债务转让未经李某书面同意即对李某不发生效力

B. 詹某催告后，若李某在合理期限内未作表示，即视为其同意该债务转让

C. 若李某同意转让该债务，则从属于该债务的从债务也一并转移至方某

D. 若李某同意转让该债务，则方某可以主张詹某对李某享有的 1 万元到期债权与该 6 万元债务在等额内抵销

视频讲题

简答题

1. 简述合同变更与合同更新的区别。
2. 简述债权转让的要件。
3. 简述债务转移与第三人代为履行的区别。
4. 简述债务转移的法律后果。
5. 简述债务加入与债务转移的区别。
6. 简述债务加入与连带保证的区别。

案例分析题

1. 甲于 2020 年 6 月 16 日向乙借款 1 万元，约定一年之后偿还，利息参照同期银行利率。一年之后，还款期限已届，甲没有足够的本钱还款。甲的好朋友丙得知后，自愿代替甲偿还该笔欠款。甲欣然同意，双方签订协议。此时，乙已经出外打工，下落不明，于是甲没有将自己与丙之间的协议告知乙。丙将 1 万元款项向当地公证部门提存。乙回乡后，得知该情况，那么：

（1）丙可否以债务人的身份代替甲向乙偿款？

（2）如果丙答应替甲还 5 000 元，甲只将这一协议通知乙，而未取得乙同意，是否发生法律效力？

（3）如果乙已同意甲、丙之间的协议，那么丙的提存行为是否符合法律规定？

2. 甲从乙处借了 5 万元钱。甲的老友丙表示愿意

替甲偿还债务，并与甲签订了债务承担协议，但是没有征得乙的同意。那么：

（1）该债务承担协议有效吗?

（2）如果乙表示同意，但丙没有实际替甲还款，那么乙应向谁主张责任?

论述题与深度思考题

试述债权转让的效力。

参考答案

名词解释

1. 合同变更，是指合同成立后，当事人对合同的内容进行修改或者补充。此处所称的合同变更，仅指合同内容的变更，不包括合同当事人或者合同主体的改变。合同的变更不仅可以通过当事人协商一致的民事法律行为实现，还可以通过人民法院的判决或者仲裁机构的裁决实现。

2. 所谓合同更新，又被称为合同更改，是消灭旧的权利义务，设定新的权利义务。合同更新使合同丧失了同一性。

3. 债的移转，是指在不改变债的内容的前提下，债的一方当事人将其享有的债权或者承担的债务全部或者部分地转让给第三人。债的移转按照所转让内容的不同可以分为债权转让、债务承担和合同权利义务的一并转让。同时，各种类型的债都可以全部或者部分转让。债的移转按照发生原因的不同可以分为基于民事法律行为的债的移转、基于法律直接规定的债的移转和基于法院裁判的债的移转。

4. 债权转让，是指不改变债权的内容，由债权人通过合同将债权转让给第三人。债权人既可以将债权全部转让，也可以将债权部分转让。债权全部转让的，第三人作为受让人取代原债权人即让与人的地位，成为新的债权人；债权部分转让的，除双方另有约定外，第三人作为受让人，和让与人按份享有债权。

5. 债务转移，又被称为“免责的债务承担”，是指不改变债务的内容，债务人将债务全部或者部分地转让给第三人。债务全部转移的，新的债务人完全取代了原债务人而全面地履行债务；债务部分转移的，原债务人和新债务人负有按份债务。

6. 债务加入，又被称为“并存的债务承担”，即原债务人不退出债权债务关系，第三人加入债务中，作为新债务人和原债务人一起向债权人负有连带债务。

7. 债的概括承受，是指债权债务一并转让给第三人。根据债的发生原因不同，债的概括承受可以分为合同权利义务的一并转让和其他法定债权、债务的一并转让。之所以作出此种分类，是因为合同权利义务通过约定一并转让时，与当事人地位联系在一起的撤销权、解除权等权利也随之转让；而法定的债权债务虽然也可能通过约定而被一并转让，但一般不会涉及撤销权、解除权等权利的转让，因此可以被认为是债权转让和债务转移的结合，并无像合同权利义务通过约定一并转让那样强的特殊性。

8. 合同权利义务的一并转让，又被称为概括转让或者合同地位转让，是指合同关系的一方当事人将其合同权利义务一并转移给第三人，由第三人全部地承受这些权利义务。合同权利义务的一并转让不同于债权转让、债务转移的是，它是一方当事人对其当事人地位的转让，其转让的内容并非债权转让和债务转移的简单组合，而是第三人成为新的当事人，因此，与当事人地位联系在一起的撤销权、解除权等权利也一并转移给第三人。

选择题

（一）单项选择题

1. 答案：C。合同的变更是指合同成立后，当事人对合同的内容进行修改或者补充。此处所称的合同变更，仅指合同内容的变更，不包括合同当事人或者合同主体的改变。债权人和债务人的改变，是由债权转让、债务转移等制度调整的。此外，还应区分合同变更与合同更新。所谓合同更新，又被称为合同更改，是消灭旧的权利义务，设定新的权利义务。其与合同变更的区别在于，合同变更没有使合同丧失同一性，合同更新则使合同丧失了同一性。学说上一般认为，区分合同变更和合同更新关键看当事人的意思表示和订立合同的目的，以及客观上是债的要素变更还是非要素变更。在当事人意思表示不明的情形下，标的物的重大变化和合同性质的重大改变等原则上被推定为合同更新，而标的物数量的少量增减、履行地点的改变、履行期限的顺延等原则上被推定为合同变更。据此，本题中，A项属于合同主体的变更；B、D项涉及标的物这一债的要素变更，合同失去了同一性，故属于合同更新；C项涉及当事人对货款数额这一合同内容的变更，既无合同主体改变，也无债的要素变更，故属于合同变更。因此，本题应选C项。

2. 答案：B。根据《民法典》第543条的规定，合同变更需要当事人双方协商一致，A项正确。而合同解除权可依当事人协商一致而发生，也可依当事人事先约定、法律规定或者发生法定情形而产生，享有解除权的当事人并不必然可以变更合同，B项错误。《民法典》第502条第3款规定，法律、行政法规规定合同的变更等情形需要办理批准等手续方生效的，应当依照其规定，C项正确。《民法典》第544条规定，当事人对合同变更的内容约定不明确的，推定为未变更，D项正确。故本题只有B项不正确，当选。

3. 答案：A。区分合同变更和合同更新关键看当事人的意思表示和订立合同的目的，以及客观上是债的要素变更还是非要素变更。在当事人意思表示不明的情形下，标的物的重大变化和合同性质的重大改变等原则上被推定为合同更新，而标的物数量的少量增减、履行地点的改变、履行期限的顺延等，原则上被推定为合同变更。B项中合同当事人的改变属于债权转让、债务转移；C、D项不涉及债的要素变更，一般被推定为合同变更；A项是债的要素变更，被推定为合同更新。综上，本题的正确答案为A。

4. 答案：A。债的移转，按照所转让内容的不同可以分为债权转让、债务转移和债的概括承受。债的概括承受，是指债权债务一并转让给第三人。根据债的发生原因不同，债的概括承受可以分为合同权利义务的一并转让和其他法定债权、债务的一并转让。混同是指债权债务同归于一人，导致债权债务终止。本题属于法人合并情形中的债权、债务一并转让，属于法定的债的概括承受。《民法典》第67条规定，法人合并的，其权利和义务由合并后的法人享有和承担。因此，本题正确答案为A。

5. 答案：D。债的移转，是指在债的内容保持不变的情形下，债的主体发生变更。债的移转与狭义的债的变更共同构成广义的债的变更。债的移转原因是引起债的主体变更的法律事实，主要包括：法律行为、法律规定、法院裁判等。本题中，A、B项均属于法定的债权债务的一并转让；C项属于债权转让；D项中债的主体和债的内容都发生了改变，因此不属于债的移转，而是广义上债的变更。本题为选非题，综上所述，应选D。

6. 答案：D。债权的让与需要满足特定的条件，其中最重要的一点就是转让的债权须具备可让与性。不具有可让与性的债权主要包括：根据债权性质不得让与的债权；按照当事人约定不得让与的债权；依照法律规定不得让与的债权。本题中，A项：该项属于以特定债权人为基础的债权，是根据债权性质不得转让的债权。B项：债权人的变动必然导致债权内容的实质性变更，也是根据债权性质不得转让的债权。C项：该项属于依照法律规定不得转让的债权。D项：《民法典》第546条第1款规定，“债权人转让债权，未通知债务人的，该转让对债务人不发生效力”。因此，债权让与不以债务人同意为生效要件，但应当通知债务人。故本项中甲、丙之间的债权转让已发生效力。综上所述，本题的正确答案为D。

7. 答案：C。A项：《民法典》第547条第1款规定，债权人转让债权的，受让人取得与债权有关的从权利，但是该从权利专属于债权人自身的除外。此处所指从权利包括抵押权、质权、保证等担保权利，以及附属于主债权的利息等孳息请求权等从权利。故A项正确。B项：《民法典》第548条规定，债务人接到债权转让通知后，债务人对让与人的抗辩，可以向受让人主张，故B项正确。C项：最高人民法院《合同编解释》第48条规定，债务人在接到债权转让通知前已经向让与人履行，受让人请求债务人履行的，人民法院不予支持；债务人接到债权转让通知后仍然向让与人履行，受让人请求债务人履行的，人民法院应予支持。由此可知，债权转让对债务人发生效力的时间是债务人接到通知时而非让与人发出通知时，在债务人接到债权转让通知前，其对债权人的给付仍然能发生清偿效果，故C项错误。D项：根据《民法典》第549条的规定，债务人可以向受让人主张独立抵销和非独立抵销，前者须债务人接到债权转让通知时，债务人对让与人享有债权，且债务人的债权先于转让的债权到期或者同时到期；后者须债务人的债权与转让的债权是基于同一合同产生。故D项正确。综上所述，仅C项错误，当选。

8. 答案：D。A项：根据《民法典》第546条，债权人转让债权，未通知债务人的，该转让对债务人不发生效力。因此，甲将请求支付稿酬的权利转让给乙无须影视公司的同意。B项：依据债权的性质不得转让的债权主要包括以下类型：一是当事人基于信任关系订立的委托合同、赠与合同等产生的债权；二是债权人的变动必然导致债权内容的实质性变更的债权；三是债权人的变动会危害债务人基于基础关系所享有的利益，实质性地增加了债务人的负担或风险，或实质性地损害了债务人的利益。本题中请求支付稿酬的权利并不属于以上情形，不具有不可转让性。C项和D项：要注意区分债权转让的内部效力和外部效力，内部效力是指对原债权人与新债权人的效力，外部效力是指对债务人的效力。对于甲和乙而言，只要不存在民事法律行为的无效事由，债权转让自转让合同生效时发生效力，但只有在转让通知到达债务人即影视公司后，其效力才能及于影视公司。因此，C项错误，D项正确，本题应选D项。

9. 答案：A。根据《民法典》第545条的规定，债权人可以将合同的权利全部或者部分转让给第三人，但有下列情形之一的除外：（1）根据债权性质不得转让；（2）按照当事人约定不得转让；（3）依照法律规定不得转让。本题中，甲想将自己的债权债务转让给乙，但是该债权债务（剧本创作）是基于影视公司对甲个人的信任关系而发生的，甲将债权债务转让给乙必然会导致债权债务内容的实质性变更，因此不能转让，故A项正确，B项错误。本题的情形和诚实信用原则没有关系，C项错误。根据《民法典》第551条的规定，债务人将债务的全部或者部分转移给第三人的，应当经债权人同意。即使该债权债务能够转移，也应当经过影视公司同意而非仅仅通知影视公司，D项错误。综上所述，本题的答案为A。

10. 答案：D。A项：债务被部分转移的，除另有约定外，第三人仅对部分债务负责，原债务人对未转移的部分债务仍须负责，两个债务各自独立，第三人和债务人对债权人负有按份债务。故A项正确。B项：除另有约定外，债务人对第三人的履行能力不负有担保义务。即使新债务人不履行债务或者陷入破产，导致债权不能实现，债权人也不能要求原债务人继续履行。故B项正确。C、D项：《民法典》第553条规定，债务人转移债务的，新债务人可以主张原债务人对债权人的抗辩；原债务人对债权人享有债权的，新债务人不得向债权人主张抵销。据此，原债务人基于其与债权人之关系所产生的抗辩，均延续至新债务人；而原债务人的抵销权是对自己债权的处分，并非抗辩，不能由新债务人行使。故C项正确，D项错误。综上所述，D项错误，当选。

11. 答案：B。A项：《民法典》第548条规定，债务人接到债权转让通知后，债务人对让与人的抗辩，可以向受让人主张。据此，债务人有权向受让人主张其对让与人的抗辩权。本题中，因明月公司、松林公司、清泉公司达成三方协议，松林公司将其货款债权转让给清泉公司，故明月公司（债务人）对松林公司（让与人）享有的抗辩权可以继续对清泉公司（受让人）主张。因此，A项错误。B项：在民法理论中，当事人协议以他种给付代替原定给付的，称为代物清偿。在我国司法实践中，此类协议被称为以物抵债协议。本题中，“协议”约定“松林公司将其货款债权全部转让给清泉公司”系债权让与，“明月公司将其6台生产设备的所有权转移给清泉公司以折抵部分货款”系以物抵债。因此，B项正确。C项：《民法典》第686条第2款规定，当事人在保证合同中对保证方式没有约定或者约定不明确的，按照一般保证承担保证责任。据此，本题中，“协议”未约定王某为清泉公司的货款债权提供保证的方式，王某应按照一般保证承担保证责任。故C项错误。D项：根据《民法典》第687条第2款的规定，若人民法院已经受理债务人破产案件，则一般保证人不得行使先诉抗辩权。本题中，因法院已经依法受理了石溪公司对明月公司的破产申请，故王某不得对清泉公司行使先诉抗辩权。因此，D项错误。综上所述，本题的正确答案为B。

12. 答案：B。A项：《民法典》第546条规定，债权人转让债权，未通知债务人的，该转让对债务人不发生效力。本题中，甲公司（让与人）将其债权转让给丁公司（受让人）并通知了乙公司（债务人），该转让即已对乙公司（债务人）发生效力，无须获得乙公司的同意。故A项的抗辩理由不能成立，不当选。B项：《民法典》第551条第1款规定，债务人将债务的全部或者部分转移给第三人的，应当经债权人同意。本题中，丙公司（债务人）将自己对乙公司（债权人）的全部债务转让给戊公司需要得到乙公司（债权人）的同意，否则该转让无效，丙公司仍然为债务人，丁公司不能直接向戊公司行使代位权。故B项的抗辩理由成立，当选。C项：如乙公司（债权人）已经要求戊公司偿还债务，则应认定乙公司（债权人）以行为方式表明了其同意债务转移，戊公司成为债务人，丁公司可以向其主张代位权。因此，C项的抗辩理由不能成立，不当选。D项：乙公司、丙公司之间的仲裁条款仅约束乙公司和丙公司，并非丁公司行使代位权的阻却事由。因此，D项中的抗辩理由亦不能成立，不当选。综上所述，本题应选B。

13. 答案：D。A、B项：债权让与的效力区分为内部效力与外部效力，内部效力是指对原债权人与新债权人的效力，外部效力是指对债务人的效力。对此，《民法典》第546条第1款规定：债权人转让债权，未通知债务人的，该转让对债务人不发生效力。本题中，甲将其对乙享有的10万元货款债权转让给丙，对甲与丙而言，只要双方的债权让与协议不存在民事法律行为无效的事由，那么该协议即为有效的，但因甲未通知乙，故该协议相对于乙不发生效力。A项未区分债权让与的内部效力与外部效力，直接将其认定为无效是错误的。同理，B项也是错误的。C项：《民法典》第551条第1款规定，债务人将债务的全部或者部分转移给第三人的，应当经债权人同意。本题中，因乙对两次债权让与均不知情，故相对于乙而言，其债权人仍为甲；乙征得甲的同意后将该债务转让给戊，该转让行为无论是对乙与戊，还是对甲，均有效。因此，C项错误。D项：本题中，乙将其债务全部转让后，已经脱离债务关系，故若其清偿10万元债务，则其可基于无因管理或者不当得利之债享有对真正的债务人戊的求偿权。故D项正确。

14. 答案：C。A、B项：根据《民法典》第523条的规定，当事人约定由第三人向债权人履行债务，第三人不履行债务或者履行债务不符合约定的，债务人应当向债权人承担违约责任。此所谓第三人代为履行制度。在第三人代为履行的场合，第三人系以其给付行为，有意识地为他人履行债务。第三人为履行主体，而非债的关系的主体。结合本题来看，乙公司作为债务人，其与丙以共同欠款人的身份向甲公司出具欠条。从丙系共同“欠款人”这一身份来看，丙与乙公司之间并不存在由丙代乙公司向甲公司履行债务的意思，并不构成第三人代为履行。同时，该约定亦不会导致原债务人乙公司免于向甲承担债务的法律效果，换言之，乙公司并未退出债务清偿的法律关系，其应向甲承担继续履行的责任。因此，亦不构成免责的债务承担。故A、B项均错误。C项：从乙公司与丙共同以“欠款人”的身份向甲出具该欠条来看，三者之间构成并存的债务承担关系，即在原债务人乙公司并不退出其与甲的债权债务关系的情况下，丙加入债务履行的法律关系中，由原债务人乙公司和新债务人丙共同向债权人甲承担责任。故C项正确。D项：根据《民法典》第121条的规定，没有法定的或约定的义务，为避免他人利益受损失而进行管理的人，有权请求受益人偿还由此支出的必要费用。本题中，丙加入债务承担系基于其与乙公司之间的约定，且结合丙的股东身份及介绍交易的前行为来看，其系为自己的利益，故不构成无因管理。因此，D项错误。综上所述，本题的正确答案为C。

（二）多项选择题

1. 答案：ABCD。合同可以基于法律的直接规定、裁判机关的裁判程序、双方当事人协商一致而变更。而且合同的变更须遵循法律要求的方式，法律、行政法规规定合同的变更需要办理批准等手续才能生效的，应当依照其规定。因此，本题四个选项均是正确的，应选ABCD。

2. 答案：ABCD。本题四个选项均属于合同变更的方式。基于法律的直接规定而变更合同的，如债务人违约使履行合同的债务变为损害赔偿债务，变更的法律效果系当然发生。依法院裁判、仲裁裁决而变更合同的，如《民法典》第533条规定的情势变更场合下，当事人申请法院或仲裁机构司法变更合同。除此以外的合同变更，一律由当事人各方协商一致方能发生合同变更的法律效力。因此，本题应选ABCD。

3. 答案：BCD。如果双方当事人就变更事项达成了一致意见，变更后的内容就取代了原合同的内容，当事人应当按照变更后的内容履行合同，合同没有发生变更的部分仍具有法律约束力。但是，除非当事人另有约定，合同变更原则上仅对合同未履行的部分具有约束力。如果当事人在合同变更前已经作出了履行，则除当事人另有明确约定外，合同的变更不具有溯及力，当事人所作出的履行仍然有效。当事人协商一致的合同变更原则上不影响当事人要求赔偿损失的权利，除非当事人有免除或者改变对方违约责任的明确意思表示。同时，当事人之间的合同变更，未经第三人同意，不得对该第三人产生不利影响，否则对该第三人不发生效力。《民法典》第422条、第695条和第765

条等对此有明文规定。综上所述，仅A项说法不正确，本题应选BCD。

4. 答案：ABCD。债的移转，又称债的主体的变更，是指债在保持内容不变的情形下，主体发生变更。其具体表现为债权让与、债务承担、债的概括承受。债的移转按照发生原因的不同可以分为：基于民事法律行为的债的移转、基于法律规定的债的移转和基于法院裁判的债的移转。本题所言债的法定移转，即是指基于法律的直接规定而发生的债的移转。

A项：《保险法》第60条第1款规定，因第三者对保险标的的损害而造成保险事故的，保险人自向被保险人赔偿保险金之日起，在赔偿金额范围内代位行使被保险人对第三者请求赔偿的权利。据此，保险人自向被保险人赔偿保险金之日起，依法取得代位求偿权；代位求偿权在实质上即保险人依法取代被保险人成为新债权人。本项属于法定的债权让与，故当选。B项：《民法典》第67条规定："法人合并的，其权利和义务由合并后的法人享有和承担。""法人分立的，其权利和义务由分立后的法人享有连带债权，承担连带债务，但是债权人和债务人另有约定的除外。"据此，法人合并或分立时，合并之前法人的债权债务依法移转给合并后的法人。本项属于法定的债权债务一并转让，故当选。C项：《民法典》第1161条第1款第一句规定："继承人以所得遗产实际价值为限清偿被继承人依法应当缴纳的税款和债务。"据此，《民法典》采"概括继承原则"，继承人在所继承遗产的范围内对被继承人生前所负的债务承担清偿责任。本项属于法定的债权债务一并转让，故当选。D项：《民法典》第725条规定，租赁物在承租人按照租赁合同占有期限内发生所有权变动的，不影响租赁合同的效力。该条确认了民法理论中的所有权不破租赁规则。所谓不破租赁，即原租赁合同的权利义务依法移转给新所有权人。本项属于法定的债权债务一并转让，故当选。综上所述，本题应选ABCD。

5. 答案：ABCD。A项：赌债不具有合法性，不是真正意义上的债权，不得转让。B项：债权人的变动会危害债务人基于基础关系所享有的利益，实质性地增加债务人的负担或风险，或实质性地损害债务人的利益，不得转让。C、D项：债权人的变动必然导致债权内容的实质性变更，不得转让。因此，本题应选ABCD。

6. 答案：CD。A项：《民法典》第546条第1款规定，债权人转让债权，未通知债务人的，该转让对债务人不发生效力。据此，债权转让对债务人利益影响不大，无须经过债务人同意，通知债务人即可对其生效。本题中，李某（债权人）将债权转让之后，已经通知张某（债务人）逐一履行，该债权转让行为在李某、张某和各受让人之间均已发生效力，故A项说法错误。B项：债权转让中被让与的债权必须具有可让与性。不得让与的债权有三种情形：一是根据债权性质不得转让，二是按照当事人约定不得转让，三是依照法律规定不得转让。本题中，张某（债务人）欠李某（债权人）的10万元货款债权系货币之债且不存在上述不得转让的情形，因此李某有权拆分转让。故B项错误。C项：《民法典》第546条第2款规定，债权转让的通知不得撤销，但是经受让人同意的除外。由此可知，为保护债务人的信赖利益，债权转让的通知原则上不得撤销，除非受让人同意。本题中，李某（债权人）将债权拆分转让后已通知张某（债务人），债权转让的外部效力也已发生，除非受让人同意，否则转让通知不得撤销。故C项正确。D项：《民法典》第550条规定，因债权转让增加的履行费用，由让与人负担。因此，本题中因债权转让增加的履行费用，应由让与人李某负担。故D项正确。综上所述，本题的正确答案为CD。

7. 答案：ABCD。债权转让的外部效力发生后，债务人可以向受让人主张其对让与人的抗辩。这些抗辩包括阻止或者排斥债权的成立、存续或者行使的所有事由所产生的一切实体抗辩以及程序抗辩，包括：诉讼时效完成的抗辩，债权不发生的抗辩，债权因清偿、提存、免除、抵销等而消灭的抗辩，基于双务合同产生的同时履行抗辩权、不安抗辩权和先履行抗辩权，先诉抗辩权以及程序上的抗辩等。由此可知，本题四个选项均属于债务人可得主张的抗辩权，均应选。

8. 答案：ACD。本题考查债务加入制度。债务加入，又被称为"并存的债务承担"，即原债务人不退出债权债务关系，第三人加入债务中，作为新债务人和原债务人一起向债权人负有连带债务。《民法典》第552条明确规定了债务加入的规则："第三人与债务人约定加入债务并通知债权人，或者第三人向债权人表示愿意加入债务，债权人未在合理期限内明确拒绝的，债权人可以请求第三人在其愿意承担的债务范围内和债务人承担连带债务。”A项：涉及并存的债务承担协议何时对债权人生效。在并存的债务承担中，第三人加入债务的偿还，不仅不会降低原债务人的偿债能力，反而还会增强偿债能力，因此，第三人加入债务无须经过债权人同意，通知债权人即可，若债权人未表示拒绝，则债务加入即生效。本题中，甲公司与丙公司约定丙公司加入甲公司对乙公司的债务，并及时将情况通知了乙公司，乙公司并未表示拒绝。因此，该债务承担协议自通知乙公司时对乙公司有效。故A项正确。B项：涉及第三人加入债务的法律效力。在并存的债务承担中，第三人自愿加入债务承担的行列，但仅在其愿意承担的债务范围内和债务人承担连带责任。本题中，甲公司与丙公司约定丙公司加入甲公司对乙公司的债务，但丙公司只承诺还“100万元”，因此，丙公司（第三人）仅在100万元范围内和甲公司（债务人）一起对乙公司（债权人）承担连带责任。由于丙公司“偿还了50万元”，因此，乙公司有权请求丙再支付50万元而非150万元。故B项错误。C项：最高人民法院《合同编解释》第51条第1款规定：第三人加入债务并与债务人约定了追偿权，其履行债务后主张向债务人追偿的，人民法院应予支持；没有约定追偿权，第三人依照民法典关于不当得利等的规定，在其已经向债权人履行债务的范围内请求债务人向其履行的，人民法院应予支持，但是第三人知道或者应当知道加入债务会损害债务人利益的除外。因此，丙公司偿还债务后享有向甲公司的追偿权，故C项正确。D项：最高人民法院《合同编解释》第51条第2款规定：债务人就其对债权人享有的抗辩向加入债务的第三人主张的，人民法院应予支持，故D项正确。综上所述，本题的正确答案为ACD。

9. 答案：ABCD。A项：《民法典》第551条第1款规定，“债务人将债务的全部或者部分转移给第三人的，应当经债权人同意”。据此可知，债务人转让债务时的确须征得债权人的同意，但对于该同意的意思表示形式并无要求，债权人以口头、书面、积极的行为方式明确表示同意均可。因此，A项错误。B项：《民法典》第551条第2款规定，“债务人或者第三人可以催告债权人在合理期限内予以同意，债权人未作表示的，视为不同意”。据此可知，本题中，若李某在催告后的合理期限内未作表示，应视为其不同意该债务转让。故B项错误。C项：《民法典》第554条规定，“债务人转移债务的，新债务人应当承担与主债务有关的从债务，但是该从债务专属于原债务人自身的除外。”本题中，因詹某为小李辅导声乐课这一从债务属于依据其性质专属于詹某自身的债务，故该从债务不能随主债务的移转而转移至方某承担。因此，C项错误。D项：原债务人的抵销并非抗辩，而是对自己债权的处分，依《民法典》第553条后半句的规定，“原债务人对债权人享有债权的，新债务人不得向债权人主张抵销”，否则无异于承认新债务人可以处分原债务人的权利。因此，本题中，因李某对詹某承担1万元债务而产生的抵销权，作为新债务人的方某无权行使。故D项错误。综上所述，本题四个选项均不正确，均应选。

简答题

1. 合同变更是指合同成立后，当事人对合同的内容进行修改或者补充。而所谓合同更新，又被称为合同更改，是消灭旧的权利义务，设定新的权利义务。二者的区别如下。

（1）合同变更与合同更新的根本区别在于，合同变更没有使合同丧失同一性，合同更新则使合同丧失了同一性。故在合同变更中，合同债权所附着的担保、抗辩等利益和瑕疵继续存在，而在合同更新中，这些利益和瑕疵均归于消灭。

（2）学说上一般认为，区分合同变更和合同更新关键看当事人的意思表示和订立合同的目的，以及客观上是债的要素变更还是非要素变更。在当事人意思表示不明的情形下，标的物的重大变化和合同性质的重大改变等原则上被推定为合同更新，而标的物数量的少量增减、履行地点的改变、履行期限的顺延等原则上被推定为合同变更。

（3）合同更新以当事人之间的协议为基础，而合同的变更不仅可以通过当事人协商一致的民事法律行为实现，还可以通过人民法院的判决或者仲裁机构的裁决实现。

2. 债权转让通常是基于让与人和受让人之间关于转让债权的协议即债权转让合同而发生，须具备以下条件方能生效。

（1）要求存在有效的债权。

债权转让合同的目的是转让债权，因而必须存在有效的债权。这里所称的有效债权包括现有债权和将来债权。

(2) 要求所让与的债权具有可让与性。

债权作为典型的财产权，原则上具有可转让性。但是，为了维护社会公共利益或者特定主体的私人利益，法律又对债权的可转让性进行了一定限制。为此，《民法典》第 545 条明确规定了债权不得转让的情形：1) 根据债权性质不得转让的权利。主要包括以下类型：当事人基于信任关系订立的委托合同、赠与合同等产生的债权；债权人的变动必然导致债权内容实质性变更的债权；债权人的变动会危害债务人基于基础关系所享有的利益的债权；不作为债权一般也不可被单独转让。2) 按照当事人约定不得转让的权利。3) 依照法律规定不得转让的权利。

(3) 要求具备有效的债权转让的合意。

最为常见是的债权人和第三人之间签订债权转让合同，该债权转让合同适用民事法律行为和合同的一般规定。法律、行政法规规定应当办理批准等手续方生效的，还应依法办理这些手续。

3. 债务转移与第三人代为履行都是由原债权债务关系以外的第三人向债权人履行债务，从而使原来存在的全部或部分债权债务归于消灭。

两者的区别主要有以下几方面。

(1) 在债务人转移债务时，债务人应当征得债权人的同意。而在第三人代为履行债务的情况下，符合法律规定时，第三人单方表示代替债务人清偿债务或者与债务人达成代替其清偿债务的协议，不必经债权人同意；甚至在第三人对于履行该债务具有合法利益时，债权人无权拒绝。

(2) 在债务人转移债务的情况下，第三人作为新的债务人相应地取代债务人；而第三人代为履行时，不涉及债务人的变化，第三人只是履行主体而不是债务人，债权人不能把第三人作为债务人要求第三人履行债务。

(3) 在债务人转移债务后，第三人相应地作为债务人，如果第三人未能履行债务，债权人可以直接请求第三人履行，而不能再要求原债务人履行；而在第三人代为履行的情况下，第三人不履行或者不完全履行的，债权人只能要求债务人承担责任，而不能要求第三人承担责任。

债务转移和第三人代为履行的界限有时并不十分清晰，在实践中，法官往往通过考察约定中是具有较强的履行意愿还是更着重为第三人设定义务来区分。当事人之间就是债务转移还是第三人代为履行约定不清晰的，应当基于保护债权人对债务人的资信状况或者债务履行能力的信赖，认为是由第三人代为履行债务而非债务转移，因此，第三人不履行债务或者履行债务不符合约定的，由债务人而非第三人向债权人承担责任。

4. 债务移转生效之后发生以下法律后果。

(1) 除另有约定外，全部债务被转移后，原债务人脱离债权债务关系而不再是债务人，而由第三人完全取代原债务人的地位，成为新的债务人。债权人有权请求该第三人履行债务，并在第三人不履行债务或者不完全履行债务时请求第三人承担责任。债务被部分转移的，除另有约定外，第三人仅就部分债务负责，原债务人对未转移的部分债务仍须负责，两个债务各自独立，第三人和债务人对债权人负有按份债务。除另有约定外，债务人对第三人的履行能力不负有担保义务。即使新债务人不履行债务或者陷入破产导致债权不能实现，债权人也不能要求原债务人继续履行。

(2) 原债务人基于其与债权人之关系所产生的抗辩的延续。依《民法典》第 553 条前半句，“债务人转移债务的，新债务人可以主张原债务人原债务人对债权人的抗辩”债务人转移债务的，新的债务人取代了原债务人的地位，承担其履行义务的责任，但是债务仍然具有同一性，因而与债的更新不同。这意味着新债务人和原债务人具有相同的法律地位，因此，原债务人享有的对债权人的抗辩不因债务的转移而消灭，新债务人可以继续向债权人主张。原债务人对债权人的抗辩，是基于债权人和原债务人之间的法律关系所产生的抗辩，并且，抗辩不限于抗辩权，阻止或者排斥债权的成立、存续或者行使的所有事由所产生的一切实体抗辩和程序抗辩，均可由新债务人向债权人主张。

(3) 原债务人抵销权的不延续。原债务人的抵销并非抗辩，而是对自己债权的处分。依《民法典》第 553 条第二分句，债务转移中，因债权人对原债务人承担的债务而产生的抵销权，新债务人不能行使，否则无异于承认新债务人可以处分债务人的权利。

(4) 新债务人承担与主债务有关的从债务。《民法典》第 554 条规定：债务人转移债务的，新债务人应当承担与主债务有关的从债务，但是该从债务专属于原债务人自身的除外。所谓从债务，是指附随于主债务的债务。从债务与主债务密切联系在一起，不能与主债务相互分离而单独存在。因此，在主债务发生移转以后，从债务也要发生移转，新债务人应当承担与主债务有关的从债务。如附随于主债务的未发生的利息债务等，因主债务已转移给新债务人，新债务人应当向债权人承担这些从债务。

5. 债务加入又称为“并存的债务承担”，而债务转移为免责的债务承担，二者之间的主要区别如下。

(1) 债务转移中，原则上原债务人不再作为债务人，而由第三人作为债务人；但债务加入中，第三人和原债务人对债权人负有连带债务。

(2) 债务转移需要具备债权人同意这一要件方可对债权人生效；但债务加入并不需要债权人的积极同意，原因在于：债务加入制度有利于增强债权的实现可能，对债权人而言相当于增加了一份债务担保，取得较高的债权保障，从而债权人的利益得到了更好的保护。

6. 债务加入和连带保证均增加了担保债权实现的责任财产，在一些方面，债务加入可以参照适用担保的规则。两者的不同之处如下。

(1) 保证债务是债务人不履行债务时保证人承担保证责任的从属性债务；而债务加入中，第三人是作为连带债务人，与债务人之间没有主从关系。

(2) 连带保证受保证期间和诉讼时效的限制，而债务加入后产生的连带债务仅受诉讼时效的限制。

(3) 连带保证人承担保证责任后，在无特别约定时均可以向债务人追偿，而债务加入人作为连带债务人履行债务后，是否对债务人有追偿权，取决于其与债务人之间的约定。对债权人而言，债务加入比连带保证更为有利，相应地，对第三人而言，债务加入就更为不利。

案例分析题

1. (1) 丙不能以债务人的身份代替甲向乙偿款。丙代替偿还甲的 1 万元债务，属于债务的承担。根据《民法典》第 551 条的规定，债务人将债务的全部或者部分转移给第三人的，应当经债权人同意。甲将自己的还款义务全部转移给丙，应该得到乙的同意方有效。现在由于甲没有将协议通知给乙，因而债务的移转无效，丙不能成为债的关系中的新债务人。

(2) 发生法律效力。《民法典》第 552 条规定：“第三人与债务人约定加入债务并通知债权人，或者第三人向债权人表示愿意加入债务，债权人未在合理期限内明确拒绝的，债权人可以请求第三人在其愿意承担的债务范围内和债务人承担连带债务。”本案中，未说明乙明确拒绝该协议，故该协议发生法律效力，丙在 5 000 元的债务范围内和甲承担连带债务。

(3) 丙的提存行为符合法律规定。由于乙已经同意了甲、丙之间的协议，因而丙已经取代了甲，成为债的关系中的新债务人。在债务已届清偿期时，债权人下落不明的，债务人可以向提存机关提存标的物。

2. (1) 该债务承担协议无效。根据《民法典》第 551 条的规定，债务人将债务的全部或者部分转移给第三人的，应当经债权人同意。本题中，甲与丙签订的债务承担协议没有得到乙的同意，因此无效。

(2) 应当由丙承担责任。乙同意债务承担协议后，丙成为债务关系中的新债务人，原债务人甲退出债权债务关系，不再是债的当事人，因此无须再对原债务承担责任。丙作为新债务人，在没有履行债务的情况下，应当承担责任。

论述题与深度思考题

债权转让的效力是指债权转让所发生的法律效果，可分为内部效力与外部效力两个方面。

(1) 债权转让的内部效力。

债权转让的内部效力是指债权转让在让与人和受让人间发生的法律效果，主要包括以下方面。

第一，债权及其从权利转让于受让人。

债权转让的基本效力是受让人取得受让的债权，即债权从让与人处移转于受让人处。除法律另有规定或者当事人另有约定外，自债权转让合同成立之时起，债权转移于受让人，受让人即成为新的债权人。《民法典》第 547 条第 1 款规定：债权人转让债权的，受让人取得与债权有关的从权利，但是该从权利专属于债权人自身的除外。此处所指从权利包括抵押权、质权、保证等担保权利，以及附属于主债权的利息等孳息请求权等从权利。对此，《民法典》第 407 条第二句也规定，债权转让的，担保该债权的抵押权一并转让，但是法律另有规定或者当事人另有约定的除外。《民法典》第 696 条第 1 款也规定了债权人将全部或者部分债权转让给第三人，通知保证人后，保证人对受让人承担相应的保证责任。考虑到有的从权利的设置是针对债权人自身的，与债权人有不可分离的关系，《民法典》第 547 条第 1 款在确立从权利随主权利转让原则的同时，规定专属于债权人自身的从权利不随主权利的转让而转让。在法律另有规定或者当事人另有约定时，受让人可能也会在取得主债权的同时未取得从权利。

另外，抵押权、质权等从权利随着主债权转让而转让，但受让人对这些从权利的取得是否以办理转移登记手续或者转移占有为前提？对此，存在不同观点。一种观点认为，未办理转移登记手续或者转移占有，受让人就不能取得这些从权利，否则违反物权变动公示公信的原则；另一种观点则认为，无须办理转移登记手续或者转移占有，受让人即取得从权利。《民法典》第 547 条第 2 款采取了后一种观点，债权受让人取得这些从权利是基于法律的规定，并非基于民事法律行为的物权变动，并且有利于保障主债权顺利实现。在债权转让前，这些从属性的担保权利已经进行了公示，公示公信的效果已经实现，因此没有进一步地保护第三人，进而维护交易安全的必要。

第二，让与人应使受让人能够完全行使债权。

债权的让与人负有使受让人能够完全行使债权的义务，因此，让与人应将所有足以证明债权的文件，如债权证书、票据等，交付受让人；让与人应向受让人告知有关主张债权所必要的情形，如债务人的住所、债务的履行方式等；有担保权的，让与人应将担保文书一并交付给受让人；让与人占有担保物的，应将其占有移转给受让人。

第三，让与人对让与的债权负瑕疵担保责任。

让与人对其所让与的债权应负瑕疵担保责任，不使受让人的利益因债务人主张得对抗让与人的事由而受损害。但是，除让与合同另有约定外，让与人不对债务人的履行能力负担保责任。受让人于让与合同成立时知道债权有瑕疵而受让的，让与人也不应负瑕疵担保责任。

（2）债权转让的外部效力。

债权转让的外部效力是指债权转让对债务人及第三人发生的法律效果。这一效力主要体现在以下方面。

第一，债务人在收到债权转让的通知之后，应向受让人履行债务。

在债务人收到债权转让的通知之后，该债权转让就对债务人发生效力，债务人应向受让人清偿债务，而不得再向让与人清偿债务。债务人依然向让与人履行债务的，该履行行为并不产生债务清偿的效果，受让人依然有权向债务人主张履行债务。至于已经履行的部分，债务人可以向让与人主张不当得利返还。

如果转让的债权不存在，而债务人向受让人确认了债权的真实存在，基于保护受让人信赖的必要，债务人之后就不得以该债权不存在为由拒绝向受让人履行，除非受让人知道或者应该知道该债权不存在（《合同编解释》第 49 条第 2 款）。

第二，债务人可以向受让人主张其对让与人的抗辩。

对于债务人的此类抗辩权，应当把握以下几点：其一，抗辩延续的根据和抗辩产生的时间。债权人转让债权，不需要经债务人同意，因此，债务人的利益不应因债权人转让权利的行为而遭受损害，受让人所享有的权利也不应优于让与人曾经享有的权利，而是和让与人的权利同样；同时，较之债务人，受让人更有能力控制由此所产生的风险。故为了保障债务人的利益，《民法典》第 548 条规定，债务人接到债权转让通知后，债务人对让与人的抗辩，可以向受让人主张。据此，债务人在接到债权转让通知后，可以向受让人主张债务人对让与人的抗辩。根据《民法典》第 546 条第 1 款的规定，只有在债务人接到债权转让通知后，债权转让才对债务人发生效力；在债务人接到债权转让通知前，债权转让对债务人不发生效力，此时债务人只需向让与人提出抗辩即可。其二，抗辩范围。债务人可以向受让人主张其对让与人的抗辩。这些抗辩包括阻止或者排斥债权的成立、存续或者行使的所有事由所产生的一切实体抗辩以及程序抗辩，包括：诉讼时效完成的抗辩，债权不发生的抗辩，债权因清偿、提存、免除、抵销等而消灭的抗辩，基于双务合同产生的同时履行抗辩权、不安抗辩权和先履行抗辩权，先诉抗辩权以及程序上的抗辩等。其三，债务人也可以自愿放弃向受让人主张抗辩。

第三，债务人可以向受让人主张抵销权。

对于债务人的此类抵销权，应当把握以下几点：其一，债务人的抵销延续。债权人转让权利不需要经债务人同意，因此，债务人的利益不应因债权人转让权利的行为而遭受损害。如果债务人对债权人也享有债权，则债务人可以依法向受让人行使抵销权。其二，独立抵销，即无关的两个交易中产生的债权的抵销。根据《民法典》第549条第1项的规定，债务人对受让人主张抵销权的条件如下：首先，债务人必须对让与人享有债权，且标的物的种类、品质相同。其次，债务人对让与人享有债权的法律原因必须在债务人接到债权转让通知时已经存在。最后，债务人对让与人的债权先于转让的债权到期或者与转让的债权同时到期。其三，非独立抵销，即基于同一原始合同或者同一交易所产生的债权的抵销。根据《民法典》第549条第2项的规定，债务人对受让人主张抵销权的条件如下：首先，债务人必须对让与人享有债权，且标的物的种类、品质相同。其次，债务人对让与人的债权与转让债权是基于同一合同产生的。应当注意的是，在债务人接到债权转让通知时，债务人的抵销权依照法律规定已经产生，其可以行使抵销权但尚未行使的，即使在债权转让后，债务人原本可以主张抵销的利益此时也应受到保护，因此，债务人在接到债权转让通知后，仍可以向受让人主张该抵销。债务人向受让人主张此种抵销的，应当依据《民法典》第568条第2款的规定通知受让人，并且抵销不得附条件或者附期限。

第四，债权多重转让时的优先顺位规则。

关于债权多重转让时的优先顺位规则，应当类推适用《民法典》第768条关于应收账款多重转让时的优先顺位规则。据此，权利冲突时受让人之间的优先顺位为：首先，已经登记的先于未登记的取得债权；其次，均已经登记的，按照登记时间的先后顺序取得债权；再次，均未登记的，由最先到达债务人的转让通知中载明的受让人取得债权；最后，均既未登记也未通知的，按照债权比例取得债权。前述优先顺位亦与《民法典》第414条规定的“可以登记的担保物权”的优先顺位一般规则保持了一致。最高人民法院《关于适用〈中华人民共和国民法典〉有关担保制度的解释》第66条第1款也规定：“同一应收账款同时存在保理、应收账款质押和债权转让，当事人主张参照民法典第七百六十八条的规定确定先后顺序的，人民法院应予支持。”需要注意的是，债权多重转让的优先顺位仅涉及受让人之间的关系，而不涉及债务人。债务人向谁履行仅取决于通知，因此，债务人向最先到达债务人的转让通知载明的受让人履行的，即使该受让人并非最优先顺位的受让人，原则上仍然发生债务消灭的效力。此时，最优先顺位的受让人有权以不当得利为由请求接受履行的受让人返还（《合同编解释》第50条第1款第一句）。

第五，让与人负担因债权转让而增加的履行费用。

《民法典》第550条规定：因债权转让增加的履行费用，由让与人负担。

第三十七章　合同的权利义务终止

知识逻辑图

- 合同的权利义务终止
  - 概述
    - 合同之债消灭的概念
      - 债的消灭：债权债务关系中的单个债权债务消灭
      - 合同解除：合同债权债务关系整体终止
    - 合同之债消灭的效力
      - 债权债务终止时，债权的从权利消灭
      - 债务人有权请求返还或者涂销负债字据
      - 当事人互负后合同义务
  - 债的消灭
    - 债务已经履行
      - 含义：又称“清偿”，是指通过履行行为或给付结果的产生，使所负担的给付对有受领权的债权人或第三人发生效果
      - 类型：按照约定全面履行、第三人代为清偿、第三人接受履行、以清偿为目的的以物抵债等
    - 履行抵充
      - 含义：债务人的给付不足以清偿对同一债权人负担的全部债务时，确定该给付抵充某几项或某几部分
      - 类型
        - 数项债务的履行抵充
          - 适用条件：对同一债权人负担多项债务，种类相同，给付不足以清偿全部债务
          - 抵充顺序
            - 顺序确定原则：约定＞指定＞法定
            - 法定顺序：已到期债务＞缺乏担保或担保最少的债务＞负担较重的债务＞先到期的债务＞债务比例
        - 费用、利息和主债务的履行抵充
          - 适用条件：给付不足以清偿主债务、利息、实现债权的费用
          - 抵充顺序
            - 顺序确定原则：约定＞法定
            - 法定顺序：实现债权的费用＞利息＞主债务
    - 抵销
      - 含义：当事人双方互负债务，各以其债权充抵债务的履行，双方各自的债权和对应债务在对等额内消灭
      - 功能：实现债权；简化法律关系；担保功能
      - 法定抵销
        - 构成要件
          - 当事人双方互负有效债务、互享有效债权
          - 被抵销一方的债务已到期
          - 债务的标的物种类、品质相同
          - 无禁止抵销的情形
        - 行使：抵销权属形成权，依当事人单方的意思表示即可发生抵销效果；且不得附条件或附期限
        - 法律效果：双方互负的债务在同等数额内消灭；诉讼时效中断；抵销不具有溯及力
      - 约定抵销
        - 含义：当事人双方协商一致，使双方的债务在对等额内消灭
        - 构成要件：当事人互负债务；当事人具有对债权的处分权；协商一致
        - 法律效果
          - 依约定发生债权债务消灭的效果
          - 抵销合同的效力于当事人意思表示一致时发生，除当事人另有约定外无溯及力，原债务的诉讼时效中断

- 合同的权利义务终止
  - 债的消灭
    - 提存
      - 概念：由于法定原因债务人难以向债权人履行债务时，债务人将标的物交给提存部门而消灭债务
      - 制度目的：使债务人不因债权人的原因而受迟延履行之累
      - 提存关系人：提存人、提存部门、债权人
      - 提存条件
        - 具有合法的提存原因
        - 债务人难以履行债务
        - 其他提存原因，如当事人在合同中约定以提存方式给付
      - 提存的标的物：合同规定应当给付且适于提存的标的物；不适于提存或费用过高的，可提存拍卖、变卖的价款
      - 提存成立的时间：标的物或拍卖变卖所得的价款被交付提存部门时
      - 效力
        - 债务人与债权人之间：提存成立的，视为债务人在提存范围内已经交付标的物
        - 提存人与提存部门之间：提存有效成立期间，提存人不能取回提存物，提存部门负有保管义务
        - 提存部门与债权人之间：债权人在缴纳提存费用后，可以随时领取提存物
        - 债务人的取回权：债权人未履行对债务人的到期债务，或债权人书面放弃提存物领取请求权
    - 免除
      - 概念：债权人抛弃债权，从而全部或部分消灭债权债务
      - 构成要件
        - 免除应由有处分权人作出
        - 应以意思表示向债务人为之
        - 债务人未在合理期限内表示拒绝
      - 法律效果
        - 原则上，债权债务在免除的范围内消灭，债权的从权利同时消灭
        - 免除损害第三人利益的，对该第三人不发生免除效果
        - 部分连带债务人的债务被免除的，在其应承担的份额范围内，其他债务人对债权人的债务消灭
    - 混同
      - 概念：指债权和债务同归于一人，致使债权债务终止
      - 发生原因
        - 概括承受：合并、债权人继承债务人、债务人继承债权人、第三人继承债权人和债务人
        - 特定承受：债务人受让债权人的债权、债权人承受债务人的债务
      - 法律效果
        - 原则上，债权债务终止，从属于债权的担保权利、利息权利、违约金请求权也随之消灭
        - 债权与保证债务混同时，保证债务归于消灭，主债务仍然存在
        - 部分连带债务人的债务与债权人的债权混同，扣除其应承担的份额后，对其他债务人的债权仍存续
        - 损害第三人利益时，债权债务不因混同而消灭
          - 债权成为第三人的权利标的
          - 具有流通性的证券化债权
  - 合同解除
    - 概述
      - 概念：因当事人一方或双方的意思表示，具有约束力的合同关系溯及自始或仅向将来终止
      - 制度目的：平衡意思自治与合同约束，在合同目的不能实现时，使当事人摆脱合同关系约束，重获交易自由
      - 类型
        - 合意解除（双方协议解除）
        - 行使解除权的解除：包括法定解除和约定解除（单方解除）
        - 申请司法解除
    - 合意解除
      - 概念：合同生效后，当事人经协商一致，通过订立一个新的合同来解除原来的合同
      - 构成：实质是消灭既存合同之效力的合同，以当事人解除合同的明确意思表示为核心要件
      - 效力：当事人可以协商决定解除时间、解除后果

- 合同的权利义务终止
  - 合同解除
    - 行使解除权的解除
      - 约定解除
        - 含义：合同当事人一方通过行使约定解除权的方式来解除合同
        - 法律构成
          - 关于解除权的约定应遵循民事法律行为和合同的一般规定
          - 认定约定解除事由是否发生，应根据诚实信用原则判断
      - 法定解除
        - 含义：合同具有法律约束力后，当事人在法律规定的解除事由出现时，行使解除权而使合同权利义务关系终止
        - 产生及限制：合同目的不能实现
          - 区分合同目的与合同动机
          - 应根据违约结果来判断
        - 具体事由
          - 因不可抗力致使不能实现合同目的
          - 预期违约
          - 迟延履行主要债务，经催告仍未履行
          - 其他根本违约行为
          - 法律规定的其他解除情形
        - 不定期继续性合同的任意解除权
          - 制度目的：避免当事人无期限地受到合同约束
          - 构成要件
            - 合同以持续履行的债务为内容
            - 合同是不定期的合同
          - 效力：双方都有权随时解除，合理期限前通知对方
      - 解除权的行使：享有解除权、规定期限内行使、通知对方当事人
      - 合同解除的时间
        - 应区分情形认定合同解除的时间
        - 相对人的异议和确认解除
    - 申请司法解除：情势变更
      - 含义：指当事人请求法院或仲裁机构适用情势变更原则解除合同的情形
      - 构成要件
        - 合同的基础条件发生了重大变化
        - 重大变化发生在合同成立之后、履行完毕之前
        - 该重大变化是当事人订立合同时无法预见的
        - 该重大变化不属于商业风险
        - 继续履行合同对于当事人一方明显不公平
      - 法律效果
        - 重新协商
        - 请求变更或者解除合同
          - 以诉讼或者仲裁方式提出
          - 合同能否变更或解除，取决于法院或仲裁机构的裁决
          - 变更抑或解除，应结合案件的实际情况，根据公平原则予以判断
    - 合同解除的效力
      - 溯及力：针对已履行部分，根据履行情况、合同性质，可以要求恢复原状、采取其他补救措施，并有权请求赔偿损失
      - 恢复原状和采取其他补救措施
        - 因履行行为而取得的财产的返还
        - 不能返还或没有必要返还时的价值返还
      - 赔偿损失
        - 合同解除与赔偿损失功能不同，并不互斥
        - 包括法定的违约损失赔偿、约定的违约损失赔偿
      - 解除后的担保：除另有约定，担保人对债务人应当承担的民事责任仍应承担担保责任
      - 结算和清理条款：合同的权利义务关系终止，不影响合同中结算和清理条款的效力

名词解释

1. 合同之债的消灭
2. 清偿
3. 履行抵充
4. 抵销
5. 提存

6. 债权债务的混同
7. 合同解除
8. 合意解除
9. 约定解除
10. 法定解除
11. 预期违约
12. 情势变更制度

选择题

（一）单项选择题

1. 下列情形不属于合同权利义务终止原因的是（　　）。

A. 合同被解除　　B. 混同

C. 标的物被提存　　D. 合同当事人一方死亡

2. 胡某于2006年3月10日向李某借款100万元，期限3年。2009年3月30日，双方商议再借100万元，期限3年。两笔借款均先后由王某保证，未约定保证方式和保证期间。李某未向胡某和王某催讨。胡某仅于2010年2月归还借款100万元。若以《民法典》的规定为依据，关于胡某归还的100万元，下列哪一表述是正确的？（　　）（司考改编）

A. 因2006年的借款已到期，故归还的是该笔借款

B. 因2006年的借款无担保，故归还的是该笔借款

C. 因2006年和2009年的借款数额相同，故按比例归还该两笔借款

D. 因2006年和2009年的借款均有担保，故按比例归还该两笔借款

3. 朝阳物业公司与百环公司签订前期物业服务合同，约定由朝阳物业公司对百环公司开发的花园小区实施前期物业管理，管理期限为自合同签订之日起至业主委员会成立时止。后朝阳物业公司指派其分支机构松榆分公司具体实施物业管理。管理期间，松榆分公司利用业主共有部分创收100万元，部分业主欠缴物业费20万元。业主委员会成立后，经业主共同决定，将朝阳物业公司、松榆分公司诉至法院请求返还共有收入。关于本案，下列选项说法正确的是（　　）。

A. 业主委员会有权自行决定将百环公司选聘的朝阳物业公司解聘

B. 松榆分公司利用业主共有部分产生的收入均属于业主共有

C. 朝阳物业公司与松榆分公司应对共有收入的返还承担连带责任

D. 朝阳物业公司与松榆分公司无权单方决定以业主欠缴的物业费抵销部分共有收入

视频讲题

4. 甲公司通知乙公司将其对乙公司的10万元债权出质给了丙银行，担保其9万元贷款。出质前，乙公司对甲公司享有2万元到期债权。如乙公司提出抗辩，关于丙银行可向乙公司行使质权的最大数额，下列哪一选项是正确的？（　　）（司考改编）

A. 10万元　　B. 9万元

C. 8万元　　D. 7万元

5. 以下关于提存的表述，不正确的是（　　）。

A. 提存是一种履行的替代，构成债权债务终止的原因之一

B. 《民法典》关于清偿提存的规定不适用于担保提存

C. 债权人也是提存行为的当事人

D. 提存行为具有向第三人履行、使第三人受益的性质

6. 债务人将标的物提存后，标的物毁损、灭失的风险由谁承担？（　　）

A. 债务人

B. 债权人

C. 提存部门

D. 债务人和债权人共同承担

7. 下列情形中，当事人不可以提存的是（　　）。（考研改编）

A. 货运合同中，收货人无正当理由拒绝受领货物

B. 仓储合同中，经催告存货人逾期仍不提取仓储物

C. 承揽合同中，定作人因定作物质量不合格逾期拒不受领

D. 行纪合同中，委托物不能卖出，经催告委托人仍不取回该物

8. 下列关于免除的说法，不正确的是（　　）。

A. 免除须由债权人以抛弃债权的意思表示为之
B. 免除是无偿的民事法律行为
C. 免除需取得债务人的同意
D. 债务人未在合理期限内表示反对的，发生免除效力

9. 甲公司欠乙公司货款 50 万元，乙公司欠甲公司租金 50 万元。后甲公司被乙公司兼并，甲公司与乙公司之间的债消灭的原因是（　　）。（考研）

A. 混同　　B. 免除
C. 抵销　　D. 清偿

10. 关于合意解除，下列说法不正确的是（　　）。

A. 合意解除通过订立合同实现
B. 当事人可以协商决定合意解除的具体效力
C. 合意解除约定一方或双方当事人具有解除权
D. 合意解除合同不得违反强行性规范，不得违背公序良俗

11. 合同因违约而解除的，解除权人不得请求对方承担（　　）违约责任。

A. 定金
B. 修理、重作、更换
C. 法定赔偿损失
D. 违约金

12. 甲将自己的电脑转让给乙，后因欠丙款项，将价金的债权转让给丙并且通知了乙。在甲将电脑交付给乙之前，电脑因地震被砸毁损，则乙（　　）。

A. 可以主张解除合同，并拒绝丙的给付请求
B. 可以主张解除合同，但应该向丙给付价金
C. 不能主张解除合同，也不得向丙给付价金
D. 不能主张解除合同，但可以拒绝丙的给付请求

视频讲题

13. 下列情形中一定允许解除合同的是（　　）。

A. 合同成立之后、履行完毕之前发生情势变更
B. 当事人一方发生合并、分立
C. 由于不可抗力致使合同目的不能实现
D. 作为当事人一方的自然人死亡

14. 关于合同解除的法律效力，下列说法正确的是（　　）。

A. 合同被解除后，该合同自始无效
B. 解除合同后，已履行的部分应当恢复原状
C. 解除合同后不能要求当事人赔偿损害
D. 解除合同后，尚未履行的债务不需要继续履行

15. 法定合同解除权属于（　　）。

A. 形成权　　B. 抗辩权
C. 支配权　　D. 请求权

16. 下列关于合同解除的时间，说法错误的是（　　）。

A. 合意解除合同的，除当事人另有约定，解除协议成立并生效时合同解除
B. 解除权人于诉讼外通知解除的，自解除通知的意思表示生效时合同解除
C. 解除权人先通知解除，之后又提起诉讼请求解除合同的，法院作出确认判决时合同解除
D. 解除通知载明债务人在一定期限内不履行债务则合同自动解除，债务人在该期限内未履行，自通知载明的期限届满时合同解除

17. 甲将住房出租给乙。签订合同前乙来看房，发现室内有很浓的装修气味。甲告诉乙，窗户开着，过几天味道就没了。乙住了两个月后，气味依然很浓。经检测，该房屋内有害气体严重超标。对此，乙（　　）。（考研）

A. 无权主张任何权利，应当继续履行合同
B. 有权解除合同
C. 有权请求确认合同无效
D. 有权要求甲承担侵权责任

18. 关于合同任意解除权的表述，下列哪一选项是正确的？（　　）（司考改编）

A. 赠与合同的赠与人享有任意解除权
B. 承揽合同的承揽人享有任意解除权
C. 没有约定保管期间保管合同的保管人享有任意解除权
D. 中介合同的中介人享有任意解除权

19. 甲公司与乙公司签订并购协议：“甲公司以 1 亿元收购乙公司在丙公司中 51%的股权。若股权过户后，甲公司未支付收购款，则乙公司有权解除并购协议。”后乙公司依约履行，甲公司却分文未付。乙公司向甲公司发送一份经过公证的“通知”：“鉴于你公司严重违约，建议双方终止协议，贵方向我方支付违约

金；或者由贵方提出解决方案。”3 日后，乙公司又向甲公司发送“通报”：“鉴于你公司严重违约，我方现终止协议，要求你方依约支付违约金。”下列哪一选项是正确的？（　　）（司考改编）

A. “通知”送达后，并购协议解除

B. “通报”送达后，并购协议解除

C. 甲公司对乙公司解除并购协议的权利不得提出异议

D. 乙公司不能既要求终止协议，又要求甲公司支付违约金

20. 李某将自有房屋以 150 万元的价格出卖给王某，双方约定 4 个月后支付全款并办理过户登记。王某在向孙某出示了其与李某的房屋买卖合同后，将该房屋转售给孙某，双方亦约定 4 个月后办理过户登记。经查，李某与王某为了避税，将实际购房款 200 万元改成了合同中的 150 万元，而孙某对此事并不知情，双方亦未再签订其他合同。关于本案，下列哪一表述是正确的？（　　）（法考改编）

A. 李某与王某的房屋买卖合同因未办理过户登记而无效

B. 王某与孙某的房屋买卖合同因王某无权处分而无效

C. 孙某无权请求王某承担继续履行的违约责任

D. 孙某有权请求解除房屋买卖合同并主张缔约过失责任

视频讲题

（二）多项选择题

1. 以下关于合同之债消灭的说法，正确的是（　　）。

A. 主要包括债的消灭、合同解除两种类型

B. 解除不仅适用于合同债权债务关系，还能适用于其他法定债权债务关系

C. 解除有时导致合同整体债权债务关系终止，有时导致合同关系中单个债权债务终止

D. 合同权利义务终止后，当事人之间仍然存在其他权利义务关系

2. 后合同义务通常包括（　　）。

A. 通知　　　　B. 旧物回收

C. 保密　　　　D. 送货上门

3. 有效的代物清偿应具备下列哪些要件？（　　）

A. 必须以当事人约定的他种给付代替原定给付

B. 必须有双方当事人关于代物清偿的合意

C. 必须债权人现实地受领给付

D. 必须有原债务存在

4. 王某向丁某借款 100 万元，后无力清偿，遂提出以自己所有的一幅古画抵债，双方约定第二天交付。对此，下列哪些说法是正确的？（　　）（司考改编）

A. 双方约定以古画抵债，等同于签订了另一份买卖合同，原借款合同失效，王某只能以交付古画履行债务

B. 双方交付古画的行为属于履行借款合同义务

C. 王某有权在交付古画前反悔，提出继续以现金偿付借款本息方式履行债务

D. 古画交付后，如果被鉴定为赝品，则王某应承担瑕疵担保责任

5. 关于当事人一方即可主张抵销债务的要件，下列选项表述正确的是（　　）。

A. 须当事人互负到期债务

B. 债务的标的物的种类、品质相同

C. 主张抵销的当事人应当通知对方

D. 根据债务性质、按照当事人约定或者依照法律规定不得抵销的，当事人不得主张抵销

6. 合同解除的一般原因包括（　　）。

A. 申请司法解除并被予以支持

B. 约定解除权的行使

C. 法定解除权的行使

D. 合意解除

7. 关于不定期继续性合同的解除，以下说法正确的是（　　）。

A. 双方都有任意解除权

B. 当事人可以约定放弃此种任意解除权

C. 自解除通知到达对方时起合同解除

D. 当事人没有在合理期限之前通知对方的，解除通知无效

8. 合同解除的法律后果是（　　）。

A. 尚未履行的，终止履行

B. 当事人应当恢复原状

C. 当事人可以采取各种补救措施

D. 当事人有权要求赔偿损失

9. 下列关于合同解除的哪些说法是正确的？（　　）（司考改编）

A. 委托人或者受托人都可以随时解除委托合同

B. 不定期租赁合同的双方当事人可以随时解除合同

C. 承揽合同中的定作人可以随时解除合同

D. 在承运人将货物交付收款人之前，托运人可以解除运输合同

10. 下列情形中，当事人可以解除合同的是（　　）。

A. 甲向乙购买一批汽车，乙因为货物紧张，到约定的期限时仅交付了货物数量的一半，后乙得知，甲购进该汽车后，先用于展出，随后才进行销售

B. 甲为乙运输一批货物，后因遭遇台风，货物全部毁损

C. 甲为乙制作一批灯笼，但每个灯笼上没有按照约定装上挂钩

D. 甲向乙购买一台电视，在电视机交付给甲前，乙将其转卖给丙

视频讲题

11. 甲房产开发公司在交给购房人张某的某小区平面图和项目说明书中都标明有一个健身馆。张某看中小区健身方便，决定购买一套商品房并与甲公司签订了购房合同。张某收房时发现小区没有健身馆。下列哪些表述是正确的？（　　）（司考改编）

A. 甲公司不守诚信，构成根本违约，张某有权退房

B. 甲公司构成欺诈，张某有权请求甲公司承担缔约过失责任

C. 甲公司恶意误导，张某有权请求甲公司双倍返还购房款

D. 张某不能滥用权利，在退房和要求甲公司承担违约责任之间只能选择一种

12. 甲与乙签订了一份货物买卖合同，约定甲于2021年7月1日前向乙交付货物若干，以便乙于7月5日开张营业。不料，甲所在地发生地震，合同履行因此遭遇障碍。对此，下列表述正确的是（　　）。

A. 若地震致甲不能继续履行，则乙得解除合同

B. 若地震致甲必须推迟1个月交货，则乙得解除合同

C. 若地震致甲只能如期交付90%的货物，则乙得解除合同

D. 若甲迟延至7月1日尚未交货，则乙可以直接解除合同并要求赔偿

13. 甲公司与乙公司签订商品房包销合同，约定甲公司将其开发的10套房屋交由乙公司包销。甲公司将其中1套房屋卖给丙，丙向甲公司支付了首付款20万元。后因国家出台房地产调控政策，丙不具备购房资格，甲公司与丙之间的房屋买卖合同不能继续履行。下列哪些表述是正确的？（　　）（司考改编）

A. 甲公司将房屋出卖给丙的行为属于无权处分

B. 乙公司有权请求甲公司承担违约责任

C. 丙有权请求解除合同

D. 甲公司只需将20万元本金返还给丙

视频讲题

简答题

1. 简述合同之债消灭的效力。
2. 简述法定抵销的条件。
3. 简述法定抵销与约定抵销的区别。
4. 简述提存成立时间的确定及其意义。
5. 简述债务免除的概念和构成要件。
6. 简述合同解除的类型。
7. 简述合同解除权的行使条件。

案例分析题

张某、方某共同出资，分别设立甲公司和丙公司。2021年3月1日，甲公司与乙公司签订了开发某房地产项目的“合作协议一”，约定如下：“甲公司将丙公

司 10%的股权转让给乙公司，乙公司在协议签订之日起三日内向甲公司支付首付款 4 000 万元，尾款 1 000 万元在次年 3 月 1 日之前付清。首付款用于支付丙公司从某自然资源部门购买 A 地块土地使用权。如协议签订之日起三个月内丙公司未能获得 A 地块土地使用权致双方合作失败，乙公司有权终止协议。”

“合作协议一”签订后，乙公司经甲公司指示向张某、方某支付了 4 000 万元首付款。张某、方某配合甲公司将丙公司的 10%的股权过户给了乙公司。

2021 年 5 月 1 日，因张某、方某未将前述 4 000 万元支付给丙公司致其未能向某自然资源部门及时付款，A 地块土地使用权被收回挂牌卖掉。

2021 年 6 月 4 日，乙公司向甲公司发函：“鉴于土地使用权已被自然资源部门收回，故我公司终止协议，请贵公司返还 4 000 万元。”甲公司当即回函：“我公司已把股权过户到贵公司名下，贵公司无权终止协议，请贵公司依约支付 1 000 万元尾款。”

针对上述案情，请回答下列问题：

（1）“合作协议一”属于何种类型的合同？其效力如何？

（2）乙公司要求终止“合作协议一”，并返还 4 000 万元，是否于法有据？

（3）甲公司以“我公司已把股权过户到贵公司名下”为由提出的异议是否成立？乙公司拒绝支付 1 000 万元尾款是否构成违约？（司考改编）

论述题与深度思考题

试述合同解除的效力。

参考答案

名词解释

1. 合同之债的消灭，从理论上而言，即合同的权利义务终止，主要包括两种类型：一种是指债权债务关系中的单个债权债务消灭，即债的消灭；另一种是指合同债权债务关系整体终止，即合同解除。

2. 清偿，亦即履行，是指债务人按照法律的规定或者合同的约定向债权人履行义务。清偿所重视的是给付结果的发生，而履行更重视债务内容的实现过程和行为。债务已经履行，在导致债权债务终止的意义上又称为“清偿”，是指通过履行行为或者通过给付结果的产生使所负担的给付对有受领权的债权人或第三人发生效果。清偿是债权债务正常终止的主要原因。

3. 履行抵充，指的是债务人对同一债权人负担的数项债务种类相同，债务人的给付不足以清偿全部债务时，确定该给付抵充这些债务中的某项或者某几项债务；或者债务人在履行主债务外还应当支付利息和实现债权的有关费用，其给付不足以清偿全部债务的，确定该给付抵充该项债务中的某个或者某几个部分。

4. 抵销，是指当事人双方互负债务，各以其债权充抵债务的履行，双方各自的债权和对应债务在对等额内消灭。抵销因其产生的根据不同，可分为法定抵销和约定抵销。法定抵销，是指法律规定抵销的条件，具备条件时依当事人一方的意思表示即发生抵销的效力。约定抵销，是指双方当事人协商一致，使自己的债务与对方的债务在对等额内消灭。

5. 提存，是指由于法律规定的原因，债务人难以向债权人履行债务时，债务人将标的物交给提存部门而消灭债务的制度。提存是一种履行的替代。

6. 债权债务的混同，是指债权和债务同归于一人，致使债权债务终止。混同发生的原因包括概括承受和特定承受两类。

7. 合同解除，是指因当事人一方或双方的意思表示，具有约束力的合同自始或者仅向将来终止。解除是对当事人进行救济的方式之一。作为民事法律行为的合同行为不存在解除问题，能够被解除的仅仅是合同关系。《民法典》采取了广义的合同终止的概念，合同“解除”仅是合同“终止”的原因之一，同时依解除的效果，合同解除又区分为有溯及力的解除和没有溯及力的解除，没有溯及力的解除就相当于狭义上的“终止”。

8. 合意解除，又称双方协议解除，是指合同产生法律约束力后，当事人以解除合同为目的，经协商一致，订立一个解除原来合同的协议。合意解除的实质是一种消灭既存合同之效力的合同，属于双方民事法律行为，是通过订立一个新的合同来解除原来的合同，故又称为“解除合同”或者“反对合同”。

9. 约定解除，是指合同当事人一方通过行使约定解除权的方式来解除合同。而约定解除权，是指当事人约定，在合同履行过程中出现某种情况时，当事人一方或者双方有解除合同的权利。当约定的解除合同的事由发生时，享有约定解除权的当事人可以行使解除权解除合同，而不必再与对方当事人协商。

10. 法定解除，是指合同具有法律约束力后，当事人在法律规定的解除事由出现时，行使解除权而使合同权利义务关系终止。

11. 预期违约，是指在合同履行期限届满之前，当事人一方明确表示或者以自己的行为表明不履行主要债务。预期违约，首先要求发生在履行期限届满之前；其次要求履行是可能的；最后要求当事人一方明确表示或者以自己的行为表明不履行主要债务。预期违约分为明示违约和默示违约。所谓明示违约，是指合同履行期到来之前，一方当事人明确肯定地向另一方当事人表示他将不履行主要债务。所谓默示违约，是指合同履行期限到来前，一方当事人有确凿的证据证明另一方当事人在履行期限到来时明显将不履行主要债务。

12. 所谓情势变更制度，就是指合同依法成立后，合同赖以成立的客观基础或者环境发生了当事人在订立合同时无法预见的、不属于商业风险的重大变化，继续履行合同对于当事人一方明显不公平，而双方当事人又不能协议变更的，人民法院或者仲裁机构根据当事人的请求变更或者解除合同的制度。

选择题

（一）单项选择题

1. 答案：D。合同的权利义务终止，即合同之债的消灭。根据《民法典》第 557 条的规定，合同权利义务终止的原因主要包括履行、抵销、提存、免除债务、混同、合同解除等。故 A、B、C 项均正确。作为合同一方当事人的自然人死亡，是合同权利义务一并转让的法定情形，此种情形仅涉及合同当事人地位的转让，并不导致合同的权利义务终止。故 D 项错误，当选。

2. 答案：A。本题考查履行抵充顺序。《民法典》第 560 条规定：“债务人对同一债权人负担的数项债务种类相同，债务人的给付不足以清偿全部债务的，除当事人另有约定外，由债务人在清偿时指定其履行的债务。债务人未作指定的，应当优先履行已经到期的债务；数项债务均到期的，优先履行对债权人缺乏担保或者担保最少的债务；均无担保或者担保相等的，优先履行债务人负担较重的债务；负担相同的，按照债务到期的先后顺序履行；到期时间相同的，按照债务比例履行。”结合本题来看，因胡某并未指定其清偿的债务，且李某与胡某并未对胡某清偿的债务另作约定，故应适用上述法律规定；因胡某于 2010 年 2 月归还借款 100 万元时，仅第一笔借款已经到期（2009 年 3 月 10 日），故胡某归还的是该笔借款。因此，A 项正确，B、C、D 项均错误。

3. 答案：D。A 项：根据《民法典》第 278 条的规定，选聘和解聘物业服务企业或者其他管理人应由业主共同决定。本案中，花园小区的业主委员会无权自行决定将百环公司选聘的朝阳物业公司解聘。因此，A 项错误。B 项：《民法典》第 282 条规定，“建设单位、物业服务企业或者其他管理人等利用业主的共有部分产生的收入，在扣除合理成本之后，属于业主共有”。本案中，松榆分公司利用业主共有部分产生的收入，只有在扣除合理成本之后，才属于业主共有。因此，B 项错误。C 项：根据《民法典》第 74 条第 2 款的规定，分支机构以自己的名义从事民事活动，产生的民事责任由法人承担；也可以先以该分支机构管理的财产承担，不足以承担的，由法人承担。据此可知，分支机构虽然可以自己的名义进行民事活动，但是其与法人之间并非相互独立，而是部分与整体的关系，两者对外承担的并非连带责任。本案中可以由朝阳物业公司返还业主共有收益（法人独立责任），或者先由松榆分公司返还、不足部分再由朝阳物业公司返还（法人补充责任）。因此，C 项错误。D 项：根据《民法典》第 568 条第 1 款的规定，当事人互负债务，该债务的标的物种类、品质相同的，任何一方可以将自己的债务与对方的到期债务抵销。本案中，共有收入的债权人为花园小区全体业主、债务人为朝阳物业公司与松榆分公司，而物业费的债权人为朝阳物业公司与松榆分公司、债务人为欠缴物业费的部分业主；由于两个债的关系主体不同，不符合法定抵销的前提，因此朝阳物业公司与松榆分公司无权单方决定以业主欠缴的物业费抵销部分共有收益。故 D 项正确。综上所述，本题的正确答案为 D。

4. 答案：C。《民法典》第 549 条规定：“有下列情形之一的，债务人可以向受让人主张抵销：（一）债务人接到债权转让通知时，债务人对让与人享有债权，且债务人的债权先于转让的债权到期或者同时到期；

（二）债务人的债权与转让的债权是基于同一合同产生。”据此，乙公司（债务人）接到丙银行债权质权设立的通知时，乙公司对甲公司享有 2 万元到期债权，乙公司可对质权人丙银行主张抵销。抵销后，丙银行债权质权的标的（出质债权）仅剩 8 万元。乙公司向丙银行主张抵销后，被担保的债权（丙银行对甲公司的债权）为 9 万元，出质债权（甲公司对乙公司的债权）为 8 万元。因此，丙银行可对乙公司行使质权的最大数额为 8 万元。故本题的正确答案为 C。

5. 答案：C。A 项：提存，是指由于法律规定的原因债务人难以向债权人履行债务时，债务人将标的物交给提存部门而消灭债务的制度。作为履行的一种替代，提存是为使债务人不因债权人的原因而受迟延履行之累而设的，构成债权债务终止的原因之一。故 A 项正确。B 项：清偿提存以消灭债权债务为目的，而担保提存是出于担保债权的目的，使特定的债权人对提存的金钱、有价证券等享有优先受偿权的制度。担保提存不需要具备债务人因债权人的原因而难以履行这一要件，因此，《民法典》第 570 条至第 574 条关于提存的条件、效果等的规定不适用于担保提存。故 B 项正确。C、D 项：应注意提存行为的当事人与提存关系的当事人并非同一概念。提存行为的当事人，不论是采公法关系说还是采私法关系说，都只包括债务人和提存部门。而提存行为具有向第三人履行、使第三人受益的性质，债权人也为提存之效力所及，债权人并非提存行为当事人，而是提存行为效力所及之关系的当事人。此与《民法典》第 522 条第 2 款规定的真正的利益第三人合同在结构上较为类似。债务人为提存之后，债权人取得受领提存物的权利。因此，提存行为具有向第三人履行、使第三人受益的性质。故 C 项错误、D 项正确。综上所述，本题应选 C。

6. 答案：B。《民法典》第 571 条第 2 款规定：“提存成立的，视为债务人在其提存范围内已经交付标的物。”由此可见，提存被作为一种履行的替代。对债务人而言，标的物的提存成立后，不论债权人是否提取，视为债务人已经交付标的物，提存成立的时点即为交付的时点，自此提存标的物毁损、灭失的风险也一并移转于债权人承担。故本题的正确答案为 B。

7. 答案：C。根据《民法典》第 570 条的规定，债权人无正当理由拒绝受领，导致难以履行债务的，债务人可以将标的物提存。据此 A、B、D 三项均属于债权人无正当理由拒绝履行受领、取货等合同义务，债务人可依法提存标的物，作为履行的替代，故均不当选。C 项中，因定作物质量不合格，定作人拒不受领有正当理由，不适用提存，故 C 项错误。综上所述，本题选 C。

8. 答案：C。A 项：免除，是指债权人抛弃债权，从而全部或者部分消灭债权债务。免除是对债权的处分行为，须由债权人向债务人作出免除债务的意思表示，方能发生债务消灭的后果。故 A 项正确。B 项：免除债务表明债权人放弃债权，不再要求债务人履行义务，因此，债务人不必为免除支付相应的对价，免除是无偿的民事法律行为。免除的原因行为虽得为有偿或为无偿，但是原因行为与免除的效力无关，为让债权人免除债务而约定对待给付的，也不能因此而使免除具有有偿性。故 B 项正确。C、D 项：根据《民法典》第 575 条的规定，债权人免除债务人债务的，无须债务人明确同意，即可发生免除效力，但存在但书规定——“但是债务人在合理期限内拒绝的除外”，即债务人在合理期限内拒绝的，免除效力自始不发生。这反映了一项最基本的考虑，即给予他人好处，无须他人同意，但他人可以拒绝。据此，C 项错误、D 项正确。综上所述，本题选 C。

9. 答案：A。混同，是指债权人和债务人合为一人的事实。《民法典》第 576 条规定：“债权和债务同归于一人的，债权债务终止，但是损害第三人利益的除外。”本题中，甲、乙两公司合并，债权与债务同归一人，50 万元债权因混同而消灭。故本题的正确答案是 A。

10. 答案：C。合意解除，又称双方协议解除，是指合同产生法律约束力后，当事人以解除合同为目的，经协商一致，订立一个解除原来合同的协议，该协议应当符合法律规定的民事法律行为有效的条件，如当事人具有解除原来合同的意思表示合致，不违反法律、行政法规的强制性规定，不违背公序良俗等。故 A、B、D 项均是正确的。约定解除是双方事先约定将来发生某种事由时，一方或双方享有解除权，在约定的解除事由发生时，通过单方行使约定解除权使合同归于消灭，与合意解除不同，C 项错误。综上所述，本题选 C。

11. 答案：B。《民法典》承认合同解除与赔偿损失并存，毕竟两者的功能是不同的，不存在排斥关系。

《民法典》第566条第1款规定，合同解除后，解除权人有权请求赔偿损失。同时，该条第2款明确规定，合同因违约解除的，解除权人可以请求违约方承担违约责任，但是当事人另有约定的除外。这里的违约责任并不包括继续履行、修理、重作、更换，解除与这些违约责任形式是互斥的：如果非违约方认为继续履行、修理、重作、更换对其有利，则非违约方就应选择继续履行、修理、重作、更换而不应解除合同；一旦非违约方选择了继续履行，就意味着他放弃了解除合同的权利。但是，合同因违约而解除后，解除权人可以请求违约方承担退货、减少价款或者报酬、赔偿损失等违约责任。赔偿损失，包括法定的违约损失赔偿，也包括约定的违约损失赔偿。在当事人约定了一定数额的违约金、因违约产生的损失赔偿额的计算方法、定金等这些违约责任条款时，合同解除后解除权人也能够主张这些条款。综上所述，本题选B。

12. 答案：A。对于乙能否主张解除合同：地震的发生导致甲、乙之间买卖合同的标的物灭失，由于甲的电脑属于特定物，故该合同的目的已经不能实现，属于《民法典》第563条第1款第1项规定的“因不可抗力致使不能实现合同目的”这一合同法定解除事由。在此种情形下，双方当事人都有权主张解除合同。对于乙能否拒绝丙的给付请求：甲与丙之间系有效的债权转让，在乙接到债权转让通知之时已对其发生效力，根据《民法典》第548条的规定，乙得以向受让人丙主张自己对甲的抗辩，不再承担给付价金的义务。故A项正确。

13. 答案：C。A项：根据《民法典》第533条的规定，情势变更的法律效果包括重新协商、请求司法变更或解除合同，并不一定致使合同解除。C项：根据《民法典》第563条第1款第1项的规定，因不可抗力致使不能实现合同目的是合同的法定解除事由，此种情形下双方当事人都有权主张解除合同。B、D项：根据《民法典》第67条、第1161条第1款的规定，当事人一方发生合并、分立的，当事人一方的自然人死亡的，发生法定的合同权利、义务一并转让，此时仅涉及合同当事人地位的转让，并非法定的合同解除事由。故本题的正确答案为C。

14. 答案：D。A项：依据《民法典》第557条第2款的规定，合同解除的，该合同的权利义务关系终止。但是，合同关系终止并不等同于合同自始无效，合同关系解除后仍然会因之前的合同行为而产生其他的权利义务关系。因此，A项错误。B项：涉及合同解除的溯及力问题，即合同解除是否对已经履行的部分具有效力，其所涉及的真正问题是，已经履行的部分，是否要恢复原状。根据《民法典》第566条，合同解除后，已经履行的，根据履行情况和合同性质，当事人可以要求恢复原状、采取其他补救措施，并有权请求赔偿损失。所谓根据履行情况，是指根据履行部分对债权的影响。如果债权人的利益不是通过恢复原状才能得到保护，则不一定采用恢复原状；如果债务人已经履行的部分对债权人根本无意义，则债权人可以请求恢复原状。所谓根据合同性质，是指根据合同标的的属性，不可能或者不适宜恢复原状的，不必恢复原状，主要包括以持续履行的债务为内容的继续性合同、涉及第三人利益或者交易秩序的合同。确定合同解除有无溯及力应该遵循：一是必须与违约解除的立法目的相符；二是满足被解除合同的性质与种类的要求。故非继续性合同的解除原则上有溯及力，继续性合同的解除原则上无溯及力。因此，B项错误。C项：根据《民法典》第566条第1款、第2款的规定，合同解除后，已经履行的，根据履行情况和合同性质，当事人可以请求恢复原状或者采取其他补救措施，并有权请求赔偿损失。合同因违约解除的，解除权人可以请求违约方承担违约责任，但是当事人另有约定的除外。由此可知，因二者功能不同，合同解除与赔偿损失可以并存。故C项错误。D项：根据《民法典》第566条第1款，合同解除后，尚未履行的，终止履行。故D项正确。综上所述，本题应选D。

15. 答案：A。法定合同解除权是形成权，即只要满足法定事由，解除权人就可以以单方意思表示为之，无须经过对方当事人同意。故本题应选A。

16. 答案：C。A、B、D项说法均正确。解除权人先行发出解除通知，然后提起诉讼或者申请仲裁请求解除合同的，由于解除权是形成权，解除权人既已发出解除通知，合同解除时间仍然应当是解除通知的意思表示生效之时。故C项错误，当选。

17. 答案：B。根据《民法典》第563条第1款，当事人一方的违约行为致使不能实现合同目的时，对方有权解除合同。同时，根据《民法典》第731条，租赁物危及承租人的安全或者健康的，即使承租人订立合同时明知该租赁物质量不合格，承租人仍然可以随时解除合同。本题中，乙租住的房屋有害气体严重超标，已危及其人身安全和健康，导致其订立合同的目的无法实现，故乙有权主张解除合同，并请求甲承担违约责任。故B选项正确，A、C选项错误。因题干中并未提及乙的健康因有害气体受到损害，不能推断甲的行为构成侵权，故乙无权请求甲承担侵权责任，D项错误。综上所述，本题选B。

18. 答案：C。本题考查合同的任意解除权。A项：根据《民法典》合同编第十一章“赠与合同”的规定，终止赠与合同权利义务的方式仅包括任意撤销（《民法典》第658条）、法定撤销（《民法典》第663条第1款）以及法定解除（《民法典》第666条），赠与人并不享有任意解除权，故A项错误。B项：根据《民法典》第787条的规定，定作人在承揽人完成工作前可以随时解除合同，造成承揽人损失的，应当赔偿损失。据此可知，在承揽合同中，享有任意解除权的是定作人，而非承揽人。故B项错误。C项：根据《民法典》第563条第2款，以持续履行的债务为内容的不定期合同，当事人可以随时解除合同，但是应当在合理期限之前通知对方。该规则的制度目的是在以持续履行债务为内容的不定期合同中，避免当事人无期限地受到合同约束。此类合同有两个构成要件：一是以持续履行债务为内容，又被称为“继续性合同”，例如租赁合同、保管合同、合伙合同等；二是不定期，即没有约定期限或约定不明。据此可知，在没有约定保管期间的保管合同中，保管人和寄存人双方均享有任意解除权。故C项正确。D项：《民法典》合同编第二十六章“中介合同”并未规定中介人或委托人的任何一方享有任意解除权，中介合同也不属于前述的继续性合同，故D项错误。综上所述，本题选C。

19. 答案：B。本题考查约定解除权。A、B项：根据《民法典》第562条第2款的规定，当事人可以约定一方解除合同的事由。解除合同的事由发生时，解除权人可以解除合同。此外，根据《民法典》第565条第1款前二句的规定，当事人一方依法主张解除合同的，应当通知对方。合同自通知到达对方时解除；通知载明债务人在一定期限内不履行债务则合同自动解除，债务人在该期限内未履行债务的，合同自通知载明的期限届满时解除。本题中，乙公司第一次发出的“通知”仅是“建议”双方终止协议，并不具有明确的解除合同的意思表示，因此该“通知”的到达并不导致并购协议的解除。乙公司第二次发出的“通报”则明确作出了解除并购协议的意思表示，自该“通报”到达甲公司时即发生合同解除的效力，故A项错误，B项正确。C项：根据《民法典》第565条第1款最后一句的规定，对方对解除合同有异议的，任何一方当事人均可以请求人民法院或者仲裁机构确认解除行为的效力。因此，甲公司对于乙公司解除协议的通知可以提出异议，C项错误。D项：根据《民法典》第566条第2款的规定，合同因违约解除的，解除权人可以请求违约方承担违约责任，但是当事人另有约定的除外。故请求解除合同并不影响违约责任的追究，D项错误。综上所述，本题选B。

20. 答案：C。A项：根据《民法典》第215条的规定，当事人之间订立有关设立、变更、转让和消灭不动产物权的合同，除法律另有规定或者合同另有约定外，自合同成立时生效；未办理物权登记的，不影响合同效力。此外，根据《民法典》第154条的规定，行为人与相对人恶意串通，损害他人合法权益的民事法律行为无效。本题中，虽然李某与王某未办理房屋过户登记，但并不会因此否定该房屋买卖合同的效力；另外，因李某与王某在签订该合同时为避税而将实际购房款200万元改成了合同中的150万元，属于恶意串通，损害公共利益的行为，因此该合同绝对无效。故A项错误。B项：《民法典》第597条第1款规定，因出卖人未取得处分权致使标的物所有权不能转移的，买受人可以解除合同并请求出卖人承担违约责任。据此可知，无权处分不影响买卖合同的效力。本案中，虽然王某在与孙某签订房屋买卖合同时尚未取得该房屋的所有权，属于无权处分，但并不会因此否定该房屋买卖合同的效力。因此，B项错误。C项：根据《民法典》第580条的规定，当事人一方不履行非金钱债务或者履行非金钱债务不符合约定的，对方可以请求履行，但是法律上或者事实上不能履行的除外。本案中，王某不能履行合同义务虽构成违约，应当承担违约责任；但是，因王某未取得该房屋的所有权，属于法律上不能继续履行的情形，故孙某无权请求王某承担继续履行的违约责任。因此，C项正确。D项：根据《民法典》第563条第1款第4项的规定，一方当事人的违约行为致使对方合同目的不能实现的，对方有权解除合同。另外，根据《民法典》第566条第2款的规定，合同因违约解除的，解除权人可以请求违约方承担违约责任。本案中，因王某根本违约，孙某有权请求解除合同；合同解除后，孙某有权主张违约责任，而非主张缔约过失责任。故D项错误。综上所述，本题选C。

（二）多项选择题

1. 答案：AD。合同的权利义务终止，即合同之债的消灭，主要包括两种类型：一种是指债权债务关系中的单个债权债务消灭，即债的消灭；另一种是指合同债权债务关系整体终止，即合同解除。为使这两种终止的含义更为清晰，《民法典》第557条分两款分别规定这两种情形。其中，《民法典》第557条第2款规定："合同解除的，该合同的权利义务关系终止。"较之于前款中"债权债务"的表述，这一规定首先意味着，解除仅能适用于合同债权债务关系，不能适用于其他法定债权债务关系。其次意味着，解除导致合同整体债权债务关系的终止，而非合同关系中单个债权债务的终止，并且合同权利义务终止后，还涉及各种清算权利义务关系以及《民法典》第558条规定的后合同义务。综上所述，A、D项正确，B、C项错误，故本题的正确答案为AD。

2. 答案：ABC。合同债权债务关系终止后，当事人互负后合同义务，对此，《民法典》第558条规定："债权债务终止后，当事人应当遵循诚信等原则，根据交易习惯履行通知、协助、保密、旧物回收等义务。"据此，A、B、C项均当选。后合同义务是合同的权利义务终止后产生的义务，主要是依诚信原则派生的、法律规定的义务，而D项中的送货上门义务发生在合同履行过程中，通常是买卖合同中当事人约定履行的从给付义务，故D项不当选。综上所述，本题的正确答案为ABC。

3. 答案：ABCD。代物清偿作为清偿债务的方法之一，是指债权人和债务人协商一致以他种给付代替原定给付，以消灭债务的清偿行为。债权人和债务人协商一致以他种给付代替原定给付的，在债务人履行了该他种给付之后，债务消灭。代物清偿合同以债权人等有受领权的人现实地受领给付为生效条件，是实践合同，其构成要件包括：第一，须有原债务存在；第二，须以他种给付代替原定给付；第三，须有双方当事人关于代物清偿的合意；第四，须债权人或其他有受领权的人现实地受领给付。故本题应选ABCD。

4. 答案：BCD。A项：代物清偿，是指债务人以他种给付代替原定给付，从而使债务消灭的清偿行为，实际上是以负担新债务作为清偿旧债务的方法。当事人并没有变更原债权债务关系，只是在债务人所负原给付义务未消灭的情况下，额外为债权人创设的实现债之目的的另一途径，因此，在债务人履行债务之前，新债务和原债务并存，债务人有权择一履行：如债务人履行原债务，则新债务消灭；如债务人履行新债务，则原债务消灭。但是，若债务人到期不履行，则选择权转由债权人享有。故A项错误，B、C项正确。D项：当原债务基于有偿契约而发生时，产生瑕疵担保责任。即如果代替给付具有权利上或者物的品质上的瑕疵，适用瑕疵担保责任的有关规定。据此可知，古画交付后，如果被鉴定为赝品，则王某应承担瑕疵担保责任，故D项亦正确。综上所述，本题应选BCD。

5. 答案：BCD。抵销，是指当事人双方互负债务，各以其债权充抵债务的履行，双方各自的债权和对应债务在对等额内消灭。抵销因其产生的根据不同，可分为法定抵销和约定抵销。（本题中"当事人一方即可主张"的抵销，即）法定抵销，是指具备法律规定的抵消条件时，依当事人一方的意思表示即发生抵销的效力。对此，《民法典》第568条规定：当事人互负债务，该债务的标的物种类、品质相同的，任何一方可以将自己的债务与对方的到期债务抵销；但是，根据债务性质、按照当事人约定或者依照法律规定不得抵销的除外。当事人主张抵销的，应当通知对方。通知自到达对方时生效。抵销不得附条件或者附期限。据此可知，法定抵销以被抵销一方的债务已经到期为要件，这是因为抵销具有相互清偿的作用，所以只有在提出抵销的一方所享有的主动债权的履行期限届至时，才可以主张抵销，否则，等于强制债务人提前履行债务，牺牲其期限利益。在符合其他条件的情况下，如果双方的债权均已经到期，则双方均可主张抵销。故A项表述错误，B、C、D均正确。

6. 答案：ABCD。根据《民法典》第533条（因情势变更申请司法解除）、第562条第1款（行使约定解除权的解除）、第563条（行使法定解除权的解除）、第562条第2款（合意解除）的规定，本题四项均为合同解除的一般原因。

7. 答案：AC。A、B项：《民法典》第563条第2款规定："以持续履行的债务为内容的不定期合同，当事人可以随时解除合同，但是应当在合理期限之前通知对方。”据此，不定期继续性合同中的双方当事人都有随时解除权，或称任意解除权。该规则的制度目的是在以持续履行债务为内容的不定期合同中，避免当事人无限期地受到合同约束，这一目的也决定了其为强制性规范，当事人完全放弃此种任意解除权的约定是无效的，仅可约定行使此种任意解除权的方法。故A项正确、B项错误。C项：根据《民法典》第565条第1款的规定，行使解除权的合同解除，自解除通知到达对方时生效，该规则同样适用于不定期继续性合同的任意解除，故C项正确。D项：根据《民法典》第563条第2款的规定，不定期继续性合同的双方当事人解除合同应当在合理期限之前通知对方，这是为了给予对方必要的准备时间。当事人没有在合理期限之前通知对方的，并非解除通知无效，而仅是解除通知延至合理期限之后发生效力，同时要赔偿因未在合理期限前通知对方而给对方造成的损失。故D项错误。综上所述，本题应选AC。

8. 答案：ACD。《民法典》第566条第1款规定，合同解除后，尚未履行的，终止履行；已经履行的，根据履行情况和合同性质，当事人可以请求恢复原状或者采取其他补救措施，并有权要求赔偿损失。由此可知，恢复原状仅是解除权人可以选择适用的补救措施之一，故B项错误，不当选。A、C、D项均正确，当选。

9. 答案：ABCD。A项：根据《民法典》第933条的规定，委托人或者受托人可以随时解除委托合同。B项：根据《民法典》第730条的规定，当事人对租赁期限没有约定或者约定不明确，依据《民法典》第510条的规定仍不能确定的，视为不定期租赁；当事人可以随时解除合同，但是应当在合理期限之前通知对方。C项：根据《民法典》第787条的规定，定作人在承揽人完成工作前可以随时解除合同，造成承揽人损失的，应当赔偿损失。D项：《民法典》第829条规定，在承运人将货物交付收货人之前，托运人可以要求承运人中止运输、返还货物、变更到达地或者将货物交给其他收货人，但是应当赔偿承运人因此受到的损失。因此，A、B、C、D项均是正确的。

10. 答案：BD。《民法典》规定的一般法定解除事由大致包括以下四种情形：一是因不可抗力致使不能实现合同的目的；二是预期违约；三是迟延履行主要债务，经催告仍未履行；四是其他根本违约行为。结合本题来看，A项：涉及迟延履行。因迟延履行而解除合同，须对方当事人迟延履行主要债务，经催告仍未履行；或者因对方迟延履行，致使合同的目的不能实现。本项中，尽管乙迟延履行合同，但是甲购进该车后先用于展出而非销售，因此，乙的迟延履行并不影响甲合同目的的实现，不构成根本违约。此外，选项中也未提及乙经催告仍不履行，故甲不可以解除合同。B项：属于因不可抗力致使标的物灭失，不能实现合同的目的法定解除情形。C项：涉及瑕疵履行。须履行与约定严重不符，无法通过修理、替换、降价的方法予以补救，致使不能实现合同目的时，债权人方能解除合同。本项中，尽管乙属于瑕疵履行，但是对此仍然可以采取补救措施，并未影响到合同目的的实现，因此甲不能据此解除合同。D项：属于预期违约的法定解除情形，（乙将电视转卖给丙，就无法再卖给甲，是以自己的行为表明不履行主要债务。）综合上述分析，本题应选BD。

11. 答案：AB。A项：根据最高人民法院《关于审理买卖合同纠纷案件适用法律问题的解释》（2020年修正）第19条的规定，出卖人没有履行或者不当履行从给付义务，致使买受人不能实现合同目的，买受人主张解除合同的，人民法院应当根据《民法典》第563条第1款第4项的规定，予以支持。本题中，张某之所以决定购买甲公司的商品房，就是因为其看中小区健身方便，换言之，方便健身是其合同目的。现小区没有配置健身馆，虽然属于从给付义务的违反，但是由于该义务的违反致使张某的合同目的不能实现，已构成根本违约，因此张某有权请求解除合同。根据《民法典》第566条第1款的规定，合同解除后，根据履行情况和合同性质，当事人可以请求恢复原状或者采取其他补救措施，并有权请求赔偿损失。据此，张某解除合同后，有权请求退房，即恢复原状。故A项正确，当选。B项：根据《民法典》第148条的规定，一方以欺诈手段，使对方在违背真实意思的情况下实施的民事法律行为，受欺诈方有权请求人民法院或者仲裁机构予以撤销。另外，根据《民法典》第157条的规定，合同被撤销后，有过错的一方应当承担缔约过失责任。本题中，甲公司虚构小区有健身馆的事实，使张某违背真实意思与其签订购房合同，已经构成欺诈，作为受欺诈方的张某有权请求撤销合同并请求甲公司承担缔约过失责任。因此，B项正确。C项：现行民事法律以及司法解释均未规定涉及产权的恶意误导或欺诈可以适用惩罚性赔偿，故C项于法无据。D项：根据《民法典》第566条第2款的规定，合同因违约解除的，解除权人可以请求违约方承担违约责任，但是当事人另有约定的除外。本题中，张某在解除合同后，有权同时请求退房（恢复原状）并请求甲公司赔偿损失，并不构成权利滥用。因此D项错误，不当选。

借助本题，可以总结出欺诈行为构成根本违约时，受欺诈方可以选择的三种救济方案：第一，以欺诈为由请求撤销合同，返还标的物并请求承担缔约过失责任；第二，以根本违约为由请求解除合同，并请求承担恢复原状、赔偿损失等违约责任；第三，继续履行，并请求承担违约责任。

综上所述，本题应选AB。

12. 答案：AB。A项：根据《民法典》第563条第1款第1项的规定，因不可抗力致使合同目的不能实现的，当事人可以解除合同，故A项正确。B项：根据《民法典》第563条第1款第4项的规定，当事人一方迟延履行债务或者有其他违约行为致使不能实现合同目的，对方当事人可以解除合同。本项中，甲推迟1个月交付货物，导致乙7月5日开张营业的合同目的无法实现，已经构成根本违约，故乙可以请求解除合同；至于违约责任的承担，甲系因不可抗力导致根本违约，根据《民法典》第590条第1款第一句的规定，根据不可抗力的影响，可以部分或者全部免除其违约责任。故B项正确。C项：由于甲已经履行了合同的主要给付，剩余部分不能如期履行并不影响合同目的的实现，不构成根本违约，故乙无权请求解除合同，只能请求甲承担违约责任。故C项错误。D项：根据《民法典》第563条第1款第3项的规定，当事人一方迟延履行主要债务，经催告后在合理期限内仍未履行的，对方当事人方能请求解除合同，本项中合同债务刚到期，未经催告履行，乙无权直接解除合同，故D项错误。综上所述，本题应选AB。

13. 答案：BC。A、B项：根据最高人民法院《关于审理商品房买卖合同纠纷案件适用法律若干问题的解释》（2020年修正）第17条的规定，出卖人自行销售已经约定由包销人包销的房屋，包销人请求出卖人赔偿损失的，应予支持，但当事人另有约定的除外。需要注意的是，尽管出卖人与包销人签订了包销合同，但只要房屋未销售并未完成过户登记，那么房屋的所有权依然属于出卖人。本题中，甲公司将房屋出卖给丙的行为属于有权处分，但因该出卖行为，违反了包销合同的约定，故甲应对包销人乙公司承担违约责任，因此A项错误、B项正确。C项：根据《民法典》第563条第1款第1项的规定，因不可抗力致使不能实现合同目的，当事人可以解除合同。此外，根据《民法典》第180条第2款的规定，不可抗力是不能预见、不能避免且不能克服的客观情况。本题中，国家出台房地产调控政策，导致丙不再具备购房资格，系当事人不能预见、不能避免且不能克服的客观情况，故丙有权以不可抗力致使不能实现合同目的为由请求解除合同。因此，C项正确。需要注意的是，本题不应适用《民法典》第533条对于情势变更的规定，原因在于甲、丙之间的房屋买卖合同履行障碍是客观上不能继续履行，并非继续履行对于一方明显不公平。D项：根据《民法典》第566条第1款的规定，合同解除后，尚未履行的，终止履行；已经履行的，根据履行情况和合同性质，当事人可以请求恢复原状或者采取其他补救措施，并有权请求赔偿损失。此外，根据《民法典》第590条第1款第一句的规定，当事人一方因不可抗力不能履行合同的，根据不可抗力的影响，部分或者全部免除责任，但是法律另有规定的除外。本题中，由于甲公司与丙系因不可抗力致使完全不能继续履行合同，故双方均可免于承担违约赔偿责任；但合同解除后，就已经履行的部分，仍应恢复原状，甲公司应当返还丙支付的20万元首付款本金及利息。因此D项错误。综上所述，本题应选BC。

简答题

1. 合同之债的消灭，即合同债权债务的终止，其效力包括以下几个方面。

（1）债权债务终止时，债权的从权利消灭。《民法典》第559条规定：债权债务终止时，债权的从权利同时消灭，但是法律另有规定或者当事人另有约定的除外。从权利是指附随于主权利的权利。从权利是从主权利派生出来的，具有从属于主权利的属性，包括消灭上的从属性。当主债权债务终止时，从权利一般也就没有了存在的价值，同时随之消灭。但是，法律另有规定或当事人另有约定的除外。

（2）债务人有权请求返还或者涂销负债字据。债权部分消灭，或者负债字据上载有债权人其他权利的，债务人有权请求将消灭事由记入字据。履行人对受领人，同样有权请求出具收据，载明履行人、受领人、受领的标的、履行期日等。负债字据返还的，可以推定债权消灭。

（3）当事人互负后合同义务。后合同义务，是指合同的权利义务终止后，当事人依照法律的规定，遵循诚信等原则，根据交易习惯履行的各项义务。对此，《民法典》第558条规定：债权债务终止后，当事人应当遵循诚信等原则，根据交易习惯履行通知、协助、保密、旧物回收等义务。

2. 法定抵销，是指法律规定抵销的条件，具备条件时依当事人一方的意思表示即发生抵销的效力，于法定抵销当事人一方行使抵销权而使双方互负的债务归于消灭。法定抵销需要满足以下要件。

（1）当事人双方互负有效的债务、互享有效的债权。抵销发生的基础在于当事人双方既互负有效的债务又互享有效的债权，只有债务而无债权或者只有债权而无债务，均不发生抵销。双方当事人互负的债权债务，可能基于同一个法律关系而发生，也可能基于两个或两个以上的法律关系而发生。其中，提出抵销的一方所享有的债权，称为主动债权；被抵销的债权，称为被动债权。当事人应当对用以抵销的债权具有处分权。同时，附有抗辩权的债权，也不得作为主动债权用以抵销，否则剥夺了相对人的抗辩权。

（2）被抵销一方的债务已经到期。抵销具有相互清偿的作用，因此只有在提出抵销的一方所享有的主动债权的履行期限届至时，才可以主张抵销，否则，等于强制债务人提前履行债务，牺牲其期限利益。在符合其他条件的情况下，如果双方的债权均已经到期，则双方均可主张抵销。

（3）债务的标的物种类、品质相同。种类相同，是指标的物本身的性质和特点一致。品质相同，是指标的物的质量、规格、等级无差别。债务的标的物种类、品质不相同，原则上不允许抵销，除非法律另有规定。这一条件还表明，用以抵销的债务的标的应当是物而非行为，因为行为具有特定的人身性质，不具有可比性，很难使双方债权在对等额内消灭。履行地点不属于种类和品质的范畴，因此履行地点不同的同种类、同品质的债务，也可以抵销，但主张抵销的债务人应当赔偿相对人因抵销而遭受的损失。

（4）无禁止抵销的情形。禁止抵销的情形包括以下几种。1）根据债务性质不得抵销的。主要有：必须履行的债务；具有特定人身性质或者依赖特定技能完成的债务，以及相互提供劳务的债务；不作为债务；故意侵权所产生的债务，作为债务人的侵权人不得主张抵销；约定应当向第三人履行的债务，债务人不得以自己对对方当事人享有的债权而主张抵销；相互出资的义务。2）按照当事人约定不得抵销的。3）依照法律规定不得抵销的。

3. 法定抵销与约定抵销都是使双方的债务在对等额内消灭，但两者有所不同，主要表现在以下方面。

（1）抵销的根据不同。法定抵销是基于法律规定，只要具备法定条件，任何一方可将自己的债务与对方的债务抵销，无须对方当事人同意；而约定抵销是基于当事人约定，双方当事人必须协商一致，不能由单方决定抵销。

（2）对抵销的债务的要求不同。法定抵销要求标的物的种类、品质相同；而约定抵销的债务的标的物的种类、品质可以不同。

（3）对抵销的债务的期限要求不同。法定抵销要求提出抵销的当事人一方所享有的债权，也即对方的债务已经到期；而约定抵销中，即使双方互负的债务没有到期，只要双方当事人协商一致，愿意在履行期到来前将互负的债务抵销的，也可以抵销。

（4）程序要求不同。于法定抵销，当事人主张抵销的应当通知对方，通知未到达对方，抵销不生效；于约定抵销，双方达成抵销协议时，除双方另有约定外，即发生抵销的法律效力，不必履行通知义务。

4. 关于提存成立的时间，《民法典》第571条第1款规定：债务人将标的物或者将标的物依法拍卖、变卖所得价款交付提存部门时，提存成立。

确定提存成立的时间有以下意义。

（1）对债务人而言，标的物的提存成立后，不论债权人是否提取，视为债务人已经交付标的物，提存成立的时点即为交付的时点。因此，确定提存成立的时间对于确定标的物毁损、灭失的风险及违约责任是否成立具有重要意义。

（2）对债权人而言，自提存之日起其取得了向提存部门领取提存物的权利，提存成立之日是该权利存续期间的起算点。

（3）对于提存部门而言，自提存成立之日起，其便负有保管义务。提存成立之日还是确定保管期限的起算点。

5. 债务免除，是指债权人抛弃债权，从而全部或者部分消灭债权债务。从债权人角度观察，债务免除是债权人抛弃债权；从债务人的角度观察，其因此而被免去给付义务。债权人可以免除债务的部分，也可以免除债务的全部。免除部分债务的，债权债务部分终止；免除全部债务的，债权债务全部终止；但是债务人在合理期限内拒绝的，免除效力自始不发生。

债务免除的构成要件如下。

（1）债务免除应由有处分权人作出。债务免除是对债权的处分行为，故只有对债权有处分权的人方能为免除的意思表示。这些主体具体包括债权人、债权人的代理人和信托受托人。同时，被免除的债权也必须具有可处分性，否则处分的效力不能发生。

（2）债务免除应由债权人向债务人作出免除债务的意思表示，方能发生债务消灭的后果。免除债务表明债权人放弃债权，不再要求债务人履行义务，因此，债务人不必为免除支付相应的对价，免除是无偿的民事法律行为。免除的原因行为虽得为有偿或无偿，但是原因行为与免除的效力无关，为让债权人免除债务而约定对待给付的，也不能因此而使免除具有有偿性。免除的意思表示为有相对人的意思表示，因此应当适用意思表示和民事法律行为的一般规定。免除可以附条件或者附期限。

（3）债务人未在合理期限内表示拒绝。债务人在合理期限内表示反对的，不生免除的效力。（债务人在认为免除对其不利时可以在合理期限内表示拒绝，债务不消灭，债务人可以要求继续履行，债权人拒绝的，债务人可以提存标的物。）合理期限的确定可以考虑作出拒绝的表示所必要的期间、拒绝的表示到达债权人所必要的时间等。这一规定是为了保护债务人的合法利益，更为尊重债务人的意思。

6. 合同解除按照解除的依据不同，可分为当事人协商解除（合意解除）、行使解除权的解除、申请司法解除三种类型。合意解除，是指合同产生法律约束力后，当事人以解除合同为目的，经协商一致，订立一个解除原来合同的协议。行使解除权解除，是指一方当事人通过行使其享有的法定或约定解除权来解除合同的情形。至于申请司法解除，是指在满足情势变更的法定要件之时，人民法院或者仲裁机构结合案件的实际情况，根据公平原则来解除合同的情形。

其中，合意解除直接导致合同被解除，而约定解除事由和法定解除事由的发生仅产生了解除权，解除权人必须依法行使解除权后才能够导致合同被解除。据此，合意解除也可以被称为双方协议解除，约定解除和法定解除可以被称为单方解除。至于申请司法解除，只有人民法院或仲裁机构通过司法程序才可以解除合同。

7. 当事人一方通过行使其享有的法定或约定解除权而解除合同的，必须满足以下条件。

（1）必须享有解除权。解除权行使的前提是当事人享有解除权。如果当事人不享有解除权，即使解除通知到达对方，对方未提出异议，也不发生合同解除的效果。《民法典》第 562 条第 2 款和第 563 条对约定解除权和法定解除权作了规定，只有符合这些规定解除权才可以产生。如果不具备法定条件，一方当事人不享有解除权，自然不能行使解除权而单方解除合同。

（2）必须在规定期限内行使解除权。无论是约定解除权还是法定解除权，其行使是法律赋予当事人的保护自己合法权益的手段，但其行使不能毫无限制。行使解除权会引起合同关系的重大变化，如果享有解除权的当事人长期不行使解除的权利，就会使合同关系处于不确定状态，影响当事人权利的享有和义务的履行。因此，解除权作为形成权，应当在一定期间内行使，以促使法律关系尽早确定。该期间是解除权的行使期限或者除斥期间，不适用诉讼时效的中止、中断和延长的规定；并且该期间届满后，解除权消灭。

（3）行使解除权应当通知对方当事人。解除权产生之后，并不导致合同自动解除。为了防止一方当事人因不确定对方已行使合同解除权而仍为履行的行为，解除权人必须行使解除权才能使合同解除。《民法典》规定，当事人根据约定解除权和法定解除权主张解除合同的，应当通知对方。解除的意思表示可以通过诉讼外的通知的方式作出，也可以直接以提起诉讼或者申请仲裁的方式作出。

案例分析题

（1）“合作协议一”属于非典型合同，其为有效合同。

非典型合同（无名合同），是指法律尚未赋予特定名称并设有专属规则的合同。本案中，因“合作协议一”既涉及股权转让，又涉及土地使用权购买，而我国现行法律尚未对此类协议作出明文规定，故“合作协议一”属于非典型合同。

根据《民法典》第597条第1款之规定，无权处分不会影响买卖合同的效力。本案中，因丙公司的股东是张某和方某，甲公司并未持有丙公司的股份，故甲公司将丙公司10%的股权转让给乙公司属于无权处分，但是这并不会影响“合作协议一”的效力。又根据《民法典》第143条之规定，若民事法律行为的主体适格、意思真实、内容合法且未恶意串通损害他人合法权益，则有效。本案中，因“合作协议一”完全符合前述有效条件，故有效。

(2) 乙公司要求终止“合作协议一”，并返还4 000万元，于法有据。

《民法典》第562条第2款规定：当事人可以约定一方解除合同的事由。解除合同的事由发生时，解除权人可以解除合同。本案中，因“合作协议一”约定“如协议签订之日起三个月内丙公司未能获得A地块土地使用权致双方合作失败，乙公司有权终止协议”，故该协议系附解除条件的合同；现因解除合同的事由已经发生，故乙公司享有约定解除权。

根据《民法典》第566条第1款之规定，合同解除后，根据履行情况和合同性质，当事人可以请求恢复原状或者采取其他补救措施，并有权请求赔偿损失。本案中，在乙公司解除合同后，其有权请求返还4 000万元（恢复原状）。

(3) 甲公司的异议不能成立，乙公司不向甲公司支付尾款并不构成违约。

本案中，因甲公司与乙公司约定的解除事由是“协议签订之日起三个月内丙公司未能获得A地块土地使用权”，而非“甲公司把股权过户到乙公司名下”；现约定的解除事由已经发生，乙公司享有约定解除权，甲公司以“我公司已把股权过户到贵公司名下”为由提出的异议不能成立。

根据《民法典》第565条第1款的规定，当事人一方依法主张解除合同的，应当通知对方，合同自通知到达对方时解除。另外，《民法典》第566条第1款规定，“合同解除后，尚未履行的，终止履行”。本案中，乙公司已经发函通知甲公司解除合同，既然合同已经解除，那么乙公司即有权终止履行，其不向甲公司支付尾款并不构成违约。

论述题与深度思考题

合同解除，是指因当事人一方或双方的意思表示，具有约束力的合同自始或者仅向将来终止。合同解除的效力包括以下几个方面。

(1) 合同解除的溯及力。合同解除的，该合同的权利义务关系终止。但是，合同关系终止，并不意味着不发生其他的权利义务关系，解除后仍然会产生诸多权利义务关系。

首先，针对尚未履行的部分。由于解除终止了合同权利义务关系，因此尚未履行的，终止履行（《民法典》第566条第1款）。其次，针对已经履行的部分，是否应恢复原状或采取其他补救措施，实践中存在争议。这涉及合同解除的溯及力，即合同解除是否对已经履行的部分具有效力。若解除的效力溯及既往，则已经履行的部分应当返还，此时涉及恢复原状或采取其他补救措施；若合同解除不具有溯及力而仅向将来发生效力，则已经履行的部分不需要返还，不涉及恢复原状或采取其他补救措施。因此，合同解除的溯及力所涉及的真正问题是，针对已经履行的部分，是否要恢复原状。根据《民法典》第566条第1款的规定，根据履行情况和合同性质，当事人可以要求恢复原状、采取其他补救措施，并有权请求赔偿损失。所谓根据履行情况，是指根据履行部分对债权的影响。如果债权人的利益不是通过恢复原状才能得到保护，则不一定采用恢复原状。当然，如果债务人已经履行的部分对债权人根本无意义，则债权人可以请求恢复原状。所谓根据合同性质，是指根据合同标的的属性。根据合同的属性不可能或者不容易恢复原状的，不必恢复原状。这类情况主要包括：第一，以持续履行的债务为内容的继续性合同；第二，涉及第三人利益或者交易秩序的合同。

(2) 恢复原状和采取其他补救措施。在财产返还时，持直接效果说的学者认为：合同因解除而自始不存在，“恢复原状”属于所有物返还，在给付物为动产时指“有体物的返还”，在给付物是不动产且已经办理了移转登记时，则指受领人的登记被注销并将登记恢复到给付人名下；而“采取其他补救措施”适用于给付劳务、物品利用、交付金钱、受领的原物毁损灭失等场合，属于不当得利返还。持间接效果说的学者认为：合同并非因解除而自始不存在，已经履行的债务并不消灭，而是发生新的返还债务，即广义上的“恢复原状义务”，该恢复原状义务包括《民法典》第566条中的“恢复原状”和“采取其他补救措施”。“恢复原状”是财产返还的债的请求权，既不是物的返还请求权，也不是不当得利返还请求权。“恢复原状”包括标的物的返还，利息、孳息及其他使用利益的返还，投入费用的偿还等，甚至包括原物返还不能时的风险负担。

广义的恢复原状的一般规则具有以下内容：第一，因履行行为而取得的财产的返还。履行的内容是支付金钱的，所收到的金额即为应返还的数额；所取得的非金钱财产可以转让时，可以通过转让方式返还该财产。财产返还的义务及于自该财产取得的天然孳息和法定孳息。即使双方约定的价款远低于实物的市场价格，也应当返还实物。第二，不能返还或者没有必要返还时的价值返还。可返还财产在受领时和返还时发生价值减少的，予以价值返还。当事人约定了价款的，返还的价值依实际履行部分的价值占承诺履行的价值的比例确定；当事人没有约定价款的，返还的价值是已经知道履行与约定不符时双方当事人应当合理确定的价值。财产受领人在财产占有期间为保存或者维护该财产所花费的必要费用、因返还财产所支出的必要费用也可请求返还。受领人原则上应就曾利用财产偿付合理的价额。受领人对其应予返还的财产加以改良的，如果对方当事人通过处分该财产可以轻易地获得改良价值，则受领人可以请求返还改良价值，但以下情形除外：该改良是受领人不履行对对方当事人的债务的结果；受领人进行改良时知道或应当知道财产应予返还的。在返还期届满后，财产受领人应当对返还期届满后不再能返还的财产予以价值返还，赔偿返还财产因返还期届满后利益状况的变化所造成的价值减少。在返还期届满后处分财产，且处分收益比财产利益更大时，应予返还的价值是处分所获得的财产的价值。当然，因不履行财产返还义务而产生的其他责任不受影响。

（3）赔偿损失。《民法典》承认合同解除与赔偿损失并存，因为两者的功能是不同的，不存在排斥关系。《民法典》第566条第1款规定，合同解除后，解除权人有权请求赔偿损失。同时，该条第2款明确规定，合同因违约解除的，解除权人可以请求违约方承担违约责任，但是当事人另有约定的除外。这里的违约责任并不包括继续履行、修理、重作、更换，合同解除与这些违约责任形式是互斥的，一旦非违约方选择了继续履行，就意味着他放弃了解除合同的权利。但是，合同因违约而解除后，解除权人可以请求违约方承担退货、减少价款或者报酬、赔偿损失等违约责任。

赔偿损失，包括法定的违约损失赔偿，也包括约定的违约损失赔偿。在当事人约定了一定数额的违约金、因违约产生的损失赔偿额的计算方法、定金等这些违约责任条款时，合同解除后解除权人也能够主张这些条款。

此外，《民法典》第556条第2款在法律存在特别规定的情况下不适用，而应适用特别规定。

（4）解除后的担保。《民法典》第566条第3款规定，主合同解除后，担保人对债务人应当承担的民事责任仍应当承担担保责任，但是担保合同另有约定的除外。主合同解除后，债务人对于已经履行的债务应当恢复原状或者采取其他补救措施，对债权人遭受的利益损失应当予以赔偿，此时债权人对债务人仍然享有请求权。担保本来就为保障主债务的履行而设立，在合同因主债务未履行而被解除时，合同解除后所产生的债务人的责任同样是主债务未履行所导致的，因此，担保人对债务人仍应当承担担保责任。

（5）合同解除后的结算和清理条款。当事人事先约定了有关合同终止后的结算和清理条款的，因为这些条款本身就涉及对合同终止后事务的处理，故应当尊重当事人的此种约定。《民法典》第567条规定，合同的权利义务关系终止，不影响合同中结算和清理条款的效力。该条适用的前提有二：首先是合同约定了结算和清理条款。关于违约责任的违约金和定金的约定也可以被认为是结算和清理条款。其次是合同的权利义务关系终止。合同的权利义务关系终止与合同无效并不相同。合同无效的情形并不能适用《民法典》第567条的规定。当事人一方如果未按照有效的结算和清理条款履行，则应当依法承担违约责任。

第三十八章　违约责任

知识逻辑图

- 违约责任
  - 含义：指合同当事人违反合同义务所承担的责任
  - 归责原则
    - 《民法典》对违约责任原则上采取无过错归责原则
    - 违约责任减轻或免除的一般事由：不可抗力、守约方对损害发生或损失扩大存在过错的、双方违约典型合同中的特殊归责事由和免责事由
    - 允许当事人约定免责或限责条款
  - 构成要件：合同义务有效存在；债务人不履行合同义务或履行合同义务不符合约定；不存在法定或约定的免责事由
  - 违约行为形态
    - 概述
      - 概念：指按照违约行为的性质和特点对其所作的分类
      - 《民法典》采取救济进路，将违约行为形态区分为不履行合同义务和履行合同义务不符合约定
    - 预期违约
      - 概念：履行期限届满之前，当事人一方无正当理由即明确表示或以行为表明不履行合同债务
      - 类型：明示预期违约，默示预期违约
      - 与不安抗辩权的衔接：行使不安抗辩权的一方中止履行后，对方在合理期限内未恢复履行能力且未提供适当担保的，视为默示预期违约
    - 届期违约
      - 概念：违约行为发生在履行期限届满之后的违约形态
      - 类型
        - 不履行合同义务
          - 履行不能：事实上、法律上或经济上不能履行
          - 履行拒绝：能够履行却无正当理由拒绝履行
        - 履行合同义务不符合约定
          - 一般瑕疵履行
          - 加害履行：履行除有一般瑕疵外，还造成对方财产或人身损害
    - 债权人无正当理由拒绝受领：又称受领迟延，债务人按照约定履行了债务或提出了履行请求，债权人无正当理由不予受领或协助
  - 主要形式
    - 继续履行
      - 概念和类型区分
      - 金钱债务的实际履行
      - 非金钱债务的实际履行
      - 不能请求继续履行情形中的申请终止合同关系
      - 替代履行
    - 采取补救措施
      - 适用条件
      - 具体补救措施：修理、更换和重作，退货、减价，其他补救措施
      - 补救措施与损害赔偿
    - 法定赔偿损失
      - 概念和要件
      - 完全赔偿原则
      - 赔偿数额的计算
      - 赔偿数额的限制：可预见性规则，减损规则，与有过错规则，损益相抵规则，免除规则

- 违约责任
  - 主要形式
    - 约定赔偿损失
      - 违约金
        - 概念与类型
        - 约定违约金的调整
          - 司法酌增
          - 司法酌减
        - 迟延履行违约金与继续履行之间的关系
      - 定金
        - 含义与种类
        - 定金的数额限制
        - 定金罚则
        - 定金与违约金、法定赔偿损失之间的关系

名词解释

1. 无过错归责原则
2. 主给付义务
3. 从给付义务
4. 不真正义务
5. 届期违约
6. 加害履行
7. 替代履行
8. 违约赔偿损失
9. 实际损失
10. 与有过错
11. 违约金
12. 定金

选择题

（一）单项选择题

1. 根据《民法典》的规定，当事人一方不履行合同义务或者履行合同义务不符合约定的，应当承担继续履行、采取补救措施或者赔偿损失等违约责任。该规定采用的民事责任的归责原则是什么？（　　）

A. 过错责任原则
B. 过错推定责任原则
C. 严格责任原则
D. 公平责任原则

2. 当事人约定由第三人向债权人履行债务的，若第三人不履行债务，则（　　）。

A. 债务人应当向债权人承担违约责任
B. 第三人应当向债权人承担违约责任
C. 债务人和第三人应当承担连带责任
D. 债务人和第三人应当按过错大小向债权人承担责任

3. 不属于严格责任的内涵的是（　　）。

A. 当事人需要证明对方未履行合同义务的事实
B. 不需要根据当事人的过错确定责任
C. 在严格责任下，意外事件是违约方的免责事由
D. 在严格责任下，不可抗力是违约方的免责事由

4. 下列有关违约行为的哪一项说法不正确？（　　）

A. 违约行为是违约责任的构成要件之一
B. 违约行为的主体是合同关系中的当事人
C. 违约行为侵害的是合同债权
D. 在严格责任归责原则下，有违约行为即要承担违约责任

5. 王某因多年未育前往某医院就医，经医院介绍A和B两种人工辅助生育技术后，王某选定了A技术并交纳了相应的费用，但医院实际按照B技术进行治疗。后治疗失败，王某要求医院返还全部医疗费用。下列哪一选项是正确的？（　　）（司考改编）

A. 医院应当返还所收取的全部医疗费
B. 医院应当返还所收取的医疗费，但可以扣除B技术的收费额
C. 王某无权请求医院返还医疗费或赔偿损失
D. 王某无权请求医院返还医疗费，但是有权请求医院赔偿损失

6. 甲公司未取得商铺预售许可证，便与李某签订了“商铺认购书”，约定李某支付认购金即可取得商铺优先认购权，商铺正式认购时甲公司应优先通知李某选购。双方还约定了认购面积和房价，但对楼号、房型未作约定。李某依约支付了认购金。甲公司取得预售许可后，未通知李某前来认购，将商铺售罄。关于“商铺认购书”，下列哪一表述是正确的？（　　）（司考改编）

A. 无效，因甲公司未取得预售许可证即对外销售

B. 不成立，因合同内容不完整

C. 甲公司未履行通知义务，构成根本违约

D. 甲公司须承担继续履行的违约责任

视频讲题

7. 甲与乙签订一份大宗货物买卖合同，乙为接收该批货物，租借丙的大型仓库用于储存货物。在合同履行期限到来前，甲认为货款定价太低，遂通过致电、致信两种方式明确告知乙，自己将不再履行合同义务。乙在收到通知后不置可否，仍然继续租用丙的仓库。合同履行期届满，乙欲追究甲的责任，本案应如何处理？（　　）

A. 甲已明确通知乙自己将不再履行合同，因此无须承担任何责任

B. 甲应承担违约责任，包括赔偿从合同生效之日到履行期届满期间的仓库租用费

C. 甲应承担违约责任，包括赔偿通知到达乙之前的仓库租用费

D. 甲应承担违约责任，但是无须负担仓库租用费

8. 甲和某音乐学院的研究生乙约定，乙承租甲的房屋，期限1年，在此期间，乙每晚为甲的女儿辅导钢琴1小时来代替每月6 000元房屋租金的支付。双方签订书面合同后即依约行事。3个月后寒假开始，乙锁上房门，不知去向。甲无奈之余，另外聘请某音乐学院的本科生丙为女儿辅导1个月，每晚1小时，共支付丙5 000元作为辅导费。一个月后乙返回，告知甲其随导师去国外巡演，未来得及告别。甲提出乙应当支付其1个月的房租。以下说法正确的是（　　）。(法考改编)

A. 乙应支付给甲6 000元房租

B. 乙应按照当地同类房屋的平均租金水平向甲支付1个月房租

C. 乙应向甲支付辅导费5 000元

D. 乙应按当地音乐学院研究生辅导钢琴的平均报酬水平向甲支付1个月辅导费

视频讲题

9. 某超市经常向郊区农民采购2年以上老母鸡。采购价每只100元，市零售价250元，常年应求。某日，超市与农民李某签订每季度供应20只老母鸡合同。李某对零售价和批发价无异议。第二季度，超市只采购到10只鸡，并对应支付1 000元。对尚未交付的10只鸡，超市可就下列哪一利益对李某主张损害赔偿？（　　）（法考改编）

A. 生产利润1 500元

B. 采购价格1 000元

C. 转售利润1 500元

D. 零售价格2 500元

10. 甲乙签订一份买卖合同，约定违约方应向对方支付18万元违约金。后甲违约，给乙造成损失15万元。下列哪一表述是正确的？（　　）（司考改编）

A. 甲应向乙支付违约金18万元，不再支付其他费用或者赔偿损失

B. 甲应向乙赔偿损失15万元，不再支付其他费用或者赔偿损失

C. 甲应向乙赔偿损失15万元并支付违约金18万元，共计33万元

D. 甲应向乙赔偿损失15万元及其利息

（二）多项选择题

1. 合同当事人一方违约后，守约方要求其承担继续履行的违约责任。在下列哪些情况下，人民法院对守约方的请求不予支持？（　　）（司考改编）

A. 违约方所负债务为非金钱债务

B. 债务的标的不适于强制履行

C. 继续履行费用过高

D. 违约方已支付违约金或赔偿损失

2. 根据《民法典》的规定，下列哪些免责条款是无效的？（　　）

A. 造成对方人身伤害的免责条款

B. 以合法形式掩盖非法目的的免责条款

C. 免除一方责任的免责条款

D. 因故意或者重大过失造成对方财产损失的免责条款

3. 张某到某超市买东西，在存包的时候看到每个存包柜上都贴有“谨防小偷”以及“物品入柜，丢失概不负责”的声明，张某并未在意，将包存入后就进去购物，出来时发现皮包丢失。张某遂向超市索赔，超市却以张贴的“免责声明”为由拒绝赔偿。下列说法正确的是（　　）。

A. 该条款属于合同的一部分，为免责条款

B. 该条款有效，超市没有责任

C. 该条款无效，超市应当赔偿

D. 该条款为格式条款

4. 甲公司与乙公司签订了一份手机买卖合同，约定：甲公司供给乙公司某型号手机 1 000 部，每部单价 1 000 元，乙公司支付定金 30 万元，任何一方违约应向对方支付合同总价款 30%的违约金。合同签订后，乙公司向甲公司支付了 30 万元定金，并将该批手机转售给丙公司，每部单价 1 100 元，指明由甲公司直接交付给丙公司。但甲公司未按约定期间交货。关于甲公司的违约责任承担，下列表述错误的是（　　）。（司考改编）

A. 乙公司在请求甲公司支付违约金以后，就不能请求其继续履行债务

B. 乙公司在请求甲公司支付违约金的同时还可请求其继续履行债务

C. 乙公司在请求甲公司继续履行债务以后就不能请求其支付违约金

D. 乙公司可选择请求甲公司支付违约金，或请求其继续履行债务

5. 甲购买乙的房屋一套。签约当天，甲支付了全部房款，乙将房屋交付给甲。几天后甲开始装修房屋。在装修过程中，乙通知甲立即停止装修，因房屋已卖给丙并办理了过户登记手续。根据法律规定，乙向甲承担违约责任的方式包括（　　）（考研）

A. 返还房款

B. 继续履行

C. 赔偿装修费用

D. 赔偿因房价上涨造成的损失

6. 范某与大地公司签订拖拉机购买合同一份，约定：该拖拉机的价格为 10 万元；合同生效后，范某应向大地公司支付定金 3 万元；若大地公司交付的拖拉机不合格或者范某未如期支付购机款，则应向对方支付违约金 1.2 万元。合同生效后，范某先后向大地公司支付定金以及购机款共计 13 万元，但是大地公司迟迟未能交付拖拉机，范某因生产经营被耽误，实际损失达 1 万元。关于本案，下列说法错误的是（　　）。（法考改编）

A. 合同中关于定金的约定无效

B. 大地公司有权请求法院或者仲裁机构适当减少约定的违约金

C. 在不考虑利息的情况下，范某有权要求大地公司返还的金额最高为 15 万元

D. 在不考虑利息的情况下，范某有权要求大地公司返还的金额最高为 16.2 万元

视频讲题

7. 孙女士于 2021 年 5 月 1 日从某商场购买一套化妆品，使用后皮肤红肿出疹，就医不愈花费巨大。2021 年 8 月，孙女士多次交涉无果将商场诉至法院。下列哪些说法是正确的？（　　）

A. 孙女士可以要求商场承担违约责任

B. 孙女士可以要求商场承担侵权责任

C. 孙女士可以要求商场承担缔约过失责任

D. 孙女士可以要求撤销合同

简答题

1. 简述违约责任的构成要件。

2. 简述违约行为形态。

3. 简述继续履行的含义及类型。

4. 简述不能请求继续履行情形中，司法机关终止合同关系的要件和效果。

5. 简述定金与违约金、法定赔偿损失之间的适用关系。

案例分析题

1. 甲油料厂与某供销社订立一份农副产品供销合同，双方约定由供销社在 1 个月内向甲油料厂供应黄豆 30 吨，每吨单价 1 000 元。在合同履行期间，乙公

司找到供销社表示愿意以每吨 1 500 元的单价购买 20 吨黄豆，供销社见其出价高，就将 20 吨本来准备运给甲油料厂的黄豆卖给了乙公司，致使其只能供应 10 吨黄豆给甲油料厂。甲油料厂要求供销社按照合同的约定供应剩余的 20 吨黄豆，供销社表示无法按照原合同的条件供货，并要求解除合同。甲油料厂不同意，坚持要求供销社履行合同。试分析：

（1）在合同没有明确约定的情况下，甲油料厂如果要求供销社继续履行合同有无法律依据？

（2）供销社能否只赔偿损失或者只支付违约金而不继续履行合同？

2. 2022 年 8 月 25 日 A 公司给 B 公司发去电子邮件：求购 1 000 个 V 型芯片，单价为 1 000 元。8 月 30 日，A 公司与 C 公司签订买卖合同，约定 A 公司向 C 公司提供 1 000 个 V 型芯片，价款 120 万元，交货日期为 9 月 30 日。合同签订后，C 公司依约向 A 公司交付定金 10 万元。

2022 年 9 月 5 日，B 公司给 A 公司发来 600 个芯片，同时说明只能供应 600 个，A 公司收货并支付了 600 个芯片的货款，后 A 公司要求 B 公司交付剩余的 400 个共片，B 公司以无此义务为由拒绝。

2022 年 9 月 20 日 A 公司将 600 个芯片交付给 C 公司，表示剩余 400 个芯片无货可供，愿意为此承担违约责任，并请 C 公司自行寻找货源，但 C 公司仍坚持要求 A 公司供货，C 公司苦等几个月无望，不得已从市场购进 400 个芯片，此时芯片价格上涨，C 公司比合同价款多支出 15 万元。

请根据上述材料，回答下列问题并说明理由（考研改编）：

（1）A 公司与 B 公司之间的买卖合同何时成立？

（2）B 公司是否有权拒绝交付剩余的 400 个芯片？

（3）C 公司是否有权请求 A 公司对 10 万元定金双倍返还？

（4）C 公司是否有权请求 A 公司赔偿 15 万元的损失？

论述题与深度思考题

试述违约责任的归责原则。

参考答案

名词解释

1. 无过错归责原则，是指将责任归属于某人不以该人具有过错为前提，该人即使证明自己没有过错仍然要承担责任，除非其能够证明自己具有法定的免责事由。

2. 主给付义务，是指债的关系中所固有、必备，并能决定合同目的能否实现的基本义务。

3. 从给付义务，是指补助主给付义务以确保债权人利益能获得最大满足的义务。

4. 不真正义务，是指债权人的受领义务或者采取适当措施防止损害扩大的义务。

5. 届期违约，是指违约行为发生在履行期届满之后的一种违约形态。根据《民法典》第 577 条的规定，届期违约包括不履行合同义务和履行合同义务不符合约定。

6. 加害履行是履行合同不符合约定的情形之一，是指当事人履行合同除有一般瑕疵外，还造成对方当事人的其他财产、人身损害。加害履行的特征是往往造成违约行为与侵权行为竞合。

7. 替代履行或曰代替执行，是指由债务人以外的人提供给付，其费用由债务人负担。其适用于为一定行为的债务。替代履行适用的前提是，当事人一方不履行债务或者履行债务不符合约定，并且该债务根据其性质不得强制履行。此时，债权人可以请求债务人负担由第三人替代履行的费用。

8. 违约赔偿损失，是指行为人违反合同约定造成对方损失时，行为人向受害人支付一定数额的金钱以弥补其损失。

9. 实际损失，即所受损害，是指违约导致现有利益的减少，是现实利益的损失，又被称为积极损失。实际损失包括：（1）信赖利益的损失，包括费用的支出、丧失其他交易机会的损失以及对方违约导致自己对第三人承担违约赔偿责任的损失等。（2）固有利益的损失。

10. 与有过错，又称为过错相抵、混合过错，是指受损害一方对于损害结果的发生存在过错的，在计算损失赔偿额时应当予以相应减少。

11. 违约金是当事人在合同中约定的或者由法律直接规定的一方违反合同时应向对方支付的一定数额的金钱。这是违反合同时可以采用的承担民事责任的方式，只适用于当事人有违约金约定或者法律规定违反合同应支付违约金的情形。违约金的标的物通常是金钱，但是当事人也可以约定违约金标的物为金钱以外的其他财产。

12. 所谓定金，就是指当事人约定的，为保证债权的实现，由一方在履行前预先向对方给付的一定数量的货币或者其他代替物。定金是担保的一种。由于定金是预先交付的，定金的数额在事先也是明确的，因此通过定金罚则的运用可以督促双方自觉履行，起到担保作用。

选择题

（一）单项选择题

1. 答案：C。根据《民法典》第 577 条的规定可知，在违约责任的一般构成中不考虑过错，非违约方只需要证明违约方的违约行为，不因为违约方无过错而免除违约方的违约责任，归责原则为无过错责任原则，即严格责任原则。因此，本题应选 C。

2. 答案：A。根据《民法典》第 523 条的规定，当事人约定由第三人向债权人履行债务，第三人不履行债务或者履行债务不符合约定的，债务人应当向债权人承担违约责任。因此，本题的正确答案为 A。

3. 答案：C。A、B 项：严格责任原则是《民法典》规定的违约责任的一般归责原则，是指一方当事人不履行或者不适当履行合同义务给另一方当事人造成损害，就应当承担违约责任。在严格责任原则下，当事人只需要证明对方存在违约行为，不需要证明违约方有主观过错，只要不存在法定的免责事由，违约的一方就应当承担责任。因此 A、B 项均正确。C、D 项：《民法典》仅规定了不可抗力作为违约责任的一般免责事由，因此 C 项错误、D 项正确。本题为选非题，故应选 C。

4. 答案：D。对于违约责任适用严格责任归责原则，规范目的在于减轻非违约方的举证负担，非违约方无须证明违约方主观上的过错，而仅需证明违约方的违约行为，即可请求违约方承担违约责任。但严格责任并非绝对责任，若违约方能够证明自己具有法定的免责事由，如不可抗力，也能够减轻或免除责任。因此 D 项错误。本题为选非题，故应选 D。

5. 答案：A。A、B 项：《民法典》第 563 条规定，有下列情形之一的，当事人可以解除合同：(1) 因不可抗力致使不能实现合同目的；(2) 在履行期限届满前，当事人一方明确表示或者以自己的行为表明不履行主要债务；(3) 当事人一方迟延履行主要债务，经催告后在合理期限内仍未履行；(4) 当事人一方迟延履行债务或者有其他违约行为致使不能实现合同目的；(5) 法律规定的其他情形。本题中，医院擅自改变治疗技术，且治疗失败，严重影响患者治愈目的的实现，已经构成根本违约，因此王某有权解除合同。根据《民法典》第 566 条第 1 款的规定，合同解除后，尚未履行的，终止履行；已经履行的，根据履行情况和合同性质，当事人可以请求恢复原状或者采取其他补救措施，并有权请求赔偿损失。据此，王某有权单方解除合同，并要求医院返还全部医疗费。A 项正确，B 项错误。C、D 项：根据《民法典》第 582 条，履行不符合约定的，应当按照当事人的约定承担违约责任。本题中，医院使用约定的医疗技术以外的技术为患者进行治疗，王某可以请求医院赔偿损失。C、D 项错误。综上所述，本题应选 A。

6. 答案：C。A 项：根据《民法典》第 495 条的规定，当事人约定在将来一定期限内订立合同的认购书、订购书、预订书等，构成预约合同。当事人一方不履行预约合同约定的订立合同义务的，对方可以请求其承担预约合同的违约责任。本题中，“商铺认购书”是预约合同，它与属于本约的商品房预售合同不同。开发商在订立预售合同（本约）时应取得预售许可证，但订立认购书（预约）时无须取得预售许可证。因此，本题中甲公司与李某之间订立的“商铺认购书”有效。A 项错误。B 项：预约是为了订立本约而作的事先约定，其内容只是双方承诺将来一定时间内订立本约的约定，故预约自身并不需要具备本约的内容。最高人民法院《合同编解释》第 6 条第 1 款规定：当事人以认购书、订购书、预订书等形式约定在将来一定期限内订立合同，或者为担保在将来一定期限内订立合同交付了定金，能够确定将来所要订立合同的主体、标的等内容的，人民法院应当认定预约合同成立。本题中，该预约合同存在明确的双方当事人，且订约当事人经过要约、承诺已就合同主要条款达成了合意，其指向的标的系签订商品房预售合同的行为，根据预约合同的性质已具备了必要条款，内容并无不完整之处，故应当认定该预约合同已经成立，B项错误。C项：甲公司违反该预约合同，未及时通知李某前来认购商铺，从而导致李某的预约合同目的无法实现，已构成根本违约，C项正确。D项：根据《民法典》第580条第1款的规定，“当事人一方不履行非金钱债务或者履行非金钱债务不符合约定的，对方可以请求履行，但是有下列情形之一的除外：（一）法律上或者事实上不能履行；（二）债务的标的不适于强制履行或者履行费用过高；（三）债权人在合理期限内未请求履行”。本题中，由于商铺已经售罄，预约合同已经在法律上不能继续履行，故D项错误。综上所述，本题应选C。

7. 答案：C。根据《民法典》第563条第1款第2项的规定，债务人在债务履行期届满前，明确表示或者以自己的行为表明将不履行主要债务的，债权人有权解除合同，并请求债务人承担赔偿损失等违约责任。同时，根据《民法典》第591条的规定，当事人一方违约后，对方应当采取适当措施防止损失的扩大；没有采取适当措施致使损失扩大的，不得就扩大的损失请求赔偿。当事人因防止损失扩大而支出的合理费用，由违约方负担。本题中，甲在合同履行期届满前告知乙将不再履行合同义务，属于预期违约行为，造成乙的合同目的无法实现，故乙有权解除合同，并请求甲承担赔偿损失等违约责任。因此A项错误。由于乙租用仓库是为储存该批货物，即为准备履行合同而支出的合理费用，属于法定违约损失赔偿范围内的直接损失，故甲应当负担仓库租用费，故D项错误。但是，乙在接到甲不履行的通知后，未及时终止仓库租用致使损失扩大，就该部分扩大的损失，乙不得请求甲赔偿。因此C项正确，B项错误。综上所述，本题选C。

8. 答案：C。本题中，根据甲乙双方的约定，乙给付租金的方式为每晚为甲的女儿辅导钢琴1小时，即采用给付“劳务”的方式折抵租金。后乙单方中止履行，不知去向，构成违约，应当承担相应的违约责任。C项涉及第三人替代履行费用承担制度。由于劳务之债属于依据标的物的性质不得强制履行的债务类型，对违反此类债务承担的救济方式，《民法典》第581条规定了第三人替代履行费用承担制度，即“当事人一方不履行债务或者履行债务不符合约定，根据债务的性质不得强制履行的，对方可以请求其负担由第三人替代履行的费用”。据此，甲可以请求乙负担由第三人替代履行的费用，即另外聘请丙为女儿辅导钢琴的费用5 000元。故C项正确。A、B、D项涉及违约损失赔偿的数额限制问题。《民法典》第584条规定，当事人一方不履行合同义务或者履行合同义务不符合约定，造成对方损失的，损失赔偿额应当相当于因违约所造成的损失，包括合同履行后可以获得的利益；但是，不得超过违约一方订立合同时预见到或者应当预见到的因违约可能造成的损失。据此，违约损失赔偿以完全赔偿为原则，其数额应相当于违约所造成的损失，但同时应遵循可预见性规则的限制，且可预见性规则不仅适用于对可得利益损失的限制，也适用于对实际损失的限制。本题中，乙未依约给甲的女儿辅导钢琴构成违约，故甲有权向乙主张违约损害赔偿，但该损失赔偿额应相当于乙的违约行为给甲造成的损失，即甲为另行聘请钢琴老师所花费的5 000元实际损失，且不应超过乙在订立合同之时所能预见的损失。故A、B、D项所主张的损失赔偿额均于法无据，不应支持。综上所述，本题应选C。

9. 答案：C。本题考查违约责任的范围，根据《民法典》第584条，当事人一方不履行合同义务或者履行合同义务不符合约定，造成对方损失的，损失赔偿额应当相当于因违约所造成的损失，包括合同履行后可以获得的利益；但是，不得超过违反合同一方订立合同时预见到或者应当预见到的因违反合同可能造成的损失。因此损害赔偿金的范围包括可得利益的损失。根据最高人民法院《合同编解释》第60条第1款，人民法院依据《民法典》第584条的规定确定合同履行后可以获得的利益时，可以在扣除非违约方为订立、履行合同支出的费用等合理成本后，按照非违约方能够获得的生产利润、经营利润或者转售利润等计算。本题中，超市采购老母鸡是为了转售，由于农民李某违约，少交付10只鸡，超市损失了转售这10只鸡本能获得的利润，因此，超市的损害赔偿为转售利润（250元－100元）×10只鸡＝1 500元。故C项正确，当选；A、B、D项错误，不当选。

10. 答案：A。根据《民法典》第585条第1款、第2款的规定，当事人可以约定一方违约时应当根据违约情况向对方支付一定数额的违约金，也可以约定因违约产生的损失赔偿额的计算方法。约定的违约金低于造成的损失的，当事人可以请求人民法院或者仲裁机构予以增加；约定的违约金过分高于造成的损失的，当事人可以请求人民法院或者仲裁机构予以适当减少。根据最高人民法院《合同编解释》第 65 条第 2 款，约定的违约金超过造成损失的 30%的，人民法院一般可以认定为过分高于造成的损失。本题中，甲、乙约定的违约金为 18 万元，而实际造成的损失为 15 万元，约定的违约金比实际造成的损失多了 3 万元，多出的部分只有损失的 20%，不构成法律规定的“过分高于损失”，因此，无须请求酌减违约金的数额，甲应当按照约定向乙支付 18 万元的违约金。至于守约方能否在主张违约金的同时请求赔偿损失，可参考最高人民法院《关于适用〈中华人民共和国合同法〉若干问题的解释（二）》（现已失效）第 28 条的规定：“当事人依照合同法第一百一十四条第二款的规定，请求人民法院增加违约金的，增加后的违约金数额以不超过实际损失额为限。增加违约金以后，当事人又请求对方赔偿损失的，人民法院不予支持。”该条虽然未对违约金足以弥补损失时，是否允许违约金与法定赔偿损失并用作出规定，但是从该条“增加违约金以后，当事人又请求对方赔偿损失的，人民法院不予支持”之规定所体现的立法精神来看，当违约金足以弥补损失时，由于守约方不但得到了实际损失赔偿，而且得到了惩罚性违约金之赔偿，如果再允许其主张法定赔偿损失显然有失公平。因此，为平衡合同双方的利益，违约金与法定赔偿损失不宜并用。据此，甲在向乙支付违约金 18 万元后，不需要再支付其他费用或者赔偿损失，故 A 项正确，而 B、C、D 项错误，本题答案为 A。

（二）多项选择题

1. 答案：BC。根据《民法典》第 580 条的规定，当事人一方不履行非金钱债务或者履行非金钱债务不符合约定的，对方可以请求履行，但是有下列情形之一的除外：（1）法律上或者事实上不能履行；（2）债务的标的不适于强制履行或者履行费用过高；（3）债权人在合理期限内未请求履行。有前述规定的除外情形之一，致使不能实现合同目的的，人民法院或者仲裁机构可以根据当事人的请求终止合同权利义务关系，但是不影响违约责任的承担。故 B、C 项正确，A 项错误。此外，《民法典》第 583 条规定，当事人一方不履行合同义务或者履行合同义务不符合约定的，在履行义务或者采取补救措施后，对方还有其他损失的，应当赔偿损失。据此，支付违约金或赔偿损失并不意味着继续履行责任的免除，故 D 项错误。综上所述，本题应选 BC。

2. 答案：ABD。本题考查免责条款的无效条件。A、D 项：根据《民法典》第 506 条的规定，“合同中的下列免责条款无效：（一）造成对方人身损害的；（二）因故意或者重大过失造成对方财产损失的”。故 A、D 项当选。B 项：免责条款作为合同条款的一部分，本身属于民事法律行为，故对其效力的认定也应当适用《民法典》总则编第六章第三节关于民事法律行为效力的规定。《民法典》第 153 条规定：违反法律、行政法规的强制性规定的民事法律行为无效。但是，该强制性规定不导致该民事法律行为无效的除外。违背公序良俗的民事法律行为无效。据此，以合法行为掩饰非法目的的免责条款，因违反法律的强制性规定而无效。故 B 项当选。C 项：根据《民法典》第 497 条的规定，仅提供格式条款的一方事先拟定的免除其自身责任的条款无效，若该免责条款系由非提供格式条款的一方当事人拟定，则不属于该格式条款无效的情形。故 C 项不当选。综上所述，本题的正确答案为 ABD。

3. 答案：ACD。本题中，该声明是超市为了针对不特定的顾客重复使用而预先拟定的条款，其以直接张贴在每个存包柜上的方式提供，并未与合同的相对方协商，符合《民法典》第 496 条第 1 款关于格式条款的定义，因此该超市的免责声明应认定为格式条款。根据《民法典》第 497 条的规定，格式条款具有总则编所规定的民事法律行为无效的情形，以及第 506 条所规定的合同免责条款无效的情形的，或者提供格式条款一方免除其责任、加重对方责任、排除对方主要权利的，该格式条款无效。本题中，超市为了免除自己责任而单方预先拟定的免责条款应认定为无效。自顾客在存包柜存入物品之时起，超市作为保管合同的保管人一方，即应对顾客所寄存的物品负担妥善保管义务，因而应就保管物的毁损灭失承担违约责任。综合上述分析，本题的正确答案为 ACD。

4. 答案：AC。根据《民法典》第 577 条的规定，当事人一方不履行合同义务或者履行合同义务不符合约定的，应当承担继续履行、采取补救措施或者赔偿损失等违约责任。此外，《民法典》第 585 条第 3 款规定：“当事人就迟延履行约定违约金的，违约方支付违约金后，还应当履行债务。”据此，违约金责任和实际履行都属于违约责任的具体承担方式，两者可以并用。本题中，乙公司在请求甲公司支付违约金以后，依然可以请求其继续履行债务；乙公司也可以就这两种违约责任承担方式择一履行。故A、C项错误，B、D项正确。

5. 答案：ACD。违约责任的承担方式主要包括：继续履行、采取补救措施、支付违约金、适用定金罚则、赔偿损失。A项：本题中，乙的行为属于根本违约，甲有权解除合同，根据《民法典》第566条第1款，合同解除后，尚未履行的，终止履行；已经履行的，根据履行情况和合同性质，当事人可以请求恢复原状或者采取其他补救措施，并有权请求赔偿损失。因此，甲有权请求乙返还价款。A项正确。B项：根据《民法典》第580条，当事人一方不履行非金钱债务或者履行非金钱债务不符合约定的，对方可以请求履行，但是有下列情形之一的除外：（1）法律上或者事实上不能履行；（2）债务的标的不适于强制履行或者履行费用过高；（3）债权人在合理期限内未请求履行。有前述规定的除外情形之一，致使不能实现合同目的的，人民法院或者仲裁机构可以根据当事人的请求终止合同权利义务关系，但是不影响违约责任的承担。本题中，乙与丙之间已经办理了不动产过户登记手续，丙取得房屋的所有权，乙无法再将房屋过户给甲，这属于法律上的不能履行，甲不能要求乙继续履行。B项错误。C、D项：根据《民法典》第584条，当事人一方不履行合同义务或者履行合同义务不符合约定，造成对方损失的，损失赔偿额应当相当于因违约所造成的损失，包括合同履行后可以获得的利益；但是，不得超过违约一方订立合同时预见到或者应当预见到的因违约可能造成的损失。因此，甲有权要求乙赔偿装修费用和因房价上涨造成的损失。C、D项正确。综上，本题选ACD。

6. 答案：ABD。A项：《民法典》第586条第2款规定，定金的数额由当事人约定，但是不得超过主合同标的额的20%。据此可知，当约定的定金超出主合同标的额的20%时，超出部分的约定无效，未超出部分的约定有效。因此，A项错误。B项：根据《民法典》第585条第2款的规定，约定的违约金过分高于实际造成的损失时，可请求适当减少。根据最高人民法院《合同编解释》第65条，所谓过分高于，是指约定的违约金超过造成损失的30%。本案中，因实际损失是1万元，故只要违约金在1.3万元以下，就不属于过高的情形，进而大地公司也就无权请求酌减违约金的数额。因此，B项错误。C项：《民法典》第588条规定，当事人既约定违约金，又约定定金的，一方违约时，对方可以选择适用违约金或者定金条款。据此可知，违约金与定金只能择一行使。本案中，若范某选择适用定金罚则，则大地公司应当双倍返还的定金是4万元，而不是6万元，因为范某交付的3万元当中，只有2万元能发挥定金的效力，能够适用定金罚则；对于其余1万元，大地公司应当按照不当得利予以返还；因范某还支付了10万元的购机款，故大地公司也应当一并返还；在该种情形下，范某可要求大地公司共计返还15万元。若范某选择适用违约金，则大地公司应当支付违约金1.2万，同时还应返还3万元的定金以及10万元的购机款；故在此种情形下，范某可要求大地公司共计支付14.2万元。据此，在不考虑利息的情况下，范某可以要求大地公司返还的最高金额为15万元。故C项正确、D项错误。本题为选非题，综上所述，应选ABD。

7. 答案：AB。本题考查违约责任与侵权责任的竞合。孙女士与商场之间存在有效的买卖合同，商场提供的化妆品不符合质量要求，构成违约。同时，该化妆品给孙女士造成了人身损害，构成侵权。因此，就商场的加害给付，孙女士可以选择向商场主张违约责任或侵权责任。故本题应选AB。

简答题

1. 所谓违约责任的构成要件，是指违约当事人应具备何种条件才应当承担违约责任。一般认为，成立违约责任需要满足以下条件。

（1）要求合同义务有效存在。不以合同义务的存在为前提所产生的民事责任，不是违约责任。这使违约责任与侵权责任、缔约过失责任区分开，后两者都不以合同义务的存在为前提。

（2）要求债务人不履行合同义务或者履行合同义务不符合约定。这包括履行不能、履行迟延和不完全履行等，还包括瑕疵担保、违反附随义务和债权人受领迟延等可能与合同不履行发生关联的制度。合同义务的违反，可以从被违反的义务角度区分为违反主给付义务、违反从给付义务、违反附随义务和违反不真正义务。

(3) 不存在法定或者约定的免责事由。尽管《民法典》在违约责任的归属上采取了无过错责任原则；但是，为了妥当地平衡行为人的行为自由和受害人的法益保护这两个价值，避免违约方绝对承担违约责任所导致的风险不合理分配，《民法典》依然规定了一些免责事由。另外，合同当事人可就免责事由进行约定。当法定或约定的免责事由发生之时，当事人并不承担违约责任。

2. 违约行为形态是指违约行为的形态或者说合同义务不履行的形态，本质上是按照违约行为的性质和特点对其所作的一些分类。对于合同义务不履行的形态应如何分类，较常见的做法是：首先，根据履行期限是否到来，违约行为可以区分为预期违约和实际违约两种类型。其次，将实际不履行区分为迟延履行、不完全履行（或不适当履行），再将迟延履行分为债务人迟延、债权人迟延，将不完全履行区分为瑕疵给付、加害给付和违反附随义务。

我国在违约责任上放弃了从“原因”进路出发构建履行障碍法的规则和理论体系，转而采取“救济”进路。《民法典》以不区分债务不履行的各种类型为起点，统一采取不履行合同义务或者履行合同义务不符合约定这种合同义务违反的救济进路，随后，再对合同义务违反的不同效果，如继续履行、采取补救措施或者赔偿损失，予以分别规定，而仅在具体规定中再区分债务不履行的上述各种类型。因此在违约发生时，首先要解决的问题是违约方的相对人希望获得何种救济，其次才是违约行为究竟属于哪种形态的问题。为此，《民法典》将违约行为形态区分为不履行合同义务和履行合同义务不符合约定。

3. (1) 所谓继续履行，也称实际履行，指按照合同的约定继续履行义务。当事人订立合同都追求一定的目的，这一目的直接体现在对合同标的的履行上，义务人只有按照合同约定的标的履行，才能实现权利人订立合同的目的。因此，继续履行能够使债权人尽可能实现其利益，避免了赔偿损失计算的困难，强调了合同的法律约束力。我国《民法典》将继续履行规定为违约责任的一种重要形式，具有国家强制性，对于一方当事人不能自觉履行合同的，另一方当事人有权依法请求违约方继续履行合同或者请求人民法院、仲裁机构强制违约当事人继续履行合同。

(2) 根据债的内容不同，实际履行可以区分为金钱债务的实际履行和非金钱债权的实际履行。这两种债务的实际履行规则存在较大差异。

1) 当事人一方未按照合同约定履行金钱债务的，对方可以请求其履行。由于货币具有高度流通性和可替代性，一般不会出现法律上或者事实上不能履行，或者不适于强制履行、履行费用过高的情形，一般也不会出现因为不可抗力而完全不能继续履行的情形，因此，违约方应当继续履行。当事人一方迟延履行金钱债务的，除应当继续履行金钱债务外，还应当承担其他违约责任，如支付违约金、支付逾期利息等。

2) 如果当事人一方不履行非金钱债务或者履行非金钱债务不符合约定，守约方可以请求继续履行。除此之外，守约方还可以请求违约方承担赔偿损失等其他民事责任。

债权人请求继续履行，以非金钱债务能够继续履行为前提，如果非金钱债务不能继续履行，债权人就不能请求继续履行，或者针对其提出的继续履行请求，债务人能够依据《民法典》第580条第1款提出抗辩。当然，即使债权人不能请求债务人继续履行，但其仍然有权依法请求债务人承担其他违约责任，尤其是赔偿损失。

4. 在债权人无法请求债务人继续履行主要债务，致使不能实现合同目的时，债权人拒绝解除合同，由于债权人已经无法请求债务人继续履行，合同继续存在并无实质意义。《民法典》第580条第2款规定，此时当事人均可以申请人民法院或者仲裁机构终止合同，最终由人民法院或者仲裁机构结合案件的实际情况，根据公平原则决定终止合同的权利义务关系。

(1) 当事人申请司法终止合同关系需要满足以下条件：首先，守约人不能请求违约方继续履行。其次，违约方不能继续履行致使不能实现合同目的。最后，当事人提出请求。双方当事人均有权请求人民法院或者仲裁机构终止合同关系；如果当事人未提出请求，人民法院或者仲裁机构不宜依职权主动终止合同关系。

(2) 当事人申请司法终止合同关系产生以下法律后果：

第一，人民法院或者仲裁机构可以终止合同关系。应当注意的是，《民法典》第580条第2款并未规定当事人的终止权或者形成诉权，而是规定了司法的终止权。因此，当事人所享有的仅仅是申请司法终止合同关系的权利，而非终止合同关系的权利。在当事人提出终止合同关系的请求后，人民法院或者仲裁机构有权结合案件的实际情况，根据诚信和公平原则决定是否终止合同关系。在人民法院或者仲裁机构终止合同关系后，法律后果可以依据《民法典》第 566 条和第 567 条的规定予以确定。

第二，不影响违约方承担除继续履行之外的其他违约责任。合同关系被终止后，违约方自然无须继续履行，但其仍然要依法承担除继续履行之外的其他违约责任，尤其是赔偿损失的责任，以保障守约方的利益。因此，守约方有权依据《民法典》第 584 条请求违约方承担违约责任；如果双方约定了违约金或者定金，守约方有权依据《民法典》第 585～588 条请求违约方承担违约金责任或者定金责任。

5. (1) 定金和违约金之间的适用关系：《民法典》第 588 条第 1 款规定，合同当事人既约定了违约金，又约定了定金，在当事人不存在明确的特别约定的情况下，如果一方违约，对方当事人可以选择适用违约金或者定金条款，但二者不能并用。赋予守约方适用选择权，能够起到保障其合同利益、补救其损失的作用。但允许守约方并用违约金条款和定金条款：一是对于补偿守约方遭受的损失并无必要；二是违约金与定金并用时，因两者指向的是同一损失，其数额可能远远高于违约所造成的损失，既加重了对违约方的惩罚，也可能使守约方获得的补偿高于其所受的损失，而使守约方双重获益，这与合同的公平原则相悖。因此，《民法典》第 588 条规定合同当事人选择适用违约金条款或者定金条款，是必要的，也是合理的。

(2) 定金和法定赔偿损失之间的适用关系：与违约金不同，定金的数额不得超过主合同标的额的 20%，但违约行为造成的损失可能超过适用定金罚则之后的数额；并且对于违约金，《民法典》第 585 条第 2 款规定了司法酌增规则，而对于定金并未明确规定类似规则。《民法典》第 588 条第 2 款规定，定金不足以弥补一方违约造成的损失的，对方可以请求赔偿超过定金数额的损失。据此，约定的定金不足以弥补一方违约造成的损失的，守约方既可以请求定金，同时也可以就超过定金数额的部分请求法定的赔偿损失。此时，定金和损失赔偿的数额总和不会高于违约造成的损失。这样，既有助于对守约方利益的充分保护，又避免了守约方获得超过其损失的利益。

案例分析题

1. (1) 甲油料厂有权要求供销社继续供货。《民法典》第 577 条规定："当事人一方不履行合同义务或者履行合同义务不符合约定的，应当承担继续履行、采取补救措施或者赔偿损失等违约责任。"本案中，供销社未按约定的数量供应黄豆，属于履行合同义务不符合约定，故甲油料厂有权要求供销社承担继续履行的违约责任，继续供货。

(2) 供销社不能只赔偿损失或者只支付违约金而不继续履行合同。当事人订立合同的目的就在于通过履行合同获取预定的利益，合同生效后当事人不履行合同义务，对方就无法实现权利。如果违约方有履行合同的能力，对方（受损害方）认为实现合同权利对自己是必要的，有权要求违约方继续履行合同。违约方不得以承担了对方的损失为由拒绝继续履行合同，受损害方在此情况下，可以请求法院或者仲裁机构强制违约方继续履行合同。因此，《民法典》第 580 条未对继续履行进行严格限制，在当事人一方违约时，一般情况下，守约方可以选择请求继续履行，同时请求赔偿损失；而违约方在能够继续履行的情形下，无权拒绝继续履行。本案中，甲油料厂（守约方）坚持要求供销社（违约方）继续履行合同，供销社在能够继续履行的情况下，不能只赔偿损失或者只支付违约金而拒绝继续履行合同。

2. (1) A 公司与 B 公司之间的买卖合同在 A 公司收货时成立。根据《民法典》第 478 条，受要约人对要约的内容作出实质性变更的，要约失效。B 公司发来 600 个芯片并向 A 公司说明只能供应 600 个芯片构成新要约，A 公司的收货行为属于承诺，承诺生效时合同成立。

(2) B 公司有权拒绝交付剩余的 400 个芯片。A 公司要求 B 公司交付 400 个芯片的要约被 B 公司拒绝，双方之间关于 400 个芯片的买卖合同未成立。

(3) C 公司无权请求 A 公司对 10 万元定金双倍返还。A 公司交付了 600 个芯片，属于部分履行合同，并非根本违约，根据《合同编解释》第 68 条第 2 款，应当按照未履行部分所占合同约定内容的比例适用定金罚则，而不是全部定金双倍返还。

(4) C 公司无权请求 A 公司赔偿 15 万元的损失。

A公司违约后，C公司未及时寻找新货源，以致价格上涨。即未采取适当措施致使损失扩大，根据《民法典》第591条，当事人一方违约后，对方应当采取适当措施防止损失的扩大；没有采取适当措施致使损失扩大的，不得就扩大的损失请求赔偿。因此，C公司不得就多支出的15万元要求赔偿。

论述题与深度思考题

违约责任，即违反合同的民事责任，也就是合同当事人因违反合同义务所承担的责任。所谓归责，就是将责任归属于某人。所谓归责原则，就是将责任归属于某人的正当理由。如果将责任归属于某人的正当理由是该人具有过错，需要证明该人具有过错，即为过错归责原则。如果将责任归属某人且无须证明该人具有过错，但该人可以通过证明自己没有过错而免责，即为过错推定归责原则。如果将责任归属于某人不以该人具有过错为前提，该人即使证明自己没有过错仍然要承担责任，除非其能够证明自己具有法定的免责事由，即为无过错归责原则。

在违约责任中，英美法系往往仅考虑是否存在违约事实，而大陆法系以过错责任或者过错推定责任为出发点。大陆法系在实践中往往通过过错的范围和过错的标准扩展过错可能性，并对一些情形采取无过错归责原则。而英美法系以无过错责任为出发点，在债务人不应承担的风险情形中，会限缩债务人的责任，使无过错责任不等于绝对责任。因此，违约责任无论采取无过错归责原则还是过错归责原则，其最终目的都是对风险进行合理分配，两者的实践结果的差别并不会像想象中的那么大，归责原则的不同仅仅是论证出发点的不同，不会导致最终价值判断结论的重大差异。

(1)《民法典》在违约责任原则上采取了无过错责任，在违约责任的一般构成中不考虑过错，非违约方只需要证明违约方的违约行为，不因为违约方的无过错而免除其违约责任。这有利于减轻非违约方的举证负担，保护非违约方的利益，方便裁判，增强当事人的守约意识。

(2) 同时，为了妥当地平衡行为人的行为自由和受害人的法益保护这两个价值，避免违约方绝对承担违约责任所导致的风险分配不合理，《民法典》规定了以下协调规则：

1) 违约责任免除和减轻的一般事由。《民法典》第590条第1款规定，当事人一方因不可抗力不能履行合同的，根据不可抗力的影响，部分或者全部免除责任，但是法律另有规定的除外……第591条第1款规定，当事人一方违约后，对方应当采取适当措施防止损失的扩大；没有采取适当措施致使损失扩大的，不得就扩大的损失请求赔偿。第592条规定：当事人都违反合同的，应当各自承担相应的责任。当事人一方违约造成对方损失，对方对损失的发生有过错的，可以减少相应的损失赔偿额。同时，《民法典》在具体的典型合同中也规定了免责或者减责事由，比如第823条第1款、第832条、第893条。

2) 具体合同类型中的特殊归责和免责事由。《民法典》在具体的一些典型合同中规定了特殊的归责事由。比如，第660条第2款规定，依据前款规定应当交付的赠与财产因赠与人故意或者重大过失致使毁损、灭失的，赠与人应当承担赔偿责任。第662条第2款规定，赠与人故意不告知瑕疵或者保证无瑕疵，造成受赠人损失的，应当承担赔偿责任。

《民法典》在一些典型合同中也规定了特殊的免责事由。例如，第823条第1款规定，承运人应当对运输过程中旅客的伤亡承担赔偿责任；但是，伤亡是旅客自身健康原因造成的或者承运人证明伤亡是旅客故意、重大过失造成的除外。第832条规定，承运人对运输过程中货物的毁损、灭失承担赔偿责任。但是，承运人证明货物的毁损、灭失是因不可抗力、货物本身的自然性质或者合理损耗以及托运人、收货人的过错造成的，不承担赔偿责任。

3) 允许当事人约定免责或限制责任。根据自愿原则，《民法典》承认当事人之间自愿协商一致的免责或者限责条款的效力，仅在特殊情况下限制这些条款的效力。比如，《民法典》第506条规定，合同中的下列免责条款无效：a. 造成对方人身损害的；b. 因故意或者重大过失造成对方财产损失的。换言之，如果当事人事先约定免除非因故意或者重大过失造成对方财产损失的条款，除法律另有规定外，是有效的。又如，《民法典》第618条规定，当事人约定减轻或者免除出卖人对标的物瑕疵承担的责任，因出卖人故意或者重大过失不告知买受人标的物瑕疵的，出卖人无权主张减轻或者免除责任。

图书在版编目（CIP）数据

民法练习题集．上册 / 王轶主编．-- 7 版．-- 北京：中国人民大学出版社，2024.8. --（21 世纪法学系列教材配套辅导用书）．-- ISBN 978-7-300-33228-4

Ⅰ．D923.04

中国国家版本馆 CIP 数据核字第 20242YM776 号

21 世纪法学系列教材配套辅导用书

民法练习题集（第七版）（上册）

主　编　王　轶

Minfa Lianxitiji

出版发行	中国人民大学出版社		
社　　址	北京中关村大街 31 号	**邮政编码**	100080
电　　话	010－62511242（总编室）		010－62511770（质管部）
	010－82501766（邮购部）		010－62514148（门市部）
	010－62515195（发行公司）		010－62515275（盗版举报）
网　　址	http://www.crup.com.cn		
经　　销	新华书店		
印　　刷	唐山玺诚印务有限公司	**版　　次**	2007 年 11 月第 1 版
开　　本	890 mm×1240 mm　1/16		2024 年 8 月第 7 版
印　　张	25	**印　　次**	2025 年 11 月第 4 次印刷
字　　数	737 000	**定　　价**	118.00 元（上、下册）

21世纪法学系列教材配套辅导用书

民法练习题集

（第七版）

下 册

主　　编　王　轶
撰 稿 人（以姓氏笔画为序）
王海蓉　冯　岳　乔涵雪
杜昕蔚　杨　璨　杨之易
杨少婕　杨治朋　张玉双
林屹峰　罗若男　孟思齐
袁怡晨

中国人民大学出版社
·北京·

目　录

第三编　合　　同

第三十九章　买卖合同 …… 3
第四十章　供用电、水、气、热力合同 …… 16
第四十一章　赠与合同 …… 20
第四十二章　借款合同 …… 26
第四十三章　保证合同 …… 31
第四十四章　租赁合同 …… 46
第四十五章　融资租赁合同 …… 55
第四十六章　保理合同 …… 59
第四十七章　承揽合同 …… 64
第四十八章　建设工程合同 …… 70
第四十九章　运输合同 …… 76
第五十章　技术合同 …… 82
第五十一章　保管合同 …… 90
第五十二章　仓储合同 …… 94
第五十三章　委托合同 …… 97
第五十四章　物业服务合同 …… 102
第五十五章　行纪合同 …… 110
第五十六章　中介合同 …… 114
第五十七章　合伙合同 …… 117
第五十八章　准合同 …… 122

第四编　人 格 权

第五十九章　人格权概述 …… 139
第六十章　一般人格权 …… 143
第六十一章　具体人格权 …… 147
第六十二章　人格权的保护 …… 157

第五编　婚姻家庭

第六十三章　婚姻家庭法概述 …… 167
第六十四章　结　婚 …… 169
第六十五章　家庭关系 …… 173
第六十六章　离　婚 …… 179
第六十七章　收　养 …… 186

第六编　继　承

第六十八章　继承法概述 …… 193
第六十九章　法定继承 …… 197
第七十章　遗嘱继承、遗赠和遗赠扶养协议 …… 208
第七十一章　继承程序 …… 220

第七编　侵权责任

第七十二章　侵权责任法的一般规定与基本原理 …… 229
第七十三章　损害赔偿 …… 257
第七十四章　关于责任主体的特殊规定 …… 261
第七十五章　过错侵权责任 …… 276
第七十六章　无过错责任 …… 280

综合测试题（一） …… 290
综合测试题（二） …… 301
综合测试题（三） …… 317

第三编

合　　同

第三十九章　买卖合同

知识逻辑图

买卖合同
- 概念和特征：一方转移标的物所有权，一方支付价款；双务、有偿、诺成、不要式
- 当事人及标的物
- 内容：标的，数量，质量，履行期限、地点和方式，价款，违约责任，包装方式，检验标准、检验期限和方法，结算方式，合同使用的文字及其效力
- 效力
  - 出卖人的合同义务：交付标的物并转移标的物的所有权于买受人，物的瑕疵担保义务，权利的瑕疵担保义务，交付有关单证和资料
  - 买受人的合同义务：支付价款，受领标的物，及时检验出卖人交付的标的物，暂时保管、应急处置拒绝受领的标的物
- 标的物的风险负担与利益承受
- 终止
- 特种买卖合同：分期付款买卖合同、样品买卖合同、试用买卖合同、招标投标买卖合同、拍卖合同、互易合同的法律适用

名词解释

1. 买卖合同
2. 物的瑕疵担保义务
3. 所有权保留制度
4. 买卖合同标的物的风险负担
5. 买卖合同中的利益承受
6. 分期付款买卖
7. 样品买卖
8. 试用买卖合同
9. 招标投标买卖合同
10. 拍卖
11. 互易合同

选择题

（一）单项选择题

1. 甲与乙订立合同购买乙的一处房产，乙随后得知丙愿意出更高的价格来购买，遂将该房屋卖给了丙，并办理了房屋产权过户手续，那么（　　）。

A. 甲应该取得房屋所有权，因为其订立的买卖合同在先

B. 乙在与甲订立了买卖合同后，就不可以再和其他人订立买卖合同

C. 丙取得房屋所有权，因为其出价更高

D. 甲得主张乙的违约责任

2. 甲向乙购买一批钢材，于2021年持提单去丙仓库提取货物，如果合同中没有约定付款地点，那么（　　）。

A. 以甲的营业地为付款地

B. 以乙的营业地为付款地

C. 在丙地付款

D. 双方达成补充协议，不能达成的合同无效

3. 甲欲购买同村乙的一头耕牛，甲在挑选好耕牛后，支付给乙价款。双方约定，甲于次日提牛。当晚山洪暴发，将该牛冲走。那么该牛的损失应该由（　　）。

A. 甲承担

B. 乙承担

C. 甲、乙负连带责任

D. 不可抗力，甲、乙均不承担责任

4. 甲公司与乙公司签订合同购买一批电子元件，约定在丙市港口交货，由甲公司负责租船运输。货到后，乙公司发现该批货物存在严重的质量问题，根本无法用于生产、使用，于是通知甲公司拒绝接收货物，并将该批货物存放于港口丁仓库。后由于发生海啸，海水灌入丁仓库，造成所有电子元件均遭浸泡，全部报废。那么上述损失（　　）。

A. 由甲公司承担　　B. 由乙公司承担

C. 由丙码头承担　　D. 由丁仓库承担

5. 甲将自己的一辆沃尔沃汽车卖给乙，双方于10月1日达成协议，乙于10月2日缴清货款，10月3日领到该车，10月4日双方办理所有权转让登记。那么乙取得该车所有权的时间是（　　）。

A. 10月1日　　B. 10月2日

C. 10月3日　　D. 10月4日

6. 甲向乙购买100吨煤，在乙装运的过程中，由于其装运人员的失职，误装了110吨。后在运输过程中，遭遇事故，该批煤全部坠入山谷。那么甲应该向乙支付多少吨煤的价款？（　　）

A. 10吨　　B. 55吨

C. 100吨　　D. 110吨

7. 甲向乙购买一批水泥，约定当晚前来提货，但甲由于没有联系好运输公司而没有提取货物。当晚，突降暴雨，乙及时抢救水泥，但仍有部分水泥被雨淋而毁损。那么该水泥的损失应该（　　）。

A. 由甲承担　　B. 由乙承担

C. 由双方均摊　　D. 双方均不承担

8. 甲委托乙公司将一批货物运往A地。后甲将运输途中的货物卖给丙，双方对风险的承担没有约定。甲、丙签订买卖合同后，该批货物毁损、灭失的风险（　　）。（考研）

A. 自买卖合同成立时起由丙承担

B. 自货物交付给乙公司时起由丙承担

C. 自货物运抵A地时起由丙承担

D. 自货款付清时起由丙承担

9. 甲为出售一台挖掘机分别与乙、丙、丁、戊签订买卖合同，具体情形如下：2024年3月1日，甲胁迫乙订立合同，约定货到付款；4月1日，甲与丙签订合同，丙支付20%的货款；5月1日，甲与丁签订合同，丁支付全部货款；6月1日，甲与戊签订合同，甲将挖掘机交付给戊。上述买受人均要求实际履行合同，就履行顺序产生争议。关于履行顺序，下列哪一选项是正确的？（　　）（司考改编）

A. 戊、丙、丁、乙

B. 戊、丁、丙、乙

C. 乙、丁、丙、戊

D. 丁、戊、乙、丙

10. 2022年5月10日，甲公司与方某签订房屋买卖合同，约定：2023年5月10日办理房屋过户登记手续，房屋价款分两次付清。2022年6月10日，甲公司将该套房屋再次以400万元出卖给韩某，双方约定于2023年5月6日交房，交房后10天内办理房屋过户登记手续。2023年5月10日，甲公司未按约定与方某办理房屋过户登记手续。方某得知甲公司已于2023年5月6日将房屋交付韩某使用，遂产生纠纷。关于本案，下列哪一表述是错误的？（　　）（法考改编）

A. 甲公司与方某签订的房屋买卖合同系分期付款买卖合同

B. 如方某举证证明甲公司与韩某构成恶意串通，则甲公司与韩某的购房合同无效

C. 2023年5月6日后，房屋毁损、灭失的风险由韩某承担

D. 方某可以催告甲公司在3个月内办理房屋过户登记手续，逾期不履行的，方某可以解除合同

视频讲题

11. 分期付款的出卖人在下列哪种情形下，可以请求买受人支付到期以及未到期的全部价款或者解除合同？（　　）

A. 买受人未支付到期价款，并且未支付的价款的金额达到全部价款的1/10的

B. 买受人未支付到期价款的金额达到全部价款的1/5的

C. 买受人未支付到期价款的金额达到全部价款的1/3的

D. 买受人连续两次未支付价款，并且未支付到期

价款的金额达到全部价款的 1/3 的

12. 甲将其 1 辆汽车出卖给乙，约定价款 30 万元。乙先付了 20 万元，余款在 6 个月内分期支付。在分期付款期间，甲先将汽车交付给乙，但明确约定付清全款后甲才将汽车的所有权移转给乙。嗣后，甲又将该汽车以 20 万元的价格卖给不知情的丙，并以指示交付的方式完成交付。对此，下列哪一表述是正确的？（　　）（司考改编）

A. 在乙分期付款期间，汽车已经交付给乙，乙即取得汽车的所有权

B. 在乙分期付款期间，汽车虽然已经交付给乙，但甲保留了汽车的所有权，故乙不能取得汽车的所有权

C. 丙对甲、乙之间的交易不知情，可以依据善意取得制度取得汽车所有权

D. 丙不能依甲的指示交付取得汽车所有权

视频讲题

13. 某大型商场在促销活动期间贴出醒目告示："本商场家电一律试用 20 天，满意者付款。"胡某从该商场搬回冰箱 1 台，试用期满后退回，商场要求其支付使用费 100 元。对此，下列哪一种说法是正确的？（　　）

A. 胡某不应支付使用费，因为双方没有约定使用费

B. 胡某应支付使用费，因为其行为构成了不当得利

C. 胡某应支付按冰箱平均寿命折算的使用费

D. 胡某应与商场分摊按冰箱平均寿命折算的使用费

14. 某商场为促销商品，在家电柜台前贴出醒目标语："本商场家电一律试用期 10 天，期满后满意请付款。"甲于 12 月 1 日抱回一台彩电。12 月 6 日，该彩电因火灾而毁损。那么下列说法中正确的是（　　）。

A. 甲与商场之间的买卖合同已经成立

B. 甲应对损失承担责任

C. 商场应对损失承担责任

D. 甲与商场分担责任

15. 甲一日到商场购物，看中一台洗衣机，在对样品进行参考后决定购买。购回家后在使用过程中，甲发现该洗衣机滚轮转动不平稳，且噪音极大，于是要求商场退货。商场强调，该货物与样品一样，该批货物均存在这一问题，货物是甲自己挑中的，商场不承担责任。那么（　　）。

A. 商场不承担责任，因为货物与样品一致

B. 商场仍应承担责任，尽管货物与样品一致

C. 由甲承担责任，因为是甲挑选的

D. 由甲和商场均分责任

（二）多项选择题

1. 甲向乙购买一批冷藏箱，由于疏忽在合同中没有规定货物的检验期间。设备运到甲处后，甲立即组织人员进行检验，没有发现重大的质量问题。第三年这批冷藏箱出现问题，经过仔细查找，发现是核心部分部件存在严重的质量问题。该批冷藏箱的使用说明书中规定，产品保质期为 5 年。那么下列说法错误的是（　　）。

A. 买受人在合理期限内未通知出卖人标的物质量不合格，故应视为质量合格

B. 买受人在收到标的物之日起 2 年内未通知出卖人标的物有瑕疵的，应视为标的物合格

C. 双方没有约定质量检验期限，应该共同承担责任

D. 因为说明书规定了保质期，因此应该由乙承担责任

2. 2023 年 8 月 8 日，玄武公司向朱雀公司订购了一辆小型客用汽车。2023 年 8 月 28 日，玄武公司按照当地政策取得本市小客车更新指标，有效期至 2024 年 2 月 28 日。2023 年年底，朱雀公司依约向玄武公司交付了该小客车，但未同时交付机动车销售统一发票、合格证等有关单证资料，致使玄武公司无法办理车辆所有权登记和牌照。若以《民法典》的规定作为依据，关于上述购车行为，下列哪些说法是正确的？（　　）（司考改编）

A. 玄武公司已取得该小客车的所有权

B. 玄武公司有权要求朱雀公司交付有关单证资料

C. 如朱雀公司一直拒绝交付有关单证资料，玄武公司可主张购车合同解除

D. 朱雀公司未交付有关单证资料，属于从给付义务的违反，玄武公司可主张违约责任，但不得

主张合同解除

3. 甲与乙签订房屋买卖合同，将一幢房屋卖与乙。双方同时约定，一方违约应支付购房款35%的违约金。但在交房前甲又与丙签订合同，将该房卖与丙，并与丙办理了过户登记手续。下列说法中哪些是正确的？（　　）（司考改编）

A. 乙可以自己与甲签订的合同在先，主张甲与丙签订的合同无效

B. 乙有权要求甲收回房屋，实际履行合同

C. 乙不能要求甲实际交付该房屋，但可要求甲承担违约责任

D. 若乙要求甲支付约定的违约金，甲可以请求法院或者仲裁机构予以适当减少

4. 甲公司借用乙公司的一套设备，在使用过程中不慎损坏一关键部件，于是甲公司提出买下该套设备，乙公司同意出售。双方还口头约定在甲公司支付价款前，乙公司保留该套设备的所有权。不料在支付价款前，甲公司生产车间失火，造成包括该套设备在内的车间所有财物被烧毁。对此，下列哪些选项是正确的？（　　）（司考改编）

A. 乙公司已经履行了交付义务，风险责任应由甲公司负担

B. 在设备被烧毁时，所有权属于乙公司，风险责任应由乙公司承担

C. 设备虽然已经被烧毁，但甲公司仍然需要支付原定价款

D. 双方关于该套设备所有权保留的约定应采用书面形式

视频讲题

5. 周某以6 000元的价格向吴某出售一台电脑，双方约定5个月内付清货款，每月支付1 200元，在全部价款付清前电脑所有权不转移。合同生效后，周某将电脑交给吴某使用。其间，电脑出现故障，吴某将电脑交周某修理，但周某修好后以6 200元的价格将该电脑出售并交付给不知情的王某。对此，下列哪些说法是正确的？（　　）（司考改编）

A. 王某可以善意取得该电脑的所有权

B. 在吴某无力支付最后一个月的价款时，周某可行使取回权

C. 如吴某未支付到期货款达1 800元，经催告后，周某可要求其一次性支付剩余货款

D. 如吴某未支付到期货款达1 800元，经催告后，周某可要求解除合同并要求其支付电脑使用费

视频讲题

简答题

1. 简述买卖合同的法律特征。
2. 简述出卖人的主合同义务。
3. 简述保留所有权的买卖合同的特殊效力。
4. 简述样品买卖合同的特殊效力。
5. 简述试用买卖合同的特征。

案例分析题

1. 大兴公司与全宇公司签订委托合同，由大兴公司委托全宇公司采购500台彩电，并预先支付购买彩电的费用50万元。全宇公司经考察发现甲市W区的天鹅公司有一批质优价廉的名牌彩电，遂以自己的名义与天鹅公司签订了一份彩电购买合同，双方约定：全宇公司从天鹅公司购进500台彩电，总价款130万元，全宇公司先行支付30万元定金；天鹅公司采取送货方式，将彩电全部运送至乙市S区，货到验收后一周内全宇公司付清全部款项。天鹅公司在发货时，工作人员误发成505台。在运输过程中，由于被一车追尾，20台彩电遭到不同程度的破坏。全宇公司在S区合同约定的地点接受了505台彩电，当即对发生损坏的20台彩电提出了质量异议，并将全部彩电交付大兴公司。由于彩电滞销，大兴公司一直拒绝付货款，致全宇公司一直无法向天鹅公司支付货款。交货2个星期后，全宇公司向天鹅公司披露了是受大兴公司委托代为购买彩电的情况。（司考改编）

问题：

（1）天鹅公司事先不知晓全宇公司系受大兴公司委托购买彩电，知悉这一情况后，天鹅公司能否要求大兴公司支付货款？为什么？

（2）全宇公司与天鹅公司订立的合同中的定金条款效力如何？为什么？

（3）大兴公司多收的5台彩电应如何处理？为什么？

（4）如追尾的肇事车辆逃逸，20台受损彩电的损失应由谁承担？为什么？

（5）天鹅公司以全宇公司为被告提起诉讼后，在诉讼过程中，如天鹅公司认为要求大兴公司支付货款更为有利，其能否改为主张由大兴公司履行合同义务？为什么？

2. 甲与乙签订了一份出卖耕牛的协议，合同约定甲向乙交付耕牛一头，乙向甲交付定金，余款一年之内还清。同时，双方还约定，在乙还清价款前，牛的所有权由甲保有。第二日，甲将该牛交付给了乙，那么：

（1）如果该牛在价款付清前，染上疯牛病死去，该损失应当由谁承担？

（2）如果该牛在价款付清前，将同村的丙踢伤，丙的损失应当由谁承担？

（3）如果在价款付清前，乙将该牛交付给丁，丁不知道甲、乙之间的约定，那么丁是否可以取得所有权？

论述题与深度思考题

试述买卖合同中标的物的风险负担规则。

参考答案

名词解释

1. 买卖合同，是指出卖人转移标的物的所有权于买受人，买受人支付价款的合同。依约定应交付标的物并转移标的物所有权的一方称为出卖人，应支付价款的一方为买受人。

2. 物的瑕疵担保义务，是指出卖人应当按照约定的质量要求交付标的物；出卖人提供有关标的物质量说明的，交付的标的物应当符合该说明的质量要求。出卖人交付的标的物不符合质量标准的，属于对物的瑕疵担保义务的违反，在传统民法上，发生物的瑕疵担保责任的承担。

3. 债权形式主义的物权变动模式允许当事人约定出卖人先行交付标的物，在买受人未履行支付价款或者其他义务时，标的物的所有权仍归出卖人所有，以担保买受人合同义务的履行。这就是所谓的所有权保留制度。《民法典》认可所有权保留为一种新型的担保制度。

4. 买卖合同标的物的风险，是指买卖合同的标的物由于不可归责于买卖合同双方当事人的事由而毁损、灭失所造成的损失。买卖合同标的物的风险负担是指该损失应由谁来承担。

5. 买卖合同中的利益承受，是指标的物于买卖合同订立后所生孳息的归属。

6. 分期付款买卖是一种特殊的买卖形式，是买受人将其应付的总价款按照一定期限分批向出卖人支付的买卖。“分期付款”，系指买受人将应付的总价款在一定期限内至少分三次向出卖人支付。

7. 样品买卖，又称货样买卖，是指当事人双方约定一定的样品，出卖人交付的标的物应与样品具有相同品质的买卖。所谓样品，又称货样，是指当事人选定的用以决定标的物品质的货物。样品买卖合同可视为在普通买卖关系中附加了出卖人的一项“须按样品的品质标准交付标的物”的担保。

8. 试用买卖合同，是指当事人双方约定于合同成立时，出卖人将标的物交付买受人试验或检验，并以买受人在约定期限内对标的物的认可为生效要件的买卖合同。试用买卖常见于某些新产品的销售。

9. 招标投标买卖合同，是指由招标人向数人或公众发出招标通知或招标公告，在诸多投标人中选择自己最满意的投标人并与之订立买卖合同的方式。

10. 拍卖有广义、狭义之分。广义的拍卖是指竞争买卖，即众多欲订约的人通过竞争与出卖人订立合同，购买物品。它包括狭义的拍卖和投标拍卖两种情况。其中，狭义的拍卖，是指对物品的拍卖，即以公开竞价的方法，将标的物的所有权转移给最高应价者的买卖方式。

11. 互易合同，是指当事人约定易货交易，转移标的物的所有权的合同。互易合同参照适用买卖合同的有关规定。

选择题

（一）单项选择题

1. 答案：D。本题考查“一房数卖”情形中买卖合同的效力、违约责任与不动产物权变动。A、C项：基于民事法律行为发生的房屋所有权变动，应适用《民法典》物权编有关不动产物权变动的规定。根据《民法典》第209条第1款的规定，不动产物权的设立、变更、转让和消灭，经依法登记，发生效力；未经登记，不发生效力，但是法律另有规定的除外。又根据《民法典》第214条的规定，不动产物权的设立、变更、转让和消灭，依照法律规定应当登记的，自记载于不动产登记簿时发生效力。由此可知，本题中，因出卖人甲与买受人丙之间存在有效的房屋买卖合同，且已办理了房屋产权过户登记手续，完成了不动产物权的转让，故丙取得房屋的所有权。A、C项均错误。B、D项：根据《民法典》第215条的规定，当事人之间订立有关设立、变更、转让和消灭不动产物权的合同，除法律另有规定或者当事人另有约定外，自合同成立时生效；未办理物权登记的，不影响合同效力。故本题中，甲与乙之间、丙与乙之间订立的房屋买卖合同，双方意思表示真实、一致，且不存在导致合同无效的事由，均系合法、有效的合同行为。因出卖人乙将房屋过户给他人，不能履行将房屋所有权转移于甲的合同义务，故买受人甲有权请求乙承担违约责任。故B项错误、D项正确。综上所述，本题应选D。

2. 答案：C。根据《民法典》第627条的规定，买受人应当按照约定的地点支付价款。对支付地点没有约定或者约定不明确，依据《民法典》第510条的规定仍不能确定的，买受人应当在出卖人的营业地支付；但是，约定支付价款以交付标的物或者交付提取标的物单证为条件的，在交付标的物或者交付提取标的物单证的所在地支付。故本题应选C。

3. 答案：B。根据《民法典》第604条的规定，标的物毁损、灭失的风险，在标的物交付之前由出卖人承担，交付之后由买受人承担，但是法律另有规定或者当事人另有约定的除外。本题中，由于作为合同标的物的耕牛没有交付，因而其毁损灭失的风险仍应由出卖人乙承担。故本题应选B。

4. 答案：A。根据《民法典》第610条的规定，因标的物不符合质量要求，致使不能实现合同目的的，买受人可以拒绝接受标的物或者解除合同。买受人拒绝接受标的物或者解除合同的，标的物毁损、灭失的风险由出卖人承担。本题中，货物毁损的风险应当由不合格货物提供者甲承担。故本题应选A。

5. 答案：C。本题中，甲、乙基于汽车买卖合同而引起标的物汽车的所有权发生变动，汽车属于特殊动产，《民法典》对其物权变动采取的是登记对抗主义模式。具体而言，根据《民法典》第224条、第225条的规定，动产物权的设立和转让，自交付时发生效力，但是法律另有规定的除外。船舶、航空器和机动车等的物权的设立、变更、转让和消灭，未经登记，不得对抗善意第三人。依据上述规定，本题中，受让人乙应当自汽车交付时（10月3日）取得标的物的所有权，只不过未经登记，此时该物权尚不能产生对抗善意第三人的效力。故本题应选C。

6. 答案：C。根据《民法典》第629条的规定，出卖人多交标的物的，买受人可以接收或者拒绝接收多交的部分。买受人接收多交部分的，按照约定的价格支付价款；买受人拒绝接收多交部分的，应当及时通知出卖人。本题中，由于出卖人乙的原因多交付了10吨煤，对此买受人未作表示，且标的物未及接收即毁损灭失，故既不发生合同变更，也不构成不当得利，仍应按照合同约定的数量和价款履行对待给付，由乙负担该多交付部分的损失。故本题应选C。

7. 答案：A。根据《民法典》第605条的规定，因买受人的原因致使标的物未按照约定的期限交付的，买受人应当自违反约定之日起承担标的物毁损、灭失的风险。因此本题应选A。

8. 答案：A。本题考查在途标的物的风险负担。《民法典》第606条规定：出卖人出卖交由承运人运输的在途标的物，除当事人另有约定外，毁损、灭失的风险自合同成立时起由买受人承担。本题中，甲出卖的是运输中的货物，在当事人没有约定的情况下，货物毁损灭失的风险自买卖合同成立时起由买受人丙承担。故A项正确，本题选A。

9. 答案：A。本题涉及以挖掘机为标的物的多重买卖合同的履行顺序问题，首先应确定挖掘机并非“船舶、航空器、机动车等交通运输工具”这类特殊动产，而属于普通动产。其次，最高人民法院《关于审理买卖合同纠纷案件适用法律问题的解释》（2020年修正）第6条规定："出卖人就同一普通动产订立多重买卖合同，在买卖合同均有效的情况下，买受人均要求实际履行合同的，应当按照以下情形分别处理：（一）先行受领交付的买受人请求确认所有权已经转移的，人民法院应予支持；（二）均未受领交付，先行支付价款的买受人请求出卖人履行交付标的物等合同义务的，人民法院应予支持；（三）均未受领交付，也未支付价款，依法成立在先合同的买受人请求出卖人履行交付标的物等合同义务的，人民法院应予支持。"由此可知，普通动产多重买卖的情况下，履行顺序为：受领交付在先＞支付价款在先＞合同成立在先。本题中，甲与戊于6月1日签订合同并且完成交付，所以戊与甲的买卖合同应最先履行，戊取得挖掘机的所有权。5月1日丁完成支付货款，4月1日丙支付了20%的货款，3月1日乙签订合同。因此，A项正确。

10. 答案：A。本题考察房屋买卖合同。A项：最高人民法院《关于审理买卖合同纠纷案件适用法律问题的解释》（2020年修正）第27条第1款规定：《民法典》第634条第1款规定的"分期付款"，系指买受人将应付的总价款在一定期限内至少分三次向出卖人支付。本题中，甲公司与方某约定房屋价款分两次付清，不满三次。因此，A项错误，当选。B项：最高人民法院《关于审理商品房买卖合同纠纷案件适用法律若干问题的解释》（2020年修正）第7条规定：买受人以出卖人与第三人恶意串通，另行订立商品房买卖合同并将房屋交付使用，导致其无法取得房屋为由，请求确认出卖人与第三人订立的商品房买卖合同无效的，应予支持。因此，B项正确，不当选。C项：最高人民法院《关于审理商品房买卖合同纠纷案件适用法律若干问题的解释》（2020年修正）第8条第2款规定：房屋毁损、灭失的风险，在交付使用前由出卖人承担；交付使用后由买受人承担；买受人接到出卖人的书面交房通知，无正当理由拒绝接收的，房屋毁损、灭失的风险自书面交房通知确定的交付使用之日起由买受人承担，但法律另有规定或者当事人另有约定的除外。本题中，房屋已于2023年5月6日交付给韩某，房屋损毁、灭失的风险此后由韩某承担。因此，C项正确，不当选。D项：最高人民法院《关于审理商品房买卖合同纠纷案件适用法律若干问题的解释》（2020年修正）第11条第1款规定，根据《民法典》第561条的规定，出卖人迟延交付房屋或者买受人迟延支付购房款，经催告后在3个月的合理期限内仍未履行，解除权人请求解除合同的，应予支持，但当事人另有约定的除外。因此，D项正确，不当选。综上所述，本题选A。

11. 答案：B。根据《民法典》第634条的规定，分期付款的买受人未支付到期价款的数额达到全部价款的1/5，经催告后在合理期限内仍未支付到期价款的，出卖人可以请求买受人支付全部价款或者解除合同。故本题应选B。

12. 答案：B。A、B项：根据《民法典》第641条第1款的规定，当事人可以在买卖合同中约定买受人未履行支付价款或者其他义务的，标的物的所有权属于出卖人。本题中，甲、乙明确约定汽车的所有权在乙付清全部价款之时方能转移，故在分期付款期间乙并未因交付而取得汽车的所有权。因此A项错误、B项正确。C项：如前所述，汽车的所有权仍然由甲保留，故甲再将汽车卖给丙属于有权处分。而根据《民法典》第311条第1款的规定，善意取得的发生以无权处分为前提，因此C项错误。D项：因乙在付清全部价款之前，对汽车仅享有占有、使用的权能，而作为所有权人的甲有权将其对乙所享有的占有返还请求权转让于丙，并通知乙，以此完成指示交付。此时，甲与丙之间，基于有效的买卖合同和指示交付，完成了汽车所有权的转移，丙因此取得汽车的所有权，故D项错误。综上所述，本题应选B。

13. 答案：A。试用买卖是指当事人双方约定，于合同成立时，出卖人将标的物交付买受人试验或检验，并以买受人在约定期限内对标的物的认可为生效要件的买卖合同。处理试用买卖纠纷的关键，在于试用人买与不买，均是纯粹的自由，没有附加任何前提条件。对此，最高人民法院《关于审理买卖合同纠纷案件适用法律问题的解释》（2020年修正）第30条规定："买卖合同存在下列约定内容之一的，不属于试用买卖。买受人主张属于试用买卖的，人民法院不予支持：（一）约定标的物经过试用或者检验符合一定要求时，买受人应当购买标的物；（二）约定第三人经试验对标的物认可时，买受人应当购买标的物；（三）约定买受人在一定期限内可以调换标的物；（四）约定买受人在一定期限内可以退还标的物。"这一规定释明了试用买卖的本质。基于这一本质特点，试用买卖合同订立权由试用人享有，且除另有约定外，试用人在试用期内免费使用标的物，不负支付使用费的义务。对此，《民法典》第 639 条规定："试用买卖的当事人对标的物使用费没有约定或者约定不明确的，出卖人无权请求买受人支付。"据此，本题的正确答案为 A。

14. 答案：C。本题考查试用买卖合同中标的物的风险负担规则。根据《民法典》第 640 条的规定，标的物在试用期内毁损、灭失的风险由出卖人承担。也就是说，试用期内，由于不可归责于出卖人和试用人的原因，标的物毁损、灭失的，当事人之间如没有特别约定或特殊的交易习惯，由标的物的所有权人负担损失；因可归责于试用人的事由，标的物毁损、灭失时，试用人负赔偿责任。本题中，彩电在试用期内因火灾而毁损，不可归责于任何一方当事人，故应当由所有权人商场负担损失。因此，正确答案为 C。

15. 答案：B。本题涉及样品买卖合同关系。根据《民法典》第 636 条的规定，凭样品买卖的买受人不知道样品有隐蔽瑕疵的，即使交付的标的物与样品相同，出卖人交付的标的物的质量仍然应当符合同种物的通常标准。因此，本题中出卖人商场仍应当承担违约责任，B 项为正确答案。

（二）多项选择题

1. 答案：ABC。《民法典》第 621 条规定，"当事人约定检验期限的，买受人应当在检验期限内将标的物的数量或者质量不符合约定的情形通知出卖人。买受人怠于通知的，视为标的物的数量或者质量符合约定。当事人没有约定检验期限的，买受人应当在发现或者应当发现标的物的数量或者质量不符合约定的合理期限内通知出卖人。买受人在合理期限内未通知或者自收到标的物之日起二年内未通知出卖人的，视为标的物的数量或者质量符合约定；但是，对标的物有质量保证期的，适用质量保证期，不适用该二年的规定。"由此可知，仅 D 项正确，本题为选非题，故应选 ABC。

2. 答案：ABC。A 项：根据《民法典》第 224 条的规定，动产物权的设立和转让，自交付时发生效力，但是法律另有规定的除外。据此可知，动产物权依"交付"取得。本题中，2016 年年底，朱雀公司依约向玄武公司交付了小客车，则玄武公司已取得该小客车的所有权。故 A 项正确。B 项：根据《民法典》第 599 条的规定，出卖人应当按照约定或交易习惯向买受人交付提取标的物单证以外的有关单证和资料。本题中，朱雀公司虽然依约向玄武公司交付了小客车，但未同时交付机动车销售统一发票、合格证等有关单证资料，依法应履行相关交付义务。故 B 项正确。C、D 项：根据《民法典》第 563 条第 1 款第 4 项的规定，当事人一方迟延履行债务或者有其他违约行为致使不能实现合同目的，另一方当事人可以解除合同。据此可知，从给付义务的违反构成违约，可以追究违约责任。同时，根据最高人民法院《关于审理买卖合同纠纷案件适用法律问题的解释》（2020 年修正）第 19 条的规定，出卖人没有履行或者不当履行从给付义务，致使买受人不能实现合同目的，买受人主张解除合同的，人民法院应当根据《民法典》第 563 条第 1 款第 4 项的规定，予以支持。据此，从给付义务的违反也可能构成根本违约，若违反从给付义务导致合同目的不能实现，则权利人可以解除合同。本题中，若朱雀公司始终拒绝交付有关单证资料，将导致玄武公司无法办理车辆所有权登记和牌照，无法实现合同目的，构成根本违约。因此，玄武公司可以请求解除合同。故 C 项正确、D 项错误。综上所述，本题应选 ABC。

3. 答案：CD。本题考查多重买卖情形中的合同效力与不动产所有权的变动。A 项：甲与乙签订的房屋买卖合同、甲与丙签订的房屋买卖合同都是债权合同，按照债权平等的原则，同一标的物的多重买卖合同可以同时成立和生效，任何一方不得以合同成立在先主张另一个合同无效。故 A 项错误。B、C 项：基于民事法律行为发生的房屋所有权变动，应适用《民法典》物权编有关不动产物权变动的规定。根据《民法典》第 209 条第 1 款的规定，不动产物权的设立、变更、转让和消灭，经依法登记，发生效力；未经登记，不发生效力，但是法律另有规定的除外。又根据《民法典》第 214 条的规定，不动产物权的设立、变更、转让和消灭，依照法律规定应当登记的，自记载于不动产登记簿时发生效力。由此可知，房屋所有权的变动应以登记为准。本题中，甲与丙之间订有买卖房屋合同，又办理了过户登记手续，所以房屋所有权已归丙享有，乙无权主张所有权人丙返还房屋。但因甲不能履行交付房屋的义务而违反了与乙签订的房屋买卖合同，故乙有权请求甲承担违约责任。至于甲承担违约责任的形式，根据《民法典》第 580 条第 1 款的规定，当事人一方不履行非金钱债务或者履行非金钱债务不符合约定的，对方可以请求履行，但是有法律上或者事实上不能履行的情形的除外。本题中，因丙对房屋已享有所有权，按照“一物一权”的物权原理，甲对房屋的所有权已消灭，此时乙要求甲收回房屋、实际履行合同，属于法律上不能履行，不应予以支持。故B项错误、C项正确。D项：根据《民法典》第585条第2款的规定，约定的违约金过分高于造成的损失的，法院、仲裁机构可以根据当事人的请求予以适当减少。根据最高人民法院《关于适用〈中华人民共和国民法典〉合同编通则若干问题的解释》第65条第2款，约定的违约金超过造成损失的30%的，人民法院一般可以认定为过分高于造成的损失。本题中，若乙要求甲按约支付35%的违约金，甲有权请求法院、仲裁机构予以适当减少。D项正确。综上所述，本题答案为CD。

4. 答案：AC。A、B、C项：要注意区分风险负担的转移和标的物所有权的转移。根据《民法典》第226条的规定，动产物权设立和转让前，权利人已经占有该动产的，物权自民事法律行为生效时发生效力。由此可知，在先占后买这一典型的简易交付情形中，买卖合同生效时即视为完成了标的物的交付。本题中，“甲公司提出买下该套设备，乙公司同意出售”，此时双方即以简易交付的方式完成了买卖合同标的物的交付。根据《民法典》第604条的规定，标的物毁损、灭失的风险，在标的物交付之前由出卖人承担，交付之后由买受人承担，但法律另有规定或者当事人另有约定的除外。因此，本题中该套设备毁损灭失的风险应由买受人甲公司负担，即便设备被烧毁，甲公司仍应按照合同约定支付价款。故A、C项正确，B项错误。D项：《民法典》合同编“买卖合同”一章并未对所有权保留的买卖合同之形式作出特别规定，因此所有权保留的买卖合同属于不要式合同，并非必须采用书面形式订立。故D项错误。综上所述，本题的正确答案为AC。

5. 答案：CD。本题综合考查分期付款买卖合同和所有权保留买卖合同。根据最高人民法院《关于审理买卖合同纠纷案件适用法律问题的解释》（2020年修正）第27条第1款的规定，所谓“分期付款”，系指买受人将应付的总价款在一定期间内至少分3次向出卖人支付。本题中，周某和吴某约定5个月内付清6 000元货款，每月支付1 200元，因此该合同系属分期付款买卖合同。同时，根据《民法典》第641条的规定，当事人可以在买卖合同中约定买受人未履行支付价款或者其他义务的，标的物的所有权属于出卖人。出卖人对标的物保留的所有权，未经登记，不得对抗善意第三人。据此可知，周某与吴某签订的电脑买卖合同同时也是动产所有权保留买卖合同。A项：周某与吴某约定在全部价款付清前电脑的所有权不发生转移，所以周某仍然是电脑的所有权人，其将电脑出售并交付给不知情的王某属于有权处分，不符合善意取得“让与人无权处分”的构成要件，故此时王某继受取得电脑的所有权，并不属于善意取得。A项错误。B项：根据最高人民法院《关于审理买卖合同纠纷案件适用法律问题的解释》（2020年修正）第26条第1款的规定，买受人已经支付标的物总价款的75%以上，出卖人主张取回标的物的，人民法院不予支持。本题中，吴某虽无力支付最后一个月的价款，但此时其已经支付的价款已经达到了标的物总价款的80%，因此出卖人周某不得行使取回权。B项错误。C、D项：根据《民法典》第634条的规定，分期付款的买受人未支付到期价款的金额达到全部价款的1/5的，经催告后在合理期限内仍未支付到期价款的，出卖人可以要求买受人支付全部价款或者解除合同。出卖人解除合同的，可以向买受人请求支付该标的物的使用费。本题中，若吴某未支付到期价款达到1 200元，出卖人周某可以选择行使变更权，要求吴某一次性支付剩余价款；或者行使解除权，解除合同并要求吴某支付电脑的使用费。故C、D两项均正确。综上所述，本题的正确答案为CD。

简答题

1. 买卖合同是指出卖人转移标的物的所有权于买受人，买受人支付价款的合同。买卖合同具有以下法律特征。

（1）买卖合同是一方当事人转移标的物的所有权、另一方当事人支付价款的合同。买卖合同的出卖人负有交付标的物并转移其所有权于买受人的义务，买受人负有向出卖人支付价款的义务，两项义务互为对价，同属买卖合同当事人所负担的主合同义务。

（2）买卖合同是双务合同。买卖合同的双方当事人在享有合同权利的同时，都负担相应的合同义务，因此，买卖合同是典型的双务合同。

（3）买卖合同是有偿合同。买卖合同中，出卖人所负担的交付标的物并转移其所有权于买受人的义务，与买受人所负担的支付价款的义务，互为对价，因此，买卖合同是典型的有偿合同。《民法典》就买卖合同的有偿性所确立的原则，在其他类型的有偿合同未作特别规定或未有特别的交易惯例时，适用于其他的有偿合同（《民法典》第646条）。

（4）买卖合同是诺成合同。除法律另有规定或当事人另有约定外，买卖合同自双方当事人意思表示一致之时起成立，并不以一方当事人标的物的交付或一定行为的进行作为合同的成立要件，因此，买卖合同为诺成合同。

（5）买卖合同是不要式合同。法律和行政法规并未要求当事人之间的买卖合同须采用书面形式，因此，买卖合同为不要式合同。

2. 买卖合同中，出卖人的主合同义务包括以下内容。

（1）交付标的物并转移标的物的所有权于买受人。

1）交付标的物。买卖合同中，出卖人应将买卖合同的标的物交付给买受人。交付标的物可分为交付和替代交付。交付包括现实交付和拟制交付。替代交付包括简易交付、占有改定以及指示交付。出卖人交付标的物，在标的物有从物时，若当事人无另外的约定，应当随同交付从物。出卖人交付标的物的义务可以亲自履行，也可由第三人履行。在第三人代为交付时，对于交付中出现的违约情形，第三人不负违约责任，仍由出卖人承担。出卖人应当按照约定的时间、约定的地点、约定的数量、约定的包装方式交付标的物。2）转移标的物所有权于买受人。取得标的物的所有权是买受人的主要交易目的，因此，将标的物的所有权转移给买受人是出卖人的一项主要义务。移转标的物的所有权，是在交付标的物的基础上，实现标的物所有权的转移，使买受人获得标的物所有权。就动产而言，除法律有特别规定的以外，所有权依交付而转移。船舶、航空器和机动车等特殊类型的动产，所有权也自交付之时起转移，但未依法办理登记手续的，所有权的转移不具有对抗第三人的效力。不动产所有权的转移须依法办理所有权的转移登记，未办理登记的，尽管买卖已经生效，但标的物的所有权不发生转移。

（2）物的瑕疵担保义务。

出卖人应当按照约定的质量要求交付标的物。出卖人提供有关标的物质量说明的，交付的标的物应当符合该说明的质量要求。出卖人负担物的瑕疵担保义务，是由买卖合同的有偿性决定的。出卖人交付的标的物不符合质量标准的，属于对物的瑕疵担保义务的违反，在传统民法上发生物的瑕疵担保责任的承担。在《民法典》中，违约责任一般采严格责任归责原则，从而使传统民法上违约责任与物的瑕疵担保责任的区别丧失了依据，因此出卖人应当按照当事人的约定承担违约责任。

（3）权利的瑕疵担保义务。

出卖人就交付的标的物，除非法律另有规定，负有保证第三人不得向买受人主张任何权利的义务。违反权利的瑕疵担保义务，在传统民法上产生权利瑕疵担保责任的承担。《民法典》中，由于违约责任和权利瑕疵担保责任的区分丧失了依据，因此，出卖人应对买受人承担违约责任。

3. 债权形式主义的物权变动模式允许当事人约定出卖人先行交付标的物，在买受人未履行支付价款或者其他义务时，标的物的所有权仍归出卖人所有，以担保买受人合同义务的履行。这就是所谓的所有权保留制度。所有权保留作为一种新型的担保制度，在交易实践中，经常与分期付款买卖结合在一起。

在保留所有权的分期付款买卖中，买受人在条件成就前享有所有权的期待权，该项权利为物权化的债权或效力扩张的债权；出卖人基于其所保留的所有权享有取回权。出卖人对标的物保留的所有权，未经登记，不得对抗善意第三人（《民法典》第641条第2款）。当事人约定出卖人保留合同标的物的所有权，在标的物所有权转移前，买受人有下列情形之一，造成出卖人损害的，除当事人另有约定外，出卖人有权取回标的物：（1）未按照约定支付价款，经催告后在合理期限内仍未支付；（2）未按照约定完成特定条件；（3）将标的物出卖、出质或者作出其他不当处分。出卖人可以与买受人协商取回标的物；协商不成的，可以参照适用担保物权的实现程序（《民法典》第642条）。出卖人依据《民法典》第642条第1款的规定取回标的物后，买受人在双方约定或者出卖人指定的合理回赎期限内，消除出卖人取回标的物的事由的，可以请求回赎标的物。买受人在回赎期限内没有回赎标的物，出卖人可以以合理的价格将标的物出卖给第三人，出卖所得价款扣除买受人未支付的价款以及必要费用后仍有剩余的，应当返还买受人；不足部分由买受人清偿（《民法典》第 643 条）。

所有权保留制度以微观上的利益均衡、交易安全为宗旨，以权利拥有和利益享用相分离的权利分化理论为构思主题，以设定标的物所有权移转的前提条件为特征，精巧地实现了买受人对标的物的提前享用，有效地消弭了出卖人滞后收取价金的交易风险，从而因其制度设计的内在合理性，在各个国家和地区得到了广泛的应用。《民法典》对所有权保留制度的认可和完善，必将推动我国信贷消费的发展。

4. 样品买卖，又称货样买卖，是指当事人双方约定一定的样品，出卖人交付的标的物应与样品具有相同品质的买卖。样品买卖是在普通买卖关系中附加了出卖人的一项“须按样品的品质标准交付标的物”的担保，因此，样品买卖合同除适用普通买卖合同的规定外，还产生下列效力。

（1）当事人应当封存样品，并且可以对样品质量予以说明。出卖人交付的标的物应当与样品及其说明的质量相同（《民法典》第 635 条）。所谓样品，又称货样，是指当事人选定的用以决定标的物品质的货物。它通常是从一批货物中抽取出来的，或由生产、使用部门加工、设计出来的，用以反映和代表整批商品品质的少量实物。在判断交付的标的物是否与样品及其说明的质量相同时，应当依据合同的性质以及交易习惯确定。

（2）凭样品买卖的买受人不知道样品有隐蔽瑕疵的，即使交付的标的物与样品相同，出卖人交付的标的物的质量仍然应当符合同种物的通常标准（《民法典》第 636 条）。其中所谓隐蔽瑕疵，是指经过一般、通常的检查不易发现的样品的品质瑕疵。

5. 试用买卖合同，是指当事人双方约定于合同成立时，出卖人将标的物交付买受人试验或检验，并以买受人在约定期限内对标的物的认可为生效要件的买卖合同。这种买卖常见于某些新产品的销售。试用买卖合同作为一种特种买卖合同，与一般买卖合同相比，具有以下特征。

（1）试用买卖合同约定由买受人试验或检验标的物。

（2）试用买卖合同以买受人对标的物的认可为生效条件。

（3）试用买卖合同的当事人可以约定标的物的试用期间。对试用期间没有约定或者约定不明确的，可以协议补充；不能达成补充协议的，按照合同有关条款或者交易习惯确定；如仍不能确定，由出卖人确定（《民法典》第 637 条）。试用人在试用期内可以购买标的物，也可以拒绝购买。试用期限届满，试用人对是否购买标的物未作表示的，视为同意购买。试用人支付部分价款，或就标的物为试验、检验以外的行为（如将该物出卖、出租或设定担保物权）时，视为同意购买（《民法典》第 638 条）。

（4）在试用期限内，试用人作出不认可的意思表示，或未作出认可的意思表示，也没有前述情形的，为试用人不认可，该买卖合同不生效力。因此，试用人负返还标的物的义务。因可归责于试用人的事由，标的物毁损、灭失时，试用人负赔偿责任。由于不可归责于出卖人和试用人的原因标的物毁损、灭失的，当事人之间如没有特别约定或特殊的交易习惯，由标的物的所有权人负担损失。

（5）试用买卖合同的当事人对标的物使用费没有约定或者约定不明确的，出卖人无权请求买受人支付（《民法典》第 639 条）。

案例分析题

1.（1）可以。受托人以自己名义与第三人订立合同时，因委托人的原因对第三人不履行义务，受托人向第三人披露委托人后，第三人可以选择受托人或者委托人作为相对人主张其权利。《民法典》第 926 条第 2 款规定：“受托人因委托人的原因对第三人不履行义务，受托人应当向第三人披露委托人，第三人因此可以选择受托人或者委托人作为相对人主张其权利，但是第三人不得变更选定的相对人。”因此，在第三人天鹅公司知晓情况后，可以向委托人主张权利，要求大兴公司支付货款。

（2）定金条款部分无效。因为定金数额不得超过合同标的额的 20%，超过部分无效。全宇公司与天鹅公司间买卖合同的标的额是 130 万元，全宇公司支付了定金 30 万元。《民法典》第 586 条规定：“当事人可以约定一方向对方给付定金作为债权的担保。定金合同自实际交付定金时成立。定金的数额由当事人约定；但是，不得超过主合同标的额的百分之二十，超过部分不产生定金的效力。实际交付的定金数额多于或者少于约定数额的，视为变更约定的定金数额。”本案中，全宇公司支付的定金超过了主合同标的额的 20%，超过的部分无效，但符合法律要求的 20％的部分应当是有效的。因此，定金条款部分无效。

（3）属于不当得利，应当返还给天鹅公司。根据《民法典》第 122 条、第 985 条的规定，他人没有法律根据而取得不当利益，受损失的人有权请求其返还不当利益。本案中，全宇公司替大兴公司购买的彩电数量是 500 台，但是天鹅公司人员误发为 505 台，全宇公司对多取得的 5 台彩电没有法律上的依据，属于不当得利，应当返还给由此受到损失的天鹅公司。

（4）由天鹅公司承担。《民法典》第 604 条规定："标的物毁损、灭失的风险，在标的物交付之前由出卖人承担，交付之后由买受人承担，但是法律另有规定或者当事人另有约定的除外。"本案中，损失在卖方天鹅公司将标的物交付给买方以前发生，其应当承担标的物毁损灭失的风险。

（5）不能。第三人选定了相对人后，不能变更选定的相对人。《民法典》第 926 条第 2 款规定："受托人因委托人的原因对第三人不履行义务，受托人应当向第三人披露委托人，第三人因此可以选择受托人或者委托人作为相对人主张其权利，但是第三人不得变更选定的相对人。"一旦第三人天鹅公司选定了主张权利的相对人，就不能再随意变更选定的相对人，不能再主张由大兴公司履行义务。

2.（1）应当由乙承担标的物毁损、灭失的风险。《民法典》第 604 条规定："标的物毁损、灭失的风险，在标的物交付之前由出卖人承担，交付之后由买受人承担，但是法律另有规定或者当事人另有约定的除外。"由此可知，买卖合同中标的物毁损、灭失的风险负担规则原则上采"交付主义"，自标的物交付时起由买受人承担。本题中，尽管所有权仍然由甲享有，但是由于标的物已经交付，因而标的物毁损灭失的风险已经由甲转移给乙承担。

（2）应当由乙承担侵权损害赔偿责任。《民法典》第 1245 条规定："饲养的动物造成他人损害的，动物饲养人或者管理人应当承担侵权责任；但是，能够证明损害是因被侵权人故意或者重大过失造成的，可以不承担或者减轻责任。"本题中，该牛已经交付给乙，乙为动物的饲养人，因此应该对该牛造成的损失承担责任。

（3）丁可以取得所有权。根据《民法典》第 311 条关于善意取得制度的规定，无处分权人将不动产或者动产转让给受让人的，如果受让人取得该不动产或动产时出于善意，则受让人将依法取得对该不动产或动产的所有权或其他物权。本案中，丁是从合法占有人乙处基于有效的买卖合同有偿取得该牛，且丁主观上对乙无处分权并不知情，符合善意取得的构成要件，因此丁基于善意取得制度，依法取得该牛的所有权。

论述题与深度思考题

买卖合同中标的物的风险，是指买卖合同的标的物由于不可归责于买卖合同双方当事人的事由而毁损、灭失所造成的损失。风险负担是指该损失应由谁来承担。

我国民法对于物权变动，原则上采债权形式主义模式，将交付行为作为动产标的物的所有权移转的成立要件。《民法典》第 604 条规定：标的物毁损、灭失的风险，在标的物交付之前由出卖人承担，交付之后由买受人承担，但是法律另有规定或者当事人另有约定的除外。该条规定所确立的风险负担的一般规则与《民法典》第 224 条关于动产标的物所有权移转的一般规则（动产物权的设立和转让，自交付时发生效力）相一致。可见，我国民事立法将动产标的物毁损、灭失的风险负担的移转，在当事人没有特别约定的情况下，规定为既与标的物的交付相一致，又与标的物所有权的移转相一致。这样规定契合当今的立法潮流，应予坚持。其中《民法典》第 604 条所谓法律另有规定或者当事人另有约定主要包括两种情况：一是在交付前标的物的风险由买受人负担，二是交付后的一段时间内标的物的风险仍由出卖人负担。

即使当事人双方约定动产标的物的所有权非自交付时起转移，如买卖合同的双方当事人采所有权保留制度作为合同履行的担保，风险负担仍应采交付主义。

买卖合同的标的物为不动产时，其风险负担的移转规则，与动产的有所不同。就大陆法系而言，在物权变动采债权意思主义模式的国家和地区，由于不动产所有权的移转无须办理相应的登记手续，不动产毁损、灭失的风险负担的转移在一般情形下与不动产所有权的移转相一致；在物权变动采债权形式主义或物权形式主义的国家和地区，单纯的不动产占有的移转并不能发生不动产所有权的移转，登记才是不动产所有权移转的成立要件，这就使标的物毁损、灭失的风险负担的转移与标的物所有权的移转不尽一致，其中，作为买卖合同标的物的不动产毁损、灭失的风险负担，仍在不动产交付时移转。最高人民法院《关于审理商品房买卖合同纠纷案件适用法律若干问题的解释》（2020年修正）第8条第2款规定："房屋毁损、灭失的风险，在交付使用前由出卖人承担，交付使用后由买受人承担……但法律另有规定或者当事人另有约定的除外。"

在具体应用风险负担的交付主义规则时，应注意以下问题。

（1）依据《民法典》第606条的规定，出卖人出卖交由承运人运输的在途标的物，除当事人另有约定的以外，毁损、灭失的风险自合同成立时起由买受人承担。这就是关于所谓路货买卖中标的物风险负担的规定。路货买卖是指标的物已在运输途中，出卖人寻找买主，出卖在途的标的物。在一般情况下，自合同订立之时起转移标的物的风险负担是合理的。但在实践中，以合同订立之时来划分路货买卖的风险负担有时是比较困难的。因为在订立买卖合同时，货物已经装在运输工具上、处于运输的途中。在无确切证据的情况下，买卖双方都难以确定风险到底是发生在运输途中的哪一段，是在合同订立之前还是在合同订立之后。所以最高人民法院《关于审理买卖合同纠纷案件适用法律问题的解释》（2020年修正）第10条确认："出卖人出卖交由承运人运输的在途标的物，在合同成立时知道或者应当知道标的物已经毁损、灭失却未告知买受人，买受人主张出卖人负担标的物毁损、灭失的风险的，人民法院应予支持。"

（2）当事人没有约定交付地点或者约定不明确，标的物需要运输的，出卖人将标的物交付给第一承运人后，标的物毁损、灭失的风险由买受人承担（《民法典》第607条第2款）。

（3）出卖人按照约定未交付有关标的物的单证和资料的，不影响标的物毁损、灭失风险的转移（《民法典》第609条）。这表明在约定保留所有权场合，即使出卖人未向买受人交付提取标的物的单证和资料，标的物毁损、灭失的风险仍自标的物交付时起转移。

（4）因买受人的原因致使标的物未按照约定的期限交付的，买受人应当自违反约定之日起承担标的物毁损、灭失的风险（《民法典》第605条）。所谓因买受人的原因，主要包括两种情形：一为买受人违约，比如买受人由于可归责于自身的原因而陷于不履行或不完全履行，出卖人行使合同履行抗辩权，在合同约定的履行期中止义务履行；或者是买受人迟延受领或无正当理由拒绝受领。二为买受人对出卖人准备交付的标的物实施侵权行为，致使出卖人无法按照约定的期限交付标的物，双方又未补充约定变更合同履行期限。在这两种情况下，即使出卖人没有完成标的物的交付，买受人仍应自约定的交付期限起，承担标的物毁损、灭失的损失。

（5）出卖人按照约定或者法律的规定将标的物置于交付地点，买受人违反约定没有收取的，标的物毁损、灭失的风险自违反约定之日起由买受人承担（《民法典》第608条）。

（6）标的物不符合质量要求，致使不能实现合同目的的，买受人可以拒绝接受标的物或者解除合同。买受人拒绝接受标的物或者解除合同的，标的物毁损、灭失的风险由出卖人承担（《民法典》第610条）。

（7）《民法典》第611条规定，标的物毁损、灭失的风险由买受人承担的，不影响因出卖人履行义务不符合约定，买受人要求其承担违约责任的权利。如此规定，主要是考虑到违约责任的承担与风险负担同属合同法上对损失进行分配的途径，前者用来解决因可归责于一方或双方的事由所带来的损失的分配；后者用来解决因不可归责于双方当事人的事由所带来的损失的分配。在交易实践中，这两种类型的损失有可能同时发生，此时既不能用违约责任的承担代替风险负担，也不能用风险负担代替违约责任的承担，而应当让两个制度同时发挥作用，分别进行损失的分配。

第四十章　供用电、水、气、热力合同

知识逻辑图

- 供用电、水、气、热力合同
  - 特征：公用性、公益性、继续性
  - 供用电合同
    - 特征：主体是供电人和用电人，标的物是无体物，属于持续供给合同，一般按格式条款订立，实行统一定价原则
    - 内容
    - 效力
      - 供电人的义务：及时、安全、合格供电，因限电、检修等停电的通知，对事故断电的抢修等
      - 用电人的义务：支付电费，保持用电设施的安全，对供电人正当检修、停电、限电的忍受，依照约定用电
  - 供用水、供用气、供用热力合同的法律适用：参照适用供用电合同的有关规定

名词解释

供用电、水、气、热力合同

选择题

（一）单项选择题

1. 甲水产品养殖基地违反规定，擅自改造电路，该市供电公司决定对其进行处罚，停止向其供电，造成甲水产品养殖基地所养殖的水产品因缺氧而大面积死亡，总损失500万元，对此（　　）。

A. 损失应该由甲水产品养殖基地自己承担，因为其有过错在先

B. 损失应该由供电公司承担，因为其没有提前通知甲水产品养殖基地

C. 损失应该由甲水产品养殖基地与供电公司按照各自的过错分担

D. 以上皆非

2. 供用电合同的当事人对履行地点未作约定或者约定不明的，该供用电合同的履行地应为下列哪一项所述地点？（　　）

A. 供方所在地

B. 需方所在地

C. 供需双方的中间地

D. 供电设施的产权分界处

（二）多项选择题

1. 九华公司在未接到任何事先通知的情况下突然被断电，遭受重大经济损失。下列哪些情况下供电公司应承担赔偿责任？（　　）（司考改编）

A. 因供电设施检修中断供电

B. 为保证居民生活用电而拉闸限电

C. 因九华公司违法用电而中断供电

D. 因电线被超高车辆挂断而断电

2. 甲公司与小区业主吴某订立了供热合同。因吴某要出国进修半年，向甲公司申请暂停供热未果，遂拒交上一期供热费。下列哪些表述是正确的？（　　）（司考改编）

A. 甲公司可以直接解除供热合同

B. 经催告吴某在合理期限内未交费，甲公司可以解除供热合同

C. 经催告吴某在合理期限内未交费，甲公司可以中止供热

D. 甲公司可以要求吴某承担违约责任

简答题

1. 简述供用电、水、气、热力合同的特殊性。
2. 简述供用电合同的概念和法律特征。

论述题与深度思考题

试述供用电合同的效力。

参考答案

名词解释

供用电、水、气、热力合同是指一方提供电、水、气、热力供另一方利用，另一方支付价款的合同。供用电、水、气、热力合同属转移财产所有权合同的一种，实质上是特种商品的买卖合同。买卖合同中的相关规定，对该合同有参照适用的效力。

选择题

（一）单项选择题

1. 答案：B。根据《民法典》第652条的规定，供电人因供电设施计划检修、临时检修、依法限电或者用电人违法用电等原因，需要中断供电时，应当按照国家有关规定事先通知用电人；未事先通知用电人中断供电，造成用电人损失的，应当承担赔偿责任。本题中，尽管甲水产品养殖基地违法用电在先，但是供电公司在向其中断供电之前，仍负有通知的义务，供电公司没有履行这一法定义务，对于由此给甲水产品养殖基地造成的损失应当承担赔偿责任。故本题应选B。

2. 答案：D。根据《民法典》第650条的规定，供用电合同的履行地点，按照当事人约定；当事人没有约定或者约定不明确的，供电设施的产权分界处为履行地点。因此，D项为正确答案。

（二）多项选择题

1. 答案：ABC。《民法典》第652条规定：“供电人因供电设施计划检修、临时检修、依法限电或者用电人违法用电等原因，需要中断供电时，应当按照国家有关规定事先通知用电人；未事先通知用电人中断供电，造成用电人损失的，应当承担赔偿责任。”可见，供电人中断供电应事先通知用电人，否则可能要承担损害赔偿责任，因此A、B、C三项正确。《民法典》第653条规定：“因自然灾害等原因断电，供电人应当按照国家有关规定及时抢修；未及时抢修，造成用电人损失的，应当承担赔偿责任。”就D项而言，供电人事实上不可能事先通知用电人，无须承担事先通知义务，而只需承担及时抢修义务，因此D项不正确。综上所述，本题应选ABC。

2. 答案：CD。本题考查供热合同。《民法典》第654条规定，“用电人应当按照国家有关规定和当事人的约定及时支付电费。用电人逾期不支付电费的，应当按照约定支付违约金。经催告用电人在合理期限内仍不支付电费和违约金的，供电人可以按照国家规定的程序中止供电。供电人依据前款规定中止供电的，应当事先通知用电人”。此外，《民法典》第656条规定：“供用水、供用气、供用热力合同，参照适用供用电合同的有关规定。”本题中，吴某违反合同义务，拒绝缴纳供热费和违约金，经甲公司催告后在合理期限内仍未支付，故甲公司可依法中止向其供热，但无权直接解除合同。这是法律基于供用电、水、气、热力合同的公共服务职能所作出的特别规定，应当优先适用。故A、B项错误，C、D项正确，本题应选CD。

简答题

1. 供用电、水、气、热力合同是指一方提供电、水、气、热力供另一方利用，另一方支付价款的合同，属于特殊商品的买卖合同。供用电、水、气、热力合同的特殊性如下。

（1）公用性。这是指供应人提供的电、水、气、热力的消费对象不是社会中的某些特殊阶层，而是一般的社会公众。因此，供应人有强制缔约义务，不得拒绝利用人通常、合理的供应要求。

（2）公益性。这是指这类公共供用合同不只是为了供应人从中得到利益，更主要的是为了满足人民生活的需要，提高人民生活质量。公共供用企业并非纯粹以营利为目的的企业，而是以提高公共生活水平等为重要目标的企业。国家对这类供用合同的收费标准都有一定的限制，供应人不得随意将收费标准提高。

（3）继续性。这是指供用电、水、气、热力合同中，利用人合同目的的实现需要供应方持续不断地履行合同义务。因此，与经由义务人的一次交付行为即可完成合同履行的合同不同，供用电、水、气、热力合同为继续性合同。在供用电、水、气、热力合同因各种原因终止之时，其效力仅能向将来发生，而不能溯及过去。

2. 供用电合同是供电人向用电人供电，用电人支付电费的合同。供用电合同具有以下法律特征。

（1）合同的主体是供电人和用电人。供电人是指供电企业或者依法取得供电营业资格的非法人组织。其他任何组织和个人都不得作为供电人。受供电企业委托供电的营业网点、营业所不具有民事权利能力，不能以自己的名义签订合同，因而不是供电人。用电人的范围非常广泛，自然人、法人以及非法人组织等，都有资格作为供用电合同的用电人，订立供用电合同。依据《民法典》第 648 条第 2 款的规定，向社会公众供电的供电人不得拒绝用电人合理的订立合同要求。这是关于供电人强制缔约义务的规定，意在保护作为用电人的社会公众的利益。

（2）合同的标的物是一种无体物——电力。

（3）供用电合同属于持续供给合同。由于电力的供应与使用是连续的，因此，该类合同的履行方式处于一种持续状态。供电人在发电、供电系统正常的情况下，应当连续向用电人供电，不得中断；用电人在合同约定的时间内，享有连续用电的权利。

（4）供用电合同一般按照格式条款订立。供电企业为了与不特定的多个用电人订立合同而预先拟定格式条款，双方当事人按照格式条款订立合同。用电人对该格式条款仅有同意或不同意的权利，而不能更改其内容。对供用电方式有特殊要求的用电人，可采用非格式条款订立合同。

（5）电力的价格实行统一定价原则。《电力法》第 35 条第 2 款规定，“电价实行统一政策，统一定价原则，分级管理”。电价的确定，一般是由电网经营企业提出方案，报国家物价行政主管部门核准。供电企业应当按照国家核准的电价和用电计量装置的记录，向用电人收取电费，不得擅自变更电价。

（6）供用电合同为诺成、双务、有偿合同。

论述题与深度思考题

供用电合同的效力主要体现为合同双方当事人所享有的合同权利和所负担的合同义务。由于该合同为双务、有偿合同，因此其效力可经由双方当事人所负担的合同义务来体现。

（1）供电人的义务。

第一，及时、安全、合格供电的义务。用户提出申请的，供电企业应尽速确定供电方案，并在一定期限内正式书面通知用户。供电人应当按照国家规定的供电质量标准安全供电。用电人对供电质量有特殊要求的，供电企业应当根据其必要性和电网的可能，依约提供相应的电力。供电人未按照国家规定的供电质量标准和约定安全供电，造成用电人损失的，应当承担损害赔偿责任（《民法典》第 651 条）。

《民法典》第 650 条规定：供用电合同的履行地点，按照当事人约定；当事人没有约定或者约定不明确的，供电设施的产权分界处为履行地点。供电设施的产权分界处是划分供电设施所有权归属的分界点，分界点电源侧的供电设施归供电人所有，分界点负荷侧的供电设施归用电人所有。在用电人为单位时，供电设施的产权分界处通常为该单位变电设备的第一个磁瓶或开关；在用电人为散户时，供电设施的产权分界处通常为进户墙的第一个接收点。上述供电设施的产权分界处为供用电合同的履行地点。

第二，因限电、检修等停电的通知义务。供电人因供电设施计划检修、临时检修、依法限电或者用电人违法用电等原因，需要中断供电时，应当按照国家有关规定事先通知用电人；未事先通知用电人即中断供电，造成用电人损失的，应当承担赔偿责任（《民法典》第 652 条）。

第三，对事故断电的抢修义务。事故断电，是指自然灾害造成供电设施毁坏，以致电力无法继续正常供应的情况。此时，供电人应当按照国家有关规定及时抢修。未及时抢修，造成用电人损失的，应当承担赔偿责任（《民法典》第 653 条）。

此外，供电人还负有因限电或停电造成用电人用电未达标时，补充供给一定量电力的义务；在用电人交纳电费时，向用电人开具用电数量详细情况凭证或记录的义务等。

（2）用电人的义务。

第一，支付电费。供用电合同是双务、有偿合同，用电人应当按照国家有关规定和当事人的约定及时支付电费。依据《电力法》第33条第3款第一分句的规定，用电人应当按照国家核准的电价和用电计量装置的记录，按时交纳电费。用电人拖欠电费的，应当按照约定支付违约金。经催告，用电人在合理期限内仍不交付电费和违约金的，供电人可以按照国家规定的程序中止供电，中止供电的，供电人应当事先通知用电人（《民法典》第654条）。供电人在用电人补交电费及迟延利息、支付违约金之后重新供电。

第二，保持用电设施的安全。保持用电设施处于安全状态，是保证用电安全的前提条件。因此，对于已经安全装设的用电线路和保险装置，用电人不应随意拆换，以防发生危险或留下隐患。同时，用电人也不应在已经检修合格的用电设施中随意拉线，连接用电设施。对于用电设施出现故障需要修理的，一般也要请电工修理，不应自己随意接拉电线或修理，否则，造成损失或发生危险的，供电人对此不负责任。

第三，对供电人正当检修、停电、限电的忍受。供电属于高度危险作业，因各种意外事故而需要对用电设施进行检修，或因此而停电、限电，都是较为常见的现象，也是防止危险发生的必要措施。用电人对此应当忍受。如果由于特定时期供电总量有限，需要限制用电人的用电量的，用电人也负必要的忍受义务。同时，供电人检修供电设施时需要用电人协助的，用电人负有协助义务。

第四，依照约定用电。用电人应当按照国家有关规定和当事人的约定安全、节约和计划用电。用电人未按照国家有关规定和当事人的约定安全用电，造成供电人损失的，应当承担赔偿责任（《民法典》第655条）。

在实践中，用电人违反安全用电义务的行为主要包括：擅自改变用电类别；擅自超过合同约定的容量用电；擅自超过计划分配的用电指标用电；擅自使用已经在供电企业办理暂停使用手续的电力设备，或者擅自启用已经被供电企业查封的电力设备；擅自迁移、更动或者擅自操作供电企业的用电计量装置、电力负荷控制装置、供电设施以及约定由供电企业调度的用户受电设备；未经供电企业许可，擅自引入、供出电源或者将自备电源擅自并网。

第四十一章　赠与合同

知识逻辑图

- 赠与合同
  - 特征：双方民事法律行为，存在给予行为，诺成合同，单务、无偿合同
  - 效力：赠与人的义务
    - 转移赠与财产的权利给受赠人
    - 例外情形的瑕疵担保义务
      - 赠与附义务的，在义务范围内承担与出卖人相同的违约责任
      - 故意不告知或保证无瑕疵，造成受赠人损失的损害赔偿责任
  - 终止：任意撤销、法定撤销、法定解除

名词解释

1. 赠与合同
2. 捐赠
3. 赠与合同的任意撤销

选择题

（一）单项选择题

1. 小张和小李在婚前协议中约定，将小李所有的一处房产赠与小张。未及办理房屋产权变更登记，双方解除婚约，小李欲撤销赠与，双方为此诉至法院。对于此案，以下说法正确的是？（　　）

A. 因尚未办理房屋产权变更登记，小张和小李之间并不存在有效的赠与合同

B. 因尚未办理房屋产权变更登记，小李有权撤销该赠与合同

C. 小李和小张之间存在有效的赠与合同，但小李无权撤销赠与

D. 该赠与具有道德义务性质，无论是否完成了房屋产权变更登记，小李均无权撤销该赠与合同

视频讲题

2. 甲将300册藏书送给乙，并约定乙不得转让给第三人，否则甲有权收回藏书。其后甲向乙交付了300册藏书。下列哪一说法是正确的？（　　）（司考改编）

A. 甲与乙的赠与合同无效，乙不能取得藏书的所有权

B. 甲与乙的赠与合同无效，乙取得了藏书的所有权

C. 甲与乙的赠与合同为附条件的合同，乙不能取得藏书的所有权

D. 甲与乙的赠与合同有效，乙取得了藏书的所有权

3. 神牛公司在H省电视台主办的赈灾义演募捐现场举牌表示向S省红十字会捐款100万元，并指明此款专用于S省B中学的校舍重建。事后，神牛公司仅支付50万元。对此，下列哪一选项是正确的？（　　）（司考改编）

A. H省电视台、S省红十字会、S省B中学均无权请求神牛公司支付其余50万元

B. S省红十字会、S省B中学均有权请求神牛公司支付其余50万元

C. S省红十字会有权请求神牛公司支付其余50万元

D. S省B中学有权请求神牛公司支付其余50万元

4. 甲与乙订约，如果乙通过法律职业资格考试，那么甲就送给乙一台笔记本电脑，双方为此签订了书面字据。后乙果然通过考试，要求甲履行其诺言，那么下列表述正确的是（　　）。

A. 甲、乙之间立有字据，甲应履行

B. 甲享有撤销权，可不履行

C. 该字据无效

D. 该字据有效且不可撤销，乙可以请求甲履行

5. 钱某与赵某签订赠与合同一份，约定：钱某赠与赵某一辆价值 30 万元的汽车，但是赵某需回赠钱某一辆价值 1 万元的山地车。合同签订后，赵某即将一辆价值 1 万元的山地车赠送给钱某，但是钱某却迟迟未交付汽车。关于本案，下列选项正确的是？（　　）（法考改编）

A. 该赠与合同为双务合同

B. 该赠与合同系附生效条件的合同

C. 钱某有权撤销该赠与合同

D. 若钱某故意将汽车砸坏，则其应对赵某承担赔偿责任

（二）多项选择题

1. 下列关于赠与合同说法正确的是（　　）。

A. 赠与合同是单方法律行为

B. 赠与合同是典型合同

C. 赠与合同是单务合同

D. 赠与合同是诺成合同

2. 在（　　）的情况下，赠与人可以撤销赠与。

A. 受赠人严重侵害赠与人或者赠与人的近亲属的合法利益

B. 受赠人对赠与人有扶养义务而不履行

C. 受赠人不履行赠与合同约定的义务

D. 未经过公证且不具有公益、道德义务性质的赠与财产的权利转移之前

3. 甲在某次公开义演中，宣布为灾区人民捐款 5 万元人民币，后甲不愿履行其捐款义务，那么下列说法错误的是（　　）。

A. 赠与合同是单方法律行为，故甲可以单方面撤销

B. 甲公司尚未履行赠与合同，故其可以撤销

C. 甲应该履行其捐款义务

D. 若甲的经济状况发生严重恶化，可以撤销该赠与合同

4. 小张意外死亡，其妻甲怀孕两个月。小张的父亲老张与甲签订协议："如把孩子顺利生下来，就送十根金条给孩子。"当日老张把八根金条交给了甲。孩子顺利出生后，甲不同意由老张抚养孩子，老张拒绝交付剩余的两根金条，并要求甲退回八根金条。下列哪些选项是正确的？（　　）（考研改编）

A. 孩子为胎儿，不具备权利能力，故协议无效

B. 孩子已出生，故老张不得拒绝赠与

C. 八根金条已交付，故老张不得要求退回

D. 两根金条未交付，故老张有权不交付

5. 甲将自己保有的一件珍贵古董送给乙，事后二人发生冲突，甲被乙殴打成植物人，那么（　　）。

A. 甲的法定代理人可以撤销该赠与

B. 赠与财产已经交付，不可以撤销

C. 撤销权的行使，应当在甲的法定代理人得知此事后 6 个月内进行

D. 赠与协议只有甲可以撤销

6. 甲公司员工魏某在公司年会抽奖活动中中奖，依据活动规则，公司资助中奖员工子女次年的教育费用，如员工离职，则资助失效。下列哪些表述是正确的？（　　）（司考改编）

A. 甲公司与魏某成立附条件赠与

B. 甲公司与魏某成立附义务赠与

C. 如魏某次年离职，甲公司无给付义务

D. 如魏某次年未离职，甲公司在给付前可撤销资助

视频讲题

简答题

1. 简述赠与合同的特征。

2. 简述赠与合同法定撤销权的行使及效力。

论述题与深度思考题

试述赠与合同的效力。

参考答案

名词解释

1. 赠与合同，是指赠与人将自己的财产无偿给予受赠人，受赠人表示接受该赠与的合同。其中转让财

产的一方当事人为赠与人，接受财产的一方当事人为受赠人。

2. 捐赠，是指赠与人为了特定公益事业、公共目的或其他特定目的，将其财产无偿给予他人的行为。捐赠既包括有明确的赠与人和受赠人，可以归类于普通赠与合同的捐赠，又包括受赠人不明确，无法归类于赠与合同的捐赠，即学说上所谓为特定目的的募捐。

3. 赠与合同的任意撤销，是指在赠与财产的权利转移之前，得由赠与人依其意思任意撤销赠与合同。但对于经过公证的赠与合同或者依法不得撤销的具有救灾、扶贫、助残等公益、道德义务性质的赠与合同，赠与人不得任意撤销。

选择题

（一）单项选择题

1. 答案：B。A项：《民法典》第657条规定：赠与合同是赠与人将自己的财产无偿给予受赠人，受赠人表示接受赠与的合同。据此，赠与合同为诺成合同，自双方当事人达成赠与合意之时即成立并生效，并不以赠与财产的权利转移为成立或生效要件。故小李与小张之间存在有效的赠与合同，A项错误。B、C、D项：最高人民法院《关于适用〈中华人民共和国民法典〉婚姻家庭编的解释（一）》第32条规定，婚前或者婚姻关系存续期间，当事人约定将一方所有的房产赠与另一方或者共有，赠与方在赠与房产变更登记之前撤销赠与，另一方请求判令继续履行的，人民法院可以按照《民法典》第658条的规定处理。《民法典》第658条规定：赠与人在赠与财产的权利转移之前可以撤销赠与。经过公证的赠与合同或者依法不得撤销的具有救灾、扶贫、助残等公益、道德义务性质的赠与合同，不适用前述规定。本案中，小李与小张之间的赠与合同并不存在上述法定不可撤销的情形，且双方尚未办理房屋产权变更登记，故赠与的房产的所有权尚未转移，小李有权撤销赠与。因此，B项正确，C、D项均错误。综上所述，本题的正确答案为B。

2. 答案：D。本题考查附义务的赠与合同。根据《民法典》第158条的规定，民事法律行为可以附条件，但是根据其性质不得附条件的除外。附生效条件的民事法律行为，自条件成就时生效。附解除条件的民事法律行为，自条件成就时失效。由此可知，所谓附条件的合同，其所附“条件”须对合同的效力产生影响。本题中，该赠与合同自双方当事人意思表示一致时即已成立，成立之日起即已生效，且标的物的所有权已自甲向乙交付时起转移。甲、乙之间的赠与合同属于附义务的赠与合同，而非附条件的赠与合同。因此，甲、乙之间的赠与合同有效，乙取得了标的物藏书的所有权。因此，A、B、C项错误，D项正确。

3. 答案：C。根据《民法典》第660条第1款的规定，经过公证的赠与合同或者依法不得撤销的具有救灾、扶贫、助残等公益、道德义务性质的赠与合同，赠与人不交付赠与财产的，受赠人可以请求交付。本题中，神牛公司的赠与具有公益性质，对于其尚未支付的50万元，受赠人有权请求其交付。另根据合同的相对性，本题中赠与合同的双方当事人是S省红十字会和神牛公司，因此享有请求权的是S省红十字会而非S省B中学，本题应选C。

4. 答案：B。本题涉及赠与合同，根据《民法典》第658条的规定，赠与人在赠与财产的权利转移之前可以撤销赠与。经过公证的赠与合同或者依法不得撤销的具有救灾、扶贫、助残等公益、道德义务性质的赠与合同，不适用前述规定。因此，本题中，甲的赠与并不具有公益、道德义务性质，其在将笔记本电脑交付乙之前，可以撤销该赠与合同，B项正确。

5. 答案：C。A项：双务合同，是指双方互负对待给付义务的合同，一方的义务即为另一方的权利。而在附义务的赠与合同中，一方负主要义务，另一方负附属义务，受赠人所负义务并非其取得权利的对价，因两个义务不存在对待给付关系，故亦为单务合同。本题中，虽然钱某与赵某互负义务，但是因两个义务不存在对待给付关系，故该合同依然为单务合同。因此，A项错误。B项：根据《民法典》第158条的规定，民事法律行为可以附条件，但是根据其性质不得附条件的除外。附生效条件的民事法律行为，自条件成就时生效。本题中，钱某与赵某的赠与合同自成立时即生效，双方附加的条款内容并不影响合同的效力，故不是生效条件，而是赠与合同所附义务。因此，B项错误。C项：根据《民法典》第658条的规定，赠与人在赠与财产的权利转移之前可以撤销赠与。经过公证的赠与合同或者依法不得撤销的具有救灾、扶贫、助残等公益、道德义务性质的赠与合同，不适用前述规定。本题中，虽然赵某已经履行所附义务，但是钱某依然享有任意撤销权。因此，C 项正确。D 项：根据《民法典》第 660 条第 2 款的规定，经过公证的赠与合同或者依法不得撤销的具有救灾、扶贫、助残等公益、道德义务性质的赠与合同，应当交付的赠与财产因赠与人故意或者重大过失致使毁损、灭失的，赠与人应当承担赔偿责任。本题中，钱某与赵某的赠与合同并不属于前述类型的赠与合同，故若钱某故意将汽车砸坏，其无须对赵某承担赔偿责任。因此，D 项错误。综上所述，本题的正确答案为 C。

（二）多项选择题

1. 答案：BCD。A 项：赠与合同要求在当事人之间存在给予与接受的合意，属于合同行为，而非单方法律行为。故 A 项错误。B 项：根据《民法典》第 657 条的规定，赠与合同是赠与人将自己的财产无偿给予受赠人，受赠人表示接受赠与的合同。故赠与合同属于我国法律规定的典型合同，B 项正确。C 项：在赠与合同中，受赠人并无对待给付义务，仅赠与人负有给付赠与财产的义务，故赠与合同为单务、无偿合同，C 项正确。D 项：根据《民法典》第 483 条的规定，承诺生效时合同成立，但是法律另有规定或者当事人另有约定的除外。《民法典》合同编“赠与合同”一章并未规定赠与物的交付为赠与合同的成立要件，故赠与合同属于诺成合同。D 项正确。综上所述，本题应选 BCD。

2. 答案：ABCD。赠与合同的撤销可分为任意撤销和法定撤销两类。其中，赠与合同的任意撤销见于《民法典》第 658 条，是指在赠与财产的权利转移之前，得由赠与人依其意思任意撤销赠与合同。但经过公证的赠与合同或者依法不得撤销的具有救灾、扶贫、助残等公益、道德义务性质的赠与合同，赠与人不得任意撤销。此外，《民法典》第 663 条第 1 款规定了赠与人的法定撤销权，受赠人有下列情形之一的，赠与人在赠与财产的权利转移之后，仍可撤销赠与，向受赠人请求返还赠与财产：（1）严重侵害赠与人或者赠与人近亲属的合法权益；（2）对赠与人有扶养义务而不履行；（3）不履行赠与合同约定的义务。因此，本题应选 ABCD。

3. 答案：ABD。A、B、C 项：《民法典》第 658 条规定：赠与人在赠与财产的权利转移之前可以撤销赠与。经过公证的赠与合同或者依法不得撤销的具有救灾、扶贫、助残等公益、道德义务性质的赠与合同，不适用前述规定。本题中，赈灾捐款具有公益性质，因此赠与人甲不得任意撤销该赠与合同，而应当履行其捐款义务。此外，赠与为典型合同行为，其成立须受赠人表示接受赠与人的给予，并非单方法律行为。故 A、B 项错误，C 项正确。D 项：根据《民法典》第 666 条的规定，赠与人的经济状况显著恶化，严重影响其生产经营或者家庭生活的，可以不再履行赠与义务。需要注意的是，此时赠与人的“穷困抗辩”如获支持，仅可产生“不再履行”赠与义务的法律效果，并不发生溯及既往的效力，赠与人就已经履行的赠与，无权要求受赠人返还。反观《民法典》第 665 条对于撤销赠与的法律效果之规定“撤销权人撤销赠与的，可以向受赠人请求返还赠与的财产”，可知赠与人主张“穷困抗辩”系行使赠与合同的法定解除权，并非撤销赠与合同。故 D 项错误。本题为选非题，综上所述，应选 ABD。

4. 答案：BC。A 项：本题中，协议是老张与甲签订的，当事人是老张与甲，孩子是利益第三人，而非该协议的双方当事人，该协议符合民事法律行为的生效要件，依法成立且有效。故选项 A 错误。B 项：老张与甲的协议是附生效条件的赠与合同，当条件成就时赠与合同就成立并生效。本题中，甲将孩子顺利生下后，条件成就，赠与合同成立并生效，老张应履行合同义务，不得拒绝赠与。故 B 项正确。C、D 项：根据《民法典》第 660 条的规定，经过公证的赠与合同或者依法不得撤销的具有救灾、扶贫、助残等公益、道德义务性质的赠与合同，赠与人不交付赠与财产的，受赠人可以请求交付。本题的赠与属于直系血亲之间的赠与，具有道德义务性质，老张不得撤销赠与，而是应履行赠与合同的义务，交付剩余的两根金条，对于已经交付的八根金条也不得要求退回。故选项 C 正确，选项 D 错误。综上所述，本题应选 BC。

5. 答案：AC。根据《民法典》第 664 条的规定，因受赠人的违法行为致使赠与人死亡或者丧失民事行为能力的，赠与人的继承人或者法定代理人可以撤销赠与。赠与人的继承人或者法定代理人的撤销权，自知道或者应当知道撤销事由之日起 6 个月内行使。故本题应选 AC。

6. 答案：AC。本题涉及附条件的民事法律行为与附义务的赠与合同之区分。A、B 项：根据《民法典》第 158 条的规定，民事法律行为可以附条件，但是根据其性质不得附条件的除外。附生效条件的民事法律行为，自条件成就时生效。附解除条件的民事法律行为，自条件成就时失效。同时，根据《民法典》第 661 条的规定，赠与可以附义务。赠与附义务的，受赠人应当按照约定履行义务。由此，区分附条件的民事法律行为所附“条件”与附义务的赠与合同所附“义务”之标准，即在于当事人所附加的约定是否影响民事法律行为的效力，若约定某种事实的发生与否决定赠与合同的效力发生或者终止，则属于附条件的赠与；反之，如果附加的约定与赠与合同的效力无关，只是约定受赠人须负担一定的给付义务，则属于附义务的赠与。本题中，甲公司资助魏某子女次年的教育费用，如魏某离职，则资助失效，换言之，魏某离职与否决定该赠与合同是否失效，故魏某与甲公司之间的法律关系属于附解除条件的赠与。因此 A 项正确、B 项错误。C 项：根据上述分析，如果魏某次年离职，则所附解除条件成就，赠与合同失效，甲公司不负担给付义务。故 C 项正确。D 项：如果魏某次年未离职，则所附解除条件未成就，赠与合同自始合法、有效，甲公司应当依约履行资助义务。另外，根据《民法典》第 658 条的规定，“赠与人在赠与财产的权利转移之前可以撤销赠与。经过公证的赠与合同或者依法不得撤销的具有救灾、扶贫、助残等公益、道德义务性质的赠与合同，不适用前款规定”。本题中，因甲公司的赠与财产用于资助魏某子女的教育费用，具有公益性质，故不得被任意撤销。因此 D 项错误。综上所述，本题应选 AC。

简答题

1. 赠与合同具有以下特征。

（1）赠与属于合同的一种。赠与合同属典型有名合同的一种，而非单方民事法律行为。因此，赠与合同要求在当事人之间存在合意。

（2）在赠与合同中，必须存在给予行为，在减少赠与人财产的同时，受赠人的财产因赠与而有所增加。

（3）赠与合同为诺成合同。根据《民法典》第 657 条的规定，只要双方当事人意思表示一致，赠与合同即成立，依法成立的赠与合同自成立时起生效，不以赠与人交付赠与物作为合同的成立要件。

（4）赠与合同为单务、无偿合同。在赠与合同中，受赠人并无对待给付义务，仅赠与人负有给付赠与财产的义务，故赠与合同为单务合同、无偿合同。

2.（1）赠与合同中，赠与财产的权利转移之后，赠与人即丧失了任意撤销赠与合同的权利，但在以下条件具备时，赠与人仍可享有撤销赠与合同的法定权利：第一，受赠人严重侵害赠与人或者赠与人近亲属的合法权益；第二，受赠人对赠与人有扶养义务而不履行；第三，受赠人不履行赠与合同约定的义务（《民法典》第 663 条第 1 款）。

（2）赠与人的撤销权，自知道或者应当知道撤销原因之日起 1 年内行使（《民法典》第 663 条第 2 款）。该期间为除斥期间，超过这一期间，赠与人不得再行使撤销权。

（3）因受赠人的违法行为致使赠与人死亡或者丧失民事行为能力的，赠与人的继承人或者法定代理人可以撤销赠与。赠与人的继承人或者法定代理人的撤销权，自知道或者应当知道撤销原因之日起 6 个月内行使（《民法典》第 664 条）。这一期间同样是除斥期间。

（4）撤销权人撤销赠与的，可以向受赠人请求返还赠与的财产（《民法典》第 665 条）。

论述题与深度思考题

赠与合同为单务合同，仅赠与人一方负担约定的合同义务。赠与合同的效力主要是指赠与合同中赠与人所负担的合同义务。赠与人的义务主要有如下两项。

（1）转移赠与财产的义务。赠与合同以使赠与财产的权利归于受赠人为直接目的，赠与人的主要义务是依照合同约定的期限、地点、方式、标准将赠与财产转移给受赠人。考虑到赠与合同为单务、无偿合同，当赠与人不履行移转赠与财产的义务时，其责任也应当有所限制，不应像一般双务合同那样，在履行给付义务的同时还要支付迟延利息或者赔偿其他损失。经过公证的赠与合同或者依法不得撤销的具有救灾、扶贫、助残等公益、道德义务性质的赠与合同，赠与人不交付赠与财产的，受赠人可以请求交付（《民法典》第 660 条第 1 款），但不得主张支付迟延利息或者赔偿其他损失。

赠与的财产依法需要办理登记或者其他手续的，应当办理有关手续（《民法典》第 659 条）。未办理有关手续的，除非法律另有规定，赠与合同为生效合同，但赠与财产的权利在办理登记等手续前不发生转移。

赠与合同系无偿合同，因此，赠与人只在出于故意或者重大过失致使赠与财产毁损、灭失时，才承担赔偿责任（《民法典》第660条第2款）。

（2）瑕疵担保义务。赠与人原则上不承担瑕疵担保义务（《民法典》第662条），但在如下两种情形中，赠与人例外地承担瑕疵担保义务。

其一，赠与附义务。赠与附义务的，受赠人应当按照约定履行义务（《民法典》第661条）。在附义务赠与中，赠与财产有瑕疵的，赠与人在附义务的限度内承担与出卖人相同的违约责任。

其二，赠与人故意不告知赠与财产的瑕疵或保证赠与财产无瑕疵，造成受赠人损失的，应当承担损害赔偿责任。这里所谓造成受赠人损失，是指受赠人因相信赠与财产无瑕疵所产生的损失，解释上认为属于信赖利益的损失，不包括赠与财产完全无瑕疵时应得利益的损失。

第四十二章　借款合同

知识逻辑图

- 借款合同
  - 借款合同概述
  - 金融机构借款合同
    - 特征：有偿性、要式性、诺成性
    - 内容订立
      - 贷款人：禁止或限制金融机构向关系人发放贷款，严格审查、审贷分离、分级审批
      - 借款人：如实申报资格情况、财务状况，依约提供担保
    - 效力
      - 贷款人义务：按期、足额提供贷款（主合同义务），保密义务（附随义务）
      - 借款人义务：按照约定的日期、数额收取借款，按照约定用途使用借款，按期支付利息，按期返还借款，容忍义务
    - 终止：期限届满双方履行完毕；解除；合同终止的其他原因
  - 自然人间的借款合同：禁止高利放贷；可以比照金融机构借款合同的相关规定处理

名词解释

1. 借款合同
2. 金融机构借款合同
3. 使用借贷
4. 消费借贷

选择题

（一）单项选择题

1. 甲为了炒股票向朋友乙借款 5 000 元，对此，以下说法正确的是（　　）。

A. 甲、乙之间的借款合同自签订借款字据之日起成立

B. 甲、乙之间的借款合同自乙将 5 000 元交付给甲时起成立

C. 双方没有约定，甲应该按照银行同期利率支付利息

D. 甲、乙可以约定由甲支付 50%的利息

2. 甲向乙银行借款 5 000 元，利率为 5%，借款期限为 1 年，双方订立合同后，乙预先扣除利息 50 元，交付给甲 4 950 元，那么 1 年后甲应该还款多少元？（　　）

A. 4 950 元　　B. 5 000 元

C. 5 050 元　　D. 以上皆非

3. 甲向乙借款 10 万元，期限 2 年，利率为 6%（低于银行同期利率）。1 年后，甲想提前还款，那么下列说法正确的是（　　）。

A. 甲不能提前还款

B. 如果乙同意，甲可以提前还款

C. 甲可以提前还款，应还 10.6 万元

D. 甲可以提前还款，应还 11.2 万元

4. 甲欲向乙借款 5 万元炒股，利率为 2%，双方签订借款合同。但事后乙认为利率过低，遂找到甲要求提高利率，甲不同意。合同规定的提供借款期届满，乙拒绝提供借款，那么（　　）。

A. 乙应当履行借款义务

B. 乙可以撤销该合同

C. 乙可以按照自己的利率想法提供借款

D. 合同尚未成立和生效

5. 甲向乙借款 10 万元，约定年利率 10%，期限为

3 年，但期限届满后，乙未向甲收取借款，又过了 1 年才收取，则乙应该收取甲的本息为（　　）。

A. 10 万元　　B. 11 万元

C. 13 万元　　D. 14 万元

6. 甲、乙因合伙经商向丙借款 3 万元，甲于约定时间携带 3 万元现金前往丙家还款，丙因忘却此事而外出，甲还款未果。甲返回途中，将装有现金的布袋夹放在自行车后座，路经闹市时被人抢夺，不知所踪。下列哪一选项是正确的？（　　）（司考改编）

A. 丙仍有权请求甲、乙偿还 3 万元借款

B. 丙丧失请求甲、乙偿还 3 万元借款的权利

C. 丙无权请求乙偿还 3 万元借款

D. 甲、乙有权要求丙承担此款被抢夺的损失

视频讲题

（二）多项选择题

1. 甲和银行签订了一份借款协议，由银行为甲提供 100 万元的贷款，甲必须按照贷款合同的约定用途使用该批贷款，后来甲出现未按照约定使用贷款的情况，则下列表述正确的是（　　）。

A. 银行有权停止发放贷款

B. 银行有权提前收回贷款

C. 银行有权解除合同

D. 银行可以提高利息

2. 甲与乙结婚后因无房居住，甲于 2019 年 8 月 1 日以个人名义向丙借 10 万元购房，约定 5 年后归还，未约定是否计算利息。后甲外出打工与人同居。2021 年 4 月 9 日，法院判决甲与乙离婚，家庭财产全部归乙。对于该案，若适用现行法的规定，则下列说法错误的是（　　）。（司考改编）

A. 借款期满后，丙只能要求甲偿还 10 万元

B. 借款期满后，若丙能够证明该笔借款用于甲、乙购买婚房，丙有权要求乙偿还 10 万元及利息

C. 借款期满后，若丙能够证明该笔借款用于甲、乙购买婚房，丙有权要求甲和乙分别偿还 5 万元及利息

D. 借款期满后，若丙能够证明该笔借款用于甲、乙购买婚房，丙有权要求甲和乙共同偿还 10 万元

3. 自然人甲与乙签订了年利率为 30%、为期 1 年的 1 000 万元借款合同。后双方又签订了房屋买卖合同，约定：“甲把房屋卖给乙，房款为甲的借款本息之和。甲须在一年内以该房款分 6 期回购房屋。如甲不回购，乙有权直接取得房屋所有权。”乙交付借款时，甲出具收到全部房款的收据。后甲未按约定回购房屋，也未把房屋过户给乙。因房屋价格上涨至 3 000 万元，甲主张偿还借款本息。下列哪些选项是正确的？（　　）（司考改编）

A. 甲、乙之间是借贷合同关系，不是房屋买卖合同关系

B. 乙可以向人民法院请求甲支付全部利息，人民法院应予支持

C. 乙不能获得房屋所有权

D. 甲因未按约定偿还借款，应承担违约责任

视频讲题

简答题

简述借款合同的特征。

论述题与深度思考题

试论金融机构借款合同的效力。

参考答案

名词解释

1. 借款合同，是指借款人向贷款人借款，到期返还借款并支付利息的合同。其中向对方借款的一方称为借款人，出借钱款的一方称为贷款人。

2. 金融机构借款合同，是指办理贷款业务的金融机构作为贷款人一方，向借款人提供贷款，借款人到期返还借款并支付利息的合同。

3. 使用借贷又称借用合同，是指当事人双方约定，一方（贷与人）将物无偿贷与他方（借用人）使用，借用人在使用后，依照约定返还该物的合同。

4. 消费借贷是指当事人双方约定一方（贷与人）将金钱或其他物品移转于他方（借用人），借用人在约定的期限内将同等种类、数量、品质的物返还给贷与人的合同。

选择题

（一）单项选择题

1. 答案：B。A、B项：根据《民法典》第679条的规定，自然人之间的借款合同，自贷款人提供借款时成立。故A项错误、B项正确。C项：根据《民法典》第680条第2款的规定，借款合同对支付利息没有约定的，视为没有利息。根据最高人民法院《关于审理民间借贷案件适用法律若干问题的规定》（2020年第二次修正）第24条第1款的规定，借贷双方没有约定利息，出借人主张支付利息的，人民法院不予支持。故C项错误。D项：根据《民法典》第680条第1款的规定，禁止高利放贷，借款的利率不得违反国家有关规定。又根据最高人民法院《关于审理民间借贷案件适用法律若干问题的规定》（2020年第二次修正）第25条的规定，出借人请求借款人按照合同约定利率支付利息的，人民法院应予支持，但是双方约定的利率超过合同成立时一年期贷款市场报价利率4倍的除外。前述所称“一年期贷款市场报价利率”，是指中国人民银行授权全国银行间同业拆借中心自2019年8月20日起每月发布的一年期贷款市场报价利率。由此可知，D项错误。综上所述，本题应选B。

2. 答案：D。根据《民法典》第670条的规定，借款的利息不得预先在本金中扣除。利息预先在本金中扣除的，应当按照实际借款数额返还借款并计算利息。本题中，乙预先扣除了利息50元，因此应当按照乙实际交付给甲的4 950元来计算借款本息，即4 950×105%=5 197.5元。故本题的正确答案为D。

3. 答案：C。根据《民法典》第530条第1款的规定，债权人可以拒绝债务人提前履行债务，但是提前履行不损害债权人利益的除外。本题中，由于双方约定的利率低于银行同期利率，甲提前还款不会损害债权人乙的利益，因此，甲无须取得乙的同意，即可提前还款，故A项、B项错误。此外，根据《民法典》第677条的规定，借款人提前返还借款的，除当事人另有约定外，应当按照实际借款的期间计算利息。也即乙只需支付1年的利息，故本题应选C。

4. 答案：D。根据《民法典》第679条的规定，自然人之间的借款合同，自贷款人提供借款时成立。故自然人之间的借款合同属于实践合同。本题中，乙并未向甲实际提供借款，因此甲、乙之间的借款合同自始并未成立，因而无从撤销，也不产生强制性的给付义务，故D项正确，A项、B项均错误。至于C项，如前所述，甲、乙此前协商的借款合同并未成立和生效，故不涉及合同变更，乙提高利率的要求应视为新的要约。由于双方并未就此借款利率达成合意，故新的借款合同尚未成立，乙依此内容提供借款并不具有合同意义。因此C项错误。综上所述，本题应选D。

5. 答案：C。根据《民法典》第671条第2款的规定，借款人未按照约定的日期、数额收取借款的，应当按照约定的日期、数额支付利息。因此，乙只能收取3年的利息，本题应选C。

6. 答案：A。本题考察借款合同的风险负担，即合同标的物由于不可归责于合同双方当事人的事由毁损、灭失所造成的损失应由谁来负担。关于借款合同中所还借款意外被抢的风险负担问题，《民法典》借款合同章节并无规定。《民法典》第646条规定：法律对其他有偿合同有规定的，依照其规定；没有规定的，参照适用买卖合同的有关规定。由此可知，借款合同中所还借款意外被抢的风险负担问题应当参照适用《民法典》关于买卖合同中标的物风险转移的相关规定。《民法典》第604条规定：标的物毁损、灭失的风险，在标的物交付之前由出卖人承担，交付之后由买受人承担，但是法律另有规定或者当事人另有约定的除外。本题中，由于甲未将现金交付给丙，因此，该现金的风险责任尚未转移给丙，丙仍有权请求甲、乙偿还3万元借款。再者，根据《民法典》第973条的规定，合伙人对合伙债务承担连带责任。清偿合伙债务超过自己应当承担份额的合伙人，有权向其他合伙人追偿。结合本题来看，甲、乙作为合伙人，应就此债务对丙承担连带责任，由于甲的行为并没有构成债的清偿，故丙仍有权请求甲、乙偿还3万元借款。因此，仅A项正确，当选。

（二）多项选择题

1. 答案：ABC。根据《民法典》第 673 条的规定，借款人未按照约定的借款用途使用借款的，贷款人可以停止发放借款、提前收回借款或者解除合同。因此，A、B、C 项正确。

2. 答案：ABC。本题涉及两个问题：一是该笔借款是否属于夫妻共同债务。最高人民法院《关于适用〈中华人民共和国民法典〉婚姻家庭编的解释（一）》第 33 条规定：债权人就一方婚前所负个人债务向债务人的配偶主张权利的，人民法院不予支持。但债权人能够证明所负债务用于婚后家庭共同生活的除外。此外，根据《民法典》第 1089 条的规定，离婚时，夫妻共同债务应当共同偿还。据此，本题中，若丙能够证明该笔借款用于甲、乙购买婚房，则该笔借款应认定为甲、乙夫妻的共同债务，丙有权要求甲和乙共同偿还。二是该笔借款是否应支付利息。《民法典》第 680 条第 2 款规定：借款合同对支付利息没有约定的，视为没有利息。本题中，由于甲、丙订立借款合同时并未约定利息，因此该笔借款应视为没有利息，丙仅有权就 10 万元借款本金请求甲和乙共同偿还。本题为选非题，综上所述，选项 A、B、C 均错误，当选。

3. 答案：ACD。A 项：本题中，自然人甲与乙之间签订借款合同，系自然人之间的借贷关系；之后，双方虽然又签订了房屋买卖合同，但并没有移转房屋所有权的意思，而是为了担保借款本息债权的如期实现，根据《民法典》第 146 条，行为人与相对人以虚假的意思表示实施的民事法律行为无效。以虚假的意思表示隐藏的民事法律行为的效力，依照有关法律规定处理。因此，双方之间的主合同是借款合同，而非房屋买卖合同，A 项正确。B 项：根据《民法典》第 680 条第 1 款的规定，禁止高利放贷，借款的利率不得违反国家有关规定。根据最高人民法院《关于审理民间借贷案件适用法律若干问题的规定》（2020 年第二次修正）第 25 条，出借人请求借款人按照合同约定利率支付利息的，人民法院应予支持，但是双方约定的利率超过合同成立时一年期贷款市场报价利率四倍的除外。前述所称“一年期贷款市场报价利率”，是指中国人民银行授权全国银行间同业拆借中心自 2019 年 8 月 20 日起每月发布的一年期贷款市场报价利率。据此，约定超过法定利息 4 倍的，超过部分的约定无效，已经支付的利息部分按照不当得利处理，应予以返还，故 B 项错误。C 项：如前所述，甲、乙双方签订了名为房屋买卖合同，实为担保债权如期实现而作出的担保约定，该约定中“如甲不回购，乙有权直接取得房屋所有权”系流押条款，根据《民法典》第 401 条的规定，抵押权人在债务履行期限届满前，与抵押人约定债务人不履行到期债务时抵押财产归债权人所有的，只能依法就抵押财产优先受偿。该规定属于法律的效力性强制性规定，违反该规定将导致相关约定绝对无效，因此该约定中的流押条款自始不发生效力。即使甲到期不能偿还借款，乙也不能依此流押条款取得房屋的所有权。故 C 项正确。D 项：流押条款无效，不影响甲、乙之间借款合同的整体效力，甲未按约定偿还借款，违反了合同义务，仍应承担违约责任。故 D 项正确。综上所述，本题答案为 ACD。

简答题

借款合同是借款人向贷款人借款，到期返还借款并支付利息的合同（《民法典》第 667 条）。其中，向对方借款的一方称为借款人，出借钱款的一方称为贷款人。借款合同依据贷款人的不同可以区分为金融机构借款合同和自然人之间的借款合同。

借款合同的主要特征为：借款合同的标的物为金钱，借款合同是转移标的钱款所有权的合同。金钱既是可消耗物，又是特殊的种类物，金钱占有的移转，在双方当事人没有特别约定时，即发生金钱所有权的转移，因此，借款合同系转移财产所有权的合同。买卖合同中关于财产所有权转移的相关规定，借款合同可以参照适用。借款合同中，在合同约定的或法律规定的还款期限届至时，借款人无须返还原物，仅需返还同样数量的金钱。

论述题与深度思考题

金融机构借款合同的效力系指生效的金融机构借款合同所具有的法律约束力，主要体现为以下几个方面。

（1）贷款人的合同义务。

第一，按期、足额提供贷款的义务。该项义务系贷款人的主合同义务。贷款人应当按照约定的日期提供借款，未按照约定的日期提供借款，造成借款人损失的，应当赔偿损失（《民法典》第671条第1款）。贷款人还应当按照合同约定的数额足额提供借款，依据《民法典》第670条的规定，借款的利息不得预先在本金中扣除；利息预先在本金中扣除的，借款人有权按照实际借款数额返还借款并计算利息。由于贷款人未足额提供借款，给借款人造成损失的，应赔偿损失。

第二，保密义务。作为贷款人一方的金融机构对于其在合同订立和履行阶段所掌握的借款人的各项商业秘密有保密义务，不得泄密或进行不正当使用。该项义务系贷款人的附随义务。

(2) 借款人的合同义务。

第一，按照约定的日期和数额收取借款。贷款人应当履行按期、足额提供贷款的义务，对于借款人来讲，则应当按照约定的日期和数额收取借款。借款人未按照约定的期限和数额收取借款的，应当按照约定的日期和数额向贷款人支付利息（《民法典》第671条第2款）。

第二，按照约定用途使用借款。借款用途是借款人使用借款的目的。表面上，贷款人提供贷款的最终目标是回收本金、收取利息，与借款用途并不相干。但实际上，借款用途与借款人能否按期偿还贷款、依约支付利息有着很直接的关系。借款人擅自改变借款用途，会使当事人最初共同预期的收益变得不确定，增加了贷款人的经营风险，尤其是贷款人发放的某些贷款是依据国家的宏观经济政策、信贷政策和产业政策进行的，如果借款人不按照约定用途使用借款，会使国家的政策调控失灵。因此，无论是我国的法律和行政法规还是当事人之间订立的借款合同，一直都将借款用途作为借款合同的一项重要内容，都要求借款人按照约定的借款用途使用借款。借款人未按照约定的借款用途使用借款的，贷款人可以停止发放借款、提前收回借款或者解除合同（《民法典》第673条）。

第三，按期支付利息。金融机构借款合同为有偿合同，借款人有义务按照约定的期限支付利息。双方当事人对支付利息的期限没有约定或者约定不明确的，可以协议补充；不能达成补充协议的，按照合同有关条款或者交易习惯确定。依据前述方法仍不能确定的，借款期间不满1年的，应当在返还借款时一并支付；借款期间在1年以上的，应当在每届满1年时支付，剩余期间不满1年的，应当在返还借款时一并支付（《民法典》第674条）。利息数额的确定，应当按照中国人民银行规定的贷款利率的上下限确定（《商业银行法》第38条）。

第四，按期返还借款。借款人应当按照约定的期限返还借款。双方当事人对借款期限没有约定或者约定不明确，可以协议补充；不能达成补充协议的，按照合同有关条款或者交易习惯确定。依据前述方法不能确定的，借款人可以随时返还；贷款人可以催告借款人在合理期限内返还（《民法典》第675条）。借款人未按照约定的期限返还借款的，应当按照约定或者国家有关规定支付逾期利息（《民法典》第676条）。但借款人在还款期限届满之前向贷款人申请展期，贷款人同意的，可依照新确定的期限返还借款（《民法典》第678条）。借款人提前偿还借款的，除当事人另有约定外，借款人有权按照实际借款的期间计算利息（《民法典》第677条）。借款人到期不归还担保贷款的，商业银行依法享有要求保证人归还贷款本金和利息或者就担保物优先受偿的权利。商业银行因行使抵押权、质权而取得的不动产或者股权，应当自取得之日起2年内予以处分（《商业银行法》第42条第2款）。

第五，容忍义务。在贷款人按照约定检查、监督借款的使用情况时，借款人应当按照约定向贷款人定期提供有关财务会计报表或者其他资料（《民法典》第672条）。该项义务基于约定产生，未作约定的，借款人有权拒绝贷款人对借款使用状况进行检查、监督的请求。

第四十三章　保证合同

知识逻辑图

- 保证合同
  - 概述
    - 保证合同的概念：保证合同是为保证债权的实现，保证人和债权人约定，当债务人不履行到期债务或者发生当事人约定的情形时，保证人履行债务或者承担债务的合同。
    - 保证合同的从属性
    - 保证的方式
      - 一般保证：当事人在保证合同中没有约定或者约定不明的，按照一般保证承担保证责任。
      - 连带责任保证：当事人在保证合同中约定保证人和债务人对债务承担连带责任的，为连带责任保证。
    - 最高额保证：保证人与债权人约定，就债务人与主债务人之间在一定期间内连续发生的债权，预定最高限额，由保证人承担保证责任的合同。
  - 保证责任
    - 保证的范围
    - 保证期间
    - 主合同变更对保证责任的影响
    - 主债权转让对保证责任的影响
    - 主债务转移对保证责任的影响
    - 一般保证人的特定免责事由
    - 共同保证
      - 按份共同保证
      - 连带共同保证
    - 保证人的求偿权与清偿代位
    - 保证人对主债务人抗辩的援引
    - 保证人对主债务人之抵销权或者撤销权的援引

名词解释

1. 保证合同
2. 反担保
3. 最高额保证
4. 保证的范围
5. 保证期间
6. 连带共同保证

选择题

（一）单项选择题

1. 被保证的合同与保证合同的关系是（　　）。

A. 两个完全独立的合同

B. 被保证的合同是主合同

C. 保证合同是主合同

D. 保证合同不成立则被保证合同也不存在

2. 下列选项中，可以作为保证人的是？（　　）

A. 心雨花店

B. 中国人民大学

C. 当代商贸有限公司财务部

D. 苏州街社区街道办事处

3. 甲与乙订立借款合同，约定甲从乙处借款 20 万元，1 年后还本付息。甲找来丙作保证人，丙与乙订立保证合同，合同约定："甲不能履行还款付息的，由丙承担还款责任。" 1 年后，甲不履行自己的义务，乙应（　　）。

A. 凭合同直接找甲要钱款

B. 凭保证合同向丙要求承担保证责任

C. 只能先向法院起诉甲，在法院经过审判并就债务人财产依法强制执行仍不能履行债务时，才可以要求丙承担保证责任

D. 无法要求甲偿还欠款

4. 甲与乙订立借款合同，约定甲从乙处借款 20 万元，1 年后还本付息。甲找来丙作保证人，丙与乙订立保证合同，合同约定："甲不能履行还款付息，由丙承担连带还款责任。" 1 年后，甲不履行自己的义务，乙应（　　）。

A. 凭合同直接找甲要款

B. 凭保证合同向丙要求承担保证责任

C. 只能先向法院起诉甲，在法院经过审判并就债务人财产依法强制执行仍不能履行债务时，才可以要求丙承担保证责任

D. 无法要求甲偿还欠款

5. 甲与乙订立借款合同，约定甲从乙处借款 20 万元，1 年后还本付息，利息按银行同期利率计算。甲找来丙作保证人，丙与乙订立保证合同，合同约定："甲不能履行还款付息义务时，丙只对 20 万元借款承担保证责任。" 1 年后，甲拒不履行义务，乙为了实现自己的债权花去费用 1 000 元，那么乙可以（　　）。

A. 要求丙承担 20 万元债务和借款利息

B. 只能要求丙承担 20 万元债务

C. 只能要求丙承担 20 万元债务和乙为实现债权花去的 1 000 元

D. 可以要求丙承担 20 万元债务、借款利息，以及乙为实现债权花去的 1 000 元

6. 甲与乙订立借款合同，约定甲从乙处借款 20 万元，1 年后还本付息，利息按银行同期利率计算。甲找来丙作保证人，丙与乙订立保证合同，合同约定："甲不能履行还款付息义务时，丙承担保证责任。" 1 年后，甲拒不履行义务，乙为了实现自己的债权花去费用 1 000 元，那么乙可以（　　）。

A. 要求丙承担 20 万元债务和借款利息

B. 只能要求丙承担 20 万元债务

C. 只能要求丙承担 20 万元债务和乙为实现债权花去的 1 000 元

D. 可以要求丙承担 20 万元债务、借款利息，以及乙为实现债权花去的 1 000 元

7. 对于保证合同的性质，以下不正确的是（　　）。

A. 书面要式合同　　B. 有偿合同

C. 诺成合同　　D. 单务合同

8. 甲与乙对丙企业的所有债务同时提供保证担保，没有约定保证份额，应承担何种保证责任？（　　）

A. 按份共同保证责任

B. 连带共同保证责任

C. 人数平均分担保证责任

D. 按份保证责任或连带保证责任

9. 甲为乙对丙银行的债务提供保证，保证期间约定为主债务本息还清之日止。该保证合同的保证期间应当如何确定？（　　）

A. 视为没有约定，保证期间为主债务履行期限届满之日起 6 个月

B. 视为没有约定，保证期间为主债务履行期届满之日起 2 年

C. 视为约定不明，保证期间为主债务履行期限届满之日起 6 个月

D. 视为约定不明，保证期间为主债务履行期限届满之日起 1 年

10. A 公司为某股份有限公司 B 公司的分公司，C 公司因向银行贷款 100 万元，请 A 公司为其提供担保。A 公司即自主决定以保证人的身份与银行订立了保证合同。后 C 公司只归还 40 万元贷款，余款未能支付。银行即向法院起诉，要求 B 公司承担保证责任。关于本案，以下正确的是（　　）。

A. A 公司未经公司股东会决议私自对外提供担保，其担保行为无效，B 公司不承担保证责任

B. 若 C 公司对于 A 公司越权担保不知情，则 B 公司应在 60 万元范围内承担保证责任

C. A公司越权提供担保，其担保行为对B公司无效，但该保证合同有效，应由A公司以分公司自己的资产在60万元范围内承担保证责任

D. 无论C公司对于A公司越权担保是否知情，B公司均应在60万元范围内承担保证责任

视频讲题

11. 甲、乙两企业签订加工合同，双方约定：乙企业不能交付定作物时，由丙企业承担责任。丙企业对该合同表示了认同，后甲企业按约定交付合同价款，而乙企业未能如期交付定作物，法院受理此案，判决乙企业返还甲企业的货款，并赔偿损失。判决生效后，乙企业被宣告破产，法院裁定中止对乙企业的执行程序，则（　　）。

A. 甲企业只能向法院申报债权，与乙企业的其他债权人按比例分配乙企业的破产财产

B. 丙企业是乙企业的一般保证人，在乙企业的财产尚未被依法强制执行前，可拒绝向甲企业承担保证责任

C. 丙企业是乙企业的连带保证人，甲企业有权请求丙企业承担保证责任

D. 丙企业是乙企业的一般保证人，但乙企业被宣告破产使丙企业的先诉抗辩权不能行使，甲企业有权请求丙企业承担保证责任

12. 如果当事人之间没有特别约定，债权人与债务人协议变更主合同的，则（　　）。

A. 减轻债务的，保证人仍对变更前的债务承担保证责任

B. 加重债务的，保证人对加重的部分不承担保证责任

C. 缩短保证期间的，保证人按变更后的保证期间承担保证责任

D. 若经书面通知保证人，则保证人应对变更后的主合同承担保证责任

13. 如果当事人之间没有特别约定，当债权人依法将主债权转让给第三人时，下列表述正确的是（　　）。

A. 保证人的保证责任免除，因为保证合同是保证人与原债权人之间签订的合同

B. 如果债权人不提供反担保，则保证人的保证责任免除

C. 保证人在原保证担保的范围内继续承担保证责任

D. 保证人应继续承担保证责任，但保证范围应由第三人与保证人重新协商确定

14. 甲企业与乙银行签订借款合同，借款金额为10万元人民币，借款期限为1年，由丙企业作为借款保证人。合同签订3个月后，甲企业因扩大生产规模急需资金，遂与乙银行协商，将贷款金额增加到15万元，甲企业和乙银行通知了丙企业，丙企业未予答复。后甲企业到期不能偿还债务。问：该案件中的保证责任应如何承担？（　　）（司考改编）

A. 丙企业不再承担保证责任，因为甲企业、乙银行变更合同条款未得到丙的同意

B. 丙企业对10万元应承担保证责任，对增加的5万元不承担保证责任

C. 丙企业应承担15万元的保证责任，因为丙企业对甲企业和乙银行的通知未予答复，视为默示的同意

D. 丙企业不再承担保证责任，因为保证合同因甲企业、乙银行变更了合同的数额条款而致保证合同无效

15. 甲企业向银行贷款200万元，以一处房产作抵押并登记，同时提出丙企业为连带保证人为其担保。贷款到期后，甲企业不能履行债务，则（　　）。

A. 银行有权选择放弃要求甲企业以房产作为给付，而直接要求丙企业承担责任

B. 首先以房产作价偿付，不足部分由丙企业承担保证责任

C. 首先由丙企业承担连带保证责任，不足部分以房产作价给付

D. 可直接将此房产过户给银行所有，不足部分由丙企业承担

16. 连带责任保证中，在下列哪一情形下，保证人免除责任？（　　）（考研）

A. 在保证期间内债权人未向债务人要求承担保证责任

B. 在保证期间内债权人未向保证人要求承担保证责任

C. 在保证期间内债权人未向人民法院起诉

D. 在保证期间内债权人未采取中断保证期间的行为

17. 甲向乙借款 20 万元，以其价值 10 万元的房屋、5 万元的汽车作为抵押担保，以其 1 万元的音响设备作质押担保，同时还由丙为其提供保证担保。其间汽车遇车祸毁损，获保险赔偿金 3 万元。如果以上担保均有效，丙应对借款本金在多大数额内承担保证责任？（　　）

A. 7 万元　　B. 6 万元

C. 5 万元　　D. 4 万元

视频讲题

18. 在主合同履行期限届至以后，一般保证的保证人在下列哪一情形下不再承担保证责任？（　　）

A. 在保证期间内债权人未向债务人要求承担保证责任

B. 在保证期间内债权人未向保证人要求承担保证责任

C. 向债权人提供债务人可供执行财产的真实情况，债权人放弃或者怠于行使权利致使该财产不能被执行的，保证人在该财产价值范围内免责

D. 在保证期间内债权人未采取中断保证期间的行为

19. 甲公司与乙公司达成还款计划书，约定在 2020 年 7 月 30 日归还 100 万元，8 月 30 日归还 200 万元，9 月 30 日归还 300 万元。丙公司对三笔还款提供连带保证，未约定保证期间。后甲公司同意乙公司将三笔还款均顺延 3 个月，丙公司对此不知情。乙公司一直未还款，甲公司仅于 2021 年 3 月 15 日要求丙公司承担保证责任。关于丙公司的保证责任，下列哪一表述是正确的？（　　）（司考改编）

A. 丙公司保证担保的主债权为 300 万元

B. 丙公司保证担保的主债权为 500 万元

C. 丙公司保证担保的主债权为 600 万元

D. 因延长还款期限未经保证人同意，丙公司不再承担保证责任

视频讲题

20. 方某、李某、刘某和张某签订借款合同，约定："方某向李某借款 100 万元，刘某提供房屋抵押，张某提供保证。"除李某外，其他人都签了字。刘某先把房本交给了李某，承诺过几天再作抵押登记。李某交付 100 万元后，方某到期未还款。下列哪一选项是正确的？（　　）（司考改编）

A. 借款合同不成立

B. 方某应返还不当得利

C. 张某应承担保证责任

D. 刘某无义务办理房屋抵押登记

21. 于某因公司周转向汪海银行借款 50 万元，姜某为连带保证人。2 个月后于某又追加借款 20 万元，告知姜某，姜某未置可否。关于姜某的保证责任下列说法正确的是（　　）。（法考）

A. 姜某可以向汪海银行行使先诉抗辩权

B. 于某对汪海银行的抗辩权，姜某也可以对银行主张

C. 姜某应为于某 70 万元承担保证责任

D. 姜某应为于某 50 万元承担担保责任

（二）多项选择题

1. 连带责任保证人享有的抗辩权包括（　　）。（考研）

A. 主债务人的同时履行抗辩权

B. 主债务人的不安抗辩权

C. 先诉抗辩权

D. 主债务诉讼时效期间届满的抗辩权

2. 甲向乙借款 5 万元，乙要求甲提供担保，甲分别找到友人丙、丁、戊、己，他们各自作出以下表示，其中哪些构成保证？（　　）（司考改编）

A. 丙在甲向乙出具的借据上签署"保证人丙"

B. 丁向乙出具字据称"如甲到期不向乙还款，本人愿代还 3 万元"

C. 戊向乙出具字据称"如甲到期不向乙还款，由本人负责"

D. 己向乙出具字据称"如甲到期不向乙还款，由本人以某处私房抵债"

3. 根据甲公司的下列哪些“承诺（保证）函”，如乙公司未履行义务，甲公司应承担保证责任（　　）。（司考改编）

A. 承诺：“积极督促乙公司还款，努力将丙公司的损失降到最低。”

B. 承诺：“乙公司向丙公司还款，如乙公司无力还款，甲公司愿代为清偿。”

C. 保证：“乙公司实际投资与注册资金相符。”实际上乙公司实际投资与注册资金不符

D. 承诺：“指定乙公司与丙公司签订保证合同。”乙公司签订了保证合同但拒不承担保证责任

4. 2021 年 11 月 1 日，甲欠乙 20 万元，清偿期为同年 12 月 31 日，由丙担任一般保证人，保证期间是 2021 年 11 月 1 日到 12 月 31 日。甲到期不能偿还债务，乙于 2022 年 4 月 10 日到法院起诉，要求甲履行债务。法院于同年 6 月 12 日作出判决，要求甲向乙偿还 20 万元债务。甲没有上诉，该判决于同年 6 月 27 日生效。则（　　）。

A. 丙承担保证责任的诉讼时效为从 2022 年 6 月 28 日起 3 年

B. 丙的保证期间为从清偿期届满之日起 6 个月

C. 丙的保证期间视为没有约定

D. 丙承担保证责任的诉讼时效为从 2022 年 4 月 10 日起 3 年

视频讲题

5. 保证合同失效后，下列关于当事人民事责任承担的陈述，正确的是？（　　）

A. 主合同有效而保证合同无效，债权人无过错的，保证人与债务人对主合同债权人的经济损失承担连带赔偿责任

B. 主合同无效而导致保证合同无效，保证人无过错的，保证人不承担责任

C. 主合同有效而保证合同无效，债权人、保证人有过错的，保证人承担民事责任的部分，不应超过债务人未清偿部分的 1/2

D. 主合同无效而导致保证合同无效，保证人有过错的，保证人承担民事责任的部分，不应超过债务人不能清偿部分的 1/3

6. 在下列哪些情形中，保证人不能行使先诉抗辩权？（　　）

A. 债务人住所变更，致使债权人要求其履行债务发生重大困难

B. 连带保证责任的保证人

C. 人民法院受理债务人破产案件，中止执行程序的

D. 保证人以书面形式放弃先诉抗辩权的

7. 2020 年 9 月，北京银行分别与丹棱公司、松园公司、张某签订编号为 01 号、02 号、03 号的最高额保证合同，约定丹棱公司、松园公司、张某为景恒公司在 2020 年 10 月 11 日至 2021 年 10 月 10 日期间发生的余额不超过 1 000 万元的债务本息提供连带责任保证，但是均未约定承担保证责任的范围。2021 年 5 月，北京银行与景恒公司签订“借款合同”，约定景恒公司向北京银行借款 500 万元。经查，“借款合同”仅将 01 号、02 号最高额保证合同予以列明。关于本案，下列说法正确的是？（　　）

A. 债权确定期间届满后，北京银行有权选择请求丹棱公司、松园公司、张某承担全部保证责任

B. 北京银行可与松园公司约定，将 2020 年 10 月 11 日前景恒公司所欠债务纳入最高额保证的担保范围

C. 北京银行与景恒公司之间的“借款合同”为实践合同

D. 因“借款合同”未列明 03 号最高额保证合同，故张某对该笔债务无须承担保证责任

视频讲题

8. 如无其他约定，下列事项中未经保证人书面同意，不影响其保证责任效力和范围的是（　　）。

A. 第三人加入债务的

B. 债权人与债务人协议变更主合同内容，减轻其债务的

C. 债权人与债务人协议变更主合同的履行期限

D. 债权人与债务人协议变更主合同内容，加重其债务的

9. 甲向乙某借款12万元，丙、丁、戊三人为连带保证人，借款期限届满，甲无力偿还债务，丙代为偿还了该12万元，则丙取得哪些权利？（　　）

A. 可以请求甲偿还12万元

B. 可以请求丁、戊偿还其各自承担的4万元

C. 可以先请求甲偿还，不足部分再向丁、戊请求偿还

D. 可以请求丁、戊偿还其各自应承担的4万元，并可同时请求甲偿还4万元

10. 甲公司从乙公司采购10袋菊花茶，约定："在乙公司交付菊花茶后，甲公司应付货款10万元。"丙公司提供担保函："若甲公司不依约付款，则由丙公司代为支付。"乙公司交付的菊花茶中有2袋经过硫黄熏蒸，无法饮用，价值2万元。乙公司要求甲公司付款未果，便要求丙公司付款10万元。下列哪些表述是正确的？（　　）（司考改编）

A. 如丙公司知情并向乙公司付款10万元，则丙公司只能向甲公司追偿8万元

B. 如丙公司不知情并向乙公司付款10万元，则乙公司会构成不当得利

C. 如甲公司付款债务诉讼时效已过，丙公司仍向乙公司付款8万元，则丙公司不得向甲公司追偿

D. 如丙公司放弃对乙公司享有的先诉抗辩权，仍向乙公司付款8万元，则丙公司不得向甲公司追偿

视频讲题

11. 甲公司向华夏银行借款6 000万元，用途为生产经营。乙公司将其对丙公司享有的8 000万元应收账款出质给华夏银行，以担保该债权的实现。丁公司单方面向乙公司出具"担保函"，承诺其愿意为甲公司的前述6 000万元借款向乙公司提供反担保，担保方式为连带责任保证。乙公司接收该"担保函"后，未提出异议。现甲公司无力清偿借款。关于本案，下列说法正确的是？（　　）

A. 如甲公司到期依约向华夏银行清偿了借款，丁公司向乙公司提供的反担保继续有效

B. 华夏银行的应收账款质权自其与乙公司的质押合同生效时设立

C. 乙公司将应收账款出质一事通知丙公司并非该应收账款质权的设立要件

D. 乙公司承担担保责任后，可以在甲公司和丁公司之间选择其一或者同时选择来实现其追偿权

12. 甲公司向乙银行借款100万元，丙、丁以各自房产分别向乙银行设定抵押，戊、己分别向乙银行出具承担全部责任的担保函，承担保证责任。下列哪些表述不正确？（　　）（司考改编）

A. 乙银行可以就丙或者丁的房产行使抵押权

B. 丙承担担保责任后，可向甲公司追偿，也可要求丁清偿其应承担的份额

C. 乙银行可以要求戊或者己承担全部保证责任

D. 戊承担保证责任后，可向甲公司追偿，也可要求己清偿其应承担的份额

13. 冯某向陈某借款100万元，魏某在借款合同签字栏保证人一栏签上了自己的名字，但是双方未就保证方式进行明确说明。此外，于某还将其自有房屋一栋抵押给陈某并办理了抵押登记。另经查明，魏某和于某既均未与陈某明确约定担保份额，亦未约定可以相互追偿。关于本案，下列表述正确的是？（　　）（法考）

A. 魏某的保证方式应被推定为连带责任保证

B. 陈某既有权选择就于某的抵押实现债权，也有权选择请求魏某承担保证责任

C. 在陈某选择请求魏某承担保证责任时，魏某享有先诉抗辩权

D. 于某承担担保责任后，只能向冯某追偿，不能向魏某追偿

视频讲题

简答题

1. 简述保证合同的法律特征。
2. 简述一般保证和连带责任保证的主要区别。
3. 简述主合同变更或转让对保证责任的影响。

案例分析题

甲公司向乙公司购买一批货物，价值 100 万元，合同中约定甲公司先预付货款 35 万元，其余的 65 万元货款在提货后 1 年之内付清。甲公司要求丙公司为其提供连带担保，没有约定保证范围。提货 1 个月后，甲公司在征得乙公司同意后，将 65 万元的债务转移给欠自己 70 万元货款的丁公司。丙公司对此完全不知情。债务清偿期届满之后，乙公司要求丁公司偿还 65 万元的货款及利息，而这时丁公司因违法经营被依法查处，公司的账户被银行冻结。于是，乙公司找到了丙公司，要求其承担保证责任，丙公司以自己刚刚知道甲公司将债务转让给丁公司为由，拒绝承担责任。乙公司诉诸法院。

根据上述案情，请回答下列问题：

(1) 丙公司保证责任的范围如何确定？

(2) 甲公司转让债务的行为是否有效？

(3) 丙公司是否继续承担保证责任？

(4) 若乙公司将其债权转让给戊，而未经保证人丙的同意，则丙公司是否继续承担保证责任？

(5) 若题中甲公司、乙公司约定，预付款 35 万元为合同定金，且甲公司已经交付给乙公司，同时合同中约定如若双方违约，违约金为 50 万元，那么在乙公司不履行合同的情况下，甲公司理论上最多可要求乙公司给付多少钱？

论述题与深度思考题

试述保证期间。

参考答案

名词解释

1. 保证合同，是为保障债权的实现，保证人和债权人约定，当债务人不履行到期债务或者发生当事人约定的情形时，保证人履行债务或者承担责任的合同。保证合同是主债权债务合同的从合同。

2. 反担保，又称求偿担保，是指债务人或第三人为确保担保人承担担保责任后实现对主债务人的求偿权而设定的担保。

3. 最高额保证，是指保证人与债权人约定，就债权人与主债务人之间在一定期间内连续发生的债权，预定最高限额，由保证人承担保证责任的合同。

4. 保证的范围，又称保证责任的范围、保证担保的范围、保证债务的范围，是指保证人在主债务人不履行债务或者发生当事人约定的情形时，向债权人履行保证债务的限度。法律规定的保证的范围包括主债权及其利息、违约金、损害赔偿金和实现债权的费用，当事人另有约定的，按照其约定。

5. 保证期间，是指确定保证人承担保证责任的期间，该期间不发生中止、中断和延长。债权人与保证人可以约定保证期间，但是约定的保证期间早于主债务履行期限或者与主债务履行期限同时届满的，视为没有约定；没有约定或者约定不明确的，保证期间为主债务履行期限届满之日起 6 个月。债权人与债务人对主债务履行期限没有约定或者约定不明确的，保证期间自债权人请求债务人履行债务的宽限期届满之日起计算。在主债务履行期限届满后至保证期间完成前，保证人是否最终承担保证责任处于“待确定”状态，保证期间属于或有期间。

6. 连带共同保证，是指各保证人约定均对全部主债务承担连带保证责任或保证人与债权人之间没有约定所承担保证份额的共同保证。共同保证人承担按份责任只限于保证人对保证份额有明确约定的情形。同一债务有两个以上保证人，没有约定保证份额的，债权人可以请求任何一个保证人在其保证范围内承担保证责任。

选择题

（一）单项选择题

1. 答案：B。保证合同与被保证的合同之间具有从属性，被保证的合同与保证合同为主从关系，保证合同从属于被保证的主债权债务合同，其效力、范围、强度均从属于所保证的主债权债务合同。主债权债务合同不成立或者无效，保证合同也就不能发生效力；主债权债务消灭，保证债务也就随之消灭，但是法律另有规定的除外。因此，仅有B项正确。

2. 答案：A。《民法典》第683条规定："机关法人不得为保证人，但是经国务院批准为使用外国政府或者国际经济组织贷款进行转贷的除外。以公益为目的的非营利法人、非法人组织不得为保证人。"A项：个体工商户是自然人参与私有经济的表现形式，不属于禁止保证的主体，故该花店可以作保证人。A项当选。B项：高校属于以公益为目的的事业单位，不得作保证人。故B项不当选。C项：《担保法》（已废止）第10条第1款规定企业法人的分支机构、职能部门不得为保证人。《民法典》虽未作此明文规定，但适用上仍应当坚持。因为企业法人的职能部门欠缺独立的主体资格，即使经过法人书面授权也不得作保证人。故C项不当选。D项：街道办事处是市辖区人民政府或不设区的市人民政府的派出机关，不得作保证人。故D项不当选。综上所述，本题的正确答案是A。

3. 答案：C。保证方式包括一般保证和连带保证。《民法典》第687条第1款规定：当事人在保证合同中约定，债务人不能履行债务时，由保证人承担保证责任的，为一般保证。一般保证的保证人享有先诉抗辩权，《民法典》第687条第2款规定：一般保证的保证人在主合同纠纷未经审判或者仲裁，并就债务人财产依法强制执行仍不能履行债务前，有权拒绝向债权人承担保证责任。本题中，根据合同约定，丙为一般保证人，享有先诉抗辩权，故正确答案为C项。

4. 答案：B。连带保证责任是指保证人在债务人不履行债务时与债务人负连带保证的责任。《民法典》第688条规定：当事人在保证合同中约定保证人和债务人对债务承担连带责任的，为连带责任保证。连带责任保证的债务人不履行到期债务或者发生当事人约定的情形时，债权人可以请求债务人履行债务，也可以请求保证人在其保证范围内承担保证责任。本题中，根据合同约定，丙为连带责任保证人，不享有先诉抗辩权，只要有债务人甲不履行到期债务或者发生当事人约定情形的事实，债权人乙即可要求丙履行债务或承担责任。故正确答案为B项。

5. 答案：B。保证的范围，又称保证责任的范围、保证担保的范围、保证债务的范围，是指保证人在主债务人不履行债务或者发生当事人约定的情形时，向债权人履行保证债务的限度。根据《民法典》第691条的规定，当事人订立保证合同时应当明确约定保证的范围，保证的范围包括主债权及其利息、违约金、损害赔偿金和实现债权的费用。当事人另有约定的，按照其约定。本题中，当事人在保证合同中明确约定"丙只对20万元借款承担保证责任"，故20万元即为丙承担保证责任的范围，正确答案为B。

6. 答案：D。根据《民法典》第691条的规定，如当事人订立保证合同时未明确约定保证的范围，应当依法律规定确定保证的范围，包括主债权及其利息、违约金、损害赔偿金和实现债权的费用。本题中，该保证合同中对保证范围未作约定，故应当适用法定的保证范围，即主债权及其利息、违约金、损害赔偿金和实现债权的费用。因此，正确答案为D。

7. 答案：B。A、C项：《民法典》第685条规定："保证合同可以是单独订立的书面合同，也可以是主债权债务合同中的保证条款。第三人单方以书面形式向债权人作出保证，债权人接收且未提出异议的，保证合同成立。"由此可知，A、C项均正确。B、D项：在保证合同中，保证人单方面承担财产性义务或者责任，但不因此从对方获得财产利益，对方也不承担对待给付义务，故保证合同为单务合同、无偿合同。因此，B项错误、D项正确。综上所述，本题选B。

8. 答案：B。《民法典》第699条规定：同一债务有两个以上保证人的，保证人应当按照保证合同约定的保证份额，承担保证责任；没有约定保证份额的，债权人可以请求任何一个保证人在其保证范围内承担保证责任。据此，本题的正确答案为B。

9. 答案：C。最高人民法院《关于适用〈中华人民共和国民法典〉有关担保制度的解释》第32条规定：保证合同约定保证人承担保证责任直至主债务本息还清时为止等类似内容的，视为约定不明，保证期间为主债务履行期限届满之日起6个月。据此，本题应选C。

10. 答案：B。最高人民法院《关于适用〈中华人民共和国民法典〉有关担保制度的解释》第11条第1款规定：公司的分支机构未经公司股东会或者董事会决议以自己的名义对外提供担保，相对人请求公司或者其分支机构承担担保责任的，人民法院不予支持，但是相对人不知道且不应当知道分支机构对外提供担保未经公司决议程序的除外。据此，本题应选B。

11. 答案：D。《民法典》第687条规定，当事人在保证合同中约定，债务人不能履行债务时，由保证人承担保证责任的，为一般保证。一般保证的保证人在主合同纠纷未经审判或者仲裁，并就债务人财产依法强制执行仍不能履行债务前，有权拒绝向债权人承担保证责任，但是有下列情形之一的除外：（1）债务人下落不明，且无财产可供执行；（2）人民法院已经受理债务人破产案件；（3）债权人有证据证明债务人的财产不足以履行全部债务或者丧失履行债务能力；（4）保证人书面表示放弃本款规定的权利。因此，本题中，根据双方保证合同的约定，丙企业应当承担一般保证责任，但由于法院已经受理乙企业破产案件，宣告其破产，故丙企业不能行使先诉抗辩权。因此，本题的正确答案为D。

12. 答案：B。《民法典》第695条规定：债权人和债务人未经保证人书面同意，协商变更主债权债务合同内容，减轻债务的，保证人仍对变更后的债务承担保证责任；加重债务的，保证人对加重的部分不承担保证责任。债权人和债务人变更主债权债务合同的履行期限，未经保证人书面同意的，保证期间不受影响。据此，仅有B项说法正确，当选。

13. 答案：C。《民法典》第696条规定：债权人转让全部或者部分债权，未通知保证人的，该转让对保证人不发生效力。保证人与债权人约定禁止债权转让，债权人未经保证人书面同意转让债权的，保证人对受让人不再承担保证责任。据此，本题应选C。

14. 答案：B。《民法典》第695条第1款规定：债权人和债务人未经保证人书面同意，协商变更主债权债务合同内容，减轻债务的，保证人仍对变更后的债务承担保证责任；加重债务的，保证人对加重的部分不承担保证责任。据此，未经保证人书面同意的主合同变更并非对其一律不发生效力，而只是加重债务人债务的部分对保证人无效。故本题应选B。

15. 答案：B。根据《民法典》第392条的规定，被担保的债权既有物的担保又有人的担保的，债务人不履行到期债务或者发生当事人约定的实现担保物权的情形，债权人应当按照约定实现债权；没有约定或者约定不明确，债务人自己提供物的担保的，债权人应当先就该物的担保实现债权；第三人提供物的担保的，债权人可以就物的担保实现债权，也可以请求保证人承担保证责任。提供担保的第三人承担担保责任后，有权向债务人追偿。故本题应选B。

16. 答案：B。《民法典》第693条第2款规定：连带责任保证的债权人未在保证期间请求保证人承担保证责任的，保证人不再承担保证责任。因此，B项为正确答案。

17. 答案：B。根据《民法典》第392条的规定，丙应在债务人甲提供的物的担保范围之外承担保证责任，即4万元的保证责任。此外，《民法典》第390条规定：担保期间，担保财产毁损、灭失或者被征收等，担保物权人可以就获得的保险金、赔偿金或者补偿金等优先受偿。被担保债权的履行期限未届满的，也可以提存该保险金、赔偿金或者补偿金等。由此可知，抵押权的效力及于赔偿物，因此，该3万元的保险赔偿金应认定为债务人自己提供的物的担保，保证人丙需要承担的保证责任范围为（20－10－3－1＝）6万元。故本题应选B。

18. 答案：C。《民法典》第698条规定："一般保证的保证人在主债务履行期限届满后，向债权人提供债务人可供执行财产的真实情况，债权人放弃或者怠于行使权利致使该财产不能被执行的，保证人在其提供可供执行财产的价值范围内不再承担保证责任。"据此，一般保证人的抗辩权在此种情形下，已经由仅具延期履行效力的先诉抗辩权演变成了一种新的免责抗辩权。因此，C项为正确答案。

19. 答案：A。首先，根据《民法典》第692条第2款的规定，保证期间没有约定的，为主债务履行期限届满之日起6个月。本案中，因丙公司未与甲公司约定保证期间，故三笔还款的保证期间均为自每笔还款的履行期届满之日起6个月，即第一笔还款的保证期间届满日为2021年1月30日、第二笔还款的保证期间届满日为2021年2月28日、第三笔还款的保证期间届满日为2021年3月30日。其次，《民法典》第695条第2款规定：债权人和债务人变更主债权债务合同的履行期限，未经保证人书面同意的，保证期间不受影响。本案中，因甲公司在同意乙公司将三笔还款的履行期限顺延3个月时未征得丙公司的书面同意，故丙公司三笔还款的保证期间保持不变。最后，《民法典》第693条第2款规定：连带责任保证的债权人未在保证期间请求保证人承担保证责任的，保证人不再承担保证责任。本案中，因甲公司仅于2021年3月15日要求丙公司承担保证责任，而此时第一笔还款与第二笔还款的保证期间均已届满，仅第三笔还款尚在保证期间内，故丙公司只需对第三笔还款 300 万元承担保证责任。因此，A 项正确，B 项、C 项、D 项均错误。

20. 答案：C。A 项：《民法典》第 679 条规定，自然人之间的借款合同，自贷款人提供借款时成立。本案中，虽然李某没有在借款合同上签字，但是因其交付行为即为对该合同的认可，故该合同自李某交付 100 万元时成立并生效。因此，A 项错误。B 项：《民法典》第 122 条规定，因他人没有法律根据，取得不当利益，受损失的人有权请求其返还不当利益。本案中，因方某与李某之间存在有效的借款合同，其获得该 100 万元是有法律根据的，故不构成不当得利。因此，B 项错误。C 项：根据《民法典》第 685 条第 1 款的规定，保证合同可以是主债权债务合同中的保证条款。本案中，因在李某和方某的借款合同中存在张某提供保证的条款且张某在合同上签了字，故张某应依约承担保证责任。因此，C 项正确。D 项：《民法典》第 119 条规定，依法成立的合同，对当事人具有法律约束力。另外，《民法典》第 136 条第 1 款规定：民事法律行为自成立时生效，但是法律另有规定或者当事人另有约定的除外。本案中，因在李某和方某的借款合同中存在刘某提供房屋抵押的条款，且刘某在合同上签了字，故刘某负有办理抵押登记的合同义务。因此，D 项错误。综上所述，本题应选 C。

21. 答案：BD。A 项考查一般保证人的先诉抗辩权。仅一般保证人享有先诉抗辩权，姜某系连带保证人，不可以行使先诉抗辩权。故 A 项错误，不当选。B 项考查抗辩权的转移制度。对于主债务人享有的抗辩权，保证人也可以主张（行使）。故 B 项正确，当选。C、D 项考查保证的从属性。《民法典》第 695 条规定：债权人和债务人未经保证人书面同意，协商变更主债权债务合同内容，减轻债务的，保证人仍对变更后的债务承担保证责任；加重债务的，保证人对加重的部分不承担保证责任。于某追加 20 万元借款未经过姜某的书面同意，因此，姜某仅对 50 万元承担担保责任，对追加的 20 万元不承担责任。故 C 项错误，不当选；D 项正确，当选。综上所述，本题的正确答案为 BD。

（二）多项选择题

1. 答案：ABD。一般保证人享有先诉抗辩权，而连带责任保证人并无先诉抗辩权，C 项错误。《民法典》第 701 条规定：保证人可以主张债务人对债权人的抗辩。债务人放弃抗辩的，保证人仍有权向债权人主张抗辩。债务人对债权人的抗辩主要包括诉讼时效期间届满的抗辩权和双务合同中的履行抗辩权，因此，A、B、D 项均正确。

2. 答案：ABC。A 项：主合同中虽然没有保证条款，但保证人在主合同上以保证人的身份签字或盖章的，保证合同成立。丙（第三人）在甲（债务人）向乙（债权人）出具的借据上签署“保证人丙”，构成一般保证。故 A 项正确。B、C 项：当事人在保证合同中约定，债务人不能履行债务时，由保证人承担保证责任的，为一般保证。同时，第三人单方以书面形式向债权人作出保证，债权人接收且未提出异议的，保证合同成立。本项中，丁（第三人）向乙（债权人）出具字据称“如甲到期不向乙还款，本人愿代还 3 万元”的行为，构成（一般）保证。故 B 项正确。同理，戊（第三人）向乙（债权人）出具字据称“如甲到期不向乙还款，由本人负责”，也构成（一般）保证。故 C 项正确。D 项：“私房”属于不动产，只能设定抵押权。因此，己（第三人）向乙（债权人）出具字据称“如甲到期不向乙还款，由本人以某处私房抵债”，构成不动产抵押，而非保证。故 D 项错误。综上所述，本题的正确答案为 ABC。

3. 答案：BC。《民法典》第 681 条规定：保证合同是为保障债权的实现，保证人和债权人约定，当债务人不履行到期债务或者发生当事人约定的情形时，保证人履行债务或者承担责任的合同。另外，根据《民法典》第 685 条、最高人民法院《关于审理民间借贷案件适用法律若干问题的规定》第 20 条，以及最高人民法院《关于适用〈中华人民共和国民法典〉有关担保制度的解释》第 36 条第 1 款的规定，保证的表现形式有五：第一，主从合同；第二，主从条款；第三，以保证人的身份在主债权债务合同上签名、盖章或者按指印；第四，第三人单方以书面形式向债权人作出保证，债权人接收且未提出异议；第五，第三人向债权人提供差额补足、流动性支持等类似承诺文件。结合本题来看，A 项：因甲公司仅仅承诺积极督促乙公司还款，其并未表明其欲履行债务或者承担责任的真实意思，故甲公司无须承担保证责任。因此，A 项不当选。B 项：因甲公司的承诺已经表明其欲履行债务的真实意愿，故甲公司应承担保证责任。因此，B 项当选。C 项：根据最高人民法院《关于适用〈中华人民共和国民法典〉有关担保制度的解释》第 36 条第 1 款的规定，第三人向债权人提供差额补足、流动性支持等类似承诺文件作为增信措施，具有提供担保的意思表示，债权人请求第三人承担保证责任的，人民法院应当依照保证的有关规定处理。本题中，因甲公司保证乙公司实际投资与注册资金相符，而该保证属于类似差额补足的承诺文件，故甲公司应承担保证责任。因此，C项当选。D项：因甲公司仅仅承诺指定乙公司与丙公司签订保证合同，而不是其自己与丙公司签订保证合同，故即使乙公司与丙公司签订了保证合同，基于合同的相对性，甲公司亦无须承担保证责任。因此，D项不当选。综上所述，本题答案为BC。

4. 答案：BC。本题涉及两个问题：一是保证期间的确定。根据《民法典》第692条第2款的规定，债权人与保证人可以约定保证期间，但是约定的保证期间早于主债务履行期限或者与主债务履行期限同时届满的，视为没有约定；没有约定或者约定不明确的，保证期间为主债务履行期限届满之日起6个月。本题中，约定的保证期间与主债务履行期限同时于2021年12月31日届满，故应当视为没有约定，保证期间为主债务履行期限届满之日起6个月。因此，B、C项均正确，当选。二是保证债务诉讼时效的确定。首先，根据《民法典》第693条的规定，一般保证的债权人未在保证期间对债务人提起诉讼或者申请仲裁的，保证人不再承担保证责任。本题中，乙于2022年4月10日对甲提起诉讼，此时仍在保证期间内，故保证人仍应承担保证责任，保证债务的诉讼时效得以满足了启动的前提。其次，《民法典》第694条规定：一般保证的债权人在保证期间届满前对债务人提起诉讼或者申请仲裁的，从保证人拒绝承担保证责任的权利消灭之日起，开始计算保证债务的诉讼时效。对此，最高人民法院《关于适用〈中华人民共和国民法典〉有关担保制度的解释》第28条第1款进一步作出解释：一般保证中，债权人依据生效法律文书对债务人的财产依法申请强制执行，保证债务诉讼时效的起算时间按照下列规则确定：（1）人民法院作出终结本次执行程序裁定，或者依照《民事诉讼法》第257条第3项、第5项的规定作出终结执行裁定的，自裁定送达债权人之日起开始计算；（2）人民法院自收到申请执行书之日起1年内未作出前项裁定的，自人民法院收到申请执行书满1年之日起开始计算，但是保证人有证据证明债务人仍有财产可供执行的除外。据此可知，本题中，保证债务的诉讼时效应当经乙申请启动强制执行程序、执行完毕后仍不能履行债务的，方自终结执行裁定送达债权人乙之日开始起算，故A、D项均不正确，不当选。综上所述，本题的正确答案为BC。

5. 答案：BCD。最高人民法院《关于适用〈中华人民共和国民法典〉有关担保制度的解释》第17条规定，主合同有效而第三人提供的担保合同无效，人民法院应当区分不同情形确定担保人的赔偿责任：（1）债权人与担保人均有过错的，担保人承担的赔偿责任不应超过债务人不能清偿部分的1/2。（2）担保人有过错而债权人无过错的，担保人对债务人不能清偿的部分承担赔偿责任。（3）债权人有过错而担保人无过错的，担保人不承担赔偿责任。主合同无效导致第三人提供的担保合同无效，担保人无过错的，不承担赔偿责任；担保人有过错的，其承担的赔偿责任不应超过债务人不能清偿部分的1/3。据此可知，A项错误，不当选；B、C、D项均正确，当选。

6. 答案：ABCD。《民法典》第687条规定：当事人在保证合同中约定，债务人不能履行债务时，由保证人承担保证责任的，为一般保证。一般保证的保证人在主合同纠纷未经审判或者仲裁，并就债务人财产依法强制执行仍不能履行债务前，有权拒绝向债权人承担保证责任，但是有下列情形之一的除外：（1）债务人下落不明，且无财产可供执行；（2）人民法院已经受理债务人破产案件；（3）债权人有证据证明债务人的财产不足以履行全部债务或者丧失履行债务能力；（4）保证人书面表示放弃本款规定的权利。据此，A、C、D项均当选。连带责任保证的保证人不享有先诉抗辩权，故B项也当选。综上所述，本题的正确答案为ABCD。

7. 答案：AB。A项：《民法典》第691条规定：保证的范围包括主债权及其利息、违约金、损害赔偿金和实现债权的费用。当事人另有约定的，按照其约定。本案中，因丹棱公司、松园公司、张某均未与北京银行约定承担保证责任的范围，且保证方式均为连带责任保证，故在债权确定期间届满后，北京银行有权选择请求丹棱公司、松园公司、张某承担全部保证责任。因此，A项正确。B项：《民法典》第690条第2款规定，最高额保证除适用本章规定外，参照适用本法第二编最高额抵押权的有关规定。《民法典》第420条第2款规定：最高额抵押权设立前已经存在的债权，经当事人同意，可以转入最高额抵押担保的债权范围。

本案中，北京银行可与松园公司约定，将2020年10月11日前景恒公司所欠债务纳入最高额保证的担保范围。因此，B项正确。C项：《民法典》第679条规定：自然人之间的借款合同，自贷款人提供借款时成立。据此可知，自然人之间的借款合同为实践合同，非自然人之间的民间借款合同以及金融借款合同均为诺成合同。本案中，因北京银行与景恒公司之间的“借款合同”系金融借款合同，故该合同在性质上为诺成合同。因此，C项错误。D项：《民法典》第690条第1款规定，保证人与债权人可以协商订立最高额保证的合同，约定在最高债权额限度内就一定期间连续发生的债权提供保证。本案中，由于张某与北京银行签订了03号最高额保证合同，故张某应当依约定承担保证责任。因此，D项错误。综上所述，本题的正确答案为AB。

8. 答案：ACD。A项：根据《民法典》第697条第2款的规定，第三人加入债务的，保证人的保证责任不受影响。故A项当选。B、C、D项：《民法典》第695条规定：债权人和债务人未经保证人书面同意，协商变更主债权债务合同内容，减轻债务的，保证人仍对变更后的债务承担保证责任；加重债务的，保证人对加重的部分不承担保证责任。债权人和债务人变更主债权债务合同的履行期限，未经保证人书面同意的，保证期间不受影响。因此，B项不当选，C、D项均当选。

9. 答案：AC。本题涉及两个问题：一是保证人和债务人之间的追偿。《民法典》第700条规定：保证人承担保证责任后，除当事人另有约定外，有权在其承担保证责任的范围内向债务人追偿，享有债权人对债务人的权利，但是不得损害债权人的利益。据此可知，本题中，丙承担了保证责任后，有权在其承担保证责任的范围内（12万元）向债务人甲追偿，故A项当选。二是连带共同保证人内部的追偿。《民法典》第699条规定：同一债务有两个以上保证人的，保证人应当按照保证合同约定的保证份额，承担保证责任；没有约定保证份额的，债权人可以请求任何一个保证人在其保证范围内承担保证责任。此外，根据最高人民法院《关于适用〈中华人民共和国民法典〉有关担保制度的解释》第13条第1款的规定，同一债务有两个以上第三人提供担保，担保人之间约定承担连带共同担保，或者约定相互追偿但是未约定分担份额的，各担保人按照比例分担向债务人不能追偿的部分。据此可知，本题中，丙仅能就向债务人甲不能追偿的部分，再按比例向连带共同保证人丁、戊追偿。因此，C项当选。故本题应选AC。

10. 答案：ABC。A项：甲有义务给付8万元，对2万元享有抗辩权，丙知情后依然支付了10万元，变相剥夺了债务人的抗辩权，对这一部分不得追偿，因而丙只能向甲追偿8万元，A项正确。B项：题目给出了“乙公司要求甲公司付款未果”的信息，因此，甲公司已经行使了合同履行抗辩权，此时乙公司能够合法受领的债权为8万元。剩下的2万元清偿存在两种可能：第一种，丙知情而清偿，属于明知无债务而清偿，构成赠与（本题A项）；第二种，丙不知情而清偿，属于非债清偿，乙公司构成不当得利（本题B项）。因此，B项正确。C项：根据最高人民法院《关于适用〈中华人民共和国民法典〉有关担保制度的解释》第35条的规定，保证人知道或者应当知道主债权诉讼时效期间届满仍然提供保证或者承担保证责任，保证人承担保证责任后向债务人追偿的，人民法院不予支持，但是债务人放弃诉讼时效抗辩的除外。对此，最高人民法院《关于审理民事案件适用诉讼时效制度若干问题的规定》第18条也规定：主债务诉讼时效期间届满，保证人享有主债务人的诉讼时效抗辩权。保证人未主张前述诉讼时效抗辩权，承担保证责任后向主债务人行使追偿权的，人民法院不予支持，但主债务人同意给付的情形除外。据此，如主债务已过时效，甲依法取得时效抗辩权，丙清偿后的追偿会剥夺甲的时效抗辩权，因而不得向甲追偿。故C项正确。D项：如前分析，一般保证人放弃先诉抗辩权不影响债务人的利益，也就不应当影响债务追偿，故D项错误。综上所述，本题答案为ABC。

11. 答案：CD。A项：保证债务具有消灭上的从属性，若主债权债务消灭，则保证债务亦随同消灭。本题中，甲公司清偿了债务的，主债权消灭，乙公司的保证责任随着主债权的消灭而消灭，因此，丁公司向乙公司提供的反担保也随之消灭。因此，A项错误。B项：《民法典》第445条第1款规定：以应收账款出质的，质权自办理出质登记时设立。据此可知，应收账款质权的设立采“登记要件主义”，仅质押合同生效，但是未办理出质登记的，质权不能设立。本案中，华夏银行的应收账款质权自办理出质登记时设立。因此，B项错误。C项：根据《民法典》第546条第1款的规定，债权人转让债权，未通知债务人的，该转让对债务人不发生效力。据此可知，债权转让对债务人的生效以通知债务人为要件。需要注意的是，应收账款质权与债权转让的共同之处在于未通知债务人即对债务人不生效；两者的不同之处在于，应收账款质权的设立采登记要件主义，而债权转让的生效无须登记。本案中，华夏银行的应收账款质权自办理出质登记时即设立，乙公司将应收账款出质一事通知丙公司并非该应收账款的设立要件。因此，C 项正确。D 项：《民法典》第 387 条第 2 款规定：第三人为债务人向债权人提供担保的，可以要求债务人提供反担保。据此可知，反担保是用来担保追偿权实现的，没有追偿权，就没有反担保。本题中，各当事人的身份如下：甲公司是债务人、华夏银行是债权人、乙公司是质押人、丁公司是反担保人。各当事人之间的关系如下：当甲公司到期不能清偿债务时，乙公司即应承担质押担保责任；乙公司承担质押担保责任后，即取得对甲公司的追偿权，以确保追偿权的实现。丁公司单方面出具“担保函”主动承担保证责任，对于该反担保的效力，可适用《民法典》第 685 条第 2 款的规定：第三人单方以书面形式向债权人作出保证，债权人接收且未提出异议的，保证合同成立。据此可知，丁公司提供的保证已有效设立，应依约承担连带责任保证。而乙公司的追偿权因同时存在债务人责任财产的一般担保和第三人的连带责任保证，故乙公司可以在甲公司和丁公司之间任意选择其一或者同时选择来实现其追偿权，而没有先后顺序。因此，D 项正确，当选。综上所述，本题的正确答案为 CD。

12. 答案：BCD。本题考察由连带共同抵押与连带共同保证组成的连带共同担保，有以下两个问题需要解决：第一，债权人乙银行如何实现其债权。本题中，对乙银行与丙、丁而言，因丙、丁为连带共同抵押，故乙银行可以就丙或者丁的房产行使抵押权，并无顺序限制。因此，A 项正确。对乙银行与戊、己而言，首先，因戊、己均分别向乙银行出具承担全部责任的担保函，故戊、己为连带共同保证。其次，因戊、己均未与乙银行明确约定保证方式，故根据《民法典》第 686 条第 2 款的规定，戊、己的保证方式为一般保证。因一般保证人享有先诉抗辩权，故乙银行无权要求戊或者己承担全部保证责任。因此，C 项错误。第二，承担了担保责任的担保人如何实现其追偿权。根据最高人民法院《关于适用〈中华人民共和国民法典〉有关担保制度的解释》第 13 条第 2 款的规定，若担保人之间既未约定互相追偿亦未约定承担连带共同担保且各担保人未在同一份合同书上签字、盖章或者按指印，则担保人之间不能互相追偿，而只能向主债务人追偿。本案中，因丙、丁、戊、己之间并不存在可以相互追偿的法定情形，故任一担保人承担担保责任后，均只能向甲追偿，而不能向其他担保人追偿。因此，B 项、D 项均错误。本题为选非题，综上所述，应选 BCD。

13. 答案：BCD。A 项：根据《民法典》第 686 条第 2 款的规定，当事人在保证合同中对保证方式没有约定或者约定不明确的，按照一般保证承担保证责任。本案中，因魏某与陈某并未就保证方式进行明确说明，故魏某的保证方式应被推定为一般保证。因此，A 项错误。B 项：根据《民法典》第 392 条的规定，被担保的债权既有第三人提供的物的担保又有人的担保，债权人应当按照约定实现债权；没有约定或者约定不明确，债权人可以就第三人提供的物的担保实现债权，也可以请求保证人承担保证责任。本案中，因陈某的债权既有于某提供的抵押，又有魏某提供的保证，且债权人对如何实现债权并未作约定，故陈某既有权选择就于某的抵押实现债权，也有权选择请求魏某承担保证责任。因此，B 项正确。C 项：根据《民法典》第 687 条第 2 款的规定，一般保证的保证人在主合同纠纷未经审判或者仲裁，并就债务人财产依法强制执行仍不能履行债务前，有权拒绝向债权人承担保证责任。本案中，虽然陈某有权选择请求魏某承担保证责任，但魏某系一般保证人，故其依法享有先诉抗辩权。因此，C 项正确。D 项：根据《民法典》第 392 条的规定，提供担保的第三人承担担保责任后，有权向债务人追偿。故本案中，于某承担担保责任后，有权在其承担保证责任的范围内向冯某追偿。至于共同担保人内部能否追偿，根据最高人民法院《关于适用〈中华人民共和国民法典〉有关担保制度的解释》第 13 条第 2 款的规定，若担保人之间既未约定互相追偿，又未约定承担连带共同担保，且各担保人亦未在同一份合同书上签字、盖章或者按指印，则担保人之间不能互相追偿。本案中，因魏某与于某既未约定可以相互追偿，又未约定承担连带共同担保，且双方亦未在同一份合同书上签名、盖章或者按指印，故于某承担担保责任后，只能向债务人冯某追偿，而不能向魏某追偿。因此，D 项正确。综上所述，本题应选 BCD。

简答题

1. 保证合同，是为保障债权的实现，保证人和债权人约定，当债务人不履行到期债务或者发生当事人约定的情形时，保证人履行债务或者承担责任的合同。

保证合同的法律特征包括以下内容。

（1）从属性。保证合同是主债权债务合同的从合同，以主债权债务合同的存在为前提。保证合同系为担保主债务的履行而设立的，这就决定了保证债务的范围和强度从属于主债务。在保证之债中，主合同权利、义务的转移，原则上应导致保证合同所生权利、义务的转移，但保证债务不能与主债务相分离而单独转让或者作为其他债权的担保。保证债务以担保主债务为唯一目的，主债务全部消灭的，保证债务随之消灭。

（2）单务性和无偿性。在保证合同中，保证人单方面承担财产性义务或者责任，但不因此从对方获得财产利益，对方也不承担对待给付义务，故保证合同为单务合同、无偿合同。至于债务人与保证人之间的关系是有偿还是无偿则没有强制性要求。

（3）相对独立性。保证合同虽然从属于主债权债务合同，但保证合同是独立于主债权债务合同的单独合同，有自己独立的成立要件和生效要件，以及变更和消灭原因。

2. 保证的方式包括一般保证和连带责任保证。一般保证和连带责任保证的区别如下。

（1）确定的方式不同，即是否可依推定不同。

当事人在保证合同中约定保证人和债务人对债务承担连带责任的为连带责任保证。当事人在保证合同中约定，债务人不能履行债务时，由保证人承担保证责任的，为一般保证。当事人在保证合同中对保证方式没有约定或者约定不明确的，按照一般保证承担保证责任。

（2）债权人请求债务人承担保证责任的条件不同，即债务人是否享有先诉抗辩权不同。

连带责任保证的债务人不履行到期债务或者发生当事人约定的情形时，债权人可以请求债务人履行债务，也可以请求保证人在其保证范围内承担保证责任。一般保证的保证人在主合同纠纷未经审判或者仲裁，并就债务人财产依法强制执行仍不能履行债务前，有权拒绝向债权人承担保证责任。一般保证的保证人享有先诉抗辩权，仅在主债务人的财产不足以完全清偿债权时，才对不能清偿的部分承担保证责任。连带责任保证人并不享有先诉抗辩权，只要有主债务人不履行到期债务或者发生当事人约定情形的事实，债权人即可要求保证人承担保证责任。债权人请求连带责任保证人承担保证责任的，只需证明主债务人不履行到期债务或者发生当事人约定情形的事实，而不论债权人是否就主债务人的财产已申请强制执行，保证人均应依保证合同的约定承担保证责任。

3. 保证合同为担保主债权债务合同而订立，是主债权债务合同的从合同，主债权债务合同内容或主体发生变更，也随之对保证责任的范围和强度产生相应影响。具体规则如下。

（1）债权人和债务人未经保证人书面同意，协商变更主债权债务合同内容，减轻债务的，保证人仍对变更后的债务承担保证责任；加重债务的，保证人对加重的部分不承担保证责任。债权人和债务人变更主债权债务合同的履行期限，未经保证人书面同意的，保证期间不受影响。

（2）债权人转让全部或者部分债权，未通知保证人的，该转让对保证人不发生效力。保证人与债权人约定禁止债权转让，债权人未经保证人书面同意转让债权的，保证人对受让人不再承担保证责任。

（3）债权人未经保证人书面同意，允许债务人转移全部或者部分债务，保证人对未经其同意转移的债务不再承担保证责任，但是债权人和保证人另有约定的除外。第三人加入债务的，保证人的保证责任不受影响。

案例分析题

（1）丙公司对全部债务承担责任。《民法典》第691条规定：保证的范围包括主债权及其利息、违约金、损害赔偿金和实现债权的费用。当事人另有约定的，按照其约定。本案中，丙公司与乙公司在保证合同中，对保证范围没有明确约定，因此依前述规定其应对全部债务承担责任，即丙公司应该承担甲公司欠乙公司的65万元主债务及其利息。

（2）有效。《民法典》第551条第1款规定：债务人将债务的全部或者部分转移给第三人的，应当经债权人同意。本案中，甲公司经乙公司同意，将其欠乙公司的债务转让给丁公司，因此，甲公司与丁公司间的债务转让具有法律效力。

(3) 丙公司不再承担保证责任。《民法典》第 697 条第 1 款规定：债权人未经保证人书面同意，允许债务人转移全部或者部分债务，保证人对未经其同意转移的债务不再承担保证责任，但是债权人和保证人另有约定的除外。本案中，乙公司许可甲公司转让债务给丁公司，但未取得保证人丙公司的同意，所以丙公司不再承担保证责任。

(4) 丙公司在原保证范围内对戊公司承担保证责任。《民法典》第 696 条规定：债权人转让全部或者部分债权，未通知保证人的，该转让对保证人不发生效力。保证人与债权人约定禁止债权转让，债权人未经保证人书面同意转让债权的，保证人对受让人不再承担保证责任。本案中，当事人没有特别约定禁止债权转让，但乙公司应当通知丙公司该债权转让的事实而未通知，故该转让对丙公司不发生效力，丙公司继续在原保证担保的范围内对债权人乙公司承担保证责任。

(5) 85 万元。根据《民法典》第 586 条第 2 款的规定，定金的数额由当事人约定；但是，不得超过主合同标的额的 20%，超过部分不产生定金的效力。实际交付的定金数额多于或者少于约定数额的，视为变更约定的定金数额。因此，本题中，甲公司交付的 35 万元定金中，只有 20 万元可以按照定金条款履行，超出的部分不产生定金的效力，不适用定金罚则。因此，本题中如果甲公司主张适用定金罚则来要求乙公司进行赔偿，那么最多只能要求乙公司赔偿 40 万元，外加应当返还的 15 万元，共 55 万元。如果甲公司主张乙公司的违约责任，那么乙公司须支付给甲公司违约金 50 万元。《民法典》第 588 条规定：当事人既约定违约金，又约定定金的，一方违约时，对方可以选择适用违约金或者定金条款。定金不足以弥补一方违约造成的损失的，对方可以请求赔偿超过定金数额的损失。由此可知，违约金与定金指向同一损失时，赋予守约方选择权择一适用即可弥补因违约造成的损失，同时适用反而过分加重违约方的责任，有违公平原则，故违约金与定金不可并用。本案中，若甲公司主张乙公司承担违约责任，可以得到乙公司支付的违约金 50 万元，另外乙公司返还甲公司的预付款 35 万元，一共是 85 万元。据此，理论上甲公司可以要求乙公司赔付的最高金额为 85 万元。

论述题与深度思考题

保证期间是指确定保证人承担保证责任的期间，该期间不发生中止、中断和延长。债权人与保证人可以约定保证期间，但是约定的保证期间早于主债务履行期限或者与主债务履行期限同时届满的，视为没有约定；没有约定或者约定不明确的，保证期间为主债务履行期限届满之日起 6 个月。债权人与债务人对主债务履行期限没有约定或者约定不明确的，保证期间自债权人请求债务人履行债务的宽限期届满之日起计算。

在主债务履行期限届满后至保证期间完成前，保证人是否最终承担保证责任处于“待确定”状态，保证期间属于或有期间。一般保证的债权人未在保证期间对债务人提起诉讼或者申请仲裁的，保证人不再承担保证责任；连带责任保证的债权人未在保证期间请求保证人承担保证责任的，保证人不再承担保证责任（《民法典》第 693 条）。

一般保证的债权人在保证期间届满前对债务人提起诉讼或者申请仲裁的，从保证人拒绝承担保证责任的权利消灭之日起，开始计算保证债务的诉讼时效。连带责任保证的债权人在保证期间届满前请求保证人承担保证责任的，从债权人请求保证人承担保证责任之日起，开始计算保证债务的诉讼时效（《民法典》第 694 条）。在一般保证的情形中，债权人依主合同提起诉讼或申请仲裁，请求主债务人履行债务时，保证期间因未完成而失去意义。如在保证期间内，债权人不向主债务人以提起诉讼或者申请仲裁的方式主张债权，保证人不再承担保证责任，无保证债务诉讼时效之适用。在连带责任保证的情形中，在保证期间内，债权人向保证人主张保证债权（不以提起诉讼或申请仲裁为必要）时，保证期间因未完成而失去意义。如在保证期间内，债权人不请求保证人承担保证责任的，保证人不再承担保证责任，无保证债务诉讼时效之适用。

第四十四章　租赁合同

知识逻辑图

- 租赁合同
  - 特征：转让财产使用权的合同，有偿合同，诺成合同，6 个月以上的定期租赁为要式合同，临时性，继续性
  - 分类：动产租赁与不动产租赁，定期租赁与不定期租赁
  - 效力
    - 出租人的义务：交付租赁物并在租赁期保持其符合约定用途，维修租赁物，物的瑕疵担保，权利的瑕疵担保
    - 承租人的义务：依约定方法或租赁物的性质使用租赁物，妥善保管，不作为义务，支付租金，返还租赁物
    - 特别效力：承租人对租赁物的收益权，租赁权的物权化，房屋承租人的优先购买权，承租人的优先承租权
  - 风险负担
    - 租赁物的风险负担：一般由物的所有权人负担标的物毁损灭失的风险
    - 租赁物毁损灭失导致合同部分或全部履行不能时的租金风险负担：承租人可请求减少或不支付租金
  - 法定解除情形
    - 《民法典》第 711 条
    - 《民法典》第 716 条第 2 款
    - 《民法典》第 722 条
    - 《民法典》第 724 条
    - 《民法典》第 729 条
    - 《民法典》第 730 条
    - 《民法典》第 731 条
  - 租赁合同的更新：租赁期限届满时，双方当事人更新租赁期限、续订合同，包括明示的约定更新和默示的法定更新

名词解释

1. 租赁合同
2. 继续性合同
3. 买卖不破租赁原则及其例外

选择题

（一）单项选择题

1. 甲租用乙房屋一间，并经过乙同意将该房屋转租给丙存放化学原料，后丙在堆放原料的过程中造成该房屋墙体受到腐蚀，那么应该由谁来承担责任？（　　）

A. 甲　　B. 乙

C. 丙　　D. 甲、丙承担连带责任

2. 甲有一所危险房屋出租，乙因急于寻找落脚处，便与甲签订了为期一年的租赁合同，后来由于该房屋有倒塌危险，乙找到甲欲解除合同，甲不同意，那么（　　）。

A. 乙有权解除合同，因为该房屋危及人身安全

B. 乙无权解除合同，因为其签订租赁合同时就已经得知该房屋为危楼

C. 乙应与甲协商，甲同意的，可以解除合同

D. 乙只能要求甲负修缮的义务，不能解除合同

3. 甲与乙签订房屋租赁合同，由乙租用甲的一套住宅居住。乙将自己原在外地的女儿叫来共同居住，陪伴照顾自己。一年后乙因突发急症去世，甲以乙去世、合同终止为理由要求收回房屋，那么乙的女儿（　　）。

A. 应该搬出该房屋

B. 可以根据乙与甲订立的合同继续租赁该房屋

C. 应该与甲重新订立房屋租赁合同

D. 以上皆非

4. 甲在春耕时向乙借了一头耕牛，期限是 2 月 1 日到 6 月 15 日，后乙因为急需用钱而将该牛卖给了甲。5 月 15 日该牛产下一头小牛，则（　　）。

A. 小牛应归乙所有

B. 小牛应归乙、甲共有

C. 小牛应归甲所有

D. 小牛应归乙所有，因为买卖不打破租赁是原则

5. 甲租住乙的住房，双方约定租用期间为一年，双方签订了书面的租赁合同。一年后，租赁期满，乙没有作出任何表示。后乙的远房亲戚丙欲来和乙同住，于是乙要求甲立即搬出。下列说法正确的是（　　）。

A. 甲、乙之间的租赁合同在一年期届满后自动终止

B. 租赁期满后，双方存在无偿租赁关系

C. 租赁期满后，合同视为自动延展一年

D. 租赁期满后，该合同改为不定期租赁合同

6. 甲将自己的一套别墅租给乙居住，约定租期为 30 年，那么（　　）。

A. 租赁合同违反了法定最高租赁期限，无效

B. 租赁合同违反了法定最高租赁期限，可撤销

C. 当事人的约定具有排除法律规定的效力，合同有效

D. 合同有效成立，超过法定最高租赁期限的部分无效

7. 张某将在 2020 年 12 月到美国留学 1 年。半年前，张某和陈某在物业管理人员王某的陪同下，与小区业主唐某达成租赁合意：自 2020 年 5 月 30 日起，唐某将其一居室的房屋出租给张某和陈某居住，租期 2 年，月租金 4 000 元。因时间仓促，双方未签订书面合同，也未到房管局办理登记备案。2020 年 6 月 1 日，陈某入住后发现室内采光不佳，故对房屋进行重新装修，更换了浅色壁纸、安装了新的照明灯具。2021 年 4 月，张某结束学业提前回国，方得知陈某装修一事。一个月后，唐某前来缴纳物业费，双方就擅自装修一事发生纠纷。关于本案，下列哪一说法正确？（　　）

A. 陈某可以租赁合同未办理登记备案为由，请求法院确认该合同无效

B. 陈某可以要求唐某返还其支出的装修费

C. 唐某无权以陈某擅自装修为由解除合同

D. 唐某和陈某的租赁合同系不定期租赁

8. 甲将房屋租给乙，在租赁期内未通知乙就把房屋出卖并过户给不知情的丙。乙得知后劝丙退出该交易，丙拒绝。关于乙可以采取的民事救济措施，下列哪一选项是正确的？（　　）（司考改编）

A. 请求解除租赁合同，因甲出卖房屋未通知乙，构成重大违约

B. 请求法院确认买卖合同无效

C. 主张由丙承担侵权责任，因丙侵犯了乙的优先购买权

D. 主张由甲承担赔偿责任，因甲出卖房屋未通知乙而侵犯了乙的优先购买权

9. 甲将位于 A 大学旁的闲置房屋租赁给 A 大学学生乙，两人线上签订合同约定乙开学时将房屋钥匙交付给乙，乙开学前，甲因经营不善急需资金周转故将此房屋出售给丙并交付房屋。下列哪一选项是正确的？（　　）（法考改编）

A. 甲、乙已签订合同并约定交付时间，此时甲出卖房屋需经乙同意

B. 甲将房屋出售给丙并不影响甲、乙间租赁合同的效力

C. 如丙不同意将房屋出租，乙在租房目的落空时可向甲追究违约责任

D. 甲、乙未线下签订房屋租赁合同，此法律行为无效

（二）多项选择题

1. 下列关于租赁合同的说法正确的是（　　）。

A. 租赁期限最长不得超过 20 年

B. 租赁期限为 6 个月以下的租赁合同为不要式合同

C. 租赁期限为 6 个月以上的租赁合同，未采用书面形式的，推定为不定期租赁合同

D. 承租人承担维修义务

2. 租赁合同中，承租人为下列哪些行为应经出租人同意？（　　）

A. 转租　　B. 改善租赁物

C. 增加他物　　D. 使用租赁物

3. 下列选项中，属于物权优先于债权之例外情形的有（　　）。（考研）

A. “一物二卖”时，买受人因交付或登记而取得标的物的所有权

B. 房屋预售时，经过预告登记的买受人的债权具有排他效力

C. 租赁房屋抵押时，原租赁关系不受该抵押权的影响

D. 租赁房屋出卖时，承租人的租赁权不因租赁物所有权的变动而受影响

4. 冯某与张某协议将一处门面房租给张某，租期2年，租金每月1 000元，但除口头约定外未留存任何凭据。合同履行1年后，张某向冯某提出能否转租给翁某，冯某表示同意。张某遂与翁某达成租期1年、月租金1 200元的口头协议。翁某接手后，擅自拆除了门面房隔墙，冯某得知后欲收回房屋。下列选项哪些是正确的？（　　）（司考改编）

A. 冯某有权在合理期限之前通知张某收回房屋

B. 张某将房屋转租后，冯某有权按每月1 200元向张某收取租金

C. 冯某有权要求张某恢复原状或赔偿损失

D. 冯某有权要求翁某承担违约责任

视频讲题

5. 甲将自己的一套房屋租给乙住，乙又擅自将房屋租给丙住。丙是个飞镖爱好者，因练飞镖将房屋的墙面损坏。下列哪些选项是正确的？（　　）（司考改编）

A. 甲有权要求解除与乙的租赁合同

B. 甲有权要求乙赔偿墙面损坏造成的损失

C. 甲有权要求丙搬出房屋

D. 甲有权要求丙支付租金

6. 丁某将其所有的房屋出租给方某，方某将该房屋转租给唐某。下列哪些表述是正确的？（　　）（司考改编）

A. 丁某在租期内基于房屋所有权可以对方某主张返还请求权，方某可以基于其与丁某的合法的租赁关系主张抗辩权

B. 方某未经丁某同意将房屋转租，并已实际交付给唐某租用，则丁某无权请求唐某返还房屋

C. 如丁某与方某的租赁合同约定，方某未经丁某同意将房屋转租，丁某有权解除租赁合同，则在合同解除后，其有权请求唐某返还房屋

D. 如丁某与方某的租赁合同约定，方某未经丁某同意将房屋转租，丁某有权解除租赁合同，则在合同解除后，在丁某向唐某请求返还房屋时，唐某可以基于与方某的租赁关系进行有效的抗辩

7. 居民甲将房屋出租给乙，乙经甲同意对承租房进行了装修并转租给丙。丙擅自更改房屋承重结构，导致房屋受损。对此，下列哪些选项是正确的？（　　）（司考改编）

A. 无论有无约定，乙均有权于租赁期满时请求甲补偿装修费用

B. 甲可请求丙承担违约责任

C. 甲可请求丙承担侵权责任

D. 甲可请求乙承担违约责任

8. 甲将其临街房屋和院子出租给乙作为汽车修理场所。经甲同意，乙先后两次自费扩建多间房屋作为烤漆车间。乙在又一次扩建报批过程中发现，甲出租的全部房屋均未经过城市规划部门批准，属于违章建筑。下列哪些选项是正确的？（　　）（司考改编）

A. 租赁合同无效

B. 因甲、乙对于扩建房屋都有过错，应分担扩建房屋的费用

C. 因甲未告知乙租赁物为违章建筑，乙可解除租赁合同

D. 乙可继续履行合同，待违章建筑被有关部门确认并影响租赁物使用时，再向甲主张违约责任

9. 甲的公司现金流不足导致其无法开展新生产项目，甲遂向乙借款1 000万元，但甲未按期归还借款本金，遂又与乙签订合同约定将其闲置的门面房出租给乙，乙的租金每月从甲的欠款本金及利息中扣除。而后甲门面房被法院拍卖给丙，现法院已裁定门面房的所有权及相应的其他权利归丙所有，门面房也已登记

在丙名下。下列哪些选项是正确的？（　　）

A. 乙可以用“买卖不破租赁”来主张自己与甲之间的租赁关系不受影响

B. 乙无法用“买卖不破租赁”来主张自己与甲之间的租赁关系不受影响，本案不满足“买卖不破租赁”的适用条件

C. 丙尚未取得对门面房的占有、使用、收益、处分的权利

D. 丙已取得对门面房的占有、使用、收益、处分的权利

视频讲题

简答题

1. 简述租赁合同的效力。
2. 简述租赁合同的法定解除情形。
3. 简述不定期租赁合同的产生情形。

案例分析题

甲、乙两夫妻将自己的一处房产租给丙做生意，双方签订了租赁合同，并办理了相应的登记手续。其后，甲由于做生意亏损，于是向丁借款，把该房产作为担保抵押给了丁，甲与丁办理了抵押登记手续，同时约定：“如果甲到期不还欠款，则丁自动拥有该房产。”这件事乙知道，但是不表态。那么：

（1）甲、丙之间的租赁合同是否生效？

（2）甲、丁之间的抵押合同是否生效？

（3）如果甲到期不能清偿欠款，丙与丁均主张优先受偿权，应如何处理？

（4）事后，乙可否以自己不同意为由主张撤销甲与丁之间的抵押合同？

论述题与深度思考题

试论租赁合同中的风险负担。

参考答案

名词解释

1. 租赁合同是出租人将租赁物交付承租人使用、收益，承租人支付租金的合同。租赁合同中交付租赁物供对方使用、收益的一方称为出租人，使用租赁物并支付租金的一方称为承租人。租赁合同的内容一般包括租赁物的名称、数量、用途、租赁期限、租金及其支付期限和方式、租赁物维修等条款。

2. 继续性合同是与非继续性合同，又称一时性合同相对应的一种合同分类。它是指债的内容，非一次给付可完结，而是继续地实现，其基本特色是时间因素，在债的履行上居于重要地位，总给付的内容系于应为给付时间的长度。

3. 在房屋等财产的租赁关系中，租赁物所有权在租赁期间内的转移并不影响承租人的权利，原租赁合同对受让租赁物的第三人仍然有效，该第三人不得解除租赁合同。此即“买卖不破租赁”原则。这一原则突破了传统的合同相对性原则，使租赁权具有了对抗第三人的效力。这种情况被称为“租赁权的物权化”或“债权的物权化”。但此原则也有例外，如最高人民法院《关于审理城镇房屋租赁合同纠纷案件具体应用法律若干问题的解释》第14条就规定了“房屋在出租前已设立抵押权，因抵押权人实现抵押权发生所有权变动”及“房屋在出租前已被人民法院依法查封”两种例外情形。

选择题

（一）单项选择题

1. 答案：A。根据《民法典》第716条第1款的规定，承租人经出租人同意，可以将租赁物转租给第三人。承租人转租的，承租人与出租人之间的租赁合同继续有效；第三人造成租赁物损失的，承租人应当赔偿损失。故本题应选A。

2. 答案：A。根据《民法典》第 731 条的规定，租赁物危及承租人的安全或者健康的，即使承租人订立合同时明知该租赁物质量不合格，承租人仍然可以随时解除合同。故本题应选 A。

3. 答案：B。根据《民法典》第 732 条的规定，承租人在房屋租赁期限内死亡的，与其生前共同居住的人或者共同经营人可以按照原租赁合同租赁该房屋。因此，乙的女儿仍可以在原租赁合同的有效期间内，继续租赁该房屋。故本题应选 B。

4. 答案：C。本题考查买卖合同标的物所产生孳息的归属。根据《民法典》第 630 条的规定，买卖合同中，标的物在交付之前产生的孳息，归出卖人所有；交付之后产生的孳息，归买受人所有。但是，当事人另有约定的除外。据此，本题中孳息小牛的归属，取决于小牛的出生时间与买卖合同标的物耕牛的交付时间何者在先。

根据《民法典》第 226 条的规定，动产物权设立和转让前，权利人已经占有该动产的，物权自民事法律行为生效时发生效力。本题中，在甲、乙订立耕牛买卖合同之前，甲基于在先的借用合同已经占有了标的物，故标的物的所有权自买卖合同成立时转移。又根据《民法典》第 224 条的规定，动产物权的设立和转让，自交付时发生效力，但是法律另有规定的除外。由此可知，本题中，甲、乙达成买卖耕牛的合意之时，双方即通过简易交付的方式完成了标的物所有权的转移，且此简易交付发生于孳息小牛产生之前。

综上所述，因孳息小牛是在买卖合同标的物耕牛交付之后产生的，故应归买受人甲所有，本题应选 C。

5. 答案：D。根据《民法典》第 734 条第 1 款的规定，租赁期限届满，承租人继续使用租赁物，出租人没有提出异议的，原租赁合同继续有效，但是租赁期限为不定期。因此，D 项正确。

6. 答案：D。根据《民法典》第 705 条的规定，租赁期限不得超过 20 年。超过 20 年的，超过部分无效。租赁期间届满，当事人可以续订租赁合同；但约定的租赁期限自续订之日起不得超过 20 年。故本题应选 D。

7. 答案：C。A 项：《民法典》第 706 条规定，“当事人未依照法律、行政法规规定办理租赁合同登记备案手续的，不影响合同的效力”。据此可知，房屋租赁合同的登记备案系管理性强制性规定。本案中，陈某无权以租赁合同未办理登记备案为由，请求法院确认该合同无效。因此，A 项错误。B 项：最高人民法院《关于审理城镇房屋租赁合同纠纷案件具体应用法律若干问题的解释》第 11 条规定，“承租人未经出租人同意装饰装修或者扩建发生的费用，由承租人负担。出租人请求承租人恢复原状或者赔偿损失的，人民法院应予支持”。本案中，因陈某未经唐某同意擅自装修，故装修费应当由陈某自负。因此，B 项错误。C 项：根据《民法典》以及最高人民法院《关于审理城镇房屋租赁合同纠纷案件具体应用法律若干问题的解释》有关房屋租赁合同解除事由的规定，承租人擅自装修并非出租人主张解除租赁合同的法定事由。此外，《民法典》第 715 条第 2 款规定：“承租人未经出租人同意，对租赁物进行改善或者增设他物的，出租人可以请求承租人恢复原状或者赔偿损失。”本案中，陈某未经出租人同意装修房屋，虽违反了承租人应承担的不作为义务，但并未导致唐某的合同目的无法实现，不构成根本违约，故唐某无权以陈某擅自装修为由解除租赁合同，但可请求其恢复原状或赔偿损失。因此，C 项正确。D 项：《民法典》第 707 条规定，“租赁期限六个月以上的，应当采用书面形式。当事人未采用书面形式，无法确定租赁期限的，视为不定期租赁”。结合本题来看，唐某和张某、陈某约定租期为 1 年，虽然双方未签订书面租赁合同，但是因有物业管理人员见证，故该租赁合同的租期并非不能确定，不应视为不定期租赁。因此，D 项错误。

综上所述，本题正确答案为 C。

8. 答案：D。根据《民法典》第 726 条第 1 款的规定，出租人出卖租赁房屋的，应当在出卖之前的合理期限内通知承租人，承租人享有以同等条件优先购买的权利。A 项：根据《民法典》第 725 条的规定，租赁物在承租人按照租赁合同占有期限内发生所有权变动的，不影响租赁合同的效力。由此可知，甲未经通知即将房屋出卖于丙的行为，虽然侵犯了承租人乙的优先购买权，但因“买卖不破租赁”，乙在租期内仍可向房屋受让人丙主张继续履行租赁合同，其合同目的的实现不受影响。故乙无权请求解除租赁合同，A 项错误。B、D 项：根据《民法典》第 728 条的规定，出租人未通知承租人或者有其他妨害承租人行使优先购买权情形的，承租人可以请求出租人承担赔偿责任。但是，出租人与第三人订立的房屋买卖合同的效力不受影响。本题中，承租人乙无权以优先购买权受到侵犯为由，请求法院确认甲、丙之间的房屋买卖合同无效，而只能请求出租人甲承担赔偿责任。故D项正确、B项错误。C项：甲在乙租赁期间未经通知即将房屋出卖，侵害了承租人乙的优先购买权，但此时受让人丙并不知情也不应当知情，其主观上不存在过错，因此不构成共同侵权，乙无权主张由丙承担侵权责任。故C项错误。

综上所述，本题应选D。

9. 答案：C。根据《民法典》第725条的规定，租赁物在承租人按照租赁合同占有期限内发生所有权变动的，不影响租赁合同的效力。A项：《民法典》中并无规定要求存在租赁关系的房屋出售需要经过承租人的同意，因此甲将房屋出售给丙无须经过乙的同意，A项错误。B项：甲、乙虽然在线上签订了房屋租赁合同，但甲尚未将房屋钥匙交付给乙，即乙此时尚未满足“买卖不破租赁”原则中的“按照租赁合同占有”要求，因此无法适用“买卖不破租赁”原则主张甲、乙之间的租赁关系不受影响，B项错误。C项：如丙不同意将房屋出租，乙无法实现其在学校附近租房、上下学便利的目的，此时乙可以利用甲、乙之间有效的租赁合同向甲主张违约责任，C项正确。D项：甲、乙在线上签订房屋租赁合同并不影响租赁合同本身的效力，根据《民法典》第143条的规定，具备下列条件的民事法律行为有效：（1）行为人具有相应的民事行为能力；（2）意思表示真实；（3）不违反法律、行政法规的强制性规定，不违背公序良俗。由此可见，在线上或线下签订合同并不影响法律行为本身的效力，D项错误。

（二）多项选择题

1. 答案：ABC。A项：根据《民法典》第705条第1款的规定，租赁期限不得超过20年。故A项正确。B、C项：根据《民法典》第707条的规定，租赁期限6个月以上的，应当采用书面形式。当事人未采用书面形式，无法确定租赁期限的，视为不定期租赁。故B、C项正确。D项：根据《民法典》第712条的规定，出租人应当履行租赁物的维修义务，但是当事人另有约定的除外，可见除非当事人另有合意，否则维修义务由出租人承担。故D项错误。

综上所述，本题应选ABC。

2. 答案：ABC。根据《民法典》第715条、第716条的规定，承租人对租赁物进行改善、增设他物，或者将租赁物转租给第三人的，均须经出租人同意。故本题应选ABC。

3. 答案：BCD。根据民法理论，物权具有优先效力，其重要体现就是物权优先于债权，意即同一标的物上存在多个权利，且各个权利无法同时实现时，物权优先于债权实现。但为了协调民事主体之间的利益关系，保护某些特定利益，物权的优先效力也存在例外。A项：出卖人就同一标的物签订数个买卖合同，若其中一个买受人已经基于交付或登记取得所有权的，其他买受人无权再请求出卖人转移所有权，只能请求出卖人承担违约责任。此时物权基于其公示性，具有优先于债权实现的效力，并非物权优先性的例外。故A项不当选。B项：预告登记后，未经登记权利人同意，再次处分该不动产的，即使办理了登记也不发生物权效力。可见经过预告登记的不动产合同债权，可以对抗在后的不特定的设立物权之人，此种情形即体现了物权优先效力的例外。故B项当选。C、D项：房屋在抵押或转让前已出租的，原租赁关系不受该抵押权或所有权变动的影响，是“租赁权物权化”的体现。此时，承租人基于合同之债取得的租赁权可以对抗在后的物权人，这亦体现了物权优先效力的例外。故C、D项均当选。

综上所述，本题的正确答案为BCD。

4. 答案：AC。A项：根据《民法典》第707条的规定，租赁期限6个月以上的，应当采用书面形式。当事人未采用书面形式，无法确定租赁期限的，视为不定期租赁。另根据《民法典》第730条的规定，当事人对租赁期限没有约定或者约定不明确，依据《民法典》第510条的规定仍不能确定的，视为不定期租赁；当事人可以随时解除合同，但是应当在合理期限之前通知对方。本题中，张某和冯某之间除了“租期2年，租金每月1 000元”的口头约定，无任何其他凭据能够确定该租赁合同的租期，故应视为不定期租赁，冯某有权在合理期限之前通知张某解除租赁合同，收回房屋。因此A项正确。B、C、D项：根据《民法典》第716条第1款的规定，承租人经出租人同意，可以将租赁物转租给第三人。承租人转租的，承租人与出租人之间的租赁合同继续有效；第三人造成租赁物损失的，承租人应当赔偿损失。因此，本题中，张某（承租人）与冯某（出租人）之间的租赁合同继续有效，冯某应当按照其与张某之间约定的租金数额来收取租金。此外，根据《民法典》第715条第2款的规定，承租人未经出租人同意，对租赁物进行改善或者增设他物的，出租人可以请求承租人恢复原状或者赔偿损失。因此，对于翁某（第三人）擅自改建给房屋造成的损失，冯某有权要求张某（承租人）恢复原状或赔偿损失。但基于合同的相对性原理，冯某与翁某之间并无合同关系，冯某无权要求翁某承担违约责任。故B、D项错误，C项正确。

综上所述，本题应选AC。

5. 答案：ABC。A项：根据《民法典》第716条第2款的规定，承租人未经出租人同意转租的，出租人可以解除合同。因此，A项正确。B项：根据《民法典》第716条第1款的规定，承租人经出租人同意，可以将租赁物转租给第三人。承租人转租的，承租人与出租人之间的租赁合同继续有效；第三人造成租赁物损失的，承租人应当赔偿损失。本题中，尽管承租人乙系不合法的转租，但是甲、乙之间曾经存在有效的租赁合同，乙作为承租人，本应负有合理使用（《民法典》第711条）以及妥善保管租赁物（《民法典》第714条）的义务，乙擅自转租造成租赁物毁损，显然违反了上述义务，甲有权要求其赔偿损失。因此，B项正确。C项：无权占有不动产或动产的，权利人可以请求返还原物。本题中，乙、丙之间系不合法的转租，该转租合同对于出租人甲并不具有法律约束力，故丙系无权占有该房屋。甲基于房屋所有权人的身份，可以向丙主张物权请求权，要求丙搬出房屋。因此，C项正确。D项：甲与丙之间并不存在合同关系，基于合同的相对性原理，甲无权请求丙支付租金。因此，D项错误。

综上所述，本题应选ABC。

6. 答案：AC。A项：基于所有权的返还请求权属于物权请求权，其行使主体是物权人包括所有权人。本题中，承租人方某基于有效的租赁合同，有权在租赁期内按照约定对丁某的房屋进行占有、使用和收益，但也可能因其违约、侵权等事由发生所有权人的返还请求权；对此，方某基于合法承租人的身份，也可以主张自己不存在违约、侵权等事由，从而行使抗辩权。故A项正确。B项：根据《民法典》第716条第2款的规定，承租人未经出租人同意转租的，出租人可以解除合同。本题中，方某未经出租人丁某同意，将房屋转租给唐某，该转租合同相对于丁某无效，故丁某有权基于法定解除权或者直接基于物权请求权，请求无权占有人唐某返还房屋。故B项错误。C、D项：若丁某与方某的租赁合同中约定“方某未经丁某同意将房屋转租，丁某有权解除租赁合同”，就方某擅自将房屋转租给唐某，丁某可基于约定解除权解除租赁合同，以所有权人的身份请求非法占有人唐某返还房屋。至于方某与唐某之间的转租合同，系相对于丁某无效的合同，唐某并不能以此对抗丁某的返还请求权，故C项正确、D项错误。

综上所述，本题应选AC。

7. 答案：CD。A项：根据最高人民法院《关于审理城镇房屋租赁合同纠纷案件具体应用法律若干问题的解释》第10条的规定，承租人经出租人同意装饰装修，租赁期间届满时，承租人请求出租人补偿附合装饰装修费用的，不予支持。但当事人另有约定的除外。故A项错误。C、D项：丙擅自更改房屋承重结构，导致房屋受损，此时在甲与乙的租赁合同关系中，发生乙因第三人的原因违约，根据《民法典》第593条的规定，当事人一方因第三人的原因造成违约的，应当依法向对方承担违约责任。当事人一方和第三人之间的纠纷，依照法律规定或者按照约定处理。由此可知，此时在甲（出租人）、乙（承租人）、丙（次承租人）之间发生不真正连带责任，乙向甲承担违约赔偿责任后可以向第三人丙追偿；但甲、丙之间不具有合同关系，限于合同的相对性原理，甲无法追究丙的违约责任，只能基于所有权人的身份，直接请求不法侵害人丙返还原物、排除妨害、消除危险、恢复原状，并承担侵权损害赔偿责任。因此，B项错误，C、D项均正确。

综上所述，本题的正确答案为CD。

8. 答案：AB。A项：根据最高人民法院《关于审理城镇房屋租赁合同纠纷案件具体应用法律若干问题的解释》第2条的规定，出租人就未取得建设工程规划许可证或者未按照建设工程规划许可证的规定建设的房屋，与承租人订立的租赁合同无效。但在一审法庭辩论终结前取得建设工程规划许可证或者经主管部门批准建设的，人民法院应当认定有效。本题中，甲将其违章建筑出租给乙，该租赁合同因违反法律的效力性强制性规定而绝对无效。故A项正确。B项：根据最高人民法院《关于审理城镇房屋租赁合同纠纷案件具体应用法律若干问题的解释》第12条的规定，“承租人经出租人同意扩建，但双方对扩建费用的处理没有约定的，人民法院按照下列情形分别处理：（一）办理合法建设手续的，扩建造价费用由出租人负担；（二）未办理合法建设手续的，扩建造价费用由双方按照过错分担”。故B项正确。C、D项：如上述分析，甲、乙签订的房屋租赁合同因违反法律的效力性强制性规定而自始、绝对无效，故合同无从解除，也不能主张继续履行。所以，C、D项错误。

综上所述，本题正确答案为AB。

9. 答案：BD。A、B项：从甲、乙签订的所谓“房屋租赁合同”的具体内容来看，这实质上是甲为清偿债务而选择用乙的租金抵扣欠款的行为，应被认定为具有抵偿欠款性质的合同之债，其与“买卖不破租赁”中真实的房屋租赁合同有所不同，因此不应适用“买卖不破租赁”原则，A项错误，B项正确。C、D项：题中已经交代此门面房已经被丙通过拍卖方式取得且已经办理了房屋产权登记，当前门面房也已登记在丙名下，可见丙已取得对门面房的占有、使用、收益、处分的权利，故C项错误，D项正确。

简答题

1. 租赁合同是出租人将租赁物交付承租人使用、收益，承租人支付租金的合同。租赁合同中交付租赁物供对方使用、受益的一方称为出租人，使用租赁物并支付租金的一方称为承租人。

租赁合同的效力体现在以下方面。

（1）出租人的义务。第一，交付租赁物并在租赁期间保持租赁物使其符合约定用途。第二，维修租赁物的义务。出租人对租赁物有维修的义务，出租人未履行维修义务的，承租人可以自行维修，维修费用由出租人负担。承租人因维修影响承租人使用的，应当减少租金或者延长租期。第三，物的瑕疵担保义务。出租人应当保证交付的租赁物能够为承租人依约定正常使用、收益。第四，权利的瑕疵担保义务。出租人应当保证不因第三人对承租人主张权利而使承租人不能依约定使用、收益。

（2）承租人的义务。第一，依约定方法或者租赁物的性质使用租赁物的义务。第二，妥善保管租赁物。承租人未尽妥善保管义务，造成租赁物毁损、灭失的，应当承担损害赔偿责任。另外，承租人还有通知以及对于出租人保存租赁物行为的容忍义务。第三，不作为义务。承租人不得随意对租赁物进行改善或在租赁物上增设他物，也不得随意转租租赁物。第四，支付租金的义务。承租人应当按照约定的期限支付租金，对支付期限没有约定或者约定不明确的，可以协议补充，不能达成补充协议的，按照合同有关条款或者交易习惯确定。第五，返还租赁物的义务。租赁关系终止后，租赁物仍然存在的，承租人应当返还租赁物。返还的租赁物应当符合按照约定或者租赁物性质使用后的状态。

（3）租赁合同的特别效力。第一，承租人获取租赁物收益的权利。在租赁期间因占有、使用租赁物获得的收益，归承租人所有，当事人另有约定的除外。第二，租赁合同的物权化。租赁物在租赁期间发生所有权变化的，承租人的租赁权可以对抗租赁物的新所有权人，承租人与出租人原来在租赁合同中所作的其他约定，租赁物的新所有权人也应一并遵循。第三，房屋承租人享有优先购买的权利。出租人出卖房屋时，承租人在同等条件下，依法享有优先于他人购买房屋的权利。

2. 在租赁合同中，法定解除的情形主要包括以下内容。

（1）承租人未按照约定的方法或者未根据租赁物的性质使用租赁物，致使租赁物受到损失的，出租人可以解除合同并请求赔偿损失（《民法典》第711条）。

（2）承租人未经出租人同意转租的，出租人可以解除合同（《民法典》第716条第2款）。

（3）承租人无正当理由未支付或者迟延支付租金的，出租人可以请求承租人在合理期限内支付；承租人逾期不支付的，出租人可以解除合同（《民法典》第722条）。

（4）租赁物被司法机关或者行政机关依法查封、扣押，或者租赁物权属有争议，或者租赁物具有违反法律、行政法规关于使用条件的强制性规定情形，非因承租人原因致使租赁物无法使用的，承租人可以解除合同（《民法典》第724条）。

（5）当租赁物由于不可归责于承租人的事由而部分或全部毁损、灭失，致使租赁合同的目的无法实现时，承租人可以解除合同，终止双方当事人间的租赁关系（《民法典》第729条）。承租人所享有的解除合同的权利，在租赁物的毁损、灭失是可归责于出租人的事由所致时，系违约的救济手段；在租赁物的毁损、灭失是不可归责于双方当事人的事由所致时，系不可抗力制度作为合同法定解除事由的运用，意在对租赁合同中租金的风险进行分配。

（6）当事人对租赁期限没有约定或者约定不明确，依照《民法典》第510条的规定仍不能确定的，视为不定期租赁；当事人可以随时解除合同，但出租人解除合同时应当在合理期限之前通知承租人（《民法典》第730条）。

（7）租赁物危及承租人的安全或者健康的，即使承租人订立合同时明知该租赁物质量不合格，承租人仍然可以随时解除合同（《民法典》第731条）。

3. 不定期租赁合同的产生有三种情形：第一，当事人在租赁合同中未约定租赁期限；第二，当事人在租赁合同中将租赁期限约定为6个月以上，但未采用书面形式，双方当事人又就租赁期限产生争议的，租赁合同视为不定期租赁合同（《民法典》第707条）；第三，租赁期间届满，承租人继续使用租赁物，出租人没有提出异议的，原租赁合同继续有效，但是租赁期限为不定期（《民法典》第734条第1款）。

案例分析题

（1）该租赁合同有效。甲与丙之间达成了协议，签订了租赁合同，且办理了登记手续，应该认为租赁合同生效。

（2）抵押合同生效。《民法典》第405条规定："抵押权设立前，抵押财产已经出租并转移占有的，原租赁关系不受该抵押权的影响。"由此可见，租赁合同并不影响成立在后的抵押合同的效力，并且抵押也已办理了登记。另该房产虽系夫妻共有，但乙未表示反对的，视为同意。

（3）应该认为丙享有优先受偿权。根据《民法典》的规定，承租人在出租人出售房产的时候享有优先购买权，而抵押权人在债务人不能偿还到期债务的时候，也享有就抵押物出售的优先受偿权。承租人的优先购买权与抵押权人的优先受偿权并存，不影响承租人的优先权优先行使，因为这样可以更有力地保护承租人的权利，不改变承租物的使用者，便于承租物更有效合理的使用，同时承租人行使优先购买权后，债权人可以就其行使优先受偿权的款项实现自己的债权，并不影响自己的利益。

（4）不可以。根据《民法典》的规定，夫妻双方财产属于双方共同共有，虽然甲将该房屋设定抵押权没有经过乙的同意，但是乙在得知该情况后并未表示反对，而且丁取得抵押权是善意、有偿的，因此应当认定甲与丁之间的抵押合同有效，乙不能撤销甲与丁之间的抵押合同。

论述题与深度思考题

当发生既不可归责于承租人又不可归责于出租人的事由，致使租赁物部分或全部毁损、灭失时，就产生了租赁合同中的风险负担问题。租赁合同中的风险负担问题，主要可以分解为两个问题。

（1）租赁物的风险负担问题，即当发生不可归责于承租人和出租人双方当事人的事由，致使租赁物部分或全部毁损、灭失时，租赁物部分或全部毁损、灭失的损失应由谁负担。就此问题，除非法律有特别规定或当事人之间有特别约定，自罗马法以来，就形成了由物的所有权人负担风险，即天灾归物的所有权人负担的法律思想。此为标的物风险负担的一般原则。因而，租赁物的所有权人应负担此种情形下标的物毁损、灭失的风险。

（2）当发生不可归责于双方当事人的事由致使租赁物部分或全部毁损、灭失，从而引致租赁合同部分或全部履行不能时，租金风险应由谁负担的问题。与租赁物的风险负担不同，此处的风险负担主要解决双务合同中对待给付义务的履行问题，尤其是承租人支付租金义务的履行问题。《民法典》第729条规定：因不可归责于承租人的事由，致使租赁物部分或者全部毁损、灭失的，承租人可以请求减少租金或者不支付租金；因租赁物部分或者全部毁损、灭失，致使不能实现合同目的的，承租人可以解除合同。该条即包含租赁合同中的风险负担的规定，据此，当发生不可归责于双方当事人的事由致使合同部分或全部履行不能时，承租人可以相应地减少履行或不履行其对待给付义务，即请求减少租金或者不支付租金。

第四十五章　融资租赁合同

知识逻辑图

- 融资租赁合同
  - 概念：融资租赁合同，指出租人按承租人选择购买租赁物并供承租人使用，承租人支付租金的合同
  - 特征
    - 两个合同、三方当事人
    - 以融资为目的、以融物为手段
    - 出租人为专营融资租赁业务的租赁公司
    - 诺成合同、多务合同、有偿合同
  - 效力
    - 出卖人与出租人之间的买卖合同
    - 出租人与承租人之间的融资性租赁合同
  - 终止
    - 法定解除情形
    - 租赁物的归属

名词解释

融资租赁合同

选择题

（一）单项选择题

1. 甲与乙公司签订合同，由乙公司购买一批机械设备，租给甲使用。乙按照约定购买了该批货物，并交付给甲，那么下列出现的情况中正确的是（　　）。

A. 甲收到货物后发现不符合使用目的，要求乙承担责任

B. 甲在使用该批设备时造成了丙的损失，应该由乙承担责任

C. 甲后来破产，将该批货物按照破产债权进行处理

D. 该批设备的所有权属于乙公司

2. 甲向乙购买了一台车床，租给丙使用。下列说法正确的是（　　）。

A. 维修费用由丙承担

B. 维修费用由甲承担

C. 维修费用由乙承担

D. 维修费用三方平均分担

3. 在融资租赁合同中，承租人占有租赁物期间，租赁物造成第三人人身伤害或财产损害的，由（　　）承担责任。

A. 承租人

B. 出租人

C. 承租人和出租人

D. 出卖人

4. 融资租赁合同中，因出卖人不履行买卖合同的义务产生索赔的权利，（　　）。

A. 出租人可以转让给承租人

B. 出租人不可以转让给承租人

C. 经出卖人同意，出租人可以转让给承租人

D. 在不损害出卖人利益的前提下，出租人可以转让给承租人

5. 甲、乙签订“融资租赁合同”“所有权转让协议”等约定甲以售后回租为目的向乙出售部分设备，乙根据甲的需求向甲出资购买设备并回租给甲使用。下列说法正确的是（　　）。

A. 本案中设备是通过占有改定的方式实现所有权转移的

B. 本案中甲、乙之间不是融资租赁法律关系

C. 本案中租赁物所有权未实现转移

D. 本案中甲、乙之间是借贷法律关系

（二）多项选择题

1. 甲根据乙的选择，向丙购买了 1 台大型设备，出租给乙使用。乙在该设备安装完毕后，发现其不能正常运行。下列哪些判断是正确的？（　　）（司考改编）

A. 乙可以基于设备质量瑕疵而直接向丙索赔

B. 甲不对乙承担违约责任

C. 乙应当按照约定支付租金

D. 租赁期满后由乙取得该设备的所有权

2. 甲、乙通过签订合同约定：甲将一房产转让给乙，并于一年内完成产权变更登记，且后期甲会对上述房产采用售后回租的方式与乙进行融资租赁活动，但后期甲、乙始终未办理该房屋的所有权转移登记。下列说法正确的是（　　）。

A. 甲、乙已建立融资租赁法律关系

B. 甲、乙行为并不具备融资租赁法律关系应有属性，甲、乙尚未构成融资租赁法律关系

C. 甲、乙已建立借贷法律关系

D. 甲、乙之间的行为兼具融资与融物的属性

3. 甲融资租赁公司与乙公司签订融资租赁合同，约定乙公司向甲融资租赁公司转让一套生产设备，转让价为评估机构评估的市场价 200 万元，再租给乙公司使用 2 年，乙公司向甲融资租赁公司支付租金 300 万元。合同履行过程中，因乙公司拖欠租金，甲融资租赁公司诉至法院。下列哪些选项是正确的？（　　）（司考改编）

A. 甲融资租赁公司与乙公司之间为资金拆借关系

B. 甲融资租赁公司与乙公司之间为融资租赁合同关系

C. 甲融资租赁公司已取得生产设备的所有权

D. 甲融资租赁公司尚未取得生产设备的所有权

简答题

简述租赁合同与融资租赁合同的基本区别。（考研）

论述题与深度思考题

试述融资租赁合同的法律特征和效力。

参考答案

名词解释

融资租赁合同，是指当事人之间约定，出租人根据承租人对出卖人、租赁物的选择，向出卖人购买租赁物，提供给承租人使用，承租人支付租金的合同。

选择题

（一）单项选择题

1. 答案：D。本题涉及的是融资租赁合同关系。根据《民法典》第 735 条的规定，融资租赁合同是出租人根据承租人对出卖人、租赁物的选择，向出卖人购买租赁物，提供给承租人使用，承租人支付租金的合同。A 项：根据《民法典》第 747 条的规定，租赁物不符合约定或者不符合使用目的的，出租人不承担责任。但是，承租人依赖出租人的技能确定租赁物或者出租人干预选择租赁物的除外。故 A 项错误。B 项：根据《民法典》第 749 条的规定，承租人占有租赁物期间，租赁物造成第三人人身损害或者财产损失的，出租人不承担责任。故 B 项错误。C 项、D 项：根据《民法典》第 757 条的规定，出租人和承租人可以约定租赁期限届满租赁物的归属；对租赁物的归属没有约定或者约定不明确，依据《民法典》第 510 条的规定仍不能确定的，租赁物的所有权归出租人。故 C 项错误、D 项正确。

综上所述，本题应选 D。

2. 答案：A。本题涉及融资租赁合同关系，根据《民法典》第 750 条第 2 款的规定，融资租赁合同中，承租人应当履行占有租赁物期间的维修义务。因此 A 项正确。

3. 答案：A。根据《民法典》第 749 条的规定，承租人占有租赁物期间，租赁物造成第三人人身伤害或者财产损害的，出租人不承担责任。故 A 项正确。

4. 答案：A。A、B 项：根据《民法典》第 741 条的规定，出租人、出卖人、承租人可以约定，出卖人不履行买卖合同义务的，由承租人行使索赔的权利。承租人行使索赔权利的，出租人应当协助。由此可知，出租人对出卖人的索赔权可以转让给承租人行使，故

A项正确、B项错误。C、D项：根据《民法典》第546条的规定，债权人转让权利的，应当通知债务人。未经通知，该转让对债务人不发生效力。由此可知，出租人在将对出卖人的索赔权转让给承租人时，仅须通知出卖人，无须征得其同意，也不以不损害出卖人的利益为前提。故C项和D项错误。

综上所述，本题正确答案为A。

5. 答案：A。本题中甲乙签订了“融资租赁合同”“所有权转让协议”等，已经约定出租人（买受人）在支付租赁物的价款后，即取得租赁物的所有权，但租赁物承租人（出卖人）原地继续占有使用的，上述约定符合占有改定的特征。因此本案中甲、乙是通过占有改定的方式实现所有权转移并建立融资租赁法律关系，故A项正确。

（二）多项选择题

1. 答案：ABC。根据《民法典》第741条、第747条、第752条和第757条的规定，可知本题应选A、B、C项。

2. 答案：BC。根据《民法典》第735条的规定，融资租赁合同是出租人根据承租人对出卖人、租赁物的选择，向出卖人购买租赁物，提供给承租人使用，承租人支付租金的合同；且最高人民法院《关于审理融资租赁合同纠纷案件适用法律问题的解释》对如何认定融资租赁合同作出进一步解释，人民法院应当根据《民法典》第735条的规定，结合标的物的性质、价值、租金的构成以及当事人的合同权利和义务，对是否构成融资租赁法律关系作出认定。对名为融资租赁合同，但实际不构成融资租赁法律关系的，人民法院应按照其实际构成的法律关系处理。本案中甲始终未将所约定的租赁物所有权转移至乙名下，因此该类融资行为并不具备融资租赁法律关系“融资”与“融物”的双重属性，双方之间实质上是仅具备“融资”性质的借贷法律关系，而非融资租赁关系，因此选BC项。

3. 答案：BC。根据最高人民法院《关于审理融资租赁合同纠纷案件适用法律问题的解释》第2条的规定，承租人将其自有物出卖给出租人，再通过融资租赁合同将租赁物从出租人处租回的，人民法院不应仅以承租人和出卖人系同一人为由认定不构成融资租赁法律关系。由此可知，本题中甲、乙之间构成融资租赁法律关系，故A选项错误，B选项正确。根据《民法典》第228条，动产物权转让时，当事人又约定由出让人继续占有该动产的，物权自该约定生效时发生效力。由此可知本题中乙先卖设备再回租的行为构成占有改定的交付方式，因此C项正确，D项错误。

简答题

租赁合同与融资租赁合同的基本区别主要表现在以下三个方面。

第一，主体不同。租赁合同的当事人只有出租人和承租人双方。而融资租赁合同涉及两个以上合同，即出租人和承租人的租赁合同及出租人与出卖人的买卖合同，存在三方当事人，即出租人、承租人和出卖人。

第二，主要义务不同。在租赁合同中，出租人对租赁物负瑕疵担保责任；在融资租赁合同中，出卖人对租赁物的质量负担保责任。在租赁合同中，出租人负有修缮的义务；而在融资租赁合同中，承租人对租赁物负有修缮的义务。

第三，形式不同。租赁合同租赁期限为6个月以上的，应当采用书面形式，未采用书面形式的，视为不定期租赁。融资租赁合同必须采取书面形式。

论述题与深度思考题

融资租赁合同，是指当事人之间约定，出租人根据承租人对出卖人、租赁物的选择，向出卖人购买租赁物，提供给承租人使用，承租人支付租金的合同。

融资租赁合同具有以下法律特征。

第一，融资租赁合同是由两个合同——买卖合同和融资性租赁合同，三方当事人——出卖人、出租人、承租人结合在一起有机构成的新型独立合同。

第二，融资租赁合同是以融资为目的、以融物为手段的合同。

第三，融资租赁合同中的出租人为专营融资租赁业务的租赁公司。

第四，融资租赁合同为诺成、要式、多务和有偿合同。

融资租赁合同的效力如下。

（1）出卖人与出租人之间所订立的买卖合同。

第一，出卖人负有按照约定向承租人直接交付标的物的义务。第二，出卖人不履行合同义务时，根据出租人、出卖人、承租人之间的约定，由承租人行使索赔的权利，承租人行使索赔权利的，出租人应当协助。第三，就出租人按照承租人要求所订立的合同，未经承租人同意，出租人不得变更与出租人有关的条款。第四，出租人享有与受领标的物有关的买受人的权利，本应由出租人负担的及时检验义务，以及对于拒绝受领标的物的妥善保管义务，也转由承租人负担。

（2）出租人与承租人之间所订立的融资租赁合同。

从出租人的角度考察，其表现在：第一，出租人得享有以下特殊的法律利益：1）租赁物不符合约定或者不符合使用目的的，出租人不承担违反物的瑕疵担保义务所应负担的违约责任。2）在承租人占有租赁物期间，租赁物造成第三人人身伤害或者财产损害的，作为租赁物所有权人的出租人不承担责任。第二，融资性的租赁合同中，出卖人负担交付租赁物的义务。

从承租人的角度考察，其表现在：第一，支付租金的义务。在租赁期间，承租人应按照约定向出租人支付租金，这是承租人的基本义务。承租人支付价款的义务，以承租人通知出租人收到标的物的通知为生效条件，而不以承租人实际使用租赁物为条件。承租人支付租金的义务有以下特点：1）在租赁标的物存有瑕疵时，承租人不得拒付租金；2）在租赁期间，承租人承担支付租金的风险；3）因承租人违约而由出租人收回标的物时，承租人不能以标的物的收回而拒绝履行支付租金的义务。第二，在占有租赁物期间，承租人承担维修租赁物的义务。在融资租赁合同中，由承租人而不是由出租人履行占有租赁物期间的维修义务。

第四十六章　保理合同

知识逻辑图

- 保理合同
  - 概念：保理合同是应收账款债权人将现有的或者将有的应收账款转让给保理人，保理人提供资金融通、应收账款管理或者催收、应收账款债务人付款担保等服务的合同
  - 特征
    - 以债权人转让应收账款债权为前提
    - 保理人的主合同义务包括提供资金融通、应收账款管理或者催收、应收账款债务人付款担保等
    - 保理合同为要式合同
  - 保理人的通知义务：为保护债务人的利益，《民法典》第546条第1款规定，债权人转让债权，未通知债务人的，该转让对债权人不发生效力
  - 分类
    - 有追索权保理（回购型）：本质是非典型人保，保理人可主张应收账款债权或返还保理融资款本息、回购应收账款债权
    - 无追索权保理（买断型）：本质是应收账款债权买卖，融资款作为债权转让对价，保理人不能向债权人追索
  - 保理合同竞存：多个保理人主张应收账款债权时，先登记＞通知先到达＞按保理融资款或服务报酬的比例取得
  - 保理合同的法律适用：本章没有规定的，适用《民法典》合同编债权转让的有关规定。

名词解释

1. 保理合同
2. 应收账款
3. 有追索权保理
4. 无追索权保理

选择题

（一）单项选择题

1. 下列选项中，不属于保理合同性质的是(　　)。

A. 要式合同　　B. 有偿合同

C. 诺成合同　　D. 单务合同

2. 下列关于保理合同效力的表述，哪一选项是正确的？(　　)

A. 有追索权保理属于买断型保理

B. 无追索权保理属于回购型保理

C. 有追索权保理中，保理人可以同时向应收账款债权人和债务人主张权利

D. 无追索权保理中，保理余款应当返还给应收账款债权人

3. 绿地公司对大地公司享有5 000万元的到期债权，为解决资金周转困难问题，绿地公司将该债权出质给利民公司借款3 000万元，双方办理了出质登记，但是未将此事通知大地公司。后绿地公司与工商银行签订保理合同约定：绿地公司将该债权转让给工商银行，工商银行向绿地公司支付2 000万元的保理融资款，本保理为有追索权保理。随即工商银行将此事通知了大地公司。现利民公司的债权已届期，但是绿地公司无力清偿。关于本案，下列表述正确的是？(　　)（法考）

A. 绿地公司未通知大地公司并不影响债权质权的设立

B. 因工商银行已通知大地公司，故其有权优先于利民公司取得该债权

C. 工商银行应当向大地公司主张该债权

D. 即使绿地公司向工商银行返还保理融资款本息，其也无权请求大地公司向其履行债务

视频讲题

（二）多项选择题

1. 保理人向应收账款债务人发出应收账款转让通知的，应当（　　）

A. 以债权人的名义通知

B. 与债权人发出转让通知具有同等效力

C. 表明保理人身份

D. 附有必要凭证

2. 下列选项中，哪些属于有追索权保理人负担的主合同义务？（　　）

A. 资金融通

B. 应收账款管理或催收

C. 核定债务人信用额度

D. 提供坏账担保

3. 同一应收账款同时存在保理、质押和债权转让情形时，应收账款债权实现的优先顺序为（　　）。

A. 已经登记的先于未登记的取得应收账款

B. 均已经登记的按照登记时间的先后顺序取得应收账款

C. 均未登记的，由最先到达应收账款债务人的转让通知中载明的权利人取得应收账款

D. 既未登记也未通知的，按照保理融资款或服务报酬、质押所担保的债权数额和债权转让数额的比例取得应收账款

4. 宁静公司与致远公司签订“借款合同”一份，约定：宁静公司向致远公司借款 1 000 万元，借期 1 年，年利率为 12%。现该笔借款已到期，但是致远公司无力还款。因宁静公司急需资金来维持本公司的正常经营，故与建设银行签订“保理合同”一份，约定：宁静公司将其对致远公司享有的 1 000 万元债权转让给建设银行，建设银行向宁静公司支付保理融资款 900 万元；本保理为无追索权保理。随后，建设银行将债权转让一事通知了致远公司。关于本案，下列表述正确的是？（　　）

A. 致远公司有权以“借款合同”系虚构为由拒绝向建设银行还款

B. 若宁静公司与致远公司协议将年利率降至 10%，则该变更对建设银行不发生效力

C. 建设银行有权请求宁静公司返还 900 万元本息或者回购应收账款债权

D. 建设银行取得超过 900 万元本息和相关费用的部分，无须向宁静公司返还

视频讲题

5.《民法典》对多重保理的清偿顺序作了具体规定，下面说法正确的是（　　）。

A. 应收账款债权人就同一应收账款订立多个保理合同，致使多个保理人主张权利的，已经登记的先于未登记的取得应收账款

B. 均已经登记的，按照登记时间的先后顺序取得应收账款

C. 均未登记的，由最先到达应收账款债务人的转让通知中载明的保理人取得应收账款

D. 既未登记也未通知的，平均取得应收账款

简答题

1. 简述保理合同的法律特征。
2. 简述保理人的权利与义务。
3. 简述保理合同竞存的协调规则。

参考答案

名词解释

1. 保理合同是应收账款债权人将现有的或者将有的应收账款转让给保理人，保理人提供资金融通、应收账款管理或者催收、应收账款债务人付款担保等服

务的合同。保理合同，是以债权人转让其应收账款为前提，集资金融通、应收账款管理或者催收、付款担保等服务于一体的综合性金融服务合同。保理合同的内容一般包括业务类型、服务范围、服务期限、基础交易合同情况、应收账款信息、保理融资款或者服务报酬及其支付方式等条款。

2. 所谓应收账款，是指权利人因转移财产或者提供服务而获得的要求债务人付款的权利以及依法享有的其他付款请求权，包括现有的和未来的金钱债权，但不包括因票据或其他有价证券而产生的付款请求权，以及法律、行政法规禁止转让的付款请求权。应收账款主要包括下列权利：销售、出租产生的债权，包括销售货物，供应水、电、气、暖，知识产权的许可使用，出租动产或不动产等产生的债权；提供医疗、教育、旅游等服务或劳务产生的债权；能源、交通运输、水利、环境保护、市政工程等基础设施和公用事业项目收益权；提供贷款或其他信用活动产生的债权；其他以合同为基础的具有金钱给付内容的债权。

3. 有追索权保理，是指保理人不承担为债务人核定信用额度和提供坏账担保的义务，仅提供包括融资在内的其他金融服务。于有追索权保理在应收账款到期无法从债务人处收回时，保理人可以向债权人反转让应收账款，或要求债权人回购应收账款或归还融资，故有追索权保理又称为回购型保理。

4. 无追索权保理，是指保理人根据债权人提供的债务人核准信用额度，在信用额度内承购债权人对债务人的应收账款并提供坏账担保责任，债务人因发生信用风险未按基础合同约定按时足额支付应收账款时，保理人不能向债权人追索。故无追索权保理又称为买断型保理。无追索权保理在性质上属于应收账款债权买卖，保理人受让债权并享有债权的全部清偿利益、负担债权不能受偿的风险，作为债权转让对价的融资款实际上是通过买卖取得债权的价款。

选择题

（一）单项选择题

1. 答案：D。《民法典》第 761 条规定：“保理合同是应收账款债权人将现有的或者将有的应收账款转让给保理人，保理人提供资金融通、应收账款管理或者催收、应收账款债务人付款担保等服务的合同。”此外，第 762 条规定：“保理合同的内容一般包括业务类型、服务范围、服务期限、基础交易合同情况、应收账款信息、保理融资款或者服务报酬及其支付方式等条款。保理合同应当采用书面形式。”由此可知，从内容上来看，保理合同为双务、有偿的金融服务合同；从形式上来看，保理合同为书面要式合同、诺成合同。故仅 D 项不属于保理合同的性质，当选。

2. 答案：C。A、B 项：有追索权保理，是指保理人不承担为债务人核定信用额度和提供坏账担保的义务，仅提供包括融资在内的其他金融服务。于有追索权保理在应收账款到期无法从债务人处收回时，保理人可以向债权人反转让应收账款，或要求债权人回购应收账款或归还融资，故有追索权保理又称为回购型保理。无追索权保理是指保理人根据债权人提供的债务人核准信用额度，在信用额度内承购债权人对债务人的应收账款并提供坏账担保责任，债务人因发生信用风险未按基础合同约定按时足额支付应收账款时，保理人不能向债权人追索。故无追索权保理又称为买断型保理。因此，A、B 项均错误。C 项：依照《民法典》第 766 条的规定，有追索权保理中，在当事人无特别约定或者约定不明确时，保理人有权选择向应收账款债权人主张返还保理融资款本息或者回购应收账款债权，或者向应收账款债务人主张应收账款债权；保理人也可以同时向应收账款债权人和债务人主张权利。但保理人不能从债权人和债务人处获得重复清偿。因此，C 项正确。D 项：根据《民法典》第 767 条的规定，当事人约定无追索权保理的，保理人应当向应收账款债务人主张应收账款债权，保理人取得超过保理融资款本息和相关费用的部分，无须向应收账款债权人返还。据此，D 项错误。

综上所述，本题的正确答案为 C。

3. 答案：A。A 项：根据《民法典》第 445 条第 1 款的规定，应收账款质权自办理出质登记时设立。本案中，利民公司的债权质权自双方办理出质登记时设立，绿地公司未通知大地公司并不影响债权质权的设立。因此，A 项正确。B 项：根据《民法典》第 768 条的规定，应收账款债权人就同一应收账款订立多个保理合同，致使多个保理人主张权利，已经登记的先于未登记的取得应收账款。另外，根据最高人民法院《关于适用〈中华人民共和国民法典〉有关担保制度的解释》第 66 条第 1 款的规定，同一应收账款同时存在保理、应收账款质押和债权转让，当事人主张参照《民法典》第768条的规定确定优先顺序的，人民法院应予支持。本案中，因利民公司的债权质权办理了登记而工商银行的保理合同并未办理登记，故即使工商银行已通知大地公司，其也无权优先于利民公司取得该债权。因此，B项错误。C项：根据《民法典》第766条的规定，当事人约定有追索权保理的，保理人可以向应收账款债权人主张返还保理融资款本息或者回购应收账款债权，也可以向应收账款债务人主张应收账款债权。本案中，工商银行的保理为有追索权保理，故其可以选择向绿地公司主张返还保理融资款本息或者回购应收账款债权，或者向大地公司主张该债权。因此，C项错误。D项：根据最高人民法院《关于适用〈中华人民共和国民法典〉有关担保制度的解释》第66条第3款的规定，应收账款债权人向保理人返还保理融资款本息后，请求应收账款债务人向其履行应收账款债务的，人民法院应予支持。本案中，若绿地公司向工商银行返还保理融资款本息，则其有权请求大地公司向其履行债务。因此，D项错误。

综上所述，本题的正确答案为A。

（二）多项选择题

1. 答案：BCD。依据《民法典》第764条的规定，保理人向应收账款债务人发出应收账款转让通知的，应当表明保理人身份并附有必要凭证。保理人向债务人发出转让通知的，如果表明了保理人的身份并且附有经过公证的债权转让合同、保理合同或者转让通知等必要凭证，可以认为具有同债权人发出转让通知同等的效力。因此，本题应选BCD。

2. 答案：AB。有追索权保理，是指保理人不承担为债务人核定信用额度和提供坏账担保的义务，仅提供包括融资在内的其他金融服务。于有追索权保理在应收账款到期无法从债务人处收回时，保理人可以向债权人反转让应收账款，或要求债权人回购应收账款或归还融资。故C、D项并非有追索权保理中保理人应提供的服务，不当选，本题的正确答案为AB。

3. 答案：ABCD。根据最高人民法院《关于适用〈中华人民共和国民法典〉有关担保制度的解释》第66条第1款的规定，同一应收账款同时存在保理、应收账款质押和债权转让，当事人主张参照《民法典》第768条的规定确定优先顺序的，人民法院应予支持。《民法典》第768条规定："应收账款债权人就同一应收账款订立多个保理合同，致使多个保理人主张权利的，已经登记的先于未登记的取得应收账款；均已经登记的，按照登记时间的先后顺序取得应收账款；均未登记的，由最先到达应收账款债务人的转让通知中载明的保理人取得应收账款；既未登记也未通知的，按照保理融资款或者服务报酬的比例取得应收账款。"

因此，本题应选ABCD。

4. 答案：BD。A项：《民法典》第763条规定："应收账款债权人与债务人虚构应收账款作为转让标的，与保理人订立保理合同的，应收账款债务人不得以应收账款不存在为由对抗保理人，但是保理人明知虚构的除外。"本题中，致远公司无权以"借款合同"系虚构为由拒绝向建设银行还款。因此，A项错误。B项：《民法典》第765条规定，"应收账款债务人接到应收账款转让通知后，应收账款债权人与债务人无正当理由协商变更或者终止基础交易合同，对保理人产生不利影响的，对保理人不发生效力"。本题中，在致远公司接到债权转让通知后，若宁静公司与致远公司协议将年利率降至10%，则该变更对建设银行不发生效力。因此，B项正确。C、D项：《民法典》第767条规定，当事人约定无追索权保理的，保理人应当向应收账款债务人主张应收账款债权，保理人取得超过保理融资款本息和相关费用的部分，无须向应收账款债权人返还。本案中，因宁静公司与建设银行明确约定本保理为无追索权保理，故建设银行无权请求宁静公司返还900万元本息或者回购应收账款债权；建设银行取得超过900万元本息和相关费用的部分，亦无须向宁静公司返还。因此，C项错误、D项正确。

综上所述，本题的正确答案为BD。

5. 答案：ABC。本题涉及保理合同竞存的规则。根据《民法典》第768条："应收账款债权人就同一应收账款订立多个保理合同，致使多个保理人主张权利的，已经登记的先于未登记的取得应收账款；均已经登记的，按照登记时间的先后顺序取得应收账款；均未登记的，由最先到达应收账款债务人的转让通知中载明的保理人取得应收账款；既未登记也未通知的，按照保理融资款或者服务报酬的比例取得应收账款。"可知，A、B、C选项正确，当选，D选项错误。

简答题

1. 保理合同具有以下法律特征。

(1) 保理合同以债权人转让应收账款债权为前提。保理合同必须具备的内容是应收账款债权的转让，没有应收账款的转让就不能构成保理合同。所谓应收账款，是指权利人因转移财产或者提供服务而获得的要求债务人付款的权利以及依法享有的其他付款请求权，包括现有的和未来的金钱债权，但不包括因票据或其他有价证券而产生的付款请求权，以及法律、行政法规禁止转让的付款请求权。这些应收账款的转让可以是单独转让，也可以是批量集合转让，这取决于当事人之间的约定。应收账款的转让，应当适用《民法典》关于债权转让的一般规则。应收账款债权人与债务人虚构应收账款作为转让标的，与保理人订立保理合同的，应收账款债务人不得以应收账款不存在为由对抗保理人，但是保理人明知虚构的除外。

(2) 保理人负担的主合同义务包括提供资金融通、应收账款管理或者催收、应收账款债务人付款担保等服务。资金融通，是指保理人应债权人的申请，在债权人将应收账款转让给保理人后，为债权人提供资金融通，包括贷款和应收账款转让预付款。应收账款管理，又称为销售分户账管理，是指保理人根据债权人的要求，定期或不定期向其提供关于应收账款的回收情况、逾期账款情况、对账单等财务和统计报表，协助其进行应收账款管理。应收账款催收，是指保理人根据应收账款账期，主动或应债权人要求，采取电话、函件、上门等方式，直至运用法律手段等对债务人进行催收。付款担保，是指保理人在与债权人签订保理合同后，为债务人核定信用额度，并在核准额度内，对债权人无商业纠纷的应收账款提供约定的付款担保。除了这些服务，保理合同中保理人提供的服务通常还包括资信调查与评估、信用风险控制等其他可认定为保理性质的金融服务。

(3) 保理合同为要式合同。《民法典》第762条第2款规定："保理合同应当采用书面形式。"

2. 在保理合同中，保理人的权利与义务有以下内容：第一，保理人向应收账款债务人发出应收账款转让通知的，应当表明保理人身份并附有必要凭证。第二，当事人约定有追索权保理的，保理人可以向应收账款债权人主张返还保理融资款本息或者回购应收账款债权，也可以向应收账款债务人主张应收账款债权。保理人向应收账款债务人主张应收账款债权，在扣除保理融资款本息和相关费用后有剩余的，剩余部分应当返还给应收账款债权人。第三，当事人约定无追索权保理的，保理人应当向应收账款债务人主张应收账款债权，保理人取得超过保理融资款本息和相关费用的部分，无须向应收账款债权人返还。

3. 保理合同发生竞存，即应收账款债权人就同一应收账款订立多个保理合同，致使多个保理人主张应收账款债权的情形。此时就需要妥当协调多个保理人的债权利益，合理确定取得应收账款的优先顺位。根据《民法典》第768条的规定，应收账款债权人就同一应收账款订立多个保理合同，致使多个保理人主张权利的，已经登记的先于未登记的取得应收账款；均已经登记的，按照登记时间的先后顺序取得应收账款；均未登记的，由最先到达应收账款债务人的转让通知中载明的保理人取得应收账款；既未登记也未通知的，按照保理融资款或者服务报酬的比例取得应收账款。保理合同的核心即应收账款债权转让，正是由于保理与应收账款质押和债权转让都与债权有关，且三者权利义务关系的内容具有较强的相似性，上述保理合同竞存的协调规则同样适用于当三者竞存时债权实现优先顺序的确定。

第四十七章　承揽合同

知识逻辑图

- 承揽合同
  - 概念：承揽合同，是承揽人按照定作人要求完成工作并交付成果，定作人给付报酬的合同
  - 特征
    - 以完成一定工作为目的
    - 承揽人完成工作的独立性
    - 定作物的特定性
    - 诺成合同
    - 有偿合同
  - 种类
    - 加工合同
    - 定作合同
    - 修理合同
    - 复制合同
    - 测试合同
    - 检验合同
  - 效力
    - 承揽人的合同义务
      - 完成承揽工作的义务
      - 接受定作人提供材料或依约提供材料的义务
      - 交付工作成果的义务
      - 瑕疵担保义务
      - 容忍义务
      - 保密义务和通知义务
    - 定作人的义务
      - 支付价款的义务
      - 定作人的协助义务
      - 受领工作成果
  - 终止
    - 定作人的任意解除权
    - 承揽合同因当事人一方严重违约而解除

名词解释

承揽合同

选择题

（一）单项选择题

甲受乙之托为其制作一个仿古式格窗，木材由甲自行购买，甲按照乙的要求制作好后，将其存放在仓库，等乙次日前来领取。恰当晚发生火灾，仓库被付之一炬，那么定作物的风险应该由谁承担？（　　）

A. 甲

B. 乙

C. 甲和乙

D. 均不负担

（二）多项选择题

1. 甲受乙之托制作一批镜框，后由于甲另有工作

安排，于是私自找到丙请其帮助完成该任务。丙制作完成该批镜框后，乙经检验发现不符合要求。对此，以下说法正确的是（　　）。

A. 乙可以解除合同

B. 应该由丙承担责任

C. 应该由甲承担责任

D. 应该由甲和丙承担连带责任

2. 下列属于承揽人享有的权利的是（　　）。

A. 定作人不支付价款时，留置标的物的权利

B. 定作人改变承揽工作要求，请求赔偿损失的权利

C. 随时解除承揽合同的权利

D. 更换定作人提供的材料的权利

3. 育才中学委托利达服装厂加工 500 套校服，约定材料由服装厂采购，学校提供样品，取货时付款。为赶时间，利达服装厂私自委托恒发服装厂加工 100 套。育才中学按时前来取货时，发现恒发服装厂加工的 100 套校服不符合样品要求，遂拒绝付款。利达服装厂则拒绝交货。下列说法正确的是（　　）。（司考改编）

A. 育才中学可以利达服装厂擅自外包为由解除合同

B. 如育才中学不支付酬金，利达服装厂可以拒绝交付校服

C. 如育才中学不支付酬金，利达服装厂可对样品行使留置权

D. 育才中学有权要求恒发服装厂承担违约责任

4. 何女士提供三块木料给某家具厂定制一个衣柜，开工不久何女士觉得衣柜样式不够新颖，遂要求家具厂更改样式。家具厂认为这是个无理要求，便继续使用剩下两块木料，按原定式样做好了衣柜。下列说法正确的是（　　）。（司考改编）

A. 家具厂应赔偿因此给何女士造成的损失

B. 何女士应支付全部约定报酬

C. 何女士应支付部分报酬

D. 何女士应支付全部约定报酬和违约金

5. 甲公司经营空调买卖业务，并负责售后免费安装。乙为专门从事空调安装的个体户。甲公司因安装人员不足，临时叫乙自备工具为客户丙安装空调，并约定了报酬。乙在安装空调中因操作不慎坠楼身亡。下列说法哪些是正确的？（　　）（司考改编）

A. 甲公司和乙之间是临时雇佣合同关系

B. 甲公司和乙之间是承揽合同关系

C. 甲公司应承担赔偿责任

D. 甲公司不承担赔偿责任

6. 甲为方便货物运输，专门找乙定做一批符合货物尺寸的纸箱，两人约定甲方出货时即十天后交付纸箱，而后甲因货物生产线突发安全事故暂停生产，此时乙已经制作好一半纸箱，乙得知甲的情况后向甲先交付了这一半已经制作好的纸箱。下列说法正确的是（　　）。（法考改编）

A. 由于乙已经制作好一半纸箱，此时甲无法解除该合同

B. 乙并未彻底完工，甲对乙仍享有任意解除权

C. 乙可以请求甲赔偿自己的损失

D. 甲可以不用向乙支付报酬

7. 甲先后与乙签订三份协议，约定乙为甲准备服装道具、妆造并为甲拍摄写真，而后甲因感经济压力较大，通知乙要更改写真套餐内容并减少合同金额，遭乙拒绝。对此，以下说法正确的是（　　）。

A. 甲、乙双方是承揽合同关系

B. 甲对乙享有任意解除权

C. 甲可以无条件行使任意解除权

D. 如果乙已完成部分工作，则乙可在扣除部分报酬后将剩余价款返还给甲

简答题

1. 简述承揽合同的特征。

2. 简述承揽合同的终止。

论述题与深度思考题

1. 试论承揽合同的风险负担。

2. 试论述承揽合同与买卖合同的区别。

参考答案

名词解释

承揽合同，是指承揽人按照定作人的要求完成工作，交付工作成果，定作人给付报酬的合同。其中，

完成工作并将工作成果交付给对方的一方当事人为承揽人，接受工作成果并向对方给付报酬的一方当事人为定作人。承揽合同的内容主要包括承揽的标的物、数量、质量、报酬、承揽方式、材料的提供、履行期限、验收标准和方法等。

选择题

（一）单项选择题

答案：A。本题考查定作合同中标的物的风险负担。根据《民法典》第770条的规定，承揽合同是承揽人按照定作人的要求完成工作，交付工作成果，定作人支付报酬的合同。承揽包括加工、定作、修理、复制、测试、检验等工作。依上述承揽工作具体内容的不同，相应地，承揽合同可分为加工合同、定作合同、修理合同、复制合同、测试合同、检验合同等具体合同种类。其中，本题所涉及的定作合同是指依合同约定，由承揽人自己准备原料，并以自己的技术、设备和工作对该原料进行加工，按定作人的要求制成特定产品，将该产品交付给定作人，定作人接受该产品并向承揽人支付报酬的合同。定作合同与加工合同的区别主要在于材料提供人的不同。加工合同中原材料系由定作人向承揽人提供，故不存在定作物的所有权转移，也就不发生标的物风险负担的问题。而定作合同中，原材料由承揽人自己准备，制成特定产品后交付给定作人，故合同履行过程中存在伴随标的物所有权转移而发生的风险负担问题。

根据《民法典》第646条的规定，法律对其他有偿合同有规定的，依照其规定；没有规定的，参照适用买卖合同的有关规定。因此，对于定作合同中标的物的风险负担分配，应当参照适用买卖合同中标的物的风险负担规则。根据《民法典》第604条的规定，标的物毁损、灭失的风险，在标的物交付之前由出卖人承担，交付之后由买受人承担，但是法律另有规定或者当事人另有约定的除外。本题中，由于承揽人甲制作完成的仿古式格窗未及交付即被付之一炬，因此应当由承揽人甲承担该定作合同标的物毁损、灭失的风险。故本题应选A。

（二）多项选择题

1. 答案：AC。本题涉及承揽合同关系。所谓承揽合同，是承揽人按照定作人的要求完成工作，交付工作成果，定作人支付报酬的合同。根据《民法典》第772条的规定，承揽人应当以自己的设备、技术和劳力，完成主要工作，但是当事人另有约定的除外。承揽人将其承揽的主要工作交由第三人完成的，应当就该第三人完成的工作成果向定作人负责；未经定作人同意的，定作人也可以解除合同。因此，本题的正确答案为AC。

2. 答案：AB。A项：根据《民法典》第783条的规定，定作人未向承揽人支付报酬或者材料费等价款的，承揽人对完成的工作成果享有留置权或者有权拒绝交付，但是当事人另有约定的除外。故A项正确。B项：根据《民法典》第777条的规定，定作人中途变更承揽工作的要求，造成承揽人损失的，应当赔偿损失。因此，B项正确。C项：根据《民法典》第787条的规定，定作人在承揽人完成工作前可以随时解除合同，造成承揽人损失的，应当赔偿损失。因此，承揽合同的任意解除权不属于承揽人而属于定作人，C项错误。D项：根据《民法典》第775条第2款的规定，承揽人不得擅自更换定作人提供的材料，不得更换不需要修理的零部件。因此，D项错误。

综上所述，本题应选AB。

3. 答案：ABC。A项：根据《民法典》第772条的规定，承揽人应当以自己的设备、技术和劳力，完成主要工作，但是当事人另有约定的除外。承揽人将其承揽的主要工作交由第三人完成的，应当就该第三人完成的工作成果向定作人负责；未经定作人同意的，定作人也可以解除合同。故A项正确。B、C项：根据《民法典》第783条的规定，定作人未向承揽人支付报酬或者材料费等价款的，承揽人对完成的工作成果享有留置权或者有权拒绝交付，但是当事人另有约定的除外。故B、C项正确。D项：恒发服装厂与育才中学之间并不存在合同关系，根据合同的相对性原理，育才中学无权请求恒发服装厂承担违约责任。故D项错误。

综上所述，本题应选ABC。

4. 答案：AC。根据《民法典》第777条的规定，定作人中途变更承揽工作的要求，造成承揽人损失的，应当赔偿损失。由此可知，本题中何女士在家具厂制作完成衣柜之前，享有中途变更权，其变更承揽工作的要求并不构成违约，因此何女士无须支付违约金，仅须赔偿因此给家具厂造成的损失。根据《民法典》第781条的规定，承揽人交付的工作成果不符合质量要求的，定作人可以合理选择请求承揽人承担修理、重作、减少报酬、赔偿损失等违约责任。本题中，家具厂接到何女士变更定作要求的通知后，并未按新的定作要求完成承揽工作、交付工作成果，因此应当承担违约责任。故正确答案为AC。

5. 答案：BD。本题考查承揽合同与雇佣合同（劳动合同）的区分。承揽合同以完成工作为中心，完成工作就需要当事人提供劳务，因此，承揽合同属于提供劳务的合同的一种。在这一点上，承揽合同与劳动合同有一定的联系。但这两种合同的区别主要表现在：(1) 承揽合同是纯粹私法上的合同，适用合同自由原则，采意思主义的法律调控方式；劳动合同的法律调整则具有较为明显的公法因素。(2) 承揽合同强调工作的完成以及工作成果的交付；劳动合同则强调劳务本身，并不重视劳务的结果。(3) 定作人对承揽人的工作有检查监督权，但承揽人并不因此而丧失工作的独立性和自主性；劳动合同中的劳动者则有服从指挥、听从安排的义务，独立性较弱。因此，在劳动合同履行的过程中，劳动者给他人造成损害的，雇主通常要承担替代责任，对雇员因工作造成自身损害的，雇主也要承担责任；根据《民法典》第1193条的规定，承揽人在完成工作过程中造成第三人损害或者自己损害的，定作人不承担侵权责任。但是，定作人对定作、指示或者选任有过错的，应当承担相应的责任。

结合本题来看，甲公司与乙订立的合同强调乙最终完成安装好空调这一工作成果，只要乙交付工作成果，其完成的过程如何、是否采取甲公司规定的方法在所不问，因此甲公司、乙之间的关系为承揽合同。由于承揽合同中，定作人并不基于承揽关系而对承揽人完成工作过程中给自身造成的损害承担责任；乙系自身操作失误，甲公司不存在过错，故也不构成侵权，因此，甲公司无须对乙意外身亡承担赔偿责任。综上所述，本题正确答案为BD。

6. 答案：BC。A、B、C项：根据《民法典》第787条，定作人在承揽人完成工作前可以随时解除合同，造成承揽人损失的，应当赔偿损失。因此甲享有任意解除权，乙并未完成所有纸箱的制作，因此甲仍然可以任意解除该合同，A项错误，B、C项正确。根据《民法典》第782条，定作人应当按照约定的期限支付报酬。对支付报酬的期限没有约定或者约定不明确，依据《民法典》第510条的规定仍不能确定的，定作人应当在承揽人交付工作成果时支付；工作成果部分交付的，定作人应当相应支付。本题中乙已经制作完成一半纸箱，此时甲应当向乙支付这部分已经交付纸箱的报酬，故D项错误。

7. 答案：ABD。本题是根据上海市高级人民法院(2021)沪0109民初1957号民事判决书改编的题目，该案是最高人民法院发布的消费者权益保护典型案例。最高人民法院认为，本案中乙是以自己的设备、技术和劳力，根据甲的指示进行相应工作并交付约定的工作成果，甲向乙支付约定报酬，因此双方为承揽合同关系，A项正确。根据《民法典》第787条的规定，定作人在承揽人完成工作前可以随时解除合同，造成承揽人损失的，应当赔偿损失。因此甲对乙享有任意解除权，但适用此条有相应条件，如“承揽人完成工作前”，因此B项正确、C项错误。根据《民法典》第782条的规定，工作成果部分交付的，定作人应当相应支付。D项中假设乙已经完成部分工作，则甲需要作相应支付，因此乙此时可在扣除部分报酬后将剩余价款返还给甲，D项正确。

简答题

1. 承揽合同具有以下特征。

(1) 承揽合同以完成一定工作为目的。承揽合同中，承揽人应当按照与定作人约定的标准和要求完成工作；定作人的主要目的是取得承揽人完成的工作成果。承揽合同的这一特征决定了其标的只能是作为义务，否则定作人将无法实现其合同目的。

(2) 承揽人完成工作的独立性。定作人与承揽人之间订立承揽合同，一般是建立在对承揽人的能力、条件等信任的基础上，故只有承揽人自己完成工作才符合定作人的要求。承揽人如将其主要义务交由其他人来完成，属于债务不履行，应负违约责任。

(3) 定作物的特定性。承揽合同多属个别商定的合同，定作物往往具有一定的特定性。无论定作物的最终成果以何种形式体现，它都必须符合定作人提出的特别要求，否则交付的工作成果就不合格。

(4) 承揽合同为诺成合同。双方当事人意思表示一致，承揽合同即可成立，无须交付定作物或加工物，因此，承揽合同为诺成合同。

(5) 承揽合同为有偿合同。承揽人要付出自己的劳动，将定作物按照定作人的要求进行加工；定作人取得承揽人完成的工作成果后，要向承揽人支付约定的报酬。因此，承揽合同为有偿合同。

2. 承揽合同的终止原因很多，比如一些国家和地区的民法典将定作人、承揽人的破产，承揽人的死亡或丧失完成工作的能力等事由认定为得以导致承揽合同终止的事由。这里简单介绍承揽合同因当事人行使合同解除权而终止的两种情况。

（1）定作人的任意解除权。定作人可以随时解除承揽合同，造成承揽人损失的，应当赔偿损失。定作人任意解除权的行使，应当在承揽人完成工作成果之前。

（2）承揽合同因当事人一方严重违约而解除。这种情况主要包括：第一，承揽人未经定作人同意将承揽合同的主要工作转由第三人完成的；第二，定作人未尽到协助义务，经承揽人通知仍不履行的。此外，符合《民法典》第 563 条有关合同法定解除权产生条件的规定时，当事人均可行使合同解除权，有损害存在的，并可同时请求损害赔偿。

论述题与深度思考题

1. 承揽合同的风险负担，是一个需要在利益衡量的基础上作出价值判断的问题。

（1）材料的风险负担。材料的风险负担是指承揽合同中，定作人或者承揽人（也可能是第三人）所提供的材料一旦由于不可归责于双方当事人的事由而毁损、灭失所造成的损失由谁来承担。承揽合同中，材料毁损、灭失的风险负担应遵循民法上标的物毁损、灭失风险负担的一般规则，即由材料的所有权人负担材料毁损、灭失的风险，当事人另有约定的除外。

（2）工作成果的风险负担。工作成果的风险负担，是指承揽人业已完成的工作成果一旦由于不可归责于双方当事人的事由而毁损、灭失时，工作成果本身所遭受的损失由谁来承受。对此问题，应首先区分承揽合同的类型。在承揽合同中，前已提及，有一种类型是定作人自始即可取得工作成果的所有权，因此在当事人之间无须进行财产所有权的移转；另有一种类型是承揽人首先取得工作成果的所有权，在当事人之间须进行财产所有权的移转。就第一种类型而言，由于不存在物权变动问题，因此应遵循民法上标的物毁损、灭失风险负担的一般规则，即由工作成果的所有权人即定作人负担工作成果毁损、灭失的风险，当事人另有约定的除外。就第二种类型而言，由于存在物权变动问题，应参照适用买卖合同标的物毁损、灭失风险负担的有关规定，工作成果的风险在交付以前由承揽人承担，在交付以后由定作人承担，当事人另有约定或者法律另有规定的除外。

（3）报酬的风险负担。所谓报酬的风险负担，实际上就是传统民法上所谓债务履行不能的风险负担，它主要是指承揽人业已完成的工作成果一旦由于不可归责于双方当事人的事由而毁损、灭失，致使承揽人无法交付工作成果或者无法移转工作成果的所有权于定作人时，定作人应否向承揽人支付约定的报酬。对此问题应区别而论。

第一，承揽人完成工作成果即由定作人自始取得工作成果所有权的，此时在承揽人业已完成的工作成果由于不可归责于双方当事人的事由毁损、灭失的情况下，承揽人不能够履行的是交付工作成果的债务，考虑到毁损、灭失的工作成果中一般既包括定作人提供材料所形成的价值，也包括承揽人提供劳务所形成的价值，报酬的风险应依据这两部分价值之间的比例关系，由定作人和承揽人合理负担，承揽人只能依照定作人承担风险的比例主张报酬的支付。

第二，承揽人完成工作成果由承揽人首先取得工作成果所有权的，此时在承揽人业已完成的工作成果由于不可归责于双方当事人的事由毁损、灭失的情况下，承揽人不能够履行的是交付工作成果并移转工作成果的所有权于定作人的债务，报酬的风险负担应适用《民法典》第 563 条第 1 款第 1 项的规定确定，即由承揽人负担报酬的风险，承揽人不得向定作人主张报酬的支付。当事人另有约定的，依照其约定。

2. 最高人民法院［在（2019）最高法民再 383 号民事判决书中］将承揽合同与买卖合同的不同之处概括为：

（1）签订合同的目的不同。买卖合同在订立时是以发生标的物所有权的转移为目的，而承揽合同在订立时是以获得特定的工作成果为目的。

（2）标的物是否具有特定性不同。买卖合同的标的物一般是种类物，具有通用性，一般有国家或行业标准；而承揽合同的标的物则是按照定作人的特殊要求、为满足定作人的特殊需要专门制作的，往往具有特殊用途，具有特定性，通常只能为定作人所使用，不能在市场上流通，即使能够在市场上买卖，也会失去其应有的价值。

（3）承揽合同具有较强的人身性。在承揽合同中，定作人往往会对承揽人的资质能力、技术水平、设备条件非常关心。而买卖合同则无此种要求，买受人主要关注的是取得标的物的所有权，对标的物的制作人、制作条件、制作过程并不关心。

（4）定作人对产品生产过程有一定的控制力。承揽人负有接受定作人监督检查的义务；买卖合同一般无此种要求，买受人一般只需对交付的标的物是否符合其质量要求进行检验，而不具有对产品生产过程进行监督检查的权利。

（5）承揽人对承揽工作承担保密义务；买卖合同一般并不包含此种规定。

（6）合同价款的性质不同。买卖合同中约定的价款是标的物本身的价值，而承揽合同中约定的价款是对承揽人完成特定工作成果后支付的劳动报酬。

在此典型案例中，甲公司出售给乙公司一条生产线，同时甲公司会为乙公司提供技术资料和技术指导安装服务，一审法院将甲、乙之间的合同定性为买卖合同，二审法院将甲、乙之间的合同定性为承揽合同，最高人民法院结合承揽合同与买卖合同之间的区别，从乙公司是否对甲公司工作内容起到监督检查作用等维度论证了甲、乙间合同的性质，最终认可了一审法院的定性。

第四十八章　建设工程合同

知识逻辑图

- 建设工程合同
  - 概念：建设工程合同是承包人进行工程建设，发包人支付价款的合同
  - 特征
    - 合同的标的物为建设工程
    - 合同的主体应具备相应的条件
    - 建设工程合同具有较强的国家管理性
    - 建设工程合同的要式性
  - 订立：对于建设工程合同的订立，法律提倡采用招标、投标形式进行建设工程合同的分包与转包
  - 效力
    - 承包人的合同义务
      - 按合同约定完成工程
      - 接受监督检查的义务
      - 通知义务
    - 发包人的合同义务
      - 协助义务
      - 验收义务
      - 支付价款并接受建设工程的义务
  - 解除：承包人将建设工程转包、违法分包的，发包人可以解除合同

名词解释

1. 建设工程合同
2. 建设施工合同

选择题

（一）单项选择题

1. 发包人擅自使用未经竣工验收的建设工程后，发现存在质量问题的，应当如何处理？（　　）。

A. 发包人有权以建设工程质量不合格为由，主张承包人负责返修

B. 承包人不再承担工程验收不合格的返修责任，仅对工程质量在保修期及保修范围内承担保修责任

C. 视为建设工程已竣工验收合格，承包人无须承担任何责任

D. 由发包人与承包人一起承担连带责任

2. 甲公司承揽乙公司的工程，答应垫付工程款。但对于工程款的利息，双方没有约定，后因乙公司不支付工程款，双方发生纠纷。下列说法正确的是（　　）。

A. 对于垫付的工程款，按借款处理

B. 对于垫付的工程款，按工程欠款处理

C. 对于垫付的工程款，按银行同期贷款利率计算利息

D. 对于垫付的工程款，按银行同期存款利率计算利息

3. 甲公司与没有建筑施工资质的某施工队签订合作施工协议，由甲公司投标乙公司的办公楼建筑工程，施工队承建并向甲公司交纳管理费。中标后，甲公司与乙公司签订建筑施工合同。工程由施工队负责施工。办公楼竣工验收合格交付给乙公司。乙公司尚有部分剩余工程款未支付。下列哪一选项是正确的？（　　）（司考改编）

A. 合作施工协议有效

B. 建筑施工合同属于效力待定
C. 施工队有权向甲公司主张工程款
D. 甲公司有权拒绝支付剩余工程款

视频讲题

4. 甲公司通过出让方式取得A地建设用地使用权，后其将该建设用地使用权抵押给工商银行借款3.5亿元。甲公司与乙公司签订建设工程施工合同约定由乙公司在该地块上建设住宅楼。施工期间，尚未取得预售许可证的甲公司与王某签订商品房预售合同。住宅楼竣工后，因甲公司未能按时清偿工商银行的债务且欠付乙公司工程价款3 500万元，故工商银行与乙公司申请法院拍卖了该住宅楼。经查，甲公司在该案起诉前已经取得了预售许可证。关于本案，下列表述正确的是？（　　）
A. 商品房预售合同自始至终均无效
B. 工商银行无权请求拍卖该住宅楼
C. 工商银行有权对拍卖该住宅楼所得的价款优先受偿
D. 乙公司的建设工程价款优先受偿权优于工商银行的抵押权

5. 下列有关建设工程合同的有关表述，正确的是？（　　）
A. 承包人在工程竣工时仍未取得建筑业企业资质或者超越资质等级时，建设工程施工合同无效
B. 未竣工的建设工程质量合格，承包人不可以请求其承建工程的价款就其承建工程部分折价或者拍卖的价款优先受偿，只能等建设工程竣工后再主张优先受偿
C. 承包人行使建设工程价款优先受偿权的最长期限是12个月
D. 承包人依法享有的建设工程价款优先受偿权仅优于其他债权

（二）多项选择题

1. 下列关于建设工程合同的说法，错误的是（　　）。
A. 发包人可以与总承包人订立建设工程合同，也可以分别与勘察人、设计人、施工人订立合同
B. 发包人可以将建设工程合同支解成若干部分发包给几个承包人
C. 第三人就其完成的工作成果与总承包人或勘察、设计、施工承包人向发包人承担连带责任
D. 承包人可以将其承包的全部建设工程合同转包给第三人

2. 甲大学与乙公司签订建设工程施工合同，由乙为甲承建新教学楼。经甲同意，乙将主体结构的施工分包给丙公司。后整个教学楼工程验收合格，甲向乙支付了部分工程款，乙未向丙支付工程款。下列哪些表述是错误的？（　　）（司考改编）
A. 乙、丙之间的分包合同有效
B. 甲可以撤销与乙之间的建设工程施工合同
C. 丙可以乙为被告诉请支付工程款
D. 丙可以甲为被告诉请支付工程款，但法院应当追加乙为第三人
E. 丙可以乙怠于向甲行使到期债权，影响其到期债权实现为由，提起代位权诉讼

3. 甲公司将建筑工程发包给乙公司，乙公司将其转包给丙公司，丙公司将部分工程包给由121个农民工组成的施工队。施工期间，丙公司拖欠施工队工程款达500万元之多，农民工因此踏上维权之路。丙公司以乙公司拖欠其工程款800万元为由，乙公司以甲公司拖欠其工程款1 000万元为由均拒付欠款。施工队将甲公司诉至法院，要求甲公司支付500万元。根据社会主义法治理念，关于本案的处理，下列哪些说法是正确的？（　　）（司考改编）
A. 法院应驳回施工队的诉讼请求，因甲公司与施工队无合同关系。法院不应以破坏合同相对性为代价，片面实现社会效果
B. 法院应支持施工队的诉讼请求。法院不能简单以坚持合同的相对性为由否定甲公司的责任，从而造成农民工不断申诉，案结事不了
C. 法院应当追加乙公司和丙公司为本案第三人。但法院不可一并解决乙公司和丙公司的欠款纠纷，不得机械执法，应就案办案
D. 法院可以追加乙公司和丙公司为本案第三人。法院加强保护农民工权益的力度，有利于推进法律效果和社会效果的有机统一

4. 甲公司开发一个较大的花园公寓项目，作为发包人，甲公司将该项目的主体工程发包给了乙企业，

签署了建设工程施工合同。乙企业一直未取得建筑施工企业资质。现该项目主体工程已封顶完工。就相关合同效力及工程价款，下列哪些说法是正确的?（　　）（司考改编）

A. 该建设工程施工合同无效

B. 因该项目主体工程已封顶完工，故该建设工程施工合同不应认定为无效

C. 该项目主体工程经竣工验收合格，则乙企业可参照合同约定请求甲公司支付工程价款

D. 如该项目主体工程经竣工验收不合格，后经修复后工程经验收合格，则甲公司可以请求乙公司承担修复费用

简答题

简述监理合同的主要内容。

论述题与深度思考题

试论建设工程合同的转包与违法分包。

参考答案

名词解释

1. 建设工程合同，是指建设工程的发包方为完成工程建设任务，与承包方签订的关于承包方按照发包方的要求完成工作，交付建设工程，并由发包方支付价款的合同。

2. 建设施工合同，是指发包人（建设单位）和承包人（施工人）为完成商定的施工工程，明确相互权利、义务的协议。建设施工合同是承包人进行工程建设施工、发包人支付价款的合同，是建设工程的主要合同，同时也是工程建设质量控制、进度控制、投资控制的主要依据。

选择题

（一）单项选择题

1. 答案：B。首先，根据《民法典》第799条的规定，建设工程竣工后，发包人应当根据施工图纸及说明书、国家颁发的施工验收规范和质量检验标准及时进行验收。验收合格的，发包人应当按照约定支付价款，并接收该建设工程。建设工程竣工经验收合格后，方可交付使用；未经验收或者验收不合格的，不得交付使用。其次，根据最高人民法院《关于审理建设工程施工合同纠纷案件适用法律问题的解释（一）》第9条第3项的规定，建设工程未经竣工验收，发包人擅自使用的，以转移占有建设工程之日为竣工日期。最后，根据最高人民法院《关于审理建设工程施工合同纠纷案件适用法律问题的解释（一）》第14条的规定，建设工程未经竣工验收，发包人擅自使用后，又以使用部分质量不符合约定为由主张权利的，人民法院不予支持；但是承包人应当在建设工程的合理使用寿命内对地基基础工程和主体结构质量承担民事责任。故本题应选B。

2. 答案：B。根据最高人民法院《关于审理建设工程施工合同纠纷案件适用法律问题的解释（一）》第25条第2款、第3款的规定，在建设工程合同中，当事人对垫资没有约定的，按照工程欠款处理。当事人对垫资利息没有约定，承包人请求支付利息的，人民法院不予支持。故本题应选B。

3. 答案：C。本题中，甲公司和乙公司之间形成了建筑工程合同法律关系，乙公司是发包人，作为承包人的甲公司又将工程转包给了没有建筑施工资质的施工队负责施工。

A项：根据《民法典》第791条第2款、第3款的规定，承包人不得将其承包的全部建设工程转包给第三人，建设工程主体结构的施工必须由承包人自行完成。该规定属于法律的效力性强制性规定，违反将导致合同绝对无效。本题中，甲公司与施工队签订的合作施工协议实为转包协议，因违反法律的效力性强制性规定而绝对无效。故A项错误。B项：建设工程合同系甲公司与发包人乙公司签订，甲公司本身具备相应的资质，因此建设工程合同有效。故B项错误。C项：根据最高人民法院《关于审理建设工程施工合同纠纷案件适用法律问题的解释（一）》第24条第1款的规定，当事人就同一建设工程订立的数份建设工程施工合同均无效，但建设工程质量合格，一方当事人请求参照实际履行的合同关于工程价款的约定折价补偿承包人的，人民法院应予支持。本题中，办公楼竣工验收合格，因此施工队有权参照合同约定向甲公司主

张支付工程款。故C项正确。D项：施工队并非甲公司、乙公司之间订立的施工合同的当事人，根据合同的相对性，甲公司不能以未收到乙公司应支付的工程价款为理由拒绝履行其对施工队的义务。故D项错误。

综上所述，本题正确答案为C。

4. 答案：D。A项：最高人民法院《关于审理商品房买卖合同纠纷案件适用法律若干问题的解释》第2条规定，“出卖人未取得商品房预售许可证明，与买受人订立的商品房预售合同，应当认定无效，但是在起诉前取得商品房预售许可证明的，可以认定有效。”本案中，虽然甲公司在与王某签订商品房预售合同时尚未取得预售许可证，但是因其在起诉前已经取得，故该合同由最初的无效变成最终的有效。因此，A项错误。B项：《民法典》第417条规定，“建设用地使用权抵押后，该土地上新增的建筑物不属于抵押财产。该建设用地使用权实现抵押权时，应当将该土地上新增的建筑物与建设用地使用权一并处分。但是，新增建筑物所得的价款，抵押权人无权优先受偿。”本案中，因建设用地使用权抵押在先、住宅楼建设在后，故工商银行有权请求一并拍卖建设用地使用权和该住宅楼并对拍卖建设用地使用权所得的价款优先受偿，但是其无权对拍卖该住宅楼所得的价款优先受偿。因此，B、C项均错误。D项：最高人民法院《关于审理建设工程施工合同纠纷案件适用法律问题的解释（一）》第36条规定：“承包人根据民法典第八百零七条规定享有的建设工程价款优先受偿权优于抵押权和其他债权。”本案中，乙公司的建设工程价款优先受偿权优于工商银行的抵押权。因此，D项正确。

综上所述，本题的正确答案为D。

5. 答案：A。根据最高人民法院《关于审理建设工程施工合同纠纷案件适用法律问题的解释（一）》第1条及第4条的规定，A选项正确。根据最高人民法院《关于审理建设工程施工合同纠纷案件适用法律问题的解释（一）》第39条的规定，未竣工的建设工程质量合格，承包人请求其承建工程的价款就其承建工程部分折价或者拍卖的价款优先受偿的，人民法院应予支持。因此B选项错误。根据最高人民法院《关于审理建设工程施工合同纠纷案件适用法律问题的解释（一）》第41条的规定，承包人应当在合理期限内行使建设工程价款优先受偿权，但最长不得超过18个月，自发包人应当给付建设工程价款之日起算，因此C选项错误。根据最高人民法院《关于审理建设工程施工合同纠纷案件适用法律问题的解释（一）》第36条的规定，承包人根据《民法典》第807条规定享有的建设工程价款优先受偿权优于抵押权和其他债权。故D选项错误。

（二）多项选择题

1. 答案：BD。A、B项：根据《民法典》第791条第1款的规定，发包人可以与总承包人订立建设工程合同，也可以分别与勘察人、设计人、施工人订立勘察、设计、施工承包合同。发包人不得将应当由一个承包人完成的建设工程支解成若干部分发包给数个承包人。故A项正确、B项错误。C、D项：根据《民法典》第791条第2款的规定，总承包人或者勘察、设计、施工承包人经发包人同意，可以将自己承包的部分工作交由第三人完成。第三人就其完成的工作成果与总承包人或者勘察、设计、施工承包人向发包人承担连带责任。承包人不得将其承包的全部建设工程转包给第三人或者将其承包的全部建设工程支解以后以分包的名义分别转包给第三人。故C项正确、D项错误。

本题为选非题，综上所述，应选BD。

2. 答案：AB。A项：根据《民法典》第791条第3款的规定，禁止承包人将工程分包给不具备相应资质条件的单位。禁止分包单位将其承包的工程再分包。建设工程主体结构的施工必须由承包人自行完成。本题中，乙将工程主体结构的施工分包给丙公司，因违反了法律的效力性强制性规定而无效。故A项错误。B项：根据《民法典》第806条第1款的规定，承包人将建设工程转包、违法分包的，发包人可以解除合同。本题中，由于承包人乙存在违法分包行为，甲可以解除合同，而不是撤销合同。故B项错误。C项：根据最高人民法院《关于审理建设工程施工合同纠纷案件适用法律问题的解释（一）》第43条第1款的规定，实际施工人以转包人、违法分包人为被告起诉的，人民法院应当依法受理。故C项正确。D项：根据C项中该条第2款的规定，实际施工人以发包人为被告主张权利的，人民法院应当追加转包人或者违法分包人为本案第三人，在查明发包人欠付转包人或者违法分包人建设工程价款的数额后，判决发包人在欠付建设工程价款范围内对实际施工人承担责任。故D项正确。E项：根据最高人民法院《关于审理建设工程施工合同纠纷案件适用法律问题的解释（一）》第 44 条的规定，实际施工人依据《民法典》第 535 条规定，以转包人或者违法分包人怠于向发包人行使到期债权或者与该债权有关的从权利，影响其到期债权实现，提起代位权诉讼的，人民法院应予支持。故 E 项正确。

本题为选非题，综上所述，应选 AB。

3. 答案：BC。根据最高人民法院《关于审理建设工程施工合同纠纷案件适用法律问题的解释（一）》第 43 条的规定，实际施工人以转包人、违法分包人为被告起诉的，人民法院应当依法受理。实际施工人以发包人为被告主张权利的，人民法院应当追加转包人或者违法分包人为本案第三人。在查明发包人欠付转包人或者违法分包人建设工程价款的数额后，判决发包人在欠付建设工程价款范围内对实际施工人承担责任。故 B、C 项为正确答案。

4. 答案：ACD。根据最高人民法院《关于审理建设工程施工合同纠纷案件适用法律问题的解释（一）》第 1 条的规定，在承包人未取得建筑业企业资质或者超越资质等级的情况下建设工程施工合同应被认定为无效，故 A 项正确。根据《民法典》第 793 条，建设工程施工合同无效，但是建设工程经验收合格的，可以参照合同关于工程价款的约定折价补偿承包人。建设工程施工合同无效，且建设工程经验收不合格，修复后的建设工程经验收合格的，发包人可以请求承包人承担修复费用。故 C、D 项正确。

简答题

“监理”是指监理人受委托人的委托，依照法律法规、工程建设标准、勘察设计文件及合同，在施工阶段对建设工程的质量、进度、造价进行控制，对合同、信息进行管理，对工程建设相关方的关系进行协调，并履行建设工程安全生产管理法定职责的服务活动。建设监理合同的全称叫建设工程委托监理合同，是指工程建设单位聘请监理单位代其对工程项目进行管理，明确双方权利、义务的协议。建设单位称委托人，监理单位称受托人。

建设监理合同主要包括以下内容：（1）工程名称，即建设单位委托监理单位实施监理的工程的名称。（2）工程地点，即所监理的工程的具体位置、地点。（3）监理职责，即监理单位应对建设单位承担的义务。（4）费用及其支付方式即监理合同双方应明确约定监理单位监理酬金的计取方法，支付监理酬金的时间和数额，支付监理酬金所采用的货币币种、汇率等内容。另外，其他与费用有关的事项，如第三人对监理单位的收费、有争议的发票的解决、独立的审计等，也须详细定明。

论述题与深度思考题

（1）建设工程的分包与转包。建设工程的分包和转包是两个既有密切联系又有明显区别的概念。《民法典》《建筑法》等法律禁止转包和违法分包。所谓转包是将所承包的全部建设工程转包给第三人；而承包人将其所承包的全部建设工程支解后以分包名义分别转包给第三人，将其工程分包给不具备相应条件的单位，则属于违法分包。根据《建设工程质量管理条例》（2019 年修订）第 78 条第 3 款的规定，转包是指承包单位承包建设工程后，不履行合同约定的责任和义务，将其承包的全部建设工程转给他人或者将其承包的全部建设工程支解以后以分包的名义分别转给其他单位承包的行为。分包原则上是合法的，它主要是指主体符合资质要求、专业工程经约定或认可条件下的分包。由于建设工程主体结构的施工必须由承包人自行完成，因此，分包的内容是除主体结构的施工外的部分内容。只允许一次分包，分包单位不得将其承包的建设工程再次分包。

另外，实践中还有“内包”的概念。所谓“内包”又叫“内部承包”，是承包人承接工程后，将工程交由内部职能机构或者部门负责完成的一种经营行为。也有人认为内包属于转包的一种形式和变种，是无效的。但根据工程行业的惯例，内包原则上合法、有效。内设机构或分支机构和法人属于同一主体，内设机构或分支机构的行为被视为法人的行为，内设机构或分支机构不属于法律意义上的“他人”或“第三人”。因此，内包只是法人经营的策略或手段，并不属于法律意义上的转包。

最高人民法院《关于审理建设工程施工合同纠纷案件适用法律问题的解释（一）》第 4 条中也确认，承包人非法转包建设工程的行为无效。该司法解释第 1 条第 2 款也确认，承包人因转包、违法分包建设工程与他人签订的建设工程施工合同，应当依据《民法典》

第153条第1款及第791条第2款、第3款的规定，认定无效。由此，在裁判实践中，将全部承包工程转包给第三人、将工程分包给无资质的第三方的建筑工程施工合同无效。

（2）分包的法律适用。按照《民法典》和《建筑法》的规定，建设工程合同的承包方、勘察人、设计人、施工人与第三人签订分包合同，必须具备以下条件：第一，工程分包须经过发包人的同意，承包人将自己承包的部分工作交由第三人完成，第三人就其完成的工作成果与总承包人或者勘察、设计、施工承包人向发包人承担连带责任。第二，建设工程主体结构的施工必须由承包人自行完成。禁止承包单位将其承包的全部建筑工程转包给他人，禁止承包单位将其承包的全部工程支解以后以分包的名义分别转包给他人。第三，分包人须具备相应建设资质条件，且只能分包一次。

根据《建设工程质量管理条例》（2019年修订）第78条第2款的规定，违法分包主要是指以下行为：1）总承包方将建设工程分包给不具备相关资质条件的单位。2）建设工程总承包合同中没有约定，又未经建设单位认可，承包方将其承包的部分建设工程交由其他单位完成的。3）施工总承包方将建设工程主体结构的施工分包给其他单位的。4）分包方将其承包的建设工程再分包的。

《民法典》第806条第1款还规定，承包人将建设工程转包、违法分包的，发包人可以解除合同。

第四十九章　运输合同

知识逻辑图

- 运输合同
  - 运输合同的概念和类型
    - 概念：运输合同是指承运人将旅客或货物从起运地点运输到约定地点，旅客托运人或者收货人支付票款或者运输费用的合同
    - 类型
      - 以运输对象为标准：旅客运输合同、货物运输合同
      - 以运输工具为标准：铁路运输合同、公路运输合同、航空运输合同、水上运输合同、海上运输合同、管道运输合同等
      - 以承运人的数量为标准：单一运输合同、联合运输合同
  - 公共运输承运人的强制缔约义务
  - 以运输对象为标准
    - 旅客运输合同
      - 旅客义务
      - 承运人义务
    - 货物运输合同
      - 托运人义务
      - 承运人义务
  - 以承运人的数量为标准
    - 单一运输合同
    - 联合运输合同
      - 单式联运合同
      - 多式联运合同

名词解释

1. 联运合同
2. 运输合同的效力

选择题

（一）单项选择题

1. 下列哪项中，货物承运人应该承担责任？（　　）

A. 甲负责运输一批电子仪器，途中遭遇热带风暴，仪器进水

B. 乙负责运输一批水果，由于冷冻箱故障，水果部分腐烂

C. 丙负责运输一批瓷器，由于托运人包装不严，部分瓷器脱落摔碎

D. 丁负责运输一批活牛，由于路途遥远，部分牛身体变得消瘦

2. 甲与多式联运经营人乙签订运输合同，运送一批货物，后甲将多式联运单转让给丙，由丙在运输目的地提货，乙与丁、戊两家分运商签订合同，约定由丁、戊分两个阶段进行运输，那么下列说法正确的是（　　）。

A. 由于甲的过失造成的乙的损失，甲仍应承担责任

B. 由于甲的过失造成的乙的损失，丙应承担责任

C. 由于丁的过失造成的货物损失，由丁承担责任

D. 由于丁的过失造成的货物损失，由丁与戊承担连带责任

3. 甲欲搭乘乙公司的长途汽车，因为时间紧迫，甲没有买票即登上了汽车。甲表示上车后补票，汽车司机也同意了甲的做法。后由于司机驾驶失误，发生车祸，甲受伤。此时甲还没有补票。下列说法中正确的是（　　）。

A. 乙公司无须向甲承担赔偿责任

B. 甲有权要求乙公司承担责任

C. 甲的损失由自己承担

D. 甲的损失应该由司机承担

4. 在客运合同中，承运人擅自变更运输工具而提高服务标准的（　　）。

A. 可以加收票款

B. 旅客不交付加收票款的，承运人可以拒绝运输

C. 不应当加收票款

D. 应按照旅客的要求退票

5. 甲与乙订立货物运输合同，约定由乙为甲运输货物，但货物在运输过程中因不可抗力灭失，则乙能否要求甲支付运费？（　　）

A. 能

B. 不能

C. 可以要求甲支付一半的运费

D. 可以要求甲支付适当的运费

6. 甲公交公司的司机乙为避让闯红灯的行人丙而急刹车，致乘客丁摔倒受重伤。丁的损害应由（　　）。（考研）

A. 甲公司赔偿

B. 甲公司和乙连带赔偿

C. 乙赔偿

D. 甲公司和丙连带赔偿

7. 甲委托乙公司将一批货物运往 A 地，后甲将运输途中的货物卖给丙，双方对风险的承担没有约定。甲、丙签订买卖合同后，该批货物毁损、灭失的风险（　　）。（考研）

A. 自买卖合同成立时由丙承担

B. 自货物交付乙公司时由丙承担

C. 自货物运抵 A 地时由丙承担

D. 自货款付清时由丙承担

（二）多项选择题

1. 下列情形中承运人应当承担责任的是（　　）。

A. 甲在乘坐火车的过程中突发急病，乘务人员没有及时采取措施

B. 乙在乘坐火车过程中多次将头伸出打开的车窗，经乘务人员劝阻仍不改正，后由于错车其头部严重擦伤

C. 丙心怀轻生之念，在乘船出海过程中跳海自杀

D. 丁在乘坐出租车的时候，由于驾驶员疲劳驾驶导致撞车，丁右手骨折

2. 下列关于客运合同的说法正确的是（　　）。

A. 客运合同是实践合同

B. 旅客可以随身携带限量行李

C. 承运人负有安全运输的义务

D. 承运人在运输过程中有救助义务

3. 甲乘船出海，途中突遇大风，轮船颠簸，甲摔伤，其钱包掉入大海中，那么（　　）。

A. 承运人应对甲受伤承担赔偿责任

B. 承运人应对甲丢失钱包承担赔偿责任

C. 承运人对甲受伤和丢失钱包均应承担赔偿责任

D. 承运人对甲丢失钱包不承担赔偿责任

4. 根据《民法典》的规定，承运人对运输过程中发生的下列哪些旅客伤亡事件不承担赔偿责任？（　　）（司考改编）

A. 一旅客因制止扒窃行为被歹徒刺伤

B. 一旅客在客车正常行驶过程中突发心脏病身亡

C. 一失恋旅客在行车途中吞服安眠药过量致死

D. 一免票乘车儿童在行车中因客车急刹车受伤

5. 下列关于货运合同说法正确的是（　　）。

A. 货运合同是实践合同

B. 托运人违反约定的包装方式的，承运人有权拒绝运输

C. 承运人对运输的货物享有留置权

D. 货物在运输过程中因不可抗力灭失，已经收取运费的，托运人不得请求返还

6. 甲、乙、丙、丁一家四口乘坐某客运公司的客车去旅游。甲购买了全票，乙购买了优待票，丙购买了半票，丁免票。因司机疲劳驾驶发生交通事故，全车旅客受伤。下列人员中，有权请求客运公司赔偿的有（　　）。（考研）

A. 甲　　　　B. 乙

C. 丙　　　　D. 丁

7. 唐某带领小宝（3 周岁）乘坐客运班车，为小宝办理了免票手续。乘车途中，客运班车与蒋某驾驶的轿车相撞发生交通事故。唐某受轻伤且手机被摔坏，就医花去医药费 2 000 元，修理手机花费 5 000 元。小宝脑震荡，就医花去医药费 20 万元。关于本案，下列说法正确的有（　　）。（法考）

A. 若班车司机能够证明对交通事故的发生没有过错，对于唐某的手机损失，客运公司可以免责

B. 小宝有权请求客运公司承担赔偿责任

C. 小宝是免票乘车，应该自己承担损失

D. 唐某有权请求客运公司和蒋某承担连带责任

视频讲题

8. 王某买票乘坐某运输公司的长途车，开车司机为钱某。长途车行驶中与朱某驾驶的车辆相撞，致王某受伤。经认定，朱某对交通事故负全部责任。下列哪些说法是正确的？（　　）（司考真题）

A. 王某可以向朱某请求侵权损害赔偿

B. 王某可以向运输公司请求违约损害赔偿

C. 王某可以向钱某请求侵权损害赔偿

D. 王某可以向运输公司请求侵权损害赔偿

简答题

简述公共运输承运人的强制缔约义务。

案例分析题

2020 年 9 月 5 日，陈某到野狼快递服务部寄一部价值 5 000 元的手机，该服务部业务员宋某承接了此笔业务。宋某收到陈某的快递费后，在陈某填写的“飞狐速递运单”上签字确认。3 天后，陈某得知其寄递包裹被宋某卷走，遂请求野狼快递服务部承担违约责任。经查，该快递运单背面写有客户须知，载明“未保价的寄递包裹丢失或毁损的，不予赔偿”。陈某未办理保价，野狼快递服务部系飞狐速递公司所设的营业网点，对外以飞狐速递公司名义开展快递业务。

请根据上述材料，回答以下问题：（考研改编）

（1）本题中当事人所签的运单属于何种合同？

（2）“未保价的寄递包裹丢失或毁损的，不予赔偿”条款的效力如何，为什么？

（3）野狼快递服务部是否应当向陈某承担违约责任？为什么？

（4）假设陈某于 2023 年 12 月向人民法院起诉要求宋某返还手机，宋某以超过诉讼时效为由拒绝返还。请问：依照《民法典》的规定，宋某的抗辩理由是否成立？

论述题与深度思考题

试论述货物在运输途中意外灭失时运费的支付。

参考答案

名词解释

1. 联运合同，即联合运输合同，是指当事人约定由两个或两个以上的承运人通过衔接运送的方式，用同一凭证将货物运送到指定地点，托运人支付运输费用而订立的协议。联运合同包括单式联运合同和多式联运合同。

2. 运输合同的效力，是指在运输合同关系中，基于当事人的权利和义务所产生的拘束力。《民法典》为承运人与旅客、托运人设定了一系列权利、义务。一方面，承运人的义务有：（1）在约定期间或者合理期间内将旅客、货物安全运到约定地点。（2）应当按照约定的或者通常的运输路线运送旅客、货物。另一方面，旅客、托运人或者收货人应当按照约定支付票款或者运费。

选择题

（一）单项选择题

1. 答案：B。本题考查货运合同中承运人的责任。根据《民法典》第 832 条的规定，承运人对运输过程中货物的毁损、灭失承担赔偿责任。但是，承运人能证明货物的毁损、灭失是因不可抗力、货物本身的自然性质或者合理损耗以及托运人、收货人的过错造成的，不承担赔偿责任。本题中，A 项是因不可抗力造成的货物损失，C 项是因托运人的过错造成的货物损失，D 项是货物本身的自然损耗，对以上三种情形，承运人能够举证证明的，无须承担货物毁损的赔偿责任。对于 B 项所述的货物毁损，不存在上述免责事由，且承运人本身存在过错，应当承担赔偿责任。综上所述，本题应选 B。

2. 答案：A。根据《民法典》第 841 条的规定，因托运人托运货物时的过错造成多式联运经营人损失的，即使托运人已经转让多式联运单据，托运人仍然应当承担赔偿责任。因此A项正确、B项错误。

此外，根据《民法典》第839条的规定，多式联运经营人可以与参加多式联运的各区段承运人就多式联运合同的各区段运输约定相互之间的责任；但是，该约定不影响多式联运经营人对全程运输承担的义务。因此C、D两项均错误。

综上所述，本题应选A。

3. 答案：B。首先，根据《民法典》第814条的规定，客运合同自承运人向旅客出具客票时成立，但是当事人另有约定或者另有交易习惯的除外。本题中，尽管甲在上车时没有买票，但是已经取得了司机的同意，并且表示会补票，因此应当认定甲和承运人乙公司之间成立了客运合同关系。其次，根据《民法典》第823条的规定，承运人应当对运输过程中旅客的伤亡承担赔偿责任；但是，伤亡是旅客自身健康原因造成的或者承运人证明伤亡是旅客故意、重大过失造成的除外。前述规定适用于经承运人许可搭乘的无票旅客。本题中，由于司机驾驶失误导致车祸发生，甲遭受人身损伤，对此，承运人乙公司应当承担赔偿责任。故本题应选B。司机与乙公司之间存在劳动关系，乙公司是用人单位，司机是工作人员，根据《民法典》第1191条第1款，用人单位的工作人员因执行工作任务造成他人损害的，由用人单位承担债权责任。用人单位承担侵权责任后，可以向有故意或重大过失的工作人员追偿。因此，甲的损失不应由司机承担，选项D错误。

4. 答案：C。根据《民法典》第821条的规定，承运人擅自降低服务标准的，应当根据旅客的请求退票或者减收票款；提高服务标准的，不得加收票款。故本题应选C。

5. 答案：B。根据《民法典》第835条的规定，货物在运输过程中因不可抗力灭失，未收取运费的，承运人不得请求支付运费；已经收取运费的，托运人可以请求返还。法律另有规定的，依照其规定。故选项B是正确的。

6. 答案：A。《民法典》第823条规定："承运人应当对运输过程中旅客的伤亡承担赔偿责任；但是，伤亡是旅客自身健康原因造成的或者承运人证明伤亡是旅客故意、重大过失造成的除外。前款规定适用于按照规定免票、持优待票或者经承运人许可搭乘的无票旅客。"由此可见，承运人对旅客的人身伤亡承担无过错责任，除非存在法定的免责事由。本题中，甲公交公司与丁之间存在有效的客运合同。司机虽是为了避让违章的行人丙而急刹车，但因不存在旅客自身疾病或故意、重大过失的免责事由，甲公交公司仍应当对乘客丁的重伤承担责任。故A选项正确。此外，丙虽违章闯红灯，但与丁的损害欠缺相当因果关系，无须对丁的损害承担侵权责任。乙开车是履行工作任务的职务行为，不存在过错，无须承担责任。故B、C、D项均错误。综上，本题的正确答案是A。

7. 答案：A。《民法典》第606条规定，出卖人出卖交由承运人运输的在途标的物，除当事人另有约定外，毁损、灭失的风险自合同成立时起由买受人承担。综上，本题的正确答案是A。

（二）多项选择题

1. 答案：AD。本题考查客运合同中承运人的安全运输义务。根据《民法典》第823条第1款的规定，承运人应当对运输过程中旅客的伤亡承担赔偿责任；但是，伤亡是旅客自身健康原因造成的或者承运人证明伤亡是旅客故意、重大过失造成的除外。本题中，B项属于乙的重大过失，C项属于丙的故意，承运人对由此造成的旅客伤亡均不承担赔偿责任。故本题应选AD。

2. 答案：BCD。根据《民法典》第814条的规定，客运合同自承运人向旅客出具客票时成立，但当事人另有约定或者另有交易习惯的除外。因此，客运合同是诺成合同，A项错误。根据《民法典》第817条前半句的规定，旅客随身携带行李应当符合约定的限量和品类要求。因此，B项正确。根据《民法典》第822条、823条的规定，承运人在运输过程中负有救助患有急病、分娩、遇险的旅客的义务，以及对运输过程中旅客伤亡负责的义务。因此，C、D两项也是正确的。

综上所述，本题应选ABCD。

3. 答案：AD。根据《民法典》第823条、第824条的规定，在客运合同中，承运人对旅客的人身安全承担无过错责任，而对旅客随身携带的行李承担过错责任。本题中，承运人对于甲丢失钱包一事不存在过错，故不负赔偿义务，A、D项正确。

4. 答案：BC。根据《民法典》第823条的规定，承运人应当对运输过程中旅客的伤亡承担赔偿责任；但是，伤亡是旅客自身健康原因造成的或者承运人证明伤亡是旅客故意、重大过失造成的除外。前述规定适用于按照规定免票、持优待票或者经承运人许可搭乘的无票旅客。本题中，B项属于旅客自身健康原因，C项属于旅客故意，承运人均可依法免责；而A项属于第三人的原因，D项属于免票乘车，均不是承运人违反安全运输义务，造成旅客伤亡的免责事由。故本题应选BC。

5. 答案：BC。根据《民法典》第827条、第835条、第836条之规定，正确答案为BC。

6. 答案：ABCD。《民法典》第823条规定："承运人应当对运输过程中旅客的伤亡承担赔偿责任；但是，伤亡是旅客自身健康原因造成的或者承运人证明伤亡是旅客故意、重大过失造成的除外。前款规定适用于按照规定免票、持优待票或者经承运人许可搭乘的无票旅客。"可见，客运合同中，承运人对旅客的人身伤亡承担无过错责任，且保护范围包括但不限于购票旅客。故本题应选ABCD。

7. 答案：AB。A项中的关键词为"没有过错"。承运人对旅客"自带物品"的损失承担过错责任。因此，如班车司机能证明其对交通事故的发生没有过错，则对于唐某的手机损失，客运公司可以免责。故A项说法正确，当选。B、C项中的关键词为"有权"和"自己承担"。承运人对旅客人身承担无过错损害赔偿责任，即使对于免票或持优待票的乘客亦需承担赔偿责任。因此，免票的小宝有权请求客运公司承担赔偿责任。故B项说法正确，当选；C项错误，不当选。D项中的关键词为"连带责任"。客运公司和轿车驾驶者蒋某事先并不存在"意思联络"，且任何一方的单独行为均不足以导致危害结果的发生。因此，二者系无意思联络的数人共同侵权中的原因力结合而非竞合，依法应承担按份责任，而非连带责任。故D项说法错误，不当选。

8. 答案：AB。A、D项：根据《民法典》第1208条的规定，机动车发生交通事故造成损害的，依照道路交通安全法律和《民法典》的有关规定承担赔偿责任。本题中已经交代，经认定，朱某对交通事故负全部责任，因此王某可以向朱某请求侵权损害赔偿，运输公司并无过错也并不对交通事故负责，因此A项正确，D项错误。王某与客运公司之间存在合法、有效的客运合同，根据《民法典》第823条的规定，承运人应当对运输过程中旅客的伤亡承担赔偿责任；但是，伤亡是旅客自身健康原因造成的或者承运人证明伤亡是旅客故意、重大过失造成的除外。本题中事故并不存在王某个人健康原因等免责事由，因此客运公司违约责任成立，B项正确。根据《民法典》第1191条的规定，用人单位的工作人员因执行工作任务造成他人损害的，由用人单位承担侵权责任。用人单位承担侵权责任后，可以向有故意或者重大过失的工作人员追偿。因此王某无法直接向钱某请求侵权损害赔偿，故C项错误。

简答题

一般情况下，合同的订立遵循自由意志原则。但为了衡平作为弱者的社会公众与往往处于垄断经营地位的公用企业或事业单位的利益，防止社会排斥现象出现，各国法律常常对公共服务的提供者设置了强制缔约义务。我国《民法典》第494条第2款、第3款规定："依照法律、行政法规的规定负有发出要约义务的当事人，应当及时发出合理的要约。依照法律、行政法规的规定负有作出承诺义务的当事人，不得拒绝对方合理的订立合同要求。"与之相对应，《民法典》第810条规定，从事公共运输的承运人不得拒绝旅客、托运人通常、合理的运输要求。这表明《民法典》限制了承运人承诺或不承诺的选择权利，为从事公共运输的承运人设定了强制承诺义务，禁止其单方面基于自己的意愿选择缔约对象，以确保社会公众可以平等地享受公共服务。强制缔约义务在例外情况下亦可被排除，譬如，承运人有确切证据证明如履行缔约义务可能对公共安全、公共利益等造成实际危害的，则可对特定对象拒绝履行缔约义务。

案例分析题

（1）货运合同（或运输合同）。

（2）无效。根据《民法典》第497条第2项的规定，提供格式条款一方不合理地免除或者减轻其责任、加重对方责任、限制对方主要权利的，该格式条款无效。本题中，"未保价的寄递包裹丢失或毁损的，不予赔偿"不合理地免除了因故意或者重大过失给对方造成财产损失的责任，且在性质上属于格式条款，为《民法典》第497条规定的格式条款或免责条款无效的情形。

（3）不应当。签订货物运输合同的双方当事人分别为陈某与飞狐速递公司，基于合同的相对性，野狼快递服务部非合同当事人，无须承担基于该合同产生的违约责任。

（4）成立。按照《民法典》的规定，未登记的动产物权的权利人请求返还财产的，受到诉讼时效限制。本题中，陈某在知道寄递包裹被宋某卷走后 3 年内未主张返还，宋某可以取得诉讼时效抗辩权。

论述题与深度思考题

《民法典》第 835 条规定：货物在运输过程中因不可抗力灭失，未收取运费的，承运人不得请求支付运费；已经收取运费的，托运人可以请求返还。法律另有规定的，依照其规定。根据本条规定，运费的风险应当由承运人负担。原因在于，托运人已经因货物的灭失而遭受了极大的损失，同时，运费是承运人按约定将货物运输至目的地的对价，货物因不可抗力灭失，未能运抵目的地的，承运人不负赔偿责任，若托运人已付之运费无法得到返还，则托运人遭受双重损失。从公平和诚实信用的角度来讲，法律应当允许托运人请求承运人返还已支付的运费，使风险得到合理分担。所以本条规定，已收取的运费，托运人可以请求返还。当然，如果其他法律对于运费的处理另有特别规定，依照其规定处理。

不过，随着国际货物运输的发展，这一规则开始受到质疑。在海上货物运输实践中，提单背面条款往往注明货方负有运费或其他费用之绝对义务，即使货物在运行过程中灭失，货方仍然要向承运方支付全额运费。另外，英美国家普遍采纳的规则是预付运费不退换的路径，而不论货物灭失之原因为何。换而言之，在海上货物运输实践中，承运人不承担预付运费之风险，但是如果灭失乃承运人所致，托运人可将预付运费作为其遭受损失的一部分向承运人索赔。

为了兼顾国际货物贸易运输的实践需求，《民法典》第 835 条增加了“法律另有规定的，依照其规定”的条款。不过，我国《海商法》对这一问题没有进行直接规范。在此背景下，在作为一般法的《民法典》中加入法律另有规定除外的规则，是否足以解决实践中的问题，仍然值得探讨。

第五十章　技术合同

知识逻辑图

- 技术合同
  - 技术合同的概念和特征
    - 概念：技术合同是指当事人间就技术开发、技术转让、技术许可、技术咨询或服务所订立的确立相互之间权利义务的合同
    - 特征
      - 标的物是技术成果和技术秘密
      - 法律调整具有多样性
      - 双务合同、有偿合同
      - 主体一方具有特定性
  - 技术合同的内容
  - 技术合同中价款、报酬和使用费的支付
  - 技术成果相关权利的归属
  - 完成技术成果人的署名权和取得荣誉权
  - 技术合同无效的特别规定
  - 技术合同的类型
    - 技术开发合同
    - 技术转让合同
    - 技术许可合同
    - 技术咨询合同
    - 技术服务合同

名词解释

1. 技术合同
2. 职务技术成果

选择题

（一）单项选择题

1. 甲公司委托乙公司开发一种浓缩茶汁的技术秘密成果，未约定成果使用权、转让权以及收益的分配办法。甲公司按照约定支付了研究开发费用。乙公司按约定时间开发出该技术秘密成果后，在没有向甲公司交付之前，将其转让给丙公司。下列哪种说法是正确的？（　　）（司考改编）

A. 该技术秘密成果的使用权只能属于甲公司

B. 该技术秘密成果的转让权只能属于乙公司

C. 甲公司和乙公司均有该技术秘密成果的使用权和转让权

D. 乙公司与丙公司的转让合同无效

2. 甲与乙签订了一份技术开发合同，在开发过程中出现技术困难，以目前的科学水平无法解决，导致甲的开发工作无法继续进行。那么关于风险的承担，下列说法正确的是（　　）。

A. 由甲承担

B. 由乙承担

C. 甲、乙共同合理分担

D. 甲承担主要责任，乙承担次要责任

3. 甲委托乙开发一套软件，乙完成后双方就权利、义务分担发生争议。下面说法中错误的是（　　）。

A. 乙享有申请专利的权利

B. 甲享有申请专利的权利

C. 甲可以免费使用该软件

D. 乙如果转让专利申请权的，甲可以优先受让

4. 甲公司与乙公司签订一份技术开发合同，未约定技术秘密成果的归属。甲公司按约支付了研究开发经费和报酬后，乙公司交付了全部技术成果资料。后甲公司在未告知乙公司的情况下，以普通使用许可的方式许可丙公司使用该技术，乙公司在未告知甲公司的情况下，以独占使用许可的方式许可丁公司使用该技术。下列哪一说法是正确的？（　　）（司考改编）

A. 该技术成果的使用权仅属于甲公司

B. 该技术成果的转让权仅属于乙公司

C. 甲公司与丙公司签订的许可使用合同无效

D. 乙公司与丁公司签订的许可使用合同无效

5. 甲厂与乙研究所订立了一份技术转让合同，合同未约定后续技术成果的分享办法。一年后，该研究所对原有技术进行了改造，研制出新的技术。对于该技术，甲厂享有何种权利？（　　）

A. 甲厂可以有偿使用该技术

B. 甲厂可以无偿使用该技术

C. 甲厂对该技术享有优先受让权

D. 甲厂对该技术无任何权利

6. 甲公司与乙公司签订一份专利实施许可合同，约定乙公司在专利有效期限内独占实施甲公司的专利技术，并特别约定乙公司不得擅自改进该专利技术。后乙公司根据消费者的反馈意见，在未经甲公司许可的情形下对专利技术作了改进，并对改进技术采取了保密措施。下列哪一说法是正确的？（　　）（司考改编）

A. 甲公司有权自己实施该专利技术

B. 甲公司无权要求分享改进技术

C. 乙公司改进技术侵犯了甲公司的专利权

D. 乙公司改进技术属于违约行为

7. 甲、乙两公司约定：甲公司向乙公司支付5万元研发费用，乙公司完成某专用设备的研发生产后双方订立买卖合同，将该设备出售给甲公司，价格暂定为100万元，具体条款另行商定。乙公司完成研发生产后，却将该设备以120万元的价格卖给丙公司，甲公司得知后提出异议。对于此案，下列哪一选项是正确的？（　　）（司考改编）

A. 甲、乙两公司之间的协议系承揽合同

B. 甲、乙两公司之间的协议系附条件的买卖合同

C. 乙、丙两公司之间的买卖合同无效

D. 甲公司可请求乙公司承担违约责任

8. 甲公司向乙公司转让了一项技术秘密。技术转让合同履行完毕后，经查该技术秘密是甲公司通过不正当手段从丙公司获得的，但乙公司对此并不知情，且支付了合理对价。下列哪一表述是正确的？（　　）（法考改编）

A. 技术转让合同有效，但甲公司应向丙公司承担侵权责任

B. 技术转让合同无效，甲公司和乙公司应向丙公司承担连带责任

C. 乙公司可在其取得时的范围内继续使用该技术秘密，但应向丙公司支付合理的使用费

D. 乙公司有权要求甲公司返还其支付的对价，但不能要求甲公司赔偿其因此受到的损失

9. 甲、乙、丙三人合作开发一项技术，合同中未约定权利归属。该项技术开发完成后，甲、丙想要申请专利，而乙主张通过商业秘密来保护。对此，下列哪些选项是正确的？（　　）（司考）

A. 甲、丙不得申请专利

B. 甲、丙可申请专利，申请批准后专利权归甲、乙、丙共有

C. 甲、丙可申请专利，申请批准后专利权归甲、丙所有，乙有免费实施的权利

D. 甲、丙不得申请专利，但乙应向甲、丙支付补偿费

（二）多项选择题

1. 下列属于职务技术成果的是（　　）。

A. 履行法人或者非法人组织的岗位职责所完成的成果

B. 离职后1年内继续从事与原所在法人或者非法人组织的岗位职责相同的工作所完成的成果

C. 职工大部分利用法人或者非法人组织资金、设备等所完成的成果

D. 实质性内容是法人或者非法人组织尚未公开的技术成果

2.《民法典》第850条规定的“非法垄断技术”是指合同（　　）。

A. 限制他方在合同标的技术的基础上进行新的研究开发

B. 限制他方从其他渠道吸收技术
C. 禁止他方根据市场需求充分、合理地实施专利和使用非专利技术
D. 限制他方实施专利或使用专利技术的地区

3. 完成技术成果的个人享有以下哪些权利？（　　）
A. 取得荣誉证书
B. 取得奖励
C. 就完成的非职务技术成果订立技术合同
D. 在有关技术成果文件上写明自己是技术成果完成者

4. 甲和乙合作开发了一项排版技术，双方没有约定专利申请权的归属，那么下列说法错误的是（　　）。
A. 该排版技术的专利申请权属于甲与乙共有
B. 甲如果转让该技术，乙无权优先受偿
C. 乙放弃专利申请权的，甲可以单独申请专利权
D. 乙放弃专利申请权后，无权再免费实施该专利

5. 有关专利实施许可，下列说法正确的是（　　）。
A. 专利权人甲将其专利许可乙实施，且自己都不得实施的，称为排他实施许可
B. 专利权人甲将其专利许可乙实施，且自己都不得实施的，称为独占实施许可
C. 专利权人甲将其专利许可乙实施，且自己可以实施的，称为排他实施许可
D. 专利权人甲将其专利许可乙实施，同时允许乙许可第三人实施的，称为普通实施许可

6. 甲公司非法窃取竞争对手乙公司最新开发的一项技术秘密成果，与丙公司签订转让合同，约定丙公司向甲公司支付一笔转让费后可以拥有并使用该技术秘密。乙公司得知后，主张甲、丙公司间的合同无效，并要求赔偿损失。下列哪些说法是正确的？（　　）（司考改编）
A. 如丙公司不知道或不应当知道甲公司窃取技术秘密的事实，则甲、丙公司间的合同有效
B. 如丙公司为善意，其有权继续使用该技术秘密，乙公司不得要求丙公司支付费用，只能要求甲公司承担责任
C. 如丙公司明知甲公司窃取技术秘密的事实仍与其订立合同，其不得继续使用该技术秘密，并应当与甲公司承担连带赔偿责任
D. 不论丙公司取得该技术秘密权时是否为善意，该技术转让合同均无效

7. 技术咨询合同包括（　　）。
A. 就特定技术项目提供可行性论证而签订的合同
B. 就特定技术项目提供技术预测而签订的合同
C. 就特定技术项目提供专题技术调查而签订的合同
D. 就特定技术项目提供分析评价报告而签订的合同

简答题

1. 简述技术合同无效的特别情形。
2. 简述技术开发合同中技术成果权益的归属。

论述题与深度思考题

试述技术委托开发合同的效力。

参考答案

名词解释

1. 技术合同，是指当事人之间就技术开发、技术转让、技术咨询或者服务所订立的确立相互之间权利和义务的合同的总称。

2. 职务技术成果是执行法人或者非法人组织的工作任务，或者主要是利用法人或者非法人组织的物质技术条件所完成的技术成果。职务技术成果主要包括以下两类：(1) 执行法人或者非法人组织的工作任务所完成的技术成果。“执行法人或者非法人组织的工作任务”既包括工作人员从事他的本职工作，也包括履行法人或者非法人组织交付的本职工作以外的任务。(2) 主要是利用法人或者非法人组织的物质技术条件所完成的技术成果。

选择题

（一）单项选择题

1. 答案：C。根据《民法典》第 861 条的规定，委托开发或者合作开发完成的技术秘密成果的使用权、转让权以及收益的分配办法，由当事人约定。没有约定或者约定不明确，依照《民法典》第 510 条的规定

仍不能确定的，在没有相同技术方案被授予专利权前，当事人均有使用和转让的权利，但委托开发的研究开发人不得在向委托人交付研究开发成果之前，将研究开发成果转让给第三人。因此，C项正确。

2. 答案：C。根据《民法典》第858条的规定，技术开发合同履行过程中，因出现无法克服的技术困难，致使研究开发失败或者部分失败的，该风险由当事人约定；没有约定或者约定不明确，依据《民法典》第510条的规定仍不能确定的，风险由当事人合理分担。当事人一方发现前述规定的可能致使研究开发失败或者部分失败的情形时，应当及时通知另一方并采取适当措施减少损失；没有及时通知并采取适当措施，致使损失扩大的，应当就扩大的损失承担责任。由此可知，本题中技术开发合同不能实现的风险应该由甲和乙合理分担，C项为正确答案。

3. 答案：B。根据《民法典》第859条的规定，委托开发完成的发明创造，除法律另有规定或者当事人另有约定外，申请专利的权利属于研究开发人。研究开发人取得专利权的，委托人可以依法实施该专利。研究开发人转让专利申请权的，委托人享有以同等条件优先受让的权利。因此，B项正确。

4. 答案：D。根据《民法典》第861条的规定，委托开发或者合作开发完成的技术秘密成果的使用权、转让权以及收益的分配办法，由当事人约定。没有约定或者约定不明确，依照《民法典》第510条的规定仍不能确定的，在没有相同技术方案被授予专利权前，当事人均有使用和转让的权利，但委托开发的研究开发人不得在向委托人交付研究开发成果之前，将研究开发成果转让给第三人。本题中，甲公司委托乙公司开发一项技术秘密，但并未约定该技术秘密成果的使用权、转让权以及收益的分配办法，且依照《民法典》第510条的规定也无法确定。因此，甲公司与乙公司均享有该技术秘密的使用权和转让权。故A、B项错误。

根据最高人民法院《关于审理技术合同纠纷案件适用法律若干问题的解释》第20条的规定，所谓"当事人均有使用和转让的权利"，包括当事人均有不经对方同意而自己使用或者以普通使用许可的方式许可他人使用技术秘密，并独占由此所获利益的权利。当事人一方将技术秘密成果的转让权让与他人，或以独占或者排他使用许可的方式许可他人使用技术秘密，未经对方当事人同意或者追认的，应当认定该让与或者许可行为无效。本题中，甲公司与丙公司之间是普通许可使用关系，故合同有效；而乙公司与丁公司之间是独占许可使用关系，故合同无效。因此，C项错误，D项正确。

综上所述，本题应选D。

5. 答案：D。根据《民法典》第875条的规定，当事人可以按照互利的原则，在合同中约定实施专利、使用技术秘密后续改进的技术成果的分享办法；没有约定或者约定不明确，依据《民法典》第510条的规定仍不能确定的，一方后续改进的技术成果，其他各方无权分享。

6. 答案：B。根据最高人民法院《关于审理技术合同纠纷案件适用法律若干问题的解释》第25条第1款第1项的规定，独占实施许可是指许可人在约定许可实施专利的范围内，将该专利仅许可一个被许可人实施，许可人依约定不得实施该专利。本题中，甲公司与乙公司之间是独占实施许可关系，因此，甲公司无权实施该专利技术。故A项错误。

根据《民法典》第875条的规定，当事人可以按照互利的原则，在合同中约定实施专利、使用技术秘密后续改进的技术成果的分享办法；没有约定或者约定不明确，依照《民法典》第510条的规定仍不能确定的，一方后续改进的技术成果，其他各方无权分享。本题中，甲公司与乙公司对后续改进的技术成果分享办法未作约定，亦无法确定，故应由作为研发一方的乙公司独享。因此B项正确。

根据《民法典》第850条的规定，非法垄断技术或者侵害他人技术成果的技术合同无效。另外，根据最高人民法院《关于审理技术合同纠纷案件适用法律若干问题的解释》第10条第1项的规定，限制当事人一方在合同标的技术基础上进行新的研究开发或者限制其使用所改进的技术，即属于《民法典》第850条所称的"非法垄断技术"。由此可知，本题中关于"乙公司不得擅自改进该专利技术"的约定属于非法垄断技术的情形，该约定因违反法律的效力性强制性规定而绝对无效，故乙公司改进技术并未违约，也不构成侵权。故C、D项错误。

综上所述，本题应选B。

7. 答案：D。A项：根据《民法典》第770条的规定，承揽合同是承揽人按照定作人的要求完成工作，交付工作成果，定作人给付报酬的合同。承揽包括加工、定作、修理、复制、测试、检验等工作。本题中，乙公司完成某专用设备的研发生产后并非将工作成果交付给甲公司，因此甲、乙之间的合同不属于承揽合同。故A项错误。

B项：根据《民法典》第158条的规定，民事法律行为可以附条件，但是根据其性质不得附条件的除外。附生效条件的民事法律行为，自条件成就时生效。附解除条件的民事法律行为，自条件成就时失效。由此可知，所谓附条件的合同，其所附“条件”须对合同的效力产生影响。本题中，该合同约定“乙公司完成某专用设备的研发生产后双方订立买卖合同，将该设备出售给甲公司”，由此可知，乙公司完成设备的研发生产这一“条件”影响的是买卖合同的“订立”，而非买卖合同的效力，因此甲、乙公司之间的协议并非附条件的买卖合同。故B项错误。

C项：合同行为归于无效，存在绝对无效和相对特定第三人无效两种情形。根据《民法典》第153条的规定，绝对无效的合同可概括为两种类型：一是违反法律、行政法规的强制性规定的合同行为，但是，该强制性规定不导致该合同行为无效的除外；二是违背公序良俗的合同行为，即虽未违反法律、行政法规的强制性规定，但是存在其他损害公共利益情形的合同行为。相对特定第三人无效的合同行为，仅损害特定第三人的利益，合同相对合法权益被损害的第三人无效，在合同当事人之间仍然有效。《民法典》第154条规定的“行为人与相对人恶意串通，损害他人合法权益的民事法律行为”即属相对特定第三人无效的情形。本题中，乙、丙公司之间的买卖合同并不存在上述合同行为无效的情形，不应被认定为无效合同。故C项错误。

D项：乙公司违反与甲公司的约定将设备卖给丙公司，应对甲公司承担违约责任。故D项正确。

综上所述，本题应选D。

8. 答案：C。本题考查技术合同的无效。A项：考查技术合同的无效。非法垄断技术、妨碍技术进步或侵害他人技术成果的技术合同无效。据此可知，甲公司与乙公司签订的技术秘密转让合同因侵害丙公司的技术成果而无效。故A项表述错误，不当选。

B项：考查共同侵权。乙公司对甲公司通过不正当手段从丙公司获得技术秘密并不知情，系善意的。因此，此时的侵权责任应由让与人甲公司单独承担，而并非由甲公司和乙公司向丙公司承担连带责任。故B项表述错误，不当选。

C项：考查技术秘密的继续使用。侵害他人技术秘密的技术合同被确认无效后，除法律、行政法规另有规定的以外，善意取得该技术秘密的一方当事人可以在其取得时的范围内继续使用该技术秘密，但应当向权利人支付合理的使用费并承担保密义务。本题中，由于乙公司对甲公司转让的技术秘密侵害丙公司的技术成果并不知情且支付了合理对价，属于善意取得，因此，乙公司可以在其取得时的范围内继续使用该技术秘密，但应向丙公司支付合理的使用费。故C项表述正确，当选。

D项：考查无效民事法律行为的法律效果。技术转让合同无效后，乙公司有权基于不当得利要求甲公司返还其支付的对价。同时，由于合同无效的原因系甲的过错所导致，因此，乙公司能要求甲公司赔偿据此受到的损失。故D项表述错误，不当选。

因此，本题正确答案为C。

9. 答案：A。根据《民法典》第860条的规定，合作开发完成的发明创造，申请专利的权利属于合作开发的当事人共有；当事人一方转让其共有的专利申请权的，其他各方享有以同等条件优先受让的权利。但是，当事人另有约定的除外。合作开发的当事人一方声明放弃其共有的专利申请权的，除当事人另有约定外，可以由另一方单独申请或者由其他各方共同申请。申请人取得专利权的，放弃专利申请权的一方可以免费实施该专利。合作开发的当事人一方不同意申请专利的，另一方或者其他各方不得申请专利。题干已经交代乙主张通过商业秘密来保护专利，因此其他各方也无法申请专利，A项正确，B、C、D错误。

（二）多项选择题

1. 答案：ABCD。根据最高人民法院《关于审理技术合同纠纷案件适用法律若干问题的解释》第2条和第4条的规定，A、B、C、D四项均属于职务技术成果的范围。

2. 答案：ABC。根据最高人民法院《关于审理技术合同纠纷案件适用法律若干问题的解释》第10条的规定，A、B、C三项都是正确的。D项：知识产权本来就有地域性，限制他人实施技术的地区是合法的，不属于“非法垄断技术”。

3. 答案：ABCD。根据《民法典》第848、849条的规定，非职务技术成果的使用权、转让权属于完成技术成果的个人，完成技术成果的个人可以就该项非职务技术成果订立技术合同。完成技术成果的个人享有在有关技术成果文件上写明自己是技术成果完成者的权利和取得荣誉证书、奖励的权利。故A、B、C、D项均正确。

4. 答案：BD。根据《民法典》第860条的规定，合作开发完成的发明创造，申请专利的权利属于合作开发的当事人共有；当事人一方转让其共有的专利申请权的，其他各方享有以同等条件优先受让的权利。但是，当事人另有约定的除外。合作开发的当事人一方声明放弃其共有的专利申请权的，除当事人另有约定外，可以由另一方单独申请或者由其他各方共同申请。申请人取得专利权的，放弃专利申请权的一方可以免费实施该专利。合作开发的当事人一方不同意申请专利的，另一方或者其他各方不得申请专利。因此，A、C项正确，B、D项错误。本题为选非题，应选BD。

5. 答案：BCD。根据最高人民法院《关于审理技术合同纠纷案件适用法律若干问题的解释》第25条的规定，专利实施许可包括以下方式：（1）独占实施许可，是指许可人在约定许可实施专利的范围内，将该专利仅许可一个被许可人实施，许可人依约定不得实施该专利；（2）排他实施许可，是指许可人在约定许可实施专利的范围内，将该专利仅许可一个被许可人实施，但许可人依约定可以自行实施该专利；（3）普通实施许可，是指许可人在约定许可实施专利的范围内许可他人实施该专利，并且可以自行实施该专利。当事人对专利实施许可方式没有约定或者约定不明确的，认定为普通实施许可。专利实施许可合同约定被许可人可以再许可他人实施专利的，认定该再许可为普通实施许可，但当事人另有约定的除外。故本题应选BCD。

6. 答案：CD。本题涉及技术秘密转让合同。A、D项：根据《民法典》第850条的规定，非法垄断技术或者侵害他人技术成果的技术合同无效。本题中，甲公司非法窃取乙公司开发的技术秘密成果，无论丙公司是否知情，其与甲公司所签订的技术秘密转让合同均因违反法律的效力性强制性规定而绝对无效。因此，A项错误、D项正确。B、C项：最高人民法院《关于审理技术合同纠纷案件适用法律若干问题的解释》第12条规定：“根据民法典第八百五十条的规定，侵害他人技术秘密的技术合同被确认无效后，除法律、行政法规另有规定的以外，善意取得该技术秘密的一方当事人可以在其取得时的范围内继续使用该技术秘密，但应当向权利人支付合理的使用费并承担保密义务。当事人双方恶意串通或者一方知道或者应当知道另一方侵权仍与其订立或者履行合同的，属于共同侵权，人民法院应当判令侵权人承担连带赔偿责任和保密义务，因此取得技术秘密的当事人不得继续使用该技术秘密。”据此，B项错误、C项正确。

综上所述，本题应选CD。

7. 答案：ABCD。根据《民法典》第878条的规定，技术咨询合同是当事人一方以技术知识为对方就特定技术项目提供可行性论证、技术预测、专题技术调查、分析评价报告等所订立的合同。技术服务合同是当事人一方以技术知识为对方解决特定技术问题所订立的合同，不包括承揽合同和建设工程合同。因此，A、B、C、D四项均是正确的。

简答题

1. 依据《民法典》第850条的规定，非法垄断技术或者侵害他人技术成果的技术合同无效。依据最高人民法院《关于审理技术合同纠纷案件适用法律若干问题的解释》（2020年修正）第10条的规定，这里所谓的非法垄断技术包括：第一，限制当事人一方在合同标的技术基础上进行新的研究开发或者限制其使用所改进的技术，或者双方交换改进技术的条件不对等，包括要求一方将其自行改进的技术无偿提供给对方、非互惠性转让给对方、无偿独占或者共享该改进技术的知识产权；第二，限制当事人一方从其他来源获得与技术提供方类似技术或者与其竞争的技术；第三，阻碍当事人一方根据市场需求，按照合理方式充分实施合同标的技术，包括明显不合理地限制技术接受方实施合同标的技术生产产品或者提供服务的数量、品种、价格、销售渠道和出口市场；第四，要求技术接受方接受并非实施技术必不可少的附带条件，包括购买非必需的技术、原材料、产品、设备、服务以及接收非必需的人员等；第五，不合理地限制技术接受方购买原材料、零部件、产品或者设备等的渠道或者来源；第六，禁止技术接受方对合同标的技术知识产权的有效性提出异议或者对提出异议附加条件。

2. 技术开发合同中技术成果权益的归属的确定，应遵循以下规则。

（1）委托开发所完成的技术成果，如属可申请专利的，申请专利的权利在一般情况下归研究开发方，但法律另有规定或当事人另有约定的除外（《民法典》第 859 条）。但当事人约定申请专利的权利归委托方或由双方当事人共同行使的，从其约定。委托开发所完成的技术成果，如属不可申请专利的，或虽可申请专利，但当事人不欲申请专利的，则对于此项技术秘密成果，一般情况下当事人各方都有使用、转让和收益的权利。当事人就此另有约定的，从其约定。

（2）合作开发所完成的技术成果，如属可申请专利的，申请专利的权利属于合作开发的当事人共有。当事人约定归其中一方或几方所有的，从其约定。合作开发所完成的技术成果，如属不可申请专利的，或虽可申请专利但当事人不欲申请专利的，对于此项技术秘密成果，合作开发的各方当事人均有使用、转让、收益的权利。当事人就此另有约定的，从其约定。

依据最高人民法院《关于审理技术合同纠纷案件适用法律若干问题的解释》（2020 年修正）第 20 条的规定，对于技术秘密，所谓技术开发合同的“当事人均有使用和转让的权利”，包括当事人均有不经对方同意而自己使用或者以普通使用许可的方式许可他人使用技术秘密，并独占由此所获利益的权利。当事人一方将技术秘密成果的转让权让与他人，或者以独占或者排他使用许可的方式许可他人使用技术秘密，未经对方当事人同意或者追认的，应当认定该让与或者许可行为无效。

论述题与深度思考题

技术委托开发合同的效力如下：

（1）技术委托开发合同中委托人的义务。

1）按照合同约定支付研究开发费用和报酬。除合同另有约定外，委托人应当提供全部研究开发费用。研究开发报酬是指研究开发成果的使用费和研究开发人员的科研补贴。委托方应按合同约定按时支付报酬。委托人迟延支付研究开发经费，造成研究工作停滞、延误的，研究开发方不承担迟延责任。

2）按照约定提供技术资料、原始数据，完成协作事项。委托方应依合同的约定，向研究开发方提供研究开发所需要的技术资料、原始数据，并完成其他协作事项。在研究开发中，应研究开发方的要求，委托方应补充必要的背景材料和数据，但只以研究开发方履行合同所必需的范围为限。委托方不依合同的约定及时提供技术资料、原始数据，完成协作事项，或者所提供的技术资料、原始数据或协作事项有重大缺陷，导致研究开发工作停滞、延误、失败的，委托方应当承担责任。

3）接受研究开发成果。委托方应当按期接受研究开发方完成的研究开发成果。委托方不及时接受研究开发方交付的已完成的成果时，应承担违约责任并支付保管费用。经研究开发方催告并经过合理期间委托方仍拒绝接受的，研究开发方有权处分研究开发成果，从所得收益中扣除约定的报酬、违约金和保管费；如所得收益不足以抵偿上述款项，则研究开发方有权请求委托方赔偿损失。

（2）技术委托开发合同中研究开发方的义务。

1）依约亲自制订和实施研究开发计划。研究开发方应当按照合同的约定亲自履行研究开发的合同义务，制订和实施研究开发计划。研究开发方不亲自履行研究开发义务的，委托方有权解除合同并请求返还研究开发经费和赔偿损失。

2）合理使用研究开发费用。研究开发方在完成研究开发工作中应当依合同的约定合理使用研究开发费用。研究开发方将研究开发费用用于履行合同以外的目的的，委托方有权制止并要求其退还，以用于研究开发工作。由此造成研究开发工作停滞、延误或失败的，研究开发方应支付违约金或赔偿损失；经委托方催告并经合理期间，研究开发方仍不退还费用以用于研究开发工作的，委托方有权解除合同并请求损害赔偿。

3）按期完成研究开发工作并交付成果。研究开发方应当按照合同约定的条件按期完成研究开发工作，及时组织验收并将工作成果交付委托方。研究开发方在完成研究开发工作中不得擅自变更标的的内容、形式和要求。

4）研究开发方的后续义务。研究开发方依照合同约定完成研究开发工作并交付工作成果时，还应当提供有关的技术资料，并给予必要的技术指导，对委托方人员进行技术培训，帮助委托方掌握该项技术成果。研究开发方不得向第三人泄露技术开发成果的技术秘密，不得向第三人提供该项技术成果，但当事人另有约定或法律另有规定的除外。

第五十一章　保管合同

知识逻辑图

- 保管合同
  - 保管合同的概念和特征
    - 概念：双方当事人约定一方当事人保管另一方当事人交付的物品，并返还该物的合同
    - 特征
      - 实践合同
      - 无偿、双务、不要式合同
  - 保管合同自保管物交付时成立，合同另有约定的除外
  - 保管合同的效力
    - 保管人的义务
      - 出具保管凭证
      - 保管保管物
      - 不得使用或许可他人使用保管物
      - 危险通知义务
      - 返还保管物义务
    - 寄存人的义务
      - 支付保管费和返还必要保管费用
      - 告知义务
      - 声明义务

名词解释

1. 保管合同
2. 危险通知义务

选择题

（一）单项选择题

1. 甲欲与乙订立一份保管合同，下列说法正确的是（　　）。

A. 只有甲将要保管的物品交给乙，保管合同才成立

B. 甲和乙达成一致，保管合同就告成立

C. 乙将保管凭证交付给甲，保管合同才告成立

D. 只有以书面方式订立，保管合同才能成立

2. 甲去外地出差，将自己的一台电脑交给好友乙保管。后楼群失火殃及乙家，乙的私有财产包括该电脑在内均被损毁，现甲欲追究乙的责任，那么（　　）。

A. 乙应当承担赔偿责任

B. 失火不是因乙的重大过失引起的，乙无须承担赔偿责任

C. 甲应和乙共同承担责任

D. 乙负主要责任，甲负次要责任

3. 寄存人寄存货币、有价证券或其他贵重物品的，应向保管人声明，未声明的，该物品毁损灭失的（　　）。

A. 保管人不承担赔偿责任

B. 保管人应赔偿寄存人的全部损失

C. 保管人可以按照一般物品予以赔偿

D. 保管人应赔偿寄存人的直接损失

4. 甲因装修房屋，把一批古书交给朋友王某代为保管，王某将古书置于床下。一日，王某楼上住户家水管被冻裂，水流至王某家，致甲的古书严重受损。对此，下列说法正确的是（　　）。（司考改编）

A. 王某具有过失，应当负担全部赔偿责任

B. 王某具有过失，应给予适当赔偿

C. 此事对王某而言属不可抗力，王某不应赔偿

D. 王某系无偿保管且无重大过失，不应赔偿

（二）多项选择题

1. 下列关于保管合同的说法正确的是（　　）。

A. 寄存人可以随时领取保管物

B. 保管期间的孳息归寄存人所有

C. 保管可替代物的，可以按照约定返还相同种类、品质、数量的物品

D. 保管人可以在寄存人未支付保管费用时，留置保管物

2. 关于保管合同和仓储合同，下列哪些说法是错误的？（　　）（法考）

A. 都是有偿合同

B. 都是实践性合同

C. 寄存人和存货人均有权随时提取保管物或仓储物，且无须承担责任

D. 因保管人保管不当造成保管物或者仓储物毁损、灭失的，保管人承担严格责任

3. 管某一直在高价收购当代画家方某的画作，包某知悉后声称自己收藏了一幅罕见的方某的《春闻秋意图》，但实际是其替朋友花某临时保管的，管某不知情向其购买，管某当日与包某缔结买卖合同，约定管某应在7日内支付全款，付款完后次日包某应交付画作，不料管某次日获悉包某是代为保管。关于该画作及其买卖合同。根据《民法典》，哪些选项是正确的？（　　）（法考）

A. 该画作的著作权属于所有权人花某

B. 如果包某无法交付，管某可以主张解除合同

C. 管某可以中止付款，除非包某提出担保

D. 如果管某未在7日内完成付款，则构成违约

简答题

简述保管合同的主要特征。

论述题与深度思考题

试述保管人的主要义务。

参考答案

名词解释

1. 保管合同是保管人保管寄存人交付的保管物并返还该物的合同。除了传统的保管合同，《民法典》第888条第2款规定：“寄存人到保管人处从事购物、就餐、住宿等活动，将物品存放在指定场所的，视为保管，但是当事人另有约定或者另有交易习惯的除外。”

2. 危险通知义务，是指当第三人对保管人提起诉讼就保管物主张权利，或者对保管物申请扣押时，保管人应当将上述可能危及保管物的情况及时通知寄存人。

选择题

（一）单项选择题

1. 答案：A。本题考查保管合同的成立和形式。保管合同是保管人保管寄存人交付的保管物，并返还该物的合同。根据《民法典》第890条的规定，保管合同自保管物交付时成立，但是当事人另有约定的除外。因此，A项正确、B项错误。

此外，根据《民法典》第891条的规定，寄存人向保管人交付保管物的，保管人应当出具保管凭证，但是另有交易习惯的除外。结合上述第890条的规定可知，保管凭证的给付，既非保管合同成立的要件，也非保管合同的书面形式，且法律亦未规定保管合同必须或者应当采取特定的形式，因此保管合同为不要式合同。故C项、D项错误。

综上所述，本题应选A。

2. 答案：B。根据《民法典》第897条的规定，保管期内，因保管人保管不善造成保管物毁损、灭失的，保管人应当承担赔偿责任。但是，无偿保管人证明自己没有故意或者重大过失的，不承担赔偿责任。本题中，甲、乙之间是无偿保管合同关系，保管物的毁损并非因保管人的重大过失造成，因此无偿保管人乙不承担赔偿责任。

3. 答案：C。根据《民法典》第898条的规定，寄存人寄存货币、有价证券或者其他贵重物品的，应当向保管人声明，由保管人验收或者封存；寄存人未声

明的，该物品毁损、灭失后，保管人可以按照一般物品予以赔偿。故本题应选C。

4. 答案：D。根据《民法典》第897条的规定，保管期内，因保管人保管不善造成保管物毁损、灭失的，保管人应当承担赔偿责任。但是，无偿保管人证明自己没有故意或者重大过失的，不承担赔偿责任。本题中，古书的损坏明显不是由于王某的重大过失或故意造成的，因此王某不承担赔偿责任。

（二）多项选择题

1. 答案：ABCD。根据《民法典》第899条、第900条、第901条、第903条的规定，A、B、C、D项均是正确的。

2. 答案：ABCD。A项中的关键词为“都是”。保管合同既可以是有偿的，也可以是无偿的；仓储合同都是有偿的。故A项错误，当选。B项中的关键词为“都是”。保管合同自保管物交付时成立，为实践性合同；仓储合同为诺成性合同。故B项错误，当选。C项中的关键词为“均”。寄存人可以随时领取寄存物而无须承担责任；在仓储合同中，只有在当事人对储存期间没有约定或约定不明确的情况下，存货人才可以随时提取仓储物。故C项错误，当选。D项中的关键词为“严格责任”。保管合同和仓储合同均采用“过错责任原则”，而非严格责任（无过错责任）。故D项错误，当选。

3. 答案：BC。A项考查著作权的归属，关键词为“花某”。画作的所有权人仅享有展览权和物权。画作的著作权归完成作品的人，即画家方某。故A项说法错误，不当选。B项考查无权处分买卖合同的效力和合同解除权，关键词为“可以”。无权处分，不影响买卖合同的效力。包某将代为保管的花某的画作出卖给管某的行为系无权处分，买卖合同合法、有效。对于尚未履行完毕且合法、有效的合同，只有达到“根本违约”的程度，即导致合同目的无法实现方能解除合同。本题中，如包某无法交付，将导致管某的合同目的无法实现，即根本违约。因此，非违约方管某可以解除合同。故B项说法正确，当选。C、D项考查不安抗辩权，关键词为“中止”。包某和管某签订的画作买卖合同系“双务合同”，且按照合同约定，管某先履行（先付款），包某后履行（后交画）。作为先履行一方的管某享有不安抗辩权，在支付全款前，管某获悉包某是代为保管，即存在不能履行的可能。因此，管某有权行使不安抗辩权，通知包某（后履行一方）中止履行，并不构成违约。除非包某提供担保，管某才需继续履行。故C项说法正确，当选；D项说法错误，不当选。综上所述，本题的正确答案为BC。

简答题

保管合同有以下特征：首先，保管合同属于双方民事法律行为，保管合同需要保管人和寄存人就物品保管的意思表示达成一致；其次，保管合同是实践合同，除双方当事人意思表示一致外，寄存人将保管物交付保管人是保管合同的成立要件；再次，保管合同以保管物品为目的，通常而言保管指占有保管物并维持原状，不包括对保管物进行改良、利用和处分，除消费保管合同外不发生保管物所有权的转移变动；又次，保管合同为不要式合同，双方当事人无须采用特定形式订立保管合同；最后，根据不同的合同内容，保管合同既可以是有偿合同、双务合同，也可以是无偿合同、单务合同。

论述题与深度思考题

保管合同是实践合同，保管合同自保管物交付时成立，但是当事人另有约定的除外。保管合同成立后，保管人具有如下义务。

（1）出具保管凭证。

除非另有交易习惯，寄存人向保管人交付保管物时，保管人应当给付保管凭证。但是，保管人出具保管凭证不是保管合同成立的形式要件，是否给付保管凭证不影响保管合同的成立。保管凭证也非保管合同的书面形式。

（2）保管保管物。

1）妥善保管保管物的义务。保管合同以物品的保管为直接和主要目的，因而妥善保管保管物是保管人应当履行的主要义务，该义务不受保管有偿与否的影响，保管有偿与否只是对义务的履行标准或注意义务标准存在影响。

2）亲自保管保管物的义务。保管人不得将保管物转交第三人保管，但是当事人另有约定的除外。保管人违反规定，将保管物转交第三人保管，造成保管物损失的，保管人应当承担赔偿责任。保管人须亲自为保管行为，除当事人另有约定外，不得将保管义务转托给他人履行。

（3）不得使用或许可他人使用保管物的义务。

保管人不得使用或者许可第三人使用保管物，但是当事人另有约定的除外。其原因在于，保管合同的目的是对物品进行保管而非管理，不包括对保管物的使用、改良甚至处分。保管旨在维持保管物的原有状态。对保管物的使用在一定程度上会减损其自身价值、功效或使用寿命，增加保管物毁损、灭失的风险，因此，原则上禁止使用保管物。

（4）危险通知义务。

第三人对保管人提起诉讼或者对保管物申请扣押的，保管人应当及时通知寄存人。此为保管合同中保管人的危险通知义务。这里的危险，是指保管物罹于诉讼的情形。危险通知义务，是指当第三人对保管人提起诉讼就保管物主张权利，或者对保管物申请扣押时，保管人应当将上述可能危及保管物的情况及时通知寄存人。

（5）返还保管物的义务。

在保管合同期限届满或者寄存人提前领取保管物时，保管人应及时返还保管物。当事人对保管期限没有约定或者约定不明确的，保管人可以随时请求寄存人领取保管物；约定了保管期限的，保管人无特别事由，不得请求寄存人提前领取保管物。保管期限届满或者寄存人提前领取保管物的，保管人应当将原物及其孳息归还寄存人。返还地点一般应为保管地，保管人并无送交的义务，当事人另有约定的除外。

第五十二章　仓储合同

知识逻辑图

- 仓储合同
  - 仓储合同的概念和特征
  - 仓储合同是诺成合同，自双方当事人达成合意时成立
  - 仓储合同的效力
    - 保管人的义务
      - 出具仓单、入库单等凭证
      - 接收、验收义务
      - 通知义务
      - 妥善保管义务
      - 容忍义务
    - 寄存人的义务
      - 说明义务
      - 提取仓储物的义务

名词解释

1. 仓储合同
2. 容忍义务
3. 仓单

选择题

（一）单项选择题

甲在乙仓库存放了一批货物，下列说法正确的是（　　）。

A. 乙如果发现货物有变质的情况应该及时通知甲

B. 甲提前提取货物，可以要求乙减少仓储费

C. 甲超过期限没有提取货物，乙可以处分该货物

D. 货物遇到紧急情况，乙可以作出必要的处置，而无须通知甲

（二）多项选择题

1. 下列关于仓储合同的说法正确的是（　　）。

A. 仓储合同为实践合同

B. 仓储合同为双务合同

C. 仓储合同为不要式合同

D. 仓储合同货物的交付或返还以仓单为凭证

2. 以下关于保管合同和仓储合同区别的表述中正确的是（　　）。

A. 保管合同是无偿合同，仓储合同是有偿合同

B. 保管合同是要物合同，仓储合同是诺成合同

C. 保管合同是不要式合同，仓储合同是要式合同

D. 保管合同的保管人对一般保管物无验收义务，而仓储合同的保管人对入库仓储物均有验收义务

简答题

1. 仓储合同与保管合同的联系和区别。
2. 仓单的概念和法律性质。

参考答案

名词解释

1. 仓储合同，是指当事人双方约定由保管人（又称仓库营业人）为存货人保管储存的货物，存货人为此支付报酬的合同。

2. 保管人根据存货人或仓单持有人的要求，应当

同意其检查仓储物或者提取样品，这就是保管人的容忍义务。

3. 仓单是表示一定数量的货物已交付的法律文书，属于有价证券的一种，其性质为记名的物权证券。

选择题

（一）单项选择题

答案：A。根据《民法典》第 915 条的规定，储存期限届满，存货人或者仓单持有人应当凭仓单、入库单等提取仓储物。存货人或者仓单持有人逾期提取的，应当加收仓储费；提前提取的，不减收仓储费。故 B 项错误。

根据《民法典》第 916 条的规定，储存期限届满，存货人或者仓单持有人不提取仓储物的，保管人可以催告其在合理期限内提取；逾期不提取的，保管人可以提存仓储物。因此，不存在紧急情况时，保管人不可直接处分仓储物，对于不当处分仓储物给存货人或者仓单持有人造成的损失，应负赔偿责任。故 C 项错误。

根据《民法典》第 913 条的规定，保管人发现入库仓储物有变质或者其他损坏，危及其他仓储物的安全和正常保管的，应当催告存货人或者仓单持有人作出必要的处置。因情况紧急，保管人可以作出必要的处置；但是，事后应当将该情况及时通知存货人或者仓单持有人。由此可知，D 项错误、A 项正确。

综上所述，本题应选 A。

（二）多项选择题

1. 答案：BCD。A 项：根据《民法典》第 905 条的规定，仓储合同自保管人和存货人意思表示一致时成立。因此，A 项错误。B 项：根据《民法典》第 904 条的规定，仓储合同是保管人储存存货人交付的仓储物，存货人支付仓储费的合同。由此可见，保管人和存货人双方互负对待给付义务，仓储合同为双务、有偿合同。故 B 项正确。C 项：《民法典》合同编“仓储合同”一章并未对仓储合同的形式作特别规定，故仓储合同为不要式合同，仓单仅是表示货物已经交付的法律文书，其性质为记名的物权证券。因此，C 项正确。D 项：根据《民法典》第 908 条、第 910 条、第 915 条的规定，存货人交付仓储物的，保管人应当给付仓单。同时，仓单是提取仓储物的凭证。存货人或者仓单持有人在仓单上背书并经保管人签字或者盖章的，可以转让提取仓储物的权利。储存期限届满，存货人或者仓单持有人应当凭仓单、入库单等提取仓储物。因此，D 项正确。

综上所述，本题应选 BCD。

2. 答案：BD。A 项：根据《民法典》第 889 条、第 904 条的规定，保管合同可以约定有偿或者无偿，对于保管费没有约定或约定不明，又无法确定的，视为无偿保管；而仓储合同都是有偿合同。故 A 项错误。B 项：根据《民法典》第 890 条、第 905 条的规定，可知 B 项正确。C 项：《民法典》合同编“保管合同”“仓储合同”两章并未对保管合同、仓储合同的形式作特别规定，可知保管合同和仓储合同均为不要式合同。故 C 项错误。D 项：根据《民法典》第 898 条的规定，寄存人寄存货币、有价证券或者其他贵重物品的，应当向保管人声明，由保管人验收或者封存；寄存人未声明的，该物品毁损、灭失后，保管人可以按照一般物品予以赔偿。而根据《民法典》第 907 条的规定，保管人应当按照约定对入库仓储物进行验收。保管人验收时发现入库仓储物与约定不符合的，应当及时通知存货人。保管人验收后，发生仓储物的品种、数量、质量不符合约定的，保管人应当承担赔偿责任。故 D 项正确。

简答题

1. 保管合同是保管人保管寄存人交付的保管物并返还该物的合同。仓储合同，是指当事人双方约定由保管人（又称仓库营业人）为存货人保管储存的货物，存货人为此支付报酬的合同。

两者的联系：仓储合同是由一般保管合同发展、演变而来的，属于保管合同的特殊类型，故又称“仓储保管合同”。仓储合同与保管合同具有特殊与一般的关系，因此，法律对仓储合同有特别规定的，适用该特别规定；如没有特别规定，则可适用保管合同的有关规定。

两者的区别：（1）合同成立的条件不一样。一般来说，保管合同的成立，不仅须有当事人双方的意思表示一致，而且须有寄托人将保管物交付于保管人、保管人接受寄托人交付的保管物的行为。（2）合同是否有偿不一样。保管合同以无偿为原则，以有偿为补充。仓储合同是有偿的。（3）保管人的资格要求不一样。保管合同对保管人的资格无特别的要求，一般自然人和法人均可以作为保管人。而仓储合同对保管人的资格有特殊要求，保管人即仓库营业人。

2. 仓单是指保管人在收到仓储物时向存货人签发的，表示其收到一定数量储存物的有价证券。

仓单既是存货人与保管人之间仓储合同的证明，亦是存货人或仓单持有人向保管人请求交付货物的凭证。仓单兼具债权效力和物权效力，但主要表现为物权效力：一方面，仓单是仓储合同的书面凭证，仓单持有人享有请求保管人交付仓储物的权利；另一方面，仓单交付会产生物权变动的效果，据此仓单具有物权凭证的效力。存货人或仓单持有人在仓单上背书并经保管人签名或盖章后，仓单持有人将仓单转让给第三人时，即相当于完成了货物之交付，第三人即取得货物所有权。仓单表彰其记载物品的所有权，持有仓单者即享有该仓储物的所有权。

第五十三章　委托合同

知识逻辑图

- 委托合同
  - 委托合同的概念和特征
    - 概念：一方委托他方处理事务，他方允诺处理事务的合同
    - 特征
      - 诺成、不要式合同
      - 一般为无偿合同
  - 委托合同终止的原因
    - 一般原因
    - 特殊原因
      - 当事人一方任意解除合同
      - 当事人一方死亡、丧失民事行为能力或破产
        - 依委托人的指示处理委托事务的义务
        - 亲自处理委托事务的义务
        - 报告义务
        - 财产转交义务
  - 委托合同的效力
    - 受托人的义务
    - 委托人的义务
      - 支付费用的义务
      - 支付报酬的义务
      - 赔偿受托人损失

名词解释

1. 委托合同
2. 转委托

选择题

（一）单项选择题

1. 甲委托乙为其购买一批电脑，乙找到一电脑经销商丙，与其订立了买卖电脑合同，由丙将电脑送至甲处。乙为此支出交通费、电话费共计 200 元。后电脑在运送至甲处的过程中，遭遇车祸，全部毁损。那么，对于乙支出的 200 元，下列说法正确的是（　　）。

A. 由于委托事务没有完成，故由乙承担

B. 200 元是为处理委托事务支出的必要费用，因而由甲支付

C. 因为是丙的原因造成委托事务不能完成的，故应由丙支付

D. 由乙与丙共同分担

2. 导游李某带团赴欧洲旅游，朋友艾某委托其代购三块名表。回国时，李某代购的名表被海关检查发现，李某被罚款。对此，下列选项正确的是（　　）。（法考）

A. 艾某应当承担李某支付的海关罚款

B. 李某有权要求艾某分担一半的国际机票费用

C. 如手表存在质量问题，艾某有权向李某主张退货

D. 李某有权要求艾某支付因使用李某的信用卡所享受的折扣优惠价款

3. 在委托合同中，受托人以自己的名义与第三人订立合同，第三人不知道委托人和受托人间的代理关系。如果受托人因委托人或第三人的原因不履行义务，则以下关于有关当事人的权利义务的表述中不正确的是（　　）。

A. 受托人有披露义务

B. 委托人有介入权

C. 第三人有选择权

D. 第三人有变更权

4. 甲委托乙为其购买木材，乙为此花去了一定的时间和精力，现甲不想要这批木材，于是电话告诉乙取消委托，乙不同意。下列哪项论述是正确的？（　　）（司考改编）

A. 甲无权单方取消委托，否则应赔偿乙的损失

B. 甲可以单方取消委托，但必须以书面形式进行

C. 甲可以单方取消委托，但需承担乙受到的损失

D. 甲可以单方取消委托，但仍需按合同约定支付乙报酬

5. 下列关于授权行为与委托合同之间的区别，说法正确的是（　　）。

A. 授权行为必须采取书面形式，而委托合同可以用书面形式，也可以用口头形式

B. 授权行为可以事后追认，而委托合同必须事前订立

C. 授权行为是单方法律行为，而委托合同是双方法律行为

D. 授权行为是实践性法律行为，而委托合同是诺成性法律行为

6. 甲委托乙购买一套机械设备，但要求以乙的名义签订合同，乙同意，遂与丙签订了设备购买合同。后由于甲的原因，乙不能按时向丙支付设备款。在乙向丙说明了自己是受甲委托向其购买机械设备后，关于丙的权利，下列哪一选项是正确的？（　　）（司考改编）

A. 只能要求甲支付

B. 只能要求乙支付

C. 可选择要求甲或乙支付

D. 可要求甲和乙承担连带责任

7. 甲委托乙销售一批首饰并交付，乙经甲同意转委托给丙。丙以其名义与丁签订买卖合同，约定将这批首饰以高于市场价 10％的价格卖给丁，并赠其一批箱包。丙因此与戊签订箱包买卖合同。丙依约向丁交付首饰，但因戊不能向丙交付箱包，导致丙无法向丁交付箱包。丁拒绝向丙支付首饰款。下列哪一表述是正确的？（　　）（司考）

A. 乙的转委托行为无效

B. 丙与丁签订的买卖合同直接约束甲和丁

C. 丙应向甲披露丁，甲可以行使丙对丁的权利

D. 丙应向丁披露戊，丁可以行使丙对戊的权利

（二）多项选择题

1. 下列情况于法有据的是（　　）。

A. 甲委托乙、丙照看自己的孩子，后来由于乙的疏忽，造成甲的孩子跌伤，乙、丙对此应该承担连带责任

B. 甲委托乙为其寻找一处出租的房子，后来甲自己觅得，便解除了该委托，乙为此支出的必要费用由其自己承担

C. 甲委托乙为其寻找一处度假用的别墅，后甲患急症去世，委托合同自动终止

D. 甲委托乙为其管理自己的资产，后甲不幸去世，甲、乙之间的委托合同自动终止

2. 甲委托乙出售一批运动服，约定每套定价 500 元，那么（　　）。

A. 乙以每套 490 元的价格出售，未经甲同意，该买卖合同对甲不发生效力

B. 乙以每套 510 元的价格出售，可以要求甲增加报酬

C. 乙以每套 510 元的价格出售，增加的利益可由自己获得

D. 如果甲特别约定每套运动服必须以 500 元的价格出售，那么乙不可以改变价格

3. 某律师事务所指派吴律师担任某案件的一、二审委托代理人。第一次开庭后，吴律师感觉案件复杂，本人和该律师事务所均难以胜任，建议不再继续代理，但该律师事务所坚持代理。一审判决委托人败诉。下列哪些表述是正确的？（　　）（法考）

A. 律师事务所有权单方面解除委托合同，但是必须承担赔偿责任

B. 律师事务所在委托人一审败诉后不能单方面解除合同

C. 即使一审胜诉，委托人也可以解除合同，但必须承担赔偿责任

D. 只有存在故意或者重大过失，该律师事务所才对败诉承担赔偿责任

简答题

1. 简述委托合同的法律特征。

2. 简述共同委托中的法律责任。

论述题与深度思考题

试述委托合同终止的法律后果。

参考答案

名词解释

1. 委托合同，又称委任合同，是指一方委托他方处理事务，他方允诺处理事务的合同。委托他方处理事务的，为委托人；允诺为他方处理事务的，为受托人。

2. 转委托，又称复委托，是指受托人经委托人同意，将委托人委托的部分或全部事务转由第三人处理，在委托人与第三人之间直接发生委托合同关系的行为。

选择题

（一）单项选择题

1. 答案：B。本题考查委托合同中委托事务费用的负担规则。根据《民法典》第 921 条的规定，委托人应当预付处理委托事务的费用。受托人为处理委托事务垫付的必要费用，委托人应当偿还该费用并支付利息。由此可知，不论委托合同是否有偿，也不论委托事务是否完成，委托人都有支付费用的义务。故本题应选 B。

2. 答案：A。A 项：《民法典》第 930 条规定："受托人处理委托事务时，因不可归责于自己的事由受到损失的，可以向委托人请求赔偿损失。"本题中，艾某委托李某购买三块名表，因不可归责于李某的原因被海关罚款造成了损失，李某可以请求艾某赔偿损失。故 A 项正确。B 项：李某出国带团旅游，并非专为艾某代购手表，无权请求艾某分担机票费用，B 项错误。C 项：受托人系以自己的名义与第三人订立合同，根据《民法典》第 162 条的规定，代理人在代理权限内，以被代理人名义实施的民事法律行为，对被代理人发生效力。本题中，若手表存在质量问题，艾某应当直接向出卖人主张违约责任，但无权向李某主张退货，故 C 项错误。D 项：《民法典》第 921 条第二句规定，"受托人为处理委托事务垫付的必要费用，委托人应当偿还该费用并支付利息"。故艾某仅需支付李某实际支付的价款，D 项错误。

综上所述，本题的正确答案是 A。

3. 答案：D。根据《民法典》第 926 条第 1 款的规定，受托人因第三人的原因对委托人不履行义务，受托人应当向委托人披露第三人，委托人因此可以行使受托人对第三人的权利。但是，第三人与受托人订立合同时如果知道该委托人就不会订立合同的除外。受托人因委托人的原因对第三人不履行义务，受托人应当向第三人披露委托人，第三人因此可以选择受托人或者委托人作为相对人主张其权利，但是第三人不得变更选定的相对人。

本题为选非题，故正确答案为 D。

4. 答案：C。根据《民法典》第 933 条的规定，委托人或者受托人可以随时解除委托合同。因解除合同造成对方损失的，除不可归责于该当事人的事由外，无偿委托合同的解除方应当赔偿因解除时间不当造成的直接损失，有偿委托合同的解除方应当赔偿对方的直接损失和合同履行后可以获得的利益。本题中，甲和乙之间是委托合同关系，无论乙是否同意，甲都有权单方解除委托合同，但应赔偿乙的损失。

5. 答案：C。委托合同产生于委托人与受托人之间的意思表示一致。而授权行为源于授权人单方面的意思表示。这是授权行为与委托行为之间的根本区别。

6. 答案：C。《民法典》第 926 条第 2 款规定："受托人因委托人的原因对第三人不履行义务，受托人应当向第三人披露委托人，第三人因此可以选择受托人或者委托人作为相对人主张其权利，但是第三人不得变更选定的相对人。"由此，本题 C 选项正确。

7. 答案：C。A 项：《民法典》第 923 条规定，经委托人同意，受托人可以转委托。转委托经同意或者追认的，委托人可以就委托事务直接指示转委托的第三人，受托人仅就第三人的选任及其对第三人的指示承担责任。转委托未经同意或者追认的，受托人应当对转委托的第三人的行为承担责任；但是，在紧急情况下受托人为了维护委托人的利益需要转委托第三人的除外。题干中已经交代，乙经甲同意转委托给丙，因此 A 项错误。B 项：题干中交代丙以其名义与丁签订买卖合同，根据合同的相对性原理，此合同约束的对象是丙、丁两人，故 B 项错误。C、D 项：《民法典》

第926条规定，受托人以自己的名义与第三人订立合同时，第三人不知道受托人与委托人之间的代理关系的，受托人因第三人的原因对委托人不履行义务，受托人应当向委托人披露第三人，委托人因此可以行使受托人对第三人的权利。但是，第三人与受托人订立合同时如果知道该委托人就不会订立合同的除外。由此可得，丙应当向甲披露丁，此后委托人甲就可以行使对第三人丁的权力，故C项正确、D项错误。

（二）多项选择题

1. 答案：AC。《民法典》第933条规定："委托人或者受托人可以随时解除委托合同。因解除合同造成对方损失的，除不可归责于该当事人的事由外，无偿委托合同的解除方应当赔偿因解除时间不当造成的直接损失，有偿委托合同的解除方应当赔偿对方的直接损失和合同履行后可以获得的利益。"因此，甲应当承担乙支出的费用。因此，B项错误。根据《民法典》第935条的规定："因委托人死亡或者被宣告破产、解散，致使委托合同终止将损害委托人利益的，在委托人的继承人、遗产管理人或者清算人承受委托事务之前，受托人应当继续处理委托事务。"因此，乙仍应为甲继续管理资产直至继承人被确定。因此，D项错误。

2. 答案：ABD。《民法典》第955条规定："行纪人低于委托人指定的价格卖出或者高于委托人指定的价格买入的，应当经委托人同意；未经委托人同意，行纪人补偿其差额的，该买卖对委托人发生效力。行纪人高于委托人指定的价格卖出或者低于委托人指定的价格买入的，可以按照约定增加报酬；没有约定或者约定不明确，依据本法第五百一十条的规定仍不能确定的，该利益属于委托人。委托人对价格有特别指示的，行纪人不得违背该指示卖出或者买入。"因此，A、B、D项正确。

3. 答案：AC。A、B、C项：《民法典》第933条规定，"委托人或者受托人可以随时解除委托合同。因解除合同造成对方损失的，除不可归责于该当事人的事由外，无偿委托合同的解除方应当赔偿因解除时间不当造成的直接损失，有偿委托合同的解除方应当赔偿对方的直接损失和合同履行后可以获得的利益"。据此，委托合同中双方当事人均享有任意解除权。本题中，律师事务所和委托人均有权单方解除委托合同，但须承担赔偿责任。因此，A、C项正确，B项错误。

D项：《民法典》第929条规定，"有偿的委托合同，因受托人的过错造成委托人损失的，委托人可以请求赔偿损失。无偿的委托合同，因受托人的故意或者重大过失造成委托人损失的，委托人可以请求赔偿损失。受托人超越权限造成委托人损失的，应当赔偿损失"。本题中，委托人与律师事务所之间的委托合同一般属于有偿委托合同，受托人存在过错时即应承担赔偿责任。因此，D项错误。

综上所述，本题正确答案为AC。

简答题

1. 委托合同具有以下法律特征：（1）委托合同是以为他人处理事务为目的的合同。委托合同是一种典型的提供劳务的合同。无论是民事法律行为还是事实行为，只要委托人委托的事项不违背法律、法规的强制性规定，不是与委托人人身密不可分的事务，都可借助委托合同委托他人代为处理。（2）委托合同的订立以委托人和受托人之间相互信任为前提。委托合同建立在委托人和受托人相互信任的基础上，因此，在委托合同生效后，一方如果对另一方产生了不信任，可随时终止委托合同。（3）委托合同是诺成合同、不要式合同。（4）委托合同一般为无偿合同。委托合同以无偿为原则。尽管委托合同中委托人对于受托人处理委托事务的费用负担支付义务，但该项义务并非支付报酬的义务，与受托人负担的处理委托事务的义务不具有对价性。

2. 在委托合同关系中，受托人有时不止一个。委托人委托两个或两个以上的受托人共同处理委托事务，若其中一个受托人或数个受托人违反了受托人的义务，而给委托人带来损失的，委托人可以向所有受托人或其中任何一个要求赔偿，即受托人为数个时，相互之间负连带责任。但如果其中的一人或数人未与其他受托人协商而实施的行为损害了委托人的利益，那么无过错的受托人可以在承担连带责任后向实施行为的受托人行使追偿权。负连带责任的受托人必须是委托人所委托的共同处理委托事务的人。若委托人分别委托不同受托人处理不同事务，则各受托人就各自处理的事务向委托人负责，并不发生连带责任的问题。

论述题与深度思考题

委托合同终止产生以下法律后果。

（1）因解除委托合同而给对方造成损失的，除不可归责于自己的事由外，解除合同的一方应当赔偿损失。

（2）委托人死亡、丧失民事行为能力或破产，致使委托合同终止将损害委托人利益的，在委托人的继承人、法定代理人或清算组织承受委托事务之前，受托人应继续处理委托事务。

（3）受托人死亡、丧失民事行为能力或者破产，致使委托合同终止的，受托人的继承人、法定代理人或者清算组织应当及时通知委托人。委托合同终止将损害委托人利益的，在委托人作出善后处理之前，受托人的继承人、法定代理人或者清算组织应当采取必要措施。

第五十四章　物业服务合同

知识逻辑图

- 物业服务合同
  - 物业服务合同的概念：物业服务人在物业服务区域内，为业主提供物业服务，业主支付物业费的合同
  - 物业服务合同的特征
    - 提供服务的合同
    - 长期继续性合同
    - 集体合同
    - 双务、有偿、诺成、要式合同
  - 物业服务合同的内容：服务事项、服务质量、维修资金的使用、服务用房的管理和使用、服务期限、服务交接
  - 前期物业服务合同
    - 对业主的法律约束力
    - 前期物业服务合同的终止：业主委员会或业主与新物业服务人订立的物业服务合同生效
  - 物业服务合同的效力
    - 物业服务人的义务
      - 亲自提供物业服务
      - 妥善提供物业服务
        - 对业主共有部分的维修、养护
        - 对业主共有部分的清洁、绿化
        - 对业主共有部分的经营管理
        - 维护物业服务区域内的基本秩序
        - 采取合理措施保护业主人身、财产安全
        - 对违法行为合理制止、报告和协助处理
        - 其他义务：信息公开、承接验收物业、管理资料账务、配合社区管理等
      - 公开和报告义务
    - 业主的义务
      - 支付物业费的义务
      - 告知和协助义务
  - 物业服务合同的终止
    - 业主共同决定解除物业服务合同
    - 续聘物业服务人
    - 不定期物业服务合同：提前 60 日书面通知，可随时解除
    - 物业服务人的交接义务
    - 原物业服务人继续处理物业服务事项

名词解释

1. 物业服务合同
2. 前期物业服务合同
3. 普通物业服务合同

选择题

（一）单项选择题

1. 下列选项中，不属于物业服务合同内容的是（　　）。

A. 物业服务人公开作出的有利于业主的服务承诺
B. 前期物业服务合同
C. 业主共有部分的经营方式
D. 维修资金使用方案

2. 除另有约定外，物业服务期限届满前，物业服务人不同意续聘的，应当（　　）。
A. 提前60日书面通知业主委员会
B. 提前60日书面通知业主大会
C. 提前90日书面通知业主委员会
D. 提前90日书面通知业主大会

3. 北林公司是某小区业主选聘的物业服务企业。关于业主与北林公司的权利义务，下列哪一选项是正确的？（　　）（司考改编）
A. 北林公司公开作出的服务承诺及制定的服务细则，不是物业服务合同的组成部分
B. 业主甲将房屋租给他人使用，约定由承租人支付物业费，北林公司有权请求承租人交纳物业费
C. 业主乙拖欠半年物业服务费，北林公司要求业主委员会支付欠款，业主委员会无权拒绝
D. 业主丙出国进修两年返家，北林公司要求其补交两年的物业管理费，丙有权以两年未接受物业服务为由予以拒绝

4. 2014年10月，唐某（3岁）跟随母亲周某至南苑小区。在周某同他人聊天之际，唐某独自进入小区内的成人健身场地玩耍并被已损坏的腹背健身器夹伤手指。经查：该小区的建设单位是光鼎公司，但是其已与开元物业公司就小区内的物业设施完成交接查验手续，交接时所有物业设施均无缺陷。关于唐某人身损害赔偿责任的承担，下列说法不正确的是（　　）。
A. 光鼎公司无须承担损害赔偿责任
B. 开元物业公司应承担相应的损害赔偿责任
C. 开元物业公司有权以周某未尽监护职责为由请求减轻责任
D. 唐某应自己承担相应责任

5. 关于物业服务合同，下列选项正确的是（　　）。
A. 业主依照法定程序共同决定解聘物业服务人的，可以口头通知物业公司解除物业服务合同
B. 物业不可以自行决定建筑区划内的绿地、其他公共场所、公用设施和物业服务用房的用途
C. 物业应当对建筑物及其附属设施独立管理
D. 物业服务合同终止后，物业服务人应立即停止处理物业服务事项

（二）多项选择题

1. 作为物业服务合同当事人一方的“物业服务人”，包括（　　）。
A. 物业服务企业
B. 其他管理人
C. 建设单位
D. 物业服务企业委托的具体事项服务人

2. 作为物业服务合同当事人一方的“业主”，包括（　　）。
A. 依法登记取得建筑物专有部分所有权者
B. 未登记，依据合法建造取得建筑物专有部分所有权者
C. 基于与建设单位之间的商品房买卖民事法律行为，已经合法占有建筑物专有部分，但尚未依法办理所有权登记的人
D. 支付物业费的物业承租人

3. 下列选项中，属于物业服务合同性质的是（　　）。
A. 要式合同
B. 有偿合同
C. 诺成合同
D. 双务合同

4. 关于业主共同决定解除物业服务合同的法律效果，以下表述不正确的是（　　）。
A. 应当提前60日书面通知物业服务人，但是合同对通知期限另有约定的除外
B. 未提前通知的，解除无效
C. 物业服务合同终止后，业主有权请求退还已经预收，但尚未提供物业服务期间的物业费
D. 若物业服务人不存在违约行为，业主决定解聘应当赔偿其损失

5. 花园小区5号楼的一部电梯年久失修，经常因故障停用，后业主委员会出面交涉，小区蓬莱物业服务公司请来施工队对电梯进行改装更换。然而施工队消极怠工，开工之时公示承诺一个月内竣工，然而两个月后新电梯仍未启用，楼内住户怨声载道。加之电梯停用期间，楼内几户业主正在装修，施工噪声不分时段、严重扰民，物业对此充耳不闻。积怨已久的业

主决定在电梯改建竣工后，重新选聘新的物业公司，并由业主委员会出面通知了蓬莱物业服务公司。关于本案，下列说法正确的是？（　　）

A. 业主有权请求施工队承担迟延履行的违约责任

B. 业主装饰装修房屋的，应当事先告知物业服务人

C. 业主共同决定解聘蓬莱物业服务公司，无须赔偿其任何损失

D. 选聘新的物业公司之前，蓬莱物业服务公司应当继续提供物业服务，业主须支付该期间的物业费

视频讲题

6. 金鸽园小区经常有流浪狗在小区里的垃圾桶附近觅食，因流浪狗大多未打狂犬疫苗，一旦伤人，后果不堪设想，故小区业主多次向物业公司反映，请求对流浪狗进行收容处理，但是物业公司未予理会。某日，小区业主张某扔垃圾时不慎将部分厨余垃圾遗落在路上，引来多只流浪狗抢食。恰巧小学生童某放学回家从此经过，被其中的一只流浪狗咬伤。关于本案，下列表述正确的是？（　　）（法考）

A. 应由物业公司承担童某被咬伤的责任

B. 应由张某和童某公平分担童某被咬伤的责任

C. 对于业主任意弃置垃圾的行为，物业公司有权制止

D. 若能查清该只流浪狗的原饲养人，则由原饲养人承担童某被咬伤的责任

简答题

1. 简述物业服务合同的法律特征。

2. 简述物业服务合同终止后，物业服务人的后合同义务。

论述题与深度思考题

试述物业服务合同的效力。

参考答案

名词解释

1. 物业服务合同是物业服务人在物业服务区域内，为业主提供建筑物及其附属设施的维修养护、环境卫生和相关秩序的管理维护等物业服务，业主支付物业费的合同。物业服务人包括物业服务企业和其他物业管理人。

2. 前期物业服务合同，是指由建设单位与其委托的物业服务人依法签订的物业服务合同。前期物业服务合同植根于业主通过购买体现出的意思表示或者通过业主共同管理体现出的意思表示，因此，前期物业服务合同对业主具有法律约束力。

3. 普通物业服务合同，是指由业主委员会等依法与物业服务人签订的物业服务合同。普通物业服务合同对业主具有法律约束力。

选择题

（一）单项选择题

1. 答案：B。《民法典》第 938 条第 1 款、第 2 款规定："物业服务合同的内容一般包括服务事项、服务质量、服务费用的标准和收取办法、维修资金的使用、服务用房的管理和使用、服务期限、服务交接等条款。物业服务人公开作出的有利于业主的服务承诺，为物业服务合同的组成部分。"《民法典》第 943 条规定，物业服务人应当定期将业主共有部分的经营与收益情况等以合理方式向业主公开，并向业主大会、业主委员会报告。依体系解释，《民法典》第 938 条第 1 款中"等条款"应解释为包括业主共有部分的经营方式。据此可知，A、C、D 项均不当选。至于 B 项，前期物业服务合同是建设单位依法与物业服务人订立的物业服务合同，根据《民法典》第 940 条的规定，业主委员会或者业主与新物业服务人订立的物业服务合同生效的，前期物业服务合同终止。故前期物业服务合同与正在履行的普通物业服务合同是两个独立的合同，且后者成立之时，前者即告终止，前期物业服务合同不可能成为普通物业服务合同内容的一部分。因此，B 项当选。

综上所述，本题的正确答案为 B。

2. 答案：C。《民法典》第 947 条第 2 款规定：“物业服务期限届满前，物业服务人不同意续聘的，应当在合同期限届满前九十日书面通知业主或者业主委员会，但是合同对通知期限另有约定的除外。”据此，本题的正确答案为 C。

3. 答案：B。A 项：《民法典》第 938 条第 2 款规定，“物业服务人公开作出的有利于业主的服务承诺，为物业服务合同的组成部分”。故 A 项错误。B 项：最高人民法院《关于审理物业服务纠纷案件适用法律若干问题的解释》第 4 条规定，“因物业的承租人、借用人或者其他物业使用人实施违反物业服务合同，以及法律、法规或者管理规约的行为引起的物业服务纠纷，人民法院可以参照关于业主的规定处理”。据此可知，承租人违反物业服务合同约定的支付物业费义务，物业服务人可直接向其主张违约责任。B 项当选。C 项：业主委员会并非物业服务合同的当事人，不负有支付物业费的义务。根据《民法典》第 944 条第 2 款的规定，业主违反约定逾期不支付物业费的，物业服务人可以催告其在合理期限内支付；合理期限届满仍不支付的，物业服务人可以提起诉讼或者申请仲裁。故物业服务人仅可向拖欠物业费的业主主张物业费。C 项不当选。D 项：根据《民法典》第 944 条第 1 款的规定，业主应当按照约定向物业服务人支付物业费。物业服务人已经按照约定和有关规定提供服务的，业主不得以未接受或者无须接受相关物业服务为由拒绝支付物业费。

综上所述，本题的正确答案为 B。

4. 答案：D。A、B 项：根据《民法典》第 1165 条、第 1166 条的规定，侵权责任的归责原则包括过错和无过错两类，其中过错进一步分为一般过错和过错推定，无过错进一步分为相对无过错和绝对无过错。本案中，唐某被已损坏的腹背健身器夹伤手指系一般过错侵权，因光鼎公司对该损害的发生不存在任何过错，故其无须承担损害赔偿责任；因开元物业公司对其管理范围内的健身设备未尽检查和维修义务，致使健身设备存在安全隐患，其对唐某的人身损害存在过错，故其应承担相应的损害赔偿责任。因此，A、B 项均正确。C 项：根据《民法典》第 1173 条的规定，被侵权人对同一损害的发生或者扩大有过错的，可以减轻侵权人的责任。本案中，因周某放任唐某独自进入成人健身场地，其对唐某损害的发生存在过错，故开元物业公司有权以周某未尽监护职责为由请求减轻责任。因此，C 项正确。D 项：3 岁的唐某为无民事行为能力人，不具备独立承担民事责任的能力。因此，D 项不正确。

综上所述，本题的正确答案为 D。

5. 答案：B。A 项：根据《民法典》第 948 条，当事人可以随时解除不定期物业服务合同，但是应当提前六十日书面通知对方。A 项中口头通知的表述错误，且选项没有强调应提前 60 天通知物业公司，故 A 错误。B 项：根据《民法典》第 274 条的规定，建筑区划内的道路，属于业主共有，但是属于城镇公共道路的除外。建筑区划内的绿地，属于业主共有，但是属于城镇公共绿地或者明示属于个人的除外。建筑区划内的其他公共场所、公用设施和物业服务用房，属于业主共有，因此 B 项表述正确。C 项：根据《民法典》第 284 条的规定，业主可以自行管理建筑物及其附属设施，也可以委托物业服务企业或者其他管理人管理。因此物业并非独立对建筑物及其附属设施管理，在业主委托物业服务企业时其才能进行管理。D 项：根据《民法典》第 950 条的规定，物业服务合同终止后，在业主或者业主大会选聘的新物业服务人或者决定自行管理的业主接管之前，原物业服务人应当继续处理物业服务事项。因此 D 项表述为“立即停止”是错误的，D 项错误。

（二）多项选择题

1. 答案：AB。《民法典》第 937 条规定：“物业服务合同是物业服务人在物业服务区域内，为业主提供建筑物及其附属设施的维修养护、环境卫生和相关秩序的管理维护等物业服务，业主支付物业费的合同。物业服务人包括物业服务企业和其他管理人。”综上所述，本题的正确答案为 AB。

2. 答案：ABCD。最高人民法院《关于审理物业服务纠纷案件适用法律若干问题的解释》第 4 条规定：“因物业的承租人、借用人或者其他物业使用人实施违反物业服务合同，以及法律、法规或者管理规约的行为引起的物业服务纠纷，人民法院可以参照关于业主的规定处理。”由此可见，物业服务合同中的“业主”并不限于建筑物专有部分的所有权人，负有支付物业费义务的主体就是业主。这里的“业主”具体包括：(1) 依法登记取得建筑物专有部分所有权者；(2) 即使未登记，但依据《民法典》第 229～231 条规定取得建筑物专有部分所有权者；（3）基于与建设单位之间的商品房买卖民事法律行为，已经合法占有建筑物专有部分，但尚未依法办理所有权登记的人。除此之外，还有以下特殊的支付义务主体，如建设单位以及物业承租人、借用人或者其他物业使用人等。

综上所述，本题的正确答案为ABCD。

3. 答案：ABCD。物业服务人提供物业服务，业主也要支付物业费，因此，物业服务合同是双务、有偿合同。物业服务合同只要双方当事人意思表示达成一致即告成立，故为诺成合同。根据《民法典》第938条第3款的规定，物业服务合同应当采用书面形式，故其属于要式合同。

综上所述，本题的正确答案为ABCD。

4. 答案：BD。A、B项：《民法典》第946条第1款规定，"业主依照法定程序共同决定解聘物业服务人的，可以解除物业服务合同。决定解聘的，应当提前六十日书面通知物业服务人，但是合同对通知期限另有约定的除外"。据此，A项正确。业主未提前通知的，只有在60日期限届满之后，解除才发生效力，而非解除无效。上述规定应结合该条第2款理解，提前通知的要求乃是基于特殊的政策考量：给物业服务人一定的准备期，以此减轻业主的赔偿责任，避免业主承担过重的赔偿责任而产生的社会问题和执行难题，故未提前通知解除仅需等待期间届满解除生效，而非绝对无效。因此，B项错误。C项：最高人民法院《关于审理物业服务纠纷案件适用法律若干问题的解释》第3条规定，"物业服务合同的权利义务终止后，业主请求物业服务人退还已经预收，但尚未提供物业服务期间的物业费的，人民法院应予支持"。据此，C项正确。D项：《民法典》第946条第2款规定，"依据前款规定解除合同造成物业服务人损失的，除不可归责于业主的事由外，业主应当赔偿损失"。据此，在物业服务合同是因不可归责于业主的事由而被解除的情况下，业主不承担赔偿责任。需要注意的是，这里"不可归责于业主的事由"并不限于物业服务人存在违约行为，例如，物业服务人的商业信誉严重受损，导致业主无法相信物业服务人时，即使物业服务人不存在违约行为，此时业主也可以解除合同而无须赔偿。故D项错误。

综上所述，本题的正确答案为BD。

5. 答案：BCD。A项：《民法典》第941条第1款规定，"物业服务人将物业服务区域内的部分专项服务事项委托给专业性服务组织或者其他第三人的，应当就该部分专项服务事项向业主负责"。据此，当该部分专项服务事项不符合约定时，业主有权依法请求物业服务企业承担违约责任，而无权请求次受托人承担违约责任。因此，本案中，就电梯施工队迟延履行的违约行为，业主仅有权请求蓬莱物业公司承担违约责任。故A项错误。B项：《民法典》第945条第1款规定，"业主装饰装修房屋的，应当事先告知物业服务人，遵守物业服务人提示的合理注意事项，并配合其进行必要的现场检查"。故B项正确。C项：《民法典》第946条规定，业主依照法定程序共同决定解聘物业服务人的，可以解除物业服务合同。决定解聘的，应当提前60日书面通知物业服务人，但是合同对通知期限另有约定的除外。依据前述规定解除合同造成物业服务人损失的，除不可归责于业主的事由外，业主应当赔偿损失。本案中，蓬莱物业公司未尽妥善提供物业服务义务导致业主对其失去信任，属于因不可归责于业主的事由而解除合同，所以业主不必赔偿损失。故C项正确。D项：《民法典》第950条规定，物业服务合同终止后，在业主或者业主大会选聘的新物业服务人或者决定自行管理的业主接管之前，原物业服务人应当继续处理物业服务事项，并可以请求业主支付该期间的物业费。故D项正确。

综上所述，本题正确答案为BCD。

6. 答案：ACD。A项：根据《民法典》第942条第1款的规定，物业服务人应当采取合理措施保护业主的人身、财产安全。本案中，因物业公司并未对业主的诉求进行及时处理，故其应承担童某被咬伤的责任。因此，A项正确。B项：根据《民法典》第1186条的规定，受害人和行为人对损害的发生都没有过错的，依照法律的规定由双方分担损失。在民法理论中，我们把该条之规定称为公平分担损失规则，该规则的适用须以法律明确规定且存在因果关系为前提。本案中，一方面，法律并未明确规定此种情形可以适用该规则；另一方面，童某的人身损害与张某不慎遗落垃圾的行为之间并不存在因果关系，因此，不应由张某和童某来公平分担童某被咬伤的责任。因此，B项不正确。C项：根据《民法典》第942条第2款的规定，对物业服务区域内违反有关治安、环保、消防等法律法规的行为，物业服务人应当及时采取合理措施制止、向有关行政主管部门报告并协助处理。本案中，对于业主任意弃置垃圾的行为，物业公司应当采取适当措施制止。因此，C 项正确。D 项：根据《民法典》第1249 条的规定，遗弃、逃逸的动物在遗弃、逃逸期间造成他人损害的，由动物原饲养人或者管理人承担侵权责任。本案中，若能查清该只流浪狗的原饲养人，则由原饲养人承担童某被咬伤的责任。因此，D 项正确。

综上所述，本题的正确答案为 ACD。

简答题

1. 物业服务合同具有以下法律特征。

（1）物业服务合同属于提供服务的合同。

物业服务人提供的服务具有综合性或者复合性，既涉及建筑物及其附属设施的维修养护，也涉及环境卫生和相关秩序的管理维护；既涉及物的管理，也涉及人的管理。因此，物业服务合同涉及委托、承揽、劳务等多种因素，但并非这些合同类型的简单组合，兼具委托、承揽、劳务等诸多合同类型中部分给付的性质。

（2）物业服务合同属于长期继续性合同。

物业服务并不是一次性完成的，而是需要持续一定的时间，物业服务人应当在服务期间内不间断地提供物业服务，物业服务人给付的范围单纯由时间决定，故物业服务合同属于固有的继续性合同。在物业服务合同终止时，其效力向将来发生，对于物业服务人已经提供的服务，业主仍应当按照合同约定支付相应的报酬。物业服务合同也是一种长期合同。长期合同的重点是长期性所产生的合同社会关系性和不完全性，因此，其重心体现在诚信谈判、开放性或者待定条款、情势变更、弹性调整的实体和程序条款、后合同义务等方面。例如，在长期合同终止后，就会发生交接等后合同义务问题。

（3）物业服务合同属于集体合同。

建设单位依法与物业服务人订立的前期物业服务合同，以及业主委员会与业主大会依法选聘的物业服务人订立的物业服务合同，对业主都具有法律约束力。此时，就出现了合同的订立主体和合同的约束主体有可能不同。其主要的原因在于，还没有业主或者全体业主人数众多，难以由业主或者全体业主直接参与合同订立过程。法定的主体依据法定的程序和要求订立的物业服务合同，对全体业主都具有法律约束力。这充分体现了物业服务合同的集体合同特点。业主作为业主团体的一员，享有接受物业服务人提供的物业服务的权利，但是单个业主的权利也要因此受到一定的限制，例如单个业主无权解除合同。

（4）物业服务合同属于双务有偿合同、诺成合同、要式合同。

物业服务人提供物业服务，业主也要支付物业费，因此，物业服务合同是双务有偿合同。物业服务合同只要双方当事人意思表示达成一致即告成立，故为诺成合同。物业服务合同应当采用书面形式，故其属于要式合同。

2. 物业服务合同终止后，物业服务人的后合同义务主要包括以下两项。

（1）继续处理物业服务事项义务。

物业服务合同终止后，在业主或者业主大会选聘的新物业服务人或者决定自行管理的业主接管之前，原物业服务人应当继续处理物业服务事项，并可以请求业主支付该期间的物业费。

（2）交接义务。

物业服务人在合同终止后的交接义务是物业服务人最为重要的后合同义务之一。交接义务的具体内容包括：在约定期限或者合理期限内退出物业服务区域，将物业服务用房、相关设施、物业服务所必需的相关资料等交还给业主委员会、决定自行管理的业主或者其指定的人，配合新物业服务人做好交接工作，并如实告知物业的使用和管理状况。物业服务人违反交接义务，构成了对后合同义务的违反，不得请求业主支付物业服务合同终止后的物业费，并且应当承担继续履行、采取补救措施或者赔偿损失等违约责任。

论述题与深度思考题

物业服务合同为双务合同，其效力体现为物业服务人的义务和业主的义务两个方面。

其中，物业服务人的主要义务包括四类。

一是亲自提供物业服务的义务。物业服务人应当亲自履行提供物业服务的义务。物业服务人将物业服务区域内的部分专项服务事项委托给专业性服务组织或者其他第三人的，应当就该部分专项服务事项向业主负责。物业服务人不得将其应当提供的全部物业服务转委托给第三人，或者将全部物业服务支解后分别转委托给第三人（《民法典》第 941 条）。一方面，在物业服务合同中，选聘某一物业服务人而非其他物业服务人，大多是出于对物业服务人之实力与服务质量的信任。一旦允许物业服务人将全部物业服务一并委托他人，将使业主大会选聘物业服务人的权利形同虚设，业主的合法权益难以得到保障；另外，在实践中，物业服务人之所以将全部物业服务移转给他人，大多是出于通过全部转委托赚取差额利润的动机，而受托人因为支出了较高的成本，自然会基于谋取利益的需要，使提供服务的质量有所降低，最终损害业主的合法权益。因此，《民法典》禁止物业服务人将其应当提供的全部物业服务转委托给第三人，或者将全部物业服务支解后分别转委托给第三人。另一方面，由于物业服务涉及卫生、环保、消防、特种设备维修、道路养护等诸多方面，其中许多方面具有一定的专业性。应当允许物业服务人结合自己的人员配备情况，将部分服务事项转委托给更为专业的机构或者人员来完成，这样，既能够保证物业服务的质量，同时也有利于降低物业管理成本、提高资源配置效率。因此，物业服务人有权将物业服务区域内的部分专项服务事项委托给专业性服务组织或者其他第三人，无须经过业主同意。当该部分专业服务事项不符合约定时，业主有权依法请求物业服务人承担违约责任，而无权请求次受托人承担违约责任。

二是妥善提供物业服务的义务。物业服务人应当按照约定和物业的使用性质，妥善维修、养护、清洁、绿化和经营管理物业服务区域内的业主共有部分，维护物业服务区域内的基本秩序，采取合理措施保护业主的人身、财产安全。对物业服务区域内违反有关治安、环保等法律法规的行为，物业服务人应当及时采取合理措施制止，向有关行政主管部门报告并协助处理（《民法典》第 942 条）。物业服务人提供服务的区域是物业服务区域，一般与建筑区划一致，物业服务人在物业服务区域内妥善提供物业服务主要包括以下内容：（1）对业主共有部分的维修、养护。首先，应当注意的是，物业服务人此项服务的对象是业主共有部分而非专有部分。其次，业主共有部分也不等于共用部分。再次，供水、供电、供气、供热等的相关管线和专业设施设备，不属于物业服务的范围。最后，所谓的维修养护，包括：1）日常养护和出现故障情形下的维修。2）静态的维修养护和运行、使用的维修养护。3）对包括建筑物，共有的设施、设备，以及道路、广场、构筑物等的维修养护。（2）对业主共有部分的清洁、绿化。这主要是指对共有部分环境卫生的管理维护。（3）对业主共有部分的经营管理。实践中，对业主共有部分的具体经营管理事项，通常是由业主通过物业服务合同委托物业服务人代为进行，经营方式和费用报酬的支付也在物业服务合同中加以约定。如果物业服务人未依法取得同意即对业主共有部分进行经营管理，扣除合理成本后的收益仍然由业主共有。（4）维护物业服务区域内的基本秩序。物业服务人负有维护业主基本生活秩序的义务，以及对政府维护公共秩序的协助义务。（5）采取合理措施保护业主的人身、财产安全。该义务属于物业服务人依据合同所应当承担的附随义务。判断是否采取了合理措施时，应当考虑多种因素，包括物业服务合同的约定、法律法规的规定、物业收费标准等，在个案中予以具体判断。（6）对违法行为采取合理措施制止，并且报告和协助处理。作为物业服务区域的管理者，物业服务人常常最先知悉其中发生的违法行为。物业服务人对禁止性行为负有采取合理措施制止并且报告和协助处理的义务，这有助于及时遏制禁止性行为，使有关行政主管部门尽早了解相关情况，采取有力措施，保持物业服务区域的安宁与秩序，最终促进社会整体利益的实现。（7）其他义务。除了以上义务，物业服务人还需承担服务信息公开的义务、承接物业时的物业验收义务、物业服务档案资料和账务的管理义务、配合做好社区管理相关工作的义务等。

三是公开和报告义务。物业服务人应当定期将服务的事项、负责人员、质量要求、收费项目、收费标准、履行情况以及维修资金使用情况、业主共有部分的经营与收益情况等以合理方式向业主公开并向业主大会、业主委员会报告（《民法典》第 943 条）。在物业服务合同履行过程中，业主和物业服务人对服务信息掌握的程度不同，存在明显的信息不对称。法律规定物业服务人负有公开和报告义务，有助于防止物业服务人利用信息优势损害业主的合法权益，有助于保障业主的知情权，便于业主行使监督权，维护自身权益，对物业服务作出正确评判，进而推进物业服务领域的市场竞争。

四是后合同义务。物业服务合同终止的，原物业服务人应当在约定期限或者合理期限内退出物业服务区域。将物业服务用房、相关设施、物业服务所必需的相关资料等交还给业主委员会决定自行管理的业主或者其指定的人，配合新物业服务人做好交接工作并如实告知物业的使用和管理状况。原物业服务人违反此项义务的，不得请求业主支付物业服务合同终止后的物业费；造成业主损失的，应当赔偿损失。物业服务合同终止后，在业主或者业主大会选聘的新物业服务人或者决定自行管理的业主接管之前，原物业服务人应当继续处理物业服务事项，并可以请求业主支付该期间的物业费。

业主的主要义务包括两类。

一是支付物业费的义务。业主应当按照约定向物业服务人支付物业费。物业服务人已经按照约定和有关规定提供服务的，业主不得以未接受或者无须接受相关物业服务为由拒绝支付物业费。同时，物业服务人不得采取停止供电、供水、供热、供燃气等方式催交物业费。

二是告知和协助义务。业主装饰装修房屋的，应当事先告知物业服务人，遵守物业服务人提示的合理注意事项，并配合其进行必要的现场检查。业主转让、出租物业专有部分，设立居住权或者依法改变共有部分用途的，应当及时将相关情况告知物业服务人。

业主有解除合同的权利。业主依照法定程序共同决定解聘物业服务人的，可以解除物业服务合同。决定解聘的，应当提前 60 日书面通知物业服务人，但是合同对通知期限另有约定的除外。依据前述规定解除合同造成物业服务人损失的，除不可归责于业主的事由外，业主应当赔偿损失。

第五十五章　行纪合同

知识逻辑图

- 行纪合同
  - 行纪合同的概念和特征
    - 概念：一方根据他方的委托，以自己的名义为他方从事贸易活动，并收取报酬的合同
    - 特征：
      - 行纪人具有主体限定性
      - 行纪人以自己的名义为委托人办理业务
      - 双务、有偿、诺成、不要式合同
  - 行纪合同的效力
    - 行纪人的义务
      - 负担行纪费用的义务
      - 妥善保管委托物的义务
      - 依委托人的指示处理事务的义务
      - 合理处分委托物的义务
    - 委托人的义务
      - 支付报酬的义务
      - 受领或取回标的物的义务
    - 行纪人的介入权

名词解释

行纪合同

选择题

（一）单项选择题

甲有一批皮衣，让乙商店为其出售，约定支付乙商店报酬若干，乙商店在出售皮衣过程中共支出1万元，则该1万元（　　）。

A. 应由甲承担，因为这是甲委托乙商店处理自己的事务而发生的费用

B. 应由乙商店承担，因为行纪人应当负担处理委托事务的费用

C. 由甲负担大部分，乙商店负担小部分

D. 由乙商店负担大部分，甲负担小部分

（二）多项选择题

1. 委托合同与行纪合同的区别包括（　　）。

A. 前者可以有偿，也可以无偿，后者均为有偿

B. 前者处理委托事务的费用由委托人支付，后者的该费用由行纪人自己负担

C. 前者委托人一般得直接向第三人主张权利，后者委托人一般仅得向行纪人主张权利

D. 受托人和行纪人所负担的注意义务的程度有所不同

2. 甲将10吨大米委托乙商行出售。双方只约定，乙商行以自己的名义对外销售，每公斤售价2元，乙商行的报酬为价款的5%。下列哪些说法是正确的？（　　）（司考改编）

A. 甲与乙商行之间成立行纪合同关系

B. 乙商行为销售大米支出的费用应由自己负担

C. 如乙商行以每公斤2.5元的价格将大米售出，双方对多出价款的分配无法达成协议，则应平均分配

D. 如乙商行与丙食品厂订立买卖大米的合同，则乙商行对该合同直接享有权利、承担义务

3. 甲委托乙寄售行以该行名义将甲的一台仪器以3 000元出售，除酬金外，双方对其他事项未作约定。其后，乙寄售行将该仪器以3 500元卖给了丙，为此，乙寄售行多支付费用100元。对此，下列哪些选项是正确的？（　　）（法考）

A. 甲和乙寄售行签订的是中介合同

B. 高于约定价格卖得的500元属于甲

C. 如果仪器质量出现问题，丙应当向乙寄售行主张违约责任

D. 乙寄售行无权要求甲承担100元费用

视频讲题

4. 甲将自己的一块手表委托乙寄卖行以200元出卖。乙经与丙协商，最后以250元成交。下列哪些选项是正确的？（　　）（司考）

A. 甲只能取得200元的利益

B. 甲可以取得250元的利益

C. 乙的行为属于违反合同义务的行为

D. 乙可以按照约定主张增加报酬

简答题

1. 简述行纪合同与委托合同的联系和区别。

2. 简述行纪人的介入权。

论述题与深度思考题

试述行纪合同中行纪人的义务。

参考答案

名词解释

行纪合同，又称信托合同，是指一方根据他方的委托，以自己的名义为他方从事贸易活动，并收取报酬的合同。

选择题

（一）单项选择题

答案：B。本题考查行纪合同中行纪费用的负担规则。《民法典》第951条规定，行纪合同是行纪人以自己的名义为委托人从事贸易活动，委托人支付报酬的合同。对于行纪人在处理委托事务时所支出的费用负担，根据《民法典》第952条的规定，行纪人处理委托事务支出的费用，由行纪人负担，但是当事人另有约定的除外。因此，本题应选B。

（二）多项选择题

1. 答案：ABCD。委托合同是委托人和受托人约定，由受托人处理委托人事务的合同。行纪合同是行纪人以自己的名义为委托人从事贸易活动，委托人支付报酬的合同。A、D项：委托合同是否有偿由当事人约定，而行纪合同属于有偿的商事合同，委托人必须支付报酬作为行纪行为的对价。相应地，受托人与行纪人所负担注意义务的程度也有所不同。根据《民法典》第929条的规定，有偿的委托合同，因受托人的过错造成委托人损失的，委托人可以请求赔偿损失。无偿的委托合同，因受托人的故意或者重大过失造成委托人损失的，委托人可以请求赔偿损失。受托人超越权限造成委托人损失的，应当赔偿损失。而根据《民法典》第958条第2款的规定，第三人不履行义务致使委托人受到损害的，行纪人应当承担赔偿责任，但是行纪人与委托人另有约定的除外。由此可见，行纪人负担了比受托人尤其是无偿受托人程度更高、更为严格的注意义务。故A、D项正确。B项：根据《民法典》第921条、第952条的规定可知，B项正确。C项：根据《民法典》第925条，受托人以自己的名义，在委托人的授权范围内与第三人订立的合同，第三人在订立合同时知道受托人与委托人之间的代理关系的，该合同直接约束委托人和第三人。根据《民法典》第926条，委托人还享有介入权，即“受托人因第三人的原因对委托人不履行义务，受托人应当向委托人披露第三人，委托人因此可以行使受托人对第三人的权利”。根据《民法典》第958条，行纪人与第三人订立合同的，行纪人对该合同直接享有权利、承担义务。即使第三人不履行义务致使委托人受到损害，也一般由行纪人承担赔偿责任。故C项正确。

综上所述，本题应选ABCD。

2. 答案：ABD。A项：根据《民法典》第951条的规定，行纪合同是行纪人以自己的名义为委托人从事贸易活动，委托人支付报酬的合同。本题中，乙商行接受甲的委托，以自己的名义为甲从事贸易活动，并以此收取报酬作为对价，甲与乙商行之间的关系符合行纪合同的法律构成。故A项正确。B项：根据《民法典》第952条的规定，行纪人处理委托事务支出的费用，由行纪人负担，但是当事人另有约定的除外。本题中，甲、乙商行对处理委托事务支出的费用未作约定，故依法律规定应由行纪人乙商行自己承担。因此，B项正确。C项：根据《民法典》第955条第2款的规定，行纪人高于委托人指定的价格卖出或者低于委托人指定的价格买入的，可以按照约定增加报酬；没有约定或者约定不明确，依据《民法典》第510条的规定仍不能确定的，该利益属于委托人。因此，C项错误。D项：根据《民法典》第958条第1款的规定，行纪人与第三人订立合同的，行纪人对该合同直接享有权利、承担义务。因此，D项正确。

综上所述，本题应选ABD。

3. 答案：BCD。A项中的关键词为“中介合同”。中介合同是指双方当事人约定一方为他方报告订立合同的机会或者订立合同的媒介服务，他方给付报酬的合同。本题中，甲与乙寄售行之间签订的合同不属于中介合同，而是行纪合同，即是行纪人以自己的名义为委托人从事贸易活动，委托人支付报酬的合同。故A项错误，不当选。B项中的关键词为“属于甲”。行纪人以高于委托人指定的价格卖出或低于委托人指定的价格买入的，可以按照约定增加报酬。没有约定或约定不明确的，该利益属于委托人，即属于甲。故B项正确，当选。C项中的关键词为“向乙寄售行主张”。行纪合同的行纪人系合同当事人，对该合同直接享有权利、承担义务。因此，如仪器出现质量问题，丙（第三人）应向乙寄售行（行纪人）主张违约责任。故C项正确，当选。D项中的关键词为“费用”。行纪人为处理委托事务支出的费用，有约从约，无约自担。本题中，甲与乙寄售行除酬金外对其他事项未作约定，因此，乙寄售行（行纪人）应自己承担100元的费用。故D项正确，当选。

4. 答案：BD。根据《民法典》第955条的规定，行纪人低于委托人指定的价格卖出或者高于委托人指定的价格买入的，应当经委托人同意；未经委托人同意，行纪人补偿其差额的，该买卖对委托人发生效力。行纪人高于委托人指定的价格卖出或者低于委托人指定的价格买入的，可以按照约定增加报酬；没有约定或者约定不明确，依据《民法典》第510条的规定仍不能确定的，该利益属于委托人。委托人对价格有特别指示的，行纪人不得违背该指示卖出或者买入。题干中交代，乙以高于委托价格50元的价格成交，且甲、乙双方没有对高于指定的价格卖出的利益归属作出约定，因此该部分利益属于甲，因此A项错误，B项正确。由于甲此前并未对价格作出特别指示，因此乙并不存在违约行为，且可以根据《民法典》第955条第2款的规定和两人之间的约定主张增加报酬。

简答题

1. 委托合同，又称委任合同，是指一方委托他方处理事务，他方允诺处理事务的合同。行纪合同，又称信托合同，是指一方根据他方的委托，以自己的名义为他方从事贸易活动，并收取报酬的合同。

两者的联系如下。

行纪合同由委托合同发展而来，在性质上与委托合同的十分相近。行纪合同与委托合同都是为委托人提供服务、处理事务的合同；行纪合同与委托合同的建立都是基于当事人双方的相互信任。《民法典》第960条规定，民法典对行纪合同没有规定的，参照适用委托合同的有关规定。

两者的区别如下。

（1）适用范围不同。行纪合同涉及的事务仅限于购买、销售和寄售，而委托合同涉及的事务是民事活动中除必须由特定当事人处理以外的事务。

（2）委托人的法律地位不同。行纪合同中行纪人以自己的名义从事法律活动，与第三人订立合同，委托人不享有权利，不履行义务；而委托合同中受托人以委托人的名义从事活动，受托人与第三人订立的合同对委托人可直接发生效力。

（3）提供服务的活动方式不同。行纪合同的行纪人，有权以自己的名义与第三人签订合同，必要时可介入交易活动；而委托合同的受委托人必须在委托人指示权限内从事工作，始终受委托人意志的控制。

（4）有偿性不同。行纪合同必然是有偿合同，而委托合同可以是有偿合同，也可以是无偿合同。

2.《民法典》第956条规定，行纪人卖出或者买入具有市场定价的商品，除委托人有相反的意思表示外，行纪人自己可以作为买受人或者出卖人。一般而言，在行纪人自己作为买受人或者出卖人时，可能违反利益冲突原则，损及委托人的利益，故不承认其效力。但在商品具有明确的市场价格的情况下，譬如在公开竞价的证券市场以市场价格买卖证券，委托人的利益是能够获得保障的。此时，仍然绝对否认其效力不仅毫无积极意义而且会抑制交易，故宜承认其效力。但在委托人有相反意思表示的情况下，不宜认可其效力。在允许行纪人自己作为买受人或者出卖人的情况下，委托人的利益并未受损，而行纪人已圆满完成了委托人的指示，并且，其在这一过程中难免会耗费时间、精力，乃至支出一定的费用，故行纪人可以请求委托人支付报酬。

论述题与深度思考题

行纪合同中行纪人的义务如下：

(1) 负担行纪费用的义务。

行纪费用，是指行纪人在处理委托事务时所支出的费用。《民法典》第952条明确规定：行纪人处理委托事务支出的费用，由行纪人负担，但是当事人另有约定的除外。可见，在我国，行纪费用以行纪人负担为原则，以当事人另有约定为例外。在现实生活中，难免会发生当事人没有约定相关费用由谁负担的问题。考虑到行纪人是以自己的名义处理相关事务，在无特别约定情况下，行纪人处理委托事务支出的费用宜由行纪人负担。

(2) 妥善保管委托物的义务。

行纪人占有委托物的，应当妥善保管委托物。行纪合同为有偿合同，因而行纪人对物的保管应尽善良管理人的注意。如未尽到此种义务，则行纪人应承担赔偿责任。

(3) 合理处分委托物的义务。

行纪合同关系中，行纪人是为了委托人的利益而从事相关活动的。由于委托人自己才是其利益的最权威判断者，故而行纪人必须接受委托人的指示。这是其义务所在。但行纪人在不能与委托人及时取得联系时，可以合理处分委托物。

(4) 依委托人的指示处理事务的义务。

根据《民法典》第955条的规定，对于委托人所指定的卖出委托物的价格或买入价格，行纪人有遵从指示的义务。对该项义务可分解为以下两种情况来具体考察：1) 行纪人低于指定价格卖出或者高于指定价格买进委托物。行纪人低于委托人指定的价格卖出或者高于委托人指定的价格买入的，应当经委托人同意。未经委托人同意，行纪人补偿其差额的，该买卖对委托人发生效力。2) 行纪人高于指定价格卖出或低于指定价格买进委托物。行纪人高于委托人指定的价格卖出或者低于委托人指定的价格买入的，可以按照约定增加报酬。没有约定或者约定不明确，双方当事人可以协议补充；不能达成补充协议的，按照合同有关条款或者交易习惯确定；仍不能确定的，该利益属于委托人。

第五十六章　中介合同

知识逻辑图

- 中介合同
  - 中介合同的概念和特征
  - 中介合同的效力
    - 中介人的义务
      - 报告义务
      - 忠实勤勉的义务
      - 自行承担中介活动费用的义务
    - 委托人的义务
      - 支付报酬的义务
      - 支付中介费用的义务
    - 中介合同与委托合同的关系

名词解释

1. 中介合同
2. “跳单”

选择题

单项选择题

1. 甲为一房屋中介，为乙寻找租赁房屋，恰巧丙在甲处登记，有一套住房欲出租，那么（　　）。

A. 如果甲的服务促成乙、丙之间订立租赁合同，那么由丙承担甲的报酬

B. 如果甲的服务促成乙、丙之间订立租赁合同，那么由乙承担甲的报酬

C. 如果甲的服务促成乙、丙之间订立租赁合同，那么由乙、丙平均承担甲的报酬

D. 如果乙对丙的住房不满意，甲为乙寻找住房支出的费用不得请求乙承担

2. 华利公司欲购买一批仪器，委托刘某提供媒介服务。华利公司和有关当事人对刘某提供的媒介服务的费用承担问题没有约定，后又不能协商确定。在此情况下，对刘某提供媒介服务的费用应按下列哪个选项确定？（　　）（律考）

A. 华利公司应当向刘某预付提供媒介服务的费用

B. 在刘某促成合同成立时，华利公司应当承担其提供媒介服务的费用

C. 在刘某未促成合同成立时，应当由刘某自己承担提供媒介服务的费用

D. 在刘某促成合同成立时，应当由刘某自己承担提供媒介服务的费用

3. 中介人在中介合同中的地位是（　　）。

A. 合同的当事人

B. 委托人的代理人

C. 合同的介绍人

D. 委托人和第三人的代理人

4. 刘某与甲房屋中介公司签订合同，委托甲公司帮助出售房屋一套。关于甲公司的权利义务，下列哪一说法是错误的？（　　）（司考改编）

A. 如有顾客要求上门看房，甲公司应及时通知刘某

B. 甲公司可代刘某签订房屋买卖合同

C. 如促成房屋买卖合同成立，甲公司可向刘某收取报酬

D. 如促成房屋买卖合同成立，甲公司自行承担中介活动费用

5. 甲与金科公司约定：甲委托金科公司为自己提供出借人的相关信息，甲在与出借人订立借款合同后向金科公司支付报酬。后根据金科公司提供的信息，甲从创富公司借款36万元并以其房产设定抵押，但一

直未办理抵押登记手续。甲与金科公司之间的约定属于合同法中的（　　）。（法考）

A. 委托合同　　B. 行纪合同
C. 中介合同　　D. 技术咨询合同

简答题

1. 简述中介合同的特征。
2. 简述中介合同与委托合同的联系与区别。
3. 简述中介合同中的“跳单”及其法律后果。

论述题与深度思考题

试述中介人的义务。

参考答案

名词解释

1. 中介合同，又名中介服务合同、居间合同，是指双方当事人约定一方为他方报告订立合同的机会或者提供订立合同的媒介服务，他方给付报酬的合同。

2. “跳单”是指委托人在接受中介服务后，为逃避支付中介费用，恶意越过中介人而直接与第三人交易的行为。

选择题

（一）单项选择题

1. 答案：C。本题涉及中介合同。所谓中介合同，是指双方当事人约定一方为他方报告订立合同的机会或者提供订立合同的媒介服务，他方给付报酬的合同。《民法典》第963条、第964条规定：“中介人促成合同成立的，委托人应当按照约定支付报酬。对中介人的报酬没有约定或者约定不明确，依据本法第五百一十条的规定仍不能确定的，根据中介人的劳务合理确定。因中介人提供订立合同的媒介服务而促成合同成立的，由该合同的当事人平均负担中介人的报酬。中介人促成合同成立的，中介活动的费用，由中介人负担。”“中介人未促成合同成立的，不得请求支付报酬；但是，可以按照约定请求委托人支付从事中介活动支出的必要费用。”因此，本题只有C项是正确的。

2. 答案：D。根据《民法典》第963条第2款的规定，中介人促成合同成立的，中介活动的费用，由中介人负担。

3. 答案：C。根据《民法典》第961条的规定，中介合同是中介人向委托人报告订立合同的机会或者提供订立合同的媒介服务，委托人支付报酬的合同。无论是报告型中介还是媒介型中介，中介人只是作为合同的介绍人，提供交易机会，为促成合同的成立服务。中介人促成合同成立的，既不能以自己的名义代替委托人签约（此有别于行纪合同），也不能以委托人的名义签约（此有别于委托合同），其并非该合同的一方当事人。故本题的正确答案为C。

4. 答案：B。根据《民法典》第961条的规定，中介合同是中介人向委托人报告订立合同的机会或者提供订立合同的媒介服务，委托人支付报酬的合同。本题中，刘某和甲房屋中介公司之间达成的合同即属于中介合同，刘某是委托人，甲公司是中介人。

A项：根据《民法典》第962条的规定，中介人应当就有关订立合同的事项向委托人如实报告。因此，在有顾客要求上门看房时，作为中介人的甲公司负有及时通知刘某的义务，A项正确。

B项：中介人仅提供订立合同的机会或者媒介服务，无权代理委托人签订合同。故B项错误。

C项：根据《民法典》第963条第1款的规定，中介人促成合同成立的，委托人应当按照约定支付报酬。对中介人的报酬没有约定或者约定不明确，依照《民法典》第510条的规定仍不能确定的，根据中介人的劳务合理确定。因中介人提供订立合同的媒介服务而促成合同成立的，由该合同的当事人平均负担中介人的报酬。因此，如促成合同成立，甲公司可以向刘某收取报酬。故C项正确。

D项：根据《民法典》第963条第2款的规定，中介人促成合同成立的，中介活动的费用，由中介人负担。故D项正确。

本题为选非题，综上所述，本题应选B。

5. 答案：C。《民法典》第961条规定，中介合同是中介人向委托人报告订立合同的机会或者提供订立合同的媒介服务，委托人支付报酬的合同。本题中，金科公司受甲之委托提供订立借款合同的媒介服务，故双方之间的约定为中介合同。综上，本题的正确答案是C。

简答题

1. 一般认为，中介合同有如下法律特征：(1) 中介合同的主体具有特殊性。某些法律法规或规章等规范性文件对中介人的资格作出了一定的限制，要求中介人具有相应的知识、能力和从业条件；并规定国家机关、领导干部等有特殊职权的人不得作为中介人从事中介交易。实践中一般对中介人有资格要求，譬如地产、娱乐等行业一般要求取得经纪人资格证，中介人的活动不得超越经营范围，特定行业如在境外就业的中介一般也需要经过行政许可。(2) 中介合同为有偿合同。中介人促成合同成立的，委托人应当按照约定支付报酬。(3) 中介合同为诺成合同和不要式合同。(4) 中介合同中委托人的给付义务的履行有不确定性。中介人未促成合同成立的，不得请求支付报酬；但是，可以按照约定请求委托人支付从事中介活动支出的必要费用。(5) 中介合同具有独立性。即使标的合同事后被撤销或被确认为无效，若中介人已履行合同约定的相应义务，则可以确认中介合同单独有效。

2. 委托合同，又称委任合同，是指一方委托他方处理事务，他方允诺处理事务的合同。中介合同，又名中介服务合同、居间合同，是指双方当事人约定一方为他方报告订立合同的机会或者提供订立合同的媒介服务，他方给付报酬的合同。中介合同与委托合同既有联系又有区别：最主要的联系在于，二者都是为他人提供订立合同的服务的；而最主要的区别在于，中介人是为委托人提供机会，其中介行为与受服务对象之间的法律关系相对独立，而在委托合同关系中，委托人与第三人建立了法律关系。

3.《民法典》第965条作出了关于“跳单”的规定：委托人在接受中介人的服务后，利用中介人提供的交易机会或者媒介服务，绕开中介人直接订立合同的，应当向中介人支付报酬。所谓“跳单”，是指委托人在接受中介服务后，为逃避支付中介费用，恶意越过中介人而直接与第三人交易的行为。“跳单”行为违反了诚实信用原则和公平原则，也构成了对中介合同的违反。当然，认定“跳单”的关键是委托人接受了中介人所提供的服务，并利用了中介人所提供的交易机会或媒介服务。譬如，在二手房交易中，作为委托人的买受人利用了地产中介所提供的房源以及相应服务，但为了节省中介费而绕开中介人直接与出卖人签订了房屋买卖合同。

论述题与深度思考题

中介人的义务如下：

(1) 报告义务。

中介人应当就有关订立合同的事项向委托人如实报告。这是中介人的主要义务，中介人应忠实勤勉地履行。在报告型中介中，中介人对于订约事项，应就其所知，据实地报告给委托人。中介人对于相对人而言，并不负有报告委托人有关情况的义务。在媒介型中介中，中介人应将有关订约的事项据实报告给各方当事人。中介人故意隐瞒与订立合同有关的重要事实或者提供虚假情况，损害委托人利益的，不得请求支付报酬并应当承担赔偿责任。

(2) 忠实勤勉义务。

中介人就自己所为的中介活动，有忠实义务。中介人的忠实义务包括以下几方面的要求：其一，中介人应将所知道的有关订约的情况或商业信息如实告知给委托人。其二，不得对订立合同实施不利影响，影响合同的订立或者损害委托人的利益。其三，中介人对于所提供的信息、成交机会以及后来的订约情况，负有向其他人保密的义务。中介人在负有忠实义务的同时，还负有勤勉义务。判断中介人是否有勤勉义务及其范围如何，应就其合同依照诚实信用原则来解释。中介人的任务在于报告订约机会给委托人。中介人的任务除向委托人报告订约信息外，还包括尽力促使将来可能订约的当事人双方达成合意，排除双方所持的不同意见，并依照约定准备合同，对于相对人与委托人之间所存障碍加以说合和克服。

(3) 自行负担中介活动费用的义务。

中介人促成合同成立的，中介合同的费用由中介人负担。中介人作为中介合同的一方主体，若欲为委托人了解相关的订约信息、商业信息及有关人的资信状况、信誉度、知名度等情况，必定会有一定的费用支出。对于此费用的支出，若委托人和中介人事先没有明确约定由哪一方负担，那么应当由中介人承担。这是因为在一般情形下，中介人支出的中介活动的费用都已计算在中介报酬内。

第五十七章　合伙合同

知识逻辑图

- 合伙合同
  - 合伙合同的概念和特征
    - 概念：两个以上合伙人为了共同的事业目的，订立的共享利益、共担风险的协议
    - 特征：不要式合同
  - 合伙人的出资义务
  - 合伙财产
  - 合伙事务的决定和执行
  - 合伙的利润分配和亏损分担
  - 合伙人的债务承担
  - 合伙财产份额的转让
  - 合伙人债权人代位权的限制
  - 不定期合伙合同
  - 合伙合同的终止事由
  - 合伙剩余财产的分配

名词解释

1. 合伙合同
2. 不定期合伙
3. 执行合伙人

选择题

（一）单项选择题

1. 甲、乙、丙三人签订合伙协议并开始经营，但未取字号，未登记，也未推举负责人。其间，合伙人与顺利融资租赁公司签订融资租赁合同，租赁淀粉加工设备一台，约定租赁期限届满后设备归承租人所有。合同签订后，出租人按照承租人的选择和要求向设备生产商丁公司支付了价款。乙在经营期间发现风险太大，提出退伙，甲、丙表示同意，并通知了出租人，但出租人表示反对，认为乙退出后会加大合同不履行的风险。下列说法正确的是？（　　）（法考）

A. 经过承租人同意，乙可以退出

B. 乙可以退出，无须出租人同意

C. 乙必须向出租人提供有效担保后才能退出

D. 乙退出后对合伙人债务不承担责任

2. 我国《民法典》第 973 条规定：合伙人对合伙债务承担连带责任。清偿合伙债务超过自己应当承担份额的合伙人，有权向其他合伙人追偿。这一规定意味着（　　）。

A. 合伙协议中可以规定某些合伙人不负有责任

B. 合伙协议中可以规定某些合伙人不负连带责任

C. 债权人只能根据合伙协议的约定向合伙人追索债务

D. 合伙协议规定的债务承担比例对债权人无约束力，而仅在合伙人之间有约束力

3. 甲、乙两人合伙经营，后甲因有急事需用钱，要将自己在合伙财产中的份额转让，乙和丙欲均以同一价格购买，甲应该如何处理？（　　）

A. 卖给乙　　　　　　B. 卖给丙

C. 任择其一　　　　　D. 每人一半

4. 赵某和钱某经口头协议，在闹市区租门面房合伙经营服装店。不久，房主孙某同意将门面房折价 2 万元加入合伙，但不参加经营，只每半年收经营收益的 10%。后赵某独自决定进了一批童装，销售情况不佳，童装厂催款。下列哪一说法是正确的？（　　）

A. 赵、钱、孙之间虽没有书面合伙协议，但是可以认定为合伙关系，故须连带承担还款义务

B. 孙某没有参加合伙的经营，应当认定合伙无效，不承担还款责任

C. 赵某一人执行合伙事务，没有征得其他合伙人的同意，其行为后果由赵某一人承担

D. 孙某入伙虽无效，但是仍应以其所得收益为限对合伙债务承担连带责任

（二）多项选择题

1. 肖某经营的餐厅因扩大经营需要资金，戴某愿意向其提供借款 100 万元，但要求与肖某签订一份合伙协议，约定合伙期限为 3 年，戴某不承担任何经营风险，仅每年固定获取收益 10 万元，第三年年底获得本息合计 110 万元。肖某遂与之签订了该合伙协议，并取得 100 万元资金用于餐厅经营。关于该合伙协议的性质和效力，下列选项正确的是（　　）。（法考）

A. 合伙合同无效

B. 性质为合伙合同

C. 借款合同有效

D. 性质为借款合同

视频讲题

2. 甲、乙、丙三人签订合伙协议并开始经营，但未取字号，未登记，也未推举负责人。其间，合伙人与顺利融资租赁公司签订融资租赁合同，租赁淀粉加工设备一台，约定租赁期限届满后设备归承租人所有。合同签订后，出租人按照承租人的选择和要求向设备生产商丁公司支付了价款。如租赁期间因设备自身原因停机，造成承租人损失。下列说法正确的是（　　）。（法考）

A. 出租人应当减少租金

B. 应当由丁公司修理并赔偿损失

C. 承租人向丁公司请求承担责任时，出租人有协助义务

D. 出租人与丁公司承担连带责任

3. 普通合伙人就合伙债务对外承担（　　）。

A. 共同责任　　　　　B. 无限责任

C. 连带责任　　　　　D. 按份责任

4. 我国民法规定个人合伙的合伙人对合伙经营的债务对外承担连带责任，对内则（　　）。

A. 按照合伙人协议约定的债务承担比例分担债务

B. 没有约定债务承担比例的，可按出资比例分担债务

C. 没有约定债务承担比例的，应由合伙人平摊债务

D. 没有约定债务承担比例或出资比例的，按照盈余分配比例分担

5. 合伙协议的终止，主要有以下原因（　　）。

A. 合伙人解除不定期合伙合同并在合理期限内通知其他合伙人的

B. 合伙人死亡的

C. 合伙人丧失民事行为能力的

D. 合伙人终止的

6. 甲、乙、丙三人合伙，一致推举甲为合伙的负责人，并内部约定甲对外签订合同不得超过 5 万元，现在甲与丁签订一份 15 万元的合同，丙反对，乙不知情，则下列选项正确的是（　　）。

A. 甲、丁所签订的合同对该合伙不发生效力

B. 甲、丁所签订的合同对该合伙发生效力

C. 丙可以依合伙协议对甲主张违约责任

D. 丙可以依合伙协议对甲主张侵权责任

简答题

1. 简述合伙人的债务承担。

2. 简述合伙财产份额的转让规则。

案例分析题

甲、乙合伙开办健身中心，二人在 2018 年 12 月 1 日约定：甲以健身场地出资，乙以现金 80 万元出资，

合伙期限为2019年1月1日至2023年12月31日，利润双方平分。协议签订后，甲为提供健身场地，以个人名义租赁了丙的经营性用房，租期为自2019年1月1日起5年，每年年底支付当年租金15万元。租赁期间，甲在该房屋的入口处安装了两个摄像头，但未告知丙。2022年1月初，甲因病去世。乙向丙请求按照原租赁合同租赁该房屋，丙拒绝。甲去世时，2021年的房租尚未支付。请根据上述材料，回答下列问题并说明理由。(考研改编)

(1) 丙发现甲安装摄像头后，有权向甲提出何种请求？

(2) 甲死亡后，乙是否有权请求按照原租赁合同租赁该房屋？

(3) 乙是否有义务支付甲欠付的租金？

参考答案

名词解释

1. 合伙合同是两个以上合伙人为了共同的事业目的，订立的共享利益、共担风险的协议。

2. 合伙人对合伙期限没有约定或者约定不明确，依据《民法典》第510条的规定仍不能确定的，视为不定期合伙。

3. 按照合伙合同的约定或者全体合伙人的决定，可以委托一个或者数个合伙人执行合伙事务；其他合伙人不再执行合伙事务，但是有权监督执行情况。该执行合伙事务的合伙人即为执行合伙人。

选择题

(一) 单项选择题

1. 答案：B。《合伙企业法》第46条规定："合伙协议未约定合伙期限的，合伙人在不给合伙企业事务执行造成不利影响的情况下，可以退伙，但应当提前三十日通知其他合伙人。"第51条规定："合伙人退伙，其他合伙人应当与该退伙人按照退伙时的合伙企业财产状况进行结算，退还退伙人的财产份额。退伙人对给合伙企业造成的损失负有赔偿责任的，相应扣减其应当赔偿的数额。退伙时有未了结的合伙企业事务的，待该事务了结后进行结算。"所以，合伙人乙退出合伙，不需要出租人同意，不需要提供有效的担保。所以，B项正确，A、C项错误。《合伙企业法》第54条规定："合伙人退伙时，合伙企业财产少于合伙企业债务的，退伙人应当依照本法第三十三条第一款的规定分担亏损。"第33条规定："合伙企业的利润分配、亏损分担，按照合伙协议的约定办理；合伙协议未约定或者约定不明确的，由合伙人协商决定；协商不成的，由合伙人按照实缴出资比例分配、分担；无法确定出资比例的，由合伙人平均分配、分担。合伙协议不得约定将全部利润分配给部分合伙人或者由部分合伙人承担全部亏损。"所以，D项错误。综上所述，本题正确答案为B。

2. 答案：D。《民法典》第973条明确规定了合伙人对合伙债务承担连带责任。这意味着合伙协议仅能规范合伙内部各合伙人之间的责任份额问题。为保护债权人，该内部协议不能产生外部的对抗效力。

3. 答案：A。合伙之间具有明显的人身属性和人身信赖，在同一转让价格下，其他合伙人应当享有优先于外部购买人的购买权。

4. 答案：A。《民法典》第967条规定，合伙合同是两个以上合伙人为了共同的事业目的，订立的共享利益、共担风险的协议。本题中赵、钱、孙之间实质上达成了合伙协议，因此应当依据《民法典》第973条之规定，承担连带还款责任，A项正确，B、D项错误。在合伙合同中，违约责任和因合同无效、被撤销或者解除所产生的责任，应由全体合伙人承担，故C项错误。

(二) 多项选择题

1. 答案：ACD。虚假的意思表示，又称虚伪表示或伪装表示。所谓"虚伪表示"是指表意人与相对人通谋而为虚假的意思表示，因此，也可称之为"通谋虚伪表示"。通谋虚伪表示以表意人与相对人的意思联络为核心，如果不存在通谋的意思联络，则不构成通谋虚伪表示。在实务中，通谋虚伪表示表现为"阴阳合同"。

本题中，肖某和戴某二人以合伙合同之名行借款合同之实，即"名为合伙实为借款"。其中，合伙合同系"阳合同"，属于虚假的意思表示。根据《民法典》

第 146 条第 1 款的规定，行为人与相对人以虚假的意思表示实施的民事法律行为无效。据此可知，合伙协议无效，协议的性质为借款合同（阴合同/隐藏行为/真实的意思表示）。故 A、D 项说法正确，当选；B 项说法错误，不当选。

肖某和戴某二人均系自然人，二人之间的借款系自然人之间的借款合同，属于实践性合同，自贷款人提供借款时成立。同时，借款合同系肖某和戴某二人之间的隐藏行为，是“阴合同”。以虚假的意思表示隐藏的民事法律行为（阴合同）的效力，依照有关法律规定处理。本题中，肖某取得 100 万元“用于”餐厅经营，表明戴某（贷款人）已提供借款，借款合同成立并生效。故 C 项说法正确，当选。

综上所述，本题的正确答案为 ACD。

2. 答案：BC。出租人、出卖人、承租人可以约定，出卖人不履行买卖合同义务的，由承租人行使索赔的权利。承租人行使索赔权利的，出租人应当协助。据此可知，在融资租赁合同中，顺利融资租赁公司（出租人）不承担瑕疵担保责任，而由丁公司（出卖人）承担瑕疵担保责任。故 B、C 项正确，D 项错误。承租人对出卖人行使索赔权，不影响其履行融资租赁合同项下支付租金的义务，但承租人以依赖出租人的技能确定租赁物或出租人干预选择租赁物为由，主张减轻或免除相应租金支付义务的除外。故 A 项错误，不当选。综上所述，本题的正确答案为 BC。

3. 答案：BC。根据合伙的法律性质，普通合伙人以其个人财产对合伙债务承担无限连带责任。

4. 答案：AB。《民法典》第 972 条规定：“合伙的利润分配和亏损分担，按照合伙合同的约定办理；合伙合同没有约定或者约定不明确的，由合伙人协商决定；协商不成的，由合伙人按照实缴出资比例分配、分担；无法确定出资比例的，由合伙人平均分配、分担。”因此，答案选择 AB。

5. 答案：ABCD。《民法典》第 976 条第 3 款规定：“合伙人可以随时解除不定期合伙合同，但是应当在合理期限之前通知其他合伙人。”第 977 条规定：“合伙人死亡、丧失民事行为能力或者终止的，合伙合同终止；但是，合伙合同另有约定或者根据合伙事务的性质不宜终止的除外。”故本题答案为 ABCD。

6. 答案：BC。《民法典》第 973 条规定：“合伙人对合伙债务承担连带责任。清偿合伙债务超过自己应当承担份额的合伙人，有权向其他合伙人追偿。”因此，合伙人的内部约定不得对抗外部第三人，在丁不知其内部分歧的情况下，应当认可该合同效力。合伙协议中明确约定合伙人执行合伙事务不得超过 5 万元，甲明显违反该合伙协议，应当对乙、丙承担违约责任。

简答题

1.《民法典》第 973 条规定，合伙人对合伙债务承担连带责任。清偿合伙债务超过自己应当承担份额的合伙人，有权向其他合伙人追偿。

合伙人的债务承担规则如下：

（1）合伙人对合伙债务承担连带责任。对外的连带责任使合伙债务更容易清偿，有助于保护合伙债权人的利益。

（2）若合伙人在自己应承担的份额之外清偿了合伙债务，此时该合伙人有权就超出部分在其他合伙人未履行的份额范围内向其追偿，并相应地享有债权人的权利，但是不得损害债权人的利益。其他合伙人对债权人的抗辩，可以向该债务人的主张。

（3）关于合伙人内部对合伙债务承担份额的确定，按照合伙合同的约定办理；合伙合同没有约定或者约定不明确的，由合伙人协商决定；协商不成的，由合伙人按照实缴出资比例分配、分担；无法确定出资比例的，由合伙人平均分配、分担。

2.（1）《民法典》第 974 条规定，除合伙合同另有约定外，合伙人向合伙人以外的人转让其全部或者部分财产份额的，须经其他合伙人一致同意。这是维护民事合伙高度人合性的必然要求。

（2）合伙人向合伙人以外的人转让其在合伙企业中的财产份额的，在同等条件下，其他合伙人有优先购买权；但是，合伙协议另有约定的除外。

（3）合伙人转让合伙份额的多少属于当事人意思自治的范畴，由当事人约定，既可以部分转让，也可以全部转让，后者使转让人实际上脱离了合伙，构成退伙。

案例分析题

（1）恢复原状或赔偿损失。承租人未经出租人同意，对租赁物进行改善或者增设他物的，出租人可以请求承租人恢复原状或者赔偿损失。

（2）有权。《民法典》第732条规定，“承租人在房屋租赁期限内死亡的，与其生前共同居住的人或者共同经营人可以按照原租赁合同租赁该房屋”。本案中，甲承租房屋用于以个人合伙方式从事经营活动，甲在租赁期间死亡，乙作为共同经营人有权请求按照原租赁合同租赁该房屋。

（3）无义务。一方面，在2021年甲是承租人，基于合同的相对性，由甲负担支付租金的义务。甲死亡后，其继承人继承该债务。另一方面，甲以所租赁的房屋出资，为此欠付的租金属于甲的个人债务，并非合伙债务，乙对此不承担无限连带责任。

第五十八章　准合同

知识逻辑图

- 准合同
  - 无因管理
    - 无因管理的概念和性质
      - 概念：无因管理指没有法定的或约定的义务，为避免他人利益受损失，自愿管理他人事务或者为他人提供服务的行为
      - 性质：依照法律规定，无因管理发生后，管理人与受益人之间发生无因管理之债，故无因管理是一种法律事实，而非民事法律行为
    - 无因管理的构成要件
      - 为他人管理事务
      - 有为他人谋利益的意思
      - 没有法定或约定义务
    - 无因管理的效力
      - 管理人的义务：适当管理义务，通知义务，报告、计算义务
      - 管理人的权利
        - 管理事务对受益人有利且不违背公序良俗时，可以请求受益人偿还因管理事务而支出的必要费用；因管理事务受到损失的，可以请求受益人给予适当补偿
        - 管理事务不符合受益人真实意思，但是受益人享有管理利益的，受益人应当在其获得利益的范围内向管理人承担偿还必要费用和适当补偿损失的义务
        - 管理事务经受益人事后追认的，从管理事务开始时起，适用委托合同的有关规定，但是管理人另有意思表示的除外
  - 不当得利
    - 概念和性质：不当得利是一种法律事实，指没有法律根据，使他人受到损失而自己获得了利益。依照法律规定，不当得利能引起不当得利之债
    - 构成要件
      - 一方获得利益
      - 他方受到损失
      - 获得利益和受到损失之间有因果关系
      - 没有合法根据
    - 基本类型
      - 给付型不当得利
        - 给付原因自始不存在的给付型不当得利
          - 民事法律行为不成立、无效、被撤销所产生的不当得利
          - 履行不存在的债务所引起的不当得利，即非债清偿
        - 给付原因嗣后不存在的给付型不当得利
          - 因合同解除产生的不当得利
          - 因给付目的嗣后不能实现产生的不当得利
      - 非给付型不当得利
        - 基于得利人的行为而产生的不当得利
        - 基于受损失的人的行为而产生的不当得利
        - 基于第三人的行为而产生的不当得利
        - 基于事件而产生的不当得利
    - 不当得利的效力：一旦不当得利成立，当事人之间即发生债权债务关系，受损失的人有权请求得利人返还不当得利，得利人负有返还不当得利的义务

名词解释

1. 无因管理
2. 不当得利

选择题

（一）单项选择题

1. 下列选项中，甲的行为构成无因管理的是（　　）。（考研）

A. 甲主动将摔倒在人行道上的老人扶起

B. 甲儿时被收养，成年后赡养亲生父母

C. 甲为了方便出行，出钱修缮邻居家被台风刮倒的院墙

D. 甲的狗将他人咬伤，甲误以为是好友乙的狗咬伤人而赔偿伤者

2. 甲拾得朋友乙的自行车，就打电话通知了乙。当晚，甲将该自行车推到自己的单元楼下。第二天，乙来取车时，发现车已经丢失。根据《民法典》的规定，就乙丢车的损失，应当（　　）。

A. 由甲承担责任

B. 由乙承担责任

C. 由甲、乙共同承担责任

D. 由甲承担主要责任，乙承担次要责任

3. 一日暴风雨突袭张家村，甲见乙种的粮食已经成熟，而乙此时恰巧生病住院，于是，甲立即雇人为乙抢收。后甲将收获的粮食贩卖，得款500元，甲为抢收支出费用50元。对此，以下哪一说法正确？（　　）

A. 甲应归还乙500元

B. 甲应归还乙450元

C. 甲应与乙平分500元

D. 以上均错误

4. 张某外出，台风将至。邻居李某担心张某年久失修的房子被风刮倒，祸及自家，就雇人用几根木料支撑住张某的房子，但张某的房子仍然不敌台风，倒塌之际压死了李某养的数只鸡。下列哪一说法是正确的？（　　）（司考改编）

A. 李某初衷是为自己，故不构成无因管理

B. 房屋最终倒塌，未达管理效果，故无因管理不成立

C. 李某的行为构成无因管理

D. 张某不需支付李某的固房费用，但应赔偿房屋倒塌给李某造成的损失

5. 陈某外出期间家中失火，邻居家10岁的女儿刘某呼叫邻居救火，并取自家衣物参与扑火。在救火过程中，刘某手部烧伤，花去医疗费200元，衣物损失100元。下列哪种说法是正确的？（　　）（司考改编）

A. 陈某应偿付刘某100元

B. 陈某应偿付刘某200元

C. 陈某应偿付刘某300元

D. 陈某无须补偿刘某

6. 刘某承包西瓜园，收获季节突然病故。好友刁某因联系不上刘某家人，便主动为刘某办理后事和照看西瓜园，并将西瓜卖出，获益5万元。其中，办理后事花费1万元，照看西瓜园和售卖西瓜支出雇工费以及其他必要费用共计5 000元。刁某认为自己应得劳务费5 000元。关于刁某的行为，下列哪一说法是正确的？（　　）（司考改编）

A. 5万元属于不当得利

B. 应向刘某家人给付3万元

C. 应向刘某家人给付4万元

D. 应向刘某家人给付3.5万元

7. 甲聘请乙负责照看小孩，丙聘请丁做家务。甲和丙为邻居，乙和丁为好友。一日，甲突生急病昏迷不醒，乙联系不上甲的亲属，急忙将甲送往医院，并将甲的小孩委托给丁临时照看。丁疏于照看，致甲的小孩在玩耍中受伤。下列哪一说法是正确的？（　　）（司考改编）

A. 乙将甲送往医院的行为属于无因管理

B. 丁照看小孩的行为属于无因管理，不构成侵权行为

C. 丙应当承担甲的小孩的医疗费

D. 乙和丁对甲的小孩的医疗费承担连带责任

8. 甲的房屋与乙的房屋相邻。乙把房屋出租给丙居住，并为该房屋在A公司买了火灾保险。某日甲见乙的房屋起火，唯恐大火蔓延自家受损，遂率家人救火，火势得到及时控制，但甲被烧伤住院治疗。下列哪一表述是正确的？（　　）（司考改编）

A. 甲主观上为避免自家房屋受损，不构成无因管理，应自行承担医疗费用

B. 甲依据无因管理只能向乙主张医疗费赔偿，因乙是房屋所有权人

C. 甲依据无因管理只能向丙主张医疗费赔偿，因丙是房屋实际使用人

D. 甲依据无因管理不能向A公司主张医疗费赔偿，因甲欠缺为A公司的利益实施管理的主观意思

9. 一日清晨，甲发现一头牛趴在自家门前，便将其拴在自家院内，打探失主未果。时值春耕，甲用该牛耕种自家田地。其间该牛因劳累过度得病，甲花费300元将其治好。两年后，牛的主人乙寻牛来到甲处，要求甲返还，甲拒绝返还。下列哪一说法是正确的？（　　）（司考改编）

A. 甲应返还牛，但有权要求乙支付300元

B. 甲应返还牛，且无权要求乙支付300元

C. 甲不应返还牛，但乙有权要求甲赔偿损失

D. 甲不应返还牛，无权要求乙支付300元

10. 甲与乙签订有长期供货协议，一日，乙错将丙订购的货物发给了甲，甲则依照交易习惯接收了货物。不料当晚发生地震，甲的仓库倒塌，该批货物全部损坏。而后，乙察觉错发货物一事，急忙致电甲，要求退还货物。对于甲、乙之间的法律关系，以下哪一表述正确？（　　）

A. 甲的受领属于不当得利，应当退回货物

B. 甲的受领属于不当得利，应当赔偿损失

C. 甲的受领属于不当得利，但无须返还货物

D. 甲、乙之间成立事实合同关系，故甲无须退还货物

11. 下列哪种情况下会发生不当得利？（　　）

A. 离异的父母给付孩子抚养费

B. 甲欠乙的赌资

C. 甲提前偿还银行欠款

D. 甲将服务员失误多找的零钱据为己有

12. 甲将自己的一头重病的耕牛弃于野外，乙经过时发现此牛，牵回家中。经过乙的精心照料，该牛痊愈。后甲向乙索还该牛，那么（　　）。

A. 甲有权要求乙返还此牛，但应补偿乙支出的费用

B. 甲有权要求乙返还此牛，乙的行为构成不当得利

C. 甲无权要求乙返还此牛，因为其已经抛弃了该牛的所有权

D. 甲无权要求乙返还此牛，但乙应给予补偿

13. 得利人在取得利益时为善意，嗣后为恶意的，其返还范围（　　）。

A. 以恶意开始之时存在的利益为准

B. 以得利人取得利益的数额为准

C. 以返还时存在的利益为准，并依法赔偿损失

D. 以得利人取得利益的数额为准，并依法赔偿损失

14. 甲在银行取款时，银行工作人员因点钞失误多给付了1万元，甲发现后并未声张。随后，甲以这1万元作为本钱经商，获利5 000元，其中2 000元为其劳务管理费用成本。1个月后，银行发现了多付款的事实，要求甲退回，甲不同意。问：下列有关该案的哪一表述是正确的？（　　）（司考改编）

A. 甲无须返还，因系银行自身失误所致

B. 甲应返还银行多付的1万元

C. 甲应返还银行多付的1万元，同时还应返还1个月的利息

D. 甲应返还银行多付的1万元，同时还应返还1个月的利息及3 000元利润

15. 任某门前公路上有一泥沟。某日，一货车经过泥沟，由于颠簸掉落货物一件，被任某拾得据为己有。任某发现有利可图，遂将泥沟挖深半尺。次日，果然又拾得两袋车上掉落的货包。关于任某行为的性质，下列哪一选项是正确的？（　　）（司考改编）

A. 无因管理和侵权行为

B. 不当得利

C. 无因管理和不当得利

D. 不当得利和侵权行为

16. 张某发现自己的工资卡上多出2万元，便将其中1万元借给郭某，约定利息500元；另外1万元投入股市。张某单位查账发现此事，原因在于财务人员工作失误，遂要求张某返还。经查，张某借给郭某的1万元到期未还，投入股市的1万元已获利2 000元。下列哪一选项是正确的？（　　）（司考改编）

A. 张某应返还给单位2万元

B. 张某应返还给单位2.2万元

C. 张某应返还给单位2.25万元

D. 张某应返还给单位2万元及其孳息

17. 下列哪一情形不产生不当得利之债？（　　）（司考改编）

A. 甲向乙借款10万元，1年后根据约定偿还本息

15 万元

B. 甲不知诉讼时效已过，向债权人乙清偿债务

C. 甲久别归家，误把乙的鸡当成自家的吃掉

D. 甲雇用的装修工人，误把邻居乙的装修材料用于甲的房屋装修

18. 甲将某物出售于乙，乙转售于丙，甲应乙的要求，将该物直接交付于丙。下列哪一说法是错误的？（　　）（司考改编）

A. 如仅甲、乙间买卖合同无效，则甲有权向乙主张不当得利返还请求权

B. 如仅乙、丙间买卖合同无效，则乙有权向丙主张不当得利返还请求权

C. 如甲、乙间以及乙、丙间买卖合同均无效，甲无权向丙主张不当得利返还请求权

D. 如甲、乙间以及乙、丙间买卖合同均无效，甲有权向乙，乙有权向丙主张不当得利返还请求权

视频讲题

19. 刘某与贾某相约到游泳馆游泳。在游泳期间，刘某对贾某说：待会儿咱俩假装落水，来检验一下游泳馆的救援能力。贾某心领神会。正当刘某与贾某在泳池“挣扎”之际，被孙某发现。孙某连衣服都没来得及脱，兜里的手机也没来得及往外拿，急忙游过去“救人”。谁料，当孙某游到二人身边时，被告知这一切只不过是刘某与贾某的恶作剧而已。最终，孙某的手机因进水无法使用。关于本案，下列说法不正确的是（　　）。（法考）

A. 孙某有权以侵权为由请求刘某与贾某赔偿损失

B. 孙某有权以无因管理为由请求刘某与贾某补偿损失

C. 孙某有权以无因管理为由请求游泳馆补偿损失

D. 游泳馆补偿孙某损失后有权请求刘某与贾某返还不当利益

（二）多项选择题

1. 下列行为中，构成无因管理的是（　　）。（司考改编）

A. 甲将晕倒的路人乙送到医院

B. 甲拾得乙遗失的牛，寻找失主未果后牵回暂养。因地震致屋塌、牛死，甲出卖牛皮、牛肉获益若干

C. 甲见门前马路下水道井盖被盗致路人跌伤，遂自购一井盖铺上

D. 甲把其父留下的电视机拿去修理，但不知道该电视机是借来的

2. 乙打车将被车撞倒的甲送往医院，支付医疗费用若干，自己的衣服也被甲的血迹染污。那么乙可以向甲主张（　　）。

A. 出租车费　　B. 医疗费

C. 衣服的干洗费　　D. 报酬

3. 2024 年 3 月 2 日，吕某前往超市购物途中，恰逢霍某牵着自己家的泰迪狗迎面走来。不料，泰迪狗突然上前追咬吕某，吕某见此情形吓得狂奔。路人张某为救吕某，拿起旁边菜贩何某的伞与泰迪狗扭打起来。结果，吕某得救，张某被狗咬伤，花去医药费 2 000 元。关于本题，下列哪些说法是正确的？（　　）（法考改编）

A. 张某的行为构成无因管理

B. 张某的行为不构成无因管理

C. 张某可以请求吕某支付 2 000 元医药费

D. 张某可以请求霍某支付 2 000 元医药费

4. 甲正在市场卖鱼，突闻其父病危，急忙离去，邻摊菜贩乙见状遂自作主张代为叫卖，以比甲原来定价每斤 10 元高出 5 元的价格卖出鲜鱼 200 斤，并将多卖的 1 000 元收入自己囊中。后乙因急赴喜宴，将余下的 100 斤鱼以每斤 3 元卖出。下列哪些选项是正确的？（　　）（司考改编）

A. 乙的行为构成无因管理

B. 乙收取多卖的 1 000 元构成不当得利

C. 乙低价销售 100 斤鱼构成不当管理，应承担赔偿责任

D. 乙可以要求甲支付一定报酬

视频讲题

5. 下列情形中，产生了给付型不当得利之债的是（　　）。

A. 甲向乙购买一批货物，乙交付货物后，买卖合同被撤销

B. 甲向乙借款 10 元，却误以为借了 15 元，因此归还给乙 15 元

C. 甲被乙驾车撞伤，保险公司偿付甲所受的损失，随后甲又从乙处获得损害赔偿

D. 甲鱼塘里养的鱼因为下雨而流失到乙的鱼塘中

6. 甲拾得乙丢失的手机，向乙索要 2 000 元报酬，乙表示面谈。见面后乙称只给 500 元，甲因此拒绝返还手机。乙可向甲主张的请求权有？（　　）（考研）

A. 侵权请求权

B. 物权请求权

C. 不当得利请求权

D. 无因管理请求权

7. 对于恶意受益人在返还不当得利时的范围，以下说法正确的是（　　）。

A. 原物产生了孳息的应返还

B. 原物不存在的应作价偿还

C. 应返还全部利益

D. 给受害人造成了损失的要赔偿损失

8. 甲公司与乙公司签订了一份购买服装的合同，由乙公司向甲公司提供 100 箱服装，装运时由于乙公司的工作人员失误，实际装运了 102 箱。运输过程中，车辆打滑倾覆，货物全部灭失。那么（　　）。

A. 多装的 2 箱服装构成不当得利

B. 100 箱货物的损失由甲公司承担

C. 2 箱服装的损失由乙公司承担

D. 100 箱货物的损失由乙公司承担

9. 甲遗失其为乙保管的迪亚手表，为偿还乙，甲窃取丙的美茄手表和 4 000 元现金。甲将美茄手表交给乙，因美茄手表比迪亚手表便宜 1 000 元，甲又从 4 000 元中补偿乙 1 000 元。乙不知甲的盗窃情节。乙将美茄手表赠与丁，又用该 1 000 元的一半支付了某自来水公司的水费，另一半购得某商场的一件衬衣。下列哪些说法是正确的？（　　）（司考改编）

A. 丙可请求丁返还手表

B. 丙可请求甲返还 3 000 元、请求自来水公司和商场各返还 500 元

C. 丙可请求乙返还 1 000 元不当得利

D. 丙可请求甲返还 4 000 元不当得利

10. 某日，李某醉酒搭乘出租车回家，车程 20 公里。李某下车前用手机支付车费。误将 80 元输错成 8 080 元。司机收到后，未提醒李某。对此，下列哪些选项是正确的？（　　）（法考）

A. 该运输合同因显失公平而可撤销

B. 多付的 8 000 元应视为李某对司机的赠与

C. 醉酒不影响该运输合同的效力

D. 李某有权请求出租车司机返还 8 000 元不当得利

视频讲题

简答题

1. 简述无因管理与代理的区别。
2. 简述无因管理的构成要件。
3. 简述无因管理的效力。
4. 简述不当得利的构成要件。
5. 简述不当得利的基本类型。
6. 简述不当得利的效力。

案例分析题

张某在一风景区旅游，爬到山顶后，见一女子孤身站在山顶悬崖边上，目光异样，即心生疑惑。该女子见有人来，便向崖下跳去，张某情急中拉住女子衣服，将女子救上来。张某救人过程中，随身携带的价值 2 000 元的照相机被碰坏，手臂被擦伤；女子的头也被碰伤，衣服被撕破。张某将女子送到山下医院，为其支付各种费用 500 元，并为包扎自己的伤口用去 20 元。当晚，张某住在医院招待所，但已身无分文，只好向服务员借了 100 元，用以支付食宿费。次日，轻生女子家人赶到医院，向张某表示感谢。（司考改编）

问题：

（1）张某与轻生女子之间存在何种民事法律关系？

（2）对于张某的照相机被碰坏以及治疗自己伤口的费用，女子应否偿付？

(3) 张某能否请求女子给付一定的报酬?

(4) 张某应否赔偿女子衣服损失?

参考答案

名词解释

1. 无因管理，是指没有法定的或者约定的义务，为避免他人利益受损失，自愿管理他人事务或为他人提供服务的行为。管理他人事务的人，为管理人；事务被管理的人，为受益人。依照法律规定，无因管理发生后，管理人与受益人之间即产生无因管理之债。其主要内容是，管理人享有请求受益人偿还因管理事务而支出的必要费用的债权，受益人负有偿还该项费用的债务。

2. 不当得利是一种法律事实，是指没有法律根据，使他人受到损失而自己获得了利益。依照法律规定，不当得利能引起不当得利之债。其中，取得不当利益的人为得利人，是不当得利之债的债务人，负有返还不当得利的债务；财产受损失的人为受损失的人，是不当得利之债的债权人，享有请求受益人返还不当利益的债权。

选择题

(一) 单项选择题

1. 答案：C。根据《民法典》第 121 条、第 979 条的规定，构成无因管理需要具备如下要件：一是客观上管理他人事务，二是主观上有为他人管理的意思，三是没有法定或约定的义务，四是管理事务不违反受益人的真实意思。本题中，A 项：主动扶起摔倒的老人，虽体现了社会互助精神，但因未支出费用或造成损失，并未发生债权债务关系，故仅属于道德行为的范畴，不构成无因管理。但若甲打车将摔伤的老人送往医院，即有可能构成无因管理。故 A 项错误。B 项：养子女成年后赡养其亲生父母的，属于履行道德义务的行为，通常欠缺为他人管理事务的意思，不构成无因管理。故 B 项错误。C 项：修缮邻居的院墙客观上有为他人利益的意思，管理人即使兼顾自己的利益也不影响无因管理的构成。故 C 项正确。D 项：甲客观上管理的是自己的事务，不构成无因管理。故 D 项错误。

综上所述，本题的正确答案是 C。

2. 答案：B。本题考查管理人违反适当管理义务应承担的责任。甲为了乙的利益，而替乙看管自行车，且甲与乙之间并没有法定的或约定的义务，因此二者之间产生无因管理之债。对于管理人违反适当管理义务的责任，通说认为，若管理人在管理事务时，并不违反受益人的管理要求和社会常识，只是具体的管理方法、措施不当，给受益人造成损害的，仅在管理人有故意或重大过失的情形下，才应当由管理人负赔偿责任；若管理人仅有一般过失，则应免除或减轻管理人的责任。本题中，甲对乙丢失自行车一事并不存在故意或重大过失，其已尽善良管理人的注意义务，因此，应该由乙自行承担损失。故正确答案为 B。

3. 答案：B。本题中，甲的行为属于无因管理。根据《民法典》第 121 条的规定，没有法定的或者约定的义务，为避免他人利益受损失而进行管理的人，有权请求受益人乙偿还由此支出的必要费用。另外，根据《民法典》第 983 条的规定，管理人因管理事务所取得的物品、钱款及孳息应当交付给受益人。因此，本题中，管理人甲应将管理中收取的物品、金钱以及孳息等交还本人，但有权要求受益人乙偿还由此而支出的必要费用。故本题应选 B。

4. 答案：C。无因管理，是指没有法定的或约定的义务，为避免他人利益受损失而为他人管理事务或提供服务的行为。管理人适当兼顾自己的利益并不影响无因管理的成立，本题中，虽然李某在帮助张某修缮房屋的时候存在利己意思，但是主要还是为了张某的利益而修缮其房屋，因此，李某的行为构成无因管理。故 A、B 项错误，C 项正确。另外，根据《民法典》第 979 条第 1 款的规定，无因管理一经成立，在管理人和受益人之间即发生债权债务关系，管理人有权请求受益人偿还其因管理而支出的必要费用，并适当补偿由此而遭受的相应损失。受益人有义务偿还必要费用、适当补偿损失。故本题中，李某有权要求张某支付加固房屋的费用，张某应当支付，D 项错误。

综上所述，本题应选 C。

5. 答案：C。首先，根据《民法典》第 121 条的规定，没有法定或者约定的义务，为避免他人利益受损失进行管理或者服务的，构成无因管理。无因管理属于事实行为，并不要求管理人具有民事行为能力，只要管理人具有认识能力即可。因此本题中刘某的行为构成无因管理。其次，根据《民法典》第 979 条第 1 款的规定，管理人没有法定的或者约定的义务，为避免他人利益受损失而管理他人事务的，可以请求受益人偿还因管理事务而支出的必要费用；管理人因管理事务受到损失的，可以请求受益人给予适当补偿。本题中，对于刘某因救火烧伤手部花去的医疗费 200 元和衣物损失 100 元，陈某应按照法律规定偿付。故本题应选 C。

6. 答案：D。A 项：根据《民法典》第 121 条、第 979 条的规定，构成无因管理需要具备如下要件：一是客观上管理他人事务，二是主观上有为他人管理的意思，三是没有法定或约定的义务，四是管理事务不违反受益人的真实意思。本题中，刁某在没有法定和约定义务的情况下，为了避免刘某的利益受损，主动为刘某办理后事并对其西瓜园进行管理的行为构成无因管理，而非不当得利。故 A 项错误。B、C、D 项：根据《民法典》第 979 条第 1 款的规定，管理人可以请求受益人偿还因管理事务而支出的必要费用；管理人因管理事务受到损失的，可以请求受益人给予适当补偿。刁某的行为构成无因管理，有权要求受益人即刘某的家人偿还其因管理行为而支付的必要费用。该必要费用包括：刁某办理刘某后事花费的 1 万元、摘卖西瓜雇工费以及其他必要费用 5 000 元，共 1.5 万元，不包括刁某要求的劳务费。因此，刁某应从获益的 5 万元中扣除 1.5 万元的必要费用，向刘某家人给付 3.5 万元。故选项 B、C 错误，选项 D 正确。

综上所述，本题应选 D。

7. 答案：A。A 项：根据《民法典》第 121 条、第 979 条的规定，构成无因管理需要具备如下要件：一是客观上管理他人事务，二是主观上有为他人管理的意思，三是没有法定或约定的义务，四是管理事务不违反受益人的真实意思。本题中，因甲仅聘请乙负责照看小孩，乙并无将甲送往医院的法定或者约定的义务，故乙为避免甲的利益受损失而将甲送往医院的行为属于无因管理。因此，A 项正确。B 项：根据《民法典》第 923 条的规定，受托人应当亲自处理委托事务。经委托人同意，受托人可以转委托。转委托经同意或者追认的，委托人可以就委托事务直接指示转委托的第三人，受托人仅就第三人的选任及其对第三人的指示承担责任。转委托未经同意或者追认的，受托人应当对转委托的第三人的行为承担责任；但是，在紧急情况下受托人为了维护委托人的利益需要转委托第三人的除外。本题中，甲聘请乙负责照看小孩属于委托合同，现因情况紧急，乙将委托事务转委托于第三人丁，因丁负有照看小孩的约定义务，故不属于无因管理。因丁疏于照看致小孩在玩耍中受伤，这既构成违约行为，又构成侵权行为，因此，B 项错误。C 项：根据《民法典》第 1192 条第 1 款第一句的规定，个人之间形成劳务关系，提供劳务一方因劳务造成他人损害的，由接受劳务一方承担侵权责任。本题中，虽然丙聘请丁做家务，但是因丁致使甲的小孩受伤并非因劳务而造成，故丙无须承担甲的小孩的医疗费，因此，C 项错误。D 项：根据《民法典》第 929 条第 1 款的规定，有偿的委托合同，因受托人的过错造成委托人损失的，委托人可以请求赔偿损失。无偿的委托合同，因受托人的故意或者重大过失造成委托人损失的，委托人可以请求赔偿损失。本题中，乙作为甲的受托人，因其对甲的小孩的受伤并无任何过错，故无须承担赔偿责任；丁作为转委托的第三人，因其对甲的小孩的受伤有过错（重大过失），故应当承担赔偿责任。因此，D 项错误。

综上所述，本题应选 A。

8. 答案：D。A 项：根据民法理论，无因管理中管理人为自己之意思与为他人之意思可以并存，为他人管理事务兼具为自己利益者，不碍无因管理之成立。所以，A 项错误。B、C 项：根据《民法典》第 121 条的规定，没有法定的或约定的义务，为避免他人利益受损失而进行管理的人，有权请求受益人偿还由此支出的必要费用。本题中，乙作为房屋所有权人、丙作为房屋实际使用人的利益都会因火灾受到损害，因此乙、丙都应当被界定为受益人，即甲可以向乙、丙主张医疗费赔偿。所以，B、C 项错误。D 项：根据民法理论，管理人进行管理是为了避免他人利益受损失，这是无因管理成立的主观要件。这里的受损失，既包括现有利益的减少，也包括可得利益的丧失。既然管理的目的是避免他人利益受损失，就要求管理人的管理是以为他人谋利益为目的。本题中甲欠缺为 A 公司的利益而管理的主观意思，因此不构成对 A 公司的无因管理。所以，D 项正确。

综上所述，本题正确答案为 D。

9. 答案：B。A、B 项：本题中，基于甲打探失主并喂养牛的行为，在甲、乙之间形成了无因管理关系。但是，甲所花费的300元并不属于无因管理的必要费用，而是不当管理人为自己利益而造成的损失（牛劳累过度而得病）。对于物权人乙而言，该侵害物权的行为已构成侵权，乙有权基于侵权损害赔偿请求权，主张由甲承担耕牛的医疗费用。此外，根据《民法典》第316条的规定，拾得人在遗失物送交有关部门前，有关部门在遗失物被领取前，应当妥善保管遗失物。因故意或者重大过失致使遗失物毁损、灭失的，应当承担民事责任。本题中，甲作为拾得人，未尽妥善保管义务，其对耕牛的损伤存在重大过失，因此，乙基于遗失物的所有权人身份，也可以主张由甲承担牛的医疗费用。故A项错误、B项正确。C、D项：根据《民法典》第235条的规定：无权占有不动产或者动产的，权利人可以请求返还原物。因此，本题中，作为无权占有人的甲无权拒绝乙返还该牛的请求权，故C、D项错误。

综上所述，本题应选B。

10. 答案：C。根据《民法典》第122条的规定，不当得利的构成要件有四：一方获得利益；他方受到损失；获得利益和受到损失之间有因果关系；获得利益没有合法根据。本题中，甲没有法律或合同的依据而取得了乙错发的货物，双方由此发生不当得利之债。根据《民法典》第986条的规定，得利人为善意，即在取得利益时不知道且不应当知道没有合法根据的，其返还利益的范围以利益存在的部分（现存利益）为限；如利益已不存在，则不负返还义务。本题中，甲、乙之间订有常年的供货合同，因此甲依照交易习惯受领乙交付的货物之时，应推定其主观上为善意不知情，故甲只需返还现存利益，对于已不存在的利益不负返还义务。该批货物既已灭失，甲无须退还或赔偿损失。因此，C项为正确答案。

11. 答案：D。根据《民法典》第122条的规定，不当得利的构成要件有四：一方获得利益；他方受到损失；获得利益和受到损失之间有因果关系；获得利益没有合法根据。此外，根据《民法典》第985条的规定，得利人没有法律根据取得不当利益的，受损失的人可以请求得利人返还取得的利益，但是有下列情形之一的除外：（1）为履行道德义务进行的给付；（2）债务到期之前的清偿；（3）明知无给付义务而进行的债务清偿。A项：离异的父母对子女给付抚养费既是法定的义务，也是道德义务，不构成不当得利。B项：属于非法行为。C项：甲与银行之间存在借款合同关系，银行获得利益有合法根据，甲在债务到期之前的清偿不构成不当得利。仅D项符合不当得利的构成要件，故本题应选D。

12. 答案：C。甲抛弃该牛之时，已经丧失了对该牛的所有权，乙拾得该牛，基于先占已经取得了该牛的所有权，因此，乙不构成不当得利，甲无权要求乙返还该牛。本题应选C。

13. 答案：A。根据《民法典》第986条、第987条的规定，得利人不知道且不应当知道取得的利益没有法律根据，取得的利益已经不存在的，不承担返还该利益的义务。得利人知道或者应当知道取得的利益没有法律根据的，受损失的人可以请求得利人返还其取得的利益并依法赔偿损失。由此可知，善意得利人返还利益的范围以利益存在的部分为限；恶意得利人返还利益的范围应是得利人得利时取得利益的数额，并应当依法赔偿损失；得利人在取得利益时为善意，嗣后为恶意的，其返还范围应以恶意开始之时存在的利益为准。故本题应选A。

14. 答案：C。本题中，甲没有合法根据获得1万元钱，乙银行因此受损，因此，双方之间发生不当得利之债。因甲明知该1万元钱是银行工作人员多给的，仍然使用该笔钱经商，故应认定甲为恶意。根据《民法典》第987条的规定，得利人知道或者应当知道取得的利益没有法律根据的，受损失的人可以请求得利人返还其取得的利益并依法赔偿损失。因此，甲应当返还乙银行1万元本金及利息。至于使用该部分本金所产生的利润，并不属于法定的返还范围。故本题应选C。

15. 答案：D。不当得利是指没有合法根据而获得利益并使他人利益遭受损失的事实。侵权行为是指行为人由于过错侵害他人的财产权和人身权，依法应当承担民事责任的不法行为，以及依法律的特别规定应当承担民事责任的其他侵害行为。本题中，任某起初拾得颠簸掉落的一件货物并据为己有，属于没有合法根据而获利，并使他人利益受损的情况，构成不当得利。但此后，任某发现有利可图，故意将泥沟挖深半尺以便再次取得车上掉落的货包，此行为已构成故意侵害他人财产权的侵权行为，因此，D项正确。

16. 答案：D。本题考查不当得利的返还范围。根据《民法典》第122条的规定，因他人没有法律根据，取得不当利益，受损失的人有权请求其返还不当利益。张某因单位人员工作失误而受领2万元款项，属于无合法依据的不当得利，应予返还。参考最高人民法院《关于贯彻执行〈中华人民共和国民法通则〉若干问题的意见（试行）》（已失效）第131条的规定，返还的不当利益，应当包括原物和原物所生的孳息。利用不当得利所取得的其他利益，扣除劳务管理费用后，应当予以收缴。据此，本题中，张某将1万元出借而约定的500元利息，属于该1万元的法定孳息，而将1万元投入股市的收益则属于利用不当得利所取得的其他利益。因此，张某应返还最初获得的2万元不当得利本金加500元利息的孳息，股市的收益应当在扣除张某的劳务费用后予以收缴而非返还。故D项正确。

17. 答案：B。根据《民法典》第122条的规定，因他人没有法律根据，取得不当利益，受损失的人有权请求其返还不当利益。据此可知，不当得利包括四个构成要件：(1) 获益没有法定或约定的原因；(2) 一方获益；(3) 另一方受损；(4) 上述获益与受损之间存在因果关系。A项：最高人民法院《关于审理民间借贷案件适用法律若干问题的规定》第25条规定，“出借人请求借款人按照合同约定利率支付利息的，人民法院应予支持，但是双方约定的利率超过合同成立时一年期贷款市场报价利率四倍的除外。前款所称‘一年期贷款市场报价利率’是指中国人民银行授权全国银行间同业拆借中心自2019年8月20日起每月发布的一年期贷款市场报价利率”。A项中，甲、乙约定的利息为原本金的50%，显然超出了同期银行贷款利率的4倍，超出部分产生不当得利之债，故A项错误。B项：根据《民法典》第192条第2款的规定，诉讼时效期间届满后，义务人同意履行的，不得以诉讼时效期间届满为由抗辩；义务人已经自愿履行的，不得请求返还。据此可知，债权人乙取得清偿款是有合法依据的，不产生不当得利之债，故B项正确。C项：甲将乙的鸡吃掉没有合法依据，甲取得了不当利益，且造成了乙的财产损失，产生不当得利之债。故C项错误。D项：甲雇用的装修工人误把邻居乙的装修材料用于甲的房屋装修，属于基于第三人的行为产生的不当得利之债。故D项错误。

综上所述，本题答案为B。

18. 答案：C。根据《民法典》第122条的规定，因他人没有法律根据，取得不当利益，受损失的人有权请求其返还不当利益。据此可知，不当得利包括四个构成要件：(1) 获益没有法定或约定的原因；(2) 一方获益；(3) 另一方受损；(4) 上述获益与受损之间存在因果关系。本案中，存在以下民事法律关系：第一，甲与乙之间的买卖合同，因甲应乙的要求直接将标的物交付于丙，故该合同属于向第三人履行的合同；第二，乙与丙之间的买卖合同，因乙要求甲将标的物交付于丙，故该合同属于由第三人履行的合同。在甲将标的物交付于丙后，丙基于与乙之间的买卖合同，继受取得标的物的所有权。

A项：若仅甲、乙之间的买卖合同无效，则因甲丧失了标的物的所有权，且该标的物被乙用于履行其与丙之间的买卖合同，故作为受损人的甲有权向乙主张不当得利返还请求权。因此，A项正确。B项：若仅乙、丙之间的买卖合同无效，则丙取得标的物的所有权没有法律上的根据，进而作为受损人的乙有权向丙主张不当得利返还请求权。因此，B项正确。C项：若甲、乙之间以及乙、丙之间的买卖合同均无效，则丙取得标的物的所有权没有合法根据，进而作为受损人的甲有权向丙主张不当得利返还请求权。因此，C项错误。D项：若甲、乙之间以及乙、丙之间的买卖合同均无效，则作为受损人的甲有权向乙、作为受损人的乙有权向丙主张不当得利返还请求权。因此，D项正确。

本题为选非题，综上所述，应选C。

19. 答案：A。A项：根据《民法典》第1165条第1款的规定，行为人因过错侵害他人民事权益造成损害的，应当承担侵权责任。本案中，虽然客观上存在孙某手机遭受损害的事实，但是因刘某与贾某并无侵害孙某手机的过错，故孙某无权以侵权为由请求刘某与贾某赔偿损失。因此，A项不正确。B、C项：根据《民法典》第979条第1款的规定，管理人没有法定的或者约定的义务，为避免他人利益受损失而管理他人事务的，可以请求受益人偿还因管理事务而支出的必要费用；管理人因管理事务受到损失的，可以请求受益人给予适当补偿。本案中，虽然客观上刘某与贾某并未落水，但是二人具有落水的外观，因孙某无救助二人的法定或者约定的义务，为避免二人死亡而实施了救助，故构成无因管理。在该无因管理中，因刘某与贾某以及游泳池均属于受益人，故孙某有权以无因管理为由请求刘某与贾某以及游泳池补偿损失。因此，B 项、C 项均正确。D 项：根据《民法典》第 985 条的规定，得利人没有法律根据取得不当利益的，受损失的人可以请求得利人返还取得的利益。本案中，若最终由游泳馆补偿了孙某的损失，则刘某与贾某构成消极不当得利（该支出的未支出），进而游泳馆有权请求刘某与贾某返还不当利益。因此，D 项正确。

综上所述，本题应选 A。

（二）多项选择题

1. 答案：ABC。根据《民法典》第 121 条、第 979 条的规定，构成无因管理需要具备如下要件：一是客观上管理他人事务，二是主观上有为他人管理的意思，三是没有法定或约定的义务，四是管理事务不违反受益人的真实意思。A 项、C 项均符合上述构成要件。B 项：甲拾得乙遗失的牛，在寻找失主未果后牵回家暂养，属于无因管理；后因地震致屋塌、牛死，甲出卖牛皮、牛肉获价款若干，以客观标准来判断，既不违背受益人的真实意思，也采用了有利于受益人的方法进行管理，因此，甲尽到了适当管理义务，不属于不当无因管理，不构成侵权行为。故 B 项正确。D 项：因甲主观上并没有为他人谋利益的意思，仅是为避免自己的利益遭受损失，故不构成无因管理。因此，D 项错误。

综上所述，本题应选 ABC。

2. 答案：ABC。根据《民法典》第 979 条第 1 款的规定，管理人没有法定的或者约定的义务，为避免他人利益受损失而管理他人事务的，可以请求受益人偿还因管理事务而支出的必要费用；管理人因管理事务受到损失的，可以请求受益人给予适当补偿。至于可以要求受益人偿付的“必要费用”，参考最高人民法院《关于贯彻执行〈中华人民共和国民法通则〉若干问题的意见（试行）》（已失效）第 132 条的规定，包括管理人在管理活动中直接支出的费用，以及在该活动中受到的实际损失。故本题应选 ABC。

3. 答案：ACD。A、B、C 项：张某见义勇为，构成无因管理。根据《民法典》第 979 条第 1 款，管理人没有法定的或者约定的义务，为避免他人利益受损失而管理他人事务的，可以请求受益人偿还因管理事务而支出的必要费用；管理人因管理事务受到损失的，可以请求受益人给予适当补偿。本题中，张某对吕某没有救助的义务，其积极的救助行为属于无因管理，因救助而支出的医药费属于因管理事务产生的损失，可以请求受益人吕某给予适当补偿。因此 A、C 项正确，B 项错误。D 项：根据《民法典》第 183 条第一句的规定，因保护他人民事权益使自己受到损害的，由侵权人承担民事责任，受益人可以给予适当补偿。此外，根据《民法典》第 1245 条的规定，饲养的动物造成他人损害的，动物饲养人或者管理人应当承担侵权责任。本题中，霍某作为泰迪狗的主人，应当承担此狗伤人所产生的侵权损害赔偿责任。故 D 项正确。

综上所述，本题应选 ACD。

4. 答案：ABC。A 项：根据《民法典》第 121 条、第 979 条的规定，构成无因管理需要具备如下要件：一是客观上管理他人事务，二是主观上有为他人管理的意思，三是没有法定或约定的义务，四是管理事务不违反受益人的真实意思。本题中，乙在管理之初代甲售卖鲜鱼的行为符合上述要件，构成无因管理，A 项正确。B 项：根据《民法典》第 983 条的规定，在无因管理中，管理人因管理事务所取得的物品、钱款及孳息应交付给受益人。此外，根据《民法典》第 122 条、第 985 条的规定，不当得利的构成要件有四：一方获得利益；他方受到损失；获得利益和受到损失之间有因果关系；获得利益没有合法根据。本题中，乙将应当交付给受益人甲的 1 000 元据为己有，构成不当得利，故 B 项正确。C 项：根据《民法典》第 979 条第 2 款、第 981 条的规定，在无因管理中，管理人应承担适当管理义务，一方面不应违背受益人的管理意思，另一方面应以客观上有利于受益人的方法进行管理。本题中，乙作为了解市场行情的菜贩，将甲的 100 斤鱼以不及原价三分之一的价格贱价出卖，显然并未采用客观上能够避免受益人的利益遭受损失的管理方法，并不符合受益人的管理意思，故乙构成不当管理，应向甲承担损害赔偿责任。因此，C 项正确。D 项：根据《民法典》第 979 条、第 980 条的规定，管理人的权利仅限于为管理支出的必要费用偿还请求权、所受损失的适当补偿请求权，并不包括报酬请求权；且在不当管理的情形中，管理人仅有权就受益人实际所得的利益部分请求偿还必要费用。故 D 项错误。

综上所述，本题的正确答案是 ABC。

5. 答案：ABC。依据不当得利之债的发生是否基于给付行为，可以将不当得利区分为给付型不当得利和非给付型不当得利。其中，给付型不当得利又可以分为两类：一类是给付原因自始不存在的给付型不当得利，包括民事法律行为不成立、无效、被撤销所产生的不当得利，以及履行不存在的债务所产生的不当得利；另一类是给付原因嗣后不存在的给付型不当得利，包括因合同解除产生的不当得利，以及因给付目的嗣后不能实现产生的不当得利。而非给付型不当得利包括基于得利人的行为而产生的不当得利、基于受损失的人的行为而产生的不当得利、基于第三人的行为而产生的不当得利、基于事件而产生的不当得利。

本题中，A 项属于民事法律行为被撤销所产生的不当得利，属于给付型不当得利。B 项是履行不存在的债务所产生的不当得利，也属于给付型不当得利。C 项属于因给付目的嗣后不能实现产生的不当得利，也属于给付型不当得利。而 D 项则是基于事件而产生的不当得利，与给付行为无关，故属于非给付型不当得利。因此，本题应选 ABC。

6. 答案：ABC。根据《民法典》第 314 条和第 317 条第 2 款、第 3 款的规定，拾得遗失物，应当返还权利人。权利人悬赏寻找遗失物的，领取遗失物时应当按照承诺履行义务。拾得人侵占遗失物的，无权请求保管遗失物等支出的费用，也无权请求权利人按照承诺履行义务。由此可见，拾得人负有返还遗失物的义务，除权利人发布悬赏广告外，并无报酬请求权。根据《民法典》第 238 条的规定，侵害物权，造成权利人损害的，权利人可以依法请求损害赔偿，也可以依法请求承担其他民事责任。本题中，甲拒绝归还手机的行为侵害了物权人乙的合法权益，对此，乙可以采取多种方式请求保护物权。A 项：甲拒绝返还拾得的乙的手机，该侵占他人财产的行为构成侵权，乙有权请求其承担侵权责任，故该项当选。B 项：甲无权占有乙的手机，乙有权基于物权人的地位请求其返还原物，该权利属于物权请求权，故该项当选。C 项：甲无法律根据占有他人手机受有利益，造成权利人乙损失的，乙有权请求甲返还不当得利，故该项当选。D 项：甲占有手机并无为乙的利益管理的意思，不符合无因管理之债的构成要件，故该项不当选。

综上所述，本题的正确答案是 ABC。

7. 答案：ABCD。根据《民法典》第 987 条的规定，得利人知道或者应当知道取得的利益没有法律根据的，受损失的人可以请求得利人返还其取得的利益并依法赔偿损失。由此可知，受益人在取得利益时知道或者应当知道没有合法根据，即受益人为恶意时，其返还利益的范围应以受益人取得利益时的数额为标准，即使该利益在返还之时已经减少，甚至不复存在，该返还义务也不免除。根据孳息随主物转移的原则，所取得的孳息也应当一并返还。此外，因恶意得利行为给对方造成损失的，得利人还应当依法赔偿损失。因此，本题应选 ABCD。

8. 答案：ABC。A 项：根据《民法典》第 122 条的规定，因他人没有法律根据，取得不当利益，受损失的人有权请求其返还不当利益。据此可知，不当得利作为法定之债，其构成要件有四：（1）一方获得利益；（2）他方受到损失；（3）获得利益和受到损失之间有因果关系；（4）获得利益没有合法根据。本题中，甲取得乙多交付的 2 箱服装，没有法律的规定或合同的约定，因此属于不当得利。故 A 项正确。B、D 项：合同约定的 100 箱服装属于甲、乙之间买卖合同的标的物，根据《民法典》第 604 条的规定，标的物毁损、灭失的风险，在标的物交付之前由出卖人承担，交付之后由买受人承担。根据《民法典》第 603 条第 2 款第 1 项的规定，标的物需要运输的，出卖人应当将标的物交付给第一承运人以运交给买受人。本题中，货物在运输过程中灭失，表明已交付给承运人，从而视为出卖人乙公司完成了标的物的交付，故 100 箱货物灭失的风险应由买受人甲公司承担。因此 B 项正确、D 项错误。C 项：根据《民法典》第 986 条的规定，得利人不知道且不应当知道取得的利益没有法律根据，取得的利益已经不存在的，不承担返还该利益的义务。本题中，多出的 2 箱服装是由于乙的过失造成的，甲在得利之时并不知情，主观上为善意，因此返还不当得利的范围以现存利益为准，甲无须返还已经灭失的 2 箱货物，而应当由乙承担该损失。故 C 项正确。

综上所述，本题应选 ABC。

9. 答案：AD。A 项：根据《民法典》第 311 条第 1 款的规定，无处分权人将动产转让给受让人时，只有以合理的价格转让，受让人才可能善意取得动产的所有权。本案中，因乙系将美茄手表赠与丁，故丁无权主张善意取得该手表的所有权。此外，该手表为盗赃物，亦不适用善意取得制度。故丁未取得该手表的所有权，其为无权占有。又根据《民法典》第 235 条的规定，无权占有动产的，权利人可以请求返还原物，故所有权人丙可以请求丁返还该手表。因此，A 项正确。B项：根据《民法典》第122条的规定，因他人没有法律根据，取得不当利益，受损失的人有权请求其返还不当利益。本案中，对甲而言，因窃取并非合法根据，故其取得丙的4 000元现金构成不当得利，丙可以请求甲返还4 000元不当得利；对自来水公司和商场而言，系分别基于供用水合同和买卖合同而各取得500元，故获利存在合法根据，不构成不当得利，丙无权请求其各自返还500元。因此，B项错误、D项正确。C项：根据《民法典》第897条第一句的规定，保管期内，因保管人保管不善造成保管物毁损、灭失的，保管人应当承担赔偿责任。本题中，因甲遗失其为乙保管的迪亚手表构成违约，故应赔偿乙的损失；对乙而言，其受领1 000元是基于违约损害赔偿请求权，故不构成不当得利，进而丙无权请求乙返还1 000元不当得利。因此，C项错误。

综上所述，本题的正确答案为AD。

10. 答案：CD。A、C项：根据《民法典》第151条的规定，一方利用对方处于危困状态、缺乏判断能力等情形，致使民事法律行为成立时显失公平的，受损害方有权请求人民法院或者仲裁机构予以撤销。由此可知，显失公平的前提条件有二：（1）处于危困状态；（2）缺乏判断能力。本题中，李某醉酒打车，与出租车公司之间成立了客运合同关系。由于醉酒并非处于危困状态，李某亦非缺乏判断能力，所以并不影响该客运合同的效力。故A项错误、C项正确。B项：根据《民法典》第657条的规定，赠与合同是赠与人将自己的财产无偿给予受赠人，受赠人表示接受赠与的合同。赠与合同属于双方民事法律行为，须双方意思表示一致方可成立。本题中，李某并不存在将8 000元无偿给予司机的意思表示，因此该法律关系与赠与合同无涉。故B项错误。D项：根据《民法典》第122条的规定，因他人没有法律根据，取得不当利益，受损失的人有权请求其返还不当利益。据此可知，不当得利作为法定之债，其构成要件有四：(1) 获益没有法定或约定的原因；（2）一方获益；（3）另一方受损；(4) 上述获益与受损之间存在因果关系。本题中，旅客李某支付车费时将80元错输成8 080元，使司机在没有合法根据的情况下获益8 000元，李某因此受损，故双方就该8 000元构成不当得利之债，李某依法有权请求返还。因此D项正确。

简答题

1. 无因管理是管理他人事务的行为，代理行为也是管理他人事务的行为。就这方面来说，无因管理与代理有相同点。但是二者有如下不同：第一，无因管理是管理人在既无法定义务又无约定义务的情况下实施的行为；代理行为则是代理人在有法定义务或者约定义务的情况下实施的行为。第二，无因管理中，管理人为他人处理事务的行为既可以是民事法律行为，也可以是事实行为；而代理行为则是代理人以他人的名义或以自己的名义与第三人所为之民事法律行为。第三，无因管理的构成，需要管理人有为受益人谋利益的意思，简称为管理意思，该意思不是效果意思，在一般情况下不必表示出来；代理行为的进行，需要代理人有将法律后果归属于他人的意思，简称为代理意思，该意思为效果意思，必须表示出来。第四，代理行为适用《民法典》总则编有关代理及民事法律行为的规定；无因管理则适用《民法典》合同编第三分编“准合同”有关无因管理的规定以及合同编“通则”的有关规定。

2. 无因管理的构成要件有四，即为他人管理事务、有为他人谋利益的意思、没有法定或约定义务、管理事务符合受益人的真实意思。

第一，为他人管理事务。管理他人事务，就是为他人进行管理或者服务，是成立无因管理的首要条件。这里所说的“事务”，是指有关人们生活利益的一切事项。所谓“管理”，就是处理事务的行为。管理的事务必须是他人的事务，既可以是民事法律行为，也可以是事实行为。

第二，有为他人谋利益的意思。为他人谋利益的意思，简称为管理意思，是构成无因管理的主观要件。管理意思的判断标准，应是本人对其事务的管理要求、事务管理的社会常识和管理人所具有的管理知识水平这三种因素的有机结合体。为他人谋利益的典型形态是有专为他人谋利益的意思，但也允许管理人在有为他人谋利益的意思同时，为自己的利益实施管理或服务行为。

第三，没有法定或约定义务。无因管理中所谓“无因”，就是指“没有法定或约定义务”，这是成立无因管理的重要条件。衡量管理人有无法定或约定义务，应当依管理人开始管理时的客观事实而定。还应注意，法定或约定义务的有无应当依客观标准确定，而不以管理人的主观认识为标准。如果负有义务而管理人误以为没有义务，其管理事务不构成无因管理；如果本无义务而管理人误认为有义务，其管理事务仍然构成无因管理。

第四，管理事务符合受益人的真实意思。管理人在进行事务管理时，不得违背受益人明示的或可推知的管理意思。管理事务不符合受益人真实意思的，不构成无因管理。但是，受益人的真实意思违反法律或者违背公序良俗的除外。

3. 无因管理的效力，表现在无因管理一经成立，管理人与受益人之间即产生债的关系。管理人有要求受益人偿付因管理而支付的必要费用和补偿因管理而遭受的相应损失的权利。在无因管理之债中，管理人不仅是债权人，也是债务人。详言之，无因管理效力的内容如下。

（1）管理人的义务。

1）适当管理义务。这一义务表现在两个方面：第一，管理人不应违背受益人的管理意思。管理人在进行事务管理时，不得违背受益人明示的或可推知的管理意思。管理事务不符合受益人真实意思的，不构成无因管理。但是，受益人的真实意思违反法律或者违背公序良俗的除外。第二，管理人应以有利于受益人的方法进行管理。管理方法是否有利于受益人，应从客观上判断，以能否避免受益人的利益遭受损失为标准。中断管理对受益人不利的，无正当理由不得中断。

2）通知义务。管理人应将管理事务的事实及时通知受益人。这是管理人的从属义务。管理开始时，除确实无法通知受益人之外，管理人均应及时通知受益人。通知后，管理的事务不需要紧急处理的，应听候受益人的指示。

3）报告、计算义务。这主要包括以下三项内容：第一，管理人应将管理事务的进行状态及时报告给受益人。管理关系终止时，应向受益人明确报告其始末。第二，管理人因管理事务所取得的物品、钱款及孳息应交付给受益人。第三，管理人为自己的利益而使用了应交付给受益人的钱款，或者使用了应为受益人利益而使用的钱款的，应自使用之日起支付利息。

（2）管理人的权利。

1）管理人管理事务对受益人有利且不违反社会常识时，管理人有权要求受益人：第一，偿还管理人因管理事务所支出的必要费用及其利息；第二，管理人为受益人负担必要的债务时，受益人应清偿该债务；第三，管理人因管理事务而遭受损失时，受益人负责赔偿。

2）管理人管理事务违反受益人的意思，但管理事务的结果有利于受益人的，受益人应就实际所得的部分利益偿还管理人支付的必要费用，而不以管理人实际支付的费用为标准。但是，管理人所管理的事务属于为受益人尽公益的义务或为其履行法定义务时，则受益人仍应负全部偿还管理费用的义务。

3）管理人管理事务经受益人事后追认的，从管理事务开始起，适用委托合同的有关规定，但是管理人另有意思表示的除外。

4. 不当得利的构成要件有四：一方获得利益；他方受到损失；获得利益和受到损失之间有因果关系；获得利益没有合法根据。

（1）一方获得利益。

所谓获得利益，是指因为一定事实使财产总额增加。增加有积极的增加和消极的增加两类。财产的积极增加，是指权利的增强或义务的消灭，使财产范围扩大。其具体表现形式为：财产权利的取得；占有的取得；财产权的扩张及效力的增强；财产权限制的消灭。财产消极的增加，是指当事人的财产本应减少却因一定事实而没有减少，包括本应支出的费用而没有支出、本应负担的债务而未负担或少负担、本应在自己的财产上设定负担而后来不再设定等。获得利益的方法，可以是民事法律行为，也可以是事实行为；可以是得利人的行为，也可以是受损失的人的行为，还可以是第三人的行为，甚至可以是自然事实。

（2）他方受到损失。

损失，既包括现有财产利益的减少，即直接损失或积极损失，也包括财产利益应当增加而没有增加，即间接损失或消极损失。由于不当得利制度的功能在于使得利人返还其没有法律上原因而取得的利益，而非填补损害，故对损失的解释不应像侵权行为或违约行为制度中那么严格。如在给付型不当得利情形下，一方因他方为给付而受利益，对他方即构成损失；在非给付型不当得利情形下，一方取得依权利内容应当归属于他方的利益，他方即构成损失。就间接损失而言，只要在通常情况下财产可能增加而实际没有增加即为损失。

(3) 获得利益和受到损失之间有因果关系。

获得利益和受到损失之间有因果关系，是指他方的损失是一方获得利益造成的。对于这种因果关系的含义，《民法典》第122条关于不当得利的规定采取了非直接因果关系的观点，即获得利益的原因事实不必与受到损失的原因事实相同，只要社会观念认为获得利益和受有损失有牵连关系，就可认定两者之间有因果关系，构成不当得利。这是因为，不当得利制度的作用在于依照衡平观念对财产利益的不当变动进行调节，故一方没有法律上的原因而取得利益，他方因而受到损失的，应当基于衡平观念并依照社会伦理来确定有无因果关系，不应不当地排除受损害的人向间接获利的第三人主张不当得利返还请求权的机会。

(4) 获得利益没有合法根据。

获得利益没有合法根据是不当得利成立的重要要件。如果一方获得利益和他方受到损失有法律上的根据，当事人之间的关系就受到法律的认可和保护，不构成不当得利。关于无法律上原因的含义，由于不同类型的不当得利有其存在的不同基础，故应当贯彻类型化思考方法，区别给付型不当得利以及非给付型不当得利的具体情形，分别说明无法律上原因的意义。

5. 依据不当得利之债的发生是否基于给付行为，可以将不当得利区分为给付型不当得利和非给付型不当得利。这种划分是基于其内在的本质特征：给付型不当得利调整欠缺给付目的的财产变动，非给付型不当得利则与给付行为没有关系。

(1) 给付型不当得利的类型。

1) 给付原因自始不存在的给付型不当得利。这种类型的不当得利包括：第一，民事法律行为不成立、无效及被撤销所产生的不当得利。民事法律行为不成立、无效及被撤销，当事人已完成其给付行为的，由于民事法律行为并无法律效力，因此该项给付即属于自始没有给付原因的给付行为。由于我国现行民事立法并未承认所谓的物权行为独立性和无因性，所以，实施给付行为一方在原物仍然存在时，既可主张所有物返还请求权，要求受领人返还所有物，也可主张不当得利返还请求权。如果原物已被受领人消费，或由第三人合法取得，或标的物为种类物，无法进行原物返还，那么实施给付行为一方可对受领人主张不当得利返还。第二，履行不存在的债务所引起的不当得利，即所谓的非债清偿。此处所谓履行不存在的债务，既包括履行根本不曾存在过的债务，也包括履行已经消灭的债务。

2) 给付原因嗣后不存在的给付型不当得利。向他人为给付时尚存在给付原因，但实施给付行为后法律上的原因不存在或消灭的，也会构成不当得利。这种类型的不当得利包括：第一，因合同解除产生的不当得利。合同解除有溯及力的，基于合同发生的债权债务关系溯及既往地消灭。实施给付行为的一方当事人对于其此前所为给付，原物仍然存在的，既可主张效力较强的所有物返还请求权，也可主张不当得利返还请求权；原物已被消费，或由第三人合法取得，或为种类物，无法返还原物的，可主张不当得利返还请求权。第二，因给付目的嗣后不能实现产生的给付型不当得利。如发生财产保险事故后，保险人依照保险合同给付保险金，被保险人又从第三人处取得损害赔偿而填补损害的，其所受领的保险金即构成不当得利，应当予以返还。

(2) 非给付型不当得利的类型。

非给付型不当得利包括如下类型：第一，基于得利人的行为而产生的不当得利。第二，基于受损失的人的行为而产生的不当得利。第三，基于第三人的行为而产生的不当得利。第四，基于事件而产生的不当得利。

6. 一旦不当得利成立，当事人之间即发生债权债务关系，受损失的人有权请求得利人返还不当得利，得利人负有返还不当得利的义务。详言之，不当得利效力的内容如下。

(1) 得利人为善意，即在取得利益时不知道且不应当知道没有法律根据的，其返还利益的范围以利益存在的部分（现存利益）为限，如果利益已不存在，则不负返还的义务。所谓现存利益，不限于原物的固有形态，如果形态改变，其财产价值仍然存在或者可以代偿的，仍然属于现存利益。

(2) 得利人为恶意，即在取得利益时知道或者应当知道没有法律根据的，其返还利益的范围应是得利人取得利益时的数额，即使该利益在返还之时已经减少，甚至不复存在，该返还义务也不免除。同时，得利人应当依法赔偿损失。之所以如此规定，是因为得利人明知其取得利益没有合法根据，却仍然置受损失之人的合法利益于不顾，法律对此没有加以特别保护的必要。

（3）得利人在取得利益时为善意，嗣后为恶意的，其返还范围应以恶意开始之时存在的利益为准。

（4）得利人已经将取得的利益无偿转让给第三人的，受损失的人可以请求第三人在相应范围内承担返还义务。

案例分析题

（1）张某与轻生女子之间构成无因管理之债。所谓无因管理之债，是指没有法定或约定的义务，为避免他人利益受损失，自愿管理他人事务或者为他人提供服务的行为。根据《民法典》第121条、第979条的规定，构成无因管理需要具备如下要件：一是客观上管理他人事务；二是主观上有为他人管理的意思；三是没有法定或约定义务；四是管理事务不违反受益人的真实意思。本题中，张某与该女子之间并无法定或约定的义务，张某为了挽救该女子生命而对其进行救助，故应当认定张某与该女子之间由此产生无因管理之债。

（2）该女子应当偿还张某为此支出的费用，并适当补偿其损失。由上述分析可知，张某与该女子之间产生无因管理之债的关系。《民法典》第979条规定："管理人没有法定的或者约定的义务，为避免他人利益受损失而管理他人事务的，可以请求受益人偿还因管理事务而支出的必要费用；管理人因管理事务受到损失的，可以请求受益人给予适当补偿。"据此，张某照相机的损坏属于其因管理他人事务而实际遭受的损失，张某（管理人）有权请求该女子（受益人）给予适当补偿；张某治疗伤口的费用属于其因管理他人事务而支出的必要费用，张某（管理人）有权请求该女子（受益人）偿还该项费用。

（3）张某无权请求该女子支付报酬。根据《民法典》关于无因管理效力的规定，管理人没有向受益人请求支付报酬的权利，仅得向受益人请求偿还其因管理事务而支出的必要费用，补偿其因管理事务而遭受的损失。

（4）该女子衣服破损不应由张某承担损害赔偿责任。通说认为，若管理人在开始管理事务时，并不违反受益人的管理要求和社会常识，只是具体的管理方法、措施不当，给受益人造成损害，则仅在管理人有故意或重大过失的情形，才应当由管理人负赔偿责任；若管理人仅有一般过失，则应免除或减轻管理人的责任。本题中，张某对于该女子衣服破损并不存在故意或重大过失，其在管理事务过程中已尽善良管理人的注意义务，因此，张某无须承担赔偿责任，而应当由该女子自行承担损失。

第四编

人格权

第五十九章　人格权概述

知识逻辑图

- 人格权概述
  - 人格权的概念和特征
    - 概念：以主体固有的人格利益为客体，以维护和实现人身自由、人格尊严为目标的权利
    - 特征
      - 民事主体依法所固有的基本权利
      - 民事主体专属享有的民事权利
      - 以民事主体的人格利益为其客体
  - 人格权与其他权利的联系
  - 自然人死亡后人格权的保护

名词解释

1. 人格权
2. 身份权
3. 死者人格利益

选择题

（一）单项选择题

1. 下列关于人格权的说法正确的是（　　）。

A. 人格权只包括具体的人格利益，不包括抽象层面的人格利益

B. 人格权只能由自然人享有

C. 人格权不能转让，但是可以继承

D. 人格权由法律直接赋予

2. 下列权利中，属于民法上的人格权的是（　　）。

A. 教育权　　B. 劳动权

C. 肖像权　　D. 相邻权

3. 人身权分为人格权和身份权，下列人身权中，属于自然人人格权的是（　　）。

A. 亲属权　　B. 监护权

C. 社员权　　D. 隐私权

（二）多项选择题

1. 以下哪些属于人格权？（　　）

A. 著作权　　B. 名誉权

C. 亲权　　D. 荣誉权

2. 下列有关人格权的说法正确的是（　　）。

A. 人格权的客体是人格

B. 民事主体平等享有人格权

C. 人格权有一般人格权和具体人格权之分，生命权属于具体人格权

D. 人格权属于绝对权

3. 下列权利中，不属于人格权的是（　　）。

A. 父母与子女之间的权利

B. 祖父母与孙子女之间的权利

C. 兄弟姐妹之间的权利

D. 夫妻双方之间的权利

4. 我国《民法典》对人格权的保护规定了哪些民事责任方式？（　　）

A. 消除影响　　B. 恢复名誉

C. 赔偿损失　　D. 罚款

5. 甲将乙所画的自画像中的署名刮去，盖上自己的印章，并将画悬挂于自己的厅堂。甲侵害了乙的（　　）。

A. 名誉权　　B. 署名权

C. 财产权　　D. 人身权

6. 我国现行民事法律及司法解释中明确规定的人格权有（　　）。

A. 隐私权　　B. 环境权

C. 身体权　　D. 荣誉权

简答题

1. 简述人格权的特征。

2. 比较人格权和身份权。(考研)

3. 简述现行法上对死者人格利益的保护方法。

4. 简述隐私权的含义及内容。

论述题与深度思考题

试述我国《民法典》中人格权独立成编的意义。

参考答案

名词解释

1. 人格权，是指以主体固有的人格利益为客体，以维护和实现人身自由、人格尊严为目标的权利。人格权具体包括生命权、身体权、健康权、姓名权、名称权、肖像权、名誉权、荣誉权、隐私权等权利。此外，自然人享有基于人身自由、人格尊严产生的其他人格权益。

2. 身份权是民事主体基于其特定地位或资格而享有人身利益的权利，具体包括基于亲属关系而产生的身份权，如亲权、亲属权、监护权，和基于其他身份关系而产生的身份权，如作者权、社员权。

3. 死者人格利益，是指自然人死亡后，其姓名、肖像、名誉、隐私等利益。人格权应当伴随主体的人格始终，始于出生、终于死亡，故死者不享有人格权。

选择题

（一）单项选择题

1. 答案：D。本题考查人格权的内容与特征。人格权既包括具体人格权，也包括抽象人格权；人格权法律关系的主体包括自然人、法人和非法人组织；人格权是民事主体专属的民事权利，不得放弃、转让或继承。

2. 答案：C。本题考查人格权的类型。A、B项属于宪法性权利，D项相邻权属于财产权的一种形态。只有C项肖像权属于人格权。

3. 答案：D。本题考查人格权的具体分类。人格权，是指以主体固有的人格利益为客体，以维护和实现人身自由、人格尊严为目标的权利。本题中A、B、C项均为身份权，只有D项属于人格权。

（二）多项选择题

1. 答案：BD。本题考查人格权的种类。人格权，是指以主体固有的人格利益为客体，以维护和实现人身自由、人格尊严为目标的权利。B、D项均属于人格权。A项著作权属于兼具人身权与财产权性质的民事权利。C项亲权属于人身权中的身份权。

2. 答案：BCD。本题考查人格权的概念和类型。人格权是民事主体依法固有、为维护自身独立人格所必备的，以人格利益为客体的权利。因此A项错误。人格权是法律对民事主体的社会地位和资格的一种确认，而不考虑自然人的年龄、性别、智力、经济实力等差异，即民事主体平等享有人格权。因此B项正确。人格权的客体是人格利益，人格利益可以分为一般人格利益和具体人格利益，分别对应着一般人格权和具体人格权。具体人格权是指民事主体依法对特定的人格利益享有的权利，生命权属于具体人格权，因此C项正确。按照义务主体的范围进行区分，凡是义务主体为权利主体以外不特定第三人的权利类型属于绝对权，人格权属于绝对权，因此D项正确。

3. 答案：ABCD。本题考查人格权的种类。人格权，是指以主体固有的人格利益为客体，以维护和实现人身自由、人格尊严为目标的权利。A、B、C项属于亲属权，D项夫妻之间的权利属于配偶权。

4. 答案：ABC。本题考查人格权的民法保护方式。根据《民法典》第995条，消除影响、恢复名誉、赔偿损失均为保护人格权的民事责任方式，但罚款不属于民事责任方式。

5. 答案：BD。本题考查著作人身权。署名权是指作者在自己的作品上标记姓名的权利。本题中非著作权人在别人的作品上署名，侵犯了权利人的署名权，而署名权属于著作人身权的范畴。

6. 答案：ACD。本题考查现行民事法律上的人格权类型。根据《民法典》第990条第1款的规定，民事主体享有生命权、身体权、健康权、姓名权、名称权、肖像权、名誉权、荣誉权、隐私权等权利。有学者认为环境权属于一种新生人格权，但我国现行民事法律没有规定环境权，B项不应选。

简答题

1.（1）人格权是民事主体依法所固有的基本权利。所谓固有，是指自然人从出生、非自然人自成立之日起就享有人格权。其取得无须民事主体积极的作为，而是由法律直接赋予。作为一种固有权利，人格权与民事主体相伴始终。当然，人格权在性质上仍是一种法定权利，人格利益的保护范围和方式等也皆因法律的肯定才得以为权利人所实际享有。

（2）人格权是民事主体专属享有的民事权利。一方面，人格权是民事主体资格得以维持的前提，人格权的阙如，将导致民事主体资格的虚化；另一方面，从其权利要素上看，任何一项人格权皆须以具体的民事主体为依托，并借此表现其价值和个性。在具体的法律效果上，人格权的专属性集中体现在对权利的放弃、转让和继承的限制中。《民法典》第992条明确规定，人格权不得放弃、转让或者继承。

（3）人格权以民事主体的人格利益为其客体。《民法典》第991条宣示，“民事主体的人格权受法律保护，任何组织或者个人不得侵害”。作为人格权客体的人格利益，是应受法律保护的利益。与有形的财产利益不同，人格利益，无论是抽象的还是具体的，在很大程度上皆体现于精神范畴：都是行为与精神活动的自由及完整的利益，且以人的精神活动为核心。如果说法律对财产利益的保护旨在维持主体的生存、发展以及为其从事各种活动提供物质基础，那么，其对无形的人格利益的保护则旨在维持主体作为人的存在，并且为其从事财产活动提供前提条件。从这个意义上讲，人格利益是人的最高利益。

（4）人格权是对外具有支配性和绝对性的民事权利。人格权属于绝对权，即权利人可以向任何人主张人格权，并排斥任何人的非法干涉。同时，民事主体可以基于人格权直接支配其人格利益或者身份，而无须对方当事人为特定的行为，由此决定了人格权属于支配权。

2. 人格权和身份权都属于人身权的范畴。它们都是与人身具有密切联系、不具有直接的财产内容的民事权利，在特点上，它们都是专属权、绝对权和支配权。法律保护这两类权利，旨在维护个人的人格尊严和价值，保护权利人对其人身利益的充分享有和实现。

人格权和身份权的区别如下。

（1）从性质上看，人格权是民事主体为维护其独立的人格所必须享有的权利，是民事主体所固有的权利，任何个人都享有平等的人格权；身份权则不是民事主体必备的权利，而且对于身份权的享有来说，每个人并不完全相同。

（2）从权利的取得来看，主体出生或者成立之后不需要实施一定的行为就可以自然取得人格权；身份权的主体取得某些身份权不仅要有一定的行为能力，而且要实施一定的行为。

（3）从主体上来看，人格权既可以为自然人所享有，也可以为法人所享有；身份权主要是基于亲属法上的身份关系而产生，因此只能由自然人享有。

（4）从客体上来看，人格权以人格利益为客体；身份权的客体是基于一定的身份所取得的利益，简称为身份利益。

（5）从权利的存续期限来看，人格权的存续期间与主体作为独立的人格的地位是联系在一起的；身份权的存续则以身份的存续为前提。

3. 自然人一旦死亡即丧失权利主体资格，不再享有人格权和属于私益的人格利益。死者人格是一种受到法律保护的利益，此种法益是作为公益的公序良俗。对死者人格利益的保护实际上是对与死者生前有关的社会利益的保护。

《民法典》第185条规定：“侵害英雄烈士等的姓名、肖像、名誉、荣誉，损害社会公共利益的，应当承担民事责任。”该条规定了侵害英雄烈士等死者人格利益的构成要件和法律责任，是《民法典》“人文关怀”理念的体现。《民法典》第994条规定：“死者的姓名、肖像、名誉、荣誉、隐私、遗体等受到侵害的，其配偶、子女、父母有权依法请求行为人承担民事责任；死者没有配偶、子女且父母已经死亡的，其他近亲属有权依法请求行为人承担民事责任。”

与此同时，最高人民法院《关于确定民事侵权精神损害赔偿责任若干问题的解释》将对死者名誉的保护延伸到死者的姓名、肖像、荣誉、隐私、遗体、遗骨。其第3条规定：“死者的姓名、肖像、名誉、荣誉、隐私、遗体、遗骨等受到侵害，其近亲属向人民法院提起诉讼请求精神损害赔偿的，人民法院应当依法予以支持。”

4. 隐私权，是指个人对其私生活安宁、私生活秘密等享有的权利，是自然人享有的对其个人的、与公共利益无关的个人信息、私人活动和私有领域进行支配的一种人格权。隐私权的内容如下。

（1）隐私享有权，即权利人有权保护自己的隐私不受到他人的非法披露和公开，禁止任何人和组织非法披露他人隐私。

（2）隐私维护权，即权利人对自己的隐私所享有的维护其不受侵犯的权利。

（3）隐私利用权，即权利人有权利用自己的隐私，以满足自己精神上和物质上的需要的权利。

（4）隐私公开权，即隐私权人在法律和道德的范围内有公开自己的隐私的权利。

论述题与深度思考题

我国《民法典》中人格权独立成编的意义主要体现在如下方面。

（1）新时代对人权和人格尊严的尊重与保护的需要。人格权是关系到个人人格自由和人格尊严的基本民事权利。党的十九大报告明确提出“保护人民人身权、财产权、人格权”。“人格权”一词首次写入中国共产党的全国代表大会报告，具有重大深远的意义。这体现了中国共产党对人民权利的尊重与保护，彰显了以人民为中心的发展思想，体现了对实现人的全面发展的不懈追求。在我国进入新时代后，社会主要矛盾发生变化，人民美好生活的需要日益广泛，对物质文化生活提出了更高要求，不仅要使人民群众生活得更加富足，也要使每个人活得更有尊严、更体面。

（2）系统应对人格权侵害问题的需要。针对“将人格权的规范内容纳入侵权责任编亦能达到保护人格权的目的”的说法，与法律条文分别体现预防与救济功能的法律效果是并行不悖的。民法典作为体系化的法律必然不能仅仅考虑单个分编的逻辑性，亦必须保证各分编的法律条文相互作用之后能够体现出法典的整体逻辑性和条文之间的互补性。此外，即使强化侵权责任编对于人格权内容的规定，亦很难从立法技术层面上对人格权的类别及确认作出规定。而在总则编对人格权的三条规定的基础上，将人格权独立成编，既是回应时代与人民的客观要求，也是完善民法典系统性的必然选择。

（3）充分体现我国民法典的时代创新。《法国民法典》对人格权问题未着笔墨，《德国民法典》虽然承认人格权，但仍未摆脱传统民法“重物轻人”的体系缺陷。我国《民法典》中人格权独立成编既能通过细化权力内容、明确权力界限等强化法律对人格权的保护，更能彰显中国特色社会主义法律体系的制度优势。同时，在我国历次民法典编纂皆采纳潘德克顿的五编体系，深受德国法影响。而今日之民法典编纂，强调从中国实际出发，立足于解决中国现实问题，制定面向21世纪的民法典，为解决21世纪人类共同面临的人格权保护问题提供了中国智慧、中国方案。

第六十章　一般人格权

知识逻辑图

- 一般人格权
  - 一般人格权的概念与特征
    - 概念内涵的抽象性
    - 权利内容的广泛性
    - 权利地位的基础性
  - 一般人格权中的价值内涵
    - 人格平等
    - 人格尊严
    - 人身自由
  - 一般人格权的功能
    - 解释功能
    - 创造功能
    - 补充功能
  - 一般人格权的司法适用

名词解释

1. 一般人格权（考研）
2. 人格尊严

选择题

（一）单项选择题

有关一般人格权的说法不正确的是（　　）。

A. 一般人格权是指法律采用高度概括的方式赋予民事主体享有的具有权利集合性特点的人格权

B. 一般人格权在形式上体现出框架性权利的特点，权利的具体内容并不明确

C. 一般人格权在一定程度上扮演着具体人格权的价值基础和源泉的角色，为后者的合理性提供理论和规范上的支持

D. 一般人格权体现出较强的涵盖能力，只能包含法律已经明确肯定的人格权内容，不能吸收法定人格权以外的其他人格利益

（二）多项选择题

1. 下列有关一般人格权的价值内涵，说法正确的是（　　）。

A. 一般人格权的价值内涵主要包括人格平等、人格尊严、人身自由

B. 人格平等更多体现的是一种精神利益和权利的平等

C. 人格尊严是对人之为人的资格的评价，评价的内容不关乎褒贬，而是对人最基本的尊重

D. 一般人格权中的人身自由主要包括身体活动的自由与精神活动的自由两个方面

2. 一般人格权的功能包括（　　）。

A. 解释功能

B. 创造功能

C. 补充功能

D. 漏洞填补功能

3. 一般人格权的适用应受严格的条件限制，该限制主要包括（　　）。

A. 一般人格权只在不能适用具体人格权时才有适用余地

B. 必须通过个案的价值裁量来确定具体案件中是否存在人格利益被侵害的情形

C. 应当限制一般人格权所保护的法益内容

D. 在适用一般人格权对受害人提供精神损害赔偿

时，应当考虑受害人是否实际遭受了精神损害，同时应当结合社会的一般观念和受害人的感受来确定受损害程度

4. 下列有关“一般人格权的司法适用”的表述，说法错误的是（　　）。

A. 一般人格权是开放的权利，可以发挥兜底条款的作用

B. 一般人格权属于法益而非权利

C. 侵害一般人格权不应如侵害法益般要求加害人主观上必须出于故意

D. 主观过错的不同，不会对精神损害赔偿的范围产生影响

简答题

1. 简述一般人格权的特征。

2. 简述一般人格权的功能。（考研）

论述题与深度思考题

试述如何在司法实践中适用一般人格权。

参考答案

名词解释

1. 一般人格权，系相对于具体人格权而言的概念，是指法律采用高度概括的方式赋予民事主体享有的具有权利集合性特点的人格权，是关于人的存在价值及尊严的权利。

2. 人格尊严，是指人基于人的尊严在人格上所具有的不可冒犯、不可亵渎、不可侵害或不可剥夺的一种社会性的精神特质。其集中反映的是一种作为人的观念，并且以他人、社会对特定主体作为人的尊重为其客观因素。

选择题

（一）单项选择题

答案：D。借助抽象的概念内涵，一般人格权体现出较强的涵盖能力，其既可以包含已经为法律所明确肯定的人格权内容，还可以容纳法定人格权以外的其他人格利益。民事主体的人格利益无论是否为法律所明确列举，只要其符合一般人格权所设定的价值标准便可纳入一般人格权的权利内涵之下，获得法律保护。因此选项D错误。选项A、B、C符合一般人格权的概念和特征，因而正确。

（二）多项选择题

1. 答案：ABCD。选项A、B、C、D与一般人格权的价值内涵的内容相契合，是一般人格权中人格平等、人格尊严和人身自由等价值内涵的正确表述，因此均为正确选项。

2. 答案：ABCD。一般人格权作为自然人人格利益的法律表现，其保护对象为自然人人格利益之抽象及总和，具有解释、创造和补充立法上明定的具体人格权的功能。此外，在遇到具体人格权列举保护不足、面对新型人格利益需要保护时，可以借助一般人格权进行弥补，发挥其漏洞填补之功能。漏洞填补之功能为补充功能的具体展开和体现。因此，A、B、C、D项均为正确选项。

3. 答案：ABCD。一般人格权是一种高度概括的权利，在具体适用上给予法官很大的自由裁量空间，可能会造成法律的不确定性，所以一般人格权在适用时应当有严格的条件限制。此种限制主要包括：（1）只有在具体人格权不得适用时，才能适用一般人格权；（2）必须在个案中经由价值裁量来确定是否存在人格利益被侵害的情形；（3）应当限制一般人格权保护的法益内容；（4）应当结合社会的一般观念和受害人个人的感受来确定是否遭受精神损害及受损害程度。因此A、B、C、D项均为正确选项。

4. 答案：BD。一般人格权为框架性权利，在遇有具体人格权列举保护不足时，发挥兜底条款的作用。《民法典》第109条规定：“自然人的人身自由、人格尊严受法律保护。”第990条第2款规定：“除前款规定的人格权外，自然人享有基于人身自由、人格尊严产生的其他人格权益。”该条款作为一般人格权条款，可以发挥补充具体人格权规定之疏漏的作用。因此，A项正确。一般人格权属于权利而非利益，因而侵害一般人格权不应如侵害法益般要求加害人主观上必须出于故意，也不必要求采用违背善良风俗的方式。当然，主观过错程度的不同，会对精神损害赔偿范围产生影响。因此，C项正确，B、D项错误。

简答题

1. 一般人格权，系相对于具体人格权而言的概念，是指法律采用高度概括的方式赋予民事主体享有的具有权利集合性特点的人格权，是关于人的存在价值及尊严的权利。相较于具体人格权，其主要特征体现在以下方面。

（1）概念内涵的抽象性。

一般人格权和具体人格权是抽象和具体的哲学范畴在人格权领域的运用。具体人格权借助已知的人格要素，采取类型化的方法解析人格权的内涵；而一般人格权则以抽象演绎的方式，概括人格权的价值内核。由于缺乏具体的人格要素作为判断标准，一般人格权在形式上又体现出了框架性权利的特点：权利的具体内容并不明确，需要法官根据案件的具体情况，通过解释予以补充。一般人格权相比具体人格权而言，并没有生命、健康、姓名、肖像等具体的人格要素。

（2）权利内容的广泛性。

借由抽象的概念内涵，一般人格权体现出较强的涵盖能力，其既可以包含已经被法律明确肯定的人格权内容，还可以容纳法定人格权以外的其他人格利益。民事主体的人格利益，不论是否已为法律所具体列举，只要其符合一般人格权所设定的价值标准（人格平等、人格尊严和人身自由），便可纳入一般人格权的权利内涵，获得法律的保护和救济。

（3）权利地位的基础性。

一方面，作为一种对人格权内涵的高度概括和抽象，一般人格权能更全面、更贴切地体现人格权的基本内含和价值；另一方面，作为对人格权价值内核的集中反映，一般人格权还在一定程度上扮演着的具体人格权的价值基础和源泉的角色，为后者的合理性论证提供理论和规范上的支持。

2. 一般人格权作为自然人的人格利益的法律表现，其保护对象为自然人的人格利益之抽象及总和，具有解释、创造和补充立法上明定的具体人格权的功能。

（1）解释功能。

一般人格权突显以人为本的理念，明确了人格权立法的目的与宗旨，对于进一步明确个别人格权的保护目的，保证各具体人格权制度的正确适用，具有积极的启发和指导作用。在司法裁判中，当遇到就具体人格权的法律规定应如何适用产生分歧或疑惑时，应依据一般人格权的基本原理进行解释，并要求其至少不得违背一般人格权所规定的价值内涵。

（2）创造功能。

其一，一般人格权为生成新的具体人格权提供了基础和条件。立法者据此可以对法律没有类型化为具体人格权的人格法益进行权衡救济，以适应社会经济、文化的发展，充分实现现代法律以人为本的价值，因而一般人格权具有明显的价值宣示功能，可以使人们明确人格平等、人格尊严、人身自由等价值的重要性，说明具体人格权存在的合理性与正当性，提供立法的指导精神与原则，进而使某些人格利益先依一般人格权受到保护，在成熟之后，再被提升为具体人格权。法律将具体人格权以外的某些人格利益纳入一般人格权，就是希望通过一般人格权的设定形成兜底条款，为受法律保护的新型人格利益上升为独立的权利形态提供充分的空间，并经法官的公平裁量使之类型化，将其上升为法律保护的权利，形成一种开放的人格权体系，不断扩大人格权保护的范围。其二，一般人格权属不确定的法律概念，严格说来，是内涵和外涵均不确定的类型式概念，其功能的一个重要方面就是，使法院能够适应社会经济、文化发展及伦理道德价值观念的变迁而适用法律，使法律能够与时俱进、实现其规范功能。

（3）补充功能。

在社会实践中，游离于既有的具体人格权之外的人格利益不乏存在。而当该类人格利益受到侵害时，便需要发挥一般人格权的补充功能，弥补法律对之保护的不足。因为，从其概念特点来看，作为一种“框架性权利”，一般人格权的高度抽象和概括性特点赋予其较强的涵摄能力，可以将广泛的人格利益内容涵盖其中加以保护；而从其内涵来看，一般人格权实际上是对基于人格而发生的全部利益从整体上进行保护，在遇有具体人格权列举保护不足时，自然可以借助作为总括性权利的一般人格权加以弥补。

论述题与深度思考题

一般人格权是开放的权利，也发挥了兜底条款的作用。法律之所以承认一般人格权，其重要原因之一就是要使其适应社会中保护新型人格利益的需要。当新的“人格利益”产生之后，在确定此种利益是否构成人格利益时，应当考虑这些利益是否体现了人格平等、人格尊严和人身自由等基本价值。判断侵害这些人格利益的行为是否违反了一般人格权中所包含的价值目标，从而决定是否以一般人格权作为请求权基础予以保护。

一般人格权是一种高度概括的权利，在具体适用上给予法官很大的自由裁量空间，如果对一般人格权的适用不加限制，可能使一些不应受到人格权保护的利益受到保护，且有可能无限制地扩张精神损害赔偿的范围，造成法律的不确定性，所以一般人格权的适用应当具有严格的条件限制。此种限制主要包括：（1）只有在不能适用具体人格权时一般人格权才有适用余地，因为一般人格权只是补充具体人格权的规定；（2）必须通过个案的价值裁量来确定在具体案件中是否存在人格利益被侵害的情形，进而判断此种人格利益是否应当受到一般人格权的保护；（3）应当限制一般人格权所保护的法益的内容；（4）在适用一般人格权对受害人提供精神损害赔偿时，应当考虑受害人是否实际遭受了精神损害，应当结合社会的一般观念和受害人个人的感受来确定是否遭受精神损害以及受害程度。

此外，因为一般人格权仍然属于权利而非利益，所以对于侵害一般人格权的，不应该要求加害人主观上必须出于故意，也不必要求采用违背善良风俗的方式。当然，主观过错程度的不同，会对精神损害赔偿的范围产生影响。

第六十一章　具体人格权

知识逻辑图

- 具体人格权
  - 身体权
    - 身体权的概念
    - 身体权的特征和内容
  - 生命权
    - 生命权的概念和特征
    - 侵害生命权的损害事实
  - 健康权
    - 健康权的概念
    - 健康权的内容
  - 隐私权
    - 隐私权的概念
    - 隐私权的主要内容
    - 隐私权的法律保护
  - 姓名权和名称权
    - 姓名权
    - 名称权
  - 肖像权
    - 肖像权的概念和内容
    - 侵害肖像权的行为
    - 合理使用肖像权的行为
  - 名誉权
    - 名誉权的概念
    - 侵害名誉权的行为
    - 侵害名誉权的损害后果
    - 侵害名誉权行为的排除
  - 荣誉权
    - 荣誉权的概念
    - 侵害荣誉权的行为
  - 其他人格利益
    - 个人信息
    - 信用权

名词解释

1. 隐私权（考研）
2. 肖像权（考研）
3. 署名权
4. 名誉权（考研）
5. 个人信息权
6. 信用权（考研）
7. 隐私信息（考研）

选择题

（一）单项选择题

1. 下列属于物质性人格权的是（　　）。

A. 身体权　　B. 姓名权

C. 肖像权　　D. 名誉权

2. 关于身体权和健康权的关系，下列说法不正确的是（　　）。

A.《民法典》对健康权和身体权进行了区分

B. 身体权体现的是自然人身体组织的完整性，健康权体现的是自然人身体机能的正常性

C. 身体权具有明显的支配性，健康权没有明显的支配性

D. 偷剪别人的发辫侵犯的是健康权，而非身体权

3. 民法上的自由权不包括（　　）。

A. 言论自由权　　B. 人身自由权

C. 婚姻自主权　　D. 合同自由权

4. 自然人姓名权的内容不包括（　　）。

A. 姓名决定权　　B. 姓名使用权

C. 姓名变更权　　D. 姓名转让权

5. 某报社在一篇新闻报道中披露未成年人甲是乙的私生子，致使甲备受同学嘲讽和奚落。甲因精神痛苦，自残左手无名指，给甲的学习和生活造成了重大影响。按照我国现行法律规定，对该报社的行为应该如何认定？（　　）（法考）

A. 是如实报道，不构成侵权

B. 侵害了甲的隐私权

C. 侵害了甲的姓名权

D. 侵害了甲的身体权

6. 某医院将该院近一年治愈的性病病人的名单刊登在自己制作的宣传材料上并到处散发，以宣传该医院的医治水平。该医院的行为构成（　　）。

A. 侵害患者的隐私权

B. 侵害患者的名誉权

C. 侵害患者的姓名权

D. 真实报道，不构成侵权

7. 某市国土局一名前局长、两名前副局长和一名干部因贪污终审被判有罪。薛某在当地晚报上发表一篇报道，题为"市国土局成了贪污局"，内容为上述四人已被法院查明的犯罪事实。该国土局、一名未涉案的副局长、被判缓刑的前局长均以自己的名誉权受侵害为由起诉薛某，要求赔偿精神损害。下列哪种说法是正确的？（　　）（法考）

A. 三原告的诉讼主张均能够成立

B. 国土局的诉讼主张成立，副局长及前局长的诉讼主张不能成立

C. 国土局及副局长的诉讼主张成立，前局长的诉讼主张不能成立

D. 三原告的诉讼主张均不能成立

8. 赵某系全国知名演员。张某经多次整容后外形酷似赵某，此后多次参加营利性模仿秀表演，承接并拍摄了一些商业广告。下列哪一选项是正确的？（　　）（法考）

A. 张某故意整容成赵某外形的行为侵害了赵某的肖像权

B. 张某整容后参加营利性模仿秀表演侵害了赵某的肖像权

C. 张某整容后承接并拍摄商业广告的行为侵害了赵某的名誉权

D. 张某的行为不构成对赵某人格权的侵害

9. 某媒体未征得艾滋病孤儿小兰的同意，发表了一篇关于小兰的报道，将其真实姓名、照片和患病经历公之于众。报道发表后，隐去真实身份开始正常生活的小兰再次受到歧视和排斥。下列哪一选项是正确的？（　　）（法考）

A. 该媒体的行为不构成侵权

B. 该媒体侵犯了小兰的健康权

C. 该媒体侵犯了小兰的姓名权

D. 该媒体侵犯了小兰的隐私权

10. 甲公司将在售房过程中收集到的购房者的姓名、身份证号码、电话、家庭住址等信息打包出售。甲公司的行为侵害了购房者的（　　）。（考研）

A. 个人信息权　　B. 身份权

C. 信用权　　D. 姓名权

11. 微信名为"温柔的小蜜蜂"的用户在朋友圈中发图配文称：张某是一名糖尿病患者，服用"小蜜蜂"牌保健品后病情得到了控制。李某发现该配图用的是自己的生活照，且文字内容与自己毫不相干。该用户侵犯了李某的（　　）。（考研）

A. 名誉权　　B. 肖像权

C. 个人信息权益　　D. 姓名权

12. 甲为乙拍摄照片后将照片发到朋友圈，丙看到后觉得很有趣，遂将该照片做成搞笑表情包出售。丙侵犯了（　　）。（考研）

A. 甲的发表权　　B. 甲的隐私权

C. 乙的肖像权　　D. 乙的荣誉权

13. 甲谎称是乙公司的代理人，以乙公司的名义与丙公司签订合同。甲侵犯了乙公司的（　　）。（考研）

A. 姓名权　　B. 商标权

C. 名誉权　　D. 名称权

14. 摄影师甲以乙为模特拍摄了数百张艺术照。甲将这些照片编辑成画册，未经乙同意便交给出版社出版发行。甲的行为侵犯了乙的（　　）。（考研）

A. 著作权　　B. 发表权
C. 肖像权　　D. 署名权

15. 甲将乙的联系方式发到自己的朋友圈，声称乙欠钱不还，还是个骗子。经查，甲所言与事实不符，甲的行为侵害了乙的（　　）。（考研）

A. 姓名权　　B. 名誉权
C. 肖像权　　D. 荣誉权

16. 张某因出售公民个人信息被判刑，孙某的姓名、身份证号码、家庭住址等信息也被张某出售，买方是某公司。下列哪一选项是正确的？（　　）（法考）

A. 张某侵害了孙某的身份权
B. 张某侵害了孙某的名誉权
C. 张某侵害了孙某对其个人信息享有的民事权益
D. 某公司无须对孙某承担民事责任

17. 摄影爱好者李某为好友丁某拍摄了一组生活照，并经丁某同意上传至某社交媒体群中。蔡某在社交媒体群中看到后，擅自将该组照片上传至某营利性摄影网站，并获报酬若干。对蔡某的行为，下列哪一说法正确？（　　）（法考）

A. 侵害了丁某的肖像权和身体权
B. 侵害了丁某的肖像权和李某的著作权
C. 侵害了丁某的身体权和李某的著作权
D. 不构成侵权

（二）多项选择题

1. 甲违章闯红灯被交警抓获，甲冒用乙的名义接受了罚款处罚，后来交警部门将此情况通报给乙所在的单位，单位人员议论纷纷，指责乙的行为是素质不高的表现。甲的行为侵犯了乙的何种权利？（　　）

A. 姓名权　　B. 荣誉权
C. 隐私权　　D. 名誉权

2. 某影楼与甲约定：“影楼为甲免费拍写真，甲允许影楼使用其中一张照片作为影楼的橱窗广告。”后甲发现自己的照片被用在一种性药品广告上。经查，制药公司是从该影楼花500元买到该照片的。下列说法哪些是正确的？（　　）（法考）

A. 某影楼侵害了甲的肖像权
B. 某影楼享有甲写真照片的著作权
C. 某影楼的行为构成违约
D. 制药公司的行为侵害了甲的隐私权

3. 下列关于肖像权的表述，不正确的是（　　）。

A. 肖像权是自然人专有的民事权利
B. 肖像权不体现物质利益
C. 肖像权的客体肖像具有不可再生性
D. 肖像权所体现的基本利益是财产利益

4. 某歌手到某地参加通俗歌曲大奖赛，赛前不幸被甲骑车撞伤，住院3天。出院时，大奖赛已经结束。经查实，该歌手多次参加大奖赛，且多次获奖。如果他起诉甲，下列他的哪些诉讼请求应予支持？（　　）（法考）

A. 住院费
B. 医药费
C. 大奖赛参赛费
D. 可能获得的大奖赛的奖金

5. 下列关于荣誉权的说法，哪些是正确的？（　　）

A. 荣誉权并非民事主体所固有
B. 荣誉权在本质上是对民事主体的一种显性的社会评价
C. “非法剥夺荣誉称号”是侵害荣誉权的行为
D. 个人毁坏他人的奖章是侵害荣誉权的行为

6. 自然人死亡后，民事权利能力消灭，下列权利中体现的合法利益仍为法律所保护的是（　　）。

A. 名誉权　　B. 隐私权
C. 署名权　　D. 生命健康权

7. 甲创作完成一部小说，对烈士陈某的英雄形象进行了歪曲，诋毁了英雄的光辉形象。乙将该部小说内容改编为漫画，上传至丙网站。丁未经许可根据漫画制作成了电子游戏。刘某是烈士陈某的遗孀，要求丙网站删除相关漫画。下列有关说法正确的是（　　）。（法考）

A. 刘某可起诉甲侵犯了陈某的名誉
B. 刘某可起诉乙侵犯了陈某的名誉
C. 丁侵犯了甲和乙的著作权
D. 如果丙网站拒不删除该漫画，对于扩大的损害刘某可追究网站的连带责任

8. 赵某在唐山大地震中成了孤儿，将仅有的一张和父母的合照视为珍宝，为更好地保存照片，赵某将照片送到照相馆翻拍。几日后，照相馆雇员乱丢烟头引起火灾，照片被烧毁，赵某为此十分愤恨和痛苦。根据

《民法典》，下列哪些选项是正确的？（　　）（法考）

A. 赵某可以要求照相馆承担违约责任

B. 照相馆侵犯了赵某的健康权

C. 照相馆侵犯了赵某的肖像权

D. 赵某有权请求照相馆赔偿精神损失

9. 甲曾因酒驾犯罪而受到刑事处罚，出狱后居住于某小区，后乙因琐事与甲闹僵，在小区微信群中说，“A栋6楼601室的甲是罪犯”。甲看到后非常气愤。关于本案，下列说法正确的有？（　　）（法考）

A. 乙侵犯了甲的名誉权

B. 乙侵犯了甲的隐私权

C. 甲请求乙赔礼道歉、消除影响的，不受诉讼时效期间的限制

D. 乙侵犯了甲的个人信息权益

（三）不定项选择题

1. 一般人格权具有的基本功能是（　　）。

A. 解释功能　　B. 创造功能

C. 补充功能　　D. 介绍功能

2. 下列情形属于合理使用肖像权的行为的是（　　）。

A. 新闻报道中合理使用领导人的照片

B. 为宣传植树活动而使用植树者的照片

C. 在法医学教学课堂上向学员展示受害人的肖像

D. 寻人启事上使用失踪者的肖像

3. 下列哪些人身权受到侵犯时，受害人有权要求侵害人停止侵害、恢复名誉、赔礼道歉、消除影响，并可以要求赔偿损失？（　　）

A. 姓名权、名称权

B. 肖像权

C. 荣誉权

D. 名誉权

4. 某大学对严重违反校纪、校外嫖娼的几名大学生予以开除学籍处分，并将处分决定以内部文件形式传达到校属有关单位。师生对此议论纷纷。对该大学的行为该如何定性？（　　）

A. 侵犯学生的名誉权

B. 侵犯学生的受教育权

C. 侵犯学生的隐私权

D. 是行使教育管理权的正当行为，不构成侵权行为

5. 乙与甲长相酷似，平常也有交往。某日，乙获悉甲获得了“劳动模范”的荣誉称号并有奖金，便伪造了甲的身份证件，到相关部门签字并冒领了该笔奖金。根据《民法典》，下列说法正确的是（　　）。（法考）

A. 乙侵害了甲的荣誉权

B. 乙侵害了甲的姓名权

C. 乙侵害了甲的财产权

D. 乙的行为构成不当得利

简答题

1. 简述侵害肖像权的具体表现。（考研）

2. 比较名誉权和人格尊严。（考研）

3. 简述名誉权和隐私权的区别。（考研）

4. 比较名誉权和荣誉权。（考研）

5. 简述姓名权和署名权的关系。

案例分析题

1. 甲、乙两人是某高校的硕士生，同住一寝室，合用一台电脑。甲向美国某大学申请留学机会，并将此事告知乙。该大学向甲发出电子邮件，邀请甲赴美留学。甲恰巧不在，乙出于嫉妒，擅自拒绝了该大学的邀请。数日后，甲发电子邮件向该大学询问，该大学告知甲其对甲曾发函邀请并遭拒绝，故不再考虑。甲、乙由此发生纠纷。请根据人格权法的相关知识分析本案。

2. 甲租用新婚夫妇乙、丙的一间空闲房间居住，甲出于好奇及无聊，在墙上凿一小孔，用摄像机摄下乙、丙夫妇二人的亲昵行为。甲的行为被发现后，妻子丙的精神受到极大的打击，从此对夫妻生活失去了兴趣。丈夫乙气愤至极，将甲告上法庭，诉请精神损害赔偿10万元。

问题：

（1）本案中，甲侵犯了乙、丙夫妇的什么权利？

（2）法院应该如何处理？

论述题与深度思考题

试述隐私权的法律保护及其限制。

参考答案

名词解释

1. 隐私权，是指个人对其私生活安宁、私生活秘密等享有的权利，是自然人享有的对其个人的、与公共利益无关的个人信息、私人活动和私有领域进行支配的一种人格权。

2. 肖像权，是指自然人有权依法制作、使用、许可他人使用或者公开自己的肖像，有权禁止他人以歪曲、侮辱或者其他不正当方式侵害自己的肖像。

3. 署名权，是指作者为表明其创作者资格，在作品的原件及复制件上标示姓名的权利。

4. 名誉权，是指自然人或法人、非法人组织依法享有的维护其所获得的社会公正评价并排斥他人侵害的权利。

5. 个人信息权，是指信息主体对自己的个人信息所享有的进行支配并排除他人非法利用的权利。

6. 信用权，是指民事主体享有并支配其信用及其利益的人格权，或者说是自然人、法人或者非法人组织对其所具有的经济活动及其能力的良好评价所享有的权利。

7. 隐私信息，即隐私权所保护的个人信息，是隐私权的客体。它是指自然人与公共利益无关的、不愿意为他人所知晓的私密信息。隐私信息以外的其他个人信息，由个人信息法律制度加以保护。

选择题

（一）单项选择题

1. 答案：A。本题考查具体人格权的再分类。人格权以其存在方式可以分为两种：物质性人格权和精神性人格权。物质性人格权是指自然人就其自身所具有的物质性人格要素所产生的不可转让的支配权，包括身体权、健康权和生命权三种。

2. 答案：D。本题考查身体权和健康权的区别。《民法典》第 990 条第 1 款规定："人格权是民事主体享有的生命权、身体权、健康权、姓名权、名称权、肖像权、名誉权、荣誉权、隐私权等权利。"故 A 项正确。从内容上看，身体权具有明显的支配性，健康权不具有明显的支配性；从客体上看，身体权体现的是自然人身体组织的完整性，健康权体现的是自然人身体机能的正常性；从侵害方式上看，侵害身体权不一定都侵害健康权，如偷剪别人的发辫，侵害健康权也不一定就侵害了身体权，如致人患病。故 D 项错误。

3. 答案：A。本题考查自由权。民法上的自由权主要包括人身自由权和婚姻自主权，此外，财产性的合同自由权也是自由权的一种。至于言论自由权则是公法上的自由权。

4. 答案：D。本题考查姓名权的内容。自然人的姓名权包括姓名决定权、姓名使用权和姓名变更权三项权能。自然人的姓名权不具有转让的权能，名称权方具有转让的权能。

5. 答案：B。本题考查隐私权。隐私权，是指自然人享有的私人生活安宁与私人生活信息依法受到保护，不受他人的侵扰、知悉、使用、披露和公开的权利。《民法典》第 990 条第 1 款规定："人格权是民事主体享有的生命权、身体权、健康权、姓名权、名称权、肖像权、名誉权、荣誉权、隐私权等权利。"隐私权明确受到法律保护。本案中，不管报社是否是如实报道的，均侵犯了甲的隐私权。

6. 答案：A。本题考查隐私权。侵犯隐私的行为是将确实有存在但是不宜或不愿公开事情公开；侵犯名誉则是捏造事实并公开。本题中的情形属于确有其事，故为侵害隐私权。

7. 答案：D。本题考查人格权侵权精神损害赔偿。最高人民法院《关于确定民事侵权精神损害赔偿责任若干问题的解释》第 4 条规定："法人或者非法人组织以名誉权、荣誉权、名称权遭受侵害为由，向人民法院起诉请求精神损害赔偿的，人民法院不予支持。"所以本题中，国土局的诉讼主张不能成立。薛某在当地晚报上发表报道的内容是法院查明的犯罪事实，这种行为是公民在正常行使言论自由权，不属于侮辱和诽谤，所以不构成侵犯名誉权。因此，副局长及前局长的诉讼主张也不能成立。

8. 答案：D。《民法典》第 1018 条第 1 款规定，自然人享有肖像权，有权依法制作、使用、公开或者许可他人使用自己的肖像。本题中，张某无论是整容还是表演使用的都是自己的肖像，而没有直接或间接地使用赵某的肖像，因此，不构成对赵某肖像权的侵害，因此，A、B 项错误，不选。名誉，从字义上解释，是指民事主体的名望声誉。也就是说，名誉是指民事主体的品德、才干、信誉等所获得的社会评价。名誉权是指民事主体对自己在社会生活中所获得的社会评价，即自己的名誉，依法所享有的不可侵犯的权利。本案中，张某在承接并拍摄商业广告时，并未使用赵某的名义，也并未对赵某的品德、才干、信誉等所获得的社会评价造成侵害，因此，也不构成侵犯赵某名誉权，C项错误，不选。因此，本题的正确答案是D。

9. 答案：D。健康权是指自然人依法享有的以保持其自身及器官以至身体整体的功能安全为内容的人格权。本题中，媒体对小兰的报道并未侵害小兰的健康权，因此B项错误。姓名权是自然人依法享有的决定、使用、改变自己姓名并排除他人侵害的权利。《民法典》第1012条规定："自然人享有姓名权，有权依法决定、使用、变更或者许可他人使用自己的姓名，但是不得违背公序良俗。"第1014条规定："任何组织或者个人不得以干涉、盗用、假冒等方式侵害他人的姓名权或者名称权。"本题中，媒体的行为不构成"干涉、盗用、假冒"，未侵犯小兰的姓名权，因此C项错误。隐私权是指自然人不愿公开或让他人知悉个人秘密的权利。媒体的报道公开了小兰的隐私，对其造成了较大的损害，构成了对其隐私权的侵犯。因此A项错误，D项正确。

10. 答案：A。《民法典》第1034条第1款、第2款规定："自然人的个人信息受法律保护。个人信息是以电子或者其他方式记录的能够单独或者与其他信息结合识别特定自然人的各种信息，包括自然人的姓名、出生日期、身份证件号码、生物识别信息、住址、电话号码、电子邮箱、健康信息、行踪信息等。"虽然题目中甲公司收集的信息包括姓名等，但其行为并未侵害购房者的姓名权，因为这些信息总体而言均被囊括在个人信息之中，且侵犯姓名权的方式为法律所明定。因此答案为A项。

11. 答案：B。该用户的发文配图中直接使用李某的肖像，因此侵犯肖像权。该配文谎称其为糖尿病患者，并未造成其社会评价降低，未侵犯名誉权；且该配文中并未透露李某的真实个人信息，其本人也并未患病，因此未侵犯个人信息权益。

12. 答案：C。侵犯肖像权主要是以营利或丑化的方式，制作搞笑图片明显属于丑化行为，且丙将表情包用于出售。隐私权所保护的内容一般属于个人不为人知的私密信息，题目中并未涉及。甲将照片发到朋友圈时属于自己发表，发表权已经用尽。本题中并未涉及荣誉权。

13. 答案：D。《民法典》第1014条规定，任何组织或者个人不得以干涉、盗用、假冒等方式侵害他人的姓名权或者名称权。本题中，甲冒用乙公司的名义签订合同，侵犯了乙公司的名称权。

14. 答案：C。《民法典》第1019条第2款规定："未经肖像权人同意，肖像作品权利人不得以发表、复制、发行、出租、展览等方式使用或者公开肖像权人的肖像。"本题中，艺术照性质上属于委托作品，由受托人甲取得著作权。但甲未经肖像权人乙同意，擅自出版该画册，侵犯了乙的肖像权。

15. 答案：B。《民法典》第1024条规定："民事主体享有名誉权。任何组织或者个人不得以侮辱、诽谤等方式侵害他人的名誉权。名誉是对民事主体的品德、声望、才能、信用等的社会评价。"本题中，甲虚构事实对乙进行诽谤，使乙的社会评价降低，侵犯了乙的名誉权。

16. 答案：C。身份权包括配偶权、亲权和亲属权。本题中，张某的行为并不侵犯孙某的身份权。名誉权侵权，是指捏造、散布虚假事实造成他人社会评价降低。本题中，张某出售的是孙某的真实信息，并不构成名誉权侵权。自然人的个人信息受法律保护，应当依法取得并确保其信息安全，不得非法收集、使用、加工、传输他人个人信息，不得非法买卖、提供或公开他人个人信息。本题中，张某出售孙某的个人信息，依法应当承担民事责任。故C项正确，D项错误。

17. 答案：B。本题中，蔡某并未实施侵害丁某身体完整性的行为，不构成身体权侵权，故A、C项错误。《民法典》第1019条第2款规定："未经肖像权人同意，肖像作品权利人不得以发表、复制、发行、出租、展览等方式使用或者公开肖像权人的肖像。"本题中，蔡某未经肖像权人同意，擅自将丁某的生活照上传至网站并获得报酬，侵犯其肖像权。信息网络传播权，即以有线或无线方式向公众提供作品，使公众可在其个人选定的时间和地点获得作品的权利。本题中，蔡某未经著作权人李某同意，将照片上传至某营利性摄影网站的行为，侵犯了李某的信息网络传播权。故B项正确，D项错误。

（二）多项选择题

1. 答案：AD。本题考查姓名权和名誉权侵权。本题中的情形属于盗用他人姓名，是侵害他人姓名权行为的一种。对于乙来讲，不是其所为的交通违章的情形对其名誉权造成了损害。

2. 答案：ABC。本题考查违约行为和人格权侵权行为。影楼超出与甲合同约定的范围，在未经甲同意的情况下擅自将甲的照片卖给制药公司，这违反了合同的约定，应承担违约责任，C 项正确。著作权属于创作作品的人，影楼享有该照片的著作权，B 项正确。影楼擅自将照片转让给制药公司做广告，侵犯了甲的肖像权，A 项正确。同时，制药公司未经甲的同意，将其照片使用在广告上，侵害的是甲的肖像权，而不是隐私权，D 项错误。

3. 答案：BCD。本题考查肖像权。肖像权具有再生性，主要体现为精神性权利，属于精神性人格权，但是肖像的许可使用也体现了一定的财产属性。

4. 答案：ABC。本题考查侵害自然人的身体造成损害的赔偿范围。根据《民法典》第 1179 条的规定，侵害他人造成人身损害的，应当赔偿医疗费、护理费、交通费、营养费、住院伙食补助费等为治疗和康复支出的合理费用，以及因误工减少的收入。造成残疾的，还应当赔偿辅助器具费和残疾赔偿金；造成死亡的，还应当赔偿丧葬费和死亡赔偿金。本题中的住院费、医药费属于医疗费的范畴；歌手的参赛费是其支出的费用，所以 A、B、C 项正确。虽然该歌手多次参加歌曲大奖赛，且多次获奖，但是这种奖项的归属具有很大的随机性，即使该歌手参加此次比赛，也并不能保证他一定获奖，因此“可能获得的大奖赛的奖金”不应被列入赔偿的范围。

5. 答案：ABC。本题考查荣誉权。荣誉的产生，必须是主体的行为获得特定组织或机构的认可或褒扬，正因如此，其是由组织或机构赋予的，具有外部性。侵害荣誉权的行为只有一种，即“非法剥夺荣誉称号”，侵害荣誉权的机构通常是授予荣誉称号的机构。个人毁坏他人的奖杯、奖章属于侵害他人的物权，而非侵害荣誉权。

6. 答案：ABC。本题考查对死者人格利益的保护。署名权的保护没有期限限制，名誉权和隐私权所体现的人格利益在自然人死亡后也仍然受到保护。

7. 答案：ABCD。《民法典》第 185 条规定：“侵害英雄烈士等的姓名、肖像、名誉、荣誉，损害社会公共利益的，应当承担民事责任。”陈某作为烈士，就其英雄形象享有名誉，任何形式的诋毁均会致其名誉受损，陈某已经牺牲，其遗孀刘某有权就此侵权行为起诉，A、B 项正确。丁未经许可将漫画改编为电子游戏，擅自使用演绎作品，对原作者甲和演绎作者乙均构成侵权，C 项正确。《民法典》第 1195 条第 2 款规定，网络服务提供者接到通知后，应当及时将该通知转送相关网络用户，并根据构成侵权的初步证据和服务类型采取必要措施；未及时采取必要措施的，对损害的扩大部分与该网络用户承担连带责任。所以丙网站接到权利人通知时，应立即删除侵权作品，拒不删除的，对于扩大的损害承担连带责任，D 项正确。

8. 答案：AD。A 项考查违约责任，关键词为“可以”。承揽合同，是指承揽人按照定作人的要求完成工作，交付工作成果，定作人支付报酬的合同。承揽包括加工、定作、修理、复制、测试、检验等工作。本题中，赵某将照片交照相馆翻拍，二者之间形成合法、有效的承揽合同，因照相馆雇员乱扔烟头致火灾，照片被毁，照相馆存在违约行为，且不存在法定或约定的免责事由。因此，定作人赵某可以请求承揽人照相馆承担违约责任。需要注意的是：照相馆的行为亦侵犯了赵某对照片的所有权，即照相馆的行为，本质上系“加害给付”，既违约又侵权：违约，违的是承揽合同之约；侵权，侵的是照片的所有权（物权/财产权）。故 A 项说法正确，当选。B 项考查健康权侵权，关键词为“侵犯了”。健康权，是指自然人维护其机体生理机能正常运行和机能（功能）正常发挥，从而维持人体生命活动的人格权。健康权的侵权形态系“生理或心理机能（功能）的正常运转和发挥”的功能遭受侵害。本题中，因照相馆的行为导致仅有的一张合照毁损并未侵犯赵某生理或心理机能（功能）的正常运转和发挥，所以，不侵犯赵某的健康权。故 B 项说法错误，不当选。C 项考查肖像权侵权，关键词为“侵犯了”。肖像权，是指自然人所享有的以自己的肖像上所体现的人格利益为内容的一种人格权。肖像权的侵权形态包括六类：（1）丑化；（2）污损；（3）伪造；（4）制作；（5）使用；（6）公开。本题中，照相馆导致照片毁损的行为，不属于上述的任何一类。因此，照相馆的行为不构成肖像权的侵权。故 C 项说法错误，不当选。D 项考查精神损害赔偿，关键词为“有权”。

因故意或者重大过失侵害自然人具有人身意义的特定物造成严重精神损害的，被侵权人有权请求精神损害赔偿。本题中，赵某与父母仅有的一张合照具有“人身象征意义”。因照相馆雇员重大过失造成照片永久性毁损，造成赵某严重的精神损害（十分痛苦）。因此，赵某依法有权请求照相馆赔偿其精神损失。故D项说法正确，当选。

9. 答案：BCD。本题考查名誉权侵权、隐私权侵权、个人信息侵权和诉讼时效的适用范围。A项考查名誉权侵权。名誉权侵权的形态包括两类，分别是（1）侮辱（故意以暴力或其他方式贬损他人人格，毁损他人名誉）；（2）诽谤（捏造、散布虚假事实造成他人社会评价降低）。本案中，甲曾因酒驾犯罪而受到刑事处罚是“客观事实”。乙的行为既不是侮辱，又不是诽谤。因此，并未侵犯甲的名誉权。故A项说法不正确，不当选。B项考查隐私权侵权。隐私权的侵权形态包括四类，分别是：（1）刺探；（2）侵扰；（3）泄露；（4）公开。本案中，甲曾因酒驾犯罪而受到刑事处罚虽然是“客观事实”，但该客观事实属于甲不为人所知，也不愿为他人所知的私密信息。乙未经甲的同意，将该私密信息公开的行为，依法侵犯了甲的隐私权。故B项说法正确，当选。C项考查诉讼时效的适用范围。人格权受到侵害的，受害人有权依法请求行为人承担民事责任。受害人的停止侵害、排除妨碍、消除危险、消除影响、恢复名誉、赔礼道歉请求权，不适用诉讼时效的规定。本案中，乙侵犯了甲的隐私权，甲请求乙赔礼道歉、消除影响的请求权依法不受诉讼时效期间的限制。故C项说法正确，当选。D项考查个人信息保护。个人信息是以电子或其他方式记录的能够单独或与其他信息结合识别特定自然人的各种信息，包括自然人的姓名、出生日期、身份证件号码、生物识别信息、住址、电话号码、电子邮箱、健康信息、行踪信息等。自然人的个人信息受法律保护。任何组织或个人需要获取他人个人信息的，应当依法取得并确保信息安全，不得非法收集、使用、加工、传输他人个人信息，不得非法买卖、提供或公开他人个人信息。本案中，乙在小区微信群中说“A栋6楼601室的甲是罪犯”的行为属于公开他人个人信息的行为，依法侵犯了甲的个人信息权益。故D项说法正确，当选。

（三）不定项选择题

1. 答案：ABC。本题考查一般人格权的功能。一般人格权的功能是针对具体人格权的不明确、不完全等而言的，一般包括解释、创造、补充三种功能。

2. 答案：ABCD。本题考查肖像权的合理使用。A项属于在新闻报道中使用相关人物的肖像；B项属于为宣传特定公众活动而使用参与者的肖像；C项属于基于科研和教育目的在一定程度和一定范围内使用他人的肖像；D项属于为肖像权人自身的利益使用其肖像。

3. 答案：ABCD。本题考查侵害人格权的责任。《民法典》第995条规定：“人格权受到侵害的，受害人有权依照本法和其他法律的规定请求行为人承担民事责任。受害人的停止侵害、排除妨碍、消除危险、消除影响、恢复名誉、赔礼道歉请求权，不适用诉讼时效的规定。”所以本题的正确答案为ABCD。

4. 答案：D。本题涉及隐私权的保护和公共权利行使的平衡问题。隐私权属于私权，其保护经常与审判权、检察权、行政处罚权、言论自由权、监督权等公共权力发生冲突。对此，如果属于正确行使公共权力而公开他人隐私的，不侵犯他人的隐私权。本题中，大学对违纪学生作出的处分决定，是行使教育管理权的正当行为，不是侵权行为，所以D项正确。

5. 答案：BCD。本题考查人格权侵权、民事权利体系和不当得利制度。A项考查荣誉权侵权。荣誉权的侵权形态仅有一种，即非法剥夺荣誉称号（光荣称号）。本题中，“劳动模范”虽系荣誉称号（光荣称号），但乙伪造身份证件并冒领奖金并非“非法剥夺荣誉称号”的行为。因此，乙并未侵害甲的荣誉权。故A项说法错误，不当选。B项考查姓名权侵权。姓名权的侵权形态有三：（1）干涉；（2）盗用；（3）假冒，又称冒用，即冒名顶替，冒充他人进行活动（既用姓名又用身份）。本题中，乙伪造甲的身份证件并冒领奖金的行为系假冒行为。因此，乙侵犯了甲的姓名权。故B项说法正确，当选。C项考查财产权。财产权是指以财产利益为内容，直接体现财产利益的民事权利。主要包括两类，即静态财产权——物权和动态财产权——债权。本题中，奖金系债权。乙冒领该笔奖金的行为侵害了甲的债权。故C项说法正确，当选。D项：不当得利系法定之债，其构成要件有四：（1）没有法定或约定的原因；（2）一方获益；（3）一方受损；

(4) 获益和受损之间存在因果关系。本题中，乙并未获奖，冒领了甲的奖金，自己获益，甲受损，二者之间存在因果关系。因此，乙的行为构成不当得利。故D项说法正确，当选。所以，本题的正确答案为BCD。

简答题

1. (1) 未经许可再现他人的肖像，侵犯了他人的肖像再现权。

(2) 未经许可使用他人的肖像，侵害了他人的肖像使用权。此处的使用不仅包括商业上的使用，还包括一切对肖像权人肖像的公开展示、复制和销售等行为，而且，使用无须以“营利”为目的，否则会不适当地限制对自然人肖像权的保护。

(3) 歪曲、丑化他人的肖像。肖像体现了肖像权人的人格尊严和精神利益，再现和使用他人的肖像时，应当保持对肖像权人形象的忠诚，任何歪曲或者丑化他人肖像的行为都构成对肖像权的侵害。

2. 名誉权是指自然人或法人依法享有的维护其所获得的社会公正评价并排斥他人侵害的权利。人格尊严是自然人基于自己所处的社会环境、地位、声望、工作环境、家庭关系等各种客观条件而对自己的社会价值的客观认识和评价。二者有所联系，但是更有所不同，许多情况下，直接侮辱他人但是没有将侮辱的言辞和行为向第三人传播的，不构成对名誉权的侵害，但是构成对他人人格尊严的侵害。

名誉权的客体是名誉。人格尊严是对其作为人的一种尊重而非评价。名誉权的内容是就名誉受有利益和排除他人之侵害。人格尊严要求他人对其应有最起码的尊重。

具体而言，二者的区别有如下几方面：(1) 二者的内容和客体不完全相同。侵害人格尊严的行为，未必造成受害人社会评价的降低，不能认为必然侵害了民事主体的名誉权。(2) 从责任形式上看，在侵害人格尊严的情况下，不能适用恢复名誉的责任方式，因为民事主体社会评价不必然降低；侵犯名誉权时则可以要求采用恢复名誉的责任方式。(3) 由于名誉权的内容和客体是特定的，不能无所不包，因此许多损害人格尊严的行为，很难适用《民法典》关于名誉权的规定对受害人予以保护。(4) 主体不同。名誉权的主体包括自然人和法人，人格尊严的主体仅限于自然人。

3. (1) 主体不同。隐私权仅限于自然人享有，名誉权则既可以为自然人享有，又可以为法人享有。

(2) 客体不同。名誉权的客体是社会公众的客观评价，隐私权的客体是权利人不愿公开的个人信息。

(3) 侵权方式不同。侵害名誉权往往是故意以侮辱或者诽谤的方式来减损他人的名誉，侵害隐私权的主要方式是非法获得或者未经许可非法公开他人的私人信息。

(4) 侵权的构成要件不同。侵犯名誉权实行的是过错责任，以行为人主观上有过错为其构成要件；侵犯隐私权实行严格责任，侵犯隐私权也不一定要以造成精神损害为结果，只要有非法获得、未经许可而公开的行为，就产生侵权的结果。

(5) 侵权的后果不同。对名誉权的侵犯往往是利用虚假的信息，所以如果查明事实，就可以否定虚假的信息，通过停止侵害、赔礼道歉、恢复名誉、消除影响等方式来加以救济；隐私权的基础为其客观性和秘密性，如果被公开，就丧失了秘密性的基础，就不再成为隐私，所以无法通过前述的方式来补救。

4. 联系：(1) 名誉权和荣誉权具有密切的联系，对荣誉权的侵害将会直接导致主体的名誉毁损。(2) 都在一定程度上表明民事主体在社会中的信誉和评价。

区别：(1) 客体不同。名誉权的客体是名誉，是社会公众对主体的人格价值的客观评价；荣誉权的客体是荣誉，是因国家机关或者社会组织对某一主体在某方面的成绩或者贡献作出评价，并授予该主体一定的荣誉称号而产生的。(2) 取得方式不同。名誉权与生俱来，不需要经过任何行政机关或者社会组织的确认，也不受其限制或者剥夺；而荣誉权中的荣誉称号乃是主体因自己的成绩或者贡献，并经有关国家机关或者社会组织授予而获得。(3) 享有主体的普适性不同。名誉权为任何主体所享有；荣誉权则仅为部分作出贡献而获得荣誉称号的主体所享有。(4) 丧失方式不同。名誉权因为民事主体死亡而丧失；荣誉权则因为被授予机关剥夺而丧失。

5. 署名权和姓名权有着密切的联系，如假冒他人的姓名署名，或者未经许可在自己的作品上署他人姓名，均妨碍了他人行使姓名权并构成对他人姓名权的侵害。

二者的区别在于：(1) 从权利主体上看，自然人均享有姓名权，但是只有创作作品的人才拥有署名权。(2) 从性质上看，姓名权属于自然人的人格权，与民事主体不可分离，也不能被抛弃；署名权属于著作人身权。(3) 存续时间不同。姓名权不能脱离主体而存在，主体死亡后，姓名权即消亡；署名不仅涉及作者的利益、作者与作品的联系，还与公众对作品的检索和诠释相关，为了维护公共利益，许多国家的法律在作者死后仍然对作者的署名权予以保护。(4) 姓名权所保护的利益，是主体与其姓名符号之间的联系。由于姓名符号是主体的指代，在他人心目中，姓名符号代表着主体，为了维护主体人格的完整性，主体必须控制对姓名符号的利用。署名权所保护的利益，是作者和作品之间的联系，作者可以选择公开或者隐瞒这种联系，因此，署名未必与姓名一致，无论作者署真名、假名还是不署名，都是行使署名权的方式。

案例分析题

1. 乙的行为构成对甲的姓名权的侵害。《民法典》第 1012 条规定："自然人享有姓名权，有权依法决定、使用、变更或者许可他人使用自己的姓名，但是不得违背公序良俗。"第 1014 条规定："任何组织或者个人不得以干涉、盗用、假冒等方式侵害他人的姓名权或者名称权。"其中，所谓盗用是指未经他人同意或者授权，擅自以他人名义实施有害于他人和社会的行为。根据《民法典》第 1014 条的规定，凡是非法干涉、盗用、假冒他人的姓名的，不管是否造成他人的财产损失，均构成对他人姓名权的侵害。本案中，乙冒用甲的姓名向美国某大学发出电子邮件，即构成假冒他人的姓名，也构成盗用他人的姓名。不管甲以后能否赴美留学，都不妨碍乙的行为已经构成对甲的姓名权的侵害。

侵害姓名权的行为直接侵害的是人格利益，产生的后果是精神损害及某些财产利益的损失，所以，如果甲要求乙承担侵害姓名权的民事责任，主要应当包括赔礼道歉、赔偿精神损害等形式。

2. (1) 本案中，甲侵犯了乙、丙夫妇的隐私权。甲租用乙、丙的房屋，甲通过在墙壁上凿孔的方式窥探并摄录了乙、丙二人的私人生活。甲的这种过错行为，对乙、丙造成很大的损害，是一种侵犯乙、丙隐私权的行为。

(2) 法院应当支持乙的诉讼请求。《民法典》第 1032 条规定："自然人享有隐私权。任何组织或者个人不得以刺探、侵扰、泄露、公开等方式侵害他人的隐私权。"隐私权被侵害的自然人，根据《民法典》第 995 条，可以要求停止侵害、恢复名誉、消除影响、赔礼道歉。所以乙要求甲赔偿精神损害，法院应该予以支持。至于赔偿的具体数额，法官可以根据实际情况进行自由裁量。

论述题与深度思考题

我国《民法典》第 1032 条第 1 款明确规定：自然人享有隐私权。任何组织或者个人不得以刺探、侵扰、泄露、公开等方式侵害他人的隐私权。

隐私权被侵害的自然人，根据《民法典》第 995 条，可以要求停止侵害、恢复名誉、消除影响、赔礼道歉。最高人民法院《关于确定民事侵权精神损害赔偿责任若干问题的解释》第 1 条规定："因人身权益或者具有人身意义的特定物受到侵害，自然人或者其近亲属向人民法院提起诉讼请求精神损害赔偿的，人民法院应当依法予以受理。"另外，根据该司法解释第 3 条的规定，死者的隐私也是受到法律保护的，死者的近亲属可以要求精神损害赔偿。

自然人的隐私平等地受到法律的保护。隐私权不是绝对的权利，隐私权的本质是保护纯粹个人的、与公共利益无关的私事。在处理隐私权和公众知情权时，必须考虑公法优先和公共利益原则，即所谓的"隐私权止于公共利益"原则。法律对公众人物的隐私权应当设有限制，因为政府官员、各界知名人士是社会公共利益的代表者和社会公共事务的主持者、参与者，他们个人的情况不可避免地会对其执行的公共事务产生影响，因此，当社会公众对政府官员或公众人物的个人情况主张知情权，要求予以了解时，这些人便不能以自己拥有的隐私权相对抗。正如恩格斯所说，个人隐私一般应受保护，但是当个人私事甚至隐私与最重要的公共利益——政治生活发生联系的时候，个人的私事就已经不是一般意义的私事，而属于政治的一部分，它不受隐私权的保护，应成为历史记载和新闻报道不可回避的内容。当然，公众人物拥有的与政治生活或者公共利益无关的隐私，仍受到法律的保护。

第六十二章　人格权的保护

知识逻辑图

- 人格权的保护
  - 人格权与其他权利的冲突
    - 人格权与财产权的冲突
    - 人格权与著作权的冲突
    - 人格权与言论自由的冲突
    - 权利冲突的解决方式
  - 人格权的商业化利用及其保护
  - 侵害人格权的民事责任
    - 人格权的保护及其特点
    - 侵害人格权的责任概述

名词解释

1. 人格利益
2. 侵害人格权的民事责任

选择题

（一）单项选择题

1. 人格权商业化利用的现有立法的调整方式不包括（　　）。

A. 民法调整

B. 知识产权法调整

C. 反不正当竞争法调整

D. 国际法调整

2. 有关人格权的保护及其特点，下列说法不正确的是（　　）。

A. 人格权保护与人格权内容的同一性

B. 针对概然性较高的侵害人格权的行为可以事先采取预防措施

C. 人格权保护不具有开放性

D. 我国法律对人格权侵害通过各种责任形式对受害人予以救济

3. 下列有关人格权的说法正确的是（　　）。

A. 甲的竞争对手故意损害甲的奖章、奖杯泄私愤，侵犯了甲的荣誉权

B. 甲报社公布乙的服刑信息，导致乙的社会评价降低，侵犯了乙的名誉权

C. 未经许可使用他人肖像，侵害肖像权的行为限于商业使用，需以“营利”为目的

D. 隐私权的主体只能是自然人，法人不享有隐私权

4. 某演员因一儿童电视剧而出名，某公司未经该演员许可将印有其表演形象的宣传海报大量用在玩具、书包、文具等儿童产品的包装和装潢上。对该公司的行为应如何定性？（　　）（法考）

A. 侵犯了制片者的发表权

B. 侵犯了该演员的表演者权

C. 侵犯了该演员的肖像权

D. 侵犯了该演员的复制权

5. 甲为摄影家乙充当模特，双方未对照片的发表和使用作出约定。后乙将甲的裸体照片以人体艺术照的形式出版发行，致使甲受到亲朋好友的指责。对此，下列哪一种说法是正确的？（　　）

A. 乙发表照片侵犯了甲的隐私权

B. 乙发表照片已取得甲的默示同意，不构成侵权

C. 甲是照片的合作作者，乙发表照片应向其支付报酬

D. 乙是照片的著作权人，出版发行该照片是合法

行使著作权的行为

6. 甲到乙医院做了隆鼻手术，效果很好。乙医院为了宣传，分别在美容前后对甲的鼻子进行拍照（仅见鼻子和嘴部），未经甲同意将照片发布到丙网站的广告中，介绍该照片时使用了甲的真实姓名。丙网站在收到甲的异议后立即对该照片作了删除。下列哪一说法是正确的？（　　）（法考）

A. 乙医院和丙网站侵犯了甲的姓名权，应承担连带赔偿责任

B. 乙医院和丙网站侵犯了甲的姓名权，应承担按份赔偿责任

C. 乙医院侵犯了甲的姓名权

D. 乙医院和丙网站侵犯了甲的姓名权和肖像权，但丙网站可免于承担赔偿责任

7. 根据我国《民法典》的有关规定，以下情形中权利人可以请求精神损害赔偿的是（　　）。（考研）

A. 生命权遭受非法侵害

B. 名称权遭受非法侵害

C. 合同债权遭受非法侵害

D. 承包经营权遭受非法侵害

8. 甲网购了一条乙销售的裙子，收到后发现面料不是乙宣称的真丝，便在网站上给了差评。乙认为甲的差评影响网店的声誉和产品销售，遂联系甲要求其删除差评，并表示愿意退还双倍货款，甲拒绝。乙后来了解到，甲系另一服装店店主。甲的行为（　　）。（考研）

A. 不构成侵权

B. 构成商业诽谤

C. 侵犯了乙的经营权

D. 乙无权撤销

视频讲题

（二）多项选择题

1. 张某旅游时抱着当地一小女孩拍摄了一张照片，并将照片放在自己的博客中，后来发现该照片被用在某杂志的封面，并配以“母女情深”的文字说明。张某并未结婚，朋友看到杂志后纷纷询问张某，熟人对此也议论纷纷，张某深受困扰。下列哪些说法是正确的？（　　）

A. 杂志社侵害了张某的肖像权

B. 杂志社侵害了张某的名誉权

C. 杂志社侵害了张某的隐私权

D. 张某有权向杂志社要求精神损害赔偿

2. 李某与黄某未婚同居生子，取名黄小某。后李某和黄某分手，分别建立了家庭。黄小某长大后，进入演艺界，成为一名当红歌星。星星报社专职记者吴某（工作关系在报社）探知这一消息后，撰写文章将黄小某系私生子的事实公开报道，给黄小某造成极大的痛苦。下列哪些选项是正确的？（　　）

A. 该报道侵害了黄小某的隐私权

B. 该报道侵害了黄小某的荣誉权

C. 吴某应对黄小某承担侵权责任

D. 星星报社应对黄小某承担侵权责任

3. 周某将摄有其结婚仪式的彩色胶卷底片交给某彩扩店冲印，并预交了冲印费。周某于约定日期去取相片，彩扩店告知：因失火，其相片连同底片均被焚毁。周某非常痛苦，诉至法院请求彩扩店赔偿胶卷费、冲印费损失及精神损害。下列哪些选项是正确的？（　　）

A. 彩扩店侵害了周某的财产权和肖像权

B. 彩扩店的行为构成违约行为和侵权行为

C. 彩扩店应当赔偿胶卷费并返还冲洗费

D. 周某的精神损害赔偿请求应当得到支持

4. 甲女委托乙公司为其拍摄一套艺术照。不久，甲女发现丙网站有其多张半裸照片。甲女因此受到众人嘲讽和指责。经查，乙公司未经甲女同意将其照片上传到公司网站做宣传，丁男下载后将甲女头部移植至他人半裸照片，上传到丙网站。下列哪些说法是正确的？（　　）（法考）

A. 乙公司侵犯了甲女的肖像权

B. 丁男侵犯了乙公司的著作权

C. 丁男侵犯了甲女的名誉权

D. 甲女有权主张精神损害赔偿

5. 管家甲保管着过世主人的多份家书。甲与乙出版社约定将甲所保管的家书汇编出版《某某某家书珍藏回忆录》，过世主人子女听闻后，因家书中涉及很多隐私，立刻主张拒绝公开。对此，下列表述中正确的是（　　）。（法考）

A. 子女可在诉讼外请求出版社停止出版

B. 子女可申请法院责令出版社停止出版

C. 子女有权要求甲承担财产损害赔偿责任

D. 子女有权要求甲承担精神损害赔偿责任

视频讲题

简答题

1. 简述人格权的法定性及其意义。(考研)
2. 简述人格和人格权的联系和区别。(考研)

案例分析题

姚某为世界范围内知名职业男子篮球运动员，因其在职业篮球运动领域内的突出表现及对社会公益和慈善事业的贡献，曾获得政府及媒体评选的多项荣誉，树立了良好的社会形象且享有很高知名度，是多个国际知名品牌的形象代言人。武汉云鹤公司使用姚某的姓名、肖像进行宣传，并在产品上擅自将姚某的姓名、肖像及包含姚某姓名的“姚某一代”作为商业标识进行使用。2021年3月11日，姚某向法院提起诉讼，要求武汉云鹤公司停止侵权行为并赔偿相应损失。

请问：

(1) 根据《民法典》，武汉云鹤公司侵犯了姚某的哪些权利?

(2) 根据《民法典》，姚某有权要求武汉云鹤公司承担何种民事责任?

视频讲题

参考答案

名词解释

1. 人格利益，也被称为人格要素，是指由自然人所享有的，以生命、健康、姓名、肖像、名誉、隐私等作为客体的人格权法律关系，是人的伦理人格中所具有的内容。

2. 侵害人格权的民事责任主要涉及人格权的责任构成、各种具体侵害形态、抗辩事由及责任形式等内容。

选择题

(一) 单项选择题

1. 答案：D。本题考查人格权商业化利用的立法调整方式。其调整方式主要包括民法调整、知识产权法调整、反不正当竞争法调整、商法调整，而不包括国际法调整。因此A、B、C选项不当选，正确答案为D选项。

2. 答案：C。本题考查人格权的保护及其特点。基于人格权的某些特性，人格权的保护也呈现出一些不同于其他权利保护的特殊之处。具体而言：(1) 人格权保护与人格权内容的同一性。(2) 人格权保护方法上的特殊性。与财产利益受侵害不同，人格利益一旦遭受侵害就覆水难收，事实上无法再通过金钱对损害予以填补。正因为如此，针对概然性较高的侵害事先采取措施，防患于未然就显得极为必要。(3) 人格权保护的开放性。一般人格权产生的主要原因在于人格权法自身的发展逻辑，而不只是为了因应侵权法上权利类型列举的局限性所带来的法益扩张。因此C选项错误。

3. 答案：D。侵害荣誉权的主体通常是授予荣誉称号的机构，或者与荣誉人存在行政隶属关系、管理关系的机构。个人毁坏他人的奖章、奖状，侵犯的是权利人的物权，而非荣誉权，因此A选项错误。散布内容真实的事实，有利于保证对民事主体的评价的公正性和客观性，此种行为可以作为抗辩事由，不构成侵害名誉权的行为，因此B选项错误。未经许可使用他人肖像的使用行为，不限于商业使用，还包括一切未经许可对肖像人肖像的公开展示、复制和销售等行为。而且使用无须以“营利”为目的，否则会不当限制对自然人肖像权的保护，因此C选项错误。隐私权的主体只能是自然人。隐私权是基于自然人的精神活动而产生的，法人作为组织并没有精神活动，故无隐私可言，因此D选项正确。

4. 答案：C。发表权，即决定作品是否公之于众的权利。根据《著作权法》（2020年）第10条第1款第1项的规定，著作权人将作品公之于众，才构成发表。据此，A项错误。《著作权法》（2020年）第39条规定："表演者对其表演享有下列权利：（一）表明表演者身份；（二）保护表演形象不受歪曲；（三）许可他人从现场直播和公开传送其现场表演，并获得报酬；（四）许可他人录音录像，并获得报酬；（五）许可他人复制、发行、出租录有其表演的录音录像制品，并获得报酬；（六）许可他人通过信息网络向公众传播其表演，并获得报酬。被许可人以前款第三项至第六项规定的方式使用作品，还应当取得著作权人许可，并支付报酬。"据此，因宣传海报一般都表明表演者的身份，并从正面宣传表演者的形象，故某公司未经该演员许可将印有其表演形象的宣传海报大量用在玩具、书包、文具等儿童产品的包装和装潢上的行为，不会侵犯表演者享有的《著作权法》第39条第1款规定的第1项和第2项中的权利；因将印有其表演形象的宣传海报大量用在玩具、书包、文具等儿童产品的包装和装潢上的行为，亦不属于表演者享有的该条第1款规定的第3项至第6项中的权利，故该公司的行为亦未侵犯该演员的表演者权和复制权，因此B项和D项错误。《民法典》第1018条第1款规定："自然人享有肖像权，有权依法制作、使用、公开或者许可他人使用自己的肖像。"第1019条第2款规定："未经肖像权人同意，肖像作品权利人不得以发表、复制、发行、出租、展览等方式使用或者公开肖像权人的肖像。"据此，某公司未经该演员许可将印有其表演形象的宣传海报大量用在玩具、书包、文具等儿童产品的包装和装潢上的行为，侵犯了演员的肖像权，C项正确。

5. 答案：A。摄影作品的著作权归属有约定的依约定，无约定的归摄影师所有，因为摄影作品属于委托作品。《著作权法》（2020年）第19条规定："受委托创作的作品，著作权的归属由委托人和受托人通过合同约定。合同未作明确约定或者没有订立合同的，著作权属于受托人。"合作作品是指两人以上合作创作的作品。其构成要件为：作者为两人以上；作者之间有共同创作的合意，即对合作作品的表达形式及其创作内容达成共识；有共同创作作品的行为。没有参加创作的人，不能成为合作作者。故乙为甲所拍摄的照片不是合作作品，甲不是合作作者，其无权获得报酬。据此，C项说法错误。隐私权是指自然人不愿公开或让他人知悉个人秘密的权利，它是一种依法受到保护的，与公共权益、社会利益无关的人格利益，未经本人同意擅自公开其个人隐私即构成侵犯他人隐私权，发表权和发行权等著作权的行使必须以他人的隐私权等人格权不受侵犯为前提。据此，A项说法正确，B项和D项说法错误。

6. 答案：C。选项A、B错误。《民法典》第1195条第2款规定，网络服务提供者接到通知后，应当及时将该通知转送相关网络用户，并根据构成侵权的初步证据和服务类型采取必要措施；未及时采取必要措施的，对损害的扩大部分与该网络用户承担连带责任。本题中，丙网站收到甲的通知后及时采取了必要措施，即删除了对甲造成侵权的相关内容，没有对甲造成扩大损失，不承担侵权责任。

选项C正确。姓名权是自然人依法享有的决定、使用、改变自己姓名并排除他人侵害的权利。本题中，乙医院未经甲同意擅自将甲的照片发布在丙网站上，并在介绍该照片时使用甲的真实姓名，侵犯了甲的姓名权。

选项D错误。肖像是指完整的面部，至少从肖像可以分清这是谁，而"仅见鼻子和嘴部"无法分清这是谁，故没有侵犯肖像权。

7. 答案：A。生命权作为法律所保护的人格权，受到非法侵害可主张精神损害赔偿。名称权虽为人格权，但其主体为法人或非法人组织，不适用精神损害赔偿。合同债权和承包经营权都为财产权，不适用精神损害赔偿。

8. 答案：A。《民法典》第1025条规定："行为人为公共利益实施新闻报道、舆论监督等行为，影响他人名誉的，不承担民事责任，但是有下列情形之一的除外：（一）捏造、歪曲事实；（二）对他人提供的严重失实内容未尽到合理核实义务；（三）使用侮辱性言辞等贬损他人名誉。"本题中，消费者对生产者、经营者、销售者的产品质量或者服务质量进行批评、评论，不存在上述例外情形的，不应当认定为侵害他人名誉权。

（二）多项选择题

1. 答案：ABD。《民法典》第1018条第1款规定："自然人享有肖像权，有权依法制作、使用、公开或者许可他人使用自己的肖像。"第1019条第2款规定："未经肖像权人同意，肖像作品权利人不得以发表、复制、发行、出租、展览等方式使用或者公开肖像权人的肖像。"第1024条第1款规定："民事主体享有名誉权。任何组织或者个人不得以侮辱、诽谤等方式侵害他人的名誉权。”本题中，杂志社以营利为目的使用了张某的肖像，所以侵害了张某的肖像权，A项说法正确。另外，张某是未婚女子，却被配以“母女情深”的文字说明，且受到熟人对她的纷纷议论，其名誉权也受到了侵害，B项说法正确。至于隐私权，因为杂志社的行为并未对张某的隐私进行侵害，C项说法错误，不当选。最高人民法院《关于确定民事侵权精神损害赔偿责任若干问题的解释》第1条规定，因人身权益或者具有人身意义的特定物受到侵害，自然人或者其近亲属向人民法院提起诉讼请求精神损害赔偿的，人民法院应当依法予以受理。因此，D项说法正确。本题正确答案是ABD。

2. 答案：AD。隐私权又称个人生活秘密权，是指自然人不愿公开或让他人知悉个人秘密的权利。一般而言，自然人的隐私权包括通信秘密权与个人生活秘密权。个人生活秘密权是指自然人对其财产状况、生活经历、个人资料等私人信息享有的禁止他人非法利用的权利。我国《民法典》第1032条第1款明确规定，自然人享有隐私权。任何组织或者个人不得以刺探、侵扰、泄露、公开等方式侵害他人的隐私权。本题中，吴某（工作关系在报社）将黄小某的私人信息公开报道，虽然该信息是事实，不是捏造的，但是其属于黄小某的隐私，吴某的行为侵犯了黄小某的隐私权，A项说法正确。根据《民法典》第1191条第1款的规定，用人单位的工作人员因执行工作任务造成他人损害的，由用人单位承担侵权责任。用人单位承担侵权责任后，可以向有故意或者重大过失的工作人员追偿。吴某将黄小某的私人信息公开属于执行工作任务，应当由报社承担责任，C项说法错误，D项说法正确。荣誉权，是指自然人、法人或非法人组织所享有的，因自己的突出贡献或特殊劳动成果而获得光荣称号或其他荣誉的权利。本题中，吴某的行为并未侵犯黄小某的荣誉权，B项的说法错误。本题的正确答案是AD。

3. 答案：BCD。所谓肖像权，是指自然人享有的通过各种形式在客观上再现自己的形象的权利。《民法典》第1019条第2款规定：“未经肖像权人同意，肖像作品权利人不得以发表、复制、发行、出租、展览等方式使用或者公开肖像权人的肖像。”本题中，彩扩店并未使用周某的肖像，因此并未侵害周某的肖像权，故A项是错误的。周某将彩色胶卷底片交给某彩扩店冲印，意味着双方缔结了一个承揽合同，彩扩店应冲印相片并将相片交付给周某，但是因为此时相片连同底片均被焚毁，彩扩店无法履行自己的合同义务，构成了违约。另外，周某对彩色胶卷底片享有所有权，如今底片被焚毁，可以认定彩扩店侵害了周某的所有权，因此B、C项的说法正确。最高人民法院《关于确定民事侵权精神损害赔偿责任若干问题的解释》第1条规定，因人身权益或者具有人身意义的特定物受到侵害，自然人或者其近亲属向人民法院提起诉讼请求精神损害赔偿的，人民法院应当依法予以受理。所以D项的说法是正确的。本题正确答案是BCD。

4. 答案：ABCD。选项A正确。《民法典》第1019条第2款规定：“未经肖像权人同意，肖像作品权利人不得以发表、复制、发行、出租、展览等方式使用或者公开肖像权人的肖像。”本题中，乙公司未经甲女同意，以营利为目的使用甲女的肖像为自己的公司业务做宣传，侵犯了甲女的肖像权。

选项B正确。《著作权法》（2020年）第19条规定：“受委托创作的作品，著作权的归属由委托人和受托人通过合同约定。合同未作明确约定或者没有订立合同的，著作权属于受托人。”本题中，甲女委托乙公司拍摄艺术照，并未约定著作权的归属，则著作权属于受托人乙公司。丁男未经乙公司同意，擅自对照片进行篡改、歪曲的行为，侵犯了乙公司的著作权。

选项C正确。《民法典》第1024条规定：“民事主体享有名誉权。任何组织或者个人不得以侮辱、诽谤等方式侵害他人的名誉权。”本题中，丁男将甲女头部移植至他人的半裸照片上，并将拼凑后的照片上传到丙网站上，公然丑化了甲女的人格，损害了甲女的名誉权。

选项D正确。最高人民法院《关于确定民事侵权精神损害赔偿责任若干问题的解释》第1条规定，因人身权益或者具有人身意义的特定物受到侵害，自然人或者其近亲属向人民法院提起诉讼请求精神损害赔偿的，人民法院应当依法予以受理。本题中，甲女的肖像权及名誉权受到了侵害，有权主张精神损害赔偿。

5. 答案：AB。《民法典》第995条规定：“人格权受到侵害的，受害人有权依照本法和其他法律的规定请求行为人承担民事责任。受害人的停止侵害、排除妨碍、消除危险、消除影响、恢复名誉、赔礼道歉请求权，不适用诉讼时效的规定。”虽尚未出版，但乙出版社将出版《某某某家书珍藏回忆录》的行为已经形成了不法侵害死者隐私的现实危险，死者的子女可行使人格权请求权，请求出版社承担停止侵害、消除危险的民事责任。人格权请求权可于诉讼外行使。故A项正确。《民法典》第997条规定：“民事主体有证据证明行为人正在实施或者即将实施侵害其人格权的违法行为，不及时制止将使其合法权益受到难以弥补的损害的，有权依法向人民法院申请采取责令行为人停止有关行为的措施。”这是关于“人格权禁令”的规定。乙出版社即将实施的出版《某某某家书珍藏回忆录》的行为，若不及时制止，将使死者的名誉受到难以弥补的损害，因此，死者的子女也可以申请法院作出责令禁止出版的人格权禁令。故B项正确。因乙出版社尚未出版《某某某家书珍藏回忆录》，因此，尚未给死者子女造成财产损害（侵害著作权或者一般人格利益产生的财产损害）或者精神损害，没有损害就没有赔偿，因此死者的子女尚不得请求甲承担财产损害赔偿责任或者精神损害赔偿责任。故C、D项错误。所以本题正确答案是AB。

简答题

1. 人格权的法定性是指人格权的种类及侵害人格权的侵权行为的形态原则上由法律规定。

（1）人格权之所以奉行法定主义，主要是因为人格权的对世权、绝对权性质。成文法上对待绝对权、对世权，历来奉行法定主义。享有人格权者，其权利可以对抗其他所有的人，任何他人均对其负有不得侵害或者妨害的义务。此种性质的权利如果如合同般奉行意思自治原则，任由当事人确定，则有可能动辄得咎，过度限制社会成员的行为自由，反而不利于社会成员的行为自由和社会秩序的稳定。因此，人格权必须像物权一样奉行法定主义原则。

当然，人格权的法定性并不意味着法律必须明确规定人格权的种类和侵权形态，也不意味着法律对人格利益的保护仅以法律规定为限，这与人格权的立法体例有关。就法律适用来说，法院也可以在审判中依据确定的原则和方法决定对某一种具体人格利益的保护，而不必完全拘泥于法律对人格权类型和内容的限定。

（2）就侵权行为的救济而言，侵权行为法是保护已经存在的权利的法，而不是由此创设新的权利的法。侵权法只能起到保障权利的作用，不能起到确认权利的作用。社会生活中损害他人的情况是时有发生的，如果没有“权利侵害”要件的限定，得以认定的侵权行为责任的范围就会没有边际，过于宽泛。因此，通过对“权利侵害”要件的明定，侵权类型法定的目的得以实现。

2. 人格是指一个自然人、组织体、国家能否成为各种法律关系主体的资格。人格权是指民事主体依法固有的，为维护自己的独立人格所必备的，以人格利益为客体的权利。所以人格和人格权的联系是：（1）有关自然人的生命、身体、自由、健康等人格权是自然人与生俱来的，是维持自然人主体资格所必备的以人格利益为客体、以其保护和不受侵犯为内容的权利。任何自然人一旦不享有这些人格权，则其作为主体资格的存在就毫无意义。（2）保障人格权的实现，也就是要充分尊重个人的尊严和价值，促进个人自主人格的发展，实现个人必要的自由。

人格和人格权的区别是：（1）人格权是以人格利益为其内容的，与作为主体资格的人格不是同一概念，主体资格是产生人格关系的前提和基础，但是产生具体的人格关系还要依据具体的法律事实。（2）在法律上，只有在侵权人侵害了他人人格权的情况下，受害人才能获得法律上的救济。但是在损害人格，未具体侵害主体享有的权利的情况下，受害人很难获得法律上的救济。人格权受到侵害只能是具体的人格权受到侵害，而不是人格受到侵害，因为现代民法中贯彻主体平等的基本原则，不存在人格减等等人格权受限制的情况。

案例分析题

（1）侵犯了姚某的姓名权、肖像权。《民法典》第1012条、第1018条规定了自然人享有姓名权、肖像权。姓名权是自然人依法享有的决定、使用、变更自己的姓名并要求他人尊重自己姓名的一种人格权利。肖像权是自然人所享有的以自己肖像上所体现的人格利益为内容的一种人格权。自然人有权禁止他人非法使用自己的肖像权。

案例中姚某为知名篮球运动员，具有良好的社会形象和社会知名度。武汉云鹤公司使用姚某的姓名、肖像进行宣传，并擅自将姚某的姓名、肖像及包含姚某姓名的“姚某一代”作为商业标识进行使用，侵犯姚某的姓名权、肖像权。

(2) 姚某有权要求武汉云鹤公司：1) 停止侵害，不得将姚某的姓名、肖像用于宣传，也不得将其作为商业标识使用；2) 赔偿财产损失，因非法使用姚某的姓名、肖像，造成经济损失的，承担损害赔偿责任；3) 如果该非法使用造成不良影响，则姚某有权要求武汉云鹤公司承担消除影响、恢复名誉的民事责任。

第五编

婚姻家庭

第六十三章　婚姻家庭法概述

知识逻辑图

- 婚姻家庭法概述
  - 婚姻、家庭和婚姻家庭编的调整对象
    - 婚姻和家庭的概念
    - 婚姻家庭编的调整对象
  - 婚姻家庭编的基本原则
    - 婚姻家庭受国家保护原则
    - 婚姻自由原则
    - 一夫一妻原则
    - 男女平等原则
    - 保护妇女、未成年人、老年人、残疾人合法权益原则
  - 婚姻家庭编的禁止性规定
  - 婚姻家庭编的倡导性规定
  - 亲属、近亲属和家庭成员

名词解释

1. 婚姻
2. 家庭

简答题

1. 简述《民法典》婚姻家庭编的调整对象。
2. 简述婚姻家庭编的基本原则。
3. 简述当事人可以请求返还彩礼的情形。
4. 简述哪些情形下给付的财物不属于彩礼。

参考答案

名词解释

1. 婚姻指男女双方依法缔结为配偶，彼此具有夫妻权利和义务的民事关系。

2. 家庭是由彼此具有扶养权利和义务的配偶、父母、子女和其他共同生活的近亲属形成的亲属关系。

简答题

1. 《民法典》第 1040 条规定，婚姻家庭编调整因婚姻家庭产生的民事关系。

（1）从调整对象的范围来看，其既调整婚姻关系，又调整家庭关系；（2）从调整对象的性质来看，其既调整基于婚姻家庭而产生的人身关系，又调整基于婚姻家庭而产生的财产关系，其中，人身关系占主导地位，财产关系依附于人身关系，居于从属地位。

2. （1）婚姻家庭受国家保护原则。《民法典》第 1041 条第 1 款规定，婚姻家庭受国家保护。

（2）婚姻自由原则，是指婚姻当事人有权根据法律规定，自主自愿地决定自己的婚姻问题，任何第三人不得强制和干涉，包括结婚自由和离婚自由。

（3）一夫一妻原则，是指任何人不得同时有两个或者两个以上的配偶，禁止重婚或者有配偶者与他人同居。

（4）男女平等原则，是指男女两性在婚姻关系和家庭生活的各个方面，均享有平等的权利，承担平等的义务，不因性别差异而受到影响。

（5）保护妇女、未成年人、老年人、残疾人合法权益原则。

3. 当事人可以请求返回彩礼的情形如下：

（1）双方未办理结婚登记手续。

（2）双方办理结婚登记手续但确未共同生活。

（3）婚前给付并导致给付人生活困难。

属于第（2）、（3）种情形请求返还彩礼的，应当以双方离婚为条件。

（4）双方已办理结婚登记且共同生活，离婚时一方请求返还按照习俗给付的彩礼的，人民法院一般不予支持。但是，如果共同生活时间较短且彩礼数额过高，人民法院可以根据彩礼实际使用及嫁妆情况，综合考虑彩礼数额、共同生活及孕育情况、双方过错等事实，结合当地习俗，确定是否返还以及返还的具体比例。

（5）双方未办理结婚登记但已共同生活，一方请求返还按照习俗给付的彩礼的，人民法院应当根据彩礼实际使用及嫁妆情况，综合考虑共同生活及孕育情况、双方过错等事实，结合当地习俗，确定是否返还以及返还的具体比例。

4. 下列情形下给付的财物，不属于彩礼：

（1）一方在节日、生日等有特殊纪念意义时点给付的价值不大的礼物、礼金。

（2）一方为表达或者增进感情的日常消费性支出。

（3）其他价值不大的财物。

第六十四章　结　婚

知识逻辑图

- 结婚
  - 结婚的概念与特征
  - 结婚的要件
    - 结婚的实质要件
      - 双方具有结婚合意
      - 双方达到法定的结婚年龄
      - 双方符合一夫一妻的要求
      - 双方不具有法律禁止结婚的亲属关系
    - 结婚的形式要件：结婚登记
  - 无效婚姻和可撤销婚姻
    - 无效婚姻
    - 可撤销婚姻
    - 法律后果

名词解释

1. 结婚
2. 无效婚姻
3. 可撤销婚姻

选择题

（一）单项选择题

1. 胡某与黄某长期保持同性恋关系，胡某创作同性恋题材的小说发表。后胡某迫于父母压力娶陈某为妻，结婚时陈某父母赠与一套房屋，登记在陈某和胡某名下。婚后，胡某收到出版社支付的小说版税 10 万元。此后，陈某得知胡某在婚前和婚后一直与黄某保持同性恋关系，非常痛苦。下列哪一说法是正确的？（　　）（法考）

A. 胡某隐瞒同性恋重大事实，导致陈某结婚的意思表示不真实，陈某可请求撤销该婚姻

B. 陈某受欺诈而登记结婚，导致陈某父母赠与房屋意思表示不真实，陈某父母可撤销赠与

C. 该房屋不属于夫妻共同财产

D. 10 万元版税属于夫妻共同财产

2. 高甲患有精神病，其父高乙为监护人。2021 年高甲与陈小美经人介绍认识，同年 12 月陈小美以其双胞胎妹妹陈小丽的名义与高甲登记结婚，2023 年生育一子高小甲。2024 年高乙得知儿媳的真实姓名为陈小美，遂向法院起诉。诉讼期间，陈小美将一直由其抚养的高小甲户口迁往自己原籍，并将高小甲改名为陈龙，高乙对此提出异议。下列哪一选项是正确的？（　　）（法考改编）

A. 高甲与陈小美的婚姻属无效婚姻

B. 高甲与陈小美的婚姻属可撤销婚姻

C. 陈小美为高小甲改名的行为侵害了高小甲的合法权益

D. 陈小美为高小甲改名的行为未侵害高甲的合法权益

3. 甲（男）与乙（女）在外地打工期间结识，之后二人确立了恋爱关系并同居。后乙发现甲有很多缺点，两人并不合适在一起，遂提出分手。甲不同意，并用乙的裸照相威胁（实际并没有裸照），称如果乙不同意与之结婚便在网上发布乙的裸照。乙无奈，遂与之结婚。关于本案，下列哪一说法是正确的？（　　）（法考）

A. 甲和乙的婚姻合法、有效

B. 因甲欺诈，婚姻可撤销

C. 因甲胁迫，婚姻可撤销

D. 婚姻因并非基于乙的真实意思表示而无效

4. 根据《民法典》的规定，下列情形属于无效婚姻的是（　　）。（考研）

A. 与丙同居多年的甲与乙缔结的婚姻

B. 甲因受胁迫与乙缔结的婚姻

C. 甲因受欺诈与乙缔结的婚姻

D. 甲与其祖父的外孙女缔结的婚姻

5. 甲与乙登记结婚 3 年后，乙向法院请求确认该婚姻无效。乙提出的下列哪一理由可以成立？（　　）（法考）

A. 乙登记结婚时的实际年龄与法定婚龄相差 2 年

B. 甲婚前谎称是海归博士且有车有房，乙婚后发现上当受骗

C. 甲与乙是表兄妹关系

D. 甲以乙揭发乙父受贿为由胁迫乙结婚

6. 甲（男）与乙（女）通过网聊恋爱，后乙提出分手遭甲威胁，乙无奈遂与甲办理了结婚登记。婚后乙得知，甲婚前就患有医学上不应当结婚的疾病且久治不愈，乙向法院起诉离婚。下列说法正确的是（　　）。（法考）

A. 法院应判决撤销该婚姻

B. 法院应判决宣告该婚姻无效

C. 对该案应当进行调解

D. 当事人可以对法院的处理结果依法提起上诉

7. 没有配偶且符合其他结婚条件的男女同居生活的，如果当事人向人民法院起诉请求解除同居关系，人民法院（　　）。（考研）

A. 按离婚处理

B. 不予受理

C. 按解除同居关系处理

D. 对有子女的按结婚处理

8. 甲（18 周岁）伪造身份信息与乙（23 周岁）登记结婚。有权以甲未达到法定婚龄为由申请宣告婚姻无效的利害关系人是（　　）。（考研）

A. 甲的近亲属

B. 乙的近亲属

C. 甲住所地的基层组织

D. 乙住所地的基层组织

（二）多项选择题

孙新和孙立系双胞胎兄弟，2021 年 3 月 10 日，弟弟孙立拿着哥哥孙新的身份证与哥哥的女友韩孟前往民政部门办理了结婚登记手续。4 月 2 日，哥哥孙新因病前往医院治疗，住院期间爱上了照顾自己的小护士马冬梅，二人欲办理结婚登记手续。关于本案，下列说法错误的是（　　）。（法考改编）

A. 韩孟可以向法院提起民事诉讼主张撤销婚姻

B. 孙新可以向法院提起民事诉讼主张撤销婚姻

C. 法院应当宣告孙立和韩孟的婚姻无效

D. 韩孟可以向法院提起行政诉讼

视频讲题

简答题

简述结婚需要具备的要件。

参考答案

名词解释

1. 结婚又称婚姻成立，是指男女双方按照法律规定的条件和程序，确立夫妻关系的法律行为。

2. 无效婚姻，是指办理了结婚登记的男女双方，因一方或者双方违反了结婚的公益要件而不具有法律效力的婚姻。

3. 可撤销婚姻，是指办理了结婚登记的男女双方，因欠缺结婚合意，受到胁迫或欺诈的一方可以向人民法院申请撤销的婚姻。

选择题

（一）单项选择题

1. 答案：D。A 项：《民法典》第 1052 条第 1 款和第 1053 条第 1 款规定，可撤销的婚姻须具有下列情形之一：一是因胁迫结婚；二是一方患有重大疾病，未在结婚登记前如实告知另一方的。胡某婚前虽隐瞒同性恋事实，但司法实践中一般未将同性恋认定为“重

大疾病”，陈某无权依此请求撤销，且不存在胁迫情形，故陈某不享有撤销权。本题不属于胁迫，陈某不得主张撤销，A项错误。B项：《民法典》第658条规定，赠与人在赠与财产的权利转移之前可以撤销赠与。第663条第1款规定，受赠人有下列情形之一的，赠与人可以撤销赠与：（1）严重侵害赠与人或者赠与人近亲属的合法权益；（2）对赠与人有扶养义务而不履行；（3）不履行赠与合同约定的义务。本题中，房屋已经登记在陈某与胡某名下，陈某父母不再享有任意撤销权；且本题不属于第663条规定的撤销赠与的情形，故陈某父母不可撤销赠与，B项错误。C项：《民法典》第1062条第1款第4项规定，夫妻在婚姻关系存续期间继承或者受赠的财产，为夫妻共同财产，归夫妻共同所有，但是《民法典》第1063条第3项规定的除外。第1063条第3项规定，遗嘱或者赠与合同中确定只归一方的财产，为夫妻一方的个人财产。陈某父母在赠与房屋时并未明确只赠与陈某一方，故该房屋属于夫妻共同财产，C项错误。D项：《民法典》第1062条第1款第3项规定，夫妻在婚姻关系存续期间所获得的知识产权的收益为夫妻共同财产，归夫妻共同所有。10万元版税是胡某在婚姻存续期间实际取得的知识产权收益，属于夫妻共同财产，D项正确。

2. 答案：D。A项：《民法典》第1051条规定，有下列情形之一的，婚姻无效：（1）重婚；（2）有禁止结婚的亲属关系；（3）未到法定婚龄。本题不属于上述三种情形，高甲与陈小美的婚姻不属于无效婚姻，A项错误。B项：《民法典》第1052条第1款规定，因胁迫结婚的，受胁迫的一方可以向人民法院请求撤销婚姻。第1053条第1款规定：一方患有重大疾病的，应当在结婚登记前如实告知另一方；不如实告知的，另一方可以向人民法院请求撤销婚姻。本题中，高甲与陈小美的婚姻不具有前述可撤销事由，故不属于可撤销婚姻。B选项错误。C、D项：《民法典》第1015条规定，自然人应当随父姓或者母姓。因此，高小甲改名随母姓并未侵犯高甲或者高小甲的合法权益，C项错误，D项正确。

3. 答案：C。《民法典》第1051条规定，有下列情形之一的，婚姻无效：（1）重婚；（2）有禁止结婚的亲属关系；（3）未到法定婚龄。无效婚姻仅有这三种情形，本题无上述情形，不属于无效婚姻。《民法典》第1052条第1款规定，因胁迫结婚的，受胁迫的一方可以向人民法院请求撤销婚姻。第1053条第1款规定：一方患有重大疾病的，应当在结婚登记前如实告知另一方；不如实告知的，另一方可以向人民法院请求撤销婚姻。本题中，乙（女）提出与甲（男）分手。甲（男）以在网上发布乙（女）的裸照相威胁，使乙（女）陷入恐惧或害怕的心理状态而与甲（男）结婚，构成胁迫，属于可撤销的婚姻，A、B、D项错误，C项正确。

4. 答案：D。《民法典》第1051条规定，有下列情形之一的，婚姻无效：（1）重婚；（2）有禁止结婚的亲属关系；（3）未到法定婚龄。最高人民法院《关于适用〈中华人民共和国民法典〉婚姻家庭编的解释（一）》第17条规定，当事人以《民法典》第1051条规定的三种无效婚姻以外的情形请求确认婚姻无效的，人民法院应当判决驳回当事人的诉讼请求。A项：甲与丙虽然同居多年，但并未登记结婚，甲与乙的婚姻不属于重婚，不存在无效婚姻的情形，A项错误。B项：《民法典》第1052条规定，因胁迫结婚的，受胁迫的一方可以向人民法院请求撤销婚姻。甲受胁迫而与乙结婚，有权申请撤销该婚姻，但不得主张婚姻无效，B项错误。C项：《民法典》第1053条规定，一方患有重大疾病的，应当在结婚登记前如实告知另一方；不如实告知的，另一方可以向人民法院请求撤销婚姻。除隐瞒重大疾病外，因受欺诈而成立的婚姻效力不受影响，C项错误。D项：甲与其祖父的外孙女为三代以内旁系血亲，存在禁止结婚的亲属关系，属于婚姻无效的情形之一，D项正确。

5. 答案：C。《民法典》第1051条规定，有下列情形之一的，婚姻无效：（1）重婚；（2）有禁止结婚的亲属关系；（3）未到法定婚龄。A项：该项虽有《民法典》第1051条第3项规定的情形，但最高人民法院《关于适用〈中华人民共和国民法典〉婚姻家庭编的解释（一）》第10条规定，当事人依据《民法典》第1051条规定向人民法院请求确认婚姻无效，法定的无效婚姻情形在提起诉讼时已经消失的，人民法院不予支持。乙登记结婚时的实际年龄虽与法定婚龄相差2年，但在甲与乙登记结婚3年后，该法定的无效婚姻情形已经消失。因此，乙以此为由向法院请求确认婚姻无效的，法院不予支持，A项错误。B项：该项中的情形不属于无效婚姻的情形，乙不能以此为由主张婚姻无效，B项错误。C项：《民法典》第1048条规定，直系血亲或者三代以内的旁系血亲禁止结婚，表兄妹属于三代以内旁系血亲，属于禁止结婚的亲属关系，结合《民法典》第1051条第2项的规定，该婚姻无效，C项正确。D项：《民法典》第1052条规定，因胁迫结婚的，受胁迫的一方可以向人民法院请求撤销婚姻。据此可知，若乙是被胁迫与甲结婚的，该婚姻属于可撤销婚姻，而非无效婚姻，D项错误。

6. 答案：A。本题考查婚姻的效力问题。A、B项：《民法典》第1052条规定，因胁迫结婚的，受胁迫的一方可以向人民法院请求撤销婚姻。第1053条规定：一方患有重大疾病的，应当在结婚登记前如实告知另一方；不如实告知的，另一方可以向人民法院请求撤销婚姻。故A项正确，B项错误。C、D项：最高人民法院《关于适用〈中华人民共和国民法典〉婚姻家庭编的解释（一）》第11条第2款规定，对婚姻效力的审理不适用调解，应当依法作出判决；有关婚姻效力的判决一经作出，即发生法律效力。据此可知，对于审理婚姻效力的案件，是否有效以及可撤销是法律明确规定的，法院审理时不能适用调解，且判决一经作出即发生法律效力，不能上诉。故C、D项错误。

7. 答案：B。最高人民法院《关于适用〈中华人民共和国民法典〉婚姻家庭编解释（一）》第3条规定："当事人提起诉讼仅请求解除同居关系的，人民法院不予受理；已经受理的，裁定驳回起诉。当事人因同居期间财产分割或者子女抚养纠纷提起诉讼的，人民法院应当受理。"本题中，双方并无配偶，人民法院对请求解除同居关系的请求应当不予受理。故B项正确。

8. 答案：A。最高人民法院《关于适用〈中华人民共和国民法典〉婚姻家庭编解释（一）》第9条规定："有权依据民法典第一千零五十一条规定向人民法院就已办理结婚登记的婚姻请求确认婚姻无效的主体，包括婚姻当事人及利害关系人。其中，利害关系人包括：（一）以重婚为由的，为当事人的近亲属及基层组织；（二）以未到法定婚龄为由的，为未到法定婚龄者的近亲属；（三）以有禁止结婚的亲属关系为由的，为当事人的近亲属。"本题中，甲未达法定婚龄导致婚姻无效的，甲的近亲属有权申请宣告婚姻无效。因乙达到法定婚龄，故乙的近亲属无权申请宣告婚姻无效。综上，本题的正确答案是A。

（二）多项选择题

答案：ABC。本题综合考查结婚登记程序瑕疵和无效婚姻。最高人民法院《关于适用〈中华人民共和国民法典〉婚姻家庭编的解释（一）》第17条第2款规定，当事人以结婚登记程序存在瑕疵为由提起民事诉讼，主张撤销结婚登记的，告知其可以依法申请行政复议或提起行政诉讼。本题中，韩孟和孙新应提起行政复议或行政诉讼，A、B项错误，D项正确。《民法典》第1051条规定，有下列情形之一的，婚姻无效：（1）重婚；（2）有禁止结婚的亲属关系；（3）未到法定婚龄。同时，根据最高人民法院《关于适用〈中华人民共和国民法典〉婚姻家庭编解释（一）》第17条第1款的规定，当事人以《民法典》第1051条规定以外的情形申请宣告婚姻无效的，法院应当判决驳回当事人的申请。本题中，孙立和韩孟二者并不存在无效婚姻的情形，C项错误。

简答题

（1）结婚的实质要件，也称结婚的必备条件，指结婚当事人在结婚时必须符合法律规定的条件，包括：1）结婚应当男女双方完全自愿，禁止任何一方对另一方加以强迫，禁止任何组织或者个人加以干涉；2）男女双方必须达到法定婚龄，男不得早于22周岁，女不得早于20周岁；3）男女双方符合一夫一妻的要求，禁止重婚；4）男女双方不具有法律禁止结婚的亲属关系，直系血亲或者三代以内的旁系血亲禁止结婚。

（2）结婚的形式要件，指法律规定的缔结婚姻所必须履行的法定程序，要求结婚的男女双方应当亲自到婚姻登记机关申请结婚登记。

第六十五章　家庭关系

知识逻辑图

- 家庭关系
  - 夫妻关系
    - 夫妻人身关系
    - 夫妻财产关系
      - 法定的夫妻财产制
      - 约定的夫妻财产制
      - 特殊的夫妻财产制
  - 父母子女关系
    - 父母子女间的权利义务
    - 非婚生父母子女关系
    - 继父母子女关系
    - 亲子关系的确认和否认
  - 其他近亲属关系
    - 祖孙间的权利义务
    - 兄弟姐妹间的权利义务

选择题

（一）单项选择题

1. 甲乙夫妻的下列哪一项婚后增值或所得，属于夫妻共同财产？（　　）（法考）

A. 甲婚前承包果园，婚后果树上结的果实

B. 乙婚前购买的一套房屋升值了 50 万元

C. 甲用婚前的 10 万元婚后投资股市，得利 5 万元

D. 乙婚前收藏的玉石升值了 10 万元

2. 刘山峰、王翠花系老少夫妻，刘山峰婚前个人名下拥有别墅一栋。关于婚后该别墅的归属，下列哪一选项是正确的？（　　）（法考）

A. 该别墅不可能转化为夫妻共同财产

B. 婚后该别墅自动转化为夫妻共同财产

C. 婚姻持续满 8 年后该别墅即依法转化为夫妻共同财产

D. 刘山峰、王翠花可约定婚姻持续 8 年后该别墅转化为夫妻共同财产

3. 刘男按当地习俗向戴女支付了结婚彩礼现金 10 万元及金银首饰数件，婚后不久刘男即主张离婚并要求返还彩礼。关于该彩礼的返还，下列选项正确的是（　　）。（法考）

A. 因双方已办理结婚登记，故不能主张返还

B. 刘男主张彩礼返还，不以双方离婚为条件

C. 已办理结婚登记，未共同生活的，可主张返还

D. 已办理结婚登记，并已共同生活的，必然不能主张返还

4. 华某再婚后一直大额资助由前夫抚养的儿子华小强，华某的丈夫祝某表示反对，因担心幼女祝娟的健康成长一直隐忍，但严格控制家庭财产支出。1 年后，祝某不幸患病离世，留下婚前房屋一套和婚后家庭收入现金 200 万元。关于本案下列说法正确的是（　　）。（法考）

A. 华某无权继承任何财产

B. 祝娟可以继承全部房产

C. 祝娟可以继承现金 100 万元

D. 华某可就继承遗产现金所得赠与华小强 50 万元

5. 根据《民法典》的规定，夫妻对婚姻关系存续期间所得的财产约定归各自所有的，对夫或妻一方对外所负的债务，（　　）。（考研）

A. 债权人知道该约定的，以夫或妻一方所有的财产清偿

B. 债权人知道该约定的，以夫或妻所有的财产清偿

C. 债权人不知道该约定的，以夫或妻一方所有的财产清偿

D. 无论债权人是否知道该约定，都以夫和妻所有的财产清偿

6. 甲、乙结婚的第 10 年，甲父去世留下遗嘱，将其拥有的一套房子留给甲，并声明该房屋只归甲一人所有。下列表述正确的是（　　）。（法考）

A. 该房屋经过 8 年婚后生活即变成夫妻共同财产

B. 如甲将该房屋出租，租金为甲的个人财产

C. 该房屋及租金均属于夫妻共同财产

D. 甲、乙即使约定将该房屋变为夫妻共同财产，其协议也无效

（二）多项选择题

1. 孟某（35 岁）已婚，与妻子胡某育有一子，家庭关系融洽。后孟某网上认识了秦某（22 岁），并迅速交好。秦某未要求孟某离婚，孟某便与秦某签订了一份特殊协议，约定未来财产共同所有，并且任一方如全部丧失或部分丧失行为能力，则另一方为其监护人。关于该协议的性质、效力和影响，下列选项正确的是（　　）。（法考）

A. 协议部分内容构成意定监护协议

B. 孟某已构成事实上的重婚

C. 协议部分内容违反公序良俗

D. 协议部分内容系属无权处分

2. 甲与乙离婚，甲、乙的子女均已成年，与乙一起生活。甲与丙再婚后购买了一套房屋，登记在甲的名下。后甲因中风不能自理，常年卧床。丙见状离家出走达 3 年之久。甲、乙的子女和乙想要回房屋，进行法律咨询。下列说法错误的是（　　）。（法考）

A. 因房屋登记在甲的名下，故属于甲个人房产

B. 丙在甲中风后未尽妻子责任和义务，不能主张房产份额

C. 甲、乙的子女可以申请宣告丙失踪

D. 甲本人向法院提交书面意见后，甲、乙的子女可代理甲参与甲与丙的离婚诉讼

3. 王某与赵某于 2020 年 5 月结婚。2021 年 7 月，王某出版了一本小说，获得 20 万元的收入。2022 年 1 月，王某继承了其母亲的一处房产。2022 年 2 月，赵某在一次车祸中，被撞成重伤，获得了 6 万元赔偿金。在赵某受伤后，有许多亲朋好友来探望，共收礼 1 万多元。对此，下列表述正确的是（　　）。（法考改编）

A. 王某出版小说所得的收入归夫妻共有

B. 王某继承的房产归夫妻共有

C. 赵某获得的 6 万元赔偿金归赵某个人所有

D. 赵某接受的礼品归赵某个人所有

4. 甲与乙结婚后因无房居住，甲于 2017 年 8 月 1 日以个人名义向丙借 10 万元购房，约定 5 年后归还，未约定是否计算利息。后甲外出打工与人同居。2021 年 4 月 9 日，法院判决甲与乙离婚，家庭财产全部归乙。下列说法错误的是（　　）。（法考改编）

A. 借款届满后，丙有权要求乙偿还 10 万元及利息

B. 借款届满后，丙只能要求甲偿还 10 万元

C. 借款届满后，丙有权要求甲和乙分别偿还 5 万元

D. 借款届满后，丙有权要求甲和乙连带清偿 10 万元及利息

5. 我国《民法典》规定：父母不履行抚养义务的，未成年子女或者不能独立生活的成年子女，有要求父母给付抚养费的权利。其中，“不能独立生活的成年子女”包括（　　）。（考研改编）

A. 在校接受高中学历教育的成年子女

B. 在校接受大学本科学历教育的成年子女

C. 丧失劳动能力无法维持正常生活的成年子女

D. 未完全丧失劳动能力无法维持正常生活的成年子女

简答题

简述夫妻财产制度。

案例分析题

1. 甲公司经营困难，为了筹钱，李某在甲公司的股东张某提供保证的情况下，借款给甲公司。张某的妻子杨某对此并不知情，张某提供的保证是否属于夫妻共同债务？（法考）

2. 甲与李某为夫妻，有一房屋作为夫妻共同财产，

该房屋登记在甲的名下。甲欲将房屋出卖给乙，甲相信妻子李某不会反对其将该旧房出卖换大房，事先未将出卖房屋的事情告诉李某。李某知道后表示不同意，但甲还是瞒着李某与乙办理了房屋所有权转移登记。3年后，甲与李某离婚，李某认为甲当年擅自处分夫妻共有房屋造成了自己的损失，要求赔偿。甲抗辩说，赔偿请求权已过诉讼时效。(法考)

请问：

(1) 李某能否主张买卖合同无效?

(2) 李某是否可以主张房屋登记为无效或者可撤销登记? 为什么?

(3) 甲对其妻李某的请求所提出的时效抗辩是否成立? 为什么?

(4) 若甲与李某未离婚，李某可以采取何种救济手段?

参考答案

选择题

(一) 单项选择题

1. 答案：C。《民法典》第1062条规定，夫妻在婚姻关系存续期间所得的下列财产，为夫妻的共同财产，归夫妻共同所有：(1) 工资、奖金、劳务报酬；(2) 生产、经营、投资的收益；(3) 知识产权的收益；(4) 继承或者受赠的财产，但是《民法典》第1063条第3项规定的除外；(5) 其他应当归共同所有的财产。夫妻对共同财产，有平等的处理权。最高人民法院《关于适用〈中华人民共和国民法典〉婚姻家庭编的解释（一）》第26条规定，夫妻一方个人财产在婚后产生的收益，除孳息和自然增值外，应认定为夫妻共同财产。A项：甲婚前承包的果园是个人财产，果实属于自然孳息，仍属于甲的个人财产，A项错误。B项：乙婚前购买的房屋属于个人财产，但投资收益属于自然增值，仍属于乙的个人财产，B项错误。C项：甲婚前的10万元属于个人财产，但投资收益不属于孳息、自然增值，因此投资收益属于共同财产，C项正确。D项：同B项，自然增值仍属于乙的个人财产，D项错误。

2. 答案：D。A、D项：《民法典》第1065条第1款规定，男女双方可以约定婚姻关系存续期间所得的财产以及婚前财产归各自所有、共同所有或者部分各自所有、部分共同所有。刘山峰与王翠花为合法夫妻，可以约定财产的所有权，D项正确，A项错误。B、C项：最高人民法院《关于适用〈中华人民共和国民法典〉婚姻家庭编的解释（一）》第31条规定，《民法典》第1063条规定为夫妻一方的个人财产，不因婚姻关系的延续而转化为夫妻共同财产，但当事人另有约定的除外。故B、C项错误。

3. 答案：C。最高人民法院《关于适用〈中华人民共和国民法典〉婚姻家庭编的解释（一）》第5条规定，当事人请求返还按照习俗给付的彩礼的，如果查明属于以下情形，人民法院应当予以支持：(1) 双方未办理结婚登记手续的；(2) 双方办理结婚登记手续但确未共同生活的；(3) 婚前给付并导致给付人生活困难的。适用前款第2项、第3项的规定，应当以双方离婚为条件。A项：即便已办理结婚登记，但若属于最高人民法院《关于适用〈中华人民共和国民法典〉婚姻家庭编的解释（一）》第5条第1款第2、3项中的情形，仍可以要求返还彩礼，A项错误。B项：据前述规定，双方已经结婚的，要返还彩礼须以离婚为前提，若未办理结婚登记的不须此前提，B项错误。C、D项：据前述规定，已办理结婚登记但未共同生活的可主张返还，C项正确，D项错误。

4. 答案：D。本题综合考查夫妻财产制和法定继承权。婚姻关系存续期间的家庭收入一般属于法定夫妻共同财产；夫妻共同所有的财产，除有约定的外，遗产分割时，应当先将共同所有的财产的一半分出为配偶所有，其余的为被继承人的遗产。华某和祝某婚后收入的200万元属于二人共同共有，其中的一半100万元属于华某个人财产。后祝某死亡，其遗产包括婚前房屋一套和剩余的100万元现金。祝某未立遗嘱，按法定继承处理。祝某并未与华某离婚，华某作为配偶，当然享有遗产继承权，A项错误。第一顺序的法定继承人华某和幼女祝娟对于祝某的遗产房屋一套和100万现金每人各一半。因此祝娟能继承一半的房产和50万元现金，B、C项均错误。华某自己有100万元，并从祝某处继承一半的房产和50万元现金。华某对于自己的财产享有所有权，得自由处分，因此华某可以将继承的现金再赠与50万元给华小强，D项正确。

5. 答案：A。《民法典》第1065条第3款规定，夫妻对婚姻关系存续期间所得的财产约定归各自所有，夫或者妻一方对外所负的债务，相对人知道该约定的，以夫或者妻一方的个人财产清偿。故若债权人不知道该约定的，由夫妻的共同财产来清偿，A项正确。

6. 答案：B。本题考查夫妻共同财产与个人财产的确定。A、D项：最高人民法院《关于适用〈中华人民共和国民法典〉婚姻家庭编的解释（一）》第31条规定，《民法典》第1063条规定为夫妻一方所有的财产，不因婚姻关系的延续而转化为夫妻共同财产。但当事人另有约定的除外。据此可知，甲个人所有的房屋不会因经过一定的年限转变为夫妻共同财产，除非当事人另有约定。本案中，甲、乙约定将该房屋变为夫妻共同财产的话，该约定是有效的，A、D项错误。B项：最高人民法院《关于适用〈中华人民共和国民法典〉婚姻家庭编的解释（一）》第26条规定，夫妻一方个人财产在婚后产生的收益，除孳息和自然增值外，应认定为夫妻共同财产。甲将房屋（个人财产）出租后取得的租金属于法定孳息，为甲个人所有，不属于夫妻共同财产，B项正确。C项：《民法典》第1063条第3项规定，遗嘱或者赠与合同中确定只归一方的财产为夫妻一方的个人财产。本题中，甲父遗嘱中明确写明房屋只归甲一人所有，故该房屋属于甲的个人财产，而非夫妻共同财产，C项错误。

（二）多项选择题

1. 答案：ACD。本题综合考查意定监护、无效婚姻和共同共有的认定。A项：《民法典》第33条规定，具有完全民事行为能力的成年人，可以与其近亲属、其他愿意担任监护人的个人或者组织事先协商，以书面形式确定自己的监护人，在自己丧失或者部分丧失民事行为能力时，由该监护人履行监护职责。本题中，孟某和秦某二人均系有完全民事行为能力的成年人，依法可以通过书面形式协议确定其监护人，A项正确。B项：事实上的重婚指有配偶者虽未与他人登记结婚但确与他人以夫妻名义同居生活。本题中孟某网上认识了秦某，并迅速交好，双方并未以夫妻名义同居生活，不构成事实上的重婚，B项错误。C项：公序良俗包括公共秩序和善良风俗，前者指国家、社会的存在及其发展所必需的一般秩序，后者指国家、社会的存在及其发展所必需的一般道德，是特定社会所尊重的起码的伦理要求。本题中，孟某有配偶和儿子，网上认识秦某后迅速交好，且与秦某特别约定未来财产共同所有的行为，违反夫妻忠实义务，违反公序良俗，C项正确。D项：无权处分行为是指当事人在对财产（包括物和权利）没有处分权能的情况下，实施了以引起财产权利变动为目的的民事法律行为。本题中，孟某和胡某系夫妻，在无特别约定的情形下，二人的婚后家庭财产系共同共有。孟某未经胡某同意，擅自处分财产（与秦某约定未来财产共同所有），构成无权处分，D项正确。

2. 答案：ABC。A项：最高人民法院《关于适用〈中华人民共和国民法典〉婚姻家庭编的解释（一）》第27条规定，由一方婚前承租、婚后用共同财产购买的房屋，房屋权属证书登记在一方名下的，应当认定为夫妻共同财产。据此可知，甲与丙在婚姻后购买的房屋虽然登记在甲的名下，但是应认定为甲与丙的夫妻共同财产，A项错误。B项：丙是房屋的共同共有人，其对房屋享有的是所有权，而非继承权，不能因其未尽妻子的责任与义务就剥夺其对房屋享有的所有权，B项错误。C项：《民法典》第40条规定，自然人下落不明满2年的，利害关系人可以向人民法院申请宣告该自然人为失踪人。所谓利害关系人，是指与失踪人有人身关系或财产关系的人，如父母、配偶、近亲属、债权人、债务人等。本题中，甲、乙的子女与丙之间没有利害关系，不属于法律规定的利害关系人，不能申请宣告丙失踪，C项错误。D项：《民事诉讼法》第65条规定，离婚案件有诉讼代理人的，本人除不能表达意思的以外，仍应出庭；确因特殊情况无法出庭的，必须向人民法院提交书面意见。本题中，甲因中风不能出庭，应当向人民法院提交书面意见，其子女可作为其代理人代为参与其与丙的离婚诉讼，D项正确。

3. 答案：ABC。《民法典》第1065条规定：男女双方可以约定婚姻关系存续期间所得的财产以及婚前财产归各自所有、共同所有或者部分各自所有、部分共同所有。约定应当采用书面形式。没有约定或者约定不明确的，适用《民法典》第1062条、第1063条的规定。本题中，王某与赵某并未对财产归属进行约定，因此适用法律的一般规定。A项：根据《民法典》第1062条第1款第3项的规定，夫妻在婚姻关系存续期间所得的知识产权的收益为夫妻的共同财产，王某出版小说所得的收入属于知识产权的收益，A项正确。B项：根据《民法典》第1062条第1款第4项、第1063条第3项的规定，夫妻在婚姻关系存续期间，除遗嘱或者赠与合同中确定只归一方的财产外，夫妻在婚姻关系存续期间所得的继承或者受赠的财产为夫妻的共同财产，归夫妻共同所有，B项正确。C项：《民法典》第1063条第2项规定，一方因受到人身损害获得的赔偿或者补偿为夫妻一方的个人财产，C项正确。D项：赵某接受的礼品为在婚姻关系存续期间所得的共同财产，无特别约定时应为夫妻共有，D项错误。

4. 答案：ABCD。《民法典》第1064条规定：夫妻一方在婚姻关系存续期间以个人名义超出家庭日常生活需要所负的债务，不属于夫妻共同债务；但是，债权人能够证明该债务用于夫妻共同生活、共同生产经营或者基于夫妻双方共同意思表示的除外。甲以个人名义所负债务用于购房，用于夫妻共同生活，故应当按夫妻共同债务处理。因此，丙有权要求甲和乙连带清偿10万元。《民法典》第680条规定，借款合同对支付利息没有约定的，视为没有利息。故A、B、C、D项均错误。

5. 答案：ACD。《民法典》第1067条规定：“父母不履行抚养义务的，未成年子女或者不能独立生活的成年子女，有要求父母给付抚养费的权利。成年子女不履行赡养义务的，缺乏劳动能力或者生活困难的父母，有要求成年子女给付赡养费的权利。”该条规定了父母与子女之间的相互抚养与赡养义务。根据该规定，父母的法定抚养义务的对象为“未成年子女或者不能独立生活的成年子女”。对该范围的理解，最高人民法院《关于适用〈中华人民共和国民法典〉婚姻家庭编的解释（一）》第41条规定：“尚在校接受高中及其以下学历教育，或者丧失、部分丧失劳动能力等非因主观原因而无法维持正常生活的成年子女，可以认定为民法典第一千零六十七条规定的‘不能独立生活的成年子女’”。可见，A、C、D项均为正确答案。B项中，在校接受大学本科学历教育不再属于高中及其以下学历教育的范围，父母对该成年子女不再承担法定抚养义务，故不当选。综上，本题的正确答案是ACD。

简答题

夫妻财产制度，指夫妻婚前财产和婚后所得财产的所有权制度，可分为法定财产制度和约定财产制度。

（1）法定财产制度，指法律规定的夫妻婚前、婚后财产的所有权制度，包括法定夫妻共有财产、法定特有财产和夫妻共同债务三部分：

1）法定夫妻共有财产，即夫妻一方或双方在婚姻关系存续期间所得财产，除法律规定或另有约定外，为夫妻共同共有，包括工资、奖金、劳务报酬，生产、经营、投资的收益，知识产权的收益，继承或者受遗赠的财产，以及其他应当归共同所有的财产。

2）法定特有财产，也称法定夫妻个人财产，是对法定共有财产的限制和补充，指夫妻在婚前或者婚姻关系存续期间所得的财产，依法专属于夫或妻个人所有，包括一方的婚前财产、一方因受到人身损害获得的赔偿或者补偿、遗嘱或者赠与合同中确定只归一方的财产、一方专用的生活用品，以及其他应当归一方的财产。

3）夫妻共同债务为夫妻共同的消极财产，包括夫妻双方具有合意的债务、一方为家庭生活所负的债务两个方面。

（2）约定财产制度，是指夫妻以协议的方式，对婚前、婚后财产的归属以及占有、使用、收益和处分进行约定的财产制度。

案例分析题

1. 否。《民法典》第1064条第2款规定：夫妻一方在婚姻关系存续期间以个人名义超出家庭日常生活需要所负的债务，不属于夫妻共同债务；但是，债权人能够证明该债务用于夫妻共同生活、共同生产经营或者基于夫妻双方共同意思表示的除外。张某所负保证债务超出家庭日常生活的需要，其妻杨某对此并不知情，不属于夫妻双方共同意思表示，且案情中并无此笔保证是为夫妻共同生活、共同生产经营之目的的情节，故张某提供的保证不属于夫妻共同债务。

2. （1）李某不能主张买卖合同无效。甲擅自处分夫妻共有财产，虽构成无权处分，但无权处分并不影响合同效力，该买卖合同有效。

（2）不可以。最高人民法院《关于适用〈中华人民共和国民法典〉婚姻家庭编的解释（一）》第28条第1款规定，一方未经另一方同意出售夫妻共同所有的房屋，第三人善意购买、支付合理对价并已办理不动产登记，另一方主张追回该房屋的，人民法院不予支持。本题中，乙作为善意相对人已经善意取得房屋所有权，李某不可以主张房屋登记为无效或者可撤销登记。

（3）不能成立。最高人民法院《关于适用〈中华人民共和国民法典〉婚姻家庭编的解释（一）》第 28 条第 2 款规定，夫妻一方擅自处分共同所有的房屋造成另一方损失，离婚时另一方请求赔偿损失的，人民法院应予支持。李某与甲为夫妻共同财产制，在婚姻关系存续期间，李某并不享有请求甲赔偿的权利，诉讼时效尚未起算。甲对李某的请求所提出的时效抗辩不成立。

（4）《民法典》第 1066 条规定，婚姻关系存续期间，一方有隐藏、转移、变卖、毁损、挥霍夫妻共同财产或者伪造夫妻共同债务等严重损害夫妻共同财产利益的行为的，夫妻一方可以向人民法院请求分割共同财产。甲擅自出卖房屋，属于变卖夫妻共同财产的行为，若甲与李某未离婚，李某可以向人民法院请求分割共同财产来救济自己的权利。

第六十六章　离　婚

知识逻辑图

- 离婚
  - 离婚概述
    - 离婚的概念与特征
    - 离婚的指导思想
    - 离婚的程序
  - 登记离婚
    - 登记离婚的条件
    - 登记离婚的程序
    - 登记离婚的效力
  - 诉讼离婚
    - 诉讼离婚的两项特别规定
      - 对现役军人的特殊保护
      - 对女方的特殊保护
    - 调解
    - 法定的离婚标准
    - 离婚的法律后果
      - 对当事人的法律后果
        - 夫妻人身关系
        - 夫妻财产关系
      - 对子女的法律后果

名词解释

1. 离婚
2. 登记离婚
3. 诉讼离婚

选择题

（一）单项选择题

1. 甲（男）、乙（女）结婚后，甲承诺，在子女出生后，将其婚前所有的一间门面房，变更登记为夫妻共同财产。后女儿丙出生，但甲不愿兑现承诺，导致夫妻感情破裂离婚，女儿丙随乙一起生活。后甲又与丁（女）结婚。未成年的丙因生重病住院急需医疗费20万元，甲与丁签订借款协议从夫妻共同财产中支取了20万元。下列表述错误的是（　　）。(法考)

A. 甲与乙离婚时，乙无权请求将门面房作为夫妻共同财产分割

B. 甲与丁的协议应视为双方约定处分共同财产

C. 如甲、丁离婚，有关医疗费按借款协议约定处理

D. 如丁不同意甲支付医疗费，甲无权要求分割共有财产

2. 乙起诉离婚时，才得知丈夫甲此前已着手隐匿并转移财产。关于甲、乙离婚时的财产分割问题，下列选项错误的是（　　）。(法考)

A. 甲隐匿、转移财产，分割财产时可少分或不分

B. 就履行离婚财产分割协议事宜发生纠纷，乙可再起诉

C. 离婚后发现甲还隐匿其他共同财产，乙可另诉再次分割财产

D. 离婚后发现甲还隐匿其他共同财产，乙再行起诉不受诉讼时效限制

3. 钟某性情暴躁，常殴打妻子柳某，柳某经常找同村未婚青年杜某诉苦排遣，日久生情。现柳某起诉

离婚，关于钟某、柳某二人的离婚财产处理事宜，下列选项正确的是（　　）。（法考）

A. 针对钟某家庭暴力，柳某不能向其主张损害赔偿

B. 针对钟某家庭暴力，柳某不能向其主张精神损害赔偿

C. 如柳某婚内与杜某同居，则柳某不能向钟某主张损害赔偿

D. 如柳某婚内与杜某同居，则钟某可以向柳某主张损害赔偿

视频讲题

4. 甲和乙于2007年11月11日办理了协议离婚登记手续。2008年4月29日，甲发现乙在离婚时有隐藏夫妻共同财产的行为。甲欲请求人民法院分割乙所隐藏的夫妻共同财产。该请求权诉讼时效的终止日为（　　）。（考研）

A. 2008年11月11日

B. 2009年11月11日

C. 2009年4月29日

D. 2010年4月29日

5. 黄某与唐某自愿达成离婚协议并约定财产平均分配，婚姻关系存续期间的债务全部由唐某偿还。经查，黄某以个人名义在婚姻存续期间向刘某借款10万元用于购买婚房。下列表述正确的是（　　）。（法考）

A. 刘某只能要求唐某偿还10万元

B. 刘某只能要求黄某偿还10万元

C. 如黄某偿还了10万元，则有权向唐某追偿10万元

D. 如唐某偿还了10万元，则有权向黄某追偿5万元

6. 甲、乙结婚后，乙与丙、丁、戊设立一合伙企业，四人的出资比例是1∶2∶3∶4。五年后，甲与乙协议离婚，双方约定将乙在合伙企业中的财产份额全部转让给甲。甲取得合伙人地位的条件是（　　）。（考研）

A. 丙、丁同意即可

B. 丙、戊同意即可

C. 丁、戊同意即可

D. 经丙、丁、戊一致同意

视频讲题

（二）多项选择题

1. 屈赞与曲玲协议离婚并约定婚生子屈曲由屈赞抚养，另口头约定曲玲按其能力给付抚养费并可随时探望屈曲。对此，下列选项正确的是（　　）。（法考）

A. 曲玲有探望权，屈赞应履行必要的协助义务

B. 曲玲连续几年对屈曲不闻不问，违背了法定的探望义务

C. 屈赞拒不履行协助曲玲探望的义务，经由裁判可依法对屈赞采取拘留、罚款等强制措施

D. 屈赞拒不履行协助曲玲探望的义务，经由裁判可依法强制从屈赞处接领屈曲与曲玲会面

2. 乙女与甲男婚后多年未生育，后甲男发现乙女因不愿生育曾数次擅自中止妊娠，为此甲男多次殴打乙女。乙女在被打住院后诉至法院要求离婚并请求损害赔偿，甲男以生育权被侵害为由提起反诉，请求乙女赔偿其精神损害。法院经调解无效，拟判决双方离婚。下列选项正确的是（　　）。（法考）

A. 法院应支持乙女的赔偿请求

B. 乙女侵害了甲男的生育权

C. 乙女侵害了甲男的人格尊严

D. 法院不应支持甲男的赔偿请求

3. 张某与魏某系夫妻，因感情不和，张某提出离婚，魏某提出意见：同意离婚，但要求将婚后取得并登记在张某名下的宅基地先过户给魏某，对张某表弟刘某的20万元债权归魏某。张某同意。双方签订离婚协议明确了上述事项并办理了离婚登记手续。随后双方共同办理了宅基地使用权过户登记，但未将债权转让一事告知刘某。后魏某后悔，拒绝办理离婚登记手续，张某提起诉讼要求离婚。根据《民法典》的规定，下列选项正确的有（　　）。（法考）

A. 宅基地使用权属魏某的个人财产

B. 张某可主张解除离婚协议

C. 离婚协议自成立时生效

D. 对刘某的债权属于夫妻共同财产

4. 董楠（男）和申蓓（女）是美术学院同学，共同创作一幅油画作品《爱你一千年》。毕业后二人结婚育有一女。董楠染上吸毒恶习，未经申蓓同意变卖了《爱你一千年》，所得款项用于吸毒。因董楠恶习不改，申蓓在女儿不满1周岁时提起离婚诉讼。下列说法正确的是（　　）。（法考）

A. 申蓓虽在分娩后1年内提出离婚，法院应予受理

B. 如调解无效，应准予离婚

C. 董楠出售《爱你一千年》侵犯了申蓓的物权和著作权

D. 对董楠吸毒恶习，申蓓有权请求离婚损害赔偿

5. 甲、乙因离婚诉至法院，要求分割实为共同财产而以甲的名义对丙合伙企业的投资。诉讼中，经协商，甲同意将其在丙合伙企业中的财产份额转让给乙。法院对此作出处理，下列选项正确的是（　　）。（法考）

A. 其他2/3以上合伙人同意转让的，乙取得合伙人地位

B. 其他合伙人不同意转让，在同等条件下行使优先受让权的，甲、乙可对转让所得的财产进行分割

C. 其他合伙人不同意转让，也不行使优先受让权，但同意甲退伙或退还其财产份额的，甲、乙可对退伙财产进行分割

D. 其他合伙人对转让、退伙、退还财产均不同意，也不行使优先受让权的，视为全体合伙人同意转让，乙依法取得合伙人地位

6. 甲、乙结婚多年，因甲沉迷于网络游戏，双方协议离婚，甲同意家庭的主要财产由乙取得。离婚后不久，乙发现甲曾在婚姻存续期间私自购买了两处房产并登记在自己名下，于是起诉甲，要求再次分割房产并要求甲承担损害赔偿责任。下列选项正确的是（　　）。（法考）

A. 乙无权要求甲承担损害赔偿责任

B. 法院应当将两处房产都判给乙

C. 请求分割房产的诉讼时效，为乙发现或者应当发现甲的隐藏财产行为之次日起2年

D. 若法院判决乙分得房产，则乙在判决生效之日即取得房屋所有权

7. 2016年5月王某（男）与赵某结婚，双方书面约定婚后各自收入归个人所有。2018年10月王某用自己的收入购置一套房屋。2018年11月赵某下岗，负责照料女儿及王某的生活。2021年8月王某提出离婚，赵某得知王某与张某已经同居多年。法院应支持赵某的主张包括（　　）。（法考改编）

A. 赵某因抚育女儿、照顾王某生活付出较多义务，王某应予以补偿

B. 离婚后赵某没有住房，应根据公平原则判决王某购买的住房属于夫妻共同财产

C. 王某与张某同居导致离婚，应对赵某进行赔偿

D. 张某与王某同居破坏其家庭，应向赵某赔礼道歉

8. 甲欲与乙离婚。下列情形中，甲既可以之作为起诉离婚的理由，同时可请求损害赔偿的有（　　）。（考研改编）

A. 乙变卖夫妻共同财产

B. 乙殴打甲致其残疾

C. 乙与婚外异性同居

D. 乙经常赌博屡教不改

案例分析题

吕某（男）与张某（女）于2020年1月登记结婚，同年生下一女。女儿出生后，张某在家全职照顾小孩，吕某继续工作。自2020年11月起，吕某经常以工作忙为由不回家居住，张某对吕某的在外交往产生怀疑。2021年2月15日，吕某与张某发生激烈争吵，过程中吕某将张某打伤，诊断为：轻型颅脑损伤，头皮血肿，左中指皮肤裂伤鼻骨骨折。2021年3月张某向法院提起离婚诉讼。（法考改编）

请问：

（1）张某在离婚时可以提出哪些请求？

（2）如果是吕某提起离婚诉讼，张某在一审中未主张离婚损害赔偿，但在二审中提起的，法院应如何处理？

参考答案

名词解释

1. 离婚，又称婚姻的解除，是指夫妻一方或者双方

依照法律规定的条件和程序解除婚姻关系的法律行为。

2. 登记离婚，是依行政程序终止婚姻关系，指夫妻双方自愿离婚，并就离婚的法律后果达成协议，经婚姻登记机关认可，即可解除婚姻关系的离婚方式。

3. 诉讼离婚，是指夫妻一方向人民法院提起离婚诉讼，人民法院依法通过调解或者判决解除婚姻关系的离婚方式。

选择题

（一）单项选择题

1. 答案：D。A项：甲虽然承诺在子女出生后将婚前个人所有的门面房变更为夫妻共同财产，但是甲没有履行承诺，因此该门面仍然是甲的个人财产，乙无权请求将门面房作为夫妻共同财产分割，A项正确。B项：最高人民法院《关于适用〈中华人民共和国民法典〉婚姻家庭编的解释（一）》第82条规定，夫妻之间订立借款协议，以夫妻共同财产出借给一方从事个人经营活动或者用于其他个人事务的，应视为双方约定处分夫妻共同财产的行为，离婚时可以按照借款协议的约定处理。据此规定，甲、丁从共同财产中支出20万供甲处理个人事务，应视为双方按约定处分共同财产，B项正确。C项：如B项所述，双方按约定处分夫妻共同财产的，离婚时按照借款协议处理，C项正确。D项：《民法典》第1066条规定，婚姻关系存续期间，有下列情形之一的，夫妻一方可以向人民法院请求分割共同财产：（1）一方有隐藏、转移、变卖、毁损、挥霍夫妻共同财产或者伪造夫妻共同债务等严重损害夫妻共同财产利益的行为；（2）一方负有法定扶养义务的人患重大疾病需要医治，另一方不同意支付相关医疗费用。甲的女儿丙虽未与甲共同生活，但是甲对丙仍有扶养义务，故若丁不同意支付相关医疗费，甲可以主张分割共同财产，D项错误，为应选项。

2. 答案：D。A项：《民法典》第1092条规定，夫妻一方隐藏、转移、变卖、毁损、挥霍夫妻共同财产，或者伪造夫妻共同债务企图侵占另一方财产的，在离婚分割夫妻共同财产时，对该方可以少分或者不分。离婚后，另一方发现有上述行为的，可以向人民法院提起诉讼，请求再次分割夫妻共同财产。甲隐匿、转移财产，分割财产时可少分或者不分，A项正确。B项：最高人民法院《关于适用〈中华人民共和国民法典〉婚姻家庭编的解释（一）》第69条第2款规定，当事人依照《民法典》第1076条签订的离婚协议中关于财产以及债务处理的条款，对男女双方具有法律约束力。登记离婚后当事人因履行上述协议发生纠纷提起诉讼的，人民法院应当受理。据此，当事人对履行财产分割协议有争议的，可以起诉，B项正确。C项：根据A项理由所述，离婚后发现一方有隐匿财产行为的，另一方可以起诉请求再次分割财产，C项正确。D项：最高人民法院《关于适用〈中华人民共和国民法典〉婚姻家庭编的解释（一）》第84条规定，当事人依据《民法典》第1092条的规定向人民法院提起诉讼，请求再次分割夫妻共同财产的诉讼时效期间为3年，从当事人发现之日起计算，D项错误，为应选项。

3. 答案：C。A、B项：《民法典》第1091条规定，有下列情形之一，导致离婚的，无过错方有权请求损害赔偿：（1）重婚；（2）与他人同居；（3）实施家庭暴力；（4）虐待、遗弃家庭成员；（5）有其他重大过错。最高人民法院《关于适用〈中华人民共和国民法典〉婚姻家庭编的解释（一）》第86条规定，《民法典》第1091条规定的“损害赔偿”，包括物质损害赔偿和精神损害赔偿。若因钟某家庭暴力导致离婚，则柳某作为无过错方，可以主张离婚损害赔偿，包括物质损害赔偿和精神损害赔偿，A、B项错误。C、D项：最高人民法院《关于适用〈中华人民共和国民法典〉婚姻家庭编的解释（一）》第90条规定，夫妻双方均有《民法典》第1091条规定的过错情形，一方或者双方向对方提出离婚损害赔偿请求的，人民法院不予支持。钟某殴打妻子属于实施家庭暴力的情形，柳某与杜某婚内同居亦属于《民法典》第1091条规定的过错情形，双方均有过错，柳某不可提出损害赔偿请求，C项正确，D项错误。

4. 答案：D。最高人民法院《关于适用〈中华人民共和国民法典〉时间效力的若干规定》第1条第2款规定，《民法典》施行前的法律事实引起的民事纠纷案件，适用当时的法律、司法解释的规定，但是法律、司法解释另有规定的除外。本题中的情形发生于《民法典》生效之前，适用当时2年诉讼时效的规定。乙擅自转移夫妻共同财产，甲有权起诉请求分割该财产，诉讼时效从发现之日起计算，在不发生中止或中断的情形下，诉讼时效于2010年4月29日终止。A、B、C项错误，D项正确。

5. 答案：C。《民法典》第 1064 条规定：夫妻一方在婚姻关系存续期间以个人名义超出家庭日常生活需要所负的债务，不属于夫妻共同债务；但是，债权人能够证明该债务用于夫妻共同生活、共同生产经营或者基于夫妻双方共同意思表示的除外。最高人民法院《关于适用〈中华人民共和国民法典〉婚姻家庭编的解释（一）》第 35 条规定：当事人的离婚协议或者人民法院生效判决、裁定、调解书已经对夫妻财产分割问题作出处理的，债权人仍有权就夫妻共同债务向男女双方主张权利。一方就夫妻共同债务承担清偿责任后，主张由另一方按照离婚协议或者人民法院的法律文书承担相应债务的，人民法院应予支持。黄某以个人名义所负债务用于购房，用于夫妻共同生活，故应当按夫妻共同债务处理。本题中，黄某与唐某自愿达成了离婚协议并约定婚姻关系存续期间的债务全部由唐某偿还，该协议有效，对黄某与唐某具有约束力，但对外没有效力，因此刘某既可以要求黄某偿还，也可以要求唐某偿还，但若黄某向刘某偿还了 10 万元借款，黄某有权按照离婚协议的约定向唐某追偿 10 万元。A、B、D 项错误，C 项正确。

6. 答案：D。最高人民法院《关于适用〈中华人民共和国民法典〉婚姻家庭编的解释（一）》第 74 条规定："人民法院审理离婚案件，涉及分割夫妻共同财产中以一方名义在合伙企业中的出资，另一方不是该企业合伙人的，当夫妻双方协商一致，将其合伙企业中的财产份额全部或者部分转让给对方时，按以下情形分别处理：（一）其他合伙人一致同意的，该配偶依法取得合伙人地位；（二）其他合伙人不同意转让，在同等条件下行使优先购买权的，可以对转让所得的财产进行分割；（三）其他合伙人不同意转让，也不行使优先购买权，但同意该合伙人退伙或者削减部分财产份额的，可以对结算后的财产进行分割；（四）其他合伙人既不同意转让，也不行使优先购买权，又不同意该合伙人退伙或者削减部分财产份额的，视为全体合伙人同意转让，该配偶依法取得合伙人地位。"根据该规定第 1 项，配偶取得合伙人资格的前提是"其他合伙人一致同意"，故 D 项正确，其他项错误。综上，本题答案为 D。

（二）多项选择题

1. 答案：AC。A、B 项：《民法典》第 1086 条第 1 款规定，离婚后，不直接抚养子女的父或者母，有探望子女的权利，另一方有协助的义务。曲玲作为未直接抚养子女的一方有探视的权利，另一方屈赞有协助义务，A 项正确，B 项错误。C 项：最高人民法院《关于适用〈中华人民共和国民法典〉婚姻家庭编的解释（一）》第 68 条规定，对于拒不协助另一方行使探望权的有关个人或者组织，可以由人民法院依法采取拘留、罚款等强制措施，但是不能对子女的人身、探望行为进行强制执行，C 项正确，D 项错误。

2. 答案：AD。A 项：《民法典》第 1091 条规定，有下列情形之一，导致离婚的，无过错方有权请求损害赔偿：（1）重婚；（2）与他人同居；（3）实施家庭暴力；（4）虐待、遗弃家庭成员；（5）有其他重大过错。甲多次殴打乙导致离婚，乙作为无过错方，可主张离婚损害赔偿，法院应予支持，A 项正确。B 项：根据《妇女权益保障法》第 32 条的规定，妇女依法享有生育子女的权利，也有不生育子女的自由。乙女中止妊娠不侵害甲男的生育权，B 项错误。C 项：中华人民共和国公民的人格尊严不受侵犯，禁止用任何方法对公民进行侮辱、诽谤和诬告陷害。乙女中止妊娠并非对甲男的侮辱、诽谤或诬告陷害，也没有影响甲男的社会评价、社会地位，也很难认定其侵害了甲男的受他人尊重的权利，因此不构成对甲男人格尊严的侵害，C 项错误。D 项：最高人民法院《关于适用〈中华人民共和国民法典〉婚姻家庭编的解释（一）》第 23 条规定，夫以妻擅自中止妊娠侵犯其生育权为由请求损害赔偿的，人民法院不予支持，D 项正确。

3. 答案：BD。本题综合考查夫妻财产制和协议离婚制度。A 项：宅基地为婚姻关系存续期间取得的财产，无特别约定的情况下，无论登记在夫或妻任何一方名下，都应认定为属于夫妻共同所有，A 项错误。B、C 项：最高人民法院《关于适用〈中华人民共和国民法典〉婚姻家庭编的解释（一）》第 69 条规定，当事人达成的以协议离婚或者到人民法院调解离婚为条件的财产以及债务处理协议，如果双方离婚未成，一方在离婚诉讼中反悔的，人民法院应当认定该财产以及债务处理协议没有生效，并根据实际情况依照《民法典》第 1087 条和第 1089 条的规定判决，B 项正确，C 项错误。D 项：婚姻关系存续期间，对第三人享有的债权依法应认定为夫妻共同财产。本题中，对张某表弟刘某的 20 万元债权依法应认定为夫妻共同财产，D 项正确。

4. 答案：ABC。本题综合考查离婚的法定情形、离婚过错损害赔偿、女方的特殊保护和著作权侵权。A项：《民法典》第1082条规定，女方在怀孕期间、分娩后1年内或者终止妊娠后6个月内，男方不得提出离婚；但是，女方提出离婚或者人民法院认为确有必要受理男方离婚请求的除外。本题中，申蓓作为女方在分娩后1年内提出离婚，法院应予受理，A项正确。B项：《民法典》第1079条第3款规定，有赌博、吸毒等恶习屡教不改情形的，调解无效的，应当准予离婚，B项正确。C项：《著作权法实施条例》第9条规定，合作作品不可以分割使用的，其著作权由各合作作者共同享有，通过协商一致行使；不能协商一致，又无正当理由的，任何一方不得阻止他方行使除转让以外的其他权利，但是所得收益应当合理分配给所有合作作者。本题中，董楠与申蓓共同创作一幅油画作品《爱你一千年》，二者对该油画的著作权和物权系共同共有关系。董楠未经申蓓同意变卖了《爱你一千年》，所得款项用于吸毒，侵犯了申蓓的物权和著作权，C项正确。D项：《民法典》第1091条规定，有下列情形之一，导致离婚的，无过错方有权请求损害赔偿：(1) 重婚；(2) 有配偶者与他人同居；(3) 实施家庭暴力；(4) 虐待、遗弃家庭成员；(5) 有其他重大过错。本题中，董楠系有吸毒恶习屡教不改，不属于上述情形，申蓓无权请求离婚损害赔偿，D项错误。

5. 答案：BCD。最高人民法院《关于适用〈中华人民共和国民法典〉婚姻家庭编的解释（一）》第74条规定，人民法院审理离婚案件，涉及分割夫妻共同财产中以一方名义在合伙企业中的出资，另一方不是该企业合伙人的，当夫妻双方协商一致，将其合伙企业中的财产份额全部或者部分转让给对方时，按以下情形分别处理：(1) 其他合伙人一致同意的，该配偶依法取得合伙人地位；(2) 其他合伙人不同意转让，在同等条件下行使优先购买权的，可以对转让所得的财产进行分割；(3) 其他合伙人不同意转让，也不行使优先购买权，但同意该合伙人退伙或者削减部分财产份额的，可以对结算后的财产进行分割；(4) 其他合伙人既不同意转让，也不行使优先购买权，又不同意该合伙人退伙或者削减部分财产份额的，视为全体合伙人同意转让，该配偶依法取得合伙人地位。据此，A项错误，B、C、D项正确。

6. 答案：AD。A项：《民法典》第1092条规定，夫妻一方隐藏、转移、变卖、毁损、挥霍夫妻共同财产，或者伪造夫妻共同债务企图侵占另一方财产的，在离婚分割夫妻共同财产时，对该方可以少分或者不分。离婚后，另一方发现有上述行为的，可以向人民法院提起诉讼，请求再次分割夫妻共同财产。故乙虽有权请求法院再次分割共同财产，但无权要求甲承担赔偿责任，A项正确。B项：对该两处房产，对甲“可以”少分或者不分，而不是“应当”不分，B项错误。C项：最高人民法院《关于适用〈中华人民共和国婚姻法〉若干问题的解释（一）》第84条规定，当事人依据《民法典》第1092条的规定向人民法院提起诉讼，请求再次分割夫妻共同财产的诉讼时效期间为3年，从当事人发现之日起计算，C项错误。D项：《民法典》第229条规定，因人民法院、仲裁机构的法律文书或者人民政府的征收决定等，导致物权设立、变更、转让或者消灭的，自法律文书或者征收决定等生效时发生效力，D项正确。

7. 答案：AC。A项：《民法典》第1088条规定，夫妻一方因抚育子女、照料老年人、协助另一方工作等负担较多义务的，离婚时有权向另一方请求补偿，另一方应当给予补偿。本案中，赵某在婚姻存续期间因负责照料女儿及王某的生活，付出较多义务，离婚时赵某提出补偿请求的，王某应予补偿，A项正确。B项：《民法典》第1065条规定，男女双方可以约定婚姻关系存续期间所得的财产以及婚前财产归各自所有、共同所有或者部分各自所有、部分共同所有。王某与赵某关于婚姻存续期间各自收入归个人所有的约定有效，王某用自己的收入购置的房屋属于其个人财产，不属于夫妻共同财产，法院无权根据公平原则判决王某购买的住房属于夫妻共同财产，B项错误。C项：《民法典》第1091条第2项规定，有配偶与他人同居导致离婚的，无过错方有权请求损害赔偿。本案中，王某在婚姻存续期间与张某同居导致离婚，无过错方赵某有权请求损害赔偿，故C项正确。D项：法律没有对此作出相关规定，D项错误。

8. 答案：BC。根据《民法典》婚姻家庭编的规定，既为离婚事由也为离婚损害赔偿的事由主要包括：重婚，有配偶者与他人同居，实施家庭暴力以及虐待、遗弃家庭成员。B、C两项正确。D项属于“有赌博、吸毒等恶习屡教不改”的情况，为法定离婚事由，但并非当然属于离婚损害赔偿事由；而A项的“变卖夫妻共同财产”，既非法定离婚事由也非离婚损害赔偿事由。综上，本题的正确答案为BC。

案例分析题

(1)《民法典》第1088条规定：夫妻一方因抚育子女、照料老年人、协助另一方工作等负担较多义务的，离婚时有权向另一方请求补偿，另一方应当给予补偿。具体办法由双方协议；协议不成的，由人民法院判决。张某在女儿出生后全职照顾小孩，负担较多义务，有权请求吕某给予补偿。

《民法典》第1091条规定，有下列情形之一，导致离婚的，无过错方有权请求损害赔偿：1）重婚；2）与他人同居；3）实施家庭暴力；4）虐待、遗弃家庭成员；5）有其他重大过错。最高人民法院《关于适用〈中华人民共和国民法典〉婚姻家庭编的解释(一)》第86条规定，《民法典》第1091条规定的“损害赔偿”，包括物质损害赔偿和精神损害赔偿。吕某对张某有家暴行为，且张某没有过错，张某可以请求损害赔偿，包括物质损害赔偿和精神损害赔偿。

《民法典》第1090条规定：离婚时，如果一方生活困难，有负担能力的另一方应当给予适当帮助。具体办法由双方协议；协议不成的，由人民法院判决。如果张某在离婚时生活困难，且吕某有负担能力，张某可以行使经济帮助请求权。

(2)最高人民法院《关于适用〈中华人民共和国民法典〉婚姻家庭编的解释(一)》第88条第3项规定：无过错方作为被告的离婚诉讼案件，一审时被告未基于《民法典》第1091条规定提出损害赔偿请求，二审期间提出的，人民法院应当进行调解；调解不成的，告知当事人另行起诉。双方当事人同意由第二审人民法院一并审理的，第二审人民法院可以一并裁判。

第六十七章　收　养

知识逻辑图

- 收养
  - 收养法律制度的基本原则
    - 最有利于被收养人的原则
    - 保障被收养人和收养人的合法权益原则
    - 禁止借收养名义买卖未成年人原则
  - 收养关系成立的法定条件
    - 被收养人的条件
    - 送养人的条件
    - 收养人的条件
  - 收养关系成立的法定程序
  - 收养的法律效力
    - 收养的拟制效力
    - 收养的消除效力
    - 养子女姓名权
    - 收养行为的无效
  - 收养关系的解除
    - 一方要求解除收养关系
    - 协议解除收养关系
    - 收养关系解除的法定程序
    - 收养关系解除的效力

名词解释

1. 收养
2. 无效收养行为

选择题

（一）单项选择题

1. 吕某和田某1994年依法收养夏某，投入很大的精力和财力，夏某成年后未尽养女的责任，2020年吕某去世，夏某对田某不但未尽赡养义务，还多次辱骂赶走老人，2021年田某决定卖掉与吕某共有的5间私房，遭到夏某的阻挠，田某起诉到法院要求解除与夏某的母女关系。下列说法正确的是（　　）。（法考改编）

A. 5间私房田某和夏某各继承一半

B. 田某无权要求解除与夏某的收养关系

C. 田某可要求夏某补偿收养期间的生活费和教育费

D. 夏某无权继承吕某的财产

2. 下列情形中，收养关系有效的是（　　）。（考研）

A. 29周岁的某单身女子收养1周岁的孤儿

B. 44周岁的某单身男子收养5周岁的女孩

C. 46周岁的某单身女子收养12周岁的男孩

D. 48周岁的某男与妻子生育一女后共同收养父母尚健在的2周岁男孩

3. 吴某（女）16岁，父母去世后无其他近亲，吴某的舅舅孙某（50岁，离异，有一个19岁的儿子）提出愿收养吴某，孙某咨询律师收养是否合法，下列说法正确的是（　　）。（法考）

A. 吴某已满 16 岁，不能再被收养

B. 孙某与吴某年龄相差未超过 40 岁，不能收养吴某

C. 孙某已有子女，不能收养吴某

D. 孙某可以收养吴某

4. 张某和李某达成收养协议，约定由李某收养张某 6 岁的孩子小张；任何一方违反约定，应承担违约责任。双方办理了登记手续，张某依约向李某支付了 10 万元。李某收养小张 1 年后，因小张殴打他人赔偿了 1 万元，李某要求解除收养关系并要求张某赔偿该 1 万元。张某同意解除但要求李某返还 10 万元。下列表述正确的是（　　）。（法考）

A. 李某、张某不得解除收养关系

B. 李某应对张某承担违约责任

C. 张某应赔偿李某 1 万元

D. 李某应返还不当得利

视频讲题

5. 养子女与生父母之间的权利义务关系因收养关系的成立而（　　）。（考研）

A. 中止　　B. 中断

C. 延缓　　D. 消除

6. 下列关于收养关系解除的说法中，正确的是（　　）。（考研）

A. 养父母遗弃未成年养子女的，养子女有权要求解除收养关系

B. 养父母虐待未成年养子女的，送养人有权要求解除收养关系

C. 在被收养人成年以前，收养人经民政部门同意可以解除收养关系

D. 养父母与未成年养子女关系恶化，无法共同生活的，可以协议解除收养关系

（二）多项选择题

小强现年 9 周岁，生父谭某已故，生母徐某虽有抚养能力，但因准备再婚决定将其送养。徐某的姐姐要求收养小强，其系华侨富商，除已育有一子外，符合收养人的其他条件；谭某父母为退休教师，也要求抚养小强。下列选项正确的是（　　）。（法考）

A. 徐某因有抚养能力不能将小强送其姐姐收养

B. 徐某的姐姐因有子女不能收养小强

C. 谭某父母有优先抚养的权利

D. 收养应征得小强同意

视频讲题

简答题

简述收养的法律效力。

参考答案

名词解释

1. 收养，是指自然人依照法律规定的条件和程序，领养他人的子女为自己的子女，在收养人与被收养人之间产生拟制父母子女关系的法律行为。

2. 无效收养行为，是指欠缺收养成立的法定要件，不能发生收养法律后果的收养行为。

选择题

（一）单项选择题

1. 答案：C。A 项：考查法定继承。《民法典》第 1153 条规定，夫妻共同所有的财产，除有约定的外，遗产分割时，应当先将共同所有的财产的一半分出为配偶所有，其余的为被继承人的遗产。本题中的 5 间私房系吕某和田某夫妻共同共有的财产，遗产分割时，应当先将 5 间私房的一半分出为配偶田某所有，剩下的一半才能作为吕某的遗产由田某和夏某各继承其中的一半，即夏某有权继承 5 间私房的 1/4，田某则有权继承 3/4，A 项错误。B 项：《民法典》第 1115 条规定，养父母与成年养子女关系恶化、无法共同生活的，可以协议解除收养关系。不能达成协议的，可以向人民法院提起诉讼。本题中，养女夏某成年后未尽养女

的责任未尽赡养义务，且多次辱骂赶走老人，双方关系恶化、无法共同生活，田某有权要求解除与夏某的收养关系，B项错误。C项：考查养父母的经济补偿权。《民法典》第1118条第1款规定，因养子女成年后虐待、遗弃养父母而解除收养关系的，养父母可以要求养子女补偿收养期间支出的抚养费。本题中，养女夏某对田某未尽赡养义务、多次辱骂赶走老人，因此解除收养关系后，田某依法享有经济补偿权，C项正确。D项：考查法定继承。养子女与婚生子女、非婚生子女以及有扶养关系的继子女的法律地位相同依法享有法定继承权，系养父母的第一顺序的法定继承人。本题中，吕某2020年去世时，夏某系养女依法享有继承权。D项错误。

2. 答案：D。本题综合考查收养的条件。A项：《民法典》第1098条规定，收养人应当同时具备下列条件：（1）无子女或者只有一名子女；（2）有抚养、教育和保护被收养人的能力；（3）未患有在医学上认为不应当收养子女的疾病；（4）无不利于被收养人健康成长的违法犯罪记录；（5）年满30周岁。A项中，因收养人未满30周岁，故收养关系不能有效成立，A项错误。B、C项：《民法典》第1102条规定，无配偶者收养异性子女的，收养人与被收养人的年龄应当相差40周岁以上。B、C项中，因年龄差距不满40周岁，故收养关系不能有效成立，B、C项错误。D项：《民法典》第1100条规定，无子女的收养人可以收养两名子女；有子女的收养人只能收养一名子女。《民法典》第1101条规定，有配偶者收养子女，应当夫妻共同收养。D项满足收养条件，收养关系有效，D项正确。

3. 答案：D。A项：《民法典》第1093条第1项规定，丧失父母的未成年孤儿可以被收养。吴某虽然年满16周岁，但是依然属于未成年人，可以被收养，A项错误。B项：《民法典》第1099条规定，收养三代以内旁系同辈血亲的子女，可以不受本法第1093条第3项（生父母有特殊困难无力抚养的子女）、第1094条第3项（有特殊困难无力抚养子女的生父母）和第1102条规定（无配偶者收养异性子女的，收养人与被收养人的年龄应当相差40周岁以上）的限制，B项错误。C项：《民法典》第1100条规定，无子女的收养人可以收养两名子女；有子女的收养人只能收养一名子女。孙某虽然有一个儿子，但仍可以再收养一名子女，C项错误。D项正确，当选。

4. 答案：D。A项：《民法典》第1114条规定，收养人在被收养人成年以前，不得解除收养关系，但收养人、送养人双方协议解除的除外。养子女8周岁以上的，应当征得本人同意，A项错误。B项："违约责任"以"合同"为前提。《民法典》第464条第2款规定，婚姻、收养、监护等有关身份关系的协议，适用有关该身份关系的法律规定；没有规定的，可以根据其性质参照适用合同编规定。据此，收养协议上不存在"违约责任"概念，B项错误。C项：小张在收养期间致人损害，收养人李某作为监护人，应承担赔偿责任，李某并非"替张某承担责任"，无权请求张某赔偿，C项错误。D项：张某向李某支付的10万元，以收养协议为基础，在收养协议被解除后，李某对此10万元即构成不当得利，应向张某返还，D项正确。

5. 答案：D。《民法典》第1111条第2款规定，养子女与生父母以及其他近亲属间的权利义务关系，因收养关系的成立而消除。可见，养父母与生父母不能同时作为被收养人法律上的父母。综上，本题的正确答案是D。

6. 答案：B。A、B项：《民法典》第1114条第2款规定，"收养人不履行抚养义务，有虐待、遗弃等侵害未成年养子女合法权益行为的，送养人有权要求解除养父母与养子女间的收养关系。送养人、收养人不能达成解除收养关系协议的，可以向人民法院提起诉讼"。可见，养父母遗弃未成年养子女的，应当由送养人解除收养关系，未成年养子女自己无能力请求解除。故A项错误，而B项正确。C项：《民法典》第1114条第1款规定，"收养人在被收养人成年以前，不得解除收养关系，但是收养人、送养人双方协议解除的除外。养子女八周岁以上的，应当征得本人同意"。第1116条规定，"当事人协议解除收养关系的，应当到民政部门办理解除收养关系登记"。可见，收养关系的解除并不以民政部门同意为前提，但协议解除收养关系的需要办理登记。故C项错误。D项：《民法典》第1115条规定，"养父母与成年养子女关系恶化、无法共同生活的，可以协议解除收养关系。不能达成协议的，可以向人民法院提起诉讼"。可见，协议解除收养关系的适用范围仅限于成年养子女，未成年养子女自己无能力协议解除。故D项错误。综上，本题正确答案为B。

（二）多项选择题

答案：CD。本题考查收养关系的成立。A、B项：《民法典》第1099条规定，收养三代以内旁系同辈血亲的子女，可以不受本法第1093条第3项（生父母有特殊困难无力抚养的子女）、第1094条第3项（有特殊困难无力抚养子女的生父母）和第1102条（无配偶者收养异性子女的，收养人与被收养人的年龄应当相差40周岁以上）规定的限制。华侨收养三代以内旁系同辈血亲的子女，还可以不受本法第1098条第1项（无子女或者只有一名子女）规定的限制。徐某的姐姐收养小强属于收养三代以内同辈旁系血亲的子女，根据前述规定，A、B项错误。C项：《民法典》第1108条规定，配偶一方死亡，另一方送养未成年子女的，死亡一方的父母有优先抚养的权利。本题中，生父谭某已故，谭某的父母有优先抚养小强的权利，C项正确。D项：《民法典》第1104条规定，收养人收养与送养人送养，应当双方自愿。收养8周岁以上未成年人的，应当征得被收养人的同意。本题中，小强9周岁，收养应征得其同意，D项正确。

简答题

收养的法律效力是指因收养关系的成立而引起的法律后果的总称。

（1）收养的拟制效力：这是指因收养依法创设新的亲属关系及其权利义务的效力，也称收养的积极效力。自收养关系成立之日起，养父母与养子女间的权利义务关系，适用父母子女关系的规定；养子女与养父母的近亲属间的权利义务关系，适用子女与父母的近亲属关系的规定。

（2）收养的消除效力：这是指收养依法终止原有的亲属关系及其权利义务的效力，也称收养的消极效力。养子女与生父母以及其他近亲属间的权利义务关系，因收养关系的成立而消除。

第六编

继　　承

第六十八章　继承法概述

知识逻辑图

- 继承法概述
  - 继承权的概念和特征
    - 概念：继承权，又称财产继承权，是继承人依法享有的、能够无偿取得被继承人遗产的权利
    - 特征
      - 以一定的身份关系为基础
      - 其取得以他人的财产权利为基础，属于继受取得
      - 其实现与一定的法律事实相联系
  - 《民法典》继承编规定的基本原则
    - 保护自然人私有财产继承权的原则
    - 继承权男女平等的原则
    - 养老育幼、互济互助的原则
    - 互谅互让、和睦团结的原则
    - 权利义务相一致的原则
  - 继承权的保护
    - 继承恢复请求权的概念：继承恢复请求权又称继承回复请求权，是指合法继承人请求确认其继承人的地位和请求恢复到继承开始时的状态的权利
    - 继承恢复请求权的构成要件
      - 无继承权人须事实上占有遗产标的物
      - 遗产占有人的占有须无正当依据
      - 遗产占有人须否认权利人的继承权
      - 权利人须享有合法的继承权
    - 继承恢复请求权的保护期限：诉讼时效期间为 3 年；继承开始之日起超过 20 年的，不得再提起诉讼；诉讼时效的中止、中断、延长适用《民法典》总则编的相关规定

名词解释

1. 继承权
2. 继承恢复请求权

选择题

（一）单项选择题

1. 继承开始的原因限于（　　）。

A. 自然人死亡　　B. 买卖

C. 分家析产　　D. 夫妻离婚

2. 我国继承法上的继承指（　　）。

A. 身份继承　　B. 祭祀继承

C. 财产继承　　D. 身份和财产继承

3. 继承权纠纷的一般诉讼时效为（　　）。

A. 20 年　　B. 15 年

C. 3 年　　D. 2 年

4. 老夫妇王冬与张霞有一子王希、一女王楠，王希婚后育有一子王小力。王冬和张霞曾约定，自家的门面房和住房属于王冬所有。2020 年 8 月 9 日，王冬办理了公证遗嘱，确定门面房由张霞和王希共同继承。2021 年 7 月 10 日，王冬将门面房卖给他人并办理了过户手续。2021 年 12 月，王冬去世，不久王希也去世。关于住房和出售门面房价款的继承，下列哪一说法是错误的？（　　）（司考改编）

A. 张霞有部分继承权
B. 王楠有部分继承权
C. 王小力有部分继承权
D. 王小力对住房有部分继承权、对出售门面房的价款有全部继承权

视频讲题

5. 画家甲丧偶后，独自抚养儿子乙。某日，甲将自己的一幅画作交给朋友丙保管，嘱托丙待自己去世后烧毁该画作。甲去世后，丙违背甲的嘱托，将画作交拍卖公司拍卖，得款50万元，并私自占有。该50万元应当如何处理？（　　）（考研改编）

A. 归丙所有
B. 乙有权请求法院确认自己享有继承权，并可以请求返还
C. 由乙、丙平分
D. 归国家所有

（二）多项选择题

1. 我国《民法典》继承编规定的基本原则有（　　）。

A. 继承权男女平等的原则
B. 养老育幼、互济互助的原则
C. 保护自然人私有财产继承权的原则
D. 权利义务相一致的原则
E. 互谅互让、和睦团结的原则

2. 下列有关去台人员和台湾同胞对在大陆遗产的继承，说法正确的是（　　）。

A. 保护去台人员和台湾同胞的合法继承权是我国一贯遵循的基本原则
B. 涉及去台人员和台湾同胞的继承权案件，自继承开始之日起超过 20 年的，人民法院一律不再受理
C. 人民法院在处理继承案件时，要设法通知在台湾地区的合法继承人参加诉讼
D. 对于在台湾地区的合法继承人，无法通知的，其应得遗产份额按法定继承由其他继承人取得

简答题

1. 简述继承权的特征。
2. 简述继承恢复请求权的构成要件。

论述题与深度思考题

试述我国继承制度的基本原则。

参考答案

名词解释

1. 继承权，又称财产继承权，是继承人依法享有的、能够无偿取得被继承人遗产的权利。继承权具有两种含义，即继承开始前的继承权和继承开始后的继承权。前者仅为一种期待权，是于将来继承一经开始即可依法继承被继承人遗产的资格；后者是具有法律意义的继承权，一经接受即为完全的、具体的既得权。在接受继承权之前，此种权利具有形成权的性质，在接受之后则具有支配权的性质。

2. 继承恢复请求权，又称继承回复请求权，是指合法继承人请求确认其继承人的地位和请求恢复到继承开始时的状态的权利。继承人根据该项权利可以要求法院确认自己依法享有继承权，并可以请求返还其依法应得的遗产。

选择题

1. 答案：A。继承从被继承人生理死亡或被宣告死亡时开始。本题的正确答案为 A。

2. 答案：C。继承权具有鲜明的身份特点，但从根本上说，继承权是一种财产权利。我国继承法上的继承，仅指对财产的继承，并不包括对身份的继承。

3. 答案：C。《民法典》继承编并未对继承权纠纷的诉讼时效期间作出特别规定，应当适用总则编一般诉讼时效的规定，诉讼时效期间为 3 年，自继承人知道或者应当知道其权利被侵犯之日起计算。但是，自继承开始之日起超过 20 年的，不得再提起诉讼。本题的正确答案为 C。

4. 答案：D。根据《民法典》第 1142 条第 2 款的规定，立遗嘱后，遗嘱人实施与遗嘱内容相反的民事法律行为的，视为对遗嘱相关内容的撤回。本题中，王冬出卖门面房的行为应视为对其之前公证遗嘱相关内容的撤回；同时王冬并未就出售门面房所得的价款另立遗嘱，故根据《民法典》第 1154 条第 5 项的规定，对该门面房的价款应适用法定继承处理。再者，根据《民法典》第 1127 条第 1 款的规定，配偶、子女均作为第一顺序的法定继承人，因此本题中住房和出售门面房所得的价款应按照法定继承的方式，由王希、王楠和张霞继承。故 A、B 项正确。根据《民法典》第 1152 条关于转继承制度的规定，继承开始后，继承人于遗产分割前死亡，并没有放弃继承的，该继承人应当继承的遗产转给其继承人。本题中，王希于继承开始后死亡，其子王小力有权转继承其应继承的财产份额，王小力因此享有对住房和出售门面房价款的部分继承权。故 C 项正确、D 项错误。

综上所述，本题应选 D。

5. 答案：B。本题考查继承恢复请求权。“甲将画作交给朋友丙保管”，由此甲与丙之间仅产生保管关系，所保管的画作在甲去世后并非归属于丙所有；“甲嘱托丙待自己去世后烧毁该画作”，该嘱托并非遗赠，只是甲生前的委托。由此，丙违背委托约定将画作拍卖所取得的款项属于甲的遗产，丙私自占有已无正当依据。而乙作为甲的唯一法定继承人，根据继承恢复请求权，可以请求法院确认自己依法享有继承权，并可以请求遗产占有人丙返还其依法应得的遗产。因此，本题的正确答案为 B。

（二）多项选择题

1. 答案：ABCDE。A、B、C、D、E 项均为我国《民法典》继承编规定的基本原则。

2. 答案：AC。保护去台人员和台湾地区同胞的合法继承权是我国一贯遵循的基本原则，去台人员和台湾地区同胞同大陆同胞一样，享有同等的继承权，因此，A 项正确。由于历史原因，涉及去台人员和台湾地区同胞的继承权案件许多都已超过 20 年，人民法院可以根据《民法典》第 188 条的规定，作为特殊情况适当延长诉讼时效，故 B 项不正确。人民法院在处理继承案件时，要设法通知在台湾地区的合法继承人参加诉讼，无法通知的，应当为其保留应继承的份额并指定财产代管人，对该保留的份额，去台人员和台湾地区同胞可以向人民法院申请取得，因此，C 项正确、D 项错误。综上所述，本题的正确答案为 AC。

简答题

1. 继承权作为一种财产权利，具有以下特征。

第一，继承权以一定的身份关系为基础。继承人是与被继承人有特定身份关系（婚姻关系、血缘关系、家庭关系）的自然人，离开了这种关系就不会有继承权的发生。即使获得若干遗产，也不是基于继承权而取得。

第二，继承权的取得以他人的财产权利为基础。继承权是基于他人的财产权利而取得的，即继受取得而非原始取得。继承权的实现，即财产权利的转移。

第三，继承权的实现与一定的法律事实相联系。继承权的实现以被继承人死亡和留有遗产等法律事实为前提。离开了被继承人死亡这一事实，继承权仅是一种期待性质的利益；离开了被继承人留有遗产这一事实，继承权无法形成支配性的财产权利。

2. 继承恢复请求权是指合法继承人请求确认其继承人的地位和请求恢复到继承开始时的状态的权利。继承人根据该项权利可以要求法院确认自己依法享有继承权，并可以请求返还其依法应得的遗产。继承恢复请求权的构成要件包括：

第一，无继承权人须事实上占有遗产标的物。

第二，遗产占有人占有遗产须无正当依据。若占有人本身是基于质权、留置权或特定的合同债权而占有遗产，则不能行使继承恢复请求权。

第三，遗产占有人须否认继承人的继承权。遗产占有人并非基于否认继承权而无权占有遗产的，权利人应当主张相应的请求权如物上请求权等，以获得救济。

第四，权利人须享有合法的继承权。如果权利人因特定事由丧失继承权，则自然不能主张继承恢复请求权。

论述题与深度思考题

继承制度的基本原则是处理继承问题必须遵循的普遍适用的准则，其既是继承立法的指导思想，也是解释、适用《民法典》继承编的依据和出发点。

《民法典》继承编规定的基本原则有以下几项。

第一，保护自然人私有财产继承权的原则。自然人依法享有财产继承权是我国宪法和民法所确立的重要原则。该原则既是《民法典》继承编立法的目的和任务，也是《民法典》继承编首要的基本原则。这一原则的确立，有利于巩固社会主义市场经济发展的物质基础，尊重自然人处分个人财产的真实意愿，保障社会主义家庭职能的实现，并提高社会成员创造社会财富的积极性。

第二，继承权男女平等的原则。这是社会主义平等观念在《民法典》继承编中的反映，也是男女平等的宪法原则在《民法典》继承编中的体现。自1950年在《婚姻法》中确立了男女平等原则以来，我国在继承制度上始终贯彻男女平等原则。根据《民法典》继承编的规定，继承权男女平等原则具体表现为：（1）继承人的范围和顺序上男女平等，无论女性已婚未婚、初婚再婚、是否工作等，其继承权均不得被剥夺；（2）代位继承权男女平等，直系卑血亲无论男女，均得依代位继承取得遗产；（3）遗嘱自由处分权男女平等，女性亦得通过遗嘱处理死后个人财产的分配问题；（4）遗产继承份额男女平等，在法定继承中，同一顺序的法定继承人，无论男女，分得的遗产份额一般均等；等等。

第三，养老育幼、互济互助的原则。养老育幼、互济互助是社会主义家庭职能的客观要求，也是我国的家庭传统美德在当代社会的反映。就我国当前的社会保障体系发展程度而言，尚需家庭发挥其重要的社会扶养保障作用。因此，法律重视和鼓励家庭成员间履行相应的扶养义务，并以此作为确定继承关系的重要考量因素。这一原则在我国继承制度中的表现包括：（1）遗产分割时不搞平均主义，保证缺乏劳动能力又无生活来源的继承人获得基本的生活资料；（2）相互有扶养义务的人互有继承权；（3）丧偶儿媳或女婿对公婆或岳父母尽了主要赡养义务的，可为第一顺序继承人。

第四，互谅互让、和睦团结的原则。互谅互让、和睦团结是社会主义家庭关系和社会主义精神文明的要求。在处理继承法律关系时，促进和鼓励当事人之间的互谅互让、和睦团结，既有利于社会的和谐稳定，也有利于节约相应的纠纷解决成本，同时还反映了社会主义法治体系中继承关系并非唯金钱论的制度优越性。根据这一原则，继承纠纷都应由继承人本着互谅互让、团结和睦的精神协商解决，鼓励当事人之间根据既有的亲情、伦理、经济基础、履行赡养义务程度等因素，确定相应的遗产分配方案。

第五，权利义务相一致的原则。权利义务相一致是我国宪法的基本原则之一，在《民法典》继承编中同样有所体现，即在确定继承人范围、继承顺序及继承份额时，贯彻权利义务相一致的原则。该原则具体表现为：（1）在确定法定继承人的范围和顺序时，以继承人和被继承人之间血缘、婚姻关系的密切程度为基础；（2）以履行扶养义务的程度作为确定法定继承人分得遗产份额的依据，对尽主要扶养义务的可以多分，对有能力却不尽扶养义务的应当少分或不分；（3）限定继承，即对债务的继承以遗产实际价值为限，被继承人所欠税款或债务超出继承人所继承的遗产实际价值的部分，继承人不负清偿责任；（4）承认遗嘱中所附义务的有效性，即遗嘱继承或遗赠附有义务的，继承人或受遗赠人无正当理由不得拒绝履行，否则得取消其获得遗产的权利；（5）承认遗赠扶养协议的效力，即允许协议相对人通过对被继承人履行生养死葬的义务换取获得遗赠的权利；等等。

第六十九章　法定继承

知识逻辑图

- 法定继承
  - 概念：法定继承指继承人的范围、继承顺序和遗产分配原则均由法律直接加以规定的继承制度
  - 特征
    - 严格建立在人身关系的基础上
    - 法定继承人的范围、继承顺序和遗产分配原则均由强行性规范直接加以规定
    - 法定继承的适用受遗嘱继承的限制
  - 适用范围
    - 被继承人没有订立遗嘱或遗赠扶养协议的，对其遗产适用法定继承
    - 遗嘱未处分的遗产，适用法定继承
    - 遗嘱继承人放弃继承、受遗赠人放弃受遗赠的，对该部分遗产适用法定继承
    - 遗嘱继承人丧失继承权、受遗赠人丧失受遗赠权的，对该部分遗产适用法定继承
    - 遗嘱继承人、受遗赠人先于遗嘱人、遗赠人死亡的，对该部分遗产适用法定继承
    - 遗嘱因违反法律、公序良俗等而无效的，对无效部分涉及的遗产适用法定继承
  - 法定继承人
    - 概念：根据法律规定直接承继死者的一切财产权利和财产义务的人
    - 范围和顺序
      - 第一顺序：配偶、子女、父母，丧偶儿媳对公婆、丧偶女婿对岳父母尽了主要赡养义务的
      - 第二顺序：兄弟姐妹、祖父母和外祖父母
      - 继承开始后由第一顺序继承人继承，没有第一顺序继承人继承的，由第二顺序继承人继承
  - 代位继承
    - 概念：继承人先于被继承人死亡时，由继承人的直系卑血亲代替先亡的直系尊血亲继承被继承人遗产的制度
    - 要件
      - 被代位继承人须先于被继承人死亡
      - 被代位继承人仅限于被继承人的继承人，且没有丧失继承权
      - 代位继承人须为被代位继承人的直系卑血亲，包括拟制血亲，不受辈数的限制
      - 代位继承仅发生于法定继承之中
    - 法律效力
      - 代位继承人替代被代位继承人的继承地位，与其他同一顺序继承人共同继承
      - 同一顺序再无其他继承人继承的，由代位继承人取得被继承人的全部财产
  - 转继承
    - 概念：继承人在继承开始后、遗产分割前死亡，其所应继承的遗产份额转由其继承人继承的制度
    - 要件
      - 继承人须是在继承开始后、遗产分割前死亡
      - 被转继承人未放弃或丧失继承权
      - 须由转继承人继承被转继承人应继承的遗产份额
    - 效力：被转继承人有遗嘱的，按遗嘱继承；无合法、有效的遗嘱的，适用法定继承
    - 与代位继承的区别：性质、发生根据、继承人范围、适用范围、法律效力均不同

- 法定继承
  - 法定应继份
    - 概念：在法定继承中，当法定继承人为两人以上时，各继承人应当继承的遗产份额
    - 特点
      - 由法律明确规定，原则上遗产即应依此份额比例来分配
      - 是财产权利和义务的统一体，原则上继承人也依此份额承担财产义务
      - 可以由全体继承人协议改变
    - 确定规则
      - 同一顺序继承人继承遗产的份额，一般应当均等
      - 特殊情况下可以不均等
        - 应照顾生活有特殊困难又缺乏劳动能力的继承人
        - 根据继承人尽扶养义务的情况确定其继承份额
        - 全体继承人协商同意不均等分配
    - 法定继承人以外的人酌情分配遗产
      - 权利主体
        - 依靠被继承人扶养的缺乏劳动能力又无生活来源的人
        - 继承人以外对被继承人扶养较多的人
      - 义务主体：参加遗产继承的继承人
      - 权利保护：可酌情分配遗产的权利人有独立的诉讼主体资格，诉讼时效期间为 3 年

名词解释

1. 法定继承
2. 代位继承
3. 转继承
4. 法定应继份

选择题

（一）单项选择题

1. 王某的生父以及与王某形成了抚养教育关系的继父先后死亡，王某（　　）。

A. 只能继承生父的遗产

B. 只能继承继父的遗产

C. 既能继承生父的遗产，又能继承继父的遗产

D. 可以选择其一继承

2. 父母和子女有（　　）遗产的权利。

A. 相互处分　　B. 保留

C. 相互继承　　D. 转让

3. 王某和孙某是夫妻，有房屋 4 间。甲是孙某之母，乙是王某之妹，两人均无其他亲属。2021 年孙某病逝，不久王某也因为过分悲伤，于同年病故，他们遗留的 4 间房屋应由（　　）。

A. 甲、乙各继承两间

B. 甲继承三间，乙继承一间

C. 甲继承一间，乙继承三间

D. 乙继承两间

4. 养子女可以继承（　　）的遗产。

A. 生父母

B. 养父母

C. 有扶养关系的生父母

D. 以上均可以继承

5. 甲生前立有遗嘱，在其死后，财产由儿子乙继承，但乙不幸先于甲死亡。甲死亡之后，乙的孩子丙有权按照何种方式继承该笔遗产？（　　）

A. 遗赠　　B. 代位继承

C. 转继承　　D. 遗嘱继承

6. 甲、乙为夫妻，均无父母子女，甲只有一兄丙，乙只有一妹丁。丙、丁均独立生活，且与甲、乙往来较少，2020 年 3 月，甲和乙驾车外出发生车祸，戊路过时发现甲已经死亡，乙尚存一点气息，戊遂将乙送往医院，但是乙经抢救无效死亡，现查明甲和乙共有存款 220 万元，下列说法正确的是（　　）。

A. 甲、乙的遗产由丙、丁平分

B. 甲、乙的遗产由丙独自继承

C. 甲、乙的遗产由丁独自继承

D. 甲、乙的遗产归国家所有

7. 张某夫妻无子女，某年将孟某收为养子。2018 年张某之妻死亡，2019 年孟某结婚另居。2021 年年初，张某因病去世。经查，张某与其弟弟、妹妹关系很好，经常来往。另张某之妻有一妹黄某。请问，以

下谁为张某的第一顺序法定继承人？（ ）

A. 孟某 B. 张某之弟

C. 张某之妹 D. 黄某

8. 分给继承人以外的，依靠被继承人扶养的缺乏劳动能力又没有生活来源的人的遗产份额（ ）。

A. 只能多于继承人

B. 只能少于继承人

C. 与继承人相同

D. 按具体情况可多于或少于继承人

9. 有扶养能力和扶养条件，但不尽扶养义务的继承人，分配遗产时，（ ）。

A. 丧失继承权 B. 应当不分或少分

C. 不影响遗产分配 D. 可以不分或少分

10. 有扶养能力和扶养条件的继承人虽然与被继承人共同生活，但对需要扶养的被继承人不尽扶养义务，分配遗产时，（ ）。

A. 丧失继承权 B. 应当不分或少分

C. 不影响遗产分配 D. 可以不分或少分

11. 张某 1 岁时被王某收养并一直共同生活。张某成年后，将年老多病的生父母接到自己家中悉心照顾。2021 年，王某、张某的生父母相继去世。下列哪种说法是正确的？（ ）（司考改编）

A. 张某有权作为第一顺序继承人继承生父母的财产

B. 张某有权作为第二顺序继承人继承生父母的财产

C. 张某无权继承养父王某的财产

D. 张某可适当分得生父母的财产

12. 姚大爷有一独生子英年早逝，在其后的十几年里，儿媳叶某与姚大爷共同生活并尽了主要赡养义务。其间叶某与朱某结婚，并育有一子小朱。后叶某因车祸不幸去世，姚大爷因此颇受打击，于半年后与世长辞。下列关于小朱对姚大爷的遗产享有何种权利的表述正确的是？（ ）（法考）

A. 享有代位继承权

B. 有权转继承

C. 不享有继承权

D. 有权请求分配适当的遗产

视频讲题

（二）多项选择题

1. 甲与乙结婚，女儿丙 3 岁时，甲因医疗事故死亡，获得 60 万元赔款。甲生前留有遗书，载明其死亡后的全部财产由其母丁继承。经查，甲与乙婚后除共同购买了一套住房外，另有 20 万元存款。下列哪些说法是正确的？（ ）（司考改编）

A. 60 万元赔款属于遗产

B. 甲的遗嘱未保留丙的遗产份额，遗嘱全部无效

C. 住房和存款的各一半属于遗产

D. 乙无权继承甲的遗产

2. 王某与赵某领取结婚证仅 3 天，还没有来得及举行婚礼，赵某就不幸意外死亡。可以参加赵某遗产继承的法定继承人有（ ）。

A. 王某

B. 赵某的父母

C. 赵某的兄弟姐妹

D. 赵某与前夫所生之子

3. 黄老太太有一子一女，儿子中年病故，留有一子，女儿早已出嫁。黄老太太的老伴去世后，儿媳一直照顾她。黄老太太去世后，留下存款 2 万元和房屋一间。黄老太太的女儿主张儿女两家平分上述财产。儿媳认为她对黄老太太尽了主要的赡养义务，应当多分。下列说法正确的是（ ）。

A. 应由儿女两家平分遗产

B. 孙子有代位继承权

C. 儿媳应为第一顺序继承人

D. 儿媳与女儿、孙子各继承 1/3

4. 代位继承人可以是被继承人的（ ）。

A. 侄孙子女 B. 外孙子女

C. 曾孙子女 D. 外甥女

5. 唐某有甲、乙、丙成年子女三人，于 2019 年收养了孤儿丁，但未办理收养登记。甲生活条件较好但未对唐某尽赡养义务，乙丧失劳动能力又无其他生活来源，丙长期和唐某共同生活。2021 年 5 月唐某死亡，甲、乙、丙、丁因分配遗产发生纠纷。下列哪些说法是正确的？（ ）（司考改编）

A. 甲应当不分或者少分遗产

B. 乙应当多分遗产

C. 丙可以多分遗产

D. 丁可以分得适当的遗产

6. 甲育有二子乙和丙。甲生前立下遗嘱，其个人

所有的房屋死后由乙继承。乙与丁结婚，并有一女戊。乙因病先于甲死亡后，丁接替乙赡养甲。丙未婚。甲死亡后遗有房屋和现金。下列哪些表述是正确的？（　　）（司考改编）

A. 戊可代位继承

B. 戊、丁无权继承现金

C. 丙、丁为第一顺序继承人

D. 丙无权继承房屋

视频讲题

7. 马俊2011年去世，其妻张桦2019年去世，遗产有夫妻共有房屋5间、马俊的伤残补助金3万元、张桦2010年以个人名义在单位集资入股获得的收益1万元。双方生有一子马明，2015年病故。马明生前与胡芳婚后育有一子马飞。张桦长期患病，生活不能自理，由表侄常生及改嫁儿媳胡芳养老送终。5间房屋于2021年11月被拆迁，拆迁单位与胡芳签订“危旧房改造货币补偿协议书”，胡芳领取作价补偿款、提前搬家奖励款、搬迁补助费、货币安置奖励费、使用权补偿款共计25万元。

请回答以下（1）～（3）题。（司考改编）

（1）下列各项中何者属于遗产？（　　）

A. 提前搬家奖励款　　B. 搬迁补助费

C. 货币安置奖励费　　D. 使用权补偿款

（2）下列关于常生可否得到补偿的说法何者正确？（　　）

A. 应当得到补偿，分配数额应当小于法定继承人

B. 应当得到补偿，分配数额可以等于或大于法定继承人的继承份额

C. 如法定继承人已分割遗产，常生有权以独立的诉讼主体资格向人民法院提起诉讼

D. 如常生要求参与分割遗产，应在继承开始后1年内提出请求

（3）下列关于胡芳及其子女遗产继承权的说法何者正确？（　　）

A. 胡芳对张桦尽了主要赡养义务，应列为第一顺序继承人

B. 马飞对张桦的遗产享有代位继承权

C. 胡芳再婚后所生子女对张桦的遗产享有代位继承权

D. 马飞对马俊的遗产享有转继承权

8. 熊某与杨某结婚后，杨某与前夫所生之子小强由二人一直抚养，熊某死亡，未立遗嘱。熊某去世前杨某孕有一对龙凤胎，于熊某死后生产，产出时男婴为死体，女婴为活体但旋即死亡。关于对熊某遗产的继承，下列哪些选项是正确的？（　　）（司考改编）

A. 杨某、小强均是第一顺位的法定继承人

B. 女婴死亡后，应当发生法定的代位继承

C. 为男婴保留的遗产份额由杨某、小强继承

D. 为女婴保留的遗产份额由杨某继承

9. 甲（男）与乙（女）结婚，其子小明20周岁时，甲与乙离婚。后甲与丙（女）再婚，丙子小亮8周岁，随甲、丙共同生活。小亮成年成家后，甲与丙甚感孤寂，收养孤儿小光为养子，视同己出，未办理收养手续。丙去世，其遗产的第一顺序继承人有哪些？（　　）（司考改编）

A. 小明　　B. 小亮

C. 甲　　D. 小光

视频讲题

简答题

1. 简述法定继承的适用范围。
2. 简述代位继承的适用要件。
3. 简述转继承的适用要件。
4. 简述代位继承与转继承的区别。
5. 简述法定应继份的确定规则。

案例分析题

孙立与张芳育有二子，长子孙林、次子孙松。孙林娶妻王萍，并于2018年生下一子孙达。孙林于2019年4月病故。孙立因悲痛过度，于同年5月去世。孙立

去世时，留有房屋6间。此后，张芳一直同儿媳王萍一起生活，由王萍照顾其生活起居。房屋6间一直由次子孙松使用。2021年，孙松准备结婚，遂欲将该6间房屋出让给邻居黄某，经张芳和王萍同意后，卖得价款9万元。

针对上述案情，请回答下列问题：

（1）孙立去世时留下的6间房屋应由哪些人分配？各自应分得多少？

（2）房屋出让后，张芳去世，9万元房款应当由哪些人分配？各自应分得多少？

视频讲题

参考答案

名词解释

1. 法定继承，是与遗嘱继承相对应的一种继承形态。它是指继承人的范围、继承顺序和遗产分配原则均由法律直接加以规定的继承制度。法定继承，又称无遗嘱继承，是一种法律推定的继承形态。

2. 代位继承是指继承人先于被继承人死亡时，由继承人的直系卑血亲代替先亡的直系尊血亲继承被继承人遗产的一种法定继承制度。先于被继承人死亡的继承人称为被代位继承人或本位继承人，代替被代位继承人取得遗产的直系卑血亲称为代位继承人。

3. 转继承是指继承人在继承开始后、遗产分割前死亡，其所应继承的遗产份额转由其继承人继承的一种继承制度。该死亡继承人称为被转继承人，其继承人称为转继承人。

4. 法定应继份是指在法定继承中，当法定继承人为两人以上时，各继承人应当继承的遗产份额。法定应继份的特点在于：（1）其是由法律明确规定的，如无特殊原因，遗产即应依此份额比例来分配；（2）其是财产权利和义务的统一体，如无特别约定，继承人按此比例分配遗产，也按此比例承担财产义务；（3）其可以由全体继承人协议改变。

选择题

（一）单项选择题

1. 答案：C。根据《民法典》第1127条的规定，作为第一顺序法定继承人的子女，包括继子女。另外，根据最高人民法院《关于适用〈中华人民共和国民法典〉继承编的解释（一）》［以下简称《继承编解释（一）》］第11条第1款的规定，继子女继承了继父母遗产的，不影响其继承生父母的遗产。故本题的正确答案为C。

2. 答案：C。根据《民法典》第1070条、第1127条第1款的规定，父母和子女有相互继承遗产的权利，互为第一顺序的法定继承人。

3. 答案：C。根据《民法典》第1153条第1款的规定，夫妻共同所有的财产，除有约定的外，遗产分割时，应当先将共同所有的财产的一半分出为配偶所有，其余的为被继承人的遗产。本题中，孙某病逝时遗留房屋两间作为遗产，王某和甲均为第一顺序继承人，各自继承房屋一间。因此，王某去世时，留下房屋三间作为其遗产，其仅有一个继承人乙，应由乙继承所有的财产。因此本题正确答案为C。

4. 答案：B。根据《民法典》第1111条第2款的规定，养子女与生父母间的权利义务关系，因收养关系的成立而消除。故收养关系一经成立，养子女即无权以法定继承人的身份继承生父母的遗产。此外，根据《继承编解释（一）》第10条的规定，被收养人对养父母尽了赡养义务，同时又对生父母扶养较多的，除可以依照《民法典》第1127条的规定继承养父母的遗产外，还可以依照《民法典》第1131条的规定分得生父母适当的遗产，但并不因此取得其生父母的遗产继承权。因此，本题的正确答案为B。

5. 答案：B。根据《民法典》第1154条第3项的规定，遗嘱继承人先于遗嘱人死亡的，遗产中的有关部分按照法定继承办理。本题中，乙（遗嘱继承人）先于甲（遗嘱人）死亡，因此该遗嘱所涉及的甲之遗产，应当按照法定继承办理。根据《民法典》第1128条第1款的规定，被继承人的子女先于被继承人死亡的，由被继承人的子女的直系晚辈血亲代位继承。本题中，甲的儿子乙（被代位继承人）先于甲（被继承人）死亡，乙的孩子丙有权代位继承甲的该笔遗产。

故本题的正确答案为B。

6. 答案：C。根据《民法典》第1153条第1款的规定，夫妻共同所有的财产，除有约定的外，遗产分割时，应当先将共同所有的财产的一半分出为配偶所有，其余的为被继承人的遗产。本题中，220万元存款为甲、乙婚后所得，在没有特别约定的情况下应当被认定为夫妻共同财产。在甲死亡之后、继承开始之前，应首先将存款的一半分出，归其妻乙所有，剩余的一半方属于甲的遗产。甲死亡时，乙作为其唯一的第一顺序继承人，继承甲的全部遗产。因此，乙死亡时所遗留的遗产数额为220万元，且丁为乙唯一的法定继承人，应继承乙的全部财产。本题的正确答案为C。

7. 答案：A。根据《民法典》第1127条的规定，作为第一顺序法定继承人的子女，包括婚生子女、非婚生子女、养子女和有扶养关系的继子女；而兄弟姐妹应为第二顺序的法定继承人。本题中，养子孟某为张某的第一顺序法定继承人，而张某之弟弟、妹妹及妻子的妹妹黄某均为第二顺序法定继承人。故本题的正确答案为A。

8. 答案：D。根据《继承编解释（一）》第20条的规定，依照《民法典》第1131条规定可以分给适当遗产的人，分给他们遗产时，按具体情况可以多于或者少于继承人。因此，本题的正确答案为D。

9. 答案：B。根据《民法典》第1130条第4款的规定，有扶养能力和有扶养条件的继承人，不尽扶养义务的，分配遗产时，应当不分或者少分。故本题的正确答案为B。

10. 答案：D。根据《继承编解释（一）》第23条的规定，有扶养能力和扶养条件的继承人虽然与被继承人共同生活，但对需要扶养的被继承人不尽扶养义务，分配遗产时，可以少分或者不分。故本题的正确答案为D。

11. 答案：D。A、B项：根据《民法典》第1111条第2款的规定，养子女与生父母间的权利义务关系，因收养关系的成立而消除。故收养关系一经成立，养子女即无权以法定继承人的身份继承生父母的遗产。故A、B项错误。C项：根据《民法典》第1127条第1款、第3款的规定，作为第一顺序法定继承人的子女，包括婚生子女、非婚生子女、养子女。根据《民法典》第1105条第1款的规定，收养应当向县级以上人民政府民政部门登记，收养关系自登记之日起成立。本题中，张某1岁时即被王某收养并一直共同生活，若依法办理了收养登记，收养关系在法律意义上成立，则张某应以养子女的身份作为王某的第一顺序法定继承人。故C项错误。D项：根据《继承编解释（一）》第10条的规定，被收养人对养父母尽了赡养义务，同时又对生父母扶养较多的，除可以依照《民法典》第1127条的规定继承养父母的遗产外，还可以依照《民法典》第1131条的规定分得生父母适当的遗产。因此，D项正确。

综上所述，本题的正确答案为D。

12. 答案：C。本题综合考查代位继承、转继承和对继承人以外的人酌情分配遗产问题。

A项考查代位继承。根据《民法典》第1128条的规定，代位继承人与被继承人之间的关系仅包括两种情形：一是被继承人的子女的直系晚辈血亲，二是被继承人的兄弟姐妹的子女。本题中，小朱与姚大爷之间并无血缘关系，小朱无权代位继承姚大爷的遗产，故A项错误。

B项考查转继承。根据《民法典》第1152条的规定，转继承是指继承人在继承开始后、遗产分割前死亡，并没有放弃继承的，其应继承的遗产转由他的合法继承人继承的制度。本题中，儿媳叶某先于被继承人姚大爷死亡，因此并不发生转继承，故B项错误。

C项考查继承权的主体。根据《民法典》第1127条关于法定继承人范围和顺序的规定，小朱并非姚大爷的法定继承人；本题中被继承人并未订立遗嘱或遗赠扶养协议，小朱亦非遗嘱继承人或受遗赠人，因而小朱无权继承姚大爷的遗产。故C项正确。

D项考查对法定继承人以外的人酌情分配遗产。根据《民法典》第1131条的规定，对继承人以外的依靠被继承人扶养的人，或者继承人以外的对被继承人扶养较多的人，可以分给适当的遗产。本题中，小朱与姚大爷之间并不存在扶养关系，故小朱无权请求分配适当的遗产，D项错误。

综上所述，本题的正确答案为C。

（二）多项选择题

1. 答案：CD。A项：根据《民法典》第1122条的规定，遗产是自然人死亡时遗留的个人合法财产，依照法律规定或者根据其性质不得继承的遗产，不得继承。本题中，甲因医疗事故死亡所获得的60万元赔款属于死亡赔偿金，其赔偿对象是死者的近亲属，并非死者死亡时遗留的个人财产，因此不属于遗产。故A项错误。B项：根据《民法典》第1141条的规定，遗嘱应当对缺乏劳动能力又没有生活来源的继承人保留必要的遗产份额。此规定属于强行性规范，如果违反该规定而因此损害此类继承人应得的利益，则在此类继承人应得的份额范围内，该遗嘱部分无效，其他部分的效力不受影响。本题中，甲所订立的遗嘱未给3岁的女儿丙保留必要的遗产份额，该遗嘱在丙应得的份额范围内部分无效，而非全部归于无效。故B项错误。C项：根据《民法典》第1153条第1款的规定，夫妻共同所有的财产，除有约定的外，遗产分割时，应当先将共同所有财产的一半分出为配偶所有，其余的为被继承人的遗产。本题中，住房以及20万元存款均为甲、乙婚后所得，在没有特别约定的情况下应当被认定为夫妻共同财产。在甲死亡之后、继承开始之前，应首先将房屋和存款的一半分出，归其妻乙所有，剩余的一半方为甲的遗产。故C项正确。D项：根据《民法典》第1123条的规定，遗嘱继承应优先于法定继承适用。本题中，甲生前立有遗嘱，如上述分析，除应为其女儿丙保留必要份额之外的遗嘱部分合法、有效，其余遗产应由甲的母亲丁继承。因此，乙无权继承甲的遗产。故D项正确。

综上所述，本题的正确答案为CD。

2. 答案：ABD。根据《民法典》第1127条第1款的规定，配偶、子女、父母均为第一顺序继承人，兄弟姐妹为第二顺序继承人。根据该条第2款的规定，继承开始后，由第一顺序继承人继承，第二顺序继承人不继承；没有第一顺序继承人继承的，由第二顺序继承人继承。本题中，王某与赵某已经领取结婚证，为合法夫妻，王某以配偶的身份应作为赵某的第一顺序法定继承人参加继承，赵某的兄弟姐妹作为第二顺序法定继承人不能继承。因此，A、B、D项正确。

3. 答案：BCD。A、D项：根据《民法典》第1127条第1款的规定，黄老太太的女儿也为第一顺序的法定继承人。同时，根据《民法典》第1130条第1款的规定，同一顺序继承人继承遗产的份额，一般应当均等。如前述分析，本题中，黄老太太的儿媳、女儿、孙子同为第一顺序法定继承人，依均等分配原则应各自继承1/3遗产。故A项错误、D项正确。B项：根据《民法典》第1128条第1款的规定，黄老太太的儿子（被代位继承人）先于黄老太太（被继承人）死亡，其子依法享有代位继承的权利，且代位继承人的继承地位应与被代位继承人一致，故黄老太太的孙子同样也是第一顺序继承人。故B项正确。C项：根据《民法典》第1129条的规定，丧偶儿媳对公婆尽了主要赡养义务的，作为第一顺序继承人。本题中，黄老太太的儿媳一直照顾黄老太太生活，可以作为第一顺序继承人参加继承。故C项正确。

综上所述，本题的正确答案为BCD。

4. 答案：BCD。在《民法典》颁布以前，被代位继承人仅限于被继承人的子女。也就是说，子女先于被继承人死亡的，由孙子女、外孙子女或更晚辈的直系卑血亲代位继承，作为第一顺序继承人参与法定继承。但《民法典》第1128条第2款增加了一种代位继承类型，即被继承人的兄弟姐妹先于被继承人死亡时，由被继承人的兄弟姐妹的子女（但不包括其他直系卑血亲）代位继承。这一规则解决了被继承人没有其他更亲近亲属情形下的遗产处理问题，使得其侄子（女）、外甥（女）也可成为其法定继承人。因此，依据《民法典》第1128条以及《继承编解释（一）》第14条的规定，代位继承是指继承人先于被继承人死亡时，由继承人的直系晚辈血亲代替先亡的直系长辈血亲继承被继承人遗产的一种法定继承制度。代位继承人只能是被代位人的直系晚辈血亲，并且一般不受辈数的限制。综上所述，被继承人的外孙子女、曾孙子女、外甥（女）都可以成为代位继承人。故本题的正确答案为BCD。

5. 答案：ABCD。A项：《民法典》第1130条规定，同一顺序继承人继承遗产的份额，一般应当均等。对生活有特殊困难的缺乏劳动能力的继承人，分配遗产时，应当予以照顾。对被继承人尽了主要扶养义务或者与被继承人共同生活的继承人，分配遗产时，可以多分。有扶养能力和有扶养条件的继承人，不尽扶养义务的，分配遗产时，应当不分或者少分。继承人协商同意的，也可以不均等。本案当中，甲生活条件较好，但未对唐某尽赡养义务，属于有扶养能力和扶养条件，而不尽扶养义务的情况，应当不分或者少分，故A项正确。B项：乙丧失劳动能力，又无其他生活来源，分配遗产时，应当对其予以照顾，故B项正确。C项：丙长期与唐某共同生活，依据上述规定，可以多分遗产，故C项正确。D项：唐某虽然收养了丁，但是未办理收养登记，收养关系不成立，因此当唐某死亡后，丁不能作为法定继承人继承唐某的遗产，但是丁可以依据《民法典》第1131条的规定，作为继承人以外的依靠被继承人扶养的人，或者继承人以外的对被继承人扶养较多的人，请求酌情分配适当的遗产，所以D项正确。

6. 答案：AC。A项：根据《民法典》第1128条第1款的规定，被继承人的子女先于被继承人死亡的，由被继承人的子女的直系晚辈血亲代位继承；且代位继承人一般只能继承被代位继承人有权继承的遗产份额。本题中，乙（继承人）先于甲（被继承人）死亡，则乙应当继承的遗产份额由其女儿戊依法代位继承。故A项正确。B项：首先，根据《民法典》第1129条的规定，丧偶儿媳对公婆尽了主要赡养义务的，作为第一顺序继承人。本案中，丁在乙死亡后接替乙赡养甲，依法应作为甲第一顺序的法定继承人。其次，根据《继承编解释（一）》第18条的规定，丧偶儿媳依照《民法典》第1129条的规定作为第一顺序继承人时，不影响其子女代位继承。因此丁作为第一顺序继承人时，不影响其女戊代位继承。最后，甲遗留的现金是其遗嘱未作处分的遗产，根据《民法典》第1154条第5项的规定，应当按照法定继承办理，因而戊作为代位继承人、丁作为第一顺序的法定继承人，均有权继承甲的现金遗产。故B项错误。C项：根据《民法典》第1127条第1款第1项的规定，子女为第一顺序法定继承人。本题中，丙作为甲的儿子，系第一顺序法定继承人。如前述分析，丁作为对公婆尽了主要赡养义务的丧偶儿媳，也应作为第一顺序法定继承人。故C项正确。D项：根据《民法典》第1154条第3项的规定，遗嘱继承人先于遗嘱人死亡的，遗产中的有关部分按照法定继承办理。本题中，乙（遗嘱继承人）先于甲（遗嘱人）死亡，对于遗留的房屋应当按照法定继承办理，丙作为第一顺序继承人，有权继承房屋。故D项错误。

综上所述，本题应选AC。

7. (1) 答案：CD。本题中，马俊与张桦的遗产为夫妻共有房屋5间、马俊的伤残补助金3万元和张桦2010年以个人名义在单位集资入股收益1万元。货币安置奖励费和使用权补偿款是对夫妻共有房屋进行拆迁时房屋货币价值的变现，是房屋的转化物，性质上仍属于遗产。提前搬家奖励款和搬迁补助费则是对生存在世的搬家人的奖励和补助，具有人身专属性，不是遗产。本题应选CD。

(2) 答案：BC。A、B项：根据《民法典》第1131条的规定，对继承人以外的依靠被继承人扶养的人，或者继承人以外的对被继承人扶养较多的人，可以分给他们适当的遗产。本题中，常生作为对被继承人扶养较多的人，可以酌情分配适当的遗产。同时，根据《继承编解释（一）》第20条的规定，依照《民法典》第1131条规定可以分给适当遗产的人，分给他们遗产时，按具体情况可以多于或者少于继承人。因此，常生所获得的份额可以多于或少于继承人，而不是必然少于继承人。故A项错误、B项正确。C项：根据《继承编解释（一）》第21条的规定，依照《民法典》第1131条规定可以分给适当遗产的人，在其依法取得被继承人遗产的权利受到侵犯时，本人有权以独立的诉讼主体资格向人民法院提起诉讼。故C项正确。D项：《民法典》继承编及配套司法解释并未对法定继承人以外的人请求分配适当遗产的权利保护期间作出特别规定，应当适用《民法典》关于一般诉讼时效的规定，诉讼时效期间为3年，自权利人知道或者应当知道其权利被侵犯之日起计算。故D项错误。

综上所述，本题应选BC。

(3) 答案：ABD。A项：根据《民法典》第1129条的规定，丧偶儿媳对公婆尽了主要赡养义务的，作为第一顺序继承人。此外，根据《继承编解释（一）》第19条的规定，对被继承人生活提供了主要经济来源，或者在劳务等方面给予了主要扶助的，应当认定其尽了主要赡养义务或主要扶养义务。本题中，张桦长期患病，生活不能自理，儿媳胡芳为其养老送终，应认定为对其"尽了主要赡养义务"，故胡芳应作为张桦的第一顺序法定继承人。因此，A项正确。B项：根据《民法典》第1128条第1款的规定，被继承人的子女先于被继承人死亡的，由被继承人的子女的晚辈直系血亲代位继承。本题中，张桦2019年去世，其子马明2015年病故，属于被继承人的子女先于被继承人死亡的情形，马明的儿子马飞依法享有代位继承权。故B项正确。C项：胡芳再婚后所生子女与马明不存在血缘关系，不是马明的晚辈直系血亲，因此对张桦的遗产不享有代位继承权。故C项错误。D项：根据《民法典》第1152条的规定，转继承是指继承人在继承开始后、遗产分割前死亡，并没有放弃继承的，其所应继承的遗产份额转由其继承人继承的一种继承制度。

本题中，马俊2011年去世，其子马明2015年去世，这期间马俊的遗产一直没有分割，符合上述被继承人死亡后、遗产分割前继承人死亡的情形，马飞作为马明的继承人依法对马俊的遗产享有转继承的权利，故D项正确。

综上所述，本题应选ABD。

8. 答案：ACD。本题综合考查第一顺序法定继承人、代位继承、胎儿利益保护。A项：根据《民法典》第1127条的规定，第一顺序的法定继承人包括配偶、子女和父母，其中子女包括有扶养关系的继子女。本题中，杨某作为熊某的配偶，小强作为与熊某有扶养关系的继子，都是熊某的第一顺序法定继承人。故A项正确。B项：根据《民法典》第1128条的规定，代位继承的发生以被代位继承人先于被继承人死亡为前提。本题中，被继承人（熊某）先于继承人（女婴）死亡，不可能发生代位继承。故B项错误。C、D项：根据《继承编解释（一）》第31条第2款的规定，为胎儿保留的遗产份额，如胎儿出生后死亡的，由其继承人继承；如胎儿娩出时是死体的，由被继承人的继承人继承。本题中，男婴娩出时即为死体，故为其保留的遗产份额应由被继承人（熊某）的继承人（杨某、小强、女婴）依法继承。而女婴娩出时为活体，出生后死亡，故为其保留的遗产份额应由女婴的继承人（杨某）依法继承。因此C、D两项均正确。

综上所述，本题应选ACD。

9. 答案：BC。本题考查法定继承人的范围和顺序、收养关系的成立。A、B、C项：根据《民法典》第1127条的规定，第一顺序的法定继承人包括配偶、子女、父母，其中子女包括婚生子女、非婚生子女、养子女和有扶养关系的继子女。本题中，甲与丙结婚时小明已满20周岁，其与丙之间不存在抚养关系，故小明不能以继子女的身份作为丙第一顺序的法定继承人。故A项错误。而小亮作为丙的婚生子、甲作为丙的配偶，依法应为丙的第一顺序法定继承人。故B、C项正确。D项：根据《民法典》第1105条第1款的规定，收养应当向县级以上人民政府民政部门登记。收养关系自登记之日成立。本题中，甲与丙收养孤儿小光后并未办理收养手续，法律意义上的收养关系不成立，因此小光不能以养子的身份作为丙的第一顺序继承人。故D项错误。

综上所述，本题应选BC。

简答题

1. 法定继承是一种法律推定继承。被继承人未立遗嘱或所立遗嘱无效时，法律根据被继承人与继承人之间的近亲属关系，推定被继承人生前愿意将自己的遗产由全体继承人按照近亲属亲等的近远、一般均等分配的方法进行继承。依照《民法典》继承编的规定，有下列情形之一的，遗产中的有关部分应当按照法定继承予以办理：

第一，被继承人没有订立遗嘱或遗赠扶养协议的，对其遗产适用法定继承。

第二，遗嘱未处分的遗产，适用法定继承。

第三，遗嘱继承人放弃继承、受遗赠人放弃受遗赠的，对该部分遗产适用法定继承。

第四，遗嘱继承人丧失继承权、受遗赠人丧失受遗赠权的，对其所应继承的遗产适用法定继承。

第五，遗嘱继承人、受遗赠人先于遗嘱人、遗赠人死亡的，对其所应继承的遗产适用法定继承。

第六，遗嘱因违反法律、公序良俗等而无效的，对无效部分涉及的遗产适用法定继承。

2. 代位继承的适用须具备四个要件：

第一，被代位继承人须先于被继承人死亡。

第二，被代位继承人仅限于被继承人的继承人，且没有丧失继承权。

第三，代位继承人须为被代位继承人的直系卑血亲，不受辈数的限制，这里的直系卑血亲也包括拟制血亲。

第四，代位继承仅发生于法定继承之中。

3. 适用转继承应满足以下要件：

第一，继承人须是在继承开始后、遗产分割前死亡。

第二，被转继承人未放弃或丧失继承权。

第三，须由转继承人继承被转继承人应继承的遗产份额。

4. 代位继承与转继承，都是由原享有继承权之继承人的继承人取得被继承人的遗产，原享有继承权之继承人均在遗产分割前死亡，故两者极易混淆。两者的区别主要有以下五个方面：

第一，性质不同。转继承实际上是同一部分遗产发生两次连续的继承，因此，又称“二次继承”“再继承”；代位继承则是一次继承，只不过由继承人的直系卑血亲代替继承人的地位继承被继承人的遗产。

第二，发生根据不同。转继承的发生基于继承人后于被继承人死亡但又在遗产分割前死亡的事实；而代位继承的发生乃是基于继承人先于被继承人死亡的事实。

第三，继承人范围不同。代位继承人仅限于被代位继承人的直系卑血亲；而转继承人可以是被转继承人的直系卑血亲，还可以是被转继承人的其他法定继承人。

第四，适用范围不同。代位继承仅适用于法定继承，是法定继承的特殊样态；而转继承既可以适用于法定继承，也可适用于遗嘱继承。

第五，法律效力不同。代位继承人有权继承被代位继承人应继承的份额，而转继承人只是代替被转继承人实际接受其有权继承的遗产。

5.《民法典》第1130条对法定应继份的确定规则作了规定。“原则上均等，特殊情况下可以酌定不均等”的份额确定规则，突出反映了继承编强调“家庭扶养因素”的重要性这一特色。具体而言有以下两个方面。

第一，同一顺序继承人继承遗产的份额，一般应当均等。

第二，特殊情况下继承人的继承份额可以不均等。在下列情况下，同一顺序的法定继承人的应继承份额可以不均等：

（1）对生活有特殊困难又缺乏劳动能力的继承人，分配遗产时，应当予以照顾。但该规则以保障生活有特殊困难又缺乏劳动能力的继承人的基本生活需要为目的和限度，如果平均分配遗产也足以保障其生活需要，则各继承人的应继承份额仍应均等。

（2）根据继承人尽扶养义务的情况确定其应继承遗产的份额。对被继承人尽了主要扶养义务或者与被继承人共同生活的继承人，分配遗产时，可以多分；有扶养能力和扶养条件却不尽扶养义务的，分配遗产时，应当不分或者少分。这一点体现了继承编对于扶养因素在遗产分配中的重视，以及对权利义务一致性原则的贯彻。

（3）全体继承人协商同意的，也可以不均等。继承人本着互谅互让、团结和睦的精神，自愿协商遗产继承份额，一致同意根据经济基础、履行扶养义务情况等原因不均分遗产的，应当尊重当事人的意思自治。

案例分析题

（1）首先应确定遗产范围。遗产是自然人死亡时遗留的个人合法财产，因而夫妻或家庭共有财产并不都是其遗产。在夫妻或家庭共有财产中，只有属于被继承人的财产部分，才属于遗产。《民法典》第1153条第1款规定，夫妻共同所有的财产，除有约定的外，遗产分割时，应当先将共同所有的财产的一半分出为配偶所有，其余的为被继承人的遗产。依据以上规定，对于本案当中孙立去世时所遗留的6间房屋，应当先将其中3间分出，为其配偶张芳个人所有，其余的3间方可作为孙立的遗产处理。

其次确定遗产继承人、继承顺序和法定应继份。本案中，孙立死亡时并未订立遗嘱或遗赠扶养协议，应适用法定继承。张芳作为孙立的配偶，依法为第一顺序继承人。原本同为第一顺序继承人的长子孙林先于孙立死亡，故孙林之子孙达依法享有代位继承权。孙松作为孙立的儿子，也是第一顺序继承人。因此，作为孙立遗产的3间房屋，应当在同为第一顺序继承人的张芳、孙达、孙松之间均等分配，3人依法定继承各得1间。

综上所述，6间房屋应由张芳分得4间，孙达、孙松分别继承1间。

（2）本题涉及两次继承。

一是孙立的遗产继承。如上题分析，张芳去世前，9万元房款作为孙立死亡时其与张芳共有房屋的货币形态，应先将一半分出为张芳所有，其余4.5万元作为孙立的遗产处理，同为第一顺序继承人的张芳、孙达、孙松依法定继承均得1.5万元。因此，孙立的遗产继承发生后，应当由张芳分得6万元房款，孙达、孙松分别继承1.5万元房款。

二是张芳的遗产继承。关于遗产范围的确定。如前所述，张芳死亡时的个人财产6万元为其遗产。关于遗产继承人、继承顺序和法定应继份的确定。首先，张芳去世后，孙松作为张芳的儿子，是第一顺序法定继承人。其次，根据《民法典》第1129条的规定，对公婆尽了主要赡养义务的丧偶儿媳，也应作为第一顺序继承人。所谓“尽了主要赡养义务”，根据《继承编解释（一）》第19条的规定，包括为其生活提供了主要经济来源或者主要劳务扶助两种情形。具体到本案，王萍在孙立去世之后，一直与张芳同住，照顾其生活起居，应当认定王萍对张芳尽了主要赡养义务，并因此有权作为第一顺序法定继承人参加张芳的遗产分配。最后，根据《继承编解释（一）》第18条的规定，丧偶儿媳依《民法典》第1129条的规定作为第一顺序继承人时，不影响其子女代位继承。本案中长子孙林先于张芳死亡，故孙林之子孙达依法享有代位继承权，其与母亲王萍基于不同原因取得第一顺序法定继承人的地位，互不影响。因此，张芳的遗产应当由同属第一顺序继承人的孙松、王萍、孙达3人均等分配，各得2万元。

综上所述，9万元房款应当由孙达得3.5万元，孙松得3.5万元，王萍得2万元。

第七十章　遗嘱继承、遗赠和遗赠扶养协议

知识逻辑图

- 遗嘱继承、遗赠和遗赠扶养协议
  - 遗嘱继承
    - 概念：遗嘱继承与法定继承相对应，是指继承人依照被继承人生前设立的合法、有效的遗嘱继承被继承人遗产的一种继承制度
    - 特征
      - 被继承人生前立有遗嘱和遗嘱人死亡是遗嘱继承的事实构成
      - 遗嘱继承直接体现了被继承人的意思
      - 遗嘱继承人须为法定继承人，但遗嘱继承人不受法定继承顺序和应继份额的限制
    - 遗嘱自由
      - 概念：遗嘱人以遗嘱形式处分死后财产的自由
      - 限制：遗嘱不得违背社会公德，必留份制度
    - 遗嘱
      - 概念：遗嘱人生前在法律允许的范围内，按照法律规定的方式处分其个人财产或者处理其他事务，并在死亡后发生效力的单方法律行为
      - 特征：单方法律行为、死因法律行为、要式法律行为、与身份法相联系的财产行为
      - 要件：主体、客体、内容
      - 形式：公证遗嘱、自书遗嘱、代书遗嘱、打印遗嘱、录音录像遗嘱、口头遗嘱
      - 变更和撤回：明示方式和推定方式
      - 执行
  - 遗赠
    - 概念：遗嘱人以遗嘱的方式将其个人财产的一部或全部于其死后赠给法定继承人以外的人（包括自然人、法人、非法人组织、国家等）的单方要式法律行为
    - 区分遗赠与遗嘱继承、赠与
    - 法律效力：有效、无效、不生效
  - 遗赠扶养协议
    - 概念：由遗赠人与扶养人签订的，由遗赠人设立遗嘱，将自己的合法财产指定在其死后转移给扶养人所有，而由扶养人承担遗赠人生养死葬义务的协议
    - 区分遗赠扶养协议与遗嘱
    - 效力

名词解释

1. 遗嘱继承
2. 遗嘱
3. 遗嘱的变更和撤回
4. 遗赠
5. 遗赠扶养协议

选择题

（一）单项选择题

1. 梁某已80多岁，老伴和子女都已过世，年老体弱，生活拮据，欲立一份遗赠扶养协议，死后将3间房屋送给在生活和经济上照顾自己的人。梁某的外孙子女、侄子、侄女及干儿子等都争着要做扶养人。这

些人中谁不能做遗赠扶养协议的扶养人？（ ）（司考改编）

A. 外孙子女　　B. 侄子

C. 侄女　　D. 干儿子

2. 赵某死亡后，甲依遗嘱继承了一套房屋（价值180万元），乙依遗赠分得一幅字画（价值40万元）。丙依法定继承分得现金60万元。遗产分割完毕后，赵某的债权人找到甲、乙、丙，要求偿还欠款40万元。该欠款应（ ）。（考研）

A. 全部由甲偿还

B. 全部由丙偿还

C. 甲偿还30万元，丙偿还10万元

D. 甲、乙、丙按照各自分得的遗产价值比例偿还

3. 甲有二子乙、丙，甲于2017年立下遗嘱将其全部财产留给乙。甲于2021年4月死亡。经查，甲立遗嘱时乙17岁，丙14岁，现乙、丙均已工作。甲的遗产应如何处理？（ ）（司考改编）

A. 乙、丙各得1/2

B. 乙得2/3，丙得1/3

C. 乙获得全部遗产

D. 丙获得全部遗产

4. 有关遗嘱继承人的范围，下列说法正确的是（ ）。

A. 不能是法定继承人

B. 与法定继承人范围不同

C. 与法定继承人范围相同

D. 与可获遗赠的人范围相同

5. 遗产已经被分割而被继承人的债务尚未清偿的，如果有遗嘱继承人、法定继承人和受遗赠人的，应当首先由（ ）所得遗产清偿债务。

A. 法定继承人

B. 遗嘱继承人

C. 受遗赠人

D. 法定继承人和遗嘱继承人

6. 甲死后留有房屋1套、存款3万元和古画1幅。甲生前立有遗嘱，将房屋分给儿子乙，存款分给女儿丙，古画赠与好友丁，并要求丁帮丙找份工作。下列哪种说法是正确的？（ ）（司考改编）

A. 甲的遗嘱部分无效

B. 若丁在知道受遗赠后60日内没有作出接受的意思表示，则视为接受遗赠

C. 如古画在交付丁前由乙代为保管，若意外灭失，丁无权要求乙赔偿

D. 如丁在作出了接受遗赠的意思表示后死亡，则其接受遗赠的权利归于消灭

7. 甲立下一份公证遗嘱，将大部分财产留给儿子乙，少部分存款留给女儿丙。后乙因盗窃而被判刑，甲伤心至极，在病榻上当着众亲友的面将遗嘱烧毁，不久去世。乙出狱后要求按照遗嘱的内容继承遗产。对此，下列哪一选项是正确的？（ ）（司考改编）

A. 乙有权依据遗嘱的内容继承遗产

B. 乙只能依据法定继承的规定继承遗产

C. 乙无权继承任何遗产

D. 可以分给乙适当的遗产

8. 甲与乙签订协议，约定甲将其房屋赠与乙，乙承担甲生养死葬的义务。后乙拒绝扶养甲，并将房屋擅自用作经营活动，甲遂诉至法院要求乙返还房屋。下列哪一选项是正确的？（ ）（司考改编）

A. 该协议是附条件的赠与合同

B. 该协议在甲死亡后发生法律效力

C. 法院应判决乙向甲返还房屋

D. 法院应判决乙取得房屋所有权

视频讲题

9. 下列有关遗赠与遗嘱继承区别的说法，错误的是（ ）。

A. 遗嘱继承人限于法定继承人范围，而受遗赠人不能为非法人组织

B. 遗嘱继承权的客体包括消极财产，而受遗赠的客体只能为遗产中的积极财产

C. 受遗赠人的受遗赠权有除斥期间限制，受遗赠人自知道遗赠后60日内未作出接受受遗赠表示的，视为放弃受遗赠

D. 遗嘱继承人在继承开始后遗产分割前未作表示的，视为接受继承

10. 有关遗赠扶养协议的说法正确的是（ ）。

A. 遗赠扶养协议是单方民事法律行为，无须扶养人的承诺

B. 遗赠扶养协议是诺成性民事法律行为，但必须在遗赠人死亡后发生效力

C. 遗赠扶养协议是单务、无偿的民事法律行为

D. 遗赠扶养协议中扶养人必须为具备完全民事行为能力的继承人以外的组织或者个人

11. 甲与保姆乙约定：甲生前由乙照料，死后遗产全部归乙。乙一直悉心照料甲。后甲女儿丙回国，与乙一起照料甲，半年后甲去世。丙认为自己是第一顺序继承人，且尽了义务，主张甲、乙约定无效。下列哪一表述是正确的？（　　）（司考改编）

A. 遗赠扶养协议有效

B. 协议部分无效，丙可以继承甲的一半遗产

C. 协议无效，应按法定继承处理

D. 协议有效，应按遗嘱继承处理

12. 甲有乙、丙和丁三个女儿。甲于2021年1月1日亲笔书写一份遗嘱，写明其全部遗产由乙继承，并签名和注明年、月、日。同年3月2日，甲又请张律师代书一份遗嘱，写明其全部遗产由丙继承。同年5月3日，甲因病被丁送至医院急救，甲又立口头遗嘱一份，内容是其全部遗产由丁继承，在场的赵医生和李护士见证。甲病好转后出院休养，未立新遗嘱。如甲死亡，下列哪一选项是甲遗产的继承权人？（　　）（司考改编）

A. 乙　　　　B. 丙

C. 丁　　　　D. 乙、丙、丁

视频讲题

13. 2016年5月10日，张楠（男）和李霞（女）结婚。婚后，生育一子张军。从2017年2月起二人感情不和，张楠前往深圳打工，并结识打工妹何芸。二人自2019年2月开始同居，并生育一子张强。2020年1月，张楠因病住院，于2月1日亲笔书写一份遗嘱称："死后将自己的所有遗产留给何芸。"但未注明年、月、日。2021年10月，张楠去世。关于本案，下列哪一表述是错误的？（　　）（法考改编）

A. 张楠的遗嘱无效，何芸不能继承张楠的遗产

B. 李霞有权继承张楠的遗产

C. 张军是张楠的第一顺序的法定继承人

D. 张强不能继承张楠的遗产

14. 根据我国《民法典》，遗嘱人在遗嘱中应当为缺乏劳动能力又没有生活来源的继承人保留必要的遗产份额。继承人是否符合上述条件的确定时间为（　　）。（考研）

A. 立遗嘱时　　　　B. 遗嘱生效时

C. 执行遗嘱时　　　　D. 分割遗产时

（二）多项选择题

1. 在我国必须有两个以上见证人在场见证的遗嘱形式有（　　）。

A. 公证遗嘱　　　　B. 自书遗嘱

C. 代书遗嘱　　　　D. 口头遗嘱

2. 下列哪些人可以作为遗嘱继承人？（　　）

A. 父母　　　　B. 兄弟

C. 侄女　　　　D. 朋友

3. 王某生前曾与邻居签订一份遗赠扶养协议，他的邻居尽了扶养义务，王某在他去世前一个月留下一份遗嘱，将其财产留给女儿继承。王某去世后，他女儿从远方归来，要求继承遗产，下列说法中哪些不正确？（　　）

A. 应当按遗嘱继承

B. 应当按遗赠扶养协议、遗嘱继承的顺序继承

C. 应当按照遗嘱、遗赠扶养协议的顺序继承

D. 应当由当事人协商解决，如果协商不成，由人民法院判决

4. 下列说法中错误的有（　　）。

A. 遗嘱人以不同形式立有数份内容相抵触的遗嘱，以最后所立的遗嘱为准

B. 在遗嘱继承中，不适用代位继承

C. 在遗赠中，受遗赠人是法定继承人、国家、非法人组织以外的人

D. 丧偶儿媳对公婆尽了主要赡养义务作为第一顺序继承人时，其子女的代位继承权丧失

5. 下列不能作为遗嘱的见证人的有（　　）。

A. 继承人

B. 继承人的近亲属

C. 与继承人共同经营的合伙人

D. 继承人的债务人

6. 李某死后留下一套房屋和数十万元存款，生前未立遗嘱。李某有三个女儿，并收养了一子。大女儿

中年病故，留下一子。养子收入丰厚，却拒绝赡养李某。在两个女儿办理丧事期间，小女儿因交通事故意外身亡，留下一女。下列哪些选项是正确的？（　　）（司考改编）

A. 二女儿和小女儿之女均是李某的第一顺序继承人

B. 大女儿之子对李某遗产的继承属于代位继承

C. 小女儿之女属于转继承人

D. 分配遗产时，养子应当不分或少分

视频讲题

7. 甲有一子一女，二人请了保姆乙照顾甲。甲为感谢乙，自书遗嘱，表示其三间房屋由两个子女平分，所有现金都赠给乙。后甲又立下书面遗嘱将其全部现金分给两个子女。不久甲去世。下列哪些选项是错误的？（　　）（司考改编）

A. 甲的前一遗嘱无效

B. 甲的后一遗嘱无效

C. 所有现金应归甲的两个子女所有

D. 所有现金应归乙所有

8. 何某死后留下一间价值 6 万元的房屋和 4 万元现金。何某立有遗嘱，4 万元现金由四个子女平分，房屋的归属未作处理。何某女儿主动提出放弃对房屋的继承权，于是三个儿子将房屋变卖，每人分得 2 万元。现债权人主张何某生前曾向其借款 12 万元，并有借据为证。下列哪些说法是错误的？（　　）

A. 何某已死，债权债务关系消灭

B. 四个子女平均分担，每人偿还 3 万元

C. 四个子女各自以继承所得用于清偿债务，剩下 2 万元由四人平均分担

D. 四个子女各自以继承所得用于清偿债务，剩下 2 万元四人可以不予清偿

视频讲题

9. 钱某与胡某婚后生有子女甲和乙，后钱某与胡某离婚，甲、乙归胡某抚养。后胡某与吴某结婚，当时甲已参加工作而乙尚未成年，乙跟随胡某与吴某居住，后胡某与吴某生下一女丙，吴某与前妻生有一子丁。钱某和吴某先后去世，下列哪些说法是正确的？（　　）

A. 胡某、甲、乙可以继承钱某的遗产

B. 甲和乙可以继承吴某的遗产

C. 胡某和丙可以继承吴某的遗产

D. 乙和丁可以继承吴某的遗产

10. 王某立有遗嘱，表示将遗产 50 万元留给妹妹甲，但此款须全部用于资助贫困大学生。王某死后，甲取得王某的 50 万元遗产，但并未履行资助义务且无正当理由。王某有一子一女。下列哪些选项是正确的？（　　）

A. 王某的儿子或女儿可以请求法院取消甲取得遗产的权利

B. 甲的继承权被取消后，按照法定继承原则分配王某的遗产

C. 甲的继承权被取消后，王某的儿子和女儿继承甲的遗产

D. 王某的儿子或女儿必须按照王某的要求履行义务，才能取得王某的遗产

11. 张某、李某系夫妻，生有一子张甲和一女张乙。张甲于 2018 年意外去世，有一女丙。张某在 2021 年死亡，生前拥有个人房产一套，曾立遗嘱将该房产留给李某。关于该房产的继承，下列哪些表述是正确的？（　　）（司考改编）

A. 李某可以通过张某的遗嘱继承该房产

B. 丙可以通过代位继承要求对该房产进行遗产分割

C. 继承人自张某死亡时取得该房产所有权

D. 继承人自该房产变更登记后取得所有权

12. 韩某于 2021 年 3 月病故，留有住房 1 套、存款 50 万元、名人字画 10 余幅及某有限责任公司股权等遗产。韩某在 2018 年所立第一份自书遗嘱中表示全部遗产由其长子韩大继承。在 2019 年所立第二份自书遗嘱中，韩某表示其死后公司股权和名人字画留给 7 岁的外孙女婷婷。2021 年 6 月，韩大在未办理韩某遗留房屋所有权变更登记的情况下以自己的名义与陈卫订立了商品房买卖合同。下列哪些选项是错误的？（　　）（司

考改编）

A. 韩某的第一份遗嘱失效

B. 韩某的第二份遗嘱无效

C. 韩大与陈卫订立的商品房买卖合同无效

D. 婷婷不能取得某有限责任公司股东资格

13. 甲（男）婚内生育一子乙和一女丙，婚外与丁（女）同居并致其怀孕，二人分手时丁未告知甲自己怀孕一事，丁生下戊后独立抚养，甲不知戊的存在，戊5岁时甲病危，立下自书遗嘱表示，“死后全部遗产由儿子继承”。次年，甲病逝。下列选项正确的是（　　）。（法考）

A. 该遗嘱因内容不明而无效

B. 戊有权分得必要遗产份额

C. 遗嘱是无相对人的意思表示

D. 甲所立遗嘱因重大误解可撤销

视频讲题

14. 2018年甲立公证遗嘱：死后其全部遗产归长子乙。2019年甲又前往同一公证部门立公证遗嘱：死后全部遗产归次子丙。由于儿子不孝，2020年甲又在家中亲笔书写一份遗嘱，写明其全部遗产死后归大女儿丁，并注明年、月、日。后甲因病住院，小女儿戊悉心照料，2021年甲病危，口头遗嘱死后全部遗产归小女儿戊，在场的两名护士可以见证。后甲死亡。关于本案，下列哪些说法是正确的？（　　）（法考）

A. 2018年甲立的第一份公证遗嘱无效

B. 2019年甲立的第二份公证遗嘱有效

C. 丁无权继承甲的遗产

D. 戊有权继承甲的全部遗产

视频讲题

简答题

1. 简述遗嘱继承的法律特征。

2. 简述遗嘱的特征。

3. 简述遗嘱的形式。

4. 简述遗赠扶养协议与遗赠的区别。

5. 简述遗嘱无效的情形。

案例分析题

1. 孙某虽家庭殷实，但无儿无女，遂于2013年收养了一个儿子，取名孙甲。2018年，孙某因琐事与孙甲发生口角，孙甲一气之下外出打工，并在外地成家立业。孙某长期与孙甲失去联系，感到难以依靠孙甲养老送终，遂与李某签订了遗赠扶养协议，约定由李某给他养老送终，自己的遗产归李某所有。2021年，孙某病危，此时觉得自己那么多财产都归李某所有太亏，不如将自己的一部分财产赠给老朋友张某。孙某便自书遗嘱一份，赠与张某存款3 000元。同年6月，孙某去世，李某依约为孙某办了丧事。几天之后，张某持遗嘱找到李某，要求接受遗赠。而孙甲也火速从外地赶回，要求继承遗产。

请问：该案应该如何处理？

2. 何某2016年丧偶，其子女甲、乙二人均已工作。2017年5月，何某在邻居张律师的见证下，当着甲、乙的面书写了遗嘱：本人去世后，名下两套房产由甲、乙分别继承。同年6月，何某因在报纸上读到有关遗产税的新闻，便找来甲、乙二人，与其虚构了房屋买卖文书。2017年7月何某将房产分别过户至甲、乙名下。此后，何某与甲共同生活。2021年10月，何某因遭受甲的虐待，向甲表示撤销遗嘱，并要求甲返还房屋。甲声称何某将房产过户给自己是4年前的事情，过了诉讼时效，拒绝归还房屋。

请根据上述材料，回答下列问题并说明理由：（考研改编）

（1）何某是否有权在张律师不在场的情况下撤销遗嘱？

（2）何某将房屋过户给甲4年之后，是否有权要求甲归还房屋？

（3）如甲于2018年6月将房屋以市价卖给丙并过

户，何某是否有权要求丙返还房屋？

参考答案

名词解释

1. 遗嘱继承与法定继承相对而称，是指继承人依照被继承人生前设立的合法、有效的遗嘱继承被继承人遗产的一种继承制度。在遗嘱继承中，继承人的范围、继承顺序和继承份额均由被继承人生前作成的遗嘱来确定。因此，遗嘱继承又称“指定继承”。设立遗嘱的被继承人为遗嘱人，由遗嘱指定的继承人为遗嘱继承人。

2. 遗嘱是遗嘱人生前在法律允许的范围内，按照法律规定的方式处分其个人财产或者处理其他事务，并在死亡后发生效力的单方法律行为。遗嘱一词往往在两种意义上被使用：一是指遗嘱人的单方法律行为，二是指遗嘱人所立遗嘱的内容。

3. 遗嘱的变更，是指遗嘱人在遗嘱作成之后、生效之前依法变动、更改原立遗嘱的部分内容的单方法律行为。遗嘱的撤回，是指遗嘱人依法取消原立遗嘱全部内容的单方法律行为。遗嘱的变更和撤回都阻却遗嘱人原立遗嘱发生效力。

4. 遗赠，是指遗嘱人以遗嘱的方式将其个人财产的一部或全部于其死后赠给法定继承人以外的人（包括自然人、法人、非法人组织、国家等）的单方要式法律行为。这里的遗嘱人又称遗赠人；按遗嘱无偿取得遗赠财产的人，称为受遗赠人。

5. 遗赠扶养协议，是指由遗赠人与扶养人签订的，由遗赠人设立遗嘱，将自己的合法财产，指定在其死后转移给扶养人所有，而由扶养人承担遗赠人生养死葬义务的协议。遗赠扶养协议是一种双务、有偿、要式、双方的法律行为，其效力优先于遗嘱继承、法定继承。

选择题

（一）单项选择题

1. 答案：A。遗赠扶养协议中的扶养人不能是法定继承人，因为法定继承人与被继承人之间具有法定的互相扶养和互相继承的权利义务关系，用不着以协议的形式来确定。《民法典》第1128条规定：“被继承人的子女先于被继承人死亡的，由被继承人的子女的直系晚辈血亲代位继承。被继承人的兄弟姐妹先于被继承人死亡的，由被继承人的兄弟姐妹的子女代位继承。代位继承人一般只能继承被代位继承人有权继承的遗产份额。”这里的“被继承人的子女的直系晚辈血亲”包含被继承人的外孙子女，外孙子女实际上是被继承人的法定继承人，因此本题应选A。

2. 答案：B。《民法典》第1163条规定：“既有法定继承又有遗嘱继承、遗赠的，由法定继承人清偿被继承人依法应当缴纳的税款和债务；超过法定继承遗产实际价值部分，由遗嘱继承人和受遗赠人按比例以所得遗产清偿。”本题中，赵某的遗产既有法定继承（丙），也有遗嘱继承（甲）和遗赠（乙），其个人债务40万元应当全部由法定继承人丙在继承遗产范围内偿还。因丙继承的遗产足以偿还该债务，故不需要由遗嘱继承人甲或受遗赠人乙偿还。综上，本题的正确答案为B。

3. 答案：C。《继承编解释（一）》第25条规定：“遗嘱人未保留缺乏劳动能力又没有生活来源的继承人的遗产份额，遗产处理时，应当为该继承人留下必要的遗产，所剩余的部分，才可参照遗嘱确定的分配原则处理。继承人是否缺乏劳动能力又没有生活来源，应当按遗嘱生效时该继承人的具体情况确定。”依据该规定，继承人是否缺乏劳动能力又没有生活来源，应按遗嘱生效时该继承人的具体情况确定。甲死亡时，乙、丙均已经成人且已经工作，不适用上述保留必要份额的规定。因此，应由乙按照遗嘱继承全部遗产。本题的正确答案为C。

4. 答案：C。遗嘱继承人的范围与法定继承人的范围一致，可获遗赠的人必须是法定继承人以外的人。本题正确答案为C。

5. 答案：A。依据《民法典》第1163条的规定，既有法定继承又有遗嘱继承、遗赠的，由法定继承人清偿被继承人依法应当缴纳的税款和债务；超过法定继承遗产实际价值部分，由遗嘱继承人和受遗赠人按比例以所得遗产清偿。因此，本题的正确答案为A。

6. 答案：C。本案中，甲立遗嘱将自己合法拥有的财产分给儿女，合法、有效。甲在赠与丁古画的同时要求丁为丙找一份工作，属于附负担的遗赠，并不会因此而导致遗嘱部分无效。因此，A项错误。《民法典》第1124条第2款规定：受遗赠人应当在知道受遗赠后60日内，作出接受或者放弃受遗赠的表示；到期没有表示的，视为放弃受遗赠。丁在知道受遗赠后60日内没有作出接受遗赠的意思表示，应视为放弃接受遗赠，B项错误。C项涉及保管人责任的问题，《民法典》第897条规定，保管期内，因保管人保管不善造成保管物毁损、灭失的，保管人应当承担赔偿责任。但是，无偿保管人证明自己没有故意或者重大过失的，不承担赔偿责任。古画由乙保管，属于无偿保管，发生意外灭失时，乙是无重大过失的，丁不能够要求乙赔偿，所以C项正确。一旦受遗赠人作出了明确接受遗赠的意思表示，遗赠人就可以从遗嘱执行人那里得到遗赠财产，即使其在作出接受遗赠的意思表示后死亡，其接受遗赠的权利也不会归于消灭，而是由他的继承人继承，故D项是错误的。

7. 答案：B。《民法典》第1142条规定："遗嘱人可以撤回、变更自己所立的遗嘱。立遗嘱后，遗嘱人实施与遗嘱内容相反的民事法律行为的，视为对遗嘱相关内容的撤回。立有数份遗嘱，内容相抵触的，以最后的遗嘱为准。"本题中，甲当众烧毁公证遗嘱，意为撤回遗嘱，因此，根据《民法典》第1123条的规定应当按照法定继承办理。需要注意的是，相比于过去的法律规定，《民法典》在此处更改了公证遗嘱的效力认定，更好地保护了被继承人的意思自治。B项的说法是正确的，当选。

8. 答案：C。《民法典》第158条规定："民事法律行为可以附条件，但是根据其性质不得附条件的除外。附生效条件的民事法律行为，自条件成就时生效。附解除条件的民事法律行为，自条件成就时失效。"但是遗赠扶养协议自依法签订时生效，所以不是附条件的赠与合同，A项是错误的。遗赠扶养协议具有生前行为和死后行为双重属性，一经有效成立，就对协议双方产生约束力，遗赠方和扶养方都应该承担相应的义务，所以B项是错误的。《民法典》第1144条规定，遗嘱继承或者遗赠附有义务的，继承人或者受遗赠人应当履行义务。没有正当理由不履行义务的，经利害关系人或者有关组织请求，人民法院可以取消其接受附义务部分遗产的权利。《继承编解释（一）》第40条规定："继承人以外的组织或者个人与自然人签订遗赠扶养协议后，无正当理由不履行，导致协议解除的，不能享有受遗赠的权利，其支付的供养费用一般不予补偿；遗赠人无正当理由不履行，导致协议解除的，则应当偿还继承人以外的组织或者个人已支付的供养费用。"由此，本题中，乙无正当理由拒绝履行扶养义务，经过甲诉请，法院应该判决乙返还甲的房屋。C项是正确的，D项是错误的。

9. 答案：A。遗嘱继承人和受遗赠人的范围不同。遗嘱继承人仅限于法定继承人范围内；而受遗赠人则是法定继承人以外的任何人，包括自然人、法人、非法人组织以及国家，因此选项A错误。

遗嘱继承权和受遗赠权客体的范围不同。遗嘱继承权的客体是遗产，既包括积极财产（财产权利），又包括消极财产（财产义务）；而受遗赠权的客体只能是积极财产，因此选项B正确。

继承开始后，权利人未作明示的，法律后果不同。受遗赠人的受遗赠权有除斥期间的限制，受遗赠人自知道遗赠后60日内未作出接受受遗赠表示的，视为放弃受遗赠。遗嘱继承人在继承开始后遗产分割前未表示放弃的，视为接受继承，因此选项C、D正确。

10. 答案：D。遗赠扶养协议是指由遗赠人与扶养人签订的，由遗赠人设立遗嘱，将自己的合法财产，指定在其死后移转给扶养人所有，而由扶养人承担遗赠人生养死葬义务的协议。遗赠扶养协议是双方民事法律行为，协议的成立需要遗赠人与扶养人双方意思表示一致。因此选项A错误。

遗赠扶养协议是诺成性民事法律行为，协议一经签订即生效力，扶养人在协议生效后即履行生养死葬的义务，并非死因行为。因此选项B错误。

遗赠扶养协议是双务、有偿的民事法律行为，受遗赠人受遗赠权的享有是以承担扶养遗嘱人的义务为前提的。因此选项C错误。

遗赠扶养协议中扶养人必须是具备完全民事行为能力的成年人或集体组织，这些主体才有能力履行相应的生养死葬的义务，且这些主体必须为继承人以外的组织或个人。因此选项D正确。

11. 答案：A。《民法典》第1158条规定："自然人可以与继承人以外的组织或者个人签订遗赠扶养协议。按照协议，该组织或者个人承担该自然人生养死葬的义务，享有受遗赠的权利。"根据该规定，甲可以与乙签订遗赠扶养协议，该遗赠扶养协议合法、有效。A项正确。

12. 答案：A。《民法典》第1135条规定："代书遗嘱应当有两个以上见证人在场见证，由其中一人代书，并由遗嘱人、代书人和其他见证人签名，注明年、月、日。”第1138条规定：“遗嘱人在危急情况下，可以立口头遗嘱。口头遗嘱应当有两个以上见证人在场见证。危急情况消除后，遗嘱人能够以书面或者录音录像形式立遗嘱的，所立的口头遗嘱无效。”第1142条规定：“遗嘱人可以撤回、变更自己所立的遗嘱。立遗嘱后，遗嘱人实施与遗嘱内容相反的民事法律行为的，视为对遗嘱相关内容的撤回。立有数份遗嘱，内容相抵触的，以最后的遗嘱为准。”本案中，甲2021年3月2日所立代书遗嘱因无其他见证人属于无效遗嘱，同年5月3日的口头遗嘱因甲病好后出院未立新遗嘱而无效，则最后的遗嘱应当为2021年1月1日的自书遗嘱，即全部遗产应当由乙继承，因此A项正确，B、C、D项错误。

13. 答案：D。本题综合考查遗嘱的效力和法定继承。根据《民法典》第1134条的规定，自书遗嘱由遗嘱人亲笔书写，签名，注明年、月、日。本题中，张楠的遗嘱因未注明年、月、日而无效。同时，根据《民法典》第1127条的规定，第一顺序的法定继承人包括配偶、子女、父母，其中子女包括婚生子女、非婚生子女、养子女和有扶养关系的继子女。本题中，何芸并非张楠的配偶，因此，何芸无权继承。李霞（配偶）、张军（婚生子）和张强（非婚生子）均是张楠的第一顺序的法定继承人。故A、B、C项说法正确，不当选；D项说法错误，当选。

14. 答案：B。《继承编解释（一）》第25条规定：“遗嘱人未保留缺乏劳动能力又没有生活来源的继承人的遗产份额，遗产处理时，应当为该继承人留下必要的遗产，所剩余的部分，才可参照遗嘱确定的分配原则处理。继承人是否缺乏劳动能力又没有生活来源，应当按遗嘱生效时该继承人的具体情况确定。”故B选项为正确答案。

（二）多项选择题

1. 答案：CD。在我国，必须有两个以上见证人在场见证的遗嘱形式包括代书遗嘱、口头遗嘱、录音遗嘱。本题应选CD。

2. 答案：AB。遗嘱继承人的范围与法定继承人的范围一致，非法定继承人不能作为遗嘱继承人。侄女、朋友依法并不属于法定继承人的范围。因此，本题的正确答案为AB。

3. 答案：ACD。《民法典》第123条规定：继承开始后，按照法定继承办理；有遗嘱的，按照遗嘱继承或者遗赠办理；有遗赠扶养协议的，按照协议办理。本题有遗赠扶养协议、遗嘱、法定继承。因此，应按照遗赠扶养协议优先于遗嘱，遗嘱优先于法定继承的顺序处理。A、C、D项错误。B项正确。

4. 答案：CD。《民法典》第1142条规定：“遗嘱人可以撤回、变更自己所立的遗嘱。立遗嘱后，遗嘱人实施与遗嘱内容相反的民事法律行为的，视为对遗嘱相关内容的撤回。立有数份遗嘱，内容相抵触的，以最后的遗嘱为准。”A项正确，不选。代位继承仅发生于法定继承当中，B项正确，不选。受遗赠人必须是法定继承人以外的人，C项错误，当选。《继承编解释（一）》第18条规定：“丧偶儿媳对公婆、丧偶女婿对岳父母，无论其是否再婚，依照民法典第一千一百二十九条规定作为第一顺序继承人时，不影响其子女代位继承。”因此D项错误，当选。本题应选择CD。

5. 答案：ABCD。A、B、C、D项均为正确答案。依照《民法典》的规定，无民事行为能力人、限制民事行为能力人；继承人、受遗赠人；与继承人、受遗赠人有利害关系的人不能作为遗嘱见证人。B、C、D项均为与继承人有利害关系的人。

6. 答案：BCD。根据《民法典》第1128条的规定：“被继承人的子女先于被继承人死亡的，由被继承人的子女的直系晚辈血亲代位继承。被继承人的兄弟姐妹先于被继承人死亡的，由被继承人的兄弟姐妹的子女代位继承。代位继承人一般只能继承被代位继承人有权继承的遗产份额。”本题中，大女儿先于李某死亡，所以大女儿之子可以继承其应该继承的李某的遗产的份额，B项是正确的。《民法典》第1152条规定：“继承开始后，继承人于遗产分割前死亡，并没有放弃继承的，该继承人应当继承的遗产转给其继承人，但是遗嘱另有安排的除外。”这是关于转继承的规定，C项是正确的。二女儿是李某的第一顺序继承人，但小女儿之女继承的是小女儿应当继承的遗产份额，故小女儿之女不是李某的第一顺序继承人，A项错误。《民法典》第1130条第4款规定，有扶养能力和有扶养条件的继承人，不尽扶养义务的，分配遗产时，应当不分或者少分。故D项也是正确的。

7. 答案：ABD。《民法典》第1142条规定：“遗嘱人可以撤回、变更自己所立的遗嘱。立遗嘱后，遗嘱人实施与遗嘱内容相反的民事法律行为的，视为对遗嘱相关内容的撤回。立有数份遗嘱，内容相抵触的，以最后的遗嘱为准。”本题中，甲第一次所立的遗嘱为其真实意思的表示，是有效的，后来甲又立下一份遗嘱，同样是其真实意思的表示，也是有效的，所以A、B项的说法本身是错误的。在前后两个遗嘱均有效的情况下，内容发生冲突的，以最后立下的遗嘱为准，现金应该按照甲第二次所立的遗嘱进行分配，归甲的两个子女所有，C项的说法是正确的，D项的说法是错误的。故本题正确答案是ABD。

8. 答案：ABC。本题考查遗嘱继承、法定继承和被继承人债务的承担。《民法典》第1161条规定：“继承人以所得遗产实际价值为限清偿被继承人依法应当缴纳的税款和债务。超过遗产实际价值部分，继承人自愿偿还的不在此限。继承人放弃继承的，对被继承人依法应当缴纳的税款和债务可以不负清偿责任。”根据上述规定，债权债务关系不因债务人的死亡而当然消灭，死者有财产的，要用其财产承担生前债务。因此，A项错误。根据该规定，继承人仅在继承遗产的价值范围内承担偿还被继承人生前债务的责任。本案中，何某女儿放弃了对房屋的继承，仅对现金继承了1万元，因此，她仅需要对债权人负担偿还1万元的义务。另外，本案中，被继承人所有的遗产总和价值是10万元，继承人仅需要在继承10万元的财产范围内承担还债责任，对于剩余的2万元债务，四人可以不予清偿，当然如果有继承人自愿清偿的，法律也不禁止。因此，B、C项错误，D项正确。本题应选ABC。

9. 答案：CD。本题考查遗产继承的相关规定。《民法典》第1127条第1款规定，第一顺序的法定继承人包括配偶、子女、父母，第二顺序的法定继承人包括兄弟姐妹、祖父母、外祖父母。根据上述规定可知，配偶的一方享有对另一方遗产的继承权。本题中，胡某虽然以前与钱某有婚姻关系，但是钱某去世时，他们已经离婚，胡某不再是钱某的配偶，则胡某不享有对钱某遗产的继承权。因此，A项错误。《民法典》第1127条第3款规定，本编所称子女，包括婚生子女、非婚生子女、养子女和有扶养关系的继子女。按照通常的理解，所谓有扶养关系，是指因为年老等原因而失去劳动能力不能自食其力，或者因为年幼又无生活来源，需要有能力的家人帮助，而且事实上也形成了帮助关系，比如继父母扶养年幼的继子女学习和生活，继子女扶养年老的继父母。因此，并非所有的继子女与继父母之间都形成过扶养关系，比如，子女因母亲改嫁而与继父一起生活，如果子女此时已经自立，那么，他（她）与继父母之间便无扶养关系。反过来，继父即使年老，但有自己的生活来源，事实上并不需要他（她）帮助，那么二者之间也没有扶养关系。本案中，胡某与吴某结婚时，甲已参加工作且独立生活，而乙未成年跟随胡某与吴某居住。由此可知，甲与吴某之间没有形成扶养关系，而乙与吴某之间形成了扶养关系，即甲无权继承吴某的遗产，乙有权继承吴某的遗产。因此，B项错误。吴某去世时，胡某是吴某的配偶，根据《民法典》第1127条第1款的规定，胡某有权继承吴某的遗产。丙是胡某与吴某的婚生子女，享有吴某遗产的继承权。因此，C项正确。吴某是丁的生父，丁享有对吴某遗产的继承权，乙与吴某形成了有扶养关系的继子女关系，乙有权继承吴某的遗产。因此，D项正确。本题应选CD。

10. 答案：AD。《继承编解释（一）》第29条规定：“附义务的遗嘱继承或者遗赠，如义务能够履行，而继承人、受遗赠人无正当理由不履行，经受益人或者其他继承人请求，人民法院可以取消其接受附义务部分遗产的权利，由提出请求的继承人或者受益人负责按遗嘱人的意愿履行义务，接受遗产。”由此A、D两项的说法正确。王某的儿子和女儿在甲的继承权被取消后，并不当然继承王某的遗产，根据司法解释的规定，他们必须按照王某的要求履行义务，才能取得王某的遗产，因此B、C两项说法错误。本题的正确答案为AD。

11. 答案：AC。《民法典》第1123条规定，继承开始后，按照法定继承办理；有遗嘱的，按照遗嘱继承或者遗赠办理；有遗赠扶养协议的，按照协议办理。据此可知，李某可以依据张某的遗嘱继承该房产，其他法定继承人无权再要求对该房产进行分割。选项A正确，选项B错误。

《民法典》第230条规定，因继承取得物权的，自继承开始时发生效力。据此可知，继承人李某在张某死亡时取得该房屋的所有权，而不是要等办理完过户登记后才取得房屋的所有权。选项C正确，选项D错误。

12. 答案：ABCD。《民法典》第1142条规定：“遗嘱人可以撤回、变更自己所立的遗嘱。立遗嘱后，遗嘱人实施与遗嘱内容相反的民事法律行为的，视为对遗嘱相关内容的撤回。立有数份遗嘱，内容相抵触的，以最后的遗嘱为准。”本题中，韩某的两份自书遗嘱均是有效的，两份遗嘱中冲突的部分，以第二份遗嘱为准，冲突的部分即认为后一份遗嘱变更了前一份遗嘱的内容。故选项A、B错误。

《民法典》第230条规定：“因继承取得物权的，自继承开始时发生效力。”韩大自继承时自动取得房屋的所有权，而且基于双方真实意思订立的房屋买卖合同，并不以取得房屋所有权为生效要件，故选项C错误。

《公司法》第75条规定：“自然人股东死亡后，其合法继承人可以继承股东资格；但是，公司章程另有规定的除外。”题目中未言明公司章程的例外规定，故婷婷可以继承某有限责任公司股东资格。故选项D错误。综上所述，本题正确答案为ABCD。

13. 答案：BC。本题综合考查遗嘱的性质、种类、无效遗嘱的情形和非婚生子女的法律地位。

A项考查无效遗嘱的情形。戊系甲的非婚生子女，在法律意义上，非婚生子女与婚生子女、养子女和有扶养关系的继子女的法律地位相同，均享有遗产继承权。遗嘱人甲必须为未成年非婚生子女戊留有必要的遗产份额，否则，遗嘱部分无效。本题中，甲病逝时，非婚生子女戊年仅5岁，因未给戊留有必要的遗产份额，遗嘱部分无效而非因内容不明而全部无效。故A项说法错误，不当选。B项说法正确，当选。

C项考查意思表示的种类。根据意思表示应否向相对人表示为标准，可以将意思表示分为有相对人的意思表示和无相对人的意思表示。其中，无相对人的意思表示，是指无须向相对人所为的意思表示。本题中，遗嘱在性质上属于单方民事法律行为，即依一方当事人的意思表示而成立的民事法律行为。作为遗嘱人的甲在立自书遗嘱时，无须向遗嘱继承人为意思表示遗嘱即成立。因此，遗嘱是无相对人的意思表示。故C项说法正确，当选。

D项考查遗嘱的效力。《民法典》第1142条第1款规定：“遗嘱人可以撤回、变更自己所立的遗嘱。”遗嘱属于单方民事法律行为，单方民事法律行为仅有两种效力情形，即有效和无效，而无可撤销。故D项说法是错误的，不当选。

综上所述，本题的正确答案为BC。

14. 答案：BCD。根据《民法典》第1139条的规定，2018年甲立的公证遗嘱并无效力瑕疵，合法、有效。故A项说法错误，不当选。2019年甲又前往同一公证部门立的公证遗嘱，亦合法、有效。故B项正确，当选。根据《民法典》第1134条的规定，2020年甲所立的自书遗嘱合法、有效。根据《民法典》第1138条的规定，2021年甲立的口头遗嘱合法、有效。根据《民法典》第1142条的规定，数份遗嘱内容相冲突的，以最后一份为准。因此，戊最终获得甲的全部遗产。故C项说法正确，当选；D项说法正确，当选。

综上所述，本题的正确答案为BCD。

简答题

1. 遗嘱继承作为一种继承形态，具有以下法律特征。

第一，被继承人生前立有遗嘱和遗嘱人死亡是遗嘱继承的事实构成。二者缺一不可，否则不能发生遗嘱继承。

第二，遗嘱继承直接体现了被继承人的意思。被继承人可以在遗嘱中确定继承人的范围、顺序和继承份额。继承人按照遗嘱继承也就是按照被继承人的意思继承。

第三，遗嘱继承人须为法定继承人，但遗嘱继承人不受法定继承顺序和应继份额的限制。

第四，遗嘱继承在法律效力上优于法定继承。遗嘱继承是依遗嘱指定的继承人及其继承份额来转移遗产，遗嘱的内容直接体现了被继承人的意志及其生前对其财产的处分。只要意志合法、有效，便适用遗嘱继承。只有在无遗嘱继承时，才适用法定继承。

2. 遗嘱作为一种法律行为具有如下特征。

第一，遗嘱是单方法律行为，它不以相对人承诺的意思表示为成立要件，也不得代理或辅之以他人意思。

第二，遗嘱是死因法律行为，只在遗嘱人死亡后才发生效力。

第三，遗嘱是要式法律行为，非以法律规定的方式作成的，不生效力。

第四，遗嘱是一种与身份相联系的财产行为，与遗嘱人的身份、血缘、家庭等相联系。

3. 遗嘱是遗嘱人以死后发生效力为目的的意思表示，是要式法律行为，非依法定形式不得设立。我国《民法典》规定的遗嘱形式有以下几种。

第一，公证遗嘱，是由遗嘱人亲自申请，经国家公证机关证明的遗嘱。

第二，自书遗嘱，是由遗嘱人亲笔书写作成的遗嘱，故又称亲笔遗嘱。其全文须由遗嘱人亲自书写，并注明时间、地点，且由本人签章。自然人在遗书中涉及死后个人财产处分的内容，确为死者真实意思的表示，有本人签名并注明了年、月、日，又无相反证据的，可按自书遗嘱对待。

第三，代书遗嘱，是遗嘱人委托他人代为书写作成的遗嘱。代书遗嘱时，必须有两个以上的见证人在场见证，并由代书人、见证人、遗嘱人分别签章。下列人员不能充作遗嘱见证人：无民事行为能力人、限制民事行为能力人；继承人、受遗赠人；与继承人、受遗赠人有利害关系的人（具体包括继承人、受遗赠人的近亲属、债权人、共同经营的合伙人）。

第四，录音录像遗嘱，是遗嘱人通过录音或录像作成的遗嘱。录音及录像遗嘱较易被他人剪辑伪造，其作成也必须有两个以上的见证人在场。遗嘱人和见证人应当在录音录像中记录其姓名或者肖像，以及年、月、日。

第五，口头遗嘱，是由遗嘱人口头表述并没有任何物质载体加以记载的遗嘱。此种遗嘱形式的采用受到严格的法律限制。遗嘱人只有在危急情况下，才可以立口头遗嘱，并且必须有两个以上见证人在场见证。危急情况解除后，遗嘱人能够用书面形式或录音形式设立遗嘱的，所立的口头遗嘱无效。

第六，打印遗嘱，是《民法典》新增的一种遗嘱形式。打印遗嘱应当有两个以上见证人在场见证。遗嘱人和见证人应当在遗嘱每一页签名，注明年、月、日。

4. 遗赠扶养协议和遗赠都是遗赠人以遗嘱的方式将其财产权利于死后转移给法定继承人以外的人的法律行为，受遗赠人的受遗赠权都是在遗嘱人死亡后才实现。但两者作为不同的法律制度，有着重要的区别。

第一，遗赠扶养协议是双方法律行为，协议的成立，需遗赠人与扶养人双方意思表示一致。而遗赠是单方法律行为，其成立无须受遗赠人的承诺。

第二，遗赠扶养协议是双务、有偿的法律行为，受遗赠人受遗赠权的享有以承担扶养遗嘱人的义务为前提。而遗赠是单务、无偿的法律行为，受遗赠人只享有遗赠人指定的赠与财产上的权利，而不承担财产上的义务。

第三，遗赠扶养协议是诺成性法律行为，协议一经签订即生效力。而遗赠是死因行为，虽在遗赠人生前成立，但必须在遗赠人死亡后才生效力。

第四，遗赠扶养协议中的扶养人必须是具有完全民事行为能力的成年人或集体组织，而受遗赠中的受遗赠人则不受此限。

第五，遗赠扶养协议中的扶养人无须在遗嘱人死亡后作出接受该遗赠的意思表示，即可以依据该协议取得遗产。而遗赠中的受遗赠人必须在法定期限内作出接受遗赠的明确意思表示，否则，视为放弃受遗赠权。

5. 遗嘱无效的情形如下：

第一，无行为能力人或者限制行为能力人所立的遗嘱无效。

第二，遗嘱必须表示遗嘱人的真实意思，受胁迫、欺诈所订立的遗嘱无效。

第三，伪造的遗嘱无效。

第四，遗嘱被篡改的，篡改的内容无效。

第五，遗嘱人以遗嘱处分属于国家、集体或者他人的财产，遗嘱的相应部分无效。

案例分析题

1. 孙某的全部遗产应归李某所有。

本案涉及法定继承、遗嘱继承、遗赠扶养协议并存之时，应当如何处理的问题。孙甲作为孙某的养子，为法定继承人。孙某所立自书遗嘱，将3 000元存款赠与张某，张某为受遗赠人。依照孙某与李某所签遗赠扶养协议，李某享有按照协议继承遗产的权利。

《继承编解释（一）》第3条规定："被继承人生前与他人订有遗赠扶养协议，同时又立有遗嘱的，继承开始后，如果遗赠扶养协议与遗嘱没有抵触，遗产分别按协议和遗嘱处理；如果有抵触，按协议处理，与协议抵触的遗嘱全部或者部分无效。"依据该规定，在存在冲突时，遗赠扶养协议的效力优于遗嘱继承的效力。另外，遗赠扶养协议和遗嘱继承的效力要优于法定继承的效力，只有在依照遗赠扶养协议或遗嘱继承分配遗产之后，还有剩余的遗产的，才按照法定继承处理。孙某与李某所立遗赠扶养协议约定，自己的所有财产归李某所有，因此，张某与孙甲无权再继承孙某的遗产。

2.（1）何某有权在张律师不在场的情况下撤销遗嘱。

《民法典》第1142条规定："遗嘱人可以撤回、变更自己所立的遗嘱。立遗嘱后，遗嘱人实施与遗嘱内容相反的民事法律行为的，视为对遗嘱相关内容的撤回。立有数份遗嘱，内容相抵触的，以最后的遗嘱为准。"因此，何某可以另立新遗嘱，在新遗嘱中声明变更或者撤销原先所立的遗嘱。需要注意的是，新的遗嘱形式要符合《民法典》的相关规定与要求。

（2）何某有权要求甲归还房屋。

《民法典》第146条规定："行为人与相对人以虚假的意思表示实施的民事法律行为无效。以虚假的意思表示隐藏的民事法律行为的效力，依照有关法律规定处理。"何某将房屋过户给甲是双方虚假行为，无效。因为合同无效，所以甲不能取得所有权，何某仍然是所有权人。根据《民法典》第196条，不动产的返还原物请求权不适用诉讼时效。

（3）何某无权要求丙返还房屋。

《民法典》第311条规定："无处分权人将不动产或者动产转让给受让人的，所有权人有权追回；除法律另有规定外，符合下列情形的，受让人取得该不动产或者动产的所有权：（一）受让人受让该不动产或者动产时是善意；（二）以合理的价格转让；（三）转让的不动产或者动产依照法律规定应当登记的已经登记，不需要登记的已经交付给受让人。受让人依据前款规定取得不动产或者动产的所有权的，原所有权人有权向无处分权人请求损害赔偿。当事人善意取得其他物权的，参照适用前两款规定。"本题中，甲无权处分房屋，若丙受让该房屋时是善意的，在已支付合理对价并办理登记的情况下，丙善意取得房屋的所有权，何某丧失所有权，不能再主张返还原物，但其可以向甲请求损害赔偿。

第七十一章　继承程序

知识逻辑图

继承程序
- 继承的开始
  - 继承开始的时间：被继承人死亡的时间
  - 继承开始的场所：一般地说，是被继承人的住所地或主要遗产所在地
  - 继承开始后的通知
- 遗产的界定
  - 概念：自然人死亡时遗留的个人合法财产
  - 范围：自然人的私人财产所有权；知识产权中的财产权利；自然人的债权、债务；自然人的其他合法财产
  - 不构成遗产的权利和义务
  - 确定遗产范围的几个问题
    - 遗产与夫妻或家庭共有财产
    - 遗产与承包经营的财产
    - 遗产与基于特定身份所享有的财产权利或财产
    - 遗产与抚恤金、保险金
- 继承权的接受、放弃和丧失
  - 继承权的接受：可以采取默示形式
  - 继承权的放弃：必须采取明示方式
  - 继承权的丧失：又称继承权的剥夺
- 遗产的分割
  - 遗产分割的原则：遗嘱分割自由；有利于生产和生活；为胎儿保留应继份额；不损害遗产的效用
  - 遗产分割的方式：实物分割；折价分割，适当补偿；共有；变价分割
- 无人继承又无人受遗赠的遗产
  - 概念：在继承开始后，没有人依法继承或接受遗赠的被继承人的遗产
  - 归属：归国家所有，用于公益事业；死者生前为集体所有制组织成员的，归所在集体所有制组织所有

名词解释

1. 继承权的接受和放弃
2. 继承权的丧失
3. 无人继承又无人受遗赠的遗产

选择题

（一）单项选择题

1. 继承开始的时间应当是（　　）。

A. 继承人表示接受继承的时间

B. 被继承人死亡的时间

C. 遗产被确定的时间

D. 遗产分割的时间

2. 甲为自己投保一份人寿险，指定其妻为受益人。甲有一子 4 岁，甲母 50 岁且自己单独生活。某日，甲因交通事故身亡。该份保险的保险金依法应如何处理？（　　）（司考改编）

A. 应作为遗产由甲妻、甲子、甲母共同继承

B. 应作为遗产由甲妻一人继承

C. 应作为遗产由甲妻、甲子继承

D. 应全部支付给甲妻

3. 张三夫妻共有存款 8 万元，家里有张三的工资现金 1 万元，其妻的工资现金 2 万元，张三死亡时，其遗产是（　　）。

A. 11 万元　　B. 5 万元

C. 5.5 万元　　D. 8 万元

4. 王某因为交通事故死亡，其留下的财产中，不能够作为遗产继承的有（　　）。

A. 个人所得的稿费

B. 标的物为财物的债权

C. 王某承包果林所获收益

D. 从事非法经营活动所得的收益

5. 对被继承人债务的清偿，下列说法中错误的是（　　）。

A. 须遵循限定继承原则

B. 清偿债务优先于执行遗赠

C. 不得影响缺乏劳动能力又没有生活来源的继承人的基本生活需要

D. 法定继承、遗嘱继承、遗赠并存的，应先由受遗赠人以其所得遗赠偿还

6. 孙某因病去世，去世时遗产由其妻甲和两个孩子乙、丙继承。当时甲已经怀孕，为胎儿保留继承份额人民币 10 万元，但胎儿出生后仅两个小时就死亡了。这 10 万元应当（　　）。

A. 由甲、乙、丙各继承三分之一

B. 甲继承一半，乙和丙继承一半

C. 由甲全部继承

D. 由乙、丙继承

7. 下列哪一行为可引起放弃继承权的后果？（　　）（司考改编）

A. 张某以书面形式向遗产管理人表示放弃继承权

B. 王某在遗产分割后放弃继承权

C. 李某以不再赡养父母为前提，书面表示放弃其对父母的继承权

D. 赵某与父亲共同发表书面声明断绝父子关系

8. 甲在乙寺院出家修行，立下遗嘱，将下列财产分配给女儿丙：乙寺院出资购买并登记在甲名下的房产；甲以僧人身份注册的微博账号；甲撰写《金刚经解说》的发表权；甲的个人存款。甲死后，在遗产分割上乙寺院与丙之间发生争议。下列哪一说法是正确的？（　　）（司考改编）

A. 房产虽然登记在甲名下，但甲并非事实上所有权人，其房产应归寺院所有

B. 甲以僧人身份注册的微博账号，目的是为推广佛法理念，其微博账号应归寺院所有

C. 甲撰写的《金刚经解说》属于职务作品，为保护寺院的利益，其发表权应归寺院所有

D. 甲既已出家，四大皆空，个人存款应属寺院财产，为维护宗教事业发展，其个人存款应归寺院所有

（二）多项选择题

1. 以下各项中，不必然导致继承权丧失的是（　　）。

A. 故意杀害被继承人的

B. 为争夺遗产而杀害其他继承人的

C. 虐待被继承人情节严重的

D. 伪造、篡改或者销毁遗嘱的

2. 遗产分割的方式有（　　）。

A. 实物分割

B. 变价分割

C. 折价分割，适当补偿

D. 共有

3. 下列情况为放弃继承或放弃接受遗赠的有（　　）。

A. 在遗产处理前明确表示放弃继承的

B. 在遗产处理前没有明确表示放弃或接受继承的

C. 在遗产处理前明确表示放弃接受遗赠的

D. 在遗产处理前没有明确表示放弃或接受遗赠的

4. 王某的下列财产中构成遗产的有（　　）。

A. 王某从部队转业所享有的资助金

B. 王某对其所承租房屋的承租权

C. 王某所拥有的藏书

D. 王某所有的专利权

5. 甲去世之前，立遗嘱将其财产赠给朋友乙，乙在为甲吊丧时听说了此事，但碍于情面没有明确表示接受，半年之后乙前来领受遗赠，被甲的家人拒绝，乙向法院提起诉讼。下列说法正确的是（　　）。

A. 甲的遗产应当由乙按遗赠受领

B. 甲的遗产应当按照法定继承办理

C. 乙的行为视为接受遗赠

D. 乙的行为视为放弃接受遗赠

6. 孙某死后遗留下一张 1 万元的存折、一台电脑和一些旧家具。孙甲、孙乙和孙丙是孙某的三个儿子，

三人根据实际情况，经协商后，孙甲继承了家具，孙乙继承了电脑，孙丙继承了存折。四个月后，郭某向孙乙出示了自己将电脑借给孙某的借条，孙乙将电脑还给了郭某。下列说法正确的是（　　）。

A. 孙甲、孙丙构成不当得利

B. 孙甲、孙丙应按照所得遗产的比例向孙乙进行补偿

C. 分遗产时三人已经协商一致，孙乙应自己承担损失

D. 遗产已经分配完毕，郭某仍可要回电脑

7. 作为遗产必须具备的条件有（　　）。

A. 必须是自然人死亡时遗留的财产

B. 必须是自然人的个人财产

C. 必须是自然人生前使用的财产

D. 必须是自然人的合法财产

简答题

1. 简述遗产的范围。
2. 简述不构成遗产的权利和义务。
3. 简述遗产分割的原则。
4. 简述遗产分割的方式。

参考答案

名词解释

1. 继承权的接受，是指继承人在继承开始后到遗产处理前，作出接受自己的继承地位和应继份额的意思表示。继承权的放弃，是指继承人在继承开始后到遗产处理前，作出放弃自己的继承地位和应继份额的意思表示。

2. 继承权的丧失，是指依照法律规定在发生法定事由时取消继承人继承被继承人遗产的资格，又称继承权的剥夺。我国《民法典》第1125条规定了引起继承权丧失的五种事由：（1）故意杀害被继承人（不管是否以谋夺财产为目的，也不管是否既遂）；（2）为争夺遗产而杀害其他继承人；（3）遗弃被继承人，或者虐待被继承人情节严重的；（4）伪造、篡改、隐匿或者销毁被继承人所立合法遗嘱，情节严重的；（5）以欺诈、胁迫手段迫使或者妨碍被继承人设立、变更或者撤回遗嘱，情节严重。需要注意的是，继承权的丧失并非绝对的，根据《民法典》第1125条第2款的规定：“继承人有前款第三项至第五项行为，确有悔改表现，被继承人表示宽恕或者事后在遗嘱中将其列为继承人的，该继承人不丧失继承权。”

3. 无人继承又无人受遗赠的遗产，是指在继承开始后，没有人依法继承或者接受遗赠的被继承人的遗产。一般认为，有下列情况之一的，即可确定该财产为无人继承又无人受遗赠的遗产：（1）被继承人无法定继承人又未立遗嘱指定继承人、受遗赠人，或所立遗嘱或遗赠无效；（2）所有的继承人和受遗赠人都放弃或拒绝继承或受遗赠；（3）所有继承人都被剥夺继承权；（4）有无继承人或受遗赠人情况不明，经公告期满后仍无人出面主张继承权或受遗赠权。但必须指出的是，当第一顺序的继承人全部放弃或丧失继承权时，若有第二顺序的继承人存在，不属于无人继承；当遗嘱继承人、受遗赠人全部放弃或丧失继承权、受遗赠权时，若有后位继承人、受遗赠人存在，也不属于无人继承又无人受遗赠。

选择题

（一）单项选择题

1. 答案：B。继承因被继承人死亡而开始，被继承人死亡的时间就是继承开始的时间。因此，本题的正确答案是B。

2. 答案：D。死者生前参加人身保险的，当保险事故发生后，投保人死亡时，保险合同的投保人已指定了受益人的，保险公司依照规定给付的保险金应归受益人所有。该保险金并不属于死者的遗产。故本题的正确答案为D。

3. 答案：C。《民法典》第1153条规定：“夫妻共同所有的财产，除有约定的外，遗产分割时，应当先将共同所有的财产的一半分出为配偶所有，其余的为被继承人的遗产。”本题当中，张三夫妻共有财产11万元，其中一半为张三之妻所有，张三的遗产为5.5万元。本题的正确答案为C。

4. 答案：D。《民法典》第1122条规定：“遗产是自然人死亡时遗留的个人合法财产。依照法律规定或者根据其性质不得继承的遗产，不得继承。”个人所得的稿费依法属于王某的个人财产，故A项不可选。依

据该规定，B项不可选。自然人的承包经营权依法不能够作为遗产继承，但是因承包所得的收益，可依法继承，故C项不可选。能够作为遗产继承的必须是合法的财产，故D项可选。

5. 答案：D。A、B、C三项均为被继承人债务清偿中应当遵循的原则。法定继承、遗嘱继承、遗赠并存的，应当首先由法定继承人以其所得遗产清偿债务。因此，本题的正确答案为D。

6. 答案：C。遗产分割时为胎儿保留的必要份额，应依照不同情况进行处理，胎儿出生时为死体的，保留的份额按法定继承处理；胎儿出生后死亡的，由婴儿的法定继承人继承。本题中，胎儿出生后存活了两个小时才死亡，应由其法定继承人继承。甲作为婴儿的母亲，依法为第一顺序继承人。因此，本题应选C。

7. 答案：A。选项A正确。《继承编解释（一）》第33条规定："继承人放弃继承应当以书面形式向遗产管理人或者其他继承人表示。"据此可知，张某以书面形式向遗产管理人表示放弃继承权，发生放弃继承权的法律后果。

选项B错误。《民法典》第1124条规定："继承开始后，继承人放弃继承的，应当在遗产处理前，以书面形式作出放弃继承的表示；没有表示的，视为接受继承。受遗赠人应当在知道受遗赠后六十日内，作出接受或者放弃受遗赠的表示；到期没有表示的，视为放弃接受遗赠。"根据该规定，继承人放弃继承的意思表示，应当在继承开始后、遗产分割前作出。遗产分割后表示放弃的不再是继承权，而是所有权。据此可知，王某在遗产分割后表示放弃继承权的，不发生放弃继承权的法律后果。

选项C错误。《继承编解释（一）》第32条规定，继承人因放弃继承权，致其不能履行法定义务的，放弃继承权的行为无效。据此可知，李某以不履行其法定的赡养义务为前提主张放弃继承权的，该放弃继承权的行为无效，不发生放弃继承权的法律后果。

选项D错误。继承权是基于父母与子女之间的血亲关系而产生的，这种血亲关系不能解除。父母与子女由于家庭矛盾而发表的脱离父母子女关系的声明没有法律效力，在法律上得不到承认，即这种声明对基于血亲关系而产生的法定继承权没有影响。因此，赵某与父亲虽然共同发表书面声明断绝父子关系，但赵某对父亲遗产的继承权仍然存在。

8. 答案：A。《民法典》第216条规定："不动产登记簿是物权归属和内容的根据。不动产登记簿由登记机构管理。"但不动产登记簿仅仅具有权利推定效力，登记簿记载的事项与真实状况不一致的，应当以真实状况为准。乙寺院出资购买并登记在甲名下的房产，房产应归寺院所有，A项正确。甲以僧人身份注册的微博账号属于甲个人所有，可以通过遗嘱分配给女儿丙，不属于寺院所有，B项错误。《著作权法》第11条第3款规定："由法人或者非法人组织主持，代表法人或者非法人组织意志创作，并由法人或者非法人组织承担责任的作品，法人或者非法人组织视为作者。"题目中并未显示甲撰写的《金刚经解说》符合以上规定，不应属于职务作品，C项错误。甲的个人存款属于个人，不应归寺院所有，D项错误。

（二）多项选择题

1. 答案：CD。《民法典》第1125条规定："继承人有下列行为之一的，丧失继承权：（一）故意杀害被继承人；（二）为争夺遗产而杀害其他继承人；（三）遗弃被继承人，或者虐待被继承人情节严重；（四）伪造、篡改、隐匿或者销毁遗嘱，情节严重；（五）以欺诈、胁迫手段迫使或者妨碍被继承人设立、变更或者撤回遗嘱，情节严重。继承人有前款第三项至第五项行为，确有悔改表现，被继承人表示宽恕或者事后在遗嘱中将其列为继承人的，该继承人不丧失继承权。受遗赠人有本条第一款规定行为的，丧失受遗赠权。"依据该条第1款的规定，伪造、篡改、隐匿或销毁遗嘱，必须达到情节严重的程度，才能够导致继承人丧失继承权，D项正确，A、B项错误。依据该条第2款，继承人虐待被继承人情节严重，确有悔改表现，被继承人表示宽恕或者事后在遗嘱中将其列为继承人的，该继承人不丧失继承权。因此，继承人虐待被继承人情节严重并不当然导致继承权丧失，C项正确，当选。综上所述，本题答案为CD。

2. 答案：ABCD。四个选项都可以是遗产分割的方式。

3. 答案：ACD。依据我国《民法典》继承编的规定，继承权的接受既可以采取明示的方式，也可以采取默示的方式，而受遗赠权的接受必须采取明示的方式。因此，未明确表示放弃继承的，视为接受继承。未明确表示接受遗赠的，视为放弃受遗赠。本题的正确答案为ACD。

4. 答案：CD。A项军人转业所享有的资助金具有人身专属性，不能够由他人继受。B项承租权同样与特定的人身不可分离，不能够转让和继承。C、D项均为王某所拥有的个人合法财产，依法可以构成遗产。本题的正确答案为CD。

5. 答案：BD。《民法典》第1124条第2款规定："受遗赠人应当在知道受遗赠后六十日内，作出接受或者放弃受遗赠的表示；到期没有表示的，视为放弃受遗赠。"乙自知道受遗赠开始，半年之后才前去领受遗赠，且在此之前并没有表示接受遗赠。依照上述规定应被视为放弃接受遗赠，甲的遗产应当按照法定继承办理。本题应选BD。

6. 答案：BD。只有孙某的个人合法财产才是遗产，其借用他人的电脑非属遗产。孙乙应当返还电脑。孙乙将电脑返还后，可以要求孙甲、孙丙按照所得遗产的比例对其进行补偿。本题应选BD。

7. 答案：ABD。遗产必须是自然人死亡时所遗留的个人合法财产，但并不以自然人生前对其加以使用为必要条件。本题的正确答案为ABD。

简答题

1. 遗产是自然人死亡时遗留的个人合法财产，主要包括以下四类。

第一，自然人的私人财产所有权。这主要包括：(1) 自然人的合法收入、储蓄；(2) 自然人的房屋、生活用品；(3) 自然人的林木、牲畜、家禽；(4) 自然人的文物、图书资料；(5) 法律允许自然人所有的生产资料。

第二，知识产权中的财产权利。这主要包括著作权、专利权、商标专用权、发现权、发明权以及其他科技成果权中的财产权利。

第三，自然人的债权、债务。凡标的物为财物的债权、债务，允许移转和继承。

第四，自然人的其他合法财产。主要有有价证券、某些他物权（如抵押权、留置权等）。

应当注意的是，遗产不仅包括积极财产（权利），也包括消极财产（义务）。

2. 下列权利、义务不构成遗产。

第一，与被继承人的人身密不可分的人身权利。它不具有可转让性，不能构成遗产，如姓名权、名誉权、肖像权等。

第二，与被继承人的人身密切相关的债权、债务。

第三，复员、转业军人享有的资助金、复员费、医疗费；自然人的离退休金和养老金；因工伤残抚恤金费和革命残废军人抚恤费。这些都具有人身专属性，不能由他人继受。

第四，国有资源使用权，如采矿权、狩猎权、渔业权等。这些权利都是经特定程序授予特定人享有的，不能转让和继承。

第五，承包经营权。自然人依承包合同而对国家所有或集体所有的土地、山岭、草原、荒地、滩涂、水面等享有的承包经营权，不能作为遗产，但其个人承包应得的个人收益，可依法继承。

第六，宅基地使用权。宅基地使用权只能与房屋所有权一同转移，不能作为遗产继承。

3. 遗产分割的原则包括：

第一，遗产分割自由。遗产共有是一种暂时性的共有关系，以遗产分割为终局目的和结果，因此，继承人可以自由协商遗产的分割时间，任何继承人都可以随时行使遗产分割请求权，要求分割遗产。

第二，有利于生产和生活。在分割遗产时，应当考虑遗产的性质和继承人各自特点。对于生产资料的分割，要从有利于生产的目的出发，考虑生产的需要和财产的用途，将生产资料尽可能分配给有生产经营能力的继承人；对于生活资料的分割，要考虑继承人的实际需要，首先分配给有此特殊需要的继承人。当取得生产资料或生活资料的继承人所得的遗产价值超出其应继承的遗产价值的，应给其他继承人以合理补偿。

第三，为胎儿保留应继份额。遗产分割时应当为胎儿保留一定的遗产份额，该应继份额由其母亲代管。应当保留而没有保留的，应从继承人所继承遗产中扣回。胎儿出生时是死体的，保留的份额按照法定继承办理；胎儿出生后死亡的，由婴儿的法定继承人继承。

第四，不损害遗产的效用。对于不可分物或者不易分割的遗产，可以采取折价、作价补偿、共有或者分割价款的方法处理。

4. 遗产分割的方式包括以下几种。

第一，实物分割。当遗产为可分物时，按各继承人应得的遗产份额，对遗产作实际分割，使各继承人取得其应得部分。

第二，折价分割，适当补偿。当遗产为不可分物或不宜分割时，可由最需要该遗产的继承人取得，该遗产的价值超出应得遗产份额的，对多得部分由该继承人作价补偿其他继承人。

第三，共有。当遗产既不宜实物分割又无法作价补偿时，由数个继承人共同继承，对该遗产共同享有所有权。

第四，变价分割。对不宜进行实物分割和折价、作价的遗产，各继承人也不愿共同继承的，可变卖遗产，按各自应得份额分割价款。

第七编

侵权责任

第七十二章　侵权责任法的一般规定与基本原理

知识逻辑图

- 侵权责任法的一般规定与基本原理
  - 侵权责任法的一般规定
    - 概念：调整有关侵害他人人身、财产权利和合法权益的行为（举动）所产生的相关侵权责任关系的法律规范的总和
    - 体系
      - 侵权责任法的立法结构
      - 总则与分则的关系
      - 一般侵权责任法与特殊侵权责任法的关系
    - 保护范围：民事权利＋合法权益
    - 功能
      - 保护民事权益
      - 明确侵权责任
      - 预防和制裁侵权行为
      - 填补损害
      - 教育与惩戒
    - 责任重合：行为人的同一行为符合两个或两个以上不同性质的法律责任之构成要件，依法应当承担多种不同性质的法律责任之制度
    - 侵权赔偿责任优先原则
    - 归责原则
      - 过错责任原则
        - 概念：过错是承担侵权责任的基础
        - 特征
          - 主观归责原则
          - 以行为人的过错为构成要件
          - 适用于一般侵权行为
        - 过错推定：过错责任原则的特殊情形
      - 无过错责任原则
        - 概念：不考虑行为人有无过错或者说行为人有无过错对民事责任的构成和承担不产生影响
        - 特征
          - 不以行为人的过错为构成要件
          - 适用必须有法律的明确规定
        - 与过错责任原则的关系
  - 侵权责任的构成要件
    - 概述
      - 概念：依据《民法典》第 1165 条及相关条款而承担一般侵权责任的各种作为必要条件的因素
      - 《民法典》侵权责任编的规定——四要件说
    - 加害行为
      - 概念：侵权人一方实施的加害于被侵权人民事权益的不法行为
      - 特征
        - 侵权责任人或者被监护人、雇员等实施的行为
        - 本质上具有不法性
        - 所侵害的是被侵权人的民事权益
      - 种类
        - 自己的加害行为与准侵权行为
        - 直接加害行为与间接加害行为
        - 积极加害行为与消极加害行为

- 侵权责任法的一般规定与基本原理
  - 侵权责任的构成要件
    - 损害
      - 概念：被侵权人因他人的加害行为或者物的内在危险之实现而遭受的人身或财产方面的不利后果
      - 具体类型
        - 财产损失
          - 直接损失
          - 间接损失
        - 人身损害
          - 死亡
          - 伤残
        - 精神损害
    - 因果关系
      - 概念：加害行为与损害结果之间的引起与被引起关系；他人致害行为或物的内在危险之实现与损害之间的内在联系
      - 检查方法
        - 时间上的顺序性
        - 原因抽象的客观性
        - 必要条件的检验
        - 实质要素的补充检验
      - 形态
        - 一因一果
        - 一因多果
        - 多因一果
        - 多因多果
    - 过错
      - 概念：《民法典》侵权责任编的归责原则，是侵权人的一种可归责的心理状况，表现为故意和过失两种形式
      - 判断标准
        - “诚信善意之人”对当事人注意程度的要求
        - 法律法规和操作规程等规定的特别注意程度的要求
        - 关于当事人的自身情况
  - 数人共同的侵权责任承担
    - 连带责任
      - 概念：由两名或两名以上当事人对共同产生的不履行民事义务的民事责任承担全部责任，并因此引起内部债务关系
      - 类型
        - 共同侵权行为的连带责任
        - 共同危险行为的连带责任
        - 原因竞合情况下的连带责任
        - 法律特别规定承担连带责任的情况
    - 按份责任
      - 概念：共同承担民事责任的多个当事人之间按照一定的份额比例承担相应民事责任
      - 类型
        - 平均的按份责任
        - 不同比例的按份责任
    - 全部责任＋补充责任
      - 概念：在应承担清偿责任的主责任人财产不足以承担全部责任时，由补充责任人承担补充清偿的民事责任
      - 补充责任的类型
        - 完全补偿责任
        - 相应补偿责任
    - 关于适当补偿：补偿义务是法律基于公平原则的损失分担，它只是一种法定的义务，而非具有可归责性的责任

- 侵权责任法的一般规定与基本原理
  - 减轻与不承担侵权责任的抗辩事由
    - 抗辩事由
      - 正当理由的抗辩与外来原因的抗辩
      - 法定的抗辩事由与未经法律规定的抗辩事由
    - 正当理由的抗辩
      - 正当防卫
      - 紧急避险
      - 被侵权人同意，自愿承受危险
      - 自助行为
      - 依法行使权利与执行职务
      - “好人法”规则
    - 外来原因的抗辩
      - 不可抗力
      - 被侵权人错过
      - 第三人原因

名词解释

1. 违约责任
2. 紧急避险
3. 特殊侵权行为
4. 严格责任原则
5. 共同危险行为（考研）
6. 侵权责任
7. 过错责任原则
8. 无过错责任

选择题

（一）单项选择题

1. 张三和李四二人共同砸坏王五的轿车，造成损失 8 万元。三人协商后约定，张三、李四各赔偿 4 万元。后李四没有给付赔偿金。此案应如何认定？（　　）（考研）

A. 三人的约定违反了《民法典》第 178 条“连带责任”之规定，因而无效。张三应当先承担全部赔偿责任，然后向李四求偿

B. 约定责任不能改变法定责任，故张三、李四应当依法承担连带责任

C. 为减少李四迟延履行的责任，张三应当先为李四无因管理，然后李四向张三支付管理费用

D. 王五分别向张三、李四主张 4 万元赔偿金

视频讲题

2. 一小偷利用一楼住户甲违规安装的防盗网，进入二楼住户乙的室内，行窃过程中将乙打伤。下列哪一种说法是正确的？（　　）（法考）

A. 乙的人身损害应由小偷和甲承担连带责任

B. 乙的人身损害只能由小偷承担责任

C. 乙的人身损害应由甲和小偷根据过错大小，各自承担责任

D. 乙的人身损害应先由小偷承担责任，不足部分由甲承担

3. 下列甲、乙承担双方责任的是（　　）。

A. 甲、乙共同打伤了丙

B. 甲、乙共同买下丙的房屋，并约定各欠 4 万元房款

C. 甲、乙合伙开了一个运输公司，乙在开车途中撞上了丙

D. 甲的羊群冲进了乙的麦田，乙不管不问造成损失扩大

4. 侵权人因同一行为承担民事责任 2 万元，同时被判处罚金 1 万元。若侵权人可供执行的财产仅有 2 万元，那么正确的做法是（　　）。

A. 民事责任优先，应当将 2 万元用于承担民事责任

B. 行政责任优先，应当将 1 万元用于承担行政责任，剩余的 1 万元用于承担民事责任

C. 两种责任地位同等，故应各用 1 万元分别承担行政责任和民事责任

D. 以上说法均不对

5. 合伙经营不善，退伙人对其参加合伙期间的全部债务（　　）。

A. 负有限责任　　B. 负无限责任

C. 不承担责任　　D. 负连带责任

6. 甲公司分立为乙、丙两个公司，乙、丙公司约定原欠丁公司的债务由乙公司负责偿还。后乙公司无力偿还，丁公司要求丙公司承担债务，遭到丙公司的拒绝。下列说法正确的是（　　）。

A. 丙公司应当独立偿还

B. 丙公司没有义务偿还

C. 应当由乙、丙两公司承担连带责任

D. 应当由乙、丙两公司承担按份责任

7. 甲委托乙将一批生猪从河北运往深圳，乙在押运途中突患急病被送往医院抢救，乙紧急委托了自己的同学丙暂时进行照看，详细告知了管理方法，并将此情况告知了甲，要求甲派人过来。甲派的人尚未赶到时，由于天气太热，二十多头生猪热死，此损失应当由谁承担责任？（　　）

A. 应当由乙承担

B. 应当由甲承担

C. 应当由丙承担

D. 应当由甲、丙分担

视频讲题

8. 甲欲购买一台电脑，但由于业务繁忙，遂委托懂电脑的乙代为购买，乙又委托丙购买。由于丙不懂电脑，花了 1 万元，结果买到的是劣质的假货。此损失应当由谁承担？（　　）

A. 应当由甲承担

B. 应当由乙、丙承担

C. 如果乙就转委托的事情经过了甲的同意，则由甲承担，否则由乙承担

D. 应当由甲、丙承担

视频讲题

9. 姚某旅游途中，前往某玉石市场参观，在唐某经营的摊位上拿起一只翡翠手镯，经唐某同意后试戴，并问价。唐某报价 18 万元（实际进货价 8 万元，市价 9 万元），姚某感觉价格太高，急忙取下，不慎将手镯摔断。关于姚某的赔偿责任，下列哪一选项是正确的？（　　）（法考）

A. 应承担违约责任

B. 应赔偿唐某 8 万元损失

C. 应赔偿唐某 9 万元损失

D. 应赔偿唐某 18 万元损失

10. 刘婆婆回家途中，看见邻居肖婆婆带着外孙小勇和另一家邻居的孩子小囡（均为 4 岁多）在小区花园中玩耍，便上前拿出几根香蕉递给小勇，随后离去。小勇接过香蕉后，递给小囡一根，小囡吞食时误入气管导致休克，经抢救无效死亡。对此，下列哪一选项是正确的？（　　）（法考）

A. 刘婆婆应对小囡的死亡承担民事责任

B. 肖婆婆应对小囡的死亡承担民事责任

C. 小勇的父母应对小囡的死亡承担民事责任

D. 属意外事件，不产生相关人员的过错责任

11. 根据侵权行为的行为方式的不同，可以将侵权行为分为（　　）。

A. 一般侵权行为和特殊侵权行为

B. 单独侵权行为和共同侵权行为

C. 积极侵权行为和消极侵权行为

D. 为自己负责的侵权行为和为他人负责的侵权行为

12. 一般侵权行为的归责原则是（　　）。

A. 严格责任原则

B. 过错责任原则

C. 公平责任原则

D. 无过错责任

13. 有关公平责任原则的说法正确的是（　　）。

A. 公平责任是一种道德责任而不是法律责任

B. 公平责任适用于双方都没有过错的情况

C. 公平责任下，推定行为人有过错

D. 公平责任下，双方平均承担损失

14. 甲在乙经营的酒店进餐时饮酒过度，离去时拒付餐费。乙不知甲的身份和去向。甲酒醒后回酒店欲取回遗忘的外衣，乙以甲未付餐费为由拒绝交还。对乙的行为应如何定性？（　　）（法考）

A. 是行使同时履行抗辩权

B. 是行使不安抗辩权

C. 是自助行为

D. 是侵权行为

15. 甲以正常速度驾驶汽车（已投保）途中，突遇行人乙在非人行道处横穿公路，甲紧急刹车，但仍将其撞伤。在保险公司于机动车第三者责任强制保险责任限额内向乙支付保险金后，乙尚有一部分损害未获赔偿。对于这部分损害赔偿费用的承担问题，下列哪一种说法是正确的？（　　）（法考）

A. 由保险公司承担赔偿责任

B. 由乙自行承担

C. 由甲承担部分赔偿责任

D. 由甲承担全部赔偿责任

16. 新疆某农垦医院在给一患者注射青霉素注射液时，医务人员询问了患者的过敏史并按规定进行了皮试后，才给患者进行了注射，然后患者又在观察室观察了10分钟。但是患者回家后3个小时，发生过敏，因抢救不及时死亡。经查明，这种青霉素的延缓过敏现象是极为罕见的，是患者的体质特殊导致的。下列说法错误的是（　　）。

A. 医疗事故的责任认定，属于一般过错责任，即该责任之构成以医疗机构或医务人员有过错为要件，这一过错需要被侵权人举证证明

B. 本案中医院的做法并无不当，不应承担责任

C. 本案中医院并无过错，但是医疗事故应当适用无过错责任，医院仍应承担责任

D. 患者的体质特殊才导致了事故的发生，医院可以免责

17. 李某因记恨同事刘某，故指示15岁的赵某、20岁的孙某将刘某打伤。刘某向法院起诉，要求李某等人共同承担连带责任。法院应如何判决？（　　）

A. 李某等人应当承担连带赔偿责任

B. 应当由赵某和孙某承担连带赔偿责任

C. 应当由李某承担赔偿责任

D. 如果赵某的监护人未尽到监护责任，应当承担相应的责任

18. 送奶人误将王某订的牛奶投入其邻居张某家的奶箱中，张某不明所以，取而弃之。对张某行为的性质应如何认定？（　　）（法考）

A. 构成不当得利

B. 构成侵权行为

C. 构成无权代理

D. 并无不当

19. 甲、乙各牵一头牛于一桥头相遇。甲见状即对乙叫道："让我先过，我的牛性子暴，牵你的牛躲一躲。"乙说，"不怕"，继续牵牛过桥，甲也牵牛上桥。结果二牛在桥上打架，乙的牛跌入桥下摔死。乙的损失应由谁承担？（　　）（法考）

A. 甲应负全部赔偿责任

B. 应由乙自负责任

C. 双方按各自的过错程度承担责任

D. 双方均无过错，按公平责任处理

20. 甲违章驾车，正常行走的行人乙为了躲避甲的车向路边躲避，结果掉入了正在施工的排水沟中，该施工单位并未设立任何警示标志，乙胳膊摔伤，花去医药费几千元。对于乙的损失，应当由谁来承担？（　　）

A. 甲违章驾车是造成乙受伤的根本原因，应当由甲赔偿

B. 施工单位未设立警示标志具有过错，应当由其赔偿

C. 为无意思联络的数人侵权，甲和施工单位能够确定责任大小的各自承担责任，不能确定的平均承担责任

D. 为共同侵权行为，甲和施工单位承担连带赔偿责任

视频讲题

21. 赵某将一匹易受惊吓的马赠给李某，但未告知此马的习性。李某在用该马拉货的过程中，雷雨大作，马受惊狂奔，将行人王某撞伤。下列哪一选项是正确

的？（　　）（法考）

A. 应由赵某承担全部责任

B. 应由李某承担责任

C. 应由赵某与李某承担连带责任

D. 应由李某承担主要责任，赵某也应承担一定的责任

22. 甲公司铺设管道，在路中挖一深坑，设置了路障和警示标志。乙驾车撞倒全部标志，致丙骑摩托车路经该地时避让不及而驶向人行道，造成丁轻伤。对丁的损失，下列哪一选项是正确的？（　　）（法考）

A. 应由乙承担赔偿责任

B. 应由甲和乙共同承担赔偿责任

C. 应由乙和丙共同承担赔偿责任

D. 应由甲、乙和丙共同承担赔偿责任

视频讲题

23. 周某从迅达公司购买了1辆车，约定周某试用10天，试用期满后3天内办理登记过户手续。试用期间，周某违反交通规则将李某撞成重伤。现周某经济困难，无力赔偿。关于李某受到的损害，下列哪一表述是正确的？（　　）（法考）

A. 因在试用期间该车未交付，李某有权请求迅达公司赔偿

B. 因该汽车未过户，李某不知该汽车已经出卖，有权请求迅达公司赔偿

C. 李某有权请求周某赔偿，因周某是该汽车的使用人

D. 李某有权请求周某和迅达公司承担连带赔偿责任，因周某和迅达公司是共同侵权人

24. 某洗浴中心大堂处有醒目提示语："到店洗浴客人的贵重物品，请放前台保管。"甲在更衣时因地滑摔成重伤，并摔碎了手上价值20万元的定情信物玉镯。经查明：因该中心雇用的清洁工乙清洁不彻底，地面湿滑导致甲摔倒。下列哪一选项是正确的？（　　）（法考）

A. 甲应自行承担玉镯损失

B. 洗浴中心应承担玉镯的全部损失

C. 甲有权请求洗浴中心赔偿精神损害

D. 洗浴中心和乙对甲的损害承担连带责任

25. 甲将摄录自己婚礼庆典活动的仅有的一盘录像带交给个体户乙制作成VCD保存，乙的店铺因丙抽烟不慎失火烧毁，导致录像带灭失。下列说法哪一个是正确的？（　　）（法考）

A. 甲可对乙提起违约之诉，并请求精神损害赔偿

B. 甲可对乙提起侵权之诉，并请求精神损害赔偿

C. 甲只能对丙提起侵权之诉，并请求精神损害赔偿

D. 甲可对乙提起违约之诉或侵权之诉，不能请求精神损害赔偿

26. 甲厂经乙厂许可，在某省独占使用乙厂的注册商标。后发现当地的丙厂也使用了该商标。经查，丙厂是经过外省对同一商标享有独占使用权的丁厂的违法许可而使用该商标的。甲厂的下列请求哪一个不能成立？（　　）（法考）

A. 请求乙厂承担违约责任

B. 请求丁厂承担侵权责任

C. 请求丙厂承担侵权责任

D. 请求丙厂、丁厂连带承担侵权责任

27. 某林场因自然原因着火，途经此地的甲奋勇救火导致多处烧伤，花去医药费1万余元。经查林场并无过错，对于此损失，甲向林场提出补偿请求遭到拒绝，遂诉诸法院，那么（　　）。

A. 因为无人存有过错，故应当由甲自行承担损失

B. 林场虽无过错，但是因为甲的救火行为受益，应当负担甲的全部损失

C. 林场虽无过错，但是因为甲的救火行为受益，人民法院可以责令其给甲适当的补偿

D. 甲是为了维护公共利益受伤，应当由国家给予补偿

28. 某日，甲遇到以前的同学乙，甲自夸自己酒量大：一人能喝一斤白酒。乙即购6斤白酒并邀请甲、丙共饮。乙说："今日能喝一斤白酒，酒钱不用你花。"甲因此饮酒过量致酒精中毒，在医院花去医疗费几千元。现在甲诉诸法院，对此损失应由谁承担？（　　）

A. 甲承担

B. 乙承担

C. 甲、乙共同承担

D. 乙、丙共同承担

29. 甲某日外出时见乙欲殴打一女青年丙。当甲看到乙举起棍子欲打丙时，就用手臂去挡，结果棍子砸伤了甲的手腕，经治疗花费 200 多元。甲要求乙赔偿损失时，乙辩称其并没有打甲，是甲自己伸手挨打的，因此自己不负责任。下列说法正确的是（　　）。

A. 乙是侵害人，应当由乙赔偿甲的损失

B. 丙是受益人，应当由丙赔偿甲的损失

C. 应当由乙、丙共同赔偿

D. 应当由乙赔偿，也可以要求丙给予适当的补偿

30. 甲与乙均在某景点游玩，甲将自己的手提包忘在景点长凳上，被乙拾得。甲发现皮包丢失后急忙返回，但皮包已经不见了。甲于是连续一个星期在报纸上登载寻物启事，称包内有重要资料，如有人返还，酬谢 2 000 元。乙得知后与甲联系，要求甲支付酬金。甲拒绝，称乙拾到东西不还的行为是可耻的，还敢要钱？何况酬金之说并非自己真实的意思表示，而是不得已而为之，这种行为是无效的，因此拒绝付钱。乙因此恼羞成怒，称甲不给钱，他就不还包。有关甲、乙的行为说法正确的是（　　）。

A. 甲应当遵守承诺支付酬金

B. 甲的说法有理，乙无权要求甲付酬金

C. 乙的行为是乘人之危，无权要求酬金

D. 以上说法均不对

31. 下列属于侵权性的违约行为的是（　　）。

A. 超市的存包保管员偷拿顾客所存的包中的财物

B. 导游未按约定带顾客去够 10 个景点

C. 顾客吃了超市卖的过期食品造成腹泻

D. 药店卖给患者假药，致使患者耽误了治疗时机

32. 不属于违约损害赔偿和侵权损害赔偿的区别的是（　　）。

A. 在侵权行为发生时，双方当事人之间不存在合同关系

B. 违约损害赔偿可以由当事人事先约定限制赔偿数额，而在侵权损害赔偿中此种约定无效

C. 违约损害赔偿一般采取严格责任归责原则，而侵权损害赔偿往往采取过错责任归责原则

D. 违约损害赔偿侧重于保护合同债权，而侵权损害赔偿侧重于保护物权等绝对权

33. 甲驾车正常行驶，乙酒后驾车闯红灯，两车相撞，致甲的车撞伤正在执勤的交警丙。丙的损害应由（　　）。（考研）

A. 甲承担全部责任

B. 乙承担全部责任

C. 甲、乙承担连带责任

D. 甲承担次要责任，乙承担主要责任

34. 甲工厂、乙工厂分别位于某河流的上游和中游，两工厂单独排放的废水均不会造成损害，但废水汇集后导致下游丙的鱼塘的鱼大量死亡。对于丙的损失，（　　）。（考研）

A. 甲工厂、乙工厂均不承担责任

B. 甲工厂、乙工厂承担按份责任

C. 甲工厂、乙工厂承担连带责任

D. 甲工厂、乙工厂、丙三方分担

35. 甲骑乙公司运营的共享单车上班。途中，单车刹车失灵，甲躲闪不及，撞伤丙。丙的损害应当（　　）。（考研）

A. 由甲承担全部赔偿责任

B. 由乙公司承担全部赔偿责任

C. 由甲和乙公司承担按份赔偿责任

D. 由甲和乙公司承担连带赔偿责任

36. 甲闻到邻居乙的房间有刺鼻煤气味，便破门而入关闭煤气管道阀门，此时煤气灶爆炸，甲、乙均被炸伤。对此，下列选项正确的是（　　）。（考研）

A. 乙应当对甲予以适当补偿

B. 乙应当赔偿甲的全部损失

C. 甲、乙各自承担自己的损失

D. 甲应当赔偿乙的房门损失

37. 牛三在集市上抢夺翠花钱包后逃离，大强上前追赶捉拿。追至一条铁路旁，牛三沿路轨奔逃，大强紧追不舍。此时，一列火车迎面疾驰而来，牛三未及反应被撞身亡，大强因急忙跳下路轨而造成骨折。根据《民法典》，下列哪一项正确？（　　）（法考）

A. 大强对牛三的死亡承担过错责任

B. 大强可请翠花给予适当补偿

C. 翠花应对牛三的死亡承担公平责任

D. 大强应对牛三的死亡承担公平责任

38. 顾客甲在超市买东西时，看见顾客乙将手机遗失在水果摊位，甲因乙挑水果行为粗鄙，便没有直接告诉乙遗失了手机，而是将手机送到超市的失物招领处。招领处的工作人员丙在登记时，不小心碰翻顾客丁遗失的小鱼缸，致使该手机进水损坏。对此，下列哪一说法正确？（　　）（法考）

A. 甲的行为构成无因管理
B. 甲的行为构成拾得遗失物
C. 对于乙的手机损坏，丙与丁系共同侵权
D. 对于乙的手机损坏，甲与丙系共同侵权

39. 某大学在设有围栏和警示标语的篮球场举办篮球比赛，拾荒老妇詹某为抄近道横穿球场，篮球队员马某专心比赛快速奔跑不慎撞倒詹某，致詹某头部受伤。关于詹某的人身损害，下列哪一选项是正确？（　　）（法考）
A. 应由马某承担部分赔偿
B. 应由某大学承担全部赔偿责任
C. 应由马某承担全部赔偿责任
D. 应由詹某自担损失

40. 吕某遭到恶狗追咬，路人马某上前相救，情急之下拿了旁边路人何某的雨伞与恶狗搏斗。马某被狗咬伤（造成医疗费、误工损失数千元），何某的雨伞也在搏斗中打坏。经查，狗为赵某所养，赵某暂时无力赔偿。下面哪一选项是正确的？（　　）（法考）
A. 马某有权请求吕某给予适当补偿
B. 马某有权请求吕某赔偿损失
C. 何某有权请求马某赔偿雨伞的损失
D. 何某有权请求吕某赔偿雨伞的损失

（二）多项选择题

1. 下列应该承担民事责任的是（　　）。
A. 化工厂的污水排到甲的池塘里致使甲养的鱼全部死光
B. 某商店的电热毯不合格，甲买回去后电热毯着火，烧了甲的房子
C. 甲家的大树被风刮倒，砸塌了乙家的院墙
D. 乙从甲处低价买了一头得病的猪，不久该猪即病死

2. 下列承担连带责任的情况有（　　）。
A. 合伙人对合伙债务承担的责任
B. 抵押人和债务人对债务承担的责任
C. 共同侵权造成他人损害时应当承担的责任
D. 债务人约定承担连带责任的

3. 下列属于合同责任的有（　　）。
A. 违约责任
B. 因合同变更所产生的民事责任
C. 因合同解除产生的民事责任
D. 缔约过失责任

4. 民事责任属于（　　）。
A. 补偿性责任　　B. 惩罚性责任
C. 强制性责任　　D. 任意性责任

5. 下列有关民事责任与民事义务的说法正确的有（　　）。
A. 两者的实现方式不同
B. 两者赖以维持的基础不同
C. 两者都是民事法律关系的构成要素
D. 违反民事义务并不是引起民事责任承担的唯一原因

6. 甲和乙合伙开一饭店，甲出资，乙负责炒菜。一日，乙炒菜不慎，使顾客误食有毒蘑菇，受害人损失万元。下列说法错误的是（　　）。
A. 应当由有过错的乙负责赔偿
B. 应当由甲负责赔偿，因为饭店是他出资开的
C. 两人应各承担一半的责任
D. 二人应当承担连带责任

7. 甲与乙是生意上的对手，两人为生意明争暗斗了几十年。后来甲有了一个外孙，为了侮辱乙，甲故意给外孙起了与乙一样的名字，乙知道后因生气致使高血压发作，住进了医院。关于本案，下列说法不正确的是（　　）。
A. 甲的行为属于侵害他人名誉权的行为
B. 甲的行为侵害了乙的姓名权
C. 甲的行为属于不道德行为，但不应当承担法律责任
D. 甲的行为侵害了乙的健康权

8. 过错对于侵权责任的确定的作用可以体现在（　　）。
A. 认定责任的归属
B. 认定责任的范围
C. 在混合过错的情况下确定责任的承担
D. 确定共同侵权行为人责任的承担

9. 下列有关因果关系的说法错误的是（　　）。
A. 认定因果关系应区分直接原因和间接原因，行为人只能对直接原因负责
B. 因果关系是过错责任原则和严格责任原则下不可或缺的认定侵权责任的要件
C. 在公平责任中，不需要考虑因果关系的存在
D. 因果关系是确定责任范围的直接依据

10. 侵权民事责任中，被告针对原告的诉讼请求而可能提出的抗辩事由有（　　）。（考研）

A. 受害人过错　　B. 受害人同意
C. 紧急避险　　D. 正当防卫
E. 自助行为

11. 甲在饭店吃饭后，想趁人不注意溜走，结果被服务员发现。甲声称自己没有钱，饭店如果不放自己走就告饭店非法扣留；饭店则坚持甲付清饭钱，否则休想离开。双方争执不下。下列说法正确的是（　　）。

A. 饭店的行为侵害了甲的人身自由，是错误的
B. 饭店实施的是自助行为，应当允许
C. 饭店实施自助行为后，应当及时向有关机关申请援助
D. 如果甲拒不交钱，饭店可以一直扣留甲直到他交钱为止

12. 根据我国现行民事法律，侵权行为可能侵害的权利包括（　　）。

A. 物权　　B. 肖像权
C. 知识产权　　D. 债权

13. 构成共同危险行为，需要（　　）。

A. 数人实施了共同危险行为
B. 数人的行为具有时空上的一致性
C. 数人的危险行为均有可能造成损害后果
D. 发生了损害后果，但不能确定是谁造成的损害

14. 过错责任原则包含下列含义（　　）。

A. 以过错为责任的构成要件
B. 以过错为归责的最终要件
C. 以过错作为责任范围的依据
D. 在严格责任场合对过错的考虑无任何意义

15. 同过错责任原则相比，严格责任的“严格”体现在（　　）。

A. 免责事由受到限制
B. 举证责任的倒置
C. 不考虑过错，只要存在损害，加害人就要承担责任
D. 某些情况下，因果关系也需要推定

16. 下列可以适用公平责任的情况有（　　）。

A. 由自然原因引起的紧急避险中，紧急避险人和受害人均无过错的情况
B. 无民事行为能力人致人损害，而监护人已经尽到了监护职责
C. 行为人因为过失撞伤他人，受害人无过错的情况
D. 正当公布他人隐私，造成受害人精神损害的情况

17. 关于共同侵权行为说法正确的是（　　）。

A. 共同侵权的行为人必须是两个或两个以上的自然人
B. 共同侵权的行为人的主观过错具有共同性
C. 共同侵权行为造成的后果是同一的
D. 共同侵权行为产生连带责任

18. 共同危险行为（　　）。

A. 同共同侵权行为一样，需要行为人的意思联络
B. 同共同侵权行为不同，行为人是不确定的
C. 同无意思联络的数人侵权一样，行为人彼此之间没有意思联络
D. 同无意思联络的数人侵权一样，行为人是不确定的

19. 某单位员工郭某因为长相漂亮又是个寡妇，平时性格活泼，所以被疑为作风不正。其同事赵某趁机散布谣言说她与某人有染，并将郭某与该人偶然在一起走路时的照片偷拍下来公之于众。郭某受到别人指指点点，也因此影响了郭某升职。赵某侵害了郭某的什么权利？（　　）

A. 名誉权　　B. 肖像权
C. 财产权　　D. 隐私权

20. 2021 年某地发洪水，甲为了救助落水群众，未经邻居乙的同意就使用了乙家的小船。洪水退后，乙要求甲支付小船的使用费，甲不同意，乙遂强行将甲家的电视机搬走，并言明不给钱就不还电视机。关于本案下列说法正确的是（　　）。

A. 甲的行为侵犯了乙的财产权
B. 甲的行为属于紧急避险
C. 乙的行为属于自助行为
D. 乙的行为侵犯了甲的财产权

21. 某工厂女工甲因为工作熟练，工资很快涨为同车间最高。对此，其同事乙心怀嫉妒，总想找机会贬低她。后来乙偷看甲的私人信件，得知甲曾经得过性病，遂大肆传播，给甲造成了严重的精神损害。根据《民法典》，有关本案下列说法错误的是（　　）。

A. 乙散布的是事实，因此不构成侵权
B. 乙散布的是事实，不构成对甲的名誉权的侵害，但侵害了甲的隐私权
C. 乙侵害了甲的隐私权和名誉权
D. 乙应当承担民事责任

22. 甲和乙关系很好，形影不离。某日两人共同驾驶一辆摩托车外出兜风，于一个山路的转弯处撞到了行人丙，造成丙右胳膊骨折，花去医疗费几千元。但是，由于甲、乙都不承认是自己开的车，当时情况紧急，丙也没有看清究竟是谁驾驶的摩托车，那么本案的责任应当如何承担？（　　）

A. 由甲、乙各承担一半，这样才公平合理

B. 如果乙能够证明自己当时不可能在开车，那么乙可以不承担赔偿责任

C. 应当由甲、乙承担连带责任

D. 本案甲、乙的行为属于民法中的共同危险行为

23. 甲、乙、丙三家毗邻而居，甲、乙分别饲养山羊各一只。某日二羊走脱，将丙辛苦栽培的珍稀药材悉数啃光。关于甲、乙的责任，下列哪些选项是正确的？（　　）（法考）

A. 甲、乙可各自通过证明已尽到管理职责而免责

B. 基于共同致害行为，甲、乙应承担连带责任

C. 如能确定二羊各自啃食的数量，则甲、乙各自承担相应赔偿责任

D. 如不能确定二羊各自啃食的数量，则甲、乙平均承担赔偿责任

24. 甲请A搬家公司搬家，A公司派出B、C、D三人前往。在搬家过程中，B发现甲的掌上电脑遗落在一角，便偷偷藏入自己腰包；C与D在搬运甲最珍贵的一盆兰花时不慎将其折断，为此甲与C、D二人争吵起来，争吵之时不知是谁又将甲阳台上的另一盆鲜花碰倒，砸伤路人E。B、C、D见事已至此便溜之大吉。请问下面哪些说法是正确的？（　　）（法考）

A. 甲可以要求A公司赔偿名贵兰花被折断造成的损失

B. 甲可以要求A公司承担没有履行搬运任务的违约责任

C. 路人E可以要求甲、C以及D承担连带赔偿责任

D. 甲可以就丢失掌上电脑的损失要求A公司承担赔偿责任

视频讲题

25. 郭某违章开车撞倒了赵某价值3万元的房屋，赵某要求郭某赔偿，郭某主张房屋的建筑材料值1万元，因此只愿意赔偿2万元。赵某则主张剩下的建筑材料对自己无任何用处。下列说法正确的是（　　）。

A. 郭某应当赔偿3万元

B. 郭某无须全部赔偿

C. 郭某只需赔偿差价即可

D. 本案适用损益相抵原则

26. 甲的儿子乙7岁，十分顽皮。某日，乙趁甲不在家的时候，把甲刚买的手表偷走，并以10元的价格卖掉去打游戏。甲发现后耐心询问，终于找到买主，向对方说明情况，要求返还手表。但对方说手表是买的，又不是骗来的，不同意退还。有关本案，下列说法错误的是（　　）。

A. 卖手表的行为有效，因此本案不适用返还原物

B. 卖手表的行为可撤销，甲要求返还就是撤销的意思表示，适用返还原物

C. 卖手表的行为无效，甲要求返还于法有据

D. 甲可以要求返还手表，但应当返还买主的10元钱

27. 甲未婚先孕需要做人工流产，但是她怕别人知道，就伪造了同事的身份证等证件，以同事乙的名义去做了人工流产。乙正好有一个朋友在医院工作，见到病历本后信以为真，将此事传扬开来，给乙造成了极大的精神伤害，并住院花去了上千元医疗费。后几经查证，证明是甲冒用乙的名字。乙遂向法院起诉。请问甲应当承担什么样的民事责任？（　　）

A. 赔偿乙花去的医疗费

B. 向乙赔礼道歉

C. 为乙消除影响、恢复名誉

D. 若乙产生精神疾病，甲还要赔偿精神损害

28. 李某家里丢了东西，他怀疑是邻居王某干的。于是在没有事实根据的情况下，李某在居民中散布王某偷窃了自己的东西的消息，致使王某气郁生病并影响了王某家庭的正常工作和生活。有关本案，下列说法正确的是（　　）。

A. 李某的行为属于侵权行为，侵犯了王某的名誉权

B. 李某的行为属于侵权行为，侵犯了王某的姓名权

C. 李某的行为属于不道德行为，但尚不构成侵权

D. 李某应当向王某赔礼道歉

29. 甲、乙、丙、丁四人签订合伙合同，但未登记为合伙企业。甲、乙、丙推选丁作为合伙事务的执行人，丁在执行合伙事务的过程中，与戊发生口角，并将戊打伤，现在戊欲追究甲、乙、丙、丁及合伙的责任，根据《民法典》，下列哪些说法是正确的？（　　）（法考）

A. 甲、乙、丙不应与丁承担连带责任

B. 应由丁自己承担责任

C. 应由合伙承担用人单位责任

D. 应由合伙与丁承担连带责任

30. 甲、乙二人在某游泳馆玩耍时，决定测试一下游泳馆的救援能力。于是二人在距离救生员最远处的泳池一角假装溺水求救。正巧路过泳池去更衣室的丙见状，立即跳进水中救援。后发现甲、乙二人并未溺水，但丙却未来得及换衣服，导致裤兜里的手机泡水损坏。关于丙的行为及损失，根据《民法典》，下列哪些选项是正确的？（　　）（法考）

A. 丙属于自甘风险，不能向任何人主张任何权利

B. 游泳馆违反安全保障义务，应对丙予以赔偿

C. 丙因保护他人权益受损，可请求甲、乙予以适当补偿

D. 丙构成无因管理，可请求甲、乙予以适当补偿

简答题

1. 简述民事责任的概念和特征。
2. 简述侵权行为的概念和特征。
3. 简述侵权民事责任的免责事由。（考研）
4. 简述共同侵权行为的概念和特征。（考研）
5. 简述民事责任竞合的概念、构成要件和法律效果。
6. 简述侵权责任与不当得利返还责任竞合的条件。
7. 简述侵权责任与违约责任的区别。

案例分析题

1. 某日，甲携带一台高级摄像机乘坐长途公共汽车，为了安全，在车上他把摄像机置于腿上抱着。行驶当中一个小孩乙突然横穿马路，驾驶员丙紧急刹车，结果行李架上的物品有不少落下来，其中乘客丁的皮包正巧砸在甲的摄像机上，将价值一万多元的摄像机砸坏了。

试根据民法理论，回答以下问题：

（1）对驾驶员丙紧急刹车的行为应如何理解？

（2）你认为甲的损失应当由谁承担？为什么？

（3）如果小孩已经无法找到，那么甲的损失应当由谁承担？为什么？

2. 甲开了一个网吧，生意蒸蒸日上，为了扩大网吧规模，甲决定再买 10 台电脑。某日，甲在某电器商场订购了 10 台每台标价 3 000 元的台式电脑，并约定卖主乙于当天下午将电脑送到甲处。卖主乙委托丙运输公司负责运送。但是该运输公司派出的驾驶员丁刚开车没多久，经验不足，加上货物装运不符合规定，在运送过程中撞到了路边，电脑掉出 3 台，但从外观基本看不出有何破损。于是该车驾驶员丁以为没有什么问题，仍把电脑送到甲处。

甲收到电脑后，验收时发现 3 台电脑主机损坏，1 台显示器损坏，并且发现完好的电脑和损坏的电脑中各有 1 台是另一个品牌的价值 6 000 元的电脑，甲拒绝接受损坏的 4 台电脑，要求乙更换。此时乙也发现送错了 2 台电脑，遂要求甲归还另外 1 台电脑，甲不同意，辩称当时买电脑时标价就是 3 000 元，贴错了标签是乙自己的原因，因此不同意更换，还要求乙重新提供 1 台价值 6 000 元、3 台价值 3 000 元的电脑。

试根据民法原理，分析下列问题：

（1）试分析本案中存在的法律关系。

（2）卖主乙应当承担什么样的民事责任？其是否应当提供 1 台价值 6 000 元、3 台价值 3 000 元的电脑给甲？为什么？

（3）甲应承担什么样的民事责任？其是否应该归还送错的 1 台价值 6 000 元的电脑？为什么？

（4）运输公司及其驾驶员丁应承担什么民事责任？为什么？

3. 某年大年三十晚上，外出经商的郭某准备回家过春节，在公路上等候汽车，因当天刚下过大雪，公路上车辆稀少。郭某等候多时，才拦到一辆个体出租车，但该车已挂出“停止营业”的标志，司机赵某准备回家休息。郭某说明自己要赶火车回家，再三恳求赵某送至火车站。赵某提出，“路面太滑，如发生意外本人概不负责，并且加倍收费”。郭某急于赶车，表示同意。当车行至一转弯处时，由于路面太滑，赵某又采取紧急措施不当，该车撞伤路边行人宋某后又撞到

电线杆上，并将乘车的郭某撞成重伤，车也撞坏了。郭某和宋某都被随后赶来的120送往医院抢救。郭某要求司机赵某赔偿，宋某也要求赵某赔偿其损害。赵某称他事先与郭某有约定，本人对此事故不负责任，损坏的车辆及对宋某的损害应由郭某一人负责。双方争执不下，起诉到法院。

试分析本案中民事责任应当由谁承担？

视频讲题

论述题与深度思考题

1. 试述民事责任的分类及其意义。
2. 试论侵权责任的归责原则体系。
3. 试述侵权责任与违约责任的竞合。

参考答案

名词解释

1. 违约责任，即违反合同的民事责任，也就是合同当事人因违反合同义务所承担的责任。

2. 紧急避险，是侵权民事责任的免责事由之一，是指为了使公共利益、本人或者他人的财产、人身或者其他合法权益免受正在发生的危险，而不得已采取的致他人较小损害的行为。其构成要件如下：

（1）危险的紧迫性。所谓紧迫性，即合法权益正遭受危险。

（2）避险措施的必要性。所谓必要性，是指避险人在不得已的情况下采取避险措施。不采取该措施就不足以使合法权益免受正在遭受的危险，不足以保护较大的合法权益。

（3）避险行为的合理性。所谓合理性，是指避险行为适当并不得超过必要的限度。必要限度要求避险行为造成的损害应当小于危险可能造成的损害。

3. 特殊侵权行为，是指当事人因与自己有关的行为、物件、事件或者其他特别原因致人损害，依照民法上的特别责任条款或者民事特别法的规定应当承担民事责任的行为。其特点在于：第一，特殊侵权行为适用严格责任或者公平责任。第二，特殊侵权行为由法律直接规定。此处的法律包括民法的特别规定和民事特别法的规定。第三，特殊侵权行为在举证责任的分配上适用倒置原则，即由加害人就自己没有过错或者存在法定的抗辩事由承担举证责任。第四，法律对特殊侵权行为的免责事由作出了严格规定。第五，特殊侵权行为的责任主体和行为主体存在分离现象。

4. 严格责任原则是侵权责任的归责原则之一，是指基于法律的特别规定，受害人能够证明所受损害是加害人的行为或物件所致，即推定加害人存在过错并应当承担民事责任，加害人能够证明存在法定抗辩事由的除外。严格责任的特点在于：第一，免除受害人对加害人的过错所承担的举证责任。第二，实行举证责任倒置，由被告就自己没有过错承担举证责任。第三，严格责任的适用有明确的限制，即主要适用于《民法典》侵权责任编所规定的几种特殊侵权行为，法律对严格责任的免责事由作出了严格的规定，主要包括受害人的过错、第三人的过错、不可抗力等。

5. 共同危险行为，又称准共同侵权行为，是指两个或者两个以上的行为人实施可能造成他人损害的危险行为并实际致人损害，而无法确定加害人的侵权行为。由于无法确定加害人，法律推定各行为人的行为与损害后果之间都存在因果关系。因此，各行为人都是加害人，并承担连带责任。根据法律规定，如果加害人可以举证推翻因果关系的推定，即加害人能够证明损害后果不是由其行为造成的，则不承担赔偿责任。

6. 侵权责任，是民事法律责任之一种，是指侵权人依法应当承担的人身性质或者财产性质的不利法律后果。《民法典》对民事责任的承担方式集中进行了规定，包括：（1）停止侵害；（2）排除妨碍；（3）消除危险；（4）返还财产；（5）恢复原状；（6）修理、重作、更换；（7）继续履行；（8）赔偿损失；（9）支付违约金；（10）消除影响、恢复名誉；（11）赔礼道歉。法律规定惩罚性赔偿的，依照其规定。

7. 过错责任原则的基本含义是：行为人仅对自己有过错的行为承担侵权责任，不对他人的行为造成的损害承担责任，不对自己没有过错的行为造成的损害承担责任。

8. 无过错责任，是指在确定行为人承担侵权责任时，不考虑其主观上有无过错，只要其行为损害了他人的民事权益，法律规定应当承担侵权责任的，就依据法律的规定承担侵权责任。

选择题

（一）单项选择题

1. 答案：D。本题考查共同责任的承担问题。《民法典》第 1168 条规定："二人以上共同实施侵权行为，造成他人损害的，应当承担连带责任。"《民法典》第 178 条规定："二人以上依法承担连带责任的，权利人有权请求部分或者全部连带责任人承担责任。连带责任人的责任份额根据各自责任大小确定；难以确定责任大小的，平均承担责任。实际承担责任超过自己责任份额的连带责任人，有权向其他连带责任人追偿。连带责任，由法律规定或者当事人约定。"本题就属于这种情况。张三和李四应当对王五的 8 万元损失承担连带责任。但是三人经协商后对责任重新进行了分配，张三、李四各赔偿 4 万元，符合法律的规定，王五应依照约定分别向张三、李四主张 4 万元赔偿金。

2. 答案：B。本题考查共同侵权行为。共同侵权要求共同侵权行为的加害人对损害后果的发生具有共同的故意或过失，或者双方虽无共同过错，但是其侵害行为直接结合致人同一损害。本案中，虽然甲违规安装防盗网客观上有助于小偷进入室内，但是乙的人身损害与甲安装防盗网的行为没有必然联系，是由小偷一人造成的，不属于共同侵权，故应当选 B。

3. 答案：D。本题的关键是正确理解什么是双方责任和共同责任。双方责任是指民事法律关系的双方当事人对损害后果均有过错，各自依其过错程度承担民事责任。所谓共同责任，是指责任人为两人或两人以上的民事责任。本题中，A、B、C 三项中，甲、乙承担的都是共同责任，因此，本题正确答案为 D。

4. 答案：A。本题考查民事责任优先性规则。民事责任优先性规则适用于不同法律部门之间责任聚合的情形。当同一法律事实分别违反了不同法律部门的规定，行为人需承担多种性质的法律责任时，民事责任应当优先于刑事责任或行政责任。《民法典》第 187 条规定："民事主体因同一行为应当承担民事责任、行政责任和刑事责任的，承担行政责任或者刑事责任不影响承担民事责任；民事主体的财产不足以支付的，优先用于承担民事责任。"故本题的正确答案为 A。

5. 答案：D。《民法典》第 973 条的规定："合伙人对合伙债务承担连带责任。清偿合伙债务超过自己应当承担份额的合伙人，有权向其他合伙人追偿"，本题正确答案为 D。

6. 答案：C。本题中，乙、丙公司之间虽然有约定，但是此种约定对债权人没有效力，因此仍应当对原有债务承担连带责任。本题正确答案为 C。

7. 答案：B。本题中甲为被代理人，乙为代理人。由于出现了紧急情况，乙为了甲的利益不得不委托了丙进行照看，且不存在选任和指使上的错误，无须承担责任。丙也不存在过错，也无须承担责任。故该损失应当由甲来承担。本题正确答案为 B。

8. 答案：C。本题中，甲是被代理人，乙是代理人，如果乙转委托经过了甲的同意，那么转委托成立，损失应当由被代理人甲承担，否则应当由乙为丙的行为向甲承担责任。因此，本题的正确答案为 C。

9. 答案：C。本案例改编自"云南玉镯案"，根据《民法典》第 1184 条的规定，"侵害他人财产的，财产损失按照损失发生时的市场价格或者其他合理方式计算"。本题题干已经写明市价为 9 万元，因此 C 选项正确。

10. 答案：D。意外事件，是指行为在客观上虽然造成了损害结果，但不是出于行为人的故意或者过失，而是由于不能预见的原因所引起的。刘婆婆看见邻居肖婆婆带着外孙小勇和另一家邻居的孩子小囡（均为 4 岁多）在小区花园中玩耍，便上前拿出几根香蕉递给小勇，属于日常友善交往行为。刘婆婆无法预见小勇会递给小囡一根香蕉，小囡吞食误入气管导致休克，经抢救无效死亡的事件发展。而无民事行为能力人小勇和小囡的监护人都已经尽到了监护义务，没有任何故意或过失行为，因此本案属于意外事件，不产生相关人员的过错责任。本题的正确答案为 D。

11. 答案：C。四个选项都是关于侵权行为的分类，但分类标准不同。以作为的方式实施的侵权行为是积极侵权行为，以不作为的方式实施的侵权行为是消极的侵权行为。本题选 C。A 项分类的标准存有争议，有归责原则、责任构成要件、责任承担方式等标准。B 项是根据侵权行为人人数进行的区分。D 项是根据责任主体和行为主体是否分离进行的划分。

12. 答案：B。一般侵权行为的归责原则是过错责任原则。凡在法律法规中没有规定适用严格责任、公平责任和绝对的无过错责任的，原则上都应当适用过错责任原则。

13. 答案：B。道德责任是任意的，不具有法律的强制力，而公平责任的适用以法律的明确规定为前提，可以借助于国家的强制力保证实施，所以公平责任是一种法律责任，A项是错误的。B项是正确的，C项是错误的，公平责任的产生就是为了解决在双方均无过错的情况下，如何分担合理损失的问题，因此，也就不存在推定行为人有过错的情况。关于D项，公平责任原则要求考虑受害人的损害、双方当事人的财产状况等情况，由双方合理承担损失，但公平并非意味着平均，D项是错误的。故本题正确答案为B。

14. 答案：C。自助行为是指权利人为了保证自己请求权的实现，在情势紧迫而又不能及时请求国家机关予以救助的情况下，对他人的财产或自由施加扣押、拘束或其他相应措施，而为法律或社会公德所认可的行为。自助必须是为了保护自己的合法权利，如果行为人是为了保护社会公共利益或者他人的合法权益而采取私力救济措施，不构成自助行为。我国《民法典》第1177条认可受害人在保护合法权益的必要范围内采取扣留财物的合理措施。本题中如果乙不采取扣留外衣的举措，则甲离去后其权利将难以实现，乙的行为属于自助行为，并不构成侵权，不需要承担民事责任。

15. 答案：C。根据《道路交通安全法》第76条的规定，应当由甲承担保险金之外的部分赔偿责任。

16. 答案：C。医疗事故侵权行为是特殊侵权行为的一种，医疗损害责任作为过错责任，原则上属于一般过错责任，即该责任之构成以医疗机构或医务人员有过错为要件，这一过错需要被侵权人举证证明。本案中医院的做法并无不当，只是由于患者的体质特殊才造成延缓过敏，这是医务人员难以防范的，医院可以免责。故选择C项。

17. 答案：D。《民法典》第1169条规定："教唆、帮助他人实施侵权行为的，应当与行为人承担连带责任。教唆、帮助无民事行为能力人、限制民事行为能力人实施侵权行为的，应当承担侵权责任；该无民事行为能力人、限制民事行为能力人的监护人未尽到监护责任的，应当承担相应的责任。"本案中，赵某尚不足18周岁，是限制民事行为能力人，不承担连带赔偿责任，故A、B、C项错误，应当选择D项。

18. 答案：D。本题中张某不明所以将牛奶抛弃的行为没有过错，也无侵害他人的故意，不构成侵权行为。同时，根据《民法典》第122条的规定，张某的行为亦不构成不当得利。

19. 答案：C。《民法典》第1173条规定："被侵权人对同一损害的发生或者扩大有过错的，可以减轻侵权人的责任。"甲、乙双方都过于自信，乙在已被提醒后还牵牛上桥，甲在乙上桥后也仍然牵牛上桥，因此，对于乙的损失两人都有过错，应按照各自过错的程度来承担责任。所以选项C表述正确，选项ABD错误。

20. 答案：C。所谓无意思联络的数人侵权，是指两个或两个以上的行为人事先并无共同的意思联络，但其行为偶然结合致人损害。所谓共同侵权行为，是指两个或两个以上的行为人，由于共同过错致人损害，或者虽无共同过错但是其侵害行为直接结合致人同一损害，行为人应当承担连带责任的侵权行为。本题中，甲和施工单位显然没有事先的意思联络，但其行为偶然结合致使乙受伤。《民法典》第1172条规定："二人以上分别实施侵权行为造成同一损害，能够确定责任大小的，各自承担相应的责任；难以确定责任大小的，平均承担责任。"故本题的正确答案为C。

21. 答案：B。《民法典》第1245条规定，饲养的动物造成他人损害的，动物饲养人或者管理人应当承担侵权责任；但是，能够证明损害是因被侵权人故意或者重大过失造成的，可以不承担或者减轻责任。本题中，马受惊伤人是因为雷雨这种不可抗力因素，而不存在受害人过错或者第三人过错。虽然动物饲养人李某同样没有过错，但是饲养动物侵权适用无过错责任，除非有法定免责事由，否则即使没有过错，依然要承担侵权责任。另外，根据《民法典》第662条的规定，赠与的财产有瑕疵的，赠与人不承担责任。赠与人故意不告知瑕疵或者保证无瑕疵，造成受赠人损失的，应当承担赔偿责任。本题中，"赵某将一匹易受惊吓的马赠给李某，但未告知此马的习性"，不属于故意不告知或保证无瑕疵，最多是存在过失，故赠与人赵某不应当承担任何赔偿责任。故本题的正确答案为B。

22. 答案：A。《民法典》第1258条第1款规定，在公共场所或者道路上挖掘、修缮安装地下设施等造成他人损害，施工人不能证明已经设置明显标志和采取安全措施的，应当承担侵权责任。本题中，甲因为已经设置了路障和警示标志，所以可以免责；乙因为过错撞倒全部标志，所以应该承担赔偿责任；丙没有过错，不用承担责任。所以A项是正确的。

23. 答案：C。选项A错误。本题中，迅达公司已经将试用的汽车交付给了周某，选项A说“未交付”本身就是错误的。

选项B错误。《民法典》第638条规定：试用买卖的买受人在试用期内可以购买标的物，也可以拒绝购买。试用期限届满，买受人对是否购买标的物未作表示的，视为购买。据此可知，在试用买卖中，在试用期内试用标的物并未实际出卖，该标的物是否被买受人购买，需要等试用期满后才有结果。因此，选项B中说“该汽车已经出卖”是错误的。

选项C正确，选项D错误。《民法典》第1209条规定：因租赁、借用等情形机动车所有权人、管理人与使用人不是同一人时，发生交通事故造成损害，属于该机动车一方责任的，由机动车使用人承担赔偿责任；机动车所有权人、管理人对损害的发生有过错的，承担相应的赔偿责任。本题中，交通事故发生在试用期内，汽车还未实际出售给周某，汽车的所有权人与使用人相分离。后因为周某违反交通规则发生交通事故，属于机动车一方的责任，由保险公司在机动车强制保险责任限额范围内予以赔偿。不足部分，由机动车使用人周某承担赔偿责任。机动车所有权人迅达公司对损害的发生没有过错，不用承担责任。

24. 答案：C。玉镯属于具有纪念意义的物品，摔碎了造成心理上的痛苦，根据最高人民法院《关于确定民事侵权精神损害赔偿责任若干问题的解释》第1条的规定，因人身权益或者具有人身意义的特定物受到侵害，自然人或者其近亲属向人民法院提起诉讼请求精神损害赔偿的，人民法院应当依法予以受理。因此，C项正确。甲摔成重伤，且摔碎具有纪念意义的玉镯是清洁工乙造成的，所以洗浴中心有责任。同时该中心提示，贵重物品需要放前台保管，甲未交至前台保管，对损害的发生有过错，所以A项错误，B项错误。洗浴中心和乙之间存在雇佣关系，根据《民法典》第1191条第1款的规定，用人单位的工作人员因执行工作任务造成他人损害的，由用人单位承担侵权责任。用人单位承担侵权责任后，可以向有故意或者重大过失的工作人员追偿，所以，本题中应该由洗浴中心承担责任，不是洗浴中心和乙承担连带责任。因此，D项错误。

25. 答案：B。最高人民法院《关于确定民事侵权精神损害赔偿责任若干问题的解释》第1条规定，因人身权益或者具有人身意义的特定物受到侵害，自然人或者其近亲属向人民法院提起诉讼请求精神损害赔偿的，人民法院应当依法予以受理。因此，本题的正确答案为B。

26. 答案：A。本案中，甲厂、乙厂之间存在合同关系，约定甲厂在某省独占使用乙厂的注册商标，甲厂的商标专用权被侵犯并非乙厂的行为所致，所以A项可选。另外，由于丙厂、丁厂的共同违法行为侵犯了甲厂的合法权益，属于共同侵权，根据法律规定，应当承担连带责任，因此甲厂可以选择请求丁厂、丙厂或同时要求两者承担责任，所以B、C、D项不可选。

27. 答案：C。《民法典》第183条规定：“因保护他人民事权益使自己受到损害的，由侵权人承担民事责任，受益人可以给予适当补偿。”没有侵权人、侵权人逃逸或者无力承担民事责任，受害人请求补偿的，受益人应当给予适当补偿。故本题的正确答案为C。

28. 答案：A。《民法典》第1165条第1款规定：行为人因过错侵害他人民事权益造成损害的，应当承担侵权责任。本题中，乙、丙均不应承担民事责任。乙等人只是与甲打赌，并没人强迫其喝酒，主观上既无过错，也没有恶意。之所以会出现这样不幸的后果，是因为甲夸口在先，又怕打赌输了丢面子，自愿喝下大量的酒。因此，本题的正确答案为A。

29. 答案：D。《民法典》第183条规定：“因保护他人民事权益使自己受到损害的，由侵权人承担民事责任，受益人可以给予适当补偿。没有侵权人、侵权人逃逸或者无力承担民事责任，受害人请求补偿的，受益人应当给予适当补偿。”本案中，甲为了防止丙受到不法伤害伸手挡棍，使自己受到损害，应当由侵害人乙承担赔偿责任，受益人丙也可以给予适当的补偿。

30. 答案：A。本题中，甲发布的为悬赏广告。悬赏广告体现了其真实的意思表示，其辩称自己在“寻包启事”中的许诺非真实意思表示，为无效民事法律行为，没有法律依据。关于乘人之危，《民法典》第151条规定：“一方利用对方处于危困状态、缺乏判断能力等情形，致使民事法律行为成立时显失公平的，受损害方有权请求人民法院或者仲裁机构予以撤销。”乙并未迫使甲许诺酬金，不构成乘人之危，甲应该遵守承诺支付酬金。因此，本题的正确答案为A。

31. 答案：A。本题中，C项是因为超市违约而侵害了顾客合同利益之外的权利，所以为违约性的侵权行为。而D项是因为药店违反约定没有提供合格的药品，侵害了患者的权利，也属于违约性的侵权行为。B项是单纯的违约行为。A项中，超市本应保管好顾客寄存的财物，但是存包员的侵权行为造成了对顾客合同权益的侵害，属于侵权性的违约行为。因此，正确答案为A。

32. 答案：A。B、C、D三项都是两者的区别。A项的说法过于绝对，在侵权行为发生时，双方当事人之间并非一定不存在合同关系，但即使存在合同关系也不是侵权损害赔偿发生的基础。

33. 答案：B。《民法典》第1175条规定："损害是因第三人造成的，第三人应当承担侵权责任。"本题中，虽然甲是直接撞到交警丙之人，但甲是在正常行车并无过错，乙酒后驾车闯红灯的行为是损害发生的唯一原因，故责任应当全部由乙承担，甲无须承担责任。综上，本题的正确答案是B。

34. 答案：B。最高人民法院《关于审理生态环境侵权责任纠纷案件适用法律若干问题的解释》第6条第1款规定："两个以上侵权人分别污染环境、破坏生态，每一个侵权人的行为都不足以造成全部损害，被侵权人根据民法典第一千一百七十二条的规定请求侵权人承担责任的，人民法院应予支持。"本题中，甲、乙两工厂单独排污均不足以造成全部损害的，属于共同的因果关系，应当承担按份责任。综上，本题的正确答案是B。

35. 答案：B。《民法典》第1165条第1款规定："行为人因过错侵害他人民事权益造成损害的，应当承担侵权责任。"本题中，乙公司运营的共享单车存在安全隐患造成丙受伤，乙公司应当承担赔偿责任。故A项错误。《民法典》第1175条规定，损害是因第三人造成的，第三人应当承担侵权责任。本题中，甲躲闪不及撞伤丙并无过错，与丙的损害存在因果关系的是第三人乙公司的过失，故甲无须承担责任。故C、D项错误。综上，本题的正确答案为B。

36. 答案：A。《民法典》第1165条第1款规定："行为人因过错侵害他人民事权益造成损害的，应当承担侵权责任。"本题中，甲虽因救助乙而受伤，但乙对煤气爆炸造成甲的损害并无过错，无须承担侵权责任，故B选项错误。《民法典》第182条规定："因紧急避险造成损害的，由引起险情发生的人承担民事责任。危险由自然原因引起的，紧急避险人不承担民事责任，可以给予适当补偿。紧急避险采取措施不当或者超过必要的限度，造成不应有的损害的，紧急避险人应当承担适当的民事责任。"本题中，甲为了救助乙而破门而入，符合紧急避险的构成要件，即使造成乙的房门损失，也无须承担侵权责任。故D项错误。《民法典》第183条规定："因保护他人民事权益使自己受到损害的，由侵权人承担民事责任，受益人可以给予适当补偿。没有侵权人、侵权人逃逸或者无力承担民事责任，受害人请求补偿的，受益人应当给予适当补偿。"本题中，甲为保护乙的合法权益而受到损害，因无具体侵权人，可请求受益人乙给予适当补偿，其性质属于公平责任。故A项正确，C项错误。综上，本题的正确答案为A。

37. 答案：B。(1) 牛三抢夺翠花的钱包系对翠花财产权的侵犯，牛三的行为构成一般侵权，牛三为侵权人。大强上前追赶捉拿的行为系见义勇为（一种特殊的无因管理）。(2) 牛三（侵权人）被撞身亡，见义勇为者大强骨折，如何处理？A项考查一般侵权，关键词为"过错责任"。一般侵权责任的构成需同时满足四要件：1）侵害行为（加害行为）；2）损害后果；3）因果关系；4）主观过错。本题中，大强追赶牛三系为了保护翠花的财产权，属于见义勇为，并非侵害行为且大强对于牛三的死亡并不存在法律意义上的过错，因此，大强的行为不构成一般侵权，无须对牛三的死亡承担赔偿责任。故A项说法错误，不当选。B项考查见义勇为，关键词为"补偿"。见义勇为，是指在没有法定或约定义务的前提下，为保护他人的人身、财产权益，制止各种侵权行为、意外事件的救助行为。因保护他人民事权益使自己受到损害的，受益人可以给予适当补偿。本题中，大强为了保护翠花的财产权而骨折且侵权人牛三已死亡，因此，受害人大强依法可请求受益人翠花给予适当补偿。故B项说法正确，当选。C、D项考查公平补偿规则，关键词为"公平责任"。公平补偿规则，是指受害人和行为人对损害的发生都没有过错的，依照法律的规定由双方分担损失的规则。公平补偿规则是一种损失分担方法，适用前提系双方均无过错。本题中，牛三抢夺翠花的钱包构成一般侵权，主观上存在过错，因此，无论是翠花还是大强均无须承担公平责任。故C、D项均错误，不当选。

38. 答案：B。首先，没有法定的或约定的义务，为避免他人利益受损失而进行管理的人，有权请求受益人偿还由此支出的必要费用。同时，拾得遗失物应当返还权利人。据此可知，甲拾得遗失物的，有法定的返还义务，因此，不构成无因管理。故A项说法错误，不当选；B项说法正确、当选。其次，二人以上共同实施侵权行为，造成他人损害的，应当承担连带责任。本题中，拾得人甲拾得遗失物手机后，可以返还权利人乙，也可以送交超市的失物招领处，因此，甲将手机送往超市失物招领处的行为不存在过错，无须承担侵权责任。同时，遗失小鱼缸的顾客丁对于乙的手机损坏不存在过错，无须承担侵权责任。最后，招领处对于遗失物虽然负有妥善保管义务，但是，仅在故意或重大过失时才承担侵权责任。工作人员丙系“不小心”碰翻小鱼缸致使乙的手机损坏，亦无须承担侵权责任。据此，无论是甲、丙，还是丙、丁均不构成共同侵权。故C、D项说法错误，不当选。所以本题的正确答案为B。

39. 答案：D。A、C项考查一般侵权。一般侵权的构成要件有四：(1) 侵害行为；(2) 损害后果；(3) 因果关系；(4) 主观过错。本案中，篮球队员马某专心比赛快速奔跑撞倒詹某的行为不属于侵害行为且主观上不存在侵害詹某的主观过错，不构成一般侵权，马某依法不需要承担赔偿责任。故A、C项均错误，均不当选。B项考查安保义务人责任。宾馆、商场、银行、车站、机场、体育场馆、娱乐场所等经营场所、公共场所的经营者、管理者或群众性活动的组织者，未尽到安全保障义务，造成他人损害的，应当承担侵权责任。据此可知，安保义务人责任属于过错责任，即只有安保义务人有过错的情形下，才承担侵权责任。本案中，学校的篮球场是专门从事篮球运动的场地，不具备特殊的危险因素，且某大学设置了围栏和警示标语，对篮球场已经尽到了合理的管理义务，因此，某大学依法不需要承担赔偿责任。故B项错误，不当选。D项考查受害人故意。损害是因受害人故意造成的，行为人不承担责任。受害人故意包括直接故意和间接故意。本案中，篮球场是具有一定危险性的运动场地，詹某明知横穿球场会在极大概率上发生事故，但是放任其发生，属于间接故意，应当自己承担全部损失。故D项说法正确，当选。所以本题的正确答案为D。

40. 答案：A。《民法典》第183条规定：“因保护他人民事权益使自己受到损害的，由侵权人承担民事责任，受益人可以给予适当补偿。没有侵权人、侵权人逃逸或者无力承担民事责任，受害人请求补偿的，受益人应当给予适当补偿。”据此，马某因见义勇为遭受人身损害的责任承担规则是：(1) 由加害人（动物饲养人赵某）承担无过错责任，同时，可以请求受益人（吕某）给予适当补偿。(2) 若加害人（赵某）不能确定或者无力承担，受益人（吕某）应当给予适当补偿。本题中，加害人赵某暂时无力赔偿，受益人吕某应当对马某给予适当补偿。是“补偿”而非“赔偿”。故A选项正确，B选项错误。《民法典》第182条第1款规定：“因紧急避险造成损害的，由引起险情发生的人承担民事责任。”《民法典》第182条第2款规定：“危险由自然原因引起的，紧急避险人不承担民事责任，可以给予适当补偿。”《民法典》第182条第3款规定：“紧急避险采取措施不当或者超过必要的限度，造成不应有的损害的，紧急避险人应当承担适当的民事责任。”据此，马某因“紧急避险”给何某造成损害，马某避险适当，马某不承担责任，应当由引起险情的动物饲养人赵某承担侵权赔偿责任。故C选项错误，D选项错误。所以本题的正确答案为A。

（二）多项选择题

1. 答案：ABC。根据《民法典》第1229条、第1253条和《产品质量法》第43条的规定，A、B、C三项符合题意。D项中乙明知是病猪，而从甲处低价购买，这是双方合意自愿的行为，甲无须承担责任。本题的正确答案为ABC。

2. 答案：ACD。B项中抵押人以其财产为债务人作抵押，其承担有限责任，并不承担连带责任。A、C、D三项均为正确答案。

3. 答案：ABC。合同责任以合同关系的存在为前提，包括违约责任，因合同变更、解除所产生的民事责任，保证责任，以及非违约方未尽到防止或者减轻损害的义务所应负的责任。非合同责任，是指因非合同关系所产生的民事责任，包括缔约过失责任、侵权民事责任、不当得利返还民事责任等。故本题的正确答案为ABC。

4. 答案：AC。民事责任具有强制性和补偿性。民事责任由国家强制力进行保障，具有强制性。同时，民事责任以补足民事主体所受损失为限，实行惩罚性责任属于特例。故本题的正确答案是AC。

5. 答案：ABD。A、B项都是民事责任与民事义务的区别。民事责任的承担不一定是因为违反了民事义务，如监护人对被监护人、动物饲养人对动物致人损害而应承担的民事责任，D项正确。C项：民事法律关系要素包括主体、客体和内容，其中民事法律关系的内容是指法律关系主体就各方权利、义务的享有和承担。民事责任是对民事义务的不履行或对民事权利的侵犯而产生的不利法律后果，不属于民事法律内容，因此不是民事法律关系的构成要素。

6. 答案：ABC。本题考查合伙致人损害的责任承担。合伙是数个民事主体为了某项事业而组合在一起，合伙成员具有独立性，合伙组织具有组合性。当合伙成员或者合伙经营在执行合伙事务中致人损害时，就具备了共同侵权行为的特征。《民法典》第102条第2款规定："非法人组织包括个人独资企业、合伙企业、不具有法人资格的专业服务机构等。"第104条规定："非法人组织的财产不足以清偿债务的，其出资人或者设立人承担无限责任。法律另有规定的，依照其规定。"故本题中，甲和乙承担连带责任，受害人有权要求任何一人赔偿全部损失。本题答案为ABC。

7. 答案：ABD。本题考查侵权行为与不道德行为的区别。不道德行为虽然为人们所唾弃，但是它不同于侵权行为，只涉及思想品质的问题。本题中甲给自己的外孙起名是合法行使权利，不应当承担民事责任。

8. 答案：ABCD。过错，是指行为人通过其实施的侵权行为所表现出来的在法律和道德上的应受非难的故意和过失状态。过错是一种主观状态，在一般情况下，是重要的确定责任归属和责任范围的依据。在混合过错和共同过错的情况下，过错程度直接影响过失相抵规则的应用和共同侵权行为人责任的分担。

9. 答案：AC。无论是在过错责任中，还是在严格责任中，因果关系都是侵权责任的构成要件。在适用公平责任时，因果关系同样是确定责任范围的直接依据。

10. 答案：ABCDE。题中五项都是被告可以提出的抗辩事由。

11. 答案：BC。自助行为，是权利人为了保证自己的请求权的实现，在情势紧迫而又不能及时向有关国家机关请求援助的情况下，对他人的财产或自由予以扣押、拘束或采取其他相应措施。本案中，饭店实施的是自助行为，由于甲拒不交钱，其离去后饭店将无法收回饭钱，应当允许饭店暂时扣留甲。但是饭店实施自助行为后应当及时向有关机关寻求援助而不能无限期地扣留甲，否则就超过了自助行为的必要限度，侵犯了甲的人身自由。

12. 答案：ABCD。依据我国现行民事法律，侵权行为是侵害他人的物权或者人身权等绝对权的行为，因此，A、B、C三项都可以成为侵权行为侵害的对象。关于债权是否可以成为侵权行为侵害的对象则存有争议，但是近年来，侵权行为的保护范围呈扩大趋势，表现为将第三人侵害债权作为侵权行为对待，使债权成为侵权行为侵害的对象。

13. 答案：ABCD。四个选项均为共同危险行为的构成要件。

14. 答案：ABC。过错责任原则是侵权行为法的一项基本的归责原则。A、B、C三项都是过错责任原则的含义。D项过于绝对，即使在严格责任中，也并非完全不考虑过错。例如：原告对被告造成损失是否具有过错无须举证，而被告需要通过自行举证证明其具有法定的抗辩事由，对过错举证的负担已经转移给了被告；另外，在严格责任之下，受害人的故意或重大过失也可以导致加害人责任的免除。

15. 答案：ABCD。在严格责任中，受害人不需要就加害人的过错举证，而由加害人就其没有过错的事由予以反证，并且，法律上对加害人的免责事由作出严格的限制。但是，严格责任虽然严格，却并非意味着加害人就其行为所产生的损害在任何情况下均应承担责任，各国立法例多承认得提出特定抗辩或免责事由。关于D项，如医疗事故责任中，由于病人常常很难证明其损害是否是由医院的过失造成的，因此需要推定医疗行为侵权因果关系的产生。

16. 答案：AB。公平责任适用的条件是双方当事人均无过错，其主要适用于财产责任。C项行为人存有过失，D项造成了受害人的精神损失，均不符合公平责任的适用条件。

17. 答案：BCD。根据《民法典》第1168条的规定，二人以上共同实施侵权行为，造成他人损害的，应当承担连带责任。其中的行为人既可以是自然人也可以是法人，故A项错误。共同侵权行为具有主观过错的共同性、行为的共同性、结果的同一性和责任的连带性，故B、C、D项正确。

18. 答案：BC。共同侵权行为、共同危险行为、无意思联络的数人侵权三个概念具有相似之处，共同侵权行为一般情况下需要行为人的意思联络，而共同危险行为和无意思联络的数人侵权不需要；共同侵权行为和无意思联络的数人侵权的行为人都是确定的，而共同危险行为的行为人是不确定的。本题应当选择BC。

19. 答案：AB。本案中，赵某偷拍他人照片并公之于众，散布谣言，很明显侵犯了郭某的名誉权和肖像权。对于C项和D项，虽然不能升职可能会导致少得工资收入，但是不能升职与赵某的行为之间没有直接和必然的因果联系，C项不正确。另外，侵害他人隐私权意味着将他人的隐私公开，该隐私是真实的，而本案中赵某只是散布谣言，故D项也不正确。

20. 答案：BD。本题考查对紧急避险和自助行为的理解。紧急避险，是侵权民事责任的免责事由之一，是指为了使公共利益，本人或者他人的财产、人身或者其他合法权益免受正在发生的危险，而不得已采取的致他人较小损害的行为。自助行为是指权利人为了保证自己请求权的实现，在情势紧迫而又不能及时请求国家机关予以救助的情况下，对他人的财产或自由施加扣押、拘束或其他相应措施，而为法律或社会公德所认可的行为。本题中，甲使用乙的小船是在紧急情况下，主观上是为了救助邻居，因此未经乙同意就使用了乙的小船，该行为属于紧急避险行为。《民法典》第182条规定：因紧急避险造成损害的，由引起险情发生的人承担民事责任。危险由自然原因引起的，紧急避险人不承担民事责任，可以给予适当补偿。紧急避险采取措施不当或者超过必要的限度，造成不应有的损害的，紧急避险人应当承担适当的民事责任。由此可知，本题中，甲的行为并没有过当，也未引起乙的损失，故无须承担民事责任。乙擅自扣押甲的财物，侵犯了甲的财产权。

21. 答案：AB。《民法典》第110条第1款规定："自然人享有生命权、身体权、健康权、姓名权、肖像权、名誉权、荣誉权、隐私权、婚姻自主权等权利。"本案中乙揭甲的隐私，是对于其人格的侮辱，既侵犯了甲的隐私权，也侵犯了甲的名誉权，因此，乙应当承担民事责任。

22. 答案：BCD。共同危险行为，又称为准共同侵权行为，是指两个或者两个以上的行为人实施可能造成他人损害的危险行为并实际致人损害，而无法确定加害人的侵权行为。本题正符合共同危险行为的要件，因此D项正确。另外，根据《民法典》第1170条的规定，二人应承担连带责任。共同危险行为人能够证明损害后果不是由其行为造成的，不承担赔偿责任。因此B、C项正确。故本题应选B、C、D项。

23. 答案：CD。《民法典》第1245条规定：饲养的动物造成他人损害的，动物饲养人或者管理人应当承担侵权责任，但能够证明损害是因被侵权人故意或者重大过失造成的，可以不承担或者减轻责任。甲、乙仅证明已尽到管理职责并不能免责，据此A项错误。《民法典》第1172条规定：二人以上分别实施侵权行为造成同一损害，能够确定责任大小的，各自承担相应的责任，难以确定责任大小的，平均承担赔偿责任。B项错误，C、D项正确。

24. 答案：ABC。本题中A公司与甲之间存在合同关系，因此A、B项正确。但是B偷窃电脑的行为属于个人行为而非职务行为，A公司无须为此承担责任。同时，甲与C、D三人的行为构成了民法上的共同危险行为，根据有关司法解释的规定，此时三人要承担连带责任。

25. 答案：BCD。本题考查侵权损害赔偿的损益相抵原则。损益相抵是指赔偿权利人基于发生损害的同一原因受有利益者，应从损害额内扣除利益，而由赔偿义务人就差额予以赔偿的确定赔偿责任的范围的原则。对于赵某而言，虽然他认为剩下的建筑材料无用，但是对郭某而言，建筑材料是有价值的。根据损益相抵原则，郭某只要赔偿差价就可以了。

26. 答案：AB。《民法典》第20条规定："不满八周岁的未成年人为无民事行为能力人，由其法定代理人代理实施民事法律行为。"第144条规定："无民事行为能力人实施的民事法律行为无效。"甲的孩子年仅7岁，是无民事行为能力人，其卖掉手表的行为在法律上是无效的。甲可以要求买主返还手表，但同时甲应当返还买主的10元钱。因此本题的正确答案为AB。

27. 答案：ABCD。《民法典》第110条第1款规定："自然人享有生命权、身体权、健康权、姓名权、肖像权、名誉权、荣誉权、隐私权、婚姻自主权等权利。"本案中，甲在做人工流产时，故意盗用乙的姓名，给乙造成身体上和精神上的痛苦。甲不仅要公开向乙赔礼道歉，恢复乙的名誉，而且要赔偿乙医疗费。如果造成严重后果，根据最高人民法院《关于确定民事侵权精神损害赔偿责任若干问题的解释》，甲还要赔偿精神损害抚慰金。因此，本题的正确答案为ABCD。

28. 答案：AD。自然人的名誉权是指自然人享有的个人名誉不受侵害的权利。我国《民法典》第110条第1款规定："自然人享有生命权、身体权、健康权、姓名权、肖像权、名誉权、荣誉权、隐私权、婚姻自主权等权利。"本案中，李某的行为侵害了邻居王某的名誉权，应当向王某赔礼道歉，并消除影响、恢复名誉；如果给王某造成财产损失，还要赔偿财产损失。

29. 答案：AB。甲、乙、丙、丁四人签订合伙合同，但"未登记"为合伙企业。据此可知，四人系民事合伙，即不存在相对独立于四个合伙人以外的独立商事主体——合伙企业。因此，不存在用人单位问题，更不存在合伙与合伙人承担连带责任问题。故C、D项说法错误，不当选。合伙事务由全体合伙人共同执行。按照合伙合同的约定或者全体合伙人的决定，可以委托一个或者数个合伙人执行合伙事务；其他合伙人不再执行合伙事务，但是有权监督执行情况。本题中，甲、乙、丙推选丁为合伙事务执行人，丁在执行职务的范围内代表全体合伙人，全体合伙人均须承担无限连带责任。但是，对于非职务行为，其他合伙人无须承担赔偿责任。丁与戊发生口角，将戊打伤的行为系丁的个人行为，非职务行为，侵权的法律后果依法应由丁自己承担，甲、乙、丙无须承担连带责任。故A、B项说法正确，当选。

30. 答案：CD。A项中的关键词为"自甘风险"。自甘风险，又称自担风险或自甘冒险，是指自愿参加具有一定风险的文体活动，因其他参加者的行为受到损害的，受害人不得请求其他参加者承担侵权责任；但是，其他参加者对损害的发生有故意或者重大过失的除外。本题中，丙以为甲、乙二人溺水而救援的行为系见义勇为（一种特殊的无因管理）并非自甘风险。故A项说法错误，不当选。B项中的关键词为"安全保障义务"。游泳馆作为经营者、管理者系安全保障义务人，对于游泳者负有安全保障义务。但是，安全保障义务人系过错责任，即只有存在过错时才需承担侵权责任。本题中，甲、乙二人为测试一下游泳馆的救援能力，在距离救生员最远处的泳池一角假装溺水，丙见义勇为（一种特殊的无因管理）造成自己的手机损坏，游泳馆并不存在过错，因此，游泳馆无须对丙予以赔偿。故B项说法错误，不当选。C项中的关键词为"适当补偿"。见义勇为，是指在没有法定或约定义务的前提下，为保护他人的人身、财产权益，制止各种侵权行为、意外事件的救助行为。因保护他人民事权益使自己受到损害的，受益人可以给予适当补偿。本题中，丙救助假装溺水的甲、乙二人系见义勇为（一种特殊的无因管理），造成自己手机损坏的，受益人甲、乙依法应当予以适当补偿。故C项说法正确，当选。D项中的关键词为"无因管理"。无因管理作为法定之债，其构成要件有四个：（1）没有法定或约定的义务；（2）主观上为避免他人利益受损失而具有管理他人事务的意思；（3）客观上实施了管理他人事务的行为；（4）不违反本人明示或可推知的意思，但是，本人明示或可推知的意思违反法律或违背公序良俗的除外。本题中，丙救助甲、乙二人的行为系见义勇为，是一种特殊的无因管理。因此，丙亦可以基于无因管理中管理人的所受损害请求权请求受益人甲、乙二人给予适当补偿。故D项说法正确，当选。

简答题

1. 民事责任，是民事主体因违反合同或者不履行其他民事义务所应承担的民事法律后果。民事责任不同于民事义务。民事义务的履行为社会所倡导和鼓励，而民事责任的承担则体现了社会对不履行民事义务的谴责。

民事责任具有如下特征：

（1）强制性。法律责任的强制性是法律责任区别于其他社会责任的根本标志。民事责任作为法律责任之一，也以国家强制力为保障，具有强制性。这主要体现在：第一，在民事主体违反合同或者不履行其他义务，或者由于过错侵害国家、集体的财产，侵害他人财产、人身时，法律规定应当承担民事责任。第二，当民事主体不主动承担民事责任时，通过国家有关权力机构强制其承担责任，履行民事义务。

（2）财产性。民事责任以财产责任为主，以非财产责任为辅。一方不履行民事义务的行为，给他方造成财产和精神上的损失，通常通过财产性赔偿的方式予以恢复。但是，对人格权和身份权的侵害，《民法典》也规定了一些辅助性的非财产责任，以弥补财产责任的不足。

(3) 补偿性。补偿性是指民事责任以补足民事主体所受损失为限。就违约责任而言，旨在使当事人的利益达到合同获得适当履行的状态；侵权的民事责任，旨在使当事人的利益恢复到受损害以前的状态。补偿性与惩罚性相对立，民事责任以实行惩罚性赔偿为特例。

2. 侵权行为，是指行为人由于过错侵害他人的财产或者人身，依法应当承担民事责任的行为，以及依照法律特别规定应当承担民事责任的其他致人损害的行为。其基本特征如下：

(1) 侵权行为是行为人侵害他人合法权益的行为。

首先，侵权行为是一种行为，包括作为和不作为。若无行为，就不能产生侵权民事责任。在通常情况下，侵权行为人都直接针对受害人实施了某种积极的加害行为，但在某些情况下，不作为也是行为的一种。

其次，侵权行为是行为人自己实施的行为，因此行为人应当对自己的行为负责，此即民法上所谓的自己责任原则。例外的情形为：其一，在民法中，物件致人损害，所有权人或占有人若不能证明其没有过错和有其他法定的免责事由，亦构成侵权行为。其二，现在侵权法普遍承认了替代责任或转承责任，它可以说是自己责任原则的扩展。

最后，侵权行为是侵害了他人的合法权益并造成了损害的行为。

(2) 侵权行为侵害的对象主要是人身权、财产权等绝对权利。

并非所有的权益都受到侵权法的保护，侵权法保护的对象主要是绝对权。此外，需要注意的是，首先，侵权法所保护的绝对权在本质上都是一种私权，而非公法所确认的权利。其次，此种权利是合同法保护范围之外的权利。最后，侵权法所保护的不限于权利，还包括利益。

(3) 侵权行为是因为过错而应当承担民事责任的行为。

过错体现了法律对侵权行为的否定性评价和对行为人的谴责、非难。过错责任原则是侵权行为的一般归责原则，无过错即无责任。但是法律另有规定的除外，如特殊侵权行为和公平责任情形。

3. 免责事由是指减轻或免除行为人责任的理由。侵权民事责任中的免责事由包括以下几种：

(1) 不可抗力。不可抗力，是指不能预见、不能避免并不能克服的客观情况。因不可抗力造成他人损害的，一般不承担民事责任，但是法律另有规定的除外。不可抗力作为侵权责任的免责事由，以不可抗力是损害发生的唯一原因为条件。如果不可抗力只是造成损害后果扩大的原因，行为人对扩大之前的损害应当依其过错承担相应的民事责任。

(2) 受害人的过错。受害人的过错，是指受害人对于侵权行为的发生或者说侵权损害后果的扩大存在过错。受害人过错包括两种类型：受害人对于损害发生的过错和受害人对损害扩大的过错。受害人过错对于侵害人责任的免除主要体现在两个方面：一是部分免除，即适用过错相抵规则，减轻侵害人的民事责任。二是全部免除，即只要受害人对于损害的发生存在故意或者过失，就全部免除行为人的责任。

(3) 正当防卫。正当防卫，是指为了使公共利益，本人或者他人的财产、人身和其他合法权益免受正在进行的不法侵害，而对不法侵害人实施的不超过必要限度的行为。其构成要件包括：

第一，现实性，即存在现实的、正在进行的不法侵害行为。

第二，必要性，即不实施正当防卫不足以避免损害的发生或者扩大。

第三，针对性，是指正当防卫必须针对侵害人本人实施。

第四，合理性，即正当防卫不得超过必要的限度。

(4) 紧急避险。紧急避险，是指为了使公共利益，本人或者他人的财产、人身或者其他合法权益免受正在发生的危险，而不得已采取的致他人较小损害的行为。其构成要件如下：

第一，危险的紧迫性。所谓紧迫性，即合法权益正遭受危险。

第二，避险措施的必要性。所谓必要性，是指避险人在不得已的情况下采取避险措施。不采取该措施就不足以使合法权益免受正在遭受的危险，不足以保护较大的合法权益。

第三，避险行为的合理性。所谓合理性，是指避险行为适当并不得超过必要的限度。必要限度要求避险行为造成的损害应当小于危险可能造成的损害。

(5) 受害人的同意。受害人的同意，是指受害人在侵权行为或者损害后果发生之前自愿作出的，自己承担某种损害后果的明确的意思表示。“受害人的同意”在损害后果发生之后作出，不能作为免责事由，而是对侵害人民事责任的事后免除。受害人的同意可以单方面声明，也可以通过与侵害人达成免责条款的形式作出。但受害人同意不得违反法律、法规的规定，不得违背社会公序良俗。

除以上五种之外，有学者认为依法执行职务、自助行为等亦是民事侵权责任的免责事由。

4. 共同侵权行为，是指两个或两个以上的行为人，由于共同过错致人损害，或者虽无共同过错，但是其侵害行为直接结合致人同一损害的，应当承担连带责任的侵权行为。《民法典》第 1168 条规定：二人以上共同实施侵权行为，造成他人损害的，应当承担连带责任。

共同侵权行为具有如下特征：

（1）主体的复数性，也称主体的多人性，即共同侵权行为人必须是两个或两个以上的人，共同过错的主体是多个人，既可以是自然人，也可以是法人。

（2）主观过错的共同性，即共同侵权行为人具有共同致人损害的故意或者过失。传统民法上的共同过错仅指行为人具有共同故意或者意思联络的情形，但随着对受害人保护的强化，共同侵权行为的范围也有进一步扩大的趋势，现代各国法律大多认为共同侵权可以包括共同过失，而不限于共同故意。

（3）行为的共同性。一方面，在共同侵权行为情况下，数人的行为相互联系，构成一个统一的致人损害的原因。共同致害行为既可能是共同的作为，也可能是共同的不作为。另一方面，从因果关系上看，任何一个共同侵权行为人的行为都对结果的发生发挥了作用，即各种行为交织在一起，共同发生了作用，因而由各侵权行为人承担连带责任是合理的。

（4）结果的同一性，即共同侵权行为所造成的后果是同一的，并且数个共同侵权行为与损害结果是不可分割的。如果行为本身是可分的，那么就是单独行为，而不是共同侵权。

（5）责任的连带性。共同侵权行为将产生连带之债或连带责任。受害人有权要求加害人中任何一个人或者数人承担全部损害赔偿责任，任何加害人都有义务向受害人负全部赔偿责任。

5. 民事责任的竞合，是指行为人实施某一违反民事义务的行为符合多种民事责任的构成要件，从而在民法上导致多种责任形式并存和相互冲突。常见的民事责任竞合有违约责任和侵权责任的竞合、侵权责任和不当得利返还责任的竞合等。

其构成要件如下：

（1）行为人只实施了一个不法行为。

一个不法行为引起多个民事责任，是民事责任竞合的基本特征。一个不法行为是责任竞合产生的前提条件。所谓“一个不法行为”，乃出于一个故意或过失的违反法律义务的行为。因此，数人基于共同故意或过失实施的行为，也属于“一个不法行为”。

（2）同一不法行为同时满足两个或两个以上的民事责任构成要件。

同一不法行为同时违反两个或者两个以上相对独立的民事法律规范，符合两个或两个以上的民事责任构成要件。这是民事责任竞合的决定性条件。

（3）数个民事责任之间相互冲突。

数个民事责任之间相互冲突，是指数个责任之间不能相互吸收或者同时并存，行为人只能承担其中之一。不能相互吸收，是指一种民事责任不能为另一种民事责任所涵盖。不能同时并存，是指行为人不能同时承担数个民事责任。“不能同时并存”是民事责任竞合与民事责任聚合的区别所在。民事责任聚合，是指行为人同时承担数个民事责任方式。

其法律效果是：

民事责任竞合的法律效果是存在双重请求权，并允许受害人选择行使，但不能同时实现，否则，加害人将承担双重责任，受害人将获得双重赔偿。《民法典》第 186 条对违约责任和侵权责任竞合的法律效果作了明确的规定。

6. 侵权责任与不当得利返还责任的竞合，是指加害人因侵权而取得利益的同时符合侵权责任和不当得利返还责任的构成要件而产生的责任竞合现象。在实践中，因侵权行为发生不当得利的情形主要有无权有偿处分、非法出租、非法使用并收益、侵害知识产权而获得利益，以及对某些人身权的侵害，等等。因侵权行为而发生的侵权责任与不当得利返还责任的竞合，必须具备一定的条件：

第一，受益人实施了侵权行为，并致他人损害。如不是受益人实施侵权行为，而是第三人实施侵权行为，则仅构成不当得利而不构成侵权责任；如果受益人实施侵权行为，并未造成他人的损害，则仅构成不当得利而不构成侵权责任。

第二，受益人因实施侵权行为而获利。获利包括两方面内容：一是行为人积极取得利益，这主要是指财产利益的增加。二是行为人消极取得利益，这是指行为人的财产本应减少而没有减少的情况。

第三，行为人获得利益没有法律上的根据。

只有具备以上条件，才能发生侵权责任与不当得利返还责任的竞合。

7. 侵权责任和违约责任存在如下区别：

第一，归责原则不同。侵权责任以过错责任原则为一般归责原则，而违约责任以严格责任原则为一般原则，以过错责任为补充。

第二，举证责任不同。过错责任原则实行“谁主张谁举证”。严格责任原则实行举证责任倒置。

第三，违反义务不同。侵权行为违反的是不得侵害他人财产或者人身的法定义务。违约行为违反的是合同当事人之间的约定义务。因此，侵权行为和违约行为的竞合以当事人存在合同关系为条件。

第四，诉讼时效不同。《民法典》第 188 条第 1 款规定：“向人民法院请求保护民事权利的诉讼时效期间为三年。法律另有规定的，依照其规定。”该款原则上统一因侵权行为或违约行为产生的损害赔偿请求权的诉讼时效。但《民法典》第 191 条规定：“未成年人遭受性侵害的损害赔偿请求权的诉讼时效期间，自受害人年满十八周岁之日起计算。”因此，未成年遭受性侵害时的损害赔偿请求权的诉讼时效便与一般诉讼时效不同。

第五，构成要件和免责事由不同。侵权责任以损害事实为构成要件，无损害即无责任；违约责任不以实际损害为要件。侵权责任的免责事由具有法定性，即由法律明文规定；违约责任的免责事由具有任意性，即可以通过当事人之间的免责条款予以减轻或者免除。

第六，责任方式不同。侵权责任以赔偿损失为主，以其他多种责任方式为辅。违约责任以支付违约金为主，在适用损害赔偿时，当事人可以约定损害赔偿额的计算方法。

第七，责任范围不同。侵权责任的责任范围包括财产损失、人身损害和精神损害。违约责任的责任范围由双方约定，当事人没有约定的情况下由法律直接规定，一般包括经济损失。

第八，第三人的责任不同。对自己的行为负责决定了行为人仅对自己实施的侵权行为负责，而合同相对性规则决定了债务人需要对第三人行为引起的违约承担违约责任，然后向第三人追偿。

第九，诉讼管辖不同。因侵权行为提起的诉讼，由侵权行为实施地、侵权结果发生地或者被告住所地人民法院管辖。因合同纠纷提起的诉讼，由被告住所地或者合同履行地人民法院管辖；合同当事人可以在书面合同中协议选择被告住所地、合同履行地、合同签订地、原告住所地、标的物所在地人民法院管辖。

案例分析题

1.（1）驾驶员丙的行为为紧急避险。紧急避险，是侵权民事责任的免责事由之一，是指为了使公共利益，本人或者他人的财产、人身或者其他合法权益免受正在发生的危险，而不得已采取的致他人较小损害的行为。其构成要件如下：

1）危险的紧迫性。所谓紧迫性，即合法权益正遭受危险。

2）避险措施的必要性。所谓必要性，是指避险人在不得已的情况下采取避险措施。不采取该措施就不足以使合法权益免受正在遭受的危险，不足以保护较大的合法权益。

3）避险行为的合理性。所谓合理性，是指避险行为适当并不得超过必要的限度。必要限度要求避险行为造成的损害应当小于危险可能造成的损害。

本题中，驾驶员丙、乘客丁均无过错，造成损失的根本原因在于小孩横穿马路，驾驶员面对危险不得已紧急刹车，这属于紧急避险行为。

（2）应当由小孩的监护人承担责任。《民法典》第 182 条规定：“因紧急避险造成损害的，由引起险情发生的人承担民事责任。危险由自然原因引起的，紧急避险人不承担民事责任，可以给予适当补偿。紧急避险采取措施不当或者超过必要的限度，造成不应有的损害的，紧急避险人应当承担适当的民事责任。”在本案中，驾驶员刹车的行为并无不当；丁的东西掉下来砸到了甲的摄像机，但丁没有过错。而小孩突然跑过马路是险情引发的原因，小孩的监护人有监护不力的过错，因此应当由小孩的监护人承担责任。

（3）《民法典》第 6 条规定：“民事主体从事民事活

动，应当遵循公平原则，合理确定各方的权利和义务。”

本题中，驾驶员丙、乘客丁、乘客甲都没有过错，如果小孩已经无法找到，可以根据他们的经济能力等由他们分担损失。

本题涉及公平责任原则的运用。公平责任原则是指在双方当事人对损害均无过错，但是依照法律的规定又不能适用无过错责任的情况下，由人民法院根据公平的观念，在考虑受害人的损害、双方当事人的财产状况以及其他相关情况的基础上，判令加害人对受害人的财产损失给予适当赔偿。应当注意的是，有关公平责任原则能否作为一项独立的归责原则尚存有争议。

2.（1）本案是一起消费者权益纠纷。案情中有两个法律关系：一是甲与卖主乙之间的买卖法律关系，二是卖主乙与运输公司之间的货物运输关系。

（2）在买卖合同中，卖主有责任提供合格的电脑给买方。《民法典》第1202条、第1203条、第1204条规定：“因产品存在缺陷造成他人损害的，生产者应当承担侵权责任。”“因产品存在缺陷造成他人损害的，被侵权人可以向产品的生产者请求赔偿，也可以向产品的销售者请求赔偿。产品缺陷由生产者造成的，销售者赔偿后，有权向生产者追偿。因销售者的过错使产品存在缺陷的，生产者赔偿后，有权向销售者追偿。”“因运输者、仓储者等第三人的过错使产品存在缺陷，造成他人损害的，产品的生产者、销售者赔偿后，有权向第三人追偿。”《产品质量法》第43条规定：“因产品存在缺陷造成人身、他人财产损害的，受害人可以向产品的生产者要求赔偿，也可以向产品的销售者要求赔偿。属于产品的生产者的责任，产品的销售者赔偿的，产品的销售者有权向产品的生产者追偿。属于产品的销售者的责任，产品的生产者赔偿的，产品的生产者有权向产品的销售者追偿。”所以，卖主乙应向甲提供符合质量标准的电脑。本案中，由于运输公司在运输过程中造成电脑损坏，卖主乙向甲承担民事责任后，有权要求运输公司赔偿损失。

但是，乙仅需要向甲提供4台价值3 000元的电脑，不必提供1台价值6 000元的电脑。因为依照《民法典》第147条的规定，基于重大误解实施的民事法律行为，行为人有权请求人民法院或者仲裁机构予以撤销。本案中，乙将电脑的价格标签贴错了，所以对发的2台电脑存在错误认识，应当认定为重大误解。乙有权要求撤销该买卖行为。

（3）除了将4台损坏的电脑归还，甲还应当归还送错的1台完好的价值6 000元的电脑。甲和乙约定购买的是3 000元1台的电脑，甲多得的电脑的3 000元价值属于不当得利，依照法律规定应当返还。

（4）丁是运输公司的工作人员，而且丁在运货途中造成了电脑的毁坏。《民法典》第1191条第1款规定，用人单位的工作人员因执行工作任务造成他人损害的，由用人单位承担侵权责任。用人单位承担侵权责任后，可以向有故意或者重大过失的工作人员追偿。因此，运输公司应当对乙承担损害赔偿责任，而不是由丁对乙承担此责任。

3. 本题涉及免责条款的效力和民事责任的竞合问题。

所谓免责条款，是指当事人以协议排除或者限制其未来责任的合同条款。免责条款是双方的合意，但并不意味着它就一定有效。《民法典》第506条规定，“合同中的下列免责条款无效：（一）造成对方人身损害的；（二）因故意或者重大过失造成对方财产损失的”。这样的规定主要是鉴于在上述两种情况下，当事人的行为在本质上违反了法律关于任何人不得侵害他人的财产和人身的一般义务。若实施此种行为具有明显的违法性，当事人不能根据双方的协议免除责任。如果允许当事人通过免责条款排除其故意和重大过失的责任或者损害对方人身安全的责任，必将给法律秩序造成威胁，有悖我国的立法宗旨和社会公德。

现实生活中，合同一方当事人常常利用自己在经济或其他方面的优势地位，强迫另一方当事人接受苛刻条件，免除自己应承担的责任。如果对合同当事人订立免责条款的权限不加以限制，必将损害当事人的合法权益。因此，《民法典》对免责条款的限制是十分必要的。

本题中，郭某与赵某之间事先达成口头合同，他们之间的合同关系成立，赵某所说的“如发生意外本人概不负责”违反了《民法典》第506条的规定，属于无效的免责条款。赵某不能因为存在这样的约定而免责。因此，郭某和宋某的损失应当由赵某赔偿。

另外，本题还存在违约责任和侵权责任的竞合，具体来讲，为侵权性违约行为，即行为人实施的侵权行为致他人合同利益损害，符合违约责任的构成要件。本题中，郭某和赵某原本存在合同关系，赵某应负责安全地把郭某送到车站。而赵某不仅没有把郭某送到车站，还致使郭某受到伤害，既侵犯了郭某的人身健康，也违反了合同的约定。根据《民法典》第 186 条的规定以及相关民法原理，在侵权行为与违约行为竞合的情况下，只能择一请求。因此，郭某可以选择要求赵某承担侵权责任，也可以选择要求赵某承担违约责任。郭某还可以在人民法院一审开庭前变更诉讼请求。

论述题与深度思考题

1. 第一，根据民事责任是否由合同关系引起，可以把民事责任分为合同责任和非合同责任。合同责任，即合同上的责任。合同责任以合同关系的存在为前提，包括违约责任，因合同变更、解除所产生的民事责任，保证责任，以及非违约方未尽到防止或者减轻损害的义务所应负的责任。非合同责任，是指因非合同关系所产生的民事责任，包括缔约过失责任、侵权民事责任、不当得利返还民事责任等。

区分合同责任和非合同责任的意义在于：合同责任以合同关系为前提，不能将缔约过失责任混同于合同责任；有利于解决合同责任和非合同责任存在的竞合现象，如违约责任和侵权责任的竞合。

第二，根据民事责任承担者是否仅为一方当事人，可以将民事责任分为双方责任和单方责任。双方责任是指民事法律关系的双方当事人对损害后果均有过错，各自依其过错程度承担民事责任。单方责任是指民事法律关系的一方当事人向对方承担的民事责任。

区分双方责任和单方责任的意义在于：双方责任通常为过错责任，责任的分配取决于双方的过错程度及其与损害后果之间的因果关系。在双方责任中，过错大的一方多承担责任，或者受害人有过错的，相应地减轻侵权人的损害赔偿责任。

第三，根据承担责任者是一人还是多人，民事责任可以分为单独责任和共同责任。单独责任是指责任人仅有一人的民事责任。共同责任，是指责任人为两个或两个以上的民事责任。根据共同责任人是否按照一定的份额承担责任，共同责任又可分为按份责任和连带责任。按份责任，是指依据法律规定或者当事人的约定，共同责任人按照特定的份额各自承担责任。连带责任，是指按照法律规定或者当事人的约定，共同责任人不分份额地共同向权利人或者受害人承担民事责任。

区分共同责任和单独责任的意义在于：共同责任的责任分配关系复杂，单独责任的分配简单易行。对于按份共同责任而言，尚需确定共同责任人各自应当承担的责任份额。对于连带共同责任而言，受害人有权向连带责任人之一请求承担民事责任的全部；向受害人承担责任超过自己份额的责任人有权向其他责任人追偿。

第四，根据民事责任的内容是否为财产，可以将民事责任分为财产责任和非财产责任。财产责任是指以支付金钱、移转财产权利为内容的民事责任。非财产责任，是指以不作为、精神抚慰等非财产为内容的民事责任。

区分财产责任和非财产责任的意义在于：财产责任的承担受制于责任人的财产状况，即责任人承担责任的范围以其财产为限。非财产责任主要适用于精神损害。

第五，根据承担责任是否有责任限制，民事责任可以分为有限责任和无限责任。有限责任是指责任人以其某部分财产承担民事责任，无限责任是指责任人以其所有的全部财产承担民事责任。

区分有限责任和无限责任的意义在于：承担无限责任的财产范围不受责任人的出资或者特定财产的限制，更有利于保护受害人或权利人的利益。

2. (1) 侵权责任归责原则体系概述。

归责原则体系是指各归责原则所组成的具有内在的逻辑联系的系统结构。它的建立，不仅是充分发挥单个的归责原则的价值和各归责原则的综合调整作用的前提，还是构建侵权行为法的系统结构，使侵权行为法规范符合“形式合理化”要求的必备条件。关于我国应确立何种态样的归责原则体系，法学界存在一元归责体系、二元归责体系和三元归责体系这三种比较有代表性的观点。

一元归责原则体系说，即以过错责任原则作为唯一归责原则，而以扩大过错责任来适应侵权行为法发展的新趋势。其中又有两种截然不同的观点：一是坚持单一的过错归责理论，在过错归责原则中存在其他归责原则；二是以危险归责代替过错归责，主张危险一元归责。

二元归责原则体系说，即侵权行为法的归责原则包括过错责任原则和无过错责任原则。以梁慧星老师为负责人的社科院起草的民法典草案建议稿采纳了二元归责原则体系说。

三元归责原则体系说，在该说下又有三种观点：第一种观点认为：我国的侵权行为法的归责原则应包括过错责任原则、过错推定原则以及公平责任原则。以王利明老师为负责人的中国人民大学民法典建议稿草案采纳的是这一观点。第二种观点认为：我国侵权行为法的归责原则应包括过错责任原则、无过错责任原则以及公平责任原则。第三种观点认为：侵权责任归责体系是由过错责任原则、过错推定责任原则和无过错责任原则三个归责原则构成的。

综观各种学说，主要是探讨过错责任原则、过错推定原则、无过错责任原则和公平责任原则这几个原则，在我国侵权行为法归责原则体系中的地位、相互关系，以及如何构建起一个合理的归责原则体系。下面就分别介绍这四个归责原则。

（2）各种不同的归责原则。

1）过错责任原则。

所谓过错责任原则就是以过错作为归责的最终构成要件，并且也以过错作为确定加害人责任范围的重要依据。过错是加害人承担民事责任的基础和依据。具体来说，过错责任包括以下几个方面的含义：

首先，以过错作为归责的构成要件，有过错才有责任，无过错则无责任。即使侵权行为和损害后果之间存在因果关系，如果加害人无过错也不必承担责任，如紧急避险等。

其次，以过错为归责的最终要件。一方面，加害人的行为与损害结果之间虽无直接因果关系，但加害人有过错，亦不排除承担责任的可能性；另一方面，在法律有特别规定的情况下，依法应当承担严格责任的当事人，如果能够证明损害完全是由受害人或第三人的过错所致，也可以被免除民事责任。

最后，以过错为确定责任范围的依据。在加害人和受害人都有过错的情况下，应当依据双方的过错来进行损害的分担；在数人共同侵权的情况下，不同加害人之间的责任也必须以其过错为依据；在某些情况下，加害人可以因为故意和重大过失而导致责任的加重，也可能因为没有过错或过错轻微而导致责任的减轻。

此外，过错责任还体现在加害人的过错对于决定其承担何种责任形式也有一定的意义。这主要体现在侵犯人身权的场合。

我国《民法典》规定了很多以过错来划分加害人责任的内容，表明我国把过错责任原则以民事基本法的形式确定下来。过错责任是传统侵权行为法最突出的特征，充分体现了侵权行为法补偿、制裁和教育的功能；有助于维护人们的行为自由，确定人们的行为标准，指引人们行为的范围；有助于淳化道德风尚。所以，各国侵权行为法均以过错责任原则作为侵权行为法的首要归责原则。

2）过错推定原则。

过错推定，是指在法律有特别规定的场合，从损害事实本身推定加害人存在过错，并据此确定造成他人损害的加害人赔偿责任的归责原则。

推定，是指法律或法官从已知的事实推论未知事实而得出的结果，实际上就是根据已知的事实对未知的事实进行推断和认定。过错推定在侵权行为法中要求加害人就自己没有过错进行证明，否则就从损害事实本身推定加害人在致人损害行为中有过错，并为此承担赔偿责任。

适用过错推定原则，能够使受害人处于有利的诉讼地位，切实保护受害人的合法权益，加重加害人的责任，有效地制裁民事违法行为，促进社会的安定团结。

3）无过错责任原则。

无过错责任原则，是指侵权行为的成立不以行为人的故意或者过失为要件。法律规定应当承担民事责任的，加害人应当根据法律的规定承担民事责任。

无过错责任原则与过错责任原则有本质的区别，是一项独立的归责原则。无过错责任原则与过错责任原则的区别在于以下方面。

第一，归责依据不同。过错责任原则以加害人有过错为承担责任的根据，而无过错责任原则以加害行为与损害结果之间有因果关系为确定责任的依据。

第二，适用范围不同。过错责任原则的适用范围无须法律特别规定，而无过错责任原则的适用范围须有法律特别规定。

第三，举证责任不同。在一般侵权行为的过错责任情形中，根据“谁主张，谁举证”的原则，受害人需就加害人主观上存在过错进行举证和证明。而无过错责任，根本不考虑加害人主观上是否存在过错，受害人无须对加害人的过错进行举证和证明，只要加害人的行为与受害人的损害之间存在引起与被引起的因果关系，侵权行为即告成立。

适用无过错责任原则的意义在于加重加害人的责任，使受害人的损害赔偿请求权更加容易实现，受到损害的权利及时得到救济。

4）公平责任原则。

公平责任原则是指在双方当事人对损害均无过错，但是依照法律的规定又不能适用无过错责任的情况下，由人民法院根据公平的观念，在考虑受害人的损害、双方当事人的财产状况以及其他相关情况的基础上，判令加害人对受害人的财产损失给予适当赔偿。其特点体现在以下几个方面。

第一，公平责任在性质上仍旧是法律责任而非道德责任。

第二，公平责任是以公平观念作为价值判断标准来确定责任的。

第三，公平责任主要适用于当事人没有过错的情况。

第四，公平责任主要适用于侵害财产权的案件。

公平责任原则是近代的产物，也是以人为本的现代法治的具体体现。其有助于淳化道德风尚，但是适用范围要受到法律的严格限制。其能否作为一项归责原则，在学术界存在不同的看法。

3. 侵权责任与违约责任的竞合，是指行为人实施的某一违法行为，具有违约行为和侵权行为双重特性，从而在法律上导致了违约责任和侵权责任的共同产生。侵权责任和违约责任的竞合，是民事责任竞合的一种形态。侵权和违约是两种主要的民事违法行为，二者的竞合在实践中经常发生。根据《民法典》第 186 条的规定，责任竞合的适用必须符合如下条件。

第一，必须是双方当事人之间存在合同关系并且一方实施了违约行为。严格来说，行为人实施任何民事违法行为只要同时符合违约和侵权的构成要件，都可以构成责任竞合的情形。但《民法典》第 186 条规定的责任竞合都是从违约的角度规定的，所以，要求必须一方实施了违约行为才可能构成责任竞合，这就将责任竞合局限于违约造成了侵权后果的情况，而并未将大量侵权造成违约的情况加以规定，这不能不说是立法的漏洞。

第二，必须是因一方当事人的违约行为，侵害对方人身、财产权益的。所谓侵害对方的人身、财产权益，是指一方的违约行为使对方遭受了履行利益以外的损害，具体来说，包括如下几种情况：首先，造成受害人人身利益的损害。其次，受害人遭受履行利益以外的财产损害。这里所称的财产利益的损害，不包括因标的物本身不合格而造成的对受害人的损害，只有标的物不合格造成受害人的其他财产损害才构成侵权责任。最后，受害人的知识产权和技术秘密遭受侵害。

第三，必须是加害人的行为同时违反侵权责任编和合同编的规定，并符合侵权责任和违约责任的构成要件。

具体的竞合情形主要包括以下两种。

第一，违约性侵权行为，即合同当事人的违约行为致他人合同利益以外的利益损害，符合侵权责任的构成要件。

第二，侵权性违约行为，即加害人实施的侵权行为致他人合同利益损害，符合违约责任构成要件。

关于侵权责任和违约责任竞合存在三种学说。

第一，法条竞合说。此说认为侵权行为和违约行为违反了不同的法律规范，当两者竞合时，适用特别法优先于普通法原则，仅发生合同上的请求权，而不能享有侵权行为请求权。

第二，请求权竞合说。此说认为同一行为符合两种责任构成要件，受害人同时享有侵权行为请求权和合同上的请求权，并可择一行使。

第三，请求权规范竞合说。此说认为同一行为符合两种责任构成要件，只能产生一项基于侵权关系或合同关系的请求权，而非两项独立的请求权。

《民法典》第 186 条规定：因当事人一方的违约行为，损害对方人身权益、财产权益的，受损害方有权选择请求其承担违约责任或者侵权责任。

《民法典》第 186 条体现了对当事人意愿的尊重，有利于维护合同编与侵权责任编在责任体系上的一致。对该条应作出如下理解。

其一，在责任竞合的情况下，因行为人的某种行为违反了侵权责任编与合同编的规定，同时符合侵权责任与违约责任的构成要件，因此产生两项请求权，受害人可以在两项请求权中选择一项请求权。

其二，如果受害人因选择一项请求权不能充分实现其利益，法官可以酌情给予更充分的补偿，但不能允许当事人根据另外的一项请求权起诉。

在两项请求权同时存在的情况下，依据民法的公平、平等原则，不能使受害人同时行使两项请求权，也不能使加害人承担双重的责任，更不允许受害人在保留一项请求权的情况下将另一项请求权随意转让，从而引起诉讼上的混乱。

第七十三章　损害赔偿

知识逻辑图

- 损害赔偿
  - 分类及若干规则
    - 人身损害赔偿
    - 财产损害赔偿
    - 精神损害赔偿
    - 若干规则
      - 损益相抵
      - 过失相抵
  - 方式
    - 停止侵害、排除妨碍、消除危险
    - 返还财产、恢复原状
  - 消除影响、恢复名誉、赔礼道歉

名词解释

1. 民事责任的补偿性
2. 恢复原状
3. 精神损害赔偿
4. 补偿性损害赔偿
5. 惩罚性损害赔偿

选择题

（一）单项选择题

1. 民事责任的承担方式不包括（　　）。

A. 停止侵害　　B. 罚款

C. 返还财产　　D. 赔礼道歉

2. 下列属于惩罚性赔偿的是（　　）。

A. 返还财产

B.《消费者权益保护法》第 55 条中规定的双倍返还制度

C. 恢复原状

D. 修理、重作、更换

3. 甲火锅店采用由顾客扫桌面二维码的方式点菜与付费。网络奇才小黄去甲火锅店吃饭扫码付款后，将 25 号桌的二维码换成了小黄精心制作的二维码。第二天，在甲火锅店 25 号桌吃饭的小白扫码后，先进入甲火锅店的网站点菜，小白付款时，则跳转至小黄的个人账户，将餐费付给了小黄。对此，下列表述正确的是？（　　）（法考）

A. 小黄的行为属于无权代理

B. 小黄的行为对甲火锅店成立侵权

C. 小白订立餐饮合同的意思表示未生效

D. 小白有权以重大误解为由撤销所订立的餐饮合同

视频讲题

（二）多项选择题

1. 下列案件，可以适用返还原物责任方式的是（　　）。

A. 甲偷了乙的电动车送给其女友丙，丙在不知情的情况下收下，乙发现后要求丙返还

B. 甲借给乙一辆电动车，乙擅自将其出售给不知情的丙，甲要求丙返还

C. 甲借给乙一辆电动车，乙将其以很低的价格出售给其姐姐丙，甲要求丙返还

D. 甲偷了乙的一辆电动车并将其出售给恶意的丙，丙又以市场价格出售给不知情的丁，乙要求丁返还

2. 甲的邻居乙在建房挖墙脚时，把甲家的墙脚石挖掉，引起墙基分裂，现墙有倒塌的危险。乙应当承担何种民事责任？（　　）

A. 消除危险　　B. 返还原物

C. 赔偿损失　　D. 停止侵害

3. 甲将祖父的遗像交给乙装裱，乙粗心大意，弄丢了该遗像，甲非常痛苦。甲有权要求乙（　　）。（考研）

A. 返还原物　　B. 恢复原状

C. 赔偿财产损失　　D. 赔偿精神损害

4. 彭某因车祸双腿截肢，安装了科技含量高、只能由专业人员拆卸的假肢。一日与李某发生口角，李某一怒之下将彭某的假肢打碎。关于本案哪些说法正确？（　　）（法考）

A. 彭某的生命健康权遭受了侵害

B. 彭某可就假肢向李某主张精神损害赔偿

C. 彭某的身体权遭受了侵害

D. 彭某可主张所有权遭受了侵害

简答题

1. 试论述精神损害赔偿的适用范围。

2. 简述侵权责任的承担方式。（考研）

参考答案

名词解释

1. 民事责任的补偿性，是指民事责任以补足民事主体所受损失为限。就违约责任而言，旨在使当事人的利益达到合同获得适当履行的状态；侵权的民事责任，旨在使当事人的利益恢复到受损害以前的状态。补偿性与惩罚性相对立，民事责任以实行惩罚性赔偿为特例。

2. 恢复原状，是指人民法院依被侵权人的请求，判令毁损他人财产的侵权人通过修理（包括自行修理或委托他人修理）等手段，使受到损坏的他人财产恢复到受损坏前状况的一种侵权责任承担方式。适用此种责任形式的条件有二：一是可能性，即受损害的财产在客观上有恢复的可能；二是必要性，即受损害的财产有恢复原状的必要。广义的恢复原状，是指使被侵权人的财产权利或者人身权利恢复到受侵害之前的状态。

3. 精神损害赔偿是赔偿损失的形式之一，是以残疾赔偿金、死亡赔偿金或精神抚慰金形式赔偿被侵权人精神上所受的损害。仅自然人的人身权益受到侵害或者其具有人身意义的特定物受到侵害的，作为被侵权人的自然人有权提出精神损害赔偿的请求。

4. 补偿性损害赔偿，是指赔偿数额与实际损害相当的赔偿。民法上损害赔偿制度的功能在于补偿被侵权人所受的损害，使其利益恢复到未曾受到伤害的状态。因此，补偿性损害赔偿应当坚持全面赔偿原则，使赔偿范围与损失大小相当。

5. 惩罚性损害赔偿，是指在损害赔偿中，超过被侵权人或者合同的守约一方遭受的实际损失范围的额外赔偿，即在赔偿了实际损失之后，再加罚一定数额或者一定倍数的赔偿金。

选择题

（一）单项选择题

1. 答案：B。罚款是行政责任的承担方式。除A、C、D三项外，民事责任的承担方式还包括排除妨碍，消除危险，恢复原状，修理、重作、更换，赔偿损失，支付违约金，消除影响、恢复名誉。

2. 答案：B。民事责任以补偿性赔偿为主，以惩罚性赔偿为特例。补偿性赔偿是指民事责任以补足民事主体所受损失为限。惩罚性赔偿则是采取一定措施给不法行为人以惩罚。

3. 答案：B。A选项中的代理包括直接代理与间接代理。根据《民法典》第162条的规定，直接代理是指代理人在代理权限范围内，以被代理人的名义独立与相对人所实施的法律行为，“直接”归属于被代理人承受的制度。根据《民法典》第925条与第926条的规定，间接代理是指代理人在代理权限范围内，以代理人自己的名义独立与相对人所实施的法律行为，“间接”或者“直接”归属于被代理人承受的制度。小黄

既未以甲火锅店的名义与小白实施法律行为，亦未以自己的名义与小白实施法律行为，小黄未实施代理行为。故A项错误。关于B项，小黄更换收款二维码致使顾客将餐费错误支付给小黄，因此给甲火锅店造成的损失，并非小黄侵害甲火锅店的人格权、物权、知识产权等绝对权给甲火锅店造成的直接损失或者间接损失，而仅仅是给甲火锅店造成的一笔纯粹金钱上的损失，在性质上，属于纯粹经济损失。根据通说观点，对加害人实施加害行为给受害人造成的纯粹经济损失，原则上，受害人不得请求加害人承担侵权损害赔偿责任，仅在两种例外情形下，受害人才能请求加害人承担侵权损害赔偿责任：（1）法律明确规定，就遭受的纯粹经济损失，受害人有权请求加害人承担侵权损害赔偿责任（如证券欺诈给股民造成的纯粹经济损失）；（2）加害人故意实施加害行为给受害人造成了纯粹经济损失。本题中，小黄故意实施加害行为给甲火锅店造成了纯粹经济损失，甲火锅店有权请求小黄承担侵权损害赔偿责任。故B项正确。关于C项，小白点菜属于要约，甲火锅店同意属于承诺。双方已经通过要约与承诺过程就餐饮合同的主要条款达成合意，双方的餐饮合同已经成立并生效。故C选项错误。关于D项，成立重大误解的一个必要条件是表意人在实施法律行为的过程中，对法律行为的内容发生了具有交易上重要性的认识错误或者表达错误。在餐饮合同成立并生效后，小白扫码付款，属于履行合同义务的行为，系事实行为，而非法律行为，虽因小黄更换二维码而错误支付给小黄，亦不成立重大误解。故D项错误。所以本题正确答案为B项。

（二）多项选择题

1. 答案：ACD。本题考查返还原物责任方式的适用以及善意取得制度。善意取得制度要求受让人有偿、善意取得物，A项中丙无偿取得电动车，C项中丙存有恶意，均不能适用善意取得制度，需要返还原物。B项中丙属于善意第三人，可以取得电动车的所有权，所有权人不得要求返还。D项中盗赃物应类推适用《民法典》第312条关于遗失物的规定即盗赃物不适用善意取得制度，权利人有权追回盗赃物。

2. 答案：ACD。《民法典》第288条规定：“不动产的相邻权利人应当按照有利生产、方便生活、团结互助、公平合理的原则，正确处理相邻关系。”第295条规定：“不动产权利人挖掘土地、建造建筑物、铺设管线以及安装设备等，不得危及相邻不动产的安全。”乙建新房时把甲家的墙脚石挖掉，引起墙基分裂。这是一种侵权行为，所以乙应该尽快设法停止侵害，以免发生房墙倒塌砸坏人的恶性事件。至于给甲造成的损失，乙应当负责赔偿。

3. 答案：CD。《民法典》第1184条规定：“侵害他人财产的，财产损失按照损失发生时的市场价格或者其他合理方式计算。”本题中，乙因过错侵害甲的财产造成损失，应当承担财产损失赔偿责任。故C选项正确。因遗像已经遗失，无法返还原物或恢复原状，故A、B选项错误。《民法典》第1183条第2款规定：“因故意或者重大过失侵害自然人具有人身意义的特定物造成严重精神损害的，被侵权人有权请求精神损害赔偿。”本题中，遗像属于具有人身意义的特定物，而乙因重大过失造成遗像丢失，导致甲严重精神痛苦，应当赔偿精神损害。故D选项正确。

4. 答案：BC。假肢本身属于物，但其一旦与人的身体融为一体，即成为人身体的组成部分（如安装的假牙、在心脏里安装的起搏器等），不再属于物。彭某安装的只能由专业人员拆卸的假肢不属于物，而是彭某人身的组成部分。李某将假肢打碎，侵犯了彭某的身体权，即肢体的完整性。故C项正确，当选；D项错误，不当选。

彭某并未因李某的侵权行为而死亡或生理、心理机能无法正常运转和发挥，因此，李某并未侵犯彭某的生命健康权。故A项错误，不当选。

精神损害赔偿的适用范围有二，分别是：（1）自然人的人身权益受到侵犯；（2）具有人格象征意义的特定纪念物品因侵权行为而永久性毁损、灭失。本题中，李某侵犯了彭某的人身权益，彭某依法有权主张精神损害赔偿。故B项正确，当选。

简答题

1. 精神损害是指自然人因人身权益遭受侵害而产生的精神痛苦、肉体疼痛或其他精神严重反常的情况。

仅自然人的人身权益受到侵害或者其具有人身意义的特定物受到侵害的，作为被侵权人的自然人有权提出精神损害赔偿的请求。其他民事主体包括法人和非法人组织，不得提出精神损害赔偿请求。依据相关法律和司法解释的规定及其精神，有以下情况之一的，近亲属享有精神损害赔偿请求权：（1）相关被侵权人死亡（不同于死亡赔偿金）；（2）死者的名誉、隐私、姓名、肖像、遗体、遗骨等受到侵害。

侵害债权、物权或者不履行财产性给付义务的合同之违约责任，不适用精神损害赔偿。债权和物权，本质上属于财产权，不属于人身权益，对其侵害造成的是财产性质的损害，应当以赔偿财产损失等方式予以救济，而不能以精神损害赔偿予以救济。但是，侵权人实施侵害债权或者物权的行为同时造成被侵权人的人身权益受到损害的，被侵权的自然人得主张精神损害赔偿。

不履行财产性给付义务的违约行为给合同的对方当事人造成财产损失的，应当依据《民法典》的有关规定承担违约责任。但是违约行为同时给对方（自然人）造成人身权益方面的损害的，对方（被侵害的自然人）得对因人身权益被侵害产生的精神损害请求精神损害赔偿。

在以“精神愉悦”等为主要给付内容的合同中，一方当事人不履行或者不适当履行其主给付义务，没有满足对方当事人“精神愉悦”需求，甚至使对方当事人产生精神不快或痛苦的，违约一方应当承担违约责任，包括精神损害赔偿责任。此等“精神损害赔偿”不属于侵害自然人的人身权益造成精神损害的损害赔偿，仍然属于违约的损害赔偿。在旅游合同等服务类合同中，常出现此等违约以及责任承担的问题。

2. 侵权责任的承担方式，是指侵权人依法应当对被侵权人受到的损害承担的不利法律后果的形式和类别，具体包括以下内容。

（1）赔偿损失，是指侵权人通过支付一定数额金钱的方式承担对被侵权人的损害予以救济的侵权责任，包括人身损害赔偿、财产损害赔偿、精神损害赔偿。

（2）停止侵害，是指依被侵权人请求，判令侵权人停止正在实施的侵权行为的一种侵权责任承担方式。

（3）排除妨碍，也称为排除妨害，是指依被侵权人的请求，法院判令侵权人以一定的积极行为除去妨碍，使被侵权人正常行使合法权益的侵权承担责任方式。

（4）消除危险，是指依人身或财产受到现实威胁的被侵权人之请求，法院判令造成此等威胁或对此等威胁负有排除义务的侵权人消除危险状况，保障被侵权人人身、财产安全的侵权责任承担方式。

（5）返还财产是指人民法院依被侵权人的请求，判令非法侵占他人财产的侵权人将侵占的财产返还给被侵权人的一种侵权责任承担方式。

（6）恢复原状，是指人民法院依被侵权人的请求，判令毁损他人财产的侵权人通过修理（包括自行修理或委托他人修理）等手段，使受到损坏的他人财产恢复到受损坏前状况的一种侵权责任承担方式。

（7）消除影响、恢复名誉，是指依被侵权人的请求，法院责令侵权人在一定范围内采取适当方式消除对被侵权人之名誉的不利影响，以使其名誉（尤其是名誉的客观方面即社会评价方面）得到恢复的一种侵权责任承担方式。

（8）赔礼道歉是指侵权人通过口头或者书面方式向被侵权人道歉，以取得其谅解的一种侵权责任承担方式。

以上侵权责任的承担方式可以单独适用，也可以并用。

第七十四章　关于责任主体的特殊规定

知识逻辑图

关于责任主体的特殊规定
- 监护人责任
- 雇主责任
- 网络经营者侵权的责任
- 安全保障义务人责任
- 学校等教育机构对校园人身损害事故的责任

名词解释

1. 用人者责任
2. 通知规则
3. 安全保障义务

选择题

（一）单项选择题

1. 甲在某酒店就餐，邻座乙、丙因喝酒发生争吵，继而动手打斗，酒店保安见状未出面制止。乙拿起酒瓶向丙砸去，丙躲闪，结果甲头部被砸伤。甲的医疗费应当由谁承担？（　　）（法考）

A. 由乙承担，酒店无责任

B. 由酒店承担，但酒店可向乙追偿

C. 由乙承担，酒店承担补充赔偿责任

D. 由乙和酒店承担连带赔偿责任

2. 甲与乙均于 2003 年 10 月 1 日出生，甲已经工作了，乙在初中读书。2021 年 8 月 7 日，甲、乙合伙打伤了乙的同学丙，致使丙花去医疗费 2 万元。丙康复后，于 2021 年 11 月 1 日向法院起诉要求甲、乙赔偿。下列说法正确的是（　　）。

A. 应当由甲赔偿

B. 应当由甲、乙共同赔偿

C. 应当由乙的父母和甲共同赔偿

D. 应当由甲的父母、乙的父母共同赔偿

3. 甲与其妻乙离婚，其子丙跟随甲生活。甲因为工作繁忙平时无暇管教丙，就将丙送到邻市朋友丁家，委托丁代为看管。丁对丙时冷时热。一日丁外出喝酒深夜未归，丙进不了家遂跑出去玩耍，刺破了十几辆车的轮胎。对于此损失应当由谁承担？（　　）

A. 甲承担

B. 甲、乙共同承担

C. 甲、乙、丁共同承担

D. 甲、丁共同承担

4. 某日，甲骑车路过某一工地时，掉入路边的坑中。经查，该坑是某小区委托某施工队施工时挖的，但是后来施工因天气原因暂停，就闲置在路边，当时既无人看管，也没有明显的警示标志。甲的车被撞坏，又花去医疗费 200 元。甲找到施工单位要求赔偿损失，施工单位称他们只负责施工，让甲去找小区的负责人。下列说法正确的是（　　）。

A. 应当由小区承担责任

B. 应当由施工单位承担责任

C. 应当由小区和施工单位承担连带责任

D. 应当由小区和施工单位根据过错程度承担责任

视频讲题

5. 被告郭某雇用一名外地人为其帮工粉刷房屋。一天，该工人在脚手架上工作时不慎失手，瓦刀掉在行人赵某头上致其受伤。事发后该工人逃走，身份和地址不明。于是赵某诉至法院。请问郭某是否有责任承担损失？（　　）

A. 郭某应当承担损失

B. 郭某无须为工人的行为承担责任

C. 行为人下落不明，应当由赵某自己承担损失

D. 以上说法均不对

6. 甲将数箱蜜蜂放在自家院中槐树下采蜜。在乙家帮忙筹办婚宴的丙在帮乙喂猪时忘关猪圈，猪冲入甲家院内，撞翻蜂箱，使来甲家串门的丁被蜇伤，经住院治疗后痊愈。下列哪一种说法是正确的？（　　）（法考）

A. 甲应对丁的医疗费用承担全部民事责任

B. 乙应对丁的医疗费用承担全部民事责任

C. 丙应对丁的医疗费用承担全部民事责任

D. 乙和丙应对丁的医疗费用承担连带责任

视频讲题

7. 某单位在招工表中载有“生死由命，事主概不负责”的规定。郭某填了该招工表上的“同意”项。后来郭某在工作时被机器压断了手指，郭某请求单位支付医疗费。单位拿出招工表，拒绝支付。下列说法正确的是（　　）。

A. 郭某已经填了招工表表示同意，属于免责事由中的“受害人同意”，单位不用支付费用

B. 郭某已经填了招工表表示同意，属于免责条款，单位不用支付费用

C. 该免责条款违反法律的规定，因此即使郭某同意也是无效的

D. 以上说法均不对

8. 甲（成年人）对乙（7岁）说：“你敢砸丙家的玻璃吗？”乙闻言就砸烂了丙家的玻璃，并砸中了屋内的电视机。对于丙的损失，应当由谁承担？（　　）

A. 乙是行为人，根据过错责任原则，应当由乙承担

B. 如果乙的监护人尽到监护责任，应当由甲承担

C. 乙是无民事行为能力人，应当由乙的监护人承担

D. 主要由甲承担，乙的监护人也应当承担相应的责任

9. 甲为了给其3岁的儿子断奶，将儿子乙送到其弟家委托其弟看管几天，甲临走的时候说：“孩子交给你了，你给我看好，出了事你可得负责。”其弟答应。某日，乙在玩耍时将沙子撒进了邻居小孩的眼睛，造成损失1万多元，这一损失应当由谁承担？（　　）

A. 应当由甲和甲的弟弟共同承担

B. 应当由甲的弟弟承担

C. 应当由甲承担，如果甲无力承担，则由其弟承担

D. 应当由其弟承担，如果其弟无力承担，则由甲承担

10. 大华商场委托飞达广告公司制作了一块宣传企业形象的广告牌，并由飞达公司负责安装在商场外墙。某日风大，广告牌被吹落砸伤过路人郑某。经查，广告牌的安装存在质量问题。关于郑某的损害，下列哪一选项是正确的？（　　）（法考）

A. 大华商场承担赔偿责任，飞达公司承担补充赔偿责任

B. 飞达公司承担赔偿责任，大华商场承担补充赔偿责任

C. 大华商场承担赔偿责任，但其有权向飞达公司追偿

D. 飞达公司承担赔偿责任，大华商场不承担责任

11. 甲搬家公司指派员工郭某为徐某搬家，郭某担心人手不够，请同乡蒙某帮忙。搬家途中，因郭某忘记拴上车厢挡板，蒙某从车上坠地受伤。下列哪一选项是正确的？（　　）（法考）

A. 应由郭某承担赔偿责任

B. 应由甲公司承担赔偿责任

C. 应由甲公司与郭某承担连带责任

D. 应由甲公司与徐某承担连带责任

12. 小学生小杰和小涛在学校发生打斗，在场老师陈某未予制止。小杰踢中小涛腹部，致其脾脏破裂。下列哪一选项是正确的？（　　）（法考）

A. 陈某未尽职责义务，应由陈某承担赔偿责任

B. 小杰父母的监护责任已转移到学校，应由学校

承担赔偿责任

C. 学校和小杰父母均有过错，应由学校和小杰父母承担连带赔偿责任

D. 学校存在过错，应承担与其过错相应的补充赔偿责任

13. 甲的儿子乙（8岁）因遗嘱继承了祖父遗产10万元。某日，乙玩耍时将另一小朋友丙的眼睛划伤。丙的监护人要求甲承担赔偿责任2万元。后法院查明，甲已尽到监护职责。下列哪一说法是正确的？（　　）（法考）

A. 因乙的财产足以赔偿丙，故不需用甲的财产赔偿

B. 甲已尽到监护职责，无须承担侵权责任

C. 用乙的财产向丙赔偿，乙赔偿后可在甲应承担的份额内向甲追偿

D. 应由甲直接赔偿，否则会损害被监护人乙的利益

14. 甲15岁，某日其偷开朋友的车出去兜风，因为车术不佳，逆向行驶撞倒了骑自行车的乙，乙的车被撞坏，同时擦伤了行人丙的胳膊，结果修车花了300元，治疗行人丙的胳膊花了200元。经查乙、丙无过错；甲父母双亡，平时一个人住，无人管教，甲的爷爷无自理能力，在养老院生活，其哥哥在乡下务农。那么有关本案的说法正确的有（　　）。

A. 乙、丙的损失应当由甲来承担

B. 乙、丙的损失应当由甲的爷爷承担

C. 乙、丙的损失应当由甲的哥哥承担

D. 以上说法均不对

15. 甲、乙两家各有小院，隔墙而居，院墙高约两米。一天，甲家夫妇下田务农，将2周岁的儿子丙锁在自家的院子里玩。不巧，乙家的一只公鸡飞过院墙，将丙的左眼啄伤。甲家为此支出医药费近万元。对甲家所受的损失应如何承担？（　　）（法考）

A. 应完全由乙家承担

B. 应主要由乙家承担，甲家也应自担一部分

C. 应由甲、乙两家平均分摊

D. 应主要由甲家承担，乙家给予适当补偿

16. 村民甲建房，好朋友乙、丙、丁等人每天都来帮助甲家人在房前屋后传输砖块等建筑材料。一天，乙、丙二人配合，由乙在丈高的前墙上投掷砖块，丙在丈高的后墙上接应。其间，乙扔来一块砖头，丙未接住，碰巧砸在路过的戊的身上，致戊受伤，共花去医疗费800元。对戊的损失应由谁来承担？（　　）

A. 甲承担　　　　B. 乙承担

C. 丙承担　　　　D. 甲、乙共同承担

17. 上题中，假设乙前来帮忙时，甲知道乙办事比较毛躁就婉言谢绝了，但乙感到甲不信任自己，就在甲不在工地时执意上墙砌砖而受伤。对乙所花的医疗费应如何处理？（　　）

A. 应当由甲负担医疗费，因为乙为无偿帮工

B. 应当由乙自己承担

C. 应当主要由乙承担，甲适当分担

D. 应当主要由甲承担，乙适当分担

18. 甲电器销售公司的安装工人李某在为消费者黄某安装空调的过程中，不慎从高处掉落安装工具，将路人王某砸成重伤。李某是乙公司的劳务派遣人员，此前曾多次发生类似小事故，甲电器销售公司曾要求乙公司另派他人，但乙公司未予换人。下列哪一选项是正确的？（　　）（法考改编）

A. 对王某的赔偿责任应由李某承担，黄某承担补充责任

B. 对王某的赔偿责任应由甲电器销售公司承担，乙公司承担相应责任

C. 甲电器销售公司与乙公司应对王某承担连带赔偿责任

D. 对王某的赔偿责任承担应采用过错责任原则

19. 甲在某酒店公用洗手间滑倒，摔坏了眼镜。经查，甲滑倒系因酒店清洁工乙清洁不彻底，地面湿滑导致。甲的损失应由（　　）。（考研）

A. 甲自己承担

B. 酒店承担全部责任

C. 酒店与乙承担按份责任

D. 酒店与乙承担连带责任

20. 甲（10周岁）、乙（11周岁）、丙（12周岁）翻越高速公路天桥旁水泥护栏后，趴在防护网上往高速公路抛掷石块击打过往车辆，其中一石块击中司机丁致其重伤，但无法确认该石块是谁抛掷。丁的损害应由（　　）。（考研）

A. 甲、乙、丙连带赔偿

B. 高速公路管理机构赔偿

C. 甲、乙、丙的监护人连带赔偿

D. 甲、乙、丙的监护人和高速公路管理机构连带

赔偿

21. 甲雇乙粉刷楼房外墙。乙工作时，丙驾驶的摩托车失控撞向脚手架，致乙从脚手架上跌落，摔成重伤。乙对自己的损害（　　）。（考研）

A. 只能要求甲承担赔偿责任

B. 只能要求丙承担赔偿责任

C. 可以要求甲、丙承担按份赔偿责任

D. 可以要求甲、丙承担连带赔偿责任

22. 甲物业公司委托乙清洁公司清洁其管理的某住宅楼外墙，乙公司指派的员工丙因操作不当，致清洁工具从高处掉落，砸中业主丁的汽车。丁的损害应由（　　）。（考研）

A. 甲物业公司承担责任

B. 乙公司承担责任

C. 甲物业公司、乙公司承担连带责任

D. 乙公司和丙承担连带责任

23. 傍晚，甲驾驶拖拉机在乡村公路上行驶，乙招手搭车，甲让其上车，并告知车上有一口空棺材。不久下起大雨，乙躲进棺材避雨，过了一会儿睡着了。后来又有丙请求搭车，甲也让其上了车。乙醒后手托棺材，露出头来透气，丙吓得大喊“有鬼”，跳下车致左腿骨折。丙的损害应由（　　）。（考研）

A. 甲承担责任

B. 乙承担责任

C. 甲、乙承担按份责任

D. 丙自己承担

24. 某校研究生陈某下课后发现电梯人多拥挤便选择走楼梯，在下楼过程中由于陈某专注玩手机失足摔倒，造成擦伤和中度脑震荡。关于陈某的损害，下列说法正确的是？（　　）（法考）

A. 学校电梯设置不合理，承担全部责任

B. 学校未尽到安全保障义务，承担全部责任

C. 学校和陈某各有过错，各负一半责任

D. 陈某自身玩手机疏忽造成，自身承担全部责任

25. 邱小童（4 岁，身高 1 米）随父亲邱天去游乐场玩耍，游乐园内提供蹦床玩耍，但系付费项目，限 6 岁以下且身高不超过 1.2 米的儿童进入。邱天支付费用后在场外等候，邱小童则独自进入蹦床区域内玩耍，后跌倒受伤，经诊断为左侧胫骨平台骨裂。关于邱小童的损害，下列哪一说法是正确的？（　　）（法考）

A. 应优先用邱小童的财产填补损失

B. 应由游乐场承担赔偿责任

C. 应由邱小童自行承担全部损失

D. 父亲邱天只承担相应补充责任

26. 清风艺术馆将其收藏的一批古代名家绘画扫描成高仿品，举办了“古代名画精品展”，并在入场券上以醒目方式提示“不得拍照、摄影”。唐某购票观展时趁人不备拍摄了展品，郑某则购买了该批绘画的纸质高仿版，扫描后将其中“清风艺术馆珍藏、复制必究”的标记清除。事后，唐某、郑某均在某电商网站出售各自制作的该批绘画的高仿品，也均未注明来源于艺术馆。艺术馆发现后，向电商发出通知，要求立即将两人销售的高仿品下架。对此，下列哪一说法是正确的？（　　）（法考）

A. 唐某、郑某侵犯了艺术馆的署名权

B. 郑某实施了删除权利管理信息的违法行为

C. 唐某未经许可拍摄的行为构成违约

D. 电商收到通知后如不采取措施阻止唐某、郑某销售该高仿品，应向艺术馆承担赔偿责任

视频讲题

（二）多项选择题

1. 甲 3 岁的女儿乙入某幼儿园日托。某日，乙在保育员带领下做游戏时，小朋友丙将一个水杯用力砸向乙，致使乙跌倒，面部撞在桌子上，鼻骨骨折。经住院手术和治疗花去医药费一千余元。幼儿园的领导认为医药费应当由丙的父母承担，丙的父母认为应由幼儿园承担。那么，下列说法正确的是（　　）。

A. 应当由甲承担责任

B. 应当由丙的父母承担主要责任

C. 幼儿园应当承担一定责任

D. 应当由幼儿园承担责任

2. 未成年人小强和小静潜入赵某家，盗窃赵某家的手机，出卖后将钱款用于打游戏等。赵某发现后向法院起诉，要求小强和小静的父母承担赔偿责任，则（　　）。

A. 本案应适用过错推定，推定小强和小静的父母具有管教不力的过错

B. 本案应适用过错责任原则，需要赵某证明小强

和小静的父母管教不力

C. 本案中，小强和小静的父母应当赔偿赵某的损失

D. 小强和小静的父母承担的是替代责任

3. 丁某在自家后院种植了葡萄，并垒起围墙。谭某（12 岁）和马某（10 岁）爬上围墙攀摘葡萄，在争抢中谭某将马某挤下围墙，围墙上松动的石头将马某砸伤。下列哪些选项是正确的？（　　）（法考）

A. 丁某应当承担赔偿责任

B. 谭某的监护人应当承担民事责任

C. 马某自己有过失，应当减轻赔偿人的赔偿责任

D. 本案应适用特殊侵权规则

4. 某旅行社导游李某带团游览一处地势险峻的景点时，众人争相拍照，李某未提示注意安全，该团游客崔某不慎将唐某撞下陡坡摔伤。下列哪些选项是正确的？（　　）（法考）

A. 旅行社对损害结果不承担赔偿责任

B. 崔某应当对唐某承担赔偿责任

C. 旅行社应当承担补充赔偿责任

D. 李某应当对唐某承担侵权责任

5. 小偷甲在某商场窃得乙的钱包后逃跑，乙发现后急追。甲逃跑中撞上欲借用商场厕所的丙，因商场地板湿滑，丙摔成重伤。下列哪些说法是错误的？（　　）（法考）

A. 小偷甲应当赔偿丙的损失

B. 商场须对丙的损失承担补充赔偿责任

C. 乙应适当补偿丙的损失

D. 甲和商场对丙的损失承担连带责任

6. 四名行人正常经过北方牧场时跌入粪坑，一人获救三人死亡。据查，当地牧民为养草放牧，储存牛羊粪便用于施肥，一家牧场往往挖有三四个粪坑，深者达三四米，之前也发生过同类事故。关于牧场的责任，下列哪些选项是正确的？（　　）（法考）

A. 应当适用无过错责任原则

B. 应当适用过错推定责任原则

C. 本案情形已经构成不可抗力

D. 牧场管理人可通过证明自己尽到管理职责而免责

7. 甲家盖房，邻居乙、丙前来帮忙。施工中，丙因失误从高处摔下受伤，乙不小心撞伤小孩丁。下列哪些表述是正确的？（　　）（法考）

A. 对丙的损害，甲应承担赔偿责任，但可减轻其责任

B. 对丙的损害，甲不承担赔偿责任，但可在受益范围内予以适当补偿

C. 对丁的损害，甲应承担赔偿责任

D. 对丁的损害，甲应承担补充赔偿责任

8. 阿东将其汽车借给阿南，阿南驾车路经商店，将车停在门口，准备买包烟就走，车未熄火、未上锁。15 岁的阿西见车上无人，便对 13 岁的阿北说：“这车和我家的一样，我开过，你要不要试试?”阿北应允后二人走入驾驶室，阿北按阿西提示启动汽车，行使 100 余米后驶入人行道，将行人阿中撞伤。对此，下列哪些选项是正确的？（　　）（法考）

A. 阿西的监护人对阿中承担赔偿责任

B. 阿北的监护人对阿中承担赔偿责任

C. 阿南对阿中承担赔偿责任

D. 阿东对阿中承担赔偿责任

9. 甲（男）系某快递公司的员工。2021 年 2 月 2 日，甲驾驶机动车送快递过程中不慎剐蹭人行道上一老人曹某，致其受伤骨折。交警认定甲负全责。但经鉴定，老人曹某患有骨质疏松，对损害的发生参与度为 70%。关于赔偿责任，下列表述正确的是？（　　）（法考）

A. 并不减轻快递公司的责任

B. 甲应当承担部分赔偿责任

C. 甲承担全部责任

D. 老人曹某不承担责任

10. 小学生小刘（12 周岁）邀请好友小崔（10 周岁）和小冯（11 周岁）前往学校旁的饭店吃饭。席间，小崔和小冯醉酒后因口角发生打斗。饭店老板孟某未上前制止。结果小冯将小崔打伤，花去医药费 2 000 元。关于本案，下列哪些说法是正确的？（　　）（法考）

A. 小刘的父母应当承担相应赔偿责任

B. 小冯的父母应当承担赔偿责任

C. 饭店应在其过错范围内承担相应的赔偿责任

D. 小冯的父母和饭店应承担连带责任

视频讲题

11. 甲乙系邻居，甲因出国委托乙帮忙照看房屋。乙让空调公司过来帮自己拆除废旧空调，突然想起来甲家也有两台废旧空调，于是找空调公司雇员丙，让他帮忙拆甲家的空调，同时约定空调折旧费算拆除费，丙说他们公司不让对外接私活，但他有个老乡丁，可以请丁帮忙拆除，乙同意。第二天丁来甲家拆空调，不慎从三楼坠落，造成全身瘫痪。关于本案，下列选项正确的是？（　　）（法考）

A. 甲乙之间构成无因管理之债

B. 乙应对丁承担相应的赔偿责任

C. 乙与丁构成承揽合同关系

D. 甲应对丁承担相应的赔偿责任

12. 高某欲从事水下捞鲍鱼的工作，经朋友介绍，想在顾某承包的海区学习潜水后再找相关工作。顾某告知不教潜水，高某说可以跟工人学，后顾某同意。高某遂自己购买潜水衣等与工人同吃同住。某日，高某与工人一起出海训练，不幸在该海区溺亡。高某无子女，父母和姐姐均已去世，尚有一外甥女傅某，傅某系姐姐扶养成年之继女。对此，下列说法正确的是？（　　）（法考）

A. 高某与顾某形成雇佣合同关系

B. 高某应对自己的死亡承担主要责任

C. 傅某有权继承高某的遗产

D. 顾某应对高某承担安全保障义务

13. 甲（13 周岁）初中住校，晚上睡觉从学校的床上滚下来了摔断胳膊。据悉，学校的床上有挡板，超过床一半长度，相关规定要求不能短于床的三分之一。学校从来没有人掉下过床。关于本案，下列说法正确的是？（　　）（法考）

A. 学校有义务保障学生在校安全

B. 学校已经尽到合理限度的责任，可以免责

C. 甲从床上掉下系监护人责任

D. 学校应当承担补充责任

14. 5 岁的小明在自家三楼阳台玩金箍棒时，不小心将阳台上的花盆打落，将楼下送快递的快递员韩某砸伤。经查明：韩某系甲公司的雇员，被派遣至乙快递公司提供劳务；甲公司为韩某购买了工伤保险，但保险金不足以弥补韩某遭受的损害；小明个人名下有财产，但不足以弥补韩某遭受的损害。对韩某因此遭受的损害，应如何承担责任，下列表述正确的是？（　　）（法考）

A. 小明应当以其个人财产承担赔偿责任

B. 小明的财产不足以赔偿的部分，由小明的父母承担赔偿责任

C. 乙快递公司应当承担工伤保险责任，为韩某落实工伤保险待遇

D. 甲公司应当承担工伤保险责任，为韩某落实工伤保险待遇

简答题

1. 试论述用人者责任的特征。
2. 简述劳务派遣下的侵权责任承担。
3. 试论述通知规则下的侵权责任承担。

案例分析题

2021 年 8 月 8 日下午 5 时，某村刮起 8 级大风。该村村民王某在回家途中，路经村委会在建的办公楼时，大风将用于建筑的脚手架刮倒。脚手架在倒塌过程中将一根电线砸断。电线正巧落在由此路过的王某身上，王某不幸触电身亡。王某的丈夫向法院起诉，要求村委会和供电公司对王某的死亡承担损害赔偿责任。村委会辩称：脚手架是大风刮倒的，击中王某的输电线路属于供电公司，村委会对王某的死亡不应承担损害赔偿责任。供电公司辩称：供电线路是被脚手架砸断的，脚手架是村委会盖办公楼时使用的，供电公司对王某的死亡不应承担损害赔偿责任。法院审理还查明，村委会用于盖建办公楼的脚手架在当年 7 月 2 日搭建完毕。击中王某的输电线路归供电公司所有，该线路不属于高压线。（考研）

根据上述案情，请回答：

（1）村委会对王某的死亡是否应当承担损害赔偿责任？为什么？

（2）供电公司对王某的死亡是否应当承担损害赔偿责任？为什么？

（3）两被告主张的抗辩事由是否成立？请说明理由。

论述题与深度思考题

论我国民法上的替代责任。（考研）

参考答案

名词解释

1. 用人者责任，又称使用人责任、雇佣人责任，即传统民法上所说的雇主责任，是指用人者（用人单位、个人劳务使用人）对被使用人（工作人员、个人劳务提供人）在从事职务/劳务活动时造成他人损害承担侵权责任。

2. 通知规则，是指受害人（权利人）在获知网络用户实施的侵害行为之后，有权通知网络服务提供者采取必要的措施防止损害后果的进一步扩大；网络服务提供者在接到受害人的通知后仍未采取必要措施的，如果该网络用户因其行为被最终确认构成侵权责任，则未采取必要措施的网络服务提供者应当对接到通知之后的损害扩大部分承担侵权责任。

3. 安全保障义务，是指宾馆、商场、银行、车站、机场、体育场馆、娱乐场所等经营场所的经营者、公共场所的管理者、群众性活动的组织者，对于进入此等场所的消费者、群众性活动参与者（被组织者）所承担的保障其人身安全、财产安全的义务。

选择题

（一）单项选择题

1. 答案：C。乙的行为明显侵犯了甲的人身安全，应当承担民事责任。同时《民法典》第1198条规定，宾馆、商场、银行、车站、机场、体育场馆、娱乐场所等经营场所、公共场所的经营者、管理者或者群众性活动的组织者，未尽到安全保障义务，造成他人损害的，应当承担侵权责任。因第三人的行为造成他人损害的，由第三人承担侵权责任；经营者、管理者或者组织者未尽到安全保障义务的，承担相应的补充责任。经营者、管理者或者组织者承担补充责任后，可以向第三人追偿。本题正确答案为C。

2. 答案：C。本题考查行为人实施侵权行为时不满18周岁但在诉讼时已满18周岁的责任承担问题。《民法典》第1188条规定：“无民事行为能力人、限制民事行为能力人造成他人损害的，由监护人承担侵权责任。监护人尽到监护职责的，可以减轻其侵权责任。有财产的无民事行为能力人、限制民事行为能力人造成他人损害的，从本人财产中支付赔偿费用；不足部分，由监护人赔偿。”由此可知，本题的正确答案为C。

3. 答案：C。《民法典》第1188条规定：“无民事行为能力人、限制民事行为能力人造成他人损害的，由监护人承担侵权责任。监护人尽到监护职责的，可以减轻其侵权责任。有财产的无民事行为能力人、限制民事行为能力人造成他人损害的，从本人财产中支付赔偿费用；不足部分，由监护人赔偿。”《民法典》第1189条规定：“无民事行为能力人、限制民事行为能力人造成他人损害，监护人将监护职责委托给他人的，监护人应当承担侵权责任；受托人有过错的，承担相应的责任。”在题目中，限制行为能力人造成他人损害，应当由其监护人承担侵权责任，如果受托人没有尽到应有的注意义务，构成共同侵权的话，则应该承担共同侵权责任。即便甲、乙已经离婚，但双方均为丙的监护人这一法律事实并未改变。故对于丙造成的损害，应当由甲、乙、丁共同承担。

4. 答案：B。《民法典》第1258条第1款规定，在公共场所或者道路上挖掘、修缮安装地下设施等造成他人损害，施工人不能证明已经设置明显标志和采取安全措施的，应当承担侵权责任。因此，本案中，应由施工单位承担民事责任，正确答案是B。

5. 答案：A。《民法典》第1192条第1款规定：“个人之间形成劳务关系，提供劳务一方因劳务造成他人损害的，由接受劳务一方承担侵权责任。接受劳务一方承担侵权责任后，可以向有故意或者重大过失的提供劳务一方追偿。提供劳务一方因劳务受到损害的，根据双方各自的过错承担相应的责任。”故本题应当选择A。

6. 答案：B。本题考查饲养的动物致人损害的责任承担和被帮工人责任问题。根据《民法典》第1245条的规定，本题中应当由猪的饲养人乙承担看管不力的责任。同时，丙仅是一个无偿的帮工人，被帮工人乙也没有明确拒绝丙的帮工，根据最高人民法院《关于审理人身损害赔偿案件适用法律若干问题的解释》第4条的规定，丙不应承担赔偿责任。故本题的正确答案为B。

7. 答案：C。受害人同意是侵权责任免责事由之一，但是根据我国《民法典》的规定，凡是在合同中约定人身伤害事先免责条款的，无效，故C项是正确的。

8. 答案：B。本题考查教唆行为和共同侵权。《民法典》第1169条规定："教唆、帮助他人实施侵权行为的，应当与行为人承担连带责任。教唆、帮助无民事行为能力人、限制民事行为能力人实施侵权行为的，应当承担侵权责任；该无民事行为能力人、限制民事行为能力人的监护人未尽到监护职责的，应当承担相应的责任。"故正确答案为B。

9. 答案：A。《民法典》第1188条规定："无民事行为能力人、限制民事行为能力人造成他人损害的，由监护人承担侵权责任。监护人尽到监护职责的，可以减轻其侵权责任。有财产的无民事行为能力人、限制民事行为能力人造成他人损害的，从本人财产中支付赔偿费用；不足部分，由监护人赔偿。"本题考查监护委托时民事责任的承担。《民法典》第1189条规定："无民事行为能力人、限制民事行为能力人造成他人损害，监护人将监护职责委托给他人的，监护人应当承担侵权责任；受托人有过错的，承担相应的责任。"因而在本题中，无民事行为能力人造成他人损害，应当由其监护人承担侵权责任，如果受托人没有尽到应有的注意义务，存在过错，构成共同侵权的话，应该承担共同侵权责任。故选项A正确。

10. 答案：C。《民法典》第1253条规定：建筑物、构筑物或者其他设施及其搁置物、悬挂物发生脱落、坠落造成他人损害，所有权人、管理人或者使用人不能证明自己没有过错的，应当承担侵权责任。所有权人、管理人或者使用人赔偿后，有其他责任人的，有权向其他责任人追偿。本题中，大华商场应当对广告牌被吹落砸伤过路人郑某负责，承担赔偿责任。此外，由于广告牌的安装存在质量问题，该广告牌的设计人兼施工人飞达广告公司存在违反委托合同的情况，大华商场在承担赔偿责任后，有权向飞达公司追偿。

11. 答案：B。《民法典》第1191条第1款规定，用人单位的工作人员因执行工作任务造成他人损害的，由用人单位承担侵权责任。用人单位承担侵权责任后，可以向有故意或者重大过失的工作人员追偿。本题中，蒙某为郭某帮工，郭某为甲公司工作人员，所以最终责任应该由甲公司承担，故B项正确，ACD项错误。

12. 答案：D。陈某只是学校的一名老师，属于用人单位的工作人员，如果陈某未尽自己的职责造成了学生的损害，应由学校而不是陈某对该学生承担责任，因此A项错误。《民法典》第1188条第1款规定："无民事行为能力人、限制民事行为能力人造成他人损害的，由监护人承担侵权责任。监护人尽到监护职责的，可以减轻其侵权责任。"《民法典》第1199条规定，无民事行为能力人在幼儿园、学校或者其他教育机构学习、生活期间受到人身损害的，幼儿园、学校或者其他教育机构应当承担侵权责任；但是，能够证明尽到教育、管理职责的，不承担侵权责任。本案中，教师陈某的行为属于学校的过错，应由学校承担与其过错相应的补充赔偿责任。

13. 答案：A。《民法典》第1188条规定："无民事行为能力人、限制民事行为能力人造成他人损害的，由监护人承担侵权责任。监护人尽到监护职责的，可以减轻其侵权责任。有财产的无民事行为能力人、限制民事行为能力人造成他人损害的，从本人财产中支付赔偿费用；不足部分，由监护人赔偿。"乙的财产足以赔偿，用乙的赔偿即可，不存在追偿的问题，所以A项正确，C、D项错误。乙作为限制民事行为能力人，其实施的侵权行为由监护人承担责任，尽到监护责任的仅仅是减轻责任，不是不再承担责任，所以B项说法错误。

14. 答案：C。《民法典》第28条规定："无民事行为能力或者限制民事行为能力的成年人，由下列有监护能力的人按顺序担任监护人：（一）配偶；（二）父母、子女；（三）其他近亲属；（四）其他愿意担任监护人的个人或者组织，但是须经被监护人住所地的居民委员会、村民委员会或者民政部门同意。"《民法典》第34条第3款规定："监护人不履行监护职责或者侵害被监护人合法权益的，应当承担法律责任。"甲的爷爷没有自理能力，更没有监护能力，其他近亲属只有其哥哥。故应当由其哥哥承担责任。

15. 答案：A。《民法典》第1245条规定，饲养的动物造成他人损害的，动物饲养人或者管理人应当承担侵权责任，但能够证明损害是因被侵权人故意或者重大过失造成的，可以不承担或者减轻责任。从题目可知，甲家夫妇将孩子锁在自家的院子里玩，从正常情况来判断是安全的，可以说甲家夫妇已经尽到了监护责任，因此乙家应当承担责任。

16. 答案：A。本题考查帮工人致人损害时的责任承担。最高人民法院《关于审理人身损害赔偿案件适用法律若干问题的解释》第4条规定：无偿提供劳务的帮工人，在从事帮工活动中致人损害的，被帮工人应当承担赔偿责任。被帮工人承担赔偿责任后向有故意或者重大过失的帮工人追偿的，人民法院应予支持。被帮工人明确拒绝帮工的，不承担赔偿责任。本题中，乙、丙都是无偿的帮工人，且不存在故意或者重大过失，因此应当由被帮工人甲来承担责任。本题的正确答案为A。

17. 答案：B。参见上题。由于甲已经明确拒绝乙的帮忙，而乙是趁甲不在工地时私自去帮工的，因而对乙的损失甲不需要承担责任。本题的正确答案为B。

18. 答案：B。《民法典》第1191条第2款规定："劳务派遣期间，被派遣的工作人员因执行工作任务造成他人损害的，由接受劳务派遣的用工单位承担侵权责任；劳务派遣单位有过错的，承担相应的责任。"本案中，李某作为派遣员工工作期间造成他人损害，应当由用工单位甲电器销售公司承担侵权责任，同时，甲电器销售公司曾因类似小事故要求乙公司另派他人，但乙公司未予更换，即派遣单位也有过错，乙公司应当承担相应责任。所以，A、C、D项错误，B项正确。

19. 答案：B。《民法典》第1198条第1款规定："宾馆、商场、银行、车站、机场、体育场馆、娱乐场所等经营场所、公共场所的经营者、管理者或者群众性活动的组织者，未尽到安全保障义务，造成他人损害的，应当承担侵权责任。"本题中，酒店作为公共场所的经营者和管理者，地面清洁不彻底，对顾客未尽到安全保障义务，应当对造成的损害承担赔偿责任。故A项错误，B项正确。《民法典》第1191条第1款规定："用人单位的工作人员因执行工作任务造成他人损害的，由用人单位承担侵权责任。用人单位承担侵权责任后，可以向有故意或者重大过失的工作人员追偿。"本题中，酒店清洁工乙虽有清洁不彻底行为，但属于执行工作任务，应当由用人单位即该酒店承担赔偿责任。故C、D项错误。综上，本题的正确答案为B。

20. 答案：C。《民法典》第1165条第1款规定："行为人因过错侵害他人民事权益造成损害的，应当承担侵权责任。"本题中，高速公路管理机构对损害的发生并无过错，无须承担责任，故B、D选项错误。《民法典》第1170条规定："二人以上实施危及他人人身、财产安全的行为，其中一人或者数人的行为造成他人损害，能够确定具体侵权人的，由侵权人承担责任；不能确定具体侵权人的，行为人承担连带责任。"本题中，甲、乙、丙三人均实施了危及他人的加害行为，其中一人行为造成损害后果，但无法确认具体侵权人，构成共同危险行为，承担连带责任，以方便受害人的损害救济。《民法典》第1188条第1款规定："无民事行为能力人、限制民事行为能力人造成他人损害的，由监护人承担侵权责任。监护人尽到监护职责的，可以减轻其侵权责任。"本题中，因甲、乙、丙三人均为未成年人，其实施的侵权行为应当由三人的监护人承担连带责任，故A选项错误，C选项正确。综上，本题的正确答案为C。

21. 无答案。《民法典》第1192条第2款规定："提供劳务期间，因第三人的行为造成提供劳务一方损害的，提供劳务一方有权请求第三人承担侵权责任，也有权请求接受劳务一方给予补偿。接受劳务一方补偿后，可以向第三人追偿。"本题中，甲雇乙粉刷楼房外墙，双方形成个人劳务关系，提供劳务一方即乙因第三人丙的行为受到侵害，乙可以要请求侵权人丙赔偿。因接受劳务一方甲并无过错，其无须承担赔偿责任，但基于公平考虑，乙可以请求甲给予补偿。故对乙的损害，其可以请求丙赔偿，也可以请求甲补偿。甲在补偿后，可以向第三人丙请求追偿。综上，本题无正确答案。

22. 答案：B。《民法典》第1191条第1款规定："用人单位的工作人员因执行工作任务造成他人损害的，由用人单位承担侵权责任。用人单位承担侵权责任后，可以向有故意或者重大过失的工作人员追偿。"本题中，丙受指派执行乙公司工作任务造成损害，应当由用人单位即乙公司承担责任。故B项正确，D项错误。《民法典》第1193条规定："承揽人在完成工作过程中造成第三人损害或者自己损害的，定作人不承担侵权责任。但是，定作人对定作、指示或者选任有过错的，应当承担相应的责任。"本题中，甲物业公司与乙公司之间形成承揽合同，对于承揽人乙公司造成他人的损害，定作人甲物业公司并无过错，无须承担侵权责任。故A、C项错误。综上，本题的正确答案为B。

23. 答案：D。《民法典》首次明确规定了好意同乘行为。第1217条规定："非营运机动车发生交通事故造成无偿搭乘人损害，属于该机动车一方责任的，应当减轻其赔偿责任，但是机动车使用人有故意或者重大过失的除外。"可见，该规定适用的前提是"属于该机动车一方责任”。《民法典》第1165条第1款规定：“行为人因过错侵害他人民事权益造成损害的，应当承担侵权责任。”本题中，机动车驾驶人甲对损害的发生并无过失，无须承担责任。乙从棺材中出来透气，并无过错，也与丙的损害不存在因果关系，不应当承担责任。故A、B、C选项错误。

24. 答案：D。宾馆、商场、银行、车站、机场、体育场馆、娱乐场所等经营场所、公共场所的经营者、管理者或者群众性活动的组织者，未尽到安全保障义务，造成他人损害的，应当承担侵权责任。据此可知，安保义务人责任系过错责任。本题中，学生陈某的损害系其“玩手机失足”摔倒导致，学校（安保义务人）对损害的发生不存在过错。因此，陈某应自负全部责任。故D项说法正确，当选；A、B、C项错误，不当选。

25. 答案：B。本题考查监护人责任和安全保障义务及责任。一是游乐园是否需要承担侵权责任。游乐园系娱乐场所的经营者、管理者，依法需要履行安全保障义务。本题中，身高1米、4岁的邱小童完全符合游乐园的规定，付费玩耍跌倒受伤。游乐园没有履行好安全保障义务，存在过错，依法应当承担赔偿责任。二是邱天是否存在过错。邱天系邱小童的父亲，即第一顺序的法定监护人。游乐园蹦床玩耍的要求系6岁以下且身高不超过1.2米的儿童，邱小童（4岁、身高1米）完全符合要求。邱天让邱小童参与蹦床玩耍并不存在过错。三是邱小童是否存在过错。邱小童属于受害人，年仅4岁，系无民事行为能力人，不考虑其过错问题。因此，对于邱小童的损害，依法应当由安全保障义务人游乐场承担赔偿责任。故B项说法正确，当选；A、C、D项说法错误，不当选。

26. 答案：C。著作人身权包括四项，分别是：(1) 发表权；(2) 署名权；(3) 修改权；(4) 保护作品完整权。署名权属于作者，艺术馆不是作者，不享有署名权。故A项错误，不当选。根据《著作权法》第53条第7项的规定，郑某购买绘画的纸质高仿版，将作为展览人的清风艺术馆的标记清除，既然艺术馆对“高仿品”不享有著作权，郑某去除“清风艺术馆珍藏、复制必究”的标记的行为便不属于侵权行为。故B项错误，不当选。网络服务提供者接到通知后，应当及时将该通知转送相关网络用户，并根据构成侵权的初步证据和服务类型采取必要措施；未及时采取必要措施的，对损害的扩大部分与该网络用户承担连带责任。本题中，既然唐某和郑某的行为不构成侵犯著作财产权，作为网络服务提供者的电商亦无须采取删除、屏蔽、断开链接等必要措施，如未采取亦无须承担赔偿责任。故D项错误，不当选。唐某未经许可拍摄的行为显然违反了与艺术馆签订的合同中关于不得拍照、摄影的义务，因此，构成违约。故C项正确，当选。

（二）多项选择题

1. 答案：BC。《民法典》第1188条第1款规定：“无民事行为能力人、限制民事行为能力人造成他人损害的，由监护人承担侵权责任。监护人尽到监护职责的，可以减轻其侵权责任。”《民法典》第1199条规定：无民事行为能力人在幼儿园、学校或者其他教育机构学习、生活期间受到人身损害的，幼儿园、学校或者其他教育机构应当承担侵权责任；但是，能够证明尽到教育、管理职责的，不承担侵权责任。本题中，丙、乙均为无民事行为能力人，丙故意将杯子砸向乙，致使乙跌倒受到伤害，丙的父母应当承担赔偿责任。但幼儿园的保育员未能尽到照顾和防范危险发生的义务，幼儿园存在管理上的失职，也应承担相应的责任。

2. 答案：ACD。《民法典》第1188条规定：“无民事行为能力人、限制民事行为能力人造成他人损害的，由监护人承担侵权责任。监护人尽到监护职责的，可以减轻其侵权责任。有财产的无民事行为能力人、限制民事行为能力人造成他人损害的，从本人财产中支付赔偿费用；不足部分，由监护人赔偿。”因此，行为人是小强和小静，而责任人是其父母，这种责任属于替代责任。对于A项，无民事行为能力人或限制民事行为能力人致人损害的，其法定代理人的责任确定应当适用过错推定。因此本题选ACD。

3. 答案：BCD。《民法典》第1253条规定：建筑物、构筑物或者其他设施及其搁置物、悬挂物发生脱落、坠落造成他人损害，所有权人、管理人或者使用人不能证明自己没有过错的，应当承担侵权责任。所有权人、管理人或者使用人赔偿后，有其他责任人的，有权向其他责任人追偿。本案中，丁某作为围墙所有权人，对于围墙松动致马某砸伤，可以证明自己没有过错，而是马某攀爬、争抢所致。因此丁某不应承担赔偿责任。《民法典》第1188条第1款规定：“无民事行为能力人、限制民事行为能力人造成他人损害的，由监护人承担侵权责任。监护人尽到监护职责的，可以减轻其侵权责任。”本题侵权行为人谭某是限制民事行为能力人，因此其责任由监护人承担，且适用无过错归责原则，属于特殊侵权。故 B、D 项正确。

《民法典》第 1173 条规定，被侵权人对同一损害的发生或者扩大有过错的，可以减轻侵权人的责任。本题中，马某在与谭某在争抢过程中受伤，自己对于损害的发生也有过错，因此可以减轻侵权人的民事责任，故 C 项也正确。

4. 答案：BC。《民法典》第 1198 条规定：宾馆、商场、银行、车站、机场、体育场馆、娱乐场所等经营场所、公共场所的经营者、管理者或者群众性活动的组织者，未尽到安全保障义务，造成他人损害的，应当承担侵权责任。因第三人的行为造成他人损害的，由第三人承担侵权责任；经营者、管理者或者组织者未尽到安全保障义务的，承担相应的补充责任。经营者、管理者或者组织者承担补充责任后，可以向第三人追偿。本案中，唐某摔伤是由于崔某的行为造成的，因此崔某应当承担赔偿责任，旅行社（导游）未提示注意安全，属于未尽合理限度范围内的安全保障义务，应当在其能够防止或者制止损害的范围内承担相应的补充赔偿责任。李某是旅行社的工作人员，其行为应由旅行社承担责任。

5. 答案：CD。《民法典》第 1198 条规定：宾馆、商场、银行、车站、机场、体育场馆、娱乐场所等经营场所、公共场所的经营者、管理者或者群众性活动的组织者，未尽到安全保障义务，造成他人损害的，应当承担侵权责任。因第三人的行为造成他人损害的，由第三人承担侵权责任；经营者、管理者或者组织者未尽到安全保障义务的，承担相应的补充责任。经营者、管理者或者组织者承担补充责任后，可以向第三人追偿。丙摔伤系小偷甲撞倒造成，甲应当承担侵权责任。丙虽然借用商场厕所，但商场仍负有相应的安全保障义务。因商场地板湿滑，丙摔成重伤，商场也应承担责任，系补充责任。A、B 项正确不选，D 项错误应选。乙作为失主追击小偷不具有过错，不应承担赔偿责任或补偿责任，C 项错误应选。

6. 答案：BD。《民法典》第 1258 条规定：在公共场所或者道路上挖掘、修缮安装地下设施等造成他人损害，施工人不能证明已经设置明显标志和采取安全措施的，应当承担侵权责任。窨井等地下设施造成他人损害，管理人不能证明尽到管理职责的，应当承担侵权责任。所以，B、D 项正确，A 项错误。

C 项：不可抗力是指不可预见、不能避免且不能克服的客观情况。若牧场的管理人员尽到相应职责，则事故是可以避免的，所以不是不可抗力。所以，C 项错误。

7. 答案：AC。最高人民法院《关于审理人身损害赔偿案件适用法律若干问题的解释》第 5 条规定：无偿提供劳务的帮工人因帮工活动遭受人身损害的，根据帮工人和被帮工人各自的过错承担相应的责任；被帮工人明确拒绝帮工的，被帮工人不承担赔偿责任，但可以在受益范围内予以适当补偿。帮工人在帮工活动中因第三人的行为遭受人身损害的，有权请求第三人承担赔偿责任，也有权请求被帮工人予以适当补偿。被帮工人补偿后，可以向第三人追偿。本案中，丙因失误从高处摔下受伤，属于因帮工活动受到人身损害，被帮工人甲应当承担赔偿责任，丙个人存在过失，可以据此减轻其责任。所以，A 项正确，B 项错误。前述解释第 4 条规定：无偿提供劳务的帮工人，在从事帮工活动中致人损害的，被帮工人应当承担赔偿责任。本案中，乙不小心撞伤丁，属于从事帮工活动中致人损害，被帮工人甲应当承担赔偿责任。所以，C 项正确，D 项错误。

8. 答案：ABC。阿西（15 周岁）和阿北（13 周岁）系限制民事行为能力人。限制民事行为能力人造成他人损害的，由监护人承担侵权责任。本题中，阿北按阿西提示启动汽车并撞伤阿中的侵权责任依法应由二人的监护人承担。故 A、B 项说法正确，当选。对于阿东和阿南而言，是否需要承担侵权责任，系一般侵权问题。一般侵权责任的构成要件有四：（1）侵害行为（又称“加害行为”）；（2）损害后果；（3）因果关系；（4）主观过错。本题中，阿东将汽车借给阿南，不存在主观过错（题目中并未表明阿南没有驾照等信息），因此，无须承担赔偿责任。阿南将车停在商店门口，未熄火、未上锁，存在过失，因此，需要在其过错范围内承担一定的赔偿责任（具体责任范围由法官裁量）。故 C 项说法正确，当选；D 项说法错误，不当选。

9. 答案：AD。A、D 项考查与有过失的认定。与有过失，又称过失相抵，是指被侵权人对损害的发生或损失扩大也有过错的，可以减轻侵权人的责任。本题中，老人曹某骨质疏松的因素不构成过错。因此，不减轻快递公司的责任，老人曹某不承担责任。故 A、D 项均正确，当选。B、C 项考查用工责任。用工责任系替代责任，用人单位的工作人员因执行工作任务造成他人损害的，由用人单位承担侵权责任。本题中，甲系快递公司的员工，在送快递（执行职务）过程中造成他人损害的，依法应由用人单位，即某快递公司承担侵权损害赔偿责任。故B、C项错误，不当选。

10. 答案：BC。首先，根据《民法典》第1188条第1款的规定，无民事行为能力人、限制民事行为能力人造成他人损害的，由监护人承担侵权责任。监护人尽到监护职责的，可以减轻其侵权责任。本题中，小冯系限制民事行为能力人，其将小崔打伤，小冯的父母作为监护人依法应承担赔偿责任；而小刘并未实施侵权行为，其监护人无须承担赔偿责任。故A项错误，不当选；B项正确，当选。其次，根据《民法典》第1198条的规定，宾馆、商场、银行、车站、机场、体育场馆、娱乐场所等经营场所、公共场所的经营者、管理者或者群众性活动的组织者，未尽到安全保障义务，造成他人损害的，应当承担侵权责任。因第三人的行为造成他人损害的，由第三人承担侵权责任；经营者、管理者或者组织者未尽到安全保障义务的，承担相应的补充责任。经营者、管理者或者组织者承担补充责任后，可以向第三人追偿。本题中，饭店老板孟某见到小冯与小崔打斗而未上前制止，有过错，依法应承担相应的补充责任。故C项正确，当选。最后，小冯的监护人和饭店并不存在共同侵权，无须承担连带责任。故D项错误，不当选。

11. 答案：BC。A项考查无因管理之债。无因管理作为法定之债，其构成要件有四：（1）没有法定或约定的义务；（2）主观上为了避免他人利益受损失而具有管理他人事务的意思；（3）客观上实施了管理他人事务的行为；（4）不违反本人明示或可推知的意思，但是，本人的意思违反法律或违背公序良俗的除外。本题中，甲因出国委托乙帮忙照看房屋，二者之间有约定的原因（委托合同）。同时，乙作为受托人，擅自决定拆除甲家的空调，非受托照看房屋的范围，违反了本人/被管理人（甲）可推知的意思。因此，甲、乙之间不构成无因管理之债。故A项说法错误，不当选。C项考查承揽合同。承揽合同是承揽人按照定作人的要求完成工作，交付工作成果，定作人支付报酬的合同。承揽包括加工、定作、修理、复制、测试、检验等工作。本题中，丁按照乙的要求拆除甲家的空调，乙支付报酬，乙与丁之间存在合法、有效的承揽合同关系。故C项说法正确，当选。B、D项考查定作人的责任。承揽人在完成工作过程中造成第三人损害或自己损害的，定作人不承担侵权责任。但是，定作人对定作、指示或选任有过错的，应当承担相应的责任。本题中，定作人乙选任非专业的丁拆除空调，存在选任过错，乙应当对丁承担相应的赔偿责任。故B项说法正确，当选；D项说法错误，不当选。

12. 答案：BD。首先，雇佣合同是当事人一方向对方提供劳动力以从事某种工作，由对方提供劳动条件和劳动报酬的协议。本题中，高某并未向顾某提供劳动力，且当事人之间不存在控制、支配和从属关系，也不存在由一方指定工作场所，提供劳动工具或设备，限定工作时间，定期给付劳动报酬等关系，因此，高某与顾某不形成雇佣合同关系。故A项说法错误，不当选。其次，宾馆、商场、银行、车站、机场、体育场馆、娱乐场所等经营场所、公共场所的经营者、管理者或群众性活动的组织者，未尽到安全保障义务，造成他人损害的，应当承担侵权责任。本题中，顾某作为海区的经营者和管理者应对进入海区学习潜水的高某承担安全保障义务。但是，对于高某的不幸溺亡，高某自己应承担主要责任，顾某仅在过错范围内承担相应的赔偿责任。故B、D项说法正确，当选。最后，被继承人的兄弟姐妹先于被继承人死亡的，由被继承人的兄弟姐妹的子女代位继承。其中，该子女应为“生子女或养子女”而不包括有扶养关系的继子女。本题中，傅某系高某姐姐扶养成年之继女，不享有代位继承权。故C项说法错误，不当选。

13. 答案：AB。首先，无民事行为能力人、限制民事行为能力人造成他人损害的，由监护人承担侵权责任。监护人尽到监护职责的，可以减轻其侵权责任。有财产的无民事行为能力人、限制民事行为能力人造成他人损害的，从本人财产中支付赔偿费用；不足部分，由监护人赔偿。据此可知，监护人责任的本质是被监护人造成第三人损害。本题中，13周岁的甲（限制民事行为能力人）从学校的床上掉下系受害人而非加害人，与监护人责任无关，故C项说法错误，不当选。其次，限制民事行为能力人在学校或其他教育机构学习、生活期间受到人身损害，学校或其他教育机构未尽到教育、管理职责的，应当承担侵权责任。据此可知，学校有义务保障学生在校安全，即负有安全保障义务。本题中，学校的床上有挡板，超过床一半长度，相关规定要求不能短于床的三分之一，因此，学校的床上挡板符合法律规定，依法尽到了管理职责，可以免责，无须承担侵权损害赔偿责任。故A、B项说法均正确，当选。最后，无民事行为能力人或限制民事行为能力人在幼儿园、学校或者其他教育机构学习、生活期间，受到幼儿园、学校或其他教育机构以外的第三人人身损害的，由第三人承担侵权责任；幼儿园、学校或者其他教育机构未尽到管理职责的，承担相应的补充责任。据此可知，教育机构承担补充责任的前提是第三人实施了侵权行为且学校有过错。本题中，不存在第三人侵权且学校没有过错，因此，学校无须承担补充责任。故D项说法错误，不当选。

14. 答案：ABD。无民事行为能力人小明因过失给韩某造成人身损害，根据《民法典》第1165条第1款的规定，成立过错侵权。根据《民法典》第1188条第2款的规定，小明有财产的，从小明本人财产中支付赔偿费用；不足部分，由监护人承担无过错的替代责任予以赔偿。故A选项正确，B选项正确。最高人民法院《关于审理人身损害赔偿案件适用法律若干问题的解释》第3条第1款规定："依法应当参加工伤保险统筹的用人单位的劳动者，因工伤事故遭受人身损害，劳动者或者其近亲属向人民法院起诉请求用人单位承担民事赔偿责任的，告知其按《工伤保险条例》的规定处理。"最高人民法院《关于审理人身损害赔偿案件适用法律若干问题的解释》第3条第2款规定："因用人单位以外的第三人侵权造成劳动者人身损害，赔偿权利人请求第三人承担民事赔偿责任的，人民法院应予支持。"韩某属于应当参加工伤保险统筹的劳动者，因第三人小明的加害遭受工伤，根据最高人民法院《关于审理人身损害赔偿案件适用法律若干问题的解释》第3条的规定，采"兼得模式"，就遭受的全部损害，韩某有权请求小明及其监护人承担侵权损害赔偿责任，与此同时，韩某还有权请求用人单位落实工伤保险待遇。劳务派遣期间遭受工伤的，应当由"用人单位"甲公司负责落实工伤保险待遇，"用工单位"乙公司不负责落实工伤保险待遇。故C选项错误，D选项正确。

简答题

1.（1）用人者责任原则上是一种替代责任，是用人者对其工作人员的侵权行为造成他人的损害承担的责任，即替代行为人承担侵权责任。

（2）适用无过错责任归责原则。对用人者责任适用无过错责任归责原则是世界立法的趋势。我国法律规定用人者责任是一种无过错责任。

（3）用人者责任以用人者与直接侵权行为人存在特定关系为前提，即用人者与工作人员的关系。替代责任人（用人者）处于特定的地位，这种特定的地位主要指支配性的地位（选任、指示、监督、管理等）。判断直接侵权行为人是工作人员还是独立的民事主体，取决于用人者能否对直接侵权行为人的活动作指示、控制、监督、管理等。

（4）用人者责任是用人者对工作人员在执行职务、提供劳务活动中的致害行为承担责任，这要求侵权行为人处于特定的状态，包括从事雇佣活动、执行职务等，即工作人员应该在从事用人者交代的任务或者履行自己职务的过程中致人损害。

2.（1）接受方的责任。根据《民法典》第1191条第2款，劳务派遣的接受方被视为主要的用人者，对被派遣劳动者的侵权行为承担无过错责任。在劳务派遣关系中，接受派遣的用工单位对被派遣劳动者进行实际的管理、支配，同时又利用被派遣劳动者的行为扩大规模、增加利润，故应当被认定为用人单位。

（2）派遣方的责任。在劳务派遣关系中，劳务派遣单位虽然也从被派遣劳动者身上获取了利润，从而对被派遣劳动者的行为具有利益相关性，但这种利益链条是通过用工单位对被派遣劳动者的使用而实现的，相对而言关系稍远，而且劳务派遣单位没有对被派遣劳动者进行现场支配、指令的可能性，所以通常不被认定为用人者。但是如果劳务派遣单位有过错，则应当承担相应的责任。

（3）被派遣劳动者个人的责任。在劳务派遣责任中，被派遣劳动者个人的责任可以按照《民法典》第1191条的规定处理，即接受劳务派遣的用人单位承担侵权责任后，可以向有故意或者重大过失的被派遣劳动者追偿。

3.（1）通知前的损害。对于通知之前被侵权人的损害部分，由实施直接侵权行为的网络用户单独承担责任，网络服务提供者无须对此承担任何责任。

（2）通知后的损害。对于通知之后的损害，网络服务提供者如果未采取必要的措施防止侵权信息的继续扩散，则应当对于因未采取必要措施而给被侵权人造成的扩大部分的损失承担连带责任。如果网络服务提供者虽然采取了必要的措施，但仍然未能阻止损害结果的进一步扩大，则网络服务提供者不对此承担侵权责任。

（3）责任承担。通知规则下的责任承担方式主要有赔偿损失（包括精神损害赔偿）、停止侵害、赔礼道歉、消除影响、恢复名誉等。根据所侵害的权利种类的不同，网络服务提供者可能以其中的一种或几种方式承担责任。

（4）错误通知的后果。通知人的错误通知导致网络服务提供者采取删除、屏蔽、断开链接等措施的，被采取措施的网络用户有权请求通知人承担侵权责任，有权请求网络服务提供者在技术条件许可的情况下采取相应的恢复措施。

案例分析题

（1）应当承担损害赔偿责任。根据《民法典》第1252条之规定，建筑物、构筑物或者其他设施倒塌、塌陷造成他人损害的，由建设单位和施工单位承担连带责任，但是建设单位与施工单位能够证明不存在质量缺陷的除外。本题中，村委会为建办公楼搭建脚手架，对因该设施倒塌造成的损害，依法应承担损害赔偿责任。

（2）不应当承担损害赔偿责任。根据《民法典》的规定，从事高压活动造成损害的，适用无过错责任。涉案电线不属于高压线，因触电致人损害的，适用过错责任。本题中，供电线路是被脚手架砸断的，供电局对损害的发生不存在过错，无须承担侵权责任。

（3）村委会的抗辩事由不成立。8级大风并非无法预见，因此造成的脚手架倒塌的风险也非无法避免或克服，不构成不可抗力，村委会无权主张免责。供电公司的抗辩可以成立。因损害的发生是因第三人的过错引起的，供电公司对损害的发生并无过错，无须承担赔偿责任。

论述题与深度思考题

（1）概念。

替代责任，是指由与行为人有特定关系的人，对行为人的侵权行为承担法律责任。替代责任与自己责任相区分，原则上人们只对自己的行为负责，而替代责任是侵权责任归责方式的例外，仅在法律有特别规定时才能适用。替代责任包括用人者责任与监护人责任两种类型。

（2）特征。

1）存在他人的侵权行为，而非自己的侵权行为。

2）承担责任的人不是直接实施侵权行为的人，是对他人的侵权行为负责。

3）责任人与实施侵权的人具有特定关系，如职务关系、雇佣关系、用工关系、承揽关系、监护关系等。

4）此类侵权行为适用无过错责任归责原则。

（3）用人者责任。

1）用人者责任的概念。

用人者责任是指用人者对被使用人在从事职务或劳务活动时造成他人损害承担侵权责任。

2）用人者责任的归责原则。

用人者责任适用无过错责任原则。

3）用人者责任的构成要件。

第一，用人者与被使用人之间存在广义上的雇佣关系，即支配与被支配、使用与被使用的关系。

第二，给他人造成损害的行为必须是被使用人为完成工作任务而进行的行为。

第三，被使用人的行为必须是侵权行为。

4）用人者责任的承担方式。

第一，用人单位责任。用人单位承担赔偿责任后，对内可向故意或有重大过失的工作人员追偿。

第二，劳务派遣中用工单位责任。由接受劳务派遣的用工单位承担赔偿责任后，可向故意或有重大过失的被派遣劳动者追偿；劳务派遣单位仅按其过错程度承担相应的责任。

第三，个人用工责任。个人之间形成劳务关系，提供劳务一方因劳务造成他人损害的，由接受劳务一方承担侵权责任；接受劳务一方承担侵权责任后，可以向有故意或者重大过失的提供劳务一方追偿。提供劳务一方因劳务自己受到损害的，根据双方各自的过错承担相应的责任。提供劳务期间，因第三人的行为造成提供劳务一方损害的，提供劳务一方有权请求第三人承担侵权责任，也有权请求接受劳务一方给予补偿；接受劳务一方补偿后，可以向第三人追偿。

5）用人者责任的抗辩事由。

第一，用人者对没有雇佣关系的被使用人不承担责任。

第二，被使用人的非职务行为。

(4) 监护人责任。

1) 监护人责任的概念。

监护人责任是指被监护人因自己的行为致人损害，由其监护人承担的替代赔偿责任。

2) 监护人责任的归责原则。

监护人责任适用无过错责任原则。

3) 监护人责任的构成要件。

第一，监护人与被监护人之间存在监护关系。

第二，被监护人的不法致害“行为”符合侵权责任的构成要件，即如果将被监护人替代为一个完全民事行为能力人，其所实施的侵害行为造成他人损害时应当依法承担侵权责任。

4) 监护人责任的承担方式。

第一，如果被监护人无财产的，监护人全部承担赔偿责任。

第二，如果被监护人自己有财产的，先从他本人的财产中支付赔偿费用；如果被监护人的财产不足以支付全部赔偿，不足部分，由监护人赔偿。

第三，监护人尽到了监护职责，可以适当减轻其责任，但不能免责。

第四，监护人将监护职责委托给他人，被监护人造成当事人损害的，依然由监护人承担责任，受托人有过错的承担相应的责任。

5) 监护人责任的抗辩事由。

第一，不符合监护人责任构成要件的，不构成监护人责任。

第二，对完全行为能力人由于自己的过错导致其行为暂时没有意识或失去控制从而造成他人损害的，适用过错责任原则，而不适用监护人责任。

第七十五章　过错侵权责任

知识逻辑图

- 过错侵权责任
  - 医疗损害责任
  - 建筑物和物件损害责任
    - 建筑物、构筑物，搁置物、悬挂物，堆放物，林木等物件致人损害责任；地面施工致人损害责任

名词解释

1. 告知同意义务
2. 物业服务企业的安全保障义务

选择题

（一）单项选择题

1. 田某突发重病神志不清，田父将其送至医院，医院使用进口医疗器械实施手术，手术失败，田某死亡。田父认为医院在诊疗过程中存在一系列违规操作，应对田某的死亡承担赔偿责任。关于本案，下列哪一选项是正确的？（　　）（法考）

A. 医疗损害适用过错责任原则，由患方承担举证责任

B. 医院实施该手术，无法取得田某的同意，可自主决定

C. 如因医疗器械缺陷致损，患方只能向生产者主张赔偿

D. 医院有权拒绝提供相关病历，且不会因此承担不利后果

2. 张小飞邀请关小羽来家中做客，关小羽进入张小飞所住小区后，突然从小区的高楼内抛出一块砚台，将关小羽砸伤。关于砸伤关小羽的责任承担，下列哪一选项是正确的？（　　）（法考）

A. 张小飞违反安全保障义务，应承担侵权责任

B. 顶层业主通过证明当日家中无人，可以免责

C. 小区物业违反安全保障义务，应承担侵权责任

D. 如查明砚台系从 10 层抛出，10 层以上业主仍应承担补充责任

3. 常某去吕某家做客，吕某家住某小区临街三楼。常某到窗户边抽烟打开窗户时，不小心将窗台上的物品碰落，砸伤楼下路过的行人丁某。若丁某因此起诉，关于丁某应以谁为被告起诉，下列表述正确的是（　　）。（法考）

A. 应以常某为被告

B. 应以吕某为被告

C. 应以常某和吕某为必要共同被告

D. 应以常某和吕某为普通共同被告

视频讲题

4. 季某下班回家时，被夏某放在楼道的废弃衣柜砸伤，季某向法院诉请夏某承担侵权损害赔偿责任。就夏某是否具有过错的证明责任分担，下列表述正确的是（　　）。（法考）

A. 夏某对自己无过错，承担证明责任

B. 季某对夏某有过错，承担证明责任

C. 夏某是否有过错，非本案请求权构成要件，无人须承担证明责任

D. 法院对夏某是否有过错承担证明责任

5. 甲开车回家，由于乙违规将其一辆皮卡车停放在小区占住了道路，同时小区物业虽已知情但不管不问，甲只能绕道而行。甲绕行至金某楼下时，金某放在自家 19 楼阳台上的木质衣架被大风吹落砸伤甲。对甲因此遭受的人身损害，应如何承担责任？下列表述正确的是（　　）。（法考）

A. 金某应当对全部损害承担赔偿责任

B. 皮卡车主乙应当承担部分赔偿责任

C. 小区物业应当承担相应的补充责任

D. 可按高空抛物处理，由小区相关的业主承担公平责任适当补偿

视频讲题

（二）多项选择题

1. 甲居住在某小区高层建筑内，某日下班走到楼下时，突然被楼上坠落的晾衣竿砸中头部，伤势严重，被送医救治，花去医药费共计 9 万元。由于找不到加害人，甲便把二楼以上所有业主、小区物业、当地派出所全部诉至法院，要求承担连带赔偿责任。根据《民法典》，下列说法正确的有（　　）。（法考）

A. 应由小区物业承担全部赔偿责任

B. 二楼以上所有业主、小区物业、当地派出所不承担连带赔偿责任

C. 当地派出所有义务及时调查并查清责任人

D. 二楼以上小区业主应承担补偿责任，除非证明自己不是侵权人

2. 甲去桃花源村旅游，全村都是旅游景区，甲入住村内酒店。在村里溜达的时候看见一棵杨梅树，问旁边的乙，“这棵树是谁的”，乙回答说没人管。甲遂爬上树摘杨梅，一不小心摔了下来。后经查明，树是村里丙的。下列哪些选项是正确的？（　　）（法考）

A. 桃花源村应对甲的摔伤负责

B. 甲自己负全责

C. 丙不对甲负有安保义务

D. 乙对甲的摔伤承担责任

简答题

试论述从建筑物抛掷、坠落物品造成他人损害的责任。

参考答案

名词解释

1. 告知同意义务也称为说明同意义务，是指医务人员向患者或者患者近亲属说明病情和可能采取的医疗措施并在取得患者或其近亲属同意的情况下实施此等医疗措施的义务。

2. 物业服务企业的安全保障义务，是指建筑物的物业服务企业等主体有采取安全保障措施防止从建筑物抛掷、坠落物品造成他人损害的义务，未尽到此等安全保障义务的，应当承担侵权责任。建筑物的物业服务企业等主体采取安全保障措施的义务由物业管理法规、物业管理公约、物业服务合同等确定。此等义务，有些是保护物业业主的利益的，有些是保护不特定第三人的人身和财产安全的。

选择题

（一）单项选择题

1. 答案：A。《民法典》第 1218 条规定：“患者在诊疗活动中受到损害，医疗机构或者其医务人员有过错的，由医疗机构承担赔偿责任。”所以，医疗侵权适用过错责任原则，A 项正确。《民法典》第 1219 条第 1 款规定：“医务人员在诊疗活动中应当向患者说明病情和医疗措施。需要实施手术、特殊检查、特殊治疗的，医务人员应当及时向患者具体说明医疗风险、替代医疗方案等情况，并取得其明确同意；不能或者不宜向患者说明的，应当向患者的近亲属说明，并取得其明确同意。”所以，B 项错误。《民法典》第 1223 条规定：“因药品、消毒产品、医疗器械的缺陷，或者输入不合格的血液造成患者损害的，患者可以向药品上市许可持有人、生产者、血液提供机构请求赔偿，也可以向医疗机构请求赔偿。患者向医疗机构请求赔偿的，医疗机构赔偿后，有权向负有责任的药品上市许可持有

人、生产者、血液提供机构追偿。”患者可以向医疗机构请求赔偿。所以，C项错误。《民法典》第1222条规定：“患者在诊疗活动中受到损害，有下列情形之一的，推定医疗机构有过错：（一）违反法律、行政法规、规章以及其他有关诊疗规范的规定；（二）隐匿或者拒绝提供与纠纷有关的病历资料；（三）遗失、伪造、篡改或者违法销毁病历资料。”所以，D项错误。

2. 答案：B。B、D项：《民法典》第1254条第1款规定：“禁止从建筑物中抛掷物品。从建筑物中抛掷物品或者从建筑物上坠落的物品造成他人损害的，由侵权人依法承担侵权责任；经调查难以确定具体侵权人的，除能够证明自己不是侵权人的外，由可能加害的建筑物使用人给予补偿。可能加害的建筑物使用人补偿后，有权向侵权人追偿。”顶层业主可以证明当天家中无人，所以可以免责；不能确定具体侵权人的，由可能加害的建筑物使用人给予补偿。所以，B项正确，D项错误。A、C项：《民法典》第1198条规定，宾馆、商场、银行、车站、机场、体育场馆、娱乐场所等经营场所、公共场所的经营者、管理者或者群众性活动的组织者，未尽到安全保障义务，造成他人损害的，应当承担侵权责任。因第三人的行为造成他人损害的，由第三人承担侵权责任；经营者、管理者或者组织者未尽到安全保障义务的，承担相应的补充责任。经营者、管理者或者组织者承担补充责任后，可以向第三人追偿。事故发生在张小飞的小区中，不属于公共场所，不适用安全保障责任。所以，A、C两项错误。

3. 答案：A。《民法典》第1253条规定：建筑物、构筑物或者其他设施及其搁置物、悬挂物发生脱落、坠落造成他人损害，所有权人、管理人或者使用人不能证明自己没有过错的，应当承担侵权责任。所有权人、管理人或者使用人赔偿后，有其他责任人的，有权向其他责任人追偿。本条是对“物件脱落、坠落致人损害责任”的规定。在调整范围上，就加害形态而言，仅限于脱落、坠落。所谓“脱落”，指建筑物、构筑物或者其他设施的组成部分自主体脱离；所谓“坠落”，指搁置物、悬挂物从建筑物、构筑物或者其他设施上落下。脱落和坠落的特征在于“自发的运动”，而不包括“人力的介入”。这一根本特征，决定了“脱落”“坠落”不同于“抛掷”的加害特征。本题中，由于常某所施加的人力的介入，吕某放置于窗台上的物品被碰落并因此给丁某造成人身损害，加害行为既不属于“脱落”，也不属于“坠落”，而是类似于“抛掷”，因此，不能适用《民法典》第1253条的规定，建筑物的所有权人吕某不承担责任。故B选项错误。如前所述，本题所述情形，属于从建筑物中“抛掷”物品致人损害，同时，能够确定具体侵权人为常某，依照《民法典》第1254条的规定，应当由常某“依法”承担侵权责任。本题中，第一，常某碰落窗台上的物品并砸伤丁某，常某实施了作为的不法加害行为；第二，丁某遭受了人身损害；第三，加害行为与损害后果之间具有因果关系；第四，常某对损害的发生具有过失。根据《民法典》第1165条第1款的规定，对丁某造成的人身损害，常某成立过错侵权，应由常某单独承担侵权责任。故A选项正确，C选项错误，D选项错误。

4. 答案：A。《民法典》第1255条规定：“堆放物倒塌、滚落或者滑落造成他人损害，堆放人不能证明自己没有过错的，应当承担侵权责任。”这是关于堆放物致人损害之侵权责任的规定，归责原则为过错责任原则，归责方式为过错推定，堆放人夏某承担过错推定责任。季某就此诉请夏某承担侵权责任时，在举证责任的分配上，受害人季某仅对以下三个要件事实（基础事实）承担证明责任：第一，夏某实施了堆放物品且堆放物品倒塌的加害行为；第二，季某遭受了可以救济的损害；第三，夏某的加害行为与季某遭受的损害之间具有因果关系。对加害人夏某主观过错的证明责任，采过错推定规则，推定加害人夏某主观上具有过错，受害人季某不对夏某主观上具有过错承担证明责任。若夏某能够提供反证证明其主观上无过错，则夏某不承担侵权责任。故本题唯一正确答案为A选项。

5. 答案：A。自建筑物的专有部分坠落的衣架给甲造成人身损害，由于能够确定具体侵权人（自19楼住户金某的阳台坠落），根据《民法典》第1254条的规定，由具体侵权人依照法律的规定承担侵权责任，不适用公平责任，故D选项错误。乙违规停放皮卡车的行为和小区物业未按照物业服务合同采取相应措施的行为，虽系甲因衣架坠落遭受损害的条件，但缺乏“相当性”（乙和小区物业的行为通常不会引起甲因衣架坠落遭受损害的损害后果），因此，乙和小区物业的行为与甲因衣架坠落遭受的人身损害后果之间“无因果关系”。同时，甲因衣架坠落遭受的损害，小区物业亦无其他违反安全保障义务的不作为行为。故B选项错误，C选项错误。《民法典》第1253条规定：建筑物、构筑物或者其他设施及其搁置物、悬挂物发生脱落、坠落造成他人损害，所有权人、管理人或者使用人不能证明自己没有过错的，应当承担侵权责任。所有权人、管理人或者使用人赔偿后，有其他责任人的，有权向其他责任人追偿。据此，对甲因衣架坠落遭受的损害，金某不能证明自己没有过错，金某应当承担侵权损害赔偿责任。故A选项正确。

（二）多项选择题

1. 答案：BCD。A项考查安保义务人责任，关键词为“全部”。小区物业公司作为小区的安保义务人系过错责任，仅在过错（未采取必要的安全保障措施）范围内承担“相应的”赔偿责任，而非“全部”责任。故A项说法错误，不当选。B、D项考查责任主体和免责事由，关键词为“连带赔偿”和“补偿”。在不明坠落物致人损害责任中，责任主体不包括当地派出所且各责任主体承担的是“连带补偿责任”（主观上不存在过错，系道义性责任）而非“连带赔偿责任”（主观上存在过错，系侵权行为）。故B、D项说法均正确，当选。C项考查调查义务，关键词为“当地派出所”。不明坠落物致人损害责任涉嫌刑事犯罪。因此，《民法典》增加了“公安等机关”的调查义务。故C项说法正确，当选。

2. 答案：BC。首先，宾馆、商场、银行、车站、机场、体育场馆、娱乐场所等经营场所、公共场所的经营者、管理者或群众性活动的组织者，未尽到安全保障义务，造成他人损害的，应当承担侵权责任。据此可知，安保义务的责任主体系经营者、管理者和组织者。丙作为杨梅树的所有权人并非安保义务人，不对甲负有安保义务，而应由桃花源村负安保义务。故C项正确，当选。其次，桃花源村作为该村景区管理者虽然负有保障游客免遭损害的义务，但义务的确定应限于景区管理人的管理和控制能力范围之内。甲擅自爬树摘杨梅摔伤系其自身过错所致，作为安保义务人的桃花源村没有过错，因此，桃花源村对甲的摔伤不应负责，而应由甲自己负全责。故A项错误，不当选；B项正确，当选。最后，行为人因过错侵害他人民事权益造成损害的，应当承担侵权责任。本题中，乙对于甲的摔伤不存在主观过错，依法无须承担侵权责任。故D项错误，不当选。

简答题

（1）侵权人承担侵权责任。依据《民法典》第1254条，在发生建筑物抛（坠）物造成他人损害的案件中，应当由侵权人依法承担侵权责任。此处的“侵权人”包括：1）实施抛物行为的人（或者其监护人、用人单位、个人雇主等）；2）致害物品的所有权人、管理人、使用人（或者其监护人、用人单位、个人雇主等）。在损害发生时具体侵权人明确的，被侵权人应当请求具体侵权人承担侵权责任。在诉讼进行中查明了具体侵权人的，被侵权人应当变更诉讼请求，直接请求具体侵权人承担侵权责任。

（2）由可能加害的建筑物使用人予以补偿。经调查难以确定具体侵权人的，除能够证明自己不是侵权人的外，由可能加害的建筑物使用人给予补偿。这里的“经调查难以确定具体侵权人”，是指通过被侵权人举证、法院依职权进行调查以及“有关机关……依法及时调查”，仍然不能确定具体侵权人的情况。承担“补偿”的是建筑物的使用人，而不是建筑物的所有权人。可能加害的建筑物使用人补偿后，有权向侵权人追偿。

（3）物业服务企业承担未尽到安全保障义务的侵权责任。物业服务企业等未采取必要的安全保障措施的，应当依法承担未履行安全保障义务的侵权责任。物业服务企业等承担的此等法律责任是侵权责任而不是违反合同的违约责任，也就是说，此等责任是由法律直接加以规定的，不取决于物业服务合同等是否有规定。

（4）公安机关等有关机关的调查职责。《民法典》第1254条第3款是一个提示性条款，提示有关机关应当依法及时调查以查清责任人。关于这里的“有关机关”一般认为是负有调查刑事案件和社会治安案件职责的国家机关。负有此等职责的国家机关是公安机关。提示有关机关应当依法及时调查以查清责任人，有利于相关案件的审理，保护被侵权人的合法权益，减少乃至避免“可能加害的建筑物使用人补偿”的适用。

第七十六章　无过错责任

知识逻辑图

无过错责任
- 产品责任
- 机动车交通事故责任
- 环境污染和生态破坏责任
- 高度危险责任
- 饲养动物致害责任

名词解释

1. 缺陷
2. 召回
3. 高度危险责任

选择题

（一）单项选择题

1. 小女孩甲（8 岁）与小男孩乙（12 岁）放学后常结伴回家。一日，甲对乙讲："听说我们回家途中的王家昨日买了一条狗，我们能否绕道回家？"乙答："不要怕！被狗咬了我负责。"后甲和乙路经王家同时被狗咬伤住院。该案赔偿责任应如何承担？（　　）（法考）

A. 甲和乙明知有恶犬而不绕道，应自行承担责任
B. 乙自行承担责任，乙的家长和王家共同赔偿甲的损失
C. 王家承担全部赔偿责任
D. 甲、乙和王家均有过错，共同分担责任

2. 不属于特殊侵权行为的是（　　）。

A. 高度危险作业致人损害
B. 污染环境致人损害
C. 正当防卫致人损害
D. 饲养动物致人损害

3. 王某因全家外出旅游，请邻居戴某代为看管其饲养的宠物狗。戴某看管期间，张某偷狗，被狗咬伤。关于张某被咬伤的损害，下列哪一选项是正确的？（　　）（法考）

A. 王某应对张某所受损害承担全部责任
B. 戴某应对张某所受损害承担全部责任
C. 王某和戴某对张某所受损害共同承担全部责任
D. 王某或戴某不应对张某所受损害承担全部责任

4. 甲、乙、丙三家公司生产三种不同的化工产品，生产场地的排污口相邻。某年，当地大旱导致河水水位大幅下降，三家公司排放的污水混合发生化学反应，产生有毒物质致使河流下游丁养殖场的鱼类大量死亡。经查明，三家公司排放的污水均分别经过处理且符合国家排放标准。后丁养殖场向三家公司索赔。下列哪一选项是正确的？（　　）（法考）

A. 三家公司均无过错，不承担赔偿责任
B. 三家公司对丁养殖场的损害承担连带责任
C. 本案的诉讼时效是 2 年
D. 三家公司应按照污染物的种类、排放量等因素承担责任

5. 村民甲（18 周岁）路过村民乙家门口时，用一块石头向乙家所养且卧在乙家门口的狗打去，该狗立即扑向甲，甲因跑得快未被狗咬，狗咬伤了甲旁边的行人丙。丙因躲避，将路边丁叫卖的西瓜踩碎 3 个。丙因治伤支付医药费 60 元。丁的 3 个西瓜价值 16 元。对丙、丁损失应由谁赔偿？（　　）（法考）

A. 丙的损失由甲赔偿，丁的损失由丙赔偿
B. 丙的损失由乙赔偿，丁的损失由丙赔偿
C. 丙的损失由甲和乙赔偿；丁的损失主要由甲赔偿，丙予以适当补偿
D. 丙、丁的损失均由甲赔偿

视频讲题

6. 甲将自己的汽车借给乙使用。某日，乙酒后驾驶该车撞伤丙，丙的损害应由（　　）。（考研）
A. 甲全部赔偿
B. 乙全部赔偿
C. 甲乙连带赔偿
D. 甲、乙按份赔偿

7. 某地多日暴雪，甲在公交站等车时，站台顶棚因积雪过多塌落，将甲砸伤。该公交站站台系乙公司设计、丙公交公司管理。甲的损害应由（　　）。（考研）
A. 本人承担
B. 乙公司赔偿
C. 丙公交公司赔偿
D. 乙公司、丙公交公司共同赔偿

8. 王某在甲汽车销售店购买了乙公司制造的汽车。某日，王某驾驶该车在高速公路上正常行驶，安全气囊突然弹开，导致车辆失控，王某受伤，王某（　　）。（考研）
A. 只能向甲汽车销售店请求赔偿
B. 只能向乙公司请求赔偿
C. 只能要求甲汽车销售店、乙公司按份赔偿
D. 既可向甲汽车销售店，也可向乙公司请求赔偿

9. 公交公司的司机郑某驾驶公交车的过程中，操作不当，致使公交车撞上路边的护栏，郑某以及车上乘客均因此遭受人身损害，乘客马某因受伤错失订立一份能获利100万元合同的机会。公交车投保了交强险与第三者责任商业险。对此，下列表述正确的是（　　）。（法考）
A. 司机郑某遭受的人身损害先以交强险赔付
B. 乘客马某遭受的人身损害先以交强险赔付
C. 乘客马某因受伤错失订立合同机会遭受的100万元损失先以第三者责任商业险赔付
D. 撞坏的护栏先以交强险和第三者责任商业险赔付

视频讲题

10. 甲的A车被乙盗窃。乙盗窃后借给丙使用，丙使用期间发生道路交通事故撞伤丁，交警认定丙负全责。若丁起诉，属于本案适格被告的是（　　）。（法考）
A. 甲　　B. 乙
C. 甲、丙　　D. 乙、丙

11. 甲牵着小狗（泰迪）等电梯，乙牵着一只大狗（哈士奇）从电梯里出来，乙牵的大狗见到甲牵的小狗后，扑向小狗戏耍。甲见状连忙牵引小狗向后退时，摔倒受伤。对甲因此遭受损害的责任承担，下列表述正确的是（　　）。（法考）
A. 甲无权请求乙承担赔偿责任
B. 甲有权请求乙承担赔偿责任
C. 甲、乙平均分担赔偿责任
D. 乙承担公平责任对甲适当补偿

（二）多项选择题

1. 某日，甲带其子乙去动物园游玩。甲忙于与他人交谈无暇顾及乙，在参观猴山时，乙趁甲不注意违反规定偷偷跑到猴山上玩耍，被一只猴子用易拉罐砸中了眼睛，花去医药费3 000元。经查公园猴山的安全设施存在一定漏洞。甲要求公园赔偿损失遭到拒绝。有关本案，下列说法错误的是（　　）。
A. 应当由甲自行承担损失
B. 应当主要由动物园承担损失，甲承担部分损失
C. 应当主要由甲承担损失，动物园给予适当补偿
D. 应当由动物园承担全部损失

2. 某化工厂排放的废水流入某湖后，发生大量鱼类死亡事件。在是否承担赔偿责任问题上，该化工厂的哪些抗辩理由即使有证据支持也不能成立？（　　）（法考）
A. 其排放的废水完全符合规定的排放标准

B. 另一工厂排放的废水足以导致湖中鱼类死亡

C. 该化工厂主观上没有任何过错

D. 原告的赔偿请求已经超过 3 年的诉讼时效

3. 甲为某市市民，一日他外出游玩时捡到一只藏獒，经过专家鉴定，此藏獒为珍贵的纯种藏獒，甲得知后精心喂养并登报寻找失主。一天，甲带着藏獒在街上散步，藏獒挣脱缰绳咬伤了行人乙，乙花去医疗费 300 元。乙要求甲赔偿损失，甲辩称此狗并不是他的，让乙等待失主认领时找失主要钱。有关本案民事责任承担的说法错误的是（　　）。

A. 狗并不属于甲所有，甲没有责任

B. 狗处在甲的管理下，甲应当赔偿

C. 如果找到了狗的主人，应当由狗的主人赔偿

D. 如果找到了狗的主人，应当由狗的主人补偿甲登报的费用和喂养藏獒的费用

4. 关于动物致害侵权责任的说法，下列哪些选项是正确的？（　　）（法考）

A. 甲 8 周岁的儿子翻墙进入邻居院中玩耍，被院内藏獒咬伤，邻居应承担侵权责任

B. 小学生乙和丙放学途经养狗的王平家，丙故意逗狗，狗被激怒咬伤乙，只能由丙的监护人对乙承担侵权责任

C. 丁下夜班回家途经邻居家门时，未看到邻居饲养的小猪趴在路上而绊倒摔伤，邻居应承担侵权责任

D. 戊带女儿到动物园游玩时，动物园饲养的老虎从破损的虎笼蹿出将戊女儿咬伤，动物园应承担侵权责任

5. 某商场家电部一员工在布置展台时，一通电的取暖器石英管突然爆裂，致其受伤。后查明事故原因是厂家不慎带几台质检不合格商品包装出厂。该员工欲通过诉讼向商家索赔，但不知应以产品责任还是以产品质量瑕疵担保为由诉讼。下列关于二者区别的表述中，哪些是正确的？（　　）（法考）

A. 前者需要有现实损害，后者不需要

B. 前者属于侵权行为，后者属于违约行为

C. 前者的责任承担形式主要是损害赔偿，后者则主要为修理、更换

D. 前者可以直接向法院起诉，后者一般先向合同相对人要求补救或赔偿

6. 甲购买一辆汽车，在开回的路上，因刹车失灵而翻车受伤。在此情形下，他可以请求谁承担何种责任？（　　）（法考）

A. 请求商家承担违约责任

B. 请求厂家同时承担违约和侵权责任

C. 请求厂家承担侵权责任

D. 请求厂家承担侵权责任，同时请求商家承担违约责任

7. 甲系某品牌汽车制造商，发现已投入流通的某款车型刹车系统存在技术缺陷，即通过媒体和销售商发布召回该款车进行技术处理的通知。乙购买该车，看到通知后立即驱车前往丙销售公司，途中因刹车系统失灵撞上大树，造成伤害。下列哪些说法是正确的？（　　）（法考）

A. 乙有权请求甲承担赔偿责任

B. 乙有权请求丙承担赔偿责任

C. 乙有权请求惩罚性赔偿

D. 甲的责任是无过错责任

8. 两个以上污染者污染环境造成他人损害的，污染者承担（　　）。（考研）

A. 按份责任　　B. 连带责任

C. 过错责任　　D. 公平责任

9. 甲、乙、丙共同出资 1 000 万元购买一车床，甲出资 600 万元，乙出资 250 万元，丙出资 150 万元，三人按份共有。后三人决定将车床出租给丁，按出资额收取租金，后丁在使用过程中由于车床自身缺陷受到损害。以下说法正确的是（　　）。（法考）

A. 丁也可以请求该产品的制造商承担产品责任

B. 甲、乙、丙按照出资份额对丁承担按份责任

C. 甲、乙、丙向丁赔偿后也可向生产商追偿

D. 甲、乙、丙对丁承担连带责任

10. 赵某从商店购买了一台甲公司生产的家用洗衣机，洗涤衣物时，该洗衣机因技术缺陷发生爆裂，叶轮飞出造成赵某严重人身损害并毁坏衣物。赵某的下列哪些诉求是正确的？（　　）（法考）

A. 商店应承担更换洗衣机或退货、赔偿衣物损失和赔偿人身损害的违约责任

B. 商店应按违约责任更换洗衣机或者退货；请求甲公司按侵权责任赔偿衣物损失和人身损害

C. 商店或者甲公司应赔偿因洗衣机缺陷造成的损害

D. 商店或者甲公司应赔偿物质损害和精神损害

11. 甲公司开发了一款新型婴幼儿配方奶粉，送交市食品检验机构检验为合格产品，因甲公司承诺向贫困山区捐赠该奶粉一吨，该奶粉获得市奶粉行业协会免费推荐。马某在A公司经营的集贸市场上购买了B公司出售的该奶粉，在产品的保质期内给孩子食用，食用不久，马某的孩子患上了某种酮症。经查，该奶粉使用的香精中含有禁止使用的丙二醇，丙二醇可导致该酮症，但市食品检验机构在检验中漏检，因此未能检出该隐患。问马某可代理孩子向谁主张赔偿？（　　）（法考）

A. A公司

B. B公司

C. 市食品检验机构

D. 市奶粉行业协会

视频讲题

12. 甲村辟出一场地供村民无偿使用，单某和于某分别在该场地上经营马场将马出租给游客骑行。游客乙租用单某的马，因乙是新手，由单某带乙骑行完第一圈后，乙说自己已经完全会了，不用单某带骑，单某于是让乙独自骑行了第二圈，乙骑行第三圈时，因为不得要领使马受惊狂奔，将正好进入马场饲养马匹的于某撞成轻伤。对于某因此遭受的人身损害，应如何承担责任，下列表述正确的是？（　　）（法考）

A. 甲村应当承担责任

B. 单某应当承担责任

C. 于某应当承担责任

D. 游客乙应当承担责任

简答题

1. 试论述惩罚性赔偿责任在《民法典》侵权责任编中的适用。

2. 简述产品责任的构成要件及其责任形式。（考研）

3. 简述我国侵权责任体系中适用无过错责任原则的主要情形。（考研）

案例分析题

赵某到烤肉店就餐，该饭店提供的卡式炉是红星厨具厂生产的，卡式炉使用的燃气是江河燃气公司生产的。赵某在用餐时，正在使用的卡式炉燃气罐发生爆炸，导致赵某身体烧伤，共花去医疗费5万元。经查：红星厨具厂和江河燃气公司生产的卡式炉及燃气罐均为不合格产品，烤肉店在提供服务时不存在过错。现赵某向法院起诉，要求烤肉店、红星厨具厂和江河燃气公司共同承担损害赔偿的责任。

根据上述案情，请回答：

（1）赵某与三被告之间存在什么法律关系？

（2）红星厨具厂与江河燃气公司是否应当承担共同赔偿损害的责任？

（3）假设红星厨具厂赔偿了赵某医疗费5万元，则其取得什么权利？

参考答案

名词解释

1. 缺陷，是指产品存在危及人身、他人财产安全的不合理的危险；产品有保障人体健康和人身、财产安全的国家标准、行业标准的，是指不符合该标准。

2. 召回，是指缺陷产品的生产者、销售者公开要求产品的购买人、使用人等送回有缺陷（安全隐患）的产品，以进行修理、更换或者退货以消除产品缺陷的一项补救措施。

3. 高度危险责任，是指因从事高度危险作业致人损害或者保有高度危险物品致人损害而承担的侵权责任。

选择题

（一）单项选择题

1. 答案：C。本案中，根据《民法典》第19条的规定，甲、乙都不是完全民事行为能力人，因此不能认为甲、乙存在法律意义上的过错。根据《民法典》第1245条有关饲养的动物致人损害的规定，应当由狗的饲养人王家承担赔偿的责任。

2. 答案：C。特殊侵权行为，是当事人因与自己有关的行为、物件、事件或者其他特别原因致人损害，依照民法上的特别责任条款或者民事特别法的规定应当承担民事责任的行为。根据现行法律的规定，A、B、D项都属于特殊侵权行为，C项属于侵权行为的免责事由。

3. 答案：D。根据规定：饲养的动物造成他人损害的，动物饲养人或者管理人应当承担侵权责任，但能够证明损害是因被侵权人故意或者重大过失造成的，可以不承担或者减轻责任。张某偷狗的行为本身违法，因此对于张某被咬伤的损害，饲养人王某或管理人戴某不应对张某所受损害承担全部责任。

4. 答案：D。《民法典》第1231条规定："两个以上侵权人污染环境、破坏生态的，承担责任的大小，根据污染物的种类、浓度、排放量，破坏生态的方式、范围、程度，以及行为对损害后果所起的作用等因素确定。"所以，D项正确。《民法典》第1229条规定："因污染环境、破坏生态造成他人损害的，侵权人应当承担侵权责任。"由此可知，环境污染责任属于无过错责任。在造成污染后，无论过错与否，除非三家公司存在法定的免责、减责事由或者其行为与污染不存在因果关系，其都应当承担侵权责任。所以，A项错误。三家公司对环境污染不存在主观上的共同故意或共同过失，其行为不构成共同侵权行为，不需要对丁承担连带责任。所以，B项错误。《环境保护法》第66条规定，提起环境污染损害赔偿诉讼的时效期间为3年。所以，C项错误。

5. 答案：D。《民法典》第1245条规定：饲养的动物造成他人损害的，动物饲养人或者管理人应当承担侵权责任；但能够证明损害是因被侵权人故意或者重大过失造成的，可以不承担或者减轻责任。《民法典》第1250条规定："因第三人的过错致使动物造成他人损害的，被侵权人可以向动物饲养人或者管理人请求赔偿，也可以向第三人请求赔偿。动物饲养人或者管理人赔偿后，有权向第三人追偿。"本题中，受害人丙、丁的损失是由于甲的过错造成的，与乙无关，因此乙无须承担责任，而应当由甲承担责任，即使乙先行赔付，也有权向甲追偿。另外，受害人丙、丁并无任何过错，故甲应赔偿他们的全部损失。

6. 答案：B。《民法典》第1209条规定：因租赁、借用等情形机动车所有权人、管理人与使用人不是同一人时，发生交通事故造成损害，属于该机动车一方责任的，由机动车使用人承担赔偿责任；机动车所有权人、管理人对损害的发生有过错的，承担相应的赔偿责任。据此，当机动车所有权人与使用人分离时发生交通事故，因机动车风险由使用人控制，故应由使用人承担责任，所有权人只有在有过错时才承担相应的责任。本题中，甲将车借与乙，乙驾车发生事故，应当由使用人乙承担责任。所有权人甲在将车借与乙时，乙并未饮酒，甲对损害的发生并无过错，无须承担责任。综上，本题的正确答案是B。

7. 答案：C。《民法典》第1252条第2款规定：因所有权人、管理人、使用人或者第三人的原因，建筑物、构筑物或者其他设施倒塌、塌陷造成他人损害的，由所有权人、管理人、使用人或者第三人承担侵权责任。本题中，公交站台为构筑物，因质量原因以外的塌落造成他人损害的，应当由管理人丙公交公司承担责任。乙公司设计上并无缺陷，无须承担责任。综上，本题的正确答案是C。

8. 答案：D。《民法典》第1203条第1款规定："因产品存在缺陷造成他人损害的，被侵权人可以向产品的生产者请求赔偿，也可以向产品的销售者请求赔偿。"本题中，汽车安全气囊突然弹开导致车辆失控，因存在缺陷造成损害的，可以请求生产者乙公司或销售者甲汽车销售店赔偿。综上，本题的正确答案是D。

9. 答案：D。《民法典》第1213条规定："机动车发生交通事故造成损害，属于该机动车一方责任的，先由承保机动车强制保险的保险人在强制保险责任限额范围内予以赔偿；不足部分，由承保机动车商业保险的保险人按照保险合同的约定予以赔偿；仍然不足或者没有投保机动车商业保险的，由侵权人赔偿。"该条规定了"承担机动车交通事故责任的顺位规则"。故D选项正确。

投保交强险的机动车发生道路交通事故致人损害的，承保交强险的保险公司应当在限额范围内向受害人支付保险金，但下列两类受害人除外：第一类，车上人员；第二类，被保险人（侵权责任人）。本题中，机动车发生道路交通事故给郑某、马某造成人身损害时，郑某、马某均在车内，属车上人员，因此承保交强险的保险公司不对郑某、马某支付保险金。故A选项错误，B选项错误。

公交公司对乘客马某违反安全运输乘客的合同义

务，成立违约，公交公司对乘客马某同时成立机动车交通事故侵权，根据《民法典》第186条的规定，马某有权对公交公司择一主张违约责任或者侵权责任。乘客马某因受伤未能订立合同遭受的100万元损失，并非马某因人身权等绝对权遭受侵害而遭受的直接损失（所受损害）与间接损失（所失利益），只是马某遭受的一笔纯粹金钱上的损失，性质上属于纯粹经济损失。《民法典》第584条规定："当事人一方不履行合同义务或者履行合同义务不符合约定，造成对方损失的，损失赔偿额应当相当于因违约所造成的损失，包括合同履行后可以获得的利益；但是，不得超过违约一方订立合同时预见到或者应当预见到的因违约可能造成的损失。"本题中，受可预见规则的限制，马某遭受的这100万元纯粹经济损失，已经超出违约一方订立合同时预见或者应当预见的因违约可能造成的损失，马某不能主张违约损害赔偿。若马某选择对公交公司主张侵权责任，马某因受伤未能签订合同所遭受的100万元纯粹经济损失，既不属于公交公司故意实施加害行为造成的纯粹经济损失，亦不属于法律明确规定马某有权主张侵权损害赔偿责任的纯粹经济损失（比如因遭受证券欺诈而遭受的纯粹经济损失），根据通说观点，马某无权就该纯粹经济损失请求公交公司承担侵权损害赔偿责任。综上，C选项错误。

10. 答案：D。《民法典》第1215条第1款规定："盗窃、抢劫或者抢夺的机动车发生交通事故造成损害的，由盗窃人、抢劫人或者抢夺人承担赔偿责任。盗窃人、抢劫人或者抢夺人与机动车使用人不是同一人，发生交通事故造成损害，属于该机动车一方责任的，由盗窃人、抢劫人或者抢夺人与机动车使用人承担连带责任。"《民法典》第1215条第2款规定："保险人在机动车强制保险责任限额范围内垫付抢救费用的，有权向交通事故责任人追偿。"甲的A车被乙盗窃后，发生交通事故撞伤了丁，对丁因此遭受的人身损害，由机动车辆运行利益的享有者或者运行控制者承担侵权责任，甲虽为A车的所有权人，但在A车被盗后，甲既丧失了A车的运行利益，又丧失了对A车的运行控制，甲不承担侵权责任。故A选项错误，C选项错误。甲的A车被乙盗窃后，乙借给丙使用期间发生交通事故撞伤了丁，由于盗窃人乙与机动车使用人丙不是同一人，因此，对丁因此遭受的人身损害，应当由盗窃人乙与机动车使用人丙承担连带责任。故B选项错误，D选项正确。

11. 答案：B。《民法典》第1245条规定："饲养的动物造成他人损害的，动物饲养人或者管理人应当承担侵权责任；但是，能够证明损害是因被侵权人故意或者重大过失造成的，可以不承担或者减轻责任。"乙饲养的大狗（哈士奇）奔向甲牵着的小狗（泰迪）之时，甲牵引小狗向后退，系正常反应，并非异常，因此，甲遭受的人身损害与乙饲养动物的危险实现之间具有因果关系，成立饲养动物致人损害的侵权责任，对甲因此遭受的人身损害，乙应当承担无过错侵权责任。同时，甲无挑逗动物的故意或者重大过失，无须减轻乙的责任。故A选项错误，B选项正确，C选项错误。承担公平责任，要件有五：第一，限于法律明文规定的特定情形；第二，受害人遭受了可以救济的损害；第三，当事人对损害的发生均无过错（不成立过错侵权）；第四，不属于法律明文规定的无过错侵权（不成立无过错侵权）；第五，责任人（加害人或受益人）与受害人遭受损害的事实之间存在法定的牵连事由。本题中，乙对甲成立饲养动物致人损害的侵权责任，因此，不能适用公平责任。故D选项错误。

（二）多项选择题

1. 答案：ACD。《民法典》第1248条规定：动物园的动物造成他人损害的，动物园应当承担侵权责任；但是，能够证明尽到管理职责的，不承担侵权责任。本题中，动物园猴山的安全设施存在一定漏洞，是未尽到管理职责的表现，应当承担动物致人损害的赔偿责任。同时，《民法典》第1173条规定，被侵权人对同一损害的发生或者扩大有过错的，可以减轻侵权人的责任。本题中甲作为监护人，未能尽到监护职责，也应承担一定的责任。故A、C、D项表述有误，当选。

2. 答案：ABC。本题考查污染环境致人损害的特殊侵权行为。对于此种侵权行为应当适用无过错责任原则。在无过错责任原则下，化工厂的抗辩事由受到法律的限制。《民法典》第1229条规定，因污染环境、破坏生态造成他人损害的，侵权人应当承担侵权责任。A、B、C三项均不符合。另外，环境污染损害赔偿提起诉讼的时效期间为3年，因此D项可以成立。

3. 答案：AC。这是一起动物致人损害赔偿纠纷。甲拾得藏獒精心喂养以及登报寻找失主，为藏獒的管理人。《民法典》第1245条规定：饲养的动物造成他人损害的，动物饲养人或者管理人应当承担侵权责任；但能够证明损害是因被侵权人故意或者重大过失造成的，可以不承担或者减轻责任。所以，本案中甲应当承担责任。且狗咬伤行人是由于甲管理不当造成的，并非管理的必要费用，因此不应当由狗的主人偿还。

甲的行为构成了民法中的无因管理，依据法律规定，可以要求藏獒的主人偿付喂养的费用以及登报的费用。因此，本题的正确答案为 AC。

4. 答案：ACD。根据《民法典》第 1247 条的规定，禁止饲养的烈性犬等危险动物造成他人损害的，动物饲养人或者管理人应当承担侵权责任。所以 A 项说法正确。邻居饲养的小猪应该在猪圈才是尽到管理义务，但是小猪却在马路上，产生损害，根据《民法典》第 1246 条的规定，“违反管理规定，未对动物采取安全措施造成他人损害的，动物饲养人或者管理人应当承担侵权责任；但是，能够证明损害是因被侵权人故意造成的，可以减轻责任”。C 项正确。《民法典》第 1248 条规定：动物园的动物造成他人损害的，动物园应当承担侵权责任；但是，能够证明尽到管理职责的，不承担侵权责任。所以 D 项正确。丙挑逗狗，属于第三人引起的侵权，《民法典》第 1250 条的规定：“因第三人的过错致使动物造成他人损害的，被侵权人可以向动物饲养人或者管理人请求赔偿，也可以向第三人请求赔偿。动物饲养人或者管理人赔偿后，有权向第三人追偿。”所以乙可以请求王平也承担责任。所以 B 项错误。

5. 答案：ABCD。产品责任是指产品存在危险，造成消费者人身或者除缺陷产品以外的其他财产损失，缺陷产品的生产者、销售者应当向消费者承担侵权责任。产品瑕疵担保责任是指产品的生产者、销售者违反产品质量法规定的产品质量义务需要承担的法律责任。

产品责任需要有现实损害，产品瑕疵担保责任不需要。所以选项 A 表述正确。产品责任需要有现实损害，属于侵权行为；产品瑕疵担保责任违反了双方的约定，属于违约行为。所以选项 B 表述正确。产品责任在结果上有损失，因此承担形式主要是损害赔偿；而产品瑕疵担保责任主要是质量不合格，承担责任的形式主要为修理、更换。所以选项 C 表述正确。产品责任承担形式主要是损害赔偿，受害人可以直接向法院起诉；产品瑕疵担保责任的主要责任承担形式为修理、更换，受害人一般先向合同相对人要求补救或赔偿。所以选项 D 表述正确。

6. 答案：AC。本题考查违约责任和侵权责任的竞合问题。甲购买汽车就与商家产生了合同关系。而由于刹车失灵造成甲的损害，属于加害给付。根据《民法典》第 186 条的规定，当侵权行为与违约行为竞合的情况下，只能择一请求适用。本题选 AC。

7. 答案：ABD。选项 A、B 正确。《民法典》第 1203 条第 1 款规定，因产品存在缺陷造成他人损害的，被侵权人可以向产品的生产者请求赔偿，也可以向产品的销售者请求赔偿。据此可知，乙有权请求生产者甲承担赔偿责任，也有权要求销售者丙承担赔偿责任。

选项 C 错误。《民法典》第 1207 条规定，明知产品存在缺陷仍然生产、销售，或者没有依据前条规定采取有效补救措施，造成他人死亡或者健康严重损害的，被侵权人有权请求相应的惩罚性赔偿。本题中，甲、丙并不存在明知该汽车存在缺陷而故意生产、销售的情况，而且甲在发现汽车存在缺陷后及时通过媒体和销售商发布召回该款车的通知，说明其在主观上不存在恶意，乙无权请求惩罚性赔偿。

选项 D 正确。甲的责任是产品责任，属于无过错责任，不以有过错为承担责任的前提条件。

8. 答案：AB。《民法典》第 1231 条规定：“两个以上侵权人污染环境、破坏生态的，承担责任的大小，根据污染物的种类、浓度、排放量，破坏生态的方式、范围、程度，以及行为对损害后果所起的作用等因素确定。”按照最高人民法院《关于审理生态环境侵权责任纠纷案件适用法律若干问题的解释》第 5、6 条规定，两个以上侵权人分别污染环境、破坏生态造成同一损害，要区分每个侵权人的排污行为是否都足以造成全部损害，进而分别按照《民法典》第 1171 条（累积的因果关系）和第 1172 条（共同的因果关系）承担连带责任或按份责任。各侵权人的内部份额按照《民法典》第 1231 条的规定确定。可见，各污染者是承担按份还是连带责任，取决于因果关系认定的具体情形，可以是按份责任也可以是连带责任。综上，本题的正确答案是 AB。

9. 答案：ACD。首先，产品责任属于典型的“不真正连带责任”。因产品缺陷造成侵权责任的，消费者作为买卖合同当事人，有三种救济途径：（1）追究生产者（生产商/制造商）的侵权责任；（2）追究销售者的违约责任；（3）追究销售者的侵权责任。第三人因并非买卖合同当事人，仅有两种救济途径：（1）追究生产者（生产商/制造商）的侵权责任；（2）追究销售者的侵权责任。本题中，丁作为第三人因产品自身缺陷造成损害。因此，车床的承租人丁作为第三人可以请求向该设备的制造商（生产者）承担产品责任，即侵权责任。故A项说法正确，当选。其次，按份共有物对外造成第三人损害的，依法应当承担连带责任。本题中，甲、乙、丙三人按份共有的车床因自身缺陷造成承租人丁损害的，三人依法应当承担连带责任。故B项说法错误，不当选；D项说法正确，当选。最后，丁的损害系车床自身缺陷造成，甲、乙、丙在对丁承担连带责任后，依法有权基于产品责任向生产商追偿。故C项说法正确，当选。

10. 答案：ABCD。A项：当事人一方不履行合同义务或履行合同义务不符合约定的，在履行义务或采取补救措施后，对方还有其他损失的，应当赔偿损失。本题中，赵某从商店购买一台家用洗衣机即与商店形成买卖合同关系，该洗衣机因技术缺陷发生爆裂，造成赵某人身损害并毁损衣物。商店应承担更换洗衣机或退货、赔偿衣物损失和赔偿人身损害的违约责任。故A项正确，当选。B项：因当事人一方的违约行为，损害对方人身、财产权益的，受损害方有权选择请求其承担违约责任或侵权责任。本题中，赵某从商店购买一台家用洗衣机即与商店形成买卖合同关系，该洗衣机因技术缺陷发生爆裂，造成赵某人身损害并毁损衣物，构成加害给付，即既违约又侵权。赵某既可以选择商店承担违约责任，也可以选择甲公司承担侵权责任。故B项正确，当选。C项：产品存在缺陷造成损害的，被侵权人可以向产品的生产者请求赔偿，也可以向产品的销售者请求赔偿。据此可知，赵某可以选择商店（销售者）或者甲公司（生产者）赔偿因洗衣机缺陷造成的损害。故C项正确，当选。D项：自然人的人身权益受到侵犯的，有权请求精神损害赔偿。本题中，赵某的健康权受到侵犯，可以在向商店或甲公司请求物质损害赔偿的同时请求精神损害赔偿。故D项正确，当选。总结而言，赵某共有三种救济途径：（1）向商店主张违约责任；（2）向商店主张侵权责任；（3）向甲公司主张侵权责任。赵某可以在这三种救济途径中择一主张。所以，本题的正确答案为ABCD。

11. 答案：BCD。该奶粉具有致人人身损害的不合理危险，具有缺陷，马某的孩子因该缺陷遭受人身损害，成立产品责任，根据《民法典》第1203条的规定，生产者甲公司、销售者B公司应当承担无过错责任、不真正连带责任。故B选项正确。最高人民法院《关于审理食品药品纠纷案件适用法律若干问题的规定》第8条规定："集中交易市场的开办者、柜台出租者、展销会举办者未履行《食品安全法》规定的审查、检查、报告等义务，使消费者的合法权益受到损害的，消费者请求集中交易市场的开办者、柜台出租者、展销会举办者承担连带责任的，人民法院应予支持。"B公司在A公司经营的集贸市场出售该奶粉，A公司属于交易市场开办者（或柜台出租者），若A公司未履行食品安全法规定的审查、检查、报告等义务，对消费者因该奶粉缺陷遭受的损害具有过错，有过错的A公司应当与生产者、销售者承担连带责任。本题中，由于该奶粉经市食品检验机构检验为合格产品，同时该奶粉所具有的缺陷往往只有专业的检验机构才能发现，A公司未发现该奶粉具有缺陷的，一般而言，不能认定A公司具有过错。A公司没有过错，不承担责任。故A选项错误。最高人民法院《关于审理食品药品纠纷案件适用法律若干问题的规定》第12条第1款规定："食品检验机构故意出具虚假检验报告，造成消费者损害，消费者请求其承担连带责任的，人民法院应予支持。"最高人民法院《关于审理食品药品纠纷案件适用法律若干问题的规定》第12条第2款规定："食品检验机构因过失出具不实检验报告，造成消费者损害，消费者请求其承担相应责任的，人民法院应予支持。"本题中，市食品检验机构因过失出具不实检验报告，对马某的孩子因该缺陷食品遭受的损害，市食品检验机构应当与生产者、销售者承担按份责任。故C选项正确。最高人民法院《关于审理食品药品纠纷案件适用法律若干问题的规定》第11条第1款规定："消费者因虚假广告推荐的食品、药品存在质量问题遭受损害，依据消费者权益保护法等法律相关规定请求广告经营者、广告发布者承担连带责任的，人民法院应予支持。"最高人民法院《关于审理食品药品纠纷案件适用法律若干问题的规定》第11条第2款规定："其他民事主体在虚假广告中向消费者推荐食品、药品，使消费者遭受损害，消费者依据消费者权益保护法等法律相关规定请求其与食品、药品的生产者、销售者承担连带责任的，人民法院应予支持。"本题中，市奶粉行业协会免费推荐该奶粉，属于该奶粉的广告代言人，对马某的孩子因该缺陷食品遭受的损害，市奶粉行业协会应当与生产者、销售者承担无过错责任、连带责任。故D选项正确。所以，本题的正确答案为BCD。

12. 答案：BD。《民法典》第1250条规定："因第三人的过错致使动物造成他人损害的，被侵权人可以向动物饲养人或者管理人请求赔偿，也可以向第三人请求赔偿。动物饲养人或者管理人赔偿后，有权向第三人追偿。"据此，单某饲养的动物因为第三人乙的过错，给于某造成人身损害，单某与乙应当对于某承担无过错责任、不真正连带责任。单某向于某承担侵权责任后，有权向乙全部或者部分追偿。故B选项正确，D选项正确。《民法典》第1245条规定："饲养的动物造成他人损害的，动物饲养人或者管理人应当承担侵权责任；但是，能够证明损害是因被侵权人故意或者重大过失造成的，可以不承担或者减轻责任。"据此，饲养的动物致人损害的，仅在受害人挑逗动物对损害的发生具有故意或者重大过失时，才可以减轻或者免除动物饲养人的责任。本题中，受害人于某无挑逗动物的过错，不能减轻或者免除动物饲养人的责任；同时，甲村对损害的发生无任何过错，甲村无须承担侵权责任。故A选项错误，C选项错误。

简答题

1. 惩罚性赔偿责任是指损害赔偿中，超过被侵权人或者合同的守约一方遭受的实际损失范围的额外赔偿，即在赔偿了实际损失之后，再加罚一定数额或者一定倍数的赔偿金。惩罚性赔偿是超过实际损害的范围，判决侵权人对被侵权人进行额外的金钱赔偿，以示对侵权人的惩罚。《民法典》侵权责任编中的惩罚性规则主要适用于以下情形。

(1)《民法典》第1185条：故意侵害他人知识产权，情节严重的，被侵权人有权请求相应的惩罚性赔偿。将此前仅限于商标侵权的惩罚性赔偿扩展到整个知识产权领域。

(2)《民法典》第1207条：明知产品存在缺陷仍然生产、销售，或者没有依据《民法典》第1206条的规定采取有效补救措施，造成他人死亡或健康严重损害的，被侵权人有权请求相应的惩罚性赔偿。将产品缺陷侵权惩罚性赔偿的范畴进一步扩展，全面维护被侵权人的权益。

(3)《民法典》第1232条：侵权人违反法律规定故意污染环境、破坏生态造成严重后果的，被侵权人有权请求相应的惩罚性赔偿。首次立法规定对环境保护领域侵权行为施以惩罚性民事赔偿。

2. 产品责任是指产品的制造者和销售者，因制造、销售的产品存在缺陷造成他人的人身或者财产损害而应当承担的侵权民事责任。

(1) 产品责任需要具备以下三个要件。

1) 须有缺陷产品。产品缺陷是指产品存在危及人身、他人财产安全的不合理的危险；产品有保障人体健康和身体、财产安全的国家标准、行业标准的，是指不符合该标准。

2) 须有人身、财产受损害事实。缺陷产品以外其他财产的损失，其范围包括直接损失和间接损失。人身损害包括致人死亡、致人伤残以及精神损害。

3) 须有因果关系。

(2) 责任形式。

1) 赔偿损失。因产品存在缺陷造成损害的，生产者和销售者应当赔偿被侵权人的损失。生产者承担终局责任。

2) 排除妨碍、消除危险。因产品缺陷危及他人人身、财产安全的，被侵权人有权请求生产者、销售者承担排除妨碍、消除危险等侵权责任。

3) 警示、召回。产品投入流通时，生产者、销售者可能由于某种原因或者技术水平等未能发现产品存在缺陷，在产品售出已经进入流通领域后才发现产品存在缺陷。在这种情形下，生产者、销售者应当及时以合理、有效的方式向使用者发出警示，或者采取召回缺陷产品等补救措施，以防止损害的发生或者损害的进一步扩大。

4) 惩罚性赔偿。明知产品存在缺陷仍然生产、销售，造成他人死亡或者健康严重损害的，被侵权人有权请求相应的惩罚性赔偿。

3. 无过错责任原则，又称无过失责任原则，是指没有过错造成他人损害的，依法律规定应由与造成损害原因有关的人承担民事责任的原则。《民法典》第1166条规定，行为人造成他人民事权益损害，不论行为人有无过错，法律规定应当承担侵权责任的，依照其规定。我国《民法典》中适用无过错责任原则的主要情形有：(1) 从事高度危险作业者，高度危险物品的经营者、占有人承担无过错责任；（2）因产品缺陷造成他人损害的，生产者和销售者承担无过错责任；（3）环境污染致人损害的，污染者承担无过错责任；（4）饲养动物致人损害的，动物饲养人或管理人承担无过错责任，动物园除外；（5）无民事行为能力人、限制民事行为能力人致人损害的，监护人承担无过错责任；（6）法律适用无过错责任的其他情形，例如监护人责任、用人单位责任等。

案例分析题

（1）红星厨具厂、江河燃气公司与赵某之间存在侵权法律关系，烤肉店与赵某之间存在提供餐饮服务法律关系。

（2）应当承担。《民法典》第1202条规定，因产品存在缺陷造成他人损害的，生产者应当承担侵权责任。第1168条规定，二人以上共同实施侵权行为，造成他人损害的，应当承担连带责任。由于红星厨具厂和江河燃气公司生产的不合格产品共同造成赵某的损害，红星厨具厂和江河燃气公司应当共同承担损害赔偿的责任。

（3）红星厨具厂取得请求江河燃气公司偿还按照其过错程度应当承担的数额的权利。

综合测试题（一）

一、名词解释

1. 普通合伙企业
2. 预告登记
3. 浮动抵押权
4. 流质契约
5. 建设工程价款优先受偿权
6. 约定的夫妻财产制

二、选择题

（一）单项选择题

1. 我国民法的调整对象是（　　）。

A. 一切横向经济关系

B. 一定范围的财产关系和人身关系

C. 平等主体间的人身关系和财产关系

D. 平等主体间的人身关系和完全没有国家参与的财产关系

2. 幼儿园的小亮和小明在课间打架，在场的班主任王某未予制止。小明戳伤小亮左眼，致其失明。下列哪一选项是正确的？（　　）

A. 幼儿园未尽职责范围内的管理、保护义务，应当承担与其过错相应的赔偿责任

B. 幼儿园与小明的父母均有过错，应当由幼儿园与小明的父母承担连带赔偿责任

C. 小明父母的监护责任已经转移到幼儿园，应由幼儿园承担赔偿责任

D. 王某存在过错，应当由王某承担赔偿责任

3. 下列关于我国民法法源的说法正确的是（　　）。

A. 根据《民法典》物权编，相邻关系纠纷中当地习惯可以作为补充性法源

B. 《民法典》实施后，确认合同无效的法源限于法律和法规

C. 法律、行政法规对不动产统一登记范围作出规定前，行政规章可以依照《民法典》有关规定作出规定

D. 在法律无明文规定时，最高人民法院公报公布的案例可以作为审判的依据

4. 《民法典》规定，自婚姻登记机关收到离婚登记申请之日起（　　）内，任何一方不愿意离婚的，可以向婚姻登记机关撤回离婚登记申请。

A. 15 日　　B. 20 日　　C. 30 日　　D. 60 日

5. 根据《民法典》总则编的规定，下列说法正确的是（　　）。

A. 被监护人的父母担任监护人的，可以通过遗嘱指定监护人

B. 依法具有监护资格的人之间不得协议确定监护人，需要有权机关进行指定

C. 成年人可以与其近亲属通过书面的形式确定自己的监护人

D. 监护人在任何情形下都不得处分被监护人的财产

6. 甲、乙、丙、丁四人组成一个运输有限合伙企业，合伙协议规定甲、乙为普通合伙人，丙、丁为有限合伙

人。某日，丁为合伙企业运送石材，路遇法院拍卖房屋，丁想替合伙企业竞买该房，于是以合伙企业的名义将石材质押给徐某，借得20万元，竞买了房子。徐某的债权若得不到实现，应当向谁主张权利？（　　）（法考）

A. 应当要求丁承担清偿责任

B. 应当要求甲、乙、丙、丁承担连带清偿责任

C. 应当要求甲、乙承担连带清偿责任

D. 应当要求甲、乙、丁承担连带清偿责任

7. 下列关于代表和代理的说法中正确的是（　　）。

A. 法定代表人的代表职权源于法人的授权

B. 公司作出的撤销法定代表人的决定自登记公告之日起生效

C.《民法典》关于无权代理和表见代理中的善意相对人的规定中，“善意”采取同样的判断标准

D.《民法典》明确规定代理人代理行为的法律后果归属于被代理人

8. 小明以小红全家的生命安危胁迫小红与其结婚，小红被逼无奈与小明领了证，后了解到法律对可撤销婚的规定后，小红决定去找（　　）请求撤销该婚姻，且她应当自（　　）提出。

A. 婚姻登记机关；结婚登记之日起1年内

B. 婚姻登记机关；胁迫行为终止之日起1年内

C. 人民法院；结婚登记之日起1年内

D. 人民法院；胁迫行为终止之日起1年内

9. 甲购买乙的房屋一套，已经付款一半，双方约定余款待房屋办理过户登记手续之后付清。后来房屋升值，乙反悔，要求解除合同。甲不同意，要求乙继续履行合同，转移房屋所有权。下列选项正确的是（　　）。

A. 合同尚未生效，乙应当返还受领的价款并承担缔约过失责任

B. 合同无效，因为房屋过户手续尚未办理

C. 合同有效，乙应继续履行合同

D. 若该案中房屋过户手续已经完成，而合同确实存在无效原因，甲仍然可以基于所有权登记主张对房屋的所有权，并对抗乙确认合同无效的诉权

10. 下列哪一种情况下，善意第三人不能依据善意取得制度取得相应物权？（　　）

A. 保留所有权的动产买卖中，尚未付清全部价款的买方将其占有的标的物卖给不知情的第三人并交付

B. 电脑的承租人将其租赁的电脑向不知情的债权人设定质权并交付

C. 受托代为转交某一物品的人将该物品赠与不知情的第三人并交付

D. 因房屋登记错误而被登记为所有权人的甲，将该房屋出售给不知情的第三人并已经办理转让登记手续

11. 5月10日，甲以自有房屋一套为债权人乙银行设定抵押并办理抵押登记。6月10日，甲又将该房屋为债权人丙设定抵押，但一直拒绝办理抵押登记。8月10日，甲擅自将该房屋转让给丁并办理过户登记。下列说法错误的是（　　）。

A. 乙可以对房屋行使抵押权

B. 甲与丙之间的抵押合同已经生效

C. 不经乙的同意，甲转让房屋给丁的行为当然绝对无效

D. 丙可以要求甲赔偿自己所遭受的损失

12. 甲委托乙为其购买电脑，乙已经为购买电脑付出了一定的时间和精力，现甲发现自己急需的电脑通过其他途径很容易取得，便电话告知乙取消委托，乙不同意。下列结论正确的是（　　）。

A. 该委托代理的终止须经甲乙双方同意

B. 甲如取消委托，应以书面形式为之

C. 取消委托属于双方民事法律行为

D. 甲取消委托给乙造成的损失，甲应承担民事责任

13. 李某外出旅游1个月，其间当地气象台预报会有台风，李某的邻居王某看李某家中无人，其偏房年久失修，难以经受台风袭击，而且一旦倒塌可能危及自家房屋安全，于是，王某请人加固了李某的房子，花费1 000元。但是台风过强，李某的房子还是倒塌了。下列对王某的行为说法正确的是（　　）。

A. 王某的行为是出于维护自己的利益，不是无因管理

B. 王某的行为是代理行为

C. 王某有权请求李某偿还修房所支出的1 000元费用

D. 李某可以主张自己未获利益，不存在偿还王某的费用的问题

14. 下列关于无过错责任的说法正确的是（　　）。

A. 无过错责任是指不考虑加害人和受害人的过错

B. 无过错责任中不适用与有过失制度

C.《民法典》规定楼上抛掷物责任适用无过错责任

D. 无过错责任的免责事由具有法定性

（二）多项选择题

1. 下列就主物与从物、原物与孳息相关问题说法错误的是（　　）。

A. 主物与从物的划分标准是进行实物分割时是否不改变其经济用途和价值

B. 除当事人另有约定或者另有交易习惯外，主物的处分及于从物

C. 法定孳息除当事人另有约定外，一律由所有权人取得

D. 物权客体产生的天然孳息除当事人另有约定之外，由所有权人取得

2. 就民事权利的内容和分类，下列说法正确的是（　　）。

A. 我国《著作权法》既规定了著作人身权，又规定了著作财产权

B. 社员权又称股东权

C. 不安抗辩权属于永久抗辩权

D. 意思表示不自由的合同一方当事人的合同撤销权应当通过诉讼或仲裁行使

3. 根据现行民事立法和民法理论，下列说法正确的是（　　）。

A. 民事法律行为是指具有设权意图的一切表意行为

B. 民事法律行为需要两项以上的意思表示才能成立

C. 民事法律行为是民事主体通过意思表示设立、变更、终止民事法律关系的行为。

D. 在人身权关系与合同关系相牵连的情况下，法律行为中约定的免责条款仅适用于违约责任

4. 下列就物权变动要件及合同效力的说法正确的是（　　）。

A. 土地承包经营权自土地承包经营权合同生效时设立，登记为确权性质

B. 建设用地使用权自登记机构登记时设立，不经登记不生效力

C. 法院执行生效判决将甲公司的房屋进行拍卖，李某对拍得的房屋直接享有所有权，不以登记为生效要件

D. 以正在建造的船舶为标的物设定抵押的，需办理抵押物登记后抵押权方才设立

5.《民法典》第140条第2款规定：“沉默只有在有法律规定、当事人约定或者符合当事人之间的交易习惯时，才可以视为意思表示。”下列哪些情形属于此种情况？（　　）

A. 租赁期限届满，承租人继续使用租赁物，出租人没有提出异议的，原租赁合同继续有效，但租赁期限为不定期

B. 继承开始后，继承人没有表示放弃继承的，视为接受继承

C. 受遗赠人在知道受遗赠后60日内没有作出接受或者放弃受遗赠的意思表示的，视为放弃受遗赠

D. 要约人在要约中规定承诺期满受要约人不承诺则应当通知，不通知即视为承诺，承诺期满后受要约人未作

任何表示，要约人主张受要约人已为承诺

6. 民法必须高度重视程序所具有的作用，诉讼程序规范在合同法领域中渗透的立法技术便于快速解决实体争议，下列关于代位权诉讼的说法正确的是（　　）。

A. 债权人行使代位权，应以诉讼方式为之

B. 债权人以次债务人为被告向人民法院提起代位权诉讼，未将债务人列为第三人的，人民法院应当追加债务人为第三人

C. 代位权诉讼中，人民法院认定代位权成立的，债务人的相对人既可向债务人也可向债权人履行给付义务

D. 代位权诉讼中，债权人行使代位权产生的必要费用，由债务人负责

7. 某经纪公司组织歌迷应援，当歌星甲出现后现场秩序混乱，众人争相拍照，该经纪公司安保人员亦未能有效维持秩序，混乱中歌迷乙将歌迷丙推倒致其手部骨折。下列选项哪些正确？（　　）

A. 经纪公司对损害结果不承担赔偿责任

B. 歌迷乙应当向歌迷丙承担赔偿责任

C. 经纪公司应承担补充赔偿责任

D. 安保人员应当对歌迷丙承担赔偿责任

8. 下列案件，哪些可以适用返还原物请求权？（　　）

A. 王某借用张某的手机并将其卖给刘某，刘某不知情，张某要求返还

B. 赵某偷了孙某的手表送给朋友杨某做生日礼物，杨某不知情，孙某要求杨某返还

C. 甲捡到乙的手提电脑，并卖给不知情的丙，乙得知此事后立即向丙要求返还原物

D. 宋某借给钱某电视机一台，钱某谎称丢失，宋某要求钱某返还

9. 甲乙系夫妻，甲将其与乙共同所有的房屋出售给丙，下列说法正确的是（　　）。

A. 如果此房以甲的个人名义登记，出卖时乙不知情，则甲为无权处分

B. 如果此房以甲的个人名义登记，出卖时乙知情，则为合法买卖行为

C. 如果此房以甲的个人名义登记，出卖时乙不知情，若丙为善意第三人并办理移转登记手续，则丙可以取得房屋所有权

D. 如果此房以甲乙双方名义登记，出卖时乙不知情，则丙绝对不可能取得房屋所有权

（三）不定项选择题

1. 关于国家所有权、集体所有权的下列说法正确的是（　　）。

A. 国家机关对其直接支配的动产享有占有、使用以及依照法律和国务院的有关规定收益、处分的权利

B. 集体组织是集体所有权的主体

C. 未授权给自然人、法人经营、管理的国家财产受到侵害的，不受诉讼时效期间的限制

D.《民法典》规定国家所有的财产受法律保护，禁止任何单位和个人侵占、哄抢、私分、截留、破坏

2. 下列关于用益物权的说法正确的是（　　）。

A. 建设用地使用权期限届满的，自动续期

B.《民法典》规定，宅基地使用权的转让需与房屋一并进行，并只应转让给本经济组织内部的成员

C. 用益物权的客体限于不动产

D. 地役权是对物权法定原则的补充

3. 2024 年 4 月 2 日，王某与丁某约定：王某将一栋房屋出售给丁某，房价 20 万元。丁某支付房屋价款后，王某交付了房屋，但是没有办理产权移转登记。丁某接受房屋并做了装修，于 2024 年 5 月 20 日出租给叶某，租期为 2 年。2024 年 5 月 29 日，王某因病去世，全部遗产由其子小王继承。小王于 2024 年 6 月将该房屋卖给杜某，并办理了所有权移转登记。（法考改编）

请回答下列各题：

（1）如果王某生前或者王某死后其继承人小王欲出卖房屋前向丁某请求返还房屋，下列选项正确的是（　　）。
A. 王某无权请求丁某返还房屋　　B. 王某有权请求丁某返还房屋
C. 小王无权请求丁某返还房屋　　D. 小王有权请求丁某返还房屋
（2）如果杜某向丁某、叶某请求返还房屋，下列选项正确的是（　　）。
A. 杜某无权请求丁某返还房屋　　B. 杜某有权请求丁某返还房屋
C. 杜某无权请求叶某返还房屋　　D. 杜某有权请求叶某返还房屋
（3）关于小王和杜某间的房屋买卖，下列选项正确的是（　　）。
A. 交付标的物是房屋买卖合同的有效要件
B. 小王须将所继承的房屋登记在自己名下，才能将其所有权转移给杜某
C. 房屋所有权自记载于不动产登记簿时发生效力
D. 该房屋的利害关系人可以申请查询该房屋登记资料

三、简答题

1. 简述民法平等原则在民事立法上的两重含义。
2. 被担保的债权上既有物的担保又有人的担保的情况下，应当如何处理物的担保与人的担保的关系？
3. 试述一般侵权的民事责任的构成要件。
4. 试述无效婚姻和可撤销婚姻的法律后果。

四、案例分析题

案情：某年 2 月 10 日，甲公司与乙公司签订了一份购买乙公司生产的 1 000 台 A 型微波炉的合同，约定由乙公司于 3 月 10 日前办理托运手续，货到付款。乙公司如期办理了托运手续，但装货时多装了 50 台 B 型微波炉。

甲公司于 3 月 13 日与丙公司签订合同，将处于运输途中的前述合同项下 1 000 台 A 型微波炉转卖给丙公司，约定货物质量检验期为货到后 10 天内。3 月 15 日，上述货物在运输途中突遇山洪暴发，致使 100 台 A 型微波炉受损报废。3 月 20 日货到丙公司。4 月 15 日丙公司以部分货物质量不符合约定为由拒付货款，并要求退货。

顾客张三从丙公司处购买一台 B 型微波炉，在正常使用过程中微波炉发生爆炸，致张三右臂受伤，花去医药费 1 200 元。（法考改编）

问题：
（1）如乙公司在办理完托运手续后即请求甲公司付款，甲公司应否付款？为什么？
（2）乙公司办理完托运手续后，货物的所有权归谁？为什么？
（3）对因山洪暴发报废的 100 台微波炉，应当由谁承担风险损失？为什么？
（4）对于乙公司多装的 50 台 B 型微波炉，应当如何处理？为什么？
（5）丙公司能否拒付货款和要求退货？为什么？
（6）张三可向谁提出损害赔偿请求？为什么？

五、论述题

试论物的瑕疵担保责任与违约责任的关系。

参考答案

一、名词解释

1. 普通合伙企业，是指由普通合伙人组成，合伙人对合伙企业债务承担无限连带责任的组织。普通合伙企业的

名称中应当标明“普通合伙”字样。

2. 预告登记，是与本登记相对应的概念，它是指为确保债权的实现、保障将来实现物权等目的，按照约定向登记机构申请办理的预先登记。

3. 浮动抵押权，是指企业、个体工商户、农业生产经营者以现有及将有的生产设备、原材料、半成品、产品抵押，债务人不履行到期债务或者发生当事人约定的实现抵押权的情形时，债权人有权就抵押财产确定时的动产优先受偿的权利。

4. 流质契约，是指当事人双方在设立担保物权时约定，当债务人不履行债务时，由债权人取得担保物所有权的合同。我国《民法典》对流质契约采取的态度由绝对禁止转变为相对禁止。

5. 建设工程价款优先受偿权，是指建设工程合同中，发包人未按照约定支付价款的，承包人可以催告发包人在合理期限内支付价款，发包人逾期不支付的，除按照建设工程的性质不宜折价、拍卖的以外，承包人可以与发包人协议将该工程折价，也可以申请人民法院将该工程依法拍卖，建设工程的承包人就该工程折价或者拍卖的价款优先受偿。

6. 约定的夫妻财产制，是指夫妻以协议的方式，对婚前、婚后财产的归属以及占有、使用、收益和处分进行约定的财产制。

二、选择题

（一）单项选择题

1. 答案：C。本题考查民法的调整对象及其与经济法调整对象的区别。我国《民法典》第 2 条规定：“民法调整平等主体的自然人、法人和非法人组织之间的人身关系和财产关系。”需要注意的是，并非所有的横向财产关系都由民法调整，那些涉及社会经济秩序的横向限制竞争的协议、涉及消费者保护的有关消费品“三包”的规定，都由经济法调整，简单地将民法和经济法的区别归结为民法调整横向经济关系、经济法调整纵向经济关系的论点是不科学的。另外，国家作为私权主体参与经济生活时仍然受民法调整。所以本题 C 项最符合《民法典》的规定。

2. 答案：A。本题考查未成年人致人损害的赔偿责任。《民法典》第 1199 条规定：“无民事行为能力人在幼儿园、学校或者其他教育机构学习、生活期间受到人身损害的，幼儿园、学校或者其他教育机构应当承担侵权责任；但是，能够证明尽到教育、管理职责的，不承担侵权责任。”本题中，王某对小明和小亮的打架行为未予制止，致使小明戳伤小亮，王某所在的幼儿园对王某的行为依前述法律规定应当承担责任。结合上述分析，A 项为正确答案。

《民法典》第 1188 条第 1 款规定：“无民事行为能力人、限制民事行为能力人造成他人损害的，由监护人承担侵权责任。监护人尽到监护职责的，可以减轻其侵权责任。”小明的父母对侵权的发生没有过错。无民事行为能力人没有责任能力，由其监护人承担侵权责任。小明的父母与幼儿园不存在共同侵权的情形，也没有法定的连带责任的规定，因此 B 选项错误。

《民法典》第 1189 条规定：“无民事行为能力人、限制民事行为能力人造成他人损害，监护人将监护职责委托给他人的，监护人应当承担侵权责任；受托人有过错的，承担相应的责任。”小明的父母依然应当承担侵权责任，故选项 C 错误。

《民法典》第 1191 条第 1 款规定：“用人单位的工作人员因执行工作任务造成他人损害的，由用人单位承担侵权责任。用人单位承担侵权责任后，可以向有故意或者重大过失的工作人员追偿。”班主任王某对损害的发生有过错，但是其职务行为所造成的损害应由用人单位即幼儿园承担。故选项 D 错误。

3. 答案：A。本题综合考查我国民法的法源。《民法典》第 289 条规定：“法律、法规对处理相邻关系有规定的，依照其规定；法律、法规没有规定的，可以按照当地习惯。”所以 A 项正确。《民法典》第 153 条第 1 款规定：“违反法律、行政法规的强制性规定的民事法律行为无效。但是，该强制性规定不导致该民事法律行为无效的除外。”可见，地方性法规不能作为确认合同无效的依据，B 项错误。《民法典》第 210 条规定：“不动产登记，由不动产所在地的登记机构办理。国家对不动产实行统一登记制度。统一登记的范围、登记机构和登记办法，由法律、行政法规规定。”可见该法并未授权行政规章立法，C项错误。我国不承认判例法的地位，最高人民法院公报公布的案例不能作为审判的依据，D项错误。

4. 答案：C。《民法典》第1077条规定：“自婚姻登记机关收到离婚登记申请之日起三十日内，任何一方不愿意离婚的，可以向婚姻登记机关撤回离婚登记申请。前款规定期限届满后三十日内，双方应当亲自到婚姻登记机关申请发给离婚证；未申请的，视为撤回离婚登记申请。”

5. 答案：A。《民法典》第29条规定：“被监护人的父母担任监护人的，可以通过遗嘱指定监护人。”故选项A正确。《民法典》第30条规定：“依法具有监护资格的人之间可以协议确定监护人。协议确定监护人应当尊重被监护人的真实意愿。”因此选项B错误。《民法典》第33条规定：“具有完全民事行为能力的成年人，可以与其近亲属、其他愿意担任监护人的个人或者组织事先协商，以书面形式确定自己的监护人，在自己丧失或者部分丧失民事行为能力时，由该监护人履行监护职责。”成年监护主体适格要求必须是具有完全民事行为能力的成年人，因此选项C错误。《民法典》第35条第1款规定：“监护人应当按照最有利于被监护人的原则履行监护职责。监护人除为维护被监护人利益外，不得处分被监护人的财产。”监护人为了被监护人利益，可以处分被监护人的财产，故选项D错误。

6. 答案：D。本题考查有限合伙企业的事务执行、表见代理及其相关责任。《合伙企业法》第76条第1款规定：“第三人有理由相信有限合伙人为普通合伙人并与其交易的，该有限合伙人对该笔交易承担与普通合伙人同样的责任。”丁虽然没有合伙企业的执行权和代表权，但是其以合伙企业名义向徐某设质，符合表见代理的情形，此时丁负普通合伙人的责任，根据《合伙企业法》第2条的规定，甲、乙、丁承担连带清偿责任，D项正确。

7. 答案：D。本题考查代理的特征、代理行为的后果归属、法定代表人制度。法定代表人和法人之间是代表关系而非代理关系，其代表职权源于法律的明确授权，不另需法人的委托授权，A项错误。《公司法》第34条中规定：公司登记事项发生变更的，应当依法办理变更登记。公司登记事项未经登记或者未经变更登记，不得对抗善意第三人。实际上，一旦公司基于合法的选任程序变更了公司的法定代表人，此项变更即生效，工商登记是法定的公示程序，法定代表人的变动只有经过工商变更登记之后才能对第三人产生对抗力，B项错误。《民法典》第171条第4款规定：“相对人知道或者应当知道行为人无权代理的，相对人和行为人按照各自的过错承担责任。”第172条规定：“行为人没有代理权、超越代理权或者代理权终止后，仍然实施代理行为，相对人有理由相信行为人有代理权的，代理行为有效。”可见，表见代理中对相对人善意的要求更高，C项错误。《民法典》第162条规定：“代理人在代理权限内，以被代理人名义实施的民事法律行为，对被代理人发生效力。”D项正确。

8. 答案：D。《民法典》第1052条规定：“因胁迫结婚的，受胁迫的一方可以向人民法院请求撤销婚姻。请求撤销婚姻的，应当自胁迫行为终止之日起一年内提出。被非法限制人身自由的当事人请求撤销婚姻的，应当自恢复人身自由之日起一年内提出。”

9. 答案：C。本题综合考查合同效力、物权变动的相关问题。《民法典》第215条规定：“当事人之间订立有关设立、变更、转让和消灭不动产物权的合同，除法律另有规定或者当事人另有约定外，自合同成立时生效；未办理物权登记的，不影响合同效力。”该条确立了物权变动与合同行为的区分原则，合同效力不受物权变动登记的影响，所以A、B项错误。但是该条并未确立物权行为及其无因性原则，所以D项错误。此时乙有权请求确认合同无效并主张更正登记。可见本题的正确答案为C。

10. 答案：C。本题考查善意取得制度。《民法典》第311条第1款规定：“无处分权人将不动产或者动产转让给受让人的，所有权人有权追回；除法律另有规定外，符合下列情形的，受让人取得该不动产或者动产的所有权：（一）受让人受让该不动产或者动产时是善意；（二）以合理的价格转让；（三）转让的不动产或者动产依照法律规定应当登记的已经登记，不需要登记的已经交付给受让人。”该条第3款规定：“当事人善意取得其他物权的，参照适用前两款规定。”A项符合《民法典》第311条第1款的规定；B项符合该条第3款规定；C项不符合该条第1款第2项“以合理的价格转让”的规定，C项为应选项；D项第三人不知情购买此房并办理受让登记手续，符合该条规定的不动产善意取得的要件。

11. 答案：C。本题考查抵押权的效力。根据《民法典》第 215 条、第 402 条，乙的抵押合同生效且抵押权已经设立；丙的抵押权合同已经生效，但抵押权没有设立，A、B 项正确。抵押人甲违反了自己在抵押合同中应当履行的办理抵押物登记的义务，所以债权人丙可以追究其违约责任，D 项正确。未经抵押权人同意的抵押物转让行为，依据《民法典》第 406 条第 1 款规定："抵押期间，抵押人可以转让抵押财产。当事人另有约定的，按照其约定。抵押财产转让的，抵押权不受影响。"因此，不经乙的同意，甲转让房屋给丁的行为并非当然无效，C 项错误。

12. 答案：D。本题考查委托合同中的任意解除权。《民法典》第 933 条规定："委托人或者受托人可以随时解除委托合同。因解除合同造成对方损失的，除不可归责于该当事人的事由外，无偿委托合同的解除方应当赔偿因解除时间不当造成的直接损失，有偿委托合同的解除方应当赔偿对方的直接损失和合同履行后可以获得的利益。"所以 D 项正确。委托人的任意解除权属于单方形成权的行使，是不要式行为，A、B、C 项错误。

13. 答案：C。本题考查无因管理及其与相关制度的区别。《民法典》第 121 条规定："没有法定的或者约定的义务，为避免他人利益受损失而进行管理的人，有权请求受益人偿还由此支出的必要费用。"同时，《民法典》第 979 条第 1 款规定："管理人没有法定的或者约定的义务，为避免他人利益受损失而管理他人事务的，可以请求受益人偿还因管理事务而支出的必要费用；管理人因管理事务受到损失的，可以请求受益人给予适当补偿。"本题中王某没有法定或者约定的义务为李某修房，属于无因管理，而非代理行为，B 项错误。王某虽然也有为自己利益的考虑，但这不影响无因管理的构成，A 项错误。因为本题构成无因管理而非不当得利，所以本人未获利益不构成其拒绝偿还管理费用的理由，D 项错误，C 项正确。

14. 答案：D。本题考查无过错责任的相关知识。无过错责任又称严格责任，无过错责任的无过错是指不考虑加害人的过错，而不是绝对不考虑受害人的过错，A 项错误。《民法典》第 1173 条规定："被侵权人对同一损害的发生或者扩大有过错的，可以减轻侵权人的责任。"所以 B 项错误。《民法典》第 1254 条对高空抛物致人损害的规定原则上适用过错责任，只有在难以确定具体侵权人时，才对可能加害的建筑物使用人适用无过错责任。故 C 项错误。法律对无过错责任的免责事由作了严格的限定，主要包括受害人过错、第三人过错、不可抗力等，D 项正确。

（二）多项选择题

1. 答案：ABCD。本题考查物的相关知识。主物与从物的划分标准是物与物之间是否具有从属关系，A 项错误。《民法典》第 320 条规定："主物转让的，从物随主物转让，但是当事人另有约定的除外。"B 项错误，因为物权法的该规定并未涉及交易习惯问题。《民法典》第 321 条第 2 款规定："法定孳息，当事人有约定的，按照约定取得；没有约定或者约定不明确的，按照交易习惯取得。"C 项错误。《民法典》第 321 条第 1 款规定："天然孳息，由所有权人取得；既有所有权人又有用益物权人的，由用益物权人取得。当事人另有约定的，按照其约定。"所以 D 项错误。

2. 答案：AD。本题考查民事权利的分类及内容、特征。《著作权法》第 10 条第 1 款规定："著作权包括下列人身权和财产权：……"所以 A 项正确。我国现在的社员权中，股东权是主要的，但并非唯一的，所以 B 项错误。不安抗辩权只是暂时阻止对方合同履行请求权的实现，属于延期抗辩权，C 项错误。根据《民法典》第 147 条、第 151 条可撤销合同的撤销权应当通过诉讼或仲裁途径行使，D 项正确。

3. 答案：CD。本题考查民事法律行为的概念、分类和效力。《民法典》第 134 条第 1 款规定："民事法律行为可以基于双方或者多方的意思表示一致成立，也可以基于单方的意思表示成立。"所以 B 项错误。《民法典》第 133 条规定："民事法律行为是民事主体通过意思表示设立、变更、终止民事法律关系的行为。"故 C 项正确。根据《民法典》第 506 条第 1 项，合同中造成对方人身损害的免责条款无效，可见此类免责条款绝对无效，D 项正确。

4. 答案：AB。本题考查物权变动的登记对抗主义、登记要件主义等问题。根据《民法典》第 333 条、第 335 条，土地承包经营权自土地承包经营权合同生效时设立，未经登记不得对抗善意第三人，可见此时登记为确权性质，有对抗效力，A 项正确。《民法典》第 349 条前两句规定："设立建设用地使用权的，应当向登记机构申请建设用地使用权登记。建设用地使用权自登记时设立。”所以，B项正确，登记为生效要件。《民法典》第229条规定：“因人民法院、仲裁机构的法律文书或者人民政府的征收决定等，导致物权设立、变更、转让或者消灭的，自法律文书或者征收决定等生效时发生效力。”可见，该条并未包括因生效法律文书执行而直接取得所有权的情形，C项错误。《民法典》第403条规定：“以动产抵押的，抵押权自抵押合同生效时设立；未经登记，不得对抗善意第三人。”可见，D项错误。

5. 答案：ABC。本题考查不作为的沉默何时可以成为一项意思表示。A项为《民法典》第734条的规定，符合题意。B、C项分别为《民法典》第1124条第1款、第2款的规定，其沉默均属于意思表示。根据《民法典》第478条第3项，承诺期限届满，受要约人未作出承诺的，要约失效，而根据《民法典》第480条，承诺应当以通知的方式作出，但是，根据交易习惯或者要约表明可以通过行为作出承诺的除外，可见D项中受要约人的沉默不得视为承诺的意思表示。D项中的要约人实际上是为受要约人设定了一项超出《民法典》第478条、第480条的义务，此种单方表示也不属于“双方有约定”的情况。

6. 答案：ACD。本题考查代位权的行使。根据《民法典》第535条第1款，代位权应当由债权人以诉讼的方式行使，A项正确。在代位权诉讼中，即使债权人起诉的被告仅有次债务人，只要能够证明构成债权代位权诉讼的基本构成要件即可，因此追加债务人为第三人并非必要，B项错误。根据《民法典》第537条，可见C项正确。根据《民法典》第535条第2款，所以D项正确。

7. 答案：BC。本题考查安全保障义务。《民法典》第1198条第2款规定：“因第三人的行为造成他人损害的，由第三人承担侵权责任；经营者、管理者或者组织者未尽到安全保障义务的，承担相应的补充责任。经营者、管理者或者组织者承担补充责任后，可以向第三人追偿。”本题中经纪公司组织应援应当承担相应的安全保障义务，安保人员未能尽到秩序维护的义务，视为经纪公司未尽安全保障义务，所以根据前述法律规定，本题的正确答案是BC。

8. 答案：BCD。本题考查所有物返还请求权。所有权人可以向无权占有人请求返还原物。《民法典》第235条规定：“无权占有不动产或者动产的，权利人可以请求返还原物。”所以D项适用该法条。A项中刘某符合《民法典》第311条善意取得的规定，张某不能请求其返还。B项中杨某并非以合理价格取得手表，不符合《民法典》第311条第1款第2项的规定，不能认定为善意取得，孙某可以要求其返还。C项中乙要求遗失物受让人返还原物，符合《民法典》第312条的规定，也应选。

9. 答案：ABC。本题考查夫妻共同财产中的无权处分。根据《民法典》第301条、第311条、第1062条，夫妻共有的重大财产应该由夫妻双方共同决定处分，任何一方未经另一方同意擅自处分的，构成无权处分；但是第三人有理由相信其为夫妻共同意思表示的，另一方当事人不得以不同意或者不知情为由对抗第三人；如果共有房屋登记在一方名下的，第三人也可主张构成善意取得。在D项所述的情形中，虽然甲构成无权处分，但是在满足善意取得且已经办理登记的情况下，丙可以取得房屋所有权，可见D项错误，A、B、C项正确。

（三）不定项选择题

1. 答案：D。本题考查国家所有权、集体所有权的特征及保护。《民法典》第255条规定：“国家机关对其直接支配的不动产和动产，享有占有、使用以及依照法律和国务院的有关规定处分的权利。”该条并未规定其收益权，A项错误。《民法典》第261条第1款规定：“农民集体所有的不动产和动产，属于本集体成员集体所有。”B项表述不符合该规定，集体所有权的主体既包括《民法典》第263条所示的集体组织，也包括第261条所示的集体全体成员。C项是最高人民法院《关于贯彻执行〈中华人民共和国民法通则〉若干问题的意见（试行）》第170条的规定，已失效，《民法典》及相关法律与司法解释未对此作特殊规定，C项错误。《民法典》第258条规定：“国家所有的财产受法律保护，禁止任何组织或者个人侵占、哄抢、私分、截留、破坏。”可见D项正确。

2. 答案：D。本题考查各种用益物权的具体规定。《民法典》第359条第1款第一句规定：“住宅建设用地使用权期限届满的，自动续期。”可见自动续期的，限于住宅建设用地使用权，A项错误。《民法典》第363条规定：“宅基地使用权的取得、行使和转让，适用土地管理的法律和国家有关规定。”《民法典》物权编对此并未作具体规定，B项错误。《民法典》第323条规定：“用益物权人对他人所有的不动产或者动产，依法享有占有、使用和收益的权利。”用益物权的客体不限于不动产，C项错误。地役权适用范围广泛，权利内容不确定，权利创设目的随意，给予当事人更大的自由空间，在一定程度上弥补了物权法定原则的不足，D项正确。

3.（1）答案：AC。本题考查房屋买卖合同的效力。基于买卖合同，根据《民法典》第595条，王某应当向丁某办理移转房屋的所有权手续，其死后，继承人小王根据《民法典》第1161条也应当承受此项债务，所以本题正确选项是AC。

（2）答案：BC。本题考查所有物返还请求权和买卖不破租赁制度。杜某为房屋的登记所有权人，当然可以对抗丁某，杜某有权请求丁某返还房屋，B项正确。《民法典》第725条规定：“租赁物在承租人按照租赁合同占有期限内发生所有权变动的，不影响租赁合同的效力。”可见，杜某无权要求叶某返还房屋，C项正确。

（3）答案：BCD。本题考查物权变动。《民法典》第215条规定：“当事人之间订立有关设立、变更、转让和消灭不动产物权的合同，除法律另有规定或者当事人另有约定外，自合同成立时生效；未办理物权登记的，不影响合同效力。”所以，A项错误。《民法典》第214条规定：“不动产物权的设立、变更、转让和消灭，依照法律规定应当登记的，自记载于不动产登记簿时发生效力。”可见C项正确。《民法典》第218条规定：“权利人、利害关系人可以申请查询、复制不动产登记资料，登记机构应当提供。”可见D项正确。《民法典》第232条规定：“处分依照本节规定享有的不动产物权，依照法律规定需要办理登记的，未经登记，不发生物权效力。”可见，非基于法律行为发生的不动产物权变动，在没有办理登记之前，权利人不能处分财产，即使处分，也不能发生物权的效力，B项正确。

三、简答题

1. 平等原则，也称为法律地位平等原则。平等原则作为一项民事立法准则，要求立法者对民事主体应平等对待。平等对待，包括强式意义上的平等对待和弱式意义上的平等对待。

近代民法以民事主体地位平等性和互换性为理论基础，相对比较重视强式意义上的平等对待。平等原则主要体现为民事主体民事权利能力的平等，即民事主体作为民法“人”的抽象的人格平等。现代民法基于社会群体间的分化对立，在侧重强式意义上的平等对待的同时，更加重视兼顾弱式意义上的平等对待。这主要体现为：在生活消费领域，将民事主体区分为经营者和消费者；在生产经营领域内，将民事主体区分为雇主和劳动者，分别设置相应的法律规则，侧重对消费者和劳动者利益的保护。

我国现行民事立法中规定的平等原则，即属于近代民法上的平等原则。其既强调民事主体抽象的人格平等，又注重弱式意义上的平等对待。这种意义上的平等原则，包含着民法上价值判断问题的一项实体性论证规则：如果不存在足够充分且正当的理由要求弱式意义上的平等对待，就应当贯彻强式意义上的平等对待。

2. 第一，在当事人对物的担保和人的担保的关系有约定的情况下，应当尊重当事人的意思，按照约定实现，因为这一问题与公益无关，约定优先的做法就能够充分尊重当事人意愿。

第二，在没有约定或者约定不明确，债务人自己提供的物的担保与其他人提供的人的担保并存的情况下，应当先就物的担保实现担保权，此时采取的是“物的担保责任绝对优先”。

第三，在没有约定或者约定不明确，第三人提供的物的担保与人的担保并存的情况下，采纳的是“物的担保责任与人的担保责任平等”，此时允许债权人进行选择。

3. 第一，损害事实。侵权法的功能之一在于补偿受害人所受的损害，无损害即无责任，损害包括财产损害与非财产损害。侵权责任构成中的损害应该具备可补救性、确定性和对象的合法性三个条件。

第二，违法行为。违法性主要通过侵权行为损害他人的法定权利和合法利益得到体现。

第三，因果关系。侵权人实施的违法行为与损害后果间存在因果上的联系。因果关系具有时间性和客观性两个特征，包括直接原因和间接原因两个种类。

第四，主观过错。这是指行为人通过其实施的侵权行为所表现出的在法律上和道德上应受非难的故意和过失状态。

4. 第一，婚姻无效或被撤销婚姻的，当事人之间自始不具有夫妻人身关系。

第二，婚姻无效或被撤销婚姻的，当事人之间自始不具有夫妻财产关系。

第三，婚姻无效或被撤销婚姻的，当事人不能以配偶的身份相互继承遗产。

第四，婚姻无效或被撤销婚姻的，无过错方有权请求损害赔偿。

第五，婚姻无效或被撤销婚姻的，在无效婚姻或被撤销婚姻中受胎或出生的子女为非婚生子女，享有与婚生子女同等的权利。

四、案例分析题

（1）不应当。因为合同约定货到付款，而实际上货物尚未到，甲公司依据《民法典》第 526 条享有先履行抗辩权。

（2）属于甲公司。因为交付已经完成，根据《民法典》第 224 条，标的物所有权自交付时起转移。

（3）由丙公司承担。因为根据《民法典》第 606 条，出卖人出卖交由承运人运输的在途标的物，除当事人另有约定外，毁损、灭失的风险自合同成立时由买受人承担。

（4）乙公司有权请求丙公司返还。因为根据《民法典》第 122 条其已经构成不当得利。

（5）不能。因为合同约定了质量检验期，丙公司未在此期间提出异议，根据《民法典》第 621 条，应视为质量符合要求。

（6）张三可向丙公司索赔，也可以向乙公司索赔。因为对于产品缺陷造成的人身损害，根据《民法典》第 1203 条，消费者可以向产品的销售者或者生产者要求赔偿。

五、论述题

根据《民法典》第 615 条的规定，出卖人应当按照约定的质量要求交付标的物。出卖人提供有关标的物质量说明的，交付的标的物应当符合该说明的质量要求。根据《民法典》第 616 条，当事人对标的物的质量要求没有约定或者约定不明确，依照《民法典》第 510 条的规定仍然不能确定的，适用《民法典》第 511 条第 1 项的规定。该两条文规定的是出卖人的物的瑕疵担保义务。

出卖人交付的标的物不符合质量标准的，属于对物的瑕疵担保义务的违反，在传统民法上，发生物的瑕疵担保责任的承担。但在我国《民法典》上，就违约责任的归责原则一般采严格责任，这就使传统民法上违约责任与物的瑕疵担保责任的区别丧失了依据。学者大多数认为出卖人的物的瑕疵担保责任在我国合同法上已经被统合进违约责任，我国奉行的是违约责任“单轨制”，而不是违约责任与瑕疵担保责任并存的双轨制。

可见，出卖人违反物的瑕疵担保义务的，根据《民法典》第 510、582、617 条，出卖人应当按照当事人的约定承担违约责任。对违约责任没有约定或者约定不明确，也不能达成补充协议或者按照合同有关条款以及交易习惯仍不能确定的，受损害方根据标的物的性质及受损失的大小，可以合理选择请求修理、更换、重作、退货或者减少价款。退货，通常情形下就是行使合同解除权，此时应当根据《民法典》第 631、632、633 条妥善处理合同解除效力在主从物并存、数物并存及分批次交付标的物等不同情形下的差别。另外，退货不得与减少价款并存，也不得与修理、更换、重作同时并举。当然，违反物的瑕疵担保义务造成其他损失的，根据《民法典》第 583 条，受损害方还可以请求赔偿损失。

根据《民法典》第 621 条，买受人要求出卖人承担违反物的瑕疵担保义务的违约责任，除非法律另有规定，以买受人及时向出卖人通知标的物质量不符合约定为条件。买受人在订立买卖合同时知道或者应当知道标的物质量不符合约定的，不得向出卖人主张违反物的瑕疵担保义务的违约责任。

综合测试题（二）

一、名词解释

1. 民事法律事实
2. 无权代理行为
3. 请求权
4. 实践合同
5. 先履行抗辩权
6. 异议登记
7. 隐私权
8. 不当得利

二、选择题

（一）单项选择题

1. 下列哪项不是我国民法的渊源？（　　）

A. 宪法　　B. 民事法律

C. 地方性法规　　D. 最高人民法院发布的指导性案例

2. 小星只有11岁，但是他的画已经得过多次大奖。某出版社欲使用小星的两幅画作为插图，遂与小星达成了转让画作使用权的协议。该协议的效力如何？（　　）

A. 该协议有效　　B. 该协议无效

C. 该协议效力待定　　D. 该协议可撤销

3. 对于宣告死亡说法正确的是（　　）。

A. 申请宣告死亡的利害关系人不包括祖父母、外祖父母、孙子女、外孙子女

B. 申请宣告失踪的利害关系人中，配偶为第一顺序

C. 申请撤销死亡宣告的利害关系人顺序不受限制

D. 宣告失踪是宣告死亡的必经程序

4. 下列行为中属于有效民事法律行为的是（　　）。

A. 限制民事行为能力人接受赠与的行为　　B. 有重大误解的民事法律行为

C. 显失公平的民事法律行为　　D. 违反公序良俗的民事法律行为

5. 下列属于《民法典》规定的特别法人的是（　　）。

A. 事业单位法人　　B. 社会团体法人

C. 社会服务机构法人　　D. 机关法人

6. 11岁的小静想要用其外祖父赠与他的1 000元购买一台游戏机，根据我国法律，小静应当（　　）。

A. 征得其外祖父的同意　　B. 有权自己决定

C. 征得父母同意　　D. 征得外祖父和父母同意

7. 依据《民法典》的规定，不能完全辨认自己行为的成年人是（　　）。

A. 无民事行为能力人　　B. 限制民事行为能力人

C. 完全民事行为能力人　　D. 禁治产人

8. 根据《民法典》的规定，适用诉讼时效的请求权有（　　）。

A. 请求停止侵害　　B. 请求支付赡养费

C. 请求返还被侵占的宅基地　　D. 请求支付误工费

9. 下列行为属于代理行为的有（　　）。

A. 公司的售票员向乘客卖票的行为　　B. 赵某替邻居王某招待客人的行为

C. 公司法人代表以公司名义签约的行为　　D. 传达室的收件人将职工的信发给职工的行为

10. 权利的构成必须有两个不动产存在的是（　　）。

A. 土地承包经营权　　B. 地役权　　C. 所有权　　D. 土地使用权

11. 贾某承包了丁某的一片果园，苹果成熟之时贾某收获了 1 000 千克苹果，此种取得属于（　　）。

A. 原始取得　　B. 继受取得　　C. 善意取得　　D. 恶意取得

12. 张某向孙某借款 10 万元，以自己的一辆拖拉机设抵押，并办理了抵押登记。后来张某又向郭某借款 10 万元，以该车设定质押，由郭某使用该拖拉机。设若张某无力还款，那么（　　）。

A. 孙某可优先受偿

B. 郭某可优先受偿

C. 孙某、郭某可各就 5 万元优先受偿

D. 由张某决定先偿付谁的借款

13. 甲、乙签订买卖合同，双方约定甲于 1 月 20 日将货交付给乙，乙于 1 月 21 日付款。但是甲并未如期交货，1 月 21 日乙也没有付款。1 月 22 日，乙得知甲已经将该批货物转卖给他人，遂向法院起诉要求甲承担违约责任。甲则称乙并未按时付款亦为违约，因此不同意赔偿。下列说法正确的是（　　）。

A. 甲的主张有理，本案属于双方违约

B. 甲的主张无理，乙乃行使先履行抗辩权的行为，不构成违约

C. 甲的主张有理，但甲应承担主要责任

D. 甲的主张无理，乙乃行使不安抗辩权的行为，不构成违约

14. 甲公司欠乙公司 100 万元，甲公司不久因资金周转不畅而被乙公司所收购。甲、乙公司之间的债权债务关系消灭的原因是（　　）。

A. 抵销　　B. 债务免除　　C. 债权让与　　D. 混同

15. 某北京公司与某上海公司在深圳签订了一份购货合同，双方约定发货地为厦门，那么合同成立的地点为（　　）。

A. 北京　　B. 厦门　　C. 上海　　D. 深圳

16. 甲为了去外地做生意筹集资金，向乙借款 10 万元，并将自己的一套住房交给乙居住。双方约定：利息与房租冲抵，一旦借款返还，乙即需要退还住房。乙对甲的房屋拥有什么权利？（　　）

A. 质权　　B. 抵押权　　C. 承租权　　D. 借用权

17. 某日，甲、乙两个小孩在自家门口打纸三角玩耍，另外三个小孩丙、丁、戊在距离约 3 米远处互相用向日葵秆对刺。五个小孩均未成年。甲扭头时，被一根向日葵飞出的碎刺刺中右眼，但是由于情况混乱，不知是被谁所刺，当时各个小孩分头回家。次日，甲的父母将甲送到医院治疗，花去各种费用 1 万余元。此种损失应当由谁承担？（　　）

A. 甲的父母

B. 甲的父母承担次要责任，丙、丁、戊的父母承担主要责任

C. 丙、丁、戊的父母承担连带责任

D. 丙、丁、戊的父母各承担 1/3

18. 2024年3月2日、12日，陈某等6名原告的母亲、父亲相继亡故。之后，原告将父母的生前照片送到被告王某经营的影楼服务部制作坟碑。王某为了拉生意，未经原告同意，于2024年3月13日利用原告父母的遗照制作了两块坟碑广告牌，摆放在自己的服务部门口。原告发现后，即搬走了这两块坟碑广告牌，双方发生争吵。协商不成后，在5月9日，原告将王某的“不文明”行为告上法庭，要求被告赔礼道歉并赔偿有关损失。下列说法正确的是（　　）。

A. 被告的行为并不构成侵权

B. 被告的行为侵犯了原告的名誉权

C. 被告的行为侵犯了原告父母的肖像权

D. 原告的父母已经亡故，被告的行为不构成对原告父母肖像权的侵害

19. 下列说法正确的是（　　）。

A. 甲谩骂乙，乙精神极度痛苦住进了医院，甲侵犯了乙的健康权

B. 某电影中出现了一位烈士的遗像，经查是利用的市民贾某的照片，其行为并没有丑化贾某，不构成侵权

C. 法人不享有姓名权

D. 法人不享有名誉权

20. 高度危险作业致人损害承担民事责任应适用（　　）。

A. 无过错责任　　B. 过错责任原则　　C. 严格责任原则　　D. 公平责任原则

（二）多项选择题

1. 民法和行政法相比较，民法的调整方法通常具有（　　）。

A. 平等性　　B. 隶属性　　C. 任意性　　D. 强制性

2. 民法的基本原则（　　）。

A. 是民事立法的准则

B. 是裁判者对民事法律、法规进行解释的基本依据

C. 私法自治原则是民法基本原则中的基础原则

D. 诚实信用原则是最低限度的道德要求在法律上的体现

3. 下列法律关系中，通常属于绝对法律关系的是（　　）。

A. 物权关系　　B. 人格权关系　　C. 债权关系　　D. 侵权损害赔偿关系

4. 下列属于民事法律关系客体的有（　　）。

A. 物　　B. 行为　　C. 智力成果　　D. 非物质的人身利益

5. 下列行为有效的是（　　）。

A. 12岁的甲在书画比赛中获一等奖，获10 000元奖金

B. 14岁的乙获得其母的允诺自行购买自行车一辆

C. 8岁的丙交给老师50元钱购买教材

D. 20岁的丁在精神病发作期间将自家的电脑以低价卖出

6. 下列属于共同共有的是（　　）。

A. 夫妻共同财产　　B. 尚未进行实际分割的遗产

C. 家庭共有财产　　D. 业主对共同居住的楼房的所有

7. 乙外出时将一台电脑寄存于甲处，甲谎称此电脑是自己的，将其卖给丙。丙对该电脑的占有属于（　　）。

A. 善意占有　　B. 恶意占有　　C. 自主占有　　D. 他主占有

8. 下列不享有优先购买权的是（　　）。

A. 承租人　　B. 质权人　　C. 共有人　　D. 抵押权人

9. 赵某和孙某均为某村村民，两家的承包地相邻。赵某家的地挨着排水沟，孙某家排水需要流经赵某的承包

地。由于两家关系出现矛盾，赵某不允许孙某从自家的承包地上排水，造成孙某庄稼损失 1 000 元。下列说法正确的是（　　）。

A. 两家之间的纠纷是相邻关系纠纷　　B. 两家之间的纠纷是地上权纠纷

C. 赵某应当赔偿孙某的损失　　D. 赵某无须赔偿孙某的损失

10. 王某与薛某于 2020 年 10 月 1 日签订了上海市房地产转让合同，并进行了公证，合同约定房屋总价为 260 万元，签订合同时王先生支付定金 26 万元，随后于 2021 年 1 月 10 日支付 234 万元，同时双方同意于 2021 年 1 月 10 日前腾空房屋交付。另约定，合同签订之后 30 日内委托中介办理转让过户手续。但是签订合同后，房价节节攀升，薛某毁约不愿卖出。王先生即向法院提起诉讼要求薛某履行合同。薛某则提出反诉，认为自己长期不在上海居住，不了解市场行情，因此当初定下的房屋成交价格过低，显失公平，要求撤销双方合同。经评估，到 2021 年 3 月起诉之时，该房屋已价值 400 万元，有关本案说法错误的是（　　）。

A. 双方所订合同显失公平　　B. 薛某有权撤销合同

C. 双方所订合同有效　　D. 薛某应依约履行

11. 甲和乙是同事，两人素有嫌隙。某日甲收到一封来自老家的快件，称其父生命垂危，要甲火速赶回。甲信以为真，悲痛万分，立即驱车返回，才发现其父安然无恙，家人也没有发过信。经查，原来是甲升职之后，乙一直怀恨在心，于是用此种方法来愚弄甲。依照民法原理，下列说法正确的是（　　）。

A. 乙的行为不道德，但是并未构成侵权

B. 乙的行为造成甲的精神痛苦和车旅费等费用损失，已经构成侵权

C. 乙应当赔偿甲的损失

D. 以上说法均不对

12. 物质性人格权包括（　　）。

A. 生命权　　B. 健康权　　C. 身体权　　D. 隐私权

13. 甲、乙、丙三人共同将丁打伤，花去医药费 1 000 余元。则甲、乙、丙对丁应当承担的责任是（　　）。

A. 连带责任　　B. 侵权责任　　C. 单独责任　　D. 共同责任

14. 下列事实中能产生不当得利之债的是（　　）。

A. 甲主动帮外出邻居修缮被风吹倒的围墙

B. 甲主动提前清偿其欠乙的债务

C. 由于送件人失误，甲收到了他人所订的羊绒大衣

D. 甲捡到他人丢失的手机并拿回家自己使用

（三）不定项选择题

1. 下列关于环境污染责任的说法正确的是（　　）。

A. 环境污染责任采取的是过错推定的归责原则

B. 因污染环境发生纠纷，污染者就其行为与损害之间不存在因果关系承担举证责任

C. 两个以上污染者污染环境，污染者承担责任的大小，根据污染物的种类、排放量等因素确定

D. 因第三人过错污染环境造成损害的，被侵权人可以向污染者请求赔偿，不能直接向第三人请求赔偿

2. 甲公司与乙公司、丙公司达成协议，由甲公司提供给乙公司、丙公司 A 种型号或 B 种型号的机器各 2 台。下列说法正确的是（　　）。

A. 双方之间的债务属于种类之债、选择之债、多数人之债

B. 双方之间的债务属于特定之债、选择之债、单一之债

C. 双方之间的债务属于种类之债、简单之债、多数人之债

D. 双方之间的债务属于种类之债、选择之债、单一之债

3. 贾某于 2021 年 1 月 20 日在某百货公司购买了一台某厂家生产的煤气炉。5 月 2 日，贾某在招待朋友时使用

该煤气炉，使用过程中煤气炉突然爆炸，造成了贾某和其朋友的轻度受伤，共花去医疗费3 000余元。经鉴定，该煤气炉质量不合格。下列说法正确的是（　　）。

A. 贾某和其朋友可以向百货公司求偿

B. 贾某和其朋友只能先向百货公司求偿，然后由百货公司向生产厂家追偿

C. 本案提起民事赔偿请求的时效是1年

D. 贾某和其朋友可以向生产厂家求偿

4. 下列构成无因管理的是（　　）。

A. 为外出的邻居加固即将倒塌的房屋

B. 接受邻居委托照看家畜的行为

C. 为小偷寄存赃物的行为

D. 为他人代领结婚证的行为

5. 某市A乡农户甲于2024年3月1日与乙公司订立合同，出售自己饲养的活鸡1万只，乙公司应在3月21日前支付5万元的首期价款，甲从4月1日起分批交付，交付完毕后乙公司付清余款。3月20日，乙公司得知该市的B乡发现了鸡瘟，即致电向甲询问。甲称，尽管B乡临近A乡，但是应当不会传播过来。乙公司表示等到事情比较明朗后再付款，甲坚持要求其按时付款，否则将不交货并追究责任。3月25日，甲的鸡棚因失火倒塌，致甲所饲养的大部分鸡只死亡，甲当即将此事通知了乙。

2024年3月10日，甲向丙公司订购了一批饲料，约定4月10日至20日期间送货上门，甲验收后10日内付款。甲在3月26日把鸡只死亡情况通知了丙公司，要求取消交易。丙公司称：货物已经备好，不同意解约，除非甲赔偿其损失。

请回答下列问题：

(1) 关于甲与乙公司之间关系，表述正确的是（　　）。

A. 乙公司虽在3月21日没有付款，但不应承担违约责任

B. 甲于3月20日电话中关于将不交货的表示构成违约

C. 甲不需承担不能交付标的物的违约责任

D. 乙公司有权解除合同

(2) 关于甲与丙公司之间关系，表述正确的是（　　）。

A. 由于甲所养殖的鸡只于3月25日已经大部死亡，合同自动解除

B. 甲取消交易构成违约，应对丙承担违约责任

C. 甲有权单方解除合同，但是应赔偿丙公司的损失

D. 丙有权要求甲继续履行合同

(3) 假设甲所养的鸡并未因失火导致鸡棚倒塌而死亡，但当地政府为防止疫情暴发，自3月21日起对甲的养殖场实行管制，禁止鸡鸭外运，一旦发现疫情即全部扑杀，乙知情后没有支付首期价款。关于甲和乙公司之间的关系，表述正确的是（　　）。

A. 乙公司虽然在3月21日前没有付款，也不应承担违约责任

B. 甲有权以乙公司未付首期价款为由拒绝履行相应的交货义务

C. 如果双方协商解除合同，甲应当适当赔偿乙公司的损失

D. 如果双方协商解除合同，乙公司应当适当赔偿甲的损失

三、简答题

1. 简述民事法律行为的一般生效要件。

2. 简述债的担保的形式。

3. 简述人格权的特征。

四、案例分析题

1. 案情：甲与乙是生意上的合作伙伴，甲长期向乙供货。2024 年 10 月 3 日，甲因为资金周转不灵，遂分别将其价值 800 万元的临街铺面 8 间和其机器设备、生产资料等抵押给银行，经过评估，银行借款 1 200 万元给甲。同时，甲又通过乙认识了丙，丙答应借款 200 万元给甲，但要求乙做保证人，乙应允。但到签订合同时，乙反悔，不愿意在合同上作为保证人签字，丙非常气愤，但是由于各种手续已经办好，就默认了此事实，并当场要求乙不提供保证可以，甲事后需另行提供担保。

问题：

（1）甲向银行设定的为何种担保权利？

（2）甲将机器设备抵押给银行后，可否将设备租赁给他人？

（3）假如甲不能按时返还丙的借款，乙是否需要承担保证责任？

（4）假如甲后来将自己的一辆轿车出质给丙作为担保，约定如果甲不能还款，车就归丙所有。甲为该车购买了保险。双方于 10 月 20 日签订质押合同，甲于 10 月 23 日将轿车交付给丙，那么，甲、丙之间的质押合同何时生效？质押权何时设立？甲和丙所签质押合同是否有瑕疵？

（5）假如在机器设备抵押期间，因为雷电导致厂房起火，机器设备毁损，那么银行是否有权要求甲另行提供担保？

（6）第（4）题中，假如甲向丙提供质押的轿车被盗，那么丙的质权是否随之丧失？

2. 案情：2023 年 1 月 1 日，甲与乙口头约定，甲承租乙的一套别墅，租期为 5 年，租金一次付清，交付租金后即可入住。洽谈时，乙告诉甲屋顶有漏水现象。为了尽快与女友丙结婚共同生活，甲对此未置可否，付清租金后与丙入住并办理了结婚登记。

入住后不久别墅屋顶果然漏水，甲要求乙进行维修，乙认为在订立合同时已对漏水问题提前作了告知，甲当时并无异议，仍同意承租，故现在乙不应承担维修义务。于是，甲自购了一批瓦片，找到朋友开的丁装修公司免费维修。丁公司派工人更换了漏水的旧瓦片，同时按照甲的意思对别墅进行了较大装修。更换瓦片大约花了 10 天时间，装修则用了 1 个月，乙不知情。更换瓦片时，一名工人不慎摔伤，花去医药费数千元。

2023 年 6 月，由于新换瓦片质量问题，别墅屋顶出现大面积漏水，造成甲 1 万余元财产损失。

2024 年 4 月，甲遇车祸去世，丙回娘家居住。半年后丙返回别墅，发现戊已占用别墅。原来，2022 年 12 月甲曾向戊借款 10 万元，并亲笔写了借条，借条中承诺在不能还款时该别墅由戊使用。在戊向乙出示了甲的亲笔承诺后，乙同意戊使用该别墅，将房屋的备用钥匙交付于戊。

问题：

（1）甲、乙之间租赁合同的期限如何确定？理由是什么？如乙欲解除与甲的租赁合同，应如何行使权利？

（2）别墅维修及费用负担问题应如何处理？理由是什么？

（3）甲、丁之间存有什么法律关系？其内容和适用规则如何？摔伤工人的医药费用、损失应如何处理？理由是什么？

（4）别墅装修问题应如何处理？理由是什么？

（5）甲是否有权请求乙赔偿因 2023 年 6 月屋顶漏水所受损失？理由是什么？

（6）丙可否行使对别墅的承租使用权？理由是什么？

（7）丙应如何向戊主张自己的权利？理由是什么？

3. 案情：自然人甲与乙订立借款合同，其中约定甲将自己的一辆汽车作为担保物让与给乙。借款合同订立后，甲向乙交付了汽车并办理了车辆的登记过户手续。乙向甲提供了约定的 50 万元借款。1 个月后，乙与丙公司签订买卖合同，将该汽车卖给对前述事实不知情的丙公司并实际交付给了丙公司，但未办理登记过户手续，丙公司仅支付了一半购车款。某天，丙公司将该汽车停放在停车场时，该车被丁盗走。丁很快就将汽车出租给不知该车来历的自然人戊，戊在使用过程中因汽车故障送到己公司修理。己公司以戊上次来修另一辆汽车时未付修理费为由扣留该汽车。汽车扣留期间，己公司的修理人员庚偷开上路，违章驾驶撞伤行人辛，辛为此花去医药费2 000元。现丙公司不能清偿到期债务，法院已受理其破产申请。（法考改编）

问题：

（1）甲与乙关于将汽车让与给债权人乙作为债务履行担保的约定效力如何？为什么？乙对汽车享有什么权利？

（2）甲主张乙将汽车出卖给丙公司的合同无效，该主张是否成立？为什么？

（3）丙公司请求乙将汽车登记在自己名下是否具有法律依据？为什么？

（4）丁与戊的租赁合同是否有效？为什么？丁获得的租金属于什么性质？

（5）己公司是否有权扣留汽车并享有留置权？为什么？

（6）如不考虑交强险责任，辛的2 000元损失有权向谁请求损害赔偿？为什么？

五、论述题

论物权请求权独立存在的必要性。

参考答案

一、名词解释

1. 民事法律事实，是民法的基本概念，指民法认可的能够引起民事法律关系产生、变更和消灭的客观现象。民事法律规范本身并不能在当事人之间引起民事上的权利、义务关系，而只是表明民事主体享有权利和承担义务的可能性。但是法律可以根据需要，规定一些事实条件，在发生这些事实时，民事法律关系就会产生、变更和消灭。这些由法律规定的、能够产生一定法律后果的事实，就是法律事实。

2. 无权代理行为，是指行为人没有代理权、超越代理权或代理权终止后，以代理人的身份所进行的民事法律行为。无权代理行为包括广义的无权代理行为和狭义的无权代理行为。广义的无权代理行为包括表见代理和狭义的无权代理。

3. 请求权，是指得请求他人为一定行为或不为一定行为的权利。请求权的特点是：第一，具有相对性。请求权都是发生在特定相对人之间的一种权利；第二，具有非公示性；第三，请求权作为独立的实体权利，连接了实体法和程序法。

4. 实践合同与诺成合同相对，是指除当事人意思表示一致外尚须交付标的物才能成立的合同。在这种合同中，仅凭当事人双方意思表示一致，还不能产生一定的权利义务关系，还必须有一方实际交付标的物的行为，才能产生法律效果。绝大多数有名合同都是诺成合同，实践合同必须由法律作出特别规定。

5. 先履行抗辩权，是指当事人互负债务，有先后履行顺序的，先履行一方未履行之前，后履行一方有权拒绝其履行请求。先履行一方履行债务不符合债的本旨的，后履行一方有权拒绝其相应的履行请求。我国《民法典》明确规定了先履行抗辩权。先履行抗辩权发生于有先后履行的双务合同中，基本上适用于先履行一方违约的场合。

6. 异议登记，是指利害关系人对不动产登记簿记载的物权归属等事项有异议的，可以通过异议登记以保护其权利。《民法典》第220条明确规定了异议登记。

7. 隐私权，是指个人对其私生活安宁、私生活秘密等享有的权利，是自然人享有的对其个人的、与公共利益无关的个人信息、私人活动和私有领域进行支配的一种人格权。它包括如下几层含义：第一，隐私权的主体只能是自然人。第二，隐私的内容包括私人生活安宁和私人生活信息。第三，侵害隐私权的方式包括侵扰自然人的生活安宁，探听自然人的私生活秘密，或在知悉他人隐私后，向他人披露、公开，或者未经许可进行使用。

8. 不当得利，是指没有合法根据，使他人受到损失而自己获得了利益。正因为不当得利没有合法根据，所以即使其属既成事实，也不能受到法律保护，不当利益应返还给受损失的人。不当得利的构成要件包括：第一，一方获得利益；第二，他方受到损失；第三，获得利益和受损失之间有因果关系；第四，没有合法根据。

二、选择题

（一）单项选择题

1. 答案：D。本题考查民法的渊源。《民法典》第10条规定："处理民事纠纷，应当依照法律；法律没有规定的，可以适用习惯，但是不得违背公序良俗。"由此可知，民法的法律渊源包含法律和不违反公序良俗的习惯。除此之外，宪法、行政法规、行政规章、最高人民法院的司法解释、地方性法规或自治条例和单行条例、国际条约和国际惯例等，也是我国民法的法律渊源。最高人民法院的指导案例可以作为裁判说理理由予以援引，但不得作为裁判依据，因而不是民法的法律渊源。

2. 答案：C。本题考查民事法律行为的效力。小星只有11岁，属于限制民事行为能力人。《民法典》第145条第1款规定："限制民事行为能力人实施的纯获利益的民事法律行为或者与其年龄、智力、精神健康状况相适应的民事法律行为有效；实施的其他民事法律行为经法定代理人同意或者追认后有效。"小星作为11岁的限制民事行为能力人，尚不具备签订协议转让自己画作使用权的能力，应当经法定代理人追认后方为有效。因此本题选择C。

3. 答案：C。本题考查宣告失踪和宣告死亡。宣告失踪并非宣告死亡的必经程序，可以申请宣告失踪的利害关系人也没有顺序限制。申请宣告死亡的利害关系人不受到法律规定的顺序限制，祖父母、外祖父母、孙子女、外孙子女亦可以申请宣告死亡。在申请撤销死亡宣告时亦无顺序限制。本题的正确答案为C。

4. 答案：A。本题考查民事法律行为的效力。《民法典》第145条第1款规定：限制民事行为能力人实施的纯获利益的民事法律行为或者与其年龄、智力、精神健康状况相适应的民事法律行为有效；实施的其他民事法律行为经法定代理人同意或者追认后有效。限制民事行为能力人接受赠与的行为是纯获利益的行为，无须其法定代理人追认，属于有效的民事法律行为，因此A项正确。根据《民法典》第147、151条的规定，基于重大误解和显失公平实施的民事法律行为是可撤销的民事法律行为，故B、C项错误。根据《民法典》第153条第2款的规定，违背公序良俗的民事法律行为是绝对无效的民事法律行为，故D项错误。

5. 答案：D。《民法典》将法人区分为营利性法人、非营利性法人和特别法人。其中非营利性法人包括事业单位、社会团体、基金会、社会服务机构等，特别法人包括机关法人、农村集体经济组织法人、城镇农村的合作经济组织法人、基层群众性自治组织法人，因此答案为D选项。

6. 答案：C。本题考查限制民事行为能力人从事民事法律行为的条件。《民法典》第145条第1款规定："限制民事行为能力人实施的纯获利益的民事法律行为或者与其年龄、智力、精神健康状况相适应的民事法律行为有效；实施的其他民事法律行为经法定代理人同意或者追认后有效。"限制民事行为能力人接受赠与的行为是纯获利益的行为，无须其法定代理人追认，属于有效的民事法律行为。但是本题中小静用外祖父赠与的钱购买价值1 000元的游戏机的行为超出其年龄、智力状况，是效力待定的民事法律行为，需要其法定代理人的追认才有效。本题中，父母为限制民事行为能力人的法定代理人，故选项C正确。

7. 答案：B。《民法典》第22条规定："不能完全辨认自己行为的成年人为限制民事行为能力人，实施民事法律行为由其法定代理人代理或者经其法定代理人同意、追认；但是，可以独立实施纯获利益的民事法律行为或者与其智力、精神健康状况相适应的民事法律行为。"

8. 答案：D。根据《民法典》第196条的规定，请求停止侵害、排除妨碍、消除危险，不动产物权和登记的动产物权的权利人请求返还财产，请求支付抚养费、赡养费或者扶养费等请求权不适用诉讼时效。请求支付误工费，属于债权请求权，应适用3年普通诉讼时效。

9. 答案：A。本题考查代理的问题。A项正确，属于职务代理行为。B项属于道德行为，不具有法律意义。C项公司法人代表的行为视为公司的行为，不成立代理。D项为传达行为。

10. 答案：B。地役权产生于两个不动产之间，是指不动产权利人为某特定不动产的便利而使用他人不动产，使其负一定负担的物权。一般来说，地役权的标的是土地，但也可能为其他不动产。

11. 答案：A。本题考查所有权的取得。贾某收获苹果的行为属于劳动生产、收益，为原始取得。善意取得与恶意取得是在无处分权人处分其动产或不动产时，区分受让人的主观心理状态是善意还是恶意，本题不存在此种情形。因此正确答案为 A。

12. 答案：A。本题考查抵押权和质权并存时的受偿顺序问题。根据《民法典》第 415 条的规定，同一财产既设立抵押权又设立质权的，拍卖、变卖该财产所得的价款按照登记、交付的时间先后确定清偿顺序。因此本题选择 A。

13. 答案：B。本题考查先履行抗辩权。根据《民法典》第 526 条的规定，在存在先后履行顺序的双务合同中，先履行一方未履行之前，后履行一方有权拒绝其履行请求，因此乙的行为是行使先履行抗辩权的行为，并不构成违约。

14. 答案：D。本题考查债的消灭原因。混同是指债权与债务同归于一人，而使债的关系消灭的事实，乙公司将甲公司收购后，债权与债务同归于乙公司，债务消灭。因此本题选择 D。

15. 答案：D。本题考查对合同的成立地点的理解。根据《民法典》第 492 条的规定，承诺生效的地点为合同成立的地点。根据《民法典》第 493 条的规定，当事人采用合同书形式订立合同的，最后签名、盖章或者按指印的地点为合同成立的地点。因此，本题的正确答案为 D。

16. 答案：C。本题考查对租赁合同的理解。双方约定“利息与房租冲抵”，实际上即借款合同产生的利息与租赁合同产生的房租相互抵销，因此 C 项正确，D 项错误。抵押权的设定需要登记，B 项错误。不动产不能成为质权的标的，所以 A 项错误。

17. 答案：C。本题考查共同危险行为。共同危险行为又称为准共同侵权行为，是指两个或者两个以上的行为人实施可能造成他人损害的危险行为并实际致人损害，但无法确定具体加害人的侵权行为。本题就符合此种情形。依据我国法律的规定，对共同危险行为，除非加害人能够证明损害后果不是由其行为造成的，否则各个加害人应当承担连带责任。本案当中，各个当事人都不能够作出这样的证明，又因为丙、丁、戊尚为未成年人，其所致损害应当由各自的父母负责赔偿。

18. 答案：C。本题考查对死者肖像权益的保护。我国《民法典》第 994 条规定：“死者的姓名、肖像、名誉、荣誉、隐私、遗体等受到侵害的，其配偶、子女、父母有权依法请求行为人承担民事责任；死者没有配偶、子女且父母已经死亡的，其他近亲属有权依法请求行为人承担民事责任。”因此擅自使用死者肖像牟利的行为构成侵权。

19. 答案：C。法人享有名称权，但是不享有姓名权，C 项正确。A 项中，甲谩骂乙，造成乙生病住院，并没有直接侵犯乙的健康权。B 项中，虽然在电影中没有丑化贾某的形象，但是对自然人肖像权的侵犯不以形象的丑化为前提，只要是未经许可使用他人肖像权的行为，都可以造成对他人肖像权的侵犯。D 项中法人同样享有名誉权。因此正确答案为 C。

20. 答案：A。高度危险作业致人损害属于特殊的侵权行为，此种侵权行为适用无过错责任，以促进从事高度危险作业的组织提高责任心和不断改进技术安全措施。

（二）多项选择题

1. 答案：AC。本题考查民法与行政法调整方法的区别。由于在行政关系中，一方总是国家机关，它以自己单方面的意志成立行政法律关系，因此行政法律关系总是带有国家意志性、隶属性、强制性的特点。相比之下，民事法律的调整方法通常具有平等性、任意性的特点。因此本题选择 AC。

2. 答案：ABD。本题考查对民法基本原则的理解。我国现行的民事立法承认了平等原则、私法自治原则、公平原则和诚实信用原则以及公序良俗原则，其中，平等原则是民法的基础原则，离开了民事主体之间平等的假设，民法就丧失了存在的根基，也就无从谈起民法的其他基本原则。C 项错误。

3. 答案：AB。本题考查对绝对法律关系和相对法律关系的区分。绝对法律关系和相对法律关系是根据民事法律关系义务主体的范围不同进行区分得出的。A、B 项属于绝对法律关系。

4. 答案：ABCD。本题考查民事法律关系的客体。民事法律关系的客体是指民事权利和民事义务所指向的对象，民事法律关系的客体主要有五类，即物、行为、智力成果、人身利益和权利。

5. 答案：ABC。本题考查民事法律行为的效力。D项中丁虽然已经成年，但是患有精神病，其在精神病发作期间所为的行为效力待定。

6. 答案：ABC。本题考查共同共有的情形。在我国，共同共有的基本形式有两种，即夫妻共有财产和家庭共有财产。在继承关系中，继承人对尚未实际分割的遗产共同共有。D项错误，业主对专有部分享有所有权，对共有部分，又应当区分情况确定是共同共有还是按份共有。

7. 答案：AC。本题考查对占有的理解。占有根据不同的标准可以划分为不同的种类。依照占有人主观心理状态的不同，可以将占有分为善意占有和恶意占有。本题中丙并不知甲不拥有对电脑的处分权，为善意占有。根据占有人是否以所有的意思对占有物进行占有，可以将占有分为自主占有和他主占有，丙显然是以自己所有的意思占有电脑的。因此本题正确答案为AC。

8. 答案：BD。质权人和抵押权人在质物、抵押物变卖时，享有优先受偿的权利，但并不享有优先购买权。依照《民法典》第726条的规定，出租人出卖租赁房屋的，承租人享有以同等条件优先购买的权利。《民法典》第305条规定，按份共有人转让其共有份额时，其他共有人在同等条件下享有优先购买的权利。本题的正确答案为BD。

9. 答案：AC。本题考查相邻关系纠纷。赵某和孙某的承包地相邻，田地排水属于生产基本需要。《民法典》第290条第1款规定，不动产权利人应当为相邻权利人用水、排水提供必要的便利。赵某应当允许孙某以合理的方法利用自己的承包地排水。由于赵某阻止，造成孙某的损失，赵某应当赔偿。

10. 答案：AB。本题考查对显失公平的正确理解。显失公平的民事法律行为，一方面要求当事人之间的利益关系在民事法律行为成立时明显失衡，另一方面要求双方利益关系的严重失衡并非当事人自愿的结果，而是由于一方当事人利用优势或者对方没有经验所致。本案当中，双方签订合同时所确定的房价并没有造成双方的利益关系失衡，失衡是因为后来市场变化、房价上涨所致，在签订合同时，双方意思表示一致、价格并无不合理之处，此后市场变化造成的房价上涨，并不能成为薛某毁约的理由。由于客观情况的变化或市场预测不准，本案中薛某在情势对其不利时，不依约履行合同，想通过主张合同显失公平以规避合同风险或推却损失，这种做法本身便与合同法诚实信用和公平交易的原则相违背。因此本题的正确答案为AB。

11. 答案：BC。本题考查对一般人格权中的其他人格权益的侵犯。《民法典》第990条第2款规定："除前款规定的人格权外，自然人享有基于人身自由、人格尊严产生的其他人格权益。"就本案来看，乙的行为给甲造成了精神痛苦和物质损失，其行为已经构成侵权，乙应当赔偿甲的损失并无疑义。B、C两项是正确的。

12. 答案：ABC。人格权可以再细分为精神性人格权、物质性人格权和标表性人格权。A、B、C三项都属于物质性人格权，D项属于精神性人格权。本题正确答案为ABC。

13. 答案：ABD。本题考查共同侵权行为。甲、乙、丙三人共同将丁打伤，依据《民法典》第1168条的规定，二人以上共同实施侵权行为，造成他人损害的，应当承担连带责任。单独责任是指责任人仅有一人的民事责任，共同责任是指责任人为两人或者两人以上的民事责任，因此本题选项为ABD。

14. 答案：CD。A项成立无因管理之债。B项属于债务的提前清偿，不产生新的债务。C、D项属于不当得利。

（三）不定项选择题

1. 答案：BC。《民法典》第1229条规定，因污染环境、破坏生态造成他人损害的，侵权人应当承担侵权责任。因此，环境污染责任奉行的是无过错责任的归责原则，选项A错误。

《民法典》第1230条规定，因污染环境、破坏生态发生纠纷，行为人应当就法律规定的不承担责任或者减轻责任的情形及其行为与损害之间不存在因果关系承担举证责任。故选项B正确。

《民法典》第1231条规定，两个以上侵权人污染环境、破坏生态的，承担责任的大小，根据污染物的种类、浓度、排放量，破坏生态的方式、范围、程度，以及行为对损害后果所起的作用等因素确定。故选项 C 正确。

《民法典》第 1233 条规定：因第三人的过错污染环境、破坏生态的，被侵权人可以向侵权人请求赔偿，也可以向第三人请求赔偿。侵权人赔偿后，有权向第三人追偿。受害人既可以向污染者要求赔偿，可以向第三人请求赔偿。故选项 D 错误。

2. 答案：A。本题考查债的分类。依据债的主体双方是一人还是多人，可以将债分为单一之债或多数人之债，本题中为多数人之债。依据债的履行是否可以选择，债可以分为简单之债与选择之债，选择之债中，债的履行标的有数种，当事人须从中选择一种来履行，本题中为选择之债。依据债的标的的性质，可以分为种类之债与特定之债，本题中为种类之债，即其标的物为种类物，具有可替代性。因此本题选择 A。

3. 答案：AD。本题属于产品责任。根据《民法典》第 1203 条，A 项和 D 项正确。根据《民法典》第 188 条第 1 款的规定，产品侵权责任诉讼时效为 3 年。

4. 答案：A。本题考查对无因管理的理解。无因管理是指没有法定或者约定的义务，为避免他人利益遭受损失，而自愿管理他人事务或为他人提供服务的行为。A 项符合无因管理的构成要件；B 项接受邻居委托而为管理并非无因管理；C 项错误，为小偷寄存赃物是违法行为；D 项为他人代领结婚证同样是不合法的。

5. (1) 答案：CD。《民法典》第 527 条规定："应当先履行债务的当事人，有确切证据证明对方有下列情形之一的，可以中止履行：(一) 经营状况严重恶化；(二) 转移财产、抽逃资金，以逃避债务；(三) 丧失商业信誉；(四) 有丧失或者可能丧失履行债务能力的其他情形。当事人没有确切证据中止履行的，应当承担违约责任。"本题中，仅仅是该市的 B 乡发生了鸡瘟，A 乡并未发生鸡瘟，乙公司无权以《民法典》第 527 条为依据行使不安抗辩权。乙公司未按照约定在 3 月 21 日前支付 5 万元的首期价款，应承担违约责任，所以 A 项的说法是错误的。《民法典》第 526 条规定："当事人互负债务，有先后履行顺序的，先履行一方未履行的，后履行一方有权拒绝其履行要求。先履行一方履行债务不符合约定的，后履行一方有权拒绝其相应的履行要求。"本题中，乙公司应先履行义务，甲应后履行义务，乙公司不按时付款，甲可以以《民法典》第 526 条为依据行使先履行抗辩权，拒绝向乙公司交货。因此 B 项的说法是错误的。《民法典》第 590 条规定："当事人一方因不可抗力不能履行合同的，根据不可抗力的影响，部分或者全部免除责任，但是法律另有规定的除外。因不可抗力不能履行合同的，应当及时通知对方，以减轻可能给对方造成的损失，并应当在合理期限内提供证明。当事人迟延履行后发生不可抗力的，不免除其违约责任。"本题中，甲的鸡棚因失火倒塌，致甲所饲养的大部分鸡只死亡，这属于不可抗力造成的不能履行合同的情况，而且甲及时将有关情况通知了乙公司，因此甲可以根据不可抗力免责，C 项的说法是正确的。《民法典》第 563 条规定："有下列情形之一的，当事人可以解除合同：(一) 因不可抗力致使不能实现合同目的……"本题中，由于不可抗力致使活鸡买卖合同的目的已经无法实现，乙公司有权解除合同，D 项正确。所以本题正确选项是 CD。

(2) 答案：BD。关于合同的解除，可以分为法定解除和约定解除，不存在自动解除的情况，所以 A 项的说法是错误的。根据《民法典》第 563 条第 1 款第 1 项的规定，因不可抗力致使不能实现合同目的的，当事人可以解除合同。本题中，虽然由于不可抗力导致鸡只死亡，但是并不妨碍饲料买卖合同的目的的实现，甲不能因此而取消交易，否则构成违约，B 项的说法正确，C 项的说法错误。甲取消交易，构成违约，丙有权要求甲采用继续履行合同的方式进行补救，因此 D 项的说法是正确的。本题正确答案是 BD。

(3) 答案：AB。根据前述《民法典》第 527 条的规定，本题中由于当地政府对甲的养殖场实行管制，禁止鸡鸭外运，乙公司可以行使不安抗辩权，因此 A 项正确。根据前述《民法典》第 526 条的规定，本题中乙公司应先履行义务，甲后履行义务，乙公司不按时付款，甲有权以《民法典》第 526 条为依据行使先履行抗辩权，拒绝向乙公司交货，因此 B 项正确。另外，由于本题中合同无法履行是不可抗力（政府管制）导致的，双方当事人均无须承担赔偿责任，因此 C、D 两项错误。本题正确答案是 AB。

三、简答题

1. 所谓民事法律行为的生效，是指已经成立的民事法律行为产生当事人预期的法律效力。依据《民法典》第

143 条的规定，任何民事法律行为欲生效，进而成为民事法律行为，皆须符合如下一般有效要件。

第一，行为人具有相应的行为能力。

行为人具有相应的行为能力是对自然人提出的要求，法人和非法人组织不存在不具备相应行为能力的问题。这一有效要件在学理上又被称为行为能力原则或主体合格原则。民事法律行为以当事人的意思表示为基本要素，自然人具有健全的理智，是作出合乎法律要求的意思表示的前提。

第二，当事人的意思表示真实。

意思表示真实，包括两个方面的含义：一是行为人的内心意思与外部的表示行为相一致的状态。二是行为人在意志自由的前提下，进行意思表示的状态。与此相对应，行为人意思表示不一致，即意思表示瑕疵，包括两种情形：其一，意思与表示不一致，即行为人的内心意思与外部的表示行为不一致。其二，行为人意思表示不自由。将意思表示真实作为民事法律行为的有效要件，是为了贯彻意思自治原则，保证行为人事实上决定自由的实现。

第三，不违反法律、行政法规的强制性规定，不违背公序良俗。

民事法律行为欲生效，即不得违反法律或行政法规。所谓不违反法律、行政法规的强制性规定，并非指民事法律行为必须符合法律或行政法规的所有规定，而是指民事法律行为不存在违反与其效力相关的法律或行政法规的规定。与民事法律行为效力相关的规定主要是指禁止性规定。即法律或行政法规要求民事主体不得为一定行为的规定。禁止性规定又分为效力性的禁止性规定和管理性的禁止性规定。效力性的禁止性规定是指绝对不允许特定类型民事法律行为发生效力的禁止性规定，违反效力性的禁止性规定，民事法律行为绝对无效。管理性的禁止性规定，又称为取缔性的禁止性规定，是指以维护特定管理秩序为目的的禁止性规定。违反管理性的禁止性规定，并不当然影响民事法律行为的效力。

由于社会生活类型众多，经济来往方式复杂，法律和行政法规的禁止性规定不可能将一切有可能损害国家利益或社会公共利益的情况都罗列无遗。如果民事法律行为存在有其他损害国家利益或社会公共利益情形的，也应归于无效。

2. 债的担保的形式，也就是担保的方式、方法，是指当事人用以担保债权的手段。债的担保方式是随着社会经济关系的发展，随着债权法的发展，而不断发展的。当事人可采用何种担保方式也是由法律规定的。在现代各国法上，债的担保方式一般都包括人的担保和物的担保两类。

（1）人的担保，是指以第三人的信用保证债的履行的担保方式。人的担保即保证担保，是由保证人以自己的信用担保债务人履行债务的担保。保证也是一种债的关系，在债务人不履行债务时，债权人得请求保证人履行。保证的成立实际上相当于扩大了债务人清偿债务的责任财产的范围，因此，保证担保对于债权人行使权利以保障其利益是十分方便的。其不足之处在于，债权人的利益能否确保还取决于第三人即保证人的信用，而保证人的信用具有浮动性，其财产也处于不断的变动之中。

（2）物的担保，是指直接以一定的财物作为债权担保的担保方式。物的担保包括移转物的所有权或其他权利的权利移转型的物的担保和不移转物的所有权或其他权利的限定物权型的物的担保两种形态。

不移转物的所有权或其他权利的限定物权型的物的担保，是指在第三人或债务人的一定财产上设定一定权利的物的担保。为担保债的履行而在一定财产上设定的权利，称为担保物权。我国法律规定了抵押权、质权和留置权三种担保物权。抵押权、质权一般是当事人自行设定的，所以称为约定担保物权。留置权是基于法律规定的条件而发生的，因此称为法定担保物权。另外，在《海商法》《民用航空法》及其他法律中还规定了优先权。

转移物的所有权或其他权利的权利移转型的物的担保，是指以移转标的物的所有权或其他权利来担保债权实现的担保方式。这种担保方式并不是在标的物上设定限定物权来担保债权，而是移转标的物的权利归债权人，即一旦债务人不清偿债务，标的物的所有权或者其他权利直接归属于债权人。从各国法律来看，权利移转型物的担保主要包括让与担保、代物清偿预约、所有权保留等。

定金担保在各国法上一般都有规定，但是关于其属于物的担保还是另外的担保方法，则存在不同的看法。有的认为，定金为金钱担保，不属于物的担保；也有的认为，定金也可归于物的担保，因为金钱也属于物，定金担保可归于权利移转型的物的担保，但属于物的担保的一种特殊形态。

3. 人格权，是指以主体固有的人格利益为客体，以维护和实现人身自由、人格尊严为目标的权利。《民法典》第 990 条第 1 款规定：人格权是民事主体享有的生命权、身体权、健康权、姓名权、名称权、肖像权、名誉权、荣誉权、隐私权等权利。该条第 2 款同时明确：除前款规定的人格权外，自然人享有基于人身自由、人格尊严产生的其他人格权益。与其他民事权利相比较，人格权主要有以下特征。

（1）人格权是民事主体依法所固有的基本权利。所谓固有，是指自然人从出生、非自然人自成立之日起就享有人格权。其取得无须民事主体积极的作为，而是由法律直接赋予。作为一种固有权利，人格权与民事主体相伴始终。当然，人格权在性质上仍是一种法定权利，人格利益的保护范围和方式等也皆因法律的肯定才得以为权利人所实际享有。

（2）人格权是民事主体专属享有的民事权利。一方面，人格权是民事主体资格得以维持的前提，人格权的阙如，将导致民事主体资格的虚化；另一方面，从其权利要素上看，任何一项人格权皆须以具体的民事主体为依托，并借此表现其价值和个性。在具体的法律效果上，人格权的专属性集中体现在对权利的放弃、转让和继承的限制中。《民法典》第 992 条明确规定：人格权不得放弃、转让或者继承。

（3）人格权以民事主体的人格利益为其客体。《民法典》第 991 条宣示："民事主体的人格权受法律保护，任何组织或者个人不得侵害。"作为人格权客体的人格利益，是应受法律保护的利益。与有形的财产利益不同，人格利益，无论是抽象的还是具体的，在很大程度上皆体现于精神范畴；都是行为与精神活动的自由及完整的利益，且以人的精神活动为核心。如果说法律对财产利益的保护旨在维持主体的生存、发展以及为其从事各种活动提供物质基础，那么，其对无形的人格利益的保护则旨在维持主体作为人的存在，并且为其从事财产活动提供前提条件。从这个意义上讲，人格利益是人的最高利益。

四、案例分析题

1.（1）抵押权，有不动产抵押权和浮动抵押权。《民法典》第 395 条第 1 款第 1 项规定，建筑物和其他土地附着物可以抵押。甲以其价值 800 万元的临街铺面 8 间所设定的即为不动产抵押。《民法典》第 396 条规定："企业、个体工商户、农业生产经营者可以将现有的以及将有的生产设备、原材料、半成品、产品抵押，债务人不履行到期债务或者发生当事人约定的实现抵押权的情形，债权人有权就抵押财产确定时的动产优先受偿。"甲以机器设备和生产资料等所设定的为浮动抵押权。

（2）甲可以将设备租赁给他人收取租赁费。《民法典》第 404 条规定："以动产抵押的，不得对抗正常经营活动中已经支付合理价款并取得抵押财产的买受人。"浮动抵押权不得对抗抵押人正常的生产经营活动，当买受人在正常经营活动中已经支付合理价款并取得抵押财产时，其可以取得买受的抵押财产所有权并且不受抵押权人的追及。举重以明轻，浮动抵押人亦可以将抵押财产出租，这同样需要满足正常经营活动、已支付合理价款并取得抵押财产这三个条件。出售和租赁都是浮动抵押人处分抵押财产的方式，《民法典》第 404 条允许浮动抵押人在一定条件下处分抵押财产，之所以这样规定，主要是因为浮动抵押是在现有的和将有的财产上设定担保，抵押期间抵押人可以占有、使用、处分抵押财产，如果以全部或者部分动产抵押，又不让抵押人处分该财产，抵押人的经营活动就无法进行了。

（3）乙不需要承担保证责任。乙虽然答应要做保证人，但实际上并未在保证合同上签字，事实上未成立保证关系。

（4）第一，质押合同于 10 月 20 日生效。第二，依据《民法典》第 429 条的规定，动产质权自出质人交付质押财产时设立，故质押权于 10 月 23 日设立。第三，《民法典》第 428 条规定："质权人在债务履行期限届满前，与出质人约定债务人不履行到期债务时质押财产归债权人所有的，只能依法就质押财产优先受偿。"该条文是关于流质契约的规定，质押权作为优先受偿权，质权人一般不以取得质押财产为目的。法律禁止流押的立法目的是防止损害抵押人的利益，以免造成对抵押人实质上的不公平。而相比于过去对流质契约的绝对禁止，《民法典》采用了相对禁止的态度，该条文没有直接规定流质契约的法律效力，应根据《民法典》第 143 条判断流质契约的效力。

但从条文表述看，具体的流质条款仍然是无效的，因为如果流质条款是有效的，质权人就可直接根据约定享有质押财产的所有权，而不是只能依法就质押财产优先受偿。从解释论上说，应当认为无效的流质条款已经转化为有效的清算型担保。也就是说，双方所签质押合同有效，但甲不能还款则车归丙所有的条款属于流质条款，无效。合同在该流质条款处存在瑕疵，若债务人不履行到期债务，债权人只能依法就抵押财产优先受偿。

（5）银行无权要求甲另行提供担保。但是银行有权依据《民法典》第390条的规定，就机器设备的剩余价值及其赔偿金优先受偿。

（6）丙的质权并不丧失。依据《民法典》第390条的规定，基于物上代位权，丙可以就该车的保险金行使优先受偿权。

2.（1）为不定期租赁。租赁期限6个月以上，当事人未采取书面形式的，视为不定期租赁。乙可以随时解除合同，但应当在合理期限之前通知承租人。

（2）第一，甲有权要求乙在合理期限内维修。乙未履行维修义务，甲可以自行维修，维修费用由乙负担。第二，甲的维修属于无因管理人的行为，由乙承担其支出的必要费用。瓦片质量问题不影响乙对该项义务的承担。第三，因维修影响了甲的使用，应当相应减少租金或延长租期，但装修期间不在延长租期的范围。

（3）甲、丁之间属于无名合同，应适用《民法典》合同编通则的相关规定，并可参照《民法典》合同编典型合同或其他法律最相类似的规定，例如，费用承担问题适用赠与合同的规则，完成工作问题适用承揽合同规则。

摔伤工人的医药费用、损失应由丁承担。因为丁为雇主，应对雇员在从事雇佣活动中遭受的人身损害承担赔偿责任。

（4）乙可以要求甲恢复原状或赔偿损失。理由是承租人未经出租人同意，对租赁物进行改装或增设他物的，出租人可以要求承租人恢复原状或赔偿损失。

（5）无权。第二次漏水是甲出于自身的原因，乙无过错，因此损失应由甲自行承担。

（6）丙有权对乙主张自己基于原租赁合同对该别墅的承租使用权。因为承租人在房屋租赁期限内死亡的，与其生前共同居住的人可以按照原租赁合同租赁该房屋。

（7）丙有权请求戊返还原物。因为丙根据《民法典》的规定是合法占有人，有权请求侵占人返还原物。

（主要参考法律规定为：《民法典》第121条、第132条、第135条、第235条、第462条、第467条、第707条、第713条、第714条、第730条、第731条。）

3.（1）有效。因为我国《民法典》虽然没有规定这种让与担保方式，但并无禁止性规定。通过合同约定，再以转移所有权的方式达到担保目的，是不违反法律的，也符合合同自由、鼓励交易的立法目的。

乙享有的不是所有权，而是以所有权人的名义享有担保权。

（2）不能成立。虽然乙将汽车出卖给丙公司的行为属于无权处分，对甲也是违约行为，但无权处分不影响合同效力，法律并不要求出卖人在订立买卖合同时对标的物享有所有权或者处分权。

（3）有法律依据。因根据《民法典》的规定，汽车属于特殊动产，交付即转移所有权，登记只是产生对外的效力，不登记不具有对抗第三人的效力。本案中因为汽车已经交付，丙公司已取得汽车所有权。

（4）有效。因为尽管丁不享有所有权或处分权，但是并不影响租赁合同效力。其所得的租金属于不当得利。

（5）己公司无权扣留汽车并享有留置权。《民法典》第448条规定，债权人留置的动产与债权应该属于同一法律关系。而在本案中，债权与该辆汽车无牵连关系。

（6）辛有权向戊、己公司、庚请求赔偿，因为戊系承租人，系汽车的使用权人；庚是己公司的雇员，庚的行为属于职务行为，己应当承担雇用人（或雇主）责任；庚系肇事人（或者答直接侵权行为人）。

五、论述题

物权请求权是以德国为代表的大陆法系民法所确立的一项制度，其基于物权而产生，是旨在排除对物权现实或潜在的妨害，恢复物权的圆满支配状态的请求权，具体包括返还原物的请求权、排除妨害的请求权与消除危险的请求权、恢复原状的请求权。

物权的民法保护方式有三种可能，即侵权请求权方式、物上请求权方式和物上请求权—侵权请求权方式。侵权请求权保护方式，是指用侵权请求权代替物权请求权，对物权的保护与对其他绝对民事权利的保护一样，适用侵权请求权救济。物权请求权方式认为，每一项物上请求权均可能包含丰富的附随请求权，如原物返还请求权除了返还请求权外，一般涉及物所产生的附属物（含孳息）如何返还、相对人占有期间因物而支出的费用是否得向请求权人求偿、因占有使用原物而获得的收益的返还、原物有损害时的损害赔偿、物上请求权的行使费用等问题。这种方式认为对物上请求权及其附随性请求权所涉及的问题，物上请求权本身即可加以全面调整，无须侵权请求权介入其中。德国民法即属于这种方式。物上请求权—侵权请求权方式认为，物权保护的两种方式在责任基础、损害形态、责任方式、归责原则与价值功能等方面各不相同，因此，物权应采纳物上请求权与侵权行为法共同保护。

讨论物权请求权制度设计的价值，首先需要考虑如果不规定物权请求权，而是通过侵权请求权能否达到同样的救济目的。过去《民法通则》对物权的保护主要采用了债权的保护方法，但是在承担责任的具体形式中，又包含了物权请求权的内容。上述体例建立了我国特有的请求权体系，即在请求权体系中不存在一种独立的物权请求权，传统的物权请求权内容已为侵权的请求权所部分包容。我国现行《民法典》单独设立了物权请求权的方式，对物权的保护既采用了物权请求权的方式，又采用了侵权请求权的方式，这实际上已经突破了《民法通则》的规定，可以说是对物权保护的一个完善。

之所以要独立设立物权请求权制度，原因是侵权请求权和物权请求权分别具有不可相互代替的独立存在的价值，对物权的保护需要物权请求权，也需要侵权请求权，只存在一方面的保护是不全面的。由于单纯的侵权请求权不能满足物权保护的需要，往往还要在侵权请求权中或者以其他方式同时规定物权请求权的具体内容，这样一来不仅造成理论体系上的混乱，而且会导致适用上的困难，不利于全面、规范地保护物权。物权请求权与侵权请求权的区别具体表现如下。

(1) 物权请求权与侵权请求权具有不同的功能和目的。

由于物权请求权和侵权请求权的目的和功能不同，所以两者对物权保护的侧重点也不同。传统的行使物权请求权的方式主要是请求返还原物、请求侵害排除和请求侵害防止，其目的在于排除物权受侵害的事实或者可能，恢复或者保障物权的圆满状态；在物权保护中，行使侵权请求权就是要求加害人履行能够损害赔偿之债，其目的是填补物权人无法通过行使物权请求权获得弥补的损失。

一般而言，当物权受到侵害或者有遭受到侵害的可能时，首先应当适用物权请求权，以尽可能地恢复物权的圆满状态，只有在遭受到的损害无法通过行使物权请求权予以恢复原状，而使物遭受到价值贬损时，才可以行使侵权请求权，要求加害人给予损害赔偿。两者是两种不同的对物权的保护方法，从不同的角度对物权损害予以不同的救济，两者可以独立适用，也可以结合适用，但是只有两者同时并存的立法模式才是对物权最完善的保护机制，缺少任何一个都是不完备的。

(2) 物权请求权与侵权请求权要求相对人承担责任的要件不同。

第一，两者的归责基础不同。对于侵权请求权来说，受害人要主张权利就必须举证证明加害人具有过错，否则加害人不负侵权责任。但是如果适用物权请求权，并不需要证明相对人具有过错。如果用侵权请求权代替物权请求权，实际上加重了物权人的举证责任，这对保护物权极为不利。

第二，从危害后果来看，在物权的保护中，行使侵权请求权的前提是损害赔偿之债，而损害赔偿之债要求加害人造成了受害人财产的损失才负赔偿责任。但是物权人行使物权请求权时，只要行为人阻碍或者妨害物权人行使其物权，不管是造成现实损害，还是对将来行使物权造成妨害，也不管此种损害是否可以用货币确定，物权人都有行使物权请求权之可能。另外，不法行为人所致妨害或危险，本身并非一种损害，常常难以以货币形式具体确定或定量，但并不妨碍物权请求权的行使，若以侵权请求权代替物权请求权，实际上也加重了受害人的举证负担，不利于全面保护物权。

(3) 法律对两种请求权保护的期限不同。

依据我国法律规定，侵权请求权适用普通诉讼时效期间是 3 年。但是对于物权请求权则不能适用上述时效的规定。一方面，对于诸如返还原物请求权而言，适用诉讼时效将不利于保护所有权人的利益，或者不利于保护所有权的权利。另一方面，对排除妨害、消除危险等物权请求权来说，也很难确定诉讼时效起算点。

（4）物权请求权与侵权请求权对物权保护的效力不同。

物权请求权源于物权，是物权效力的内容；侵权请求权源于侵权，是债权的内容。由于物权请求权的效力优先于债权请求权的效力，因此物权请求权应当优先于债权请求权。如果以侵权请求权代替物权请求权，实际上损害了物权应有的优先效力，在理论上与物权的性质不符，在实践中也不利于对物权的保护。

物权请求权的行使还应当受到一些特殊的限制，而侵权请求权的行使则不存在上述限制。

总之，在物权人的权利受到侵害后，物权人应当首先行使物权请求权，只有当物权请求权不足以保护物权人的权利时，才考虑行使侵权请求权。

综合测试题（三）

一、名词解释

1. 诚实信用
2. 社团法人
3. 重大误解
4. 表见代理
5. 公信原则
6. 债的保全
7. 亲属

二、选择题

（一）单项选择题

1. 下列哪项不属于民法调整的范围？（　　）

A. 税务局向某电脑公司购买一批电脑

B. 甲因恋人乙移情别恋而心生怨恨，当众侮辱乙生活作风问题，致乙自杀

C. 某公司购买一批货物，后发现该货物系走私货，要求退货

D. 甲因谋杀其父而丧失了其财产继承权

2. 下列不属于事件的是（　　）。

A. 甲死亡，其女继承其财产　　B. 家中失火，乙珍藏的名画被烧毁

C. 丙将自己的书送给丁　　D. 戊出车祸去世，其妻子已另嫁他人

3. 下列自然人不具有完全民事行为能力的是（　　）。

A. 今年是 2018 年，甲记得自己是 2001 年生人，但是其户籍上记载其出生于 2000 年

B. 甲今年 17 岁，但是已经自己打工生活 2 年

C. 甲是精神病患者

D. 甲喝醉酒开车将行人撞伤

4. 下列说法正确的是（　　）。

A. 甲在幼儿园将同学乙打伤，由甲的父母承担责任

B. 甲因投资失败精神失常，其父母坚持代替其妻子乙作为其代理人

C. 甲出海打鱼，遇事故流落他乡，其妻子乙宣告其死亡，那么甲在这期间签订的一份买卖合同无效

D. 甲乘坐飞机失事，下落不明，法院告之其妻乙满 4 年后才可以宣告甲死亡

5. 下列属于法人的是（　　）。

A. 中国人民大学法学院　　B. 中华人民共和国财政部

C. 中国银行北京海淀区学院路支行　　D. 甲个人经营的“富春”食品小卖部

6. 下列各项属于附条件民事法律行为的是（　　）。

A. 甲对乙说：“你 18 岁时，送你一辆汽车作为礼物。”

B. 甲对乙说：“太阳如果从西边升起，我就请你吃一年的饭。”

C. 甲对乙说："你如果通过司法考试，我就送你一台笔记本电脑。"

D. 甲对乙说："等你毕业的时候，我就嫁给你。"

7. 下列说法正确的是（　　）。

A. 甲委托乙购买一批电脑，乙遂找到其精通电器的朋友丙要求其为甲购买该电脑，在甲不知情的情况下，该行为不及于甲

B. 甲系某公司业务经理，其辞职后，仍然与老客户乙公司签订一份合同，该合同不涉及甲公司

C. 甲委托乙购买一批钢材，乙正好将自己手头有的20吨钢材卖给了甲

D. 甲擅自替乙签订一份买卖合同，乙知晓后不为所动，2个月后合同相对方可以向乙主张该合同

8. 下列行为属于相邻关系的是（　　）。

A. 甲欲横穿乙的宅基地，乙不允许

B. 甲自家的住宅侵占了乙的宅基地

C. 甲家的排水管需要经过乙的住宅

D. 甲、乙两家历来对于土地划分存在争议

9. 下列情形中，当事人所行使的权利属于抗辩权的是（　　）。

A. 甲向乙请求返还100元钱，乙以从未欠甲钱为由予以拒绝，经查，乙所言属实

B. 甲向乙请求返还100元钱，乙以甲之债权已过诉讼时效为由予以拒绝

C. 甲欺诈乙而订立买卖合同，甲请求乙履行交付标的物的义务，乙则主张撤销合同

D. 甲对乙享有100元合同债权，乙因劳务而对甲享有100元的报酬请求权，债务均已到期，甲向乙主张给付，乙称双方债务抵销

10. 甲向乙购买一批货物，甲预付了一部分货款，余款约定一个月内还清。甲将自己的一张票据交给乙，双方订立合同约定如果甲到期不偿还余款，那么乙可以对甲的汇票行使权利。这时，乙行使的是（　　）。

A. 动产质押权　　B. 抵押权　　C. 权利质押权　　D. 留置权

11. 某作家根据京剧演绎创作小说《陈世美》，书中将陈世美描写成一位抛弃妻子、背信弃义的小人形象。但据陈家后人考察，历史上的陈世美却是有才有德的君子，为此，陈家后人欲起诉该作家，那么（　　）。

A. 作家侵害了陈世美的名誉权，应该予以精神赔偿

B. 作家侵害了陈世美的名誉权，但不必予以赔偿

C. 作家没有侵害陈世美的名誉权，但需要补偿陈的后人

D. 作家没有侵害陈世美的名誉权，无须赔偿

12. 中学生甲利用暑假时间帮助乙的孩子丙补习功课，乙答应给甲100元作为奖励。后来，乙认为甲还太小，当初只是开玩笑，因此拒绝给付100元，那么（　　）。

A. 甲属于限制民事行为能力人，无权要求甲给付100元

B. 甲可以向乙要求给付100元，但是须经甲的父母同意

C. 甲有权要求给付价款，但是不能获得所有100元，因为其民事行为能力不完全

D. 甲有权取得给付款

13. 甲的儿子乙在幼儿园将小朋友丙打伤，花费医药费近千元。这一损失应由（　　）。

A. 幼儿园承担，可责令甲适当赔偿

B. 甲承担，如果幼儿园有过错，与甲承担连带责任

C. 由甲或者幼儿园承担

D. 由乙承担

14. 甲公司因业务发展分立成丙公司和丁公司，双方约定原欠乙公司的债务由丙公司偿还。后丙公司无力偿还，那么（　　）。

A. 由丙公司承担　　B. 由丁公司承担
C. 由丙公司和丁公司负连带责任　　D. 由丙公司和丁公司负按份责任

15. 甲公司的总部设在天津，在北京、上海、广州三处设有分公司，那么该公司的住址是（　　）。
A. 天津　　B. 广州　　C. 上海　　D. 北京

16. 根据我国法律规定，书面的意思表示需要经过传达媒介才能到达对方当事人时，则该意思表示的生效时间为（　　）。
A. 表意人完成其表意行为时　　B. 表意人作出意思表示时
C. 意思表示到达相对人时　　D. 相对人了解意思表示的内容时

17. 甲将自己的房子作为出资与丙合伙，同时又将该房的一间屋子租给考研的学生乙住，现在如果甲想出售该房屋，那么乙和丙均以同一价格竞价，则（　　）。
A. 卖给乙　　B. 卖给丙
C. 分别卖给丙和乙　　D. 卖给丙或者乙

18. 甲欲赠给乙 1 万元钱，乙表示同意，但一直没有时间实际给付。后乙与丙结婚，婚后乙收到了甲汇来的 1 万元钱，那么这 1 万元钱应当（　　）。
A. 属于乙的婚前财产　　B. 属于乙和丙的共同财产
C. 归二人共同所有　　D. 根据甲的意思确定所有权属

19. 根据我国土地法的规定，下列有关土地权利的表述，正确的是（　　）。
A. 城市市区的土地属于国家所有　　B. 农村和城市郊区的土地属于集体所有
C. 宅基地属于农民个体所有　　D. 自留地、自留山属于农民个体所有

20. 甲向乙借款 5 万元，并将自己的汽车作价 2.5 万元抵押给乙，双方没有约定担保数额，并依法进行了抵押登记。后该汽车出车祸报废，保险公司赔偿 3 万元。那么甲与乙之间（　　）。
A. 抵押法律关系消灭　　B. 以保险金中的 2.5 万元继续对乙生效
C. 以保险金 3 万元继续对乙生效　　D. 甲以保险金提前清偿债务

21. 甲去乙宿舍，将钱包遗落在乙宿舍。乙发现后没有通知甲。1 周后，乙将钱包丢失，后来甲得知此事，要求乙返还钱包，乙声称钱包已经丢失无法归还。那么下面说法正确的是（　　）。
A. 甲无权请求赔偿，因为乙是无因管理人　　B. 甲无权请求赔偿，因为乙是善意占有人
C. 甲无权请求赔偿，因为乙是保管人　　D. 甲有权请求赔偿，因为乙是恶意占有人

22. 甲向乙订购 15 万元货物，双方约定："乙收到甲的 5 万元定金后，即应交付全部货物。"合同订立后，乙在约定的时间内只收到甲的 4 万元定金。下列说法正确的是（　　）。
A. 定金合同不成立　　B. 定金合同不生效
C. 定金合同生效，但定金数额为 3 万元　　D. 定金合同生效，且定金数额为 4 万元

23. 债权人甲下落不明，债务人乙在难以履行债务的情况下，将标的物提存。若乙将标的物提存后，该标的物意外毁损、灭失，该损失应当由（　　）。
A. 甲承担　　B. 乙承担
C. 甲、乙共同承担　　D. 提存机关承担

24. 在利益第三人合同中，若债务人迟延履行主要债务，且经催告在合理期限内仍未履行，则由（　　）行使解除权。
A. 债权人　　B. 第三人
C. 债权人或第三人　　D. 债权人和第三人

25. 下列属于要约的是（　　）。
A. 拍卖公告　　B. 商品价目表

C. 招股说明书　　D. 广告注明款到发货

26. 甲、乙、丙三方签订一份融资租赁合同。合同约定，甲向丙交付冲压机一台，乙向甲支付款项，丙向乙支付租金，那么（　　）。

A. 在承租期间，维修费由丙承担　　B. 在承租期间，维修费由甲承担

C. 在承租期间，维修费由乙承担　　D. 在承租期间，三方均摊维修费

27. 某报社报道中披露了甲是乙的私生子，致使甲在其小学备受同学嘲笑，那么该报社的报道（　　）。

A. 不构成侵权　　B. 侵害了甲的隐私权

C. 侵害了甲的名誉权　　D. 侵害了甲的姓名权

（二）多项选择题

1. 下列属于民事法律关系客体的是（　　）。

A. 甲向乙借款 500 元　　B. 闪电

C. 丙写的一篇网络小说　　D. 可口可乐的玻璃瓶造型

2. 下列关于物权与债权的区别正确的是（　　）。

A. 物权是绝对权，债权是相对权　　B. 物权具有优先性

C. 债权的义务相对人广泛　　D. 物权具有追及性

3. 下列行为当事人能够取得所有权的是（　　）。

A. 甲捡到顺江漂流下来的一把椅子

B. 甲将乙寄存在他这里的一台电视卖给了不知情的丙

C. 甲将乙的一块破木料加工成一张精美的八仙桌

D. 甲捡到一个钱包

4. 甲一日急需用钱，遂找到朋友乙，乙给了甲 1 000 元让甲先用着。后来因琐事，二人反目，乙要求甲偿还借款，甲拒绝。那么下列表述错误的是（　　）。

A. 甲乙之间构成侵权关系　　B. 甲乙之间构成赠与关系

C. 甲乙之间构成借贷关系　　D. 甲乙之间构成不当得利

5. 甲为大学毕业生，没有找到工作，一直与父母居住在一起。甲在上学期间的助学贷款一直没有归还，该如何处理？（　　）

A. 由甲自己承担　　B. 由甲的父母承担

C. 由甲的父母垫付　　D. 甲的父母没有任何义务

6. 下列属于财团法人的是（　　）。

A. 长虹公司　　B. 长鹏基金会

C. 广济寺　　D. 市民供销合作社

7. 甲将自己的一台笔记本电脑放在乙家寄存，乙因急用钱将该电脑卖给了丙。下列说法正确的是（　　）。

A. 乙的行为是无权处分行为　　B. 乙的行为是无权代理行为

C. 乙和丙签订的合同是无效合同　　D. 乙和丙签订的合同是有效合同

8. 下列关于抛弃的说法正确的是（　　）。

A. 抛弃是一种单方法律行为，一般不需要权利人向特定人为意思表示，只需抛弃占有，表示其抛弃的意思即生抛弃的效力

B. 不动产物权的抛弃需办理注销登记才发生效力

C. 如果物权的抛弃会妨害他人的权利，则物权人不得任意抛弃其权利

D. 抛弃必须按照适当方式进行，否则不生抛弃的效力

9. 下列表述不正确的是（　　）。

A. 有限责任公司由两个以上的出资人出资的，有限责任公司的财产为共有财产

B. 农村集体组织是由其成员构成的，因此，农村集体财产由其成员共有

C. 国家财产由国家所有，因此，国家财产由全民共有

D. 无子女家庭由夫妻二人组成，因此，家庭财产一般由夫妻二人共有

10. 甲将自己的房屋抵押向乙借款并进行了抵押登记。在抵押期间，甲未通知乙，便将该房屋转让给丙，并办理了过户登记手续。对此，下列说法正确的是（　　）。

A. 乙仍可以就该房屋行使抵押权　　B. 乙不得就该房屋行使抵押权

C. 丙不能取得该房屋所有权　　D. 丙可以取得该房屋所有权

11. 下列属于自主占有的是（　　）。

A. 质权人对质物的占有　　B. 承租人对租赁物的占有

C. 所有权人对其所有物的占有　　D. 盗赃人对盗赃物的占有

12. 下列属于劳务之债的是（　　）。

A. 某演员与某剧场签订的演出合同　　B. 学生甲与某培训机构签订的讲课协议

C. 乙与货运公司签订的货物托运合同　　D. 丙托画家丁在其扇面上绘山水画

13. 甲与乙签订了一份买卖合同，甲为卖方，乙为买方，合同约定，由甲负责运输，运输方式为火车运输，后双方在合同的履行地点上发生争议。就本题的合同履行地点，表述不正确的是（　　）。

A. 甲方所在地的火车站　　B. 乙方所在地的火车站

C. 乙方的营业所在地　　D. 乙方的仓库所在地

14. 甲欠乙 10 万元，无力偿还，现在丙欠甲 5 万元，已经到期，但甲明确表示放弃对丙的债权。对甲的这一行为，乙可以采取以下哪些措施？（　　）

A. 请求人民法院撤销甲放弃债权的行为　　B. 通知丙撤销甲放弃债权的行为

C. 乙因此支付的必要费用由甲承担　　D. 乙因此支付的必要费用由乙自己承担

15. 下列主体中，可以充当保证人的是（　　）。

A. 某破产企业老板　　B. 某软件公司

C. 中国人民大学法学院　　D. 甲、乙二人成立的合伙企业

16. 下列属于要物合同的是（　　）。

A. 租赁合同　　B. 自然人之间的借款合同

C. 互易合同　　D. 保管合同

17. 甲坐汽车旅行，由于突起狂风将甲的眼迷住，造成眼部划伤，在混乱中，甲的一部手机跌落窗外。下列说法正确的是（　　）。

A. 承运人应当对甲眼部受伤承担责任

B. 承运人应当对甲手机损失承担责任

C. 承运人对甲眼部的损伤和手机的损失均应承担责任

D. 承运人只对甲眼部受伤承担责任，对手机的损失不承担责任

（三）不定项选择题

1. 甲为追小偷未经乙的同意就擅自骑走了乙停在路边的自行车，事后，乙欲向甲索要自行车使用费用，而将甲的身份证擅自扣下，那么（　　）。

A. 甲的行为是侵权行为　　B. 甲的行为是紧急避险行为

C. 乙的行为是正当防卫行为　　D. 乙的行为是侵权行为

2. 土地所有权人在其权利范围内享有排他的支配权，下列行为中，所有权人依法不得请求排除的有（　　）。

A. 地铁公司在地下开凿地铁隧道　　B. 电力公司在地上架设输电线路

C. 电信公司在地下铺设通信光缆　　D. 航空公司在地上通行飞机

3. 甲公司向乙银行借款，双方签订了抵押合同，将甲公司的办公大楼抵押给乙银行。合同签订后，甲公司又将该楼出租给丙公司。到期，因为甲公司无力还款，导致纠纷。下列表述正确的是（　　）。

A. 抵押权的效力及于办公大楼和门房

B. 乙银行不享有抵押权

C. 抵押权的效力及于房屋租金

D. 甲公司可转让该大楼给丙公司而无须乙银行的同意

4. 甲在某农贸市场购买了一头牛。甲由于没有带够足够的钱，将一根红绳系在牛头之上作为区分标志，遂先交付部分价款，约定剩余款项第二天交齐。谁之当天夜晚牛棚倒塌，甲挑选的牛被砸死。则（　　）。

A. 甲与乙之间的合同为特定物之债　　B. 甲与乙之间的合同之债已经履行完毕

C. 甲与乙之间的合同为种类物之债　　D. 牛的损失由甲承担

5. 甲单位接受乙单位委托完成一项发明创造，双方就专利申请权的归属没有约定。甲单位完成委托的发明创造后，如果要申请专利，则专利申请权属于（　　）。

A. 甲　　B. 乙　　C. 甲、乙共有　　D. 谁先申请谁享有

三、简答题

1. 简述表见代理的概念及构成要件。

2. 简述用益物权与担保物权的区别。

3. 简述不安抗辩权的概念和成立条件。

4. 试述收养的法律特征。

四、案例分析题

案情：2023 年 1 月 10 日，自然人甲为创业需要，与自然人乙订立借款合同，约定甲向乙借款 100 万元，借款期限 1 年，借款当日交付。2020 年 1 月 12 日，双方就甲自有的 M 商品房又订立了一份商品房买卖合同，其中约定：如甲按期偿还对乙的 100 万元借款，则本合同不履行；如甲到期未能偿还对乙的借款，则该借款变成购房款，甲应向乙转移该房屋所有权；合同订立后，该房屋仍由甲占有使用。

2023 年 1 月 15 日，甲用该笔借款设立了 S 个人独资企业。为扩大经营规模，S 企业向丙借款 200 万元，借款期限 1 年，丁为此提供保证担保，未约定保证方式；戊以一辆高级轿车为质押并交付，但后经戊要求，丙让戊取回使用，戊又私自将该车以市价卖给不知情的己，并办理了过户登记。

2023 年 2 月 10 日，甲因资金需求，瞒着乙将 M 商品房出卖给了庚，并告知庚其已与乙订立房屋买卖合同一事。2023 年 3 月 10 日，庚支付了全部房款并办理完变更登记，但因庚自 3 月 12 日出国访学，为期 4 个月，双方约定庚回国后交付房屋。

2023 年 3 月 15 日，甲未经庚同意将 M 商品房出租给知悉其卖房给庚一事的辛，租期 2 个月，月租金 5 000 元。2023 年 5 月 16 日，甲从辛处收回房屋的当日，因雷电引发火灾，房屋严重毁损。根据甲卖房前与某保险公司订立的保险合同（甲为被保险人），某保险公司应支付房屋火灾保险金 5 万元。2023 年 7 月 13 日，庚回国，甲将房屋交付给了庚。

2024 年 1 月 16 日，甲未能按期偿还对乙的 100 万元借款，S 企业也未能按期偿还对丙的 200 万元借款，现乙和丙均向甲催要。

问题：

（1）就甲对乙的 100 万元借款，如乙未起诉甲履行借款合同，而是起诉甲履行买卖合同，应如何处理？请给出理由。

（2）就S企业对丙的200万元借款，甲、丁、戊各应承担何种责任？为什么？
（3）甲、庚的房屋买卖合同是否有效？庚是否已取得房屋所有权？为什么？
（4）谁有权收取M商品房2个月的租金？为什么？
（5）谁应承担M商品房火灾损失？为什么？
（6）谁有权享有M商品房火灾损失的保险金请求权？为什么？

五、论述题

论述民法中的诚实信用原则。

参考答案

一、名词解释

1. 诚实信用，是我国民法上重要的原则之一，素有“帝王原则”之称。诚实信用要求处于法律上特殊联系的民事主体应忠诚、守信，做到谨慎维护对方的利益、满足对方的正当期待、给对方提供必要的信息等。民法上的诚实信用原则是最低限度的道德要求在法律上的体现。

2. 所谓社团法人，是指以人为基础而集合成立的法人。社团法人之成员统称为社员，其享有的权利亦称社员权。

3. 行为人因对行为的性质、对方当事人或标的物的品种、质量、规格和数量等的错误认识，使行为的后果与自己的意思相悖，并造成较大的损失，可以认定为重大误解。

4. 表见代理，是指虽无代理权，但表面上有足以使人信为有代理权而须由本人负授权之责的代理。

5. 公信原则是物权法上的重要原则，即物权的变动以登记或交付为公示方法，当事人如果信赖这种公示而为一定的行为，那么即使登记或交付所表现的物权状态与真实的物权状态不相符合，也不能影响物权变动的效力。

6. 债的保全，是指法律为防止因债务人的责任财产不当减少给债权人的债权带来损害，允许债权人代债务人之位向第三人行使债务人的权利，或者请求法院撤销债务人与第三人的法律行为的法律制度。

7. 亲属指具有婚姻、血缘或者法律拟制关系，受法律调整的彼此具有一定权利和义务的自然人。

二、选择题

（一）单项选择题

1. 答案：B。《民法典》第2条规定：“民法调整平等主体的自然人、法人和非法人组织之间的人身关系和财产关系。”本题中，A项，尽管税务局是行政主体，但是在其与电脑公司签订合同这一关系中，其是作为民事主体参加法律关系的。C项，是合同违约行为，也属于民事法律关系。D项，甲谋杀其父的行为触犯我国刑律，是刑事法律关系主体，但是其依法丧失继承权属于我国继承法的内容，因此甲丧失继承权属于民事法律调整的范围。B项，甲的行为已经构成了我国刑法规定的侮辱罪，因此，其触犯了刑律，不再属于民法调整的范围。

2. 答案：C。法律事实的种类繁多，民法上根据事实是否与人的意志有关，将其分为事件和行为两类。

所谓事件是与人的意识无关的法律事实，而行为是与人的意识有关的法律行为。本题中，A、B、D项中事实的发生均与当事人无关，因此属于事件。C项中当事人为赠与行为需要有赠与的意思表示，因此与人的意志有关，属于行为而非事件。

3. 答案：C。《民法典》第15条规定：“自然人的出生时间和死亡时间，以出生证明、死亡证明记载的时间为准；没有出生证明、死亡证明的，以户籍登记或者其他有效身份登记记载的时间为准。有其他证据足以推翻以上记载时间的，以该证据证明的时间为准。”本题A项中，出生的时间以户籍证明为准，因此甲属于完全民事行为能力人。B项中，根据我国《民法典》的规定，未满18周岁，但已满16周岁且以自己的劳动收入为主要生活来源的，视为完全民事行为能力人。C项中，依据《民法典》第21条、第22条，患有精神疾病的人存在不能辨认和不能完全辨认自己行为两种情形，均非完全民事行为能力人。D项中，醉酒不能使当事人丧失民事行为能力。

4. 答案：A。本题中，A项，依据《民法典》第1188条第1款，无民事行为能力人造成他人损害的，由监护人承担侵权责任。B项，法定监护人具有一定的范围和顺序，在前者优于在后者担任监护职责。《民法典》第28条规定："无民事行为能力或者限制民事行为能力的成年人，由下列有监护能力的人按顺序担任监护人：（一）配偶；（二）父母、子女；（三）其他近亲属；（四）其他愿意担任监护人的个人或者组织，但是须经被监护人住所地的居民委员会、村民委员会或者民政部门同意。"本题中，甲的父母没有特定理由不能代替乙成为甲的代理人。C项，宣告死亡并不等同于当事人真正死亡，被宣告死亡人仍然具有民事行为能力，其所为的民事法律行为有效。D项，因意外事件造成失踪或者下落不明的，其宣告死亡的法定期间为2年。因意外事件下落不明，经有关机关证明该自然人不可能生存的，申请宣告死亡不受2年时间的限制。

5. 答案：B。法人是享有民事权利能力和民事行为能力，能以自己名义享有民事权利和承担民事义务的组织。本题中，A项不属于法人，是事业单位法人的内部机构。C项中银行支行不具备法人资格。D项，属于个体工商户，不属于法人。B项，为特别法人中的机关法人。

6. 答案：C。民事法律行为中的附条件，是在意思表示当中附有决定该行为效力发生或者消灭条件的民事法律行为。所谓的条件是指将来发生的决定法律行为效力的不确定的事实。附条件与附期限的区别在于：（1）条件是不确定的偶然性事件，期限是确定的必然性事件；（2）条件成就与否具有不确定性，而期限一定会到来。因此，本题的正确答案是C。

7. 答案：A。A项属于复代理的情况，代理具有信任关系，若无本人授权或者事后追认，代理人选任之复代理人的行为对本人不发生效力。因此A项是正确的。B项属于表见代理，效力应该及于甲公司。C项属于自己代理，在民法上自己代理与代理的信任基础相冲突，因此禁止。D项，根据我国合同法的规定，在规定期限内不行使追认权的应当视为拒绝追认，因此本题中甲属于无权代理，代理效果不及于乙。

8. 答案：C。所谓相邻关系，是指相邻不动产的所有权人或者使用人在各自行使自己的合法权利时，都要尊重他方所有权人的权利，相互间应当给予一定的方便或者接受一定的限制。相邻关系的发生必须在两个或者两个以上的不动产相邻所有权人或使用人之间；相邻关系的客体并不是财产本身，而是由于行使所有权或者使用权所引起的和邻人有关的经济利益或其他利益；同时相邻关系的两个或两个以上所有权人或者使用人的财产应当是相邻的。因此，本题的正确答案为C。

9. 答案：B。本题中，A项属于否认权的行使。C项属于形成权的行使，撤销权属于形成权的一种。D项也属于形成权，抵销权也属于形成权的一种。

10. 答案：C。本题属于甲将自己对于票据的权利质押给乙的一种担保行为，因此乙行使的是权利质权。

11. 答案：D。死者的人格利益受保护，并不包括年代久远的历史人物。同时，我国法律规定，只有死者的近亲属才有权向人民法院主张保护死者的人格利益。因此，本题中作家不存在侵权行为。

12. 答案：D。《民法典》第19条规定："八周岁以上的未成年人为限制民事行为能力人，实施民事法律行为由其法定代理人代理或者经其法定代理人同意、追认；但是，可以独立实施纯获利益的民事法律行为或者与其年龄、智力相适应的民事法律行为。"

13. 答案：B。《民法典》第1189条规定："无民事行为能力人、限制民事行为能力人造成他人损害，监护人将监护职责委托给他人的，监护人应当承担侵权责任；受托人有过错的，承担相应的责任。"因此，本题B项是正确的。

14. 答案：C。《民法典》第67条第2款规定："法人分立的，其权利和义务由分立后的法人享有连带债权，承担连带债务，但是债权人和债务人另有约定的除外。"

15. 答案：A。《民法典》第63条规定："法人以其主要办事机构所在地为住所。依法需要办理法人登记的，应当将主要办事机构所在地登记为住所。"

16. 答案：C。《民法典》第137条第2款规定：非对话的意思表示到达相对人时生效。

17. 答案：B。合伙人的优先购买权如果与承租人的优先购买权发生冲突，合伙人的优先购买权优于承租人的优先购买权，所以B项是正确的。

18. 答案：A。赠与合同为诺成合同，乙已经承诺则认为赠与合同已经成立，乙享有该1万元的债权。因此该笔款项属于婚前财产，专属于乙个人所有。

19. 答案：A。农村和城市郊区的土地有的属于国家所有，有的属于集体所有。宅基地、自留地、自留山等属于集体所有。

20. 答案：C。甲将自己的汽车抵押给乙，因没有约定担保数额，则整个汽车的价值均应作为担保债权的标的。该汽车因为事故而报废，获得3万元的保险金。根据《民法典》第390条的规定，抵押权人乙对该保险金享有物上代位权，可请求将该保险金提存或者提前清偿债务。

21. 答案：D。本题中，乙的行为构成了恶意占有。乙不是为了甲的利益而保存该钱包，因此不是无因管理，同时可以认为乙不能构成善意占有，因为其明知该钱包为甲遗失之物。

22. 答案：C。《民法典》第586条规定：定金合同从实际交付定金之时成立。定金的数额由当事人约定；但是，不得超过主合同标的额的20%，超过部分不产生定金的效力。实际交付的定金数额多于或者少于约定数额的，视为变更约定的定金数额。

23. 答案：A。债务人提存后，该债的标的物的风险转移、所有权转移、孳息转移、费用转移，一切均由债权人承担。债权人与提存机关之间形成保管关系，只有提存机关过错造成提存物毁损、灭失的，提存机关才承担赔偿责任。

24. 答案：A。利益第三人合同中第三人不是合同当事人，合同生效后，利益第三人可以接受该合同权利，也可以拒绝该合同权利，由于利益第三人不是合同的当事人，因此不享有解除权、抗辩权以及违约责任救济权。这些权利只能由当事人行使。

25. 答案：D。商品价目表、拍卖公告、招标公告、招股说明书、商业广告都是典型的要约邀请。

26. 答案：A。根据《民法典》第750条的规定，融资租赁合同在租赁期间，由承租人负责维修。

27. 答案：B。隐私权是个人生活秘密不受侵害的权利。侵害隐私权是指公开他人不愿公开的生活秘密。本题中，尽管报纸的报道属实，但是其报道的事实是甲所不愿意公开的，给甲造成了伤害，因此构成侵权，侵犯了甲的隐私权。

（二）多项选择题

1. 答案：ACD。民事法律关系的客体，即民事主体得以结成相互关系的利益对象。客体是民事权利和民事义务之所在，是主体交往的基石和利益所在，可以分为物、行为、智力成果三类。本题中，A项属于行为、C项属于智力成果中的著作权、D项是知识产权中的外观设计，均属于民事法律关系的客体。而B项，由于闪电不具有可控性，因此不属于民法意义上的物，所以不是民事法律关系的客体。

2. 答案：ABD。物权是绝对权，是支配权，具有优先性、追及性、排他性等特点。债权是相对权，其义务相对人是特定的。

3. 答案：ABC。动产所有权的取得方法主要包括：善意取得、先占、拾得遗失物、发现埋藏物、添附、时效取得。本题的A、B、C三项分别属于拾得遗失物、善意取得和添附。

4. 答案：ABD。借贷关系是指出借人和借款人因借款合同而形成的法律关系。尽管本题中乙没有明确提出是借钱给甲，但是究其本意可以推出乙是出于借款的目的，而非赠与的目的。因此，本题中A、B、D项当选。

5. 答案：AD。甲作为一个大学毕业生，具有完全民事行为能力，因此其自身的债务应当由自己承担。其监护人不再对其负有监护义务。

6. 答案：BC。财团法人是指为一定目的建立的，并由专门委任的人按照规定的目的进行使用的财产。其中基金会组织、寺院、慈善组织都是典型的财团法人。

7. 答案：AD。乙以自己的名义处分该电脑是处分行为而非代理行为，乙没有该电脑的所有权，故乙处分该电脑属于无权处分。《民法典》第 597 条第 1 款规定：因出卖人未取得处分权致使标的物所有权不能转移的，买受人可以解除合同并请求出卖人承担违约责任。根据该条规定，无权处分合同有效。

8. 答案：ABCD。抛弃行为是单方法律行为，对于动产的抛弃，只要抛弃占有，就发生抛弃的效力。抛弃动产应以不损害国家和他人的利益为限，否则不发生抛弃的效力。抛弃应当按照适当的方式进行，该适当的方式是权利人不得滥用权利的表现。

9. 答案：ABC。有限责任公司的财产属于法人所有，而非由出资人共有。农村集体组织的财产归集体所有，而非由其成员共有。国家财产归国家所有，而非全民共有。无子女家庭的财产一般由夫妻二人共有，有约定的除外。

10. 答案：AD。《民法典》第 406 条规定："抵押期间，抵押人可以转让抵押财产。当事人另有约定的，按照其约定。抵押财产转让的，抵押权不受影响。抵押人转让抵押财产的，应当及时通知抵押权人。抵押权人能够证明抵押财产转让可能损害抵押权的，可以请求抵押人将转让所得的价款向抵押权人提前清偿债务或者提存。转让的价款超过债权数额的部分归抵押人所有，不足部分由债务人清偿。"本题中，房屋抵押合同必须办理登记手续方能生效，抵押人甲未通知抵押权人就转让抵押物的，抵押权人仍可以就抵押物行使抵押权。受让人办理过户登记的，应取得抵押房屋所有权，但应自行承受抵押权人行使抵押权带来的损失。

11. 答案：CD。所谓自主占有，是指以所有权人的意思所为的占有。本题中 A、B 项属于他主占有，C、D 项属于自主占有。注意：尽管是盗窃物，盗窃人对其的占有仍然是自主占有。

12. 答案：ABC。D 项属于提供劳动成果的活动。

13. 答案：ACD。根据《民法典》第 510 条的规定，在双方当事人对履行地点约定不明时，能够依照相关条款或者交易习惯确定地点的，则依照相关条款或者双方的交易习惯确定履行地点。本题中，双方约定由甲负责运输，表明履行地点在乙之所在地。由于双方约定的运输方式是火车，依交易习惯，乙方所在地的火车站即为履行地点。

14. 答案：AC。根据《民法典》第 538 条的规定，因债务人放弃其到期债权对债权人造成损害的，债权人可以请求人民法院撤销债务人的行为。债权人自行通知相对人撤销放弃债权的行为，不具有法律效力。债权人行使撤销权的必要费用，由债务人负担。

15. 答案：BD。根据《民法典》第 683 条的规定，机关法人不得为保证人，但是经国务院批准为使用外国政府或者国际经济组织贷款进行转贷的除外。以公益为目的的非营利法人、非法人组织不得为保证人。中国人民大学法学院属于法人的内部机构，而非民事主体，依法不可以作为保证人出现在民事法律关系之中，故不选 C 项。A 项，不具有完全代偿能力的民事主体不可担任保证人。

16. 答案：BD。租赁合同和互易合同都属于诺成合同。

17. 答案：AD。根据我国法律规定，承运人对旅客的人身安全负无过错责任，但对旅客随身携带的行李负过错责任。本题中，甲手机的遗失不是由于承运人的过错造成的，是意外事件，因此承运人只对甲眼部的损伤承担责任，对于手机的损失不负赔偿责任。

（三）不定项选择题

1. 答案：BD。紧急避险是指为了防止公共利益、本人或者他人的合法权益免受正在遭受的危险，不得已而采取的损害另一较小利益的行为。本题中，甲为了避免自己的利益遭受不必要的损失而骑走了乙的自行车，而且没有造成损害，属于紧急避险行为。而乙在没有任何法定理由的前提下擅自扣下甲的身份证，属于侵权行为。

2. 答案：ABCD。所有权人对自己的所有物虽然享有支配权，并排除他人干涉，但是，所有权人亦应承担因公共利益的容忍义务。

3. 答案：BD。根据《民法典》第 395 条、第 402 条的规定，乙银行的抵押不成立，因为没有抵押登记。所以甲公司可以不经乙银行同意而转让该大楼。

4. 答案：A。甲与乙签订的合同属于特定物之债，因为甲已经将该牛特定化了。在这一特定物合同之债中，甲交付货款的义务没有履行完毕，乙交付牛的义务没有履行完毕，因此不能认为该合同已经履行完毕。另外根据《民法典》的规定，双方当事人对合同的标的物的风险灭失未有约定的，交付之前风险由出卖人承担，交付之后由买受人承担。

5. 答案：A。《民法典》第 859 条第 1 款规定：委托开发完成的发明创造，除法律另有规定或者当事人另有约定外，申请专利的权利属于研究开发人。研究开发人取得专利权的，委托人可以依法实施该专利。

三、简答题

1. 表见代理，又称表现代理，属于广义上的无权代理，是指行为人无代理权而以本人的名义与第三者交易的民事法律行为，但有足以使第三者相信其有代理权的事实和理由，善意相对人与行为人实施民事法律行为的，该民事法律行为的后果由本人承担。此时，该代理权可发生与有权代理同样的法律效果。如果善意的交易相对人不愿该无权代理发生与有权代理同样的法律效果，也可经由撤销权的行使，使其归于无效。我国《民法典》第 172 条明确承认了表见代理制度，以保证动态的交易安全。表见代理构成要件有：第一，交易相对人有理由相信行为人有代理权，即交易相对人为善意。此时交易相对人应就其善意负担举证责任。第二，无权代理人与第三人所为的民事法律行为，合于法律行为的一般有效要件和代理行为的表面特征。

2. 传统的民法将他物权分为用益物权和担保物权。用益物权是从所有权分离出来的他物权，是指对物以使用和收益为目的的物权，包括地上权、地役权、永佃权等。担保物权是指以担保债权为目的的，即以确保债务的履行为目的的物权，包括抵押权、质权、留置权、典权等。用益物权与担保物权的区别在于：第一，用益物权以追求物的使用价值为内容，标的物必须有使用价值；而担保物权以标的物的价值和优先受偿为内容，故标的物必须有交换价值。第二，用益物权往往有明确的存续期间，通常是根据合同规定；担保物权以债权的存在为前提，担保物权实现时，该权利即归于消灭。第三，用益物权客体的价值形态发生变化，就会对用益物权人的使用收益权产生直接影响；而担保物权客体的价值形态发生变化，并不影响担保物权的存在。这一特点直接决定了担保物权具有物上代位性，即当担保物权的标的物转化为价值形态时，担保物即以变形物为客体。

3. 不安抗辩权是指先给付义务人在有证据证明后给付义务人的经营状况严重恶化，或者转移财产、抽逃资金以逃避债务，或者谎称有履行能力的欺诈行为，以及其他丧失或者可能丧失债务履行能力的情况时，可中止自己的履行；后给付义务人在接到中止履行的通知后，在合理的期限内未恢复履行能力或者未提供适当担保的，先给付义务人可以解除合同。不安抗辩权成立的条件为：第一，双方当事人因同一双务合同而互负债务。不安抗辩权为双务合同的效力表现，其成立须双方当事人因同一双务合同而互负债务，并且该两项债务立于对价关系。第二，后给付义务人的履行能力明显降低，有不能为对待给付的现实危险。不安抗辩权保护先给付义务人是有条件的，不允许在后给付义务人有履行能力的情况下行使不安抗辩权，只能在有不能为对待给付的现实危险，害及先给付义务人的债权实现时，才能行使不安抗辩权。所谓后给付义务人的履行能力明显降低，有不能为对待给付的现实危险，包括其经营状况严重恶化；转移财产、抽逃资金，以逃避债务；谎称有履行能力的欺诈行为；其他丧失或者可能丧失履行能力的情况。履行能力明显降低，有不能为对待给付的现实危险，须在合同成立后。如果订立合同时即已存在，先给付义务人明知此情况却仍然缔约，法律则无必要对其特别保护；若不知此情，还可以通过合同无效制度解决。

4. 收养是在收养人与被收养人之间产生拟制父母子女关系的法律行为。收养行为具有如下法律特征：第一，收养行为的条件和程序由法律规定。第二，收养属于民事法律行为，其主体包括收养人、送养人与被收养人。第三，收养行为必须按照自愿的原则实施。第四，收养行为导致亲属身份和权利义务关系的变更。第五，收养只能发生在非直系血亲之间。

四、案例分析题

（1）答案一：本案应按照民间借贷法律关系作出认定和处理。理由是：最高人民法院《关于审理民间借贷案件适用法律若干问题的规定》（2020 年第二次修正）第 23 条第 1 款规定：当事人以订立买卖合同作为民间借贷合同的担保，借款到期后借款人不能还款，出借人请求履行买卖合同的，人民法院应当按照民间借贷法律关系审理。当事人根据法庭审理情况变更诉讼请求的，人民法院应当准许。第 2 款规定：按照民间借贷法律关系审理作出的判决生效后，借款人不履行生效判决确定的金钱债务，出借人可以申请拍卖买卖合同标的物，以偿还债务。就拍卖所得的价款与应偿还借款本息之间的差额，借款人或者出借人有权主张返还或补偿。

答案二：本案应当按照抵押合同处理。根据《民法典》第 146 条第 1 款“行为人与相对人以虚假的意思表示实施的民事法律行为无效”的规定，认定买卖合同无效；进而，又根据《民法典》第 146 条第 2 款“以虚假的意思表示隐藏的民事法律行为的效力，依照有关法律规定处理”的规定，认定隐藏的行为为抵押合同，应当按照抵押合同处理。

（2）甲仅于 S 企业财产不足以清偿债务时以个人其他财产予以清偿；根据《个人独资企业法》第 31 条的规定，“个人独资企业财产不足以清偿债务的，投资人应当以其个人的其他财产予以清偿”，故丁应承担连带保证责任；根据《民法典》第 687 条的规定，未约定保证责任形式的按照一般保证承担责任，故戊不承担责任，其质权因丧失占有而消灭。

（3）合同有效，庚知情并不影响合同效力。庚已取得所有权，甲系有权处分，庚因登记取得所有权。

（4）甲有权收取。甲为有权占有，租赁合同有效，甲可收取房屋法定孳息。

（5）应由甲承担。根据《民法典》第 604 条的规定，除非法律另有规定或者当事人另有约定，标的物风险自交付时起转移。

（6）庚享有请求权。根据《保险法》第 49 条第 1 款的规定，保险标的转让的，保险标的的受让人承继被保险人的权利和义务。

五、论述题

诚实信用作为市场交易中的一种道德要求，是市场经济活动中形成的道德准则，是市场伦理道德在民法上的反映。它要求人们在市场活动中讲求信用，恪守诺言，诚实不欺，在不损害他人利益和社会利益的前提下追求自己的利益。诚实信用原则为一切市场活动参加者树立了一个“诚实商人”的道德标准，反映了市场经济客观规律的要求。诚实信用原则是市场经济的基本道德准则，但是其一旦被法律吸收就同时具有法律的意义，成为一项基本的法律原则。因此，诚实信用原则是道德准则的法律化，是将道德规则和法律规则合为一体，兼有法律调节和道德调节的双重功能。

诚实信用原则自被罗马法植入法律后至今，随着经济的发展和法学家对于诚实信用的本质的认识，其适用范围逐步扩大，不仅适用于契约的订立、债的履行，更及于一切权利的行使和义务的履行。以至于在市场经济活动中，诚实信用原则是我们必须遵循的道德和法律准则。究其本质，诚实信用原则的宗旨在于实现当事人之间的利益关系和当事人与社会间的利益关系这两个利益关系的平衡。在当事人间的利益关系中，诚实信用原则要求尊重他人利益，以对待自己事务的注意对待他人事务，保证法律关系的当事人都能得到自己应得的利益，不得损人利己。当发生特殊情况使当事人间的利益关系失去平衡时，应进行调整，使利益平衡得以恢复，由此维持一定的社会经济秩序。在当事人与社会的利益关系中，诚实信用原则要求当事人不得通过自己的民事活动损害第三人和社会的利益，必须在权利的法律范围内以符合其社会经济目的的方式行使自己的权利。市场经济中，民事主体之间，以及民事主体与社会之间利益发生冲突是正常的现象，诚实信用原则可以使各方利益得到最大化实现。

诚实信用原则常被奉为“帝王条款”，有“君临法域”的效力。长期以来诚实信用是作为成文法的补充而对民法关系起着某种调整作用的，其性质亦由补充当事人意思的任意性规范，转变为当事人不能以约定排除其适用，甚至不待当事人援引，法院可直接依职权适用的强行性规定。作为诚实信用原则的延伸，各国在民法上又普遍承认了禁止权利滥用原则，该原则要求一切民事权利的行使不能超过其正当界限，一旦超过即构成滥用。这个正当界限就是诚实信用原则。

诚实信用原则在我国民法基本原则中也具有根本性的地位。由于民法调整的社会关系直接源于最一般的社会生活，民法是市场经济社会最基本的法律规范，是人们在社会生活中适用最广泛的行为准则，因而诚实信用原则的适用范围也是非常广泛的，是市场经济社会中的重要准则。

使用说明

学习卡使用说明：

1. 扫描上册封二学习卡上二维码
2. 进入序列号兑换界面，点击“确定”，激活本书
3. 进入课程学习界面，点击“确定”，激活配套课程

加群流程：

1. 进入课程学习界面，点击题目下“立即扫码”
2. 长按识别二维码
3. 扫码加入专属答疑群

题库使用说明：

1. 关注“人大社法律出版”微信公众号
2. 点击“电子书”菜单栏下“芸题库”
3. 手机注册进入芸题库，点击“添加新题库”，选择法学题库进行学习

图书在版编目（CIP）数据

民法练习题集．下册 / 王轶主编．-- 7 版．-- 北京：中国人民大学出版社，2024.8. --（21 世纪法学系列教材配套辅导用书）．-- ISBN 978-7-300-33228-4

Ⅰ．D923.04

中国国家版本馆 CIP 数据核字第 2024KD6835 号

21 世纪法学系列教材配套辅导用书

民法练习题集（第七版）（下册）

主　编　王　轶

Minfa Lianxitiji

出版发行	中国人民大学出版社		
社　　址	北京中关村大街 31 号	**邮政编码**	100080
电　　话	010－62511242（总编室）		010－62511770（质管部）
	010－82501766（邮购部）		010－62514148（门市部）
	010－62515195（发行公司）		010－62515275（盗版举报）
网　　址	http://www.crup.com.cn		
经　　销	新华书店		
印　　刷	唐山玺诚印务有限公司	**版　　次**	2007 年 11 月第 1 版
开　　本	890 mm×1240 mm　1/16		2024 年 8 月第 7 版
印　　张	21	**印　　次**	2025 年 11 月第 4 次印刷
字　　数	604 000	**定　　价**	118.00 元（上、下册）

《　　　　　　　　》* 任课教师调查问卷

为了能更好地为您提供优秀的教材及良好的服务，也为了进一步提高我社法学教材出版的质量，希望您能协助我们完成本次小问卷，完成后您可以在我社网站中选择与您教学相关的 1 本教材作为今后的备选教材，我们会及时为您邮寄送达！如果您不方便邮寄，也可以申请加入我社的**法学教师 QQ 群：436438859（申请时请注明法学教师）**，然后下载本问卷填写，并发往我们指定的邮箱（cruplaw@163.com）。

邮寄地址：北京市海淀区中关村大街甲 59 号文化大厦 1202 室收

邮　　编：100080

再次感谢您在百忙中抽出时间为我们填写这份调查问卷，您的举手之劳，将使我们获益匪浅！

基本信息及联系方式：※

姓名：__________ 性别：__________ 课程：__________

任教学校：______________ 院系（所）：______________

邮寄地址：______________ 邮编：__________

电话（办公）：________ 手机：________ 电子邮件：________

调查问卷：※

1. 您认为图书的哪类特性对您选用教材最有影响力？（　　）（可多选，按重要性排序）
   A. 各级规划教材、获奖教材　　B. 知名作者教材
   C. 完善的配套资源　　D. 自编教材
   E. 行政命令
2. 在教材配套资源中，您最需要哪些？（　　）（可多选，按重要性排序）
   A. 电子教案　　B. 教学案例
   C. 教学视频　　D. 配套习题、模拟试卷
3. 您对于本书的评价如何？（　　）
   A. 该书目前仍符合教学要求，表现不错将继续采用
   B. 该书的配套资源需要改进，才会继续使用
   C. 该书需要在内容或实例更新再版后才能满足我的教学，才会继续使用
   D. 该书与同类教材差距很大，不准备继续采用了
4. 从您的教学出发，谈谈对本书的改进建议：______________________________

____

____

选题征集：如果您有好的选题或出版需求，欢迎您联系我们：

联系人：黄　强　联系电话：010-62515955

索取样书：书名：______________________________

书号：______________________________

备注：※为必填项。